ArbeitnehmerInnenschutz
Wichtige Gesetze

ArbeitnehmerInnenschutzgesetz
mit Kennzeichnungssystem der anzuwendenden Verordnungen

Zusammengestellt von

Dr. Wolfgang Adametz

Dipl.-Ing. Josef Kerschhagl

Der Wirtschaftsverlag
BUSINESS-TO-BUSINESS COMMUNICATIONS

ÖGB VERLAG

ArbeitnehmerInnenschutz
Wichtige Gesetze

Autoren: Dr. Wolfgang Adametz
Dipl.-Ing. Josef Kerschhagl

Impressum:

Verleger: Österreichischer Wirtschaftsverlag GmbH
A-1020 Wien, Lasallestraße 7a, Unit 5, Top 101-1
Tel.: 0043 (01) 546 64-0*
www.wirtschaftsverlag.at
buchservice@wirtschaftsverlag.at

Lizenzausgabe Verlag des ÖGB GmbH
A-1020 Wien, Johann-Böhm-Platz 1, Stiegehaus B/2. Stock
Tel.: 0043 (01) 662 32 96, Fax: 0043 (01) 662 32 96-39793
www.oegbverlag.at

Herstellung: ÖWV-Produktion

Druck: Druckerei Ferdinand Berger & Söhne GmbH
Wiener Straße 80, 3580 Horn

ISBN 978-3-85212-157-4 (ÖWV)
ISBN 978-3-99046-737-4 (ÖGB)

Inhaltsverzeichnis

KENNZEICHNUNGSSYSTEM
DER ANZUWENDENDEN VERORDNUNGEN

- Bei jedem Paragraphen des ASchG ist durch eine Kennziffer angemerkt, dass die betreffende Bestimmung durch eine der abgedruckten Verordnungen näher ausgeführt wird.

- Die Kennziffer ermöglicht das rasche Auffinden des aktuellen Textes der letztgültigen Verordnungen.

- Beispiel:

ASchG

Bestellung von Sicherheitsvertrauenspersonen

§ 10. (1) Arbeitgeber haben nach Maßgabe der Abs. 2 bis 6 Sicherheitsvertrauenspersonen in ausreichender Anzahl zu bestellen. Die Mindestanzahl der Sicherheitsvertrauenspersonen ist unter Berücksichtigung der Anzahl der Arbeitnehmer festzulegen. **17**

17

Verordnung über die Sicherheitsvertrauenspersonen

Verordnung des Bundesministers für Arbeit und Soziales über die Sicherheitsvertrauenspersonen (SVP-VO) vom 12. April 1996, BGBl. Nr. 172/1996.

Auf Grund der §§ 10, 11 und 18 Z 3 des Bundesgesetzes über Sicherheit und Gesundheitsschutz bei der Arbeit (ArbeitnehmerInnenschutzgesetz – ASchG), BGBl. Nr. 450/1994, wird vom Bundesminister für Arbeit und Soziales sowie auf Grund des § 18 Z 3 ASchG in Verbindung mit § 132 Abs. 3 Z 6 ASchG hinsichtlich jener Betriebe und Tätigkeiten, die der Gewerbeordnung 1994 unterliegen, vom Bundesminister für Arbeit und Soziales im Einvernehmen mit dem Bundesminister für wirtschaftliche Angelegenheiten verordnet:

Mindestanzahl der Sicherheitsvertrauenspersonen

§ 1. (1) Es muss mindestens die in der Anlage angeführte Anzahl von Sicherheitsvertrauenspersonen bestellt werden.

(2) Die Mindestanzahl der Sicherheitsvertrauenspersonen richtet sich nach der Arbeitnehmerzahl.

(3) Für die Ermittlung der Arbeitnehmerzahl ist bei der Bestellung von Sicherheitsvertrauenspersonen gemäß § 10 Abs. 2 und 3 ASchG auf den Betrieb abzustellen, für den die Belegschaftsorgane gewählt wurden.

(2) Für eine Neubestellung oder Nachbesetzung außerhalb der Saison gilt abweichend von § 6 und § 7 eine Frist von drei Monaten.

Auswahl und Qualifikation

§ 4. (1) Bei der Auswahl der Sicherheitsvertrauenspersonen ist nach Möglichkeit auf eine angemessene Vertretung der betrieblichen Bereiche (z. B. Produktion und Verwaltung) und der regionalen Bereiche (z. B. Filialen) sowie auf eine dem Beschäftigtenstand entsprechende Vertretung von Frauen und Männern zu achten. Bei mehrschichtiger Arbeitsweise ist darauf zu achten, dass nach Möglichkeit alle Schichten entsprechend betreut werden können.

(2) Als Sicherheitsvertrauenspersonen dürfen nur Arbeitnehmer/innen bestellt werden, die die für ihre Aufgaben notwendigen persönlichen und fachlichen Voraussetzungen erfüllen. Die notwendigen fachlichen Voraussetzungen sind erfüllt, wenn eine Sicherheitsvertrauensperson eine Ausbildung auf dem Gebiet des Arbeitnehmerschutzes im Ausmaß von mindestens 24 Unterrichtseinheiten absolviert hat. Eine Unterrichts-

ArbeitnehmerInnenschutzgesetz (ASchG)

Inhaltsübersicht

ArbeitnehmerInnenschutzgesetz

Bundesgesetz über Sicherheit und Gesundheitsschutz bei der Arbeit (ArbeitnehmerInnenschutzgesetz – ASchG) BGBl. Nr. 450/1994, idF BGBl. I Nr. 457/1995, BGBl. Nr. 201/1996, BGBl. I Nr. 9/1997 (Art. I), BGBl. I Nr. 12/1997, BGBl. I Nr. 21/1997, BGBl. I Nr. 47/1997 (Art. 12), BGBl. I Nr. 12/1999, BGBl. I Nr. 38/1999, BGBl. I Nr. 70/1999 (Art. VII), BGBl. I Nr. 136/2001 (Art. 39), BGBl. I Nr. 159/2001(Art. II), BGBl. I Nr. 113/2006 (Art. 4), BGBl. I Nr. 147/2006 (Art. 1), BGBl I Nr. 51/2011 (Art. 2), BGBl I Nr. 35/2012 (Art. 60), BGBl. I Nr. 35/2012 (Art. 60), BGBl. I Nr. 50/2012 (Art. 5), BGBl. I Nr. 98/2012 (Art. 3), BGBl. I Nr. 118/2012, BGBl. I Nr. 71/2013 (Art. 24), BGBl. I Nr. 94/2014 (Art. 3), BGBl. I Nr. 60/2015 (Art. 1), BGBl. I Nr. 72/2016 (Art. 4), BGBl. I Nr. 40/2017 (Art. 20), BGBl. I Nr. 126/2017 (Art. 1), BGBl I Nr. 100/2018 (Art. 38), BGBl. I Nr. 115/2022 (Art. 1) und BGBl. I 56/2024 (Art. 3).

1. ABSCHNITT

ALLGEMEINE BESTIMMUNGEN

Geltungsbereich

§ 1. (1) Dieses Bundesgesetz gilt für die Beschäftigung von Arbeitnehmern.

(2) Dieses Bundesgesetz gilt nicht für die Beschäftigung von

1. Arbeitnehmern der Länder, Gemeinden und Gemeindeverbände, die nicht in Betrieben beschäftigt sind;
2. Arbeitnehmern des Bundes in Dienststellen, auf die das Bundes-Bedienstetenschutzgesetz, BGBl. I Nr. 70/1999, anzuwenden ist;
3. Arbeitnehmern in land- und forstwirtschaftlichen Betrieben im Sinne des Landarbeitsgesetzes 1984, BGBl. Nr. 287;
4. Hausgehilfen und Hausangestellten in privaten Haushalten;
5. Heimarbeitern im Sinne des Heimarbeitsgesetzes 1960, BGBl. Nr. 105/1961.

(3) (Anm.: aufgehoben durch BGBl. I Nr. 38/1999)

Begriffsbestimmungen

§ 2. (1) Arbeitnehmer im Sinne dieses Bundesgesetzes sind alle Personen, die im Rahmen eines Beschäftigungs- oder Ausbildungsverhältnisses tätig sind. Geistliche Amtsträger gesetzlich anerkannter Kirchen und Religionsgesellschaften sind keine Arbeitnehmer im Sinne dieses Bundesgesetzes. Arbeitgeber im Sinne dieses Bundesgesetzes ist jede natürliche oder juristische Person oder eingetragene Personengesellschaft, die als Vertragspartei des Beschäftigungs- oder Ausbildungsverhältnisses mit dem Arbeitnehmer die Verantwortung für das Unternehmen oder den Betrieb trägt.

(2) Belegschaftsorgane im Sinne dieses Bundesgesetzes sind die nach dem Arbeitsverfassungsgesetz, BGBl. Nr. 22/1974, errichteten Organe der Arbeitnehmerschaft sowie die nach bundes- oder landesgesetzlichen Vorschriften oder nach sonstigen Vorschriften errichteten Organe der Personalvertretung.

(3) Arbeitsstätten im Sinne dieses Bundesgesetzes sind Arbeitsstätten in Gebäuden und Arbeitsstätten im Freien. Mehrere auf einem Betriebsgelände gelegene oder sonst im räumlichen Zusammenhang stehende Gebäude eines Arbeitgebers zählen zusammen als eine Arbeitsstätte. Baustellen im Sinne dieses Bundesgesetzes sind zeitlich begrenzte oder ortsveränderliche Baustellen, an denen Hoch- und Tiefbauarbeiten durchgeführt werden. Dazu zählen insbesondere folgende Arbeiten: Aushub, Erdarbeiten, Bauarbeiten im engeren Sinne, Errichtung und Abbau von Fertigbauelementen, Einrichtung oder Ausstattung, Umbau, Renovierung, Reparatur, Abbauarbeiten, Abbrucharbeiten, Wartung, Instandhaltungs-, Maler- und Reinigungsarbeiten, Sanierung. Auswärtige Arbeitsstellen im Sinne dieses Bundesgesetzes sind alle Orte außerhalb von Arbeitsstätten, an denen andere Arbeiten als Bauarbeiten durchgeführt werden insbesondere auch die Stellen in Verkehrsmitteln, auf denen Arbeiten ausgeführt werden.

(4) Arbeitsplatz im Sinne dieses Bundesgesetzes ist der räumliche Bereich, in dem sich Arbeitnehmer bei der von ihnen auszuübenden Tätigkeit aufhalten.

(5) Arbeitsmittel im Sinne dieses Bundesgesetzes sind alle Maschinen, Apparate, Werkzeuge, Geräte und Anlagen, die zur Benutzung durch Arbeitnehmer vorgesehen sind. Zu den Arbeitsmitteln gehören insbesondere auch Beförderungsmittel zur Beförderung von Personen oder Gütern, Aufzüge, Leitern, Gerüste, Dampfkessel, Druckbehälter, Feuerungsanlagen, Behälter, Silos, Förderleitungen, kraftbetriebene Türen und Tore sowie Hub-, Kipp- und Rolltore.

(6) Arbeitsstoffe im Sinne dieses Bundesgesetzes sind alle Stoffe, Gemische (Zubereitungen) und biologischen Agenzien, die bei der Arbeit verwendet werden. Als „Verwenden" gilt auch das Gewinnen, Erzeugen, Anfallen, Entstehen, Gebrauchen, Verbrauchen, Bearbeiten, Verarbeiten, Abfüllen, Umfüllen, Mischen, Beseitigen, Lagern, Aufbewahren, Bereithalten zur Verwendung und das innerbetriebliche Befördern.

(7) Unter Gefahrenverhütung im Sinne dieses Bundesgesetzes sind sämtliche Regelungen und Maßnahmen zu verstehen, die zur Vermeidung oder Verringerung arbeitsbedingter Gefahren vorgesehen sind. Unter Gefahren im Sinne dieses Bundesgesetzes sind arbeitsbedingte physische und psychische Belastungen zu verstehen, die zu Fehlbeanspruchungen führen.

(7a) Unter Gesundheit im Sinne dieses Bundesgesetzes ist physische und psychische Gesundheit zu verstehen.

(8) Stand der Technik im Sinne dieses Bundesgesetzes ist der auf einschlägigen wissenschaftlichen Erkenntnissen beruhende Entwicklungsstand fortschrittlicher technologischer Verfahren, Einrichtungen und Betriebsweisen, deren Funktionstüchtigkeit erprobt und erwiesen ist. Bei der Bestimmung des Standes der Technik sind insbesondere vergleichbare Verfahren, Einrichtungen und Betriebsweisen heranzuziehen.

(9) Soweit in diesem Bundesgesetz personenbezogene Bezeichnungen noch nicht geschlechtsneutral formuliert sind, gilt die gewählte Form für beide Geschlechter.

Allgemeine Pflichten der Arbeitgeber

§ 3. (1) Arbeitgeber sind verpflichtet, für Sicherheit und Gesundheitsschutz der Arbeitnehmer in Bezug auf alle Aspekte, die die Arbeit betreffen, zu sorgen. Die Kosten dafür dürfen auf keinen Fall zu Lasten der Arbeitnehmer gehen. Arbeitgeber haben die zum Schutz des Lebens, der Gesundheit sowie der Integrität und Würde erforderlichen Maßnahmen zu treffen, einschließlich der Maßnahmen zur Verhütung arbeitsbedingter Gefahren, zur Information und zur Unterweisung sowie der Bereitstellung einer geeigneten Organisation und der erforderlichen Mittel.

(2) Arbeitgeber haben sich unter Berücksichtigung der bestehenden Gefahren über den neuesten Stand der Technik und der Erkenntnisse auf dem Gebiet der Arbeitsgestaltung entsprechend zu informieren.

(3) Arbeitgeber sind verpflichtet, durch geeignete Maßnahmen und Anweisungen zu ermöglichen, daß die Arbeitnehmer bei ernster, unmittelbarer und nicht vermeidbarer Gefahr

1. ihre Tätigkeit einstellen,
2. sich durch sofortiges Verlassen des Arbeitsplatzes in Sicherheit bringen und
3. außer in begründeten Ausnahmefällen ihre Arbeit nicht wieder aufnehmen, solange eine ernste und unmittelbare Gefahr besteht.

(4) Arbeitgeber haben durch Anweisungen und sonstige geeignete Maßnahmen dafür zu sorgen, daß Arbeitnehmer bei ernster und unmittelbarer Gefahr für die eigene Sicherheit oder für die Sicherheit anderer Personen in der Lage sind, selbst die erforderlichen Maßnahmen zur Verringerung oder Beseitigung der Gefahr zu treffen, wenn sie die zuständigen Vorgesetzten oder die sonst zuständigen Personen nicht erreichen. Bei diesen Vorkehrungen sind die Kenntnisse der Arbeitnehmer und die ihnen zur Verfügung stehenden technischen Mittel zu berücksichtigen.

(5) Arbeitgeber, die selbst eine Tätigkeit in Arbeitsstätten oder auf Baustellen oder auf auswärtigen Arbeitsstellen ausüben, haben sich so zu verhalten, daß sie die dort beschäftigten Arbeitnehmer nicht gefährden.

(6) Für eine Arbeitsstätte, Baustelle oder auswärtige Arbeitsstelle, in/auf der der Arbeitgeber nicht im notwendigen Umfang selbst anwesend ist, ist eine geeignete Person zu beauftragen, die auf die Durchführung und Einhaltung der notwendigen Schutzmaßnahmen zu achten hat.

(7) Arbeitgeber haben für eine geeignete Sicherheits- und Gesundheitsschutzkennzeichnung zu sorgen, wenn Gefahren für Sicherheit oder Gesundheit der Arbeitnehmer nicht durch sonstige technische und organisatorische Maßnahmen vermieden oder ausreichend begrenzt werden können.

Ermittlung und Beurteilung der Gefahren Festlegung von Maßnahmen (Arbeitsplatzevaluierung)

§ 4. (1) Arbeitgeber sind verpflichtet, die für die Sicherheit und Gesundheit der Arbeitnehmer bestehenden Gefahren zu ermitteln und zu beurteilen. Dabei sind die Grundsätze der Gefahrenverhütung gemäß § 7 anzuwenden. Insbesondere sind dabei zu berücksichtigen:

1. die Gestaltung und die Einrichtung der Arbeitsstätte,
2. die Gestaltung und der Einsatz von Arbeitsmitteln,
3. die Verwendung von Arbeitsstoffen,
4. die Gestaltung der Arbeitsplätze,
5. die Gestaltung der Arbeitsverfahren und Arbeitsvorgänge und deren Zusammenwirken,
6. die Gestaltung der Arbeitsaufgaben und die Art der Tätigkeiten, der Arbeitsumgebung, der Arbeitsabläufe sowie der Arbeitsorganisation und
7. der Stand der Ausbildung und Unterweisung der Arbeitnehmer.

(2) Bei der Ermittlung und Beurteilung der Gefahren sind auch besonders gefährdete oder schutzbedürftige Arbeitnehmer sowie die Eignung der Arbeitnehmer im Hinblick auf Konstitution, Körperkräfte, Alter und Qualifikation (§ 6 Abs. 1) zu berücksichtigen. Insbesondere ist zu ermitteln und zu beurteilen, Inwieweit sich an bestimmten Arbeitsplätzen oder bei bestimmten Arbeitsvorgängen spezifische Gefahren für Arbeitnehmer ergeben können, für die ein besonderer Personenschutz besteht.

(3) Auf Grundlage der Ermittlung und Beurteilung der Gefahren gemäß Abs. 1 und 2 sind die durchzuführenden Maßnahmen zur Gefahrenverhütung festzulegen. Dabei sind auch Vorkehrungen für absehbare Betriebsstörungen und für Not- und Rettungsmaßnahmen zu treffen. Diese Maßnahmen müssen in alle Tätigkeiten und auf allen Führungsebenen einbezogen werden. Schutzmaßnahmen müssen soweit wie möglich auch bei menschlichem Fehlverhalten wirksam sein.

(4) Die Ermittlung und Beurteilung der Gefahren ist erforderlichenfalls zu überprüfen und sich ändernden Gegebenheiten anzupassen. Die festgelegten Maßnahmen sind auf ihre Wirksamkeit zu überprüfen und erforderlichenfalls anzupassen, dabei ist eine Verbesserung der Arbeitsbedingungen anzustreben.

(5) Eine Überprüfung und erforderlichenfalls eine Anpassung im Sinne des Abs. 4 hat insbesondere zu erfolgen:

1. nach Unfällen,
2. bei Auftreten von Erkrankungen, wenn der begründete Verdacht besteht, daß sie arbeitsbedingt sind,

2a. nach Zwischenfällen mit erhöhter arbeitsbedingter psychischer Fehlbeanspruchung,

3. bei sonstigen Umständen oder Ereignissen, die auf eine Gefahr für Sicherheit oder Gesundheit der Arbeitnehmer schließen lassen,
4. bei Einführung neuer Arbeitsmittel, Arbeitsstoffe oder Arbeitsverfahren,
5. bei neuen Erkenntnissen im Sinne des § 3 Abs. 2 und
6. auf begründetes Verlangen des Arbeitsinspektorates.

(6) Bei der Ermittlung und Beurteilung der Gefahren und der Festlegung der Maßnahmen sind erforderlichenfalls geeignete Fachleute heranzuziehen. Mit der Ermittlung und Beurteilung der Gefahren können auch die Sicherheitsfachkräfte und Arbeitsmediziner sowie sonstige geeignete Fachleute, wie Chemiker, Toxikologen, Ergonomen, insbesondere jedoch Arbeitspsychologen, beauftragt werden.

Beachte für folgende Bestimmung

Zum Inkrafttreten vgl. § 102

Sicherheits- und Gesundheitsschutzdokumente

§ 5. Arbeitgeber sind verpflichtet, in einer der Anzahl der Beschäftigten und den Gefahren entsprechenden Weise die Ergebnisse der Ermittlung und Beurteilung der Gefahren sowie die durchzuführenden Maßnahmen zur Gefahrenverhütung schriftlich festzuhalten (Sicherheits- und Gesundheitsschutzdokumente). Soweit dies aus Gründen der Gefahrenverhütung erforderlich ist, ist diese Dokumentation arbeitsplatzbezogen vorzunehmen.

Einsatz der Arbeitnehmer

§ 6. (1) Arbeitgeber haben bei der Übertragung von Aufgaben an Arbeitnehmer deren Eignung in Bezug auf Sicherheit und Gesundheit zu berücksichtigen. Dabei ist insbesondere auf Konstitution und Körperkräfte, Alter und Qualifikation Rücksicht zu nehmen.

(2) Arbeitgeber haben durch geeignete Maßnahmen dafür zu sorgen, daß nur jene Arbeitnehmer Zugang zu Bereichen mit erheblichen oder spezifischen Gefahren haben, die zuvor ausreichende Anweisungen erhalten haben.

(3) Arbeitnehmer, von denen dem Arbeitgeber bekannt ist, dass sie auf Grund ihrer gesundheitlichen Verfassung bei bestimmten Arbeiten einer besonderen Gefahr

3 4 8 9 18 19 20 21

ausgesetzt wären oder andere Arbeitnehmer gefährden könnten, dürfen mit Arbeiten dieser Art nicht beschäftigt werden. Dies gilt insbesondere für Anfallsleiden, Krämpfe, zeitweilige Bewußtseinstrübungen, Beeinträchtigungen des Seh- oder Hörvermögens und schwere Depressionszustände.

(4) Arbeitnehmerinnen dürfen mit Arbeiten, die infolge ihrer Art für Frauen eine spezifische Gefahr bewirken können, nicht oder nur unter Bedingungen oder Einschränkungen beschäftigt werden, die geeignet sind, diese besondere Gefahr zu vermeiden.

(5) Bei Beschäftigung von behinderten Arbeitnehmern ist auf deren körperlichen und geistigen Zustand jede mögliche Rücksicht zu nehmen. Das Arbeitsinspektorat hat ihre Beschäftigung mit Arbeiten, die für sie auf Grund ihres körperlichen oder geistigen Zustandes eine Gefahr bewirken können, durch Bescheid zu untersagen oder von bestimmten Bedingungen abhängig zu machen.

Grundsätze der Gefahrenverhütung

§ 7. Arbeitgeber haben bei der Gestaltung der Arbeitsstätten, Arbeitsplätze und Arbeitsvorgänge, bei der Auswahl und Verwendung von Arbeitsmitteln und Arbeitsstoffen, beim Einsatz der Arbeitnehmer sowie bei allen Maßnahmen zum Schutz der Arbeitnehmer folgende allgemeine Grundsätze der Gefahrenverhütung umzusetzen:

1. Vermeidung von Risiken;
2. Abschätzung nicht vermeidbarer Risiken;
3. Gefahrenbekämpfung an der Quelle;
4. Berücksichtigung des Faktors „Mensch" bei der Arbeit, insbesondere bei der Gestaltung von Arbeitsplätzen sowie bei der Auswahl von Arbeitsmitteln und Arbeits- und Fertigungsverfahren, vor allem im Hinblick auf eine Erleichterung bei eintöniger Arbeit und bei maschinenbestimmtem Arbeitsrhythmus sowie auf eine Abschwächung ihrer gesundheitsschädigenden Auswirkungen;

4a. Berücksichtigung der Gestaltung der Arbeitsaufgaben und Art der Tätigkeiten, der Arbeitsumgebung, der Arbeitsabläufe und Arbeitsorganisation;

5. Berücksichtigung des Standes der Technik;
6. Ausschaltung oder Verringerung von Gefahrenmomenten;
7. Planung der Gefahrenverhütung mit dem Ziel einer kohärenten Verknüpfung von Technik, Tätigkeiten und Aufgaben, Arbeitsorganisation, Arbeitsabläufen, Arbeitsbedingungen, Arbeitsumgebung, sozialen Beziehungen und Einfluß der Umwelt auf den Arbeitsplatz;
8. Vorrang des kollektiven Gefahrenschutzes vor individuellem Gefahrenschutz;
9. Erteilung geeigneter Anweisungen an die Arbeitnehmer.

Koordination

§ 8. (1) Werden in einer Arbeitsstätte, auf einer Baustelle oder einer auswärtigen Arbeitsstelle Arbeitnehmer mehrerer Arbeitgeber beschäftigt, so haben die betroffenen Arbeitgeber bei der Durchführung der Sicherheits- und Gesundheitsschutzbestimmungen zusammenzuarbeiten. Sie haben insbesondere

1. ihre Tätigkeiten auf dem Gebiet der Gefahrenverhütung zu koordinieren und
2. einander sowie ihre Arbeitnehmer und die zuständigen Belegschaftsorgane über die Gefahren zu informieren.

(2) Werden in einer Arbeitsstätte Arbeitnehmer beschäftigt, die nicht in einem Arbeitsverhältnis zu den für diese Arbeitsstätte verantwortlichen Arbeitgebern stehen, (betriebsfremde Arbeitnehmer), so sind die für diese Arbeitsstätte verantwortlichen Arbeitgeber verpflichtet,

1. erforderlichenfalls für die Information der betriebsfremden Arbeitnehmer über die in der Arbeitsstätte bestehenden Gefahren und für eine entsprechende Unterweisung zu sorgen,
2. deren Arbeitgebern im erforderlichen Ausmaß Zugang zu den Sicherheits- und Gesundheitsschutzdokumenten zu gewähren,
3. die für die betriebsfremden Arbeitnehmer wegen Gefahren in der Arbeitsstätte erforderlichen Schutzmaßnahmen im Einvernehmen mit deren Arbeitgebern festzulegen und
4. für deren Durchführung zu sorgen, ausgenommen die Beaufsichtigung der betriebsfremden Personen.

(3) Werden auf einer Baustelle gleichzeitig oder aufeinanderfolgend Arbeitnehmer mehrerer Arbeitgeber beschäftigt, so haben diese durch eine entsprechende Koordination der Arbeiten dafür zu sorgen, daß Gefahren für Sicherheit oder Gesundheit der auf der Baustelle beschäftigten Arbeitnehmer vermieden werden.

(4) Sind für eine solche Baustelle Personen mit Koordinationsaufgaben auf dem Gebiet des Arbeitnehmerschutzes beauftragt, so haben die Arbeitgeber bei der Umsetzung der Grundsätze der Gefahrenverhütung die Anordnungen und Hinweise dieser Personen zu berücksichtigen. Soweit dies zur Vermeidung von Gefahren für Sicherheit oder Gesundheit der Arbeitnehmer erforderlich ist, ist bei der Koordination, der Information und der Durchführung der Sicherheits- und Gesundheitsschutzbestimmungen auch auf jene auf einer Baustelle tätigen Personen Bedacht zu nehmen, die keine Arbeitnehmer sind.

(5) Durch Abs. 2 bis 4 wird die Verantwortlichkeit der einzelnen Arbeitgeber für die Einhaltung der Arbeitnehmerschutzvorschriften für ihre Arbeitnehmer nicht eingeschränkt und deren Verantwortung für betriebsfremde Arbeitnehmer nur insoweit ausgeweitet, als sich dies ausdrücklich aus Abs. 2 bis 4 ergibt.

(6) Abs. 1 bis 5 gelten nicht bei einer Überlassung im Sinne des § 9.

Überlassung

§ 9. (1) Eine Überlassung im Sinne dieses Bundesgesetzes liegt vor, wenn Arbeitnehmer Dritten zur Verfügung gestellt werden, um für sie und unter deren Kontrolle zu arbeiten. Überlasser ist, wer als Arbeitgeber Arbeitnehmer zur Arbeitsleistung an Dritte verpflichtet. Beschäftiger ist, wer diese Arbeitnehmer zur Arbeitsleistung einsetzt.

(2) Für die Dauer der Überlassung gelten die Beschäftiger als Arbeitgeber im Sinne dieses Bundesgesetzes.

(3) Beschäftiger sind verpflichtet, vor der Überlassung sowie vor jeder Änderung der Verwendung von überlassenen Arbeitnehmer/innen

1. die Überlasser über die für die Tätigkeit erforderliche Eignung und die erforderlichen Fachkenntnisse sowie über die besonderen Merkmale des zu besetzenden Arbeitsplatzes nachweislich schriftlich zu informieren,
2. sie über die für den zu besetzenden Arbeitsplatz oder die vorgesehene Tätigkeit erforderliche gesundheitliche Eignung nachweislich schriftlich zu informieren,
3. den Überlassern die für den zu besetzenden Arbeitsplatz oder die vorgesehene Tätigkeit relevanten Sicherheits- und Gesundheitsschutzdokumente nachweislich zu übermitteln und sie von jeder Änderung in Kenntnis zu setzen.

(4) Überlasser sind verpflichtet, die Arbeitnehmer vor einer Überlassung sowie vor jeder Änderung ihrer Verwendung über die Gefahren, denen sie auf dem zu besetzenden Arbeitsplatz ausgesetzt sein können, über die für den Arbeitsplatz oder die Tätigkeit erforderliche Eignung oder die erforderlichen Fachkenntnisse sowie über die Notwendigkeit von Eignungs- und Folgeuntersuchungen nachweislich schriftlich zu informieren.

(5) Eine Überlassung zu Tätigkeiten, für die Eignungs- und Folgeuntersuchungen vorgeschrieben sind, darf nur erfolgen, wenn diese Untersuchungen durchgeführt wurden und keine Feststellung der gesundheitlichen Nichteignung gem. § 54 erfolgt ist. Die Beschäftiger sind verpflichtet sich nachweislich davon zu überzeugen, daß die Untersuchungen durchgeführt wurden und keine Feststellung der gesundheitlichen Nichteignung gem. § 54 erfolgt ist. Die Pflichten nach § 57 Abs. 1 sowie § 58 Abs. 4 bis 7 sind von den Überlassern zu erfüllen, die Beschäftiger haben ihnen die erforderlichen Informationen und Unterlagen zur Verfügung zu stellen.

Beachte für folgende Bestimmung

vgl. § 104

Bestellung von Sicherheitsvertrauenspersonen

17

§ 10. (1) Arbeitgeber haben nach Maßgabe der Abs. 2 bis 6 Sicherheitsvertrauenspersonen in ausreichender Anzahl zu bestellen. Die Mindestanzahl der Sicherheitsvertrauenspersonen ist unter Berücksichtigung der Anzahl der Arbeitnehmer festzulegen. Sicherheitsvertrauenspersonen sind Arbeitnehmervertreter/innen mit einer besonderen Funktion bei der Sicherheit und beim Gesundheitsschutz der Arbeitnehmer/innen.

(2) Für Betriebe im Sinne des § 34 des Arbeitsverfassungsgesetzes sowie gleichgestellte Arbeitsstätten im Sinne des § 35 des Arbeitsverfassungsgesetzes, für die Belegschaftsorgane bestehen, gilt folgendes:

1. Sicherheitsvertrauenspersonen sind zu bestellen, wenn in einem Betrieb regelmäßig mehr als 10 Arbeitnehmer beschäftigt werden.
2. (Anm.: aufgehoben durch BGBl. I Nr. 159/2001)
3. Die Bestellung bedarf der Zustimmung der zuständigen Belegschaftsorgane. Dies gilt auch dann, wenn ein Betriebsratsmitglied die Aufgaben einer Sicherheitsvertrauensperson übernimmt.
4. Für einzelne zum Betrieb gehörende Arbeitsstätten, Baustellen und auswärtige Arbeitsstellen ist eine gesonderte Bestellung von Sicherheitsvertrauenspersonen zulässig, wenn dies auf Grund der betrieblichen Verhältnisse zweckmäßig ist. Für jene Arbeitsstätten des Betriebes, in denen regelmäßig mehr als 50 Arbeitnehmer beschäftigt werden, muß eine gesonderte Bestellung von Sicherheitsvertrauenspersonen erfolgen.

(3) Abs. 2 gilt sinngemäß für jene nicht unter den II. Teil des Arbeitsverfassungsgesetzes fallenden Betriebe, in denen Organe der Personalvertretung nach bundes- oder landesgesetzlichen Vorschriften bestehen.

(4) Für Arbeitsstätten, Baustellen und auswärtige Arbeitsstellen, für die keine Belegschaftsorgane im Sinne des Abs. 2 und 3 bestehen, gilt folgendes:

1. Für Arbeitsstätten, in denen regelmäßig mehr als 10 Arbeitnehmer beschäftigt werden, sind Sicherheitsvertrauenspersonen zu bestellen. Die auf Baustellen und auswärtigen Arbeitsstellen beschäftigten Arbeitnehmer sind einzurechnen.
2. Über die beabsichtigte Bestellung sind alle Arbeitnehmer schriftlich zu informieren. Wenn mindestens ein Drittel der Arbeitnehmer binnen vier Wochen gegen die beabsichtigte Bestellung schriftlich Einwände erhebt, muß eine andere Person bestellt werden.
3. Die gesonderte Bestellung von Sicherheitsvertrauenspersonen für einzelne Baustellen und auswärtige Arbeitsstellen ist zulässig.

(5) Die Bestellung von Sicherheitsvertrauenspersonen hat auf die Dauer von vier Jahren zu erfolgen. Eine vorzeitige Abberufung von Sicherheitsvertrauenspersonen hat bei Betrieben im Sinne der Abs. 2 und 3 auf Verlangen der zuständigen Belegschaftsorgane, im Fall des Abs. 4 auf Verlangen von mindestens einem Drittel der Arbeitnehmer zu erfolgen.

(6) Als Sicherheitsvertrauenspersonen dürfen nur Arbeitnehmer/innen bestellt werden. Sie müssen die für ihre Aufgaben notwendigen persönlichen und fachlichen Voraussetzungen erfüllen. Arbeitgeber haben den Sicherheitsvertrauenspersonen unter Bedachtnahme auf die betrieblichen Belange Gelegenheit zu geben, die für ihre Tätigkeit erforderlichen näheren Fachkenntnisse zu erwerben und zu erweitern.

(7) Arbeitgeber haben sicherzustellen, daß den Sicherheitsvertrauenspersonen die zur Erfüllung ihrer Aufgaben erforderliche Zeit unter Anrechnung auf ihre Arbeitszeit zur Verfügung steht. Den Sicherheitsvertrauenspersonen sind die für die Erfüllung ihrer Aufgaben erforderlichen Behelfe und Mittel zur Verfügung zu stellen. Die Sicherheitsvertrauenspersonen sind angemessen zu unterweisen.

(8) Arbeitgeber sind verpflichtet, die Namen der Sicherheitsvertrauenspersonen dem Arbeitsinspektorat schriftlich mitzuteilen. Das Arbeitsinspektorat hat diese Mitteilungen den zuständigen gesetzlichen Interessenvertretungen der Arbeitnehmer zur Kenntnis zu bringen.

(9) Die Bestellung von Sicherheitsvertrauenspersonen berührt nicht die Verantwortlichkeit des Arbeitgebers für die Einhaltung der Arbeitnehmerschutzvorschriften. Den Sicherheitsvertrauenspersonen kann die Verantwortlichkeit für die Einhaltung von Arbeitnehmerschutzvorschriften nicht rechtswirksam übertragen werden. §§ 15 und 130 Abs. 4 gelten auch für Sicherheitsvertrauenspersonen.

(10) Sicherheitsfachkräfte oder Arbeitsmediziner/innen dürfen, sofern sie Arbeitnehmer/innen sind, gleichzeitig auch als Sicherheitsvertrauenspersonen bestellt sein.

Beachte für folgende Bestimmung

vgl. § 104

Aufgaben und Beteiligung der Sicherheitsvertrauenspersonen

§ 11. (1) Die Sicherheitsvertrauenspersonen haben in allen Fragen der Sicherheit und des Gesundheitsschutzes

1. die Arbeitnehmer zu informieren, zu beraten und zu unterstützen,
2. die Belegschaftsorgane zu informieren, zu beraten und zu unterstützen und mit ihnen zusammenzuarbeiten,
3. in Abstimmung mit den Belegschaftsorganen die Interessen der Arbeitnehmer gegenüber den Arbeitgebern, den zuständigen Behörden und sonstigen Stellen zu vertreten,
4. die Arbeitgeber bei der Durchführung des Arbeitnehmerschutzes zu beraten,
5. auf das Vorhandensein der entsprechenden Einrichtungen und Vorkehrungen zu achten und die Arbeitgeber über bestehende Mängel zu informieren,
6. auf die Anwendung der gebotenen Schutzmaßnahmen zu achten,
7. mit den Sicherheitsfachkräften und den Arbeitsmedizinern zusammenzuarbeiten.

(2) Die Sicherheitsvertrauenspersonen sind bei Ausübung ihrer in diesem Bundesgesetz geregelten Aufgaben an keinerlei Weisungen gebunden.

(3) Die Sicherheitsvertrauenspersonen sind berechtigt, in allen Fragen der Sicherheit und des Gesundheitsschutzes bei den Arbeitgebern sowie bei den dafür zuständigen Stellen die notwendigen Maßnahmen zu verlangen, Vorschläge für die Verbesserung der Arbeitsbedingungen zu erstatten und die Beseitigung von Mängeln zu verlangen.

(4) Arbeitgeber sind verpflichtet, die Sicherheitsvertrauenspersonen in allen Angelegenheiten der Sicherheit und des Gesundheitsschutzes anzuhören.

(5) Die Sicherheitsvertrauenspersonen sind zur etwaigen Hinzuziehung externer Präventivdienste im Voraus zu hören und vor der Bestellung und Abberufung von Sicherheitsfachkräften, von Arbeitsmedizinern sowie von für die Erste Hilfe, die Brandbekämpfung und Evakuierung zuständigen Personen und von der etwaigen Beiziehung eines arbeitsmedizinischen Fachdienstes zu informieren. Die beabsichtigte Bestellung oder Abberufung ist mit den Sicherheitsvertrauenspersonen zu beraten, außer wenn Belegschaftsorgane errichtet sind oder wenn die Bestellung oder Abberufung im Arbeitsschutzausschuß behandelt wird.

(6) Wenn keine Belegschaftsorgane errichtet sind, sind die Arbeitgeber verpflichtet,

1. die Sicherheitsvertrauenspersonen bei der Planung und Einführung neuer Technologien zu den Auswirkungen zu hören, die die Auswahl der Arbeitsmittel oder Arbeitsstoffe, die Gestaltung der Arbeitsbedingungen und die Einwirkung der Umwelt auf den Arbeitsplatz für die Sicherheit und Gesundheit der Arbeitnehmer haben,
2. die Sicherheitsvertrauenspersonen bei der Auswahl der persönlichen Schutzausrüstung zu beteiligen und
3. die Sicherheitsvertrauenspersonen bei der Ermittlung und Beurteilung der Gefahren und der Festlegung der Maßnahmen sowie bei der Planung und Organisation der Unterweisung zu beteiligen.

(7) Arbeitgeber sind verpflichtet,

1. den Sicherheitsvertrauenspersonen Zugang zu den Sicherheits- und Gesundheitsschutzdokumenten sowie zu den Aufzeichnungen und Berichten über Arbeitsunfälle zu gewähren;
2. den Sicherheitsvertrauenspersonen folgende Unterlagen zur Verfügung zu stellen:
   a) die Unterlagen betreffend die Erkenntnisse gemäß § 3 Abs. 2,
   b) die Ergebnisse von Messungen betreffend gefährliche Arbeitsstoffe und Lärm sowie sonstiger Messungen und Untersuchungen, die mit dem Arbeitnehmerschutz im Zusammenhang stehen, und
   c) die Aufzeichnungen betreffend Arbeitsstoffe und Lärm;
3. die Sicherheitsvertrauenspersonen über Grenzwertüberschreitungen sowie deren Ursachen und über die getroffenen Maßnahmen unverzüglich zu informieren,
4. die Sicherheitsvertrauenspersonen über Auflagen, Vorschreibungen, Bewilligungen und behördliche Informationen auf dem Gebiet des Arbeitnehmerschutzes zu informieren und zu den Informationen, die sich aus den Schutzmaßnahmen und Maßnahmen zur Gefahrenverhütung ergeben, im Voraus anzuhören,
5. die Sicherheitsvertrauenspersonen zu den Informationen über die Gefahren für Sicherheit und Gesundheit sowie über Schutzmaßnahmen und Maßnahmen zur Gefahrenverhütung im Allgemeinen und für die einzelnen Arten von Arbeitsplätzen bzw. Aufgabenbereichen im Voraus anzuhören,
6. die Sicherheitsvertrauenspersonen zur Information der Arbeitgeber von betriebsfremden Arbeitnehmern über die in Z 5 genannten Punkte sowie über die für Erste Hilfe, Brandbekämpfung und Evakuierung gesetzten Maßnahmen, im Voraus anzuhören.

(8) Werden auf Baustellen Arbeitnehmer mehrerer Arbeitgeber beschäftigt, hat bei der Anhörung und Beteiligung der Sicherheitsvertrauenspersonen eine angemessene Abstimmung zwischen diesen Arbeitgebern zu erfolgen, wenn dies angesichts des Ausmaßes des Risikos und des Umfanges der Baustelle erforderlich erscheint.

Information

§ 12. (1) Arbeitgeber sind verpflichtet, für eine ausreichende Information der Arbeitnehmer über die Gefahren
für Sicherheit und Gesundheit sowie über die Maßnah- 3
men zur Gefahrenverhütung zu sorgen. Diese Information muß die Arbeitnehmer in die Lage versetzen, durch 4
eine angemessene Mitwirkung zu überprüfen, ob die erforderlichen Schutzmaßnahmen getroffen wurden. Diese
Information muß während der Arbeitszeit erfolgen. 8

(2) Die Information muß vor Aufnahme der Tätigkeit erfolgen. Sie muß regelmäßig wiederholt werden,
insbesondere wenn dies auf Grund sich ändernder be- 9
trieblicher Gegebenheiten erforderlich ist, weiters bei Änderung der maßgeblichen Arbeitnehmerschutzvor-
schriften und bei neuen Erkenntnissen auf dem Gebiet 12
der Sicherheit und des Gesundheitsschutzes.

(3) Arbeitgeber sind verpflichtet, alle Arbeitnehmer, die einer unmittelbaren erheblichen Gefahr ausgesetzt
sein können, unverzüglich über diese Gefahr und die 13
getroffenen oder zu treffenden Schutzmaßnahmen zu informieren.

(4) Die Information muß in verständlicher Form er- 17
folgen. Bei Arbeitnehmern, die der deutschen Sprache nicht ausreichend mächtig sind, hat die Information
in ihrer Muttersprache oder in einer sonstigen für sie 18
verständlichen Sprache zu erfolgen. Arbeitgeber haben sich zu vergewissern, daß die Arbeitnehmer die Infor-
mationen verstanden haben. 19

(5) Den Arbeitnehmern sind erforderlichenfalls zur Information geeignete Unterlagen zur Verfügung zu
stellen. Abs. 4 zweiter und dritter Satz gilt auch für die- 20
se Unterlagen. Bedienungsanleitungen betreffend Arbeitsmittel sowie Beipacktexte, Gebrauchsanweisungen
und Sicherheitsdatenblätter betreffend Arbeitsstoffe 21
sind den betroffenen Arbeitnehmern jedenfalls zur Verfügung zu stellen. Diese Unterlagen sind erforderlichenfalls am Arbeitsplatz auszuhängen.

(6) Die Information der einzelnen Arbeitnehmer gemäß Abs. 1, 2, 4 und 5 kann entfallen, wenn Sicherheitsvertrauenspersonen bestellt oder Belegschaftsorgane errichtet sind, diese entsprechend informiert wurden und eine Information dieser Personen zur wirksamen Gefahrenverhütung ausreicht. Dabei sind Inhalt und Zweck der Information sowie die bestehenden Gefahren und betrieblichen Gegebenheiten zu berücksichtigen.

(7) Wenn weder Sicherheitsvertrauenspersonen bestellt noch Belegschaftsorgane errichtet sind, sind alle Arbeitnehmer in allen in § 11 Abs. 7 angeführten Angelegenheiten zu informieren und sind ihnen die angeführten Unterlagen zur Verfügung zu stellen.

Anhörung und Beteiligung

§ 13. (1) Arbeitgeber sind verpflichtet, die Arbeitneh-
mer in allen Fragen betreffend die Sicherheit und die 21
Gesundheit am Arbeitsplatz anzuhören.

(2) Wenn weder Sicherheitsvertrauenspersonen bestellt noch Belegschaftsorgane errichtet sind, sind alle Arbeitnehmer in allen in § 11 Abs. 5 und 6 angeführten Angelegenheiten anzuhören und zu beteiligen.

(3) Werden auf einer Baustelle gleichzeitig oder aufeinanderfolgend Arbeitnehmer mehrerer Arbeitgeber beschäftigt, so hat bei der Anhörung und Beteiligung eine angemessene Abstimmung zwischen diesen Arbeitgebern zu erfolgen, wenn dies angesichts des Ausmaßes des Risikos und des Umfanges der Baustelle erforderlich erscheint.

Unterweisung

21 **§ 14.** (1) Arbeitgeber sind verpflichtet, für eine ausreichende Unterweisung der Arbeitnehmer über Sicherheit und Gesundheitsschutz zu sorgen. Die Unterweisung muß während der Arbeitszeit erfolgen. Die Unterweisung muß nachweislich erfolgen. Für die Unterweisung sind erforderlichenfalls geeignete Fachleute heranzuziehen.

(2) Eine Unterweisung muß jedenfalls erfolgen

1. vor Aufnahme der Tätigkeit,
2. bei einer Versetzung oder Veränderung des Aufgabenbereiches,
3. bei Einführung oder Änderung von Arbeitsmitteln,
4. bei Einführung neuer Arbeitsstoffe,
5. bei Einführung oder Änderung von Arbeitsverfahren und
6. nach Unfällen oder Ereignissen, die beinahe zu einem Unfall geführt hätten, sofern dies zur Verhütung weiterer Unfälle nützlich erscheint.

(3) Die Unterweisung muß auf den Arbeitsplatz und den Aufgabenbereich des Arbeitnehmers ausgerichtet sein. Sie muß an die Entwicklung der Gefahrenmomente und an die Entstehung neuer Gefahren angepaßt sein. Die Unterweisung muß auch die bei absehbaren Betriebsstörungen zu treffenden Maßnahmen umfassen. Die Unterweisung ist erforderlichenfalls in regelmäßigen Abständen zu wiederholen, jedenfalls dann, wenn dies gemäß § 4 Abs. 3 als Maßnahme zur Gefahrenverhütung oder in einer Verordnung zu diesem Bundesgesetz festgelegt ist.

(4) Die Unterweisung muß dem Erfahrungsstand der Arbeitnehmer angepaßt sein und in verständlicher Form erfolgen. Bei Arbeitnehmern, die der deutschen Sprache nicht ausreichend mächtig sind, hat die Unterweisung in ihrer Muttersprache oder in einer sonstigen für sie verständlichen Sprache zu erfolgen. Arbeitgeber haben sich zu vergewissern, daß die Arbeitnehmer die Unterweisung verstanden haben.

(5) Die Unterweisung kann auch schriftlich erfolgen. Erforderlichenfalls sind den Arbeitnehmern schriftliche Betriebsanweisungen und sonstige Anweisungen zur Verfügung zu stellen. Diese Anweisungen sind erforderlichenfalls am Arbeitsplatz auszuhängen. Abs. 4 zweiter und dritter Satz gilt auch für schriftliche Anweisungen.

Pflichten der Arbeitnehmer

21 **§ 15.** (1) Arbeitnehmer haben die zum Schutz des Lebens, der Gesundheit und der Integrität und Würde nach diesem Bundesgesetz, den dazu erlassenen Verordnungen sowie behördlichen Vorschreibungen gebotenen Schutzmaßnahmen anzuwenden, und zwar gemäß ihrer Unterweisung und den Anweisungen des Arbeitgebers. Sie haben sich so zu verhalten, daß eine Gefährdung soweit als möglich vermieden wird.

(2) Arbeitnehmer sind verpflichtet, gemäß ihrer Unterweisung und den Anweisungen des Arbeitgebers die Arbeitsmittel ordnungsgemäß zu benutzen und die ihnen zur Verfügung gestellte, diesem Bundesgesetz entsprechende persönliche Schutzausrüstung zweckentsprechend zu benutzen und sie nach Benutzung an dem dafür vorgesehenen Platz zu lagern.

(3) Arbeitnehmer dürfen Schutzeinrichtungen nicht entfernen, außer Betrieb setzen, willkürlich verändern oder umstellen, soweit dies nicht aus arbeitstechnischen Gründen, insbesondere zur Durchführung von Einstellungs-, Reparatur- oder Wartungsarbeiten, unbedingt notwendig ist. Sie sind verpflichtet, gemäß ihrer Unterweisung und den Anweisungen des Arbeitgebers die Schutzeinrichtungen ordnungsgemäß zu benutzen.

(4) Arbeitnehmer dürfen sich nicht durch Alkohol, Arzneimittel oder Suchtgift in einen Zustand versetzen, in dem sie sich oder andere Personen gefährden können.

(5) Arbeitnehmer haben jeden Arbeitsunfall, jedes Ereignis, das beinahe zu einem Unfall geführt hätte, und jede von ihnen festgestellte ernste und unmittelbare Gefahr für Sicherheit oder Gesundheit sowie jeden an den Schutzsystemen festgestellten Defekt unverzüglich den zuständigen Vorgesetzten oder den sonst dafür zuständigen Personen zu melden.

(6) Wenn sie bei unmittelbarer erheblicher Gefahr die zuständigen Vorgesetzten oder die sonst zuständigen Personen nicht erreichen können, sind Arbeitnehmer verpflichtet, nach Maßgabe der Festlegungen in den Sicherheits- und Gesundheitsschutzdokumenten, ihrer Information und Unterweisung sowie der zur Verfügung stehenden technischen Mittel selbst die ihnen zumutbaren unbedingt notwendigen Maßnahmen zu treffen, um die anderen Arbeitnehmer zu warnen und Nachteile für Leben oder Gesundheit abzuwenden.

(7) Arbeitnehmer haben gemeinsam mit dem Arbeitgeber, den Sicherheitsvertrauenspersonen und den Präventivdiensten darauf hinzuwirken, daß die zum Schutz der Arbeitnehmer vorgesehenen Maßnahmen eingehalten werden und daß die Arbeitgeber gewährleisten, daß das Arbeitsumfeld und die Arbeitsbedingungen sicher sind und keine Gefahren für Sicherheit oder Gesundheit aufweisen.

(8) Die Pflichten der Arbeitnehmer in Fragen der Sicherheit und des Gesundheitsschutzes berühren nicht die Verantwortlichkeit des Arbeitgebers für die Einhaltung der Arbeitnehmerschutzvorschriften.

Aufzeichnungen und Berichte über Arbeitsunfälle

§ 16. (1) Arbeitgeber haben Aufzeichnungen zu führen

1. über alle tödlichen Arbeitsunfälle,
2. über alle Arbeitsunfälle, die eine Verletzung eines Arbeitnehmers mit einem Arbeitsausfall von mehr als drei Kalendertagen zur Folge haben.

(2) Die Aufzeichnungen gemäß Abs. 1 sind mindestens fünf Jahre aufzubewahren.

(3) Arbeitgeber sind verpflichtet, auf Verlangen des Arbeitsinspektorates Berichte über bestimmte Arbeitsunfälle zu erstellen und dem Arbeitsinspektorat zu übermitteln.

Beachte für folgende Bestimmung

Zu Abs. 2: vgl. § 105

Instandhaltung, Reinigung, Prüfung

§ 17. (1) Arbeitgeber haben dafür zu sorgen, daß die Arbeitsstätten einschließlich der Sanitär- und Sozialeinrichtungen, die elektrischen Anlagen, Arbeitsmittel und Gegenstände der persönlichen Schutzausrüstung sowie die Einrichtungen zur Brandmeldung oder -bekämpfung, zur Erste-Hilfe-Leistung und zur Rettung aus Gefahr ordnungsgemäß instand gehalten und gereinigt werden.

(2) Arbeitgeber haben unbeschadet der in den folgenden Abschnitten dieses Bundesgesetzes vorgesehenen besonderen Prüfpflichten dafür zu sorgen, daß elektrische Anlagen, Arbeitsmittel, Gegenstände der persönlichen Schutzausrüstung sowie Einrichtungen zur Brandmeldung oder -bekämpfung und zur Rettung aus Gefahr in regelmäßigen Abständen auf ihren ordnungsgemäßen Zustand überprüft werden und festgestellte Mängel unverzüglich beseitigt werden.

Verordnungen

§ 18. Der Bundesminister für Arbeit, Soziales und Konsumentenschutz hat in Durchführung des 1. Abschnittes durch Verordnung näher zu regeln:

1. die Sicherheits- und Gesundheitsschutzdokumente, wobei die Art der Tätigkeiten und die Größe des Unternehmens bzw. der Arbeitsstätte, Baustelle oder auswärtigen Arbeitsstelle zu berücksichtigen sind,
2. Arbeiten, mit denen Arbeitnehmerinnen nicht oder nur unter Bedingungen oder Einschränkungen beschäftigt werden dürfen,
3. die Mindestanzahl der Sicherheitsvertrauenspersonen.

2. ABSCHNITT

ARBEITSSTÄTTEN UND BAUSTELLEN

Anwendungsbereich

§ 19. (1) Arbeitsstätten sind

1. alle Gebäude und sonstigen baulichen Anlagen sowie Teile von Gebäuden oder sonstigen baulichen Anlagen, in denen Arbeitsplätze eingerichtet sind oder eingerichtet werden sollen oder zu denen Arbeitnehmer im Rahmen ihrer Arbeit Zugang haben (Arbeitsstätten in Gebäuden), sowie
2. alle Orte auf einem Betriebsgelände, zu denen Arbeitnehmer im Rahmen ihrer Arbeit Zugang haben (Arbeitsstätten im Freien).

(2) Als Arbeitsstätten im Sinne des Abs. 1 Z 1 gelten auch Wohnwagen, Container und sonstige ähnliche Einrichtungen, sowie Tragluftbauten, die zur Nutzung für Arbeitsplätze vorgesehen sind.

(3) Die §§ 20 bis 28 gelten nicht für

1. Gebäude und sonstige bauliche Anlagen, die dem Gottesdienst gesetzlich anerkannter Kirchen und Religionsgesellschaften gewidmet sind,
2. Felder, Wälder und sonstige Flächen, die zu einem land- und forstwirtschaftlichen Betrieb gehören und außerhalb seiner verbauten Fläche liegen.

Allgemeine Bestimmungen über Arbeitsstätten und Baustellen

§ 20. (1) Arbeitgeber sind verpflichtet, Arbeitsstätten und Baustellen entsprechend den Vorschriften dieses Bundesgesetzes sowie den dazu erlassenen Verordnungen und entsprechend den für sie geltenden behördlichen Vorschreibungen einzurichten und zu betreiben.

(2) Befinden sich in einer Arbeitsstätte oder auf einer Baustelle Gefahrenbereiche, in denen Absturzgefahr für die Arbeitnehmer oder die Gefahr des Herabfallens von Gegenständen besteht, so müssen diese Bereiche nach Möglichkeit mit Vorrichtungen ausgestattet sein, die unbefugte Arbeitnehmer am Betreten dieser Bereiche hindern. Dies gilt auch für sonstige Bereiche, in denen besondere Gefahren bestehen, insbesondere durch elektrische Spannung, radioaktive Stoffe, ionisierende oder nichtionisierende Strahlung oder durch Lärm oder sonstige physikalische Einwirkungen. Gefahrenbereiche müssen gut sichtbar und dauerhaft gekennzeichnet sein.

(3) Elektrische Anlagen müssen so geplant und installiert sein, daß von ihnen keine Brand- oder Explosionsgefahr ausgeht und daß Arbeitnehmer bei direktem oder indirektem Kontakt angemessen vor Unfallgefahren geschützt sind.

(4) Der Verkehr innerhalb der Arbeitsstätten und auf den Baustellen ist so abzuwickeln, daß Sicherheit und Gesundheit der Arbeitnehmer nicht gefährdet werden. Die der Verkehrssicherheit dienenden Vorschriften der Straßenverkehrsordnung 1960, BGBl. Nr. 159, sind sinngemäß anzuwenden, soweit nicht betriebliche Notwendigkeiten eine Abweichung erfordern. Solche Abweichungen sind in der Arbeitsstätte oder auf der Baustelle entsprechend bekanntzumachen.

(5) Lagerungen sind in einer Weise vorzunehmen, daß Gefahren für Sicherheit oder Gesundheit der Arbeitnehmer nach Möglichkeit vermieden werden, wobei insbesondere die Beschaffenheit und die allfällige besondere Gefährlichkeit der gelagerten Gegenstände zu berücksichtigen sind.

(6) Arbeitsstätten und Baustellen, in/auf denen Arbeitnehmer bei Ausfall der künstlichen Beleuchtung in besonderem Maß Gefahren ausgesetzt sind, müssen mit einer ausreichenden Sicherheitsbeleuchtung ausgestattet sein.

(7) Arbeitgeber/innen haben dafür zu sorgen, dass auf Arbeitsstätten im Bergbau die erforderlichen Kommunikations-, Warn- und Alarmsysteme vorhanden sind, damit im Bedarfsfall unverzüglich Hilfs-, Evakuierungs- und Rettungsmaßnahmen eingeleitet werden können.

Arbeitsstätten in Gebäuden

§ 21. (1) Arbeitsstätten in Gebäuden müssen eine der Nutzungsart entsprechende Konstruktion und Festigkeit aufweisen.

(2) Arbeitsstätten in Gebäuden müssen möglichst ausreichend Tageslicht erhalten und mit Einrichtungen für eine der Sicherheit und dem Gesundheitsschutz der Arbeitnehmer angemessene künstliche Beleuchtung ausgestattet sein.

(3) Ausgänge und Verkehrswege müssen so angelegt und beschaffen sein, daß sie je nach ihrem Bestimmungszweck leicht und sicher begangen oder befahren werden können. Anzahl, Anordnung, Abmessungen und Beschaffenheit der Ausgänge, der Verkehrswege, der Türen und der Tore müssen der Art, der Nutzung und der Lage der Räume entsprechen. Ausgänge, Verkehrswege, Türen und Tore müssen so angelegt sein, daß in der Nähe beschäftigte Arbeitnehmer nicht gefährdet werden können.

(4) Es muß dafür vorgesorgt werden, daß alle Arbeitsplätze bei Gefahr von den Arbeitnehmern schnell und sicher verlassen werden können. Anzahl, Anordnung, Abmessungen und Beschaffenheit der Fluchtwege und der Notausgänge müssen der höchstmöglichen Anzahl der darauf angewiesenen Personen sowie der Nutzung der Einrichtung und den Abmessungen der Arbeitsstätte angemessen sein. Die Verkehrswege zu Fluchtwegen und Notausgängen sowie die Fluchtwege und Notausgänge selbst müssen freigehalten werden, damit sie jederzeit benutzt werden können. Fluchtwege und Notausgänge müssen gut sichtbar und dauerhaft gekennzeichnet sein.

(5) Arbeitsstätten in Gebäuden sind gegebenenfalls behindertengerecht zu gestalten. Dies gilt insbesondere für Ausgänge, Verkehrswege, Türen und Tore und sanitäre Vorkehrungen, die von behinderten Arbeitnehmern benutzt werden.

(6) Wird ein Gebäude nur zum Teil für Arbeitsstätten genutzt, gilt Abs. 3 nur für jene Ausgänge, Verkehrswege,

Türen und Tore, die von den Arbeitnehmern benützt werden.

Arbeitsräume

4 **§ 22.** (1) Arbeitsräume sind jene Räume, in denen mindestens ein ständiger Arbeitsplatz eingerichtet ist.

(2) Arbeitsräume müssen für den Aufenthalt von Menschen geeignet sein und unter Berücksichtigung der Arbeitsvorgänge und Arbeitsbedingungen den Erfordernissen des Schutzes des Lebens und der Gesundheit der Arbeitnehmer entsprechen.

(3) In Arbeitsräumen muß unter Berücksichtigung der Arbeitsvorgänge und der körperlichen Belastung der Arbeitnehmer ausreichend gesundheitlich zuträgliche Atemluft vorhanden sein und müssen raumklimatische Verhältnisse herrschen, die dem menschlichen Organismus angemessen sind.

(4) Bei der Konstruktion und Einrichtung der Arbeitsräume ist dafür zu sorgen, daß Lärm, elektrostatische Aufladung, üble Gerüche, Erschütterungen, schädliche Strahlungen, Nässe und Feuchtigkeit nach Möglichkeit vermieden werden.

(5) Arbeitsräume müssen eine ausreichende Grundfläche und Höhe sowie einen ausreichenden Luftraum aufweisen, sodaß die Arbeitnehmer ohne Beeinträchtigung ihrer Sicherheit, ihrer Gesundheit und ihres Wohlbefindens ihre Arbeit verrichten können.

(6) Soweit die Zweckbestimmung der Räume und die Art der Arbeitsvorgänge dies zulassen, müssen Arbeitsräume ausreichend natürlich belichtet sein und eine Sichtverbindung mit dem Freien aufweisen. Bei der Anordnung der Arbeitsplätze ist auf die Lage der Belichtungsflächen und der Sichtverbindung Bedacht zu nehmen.

(7) Arbeitsräume müssen erforderlichenfalls während der Arbeitszeit unter Berücksichtigung der Arbeitsvorgänge entsprechend künstlich beleuchtet sein.

(8) Die Fußböden der Arbeitsräume dürfen keine Unebenheiten, Löcher oder gefährlichen Neigungen aufweisen. Sie müssen befestigt, trittsicher und rutschfest sein. Sie müssen im Bereich der ortsgebundenen Arbeitsplätze eine ausreichende Wärmeisolierung aufweisen, sofern dies nicht aus arbeitstechnischen Gründen ausgeschlossen ist.

Sonstige Betriebsräume

4 **§ 23.** (1) Sonstige Betriebsräume sind jene Räume, in denen zwar kein ständiger Arbeitsplatz eingerichtet ist, aber vorübergehend Arbeiten verrichtet werden.

(2) Sonstige Betriebsräume müssen für den Aufenthalt von Menschen geeignet sein und unter Berücksichtigung der Arbeitsvorgänge und Arbeitsbedingungen den Erfordernissen des Schutzes des Lebens und der Gesundheit der Arbeitnehmer entsprechen.

(3) Soweit dies die Nutzung und die Zweckbestimmung der Räume zulassen, muß in sonstigen Betriebsräumen unter Berücksichtigung der Arbeitsvorgänge und der körperlichen Belastung der Arbeitnehmer ausreichend gesundheitlich zuträgliche Atemluft vorhanden sein und müssen raumklimatische Verhältnisse herrschen, die dem menschlichen Organismus angemessen sind.

(4) Sonstige Betriebsräume müssen erforderlichenfalls während der Zeit, in der Arbeiten durchgeführt werden, unter Berücksichtigung der Arbeitsvorgänge entsprechend künstlich beleuchtet sein.

(5) Die Fußböden der sonstigen Betriebsräume dürfen keine Unebenheiten, Löcher oder gefährlichen Neigungen aufweisen. Sie müssen fest, trittsicher und rutschfest sein.

Arbeitsstätten im Freien und Baustellen

§ 24. (1) Arbeitsstätten im Freien und Baustellen müssen während der Arbeitszeit ausreichend künstlich beleuchtet werden, wenn das Tageslicht nicht ausreicht. 4

(2) Auf Arbeitsstätten im Freien und auf Baustellen sind geeignete Maßnahmen zu treffen, damit die Arbeitnehmer bei Gefahr rasch ihren Arbeitsplatz verlassen können und ihnen rasch Hilfe geleistet werden kann. 5

(3) Verkehrswege und sonstige Stellen oder Einrichtungen im Freien, die von den Arbeitnehmern im Rahmen ihrer Tätigkeit benutzt oder betreten werden müssen, sind so zu gestalten und zu erhalten, daß sie je nach ihrem Bestimmungszweck sicher begangen oder befahren werden können und daß in der Nähe beschäftigte Arbeitnehmer nicht gefährdet werden.

(4) Für Gebäude auf Baustellen, in denen Arbeitsplätze eingerichtet sind, gilt § 21 Abs. 1 bis 5. Für Räume auf Baustellen, in denen ständige Arbeitsplätze eingerichtet sind, wie Büros und Werkstätten, gilt § 22 Abs. 2 bis 7 und Abs. 8 erster und zweiter Satz. Für Räume auf Baustellen, in denen zwar keine ständigen Arbeitsplätze eingerichtet sind, in denen aber vorübergehend Arbeiten verrichtet werden, gilt § 23 Abs. 1 bis 5.

Brandschutz und Explosionsschutz

§ 25. (1) Arbeitgeber müssen geeignete Vorkehrungen treffen, um das Entstehen eines Brandes und im Falle eines Brandes eine Gefährdung des Lebens und der Gesundheit der Arbeitnehmer zu vermeiden. 4

(2) Arbeitgeber müssen geeignete Maßnahmen treffen, die zur Brandbekämpfung und Evakuierung der Arbeitnehmer erforderlich sind. 1

(3) Es müssen ausreichende und geeignete Feuerlöscheinrichtungen und erforderlichenfalls Brandmelder und Alarmanlagen vorhanden sein. Die Feuerlöscheinrichtungen müssen gut sichtbar und dauerhaft gekennzeichnet sein.

(4) Arbeitgeber haben Personen zu bestellen, die für die Brandbekämpfung und Evakuierung der Arbeitnehmer zuständig sind. Eine ausreichende Anzahl von Arbeitnehmern muß mit der Handhabung der Feuerlöscheinrichtungen vertraut sein.

(5) *entfällt gemäß BGBl. I Nr. 94/2014 (Art. 3)*

(6) Arbeitgeber müssen geeignete Vorkehrungen treffen, um Explosionen zu verhindern und die Folgen einer Explosion zu begrenzen. 1

(7) Arbeitsstätten müssen erforderlichenfalls mit Blitzschutzanlagen versehen sein.

(8) Bei Vorkehrungen und Maßnahmen gemäß Abs. 1 bis 7 sind die Art der Arbeitsvorgänge und Arbeitsverfahren, die Art und Menge der vorhandenen Arbeitsstoffe, die vorhandenen Einrichtungen und Arbeitsmittel, die Lage, Abmessungen und Nutzung der Arbeitsstätte sowie die höchstmögliche Anzahl der anwesenden Personen zu berücksichtigen.

(9) Für Baustellen gelten Abs. 1 bis 4, 6 und 8 mit der Maßgabe, daß auch die Lage und die räumliche Ausdehnung der Baustelle sowie allfällige Unterkünfte und Behelfsbauten besonders zu berücksichtigen sind.

Erste Hilfe

§ 26. (1) Arbeitgeber müssen geeignete Vorkehrungen treffen, damit Arbeitnehmern bei Verletzungen oder plötzlichen Erkrankungen Erste Hilfe geleistet werden kann. 4

(2) Es müssen ausreichende und geeignete Mittel und Einrichtungen für die Erste Hilfe samt Anleitungen vorhanden sein. Die Aufbewahrungsstellen der für die

Erste Hilfe notwendigen Mittel und Einrichtungen müssen gut erreichbar sein sowie gut sichtbar und dauerhaft gekennzeichnet sein.

(3) Es sind in ausreichender Anzahl Personen zu bestellen, die für die Erste Hilfe zuständig sind. Diese Personen müssen über eine ausreichende Ausbildung für die Erste Hilfe verfügen. Es ist dafür zu sorgen, daß während der Betriebszeit entsprechend der Anzahl der in der Arbeitsstätte anwesenden Arbeitnehmer für die Erste Hilfe zuständige Personen in ausreichender Anzahl anwesend sind.

(4) Für die Erste Hilfe müssen Sanitätsräume vorgesehen sein, wenn in einer Arbeitsstätte regelmäßig mehr als 250 Arbeitnehmer beschäftigt werden oder wenn es wegen der besonderen Verhältnisse für eine rasche und wirksame Erste Hilfe erforderlich ist. Sanitätsräume müssen mit den erforderlichen Einrichtungen und Mitteln ausgestattet und leicht zugänglich sein. Sie müssen gut sichtbar und dauerhaft gekennzeichnet sein.

(5) Bei Vorkehrungen und Maßnahmen gemäß Abs. 1 bis 4 sind die Art der Arbeitsvorgänge und Arbeitsverfahren, die Art und Menge der vorhandenen Arbeitsstoffe, die vorhandenen Einrichtungen und Arbeitsmittel, das Unfallrisiko, die Lage, Abmessungen und Nutzung der Arbeitsstätte sowie die Anzahl der in der Arbeitsstätte beschäftigten Arbeitnehmer zu berücksichtigen.

(6) Für Baustellen gelten Abs. 1, 2 und 5 mit der Maßgabe, daß auch die Lage und die räumliche Ausdehnung der Baustelle besonders zu berücksichtigen sind, sowie Abs. 3. Sanitätsräume oder vergleichbare Einrichtungen sind vorzusehen, wenn dies auf Grund der Lage der Baustelle und der Anzahl der auf der Baustelle beschäftigten Arbeitnehmer notwendig ist. Für diese Sanitätseinrichtungen gilt Abs. 4 zweiter und dritter Satz.

Sanitäre Vorkehrungen in Arbeitsstätten

§ 27. (1) Den Arbeitnehmern sind in ausreichender Anzahl geeignete Waschgelegenheiten mit hygienisch einwandfreiem, fließendem und nach Möglichkeit warmem Wasser, Reinigungsmittel sowie geeignete Mittel zum Abtrocknen zur Verfügung zu stellen. Waschräume sind zur Verfügung zu stellen, wenn

1. von einem Arbeitgeber in einer Arbeitsstätte regelmäßig mehr als zwölf Arbeitnehmer beschäftigt werden, oder
2. die Art der Arbeitsvorgänge, hygienische oder gesundheitliche Gründe dies erfordern.

(2) Sind nach Abs. 1 Waschräume einzurichten, so hat eine Trennung nach Geschlecht zu erfolgen, wenn jedem Geschlecht mindestens fünf Arbeitnehmer angehören. Sind gemeinsame Waschgelegenheiten und Waschräume für Arbeitnehmer und Arbeitnehmerinnen eingerichtet, ist eine nach Geschlecht getrennte Benutzung sicherzustellen.

(3) Den Arbeitnehmern sind in der Nähe der Arbeitsplätze, der Aufenthaltsräume, der Umkleideräume und der Waschgelegenheiten oder Waschräume in ausreichender Anzahl geeignete Toiletten zur Verfügung zu stellen. In Vorräumen von Toiletten muß eine Waschgelegenheit vorhanden sein, sofern sich nicht in unmittelbarer Nähe der Toiletten eine Waschgelegenheit befindet. Werden in einer Arbeitsstätte regelmäßig mindestens fünf Arbeitnehmer und mindestens fünf Arbeitnehmerinnen beschäftigt, so hat bei den Toiletten eine Trennung nach Geschlecht zu erfolgen.

(4) Jedem Arbeitnehmer ist ein versperrbarer Kleiderkasten oder eine sonstige geeignete versperrbare Einrichtung zur Aufbewahrung der Privatkleidung und Arbeitskleidung sowie sonstiger Gegenstände, die üblicherweise zur Arbeitsstätte mitgenommen werden, zur Verfügung zu stellen. Erforderlichenfalls ist dafür vorzusorgen, daß die Straßenkleidung von der Arbeits- und Schutzkleidung getrennt verwahrt werden kann. Den Arbeitnehmern sind geeignete Umkleideräume zur Verfügung zu stellen, wenn

1. in einer Arbeitsstätte regelmäßig mehr als zwölf Arbeitnehmer beschäftigt werden, die bei ihrer Tätigkeit besondere Arbeitskleidung oder Schutzkleidung tragen, oder
2. aus hygienischen, gesundheitlichen oder sittlichen Gründen gesonderte Umkleideräume erforderlich sind.

(5) Sind nach Abs. 4 Umkleideräume einzurichten, so hat eine Trennung nach Geschlecht zu erfolgen, wenn jedem Geschlecht mindestens fünf Arbeitnehmer angehören. Sind gemeinsame Umkleideräume für Arbeitnehmer und Arbeitnehmerinnen eingerichtet, ist eine nach Geschlecht getrennte Benutzung sicherzustellen.

(6) Waschräume müssen in der Nähe der Arbeitsplätze gelegen sein, soweit nicht gesonderte Waschgelegenheiten in der Nähe der Arbeitsplätze zur Verfügung stehen. Waschräume und Umkleideräume müssen untereinander leicht erreichbar sein.

(7) Waschräume, Toiletten und Umkleideräume müssen entsprechend ihrer Zweckbestimmung und der Anzahl der Arbeitnehmer bemessen und ausgestattet sein, den hygienischen Anforderungen entsprechen, eine angemessene Raumtemperatur aufweisen sowie ausreichend be- und entlüftet, belichtet oder beleuchtet sein.

(8) Der Verpflichtung zur Einrichtung von Waschräumen, Toiletten und Umkleideräumen kann auch in der Weise entsprochen werden, daß mehrere Arbeitgeber gemeinsam für ihre Arbeitnehmer Waschräume, Toiletten und Umkleideräume zur Verfügung stellen. In diesem Fall müssen die Waschräume, Toiletten und Umkleideräume hinsichtlich ihrer Lage, ihrer Anzahl, ihrer Bemessung und ihrer Ausstattung den Anforderungen nach Abs. 1 bis 7 unter Zugrundelegung der Gesamtzahl aller Arbeitnehmer entsprechen.

(9) Den Arbeitnehmern ist Trinkwasser oder ein anderes gesundheitlich einwandfreies, alkoholfreies Getränk zur Verfügung zu stellen.

Sozialeinrichtungen in Arbeitsstätten

§ 28. (1) Den Arbeitnehmern sind für den Aufenthalt während der Arbeitspausen geeignete Aufenthaltsräume zur Verfügung zu stellen, wenn

1. Sicherheits- oder Gesundheitsgründe dies erfordern, insbesondere wegen der Art der ausgeübten Tätigkeit, der Verwendung gefährlicher Arbeitsstoffe, der Lärmeinwirkung, Erschütterungen oder sonstigen gesundheitsgefährdenden Einwirkungen sowie bei längerdauernden Arbeiten im Freien, oder
2. ein Arbeitgeber in einer Arbeitsstätte regelmäßig mehr als zwölf Arbeitnehmer beschäftigt.

(2) Den Arbeitnehmern sind in den Aufenthaltsräumen, wenn solche nicht bestehen, an sonstigen geeigneten Plätzen, Sitzgelegenheiten mit Rückenlehne und Tische in ausreichender Anzahl zur Einnahme der Mahlzeiten sowie Einrichtungen zum Wärmen und zum Kühlen von mitgebrachten Speisen und Getränken zur Verfügung zu stellen.

(3) Für jene Arbeitnehmer, in deren Arbeitszeit regelmäßig und in erheblichem Umfang Zeiten der Arbeitsbereitschaft fallen, sind geeignete Bereitschaftsräume zur Verfügung zu stellen, wenn

4

1. sie sich während der Zeiten der Arbeitsbereitschaft nicht in Aufenthaltsräumen oder anderen geeigneten Räumen aufhalten dürfen und
2. Gesundheits- oder Sicherheitsgründe die Einrichtung von Bereitschaftsräumen erfordern.

(4) Aufenthaltsräume und Bereitschaftsräume müssen leicht erreichbar sein.

20 (5) Aufenthaltsräume und Bereitschaftsräume müssen entsprechend ihrer Zweckbestimmung und der Anzahl der Arbeitnehmer bemessen und ausgestattet sein, den hygienischen Anforderungen entsprechen, angemessene raumklimatische Verhältnisse aufweisen, ausreichend be- und entlüftet, belichtet oder beleuchtet und gegen Lärm, Erschütterungen und sonstige gesundheitsgefährdende Einwirkungen geschützt sein.

(6) Der Verpflichtung Aufenthaltsräume zur Verfügung zu stellen, kann auch in der Weise entsprochen werden, daß mehrere Arbeitgeber gemeinsam für ihre Arbeitnehmer Aufenthaltsräume zur Verfügung stellen. In diesem Fall müssen die Aufenthaltsräume hinsichtlich ihrer Lage, ihrer Anzahl, ihrer Bemessung und ihrer Ausstattung den Anforderungen nach Abs. 1, 2, 4 und 5 unter Zugrundelegung der Gesamtzahl aller Arbeitnehmer entsprechen.

(7) Räume, die den Arbeitnehmern vom Arbeitgeber zu Wohnzwecken oder zur Nächtigung zur Verfügung gestellt werden, müssen entsprechend ihrer Zweckbestimmung bemessen und ausgestattet sein, den hygienischen Anforderungen entsprechen, angemessene raumklimatische Verhältnisse aufweisen, ausreichend be- und entlüftet, belichtet und beleuchtbar sein. Den Arbeitnehmern müssen geeignete Duschen, Waschgelegenheiten und Toiletten zur Verfügung stehen.

(8) Abs. 7 gilt nicht für Werks- und Dienstwohnungen.

Sanitäre Vorkehrungen und Sozialeinrichtungen auf Baustellen

5 **§ 29.** (1) Den Arbeitnehmern ist Trinkwasser oder ein anderes gesundheitlich einwandfreies, alkoholfreies Getränk zur Verfügung zu stellen.

(2) Den Arbeitnehmern müssen im gebotenen Umfang entsprechende Waschgelegenheiten oder Waschräume, Toiletten, Aufenthaltsräume, Kleiderkästen oder sonstige geeignete Einrichtungen, Umkleidemöglichkeiten und Unterkünfte zur Verfügung stehen, soweit dies unter Berücksichtigung der Lage der Baustelle, der örtlichen Gegebenheiten, der Art und Dauer der Tätigkeiten und der Anzahl der Arbeitnehmer erforderlich ist.

(3) Der Verpflichtung zur Einrichtung von Waschräumen, Toiletten, Aufenthaltsräumen und Unterkünften kann auch in der Weise entsprochen werden, daß mehrere Arbeitgeber gemeinsam für ihre Arbeitnehmer solche Einrichtungen zur Verfügung stellen. In diesem Fall müssen diese Einrichtungen hinsichtlich ihrer Lage, ihrer Anzahl, ihrer Bemessung und ihrer Ausstattung der Gesamtzahl aller Arbeitnehmer entsprechen.

Nichtraucher/innenschutz

§ 30. (1) Arbeitgeber/innen haben dafür zu sorgen, dass nicht rauchende Arbeitnehmer/innen vor den Einwirkungen von Tabakrauch am Arbeitsplatz geschützt sind, soweit dies nach der Art des Betriebes möglich ist.

(2) In Arbeitsstätten in Gebäuden ist das Rauchen für Arbeitgeber/innen und Arbeitnehmer/innen verboten, sofern Nichtraucher/innen in der Arbeitsstätte beschäftigt werden.

(3) Ist eine ausreichende Zahl von Räumlichkeiten in der Arbeitsstätte vorhanden, kann der/die Arbeitgeber/in abweichend von Abs. 2 einzelne Räume einrichten, in denen das Rauchen gestattet ist, sofern es sich nicht um Arbeitsräume handelt und gewährleistet ist, dass der Tabakrauch nicht in die mit Rauchverbot belegten Bereiche der Arbeitsstätte dringt und das Rauchverbot dadurch nicht umgangen wird. Aufenthalts-, Bereitschafts-, Sanitäts- und Umkleideräume dürfen nicht als Raucher/innenräume eingerichtet werden.

(4) Abs. 1 bis 3 gelten auch für die Verwendung von verwandten Erzeugnissen und Wasserpfeifen im Sinn des Tabak- und Nichtraucherinnen- bzw. Nichtraucherschutzgesetzes – TNRSG, BGBl. Nr. 431/1995.

Schwimmkörper, schwimmende Anlagen und Geräte, Verkehrsmittel

§ 31. (1) Einrichtungen auf Schwimmkörpern, schwimmenden Anlagen und Geräten im Sinne des § 2 Schifffahrtsgesetzes, BGBl. I Nr. 62/1997 die zur Nutzung für Arbeitsplätze vorgesehen sind, und den Arbeitsstätten im Sinne des § 19 Abs. 1 vergleichbar sind, sind den §§ 20 bis 24 entsprechend einzurichten und zu betreiben, soweit dies nach der Art und Zweckbestimmung dieser Einrichtungen möglich und zum Schutz der Arbeitnehmer erforderlich ist. In diesen Einrichtungen sind die erforderlichen Vorkehrungen zum Brandschutz und Explosionsschutz, für die Erste Hilfe sowie für das rasche und sichere Verlassen dieser Einrichtungen im Notfall zu treffen und die erforderlichen Mittel bereitzustellen. Dabei sind die Art, Größe und Zweckbestimmung der Einrichtung, die Ausstattung, die Art und Menge der vorhandenen Arbeitsstoffe oder der transportierten Güter und Stoffe, die Arbeitsmittel sowie die größtmögliche Anzahl der anwesenden Personen zu berücksichtigen.

(2) Abs. 1 gilt auch für Einrichtungen in Verkehrsmitteln zum Transport auf dem Luftweg, dem Wasserweg, im Straßenbahn- oder Eisenbahnverkehr.

(3) In Einrichtungen gemäß Abs. 1 und 2, falls dies nicht möglich ist, in deren Nähe oder an sonstigen geeigneten Plätzen, sind den Arbeitnehmern geeignete Waschgelegenheiten oder Waschräume, Toiletten, Kleiderkästen und Umkleideräume sowie für den Aufenthalt während der Arbeitspausen, der Bereitschaftszeiten und gegebenenfalls auch der Ruhezeiten Sozialeinrichtungen zur Verfügung zu stellen. Auf diese Einrichtungen sind §§ 27 und 28 sinngemäß mit der Maßgabe anzuwenden, daß die Anzahl der Arbeitnehmer, die Art und Dauer der Arbeitsvorgänge, die Arbeitsbedingungen sowie Art und Zweckbestimmung der Einrichtung zu berücksichtigen sind. Den Arbeitnehmern ist Trinkwasser oder ein anderes gesundheitlich einwandfreies, alkoholfreies Getränk zur Verfügung zu stellen.

(4) In Einrichtungen gemäß Abs. 1 und 2 ist für den Schutz der Nichtraucher vor den Einwirkungen von Tabakrauch zu sorgen.

(5) Einrichtungen nach Abs. 1 und 2 sind gegebenenfalls behindertengerecht zu gestalten, soweit die Art und Zweckbestimmung der Einrichtung dem nicht entgegenstehen.

Verordnungen über Arbeitsstätten und Baustellen

§ 32. (1) Der Bundesminister für Arbeit, Soziales und Konsumentenschutz hat in Durchführung des 2. Abschnittes durch Verordnung näher zu regeln: 4
1. die behindertengerechte Gestaltung von Arbeitsstätten in Gebäuden,
2. die Bestellung von für Brandbekämpfung und Evakuierung zuständigen Personen und
3. die Bereitschaftsräume.

(2) Der Bundesminister für Arbeit, Soziales und Konsumentenschutz kann durch Verordnung nähere Durchführungsbestimmungen zu § 31 erlassen.

3. ABSCHNITT

ARBEITSMITTEL

Allgemeine Bestimmungen über Arbeitsmittel

§ 33. (1) Die Benutzung von Arbeitsmitteln sind alle ein Arbeitsmittel betreffenden Tätigkeiten wie In- und Außerbetriebnahme, Gebrauch, Transport, Instandsetzung, Umbau, Instandhaltung, Wartung und Reinigung.

(2) Arbeitgeber haben dafür zu sorgen, daß Arbeitsmittel entsprechend den Bestimmungen dieses Abschnittes und den gemäß § 39 erlassenen Verordnungen beschaffen sind, aufgestellt, erhalten und benutzt werden.

(3) Arbeitgeber dürfen nur solche Arbeitsmittel zur Verfügung stellen, die

1. für die jeweilige Arbeit in Bezug auf Sicherheit und Gesundheitsschutz geeignet sind oder zweckentsprechend angepaßt werden und
2. hinsichtlich Konstruktion, Bau und weiterer Schutzmaßnahmen den für sie geltenden Rechtsvorschriften über Sicherheits- oder Gesundheitsanforderungen entsprechen.

(4) Werden von Arbeitgebern Arbeitsmittel erworben, die nach den für sie geltenden Rechtsvorschriften gekennzeichnet sind, können Arbeitgeber, die über keine anderen Erkenntnisse verfügen, davon ausgehen, daß diese Arbeitsmittel hinsichtlich Konstruktion, Bau und weiterer Schutzmaßnahmen den für sie im Zeitpunkt des Inverkehrbringens geltenden Rechtsvorschriften über Sicherheits- und Gesundheitsanforderungen entsprechen.

(5) Arbeitgeber haben bei der Auswahl der einzusetzenden Arbeitsmittel die besonderen Bedingungen und Eigenschaften der Arbeit sowie die am Arbeitsplatz bestehenden Gefahren für die Sicherheit und Gesundheit der Arbeitnehmer und die Gefahren, die aus der Benutzung erwachsen können, zu berücksichtigen. Es dürfen nur Arbeitsmittel eingesetzt werden, die nach dem Stand der Technik die Sicherheit und Gesundheit der Arbeitnehmer so gering als möglich gefährden.

(6) Sofern es nicht möglich ist, die Sicherheit und den Gesundheitsschutz der Arbeitnehmer bei der Benutzung eines Arbeitsmittels in vollem Umfang zu gewährleisten, haben Arbeitgeber geeignete Maßnahmen zu treffen, um die Gefahren weitestgehend zu verringern sowie erforderlichenfalls Not- und Rettungsmaßnahmen festzulegen. Insbesondere haben Arbeitgeber auch dafür Sorge zu tragen, daß Arbeitnehmer die Zeit und Möglichkeit haben, sich den mit der In- und Außerbetriebnahme des Arbeitsmittels verbundenen Gefahren rasch zu entziehen.

Aufstellung von Arbeitsmitteln

§ 34. (1) Als „Aufstellung" im Sinne dieser Bestimmung gilt das Montieren, Installieren, Aufbauen und Anordnen von Arbeitsmitteln.

(2) Arbeitgeber haben bei der Aufstellung von Arbeitsmitteln die besonderen Bedingungen und Eigenschaften der Arbeitsmittel und der Arbeit sowie die am Arbeitsplatz bestehenden Gefahren für Sicherheit und Gesundheit der Arbeitnehmer und die Gefahren, die aus der Benutzung der Arbeitsmittel erwachsen können, zu berücksichtigen. Bei der Aufstellung von Arbeitsmitteln ist insbesondere darauf zu achten, daß

1. ausreichend Raum zwischen ihren mobilen Bauteilen und festen oder mobilen Bauteilen in ihrer Umgebung vorhanden ist,
2. alle verwendeten oder erzeugten Energien und Stoffe sicher zugeführt und entfernt werden können,
3. Arbeitnehmern ausreichend Platz für die sichere Benutzung der Arbeitsmittel zur Verfügung steht und
4. Arbeitsmittel nur dann aufgestellt werden, wenn die zulässige Beanspruchung tragender Bauteile nicht überschritten ist.

(3) Im Freien aufgestellte Arbeitsmittel sind erforderlichenfalls durch Vorrichtungen oder andere entsprechende Maßnahmen gegen Blitzschlag und Witterungseinflüsse zu schützen.

(4) Werden Arbeitsmittel unter oder in der Nähe von elektrischen Freileitungen aufgestellt oder benutzt, sind geeignete Maßnahmen zu treffen, um jegliches gefahrbringendes Annähern der Arbeitnehmer und der Arbeitsmittel an diese Leitungen sowie Stromschlag durch diese Leitungen zu verhindern.

(5) Arbeitsmittel und ihre Teile müssen durch Befestigung oder durch andere Maßnahmen stabilisiert werden, sofern dies für die Sicherheit und den Gesundheitsschutz der Arbeitnehmer erforderlich ist.

(6) Arbeitgeber haben geeignete Maßnahmen zu treffen, damit Kleidung oder Körperteile der die Arbeitsmittel benutzenden Arbeitnehmer nicht erfaßt werden.

(7) Die Arbeits- und Wartungsbereiche der Arbeitsmittel müssen entsprechend der Benutzung ausreichend belichtet oder beleuchtet sein.

Benutzung von Arbeitsmitteln

§ 35. (1) Arbeitgeber haben dafür zu sorgen, daß bei der Benutzung von Arbeitsmitteln folgende Grundsätze eingehalten werden:

1. Arbeitsmittel dürfen nur für Arbeitsvorgänge und unter Bedingungen benutzt werden, für die sie geeignet sind und für die sie nach den Angaben der Hersteller oder Inverkehrbringer vorgesehen sind.
2. Bei der Benutzung von Arbeitsmitteln sind die für sie geltenden Bedienungsanleitungen der Hersteller oder Inverkehrbringer sowie die für sie geltenden elektrotechnischen Vorschriften einzuhalten.
3. Arbeitsmittel dürfen nur mit den für die verschiedenen Verwendungszwecke vorgesehenen Schutz- und Sicherheitseinrichtungen benutzt werden.
4. Die Schutz- und Sicherheitseinrichtungen sind bestimmungsgemäß zu verwenden.
5. Arbeitsmittel dürfen nicht benutzt werden, wenn Beschädigungen festzustellen sind, die die Sicherheit beeinträchtigen können, oder die Schutz- und Sicherheitseinrichtungen nicht funktionsfähig sind.

(2) Die Benutzung von Arbeitsmitteln, die oder deren Einsatzbedingungen in einem größeren Umfang verändert wurden, als dies von den Herstellern oder Inverkehrbringern vorgesehen ist, ist nur zulässig, wenn eine Gefahrenanalyse durchgeführt wurde und die erforderlichen Maßnahmen getroffen sind.

(3) Arbeitgeber haben durch entsprechende Informationen, Anweisungen und sonstige geeignete Maßnahmen dafür zu sorgen, daß

1. Arbeitnehmer vor Benutzung der Arbeitsmittel prüfen, ob diese offenkundige Mängel aufweisen,
2. Arbeitnehmer sich bei Inbetriebnahme der Arbeitsmittel vergewissern, daß sie sich selbst und andere Arbeitnehmer nicht in Gefahr bringen und
3. Arbeitnehmer, die sich bei der Benutzung eines Arbeitsmittels ablösen, festgestellte Unregelmäßigkeiten bei der Ablösung verständlich bekanntgeben.

(4) Eine kombinierte Benutzung von Arbeitsmitteln, die nicht von den Herstellern oder Inverkehrbringern vorgesehen ist, ist nur zulässig, wenn

1. die Verträglichkeit der Arbeitsmittel gewährleistet ist,
2. eine Gefahrenanalyse durchgeführt wurde und
3. sie auf den in der Gefahrenanalyse festgelegten Bereich beschränkt wird und erforderlichenfalls zusätzliche Einschränkungen und Maßnahmen auf Grund der Gefahrenanalyse getroffen sind.

(5) Außer Betrieb genommene Arbeitsmittel müssen mit den für sie vorgesehenen Schutz- und Sicherheitseinrichtungen versehen sein. Andernfalls sind diese Arbeitsmittel zu demontieren, unzugänglich oder durch Abnahme und Entfernung wesentlicher Bauelemente oder durch sonstige geeignete Maßnahmen funktionsunfähig zu machen. Erforderlichenfalls sind zusätzliche Schutzmaßnahmen zu treffen.

Beachte für folgende Bestimmung

Zum Inkrafttreten vgl. § 109 Abs. 1 und § 65 Abs. 3, BGBl. II Nr. 164/2000.

Gefährliche Arbeitsmittel

3 10

§ 36. (1) Gefährliche Arbeitsmittel sind Arbeitsmittel, deren Benutzung mit einer möglichen spezifischen Gefährdung der Arbeitnehmer verbunden ist oder deren Benutzung auf Grund ihres Konzeptes besondere Gefahren mit sich bringt.

(2) Arbeitgeber haben geeignete Maßnahmen zu treffen, damit
1. die Benutzung gefährlicher Arbeitsmittel nur durch eigens hiezu beauftragte Arbeitnehmer erfolgt und
2. Instandsetzungs-, Umbau-, Instandhaltungs-, Reinigungs- und Wartungsarbeiten nur von eigens hiezu befugten, speziell unterwiesenen Personen durchgeführt werden.

Prüfung von Arbeitsmitteln

3 10

§ 37. (1) Wenn es auf Grund der Art oder der Einsatzbedingungen für die Gewährleistung der Sicherheit und Gesundheit der Arbeitnehmer erforderlich ist, müssen Arbeitsmittel vor der erstmaligen Inbetriebnahme, nach dem Aufbau an jedem neuen Einsatzort sowie nach größeren Instandsetzungen und wesentlichen Änderungen auf ihren ordnungsgemäßen Zustand, ihre korrekte Montage und ihre Stabilität überprüft werden (Abnahmeprüfungen). Dies gilt insbesondere für Krane, Aufzüge, Hebebühnen sowie bestimmte Zentrifugen und Hub- und Kipptore.

(2) Arbeitsmittel, bei denen Abnahmeprüfungen durchzuführen sind, sind darüber hinaus in regelmäßigen Abständen auf ihren ordnungsgemäßen Zustand besonders zu überprüfen (wiederkehrende Prüfungen). Wiederkehrende Prüfungen sind weiters durchzuführen bei Arbeitsmitteln, die Belastungen und Einwirkungen ausgesetzt sind, durch die sie derart geschädigt werden können, daß dadurch entstehende Mängel des Arbeitsmittels zu gefährlichen Situationen für die Arbeitnehmer führen können.

(3) Arbeitsmittel, bei denen wiederkehrende Prüfungen durchzuführen sind, sind außerdem nach außergewöhnlichen Ereignissen, die schädigende Auswirkungen auf die Sicherheit des Arbeitsmittels haben können, auf ihren ordnungsgemäßen Zustand zu prüfen.

(4) Abnahmeprüfungen, wiederkehrende Prüfungen und Prüfungen nach außergewöhnlichen Ereignissen dürfen nur durch geeignete fachkundige Personen durchgeführt werden.

(5) Für Arbeitsmittel, bei denen Abnahmeprüfungen oder wiederkehrende Prüfungen durchzuführen sind, ist durch eine geeignete fachkundige Person auf der Grundlage einer Gefahrenanalyse und nach Maßgabe der vorgesehenen Einsatzbedingungen ein Plan für die Prüfung des Arbeitsmittels zu erstellen. Der Prüfplan hat zu enthalten:
1. die Art, die Methode und die Häufigkeit der Prüfung,
2. Kriterien zur Bewertung der Prüfung und die daraus zu ziehenden Schlußfolgerungen,
3. Ereignisse, die eine außerordentliche Prüfung erforderlich machen und
4. die Geltungsdauer des Prüfplans im Zusammenhang mit den Einsatzbedingungen des Arbeitsmittels.

(6) Die Ergebnisse der Prüfung sind von der Person, die die Prüfung durchgeführt hat, schriftlich festzuhalten. Diese Aufzeichnungen sind von den Arbeitgebern bis zum Ausscheiden des Arbeitsmittels aufzubewahren. Am Einsatzort des Arbeitsmittels müssen Aufzeichnungen oder Kopien über die letzte Abnahmeprüfung und über die wiederkehrenden Prüfungen vorhanden sein.

(7) Arbeitsmittel dürfen nur benutzt werden, wenn die für sie erforderlichen Abnahmeprüfungen, wiederkehrenden Prüfungen und Prüfungen nach außergewöhnlichen Ereignissen durchgeführt wurden. Werden bei der Prüfung Mängel des Arbeitsmittels festgestellt, darf das Arbeitsmittel erst nach der Mängelbehebung benutzt werden.

(8) Werden bei einer wiederkehrenden Prüfung Mängel des Arbeitsmittels festgestellt, darf das Arbeitsmittel abweichend von Abs. 7 auch vor Mängelbehebung wieder benutzt werden, wenn
1. die Person, die die Prüfung durchgeführt hat, im Prüfbefund schriftlich festhält, daß das Arbeitsmittel bereits vor Mängelbehebung wieder benutzt werden darf und
2. die betroffenen Arbeitnehmer über die Mängel des Arbeitsmittels informiert wurden.

Wartung von Arbeitsmitteln

§ 38. (1) Arbeitgeber haben dafür zu sorgen, daß Arbeitsmittel während der gesamten Dauer der Benutzung durch entsprechende Wartung in einem Zustand gehalten werden, der den für sie geltenden Rechtsvorschriften entspricht. Bei der Wartung sind die Anleitungen der Hersteller oder Inverkehrbringer zu berücksichtigen. 3

(2) Bei Arbeitsmitteln mit Wartungsbuch sind die Eintragungen stets auf dem neuesten Stand zu halten.

Verordnungen über Arbeitsmittel

§ 39. (1) Der Bundesminister für Arbeit, Soziales und Konsumentenschutz hat in Durchführung des 3. Abschnittes durch Verordnung näher zu regeln: 3
1. Sicherheits- und Gesundheitsanforderungen für Arbeitsmittel sowie die erforderlichen Übergangsregelungen für bereits in Verwendung stehende Arbeitsmittel,
2. eine Liste der gefährlichen Arbeitsmittel,
3. die Prüfung von Arbeitsmitteln.

(2) Der Bundesminister für Arbeit, Soziales und Konsumentenschutz kann unter Berücksichtigung der Gefahren für die Sicherheit und Gesundheit der Arbeitnehmer und unter Bedachtnahme auf Rechtsvorschriften über das Inverkehrbringen sowie auf internationale Übereinkommen durch Verordnung Arbeitsmittel bezeichnen, für die ein Wartungsbuch zu führen ist.

(3) Für Arbeitsmittel, auf die die Gewerbeordnung 1994, BGBl. Nr. 194/1994, nicht anzuwenden ist, kann der Bundesminister für Arbeit, Soziales und Konsumentenschutz durch Verordnung die grundlegenden Sicher-

heitsanforderungen hinsichtlich Konstruktion, Bau und weiterer Schutzmaßnahmen einschließlich der Erstellung von Beschreibungen und Bedienungsanleitungen festlegen. In diesen Verordnungen können auch besondere Regelungen über die Prüfung, Übereinstimmungserklärung und über eine Zulassung durch Bescheid des Bundesministers für Arbeit, Soziales und Konsumentenschutz getroffen werden.

4. ABSCHNITT

ARBEITSSTOFFE

Gefährliche Arbeitsstoffe

§ 40. (1) Gefährliche Arbeitsstoffe sind explosionsgefährliche, brandgefährliche und gesundheitsgefährdende Arbeitsstoffe sowie biologische Arbeitsstoffe, sofern nicht die Ermittlung und Beurteilung gemäß § 41 ergeben hat, daß es sich um einen biologischen Arbeitsstoff der Gruppe 1 ohne erkennbares Gesundheitsrisiko für die Arbeitnehmer handelt. Soweit im Folgenden Gefahrenklassen oder -kategorien genannt sind, sind diese im Sinne der Kriterien nach Anhang I Teil 2 und 3 der Verordnung (EG) Nr. 1272/2008 (CLP-Verordnung) zu verstehen, auch wenn der Arbeitsstoff nicht aufgrund dieser Verordnung eingestuft ist.

(2) Explosionsgefährliche Arbeitsstoffe sind Arbeitsstoffe, die zugeordnet werden können:

1. explosiven Stoffen/Gemischen und Erzeugnissen mit Explosivstoff (Gefahrenklasse 2.1),
2. selbstzersetzlichen Stoffen oder Gemischen (Gefahrenklasse 2.8), Typ A und B,
3. organischen Peroxiden (Gefahrenklasse 2.15), Typ A und B.

(2a) Explosionsgefährliche Arbeitsstoffe sind weiters Arbeitsstoffe, die explosionsgefährliche Eigenschaften im Sinne des § 3 des Chemikaliengesetzes 1996, BGBl. I Nr. 53/1997 in der Fassung BGBl. I Nr. 14/2015, aufweisen.

(3) Brandgefährliche Arbeitsstoffe sind

1. oxidierende (entzündende) Arbeitsstoffe, die zugeordnet werden können:
   a. oxidierenden Gasen (Gefahrenklasse 2.4),
   b. oxidierenden Flüssigkeiten (Gefahrenklasse 2.13),
   c. oxidierenden Feststoffen (Gefahrenklasse 2.14);
2. extrem entzündbare, leicht entzündbare und entzündbare Arbeitsstoffe, die zugeordnet werden können:
   a. entzündbaren Gasen (Gefahrenklasse 2.2),
   b. entzündbaren Aerosolen (Gefahrenklasse 2.3),
   c. entzündbaren Flüssigkeiten (Gefahrenklasse 2.6),
   d. entzündbaren Feststoffen (Gefahrenklasse 2.7),
   e. selbstzersetzlichen Stoffen oder Gemischen (Gefahrenklasse 2.8) außer Typ A und B,
   f. pyrophoren Flüssigkeiten (Gefahrenklasse 2.9),
   g. pyrophoren Feststoffen (Gefahrenklasse 2.10),
   h. selbsterhitzungsfähigen Stoffen oder Gemischen (Gefahrenklasse 2.11),
   i. Stoffen oder Gemischen, die in Berührung mit Wasser entzündbare Gase entwickeln (Gefahrenklasse 2.12),
   j. organischen Peroxiden (Gefahrenklasse 2.15) außer Typ A und B.

(3a) Brandgefährliche Arbeitsstoffe sind weiters Arbeitsstoffe, die brandfördernde, hochentzündliche, leicht entzündliche oder entzündliche Eigenschaften im Sinne des § 3 des Chemikaliengesetzes 1996, BGBl. I Nr. 53/1997 in der Fassung BGBl. I Nr. 14/2015, aufweisen.

(4) Gesundheitsgefährdende Arbeitsstoffe sind Arbeitsstoffe, die einer der folgenden Gefahrenklassen zugeordnet werden können:

1. Akute Toxizität (Gefahrenklasse 3.1),
2. Ätz-/Reizwirkung auf die Haut (Gefahrenklasse 3.2),
3. Schwere Augenschädigung/Augenreizung (Gefahrenklasse 3.3),
4. Sensibilisierung der Atemwege oder der Haut (Gefahrenklasse 3.4),
5. Keimzellmutagenität (Gefahrenklasse 3.5),
6. Karzinogenität (Gefahrenklasse 3.6),
7. Reproduktionstoxizität (Gefahrenklasse 3.7),
8. Spezifische Zielorgan-Toxizität, einmalige Exposition (Gefahrenklasse 3.8),
9. Spezifische Zielorgan-Toxizität, wiederholte Exposition (Gefahrenklasse 3.9),
10. Aspirationsgefahr (Gefahrenklasse 3.10).

(4a) Gesundheitsgefährdende Arbeitsstoffe sind weiters Arbeitsstoffe, die sehr giftige, giftige, gesundheitsschädliche (mindergiftige), ätzende, reizende, krebserzeugende, erbgutverändernde, fortpflanzungsgefährdende oder sensibilisierende Eigenschaften im Sinne des § 3 des Chemikaliengesetzes 1996, BGBl. I Nr. 53/1997 in der Fassung BGBl. I Nr. 14/2015, aufweisen.

(4b) Gesundheitsgefährdende Arbeitsstoffe sind weiters Arbeitsstoffe, die eine der folgenden Eigenschaften aufweisen:

1. „fibrogen", wenn sie als Schwebstoffe durch Einatmen mit Bindegewebsbildung einhergehende Erkrankungen der Lunge verursachen können;
2. „radioaktiv", wenn sie zufolge spontaner Kernprozesse ionisierende Strahlen aussenden;
3. „biologisch inert", wenn sie als Stäube weder giftig noch fibrogen wirken und keine spezifischen Krankheitserscheinungen hervorrufen, jedoch eine Beeinträchtigung von Funktionen der Atmungsorgane verursachen können.

(5) Biologische Arbeitsstoffe sind Mikroorganismen, einschließlich genetisch veränderter Mikroorganismen, Zellkulturen und Humanendoparasiten, die Infektionen, Allergien oder toxische Wirkungen hervorrufen könnten. Entsprechend dem von ihnen ausgehenden Infektionsrisiko gilt folgende Unterteilung in vier Risikogruppen:

1. Biologische Arbeitsstoffe der Gruppe 1 sind Stoffe, bei denen es unwahrscheinlich ist, daß sie beim Menschen eine Krankheit verursachen.
2. Biologische Arbeitsstoffe der Gruppe 2 sind Stoffe, die eine Krankheit beim Menschen hervorrufen können und eine Gefahr für Arbeitnehmer darstellen könnten. Eine Verbreitung des Stoffes in der Bevölkerung ist unwahrscheinlich, eine wirksame Vorbeugung oder Behandlung ist normalerweise möglich.
3. Biologische Arbeitsstoffe der Gruppe 3 sind Stoffe, die eine schwere Krankheit beim Menschen hervorrufen und eine ernste Gefahr für die Arbeitnehmer darstellen können. Die Gefahr einer Verbreitung in der Bevölkerung kann bestehen, doch ist normalerweise eine wirksame Vorbeugung oder Behandlung möglich.
4. Biologische Arbeitsstoffe der Gruppe 4 sind Stoffe, die eine schwere Krankheit beim Menschen hervorrufen und eine ernste Gefahr für Arbeitnehmer darstellen. Die Gefahr einer Verbreitung in der Bevölkerung ist unter Umständen groß, normalerweise ist eine wirksame Vorbeugung oder Behandlung nicht möglich.

(6) *Aufgehoben durch BGBl. I Nr. 60/2015*

(7) Als gefährliche Arbeitsstoffe gelten weiters Arbeitsstoffe, die einer der folgenden Gefahrenklassen zugeordnet werden können:

1. Gase unter Druck (Gefahrenklasse 2.5) oder

2. auf Metalle korrosiv wirkende Stoffe oder Gemische (Gefahrenklasse 2.16).

(8) Bestimmungen über gefährliche Arbeitsstoffe in Verordnungen zu diesem Bundesgesetz oder in Rechtsvorschriften, die nach dem 9. Abschnitt dieses Bundesgesetzes weitergelten, gelten mit folgenden Maßgaben:

1. Bestimmungen für Arbeitsstoffe mit brandfördernden Eigenschaften gelten auch für oxidierende Arbeitsstoffe im Sinne des Abs. 3 Z 1;
2. Bestimmungen für Arbeitsstoffe mit entzündlichen Eigenschaften gelten auch für Arbeitsstoffe, die zugeordnet werden können
   a. entzündbaren Flüssigkeiten (Gefahrenklasse 2.6) Kategorie 3,
   b. entzündbaren Aerosolen (Gefahrenklasse 2.3) Kategorie 1, sowie – wenn sich dies auf Grund anerkannter physikalischer Stoffdaten (z. B. Gefahrstoffdatenbanken oder –literatur) stoffspezifisch ergibt – Kategorie 2,
   c. organischen Peroxiden (Gefahrenklasse 2.15), Typ E und F;
3. Bestimmungen für Arbeitsstoffe mit leicht entzündlichen Eigenschaften gelten auch für Arbeitsstoffe, die zugeordnet werden können
   a. entzündbaren Flüssigkeiten (Gefahrenklasse 2.6) Kategorie 2,
   b. entzündbaren Aerosolen (Gefahrenklasse 2.3) Kategorie 1, sowie – wenn sich dies auf Grund anerkannter physikalischer Stoffdaten (z. B. Gefahrstoffdatenbanken oder –literatur) stoffspezifisch ergibt – Kategorie 2,
   c. entzündbaren Feststoffen (Gefahrenklasse 2.7),
   d. selbstzersetzlichen Stoffen oder Gemischen (Gefahrenklasse 2.8) Typ C, D, E und F,
   e. pyrophoren Flüssigkeiten und pyrophoren Feststoffen (Gefahrenklasse 2.9 und 2.10),
   f. selbsterhitzungsfähigen Stoffen oder Gemischen (Gefahrenklasse 2.11),
   g. Stoffen oder Gemischen, die in Berührung mit Wasser entzündbare Gase entwickeln (Gefahrenklasse 2.12) Kategorie 2 und 3,
   h. organischen Peroxiden (Gefahrenklasse 2.15) Typ C und D;
4. Bestimmungen für Arbeitsstoffe mit hochentzündlichen Eigenschaften gelten auch für Arbeitsstoffe, die zugeordnet werden können
   a. entzündbaren Gasen (Gefahrenklasse 2.2),
   b. entzündbaren Aerosolen (Gefahrenklasse 2.3), Kategorie 1, sowie – wenn sich dies auf Grund anerkannter physikalischer Stoffdaten (z. B. Gefahrstoffdatenbanken oder –literatur) stoffspezifisch ergibt – Kategorie 2,
   c. entzündbaren Flüssigkeiten (Gefahrenklasse 2.6) Kategorie 1,
   d. Stoffen oder Gemischen, die in Berührung mit Wasser entzündbare Gase entwickeln (Gefahrenklasse 2.12) Kategorie 1;
5. Bestimmungen für Arbeitsstoffe mit giftigen Eigenschaften gelten auch für Arbeitsstoffe, die einer der folgenden Gefahrenklassen zugeordnet werden können
   a. akute Toxizität (Gefahrenklasse 3.1) Kategorie 1 bis 3,
   b. spezifische Zielorgan-Toxizität bei einmaliger oder wiederholter Exposition (Gefahrenklasse 3.8 oder 3.9) jeweils Kategorie 1,
   c. Aspirationsgefahr (Gefahrenklasse 3.10);
6. Bestimmungen für Arbeitsstoffe mit gesundheitsschädlichen Eigenschaften gelten auch für Arbeitsstoffe, die einer der folgenden Gefahrenklassen zugeordnet werden können
   a. akute Toxizität (Gefahrenklasse 3.1) Kategorie 4,
   b. spezifische Zielorgan-Toxizität, einmalige Exposition (Gefahrenklasse 3.8) Kategorien 2 und 3,
   c. spezifische Zielorgan-Toxizität, wiederholte Exposition (Gefahrenklasse 3.9) Kategorie 2;
7. Bestimmungen für Arbeitsstoffe mit ätzenden Eigenschaften gelten auch für Arbeitsstoffe, die einer der folgenden Gefahrenklassen zugeordnet werden können
   a. Ätz-/Reizwirkung auf die Haut (Gefahrenklasse 3.2) Kategorien 1A, 1B und 1C,
   b. schwere Augenschädigung/Augenreizung (Gefahrenklasse 3.3) Kategorie 1;
8. Bestimmungen für Arbeitsstoffe mit reizenden Eigenschaften gelten auch für Arbeitsstoffe, die einer der folgenden Gefahrenklassen zugeordnet werden können
   a. Ätz-/Reizwirkung auf die Haut (Gefahrenklasse 3.2) Kategorie 2,
   b. schwere Augenschädigung/Augenreizung (Gefahrenklasse 3.3) Kategorie 2,
   c. spezifische Zielorgan-Toxizität bei einmaliger Exposition (Gefahrenklasse 3.8) Kategorie 3;
9. Bestimmungen für Arbeitsstoffe mit sensibilisierenden Eigenschaften gelten auch für Arbeitsstoffe, die der Gefahrenklasse 3.4 (Sensibilisierung der Atemwege oder der Haut) zugeordnet werden können;
10. Bestimmungen für Arbeitsstoffe mit erbgutverändernden Eigenschaften gelten auch für Arbeitsstoffe, die der Gefahrenklasse 3.5 (Keimzellmutagenität) zugeordnet werden können;
11. Bestimmungen für Arbeitsstoffe mit krebserzeugenden Eigenschaften gelten auch für Arbeitsstoffe, die der Gefahrenklasse 3.6 (Karzinogenität) zugeordnet werden können;
12. Bestimmungen für Arbeitsstoffe mit fortpflanzungsgefährdenden Eigenschaften gelten auch für Arbeitsstoffe, die der Gefahrenklasse 3.7 (Reproduktionstoxizität) zugeordnet werden können.

Ermittlung und Beurteilung von Arbeitsstoffen

§ 41. (1) Arbeitgeber müssen sich im Rahmen der Ermittlung und Beurteilung der Gefahren hinsichtlich aller Arbeitsstoffe vergewissern, ob es sich um gefährliche Arbeitsstoffe handelt.

(2) Arbeitgeber/innen müssen die Eigenschaften der Arbeitsstoffe ermitteln und die Gefahren beurteilen, die von den Arbeitsstoffen aufgrund ihrer Eigenschaften oder aufgrund der Art ihrer Verwendung ausgehen könnten. Sie müssen dazu insbesondere die Angaben der Hersteller/innen oder Importeure/Importeurinnen, praktische Erfahrungen, Prüfergebnisse und wissenschaftliche Erkenntnisse heranziehen. Im Zweifel müssen sie Auskünfte der Hersteller/innen oder Importeure/Importeurinnen einholen.

(3) *aufgehoben durch BGBl. I Nr. 60/2015*

(4) Werden Arbeitsstoffe von Arbeitgeber/innen erworben, gilt für die Ermittlung gemäß Abs. 2 Folgendes:

1. Sofern ein erworbener Arbeitsstoff nach
   a. der Verordnung (EG) Nr. 1272/2008 (CLP-Verordnung),
   b. dem Chemikaliengesetz 1996, BGBl. I Nr. 53/1997,
   c. dem Pflanzenschutzmittelgesetz 2011, BGBl. I Nr. 10/2011,
   d. dem Abfallwirtschaftsgesetz 2002 (AWG 2002), BGBl. I Nr. 102/2002, oder
   e. dem Biozidproduktegesetz (BiozidprodukteG), BGBl. I Nr. 105/2013,

gekennzeichnet oder deklariert ist, können Arbeitgeber/innen, die über keine anderen Erkenntnisse verfügen, davon ausgehen, dass die Angaben dieser Kennzeichnung zutreffend und vollständig sind.

2. Ist ein erworbener Arbeitsstoff nicht nach Z 1 gekennzeichnet oder deklariert, können Arbeitgeber, die über keine anderen Erkenntnisse verfügen, davon ausgehen, dass der Arbeitsstoff keiner Kennzeichnungspflicht nach den in Z 1 genannten Bundesgesetzen unterliegt.

(5) Arbeitgeber müssen in regelmäßigen Zeitabständen Art, Ausmaß und Dauer der Einwirkung von gesundheitsgefährdenden Arbeitsstoffen und von biologischen Arbeitsstoffen im Sinne des § 40 Abs. 1 auf die Arbeitnehmer ermitteln, wobei gegebenenfalls die Gesamtwirkung von mehreren gefährlichen Arbeitsstoffen sowie sonstige risikoerhöhende Bedingungen am Arbeitsplatz zu berücksichtigen sind. Diese Ermittlung ist zusätzlich auch bei Änderung der Bedingungen und bei Auftreten von Gesundheitsbeschwerden, die arbeitsbedingt sein können, vorzunehmen.

(6) Arbeitgeber müssen in regelmäßigen Zeitabständen ermitteln, ob explosionsgefährliche oder brandgefährliche Arbeitsstoffe in einer für die Sicherheit der Arbeitnehmer gefährlichen Konzentration vorliegen, wobei gegebenenfalls die Gesamtwirkung von mehreren gefährlichen Arbeitsstoffen sowie sonstige risikoerhöhende Bedingungen am Arbeitsplatz zu berücksichtigen sind. Diese Ermittlung ist zusätzlich auch bei Änderung der Bedingungen vorzunehmen.

Beachte für folgende Bestimmung

Zu Abs. 7: Zum Inkrafttreten vgl. § 110 Abs. 7

Ersatz und Verbot von gefährlichen Arbeitsstoffen

§ 42. (1) Krebserzeugende (Gefahrenklasse 3.6 – Karzinogenität), erbgutverändernde (Gefahrenklasse 3.5 – Keimzellmutagenität), fortpflanzungsgefährdende (Gefahrenklasse 3.7 – Reproduktionstoxizität) und biologische Arbeitsstoffe der Gruppe 2, 3 oder 4 dürfen nicht verwendet werden, wenn ein gleichwertiges Arbeitsergebnis erreicht werden kann

1. mit nicht gefährlichen Arbeitsstoffen oder, sofern dies nicht möglich ist,
2. mit Arbeitsstoffen, die weniger gefährliche Eigenschaften aufweisen.

(2) Mit besonderen Gefahren verbundene Verfahren bei der Verwendung von in Abs. 1 genannten Arbeitsstoffen dürfen nicht angewendet werden, wenn durch Anwendung eines anderen Verfahrens, bei dem die von der Verwendung des Arbeitsstoffes ausgehenden Gefahren verringert werden können, ein gleichwertiges Arbeitsergebnis erzielt werden kann.

(3) Abs. 1 und 2 gelten auch für die in Abs. 1 und 2 nicht genannten gefährlichen Arbeitsstoffe, sofern der damit verbundene Aufwand vertretbar ist.

(4) Im Zweifelsfall entscheidet die zuständige Behörde auf Antrag des Arbeitsinspektorates oder des Arbeitgebers, ob die Verwendung eines bestimmten Arbeitsstoffes oder die Anwendung eines bestimmten Arbeitsverfahrens nach Abs. 1 oder 2 zulässig ist, wobei der jeweilige Stand der Technik und die jeweils aktuellen wissenschaftlichen Erkenntnisse zu berücksichtigen sind.

(5) Die Absicht, krebserzeugende (Gefahrenklasse 3.6 – Karzinogenität), erbgutverändernde (Gefahrenklasse 3.5 – Keimzellmutagenität) oder fortpflanzungsgefährdende (Gefahrenklasse 3.7 – Reproduktionstoxizität) Arbeitsstoffe zu verwenden, ist dem Arbeitsinspektorat vor dem Beginn der Verwendung schriftlich zu melden.

(6) Die erstmalige Verwendung biologischer Arbeitsstoffe der Gruppe 2, 3 oder 4 ist dem Arbeitsinspektorat mindestens 30 Tage vor dem Beginn der Arbeiten schriftlich zu melden. Nach Ablauf dieser Frist können Arbeitgeber davon ausgehen, daß die Verwendung zulässig ist, solange sie über keine anderen Erkenntnisse verfügen. Wenn an den Arbeitsprozessen oder Arbeitsverfahren wesentliche Änderungen vorgenommen werden, die für die Sicherheit oder Gesundheit am Arbeitsplatz von Bedeutung sind und auf Grund deren die Meldung überholt ist, hat eine neue Meldung zu erfolgen.

(7) Auf Verlangen des Arbeitsinspektorates haben Arbeitgeber schriftlich darzulegen, aus welchen Gründen ein in Abs. 1 angeführter Arbeitsstoff verwendet wird und unter Vorlage von Unterlagen über die Ergebnisse ihrer Untersuchungen zu begründen, warum ein Ersatz im Sinne der Abs. 1 oder 2 nicht möglich ist. Wird diese Begründung nicht erbracht, hat die Behörde auf Antrag des Arbeitsinspektorates die Beschäftigung von Arbeitnehmern an Arbeitsplätzen, an denen der gefährliche Arbeitsstoff verwendet wird, zu untersagen.

Maßnahmen zur Gefahrenverhütung

§ 43. (1) Krebserzeugende (Gefahrenklasse 3.6 – Karzinogenität), erbgutverändernde (Gefahrenklasse 3.5 – Keimzellmutagenität), fortpflanzungsgefährdende (Gefahrenklasse 3.7 – Reproduktionstoxizität) und biologische Arbeitsstoffe der Gruppe 2, 3 oder 4 dürfen, wenn es nach der Art der Arbeit und dem Stand der Technik möglich ist, nur in geschlossenen Systemen verwendet werden.

(2) Stehen gefährliche Arbeitsstoffe in Verwendung, haben Arbeitgeber Maßnahmen zur Gefahrenverhütung in folgender Rangordnung zu treffen:

1. Die Menge der vorhandenen gefährlichen Arbeitsstoffe ist auf das nach der Art der Arbeit unbedingt erforderliche Ausmaß zu beschränken.
2. Die Anzahl der Arbeitnehmer, die der Einwirkung von gefährlichen Arbeitsstoffen ausgesetzt sind oder ausgesetzt sein könnten, ist auf das unbedingt erforderliche Ausmaß zu beschränken.
3. Die Dauer und die Intensität der möglichen Einwirkung von gefährlichen Arbeitsstoffen auf Arbeitnehmer sind auf das unbedingt erforderliche Ausmaß zu beschränken.
4. Die Arbeitsverfahren und Arbeitsvorgänge sind, soweit dies technisch möglich ist, so zu gestalten, daß die Arbeitnehmer nicht mit den gefährlichen Arbeitsstoffen in Kontakt kommen können und gefährliche Gase, Dämpfe oder Schwebstoffe nicht frei werden können.
5. Kann durch diese Maßnahmen nicht verhindert werden, daß gefährliche Gase, Dämpfe oder Schwebstoffe frei werden, so sind diese an ihrer Austritts- oder Entstehungsstelle vollständig zu erfassen und anschließend ohne Gefahr für die Arbeitnehmer zu beseitigen, soweit dies nach dem Stand der Technik möglich ist.
6. Ist eine solche vollständige Erfassung nicht möglich, sind zusätzlich zu den Maßnahmen gemäß Z 5 die dem Stand der Technik entsprechenden Lüftungsmaßnahmen zu treffen.
7. Kann trotz Vornahme der Maßnahmen gemäß Z 1 bis 6 kein ausreichender Schutz der Arbeitnehmer erreicht werden, haben Arbeitgeber dafür zu sorgen, daß erforderlichenfalls entsprechende persönliche Schutzausrüstungen verwendet werden.

(3) Bei bestimmten Tätigkeiten wie zB Wartungs- oder Reinigungsarbeiten, bei denen die Möglichkeit einer beträchtlichen Erhöhung der Exposition der Arbeitnehmer oder eine Überschreitung eines Grenzwertes im

Sinne des § 45 Abs. 1 oder 2 vorherzusehen ist, müssen Arbeitgeber

1. jede Möglichkeit weiterer technischer Vorbeugungsmaßnahmen zur Begrenzung der Exposition ausschöpfen,
2. Maßnahmen festlegen, die erforderlich sind, um die Dauer der Exposition der Arbeitnehmer auf das unbedingt notwendige Mindestmaß zu verkürzen,
3. dafür sorgen, daß die Arbeitnehmer während dieser Tätigkeiten die entsprechenden persönlichen Schutzausrüstungen verwenden, und
4. dafür sorgen, daß mit diesen Arbeiten nur die dafür unbedingt notwendige Anzahl von Arbeitnehmer beschäftigt wird.

(4) Bei der Verwendung biologischer Arbeitsstoffe müssen Arbeitgeber die dem jeweiligen Gesundheitsrisiko entsprechenden Sicherheitsvorkehrungen treffen. Erforderlichenfalls sind den Arbeitnehmern wirksame Impfstoffe zur Verfügung zu stellen.

Beachte für folgende Bestimmung

Zu Abs. 2 und 5: Zum Inkrafttreten vgl. § 110 Abs. 4

Kennzeichnung, Verpackung und Lagerung

§ 44. (1) Soweit die Art des Arbeitsstoffes oder die Art des Arbeitsvorganges dem nicht entgegenstehen, müssen Arbeitgeber dafür sorgen, daß gefährliche Arbeitsstoffe so verpackt sind, daß bei bestimmungsgemäßer oder vorhersehbarer Verwendung keine Gefahr für Leben oder Gesundheit der Arbeitnehmer herbeigeführt werden kann.

(2) Arbeitgeber/innen müssen dafür sorgen, dass Behälter (einschließlich sichtbar verlegter Rohrleitungen), die gefährliche Arbeitsstoffe enthalten, entsprechend den Eigenschaften dieser Arbeitsstoffe mit Angaben über die möglichen Gefahren, die mit ihrer Einwirkung verbunden sind, sowie über notwendige Sicherheitsmaßnahmen gut sichtbar und dauerhaft gekennzeichnet sind, soweit die Art des Arbeitsstoffes oder die Art des Arbeitsvorganges dem nicht entgegenstehen. In diesem Fall muss durch andere Maßnahmen für eine ausreichende Information und Unterweisung der Arbeitnehmer/innen über die Gefahren, die mit der Einwirkung verbunden sind, und über die notwendigen Sicherheitsmaßnahmen gesorgt werden.

(3) Bei der Lagerung von gefährlichen Arbeitsstoffen müssen Arbeitgeber dafür sorgen, daß alle auf Grund der jeweiligen gefährlichen Eigenschaften dieser Stoffe gebotenen Schutzmaßnahmen getroffen werden und vorhersehbare Gefahren für die Arbeitnehmer vermieden werden. Räume oder Bereiche (einschließlich Schränke), die für die Lagerung erheblicher Mengen gefährlicher Arbeitsstoffe verwendet werden, müssen bei den Zugängen gut sichtbar gekennzeichnet sein, sofern die einzelnen Verpackungen oder Behälter nicht bereits mit einer ausreichenden Kennzeichnung versehen sind

(4) Arbeitgeber müssen dafür sorgen, daß unbefugte Arbeitnehmer zu Bereichen, in denen krebserzeugende (Gefahrenklasse 3.6 – Karzinogenität), erbgutverändernde (Gefahrenklasse 3.5 – Keimzellmutagenität), fortpflanzungsgefährdende (Gefahrenklasse 3.7 – Reproduktionstoxizität) oder biologische Arbeitsstoffe der Gruppe 2, 3 oder 4 in Verwendung stehen, keinen Zugang haben. Diese Bereiche sind nach Möglichkeit mit Vorrichtungen auszustatten, die unbefugte Arbeitnehmer am Betreten dieser Bereiche hindern und müssen gut sichtbar gekennzeichnet sein.

(5) Gefährliche Arbeitsstoffe, die nicht gemäß Abs. 2 gekennzeichnet sind, dürfen nicht verwendet werden.

Grenzwerte

§ 45. (1) Der MAK-Wert (Maximale Arbeitsplatz-Konzentration) ist der Mittelwert in einem bestimmten Beurteilungszeitraum, der die höchstzulässige Konzentration eines Arbeitsstoffes als Gas, Dampf oder Schwebstoff in der Luft am Arbeitsplatz angibt, die nach dem jeweiligen Stand der wissenschaftlichen Erkenntnisse auch bei wiederholter und langfristiger Exposition im allgemeinen die Gesundheit von Arbeitnehmern nicht beeinträchtigt und diese nicht unangemessen belästigt.

(2) Der TRK-Wert (Technische Richtkonzentration) ist der Mittelwert in einem bestimmten Beurteilungszeitraum, der jene Konzentration eines gefährlichen Arbeitsstoffes als Gas, Dampf oder Schwebstoff in der Luft am Arbeitsplatz angibt, die nach dem Stand der Technik erreicht werden kann und die als Anhalt für die zu treffenden Schutzmaßnahmen und die meßtechnische Überwachung am Arbeitsplatz heranzuziehen ist. TRK-Werte sind nur für solche gefährlichen Arbeitsstoffe festzusetzen, für die nach dem jeweiligen Stand der Wissenschaft keine toxikologisch-arbeitsmedizinisch begründeten MAK-Werte aufgestellt werden können.

(3) Steht ein Arbeitsstoff, für den ein MAK-Wert festgelegt ist, in Verwendung, müssen Arbeitgeber dafür sorgen, daß dieser Wert nicht überschritten wird. Arbeitgeber haben anzustreben, daß dieser Wert stets möglichst weit unterschritten wird.

(4) Steht ein Arbeitsstoff, für den ein TRK-Wert festgelegt ist, in Verwendung, müssen Arbeitgeber dafür sorgen, daß dieser Wert stets möglichst weit unterschritten wird.

(5) Stehen gesundheitsgefährdende Arbeitsstoffe, für die ein MAK-Wert oder TRK-Wert festgelegt ist, in Verwendung, müssen die Arbeitgeber Maßnahmen festlegen, die im Falle von Grenzwertüberschreitungen infolge von Zwischenfällen zu treffen sind.

(6) Bei Grenzwertüberschreitungen auf Grund von Zwischenfällen müssen die Arbeitgeber weiters dafür sorgen, daß, solange die Grenzwertüberschreitung nicht beseitigt ist,

1. nur die für Reparaturen und sonstige notwendige Arbeiten benötigten Arbeitnehmer beschäftigt werden,
2. die Dauer der Exposition für diese Arbeitnehmer auf das unbedingt notwendige Ausmaß beschränkt ist und
3. diese Arbeitnehmer während ihrer Tätigkeit die entsprechenden persönlichen Schutzausrüstungen verwenden.

(7) Steht ein gesundheitsgefährdender Arbeitsstoff in Verwendung, für den kein MAK-Wert oder TRK-Wert festgelegt ist, müssen Arbeitgeber dafür sorgen, daß die Konzentration dieses Arbeitsstoffes als Gas, Dampf oder Schwebstoff in der Luft am Arbeitsplatz stets so gering wie möglich ist.

Beachte für folgende Bestimmung

Zum In-Kraft-Treten vgl. § 110 Abs. 6, BGBl. II Nr. 309/2004 (§ 22 Abs. 1) und BGBl. II Nr. 253/2001 (§ 34 Abs. 7).

Messungen

§ 46. (1) Steht ein Arbeitsstoff, für den ein MAK-Wert oder ein TRK-Wert festgelegt ist, in Verwendung oder ist das Auftreten eines solchen Arbeitsstoffes nicht sicher auszuschließen, müssen Arbeitgeber in regelmäßigen Zeitabständen Messungen durchführen oder durchführen lassen.

(2) Steht ein explosionsgefährlicher oder brandgefährlicher Arbeitsstoff in Verwendung und kann auf Grund der Ermittlung und Beurteilung der Gefahren nicht ausgeschlossen werden, daß eine für die Sicherheit der Arbeitnehmer gefährliche Konzentration solcher Arbeitsstoffe vorliegt, sind Messungen durchzuführen oder durchführen zu lassen.

(3) Messungen dürfen nur von Personen durchgeführt werden, die über die notwendige Fachkunde und die notwendigen Einrichtungen verfügen.

(4) Bei Messungen gemäß Abs. 1 muß das Meßverfahren dem zu messenden Arbeitsstoff, dessen Grenzwert und der Atmosphäre am Arbeitsplatz angepaßt sein. Das Meßverfahren muß zu einem für die Exposition der Arbeitnehmer repräsentativen Meßergebnis führen, das die Konzentration des zu messenden Arbeitsstoffes eindeutig in der Einheit und der Größenordnung des Grenzwertes wiedergibt.

(5) Bei Messungen gemäß Abs. 2 muß das Meßverfahren dem zu messenden Arbeitsstoff, der zu erwartenden für die Sicherheit der Arbeitnehmer gefährlichen Konzentration und der Atmosphäre im Gefahrenbereich angepaßt sein und zu einem für die Konzentration repräsentativen Meßergebnis führen.

(6) Ergibt eine Messung gemäß Abs. 1, daß der Grenzwert eines Arbeitsstoffes nicht überschritten wird, so ist die Messung in angemessenen Zeitabständen zu wiederholen. Je näher die gemessene Konzentration am Grenzwert liegt, umso kürzer haben diese Zeitabstände zu sein. Ergeben wiederholte Messungen die langfristige Einhaltung des Grenzwertes, können die Messungen in längeren Zeitabständen vorgenommen werden, sofern keine Änderung der Arbeitsbedingungen eingetreten ist, die zu einer höheren Exposition der Arbeitnehmer führen könnte.

(7) Ergibt eine Messung gemäß Abs. 1 die Überschreitung eines Grenzwertes, hat der Arbeitgeber unverzüglich die Ursachen festzustellen und Abhilfemaßnahmen zu treffen. Sodann ist eine neuerliche Messung vorzunehmen.

(8) Ergibt eine Messung gemäß Abs. 2, daß eine für die Sicherheit der Arbeitnehmer gefährliche Konzentration eines explosionsgefährlichen oder brandgefährlichen Arbeitsstoffes vorliegt, hat der Arbeitgeber unverzüglich die Ursachen festzustellen und Abhilfemaßnahmen zu treffen.

Verzeichnis der Arbeitnehmer

§ 47. (1) Stehen krebserzeugende (Gefahrenklasse 3.6 – Karzinogenität), erbgutverändernde (Gefahrenklasse 3.5 – Keimzellmutagenität), fortpflanzungsgefährdende (Gefahrenklasse 3.7 – Reproduktionstoxizität) oder biologische Arbeitsstoffe der Gruppe 3 oder 4 in Verwendung, müssen die Arbeitgeber ein Verzeichnis jener Arbeitnehmer führen, die der Einwirkung dieser Arbeitsstoffe ausgesetzt sind.

(2) Dieses Verzeichnis muß für jeden betroffenen Arbeitnehmer insbesondere folgende Angaben enthalten:

1. Name, Geburtsdatum, Geschlecht,
2. Bezeichnung der Arbeitsstoffe,
3. Art der Gefährdung,
4. Art und Dauer der Tätigkeit,
5. Datum und Ergebnis von Messungen im Arbeitsbereich, soweit vorhanden,
6. Angaben zur Exposition, und
7. Unfälle und Zwischenfälle im Zusammenhang mit diesen Arbeitsstoffen.

(3) Die Verzeichnisse sind stets auf dem aktuellen Stand zu halten und jedenfalls bis zum Ende der Exposition aufzubewahren. Nach Ende der Exposition sind sie dem zuständigen Träger der Unfallversicherung zu übermitteln. Dieser hat diese Verzeichnisse mindestens 40 Jahre aufzubewahren.

(4) Arbeitgeber müssen unbeschadet der §§ 12 und 13 jedem Arbeitnehmer zu den ihn persönlich betreffenden Angaben des Verzeichnisses Zugang gewähren und auf Verlangen Kopien davon aushändigen.

Verordnungen über Arbeitsstoffe

§ 48. (1) Der Bundesminister für Arbeit, Soziales und Konsumentenschutz hat in Durchführung des 4. Abschnittes durch Verordnung näher zu regeln: 9

1. die Meldung biologischer Arbeitsstoffe,
2. die Kennzeichnung von gefährlichen Arbeitsstoffen, 18
3. die Grenzwerte,
4. nähere Bestimmungen über
   a) Anforderungen an Fachkunde und Einrichtungen jener Personen, die Messungen durchführen dürfen,
   b) Meßverfahren, Verfahren der Probenahme, Auswahl der Meßorte, Auswertung der Messungen und Bewertung der Meßergebnisse,
   c) Zeitabstände der Messungen.

(2) Der Bundesminister für Arbeit, Soziales und Konsumentenschutz kann mit Verordnung anordnen, daß die Bestimmungen des § 42 Abs. 1 und 2 (Verbot von Stoffen oder Verfahren), Abs. 5 (Meldung der Verwendung an das Arbeitsinspektorat), Abs. 7 (Begründung für die Verwendung), § 43 Abs. 1 (Verwendung im geschlossenen System), § 44 Abs. 4 (Zugang zu Gefahrenbereichen) und § 47 (Verzeichnis der Arbeitnehmer) auch für gesundheitsgefährdende Arbeitsstoffe anzuwenden sind, die andere gefährliche Eigenschaften als die in der jeweiligen Bestimmung genannten aufweisen, wenn dies unter Bedachtnahme auf arbeitsmedizinische Erkenntnisse, auf den jeweiligen Stand der Technik oder auf internationale Abkommen erforderlich ist.

Beachte für folgende Bestimmung

vgl. § 112 Abs. 2

5. ABSCHNITT

GESUNDHEITSÜBERWACHUNG

Eignungs- und Folgeuntersuchungen

§ 49. (1) Mit Tätigkeiten, bei denen die Gefahr einer Berufskrankheit besteht, und bei denen einer arbeitsmedizinischen Untersuchung im Hinblick auf die spezifische mit dieser Tätigkeit verbundene Gesundheitsgefährdung prophylaktische Bedeutung zukommt, dürfen Arbeitnehmer nur beschäftigt werden, wenn 12

1. vor Aufnahme der Tätigkeit eine solche Untersuchung durchgeführt wurde (Eignungsuntersuchung) und
2. bei Fortdauer der Tätigkeit solche Untersuchungen in regelmäßigen Zeitabständen durchgeführt werden (Folgeuntersuchungen).

(2) Abs. 1 gilt weiters für Tätigkeiten, bei denen häufiger und länger andauernd Atemschutzgeräte (Filter- oder Behältergeräte) getragen werden müssen, für Tätigkeiten im Rahmen von Gasrettungsdiensten und für Tätigkeiten unter Einwirkung von den Organismus besonders belastender Hitze.

(3) Das Arbeitsinspektorat hat im Einzelfall mit Bescheid für eine Tätigkeit, die nicht in einer Durchführungsverordnung zu Abs. 1 angeführt ist, Eignungs- und Folgeuntersuchungen vorzuschreiben, sofern

1. es sich um eine Tätigkeit handelt, die nach arbeitsmedizinischen Erfahrungen die Gesundheit zu schädigen vermag, und
2. im Hinblick auf die spezifische mit dieser Tätigkeit verbundene Gesundheitsgefährdung einer arbeitsmedizinischen Untersuchung prophylaktische Bedeutung zukommt.

(4) Für Untersuchungen gemäß Abs. 3 gelten die Bestimmungen über Eignungs- und Folgeuntersuchungen mit Ausnahme der Bestimmung, daß die Untersuchungen nach einheitlichen Richtlinien durchzuführen und zu beurteilen sind.

(5) In Bescheiden gemäß Abs. 3 sind Art, Umfang und Zeitabstände der Untersuchungen festzulegen. Weiters ist festzulegen, welche Voraussetzungen die Ärzte für die Untersuchungen erfüllen müssen.

(6) Bescheide gemäß Abs. 3 sind auf Antrag des Arbeitgebers oder von amtswegen aufzuheben, wenn die Voraussetzungen für die Vorschreibung nicht mehr vorliegen.

Beachte für folgende Bestimmung

vgl. § 112 Abs. 2

Untersuchungen bei Lärmeinwirkung

12 **§ 50.** (1) Mit Tätigkeiten, die mit gesundheitsgefährdender Lärmeinwirkung verbunden sind, dürfen Arbeitnehmer nur beschäftigt werden, wenn vor Aufnahme der Tätigkeit eine arbeitsmedizinische Untersuchung der Hörfähigkeit durchgeführt wurde. Für diese Untersuchung gelten die Bestimmungen über Eignungsuntersuchungen.

(2) Arbeitgeber haben dafür zu sorgen, daß Arbeitnehmer, die einer gesundheitsgefährdenden Lärmeinwirkung ausgesetzt sind, sich in regelmäßigen Abständen einer arbeitsmedizinischen Untersuchung der Hörfähigkeit unterziehen.

Beachte für folgende Bestimmung

Zum Inkrafttreten vgl. § 112 Abs. 1

Sonstige besondere Untersuchungen

12 **§ 51.** (1) Wenn im Hinblick auf die spezifische mit einer Tätigkeit verbundene Gesundheitsgefährdung nach arbeitsmedizinischen Erkenntnissen oder nach dem jeweiligen Stand der Technik besondere ärztliche Untersuchungen geboten erscheinen, müssen Arbeitgeber dafür sorgen, daß Arbeitnehmer, die eine solche Tätigkeit ausüben oder ausüben sollen, sich auf eigenen Wunsch vor Aufnahme dieser Tätigkeit sowie bei Fortdauer der Tätigkeit in regelmäßigen Zeitabständen einer solchen besonderen Untersuchung unterziehen können.

(2) Tätigkeiten im Sinne des Abs. 1 sind solche, bei denen Arbeitnehmer
1. besonderen physikalischen Einwirkungen ausgesetzt sind oder
2. den Einwirkungen gefährlicher Arbeitsstoffe ausgesetzt sind oder
3. besonders belastenden Arbeitsbedingungen ausgesetzt sind oder
4. bei deren Ausübung durch gesundheitlich nicht geeignete Arbeitnehmer eine besondere Gefahr für diese selbst oder für andere Personen entstehen kann.

(3) Gelangt dem Arbeitsinspektorat zur Kenntnis, daß bei einem Arbeitnehmer eine Erkrankung aufgetreten ist, die auf eine Tätigkeit im Sinne des Abs. 2 zurückzuführen sein könnte, so kann es die Vornahme von besonderen Untersuchungen auch hinsichtlich anderer Arbeitnehmer empfehlen, die mit derartigen Tätigkeiten beschäftigt werden.

Beachte für folgende Bestimmung: vgl. § 112 Abs. 2

Durchführung von Eignungs- und Folgeuntersuchungen

§ 52. Die untersuchenden Ärzte haben bei Durchführung von Eignungs- und Folgeuntersuchungen nach folgenden Grundsätzen vorzugehen:
1. Die Untersuchungen sind nach einheitlichen Richtlinien durchzuführen und zu beurteilen.
2. Die Ergebnisse der Untersuchungen sind in einem Befund festzuhalten.
3. Es hat eine Beurteilung zu erfolgen („geeignet", „nicht geeignet").
4. Wenn die Beurteilung auf „geeignet" lautet, aber eine Verkürzung des Zeitabstandes bis zur Folgeuntersuchung geboten erscheint, ist in die Beurteilung der Zeitabstand bis zur vorzeitigen Folgeuntersuchung aufzunehmen.
5. Der Befund samt Beurteilung ist unverzüglich dem ärztlichen Dienst des zuständigen Arbeitsinspektorates zu übermitteln.
6. Der Befund ist dem Arbeitnehmer auf Verlangen zu übermitteln und zu erläutern.
7. Wenn die Beurteilung auf „geeignet" lautet, ist diese Beurteilung dem Arbeitgeber sowie dem Arbeitnehmer schriftlich mitzuteilen.

Elektronische Übermittlung von Befund samt Beurteilung

§ 52a. Die Übermittlung nach § 52 Z 5 ASchG kann auch elektronisch erfolgen. Dies dient dem Zweck der Erfassung und der erleichterten Prüfung von Befund und Beurteilung im Sinn des § 53. Die Vertraulichkeit der Übermittlung von Befund und Beurteilung ist durch dem Stand der Technik entsprechende verschlüsselte Übermittlungsverfahren zu gewährleisten. Die Arbeitsinspektion hat den elektronischen Befund samt Beurteilung 10 Jahre lang ab dem Zeitpunkt der Übermittlung aufzubewahren und mit Ablauf des jeweiligen Kalenderjahres zu löschen. In Einzelfällen kann die Aufbewahrungsfrist auf Grund einer arbeitsmedizinischen Begründung verlängert werden. Der Bundesminister für Arbeit, Soziales und Konsumentenschutz ist ermächtigt, durch Verordnung die näheren Bestimmungen betreffend die Verfahren zur Einbringung der Daten sowie Datensicherheitsmaßnahmen festzulegen.

Überprüfung der Beurteilung

§ 53. (1) Die Ärzte der Arbeitsinspektion haben bei Eignungs- und Folgeuntersuchungen von amtswegen die übermittelten Befunde und Beurteilungen unter Berücksichtigung der Arbeitsbedingungen zu überprüfen.

(2) Die Ärzte der Arbeitsinspektion sind verpflichtet, dem Arbeitnehmer auf Verlangen den Befund zu erläutern.

(3) Über die gesundheitliche Eignung entscheidet das Arbeitsinspektorat mit Bescheid. Im Verfahren haben der Arbeitnehmer und der Arbeitgeber Parteistellung. Tatsachen, die der ärztlichen Verschwiegenheitspflicht unterliegen, sind vom Arbeitsinspektorat dem Arbeitgeber jedoch nur mit Zustimmung des Arbeitnehmers zur Kenntnis zu bringen.

(4) Führt die Überprüfung durch das Arbeitsinspektorat zu einem von der Beurteilung des untersuchen-

den Arztes abweichenden Ergebnis, so ist diesem Arzt eine Abschrift des Bescheides zu übermitteln. Führt die Überprüfung einer auf „nicht geeignet" lautenden ärztlichen Beurteilung durch das Arbeitsinspektorat zu einem abweichenden Ergebnis, ist dieser Arzt außerdem vor Bescheiderlassung anzuhören.

(5) Ein Bescheid über die gesundheitliche Eignung kann entfallen, wenn

1. die Beurteilung auf „geeignet" lautet,
2. die Überprüfung ergibt, daß der Arbeitnehmer für die betreffende Tätigkeit geeignet ist und keine zusätzlichen Maßnahmen zur Verminderung der Gesundheitsgefährdung notwendig sind, und
3. weder der Arbeitgeber noch der Arbeitnehmer einen Antrag auf Erlassung eines Bescheides stellen.

(6) Wenn in der Beurteilung keine Verkürzung des Zeitabstandes bis zur Folgeuntersuchung vorgesehen ist, eine Verkürzung aber auf Grund der Überprüfung geboten erscheint, ist von amtswegen oder auf Antrag mit Bescheid der Zeitabstand zu verkürzen.

(7) Ist in der Beurteilung eine Verkürzung des Zeitabstandes bis zur Folgeuntersuchung vorgesehen und ergibt die Überprüfung, daß eine solche Verkürzung nicht erforderlich ist, so hat das Arbeitsinspektorat dies dem Arbeitgeber, dem Arbeitnehmer sowie dem Arzt, der die Untersuchung durchgeführt hat, mitzuteilen.

(8) Einer Beschwerde beim Verwaltungsgericht gegen Bescheide über die gesundheitliche Eignung und über die Verkürzung des Zeitabstandes bis zur Folgeuntersuchung kommt keine aufschiebende Wirkung zu.

(9) Das Arbeitsinspektorat hat dem zuständigen Träger der Unfallversicherung auf Anfrage eine Ausfertigung des Befundes samt Beurteilung zu übermitteln, sofern die Übermittlung dieser personenbezogenen Daten wesentliche Voraussetzung für Zwecke der Forschung nach § 186 Abs. 1 Z 4 ASVG darstellt.

Bescheide über die gesundheitliche Eignung

§ 54. (1) Die bescheidmäßige Feststellung der gesundheitlichen Eignung auf Grund einer Eignungsuntersuchung oder Folgeuntersuchung kann erfolgen

1. unter Verkürzung des Zeitabstandes bis zur Folgeuntersuchung,
2. unter der Bedingung, daß der Arbeitgeber bestimmte im Bescheid festzulegende geeignete Maßnahmen trifft, die die Gesundheitsgefährdung vermindern.

(2) Bei bescheidmäßiger Feststellung der gesundheitlichen Nichteignung darf der Arbeitnehmer mit den im Bescheid angeführten Tätigkeiten nicht mehr beschäftigt werden. Dies gilt im Fall des Abs. 4 bis zu einer Folgeuntersuchung, sonst bis zur Aufhebung durch Bescheid des Arbeitsinspektorates gemäß Abs. 5.

(3) Das Arbeitsinspektorat kann im Bescheid aussprechen, daß das Beschäftigungsverbot erst nach Ablauf einer bestimmten Frist wirksam wird, wenn dies aus arbeitsmedizinischen Gründen unter Berücksichtigung der Arbeitsbedingungen vertretbar ist.

(4) Ist anzunehmen, daß die gesundheitliche Eignung in absehbarer Zeit wieder gegeben ist, so ist im Bescheid festzulegen, zu welchem Zeitpunkt eine neuerliche Untersuchung frühestens erfolgen soll. In diesem Fall darf der Arbeitnehmer mit den im Bescheid angeführten Tätigkeiten wieder beschäftigt werden, wenn eine Folgeuntersuchung die Beurteilung „geeignet" ergeben hat.

(5) Die Aufhebung des Beschäftigungsverbotes hat auf Antrag des Arbeitgebers oder des Arbeitnehmers oder von amtswegen zu erfolgen, wenn auf Grund einer Folgeuntersuchung festgestellt wird, daß die gesundheitliche Eignung für die betreffende Tätigkeit wieder gegeben ist.

Beachte für folgende Bestimmung

Zum Inkrafttreten vgl. § 112 Abs. 1

Durchführung von sonstigen besonderen Untersuchungen

§ 55. (1) Die untersuchenden Ärzte haben beider Durchführung von wiederkehrenden Untersuchungen der Hörfähigkeit und bei sonstigen besonderen Untersuchungen wie folgt vorzugehen:

1. Sofern für die Durchführung von solchen Untersuchungen einheitliche Richtlinien erlassen wurden, sind die Untersuchungen nach diesen Richtlinien durchzuführen.
2. Die Ergebnisse der Untersuchungen sind in einem Befund festzuhalten.
3. Der Befund ist dem Arbeitnehmer auf Verlangen zu übermitteln und zu erläutern.

(2) Die Ärzte der Arbeitsinspektion sind verpflichtet, dem Arbeitnehmer auf Verlangen den Befund zu erläutern.

Ermächtigte Ärzte und Ärztinnen

§ 56. (1) Eignungs- und Folgeuntersuchungen sind von ermächtigten Ärzten und Ärztinnen durchzuführen und zu beurteilen. Ein Arzt/Eine Ärztin gilt als ermächtigt, wenn folgende Voraussetzungen vorliegen und eine Eintragung in die Liste nach Abs. 6 erfolgt ist:

1. Berechtigung zur selbständigen Ausübung des ärztlichen Berufes im Sinne des Ärztegesetzes 1998 – ÄrzteG 1998, BGBl. I Nr. 169/1998,
2. Abschluss einer von dem/der Bundesminister/in für Gesundheit und Frauen anerkannten arbeitsmedizinischen Ausbildung gemäß § 38 ÄrzteG 1998,
3. apparative Ausstattung um die Untersuchungen durchführen zu können, wobei zu Teilbereichen der jeweiligen Untersuchung auch andere Ärzte/Ärztinnen oder geeignete Labors mit apparativer Ausstattung für die Durchführung der Untersuchungen herangezogen werden können.

(2) Der Arzt/Die Ärztin hat dem Bundesminister für Arbeit, Soziales und Konsumentenschutz zu melden:

1. vor der erstmaligen Durchführung der jeweiligen Untersuchung: Genaue Angabe der Arbeitsstoffe oder Einwirkungen, für die die Untersuchung durchgeführt werden soll, Name, Anschrift, Telefonnummer, E-Mail-Adresse samt schriftlicher Nachweise über das Vorliegen der Voraussetzungen nach Abs. 1,
2. allfällige Änderungen der Angaben nach Z 1 sowie Voraussetzungen nach Abs. 1,
3. die Einstellung der jeweiligen Untersuchung oder der Tätigkeit.

(3) Der Bundesminister für Arbeit, Soziales und Konsumentenschutz hat auf Grund der Meldung nach Abs. 2 Z 1 zu überprüfen, ob die Voraussetzungen nach Abs. 1 vorliegen. Der Allgemeinen Unfallversicherungsanstalt ist Gelegenheit zu geben, im Rahmen der Überprüfung Stellung zu nehmen, wenn es sich um Untersuchungen handelt, die zur Feststellung der gesundheitlichen Eignung für die Ausübung von Tätigkeiten dienen, die eine Berufskrankheit verursachen können.

(4) Ermächtigte Ärzte/Ärztinnen müssen die Untersuchungen einer regelmäßigen Qualitätssicherung, die den neuesten Erkenntnissen auf dem Gebiet der Arbeitsmedizin entspricht, unterziehen. Sie müssen den Ärzten und Ärztinnen der Arbeitsinspektion auf Verlangen Einsicht in die Unterlagen zur Qualitätssicherung und zur für die Untersuchungen einschlägigen Fortbildung nach § 49 ÄrzteG 1998 gewähren oder Kopien dieser Unterlagen übermitteln sowie Auskünfte dazu erteilen.

(5) Abs. 4 gilt auch für andere Ärzte/Ärztinnen und Labors nach Abs. 1 Z 3.

(6) Der Bundesminister für Arbeit, Soziales und Konsumentenschutz hat eine Liste der ermächtigten Ärzte und Ärztinnen zu erstellen und regelmäßig zu aktualisieren sowie im Internet zu veröffentlichen. Diese Liste hat zu enthalten: Namen, Anschrift, Telefonnummer, E-Mail-Adresse der Ärzte/Ärztinnen sowie die Art der Untersuchung, auf die sich die Eintragung in die Liste bezieht. In diese Liste sind alle Ärzte und Ärztinnen aufzunehmen, bei denen die Überprüfung gemäß Abs. 3 ergeben hat, dass sie die Voraussetzungen nach Abs. 1 erfüllen. Ergibt die Überprüfung, dass die Voraussetzungen nach Abs. 1 nicht erfüllt sind, ist der Arzt/die Ärztin zur Behebung der Mängel schriftlich aufzufordern. Werden die Voraussetzungen nach Abs. 1 weiterhin nicht erfüllt, hat keine Aufnahme in die Liste zu erfolgen. Auf Antrag des Arztes/der Ärztin ist dies mit Bescheid festzustellen.

(7) Ein Arzt/Eine Ärztin ist von der Liste nach Abs. 6 zu streichen, wenn

1. die Voraussetzungen nach Abs. 1 nicht mehr vorliegen oder
2. gegen die für ermächtigte Ärzte/Ärztinnen geltenden Bestimmungen dieses Bundesgesetzes oder der Verordnung über die Gesundheitsüberwachung verstoßen wurde oder
3. innerhalb der letzten fünf Jahre keine entsprechende Untersuchung vorgenommen wurde.

Vor der Streichung ist dem Arzt/der Ärztin Gelegenheit zu geben, Stellung zu nehmen. Auf Antrag des Arztes/der Ärztin ist mit Bescheid festzustellen, dass die Voraussetzungen für eine Streichung vorliegen.

Kosten der Untersuchungen

§ 57. (1) Die Kosten von Eignungs- und Folgeuntersuchungen sind vom Arbeitgeber zu tragen.

(2) Die Kosten von sonstigen besonderen Untersuchungen hat der Arbeitgeber zu tragen, soweit sie nicht auf Kosten eines Versicherungsträgers erfolgen.

(3) Wenn Eignungs- und Folgeuntersuchungen oder sonstige besondere Untersuchungen im Zusammenhang mit Tätigkeiten, die eine Berufskrankheit verursachen können, durchgeführt werden, hat der Arbeitgeber gegenüber dem zuständigen Träger der Unfallversicherung Anspruch auf Ersatz der Kosten. Dies gilt auch für Eignungsuntersuchungen, die unmittelbar vor Aufnahme einer Tätigkeit durchgeführt werden, die die Unfallversicherungspflicht auslöst.

(4) Die Höhe des Kostenersatzes wird durch einen privatrechtlichen Vertrag geregelt, welcher für die Träger der Unfallversicherung mit deren Zustimmung durch den Dachverband der Sozialversicherungsträger mit der Österreichischen Ärztekammer abzuschließen ist. Der Vertrag bedarf zu seiner Rechtsgültigkeit der schriftlichen Form. Im übrigen gelten die Bestimmungen des Sechsten Teils des Allgemeinen Sozialversicherungsgesetzes, BGBl. Nr. 189/1955, sinngemäß.

(5) Der zuständige Träger der Unfallversicherung ist berechtigt, mit ermächtigten Ärzten die direkte Verrechnung der Kosten von Untersuchungen nach Abs. 3 zu vereinbaren.

(6) Die zuständigen Träger der Unfallversicherung sind berechtigt, die sachliche und rechnerische Richtigkeit der Kosten von Untersuchungen nach Abs. 3 stichprobenartig bei den Ärzten zu überprüfen. Die Ärzte haben in diesem Zusammenhang Auskünfte im erforderlichen Umfang nach Maßgabe des Abs. 7 zu erteilen. Das Vorliegen der Voraussetzungen für eine Auskunftserteilung ist dem betreffenden Arzt gegenüber glaubhaft zu machen.

(7) Auskünfte im Sinne des Abs. 6 dürfen nur insoweit in personenbezogener Form erteilt werden, als dies der Zweck der im Einzelfall vorgenommenen Überprüfung unbedingt erfordert. Medizinische Daten, insbesondere die Diagnose, dürfen nur einem ordnungsgemäß ausgewiesenen bevollmächtigten Arzt des zuständigen Trägers der Unfallversicherung bekannt gegeben werden. Der erste Satz ist auch anzuwenden auf jede weitere Übermittlung innerhalb der Organisation des zuständigen Trägers der Unfallversicherung hinsichtlich der Daten, die in einer Auskunft im Sinne des Abs. 6 enthalten sind.

(8) Abs. 1 und Abs. 3 bis 7 gelten auch für wiederkehrende Untersuchungen der Hörfähigkeit.

Pflichten der Arbeitgeber

§ 58. (1) Arbeitgeber müssen den untersuchenden Ärzten Zugang zu den Arbeitsplätzen der zu untersuchenden Arbeitnehmer sowie zu allen für die Durchführung oder Beurteilung notwendigen Informationen, wie zum Beispiel zu Meßergebnissen, gewähren.

(2) Werden Eignungs- und Folgeuntersuchungen, wiederkehrende Untersuchungen der Hörfähigkeit sowie sonstige besondere Untersuchungen während der betrieblichen Arbeitszeit durchgeführt, müssen Arbeitgeber den Arbeitnehmern die erforderliche Freizeit unter Fortzahlung des Entgelts gewähren.

(3) (Anm.: aufgehoben durch BGBl. I Nr. 159/2001)

(4) Arbeitgeber müssen über jeden Arbeitnehmer, für den Eignungs- oder Folgeuntersuchungen erforderlich sind, Aufzeichnungen führen, die folgendes zu enthalten haben:

1. Vor- und Zuname, Geburtsdatum und Anschrift,
2. Art der Tätigkeit, die die Untersuchungspflicht begründet,
3. Datum der Aufnahme dieser Tätigkeit,
4. Datum der Beendigung dieser Tätigkeit,
5. Name und Anschrift des untersuchenden Arztes,
6. Datum jeder Untersuchung.

(5) Den Aufzeichnungen sind alle Beurteilungen der untersuchenden Ärzte über die gesundheitliche Eignung und allfällige Erkenntnisse des Verwaltungsgerichts anzuschließen.

(6) Die Unterlagen gemäß Abs. 4 und 5 sind aufzubewahren, bis der Arbeitnehmer aus dem Betrieb ausscheidet. Sodann sind sie dem zuständigen Träger der Unfallversicherung zu übermitteln. Dieser hat die Unterlagen mindestens 40 Jahre aufzubewahren.

(7) Arbeitgeber müssen unbeschadet der §§ 12 und 13 jedem Arbeitnehmer zu den ihn persönlich betreffenden Aufzeichnungen und Unterlagen Zugang gewähren und auf Verlangen Kopien davon aushändigen.

Verordnungen über die Gesundheitsüberwachung

§ 59. Der Bundesminister für Arbeit, Soziales und Konsumentenschutz hat in Durchführung des 5. Abschnittes durch Verordnung näher zu regeln:

1. die Tätigkeiten, die Eignungs- und Folgeuntersuchungen erforderlich machen, sowie die Tätigkeiten, bei denen sonstige besondere Untersuchungen geboten sind,
2. die Zeitabstände, in denen Folgeuntersuchungen, wiederkehrende Untersuchungen der Hörfähigkeit sowie sonstige besondere Untersuchungen durchzuführen sind,
3. Richtlinien über die Durchführung von Untersuchungen, wobei insbesondere festzulegen ist, welche speziellen Untersuchungen und Untersuchungsverfahren nach dem jeweiligen Stand der Arbeitsmedizin zur Feststellung der gesundheit-

15

lichen Eignung von Arbeitnehmern für bestimmte Tätigkeiten in Betracht kommen, nach welchen arbeitsmedizinischen Kriterien die Untersuchungsergebnisse zu beurteilen sowie welche biologischen Grenzwerte gegebenenfalls zu beachten sind.

6. ABSCHNITT

ARBEITSVORGÄNGE UND ARBEITSPLÄTZE

Allgemeine Bestimmungen über Arbeitsvorgänge

§ 60. (1) Arbeitgeber haben dafür zu sorgen, daß Arbeitsvorgänge so vorbereitet, gestaltet und durchgeführt werden, daß ein wirksamer Schutz des Lebens und der Gesundheit der Arbeitnehmer erreicht wird.

(2) Arbeitsvorgänge sind so zu gestalten, dass Zwangshaltung möglichst vermieden wird und Belastungen durch monotone Arbeitsabläufe, einseitige Belastung, Belastungen durch taktgebundene Arbeiten und Zeitdruck sowie sonstige psychische Belastungen möglichst gering gehalten und ihre gesundheitsschädigenden Auswirkungen abgeschwächt werden.

(3) Arbeitsvorgänge sind so zu gestalten, daß die Arbeit nach Möglichkeit ganz oder teilweise im Sitzen verrichtet werden kann.

(4) Arbeitgeber/innen haben im Rahmen der Ermittlung und Beurteilung der Gefahren im Bergbau für gefährliche Arbeiten oder normalerweise gefahrlose Arbeiten, die sich mit anderen Arbeitsvorgängen überschneiden und daher eine ernste Gefährdung bewirken können, ein Arbeitsfreigabesystem samt den notwendigen Schutz- und Rettungsmaßnahmen festzulegen und eine geeignete fachkundige Person zu benennen, die die erforderlichen fachlichen Kenntnisse und Berufserfahrungen besitzt und mit den möglichen Gefahren und den erforderlichen Schutz- und Rettungsmaßnahmen vertraut ist. Es ist dafür zu sorgen, dass die festgelegten Arbeiten erst durchgeführt werden, nachdem die benannte Person sich davon überzeugt hat, dass die laut Arbeitsfreigabesystem festgelegten Schutz- und Rettungsmaßnahmen durchgeführt sind, und die Arbeitsfreigabe erteilt hat.

(5) Arbeitgeber/innen haben im Bergbau jedem/jeder untertägig beschäftigten Arbeitnehmer/in jeweils einen umgebungsluftunabhängigen Selbstretter (Sauerstoffselbstretter) zur Verfügung zu stellen.

Arbeitsplätze

§ 61. (1) Arbeitsplätze müssen so eingerichtet und beschaffen sein und so. erhalten werden, daß die Arbeitnehmer möglichst ohne Gefahr für ihre Sicherheit und Gesundheit ihre Arbeit verrichten können.

(2) Arbeitsplätze müssen so beschaffen sein, daß sie nicht einstürzen, umkippen, einsinken, abrutschen oder ihre Lage auf andere Weise ungewollt verändern.

(3) Arbeitsplätze und Zugänge zu den Arbeitsplätzen müssen erforderlichenfalls mit Einrichtungen zum Schutz gegen Absturz oder herabfallende Gegenstände versehen sein.

(4) Die freie unverstellte Fläche am Arbeitsplatz muß so bemessen sein, daß sich die Arbeitnehmer bei ihrer Tätigkeit ungehindert bewegen können. Ist dies aus arbeitsplatztechnischen Gründen nicht möglich, so muß den Arbeitnehmern erforderlichenfalls in der Nähe des Arbeitsplatzes eine andere ausreichend große Bewegungsfläche zur Verfügung stehen.

(5) Kann die Arbeit ganz oder teilweise im Sitzen verrichtet werden, sind den Arbeitnehmern geeignete Sitzgelegenheiten zur Verfügung zu stellen. Den Arbeitnehmern sind geeignete Arbeitstische, Werkbänke oder sonstige Einrichtungen zur Verfügung zu stellen, soweit deren Verwendung nach der Art der Tätigkeit möglich ist.

(6) An Arbeitsplätzen mit erhöhter Unfallgefahr sowie an abgelegenen Arbeitsplätzen darf ein Arbeitnehmer nur allein beschäftigt werden, wenn eine wirksame Überwachung sichergestellt ist.

(7) Im Freien und in nicht allseits umschlossenen Räumen dürfen ständige Arbeitsplätze nur eingerichtet werden, wenn dies wegen der Art der Tätigkeiten oder aus sonstigen wichtigen betrieblichen Gründen erforderlich ist. Bei Arbeitsplätzen in nicht allseits umschlossenen Räumen sowie bei ortsgebundenen Arbeitsplätzen im Freien ist dafür zu sorgen, daß die Arbeitnehmer durch geeignete Einrichtungen gegen Witterungseinflüsse soweit als möglich geschützt sind. Bei Arbeitsplätzen im Freien ist dafür zu sorgen, daß die Arbeitnehmer nicht ausgleiten oder abstürzen können.

(8) Für Verkaufsstände im Freien gilt abweichend von Abs. 7 folgendes:

1. An Verkaufsständen im Freien dürfen Arbeitnehmer nur beschäftigt werden, wenn sie gegen Witterungseinflüsse, schädliche Zugluft, Einwirkungen durch Lärm, Erschütterungen und Abgase von Kraftfahrzeugen ausreichend geschützt sind.
2. An Verkaufsständen im Freien, die organisatorisch und räumlich im Zusammenhang mit Verkaufsläden oder sonstigen Betriebsgebäuden stehen, dürfen Arbeitnehmer außerdem nur beschäftigt werden, wenn die Außentemperatur am Verkaufsstand mehr als + 16 °C beträgt.

Fachkenntnisse und besondere Aufsicht

§ 62. (1) Zu Arbeiten, die mit einer besonderen Gefahr für die damit beschäftigten oder für andere Arbeitnehmer verbunden sind, dürfen nur Arbeitnehmer herangezogen werden, die

1. hiefür geistig und körperlich geeignet sind,
2. über einen Nachweis der erforderlichen Fachkenntnisse verfügen und
3. über die erforderliche Berufserfahrung verfügen.

(2) Abs. 1 gilt für die Durchführung von Taucherarbeiten, das Führen von bestimmten Kranen und Staplern, die Beschäftigung im Rahmen eines Gasrettungsdienstes, die Durchführung von Sprengarbeiten sowie sonstige Arbeiten mit vergleichbarem Risiko.

(3) Mit der Durchführung von Sprengarbeiten dürfen darüber hinaus nur Arbeitnehmer beschäftigt werden, die verläßlich sind.

(4) Wenn es für eine sichere Durchführung der Arbeiten erforderlich ist, hat die Organisation und Vorbereitung durch Personen zu erfolgen, die hiefür geeignet sind und die erforderlichen Fachkenntnisse nachweisen. Dies gilt für Vorbereitungs- und Organisationsarbeiten betreffend besonders gefährliche Arbeiten unter Spannung, bühnentechnische und beleuchtungstechnische Arbeiten sowie sonstige Arbeiten, für die hinsichtlich der Vorbereitung und Organisation vergleichbare Anforderungen bestehen.

(5) Wenn es mit Rücksicht auf die mit der Arbeit verbundenen Gefahren oder die spezifischen Arbeitsbedingungen erforderlich ist, dürfen Arbeiten nur unter Aufsicht einer geeigneten Person durchgeführt werden. Taucherarbeiten, bestimmte Bauarbeiten sowie sonstige Arbeiten, die hinsichtlich der Gefahren oder der Arbeitsbedingungen vergleichbar sind, dürfen nur unter Aufsicht von Personen durchgeführt werden, die hiefür geeignet sind und über fachliche Kenntnisse verfügen.

(6) Abs. 2 bis 5 gelten auch für den Arbeitgeber soweit dies zur Vermeidung einer Gefahr für die, Sicher-

heit oder die Gesundheit der Arbeitnehmer erforderlich ist.

Nachweis der Fachkenntnisse

14 **§ 63.** (1) Der Nachweis der Fachkenntnisse gemäß § 62 ist durch ein Zeugnis einer hiefür in Betracht kommenden Unterrichtsanstalt oder durch ein Zeugnis einer anderen Einrichtung zu erbringen, die hiezu vom Bundesminister für Arbeit, Soziales und Konsumentenschutz ermächtigt wurde.

(2) Die Ermächtigung ist zu erteilen, wenn die Gewähr dafür gegeben ist, daß die notwendigen Fachkenntnisse in entsprechender Weise vermittelt werden. Die Ermächtigung ist unter Auflagen zu erteilen, wenn dies zur Gewährleistung einer ordnungsgemäßen Vermittlung der Fachkenntnisse erforderlich ist. Die Ermächtigung ist zu widerrufen, wenn gegen die Bestimmungen dieses Bundesgesetzes oder der dazu erlassenen Verordnungen über die Vermittlung der Fachkenntnisse verstoßen wurde, die Auflagen nicht eingehalten werden, oder wenn die Voraussetzungen für die Ermächtigung nicht mehr vorliegen.

(3) Zur Vermittlung der Fachkenntnisse zur Durchführung von Sprengarbeiten sind von der Unterrichtsanstalt oder ermächtigten Einrichtung nur Auszubildende zuzulassen, die eine Bescheinigung der Landespolizeidirektion, insoweit diese für das Gebiet einer Gemeinde zugleich Sicherheitsbehörde erster Instanz ist, oder, außerhalb dieses örtlichen Wirkungsbereiches, der Bezirksverwaltungsbehörde über ihre Verläßlichkeit beibringen. Zur Beurteilung der Verläßlichkeit nach diesem Bundesgesetz ist sinngemäß § 8 des Waffengesetzes 1996, BGBl. I Nr. 12/1997, heranzuziehen, wobei auch entsprechend schwerwiegende Verwaltungsübertretungen zu berücksichtigen sind.

(4) Der Nachweis der Fachkenntnisse ist von der zuständigen Behörde zu entziehen, wenn die betreffende Person zur Durchführung der betreffenden Arbeiten geistig oder körperlich nicht mehr geeignet ist. Gleiches gilt, wenn auf Grund besonderer Vorkommnisse, zB eines Fehlverhaltens, das zu einem Unfall geführt hat, eine sichere Durchführung der Arbeiten durch die betreffende Person nicht mehr gewährleistet ist. Der Entzug des Nachweises ist dem Arbeitgeber, dem zuständigen Arbeitsinspektorat sowie jener Unterrichtsanstalt oder Einrichtung, die den Nachweis ausgestellt hat, bekanntzugeben.

(5) Die Arbeitsinspektorate haben Umstände, die zur Entziehung des Nachweises der Fachkenntnisse führen könnten, der zuständigen Behörde zur Kenntnis zu bringen. Werden dem Arbeitgeber Umstände bekannt, die zum Entzug des Nachweises der Fachkenntnisse führen könnten, hat er dies dem zuständigen Arbeitsinspektorat zu melden.

(6) Die Sicherheitsbehörden haben Umstände, die zur Entziehung des Nachweises der Fachkenntnisse betreffend die Durchführung von Sprengarbeiten führen könnten, der zuständigen Behörde zur Kenntnis zu bringen.

Handhabung von Lasten

1 **§ 64.** (1) Als manuelle Handhabung im Sinne dieser Bestimmung gilt jede Beförderung oder das Abstützen einer Last durch Arbeitnehmer, insbesondere das Heben, Absetzen, Schieben, Ziehen, Tragen und Bewegen einer Last, wenn dies auf Grund der Merkmale der Last oder ungünstiger ergonomischer Bedingungen für die Arbeitnehmer eine Gefährdung, insbesondere des Bewegungs- und Stützapparates, mit sich bringt.

(2) Arbeitgeber haben geeignete organisatorische Maßnahmen zu treffen oder geeignete Mittel einzusetzen, um zu vermeiden, daß Arbeitnehmer Lasten manuell handhaben müssen.

(3) Läßt es sich nicht vermeiden, daß Arbeitnehmer Lasten manuell handhaben müssen, so haben die Arbeitgeber im Rahmen der Ermittlung und Beurteilung der Gefahren insbesondere die Merkmale der Last, den erforderlichen körperlichen Kraftaufwand, die Merkmale der Arbeitsumgebung und die Erfordernisse der Aufgabe zu berücksichtigen. Die Arbeitgeber haben dafür zu sorgen, daß es bei den Arbeitnehmern nicht zu einer Gefährdung des Bewegungs- und Stützapparates kommt oder daß solche Gefährdungen gering gehalten werden, indem sie unter Berücksichtigung der Merkmale der Arbeitsumgebung und der Erfordernisse der Aufgabe geeignete Maßnahmen treffen.

(4) Arbeitnehmer dürfen mit der manuellen Handhabung von Lasten nur beschäftigt werden, wenn sie dafür körperlich geeignet sind und über ausreichende Kenntnisse und eine ausreichende Unterweisung verfügen.

(5) Arbeitnehmer, die mit der manuellen Handhabung von Lasten beschäftigt werden, müssen Angaben über die damit verbundene Gefährdung des Bewegungs- und Stützapparates sowie nach Möglichkeit auch genaue Angaben über das Gewicht und die sonstigen Merkmale der Lasten erhalten. Die Arbeitnehmer müssen genaue Anweisungen über die sachgemäße Handhabung von Lasten und Angaben über die bestehenden Gefahren bei unsachgemäßer Handhabung erhalten.

Lärm

§ 65. (1) Arbeitgeber haben unter Berücksichtigung des Standes der Technik die Arbeitsvorgänge und die 1
Arbeitsplätze entsprechend zu gestalten und alle geeigneten Maßnahmen zu treffen, damit die Lärmeinwirkung auf das niedrigste in der Praxis vertretbare Niveau 20
gesenkt wird. Unter Berücksichtigung des technischen Fortschrittes und der verfügbaren Maßnahmen ist auf eine Verringerung des Lärms, möglichst direkt an der Entstehungsquelle, hinzuwirken.

(2) Im Rahmen der Ermittlung und Beurteilung der Gefahren ist auch zu ermitteln, ob die Arbeitnehmer einer Lärmgefährdung ausgesetzt sein könnten. Wenn eine solche Gefährdung nicht ausgeschlossen werden kann, ist der Lärm zu messen. Bei der Messung ist gegebenenfalls auch Impulslärm zu berücksichtigen. Diese Ermittlung und Messung ist in regelmäßigen Zeitabständen sowie bei Änderung der Arbeitsbedingungen zu wiederholen.

(3) Die Ermittlung und Messung ist unter der Verantwortung der Arbeitgeber fachkundig zu planen und durchzuführen. Das Meßverfahren muß zu einem für die Exposition der Arbeitnehmer repräsentativen Ergebnis führen.

(4) Je nach Ausmaß der Lärmeinwirkung sind die erforderlichen Maßnahmen zur Verringerung und Beseitigung der Gefahren zu treffen.

Zu diesen Maßnahmen zählen insbesondere:

1. Die Arbeitnehmer sind über die möglichen Gefahren der Lärmeinwirkung und die zur Verringerung dieser Gefahren getroffenen Maßnahmen zu informieren und zu unterweisen.
2. Den Arbeitnehmern sind geeignete Gehörschutzmittel zur Verfügung zu stellen.
3. Die Arbeitnehmer haben die Gehörschutzmittel zu benutzen.
4. Die Lärmbereiche sind zu kennzeichnen und abzugrenzen. Der Zugang zu diesen Bereichen ist zu beschränken.
5. Die Gründe für die Lärmeinwirkung sind zu ermitteln. Es ist ein Programm technischer Maßnahmen und Maßnahmen der Arbeitsgestaltung zur

Herabsetzung der Lärmeinwirkung festzulegen und durchzuführen.
6. Es ist ein Verzeichnis jener Arbeitnehmer zu führen, die der Lärmeinwirkung ausgesetzt sind. Dieses Verzeichnis ist stets auf dem aktuellen Stand zu halten und jedenfalls bis zum Ende der Exposition aufzubewahren. Nach Ende der Exposition ist es dem zuständigen Träger der Unfallversicherung zu übermitteln. Arbeitgeber müssen jedem Arbeitnehmer zu den ihn persönlich betreffenden Angaben des Verzeichnisses Zugang gewähren.

Sonstige Einwirkungen und Belastungen

21 **§ 66.** (1) Arbeitgeber haben unter Berücksichtigung des Standes der Technik die Arbeitsvorgänge und Arbeitsplätze so zu gestalten und alle geeigneten Maßnahmen zu treffen, daß das Ausmaß von Erschütterungen, die auf den menschlichen Körper übertragen werden, möglichst gering gehalten wird. Gleiches gilt auch für andere physikalische Einwirkungen.

(2) Arbeitgeber haben die Arbeitsvorgänge und Arbeitsplätze entsprechend zu gestalten und alle geeigneten Maßnahmen zu treffen, damit die Arbeitnehmer keinen erheblichen Beeinträchtigungen durch blendendes Licht, Wärmestrahlung, Zugluft, üblen Geruch, Hitze, Kälte, Nässe, Feuchtigkeit oder vergleichbare Einwirkungen ausgesetzt sind oder diese Einwirkungen möglichst gering gehalten werden.

(3) Lassen sich gesundheitsgefährdende Erschütterungen oder sonstige besondere Belastungen nicht durch andere Maßnahmen vermeiden oder auf ein vertretbares Ausmaß verringern, so sind zur Verringerung der Belastungen oder zum Ausgleich geeignete organisatorische Maßnahmen zu treffen, wie eine Beschränkung der Beschäftigungsdauer, Arbeitsunterbrechungen oder die Einhaltung von Erholzeiten. Dies gilt für Druckluft- und Taucherarbeiten, für Arbeiten, die mit besonderen physischen Belastungen verbunden sind sowie für Arbeiten unter vergleichbaren Belastungen, wie besonders belastenden klimatischen Bedingungen, zB Arbeiten in Kühlräumen.

Bildschirmarbeitsplätze

3 **§ 67.** (1) Bildschirmgerät im Sinne dieser Bestimmung ist eine Baueinheit mit einem Bildschirm zur Darstellung alphanumerischer Zeichen oder zur Grafikdarstellung, ungeachtet des Darstellungsverfahrens. Bildschirmarbeitsplätze im Sinne dieser Bestimmung sind Arbeitsplätze, bei denen das Bildschirmgerät und die Dateneingabetastatur oder sonstige Steuerungseinheit sowie gegebenenfalls ein Informationsträger eine funktionale Einheit bilden.

(2) Arbeitgeber sind verpflichtet, Bildschirmarbeitsplätze ergonomisch zu gestalten. Es dürfen nur Bildschirmgeräte, Eingabe- oder Datenerfassungsvorrichtungen sowie Zusatzgeräte verwendet werden, die dem Stand der Technik und den ergonomischen Anforderungen entsprechen. Es sind geeignete Arbeitstische bzw. Arbeitsflächen und Sitzgelegenheiten zur Verfügung zu stellen.

(3) Bildschirmarbeitsplätze sind so zu bemessen und einzurichten, daß ausreichend Platz vorhanden ist, um wechselnde Arbeitshaltungen und -bewegungen zu ermöglichen. Es ist für eine geeignete Beleuchtung und dafür zu sorgen, daß eine Reflexion und eine Blendung vermieden werden.

(4) Auf tragbare Datenverarbeitungsgeräte ist Abs. 2 und 3 anzuwenden, wenn sie regelmäßig am Arbeitsplatz eingesetzt werden.

(5) Bei den nachstehend angeführten Einrichtungen bzw. Geräten sind die nach der Art oder Zweckbestimmung der Einrichtung oder der Art der Arbeitsvorgänge erforderlichen Abweichungen von Abs. 2 und 3 zulässig:
1. Fahrer- und Bedienungsstände von Fahrzeugen und Maschinen,
2. Datenverarbeitungsanlagen an Bord eines Verkehrsmittels,
3. Datenverarbeitungsanlagen, die hauptsächlich zur Benutzung durch die Öffentlichkeit bestimmt sind,
4. Rechenmaschinen, Registrierkassen und Geräte mit einer kleinen Daten- oder Meßwertanzeigevorrichtung, die zur direkten Benutzung des Gerätes erforderlich ist, und
5. Display-Schreibmaschinen.

(6) Abs. 1, 2 mit Ausnahme des letzten Satzes und 4 gelten auch für die vom Arbeitgeber den Arbeitnehmern zur Erbringung von Arbeitsleistungen außerhalb der Arbeitsstätte zur Verfügung gestellten Bildschirmgeräte, Eingabe- oder Datenerfassungsvorrichtungen sowie Zusatzgeräte, Arbeitstische bzw. Arbeitsflächen und Sitzgelegenheiten.

Besondere Maßnahmen bei Bildschirmarbeit

§ 68. (1) Im Rahmen der Ermittlung und Beurteilung der Gefahren ist auch auf die mögliche Beeinträchtigung des Sehvermögens sowie auf physische und psychische Belastungen besonders Bedacht zu nehmen. 8 Auf Grundlage dieser Ermittlung und Beurteilung sind zweckdienliche Maßnahmen zur Ausschaltung der festgestellten Gefahren zu treffen, wobei das allfällige Zusammenwirken der festgestellten Gefahren zu berücksichtigen ist.

(2) Bei der Konzipierung, Auswahl, Einführung und Änderung der Software sowie bei der Gestaltung von Tätigkeiten, bei denen Bildschirmgeräte zum Einsatz kommen, haben die Arbeitgeber folgende Faktoren zu berücksichtigen:
1. Die Software muß der auszuführenden Tätigkeit angepaßt sein.
2. Die Software muß benutzerfreundlich sein und gegebenenfalls dem Kenntnis- und Erfahrungsstand der Benutzer angepaßt werden können.
3. Die Systeme müssen den Arbeitnehmern Angaben über die jeweiligen Abläufe bieten.
4. Die Systeme müssen die Information in einem Format und in einem Tempo anzeigen, das den Benutzern angepaßt ist.
5. Die Grundsätze der Ergonomie sind insbesondere auf die Verarbeitung von Informationen durch den Menschen anzuwenden.

(3) Bei Beschäftigung von Arbeitnehmern, die bei einem nicht unwesentlichen Teil ihrer normalen Arbeit ein Bildschirmgerät benutzen, gilt folgendes:
1. Die Arbeitgeber haben die Tätigkeit so zu organisieren, daß die tägliche Arbeit an Bildschirmgeräten regelmäßig durch Pausen oder durch andere Tätigkeiten unterbrochen wird, die die Belastung durch Bildschirmarbeit verringern.
2. Die Arbeitnehmer haben das Recht auf eine Untersuchung der Augen und des Sehvermögens, und zwar vor Aufnahme der Tätigkeit, sowie anschließend in regelmäßigen Abständen und weiters bei Auftreten von Sehbeschwerden, die auf die Bildschirmarbeit zurückgeführt werden können.
3. Die Arbeitnehmer haben das Recht auf eine augenärztliche Untersuchung, wenn sich dies auf Grund der Ergebnisse der Untersuchung nach Z 2 als erforderlich erweist.
4. Den Arbeitnehmern sind spezielle Sehhilfen zur Verfügung zu stellen, wenn die Ergebnisse der Untersuchungen nach Z 2 und 3 ergeben, daß diese notwendig sind.

(4) Maßnahmen nach Abs. 3 Z 2 bis 4 dürfen in keinem Fall zu einer finanziellen Mehrbelastung der Arbeitnehmer führen.

(5) Auf tragbare Datenverarbeitungsgeräte, die nicht regelmäßig am Arbeitsplatz eingesetzt werden, ist Abs. 2 nicht anzuwenden.

(6) Auf die in § 67 Abs. 5 angeführten Einrichtungen bzw. Geräte ist Abs. 2 nur anzuwenden, soweit die Art oder Zweckbestimmung der Einrichtung oder die Art der Arbeitsvorgänge dem nicht entgegenstehen. Auf die in § 67 Abs. 5 Z 1 und 2 angeführten Fahrer- und Bedienungsstände von Fahrzeugen und Datenverarbeitungsanlagen an Bord eines Verkehrsmittels ist Abs. 3 Z 1 nur anzuwenden, soweit die Art oder Zweckbestimmung der Einrichtung oder die Art der Arbeitsvorgänge dem nicht entgegenstehen.

(7) Abs. 2 gilt auch für Bildschirmarbeit außerhalb der Arbeitsstätte.

Persönliche Schutzausrüstung

§ 69. (1) Als persönliche Schutzausrüstung gilt jede Ausrüstung, die dazu bestimmt ist, von den Arbeitnehmern benutzt oder getragen zu werden, um sich gegen eine Gefahr für ihre Sicherheit oder Gesundheit bei der Arbeit zu schützen, sowie jede mit demselben Ziel verwendete Zusatzausrüstung.

(2) Persönliche Schutzausrüstungen sind von den Arbeitgebern auf ihre Kosten zur Verfügung zu stellen, wenn Gefahren nicht durch kollektive technische Schutzmaßnahmen oder durch arbeitsorganisatorische Maßnahmen vermieden oder ausreichend begrenzt werden können.

(3) Arbeitnehmer sind verpflichtet, die persönlichen Schutzausrüstungen zu benutzen. Arbeitgeber dürfen ein dem widersprechendes Verhalten der Arbeitnehmer nicht dulden.

(4) Persönliche Schutzausrüstungen dürfen, außer in besonderen Ausnahmefällen, nur für jene Zwecke und unter jenen Bedingungen eingesetzt werden, für die sie nach den Angaben des Herstellers oder des Inverkehrbringers bestimmt sind.

(5) Persönliche Schutzausrüstungen müssen für den persönlichen Gebrauch durch einen Arbeitnehmer bestimmt sein. Erfordern die Umstände eine Benutzung durch verschiedene Personen, so sind entsprechende Maßnahmen zu treffen, damit sich dadurch für die verschiedenen Benutzer keine Gesundheits- und Hygieneprobleme ergeben.

(6) Arbeitgeber haben durch geeignete Lagerung und ausreichende Reinigungs-, Wartungs-, Reparatur- und Ersatzmaßnahmen ein gutes Funktionieren der persönlichen Schutzausrüstung und einwandfreie hygienische Bedingungen zu gewährleisten. Dabei sind insbesondere die Verwenderinformationen der Hersteller und Inverkehrbringer zu berücksichtigen.

(7) *Entfällt gem. BGBl. I Nr. 60/2015*

Auswahl der persönlichen Schutzausrüstung

§ 70. (1) Arbeitgeber dürfen nur solche persönliche Schutzausrüstungen zur Verfügung stellen, die

1. hinsichtlich ihrer Konzeption und Konstruktion den für das Inverkehrbringen geltenden Sicherheits- und Gesundheitsanforderungen entsprechen,
2. Schutz gegenüber den zu verhütenden Gefahren bieten, ohne selbst eine größere Gefahr mit sich zu bringen,
3. für die am Arbeitsplatz gegebenen Bedingungen geeignet sind,
4. den ergonomischen Anforderungen und den gesundheitlichen Erfordernissen des Arbeitnehmers Rechnung tragen sowie
5. dem Träger, allenfalls nach erforderlicher Anpassung, passen.

(2) Zu den Bedingungen im Sinne des Abs. 1 Z 3 zählen die Dauer ihres Einsatzes, das Risiko, die Häufigkeit der Exposition gegenüber diesem Risiko, die spezifischen Merkmale des Arbeitsplatzes der einzelnen Arbeitnehmer und die Leistungswerte der persönlichen Schutzausrüstung.

(3) Werden von Arbeitgebern persönliche Schutzausrüstungen erworben, die nach den für sie geltenden Rechtsvorschriften gekennzeichnet sind, können Arbeitgeber, die über keine anderen Erkenntnisse verfügen, davon ausgehen, daß diese persönlichen Schutzausrüstungen hinsichtlich Konstruktion, Bau und weiterer Schutzmaßnahmen den für sie im Zeitpunkt des Inverkehrbringens geltenden Rechtsvorschriften über Sicherheits- und Gesundheitsanforderungen entsprechen.

(4) Machen verschiedene Gefahren den gleichzeitigen Einsatz mehrerer persönlicher Schutzausrüstungen notwendig, so müssen diese Ausrüstungen aufeinander abgestimmt und muß ihre Schutzwirkung gegenüber den betreffenden Gefahren gewährleistet sein.

(5) Vor der Auswahl der persönlichen Schutzausrüstung müssen die Arbeitgeber eine Bewertung der von ihnen vorgesehenen persönlichen Schutzausrüstung vornehmen, um festzustellen, ob sie den in Abs. 1, 2 und 4 genannten Anforderungen entspricht. Die Bewertung hat zu umfassen:

1. die Untersuchung und Abwägung derjenigen Gefahren, die anderweitig nicht vermieden oder ausreichend begrenzt werden können,
2. die Definition der Eigenschaften, die persönliche Schutzausrüstungen aufweisen müssen, damit sie einen Schutz gegenüber diesen Gefahren bieten, wobei eventuelle Gefahrenquellen, die die persönliche Schutzausrüstung selbst darstellen oder bewirken kann, zu berücksichtigen sind, und
3. die Bewertung der Eigenschaften der entsprechenden verfügbaren persönlichen Schutzausrüstungen im Vergleich mit den unter Z 2 genannten Eigenschaften.

(6) Die Bewertung ist bei Änderung der für die Bewertung maßgeblichen Kriterien zu wiederholen. Arbeitgeber sind verpflichtet, diese Bewertung sowie die Grundlagen für die Bewertung dem Arbeitsinspektorat auf Verlangen zur Verfügung zu stellen.

Beachte für folgende Bestimmung

Zu Abs. 2: Zum In-Kraft-Treten vgl. § 114 Abs. 3, BGBl. II Nr. 253/2001 (§ 21 Abs. 2), BGBl. II Nr. 309/2004 (§ 22 Abs. 1) und BGBl. II Nr. 221/2010 (§ 13 Abs. 2).

Arbeitskleidung

§ 71. (1) Die Arbeitskleidung muß den Erfordernissen der Tätigkeit entsprechen und so beschaffen sein, daß durch die Kleidung keine Gefährdung der Sicherheit und Gesundheit bewirkt wird.

(2) Wenn die Art der Tätigkeit zum Schutz der Arbeitnehmer eine bestimmte Arbeitskleidung erfordert oder wenn die Arbeitskleidung durch gesundheitsgefährdende oder ekelerregende Arbeitsstoffe verunreinigt wird, sind die Arbeitgeber verpflichtet, auf ihre Kosten den Arbeitnehmern geeignete Arbeitskleidung zur Verfügung zu stellen und für eine ausreichende Reinigung dieser Arbeitskleidung zu sorgen.

Verordnungen über Arbeitsvorgänge und Arbeitsplätze

§ 72. (1) Der Bundesminister für Arbeit, Soziales und Konsumentenschutz hat in Durchführung des 6. Abschnittes durch Verordnung näher zu regeln:

14 1. jene Tätigkeiten, für die ein Nachweis der Fachkenntnisse erforderlich ist, die Ermächtigung nach § 63 einschließlich der Grundzüge der Ausbildung zur Vermittlung der notwendigen Fachkenntnisse sowie die Anerkennung ausländischer Zeugnisse über den Nachweis der Fachkenntnisse,
2. Grenzwerte für die Handhabung von Lasten, sobald gesicherte wissenschaftliche Erkenntnisse oder Normen für die Festlegung solcher Grenzwerte vorliegen,
20 3. die Ermittlungen und Messungen betreffend Lärm sowie die Grenzwerte (Auslöseschwellen) für die Schutzmaßnahmen nach § 65 Abs. 4,
21 4. für sonstige physikalische Einwirkungen Grenzwerte (Auslöseschwellen), sobald gesicherte wissenschaftliche Erkenntnisse oder Normen für die Festlegung solcher Werte vorliegen, auf das Ausmaß dieser Einwirkungen abgestimmte geeignete Maßnahmen zur Verringerung oder Beseitigung der Gefahren sowie die Ermittlungen und Messungen betreffend diese physikalischen Einwirkungen
5. die Tätigkeiten und Bedingungen, bei denen bestimmte persönliche Schutzausrüstungen zur Verfügung zu stellen sind, sowie die Benutzung von persönlichen Schutzausrüstungen,
6. die Tätigkeiten und Bedingungen, bei denen Arbeitskleidung zur Verfügung gestellt werden muß.

18 (2) Für persönliche Schutzausrüstungen, auf die die Gewerbeordnung 1994, BGBl. Nr. 194/1994, nicht anzuwenden ist, kann der Bundesminister für Arbeit, Soziales und Konsumentenschutz durch Verordnung die grundlegenden Sicherheitsanforderungen hinsichtlich Konstruktion, Bau und weiterer Schutzmaßnahmen einschließlich der Erstellung von Beschreibungen und Bedienungsanleitungen festlegen. In diesen Verordnungen können auch besondere Regelungen über die Prüfung, Übereinstimmungserklärung und über eine Zulassung durch Bescheid des Bundesministers für Arbeit, Soziales und Konsumentenschutz getroffen werden.

7. ABSCHNITT

PRÄVENTIVDIENSTE

Bestellung von Sicherheitsfachkräften

§ 73. (1) Arbeitgeber haben Sicherheitsfachkräfte (Fachkräfte für Arbeitssicherheit) zu bestellen. Diese Verpflichtung ist gemäß folgender Z 1 oder, wenn ein Arbeitgeber nicht über entsprechend fachkundiges Personal verfügt, gemäß folgender Z 2 oder 3 zu erfüllen:
1. durch Beschäftigung von Sicherheitsfachkräften im Rahmen eines Arbeitsverhältnisses (betriebseigene Sicherheitsfachkräfte),
2. durch Inanspruchnahme externer Sicherheitsfachkräfte oder
3. durch Inanspruchnahme eines sicherheitstechnischen Zentrums.

(2) Als Sicherheitsfachkräfte dürfen nur Personen bestellt werden, die die erforderlichen Fachkenntnisse gemäß § 74 nachweisen.

(3) Sicherheitsfachkräfte sind bei Anwendung ihrer Fachkunde weisungsfrei.

(4) Arbeitgeber sind verpflichtet, den Sicherheitsfachkräften das für die Durchführung ihrer Aufgaben notwendige Hilfspersonal sowie die erforderlichen Räume, Ausstattung und Mittel zur Verfügung zu stellen.

(5) Bei Inanspruchnahme eines sicherheitstechnischen Zentrums entfällt die Verpflichtung der Arbeitgeber zur Beistellung des Hilfspersonals, der Ausstattung und der Mittel. Bei Inanspruchnahme externer Sicherheitsfachkräfte entfällt diese Verpflichtung der Arbeitgeber insoweit, als die externen Sicherheitsfachkräfte nachweislich das erforderliche Hilfspersonal, die erforderliche Ausstattung und die erforderlichen Mittel beistellen.

Fachkenntnisse der Sicherheitsfachkräfte

§ 74. (1) Die erforderlichen Fachkenntnisse sind durch ein Zeugnis über den erfolgreichen Abschluß einer vom Bundesminister für Arbeit, Soziales und Konsumentenschutz anerkannten Fachausbildung nachzuweisen.

(2) Eine Fachausbildung ist auf Antrag anzuerkennen, wenn
1. nach dem vorgelegten Ausbildungsplan davon auszugehen ist, daß sie die Auszubildenden in die Lage versetzt, die Aufgaben einer Sicherheitsfachkraft zu erfüllen und das dafür notwendige Wissen auf dem Gebiet der Arbeitssicherheit und Kenntnisse über die maßgeblichen Arbeitnehmerschutzvorschriften vermittelt und
2. die Ausbildungseinrichtung über die zur Erreichung des Ausbildungszieles erforderliche Ausstattung, Lehrmittel und Lehrkräfte verfügt.

(3) Die Anerkennung ist unter Vorschreibung von Auflagen zu erteilen, wenn dies zur Gewährleistung einer ordnungsgemäßen Ausbildung im Hinblick auf Abs. 2 Z 2 und Abs. 4 erforderlich ist. Die Anerkennung ist zu widerrufen, wenn die ordnungsgemäße Ausbildung nicht mehr gewährleistet ist.

(4) Zur Fachausbildung sind nur Personen zuzulassen, die über ausreichende Grundkenntnisse auf technischem Gebiet und ausreichende betriebliche Erfahrungen verfügen. Personen, die diese Grundkenntnisse nicht durch den erfolgreichen Abschluß einer geeigneten Ausbildung nachweisen, dürfen erst nach erfolgreicher Ablegung einer Aufnahmeprüfung zur Fachausbildung zugelassen werden.

Sicherheitstechnische Zentren

§ 75. (1) Für den Betrieb eines sicherheitstechnischen Zentrums im Sinne dieses Bundesgesetzes müssen folgende Voraussetzungen erfüllt sein: 16
1. Die sicherheitstechnische Leitung des Zentrums muß einer Sicherheitsfachkraft übertragen sein, die die erforderlichen Fachkenntnisse nachweist und die sicherheitstechnische Betreuung hauptberuflich ausübt.
2. Im Zentrum müssen weitere Sicherheitsfachkräfte beschäftigt werden, die die erforderlichen Fachkenntnisse nachweisen, sodaß gewährleistet ist, daß das Zentrum regelmäßig eine sicherheitstechnische Betreuung im Ausmaß von mindestens 70 Stunden wöchentlich ausüben kann, wobei auf dieses Ausmaß nur die Einsatzzeit von Sicherheitsfachkräften anzurechnen ist, die regelmäßig mindestens acht Stunden wöchentlich beschäftigt werden.
3. Im Zentrum muß das erforderliche Fach- und Hilfspersonal beschäftigt werden.
4. Im Zentrum müssen die für eine ordnungsgemäße sicherheitstechnische Betreuung erforderlichen Einrichtungen, Geräte und Mittel vorhanden sein.

(2) Der Betreiber eines sicherheitstechnischen Zentrums hat dem Bundesminister für Arbeit, Soziales und Konsumentenschutz zu melden:

1. spätestens vier Wochen vor Aufnahme des Betriebes eines Zentrums: Zeitpunkt der beabsichtigten Inbetriebnahme, Bezeichnung des Zentrums, Name des Leiters, Anschrift und Telefonnummer des Zentrums,
2. nach Aufnahme des Betriebes: allfällige Änderungen der Angaben nach Z 1,
3. die allfällige Beendigung der Tätigkeit des Zentrums.

(3) Das zuständige Arbeitsinspektorat hat auf Grund der Meldung nach Abs. 2 Z 1 unverzüglich zu überprüfen, ob die Voraussetzungen nach Abs. 1 vorliegen. Ergibt die Überprüfung, daß die Voraussetzungen nach Abs. 1 nicht erfüllt sind, hat das Arbeitsinspektorat den Betreiber schriftlich zur Behebung der Mängel vor Aufnahme des Betriebes des Zentrums aufzufordern. Wird ein sicherheitstechnisches Zentrum betrieben, ohne die Voraussetzungen nach Abs. 1 zu erfüllen, hat das Arbeitsinspektorat Strafanzeige an die zuständige Verwaltungsstrafbehörde zu erstatten. § 9 Abs. 4 und 5 sowie §§ 11 und 13 des Arbeitsinspektionsgesetzes 1993, BGBl. Nr. 27, gelten sinngemäß. Das Arbeitsinspektorat hat den zuständigen gesetzlichen Interessenvertretungen der Arbeitgeber und der Arbeitnehmer
1. Gelegenheit zu geben, an der Überprüfung teilzunehmen,
2. gegebenenfalls eine Kopie der Aufforderung zur Behebung der Mängel zu übermitteln und
3. mitzuteilen, ob die Voraussetzungen nach Abs. 1 vorliegen oder ob Strafanzeige erstattet wurde.

(4) Der Bundesminister für Arbeit, Soziales und Konsumentenschutz hat jährlich eine Liste der sicherheitstechnischen Zentren zu erstellen und sie im Internet zu veröffentlichen. Diese Liste hat zu enthalten: Namen der Betreiber, Namen der Leiter, Anschriften, Telefonnummern und Bezeichnung der Zentren. In diese Liste sind alle sicherheitstechnischen Zentren aufzunehmen, bei denen die Prüfung gemäß Abs. 3 ergeben hat, daß sie die Voraussetzungen nach Abs. 1 erfüllen. Erfolgt eine rechtskräftige Bestrafung im Sinne des § 130 Abs. 6 Z 1, so ist das betreffende Zentrum aus der Liste zu streichen.

Aufgaben, Information und Beiziehung der Sicherheitsfachkräfte

§ 76. (1) Sicherheitsfachkräfte haben die Aufgabe, die Arbeitgeber, die Arbeitnehmer, die Sicherheitsvertrauenspersonen und die Belegschaftsorgane auf dem Gebiet der Arbeitssicherheit und der menschengerechten Arbeitsgestaltung zu beraten und die Arbeitgeber bei der Erfüllung ihrer Pflichten auf diesen Gebieten zu unterstützen.

(2) Arbeitgeber haben den Sicherheitsfachkräften alle zur Erfüllung ihrer Aufgaben erforderlichen Informationen und Unterlagen zur Verfügung zu stellen, insbesondere betreffend die Sicherheitsund Gesundheitsschutzdokumente, Aufzeichnungen und Berichte über Arbeitsunfälle, die Ergebnisse von Messungen betreffend gefährliche Arbeitsstoffe und Lärm sowie von sonstigen für die Sicherheit und den Gesundheitsschutz maßgeblichen Messungen und Untersuchungen. Die Sicherheitsfachkräfte sind gesondert zu informieren, wenn Arbeitnehmer aufgenommen werden oder wenn Arbeitnehmer auf Grund einer Überlassung gemäß § 9 beschäftigt werden, soweit dies zur Erfüllung ihrer Aufgaben erforderlich ist.

(3) Arbeitgeber haben die Sicherheitsfachkräfte und erforderlichenfalls weitere geeignete Fachleute hinzuzuziehen:
1. in allen Fragen der Arbeitssicherheit einschließlich der Unfallverhütung,
2. bei der Planung von Arbeitsstätten,
3. bei der Beschaffung oder Änderung von Arbeitsmitteln,
4. bei der Einführung oder Änderung von Arbeitsverfahren und bei der Einführung von Arbeitsstoffen,
5. bei der Erprobung und Auswahl von persönlichen Schutzausrüstungen,
6. in arbeitsphysiologischen, arbeitspsychologischen und sonstigen ergonomischen sowie arbeitshygienischen Fragen, insbesondere der Gestaltung der Arbeitsplätze und des Arbeitsablaufes,
7. bei der Organisation des Brandschutzes und von Maßnahmen zur Evakuierung,
8. bei der Ermittlung und Beurteilung der Gefahren,
9. bei der Festlegung von Maßnahmen zur Gefahrenverhütung,
10. bei der Organisation der Unterweisung und bei der Erstellung von Betriebsanweisungen und
11. bei Verwaltungsverfahren im Sinne des 8. Abschnittes.

(4) Arbeitgeber haben dafür zu sorgen, daß die Sicherheitsfachkräfte
1. den Arbeitnehmern, den Sicherheitsvertrauenspersonen und den Belegschaftsorganen auf Verlangen die erforderlichen Auskünfte erteilen,
2. die Arbeitnehmer und die Sicherheitsvertrauenspersonen beraten, und
3. die Belegschaftsorgane auf Verlangen beraten.

Tätigkeiten der Sicherheitsfachkräfte

§ 77. In die Präventionszeit der Sicherheitsfachkräfte darf nur die für folgende Tätigkeiten aufgewendete Zeit eingerechnet werden:
1. die Beratung und Unterstützung des Arbeitgebers in Angelegenheiten gemäß § 76 Abs. 3,
2. die Beratung der Arbeitnehmer, der Sicherheitsvertrauenspersonen und der Belegschaftsorgane in Angelegenheiten der Arbeitssicherheit und der menschengerechten Arbeitsgestaltung,
3. die Besichtigung der Arbeitsstätten, Baustellen und auswärtigen Arbeitsstellen sowie die Teilnahme an Besichtigungen durch das Arbeitsinspektorat,
4. die Ermittlung und Untersuchung der Ursachen von Arbeitsunfällen und arbeitsbedingten Erkrankungen sowie die Auswertung dieser Ermittlungen und Untersuchungen,

4a. die nach den Arbeitnehmerschutzvorschriften erforderliche Ermittlung und Beurteilung der Gefahren und Festlegung von Maßnahmen samt Dokumentation im Sicherheits- und Gesundheitsschutzdokument sowie deren Überprüfung und Anpassung,

5. die Weiterbildung bis zum Höchstausmaß von 15% der für sie festgelegten jährlichen Präventionszeit,
6. die Tätigkeit im Rahmen des Arbeitsschutzausschusses und des zentralen Arbeitsschutzausschusses,
7. die Dokumentation der Tätigkeit und der Ergebnisse von Untersuchungen sowie die Erstellung von Berichten und Programmen auf dem Gebiet der Arbeitssicherheit und der Arbeitsgestaltung und
8. die Koordination der Tätigkeit mehrerer Sicherheitsfachkräfte.

Begehungen in Arbeitsstätten mit bis zu 50 Arbeitnehmern

§ 77a. (1) In Arbeitsstätten mit bis zu 50 Arbeitnehmern hat die sicherheitstechnische und arbeitsmedizinische Betreuung in Form von Begehungen durch eine

Sicherheitsfachkraft und durch einen Arbeitsmediziner zu erfolgen.

(2) Regelmäßige Begehungen haben mindestens in den in Z 1, 1a und 2 genannten Zeitabständen sowohl durch eine Sicherheitsfachkraft als auch durch einen Arbeitsmediziner, nach Möglichkeit gemeinsam, zu erfolgen. Diese Begehungen haben sich auf die Aufgaben der Präventivfachkräfte gemäß § 76 Abs. 1 und 3 und § 81 Abs. 1 und 3 in der Arbeitsstätte, einschließlich aller dazugehörigen Baustellen und auswärtigen Arbeitsstellen, zu beziehen:

1. in Arbeitsstätten mit 1 bis 10 Arbeitnehmern: mindestens einmal in zwei Kalenderjahren,

1a. in Arbeitsstätten mit 1 bis 10 Arbeitnehmern, in denen nur Büroarbeitsplätze sowie Arbeitsplätze mit Büroarbeitsplätzen vergleichbaren Gefährdungen und Belastungen eingerichtet sind: mindestens einmal in drei Kalenderjahren,

2. in Arbeitsstätten mit 11 bis 50 Arbeitnehmern: mindestens einmal im Kalenderjahr.

(3) Darüber hinaus sind weitere Begehungen je nach Erfordernis zu veranlassen. Bezieht sich eine aus Anlaß der in §§ 76 Abs. 3 und 81 Abs. 3 genannten Fälle veranlaßte Begehung auf alle Aspekte von Sicherheit und Gesundheitsschutz, gilt diese als Begehung nach Abs. 2.

(3a) Die erstmalige Begehung einer Arbeitsstätte gemäß Abs. 1, in der nur Büroarbeitsplätze sowie Arbeitsplätze mit Büroarbeitsplätzen vergleichbaren Gefährdungen und Belastungen eingerichtet sind, hat durch eine Arbeitsmedizinerin/einen Arbeitsmediziner zu erfolgen. Weitere regelmäßige Begehungen sowie Anlassbegehungen gemäß Abs. 3 und Abs. 8 können je nach Erfordernis durch den arbeitsmedizinischen Fachdienst gemäß § 82c erfolgen. § 82c Abs. 1, 2, 4, 5 und 7 gelten sinngemäß.

(4) Arbeitgeber haben bei Begehungen nach Abs. 2 und 3 dafür zu sorgen, daß nach Möglichkeit alle Arbeitnehmer anwesend sind, soweit sie nicht durch Urlaub, Krankenstand oder sonstige wichtige persönliche Gründe oder zwingende betriebliche Gründe verhindert sind.

(5) Für die Ermittlung der Arbeitnehmerzahl ist maßgeblich, wie viele Arbeitnehmer regelmäßig in der Arbeitsstätte beschäftigt werden. Für Arbeitsstätten mit wechselnder Arbeitnehmerzahl gelten die Bestimmungen für Arbeitsstätten mit bis zu 50 Arbeitnehmern auch dann, wenn die vorhersehbare durchschnittliche Arbeitnehmerzahl pro Jahr nicht mehr als 50 Arbeitnehmer beträgt und an nicht mehr als 30 Tagen im Jahr mehr als 75 Arbeitnehmer in der Arbeitsstätte beschäftigt werden. Die Bestimmungen für Arbeitsstätten mit bis zu 50 Arbeitnehmern gelten auch dann, wenn in einer Arbeitsstätte bis zu 53 Arbeitnehmer beschäftigt werden, sofern die Zahlengrenze von 50 Arbeitnehmern nur deshalb überschritten wird, weil in dieser Arbeitsstätte Lehrlinge oder begünstigte Behinderte im Sinne des Behinderteneinstellungsgesetzes, BGBl. Nr. 22/1970, beschäftigt werden.

(6) Arbeitnehmer, die auf Baustellen oder auswärtigen Arbeitsstellen beschäftigt werden, sind bei der Ermittlung der Arbeitnehmerzahl jener Arbeitsstätte zuzurechnen, der sie organisatorisch zugehören, im Zweifel dem Unternehmenssitz. Dies gilt nicht für Arbeitnehmer auf Baustellen, für die eine gesonderte sicherheitstechnische und arbeitsmedizinische Betreuung nach den §§ 77 und 82 eingerichtet ist.

(7) Abs. 5 letzter Satz gilt nicht für Arbeitsstätten, die vorwiegend der Ausbildung Jugendlicher oder der Beschäftigung Behinderter dienen, wie Lehrwerkstätten oder integrative Betriebe.

(8) Im Fall des Abs. 5 letzter Satz sind Begehungen im Sinne des Abs. 3 zusätzlich aus dem Erfordernis der spezifischen Aspekte von Sicherheit und Gesundheitsschutz der Lehrlinge oder der begünstigten Behinderten zu veranlassen.

Sicherheitstechnische und arbeitsmedizinische Betreuung in Arbeitsstätten mit bis zu 50 Arbeitnehmern

§ 78. (1) Die sicherheitstechnische Betreuung in Arbeitsstätten mit bis zu 50 Arbeitnehmern kann erfolgen:

1. durch Bestellung von Sicherheitsfachkräften gemäß § 73,
2. durch Inanspruchnahme eines Präventionszentrums des zuständigen Trägers der Unfallversicherung gemäß § 78a, sofern der Arbeitgeber insgesamt nicht mehr als 250 Arbeitnehmer beschäftigt und nicht über entsprechend fachkundiges Personal zur Beschäftigung betriebseigener Sicherheitsfachkräfte (§ 73 Abs. 1 Z 1) verfügt, oder
3. durch den Arbeitgeber selbst nach Maßgabe des § 78b (Unternehmermodell).

(2) Die arbeitsmedizinische Betreuung in Arbeitsstätten mit bis zu 50 Arbeitnehmern kann erfolgen:

1. durch Bestellung von Arbeitsmedizinern gemäß § 79 oder
2. durch Inanspruchnahme eines Präventionszentrums des zuständigen Trägers der Unfallversicherung gemäß § 78a, sofern der Arbeitgeber insgesamt nicht mehr als 250 Arbeitnehmer beschäftigt und nicht über entsprechend fachkundiges Personal zur Beschäftigung betriebseigener Arbeitsmediziner (§ 79 Abs. 1 Z 1) verfügt.

(3) Abs. 1 Z 2 und Abs. 2 Z 2 gelten nicht, wenn ein Präventionszentrum die Betreuung gemäß § 78a Abs. 2 letzter Satz ablehnt. Abs. 1 Z 3 gilt nicht, wenn der Arbeitgeber zweimal rechtskräftig gemäß § 130 Abs. 1 Z 27b bestraft wurde.

(4) Die Arbeitgeber haben die Sicherheitsvertrauenspersonen und die Belegschaftsorgane, sind weder Sicherheitsvertrauenspersonen bestellt noch Belegschaftsorgane errichtet, alle Arbeitnehmer, von ihrer Absicht, für eine Arbeitsstätte ein Präventionszentrum in Anspruch zu nehmen oder die sicherheitstechnische Betreuung selbst durchzuführen, zu informieren und mit ihnen darüber zu beraten.

Präventionszentren der Unfallversicherungsträger

§ 78a. (1) Für die sicherheitstechnische und arbeitsmedizinische Betreuung der Arbeitnehmer in Arbeitsstätten mit bis zu 50 Arbeitnehmern hat der zuständige Träger der Unfallversicherung Präventionszentren einzurichten. Diesen Präventionszentren müssen Sicherheitsfachkräfte mit den Fachkenntnissen nach § 74 und Arbeitsmediziner mit der Ausbildung nach § 79 Abs. 2, das erforderliche Fach- und Hilfspersonal und die zur arbeitsmedizinischen und sicherheitstechnischen Betreuung erforderlichen Einrichtungen, Geräte und Mittel zur Verfügung stehen. Der zuständige Träger der Unfallversicherung kann sich dabei externer Präventivfachkräfte und sicherheitstechnischer und arbeitsmedizinischer Zentren bedienen, die die Betreuungsleistungen in seinem Auftrag zu erbringen haben.

(2) Die Präventionszentren haben Verlangen der Arbeitgeber auf Begehung und Betreuung unter Berücksichtigung der Dringlichkeit so bald als möglich, bei Gefahr im Verzug unverzüglich, nachzukommen und darüber hinaus nach pflichtgemäßem Ermessen den Arbeitgebern von sich aus die sicherheitstechnische und arbeitsmedizinische Betreuung für Arbeitsstätten mit bis zu 50 Arbeitnehmern anzubieten. Die Präventions-

zentren können die Betreuung ablehnen, wenn ihnen der Arbeitgeber die erforderlichen Informationen und Unterlagen gemäß § 76 Abs. 2 oder § 81 Abs. 2 nicht zur Verfügung stellt. Das Präventionszentrum hat das zuständige Arbeitsinspektorat spätestens binnen zwei Wochen von jeder erfolgten Ablehnung der Betreuung einer Arbeitsstätte unter Bekanntgabe von Namen oder sonstiger Bezeichnung des Arbeitgebers sowie Anschrift der Arbeitsstätte zu verständigen.

(2a) Die erstmalige Begehung einer Arbeitsstätte gemäß § 77a, in der nur Büroarbeitsplätze sowie Arbeitsplätze mit Büroarbeitsplätzen vergleichbaren Gefährdungen und Belastungen eingerichtet sind, hat durch eine Arbeitsmedizinerin/einen Arbeitsmediziner zu erfolgen. Weitere regelmäßige Begehungen sowie Anlassbegehungen gemäß § 77a Abs. 3 und Abs. 8 können je nach Erfordernis durch den arbeitsmedizinischen Fachdienst gemäß § 82c erfolgen. § 82c Abs. 1, 2, 4, 5 und 7 gelten sinngemäß.

(3) Nimmt der Arbeitgeber ein Präventionszentrum in Anspruch, sind die Sicherheitsvertrauenspersonen und die Belegschaftsorgane, sind weder Sicherheitsvertrauenspersonen bestellt noch Belegschaftsorgane errichtet, alle Arbeitnehmer, berechtigt, direkt beim zuständigen Unfallversicherungsträger Auskunftserteilung, Beratung und Zusammenarbeit und erforderlichenfalls Begehungen durch ein Präventionszentrum zu verlangen. Die Präventionszentren haben die Quelle solcher Verlangen als vertraulich zu behandeln. Abs. 2 erster Halbsatz gilt sinngemäß.

(4) Die §§ 76 Abs. 1 bis 3, 81 Abs. 1 bis 3, 84 Abs. 1 und 4, 85 Abs. 1 und § 86 gelten sinngemäß. Weiters gilt § 85 Abs. 3 sinngemäß mit der Maßgabe, daß die Sicherheitsvertrauenspersonen und Belegschaftsorgane auch beizuziehen sind, wenn die Begehungen nicht gemeinsam erfolgen.

(5) Das Präventionszentrum hat nach jeder Begehung dem Arbeitgeber die Begehungsergebnisse und allfällige Vorschläge zur Verbesserung der Arbeitsbedingungen in bezug auf Sicherheit und Gesundheitsschutz, allenfalls unter Bekanntgabe einer Dringlichkeitsreihung, schriftlich bekanntzugeben. Der Arbeitgeber hat diese Verbesserungsvorschläge sowie sonstige vom Präventionszentrum übermittelte Informationen und Unterlagen den Belegschaftsorganen und den Sicherheitsvertrauenspersonen zu übermitteln. Wenn keine Sicherheitsvertrauenspersonen bestellt sind, sind die Verbesserungsvorschläge des Präventionszentrums sowie allfällige sonstige Informationen und Unterlagen an geeigneter Stelle zur Einsichtnahme durch die Arbeitnehmer aufzulegen. Der Arbeitgeber hat die Verbesserungsvorschläge bei der Festlegung von Maßnahmen nach § 4 Abs. 3 und Abs. 4 zu berücksichtigen.

(6) Die zuständigen Arbeitsinspektorate sind verpflichtet, dem zuständigen Träger der Unfallversicherung für die Erfüllung der durch dieses Bundesgesetz übertragenen Aufgaben mindestens einmal pro Kalenderjahr folgende Daten der von ihnen im jeweiligen Zuständigkeitsbereich erfaßten Arbeitsstätten mit bis zu 50 Arbeitnehmern zu übermitteln:

1. Namen oder sonstige Bezeichnung der Arbeitgeber,
2. Wirtschaftszweigklassifikationen gemäß ÖNACE,
3. Anschriften der Arbeitsstätten.

(7) Der zuständige Träger der Unfallversicherung ist verpflichtet, dem Bundesministerium für Arbeit, Soziales und Konsumentenschutz mindestens einmal jährlich oder auf Verlangen folgende Daten der von ihm erfassten Arbeitsstätten mit bis zu 50 Arbeitnehmern, für die ein Präventionszentrum in Anspruch genommen wird, zu übermitteln, soweit diese Arbeitsstätten in deren jeweiligen Zuständigkeitsbereich fallen:

1. Namen oder sonstige Bezeichnung der Arbeitgeber,
2. Wirtschaftszweigklassifikationen gemäß ÖNACE,
3. Anschriften der Arbeitsstätten und
4. Angabe des Datums von Besichtigungen der Arbeitsstätten.

(8) Des Weiteren hat der zuständige Träger der Unfallversicherung dem Bundesministerium für Arbeit, Soziales und Konsumentenschutz einmal jährlich oder auf Verlangen Namen und Anschriften jener externen Präventivfachkräfte und sicherheitstechnischen und arbeitsmedizinischen Zentren, die mit der Durchführung von Betreuungsleistungen gemäß Abs. 1 beauftragt wurden, zu übermitteln.

Unternehmermodell

§ 78b. (1) Arbeitgeber können selbst die Aufgaben der Sicherheitsfachkräfte gemäß § 76 Abs. 1, § 84 Abs. 1 und 3, § 85 Abs. 1 und 2 und § 86 Abs. 1 und 2 wahrnehmen, wenn sie

1. insgesamt nicht mehr als 50 Arbeitnehmer beschäftigen und die erforderlichen Fachkenntnisse gemäß § 74 nachweisen oder
2. insgesamt nicht mehr als 25 Arbeitnehmer beschäftigen und ausreichende Kenntnisse auf dem Gebiet der Sicherheit und des Gesundheitsschutzes für die jeweilige Arbeitsstätte nachweisen.

(2) Die Kenntnisse im Sinne des Abs. 1 Z 2 müssen

1. insbesondere die Grundsätze auf den Gebieten der Organisation und Methoden des betrieblichen Arbeitnehmerschutzes, der Ergonomie, der Sicherheit von Arbeitssystemen, der gefährlichen Arbeitsstoffe sowie der Ermittlung und Beurteilung von Gefahren umfassen und
2. durch eine Ausbildungseinrichtung, die eine gemäß § 74 Abs. 2 anerkannte Fachausbildung durchführt, bescheinigt sein.

(3) Voraussetzung für die Bescheinigung nach Abs. 2 Z 2 ist der erfolgreiche Abschluß

1. einer mindestens 72 Unterrichtseinheiten zu je 50 Minuten umfassenden Ausbildung auf den in Abs. 2 genannten Gebieten und
2. von jeweils mindestens 14 Unterrichtseinheiten zu je 50 Minuten umfassenden Weiterbildungen in Abständen von längstens drei Jahren.

(4) Soweit ein Arbeitgeber über sonstige Ausbildungsnachweise auf den in Abs. 2 Z 1 angeführten Gebieten verfügt, kann der zuständige Träger der Unfallversicherung diese Ausbildungsnachweise als gänzlichen oder teilweisen Ersatz für die Ausbildung nach Abs. 3 anerkennen. In diesem Fall sind die Kenntnisse nach Abs. 2 Z 1 durch eine den Richtlinien des zuständigen Trägers der Unfallversicherung entsprechende Prüfung durch eine Ausbildungseinrichtung nach Abs. 2 Z 2 zu bescheinigen.

Bestellung von Arbeitsmedizinern

§ 79. (1) Arbeitgeber haben Arbeitsmediziner zu bestellen. Diese Verpflichtung ist gemäß folgender Z 1 oder, wenn ein Arbeitgeber nicht über entsprechend fachkundiges Personal verfügt, gemäß folgender Z 2 oder 3 zu erfüllen:

1. durch Beschäftigung von geeigneten Ärzten im Rahmen eines Arbeitsverhältnisses (betriebseigene Arbeitsmediziner),
2. durch Inanspruchnahme externer Arbeitsmediziner oder
3. durch Inanspruchnahme eines arbeitsmedizinischen Zentrums.

(2) Als Arbeitsmediziner dürfen nur Personen bestellt werden, die zur selbständigen Ausübung des ärztlichen

Berufes im Sinne des Ärztegesetzes 1998, BGBl. I Nr. 169/1998, berechtigt sind und eine vom Bundesminister für Gesundheit anerkannte arbeitsmedizinische Ausbildung gemäß § 38 des Ärztegesetzes 1998 absolviert haben.

(3) Die Bestimmungen des Ärztegesetzes 1998 bleiben unberührt.

(4) Arbeitgeber sind verpflichtet, das für die arbeitsmedizinische Betreuung notwendige Fach- und Hilfspersonal zu beschäftigen.

(5) Arbeitgeber sind verpflichtet, für die notwendige Fortbildung des von ihnen beschäftigten Fachpersonals während der Arbeitszeit zu sorgen.

(6) Arbeitgeber sind verpflichtet, die für die arbeitsmedizinische Betreuung notwendigen Räume, Ausstattung und Mittel zur Verfügung zu stellen.

(7) Bei Inanspruchnahme eines arbeitsmedizinischen Zentrums entfällt die Verpflichtung der Arbeitgeber zur Beschäftigung von Fach- und Hilfspersonal und zur Bereitstellung der notwendigen Ausstattung und Mittel. Bei Inanspruchnahme externer Arbeitsmediziner entfällt diese Verpflichtung der Arbeitgeber insoweit, als diese Arbeitsmediziner nachweislich das notwendige Fach- und Hilfspersonal und die notwendige Ausstattung und die notwendigen Mittel beistellen.

Arbeitsmedizinische Zentren

§ 80. (1) Für den Betrieb eines arbeitsmedizinischen Zentrums im Sinne dieses Bundesgesetzes müssen folgende Voraussetzungen erfüllt sein:

1. Die ärztliche Leitung des Zentrums muß einem Arzt übertragen sein, der über die erforderliche Ausbildung verfügt und die arbeitsmedizinische Betreuung hauptberuflich ausübt.
2. Im Zentrum müssen weitere Ärzte beschäftigt werden, die über die erforderliche Ausbildung verfügen, sodaß gewährleistet ist, daß das Zentrum regelmäßig eine arbeitsmedizinische Betreuung im Ausmaß von mindestens 70 Stunden wöchentlich ausüben kann, wobei auf dieses Ausmaß nur die Einsatzzeit von Ärzten anzurechnen ist, die regelmäßig mindestens acht Stunden wöchentlich beschäftigt werden.
3. Im Zentrum muß das erforderliche Fach- und Hilfspersonal beschäftigt werden.
4. Im Zentrum müssen die für eine ordnungsgemäße arbeitsmedizinische Betreuung erforderlichen Einrichtungen, Geräte und Mittel vorhanden sein.

(2) Der Betreiber eines arbeitsmedizinischen Zentrums hat dem Bundesminister für Arbeit, Soziales und Konsumentenschutz zu melden:

1. spätestens vier Wochen vor Aufnahme des Betriebes eines Zentrums: Zeitpunkt der beabsichtigten Inbetriebnahme, Bezeichnung des Zentrums, Name des Leiters, Anschrift und Telefonnummer des Zentrums,
2. nach Aufnahme des Betriebes: allfällige Änderungen der Angaben nach Z 1,
3. die allfällige Beendigung der Tätigkeit des Zentrums.

(3) Das zuständige Arbeitsinspektorat hat auf Grund der Meldung nach Abs. 2 Z 1 unverzüglich zu überprüfen, ob die Voraussetzungen nach Abs. 1 vorliegen. Ergibt die Überprüfung, daß die Voraussetzungen nach Abs. 1 nicht erfüllt sind, hat das Arbeitsinspektorat den Betreiber schriftlich zur Behebung der Mängel vor Aufnahme des Betriebes des Zentrums aufzufordern. Wird ein arbeitsmedizinisches Zentrum betrieben, ohne die Voraussetzungen nach Abs. 1 zu erfüllen, hat das Arbeitsinspektorat Strafanzeige wegen Übertretung im Sinne des § 130 Abs. 6 Z 2 an die zuständige Verwaltungsstrafbehörde zu erstatten. § 9 Abs. 4 und 5 sowie §§ 11 und 13 des Arbeitsinspektionsgesetzes 1993, BGBl. Nr. 27/1993, gelten sinngemäß. Das Arbeitsinspektorat hat den zuständigen gesetzlichen Interessenvertretungen der Arbeitgeber und der Arbeitnehmer sowie der Österreichischen Ärztekammer

1. Gelegenheit zu geben, an der Überprüfung teilzunehmen,
2. gegebenenfalls eine Kopie der Aufforderung zur Behebung der Mängel zu übermitteln und
3. mitzuteilen, ob die Voraussetzungen vorliegen oder ob Strafanzeige erstattet wurde.

(4) Der Bundesminister für Arbeit, Soziales und Konsumentenschutz hat jährlich eine Liste der arbeitsmedizinischen Zentren zu erstellen und sie im Internet zu veröffentlichen. Diese Liste hat zu enthalten: Namen der Betreiber, Namen der Leiter, Anschriften, Telefonnummern und Bezeichnung der Zentren. In diese Liste sind alle arbeitsmedizinischen Zentren aufzunehmen, die eine Meldung nach Abs. 2 Z 1 erstattet haben und bei denen die Prüfung gemäß Abs. 3 ergeben hat, daß sie die Voraussetzungen nach Abs. 1 erfüllen. Erfolgt eine rechtskräftige Bestrafung im Sinne des § 130 Abs. 6 Z 2, so ist das betreffende Zentrum aus der Liste zu streichen.

Aufgaben, Information und Beiziehung der Arbeitsmediziner

§ 81. (1) Arbeitsmediziner haben die Aufgabe, die Arbeitgeber, die Arbeitnehmer, die Sicherheitsvertrauenspersonen und die Belegschaftsorgane auf dem Gebiet des Gesundheitsschutzes, der auf die Arbeitsbedingungen bezogenen Gesundheitsförderung und der menschengerechten Arbeitsgestaltung zu beraten und die Arbeitgeber bei der Erfüllung ihrer Pflichten auf diesen Gebieten zu unterstützen.

(2) Arbeitgeber haben den Arbeitsmedizinern alle zur Erfüllung ihrer Aufgaben erforderlichen Informationen und Unterlagen zur Verfügung zu stellen, insbesondere betreffend die Sicherheits- und Gesundheitsschutzdokumente, Aufzeichnungen und Berichte über Arbeitsunfälle, die Ergebnisse von Messungen betreffend gefährliche Arbeitsstoffe und Lärm sowie von sonstigen für die Sicherheit und den Gesundheitsschutz maßgeblichen Messungen und Untersuchungen. Arbeitsmediziner sind gesondert zu informieren, wenn Arbeitnehmer aufgenommen werden, oder wenn Arbeitnehmer auf Grund einer Überlassung gemäß § 9 beschäftigt werden, soweit dies zur Erfüllung ihrer Aufgaben erforderlich ist.

(3) Arbeitgeber haben die Arbeitsmediziner und erforderlichenfalls weitere geeignete Fachleute hinzuzuziehen:

1. in allen Fragen der Erhaltung und Förderung der Gesundheit am Arbeitsplatz und der Verhinderung arbeitsbedingter Erkrankungen,
2. bei der Planung von Arbeitsstätten,
3. bei der Beschaffung oder Änderung von Arbeitsmitteln,
4. bei der Einführung oder Änderung von Arbeitsverfahren und der Einführung von Arbeitsstoffen,
5. bei der Erprobung und Auswahl von persönlichen Schutzausrüstungen,
6. in arbeitsphysiologischen, arbeitspsychologischen und sonstigen ergonomischen sowie arbeitshygienischen Fragen, insbesondere des Arbeitsrhythmus, der Arbeitszeit- und Pausenregelung, der Gestaltung der Arbeitsplätze und des Arbeitsablaufes,
7. bei der Organisation der Ersten Hilfe,

8. in Fragen des Arbeitsplatzwechsels sowie der Eingliederung und Wiedereingliederung Behinderter in den Arbeitsprozeß,
9. bei der Ermittlung und Beurteilung der Gefahren,
10. bei der Festlegung von Maßnahmen zur Gefahrenverhütung,
11. bei der Organisation der Unterweisung und bei der Erstellung von Betriebsanweisungen und
12. bei Verwaltungsverfahren im Sinne des 8. Abschnittes.

(4) Arbeitgeber haben dafür zu sorgen, daß die Arbeitsmediziner

1. den Arbeitnehmern, den Sicherheitsvertrauenspersonen und den Belegschaftsorganen auf Verlangen die erforderlichen Auskünfte erteilen, soweit dem nicht die ärztliche Verschwiegenheitspflicht entgegensteht,
2. die Arbeitnehmer und die Sicherheitsvertrauenspersonen beraten, und
3. die Belegschaftsorgane auf Verlangen beraten.

(5) Arbeitgeber haben dafür zu sorgen, daß alle Arbeitnehmer sich auf Wunsch einer regelmäßigen geeigneten Überwachung der Gesundheit je nach den Gefahren für ihre Sicherheit und Gesundheit am Arbeitsplatz durch die Arbeitsmediziner unterziehen können. Die Regelungen über besondere Eignungs- und Folgeuntersuchungen bleiben unberührt.

Tätigkeiten der Arbeitsmediziner

§ 82. In die Präventionszeit der Arbeitsmediziner darf nur die für folgende Tätigkeiten aufgewendete Zeit eingerechnet werden:

1. die Beratung und Unterstützung des Arbeitgebers in den Angelegenheiten gemäß § 81 Abs. 3,
2. die Beratung der Arbeitnehmer, der Sicherheitsvertrauenspersonen und der Belegschaftsorgane in Angelegenheiten des Gesundheitsschutzes, der auf die Arbeitsbedingungen bezogenen Gesundheitsförderung und der menschengerechten Arbeitsgestaltung,
3. die Besichtigung der Arbeitsstätten, Baustellen und auswärtigen Arbeitsstellen sowie die Teilnahme an Besichtigungen durch das Arbeitsinspektorat,
4. die Ermittlung und Untersuchung der Ursachen von arbeitsbedingten Erkrankungen und Gesundheitsgefahren sowie die Auswertung dieser Ermittlungen und Untersuchungen,

4a. die nach den Arbeitnehmerschutzvorschriften erforderliche Ermittlung und Beurteilung der Gefahren und Festlegung von Maßnahmen samt Dokumentation im Sicherheits- und Gesundheitsschutzdokument sowie deren Überprüfung und Anpassung,

5. die arbeitsmedizinische Untersuchung von Arbeitnehmern bis zum Höchstausmaß von 20% der für sie festgelegten jährlichen Präventionszeit,
6. die Durchführung von Schutzimpfungen, die mit der Tätigkeit der Arbeitnehmer im Zusammenhang stehen,
7. die Weiterbildung bis zum Höchstausmaß von 15% der für sie festgelegten jährlichen Präventionszeit,
8. die Tätigkeit im Rahmen des Arbeitsschutzausschusses und des zentralen Arbeitsschutzausschusses,
9. die Dokumentation der Tätigkeit und der Ergebnisse von Untersuchungen sowie die Erstellung von Berichten und Programmen auf dem Gebiet des Gesundheitsschutzes und der Gesundheitsförderung und
10. die Koordination der Tätigkeit mehrerer Arbeitsmediziner.

Präventionszeit

§ 82a. (1) Sofern § 77a nicht anderes bestimmt, sind Sicherheitsfachkräfte und Arbeitsmediziner mindestens im Ausmaß der im Folgenden für sie festgelegten Präventionszeit zu beschäftigen.

(2) Die Präventionszeit pro Kalenderjahr beträgt

1. für Arbeitnehmer an Büroarbeitsplätzen sowie an Arbeitsplätzen mit Büroarbeitsplätzen vergleichbaren Gefährdungen und Belastungen (geringe körperliche Belastung): 1,2 Stunden pro Arbeitnehmer,
2. für Arbeitnehmer an sonstigen Arbeitsplätzen: 1,5 Stunden pro Arbeitnehmer.

Bei der Berechnung der jährlichen Präventionszeit für die jeweilige Arbeitsstätte sind Teile von Stunden unterhalb von 0,5 auf ganze Stunden abzurunden und ab 0,5 auf ganze Stunden aufzurunden. Eine Neuberechnung der jährlichen Präventionszeit im laufenden Kalenderjahr hat erst bei Änderungen der der Berechnung zugrunde gelegten Arbeitnehmerzahl um mehr als 5 vH zu erfolgen.

(3) Für jeden Arbeitnehmer, der mindestens 50-mal im Kalenderjahr Nachtarbeit im Sinne des Art. VII Abs. 1 des Nachtschwerarbeitsgesetzes, BGBl. I Nr. 354/1981, leistet, erhöht sich die jährliche Präventionszeit um je 0,5 Stunden pro Kalenderjahr.

(4) Das Ausmaß der Präventionszeit pro Kalenderjahr richtet sich nach der Anzahl der Arbeitnehmer, die in einer Arbeitsstätte von einem Arbeitgeber beschäftigt werden. Die auf Baustellen und auswärtigen Arbeitsstellen beschäftigten Arbeitnehmer sind einzurechnen. Dies gilt nicht für Arbeitnehmer auf Baustellen, für die eine gesonderte, diesem Bundesgesetz entsprechende Präventivdienstbetreuung eingerichtet ist. Teilzeitbeschäftigte Arbeitnehmer sind entsprechend dem Umfang ihrer Beschäftigung anteilsmäßig einzurechnen. In Arbeitsstätten mit saisonal bedingt wechselnder Arbeitnehmerzahl richtet sich die jährliche Präventionszeit nach der vorhersehbaren durchschnittlichen Arbeitnehmerzahl pro Jahr.

(5) Der Arbeitgeber hat pro Kalenderjahr die Sicherheitsfachkräfte im Ausmaß von mindestens 40 vH und die Arbeitsmediziner im Ausmaß von mindestens 35 vH der gemäß Abs. 2 und 3 ermittelten Präventionszeit zu beschäftigen. Zumindest im Ausmaß der restlichen 25 vH der jährlichen Präventionszeit hat der Arbeitgeber je nach der in der Arbeitsstätte gegebenen Gefährdungs- und Belastungssituation gemäß § 76 Abs. 3 bzw. § 81 Abs. 3 beizuziehende sonstige geeignete Fachleute, wie Chemiker, Toxikologen, Ergonomen, insbesondere jedoch Arbeitspsychologen, oder die Sicherheitsfachkräfte und/oder die Arbeitsmediziner zu beschäftigen.

(6) Die Präventionszeit der Sicherheitsfachkräfte sowie die Präventionszeit der Arbeitsmediziner ist unter Berücksichtigung der betrieblichen Verhältnisse auf das Kalenderjahr aufzuteilen. Jeder Teil muss jeweils mindestens zwei Stunden betragen.

(7) Die Präventionszeit der Sicherheitsfachkräfte kann auf mehrere Sicherheitsfachkräfte, die Präventionszeit der Arbeitsmediziner kann auf mehrere Arbeitsmediziner aufgeteilt werden, wenn dies aus organisatorischen oder fachlichen Gründen zweckmäßig ist.

Sonstige Fachleute

§ 82b. (1) Der Arbeitgeber hat den in der Präventionszeit beschäftigten sonstigen Fachleuten alle zur Erfüllung ihrer Aufgaben erforderlichen Informationen und Unterlagen zur Verfügung zu stellen. Die sonstigen Fachleute sind bei Anwendung ihrer Fachkunde weisungsfrei.

(2) Die Präventivfachkräfte, Belegschaftsorgane und sonstige Fachleute haben zusammenzuarbeiten.

(3) § 84 Abs. 1 gilt. Die sonstigen Fachleute haben, sofern ihre Beschäftigung innerhalb der Präventionszeit ein Kalenderjahr nicht überschreitet, nach Beendigung ihrer Tätigkeit, ansonsten jährlich, dem Arbeitgeber einen zusammenfassenden Bericht über ihre Tätigkeit samt Vorschlägen zur Verbesserung der Arbeitsbedingungen vorzulegen, der auch eine systematische Darstellung der Auswirkungen ihrer Tätigkeit zu enthalten hat. § 84 Abs. 3 zweiter bis vierter Satz gilt.

(4) Besteht in der Arbeitsstätte ein Arbeitsschutzausschuss (§ 88) und findet eine Sitzung des Ausschusses während der Beschäftigung sonstiger Fachleute innerhalb der Präventionszeit statt, sind sie der Sitzung beizuziehen und hat die Tagesordnung dieser Sitzung die Behandlung ihrer Berichte vorzusehen. § 84 Abs. 2 zweiter Satz gilt.

Arbeitsmedizinischer Fachdienst

§ 82c. (1) Als arbeitsmedizinischer Fachdienst dürfen Personen beschäftigt werden, die

1. eine Ausbildung sowie eine mindestens zweijährige Berufserfahrung in einem Gesundheitsberuf gemäß Abs. 2 und
2. eine Ausbildung für den arbeitsmedizinischen Fachdienst mit einer Gesamtstundenanzahl von mindestens 208 Stunden an einer Akademie für Arbeitsmedizin, die gemäß § 38 Abs. 4 des Ärztegesetzes 1998, BGBl. I Nr. 169/1998, anerkannte Ausbildungslehrgänge durchführt, absolviert haben.

(2) Gesundheitsberufe im Sinn des Abs. 1 Z 1 sind:

1. gehobener Dienst für Gesundheits- und Krankenpflege gemäß Gesundheits- und Krankenpflegegesetz, BGBl. I Nr. 108/1997,
2. physiotherapeutischer Dienst (Physiotherapeutin/Physiotherapeut), ergotherapeutischer Dienst (Ergotherapeutin/Ergotherapeut), logopädisch-phoniatrisch-audiologischer Dienst (Logopädin/Logopäde), orthoptischer Dienst (Orthoptistin/Orthoptist), medizinisch-technischer Laboratoriumsdienst (Biomedizinische Analytikerin/Biomedizinischer Analytiker), radiologisch-technischer Dienst (Radiologietechnologin/Radiologietechnologe) sowie Diätdienst und ernährungsmedizinischer Beratungsdienst (Diätologin/Diätologe) gemäß MTD-Gesetz, BGBl. Nr. 460/1992.

(3) Werden Tätigkeiten gemäß § 82 durch den arbeitsmedizinischen Fachdienst durchgeführt, darf die dafür aufgewendete Zeit bis zu maximal 30 v.H. in die jährliche Präventionszeit der Arbeitsmedizinerinnen/Arbeitsmediziner gemäß § 82a eingerechnet werden. Das in § 82 Z 5 und Z 7 festgelegte Höchstausmaß darf dadurch nicht überschritten werden.

(4) Die Tätigkeit des arbeitsmedizinischen Fachdienstes hat unter Leitung der Arbeitsmedizinerin/des Arbeitsmediziners zu erfolgen.

(5) Der arbeitsmedizinische Fachdienst hat an der Zusammenarbeit gemäß § 85 mitzuwirken. § 84 Abs. 1 gilt. Werden gemeinsame Aufzeichnungen mit der Arbeitsmedizinerin/dem Arbeitsmediziner geführt, muss ersichtlich sein, welche Tätigkeiten der arbeitsmedizinische Fachdienst durchgeführt hat.

(6) Besteht in der Arbeitsstätte ein Arbeitsschutzausschuss, ist der arbeitsmedizinische Fachdienst erforderlichenfalls den Sitzungen beizuziehen.

(7) Als arbeitsmedizinischer Fachdienst dürfen auch Personen beschäftigt werden, die in den Kalenderjahren 2017 bis 2021 eine Abs. 1 Z 2 entsprechende Ausbildung der Österreichischen Akademie für Arbeitsmedizin und Prävention in Kooperation mit der Medizinischen Universität Graz (Universitätslehrgang Arbeitsmedizinische Fach-Assistentin/Arbeitsmedizinischer Fach-Assistent) oder der Medizinischen Universität Wien (Universitätslehrgang Arbeitsmedizinische Fach-Assistenz) absolviert haben.

(8) Die Österreichische Akademie für Arbeitsmedizin und Prävention (AAMP) mit Sitz in Wien hat auf Antrag eine in einem anderen Mitgliedsstaat der Europäischen Union oder einem Vertragsstaat des Europäischen Wirtschaftsraumes (EWR) oder der Schweizerischen Eidgenossenschaft erworbene Qualifikation gemäß Abs. 1 Z 2 anzuerkennen, wenn dies durch Ausbildungs- oder Befähigungsnachweise oder gegebenenfalls ergänzend durch Berufserfahrung ausreichend belegt wird. Die Anerkennung durch die AAMP erfolgt durch Ausstellung eines Zeugnisses, das zur Ausübung der Tätigkeit als arbeitsmedizinischer Fachdienst im Anwendungsbereich dieses Bundesgesetzes berechtigt. Antragsberechtigt ist jene Person, die über die im Ausland erworbene Berufsqualifikation verfügt und bei Antragstellung ihre Berufsberechtigung im Gesundheitsberuf gemäß Abs. 2 nach dem jeweiligen Berufsgesetz (GuKG, MTD-Gesetz) nachweist, oder deren Arbeitgeberin/Arbeitgeber im Inland. Die AAMP hat der Antragstellerin/dem Antragsteller binnen eines Monats den Empfang der Unterlagen zu bestätigen und gegebenenfalls mitzuteilen, welche Unterlagen fehlen. Sie hat über Anträge ohne unnötigen Verzug, spätestens aber binnen drei Monaten nach Einreichung der vollständigen Unterlagen zu entscheiden. Ist aufgrund der vorgelegten Nachweise die ausreichende Qualifikation nicht eindeutig feststellbar, hat sich die AAMP durch eine Prüfung vom Vorliegen ausreichender Fachkenntnisse für den arbeitsmedizinischen Fachdienst zu überzeugen.

(9) Abs. 8 gilt sinngemäß für Personen, die außerhalb der Europäischen Union, des EWR oder der Schweizerischen Eidgenossenschaft eine Abs. 1 Z 2 entsprechende Drittstaatsqualifikation nachweislich erworben haben und die als Arbeitnehmerin/Arbeitnehmer aus dem Ausland nach Österreich entsandt oder grenzüberschreitend überlassen werden.

Gemeinsame Bestimmungen

§ 83. (1) Die nachstehenden Bestimmungen gelten für Sicherheitsfachkräfte und Arbeitsmediziner gleichermaßen. Sicherheitsfachkräfte und Arbeitsmediziner werden im folgenden als Präventivfachkräfte bezeichnet.

(2) Wenn ein Arbeitsschutzausschuß besteht, ist er vor der Bestellung von Präventivfachkräften anzuhören.

(3) (Anm.: aufgehoben durch BGBl. I Nr. 159/2001)

(4) Die Bestellung von Präventivfachkräften hat jeweils für eine Arbeitsstätte samt allen dazugehörigen Baustellen und auswärtigen Arbeitsstellen zu erfolgen.

(5) Abweichend von Abs. 4 darf eine gesonderte Bestellung von Präventivfachkräften für Baustellen erfolgen, wenn dies aus organisatorischen oder fachlichen Gründen zweckmäßig ist.

(6) Abs. 4 und 5 gilt auch bei Inanspruchnahme eines Zentrums. Werden mehrere betriebseigene Sicherheitsfachkräfte bestellt, ist einer von ihnen die Leitung zu übertragen. Gleiches gilt bei Bestellung mehrerer betriebseigener Arbeitsmediziner. Bei Bestellung mehrerer Präventivfachkräfte und bei Inanspruchnahme eines Zentrums neben betriebseigenen oder externen Präventivfachkräften ist für deren Zusammenarbeit und Koordination zu sorgen.

(7) Betriebseigene Präventivfachkräfte bzw. deren Leitung sind unmittelbar dem Arbeitgeber oder der für die Einhaltung der Arbeitnehmerschutzvorschriften

sonst verwaltungsstrafrechtlich verantwortlichen Person zu unterstellen.

(8) Arbeitgeber haben den betriebseigenen Präventivfachkräften Gelegenheit zu geben, die für ihre Tätigkeit erforderlichen Fachkenntnisse zu erweitern.

(9) Weder die Bestellung von Präventivfachkräften noch die Inanspruchnahme eines Präventionszentrums noch die Anwendung des Unternehmermodells gemäß § 78b enthebt die Arbeitgeber von ihrer Verantwortlichkeit für die Einhaltung der Arbeitnehmerschutzvorschriften. Den Präventivfachkräften kann die Verantwortlichkeit für die Einhaltung von Arbeitnehmerschutzvorschriften nicht rechtswirksam übertragen werden. §§ 15 und 130 Abs. 4 gelten auch für betriebseigene Präventivfachkräfte.

Aufzeichnungen und Berichte

§ 84. (1) Präventivfachkräfte haben Aufzeichnungen über die geleistete Einsatzzeit und die nach diesem Bundesgesetz durchgeführten Tätigkeiten zu führen, insbesondere auch über die von ihnen durchgeführten Besichtigungen und Untersuchungen sowie deren Ergebnisse. Die Präventivfachkräfte haben den Organen der Arbeitsinspektion auf deren Verlangen Einsicht in diese Unterlagen zu gewähren oder Kopien dieser Unterlagen zu übermitteln. Nach Beendigung ihrer Tätigkeit haben Präventivfachkräfte diese Unterlagen sowie Berichte gemäß Abs. 2 und 3 an ihre Nachfolger im Betrieb zu übergeben.

(2) Besteht ein Arbeitsschutzausschuß, so haben die Präventivfachkräfte an den Sitzungen des Arbeitsschutzausschusses teilzunehmen, sofern der Teilnahme nicht wichtige Hinderungsgründe entgegenstehen. Sind sie an der Teilnahme verhindert, so haben sie dem Arbeitsschutzausschuss einen schriftlichen Bericht über ihre Tätigkeit samt Vorschlägen zur Verbesserung der Arbeitsbedingungen zu übermitteln, der auch eine systematische Darstellung der Auswirkungen ihrer Tätigkeit zu enthalten hat.

(3) Präventivfachkräfte haben dem Arbeitgeber jährlich einen zusammenfassenden Bericht über ihre Tätigkeit samt Vorschlägen zur Verbesserung der Arbeitsbedingungen vorzulegen, der auch eine systematische Darstellung der Auswirkungen ihrer Tätigkeit zu enthalten hat. Der Arbeitgeber hat diesen Bericht den Sicherheitsvertrauenspersonen zu übermitteln. Wenn keine Sicherheitsvertrauenspersonen bestellt sind, ist dieser Bericht an geeigneter Stelle zur Einsichtnahme durch die Arbeitnehmer aufzulegen. Dem zuständigen Arbeitsinspektorat hat der Arbeitgeber auf Verlangen eine Ausfertigung dieses Berichtes zu übermitteln.

(4) Sicherheitstechnische Zentren und arbeitsmedizinische Zentren sind verpflichtet, dem Arbeitsinspektorat auf Verlangen Auskunft darüber zu erteilen

1. wer als Sicherheitsfachkraft bzw. als Arbeitsmediziner vom Zentrum beschäftigt wird,
2. welche Arbeitsstätten, Baustellen und auswärtige Arbeitsstellen vom Zentrum betreut werden, und
3. welche Präventionszeit in diesen Arbeitsstätten, Baustellen und auswärtigen Arbeitsstellen geleistet wird.

Zusammenarbeit

§ 85. (1) Sicherheitsfachkräfte, Arbeitsmediziner und Belegschaftsorgane haben zusammenzuarbeiten.

(2) Die Präventivfachkräfte haben gemeinsame Besichtigungen der Arbeitsstätten, der Baustellen und der auswärtigen Arbeitsstellen durchzuführen.

(3) Die Präventivfachkräfte haben gemeinsamen Besichtigungen gemäß Abs. 2 die zuständigen Sicherheitsvertrauenspersonen und die Belegschaftsorgane beizuziehen.

Meldung von Mängeln

§ 86. (1) Präventivfachkräfte haben die bei Erfüllung ihrer Aufgaben festgestellten Mängel auf dem Gebiet der Sicherheit und des Gesundheitsschutzes dem Arbeitgeber oder der sonst für die Einhaltung der Arbeitnehmerschutzvorschriften verantwortlichen Person sowie den Belegschaftsorganen mitzuteilen.

(2) Stellen Präventivfachkräfte bei Erfüllung ihrer Aufgaben eine ernste und unmittelbare Gefahr für Sicherheit oder Gesundheit der Arbeitnehmer fest, so haben sie unverzüglich die betroffenen Arbeitnehmer und den Arbeitgeber oder die für die Einhaltung der Arbeitnehmerschutzvorschriften sonst verantwortlichen Personen sowie die Belegschaftsorgane zu informieren und Maßnahmen zur Beseitigung der Gefahr vorzuschlagen.

(3) Wenn kein Arbeitsschutzausschuß besteht, haben Präventivfachkräfte das Recht, sich an das Arbeitsinspektorat zu wenden, wenn sie der Auffassung sind, daß die vom Arbeitgeber getroffenen Maßnahmen und bereitgestellten Mittel nicht ausreichen, um die Sicherheit und den Gesundheitsschutz am Arbeitsplatz sicherzustellen, nachdem sie erfolglos vom Arbeitgeber eine Beseitigung dieser Mängel verlangt haben.

Abberufung

§ 87. (1) Wenn ein Arbeitsschutzausschuß besteht, darf der Arbeitgeber eine Präventivfachkraft nur nach vorheriger Befassung des Arbeitsschutzausschusses abberufen.

(2) Wenn nach Auffassung des Arbeitsinspektorates eine Präventivfachkraft die ihr nach diesem Bundesgesetz übertragenen Aufgaben nicht ordnungsgemäß erfüllt, hat das Arbeitsinspektorat vor Erstattung einer Strafanzeige wegen Übertretungen gemäß § 130 diese Beanstandungen dem Arbeitgeber schriftlich mitzuteilen.

(3) Wenn ein Arbeitsschutzausschuß besteht, ist der Arbeitgeber im Falle einer Mitteilung gemäß Abs. 2 verpflichtet, unverzüglich den Arbeitsschutzausschuß einzuberufen. Im Arbeitsschutzausschuß sind unter Beteiligung des Arbeitsinspektorates die geltend gemachten Mängel bei der Aufgabenerfüllung zu behandeln.

(4) Wenn kein Arbeitsschutzausschuß besteht, hat der Arbeitgeber im Falle einer Mitteilung nach Abs. 2 gegenüber dem Arbeitsinspektorat binnen vier Wochen zu den Beanstandungen schriftlich Stellung zu nehmen.

Arbeitsschutzausschuss

§ 88. (1) Arbeitgeber sind verpflichtet, für Arbeitsstätten, in denen sie regelmäßig mindestens 100 Arbeitnehmer beschäftigen, einen Arbeitsschutzausschuss einzurichten. Diese Verpflichtung gilt für Arbeitsstätten, in denen mindestens drei Viertel der Arbeitsplätze Büroarbeitsplätze oder Arbeitsplätze mit Büroarbeitsplätzen vergleichbaren Gefährdungen und Belastungen sind, erst ab der regelmäßigen Beschäftigung von mindestens 250 Arbeitnehmern. Die auf Baustellen oder auswärtigen Arbeitsstellen beschäftigten Arbeitnehmer sind einzurechnen.

(2) Der Arbeitsschutzausschuss hat die Aufgabe, die gegenseitige Information, den Erfahrungsaustausch und die Koordination der betrieblichen Arbeitsschutzeinrichtungen zu gewährleisten und auf eine Verbesserung der Sicherheit, des Gesundheitsschutzes und der Arbeitsbedingungen hinzuwirken. Der Arbeitsschutzausschuss hat sämtliche Anliegen der Sicherheit, des

Gesundheitsschutzes, der auf die Arbeitsbedingungen bezogenen Gesundheitsförderung und der menschengerechten Arbeitsgestaltung zu beraten. Im Arbeitsschutzausschuss sind insbesondere die Berichte und Vorschläge der Sicherheitsvertrauenspersonen, der Sicherheitsfachkräfte und der Arbeitsmediziner zu erörtern. Der Arbeitsschutzausschuss hat die innerbetriebliche Zusammenarbeit in allen Fragen von Sicherheit und Gesundheitsschutz zu fördern und Grundsätze für die innerbetriebliche Weiterentwicklung des ArbeitnehmerInnenschutzes zu erarbeiten.

(3) Dem Ausschuss gehören als Mitglieder an:
1. Der Arbeitgeber oder die von ihm mit seiner Vertretung beauftragte Person;
2. die für die Einhaltung der Arbeitnehmerschutzvorschriften in der Arbeitsstätte bestellten verantwortlichen Beauftragten;
3. die Sicherheitsfachkraft oder, wenn mehrere Sicherheitsfachkräfte für die Arbeitsstätte bestellt sind, deren Leiter oder sein Vertreter;
4. der Arbeitsmediziner oder, wenn mehrere Arbeitsmediziner für die Arbeitsstätte bestellt sind, deren Leiter oder sein Vertreter;
5. die Sicherheitsvertrauenspersonen;
6. je ein Vertreter der zuständigen Belegschaftsorgane.

(4) Den Vorsitz im Arbeitsschutzausschuss führt der Arbeitgeber oder eine von ihm beauftragte Person.

(5) Der Arbeitgeber oder die von ihm beauftragte Person hat den Arbeitsschutzausschuss nach Erfordernis, mindestens aber einmal pro Kalenderjahr, einzuberufen. Eine Einberufung hat jedenfalls zu erfolgen, wenn es die besonderen Verhältnisse auf dem Gebiet des Arbeitnehmerschutzes im Betrieb erfordern oder wenn ein Drittel der Mitglieder des Arbeitsschutzausschusses eine Einberufung verlangt. Die Einladung zu den Sitzungen des Arbeitsschutzausschusses ist mindestens drei Wochen vor dem Sitzungstermin abzusenden und hat zu enthalten:
1. Ort und Zeit der Sitzung;
2. die Tagesordnung, die jedenfalls Berichte der Sicherheitsvertrauenspersonen und der Präventivfachkräfte vorzusehen hat;
3. die Unterlagen zu den Beratungsgegenständen.

(6) Der Vorsitzende kann den Sitzungen des Arbeitsschutzausschusses von sich aus oder auf Empfehlung von Mitgliedern des Ausschusses Sachverständige, sonstige Personen mit Aufgaben auf dem Gebiet des Arbeitnehmer- oder Umweltschutzes sowie das zuständige Arbeitsinspektorat beiziehen.

(7) Über jede Sitzung des Arbeitsschutzausschusses ist ein Ergebnisprotokoll anzufertigen. Das Ergebnisprotokoll hat zu enthalten:
1. Ort, Datum und Dauer der Sitzung;
2. die Beratungsgegenstände;
3. die Namen der Anwesenden;
4. eine Zusammenfassung der von einzelnen Teilnehmern zu den Beratungsgegenständen vertretenen Standpunkte und Vorschläge, die auch allenfalls abweichende Standpunkte und Vorschläge zu enthalten hat.

(8) Das Ergebnisprotokoll ist vom Vorsitzenden zu unterschreiben. Waren die Präventivfachkräfte oder die vom Arbeitgeber gemäß § 82b Abs. 4 der Sitzung beizuziehenden sonstigen Fachleute verhindert, an der Sitzung des Ausschusses teilzunehmen, sind dem Protokoll deren schriftliche Berichte anzuschließen. Eine Ausfertigung des Ergebnisprotokolls ist an alle Mitglieder des Arbeitsschutzausschusses zu versenden. Das Ergebnisprotokoll ist dem zuständigen Arbeitsinspektorat auf Verlangen vorzulegen.

Zentraler Arbeitsschutzausschuss

§ 88a. (1) Betreibt ein Arbeitgeber mehrere Arbeitsstätten, in denen ein Arbeitsschutzausschuss einzurichten ist, ist er verpflichtet, am Unternehmenssitz einen zentralen Arbeitsschutzausschuss einzurichten. § 88 Abs. 2 gilt. Darüber hinaus hat der zentrale Arbeitsschutzausschuss auch Fragen der Sicherheit und des Gesundheitsschutzes in Bezug auf jene Arbeitsstätten des Arbeitgebers zu beraten, für die kein eigener Arbeitsschutzausschuss einzurichten ist.

(2) Dem zentralen Arbeitsschutzausschuss gehören als Mitglieder an:
1. Der Arbeitgeber oder die von ihm beauftragte Person sowie höchstens zwei weitere Vertreter des Arbeitgebers;
2. drei Vertreter der auf der Ebene des zentralen Arbeitsschutzausschusses zuständigen Belegschaftsorgane;
3. je drei von jedem lokalen Arbeitsschutzausschuss entsandte Mitglieder, und zwar je eine Sicherheitsvertrauensperson, eine Sicherheitsfachkraft und ein Arbeitsmediziner.

(3) Ergibt die nach Abs. 2 ermittelte Zahl der Mitglieder des zentralen Arbeitsschutzausschusses eine höhere Zahl als zwanzig, so gehören dem zentralen Arbeitsschutzausschuss als Mitglieder an:
1. Der Arbeitgeber oder die von ihm beauftragte Person sowie ein weiterer Vertreter des Arbeitgebers;
2. drei Vertreter der auf der Ebene des zentralen Arbeitschutzausschusses zuständigen Belegschaftsorgane;
3. insgesamt 15 von den lokalen Arbeitsschutzausschüssen entsandte Mitglieder, und zwar je fünf Mitglieder aus dem Kreis der Sicherheitsvertrauenspersonen, der Sicherheitsfachkräfte und der Arbeitsmediziner.

(4) Wenn es der Beratungsgegenstand erfordert, können den Sitzungen vom Vorsitzenden auch Personen aus jenen Arbeitsstätten, für die kein eigener Arbeitsschutzausschuss einzurichten ist, beigezogen werden.

(5) Die Sitzungen des zentralen Arbeitsschutzausschusses sind vom Arbeitgeber oder einer von ihm beauftragten Person nach Erfordernis, mindestens jedoch einmal jährlich einzuberufen. § 88 Abs. 5 zweiter Satz ist anzuwenden.

(6) Die Einladung zu den Sitzungen ist mindestens vier Wochen vor dem Sitzungstermin abzusenden und hat zu enthalten:
1. Ort und Zeit der Sitzung;
2. die Tagesordnung, die jedenfalls Berichte der Vertreter der lokalen Arbeitsschutzausschüsse vorzusehen hat;
3. die Unterlagen zu den Beratungsgegenständen.

(7) § 88 Abs. 6 und Abs. 7 sowie Abs. 8 erster, dritter und vierter Satz sind anzuwenden.

Zentren der Unfallversicherungsträger

§ 89. (1) Der Bundesminister für Arbeit, Soziales und Konsumentenschutz kann durch Verordnung die Allgemeine Unfallversicherungsanstalt oder die Versicherungsanstalt öffentlich Bediensteter, Eisenbahnen und Bergbau für deren Zuständigkeitsbereich beauftragen, sicherheitstechnische Zentren und arbeitsmedizinische Zentren einzurichten und zu betreiben, wenn dies für eine ausreichende sicherheitstechnische und arbeitsmedizinische Betreuung geboten ist.

(2) Für sicherheitstechnische Zentren gemäß Abs. 1 gilt § 75 Abs. 1. Arbeitsmedizinische Zentren gemäß Abs. 1 müssen die Anforderungen des § 80 Abs. 1 erfüllen.

(3) (Anm.: aufgehoben durch BGBl. I Nr. 35/2012)

Verordnungen über Präventivdienste

§ 90. Der Bundesminister für Arbeit, Soziales und Konsumentenschutz hat in Durchführung des 7. Abschnittes durch Verordnung näher zu regeln:

1. die Voraussetzungen für die Anerkennung einer Fachausbildung für Sicherheitsfachkräfte, die Durchführung der Fachausbildung und die Voraussetzungen für die Zulassung zur Fachausbildung, wobei in der Verordnung Übergangsregelungen für die bei Inkrafttreten der Verordnung bereits tätigen Sicherheitsfachkräfte vorzusehen sind;
2. die Voraussetzungen für sicherheitstechnische und arbeitsmedizinische Zentren.

8. ABSCHNITT

BEHÖRDEN UND VERFAHREN

Arbeitnehmerschutzbeirat

§ 91. (1) Zur Beratung des Bundesministers für Arbeit, Soziales und Konsumentenschutz in grundsätzlichen Fragen der Sicherheit und des Gesundheitsschutzes bei der Arbeit und zu seiner Information über Organisation und Tätigkeit der Präventionszentren der Träger der Unfallversicherung ist ein Arbeitnehmerschutzbeirat einzurichten.

(2) Dem Arbeitnehmerschutzbeirat gehören neben dem Zentral-Arbeitsinspektor bzw. bei Verhinderung dessen Vertretung an:

1. (Anm.: aufgehoben durch BGBl. I Nr. 35/2012),
2. zwei Vertreter der Bundesarbeitskammer,
3. zwei Vertreter der Bundeswirtschaftskammer,
4. zwei Vertreter des Österreichischen Gewerkschaftsbundes,
5. zwei Vertreter der Vereinigung Österreichischer Industrieller,
6. zwei Vertreter der Bundesingenieurkammer,
7. zwei Vertreter der österreichischen Ärztekammer und
8. zwei Vertreter der Allgemeinen Unfallversicherungsanstalt.

(3) Dem Arbeitnehmerschutzbeirat gehören weiters je ein Vertreter der Versicherungsanstalt öffentlich Bediensteter, Eisenbahnen und Bergbau an, wenn der gesetzliche Aufgabenbereich dieser Institution durch den Beratungsgegenstand berührt wird.

Dem Arbeitnehmerschutzbeirat gehört weiters ein Vertreter von Österreichs Energie an, wenn nach dem Beratungsgegenstand die Interessen der Elektrizitätswirtschaft berührt werden.

(4) Zu den Sitzungen des Arbeitnehmerschutzbeirates sind weiters die Verbindungsstelle der Bundesländer beim Amt der Niederösterreichischen Landesregierung sowie gegebenenfalls die nach dem Beratungsgegenstand in Betracht kommenden Bundesministerien einzuladen.

(5) Die Tätigkeit im Arbeitnehmerschutzbeirat ist ehrenamtlich.

(6) Zur Vorberatung können Fachausschüsse eingesetzt werden.

(7) Die Sitzungen des Arbeitnehmerschutzbeirates und der Fachausschüsse sind nicht öffentlich. Die in Abs. 2 und 3 genannten Personen und Institutionen sind berechtigt, Sachverständige beizuziehen.

(8) Die Einberufung und die Geschäftsführung obliegen dem Zentral-Arbeitsinspektorat.

Arbeitsstättenbewilligung

§ 92. (1) Arbeitsstätten, die infolge der Art der Betriebseinrichtungen, der Arbeitsmittel, der verwendeten Arbeitsstoffe oder Arbeitsverfahren in besonderem Maße eine Gefährdung der Sicherheit und Gesundheit der Arbeitnehmer bewirken können, dürfen nur auf Grund einer Bewilligung der zuständigen Behörde errichtet und betrieben werden (Arbeitsstättenbewilligung).

(2) Die Arbeitsstättenbewilligung ist auf Antrag des Arbeitgebers zu erteilen, wenn die Arbeitsstätte den Arbeitnehmerschutzvorschriften entspricht und zu erwarten ist, daß überhaupt oder bei Einhaltung der erforderlichenfalls vorzuschreibenden Bedingungen und Auflagen die nach den Umständen des Einzelfalles voraussehbaren Gefahren für die Sicherheit und Gesundheit der Arbeitnehmer vermieden werden. Solche Auflagen sind vorzuschreiben, wenn

1. nach den konkreten Verhältnissen des Einzelfalls zur Gewährleistung der Sicherheit und Gesundheit der Arbeitnehmer Maßnahmen erforderlich sind, die über die in diesem Bundesgesetz oder den dazu erlassenen Verordnungen enthaltenen Anforderungen hinausgehen, oder
2. die Vorschreibung von Auflagen zur Konkretisierung oder Anpassung der in diesem Bundesgesetz oder den dazu erlassenen Verordnungen vorgesehenen Anforderungen an die konkreten Verhältnisse des Einzelfalls erforderlich ist.

(3) Dem Antrag auf Arbeitsstättenbewilligung sind eine Beschreibung der Arbeitsstätte einschließlich eines Verzeichnisses der Arbeitsmittel und die erforderlichen Pläne und Skizzen sowie die sonst für die Beurteilung des Projektes erforderlichen Unterlagen in dreifacher Ausfertigung anzuschließen. Weiters sind Sicherheits- und Gesundheitsschutzdokumente in dreifacher Ausfertigung vorzulegen, soweit die Erstellung dieser Dokumente im Zeitpunkt der Antragstellung bereits möglich ist.

(4) Eine Arbeitsstättenbewilligung erlischt, wenn der Betrieb der Arbeitsstätte nicht binnen fünf Jahren nach erteilter Bewilligung aufgenommen wird oder wenn der Betrieb durch mehr als fünf Jahre unterbrochen wird. Die Behörde kann diese Frist auf Antrag des Arbeitgebers auf sieben Jahre verlängern, wenn es Art und Umfang des Vorhabens erfordern oder die Fertigstellung des Vorhabens unvorhergesehenen Schwierigkeiten begegnet.

(5) Die Änderung einer bewilligten Arbeitsstätte bedarf einer Bewilligung, wenn dies zur Gewährleistung des Schutzes der Sicherheit und Gesundheit der Arbeitnehmer erforderlich ist, insbesondere wenn durch die Änderung das Ausmaß der Gefährdung vergrößert wird oder die Änderung mit einer Gefährdung anderer Art verbunden ist. Diese Bewilligung hat auch die bereits bewilligte Arbeitsstätte so weit zu umfassen, als es wegen der Änderung zur Gewährleistung des Schutzes der Sicherheit und Gesundheit der Arbeitnehmer erforderlich ist.

(6) Bestehen Zweifel, ob die Errichtung oder die Änderung einer Arbeitsstätte einer Bewilligung bedarf, so hat die zuständige Behörde auf Antrag des Arbeitgebers oder des Arbeitsinspektorates zu prüfen und festzustellen, ob die Voraussetzungen nach Abs. 1 oder 5 vorliegen.

(7) Die Wirksamkeit einer Bewilligung nach Abs. 1 und 5 wird durch einen Wechsel in der Person des Arbeitgebers nicht berührt. Auflagen gemäß Abs. 2 sind von der zuständigen Behörde auf Antrag des Arbeitgebers aufzuheben oder abzuändern, wenn die Voraussetzungen für die Vorschreibung nicht mehr vorliegen.

Berücksichtigung des Arbeitnehmer/innenschutzes in Genehmigungsverfahren

§ 93. (1) In folgenden Genehmigungsverfahren sind die Belange des Arbeitnehmer/innenschutzes zu berücksichtigen:

1. Genehmigung von Betriebsanlagen nach der Gewerbeordnung 1994, BGBl. Nr. 194/1994,
2. Genehmigung von Gewinnungsbetriebsplänen und von Bergbauanlagen, soweit es sich um Arbeitsstätten handelt, nach dem Mineralrohstoffgesetz, BGBl. I Nr. 38/1999,
3. Genehmigung von Apotheken nach dem Apothekengesetz, RGBl. Nr. 5/1907,
4. Genehmigung von Eisenbahnanlagen nach dem Eisenbahngesetz 1957, BGBl. Nr. 60/1957,
5. Bewilligung von Schifffahrtsanlagen im Sinne des § 47 und von sonstigen Anlagen im Sinne des § 66 des Schifffahrtsgesetzes, BGBl. I Nr. 62/1997,
6. Bewilligung von Bädern nach dem Bäderhygienegesetz, BGBl. Nr. 254/1976,
7. Genehmigung von Abfall- und Altölbehandlungsanlagen nach §§ 37 bis 65 des Abfallwirtschaftsgesetzes 2002 (AWG 2002), BGBl. I Nr. 102/2002,
8. Bewilligung von Anlagen und Zivilflugplätzen im Sinne des Luftfahrtgesetzes 1957, BGBl. Nr. 253/1957,
9. Bewilligung von Lagern nach § 35 des Sprengmittelgesetzes 2010 – SprG, BGBl. I Nr. 121/2009,
10. Genehmigung von Seilbahnanlagen nach dem Seilbahngesetz 2003 – SeilbG 2003, BGBl. I Nr. 103/2003.

(2) In diesen Verfahren sind dem jeweiligen Genehmigungsantrag die in § 92 Abs. 3 genannten Unterlagen anzuschließen. Die genannten Anlagen dürfen nur genehmigt werden, wenn sie den Arbeitnehmerschutzvorschriften entsprechen und zu erwarten ist, daß überhaupt oder bei Einhaltung der erforderlichenfalls vorzuschreibenden geeigneten Bedingungen und Auflagen die nach den Umständen des Einzelfalles voraussehbaren Gefährdungen für die Sicherheit und Gesundheit der Arbeitnehmer vermieden werden. Für die Vorschreibung von Auflagen ist § 92 Abs. 2 letzter Satz anzuwenden.

(3) Abs. 2 gilt auch für die Genehmigung einer Änderung oder einer Sanierung von in Abs. 1 angeführten Anlagen. Änderungen, die nach den in Abs. 1 angeführten Rechtsvorschriften keiner Genehmigung bedürfen, der Behörde nach diesen Vorschriften jedoch anzuzeigen sind, dürfen von der Behörde nur dann mit Bescheid zur Kenntnis genommen werden, wenn zu erwarten ist, dass sich die Änderung auch nicht nachteilig auf Sicherheit und Gesundheit der Arbeitnehmer auswirkt.

(4) Die gemäß Abs. 2 und 3 vorgeschriebenen Bedingungen und Auflagen sind von der zuständigen Behörde auf Antrag des Arbeitgebers abzuändern oder aufzuheben, wenn die Voraussetzungen für die Vorschreibung nicht mehr vorliegen.

(5) Abs. 2 bis 4 gilt auch für Verfahren, in denen nach den in Abs. 1 genannten Bundesgesetzen ein Feststellungsbescheid als Genehmigungsbescheid für die Anlage gilt.

(6) Die in Abs. 1 genannten Arbeitsstätten bedürfen keiner Arbeitsstättenbewilligung nach § 92.

Sonstige Genehmigungen und Vorschreibungen

§ 94. (1) In folgenden Verfahren sind die mit dem Genehmigungsgegenstand zusammenhängenden Belange des Arbeitnehmerschutzes zu berücksichtigen:

1. Genehmigung einer Rohrleitungsanlage gemäß § 17 des Rohrleitungsgesetzes, BGBl. Nr. 411/1975,
2. Genehmigung von Anlagen nach dem Starkstromwegegesetz, BGBl. Nr. 70/1968,
3. Genehmigung von Dampfkesselanlagen gemäß § 4 des Luftreinhaltegesetzes für Kesselanlagen, BGBl. Nr. 380/1988,
4. Bewilligung von Einrichtungen, Arbeitsmitteln usw. nach dem Eisenbahngesetz 1957, BGBl. Nr. 60, dem Luftfahrtgesetz 1957, BGBl. Nr. 253, dem Schifffahrtsgesetz, und dem Seeschiffahrtsgesetz, BGBl. Nr. 174/1981, soweit nicht § 93 anzuwenden ist,
5. Genehmigung von Anlagen und Einrichtungen nach dem Strahlenschutzgesetz, BGBl. Nr. 227/1969,
6. Genehmigung von Anlagen nach §§ 31a, 31c, 32, 40 und 41 des Wasserrechtsgesetzes 1959, BGBl. Nr. 215,
7. Genehmigungen und Bewilligungen nach dem Mineralrohstoffgesetz,
8. Genehmigung von Räumen von Fahrschulen nach dem Kraftfahrgesetz 1967, BGBl. Nr. 267/1967,
9. Genehmigung von Gasleitungsanlagen nach dem Gaswirtschaftsgesetz 2011 – GWG 2011, BGBl. I Nr. 107/2011,
10. Verfahren zur Bewilligung von Einrichtungen und Arbeitsmitteln nach dem Seilbahngesetz 2003 – SeilbG 2003, BGBl. I Nr. 103/2003,
11. Verfahren zur Genehmigung von mobilen Behandlungsanlagen gemäß § 52 des Abfallwirtschaftsgesetzes 2002 – AWG 2002, BGBl. I Nr. 102/2002.

(2) Die genannten Anlagen dürfen nur genehmigt werden, wenn Arbeitnehmerschutzvorschriften der Genehmigung nicht entgegenstehen und zu erwarten ist, daß überhaupt oder bei Einhaltung der erforderlichenfalls vorzuschreibenden geeigneten Bedingungen und Auflagen die nach den Umständen des Einzelfalles voraussehbaren Gefährdungen für die Sicherheit und Gesundheit der Arbeitnehmer vermieden werden. Dies gilt auch für die Genehmigung einer Änderung derartiger Anlagen.

(3) Zeigt sich in einer Arbeitsstätte nach rechtskräftig erteilter Arbeitsstättenbewilligung oder nach einer rechtskräftigen Genehmigung nach § 93 Abs. 1, daß der Schutz der Sicherheit und Gesundheit der Arbeitnehmer unter den vorgeschriebenen Bedingungen und Auflagen nicht ausreichend gewährleistet wird, so hat die zuständige Behörde zum Schutz der Arbeitnehmer andere oder zusätzliche Bedingungen und Auflagen vorzuschreiben.

(4) Für Arbeitsstätten, die keiner Arbeitsstättenbewilligung bedürfen und für die auch keine Genehmigung nach § 93 Abs. 1 vorliegt, hat die zuständige Behörde die zum Schutz der Sicherheit und Gesundheit der Arbeitnehmer erforderlichen Maßnahmen vorzuschreiben. Dies gilt auch für Arbeitsstätten, für die eine Genehmigung im Sinne des § 93 Abs. 1 vorliegt, wenn bei der Genehmigung das Arbeitnehmerschutzgesetz und dieses Bundesgesetz keine Anwendung gefunden haben.

(5) Für Baustellen und auswärtige Arbeitsstellen gilt Abs. 4 mit folgender Maßgabe: Für eine bestimmte Baustelle oder auswärtige Arbeitsstelle hat die für diese Baustelle/Arbeitsstelle zuständige Behörde die zum Schutz der Sicherheit und Gesundheit der Arbeitnehmer erforderlichen Maßnahmen vorzuschreiben. Sind für mehrere künftige Baustellen oder auswärtige Arbeitsstellen eines Arbeitgebers solche Vorschreibungen erforderlich so hat die Vorschreibung durch jene Behörde zu erfolgen, die für die Arbeitsstätte zuständig ist, der diese Baustellen oder Arbeitsstellen organisatorisch zuzurechnen sind, im Zweifel durch die für den Unternehmenssitz zuständige Behörde.

(5a) Sind für mehrere identische Arbeitsstätten eines Arbeitgebers/einer Arbeitgeberin oder für mehrere identische Arbeitsmittel, die in verschiedenen Arbeitsstätten eines Arbeitgebers/einer Arbeitgeberin verwendet werden sollen, und für die vollkommen identische Voraussetzungen vorliegen, solche Vorschreibungen erforderlich, so ist für das Verfahren die für den Unternehmenssitz zuständige Behörde zuständig.

(5b) Sofern dies im Sinne der Raschheit, Einfachheit und Kostenersparnis zweckmäßig ist, können die zum Schutz der Sicherheit und Gesundheit der Arbeitnehmer/innen erforderlichen Maßnahmen auch einer von dem/der Arbeitgeber/in verschiedenen Person vorgeschrieben werden, wie insbesondere dem/der Genehmigungswerber/in in Verfahren nach § 93 Abs. 1 und 3 und § 94 Abs. 1 oder dem/der Inhaber/in oder dem/der Betreiber/in einer mehrere Arbeitsstätten umfassenden Gesamtanlage.

(6) Für Auflagen und Maßnahmen nach Abs. 1 bis 5b ist § 92 Abs. 2 letzter Satz anzuwenden.

(7) Die Wirksamkeit von Vorschreibungen gemäß Abs. 1 bis 5 wird durch einen Wechsel in der Person des Arbeitgebers nicht berührt. Solche Vorschreibungen sind von der zuständigen Behörde auf Antrag des Arbeitgebers aufzuheben oder abzuändern, wenn die Voraussetzungen für die Vorschreibung nicht mehr vorliegen.

Ausnahmen

§ 95. (1) Soweit die Anwendung einzelner Bestimmungen der in Durchführung dieses Bundesgesetzes erlassenen Verordnungen unabhängig von den Umständen des Einzelfalls zur Gewährleistung der Sicherheit und Gesundheit der Arbeitnehmer erforderlich ist, ist in den Verordnungen festzulegen, daß die zuständige Behörde von diesen Bestimmungen der Verordnung keine Ausnahme zulassen darf.

(2) In den in Durchführung dieses Bundesgesetzes erlassenen Verordnungen können Abweichungen von den im 1. bis 6. Abschnitt sowie in §§ 97 und 98 festgelegten Anforderungen geregelt werden, wenn diese Abweichungen aus wichtigen Gründen erforderlich sind und Sicherheit und Gesundheit der Arbeitnehmer gewährleistet sind.

(3) Darüber hinaus kann die zuständige Behörde im Einzelfall auf begründeten Antrag des Arbeitgebers Ausnahmen von den Bestimmungen der in Durchführung des § 6 Abs. 4 sowie des 2. bis 4. und 6. Abschnittes erlassenen Verordnungen zulassen, wenn

1. (Anm.: aufgehoben durch BGBl. I Nr. 159/2001)
2. nach den Umständen des Einzelfalls zu erwarten ist, daß Sicherheit und Gesundheit der Arbeitnehmer auch bei Genehmigung der Ausnahme gewährleistet sind oder daß durch eine andere vom Arbeitgeber vorgesehene Maßnahme zumindest der gleiche Schutz erreicht wird wie bei Einhaltung der betreffenden Bestimmungen der Verordnung, und
3. die Genehmigung dieser Ausnahme nicht gemäß Abs. 1 ausgeschlossen ist.

(4) Ausnahmen nach Abs. 3 können befristet oder unter Vorschreibung bestimmter geeigneter Auflagen erteilt werden, wenn dies zur Erreichung der in Abs. 3 Z 2 genannten Zielsetzungen erforderlich ist. Ausnahmen nach Abs. 3 sind von der zuständigen Behörde aufzuheben, wenn solche Auflagen nicht eingehalten werden oder wenn die Voraussetzungen für die Erteilung der Ausnahme nicht mehr vorliegen.

(5) Die Wirksamkeit von Ausnahmen nach Abs. 3 wird durch einen Wechsel in der Person des Arbeitgebers nicht berührt, wenn sich der für die Ausnahme maßgebliche Sachverhalt nicht geändert hat.

(6) Sofern dies im Sinne der Raschheit, Einfachheit und Kostenersparnis zweckmäßig ist, können Ausnahmen nach Abs. 3 auch auf Antrag einer vom Arbeitgeber verschiedenen Person zugelassen werden, wie insbesondere des Genehmigungswerbers in Verfahren nach § 93 Abs. 1 und 3 und § 94 Abs. 1 oder des Inhabers oder Betreibers einer mehrere Arbeitsstätten umfassenden Gesamtanlage.

(7) Wird eine Ausnahmegenehmigung für mehrere künftige Baustellen oder auswärtige Arbeitsstellen eines Arbeitgebers beantragt, so ist für das Verfahren jene Behörde zuständig, die für die Arbeitsstätte zuständig ist, der diese Baustellen oder auswärtigen Arbeitsstellen organisatorisch zuzurechnen sind, im Zweifel die für den Unternehmenssitz zuständige Behörde. Wird eine Ausnahmegenehmigung in Bezug auf mehrere identische Arbeitsstätten eines Arbeitgebers oder für mehrere identische Arbeitsmittel, die in verschiedenen Arbeitsstätten eines Arbeitgebers verwendet werden sollen, beantragt, für deren Erteilung vollkommen identische Voraussetzungen vorliegen, so ist für das Verfahren die für den Unternehmenssitz des Arbeitgebers zuständige Behörde zuständig.

Zwangs- und Sicherungsmaßnahmen

§ 96. (1) Die zuständige Behörde hat durch Bescheid die Beschäftigung von Arbeitnehmern zu untersagen oder sonstige geeignete Sicherungsmaßnahmen anzuordnen, wie die gänzliche oder teilweise Schließung einer Arbeitsstätte oder die Stillegung von Arbeitsmitteln, wenn dies zur Abwehr einer Gefahr für Leben oder Gesundheit von Arbeitnehmern erforderlich ist.

(2) Liegen die Voraussetzungen für die Erlassung eines Bescheides gemäß Abs. 1 nicht mehr vor, so hat die zuständige Behörde auf Antrag des Arbeitgebers die nach Abs. 1 getroffenen Maßnahmen aufzuheben.

(3) Beschwerden beim Verwaltungsgericht gegen Bescheide nach Abs. 1 kommt keine aufschiebende Wirkung zu.

(4) Bescheide nach Abs. 1 treten mit Ablauf eines Jahres, vom Tag ihrer Erlassung an gerechnet, außer Wirksamkeit, wenn sie nicht kürzer befristet sind. Dies gilt auch für Erkenntnisse des Verwaltungsgerichts, die aufgrund von Beschwerden gegen Bescheide nach Abs. 1 ergangen sind.

(5) Den gesetzlichen Interessenvertretungen der Arbeitgeber und Arbeitnehmer ist eine Ablichtung von Bescheiden gemäß Abs. 1 und 2 zu übermitteln.

(6) Abs. 1 und 2 ist auf Arbeitsstätten, für die auf Grund gesetzlicher Vorschriften eine Betriebspflicht besteht, nicht anzuwenden.

(7) (Anm.: aufgehoben durch BGBl. I Nr. 38/1999)

Sonderbestimmungen für die Zustellung

§ 96a. (1) Schifffahrtsunternehmen mit Sitz im Ausland, deren Fahrzeuge auf österreichischen Wasserstraßen verkehren, kann im Wege des Schiffführers eines Fahrzeuges des Unternehmens wirksam zugestellt werden.

(2) Eisenbahnunternehmen mit Sitz im Ausland, deren Fahrzeuge auf dem österreichischen Schienennetz verkehren, kann im Wege des Triebfahrzeugführers oder des Personals eines Fahrzeuges des Unternehmens wirksam zugestellt werden.

Meldung von Bauarbeiten

§ 97. (1) Arbeitgeber sind verpflichtet, dem zuständigen Arbeitsinspektorat Bauarbeiten, die voraussichtlich länger als fünf Arbeitstage dauern, nachweislich zu melden. Zum Zweck der Kontrolle von Baustellen ist die Meldung auch an die Bauarbeiter-Urlaubs- und Abfertigungskasse (§ 14 des Bauarbeiter-Urlaubs- und

Abfertigungsgesetzes – BUAG, BGBl. Nr. 414/1972) zu übermitteln.

(2) Die Meldung muß spätestens eine Woche vor Arbeitsbeginn erfolgen. Die Arbeiten dürfen erst nach erfolgter Meldung begonnen werden. In Katastrophenfällen, bei unaufschiebbaren Arbeiten und bei kurzfristig zu erledigenden Aufträgen ist die Meldung spätestens am Tag des Arbeitsbeginns zu erstatten.

(3) Die Meldung muß alle zur Wahrnehmung des Arbeitnehmerschutzes erforderlichen Angaben enthalten.

(4) Erfolgt vor Beginn der Bauarbeiten eine Meldung an das Arbeitsinspektorat durch den Auftraggeber oder eine von ihm beauftragte Person, und enthält diese Meldung alle für die Wahrnehmung des Arbeitnehmerschutzes erforderlichen Angaben, so entfällt die Meldepflicht der Arbeitgeber.

(5) Werden auf einer Baustelle Bauarbeiten von mehreren Arbeitgebern unmittelbar aufeinanderfolgend ausgeführt, obliegt die Meldepflicht jenem Arbeitgeber, der zuerst mit den Arbeiten auf der Baustelle beginnt.

(6) Mit besonderen Gefahren verbundene Bauarbeiten sind abweichend von Abs. 4 und 5 jedenfalls gesondert durch die betreffenden Arbeitgeber zu melden.

(7) Bauarbeiten, bei denen die Arbeitnehmer Einwirkungen von schwachgebundenen Asbestprodukten ausgesetzt sein können, sind abweichend von Abs. 1 und 4 bis 6 unabhängig von ihrer Dauer zu melden. Die Meldung hat auch Angaben über die Arbeitsweise und die zum Schutz der Arbeitnehmer vorgesehenen Maßnahmen zu enthalten. Die Meldung muß abweichend von Abs. 2 jedenfalls vor Beginn der Arbeiten erfolgen.

(8) Erfolgt die Meldung nach Abs. 1, 6 oder 7 elektronisch mittels Webanwendung an die Baustellendatenbank (§ 31a des Bauarbeiter-Urlaubs- und Abfertigungsgesetzes – BUAG, BGBl. Nr. 414/1972, in der geltenden Fassung), gilt sie als Meldung an das zuständige Arbeitsinspektorat. Ab 1. Jänner 2019 müssen Meldungen nach Abs. 1, 6 und 7 elektronisch mittels Webanwendung an die Baustellendatenbank erfolgen.

Sonstige Meldepflichten

§ 98. (1) Arbeitgeber sind verpflichtet, dem Arbeitsinspektorat tödliche und schwere Arbeitsunfälle unverzüglich zu melden, sofern nicht eine Meldung an die Sicherheitsbehörden erfolgt.

(2) Arbeitgeber sind verpflichtet, gefährliche Ereignisse gemäß § 97 des Mineralrohstoffgesetzes, die sich in Bergbaubetrieben (§ 108 MinroG) ereignen, unverzüglich dem Arbeitsinspektorat zu melden.

(3) Arbeitgeber sind verpflichtet, dem zuständigen Arbeitsinspektorat Arbeiten, die mit einer besonderen Gefahr für die damit beschäftigten Arbeitnehmer verbunden sind, zu melden, sofern dies in einer Verordnung nach diesem Bundesgesetz festgelegt ist.

Behördenzuständigkeit

§ 99. Soweit in diesem Bundesgesetz auf die „zuständige Behörde" verwiesen wird, ist darunter zu verstehen:

1. bei nach der Gewerbeordnung 1994 genehmigungspflichtigen Betriebsanlagen die nach der Gewerbeordnung 1994 in erster Instanz zuständige Genehmigungsbehörde, bei sonstigen der Gewerbeordnung 1994 unterliegenden Tätigkeiten die Bezirksverwaltungsbehörde,
2. bei den in § 93 Abs. 1 Z 2 bis 10 angeführten Arbeitsstätten die nach den angeführten Bestimmungen in erster Instanz zuständige Genehmigungsbehörde,
3. bei Krankenanstalten, deren Errichtung und Betrieb nach den in Ausführung des Bundesgesetzes über Krankenanstalten und Kuranstalten (KAKuG), BGBl. Nr. 1/1957, ergangenen landesgesetzlichen Bestimmungen einer Genehmigung durch die Landesregierung bedarf, der Landeshauptmann,

3a. (Anm.: aufgehoben durch BGBl. I Nr. 118/2012)

4. bei Theater- oder Kinobetrieben sowie sonstigen Veranstaltungsstätten, deren Errichtung und Betrieb nach landesgesetzlichen Bestimmungen einer Genehmigung durch die Landesregierung bedarf, der Landeshauptmann,
5. bei Anlagen zur Erzeugung elektrischer Energie, deren Errichtung nach den in Ausführung des Elektrizitätswirtschafts- und -organisationsgesetzes 2010 – ElWOG 2010, BGBl. I Nr. 110/2010, ergangenen landesgesetzlichen Bestimmungen einer Genehmigung durch die Landesregierung bedarf, der Landeshauptmann,
6. für die unter das Mineralrohstoffgesetz fallenden Tätigkeiten die nach dem Mineralrohstoffgesetz dafür zuständige Behörde,
7. in allen übrigen Fällen die Bezirksverwaltungsbehörde.

Außergewöhnliche Fälle

§ 100. (1) Der 1. bis 6. Abschnitt dieses Bundesgesetzes sowie die in Durchführung dieser Bestimmungen erlassenen Verordnungen finden auf die Beschäftigung von Arbeitnehmern mit spezifischen Tätigkeiten im Rahmen von Katastrophenhilfsdiensten insoweit keine Anwendung, als die Besonderheiten dieser Tätigkeiten einer Anwendung zwingend entgegenstehen. In diesen Fällen ist aber dafür Sorge zu tragen, daß unter Berücksichtigung der Zielsetzungen dieses Bundesgesetzes eine größtmögliche Sicherheit und ein größtmöglicher Gesundheitsschutz der Arbeitnehmer gewährleistet ist.

(2) In Fällen unmittelbar drohender oder eingetretener Gefährdung des Lebens und der Gesundheit der Arbeitnehmer sind von diesem Bundesgesetz und den dazu erlassenen Verordnungen abweichende Anordnungen soweit zulässig, als dies im Interesse des Schutzes des Lebens und der Gesundheit der Arbeitnehmer geboten erscheint, um die Gefährdung abzuwenden oder zu beseitigen.

Verordnungen über Behörden und Verfahren

§ 101. (1) Der Bundesminister für Arbeit, Soziales und Konsumentenschutz hat in Durchführung des 8. Abschnittes durch Verordnung näher zu regeln:

1. die Geschäftsordnung des Arbeitnehmerschutzbeirates,
2. die Arbeitsstättenbewilligungspflicht,
3. die Meldepflichten gemäß § 97 Abs. 1, wobei Ausnahmen für Arbeiten, die mit keinen besonderen Gefahren verbunden sind, vorzusehen sind, den Inhalt der Meldung nach § 97 Abs. 3,
4. Arbeiten im Sinne des § 98 Abs. 3 sowie den Inhalt der Meldung.

(2) Der Bundesminister für Arbeit, Soziales und Konsumentenschutz kann durch Verordnung weitere bundesgesetzliche Bewilligungsverfahren den in § 93 Abs. 1 angeführten Verfahren gleichstellen, wenn gewährleistet ist, daß in diesen Verfahren die Arbeitnehmerschutzbelange in gleicher Weise berücksichtigt werden wie in einem Arbeitsstättenbewilligungsverfahren. Eine solche Verordnung darf nur im Einvernehmen mit dem für dieses bundesgesetzliche Bewilligungsverfahren zuständigen Bundesminister erlassen werden.

(3) Abs. 2 gilt für die Gleichstellung weiterer bundesgesetzlicher Bewilligungsverfahren mit den in § 94 Abs. 1 angeführten Verfahren sinngemäß mit der Maßgabe,

daß eine Gleichstellung zu erfolgen hat, wenn im Hinblick auf den Verfahrensgegenstand Auswirkungen auf den Arbeitnehmerschutz zu erwarten sind und das Verfahren zur Berücksichtigung des Arbeitnehmerschutzes geeignet ist.

(4) Sehen gesetzliche Bestimmungen vor, dass im Genehmigungsverfahren Gutachten oder öffentliche Urkunden beizugeben sind, kann der Bundesminister für Arbeit, Soziales und Konsumentenschutz durch Verordnung festlegen, in welcher Weise die Erfordernisse des Arbeitnehmerschutzes in den Gutachten oder öffentlichen Urkunden zu berücksichtigen sind und deren Einhaltung nachzuweisen ist. Darüber hinaus kann der Bundesminister für Arbeit, Soziales und Konsumentenschutz durch Verordnung auch festlegen, in welcher Weise die Erfordernisse des Arbeitnehmerschutzes in Verwaltungsverfahren zu berücksichtigen sind und deren Einhaltung nachzuweisen ist. § 12 des Arbeitsinspektionsgesetzes 1993 (ArbIG), BGBl. Nr. 27/1993, bleibt unberührt.

9. ABSCHNITT

ÜBERGANGSRECHT UND AUFHEBUNG VON RECHTSVORSCHRIFTEN

Erleichterungen bei Betriebsübergaben

§ 101a. Im Fall einer Betriebsübergabe gilt für die Dauer von zwei Jahren ab Übergabe:

1. Werden Sicherheitsvertrauenspersonen bestellt, so darf die Mitteilung an das Arbeitsinspektorat nach § 10 Abs. 8 innerhalb dieses zweijährigen Zeitraums erfolgen.
2. Der Arbeitsschutzausschuss ist abweichend von § 88 Abs. 5 erster Satz nur mindestens einmal innerhalb der zwei Jahre einzuberufen. Vorsitz, Einladung und Protokoll sind in diesem Zeitraum an keine Formerfordernisse gebunden, § 88 Abs. 4, Abs. 5 letzter Satz und Z 1 bis 3 sowie Abs. 7 und 8 kommen nicht zur Anwendung.

Übergangsbestimmungen zu §§ 4 und 5

§ 102. (1) §§ 4 und 5 treten für Arbeitsstätten, in denen regelmäßig mehr als 250 Arbeitnehmer beschäftigt werden, mit 1. Juli 1995, im übrigen mit 1. Jänner 1997 in Kraft.

(2) Die Durchführung der Ermittlung und Beurteilung der Gefahren, die Festlegung von Maßnahmen zur Gefahrenverhütung und die Erstellung der Sicherheits- und Gesundheitsschutzdokumente muß spätestens fertiggestellt sein:

1. für Arbeitsstätten, in denen regelmäßig mehr als 100 Arbeitnehmer beschäftigt werden, mit 1. Juli 1997,
2. für Arbeitsstätten, in denen regelmäßig 51 bis 100 Arbeitnehmer beschäftigt werden, mit 1. Juli 1998,
3. für Arbeitsstätten, in denen regelmäßig 11 bis 50 Arbeitnehmer beschäftigt werden, mit 1. Juli 1999,
4. für Arbeitsstätten, in denen regelmäßig bis zu zehn Arbeitnehmer beschäftigt werden, mit 1. Juli 2000.

(3) Arbeitnehmer, die auf Baustellen oder auswärtigen Arbeitsstellen beschäftigt werden, sind bei der Ermittlung der Beschäftigtenzahl nach Abs. 1 und 2 jener Arbeitsstätte zuzurechnen, der sie organisatorisch zugehören, im Zweifel dem Unternehmenssitz.

§ 103 *außer Kraft (BGBl. I Nr. 159/2001)*
§ 104 *außer Kraft (BGBl. I Nr. 159/2001)*
§ 105. *außer Kraft (BGBl. I Nr. 60/2015)*

Allgemeine Übergangsbestimmungen für Arbeitsstätten

§ 106. (1) Für Arbeitsstätten, die am 1. Jänner 1993 bereits genutzt wurden, sind in den Verordnungen zur Durchführung des 2. Abschnittes dieses Bundesgesetzes die erforderlichen Abweichungen und Anpassungsfristen festzulegen. In den Verordnungen ist insbesondere auch zu regeln, unter welchen Voraussetzungen für solche Arbeitsstätten die Bestimmungen der Verordnungen bei Änderungen oder Erweiterungen der Arbeitsstätte wirksam werden.

(2) *entfällt (BGBl. Nr. 60/2015)*

(3) Die nachstehend angeführten Bestimmungen der Allgemeinen Arbeitnehmerschutzverordnung (AAV) gelten bis zum In-Kraft-Treten einer Verordnung nach diesem Bundesgesetz, die den entsprechenden Gegenstand regelt, als Bundesgesetz:

1. Für Fußböden in Betriebsräumen gilt § 6 Abs. 4 erster und zweiter Satz, für Wände und Decken in Betriebsräumen § 7 Abs. 4 zweiter Satz, für die Beheizung von Arbeitsräumen und von brandgefährdeten Räumen § 14 Abs. 2 mit der Maßgabe, dass die Wortfolge „und explosionsgefährdete Räume“ entfällt.
2. Für Ausgänge und Verkehrswege in Arbeitsstätten gelten § 22 Abs. 5 mit der Maßgabe, dass die Wortfolge „und von explosionsgefährdeten Räumen“ entfällt, und § 26 Abs. 10 mit der Maßgabe, dass im ersten Satz die Wortfolge „Explosionsgefährdete Räume und“ entfällt.
3. Für Schutzmaßnahmen gegen Absturz in Betriebsräumen gilt § 18 Abs. 6 erster Satz.
4. Für Lagerungen in Arbeitsstätten gilt § 64 Abs. 1 dritter Satz, Abs. 4 zweiter Satz, Abs. 5 zweiter und dritter Satz, Abs. 6 sowie Abs. 8 zweiter und dritter Satz.

(4) (Anm.: aufgehoben durch BGBl. I Nr. 159/2001)
(5) (Anm.: aufgehoben durch BGBl. I Nr. 159/2001)
(6) (Anm.: aufgehoben durch BGBl. I Nr. 159/2001)
(7) (Anm.: aufgehoben durch BGBl. I Nr. 159/2001)

Brandschutz und Erste Hilfe

§ 107. (1) Bis zum In-Kraft-Treten einer Verordnung nach diesem Bundesgesetz, die den entsprechenden Gegenstand regelt, gelten die §§ 74 mit der Maßgabe, dass in Abs. 1 die Wortfolge „und in explosionsgefährdeten Räumen“ und in Abs. 2 der erste Satz entfällt, 75, 76 Abs. 6 und 8 sowie § 81 Abs. 2 letzter Satz und Abs. 8 AAV als Bundesgesetz. § 81 Abs. 8 AAV gilt mit der Maßgabe, dass der erste Halbsatz lautet: “In Räumen, in denen giftige oder ätzende Arbeitsstoffe verwendet werden,”

(2) *entfällt (BGBl. I Nr. 60/2015)*
(3) (Anm.: aufgehoben durch BGBl. I Nr. 94/2014)
(4) (Anm.: aufgehoben durch BGBl. I Nr. 159/2001)
(5) (Anm.: aufgehoben durch BGBl. I Nr. 159/2001)

Sanitäre Vorkehrungen und Sozialeinrichtungen

§ 108. (1) *entfällt (BGBl. I Nr. 60/2015)*

(2) Bis zum In-Kraft-Treten einer Verordnung nach diesem Bundesgesetz, die den entsprechenden Gegenstand regelt, gelten für das Trinkwasser § 83 Abs. 2 AAV, für Kleiderkästen und Umkleideräume § 86 Abs. 6 AAV, als Bundesgesetz. § 86 Abs. 6 gilt mit der Maßgabe, dass der erste Halbsatz lautet: „Sofern die Arbeitskleidung bei Arbeiten stark verschmutzt wird oder die Schutzkleidung mit giftigen, ätzenden, leicht zersetzlichen oder ekelerregenden Arbeitsstoffen in Berührung kommt.“

(3) (Anm.: aufgehoben durch BGBl. I Nr. 159/2001)

Arbeitsmittel

§ 109. (1) *entfällt (BGBl. I Nr. 60/2015)*

(2) Bis zum Inkrafttreten einer Verordnung nach diesem Bundesgesetz, die den entsprechenden Gegenstand regelt, gelten § 41 Abs. 8, § 59 Abs. 1 bis 7, Abs. 8 mit Ausnahme des letzten Satzes, Abs. 9 bis 12, 14 und 15, weiters § 60 Abs. 1 bis 3 und Abs. 10 bis 12 AAV als Bundesgesetz.

(3) (Anm.: aufgehoben durch BGBl. I Nr. 159/2001)

(4) (Anm.: aufgehoben durch BGBl. I Nr. 159/2001)

(5) (Anm.: aufgehoben durch BGBl. I Nr. 159/2001)

(6) *entfällt (BGBl. I Nr. 60/2015)*

(7) (Anm.: aufgehoben durch BGBl. I Nr. 159/2001)

Allgemeine Übergangsbestimmungen betreffend Arbeitsstoffe

§ 110. (1) § 41 Abs. 2 bis 6 tritt für Arbeitgeber, die regelmäßig mehr als 250 Arbeitnehmer beschäftigen, mit 1. Juli 1995, im übrigen mit 1. Jänner 1996 in Kraft.

(1a) Die Umsetzung der in § 41 Abs. 2 bis 6 festgelegten Verpflichtungen muß spätestens fertiggestellt sein:

1. für Arbeitsstätten, in denen regelmäßig mehr als 100 Arbeitnehmer beschäftigt werden, mit 1. Juli 1997,
2. für Arbeitsstätten, in denen regelmäßig 51 bis 100 Arbeitnehmer beschäftigt werden, mit 1. Juli 1998,
3. für Arbeitsstätten, in denen regelmäßig elf bis 50 Arbeitnehmer beschäftigt werden, mit 1. Juli 1999,
4. für Arbeitsstätten, in denen regelmäßig bis zu zehn Arbeitnehmer beschäftigt werden, mit 1. Juli 2000.

(1b) Arbeitnehmer, die auf Baustellen oder auswärtigen Arbeitsstellen beschäftigt werden, sind bei der Ermittlung der Beschäftigtenzahl nach Abs. 1 und 1a jener Arbeitsstätte zuzurechnen, der sie organisatorisch zugehören, im Zweifel dem Unternehmenssitz.

(2) *entfällt (BGBl. I Nr. 60/2015)*

(3) § 42 Abs. 7 tritt hinsichtlich jener Arbeitsstoffe, die bei Inkrafttreten dieses Gesetzes bereits in Verwendung stehen, mit 1. Juli 1995 in Kraft.

(4) *entfällt (BGBl. I Nr. 60/2015)*

(5) (Anm.: aufgehoben durch BGBl. I Nr. 159/2001)

(6) § 46 Abs. 2, 5 und 8 tritt erst mit Inkrafttreten einer Verordnung nach diesem Bundesgesetz, die Messungen gemäß § 48 Abs. 1 Z 4 regelt, in Kraft.

(7) § 47 tritt für Arbeitgeber, die regelmäßig mehr als 250 Arbeitnehmer beschäftigen, mit 1. Juli 1995, im übrigen mit 1. Jänner 1996 in Kraft.

(8) Bis zum Inkrafttreten einer Verordnung nach diesem Bundesgesetz zur Durchführung des 4. Abschnittes gelten die nachstehend angeführten Bestimmungen der Allgemeinen Arbeitnehmerschutzverordnung (AAV) als Bundesgesetz:

1. Für Schutzmaßnahmen gegen Gase, Dämpfe, Schwebstoffe und sonstige Beeinträchtigungen gilt § 16 Abs. 4, Abs. 5 erster Satz, Abs. 6 und 7 sowie 9 bis 11,
2. für Arbeiten mit gesundheitsgefährdenden Arbeitsstoffen gilt § 52 Abs. 4 bis Abs. 6,
3. für Arbeiten mit explosionsgefährlichen Arbeitsstoffen gilt § 54 Abs. 6 mit der Maßgabe, dass die Wortfolge „brandgefährlichen Arbeitsstoffen und" entfällt,
4. für den Ersatz und das Verbot von Arbeitsstoffen und Arbeitsverfahren und die Verwendungsbeschränkungen gilt § 55 Abs. 2 bis 5 und Abs. 7 bis 10, mit der Maßgabe, dass in Abs. 2 im letzten Satz nach dem Wort „Laboratorien" ein Punkt gesetzt und der letzte Halbsatz durch folgenden Satz ersetzt wird: "Dies gilt weiters nicht für die Verwendung von Benzol in Motortreibstoffen, außer zum Antrieb von zweitaktmotorbetriebenen handgeführten Arbeitsmitteln.";
5. für die Lagerung von besonderen Arbeitsstoffen gilt § 65 AAV mit der Maßgabe, dass in Abs. 4 die Wortfolge „bei den Zugängen deutlich und dauerhaft gekennzeichnet und" und in Abs. 9 die Wortfolge „bei den Zugängen als solche deutlich und dauerhaft gekennzeichnet und" entfällt und in Abs. 9 erster Satz die Wortfolge „oder infektiösen" entfällt.

(9) Soweit Arbeitsstoffe noch entsprechend ihren Eigenschaften im Sinne des § 3 des Chemikaliengesetzes 1996, BGBl. I Nr. 53/1997 in der Fassung BGBl. I Nr. 14/2015, eingestuft oder gekennzeichnet sind, gelten für sie auch jene Arbeitnehmerschutzvorschriften, die bereits auf die entsprechende Gefahrenkategorie nach der CLP-Verordnung abstellen, wobei § 40 Abs. 8 sinngemäß anzuwenden ist.

Übergangsbestimmungen betreffend bestimmte Arbeitsstoffe

§ 111. Bescheidmäßige Vorschreibungen und Ausnahmegenehmigungen gemäß § 1 Abs. 2 und 3 der Verordnung BGBl. Nr. 183/1923, gemäß § 2 der Verordnung BGBl. Nr. 184/1923, gemäß § 1 Abs. 2 der Verordnung BGBl. Nr. 185/1923 und gemäß § 1 Abs. 2 der Verordnung BGBl. Nr. 186/1923 bleiben unberührt.

Gesundheitsüberwachung

§ 112. (1) §§ 49, 50, 52 bis 54, 57 und 58 treten mit 1. Juli 1995 in Kraft.

(1a) (Anm.: aufgehoben durch BGBl. I Nr. 159/2001)

(2) (Anm.: aufgehoben durch BGBl. I Nr. 159/2001)

(3) Für ermächtigte Ärztinnen und Ärzte gilt Folgendes:

1. Ärztinnen und Ärzte, die am 1. August 2017 über eine aufrechte Ermächtigung gemäß § 56 in der Fassung vor der Novelle BGBl. I Nr. 126/2017 oder gemäß § 8 Abs. 4 des Arbeitnehmerschutzgesetzes verfügen, sind in die Liste nach § 56 aufzunehmen, sofern nicht Z 2 anzuwenden ist.
2. Beim Bundesminister für Arbeit, Soziales und Konsumentenschutz am 1. August 2017 anhängige Verwaltungsverfahren nach § 56 in der Fassung vor der Novelle BGBl. I Nr. 126/2017 sind einzustellen. Die vorgelegten Nachweise sind nach § 56 zu behandeln.

(4) Bescheide, die gemäß § 8 des Arbeitnehmerschutzgesetzes in Verbindung mit § 2 Abs. 4, § 3 Abs. 7 und § 4 Abs. 4 letzter Satz der Verordnung BGBl. Nr. 39/1974 erlassen wurden, bleiben unberührt. Diese Bescheide sind auf Antrag des Arbeitgebers oder von Amts wegen aufzuheben, wenn die Voraussetzungen nicht mehr vorliegen. Bescheide gemäß § 3 Abs. 6 letzter Halbsatz, § 3 Abs. 8, § 4 Abs. 2 letzter Satz und § 4 Abs. 3 der Verordnung BGBl. Nr. 39/1974 werden mit Inkrafttreten einer Verordnung gemäß § 59 dieses Bundesgesetzes gegenstandslos.

(5) Für die Gesundheitsüberwachung bei Druckluft- und Taucherarbeiten gilt § 119.

Fachkenntnisse

§ 113. (1) §§ 62 und 63 Abs. 1 und 2 treten erst mit Inkrafttreten einer Verordnung nach diesem Bundesgesetz über den Nachweis der Fachkenntnisse in Kraft, soweit im folgenden nicht anderes bestimmt wird.

(2) (Anm.: aufgehoben durch BGBl. I Nr. 118/2012)

(3) (Anm.: aufgehoben durch BGBl. I Nr. 118/2012)

(4) Als Nachweis der Fachkenntnisse gemäß § 62 dieses Bundesgesetzes gelten auch Zeugnisse über den Nachweis der Fachkenntnisse nach der Verordnung über den Nachweis der Fachkenntnisse für bestimmte Arbei-

ten, BGBl. Nr. 441/1975, oder nach der Verordnung über den Nachweis der Fachkenntnisse für die Vorbereitung und Organisation von bestimmten Arbeiten unter elektrischer Spannung über 1 kV, BGBl. Nr. 10/1982, weiters Bescheide über die Anerkennung von Zeugnissen von Einrichtungen, die nicht zur Ausstellung von Zeugnissen über den Nachweis der Fachkenntnisse nach den angeführten Verordnungen berechtigt waren, sowie Bescheide gemäß § 10 Abs. 2 der Verordnung BGBl. Nr. 441/1975 und § 8 Abs. 2 der Verordnung BGBl. Nr. 10/1982. Für den Entzug dieser Nachweise gilt § 63 Abs. 4 bis 6.

(4a) Arbeitnehmer, die bereits vor dem 15. Februar 1976 gemäß § 15 Abs. 1 der Verordnung über den Nachweis der Fachkenntnisse für bestimmte Arbeiten, BGBl. Nr. 441/1975, beschäftigt wurden, dürfen ohne Nachweis der Fachkenntnisse weiter beschäftigt werden. Zeugnisse oder sonstige Bescheinigungen gemäß § 15 Abs. 3 der Verordnung BGBl. Nr. 441/1975 gelten als Nachweis der Fachkenntnisse im Sinne dieses Bundesgesetzes.

(5) (Anm.: aufgehoben durch BGBl. I Nr. 118/2012)

(6) Die vom Bundesminister für Verkehr, Innovation und Technologie gemäß § 63 Abs. 1 dieses Bundesgesetzes vor dem 1. Juli 2012 erteilten Ermächtigungen zur Ausstellung von Zeugnissen zum Nachweis der Fachkenntnisse bleiben bis zu einem allfälligen Widerruf gemäß § 14 Abs. 4 der Fachkenntnisnachweis-Verordnung – FK-V, BGBl. II Nr. 13/2007, durch den Bundesminister für Arbeit, Soziales und Konsumentenschutz unberührt.

Arbeitsvorgänge und Arbeitsplätze

§ 114. (1) *entfällt (BGBl. I Nr. 60/2015)*

(2) (Anm.: aufgehoben durch BGBl. I Nr. 118/2012)

(3) § 71 Abs. 2 tritt erst mit Inkrafttreten einer Verordnung betreffend die Arbeitskleidung gemäß § 72 Abs. 1 Z 6 in Kraft.

(4) Darüber hinaus gelten die nachstehenden Bestimmungen der Allgemeinen Arbeitnehmerschutzverordnung (AAV) als Bundesgesetz:

1. § 48 Abs. 5 AAV bis zum Inkrafttreten einer Verordnung nach diesem Bundesgesetz, die in Durchführung des § 60 Arbeitsvorgänge regelt,
2. § 49 AAV mit der Maßgabe, dass in Abs. 7 zweiter Halbsatz die Wortfolge "infektiösen" entfällt, bis zum Inkrafttreten einer Verordnung nach diesem Bundesgesetz, die in Durchführung des § 61 Abs. 5 Regelungen über Sitze, Tische und Werkbänke trifft,
3. § 20 Abs. 5 vierter Satz AAV bis zum Inkrafttreten einer Verordnung nach diesem Bundesgesetz, die in Durchführung des § 61 Verkaufsstände regelt,
4. § 62 Abs. 2 zweiter Satz und Abs. 3 AAV bis zum Inkrafttreten einer Verordnung nach diesem Bundesgesetz, die in Durchführung des § 64 die Handhabung von Lasten regelt,
5. (Anm.: aufgehoben durch BGBl. I Nr. 118/2012)
6. § 16 Abs. 1 AAV mit der Maßgabe, dass die Worte „blendendes Licht, schädliche Strahlen“ entfallen bis zum Inkrafttreten einer Verordnung nach diesem Bundesgesetz, die § 66 Abs. 2 näher durchführt,
7. *entfällt (BGBl. I Nr. 60/2015)*
8. § 73 AAV mit der Maßgabe, dass in Abs. 2 der zweite Satz entfällt, bis zum Inkrafttreten einer Verordnung nach diesem Bundesgesetz, die in Durchführung des § 71 Abs. 1 die Arbeitskleidung regelt.

Bestellung von Sicherheitsfachkräften und Arbeitsmedizinern

§ 115. (1) Für Arbeitsstätten, in denen ein Arbeitgeber regelmäßig bis zu 250 Arbeitnehmer beschäftigt, tritt die Verpflichtung zur Bestellung von Sicherheitsfachkräften und Arbeitsmedizinern nach Maßgabe der folgenden Bestimmungen in Kraft:

1. für Arbeitsstätten, in denen regelmäßig 151 bis 250 Arbeitnehmer beschäftigt werden, mit 1. Jänner 1996,
2. für Arbeitsstätten, in denen regelmäßig 101 bis 150 Arbeitnehmer beschäftigt werden, mit 1. Jänner 1997,
3. für Arbeitsstätten, in denen regelmäßig 51 bis 100 Arbeitnehmer beschäftigt werden, mit 1. Jänner 1998,
4. für Arbeitsstätten, in denen regelmäßig elf bis 50 Arbeitnehmer beschäftigt werden, mit 1. Jänner 1999,
5. für Arbeitsstätten, in denen regelmäßig bis zu zehn Arbeitnehmer beschäftigt werden, mit 1. Jänner 2000.

(2) (Anm.: aufgehoben durch BGBl. I Nr. 159/2001)

(3) Arbeitnehmer, die auf Baustellen oder auswärtigen Arbeitsstellen beschäftigt werden, sind bei der Ermittlung der Beschäftigtenzahl nach Abs. 1 jener Arbeitsstätte zuzurechnen, der sie organisatorisch zugehören, im Zweifel dem Unternehmenssitz. Dies gilt nicht für Arbeitnehmer auf Baustellen, für die eine gesonderte diesem Bundesgesetz entsprechende sicherheitstechnische und arbeitsmedizinische Betreuung eingerichtet ist.

(4) (Anm.: aufgehoben durch BGBl. I Nr. 159/2001)

(5) Bis zwei Jahre nach Inkrafttreten einer Verordnung über die Fachausbildung der Sicherheitsfachkräfte gemäß § 90 Abs. 1 Z 1 dürfen als Sicherheitsfachkräfte Personen bestellt werden, deren Kenntnisse zumindest jenen entsprechen, die nach den hiefür geltenden Rechtsvorschriften für die Verleihung der Standesbezeichnung „Ingenieur” Voraussetzung sind, und die das für ihre Tätigkeit notwendige Wissen auf dem Gebiet der Sicherheitstechnik sowie entsprechende Betriebserfahrungen und Kenntnisse über die für den Betrieb maßgeblichen Arbeitnehmerschutzvorschriften besitzen.

(6) Die bei Inkrafttreten dieses Bundesgesetzes als Sicherheitstechniker im Sinne des § 21 des Arbeitnehmerschutzgesetzes tätigen Personen gelten als Sicherheitsfachkräfte im Sinne dieses Bundesgesetzes, die in der betriebsärztlichen Betreuung im Sinne des § 22 des Arbeitnehmerschutzgesetzes tätigen Ärzte gelten als Arbeitsmediziner im Sinne dieses Bundesgesetzes, ohne daß eine neuerliche Bestellung und Meldung zu erfolgen hat.

Sonstige Übergangsbestimmungen für Präventivdienste

§ 116. (1) *entfällt (BGBl. I Nr. 60/2015)*

(2) *entfällt (BGBl. I Nr. 60/2015)*

(3) (Anm.: aufgehoben durch BGBl. I Nr. 159/2001)

(4) (Anm.: aufgehoben durch BGBl. I Nr. 159/2001)

(5) Bescheide gemäß § 21 Abs. 2 und § 22 Abs. 2 des Arbeitnehmerschutzgesetzes werden mit 1. Jänner 1995 gegenstandslos. Bescheide gemäß § 21 Abs. 6 sowie gemäß § 22c Abs. 4 zweiter Satz, Abs. 5 und Abs. 6 des Arbeitnehmerschutzgesetzes werden mit Inkrafttreten des § 82a dieses Bundesgesetzes gegenstandslos.

(6) Arbeitgeber, die über Kenntnisse auf dem Gebiet der Sicherheit und des Gesundheitsschutzes für die jeweilige Arbeitsstätte gemäß § 78b Abs. 2 Z 1 verfügen, dürfen das Unternehmermodell gemäß § 78b Abs. 1 Z 2 ohne Nachweis ausreichender Kenntnisse durch eine Bescheinigung gemäß § 78b Abs. 2 Z 2 oder § 78b Abs. 4 bis längstens 31. Dezember 1999 anwenden.

Betriebsbewilligung und Arbeitsstättenbewilligung

§ 117. (1) Bis zum Inkrafttreten einer Verordnung nach diesem Bundesgesetz über die Arbeitsstättenbewilligung gilt für die diesem Bundesgesetz unterliegenden Arbeitsstätten § 2 Abs. 3 und § 3 Abs. 2 der Verordnung über die Betriebsbewilligung nach dem Arbeitnehmerschutzgesetz, BGBl. Nr. 116/1976, nach Maßgabe der folgenden Bestimmungen als Bundesgesetz.

(2) Die in § 2 Abs. 3 der Verordnung BGBl. Nr. 116/1976 angeführten Arbeitsstätten dürfen nur auf Grund einer Bewilligung gemäß § 92 Abs. 1 bis 3 errichtet und betrieben werden; dies gilt nicht

1. sofern § 93 Abs. 1 dieses Bundesgesetzes zur Anwendung kommt,
2. für Arbeitsstätten, die bereits am 1. Jänner 1973 betrieben wurden.

Für die Änderung dieser Arbeitsstätten ist eine Bewilligung gemäß § 92 Abs. 5 dieses Bundesgesetzes erforderlich.

(3) Die gemäß § 27 Abs. 1 des Arbeitnehmerschutzgesetzes (ANSchG) erteilten Bewilligungen gelten als Arbeitsstättenbewilligung im Sinne des § 92 Abs. 1 dieses Bundesgesetzes. Für die Änderung von Arbeitsstätten, die gemäß § 27 Abs. 1 ANSchG bewilligt wurden, gilt § 92 Abs. 5 dieses Bundesgesetzes.

(4) Wird in einer Verordnung nach diesem Bundesgesetz eine Arbeitsstättenbewilligung für Arbeitsstätten vorgesehen, die nach § 2 Abs. 3 der Verordnung BGBl. Nr. 116/1976 keiner Betriebsbewilligung bedürfen, so ist in dieser Verordnung festzulegen, ob oder wie lange die bei Inkrafttreten einer solchen Verordnung bereits bestehenden Arbeitsstätten ohne Arbeitsstättenbewilligung weitergeführt werden dürfen und innerhalb welcher Frist ab Inkrafttreten der Verordnung ein allenfalls erforderlicher Bewilligungsantrag eingebracht werden muss.

Bauarbeiten

§ 118. (1) (Anm.: aufgehoben durch BGBl. I Nr. 159/2001)

(2) *entfällt (BGBl. I Nr. 60/2015)*

(3) Die Bauarbeiterschutzverordnung, BGBl. Nr. 340/1994, (BauV), gilt nach Maßgabe der folgenden Bestimmungen als Verordnung nach diesem Bundesgesetz. Für die Änderung der Bauarbeiterschutzverordnung ist dieses Bundesgesetz maßgeblich:

1. (Anm.: aufgehoben durch BGBl. I Nr. 118/2012)
2. (Anm.: aufgehoben durch BGBl. I Nr. 159/2001)
3. (Anm.: aufgehoben durch BGBl. I Nr. 118/2012)
4. Die §§ 158 Abs. 1 und 2 sowie 160 BauV entfallen.

(4) Die nachstehend angeführten Übergangsbestimmungen dieses Bundesgesetzes gelten nicht für Baustellen:

1. § 107 betreffend den Brandschutz und die Erste Hilfe,
2. § 109 Abs. 2 betreffend Arbeitsmittel,
3. § 114 Abs. 4 betreffend Arbeitsvorgänge und Arbeitsplätze.

Druckluft- und Taucherarbeiten

§ 119. (1) Die §§ 3 und 4, § 5 erster Satz sowie §§ 6 bis 15, §§ 17 bis 20, § 21 Abs. 1 bis 3, § 21 Abs. 5 und 6 jeweils mit Ausnahme des Verweises auf Abs. 4, § 22, § 23 Abs. 1 bis 5 und Abs. 7 bis 10, §§ 24 bis 30, § 31 Abs.1 bis 5 und Abs. 9, § 32 Abs. 1, 3, 4 und 5, §§ 33 bis 44 sowie §§ 46 bis 50a der Druckluft- und Taucherarbeitenverordnung, BGBl. Nr. 501/1973, gelten bis zum Inkrafttreten einer Verordnung nach diesem Bundesgesetz, die solche Arbeiten regelt, nach Maßgabe der folgenden Bestimmungen als Bundesgesetz.

(2) Die in Abs. 1 angeführten Bestimmungen der Verordnung gelten für die diesem Bundesgesetz unterliegende Beschäftigung von Arbeitnehmern mit Arbeiten in Druckluft im Zuge von Bauarbeiten aller Art sowie mit Taucherarbeiten.

(3) Anhang 5 der Verordnung gilt nicht hinsichtlich des Nachweises über Taucherarbeiten (Ausbildung für Taucherarbeiten) sowie hinsichtlich der Ausbildung als Taucher/in und als Signalperson.

(4) (Anm.: aufgehoben durch BGBl. I Nr. 118/2012)

§ 120 *außer Kraft (BGBl. I Nr. 118/2012)*
§ 121 *außer Kraft (BGBl. I Nr. 159/2001)*

Besondere Vorschriften für gewerbliche Betriebsanlagen

§ 122. (1) Die nachstehenden Bestimmungen, die sowohl den Schutz der Arbeitnehmer/innen als auch gewerberechtliche Belange regeln, bleiben jeweils als bundesgesetzliche Bestimmungen in Geltung, und zwar als Arbeitnehmer/innenschutzvorschrift solange, bis durch eine Verordnung, die sich auf dieses Bundesgesetz stützt, eine Änderung oder Neuregelung desselben Gegenstandes erfolgt, und als gewerberechtliche Vorschrift solange, bis durch eine Verordnung, die sich auf die Gewerbeordnung 1994 stützt, eine Änderung oder Neuregelung desselben Gegenstandes erfolgt.

(2) (Anm.: aufgehoben durch BGBl. I Nr. 118/2012)

(3) Kälteanlagen:

1. §§ 1, 3 und 4, § 5 Abs. 1, §§ 6 bis 24, § 26 Abs. 3 und 4, § 28 und § 29 Abs. 2 der als Bundesgesetz in Geltung stehenden Kälteanlagenverordnung, BGBl. Nr. 305/1969, zuletzt geändert durch das Bundesgesetz BGBl. Nr. 234/1972, bleiben bis zum Inkrafttreten einer Verordnung, die den Betrieb von Kälteanlagen regelt, nach Maßgabe der Z 2 und 3 in Geltung.
2. § 1 Abs. 1 der Kälteanlagenverordnung lautet: „Die Bestimmungen dieser Verordnung gelten, soweit sie den Schutz der Arbeitnehmer regeln, für Betriebsstätten im Sinne des § 2 Abs. 3 des Arbeitsinspektionsgesetzes 1993, BGBl. Nr. 27, sowie für Betriebe, auf die das Bundesgesetz über die Verkehrs-Arbeitsinspektion, BGBl. Nr. 650/1994, anzuwenden ist, in denen Kälteanlagen mit einem Füllgewicht des Kältemittels von mehr als 1,5 kg verwendet werden, sofern andere Kältemittel als Luft oder Wasser verwendet werden."
3. § 21 der Kälteanlagenverordnung gilt mit der Maßgabe, daß die Bedienungsanweisung als Betriebsanweisung gemäß § 14 dieses Bundesgesetzes gilt.

(4) (Anm.: aufgehoben durch BGBl. I Nr. 159/2001)

(5) Brennbare Flüssigkeiten:

1. Die Verordnung über brennbare Flüssigkeiten - VbF, BGBl. Nr. 240/1991, in der Fassung BGBl. Nr. 354/1993, ausgenommen § 129 Abs. 1 und 2, bleibt bis zum Inkrafttreten einer Verordnung, die die Lagerung und Abfüllung brennbarer Flüssigkeiten regelt, nach Maßgabe der Z 2 als Bundesgesetz in Geltung.
2. § 1 Abs. 1 Z 6 VbF lautet: „in nach § 27 Abs. 1 des Arbeitnehmerschutzgesetzes bewilligungspflichtigen Betrieben und nach § 92 des Bundesgesetzes über Sicherheit und Gesundheitsschutz bei der Arbeit - ASchG, BGBl. Nr. 450/1994, bewilligungspflichtigen Arbeitsstätten; in nach § 27 Abs. 1 des Arbeitnehmerschutzgesetzes vor dem 1. Juni 1993 bewilligten Betrieben nach Maßgabe des § 127."

(6) (Anm.: aufgehoben durch BGBl. I Nr. 159/2001)

§ 123 *außer Kraft (BGBl. I Nr. 118/2012)*

Aufhebung von Vorschriften

§ 124. (1) Mit Inkrafttreten dieses Bundesgesetzes treten die nachstehenden Arbeitnehmerschutzvorschriften außer Kraft:

1. die als Bundesgesetz in Geltung stehende Verordnung über die Herstellung, Verpackung, Lagerung und Einfuhr von Thomasmehl, dRGBl. I S 17/1931, zuletzt geändert durch die Verordnung BGBl. Nr. 696/1976;
2. die als Bundesgesetz in Geltung stehende Glashüttenverordnung vom 23. Dezember 1938, dRGBl. I S 1961/1938, zuletzt geändert durch die Verordnung BGBl. Nr. 696/1976;
3. die als Bundesgesetz in Geltung stehende Verordnung über den Schutz des Lebens und der Gesundheit von Dienstnehmern in Textilbetrieben, BGBl. Nr. 194/1956, zuletzt geändert durch das Bundesgesetz BGBl. Nr. 234/1972;
4. die als Bundesgesetz in Geltung stehende Verordnung über die Verbindlicherklärung von ÖNORMEN für Schleifkörper, BGBl. Nr. 81/1969, zuletzt geändert durch die Verordnung BGBl. Nr. 506/1981.

(2) Bescheidmäßige Vorschreibungen gemäß § 45 Abs. 1 der Verordnung BGBl. Nr. 194/1956 bleiben unberührt. Diese Vorschreibungen sind von der zuständigen Behörde auf Antrag des Arbeitgebers aufzuheben, wenn die Voraussetzungen für die Vorschreibung nicht mehr vorliegen.

(3) Mit Inkrafttreten dieses Bundesgesetzes treten die nachstehenden Arbeitnehmerschutzbestimmungen außer Kraft:

1. die Verordnung BGBl. Nr. 183/1923, mit Ausnahme der §§ 14 Abs. 1, 15 Abs. 1, 16 Abs. 3 sowie 23 Abs. 2,
2. die Verordnung BGBl. Nr. 184/1923, mit Ausnahme der §§ 9 Abs. 3, 11 Abs. 1 und 2 sowie 23 Abs. 2,
3. die Verordnung BGBl. Nr. 185/1923, mit Ausnahme der §§ 13 Abs. 1 und 2, 14 Abs. 1 sowie 16 Abs. 2,
4. die Verordnung BGBl. Nr. 186/1923, mit Ausnahme des § 11 Abs. 2,
5. § 1, § 62, § 83, § 92, § 93 Abs. 1 und 2, § 104 Abs. 1 und 2, § 105 Abs. 1 sowie §§ 107 bis 115 der Allgemeinen Dienstnehmerschutzverordnung, BGBl. Nr. 265/1951,
6. § 1 Abs. 1, § 2 Abs. 2 sowie §§ 30 bis 35 der Verordnung über den Schutz des Lebens und der Gesundheit von Dienstnehmern bei der Ausführung von Sprengarbeiten, BGBl. Nr. 77/1954,
7. §§ 1 bis 3, § 4 Abs. 1 und 3, § 5 Abs. 2, §§ 6 bis 8, § 9 Abs. 1 fünfter und sechster Satz sowie Abs. 2 bis 4, §§ 10 bis 12, § 13 Abs. 4, §§ 14 und 15, § 16 Abs. 1 bis 4 und 6, § 17, §§ 19 bis 25, §§ 27 bis 29, § 32 Abs. 3, § 33 Abs. 2 bis 7, §§ 35 und 36, § 40 Abs. 5, §§ 47 bis 51 sowie §§ 60 bis 64 der Verordnung über den Schutz des Lebens und der Gesundheit von Dienstnehmern in Eisen- und Stahlhüttenbetrieben, BGBl. Nr. 122/1955,
8. § 1 Abs. 1, § 2, § 6 Abs. 6, § 63, § 64, weiters § 66, soweit er auf das Arbeitsinspektionsgesetz verweist, § 67 Abs. 1 und § 68 der Verordnung über den Schutz der Dienstnehmer und der Nachbarschaft beim Betrieb von Steinbrüchen, Lehm-, Ton-, Sand- und Kiesgruben sowie bei Haldenabtragungen, BGBl. Nr. 253/1955,
9. § 2, § 5 Abs. 2, § 25, § 26 Abs. 1 und 2, § 27 sowie § 29 Abs. 1 der Kälteanlagenverordnung, BGBl. Nr. 305/1969,
10. § 2, § 65 Abs. 3 und 4 sowie § 66 der Flüssiggas-Verordnung, BGBl. Nr. 139/1971,
11. §§ 8 bis 12 der Verordnung über Beschäftigungsverbote und -beschränkungen für weibliche Arbeitnehmer, BGBl. Nr. 696/1976,
12. § 32 der Verordnung über Ausstattung und Betriebsweise gewerblicher Betriebsanlagen zum Betrieb von Flüssiggas-Tankstellen, BGBl. Nr. 558/1978,
13. § 1, § 2, § 4, §§ 6 bis 11 sowie §§ 15 bis 21 (Anm.: in der Aufzählung fehlt § 5) der Verordnung über Einrichtungen in den Betrieben für die Durchführung des Arbeitnehmerschutzes, BGBl. Nr. 2/1984,
14. § 1 Z 7 bis 16, § 2, § 4 Abs. 3, § 16 Abs. 2, § 20 Abs. 1 bis 4 und Abs. 5 mit Ausnahme des vierten Satzes, § 29 Abs. 1, § 33 Abs. 9, § 37, § 38, § 48 Abs. 1 bis 3 und Abs. 6 bis 8, § 50, § 52 Abs. 1 und 2, § 53 Abs. 9, § 54 Abs. 1, § 55 Abs. 1 und 11, §§ 56 und 57, § 84 Abs. 2, § 85 Abs. 1, § 86 Abs. 4, § 87 Abs. 1 erster und zweiter Satz, § 89, § 90 Abs. 1 sowie §§ 91 bis 103 der Allgemeinen Arbeitnehmerschutzverordnung, BGBl. Nr. 218/1983,
15. §§ 4 bis 6 der Verordnung BGBl. Nr. 290/1989 betreffend Bolzensetzgeräte,
16. § 129 Abs. 1 und 2 der Verordnung über brennbare Flüssigkeiten, BGBl. Nr. 240/1991,
17. § 38 der Verordnung über die Lagerung von Druckgaspackungen in gewerblichen Betriebsanlagen, BGBl. Nr. 629/1992.

(4) Mit Inkrafttreten dieses Bundesgesetzes treten die nachstehenden Vorschriften als Arbeitnehmerschutzvorschrift außer Kraft:

1. die als Bundesgesetz in Geltung stehende Verordnung betreffend den Verkehr mit Zelluloid, Zelluloidwaren und Zelluloidabfällen, RGBl. Nr. 163/1908, zuletzt geändert durch das Bundesgesetz BGBl. Nr. 234/1972, soweit sie den Arbeitnehmerschutz regelt;
2. die als Bundesgesetz in Geltung stehende Verordnung, mit welcher Vorschriften für die Herstellung, Benützung und Instandhaltung von Anlagen zur Verteilung und Verwendung brennbarer Gase erlassen werden (Gasregulativ), RGBl. Nr. 176/1909 (Anm.: richtig: RGBl. Nr. 176/1906), zuletzt geändert durch das Bundesgesetz BGBl. Nr. 234/1972, soweit sie den Arbeitnehmerschutz regelt;
3. die als Bundesgesetz in Geltung stehende Verordnung, mit der das Gewerbe der Sodawassererzeugung an eine Konzession gebunden wird, RGBl. Nr. 212/1910, zuletzt geändert durch das Bundesgesetz BGBl. Nr. 234/1972, soweit sie den Arbeitnehmerschutz regelt;
4. die Reichsgaragenordnung, GBlÖ. Nr. 1447/1939, soweit sie gemäß § 33 Abs. 2 Z 7 des Arbeitnehmerschutzgesetzes, BGBl. Nr. 234/1972, als Bundesgesetz in Geltung steht und den Arbeitnehmerschutz regelt;
5. § 5, §§ 9 bis 13, §§ 15 bis 38, §§ 57 bis 61 sowie §§ 67 bis 70 der Azetylenverordnung, BGBl. Nr. 75/1951, außerdem die Regelungen über Asbesthandschuhe.

(5) Mit Inkrafttreten dieses Bundesgesetzes treten die nachstehend angeführten Vorschriften betreffend die Schädlingsbekämpfung als Arbeitnehmerschutzvorschrift außer Kraft:

1. die als Bundesgesetz in Geltung stehende Verordnung zur Ausführung der Verordnung über die Schädlingsbekämpfung mit hochgiftigen Stoffen vom 25. März 1931, deutsches RGBl. I S 83, in der Fassung der Verordnungen vom 29. November 1932, deutsches RGBl. I S 539, vom 6. Mai 1936, deutsches RGBl. I S 44, und vom 6. April 1943, deutsches RGBl. I S 179, zuletzt geändert durch das Bundesgesetz BGBl. Nr. 50/1974,
2. die als Bundesgesetz in Geltung stehende Verordnung über die Verwendung von Phosphorwasserstoff zur Schädlingsbekämpfung vom 6. April 1936, deutsches RGBl. I S 360, in der Fassung der

Verordnung vom 15. August 1936, deutsches RGBl. I S 633, zuletzt geändert durch das Bundesgesetz BGBl. Nr. 234/1972,
3. die als Bundesgesetz in Geltung stehende Verordnung über den Gebrauch von Äthylenoxyd zur Schädlingsbekämpfung vom 25. August 1938, deutsches RGBl. I S 1058, in der Fassung der Verordnung vom 2. Februar 1941, deutsches RBGl. I S 69, zuletzt geändert durch das Bundesgesetz BGBl. Nr. 234/1972,
4. die als Bundesgesetz in Geltung stehende Verordnung über den Gebrauch von Tritox (Trichloracetonitril) zur Schädlingsbekämpfung vom 2. Februar 1941, RGBl. I S 72, zuletzt geändert durch das Bundesgesetz BGBl. Nr. 234/1972.

(6) (Anm.: aufgehoben durch BGBl. I Nr. 118/2012)

(7) Das Arbeitnehmerschutzgesetz, BGBl. Nr. 234/1972, zuletzt geändert durch das Bundesgesetz BGBl. Nr. 650/1989, tritt außer Kraft, soweit sich aus den §§ 112 und 115 bis 117 nicht anderes ergibt.

Gemeinsame Bestimmungen zu den §§ 106 bis 124

§ 125. (1) Bei Anwendung der Allgemeinen Arbeitnehmerschutzverordnung gelten die Begriffsbestimmungen des § 1 Z 1 bis 6 AAV.

(2) Soweit in den gemäß §§ 106 bis 122 weitergeltenden Bestimmungen auf die „zuständige Behörde" verwiesen wird, sind darunter die in § 99 dieses Bundesgesetzes angeführten Behörden zu verstehen.

(3) Bescheide, durch die weitergehende Maßnahmen zum Schutz der Arbeitnehmer auf Grund des § 27 des Arbeitnehmerschutzgesetzes, auf Grund der gemäß § 24 des Arbeitnehmerschutzgesetzes erlassenen Verordnungen oder auf Grund der gemäß § 33 des Arbeitnehmerschutzgesetzes als Bundesgesetz weitergeltenden Verordnungen vorgeschrieben wurden, bleiben unberührt, soweit in § 112 Abs. 4 und § 124 Abs. 2 nicht anderes bestimmt wird. Für die Abänderung oder Aufhebung solcher Bescheide gilt § 94 Abs. 7 dieses Bundesgesetzes.

(4) Soweit Bescheide im Sinne des Abs. 3 Maßnahmen zum Schutz der Arbeitnehmer beinhalten, die mit den in diesem Bundesgesetz oder in Verordnungen nach diesem Bundesgesetz vorgeschriebenen Maßnahmen vollinhaltlich übereinstimmen, werden sie gegenstandslos.

(5) Abs. 3 und 4 gelten sinngemäß für Bescheide, durch die vor Inkrafttreten des Arbeitnehmerschutzgesetzes Maßnahmen zum Schutz der Arbeitnehmer vorgeschrieben wurden.

(6) Für die Vorschreibung von Maßnahmen zum Schutz der Arbeitnehmer, die über die gemäß §§ 106 bis 114 sowie §§ 119 bis 122 weitergeltenden Bestimmungen hinausgehen, gilt § 94 Abs. 3 bis 7.

(7) Tritt eine gemäß §§ 106 bis 122 weitergeltende Bestimmung durch Inkrafttreten einer Verordnung nach diesem Bundesgesetz außer Kraft, so ist dies in der betreffenden Verordnung festzustellen.

Ausnahmegenehmigungen

§ 126. (1) Bescheide, mit denen Ausnahmen von den gemäß §§ 106 bis 122 weitergeltenden Bestimmungen genehmigt wurden, bleiben unberührt, soweit in § 116 sowie in Abs. 4 nicht anderes bestimmt wird.

(2) Die zuständige Behörde kann auf begründeten Antrag Ausnahmen von den gemäß §§ 106 bis 111, 114 sowie 119 bis 122 weitergeltenden Bestimmungen zulassen, wenn
1. (Anm.: aufgehoben durch BGBl. I Nr. 159/2001)
2. nach den Umständen des Einzelfalls zu erwarten ist, daß die Sicherheit und Gesundheit der Arbeitnehmer durch die Ausnahme nicht beeinträchtigt werden, oder daß durch eine andere vom Arbeitgeber/von der Arbeitgeberin vorgesehene Maßnahme zumindest der gleiche Schutz erreicht wird wie bei Einhaltung der betreffenden Bestimmung.

(3) Die Wirksamkeit von Ausnahmen nach Abs. 1 und 2 wird durch einen Wechsel in der Person des Arbeitgebers nicht berührt, wenn sich der für die Ausnahme maßgebliche Sachverhalt nicht geändert hat. Ausnahmen sind von der zuständigen Behörde aufzuheben, wenn die Voraussetzungen für die Erteilung der Ausnahme nicht mehr vorliegen.

(4) In den in Durchführung dieses Bundesgesetzes erlassenen Verordnungen ist gegebenenfalls festzulegen, daß vor Inkrafttreten der Verordnung erlassene Bescheide, allenfalls nach einer festzulegenden Übergangsfrist, gegenstandslos werden, soweit durch sie Ausnahmen von Anforderungen genehmigt wurden, deren Anwendung unabhängig von den Umständen des Einzelfalls zur Gewährleistung der Sicherheit und Gesundheit der Arbeitnehmer erforderlich ist.

Anhängige Verwaltungsverfahren

§ 127. (1) Zum Zeitpunkt des Inkrafttretens dieses Bundesgesetzes anhängige Verwaltungsverfahren sind nach der bisherigen Rechtslage weiterzuführen. Dies gilt nicht für Verwaltungsverfahren, die
1. die Genehmigung von Ausnahmen von Bestimmungen zum Gegenstand haben, die mit Inkrafttreten dieses Bundesgesetzes außer Kraft treten,
2. die Ermächtigung eines arbeitsmedizinischen Zentrums gemäß § 22c des Arbeitnehmerschutzgesetzes zum Gegenstand haben.

(2) Abs. 1 gilt sinngemäß für die zum Zeitpunkt des Inkrafttretens einer Verordnung nach diesem Bundesgesetz anhängigen Verfahren.

(3) Zu dem in § 131 Abs. 12 genannten Zeitpunkt anhängige Ermächtigungsverfahren nach § 56 Abs. 2 sind nach der bis dahin geltenden Rechtslage weiterzuführen.

Verkehrswesen

§ 127a. Die Verordnung über die Berücksichtigung der Erfordernisse des Arbeitnehmerschutzes und über den Nachweis der Einhaltung in Genehmigungsverfahren des Verkehrswesens (Arbeitnehmerschutzverordnung Verkehr 2011 – AVO Verkehr 2011), BGBl. II Nr. 17/2012, gilt als Verordnung gemäß § 101 Abs. 4 dieses Bundesgesetzes.

10. ABSCHNITT

SCHLUSSBESTIMMUNGEN

Verweisungen

§ 128. Die in diesem Bundesgesetz enthaltenen Verweise auf andere Bundesgesetze gelten als Verweis auf die jeweils geltende Fassung, soweit in den einzelnen Verweisen nicht auf eine bestimmte Fassung verwiesen wird.

§ 129. *(entfällt gem. BGBl. I Nr. 40/2017 (Art. 20)*

Strafbestimmungen

§ 130. (1) Eine Verwaltungsübertretung, die mit Geldstrafe von 166 € bis 8 324 €, im Wiederholungsfall mit Geldstrafe von 333 € bis 16 659 € zu bestrafen ist, begeht, wer als Arbeitgeber entgegen diesem Bundesgesetz oder den dazu erlassenen Verordnungen

1. nicht dafür sorgt, daß die Arbeitnehmer bei ernster und unmittelbarer Gefahr gemäß § 3 Abs. 3 und 4 vorgehen können,
2. die Verpflichtungen nach § 3 Abs. 5 verletzt,
3. die Verpflichtung zur Bestellung einer geeigneten Person gemäß § 3 Abs. 6 verletzt,
4. die Verpflichtungen betreffend Sicherheits- und Gesundheitsschutzkennzeichnung verletzt,
5. die Verpflichtung zur Ermittlung und Beurteilung der Gefahren verletzt,
6. die durchzuführenden Schutzmaßnahmen nicht festlegt oder nicht für deren Einhaltung sorgt,
7. die Verpflichtungen betreffend die Sicherheits- und Gesundheitsschutzdokumente verletzt,
8. Arbeitnehmer entgegen § 6 Abs. 1 bis 3 zu Tätigkeiten heranzieht, zu deren Durchführung sie nicht geeignet sind,
9. die Beschäftigungsverbote und -beschränkungen für Arbeitnehmerinnen oder für behinderte Arbeitnehmer verletzt,
10. die Koordinationspflichten verletzt,
11. die Informations-, Beteiligungs- oder Anhörungspflichten gegenüber den Arbeitnehmern oder die Unterweisungspflicht verletzt,
12. die Verpflichtung zur Bestellung von Sicherheitsvertrauenspersonen in Betrieben gemäß § 10 Abs. 2 und 3, in denen regelmäßig mehr als 50 Arbeitnehmer beschäftigt werden, oder in Arbeitsstätten gemäß § 10 Abs. 4, in denen regelmäßig mehr als 50 Arbeitnehmer beschäftigt werden, oder die Pflichten gegenüber den Sicherheitsvertrauenspersonen verletzt,
13. die Verpflichtung zur Erstellung, Aufbewahrung und Übermittlung von Aufzeichnungen und Berichten über Arbeitsunfälle verletzt,
14. die Instandhaltungs-, Reinigungs- oder Prüfpflichten verletzt,
15. die Verpflichtungen betreffend die Einrichtung und den Betrieb von Arbeitsstätten oder Baustellen einschließlich der Sozial- und Sanitäreinrichtungen verletzt,
16. die Verpflichtungen betreffend die Beschaffenheit, die Aufstellung, die Benutzung, die Prüfung oder die Wartung von Arbeitsmitteln verletzt,
17. die Verpflichtungen betreffend Arbeitsstoffe verletzt,
18. die Verpflichtungen betreffend Eignungs- und Folgeuntersuchungen, wiederkehrende Untersuchungen der Hörfähigkeit sowie sonstige besondere Untersuchungen verletzt,
19. die Verpflichtungen betreffend die Vorbereitung, Gestaltung und Durchführung von Arbeitsvorgängen oder die Einrichtung, Beschaffenheit und Erhaltung von Arbeitsplätzen verletzt,
20. Arbeitnehmer mit Arbeiten gemäß § 62 Abs. 1 bis 3 beschäftigt, obwohl sie die zu deren Durchführung erforderlichen Voraussetzungen nicht erfüllen, oder selbst entgegen § 62 Abs. 6 solche Arbeiten durchführt,
21. nicht dafür sorgt, daß die Organisation und Vorbereitung von Arbeiten gemäß § 62 Abs. 4 durch Personen erfolgt, die hiefür geeignet sind und die erforderlichen Fachkenntnisse nachweisen, oder selbst die Organisation und Vorbereitung entgegen § 62 Abs. 6 durchführt,
22. Arbeitnehmer beschäftigt, ohne daß die gemäß § 62 Abs. 5 erforderliche Aufsicht gewährleistet ist,
23. die Verpflichtungen im Zusammenhang mit der Handhabung von Lasten verletzt,
24. die Verpflichtungen betreffend Lärm oder sonstigen Einwirkungen und Belastungen verletzt,
25. die Verpflichtungen betreffend Bildschirmarbeit verletzt,
26. die Verpflichtungen betreffend persönliche Schutzausrüstungen oder Arbeitskleidung verletzt,
27. die Verpflichtung zur Bestellung oder zur Beiziehung von Sicherheitsfachkräften oder von Arbeitsmedizinern verletzt, ihnen die erforderlichen Informationen und Unterlagen nicht zur Verfügung stellt, oder nicht dafür sorgt, daß sie ihre gesetzlichen Aufgaben erfüllen, sofern kein Präventionszentrum gemäß § 78 Abs. 1 Z 2 in Anspruch genommen wurde,

27a. die Verpflichtung zur Anforderung oder zur Beiziehung des von ihm in Anspruch genommenen Präventionszentrums des zuständigen Unfallversicherungsträgers verletzt,

27b. die Aufgaben nach § 84 Abs. 1 und 3 sowie § 85 Abs. 2 nicht ordnungsgemäß wahrnimmt, sofern er als Form der sicherheitstechnischen Betreuung das Unternehmermodell gewählt hat,

27c. die Verpflichtungen betreffend Präventionszeit gemäß § 82a verletzt,

27d. die Verpflichtungen betreffend die sonstigen Fachleute gemäß § 82b verletzt oder nicht dafür sorgt, dass sie in der Präventionszeit ihre gesetzlichen Aufgaben erfüllen,

28. die Verpflichtung zur Beschäftigung von Fach- und Hilfspersonal für die sicherheitstechnische oder arbeitsmedizinische Betreuung oder die Verpflichtung zur Beistellung der notwendigen Räume, Ausstattung oder Mittel verletzt,
29. die Verpflichtungen betreffend den Arbeitsschutzausschuß oder den zentralen Arbeitsschutzausschuß verletzt,
30. eine Arbeitsstätte errichtet, betreibt oder ändert, ohne daß die erforderliche Arbeitsstättenbewilligung vorliegt,
31. Meldepflichten verletzt.
32. (Anm.: aufgehoben durch BGBl. I Nr. 159/2001)

(2) Eine Verwaltungsübertretung, die mit Geldstrafe von 166 € bis 8 324 €, im Wiederholungsfall mit Geldstrafe von 333 € bis 16 659 € zu bestrafen ist, begeht, wer als Arbeitgeber Verpflichtungen, die ihm nach einem aufgrund dieses Bundesgesetzes erlassenen Bescheid oder Nerwaltungsrechtlichen Erkenntnis obliegen nicht einhält.

(3) Eine Verwaltungsübertretung, die mit Geldstrafe von 166 € bis 8 324 €, im Wiederholungsfall mit Geldstrafe von 333 € bis 16 659 € zu bestrafen ist, begeht, wer als Überlasser oder Beschäftiger die in diesem Bundesgesetz oder den dazu erlassenen Verordnungen vorgesehenen Verpflichtungen im Zusammenhang mit der Überlassung verletzt.

(4) Eine Verwaltungsübertretung, die mit Geldstrafe bis 250 €, im Wiederholungsfall mit Geldstrafe bis 413 € zu bestrafen ist, begeht, wer als Arbeitnehmer trotz Aufklärung und nachweislich schriftlicher Aufforderung durch den Arbeitgeber oder das Arbeitsinspektorat entgegen diesem Bundesgesetz oder den dazu erlassenen Verordnungen

1. entgegen der Unterweisung und den Anweisungen des Arbeitgebers Arbeitsmittel nicht ordnungsgemäß benutzt und dadurch eine Gefahr für andere Arbeitnehmer herbeiführt,
2. vom Inbetriebnahme eines Arbeitsmittels nicht prüft, ob dieses offenkundige Mängel aufweist, oder sich bei Inbetriebnahme eines Arbeitsmittels nicht vergewissert, daß er sich selbst oder andere Arbeitnehmer nicht in Gefahr bringt,
3. entgegen der Unterweisung und den Anweisungen des Arbeitgebers die zur Verfügung gestellte, diesem Bundesgesetz entsprechende, persönliche Schutzausrüstung nicht oder nicht zweckentspre-

chend verwendet oder sie nach Benutzung nicht an dem dafür vorgesehenen Platz lagert,
4. eine Schutzeinrichtung entfernt, außer Betrieb setzt, willkürlich verändert oder umstellt oder entgegen der Unterweisung und den Anweisungen des Arbeitgebers eine Schutzeinrichtung nicht ordnungsgemäß benutzt,
5. sich durch Alkohol, Arzneimittel oder Suchtgift in einen Zustand versetzt, indem er sich oder andere Personen in Gefahr bringt,
6. die Meldepflicht betreffend Arbeitsunfälle, ernste und unmittelbare Gefahren oder Defekte verletzt.

(5) Eine Verwaltungsübertretung, die mit Geldstrafe von 166 € bis 8 324 €, im Wiederholungsfall mit Geldstrafe von 333 € bis 16 659 € zu bestrafen ist, begeht, wer als Arbeitgeber/in
1. den nach dem 9. Abschnitt weitergeltenden Bestimmungen zuwiderhandelt, oder
2. die nach dem 9. Abschnitt weitergeltenden bescheidmäßigen Vorschreibungen nicht einhält.

(6) Eine Verwaltungsübertretung, die mit Geldstrafe von 166 € bis 8 324 €, im Wiederholungsfall mit Geldstrafe von 333 € bis 16 659 € zu bestrafen ist, begeht, wer
1. ein sicherheitstechnisches Zentrum betreibt, ohne die Voraussetzungen nach § 75 Abs. 1 zu erfüllen,
2. ein arbeitsmedizinisches Zentrum betreibt, ohne die Voraussetzungen nach § 80 Abs. 1 zu erfüllen,
3. die Meldepflichten nach § 75 Abs. 2 oder § 80 Abs. 2 oder die Auskunftspflicht nach § 84 Abs. 4 verletzt.

(7) Wurden Verwaltungsübertretungen nach Abs. 1, 2, 3, 5 und 6 nicht im Inland begangen, gelten sie als an jenem Ort begangen, an dem sie festgestellt wurden.

Inkrafttreten

§ 131. (1) Dieses Bundesgesetz tritt mit 1. Jänner 1995 in Kraft, soweit im 9. Abschnitt nicht anderes bestimmt ist.

(2) Verordnungen auf Grund dieses Bundesgesetzes können bereits vor dem in Abs. 1 genannten Zeitpunkt erlassen werden, sie treten aber frühestens mit diesem Zeitpunkt in Kraft.

(3) § 8 Abs. 2 Z 1, § 10 Abs. 1, § 25 Abs. 4, § 28 Abs. 2, § 32 Abs. 2, § 47 Abs. 4, § 57 Abs. 3 bis 8, § 58 Abs. 7, § 61 Abs. 6, § 63 Abs. 3, § 67 Abs. 6, § 68 Abs. 7, § 77 Abs. 2 und Abs. 6 Z 4a, § 79 Abs. 2, § 82 Abs. 2 und Abs. 6 Z 4a, § 84 Abs. 4 Z 2 und 3, § 92 Abs. 7, § 93 Abs. 2 und 5, § 94 Abs. 7, § 99 Abs. 3 Z 3a und Abs. 4, § 101 Abs. 1, § 102 Abs. 2 und 3, § 103 Abs. 3, § 106 Abs. 3 Z 1, Abs. 4 Z 2 und Abs. 6, § 109 Abs. 7, § 110 Abs. 1a, 1b und 5, § 112 Abs. 1a, § 113 Abs. 3 und 4a, § 115 Abs. 2 Z 1 und Abs. 4, § 116 Abs. 5, § 117 Abs. 2 erster Satz, § 118 Abs. 1, § 122 Abs. 3 Z 1 und 2, § 124 Abs. 3 Z 1, 5 und 14, § 130 Abs. 6, sowie § 132 Abs. 3 Z 3 und 6, jeweils in der Fassung BGBl. I Nr. 9/1997, treten mit 1. Jänner 1997 in Kraft.

(4) § 2 Abs. 1 und 3, § 63 Abs. 1, § 73 Abs. 5, § 75, § 77 Abs. 1, 2 und 5, § 77a, § 78, § 78a, § 78b, § 79 Abs. 1 Z 3, § 80, § 82 Abs. 1, 2 und 5, § 83 Abs. 3 und 9, § 89 Abs. 2, § 90, § 91 Abs. 1, § 116 Abs. 3 und 6, § 130 Abs. 1 Z 27, 27a und 27b, § 130 Abs. 6 Z 1, 2 und 3, jeweils in der Fassung BGBl. I Nr. 12/1999, treten mit 1. Jänner 1999 in Kraft.

(5) § 1 Abs. 2 Z 2 in der Fassung des Bundesgesetzes BGBl. I Nr. 70/1999 tritt mit 1. Juni 1999 in Kraft.

(6) § 130 in der Fassung des Bundesgesetzes BGBl. I Nr. 136/2001 tritt mit 1. Jänner 2002 in Kraft.

(7) Es treten
1. mit Ablauf des 31. Dezember 2001außer Kraft: §§ 10 Abs. 2 Z 2, 40 Abs. 6 Z 1, 2 und 5, 58 Abs. 3, 83 Abs. 3, 90 Abs. 1 Z 4 und 5 sowie Abs. 2, 3 und 4, 95 Abs. 3 Z 1, 115 Abs. 2 und 4, 116 Abs. 3 und 4, 126 Abs. 2 Z 1, 130 Abs. 1 Z 32 in der Fassung BGBl. I Nr. 70/1999;
2. mit 1. Jänner 2002 in Kraft: das Inhaltsverzeichnis zum 7. Abschnitt, §§ 2 Abs. 8, 4 Abs. 2, 8 Abs. 2 Z 3 und 4 und Abs. 5, 10 Abs. 2 Z 3, 14 Abs. 2 und 3, 15 Abs. 3, 31 Abs. 1, 35 Abs. 1 Z 3, 4 und 5, Abs. 2, Abs. 4 Z 2 und 3 und Abs. 5, 37 Abs. 5, 40 Abs. 3 Z 1 und 2, Abs. 4 und 5, 41 Abs. 4 Z 1 und 2, 53 Abs. 9, 62 Abs. 5 und 6, 68 Abs. 6, 73 Abs. 1, 77, 77a Abs. 2, 78 Abs. 3, 78a Abs. 2, 7 und 8, 79 Abs. 2 und 3, 81 Abs. 3 Z 1, 82, 82a, 82b, 83 Abs. 4, 84 Abs. 1 bis 3 und Abs. 4 Z 3, 88, 88a, 93 Abs. 1 Z 5 und 9 und Abs. 3, 94 Abs. 1 Z 4, 8 und 9, 95 Abs. 3, 6 und 7, 98, 99 Abs. 3 Z 2 und 6, 101 Abs. 1 Z 3 und 4, 113 Abs. 2 Z 1 und 2 und Abs. 5, 115 Abs. 3, 116 Abs. 5, 119 Abs. 1, 125 Abs. 7, 126 Abs. 2, 129 sowie 130 Abs. 1 Z 27, 27c, 27d und 31, Abs. 4 erster Satz und Abs. 4 Z 4 und Abs. 7 in der Fassung BGBl. I Nr. 159/2001.

(8) § 97 Abs. 1 letzter Satz und Abs. 8 in der Fassung des Bundesgesetzes BGBl. I Nr. 51/2011 tritt mit dem Zeitpunkt in Kraft, den der Bundesminister für Arbeit, Soziales und Konsumentenschutz durch Verordnung als jenen feststellt, ab dem die zur Verfügung stehenden technischen Mittel zur Erfassung der in § 97 Abs. 1, 6 und 7 vorgesehenen Meldungen geeignet sind. Er darf diesen Zeitpunkt frühestens mit 1. Jänner 2012 festsetzen.

(9) § 2 Abs. 3, § 32 Abs. 2, § 39 Abs. 3, § 63 Abs. 1, § 72 Abs. 2, § 78a Abs. 6, 7 und 8, § 89 Abs. 1, § 96a samt Überschrift, § 99 Abs. 2, § 101 Abs. 4, § 113 Abs. 6, § 127a samt Überschrift und § 132 in der Fassung des 2. Stabilitätsgesetzes 2012, BGBl. I Nr. 35/2012, treten mit 1. Juli 2012 in Kraft. Gleichzeitig treten § 89 Abs. 3, § 91 Abs. 2 Z 1 sowie § 99 Abs. 1 und Abs. 3 Z 6 außer Kraft. Verordnungen auf Grund dieses Bundesgesetzes in der Fassung des 2. Stabilitätsgesetzes 2012, BGBl. I Nr. 35/2012, können bereits vor diesem Zeitpunkt erlassen werden, treten jedoch frühestens mit diesem Zeitpunkt in Kraft.

(10) § 63 Abs. 3 erster Satz in der Fassung des Bundesgesetzes BGBl. I Nr. 50/2012 tritt mit 1. September 2012 in Kraft.

(11) § 9 Abs. 3, 4 und 5 in der Fassung des BGBl. I Nr. 98/2012 tritt mit 1. Jänner 2013 in Kraft.

(12) Es treten
1. mit Ablauf des 31. Dezember 2012 außer Kraft: § 56 Abs. 5 Z 2, § 62 Abs. 6, § 99 Abs. 3 Z 3a, § 113 Abs. 2, 3 und 5, § 114 Abs. 2 und Abs. 4 Z 5, § 118 Abs. 3 Z 1 und 3, § 119 Abs. 4, § 120, § 122 Abs. 2, § 123, § 124 Abs. 6;
2. mit 1. Jänner 2013 in Kraft: das Inhaltsverzeichnis, § 2 Abs. 1, 6, 7, 7a und 9, § 3 Abs. 1, die Überschrift zu § 4, § 4 Abs. 1, 5 und 6, § 6 Abs. 3, § 7 Z 4a und Z 7, § 10 Abs. 1 und 6, § 15 Abs. 1, § 20 Abs. 7, § 23 Abs. 5, § 40 Abs. 7, § 41 Abs. 4 Z 1, § 52 Z 5, § 56 Abs. 2, Abs. 5 Z 2 und Abs. 5a, § 56 Abs. 7, § 57 Abs. 6, § 60 Abs. 2 und 4, § 62 Abs. 6 und 7, § 67 Abs. 5 Z 4, § 69 Abs. 7, § 72 Abs. 1 Z 1, § 75 Abs. 1 Z 1 und Abs. 4, § 78a Abs. 6 Z 2 und Abs. 7 Z 2, § 79 Abs. 2, § 80 Abs. 1 Z 1 und Abs. 4, § 82a Abs. 3, § 84 Abs. 1 und 3, die Überschrift zu § 86, § 86 Abs. 1 und 3, § 88 Abs. 3 Z 3, § 91 Abs. 3, die Überschrift zu § 93, § 93 Abs. 1, 2 und 6, § 94 Abs. 1 Z 9, 10 und 11, Abs. 5a, 5b und 6, § 99 Abs. 3 Z 3, § 99 Abs. 3 Z 5, § 105, § 106 Abs. 3, § 107 Abs. 1, § 108 Abs. 2, § 109 Abs. 2, § 110 Abs. 8, § 112 Abs. 3, § 113 Abs. 4, § 114 Abs. 4 Z 1, 4, 6, 7 und 8, § 117 Abs. 4, § 118 Abs. 3 Z 4 und Abs. 4 Z 2, § 119 Abs. 1 und 3, § 122 Abs. 1, § 124 Abs. 3 Z 14 und Abs. 4, § 127 Abs. 3, § 130 Abs. 1 bis 6 und § 132, jeweils in der Fassung des Bundesgesetzes BGBl. I Nr. 118/2012.

(13) § 9 Abs. 5, § 53 Abs. 8, § 58 Abs. 5, § 96 Abs. 3 und 4, § 99, § 119 Abs. 1, § 125 Abs. 2 und § 130 Abs. 2 in der Fassung des BGBl. I Nr. 71/2013 treten mit 1. Jänner

2014 in Kraft. § 99 Abs. 2 und 4 treten mit Ablauf des 31. Dezember 2013 außer Kraft.

(14) § 10 Abs. 10, § 32 Abs. 1 Z 2 und § 88 Abs. 5 in der Fassung BGBl. I Nr. 94/2014 treten mit 1. Jänner 2015 in Kraft. § 25 Abs. 5 und § 107 Abs. 3 treten mit Ablauf des 31. Dezember 2014 außer Kraft.

(15) Das Inhaltsverzeichnis, § 40 Abs. 1 bis 5 und Abs. 7 und 8, § 41 Abs. 2, in § 41 Abs. 4 der Einleitungssatz und die Z 1, § 42 Abs. 1 und 5, § 43 Abs. 1, § 44 Abs. 2, 3 und 4, § 47 Abs. 1, § 60 Abs. 5, § 108 Abs. 2, § 110 Abs. 6, 8 und 9, § 125 samt Überschrift und § 126 Abs. 1 und 2, jeweils in der Fassung des BGBl. I Nr. 60/2015 treten am 1. Juni 2015 in Kraft. § 40 Abs. 6, § 41 Abs. 3, § 69 Abs. 7, § 105 samt Überschrift, § 106 Abs. 2, § 107 Abs. 2, § 108 Abs. 1, § 109 Abs. 1 und 6, § 110 Abs. 2 und 4, § 112 Abs. 1 zweiter Satz, § 114 Abs. 1 und Abs. 4 Z 7, § 116 Abs. 1 und 2, § 118 Abs. 2 treten mit Ablauf des 31. Mai 2015 außer Kraft. § 40 Abs. 2a, 3a und 4a treten mit Ablauf des 31. Mai 2027 außer Kraft.

(16) § 97 Abs. 8 in der Fassung BGBl. I Nr. 72/2016 tritt mit 1. April 2017 in Kraft.

(17) Das Inhaltsverzeichnig und § 125 in der Fassung des Deregulierungsgesetzes 2017, BGBl. I Nr. 40/2017, treten mit 1. Juli 2017 in Kraft. § 129 samt Überschrift tritt mit Ablauf des 30. Juni 2017 außer Kraft.

(18) Das Inhaltsverzeichnis zu § 52a und § 56 sowie § 16 Abs. 1, § 52a samt Überschrift, § 56 samt Überschrift, § 77 Z 4a, § 77a Abs. 2, § 78a Abs. 1, § 82 Z 4a, § 99 Z 2, § 112 Abs. 3 und § 130 Abs. 1 Z 13, 20 und 21 in der Fassung BGBl. I Nr. 126/2017 treten am 1. August 2017 in Kraft. Zum gleichen Zeitpunkt tritt § 62 Abs. 7 außer Kraft. Das Inhaltsverzeichnis zu § 30 und § 30 samt Überschrift in der Fassung BGBl. I Nr. 126/2017 treten am 1. Mai 2018 in Kraft.

(19) Die § 57 Abs. 4, 78a Abs. 1, 89 Abs. 1 und 91 Abs. 3 in der Fassung des Bundesgesetzes BGBl. I Nr. 100/2018 treten mit 1. Jänner 2020 in Kraft.

(20) Das Inhaltsverzeichnis zu § 82c, § 96a und § 127a, § 11 Abs. 5, § 77a Abs. 3a, § 78 Abs. 2a (Anm.: offensichtlich gemeint § 78a Abs. 2a) und § 82c samt Überschrift in der Fassung des Bundesgesetzes BGBl. I Nr. 115/2022 treten mit 1. Juli 2022 in Kraft.

(21) Das Inhaltsverzeichnis zu § 101a und § 101a samt Überschrift in der Fassung des Bundesgesetzes BGBl. I Nr. 56/2024 treten mit 1. Jänner 2024 in Kraft.

Vollziehung

§ 132. Mit der Vollziehung dieses Bundesgesetzes ist betraut:

1. hinsichtlich des § 63 Abs. 3, soweit er sich auf die Bescheinigung über die Verlässlichkeit bezieht, und des § 63 Abs. 5 der Bundesminister für Inneres,
2. im Übrigen der Bundesminister für Arbeit, Soziales und Konsumentenschutz.

Allgemeine Arbeitnehmerschutzverordnung (AAV)

Verordnung des Bundesministers für soziale Verwaltung vom 11. März 1983 über allgemeine Vorschriften zum Schutz des Lebens, der Gesundheit und der Sittlichkeit der Arbeitnehmer (Allgemeine Arbeitnehmerschutzverordnung – AAV). BGBl. Nr. 218/1983, idF. der Kundmachung BGBl. Nr. 486/1983 und idF. BGBl. Nr. 91/1984, BGBl. Nr. 43/1986, BGBl. Nr. 593/1987, BGBl. Nr. 220/1993, BGBl. Nr. 341/1994, BGBl. Nr. 369/1994, BGBl. Nr. 450/1994, BGBl. Nr. 706/1995, BGBl. I Nr. 9/1997, BGBl. II Nr. 237/1998, BGBl. II Nr. 368/1998, BGBl. I Nr. 70/1999, BGBl. II Nr. 415/1999, BGBl. II Nr. 164/2000, BGBl. I Nr. 159/2001, BGBl. II Nr. 253/2001, BGBl. II Nr. 352/2002, BGBl. II Nr. 392/2002, BGBl. II Nr. 393/2002, BGBl. II Nr. 309/2004, BGBl. II Nr. 156/2005, BGBl. II Nr. 22/2006 (Art. I), BGBl. II Nr. 90/2006, BGBl. II Nr. 242/2006 (Art. I), BGBl. II Nr. 77/2007, BGBl. II Nr. 221/2010 (Art. I), BGBl. II Nr. 291/2011, BGBl. II Nr. 77/2014 (Art. I).

I. HAUPTSTÜCK

BEGRIFFE

§ 1. Im Sinne dieser Verordnung sind

1. „Arbeitsräume“
   Räume von Betrieben, in denen nach ihrer Zweckbestimmung Arbeiten ausgeführt werden und in denen mindestens ein ständiger Arbeitsplatz eingerichtet ist; Führer- und Bedienungsstände von Betriebseinrichtungen und Betriebsmitteln sowie vorwiegend als Schutz gegen Witterungseinflüsse errichtete Räume, wie Verkaufsstände oder Kassenschalter, gelten nicht als Arbeitsräume,
2. „Ständige Arbeitsplätze“
   a) Bereiche, in denen Arbeitnehmer entweder an 30 oder mehr Tagen im Jahr beschäftigt sind oder
   b) Bereiche, in denen Arbeitnehmer an weniger als 30 Tagen im Jahr, aber in der Regel länger als vier Stunden täglich beschäftigt sind;
   Bereiche, in denen Arbeitnehmer mit Bauarbeiten sowie fallweise mit Instandsetzungs-, Instandhaltungs- oder Montagearbeiten beschäftigt sind, gelten nicht als ständige Arbeitsplätze,
3. „Sonstige Betriebsräume“
   Räume von Betrieben, die keine Arbeitsräume sind, in denen jedoch vorübergehend Arbeiten ausgeführt werden; Führer- und Bedienungsstände von Betriebseinrichtungen und Betriebsmitteln sowie vorwiegend als Schutz gegen Witterungseinflüsse errichtete Räume, wie Verkaufsstände oder Kassenschalter, gelten nicht als Betriebsräume,
4. „Betriebsräume“
   Räume von Betrieben nach den Z 1 und 3,
5. „Arbeitsstellen“
   alle Stellen in Räumen, die keine Betriebsräume sind, und alle Stellen im Freien, an denen Arbeiten ausgeführt werden; hiezu gehören beispielsweise außerhalb des Standortes des Betriebes gelegene Arbeitsbereiche in einer Wohnung, Montage- und Baustellen auf dem Betriebsgelände oder außerhalb desselben im Freien, Führer- und Bedienungsstände von Betriebseinrichtungen und Betriebsmitteln sowie vorwiegend als Schutz gegen Witterungseinflüsse errichtete Räume, wie Verkaufsstände oder Kassenschalter,
6. „Stockwerke“
   Geschosse eines Gebäudes, die über dem Erdgeschoß liegen.

7. bis 16. *außer Kraft (BGBl. Nr. 450/1994)*

§ 2. *außer Kraft (BGBl. Nr. 450/1994), BGBl. II Nr. 368/1998, BGBl. Nr. 220/1993)*

§ 3. und **4.** *außer Kraft (BGBl. II Nr. 368/1998)*

§ 5. *außer Kraft (BGBl. Nr. 220/1993)*

II. HAUPTSTÜCK

ALLGEMEINE ANFORDERUNGEN UND MASSNAHMEN ZUM SCHUTZ DER ARBEITNEHMER

I. ABSCHNITT

ARBEITSRÄUME, SONSTIGE BETRIEBSRÄUME, ARBEITSSTELLEN

Fußböden in Betriebsräumen

§ 6. (1) bis (3) *außer Kraft (BGBl. II Nr.309/2004)*

(4) In Betriebsräumen, in denen größere Mengen giftiger, ätzender, leicht entzündlicher, entzündlicher oder schwer entzündlicher Flüssigkeiten erzeugt, verwendet oder gelagert werden, muß der Fußboden flüssigkeitsundurchlässig und gegen die Einwirkung solcher Flüssigkeiten widerstandsfähig sein. Durch Maßnahmen, wie Gefälle des Fußbodens zu Sammelgruben oder entsprechend hohe, flüssigkeitsundurchlässige Wandumfassungen und Türschwellen, muß verhindert sein, daß solche Flüssigkeiten in andere Räume oder ins Freie fließen können.

(5) *außer Kraft (BGBl. II Nr. 309/2004)*

(6) bis (8) *außer Kraft (BGBl. II Nr. 368/1998)*

Wände und Decken in Betriebsräumen

§ 7. (1) bis (3) *außer Kraft (BGBl. II Nr. 368/1998)*

(4) Wände und Decken von brandgefährlichen Räumen müssen zumindest brandhemmend sein.

(5) *außer Kraft (BGBl. II Nr. 368/1998)*

§ 8 bis 13 *außer Kraft (BGBl. II Nr. 368/1998)*

Beheizung von Arbeitsräumen und von brand- oder explosionsgefährdeten Räumen

§ 14. (1) *außer Kraft (BGBl. II Nr. 368/1998)*

(2) Brandgefährdete Räume dürfen nur mit geeigneten, entsprechend gesicherten Heizeinrichtungen beheizt werden, die so gestaltet sein müssen, daß Gegenstände auf ihnen nicht abgestellt werden können und sich Staub in gefahrdrohender Menge auf ihnen nicht absetzen kann.

(3) *außer Kraft (BGBl. II Nr. 309/2004)*

§ 15. *außer Kraft (BGBl. II Nr. 368/1998)*

Schutzmaßnahmen gegen Gase, Dämpfe, Schwebstoffe und sonstige Beeinträchtigungen in Betriebsräumen

§ 16. (1) Betriebseinrichtungen, Arbeitsvorgänge und Arbeitsverfahren, mit denen eine erhebliche Beeinträchtigung der Arbeitnehmer durch Gase, Dämpfe, Schwebstoffe, Wärme, üblen Geruch oder ähnliche Einwirkungen verbunden ist, sind nach Möglichkeit in eigenen Räumen unterzubringen oder durchzuführen; anderenfalls müssen solche Betriebseinrichtungen, Arbeitsvorgänge und Arbeitsverfahren von den übrigen Arbeitsplätzen soweit als möglich getrennt sein oder die Arbeiten sind so auszuführen, daß die nicht unmittelbar mit solchen Arbeiten Beschäftigten Einwirkungen der angeführten Art nicht ausgesetzt sind. Sofern durch diese Einwirkungen die Gesundheit von Arbeitnehmern gefährdet werden kann, die wohl im selben Raum, jedoch nicht an Betriebseinrichtungen oder bei Arbeitsvorgängen und Arbeitsverfahren im Sinne des ersten Satzes beschäftigt sind, hat die Behörde die Beistellung eigener Räume oder andere Schutzmaßnahmen, wie Durchführung der Arbeitsvorgänge in geschlossenen Apparaten, vorzuschreiben.

(2) *außer Kraft (BGBl. Nr. 450/1994)*

(3) *außer Kraft (BGBl. II Nr.309/2004 und BGBl. II Nr. 253/2001)*

(4) Abgesaugte Gase, Dämpfe oder Schwebstoffe sind so abzuleiten, abzuscheiden oder zu sammeln, daß Arbeitnehmer nicht gefährdet und die Luftverhältnisse im Betrieb nicht beeinträchtigt sind. Absaugung und Raumlüftung dürfen einander nicht ungünstig beeinflussen.

(5) Den Betriebsräumen ist die der abgesaugten Luftmenge entsprechende Frischluftmenge, wenn notwendig vorgewärmt, unter Vermeidung schädlicher Zugluft zuzuführen.

(6) Wenn Störungen oder Gebrechen an Absaugeanlagen auftreten können, die nicht ohne weiteres erkennbar sind und die zu einer akuten Gefährdung der Arbeitnehmer führen können, hat die Behörde vorzuschreiben, daß diese Störungen und Gebrechen den betroffenen Arbeitnehmern durch eine selbsttätig wirkende Warneinrichtung rechtzeitig anzuzeigen sind.

(7) Absaugeanlagen einschließlich der Rohrleitungen sind nach Bedarf zu reinigen. Abscheideanlagen sind nach Bedarf zu entleeren und Filter rechtzeitig zu regenerieren oder auszutauschen.

(8) *außer Kraft (BGBl. II Nr. 309/2004 und BGBl. II Nr. 242/2006)*

(9) Abgase von Betriebseinrichtungen sind so ins Freie abzuleiten, daß Arbeitnehmer nicht gefährdet sind; Abgase von Gasverbrauchseinrichtungen müssen dann nicht abgeleitet werden, wenn der Austritt der Abgase in den Raum auf Grund von anderen Rechtsvorschriften oder anerkannten Regeln der Technik zulässig ist. Heizeinrichtungen im Sinne des § 14 für feste oder flüssige Brennstoffe dürfen ohne Anschluß an eine Abgasanlage in geschlossenen Betriebsräumen nicht betrieben werden. Abgase offener Feuerstellen sind durch möglichst tief herabreichende Schwadenfänger zu erfassen und gefahrlos ins Freie abzuleiten.

(10) Durch Verbrennungsmotoren angetriebene Betriebsmittel, wie Flurförderzeuge, dürfen in geschlossenen Betriebsräumen nur dann betrieben werden, wenn Abgasbestandteile, wie Kohlenoxide, Stickoxide, Ruß oder Ölnebel, in einer Konzentration im Sinne des Abs. 2 in der Raumluft nicht auftreten. Bei Prüf- und Wartungsarbeiten an Verbrennungsmotoren in geschlossenen Betriebsräumen sind entstehende Abgase zu erfassen und gefahrlos ins Freie abzuleiten.

(11) In Arbeitsräumen, in denen sich durch Arbeitsvorgänge oder Arbeitsverfahren größere Dampfmengen entwickeln, müssen geeignete Vorkehrungen getroffen sein, durch die eine die Sicherheit der Arbeitnehmer gefährdende oder die Gesundheit nachteilig beeinflussende Dampfbildung verhindert ist.

§ 17. *außer Kraft (BGBl. II Nr. 22/2006)*

Schutzmaßnahmen gegen Absturz in Betriebsräumen

§ 18. (1) bis (5) *außer Kraft (BGBl. II Nr. 368/1998)*

(6) Dachflächen und Oberlichten aus sprödem Material, wie Glas oder Wellasbestzement, bei denen beim Durchbrechen Absturzgefahr besteht, dürfen nur auf Laufstegen oder Laufbrettern begangen werden.

§ 19. *außer Kraft (BGBl. II Nr. 368/1998)*

Arbeitsstellen

§ 20. (1) bis (4) *außer Kraft (BGBl. Nr. 450/1994)*

(5) Bei den Verkaufsständen muß für jeden Arbeitnehmer eine freie Bodenfläche von mindestens 1,50 m^2 vorhanden sein; Sitze zum Ausruhen sind zur Verfügung zu stellen.

II. ABSCHNITT

AUSGÄNGE, VERKEHRSWEGE

§ 21. *außer Kraft (BGBl. Nr. II 368/1998)*

Türen, Tore

§ 22. (1) bis (4) *außer Kraft (BGBl. II Nr. 368/1998)*

(5) Flügeltüren und -tore von brandgefährdeten Räumen müssen zumindest brandhemmend, in der Fluchtrichtung aufgehend und selbstschließend sein.

(6) und (7) *außer Kraft (BGBl. II Nr. 368/1998)*

(8) bis (10) *außer Kraft (BGBl. II Nr. 164/2000)*

§ 23. bis **25.** *außer Kraft (BGBl. II Nr. 368/1998)*

Stiegen, Gänge

§ 26. (1) bis (9) *außer Kraft (BGBl. II Nr. 368/1998)*

(10) Räume, aus denen Gase oder Dämpfe giftiger oder ätzender Arbeitsstoffe in gefahrdrohender Menge austreten können, dürfen mit Stiegenhäusern nur durch Schleusen, die dem Abs. 4 entsprechen müssen, in Verbindung stehen. Die Behörde hat solche Schleusen vorzuschreiben, wenn im Falle eines Brandes mit einer erfahrungsgemäß starken Rauchentwicklung zu rechnen ist, durch die Stiegenhäuser als Fluchtweg unbenützbar werden können.

(11) bis (15) *außer Kraft (BGBl. II Nr. 368/1998)*

§ 27. und **28.** *außer Kraft (BGBl. II Nr. 368/1998 und BGBl. II Nr. 164/2000)*

III. ABSCHNITT

BETRIEBSEINRICHTUNGEN, SONSTIGE MECHANISCHE EINRICHTUNGEN, BETRIEBSMITTEL

§ 29. (1) *außer Kraft (BGBl. Nr. 450/1994)*

(2) bis (8) *außer Kraft (BGBl. II Nr. 164/2000)*

§ 30. bis **40.** *außer Kraft (BGBl. Nr. 450/1994 und BGBl. II Nr. 164/2000)*

Behälter

§ 41. (1) bis (7) *außer Kraft (BGBl. II Nr. 164/2000)*

(8) Offene Behälter, wie Sammelbecken, Pfannen, Wannen, Kessel oder Bottiche, die eine Tiefe von mehr als 1 m haben oder zur Aufnahme von giftigen, ätzenden oder heißen Arbeitsstoffen bestimmt sind, müssen, sofern ihr Rand begehbar ist oder weniger als 1 m über dem Fuß- oder Erdboden oder dem Standplatz der an den Behältern Arbeitenden liegt, tragfähig zugedeckt oder dem § 18 Abs. 2 entsprechend umwehrt sein. Sofern in Ausnahmefällen während des Arbeitsvorganges eine solche Maßnahme nicht möglich ist, müssen andere Schutzmaßnahmen getroffen sein. Wenn sich die an offenen Behältern Arbeitenden bei Ausübung ihrer Tätigkeit über den Behälterrand beugen müssen, sind Schutzmaßnahmen gegen Hineinfallen, wie Anseilen oder Anbringen von Anhaltebügeln, zu treffen, auch wenn der Behälterrand mehr als 1 m über dem Fuß- oder Erdboden oder dem Standort der an den Behältern Arbeitenden liegt.

(9) und (10) *außer Kraft (BGBl. II Nr. 164/2000)*

§ 42. bis **47.** *außer Kraft (BGBl. II Nr. 164/2000)*

IV. ABSCHNITT

ARBEITSVORGÄNGE, ARBEITSVERFAHREN, ARBEITSPLÄTZE

Allgemeines

§ 48. (1) bis (3) *außer Kraft (BGBl. Nr. 450/1994)*

(4) Arbeitsvorgänge und Arbeitsverfahren müssen so gestaltet sein, daß Arbeiten nach Möglichkeit auch im Sitzen durchgeführt werden können. Die ständige Durchführung von Arbeiten in Zwangshaltung, insbesondere mit nicht gestützten oder über den Kopf gestreckten Armen sowie in stark gebückter oder kniender Stellung, muß möglichst vermieden sein. Um die Durchführung von Arbeiten in nicht körpergerechter Stellung zu vermeiden, sind erforderlichenfalls entsprechende Betriebseinrichtungen und Betriebsmittel, wie Hebe- oder Absenkvorrichtungen, zur Verfügung zu stellen.

(5) Sofern Arbeitsvorgänge oder Arbeitsverfahren spürbare elektrostatische Aufladungen verursachen können, sind diese im Rahmen der betrieblichen Möglichkeiten durch geeignete Schutzmaßnahmen, wie Erdung, leitfähige Fußböden oder Erhöhung der Luftfeuchtigkeit, abzuleiten oder es müssen Vorkehrungen getroffen sein, die das Entstehen solcher Aufladungen verhindern.

(6) bis (8) *außer Kraft (BGBl. Nr. 450/1994)*

Sitze, Tische, Werkbänke

§ 49. (1) Für Arbeiten, die ständig oder zeitweise sitzend verrichtet werden können, sind den Arbeitnehmern am Arbeitsplatz Arbeitssitze zur Verfügung zu stellen. Sofern aus betrieblichen Gründen Arbeitssitze unmittelbar am Arbeitsplatz nicht aufgestellt oder verwendet werden können, obwohl die Arbeitsvorgänge und Arbeitsverfahren ein zeitweises Sitzen zulassen, müssen in der Nähe der Arbeitsplätze Sitze bereitgestellt sein.

(2) Arbeitssitze müssen den menschlichen Körpermaßen angepaßt sein; Arbeitssitze müssen eine solche Form und Höhe aufweisen, daß sie eine ungezwungene Körperhaltung zulassen und die Beine vom Körpergewicht entlasten. Beim Sitzen müssen die Füße auf den Fußboden oder auf eine Fußstütze aufgestellt werden können. Die Sitzfläche muß genügend groß sein und aus glattem Material bestehen; Bezüge müssen luftdurchlässig sein. Die Tiefe der Sitzfläche hat etwa 0,35 m bis 0,45 m zu betragen. Die Vorderkante der Sitzfläche muß abgerundet oder gepolstert sein, ohne daß dadurch die Tiefe der Sitzfläche verringert wird. Arbeitssitze müssen eine Rückenlehne haben, die so geformt ist, daß sie die Lendenwirbelsäule stützt; erforderlichenfalls müssen auch Fuß- und Armstützen vorhanden sein. Sitzfläche und Rückenlehne müssen nötigenfalls verstellbar sein.

(3) Sofern für Arbeiten besondere Arten von Arbeitssitzen, wie Hochstühle mit Fußstützen, Hocker oder Stehsitze, erforderlich sind, dürfen diese anstelle von Arbeitssitzen nach Abs. 2 am Arbeitsplatz verwendet werden.

(4) Zum zeitweisen Sitzen während der Arbeit oder in den Arbeitspausen sind zumindest Stühle oder Bänke mit Rückenlehnen, sofern nicht eine andere Möglichkeit zum Anlehnen besteht, zur Verfügung zu stellen; Abs. 2 dritter und vierter Satz ist anzuwenden.

(5) Nicht fest mit dem Fußboden verbundene Sitze müssen bei ordnungsgemäßem Gebrauch kippsicher, Sitze mit Rollen überdies gegen unbeabsichtigtes Wegrollen gesichert sein.

(6) Arbeitssitze müssen so aufgestellt oder angeordnet sein, daß den Arbeitsvorgängen und Arbeitsverfahren entsprechend Betriebseinrichtungen und Betriebsmittel leicht zu bedienen sind und mit Arbeitsstoffen leicht umgegangen werden kann sowie die Arbeitsplätze im Gefahrenfall möglichst unbehindert verlassen werden können.

(7) Arbeitstische und Werkbänke müssen eine nach Art der durchzuführenden Arbeit entsprechende Höhe, Form und Oberfläche aufweisen und nötigenfalls verstellbar sein; bei Arbeiten mit giftigen, ätzenden oder leicht zersetzlichen Arbeitsstoffen muß die Oberfläche glatt, dicht und leicht zu reinigen sein.

§ 50. *außer Kraft (BGBl. Nr. 450/1994)*

§ 51. *außer Kraft (BGBl. II Nr. 22/2006)*

Arbeiten mit gesundheitsgefährdenden Arbeitsstoffen

§ 52. (1) und (2) *außer Kraft (BGBl. Nr. 450/1994)*

(3) *außer Kraft (BGBl. II Nr. 242/2006)*

(4) Gesundheitsgefährdende Arbeitsstoffe dürfen an Arbeitsplätzen nur in der für den Fortgang der Arbeiten erforderlichen Menge, höchstens jedoch jener eines Tagesbedarfes, vorhanden sein. Verschüttete Arbeitsstoffe sind unverzüglich unter Beachtung der nötigen Vorsichtsmaßnahmen zu beseitigen. Abfälle und Rückstände sind gefahrlos zu entfernen.

(5) Bei Arbeiten mit gesundheitsgefährdenden Arbeitsstoffen ist das Essen, Trinken und Rauchen, die Einnahme von Medikamenten und die Verwendung von kosmetischen Mitteln verboten. In Arbeitsräume, in denen Arbeiten mit solchen Arbeitsstoffen vorgenommen werden, dürfen Getränke, Eß- und Rauchwaren nicht mitgebracht werden. Auf diese Verbote muß durch deutlich sichtbare Anschläge hingewiesen sein. Arbeitnehmer, die Arbeiten mit gesundheitsgefährdenden Arbeitsstoffen durchführen, sind zu verhalten, sich insbesondere vor dem Essen, Trinken oder Rauchen und nach Arbeitsschluß gründlich zu reinigen. Arbeitnehmer mit Erkrankungen oder Verletzungen

der Haut, die eine Aufnahme von gesundheitsgefährdenden Arbeitsstoffen durch die Haut begünstigen, dürfen zu Arbeiten mit solchen Arbeitsstoffen nicht herangezogen werden.

(6) Zum Entnehmen von gesundheitsgefährdenden, heißen oder tiefgekühlten Flüssigkeiten aus Behältern, die keine Ablaßhähne besitzen, müssen außer der erforderlichen Schutzausrüstung geeignete Einrichtungen, wie Sicherheitsheber, Pumpen oder Kippeinrichtungen, beigestellt sein.

(7) *außer Kraft (BGBl. Nr. 450/1994)*

§ 53. *außer Kraft (BGBl. Nr. 450/1994 und BGBl. II Nr. 237/1998)*

Arbeiten mit brandgefährlichen und explosionsgefährlichen Arbeitsstoffen

§ 54. (1) *außer Kraft (BGBl. Nr. 450/1994)*

(2) bis (5) *außer Kraft (BGBl. II Nr. 309/2004)*

(6) Für Arbeiten mit brandgefährlichen Arbeitsstoffen ist § 52 Abs. 4 sinngemäß anzuwenden.

(7) bis (9) *außer Kraft (BGBl. II Nr. 309/2004)*

Ersatz von Arbeitsstoffen und Arbeitsverfahren, Verwendungsbeschränkungen, Meldepflicht

§ 55. (1) *außer Kraft (BGBl. Nr. 450/1994)*

(2) Sofern Benzol, Tetrachlorkohlenstoff, 1,1,2,2-Tetrachloräthan und Pentachloräthan sowie Arbeitsstoffe, die einen Volumenanteil von mehr als ein Prozent der genannten Stoffe enthalten, durch nicht oder weniger gesundheitsgefährdende Arbeitsstoffe ersetzt werden können, sind diese Arbeitsstoffe zu verwenden. Dies gilt nicht für die Erzeugung der Arbeitsstoffe, für ihre Verwendung für chemische Synthesen oder für analytische Zwecke und Forschungszwecke in Laboratorien sowie für die Verwendung von Benzol in Motortreibstoffen.

(3) Benzol, Tetrachlorkohlenstoff, 1,1,2,2-Tetrachloräthan und Pentachloräthan sowie Arbeitsstoffe, die einen Volumenanteil von mehr als ein Prozent der genannten Stoffe enthalten, dürfen als Löse-, Verdünnungs-, Reinigungs- und Entfettungsmittel nicht verwendet werden.

(4) Schwefelkohlenstoff darf als Lösemittel nicht verwendet werden; dies gilt nicht für die Verwendung von Schwefelkohlenstoff zur Erzeugung von Chemiefasern nach dem Viskoseverfahren. Abs. 2 zweiter Satz ist sinngemäß anzuwenden.

(5) Arsen sowie arsenhaltige Arbeitsstoffe dürfen zum Reinigen und Beizen nicht verwendet werden.

(6) *außer Kraft (BGBl. II Nr. 242/2006)*

(7) Das Auftragen von Farben und Lacken, die einen Masseanteil von mehr als zwei Prozent Blei enthalten, ist im Spritzverfahren, ausgenommen in geschlossenen Apparaten, nicht zulässig.

(8) Das Auftragen von Holzschutzmitteln, die chlorierte Phenole enthalten, ist im Spritzverfahren, ausgenommen in geschlossenen Apparaten, nicht zulässig.

(9) Strahlmittel, die einen Masseanteil von mehr als zwei Prozent Quarz enthalten, dürfen, ausgenommen in geschlossenen Apparaten, zum Strahlen nicht verwendet werden.

(10) Leichtmetalle dürfen mit chlorierten Kohlenwasserstoffen nur entfettet werden, wenn diese stabilisiert sind; dies gilt nicht für Perchloräthylen.

(11) *außer Kraft (BGBl. Nr. 450/1994)*

§ 56. und **57.** *außer Kraft (BGBl. Nr. 450/1994)*

§ 58. *außer Kraft (BGBl. II Nr. 164/2000)*

Befahren von Behältern, Silos, Schächten, Gruben, Rohrleitungen und ähnlichen Betriebseinrichtungen

§ 59. (1) Wenn Betriebseinrichtungen, wie Behälter, Silos, Schächte, Gruben, Kanäle oder Rohrleitungen, befahren werden, ist eine geeignete, fachkundige Person zu bestellen, welche die notwendigen Schutzmaßnahmen für das Befahren schriftlich anordnet; das Befahren solcher Einrichtungen ist nur mit Zustimmung dieser Person gestattet. Die Einhaltung der Schutzmaßnahmen muß durch eine ständig anwesende Aufsichtsperson sichergestellt sein.

(2) Maßnahmen nach Abs. 1 sind nicht erforderlich, wenn sichergestellt ist, daß in den Betriebseinrichtungen weder Sauerstoffmangel auftreten kann noch gesundheitsgefährdende oder brandgefährliche Arbeitsstoffe vorhanden sind, die in diesen Einrichtungen enthalten waren, in diese Einrichtungen zur Durchführung von Arbeiten eingebracht wurden oder die sich sonst in diesen Einrichtungen ansammeln können.

(3) § 41 Abs. 3 ist auf Einstiegs- und Befahröffnungen von Schächten, Gruben, Kanälen und ähnlichen Betriebseinrichtungen anzuwenden.

(4) Betriebseinrichtungen, bei denen Maßnahmen nach Abs. 1 erforderlich sind, dürfen erst befahren werden, wenn die Aufsichtsperson eine schriftliche Befahrerlaubnis erteilt hat. Diese darf erst erteilt werden, wenn sich die Aufsichtsperson davon überzeugt hat, daß die angeordneten Schutzmaßnahmen durchgeführt sind.

(5) Vor dem Befahren von Einrichtungen nach Abs. 1 müssen die in diese führenden Leitungen oder sonstigen Beschickungsvorrichtungen sowie die Verbindung mit anderen Betriebseinrichtungen dicht und zuverlässig abgeschlossen sein. Es ist sicherzustellen, daß der Abschluß dieser Leitungen, sonstigen Beschickungsvorrichtungen oder Verbindungen während des Befahrens nicht geöffnet wird. In besonderen Fällen, insbesondere bei automatischen oder ferngesteuerten Absperrvorrichtungen, dürfen zum Abschluß der Zuleitungen nur Blindflansche verwendet werden, sofern die Rohrleitung nicht durch zwei hintereinander angeordnete Vorrichtungen mit einer dazwischenliegenden Öffnung abgesperrt werden kann, durch die das Entstehen eines Überdruckes sicher verhindert wird. Die Verwendung von Steckscheiben in dem im § 43 Abs. 4 angeführten Umfang ist zulässig.

(6) Vor dem Befahren von Einrichtungen nach Abs. 1, die sich bewegen lassen, wie rotierende Behälter, oder die im Inneren bewegliche Teile, wie Rühr-, Misch- oder Becherwerke, haben, müssen Maßnahmen gegen Ingangsetzen und Bewegen getroffen sein. Als solche Maßnahmen gelten insbesondere allpoliges Abschalten und Versperren des Schalters, erforderlichenfalls mit mehreren Schlössern, Ersatz der Sicherungen durch Sperrstöpsel, Verriegeln der beweglichen Teile oder Feststellen und Versperren vorhandener Bremseinrichtungen. An den Schalt-, Sperr- und Verriegelungsstellen müssen zusätzlich diesbezügliche Warntafeln angebracht sein, die nach Beendigung der Arbeiten zu entfernen sind. Schutzmaßnahmen dürfen nur von der Aufsichtsperson aufgehoben werden.

(7) Vor dem Befahren von Einrichtungen nach Abs. 1 sind diese nach Bedarf genügend abzukühlen oder zu erwärmen.

(8) Das Befahren von Einrichtungen, bei denen Maßnahmen nach Abs. 1 erforderlich sind, ist nur unter Anwendung entsprechender Schutzmaßnahmen zulässig. Als Schutzmaßnahmen sind insbesondere das Einblasen von Frischluft möglichst in die Nähe der Atmungsorgane, eine ausreichende, allenfalls mechanische Lüftung der Betriebseinrichtung und das Bereitstellen von geeigneten Atemschutzgeräten außerhalb der Betriebs-

einrichtung anzuwenden. Das Einblasen von Sauerstoff zur Belüftung ist verboten. Sofern nicht auszuschließen ist, daß in der Betriebseinrichtung ein Sauerstoffmangel oder eine Konzentration von Gasen, Dämpfen oder Schwebstoffen gesundheitsgefährdender Arbeitsstoffe im Sinne des § 16 Abs. 2 auftreten kann, darf das Befahren nur mit einem geeigneten Atemschutzgerät und erforderlichenfalls mit einer geeigneten Schutzkleidung erfolgen.

(9) An der Einstiegstelle in Einrichtungen, bei denen Maßnahmen nach Abs. 1 erforderlich sind, muß außerhalb der Einrichtung während der Dauer des Befahrens eine mit den Arbeiten vertraute und über die in Betracht kommenden Schutz- und Rettungsmaßnahmen unterrichtete Person ständig anwesend sein; diese Person muß in der Lage sein, den Eingefahrenen, wenn er angeseilt ist, allein zu bergen. Wenn der Einfahrende nicht angeseilt werden kann, wie bei Behinderungen durch Einbauten in der Betriebseinrichtung, muß die im ersten Satz genannte Person Hilfe herbeiholen können, ohne sich entfernen zu müssen; in diesem Fall muß, sofern eine Sichtverbindung mit dem Eingefahrenen nicht besteht und eine Verständigung durch Zuruf nicht möglich ist, durch technische Maßnahmen, wie Funk- oder Fernsprechverbindung, eine verläßliche Überwachung des Eingefahrenen möglich sein. Die Aufgaben der im ersten Satz genannten Person können auch von der Aufsichtsperson nach Abs. 1 wahrgenommen werden.

(10) Der Einfahrende ist, soweit nicht Befahreinrichtungen eingesetzt werden, unter Verwendung eines Sicherheitsgeschirres so anzuseilen, daß eine allenfalls erforderliche Bergung rasch erfolgen kann. Das Seilende ist außerhalb der Betriebseinrichtung derart zu befestigen, daß es nicht in diese hineinfallen kann; Schlaffseilbildung ist nach Möglichkeit zu vermeiden. Muß die Bergung nach oben erfolgen, so müssen hiezu erforderlichenfalls geeignete Bergeeinrichtungen, wie Seilwinden oder Hubzüge, beigestellt sein. Sofern die Betriebseinrichtung brandgefährliche Arbeitsstoffe enthält, enthalten hat oder sich solche Arbeitsstoffe in der Betriebseinrichtung ansammeln können, dürfen nur kunststoffumhüllte Stahlseile oder Seile mit zumindest gleichwertiger Hitzebeständigkeit verwendet werden. Befahr- und Bergeeinrichtungen müssen entsprechend § 44 Abs. 4 geprüft sein.

(11) Falls der Einfahrende nicht durch Anseilen gesichert werden kann, müssen geeignete Ausstiegseinrichtungen vorhanden sein, die ein Verlassen der Betriebseinrichtung auch ohne fremde Hilfe ermöglichen.

(12) Zur Bergung von Eingefahrenen dürfen weitere entsprechend gesicherte und ausgerüstete Personen in die Betriebseinrichtung erst dann einsteigen, wenn zur Sicherung dieser Eingefahrenen genügend Personen anwesend sind.

(13) *außer Kraft (BGBl. II Nr. 309/2004 und BGBl. II Nr. 242/2006)*

(14) Bei den Einstiegen zu Schächten, Gruben, Kanälen oder ähnlichen engen Betriebseinrichtungen nach Abs. 13 müssen Warntafeln angebracht sein, die auf die Möglichkeit einer Gefährdung hinweisen und den unnötigen Aufenthalt verbieten. In Anlagen mit größeren Ausdehnungen müssen Wege zu den nächstgelegenen Ausstiegen entsprechend gekennzeichnet sein.

(15) Einrichtungen für die Lagerung von Schüttgütern, wie Silos oder Bunker, denen diese Güter seitlich oder von unten entnommen werden, dürfen, solange sie nicht entleert sind, nur befahren werden, wenn dies unumgänglich notwendig ist; für das Befahren dieser Behälter ist Abs. 1 anzuwenden. Während solche Einrichtungen befahren werden, darf aus ihnen kein Schüttgut entnommen werden; Entleerungsöffnungen müssen, soweit dies möglich ist, geschlossen gehalten sein.

Arbeiten in oder an Behältern, Silos, Schächten, Gruben, Rohrleitungen und ähnlichen Betriebseinrichtungen

§ 60. (1) Wenn in Betriebseinrichtungen, wie Behältern, Silos, Schächten, Gruben, Kanälen oder Rohrleitungen, Arbeiten durchgeführt werden, ist eine geeignete, fachkundige Person zu bestellen, welche die notwendigen Schutzmaßnahmen für die Durchführung der Arbeiten schriftlich anordnet. Die Einhaltung dieser Schutzmaßnahmen muß durch eine ständig anwesende Aufsichtsperson sichergestellt sein.

(2) Maßnahmen nach Abs. 1 sind in den im § 59 Abs. 2 angeführten Fällen nicht erforderlich.

(3) Mit Arbeiten, bei denen Maßnahmen nach Abs. 1 erforderlich sind, darf erst begonnen werden, nachdem die Aufsichtsperson eine schriftliche Erlaubnis erteilt hat. Diese darf erst erteilt werden, wenn sich die Aufsichtsperson davon überzeugt hat, daß die angeordneten Schutzmaßnahmen durchgeführt sind.

(4) bis (9) *außer Kraft (BGBl. II Nr. 309/2004)*

(10) Geschlossene Einrichtungen nach Abs. 1 dürfen nur dann erhitzt werden, wenn das Entstehen eines unzulässigen Überdruckes durch entsprechende Schutzmaßnahmen verhindert ist.

(11) Bei Arbeiten an unter Druck stehenden Behältern oder Leitungen hat die im Abs. 1 erster Satz angeführte Person jedenfalls auch festzulegen, unter Einhaltung welcher Bedingungen austretende Gase abgefackelt oder Schrauben nachgezogen oder ausgewechselt werden dürfen. Das Öffnen solcher Behälter ist nur in drucklosem Zustand zulässig.

(12) Sofern Schüttgut in Einrichtungen, wie Silos oder Bunkern, zur Bildung von Stauungen, Brücken oder Ansätzen neigt, müssen zum Beseitigen der Stauungen oder zum Lockern des Schüttgutes entsprechende Vorrichtungen vorhanden oder geeignete Geräte beigestellt sein; diese Vorrichtungen oder Geräte müssen in der Regel ein Beseitigen von Störungen von außen ermöglichen. Arbeitnehmer dürfen sich im Inneren von solchen Einrichtungen nicht unterhalb von anstehendem oder haftendem Schüttgut aufhalten; solches Schüttgut darf nur von oben her beseitigt werden.

§ 61. *außer Kraft (BGBl. Nr. 341/1994)*

Transportarbeiten

§ 62. (1) Zum Heben, Tragen oder Bewegen von Lasten dürfen Arbeitnehmer nur nach Maßgabe ihrer Konstitution und Körperkräfte herangezogen werden.

(2) Zum Heben, Tragen oder Bewegen von Lasten sind nach Möglichkeit Betriebseinrichtungen oder Betriebsmittel, wie Fördereinrichtungen oder Transportmittel, zu verwenden. Zum Heben, Tragen oder Bewegen von schweren, gefährlichen oder ähnlichen Lasten sind den Arbeitnehmern geeignete Betriebseinrichtungen oder Betriebsmittel, wie Fördereinrichtungen, Transportmittel, Gurte, Seile oder Traghaken, zur Verfügung zu stellen; diese Einrichtungen und Mittel müssen einen möglichst sicheren Transport gewährleisten.

(3) Schwere Lasten dürfen beim händischen Transport über Stiegen oder geneigte Flächen nur unter Verwendung von Betriebsmitteln, wie Seilen, Keilen oder Böcken, bewegt werden, die ein Abrollen oder Abgleiten verhindern. Arbeitnehmer dürfen sich im Gefahrenbereich nicht aufhalten.

(4) bis (10) *außer Kraft (BGBl. II Nr. 164/2000)*

V. ABSCHNITT

LAGERUNGEN

Allgemeines über Lagerungen

§ 63. *außer Kraft (BGBl. II Nr. 368/1998)*

§ 64. (1) Erforderlichenfalls sind zur Durchführung von Lagerarbeiten geeignete Betriebseinrichtungen und Betriebsmittel, wie Fördereinrichtungen, Regalbedienungsgeräte, ortsfeste Stapeleinrichtungen oder Hubstapler, zur Verfügung zu stellen.

(2) und (3) *außer Kraft (BGBl. II Nr. 368/1998)*

(4) Erforderlichenfalls muß über dem Lagergut noch ein genügend großer Bereich zur Durchführung von Lagerarbeiten frei bleiben.

(5) Das Errichten und Abtragen von Stapeln ist von sicheren Standplätzen aus vorzunehmen und hat erforderlichenfalls unter fachkundiger Aufsicht zu erfolgen. Aus den unteren Lagen eines Stapels darf weder Lagergut herausgezogen noch dem Lagergut Material entnommen werden.

(6) Das Stapeln von Säcken hat in Stufen von höchstens je fünf Säcken oder gleichmäßig ansteigend zu erfolgen; auch bei standfesten Sackstapeln müssen deren freiliegende Ecken im Verband gelegt sein. Stapel dürfen nur von oben herab in Stufen oder gleichmäßig fallend abgetragen werden.

(7) *außer Kraft (BGBl. II Nr. 368/1998)*

(8) Das Abtragen hat unter Einhaltung dieses Böschungswinkels zu erfolgen. Unterhöhlen von solchen Lagerungen ist verboten.

Lagerung von besonderen Arbeitsstoffen

§ 65. (1) Bei der Lagerung von gesundheitsgefährdenden, brandgefährlichen oder explosionsgefährlichen Arbeitsstoffen müssen die durch deren Eigenschaften bedingten Schutzmaßnahmen getroffen sein. Dies gilt insbesondere bei der Lagerung von leicht entzündlichen oder selbstentzündlichen Abfällen, Rückständen, Putzmaterialien u. dgl. sowie von leeren Behältern, die Reste von leicht entzündlichen oder entzündlichen Arbeitsstoffen enthalten.

(2) Giftige, gesundheitsschädliche, ätzende, brandgefährliche oder explosionsgefährliche Arbeitsstoffe dürfen über Arbeitsplätzen und Verkehrswegen, in Ausfahrten, Durchgängen, Durchfahrten, Schleusen und Pufferräumen sowie auf oder unter Stiegen, Laufstegen, Podesten, Plattformen, Rampen und ähnlichen Verkehrswegen nicht gelagert werden. Behälter, die solche Arbeitsstoffe enthalten, dürfen nicht aufeinandergestellt werden, wenn die Gefahr besteht, daß die Behälter dadurch beschädigt oder undicht werden.

(3) Für die Aufbewahrung von gesundheitsgefährdenden, brandgefährlichen oder explosionsgefährlichen Arbeitsstoffen dürfen Trinkgefäße, Getränkeflaschen und Gefäße, die ihrer Art nach für die Aufbewahrung von Lebens- oder Genußmitteln bestimmt sind, nicht verwendet werden; dies gilt auch für Behälter, die mit solchen Gefäßen oder Flaschen verwechselt werden können.

(4) Lagerräume für Behälter, die giftige oder ätzende Arbeitsstoffe, verdichtete, verflüssigte oder unter Druck gelöste Gase dieser Art oder nicht atembare Gase enthalten, müssen so angelegt sein, daß im Gefahrenfall Fluchtwege, wie Notausstiege, Ausgänge, Notausgänge, Stiegen, Gänge oder sonstige Verkehrswege, nicht unbenützbar werden; erforderlichenfalls müssen ins Freie gut lüftbare Pufferräume vorhanden sein. Solche Lagerräume müssen eine wirksame, erforderlichenfalls mechanische Lüftung besitzen. Sofern Gase oder Dämpfe dieser Arbeitsstoffe schwerer als Luft sind, darf der Fußboden solcher Lagerräume nicht tiefer als das angrenzende Gelände liegen; es muß Vorsorge getroffen sein, daß sich solche Gase und Dämpfe in tiefer gelegenen Räumen in gefahrdrohender Menge nicht ansammeln können. Die Lagerräume müssen bei den Zugängen deutlich und dauerhaft gekennzeichnet und gegen Zutritt Unbefugter gesichert sein. § 52 Abs. 5 ist sinngemäß anzuwenden.

(5) Bei der Lagerung von brandgefährlichen oder explosionsgefährlichen Arbeitsstoffen müssen insbesondere Schutzmaßnahmen gegen Entzündung derselben getroffen sein; dies gilt insbesondere bei der Lagerung von leicht brennbaren, leicht entzündlichen oder selbstentzündlichen Abfällen, Rückständen, Putzmaterialien, losem Papier, Holzwolle u. dgl. Solche Lagerungen müssen auch gegen Brandeinwirkung von außen gesichert sowie so eingerichtet und angelegt sein, daß ein Brand rasch und ungehindert bekämpft werden kann. Lagerräume für Behälter, die brandgefährliche oder explosionsgefährliche Arbeitsstoffe sowie verdichtete, verflüssigte oder unter Druck gelöste Gase dieser Art enthalten, müssen Abs. 4 entsprechen, sofern in anderen Rechtsvorschriften nicht anderes bestimmt ist.

(6) Für Lagerungen von Arbeitsstoffen nach den Abs. 4 und 5 außerhalb von Lagerräumen gelten die Bestimmungen dieser Absätze sinngemäß.

(7) Behälter für verdichtete, verflüssigte oder unter Druck gelöste Gase dürfen nicht geworfen oder gestürzt werden; sie müssen, auch im entleerten Zustand, gegen Umfallen gesichert sein. Gefüllte Behälter müssen vor gefahrbringender Erwärmung oder starkem Frost geschützt sein.

(8) Arbeitsstoffe, wie Chemikalien oder leicht brennbare, leicht entzündliche oder selbstentzündliche Abfälle, Rückstände, Putzmaterialien, Holzwolle u. dgl., die miteinander unter starker Erwärmung, Flammenbildung oder unter Entwicklung von gefährlichen Gasen oder Dämpfen reagieren können, müssen sicher getrennt oder genügend weit voneinander entfernt gelagert werden.

(9) Lagerungen von ekelerregenden Arbeitsstoffen dürfen nur in ausschließlich diesen Zwecken dienenden, von anderen Betriebsräumen abgetrennten Lagerräumen vorgenommen werden. Diese Lagerräume müssen bei den Zugängen als solche deutlich und dauerhaft gekennzeichnet und gegen Zutritt Unbefugter gesichert sein. § 52 Abs. 5 ist sinngemäß anzuwenden.

VI. ABSCHNITT

SCHUTZAUSRÜSTUNGEN, ARBEITSKLEIDUNG

§ 66. bis **72.** *außer Kraft (BGBl. II Nr. 77/2014)*

Arbeitskleidung

§ 73. (1) Arbeitskleidung, wie Arbeitsanzüge, Arbeitsmäntel oder Wäsche, sowie Arbeitsschuhe müssen für die jeweilige berufliche Tätigkeit geeignet sein und sich in ordnungsgemäßem Zustand befinden. Der Träger darf durch die Beschaffenheit der Kleidung und der Schuhe im Hinblick auf die bestehenden beruflichen Gefahren nicht zusätzlich gefährdet werden; dementsprechend müssen Arbeitskleidung und Arbeitsschuhe ausgewählt sein.

(2) Sofern die Gefahr besteht, durch bewegte Teile von Betriebseinrichtungen oder Betriebsmitteln sowie

durch bewegte Maschinenwerkzeuge oder Werkstücke erfaßt zu werden, müssen die Arbeitnehmer eine enganliegende Arbeitskleidung tragen.

(3) § 71 Abs. 3 ist auch beim Tragen und Reinigen von Arbeitskleidung anzuwenden. Gegenstände, wie Brillenfassungen, Augenschirme oder Kämme, aus leicht entzündlichen oder leicht brennbaren Kunststoffen, wie Zelluloid, dürfen bei Arbeiten, bei denen sie in Brand geraten können, nicht getragen werden.

(4) Pantoffel, Schuhe mit Holzsohlen oder offene Schuhe dürfen bei Arbeiten auf Gerüsten, an gefährlichen Maschinen, beim Lenken von Fahrzeugen oder bei Transportarbeiten nicht getragen werden.

VII. ABSCHNITT

BRANDSCHUTZMASSNAHMEN

Rauchverbot, Verbot der Verwendung von offenem Feuer und Licht

§ 74. (1) In brandgefährdeten Räumen sowie an solchen Orten im Freien ist das Rauchen und die Verwendung von offenem Feuer und Licht verboten. Durch deutlich sichtbare und dauerhafte Anschläge ist auf diese Verbote hinzuweisen.

(2) In brandgefährdeten Räumen und an brandgefährdeten Orten sind solche Arbeiten nur zulässig, wenn geeignete Maßnahmen getroffen wurden, durch die das Entstehen eines Brandes verhindert wird.

(3) Schweiß-, Schneide- und Lötarbeiten sind so durchzuführen, daß durch heiße Metallteile, insbesondere durch Schweißperlen, brennbare oder entzündliche Materialien nicht entzündet werden.

Brennbare Abfälle und Rückstände

§ 75. (1) Leicht brennbare Abfälle, Rückstände, Holzwolle, Sägespäne, loses Papier u. dgl. dürfen in Arbeitsräumen nur in solchen Mengen vorhanden sein, daß das Entstehen eines größeren Brandherdes oder das rasche Ausbreiten eines Brandes möglichst vermieden wird; im Falle eines Brandes von Abfällen, Rückständen, Holzwolle, Sägespänen, losem Papier u. dgl. dürfen Fluchtwege, wie Notausstiege, Ausgänge, Notausgänge, Stiegen, Gänge oder sonstige Verkehrswege, nicht unbenützbar werden. Von Feuerstätten und anderen Zünd- oder Wärmequellen sind leicht brennbare Abfälle, Rückstände, Holzwolle, Sägespäne, loses Papier u. dgl. fernzuhalten; sie sind zu sammeln, aus den Arbeitsräumen zumindest nach jeder Arbeitsschicht zu entfernen und brandsicher zu verwahren.

(2) Leicht entzündliche oder selbstentzündliche Abfälle, Rückstände, Putzmaterialien u. dgl. dürfen in Arbeitsräumen nur in geringen Mengen vorhanden sein; sie sind in dichten Behältern aus nicht brennbarem Material, die mit einem dicht schließenden Deckel ausgestattet und entsprechend gekennzeichnet sein müssen, zu sammeln und sobald als möglich aus dem Betrieb zu entfernen.

Feuerlöschmittel, Feuerlöschgeräte, Feuerlöschanlagen

§ 76. (1) bis (5) *außer Kraft (BGBl. II Nr. 368/1998)*

(6) In Betrieben mit besonders brandgefährlichen oder explosionsgefährlichen Arbeitsvorgängen oder Arbeitsverfahren müssen zur Rettung von Personen, deren Kleidung in Brand geraten ist, Löschdecken oder ausreichend große, mit Wasser gefüllte Behälter leicht erreichbar bereitgestellt sein; erforderlichenfalls hat die Behörde die Errichtung von Löschbrausen mit möglichst großer Wasserlieferung vorzuschreiben. Solche Brausen müssen durch einen einzigen Handgriff zu betätigen sein oder sich selbsttätig einschalten, wenn der Löschbrausenbereich betreten wird; sie dürfen sich nicht selbsttätig wieder abschalten. Löschbrausen müssen in der Nähe von Fluchtwegen, wie Ausgängen, Stiegen oder Gängen, oder im Freien angeordnet sein; der Boden im Löschbrausenbereich muß gleitsicher sein.

(7) *außer Kraft (BGBl. II Nr. 368/1998)*

(8) Bei Schweiß-, Schneide- und Lötarbeiten sowie bei Arbeiten mit Trennschleifmaschinen in der Nähe von brennbaren oder entzündlichen Materialien müssen geeignete Handfeuerlöscher bereitgestellt sein.

§ 77. bis **79.** *außer Kraft (BGBl. II Nr. 368/1998)*

§ 80. *außer Kraft (BGBl. Nr. 706/1995)*

VIII. ABSCHNITT

VORSORGE FÜR ERSTE HILFE-LEISTUNG

Erste Hilfe-Leistung

§ 81. (1) *außer Kraft (BGBl. II Nr. 368/1998)*

(2) Außerhalb des Standortes des Betriebes tätigen Arbeitnehmern sind die notwendigen Mittel mitzugeben, sofern diese auf der auswärtigen Arbeitsstelle nicht unmittelbar zur Verfügung stehen.

(3) bis (7) *außer Kraft (BGBl. II Nr. 368/1998)*

(8) In Räumen, in denen giftige, ätzende Arbeitsstoffe verwendet werden, muß zur raschen Beseitigung von Verunreinigungen der Haut oder Schleimhaut eine Waschgelegenheit und überdies ein betriebsbereiter Wasseranschluß mit Schlauch und Handbrause vorhanden sein. Beim Verwenden ätzender Arbeitsstoffe müssen ferner auch sofort einsatzbereite Augenduschen oder Augenspülflaschen bereitstehen.

§ 82. *außer Kraft (BGBl. II Nr. 368/1998)*

IX. ABSCHNITT

SANITÄRE VORKEHRUNGEN UND SONSTIGE EINRICHTUNGEN

Trinkwasser

§ 83. (1) *außer Kraft (BGBl. II Nr. 368/1998)*

(2) Bei Arbeiten unter besonders erschwerenden Arbeitsbedingungen, wie größerer Hitze- oder Kälteeinwirkung, bei denen in verstärktem Maße die Notwendigkeit besteht, Getränke zu sich zu nehmen, hat die Behörde für die damit befaßten Arbeitnehmer die Bereitstellung alkoholfreier Getränke vorzuschreiben, wobei anzugeben ist, welchen Anforderungen diese genügen müssen.

§ 84. *außer Kraft (BGBl. II Nr. 368/1998, BGBl. Nr. 450/1994 und BGBl. II Nr. 77/2014)*

§ 85. *außer Kraft (BGBl. Nr. 450/1994 und BGBl. II Nr. 368/1998)*

Umkleideräume

§ 86. (1) bis (3) *außer Kraft (BGBl. II Nr. 368/1998)*

(4) *außer Kraft (BGBl. Nr. 450/1994)*

(5) *außer Kraft (BGBl. II Nr. 368/1998)*

(6) Sofern die Arbeitskleidung bei Arbeiten stark verschmutzt wird oder die Schutzkleidung mit giftigen, ätzenden, leicht zersetzlichen oder ekelerregenden Arbeitsstoffen in Berührung kommt, muß die Straßenkleidung von der Arbeits- und Schutzkleidung getrennt verwahrt werden.

(7) bis (9) *außer Kraft (BGBl. II Nr. 368/1998)*

§ 87. *außer Kraft (BGBl. II Nr. 22/2006)*

§ 88. *außer Kraft (BGBl. Nr. 368/1998)*

X. ABSCHNITT

INSTANDHALTUNG, PRÜFUNG, REINIGUNG

Prüfung

§ 89. *außer Kraft (BGBl. Nr. 450/1994)*

§ 90. *außer Kraft (BGBl. Nr. 450/1994 und BGBl. II Nr. 77/2014)*

§ 91. bis **103.** *außer Kraft (BGBl. Nr. 450/1994)*

Anhang 1 bis 4: *außer Kraft (BGBl. II Nr. 164/2000)*

Verordnung über arbeitsmedizinische Zentren

Verordnung des Bundesministers für Arbeit und Soziales über arbeitsmedizinische Zentren (AMZ-VO), BGBl. 1996/441 i. d. F. BGBl. II Nr. 441/1998, BGBl. II Nr. 210/2013 (Art. 1) und BGBl II Nr. 218/2022.

Aufgrund der §§ 80 und 90 Abs. 1 Z 3 des Bundesgesetzes über Sicherheit und Gesundheitsschutz bei der Arbeit (ArbeitnehmerInnenschutzgesetz – ASchG), BGBl. Nr. 450/1994, wird verordnet:

Ärztliche Leitung und weitere Arbeitsmediziner/innen

§ 1. (1) Die ärztliche Leitung des arbeitsmedizinischen Zentrums muß einem Arzt/einer Ärztin mit abgeschlossener arbeitsmedizinischer Ausbildung gemäß § 79 Abs. 2 ASchG übertragen sein, der/die eine arbeitsmedizinische Betreuung hauptberuflich, mindestens aber im Ausmaß von regelmäßig 20 Stunden wöchentlich, ausübt.

(2) Im Zentrum müssen weitere Arbeitsmediziner/innen beschäftigt werden, sodaß das Zentrum eine regelmäßige arbeitsmedizinische Betreuung im Ausmaß von mindestens 70 Stunden wöchentlich ausüben kann, wobei auf dieses Ausmaß nur die Einsatzzeit von Ärzten/Ärztinnen anzurechnen ist, die regelmäßig mindestens acht Stunden wöchentlich beschäftigt werden.

(2a) In arbeitsmedizinischen Zentren, die als Ausbildungsstätte gemäß § 10 Abs. 1 Ärztegesetz 1998 (ÄrzteG 1998) anerkannt sind, kann die Tätigkeit auszubildender Fachärztinnen und Fachärzte im Sonderfach Arbeitsmedizin und angewandte Physiologie der Ärztinnen-/Ärzte-Ausbildungsordnung 2015 (ÄAO 2015), BGBl. II Nr. 147/2015, in die regelmäßige arbeitsmedizinische Betreuung gemäß Abs. 2 eingerechnet werden, sofern diese den Ausbildungslehrgang gemäß der Verordnung über die arbeitsmedizinische Ausbildung von Ärztinnen und Ärzten, BGBl. Nr. 489/1995, bereits abgeschlossen haben.

(3) Zur arbeitsmedizinischen Betreuung im Sinne der Abs. 1 und 2 zählen die Beratung von Arbeitgeber/innen, Arbeitnehmer/innen, Sicherheitsvertrauenspersonen und Belegschaftsorganen auf dem Gebiet des Gesundheitsschutzes, der auf die Arbeitsbedingungen bezogenen Gesundheitsförderung und der menschengerechten Arbeitsgestaltung, die Unterstützung der Arbeitgeber/innen bei der Erfüllung ihrer Pflichten auf diesen Gebieten sowie die für die fachliche Leitung des Zentrums notwendigen Koordinations- und Leitungstätigkeiten.

Fachpersonal

§ 2. (1) Im arbeitsmedizinischen Zentrum muß geeignetes Fachpersonal zur fachlichen Unterstützung der Arbeitsmediziner/innen bei der Erfüllung ihrer Aufgaben gemäß § 81 ASchG im erforderlichen Ausmaß beschäftigt werden.

(2) Als geeignetes Fachpersonal gelten

1. Ärzte/Ärztinnen, die ihre arbeitsmedizinische Ausbildung noch nicht abgeschlossen haben,
2. Angehörige der gehobenen medizinisch-technischen Dienste und des medizinisch-technischen Fachdienstes,
3. Angehörige des Krankenpflegefachdienstes,
4. Psychologen/Psychologinnen,
5. Chemiker/innen und
6. Personen mit einer entsprechenden Ausbildung auf den Gebieten der Ergonomie, Epidemiologie, Toxikologie sowie anderen für die Tätigkeiten im arbeitsmedizinischen Zentrum einschlägigen Gebieten.
7. Angehörige des Arbeitsmedizinischen Fachdienstes.

(3) Das Fachpersonal nach Abs. 2 Z 2 und 3 muß eine Ausbildung für arbeitsmedizinisches Fachpersonal in der Dauer von mindestens vier Wochen absolviert haben.

(4) Fachpersonal ist in dem zur Unterstützung der Arbeitsmediziner/innen notwendigen Ausmaß zu beschäftigen. Als Mindestausmaß für die Beschäftigung des Fachpersonals gilt die Hälfte der Summe der Normalarbeitszeit der Arbeitsmediziner/innen, mindestens aber insgesamt ein Ausmaß von regelmäßig 38 Stunden wöchentlich.

(5) Bei der Zusammensetzung des Fachpersonals ist eine Vertretung sowohl des Personenkreises nach Abs. 2 Z 2 und 3 als auch des Personenkreises nach Abs. 2 Z 4 bis 6 anzustreben.

Hilfspersonal

§ 3. (1) Im arbeitsmedizinischen Zentrum muß geeignetes Hilfspersonal im erforderlichen Ausmaß beschäftigt werden.

(2) Zum Hilfspersonal zählen Personen, die Sekretariatsarbeiten und Tätigkeiten wie Schriftverkehr, Telefondienst oder Ablage verrichten.

(3) Hilfspersonal ist in dem zur Unterstützung der Arbeitsmediziner/innen und des Fachpersonals notwendigen Ausmaß zu beschäftigen, mindestens aber insgesamt im Ausmaß von regelmäßig 38 Stunden wöchentlich.

Räumlichkeiten

§ 4. (1) Den im arbeitsmedizinischen Zentrum beschäftigten Personen müssen entsprechende Arbeitsräume zur Verfügung stehen.

(2) Den Arbeitsmediziner/innen müssen geeignete und entsprechend ausgestattete Räume für Untersuchungen zur Verfügung stehen.

(3) Das arbeitsmedizinische Zentrum muß weiters über folgende Räume verfügen: Warteraum, Raum für funktionsanalytische Untersuchungen, Waschraum und Toilette, Umkleideraum oder Umkleidekabine in der Nähe der für Untersuchungen vorgesehenen Räume. Werden die Laboruntersuchungen nicht nachweislich an Speziallabors ausgelagert oder die Verträge gekündigt, ist auch ein Laborraum erforderlich.

(4) Die Räumlichkeiten des arbeitsmedizinischen Zentrums sind durch eine entsprechende äußere Bezeichnung kenntlich zu machen und in einem solchen Zustand zu halten, daß sie den hygienischen Anforderungen entsprechen.

(5) Durch entsprechende versperrbare Einrichtungen wie ein Archiv oder eine Ablage muß gewährleistet sein, daß betriebsbezogene Unterlagen und arbeitnehmerbezogene Unterlagen, insbesondere Befunde, Unbefugten nicht zugänglich sind.

(6) Daten, die zu Zwecken der arbeitsmedizinischen Betreuung verarbeitet werden, müssen vor dem Zugriff Unbefugter in geeigneter Weise geschützt werden.

Ausstattung und Mittel

§ 5. (1) Das arbeitsmedizinische Zentrum muß über die Arbeitnehmerschutzvorschriften sowie über die erforderliche einschlägige periodische und nichtperiodische Fachliteratur verfügen.

(2) Das arbeitsmedizinische Zentrum muß über folgende Ausstattung verfügen: Personenwaage, Körpergrößenmeßgerät, Blutdruckmeßgerät, Notfallausrüstung, Nasenspekulum, Dermatoskop, Otoskop, Audiometer, Sehtestgerät und Spirometer.

(3) Das arbeitsmedizinische Zentrum muß weiters über die notwendigen Geräte zur Durchführung von Messungen auf dem Gebiet des Arbeitnehmerschutzes verfügen. Zur Mindestausstattung gehören:

1. Geräte oder kombiniertes Gerät zur Messung der Beleuchtungsstärke und der Leuchtdichte,
2. Geräte oder kombiniertes Gerät geeignet für die Messung der Behaglichkeitsbedingungen von Luftfeuchte, Lufttemperatur und Luftgeschwindigkeit,
3. Schallpegelmesser mit Prüfschallquelle geeignet für die Messung des A-bewerteten energieäquivalenten Dauerschallpegels,
4. Prüfröhrchenpumpe mit Prüfröhrchenöffner für Prüfröhrchen zur Kurzzeitmessung,
5. *(aufgehoben durch BGBl. II 1998/441)*

Arbeitsmedizinische Zentren für Bürobetriebe

§ 6. (1) Wenn ein arbeitsmedizinisches Zentrum seine Tätigkeit auf die arbeitsmedizinische Betreuung von Bürobetrieben beschränkt, gelten folgende Abweichungen:

1. Abweichend von § 4 Abs. 3 ist kein Laborraum und kein Raum für funktionsanalytische Untersuchungen erforderlich.
2. Abweichend von § 5 Abs. 2 sind folgende Geräte nicht erforderlich: Nasenspekulum, Otoskop, Audiometer, Spirometer, Zentrifuge, Photometer.

(2) Zu den Bürobetrieben im Sinne des Abs. 1 gehören Arbeitsstätten des Geld- und Kreditwesens, des Versicherungswesens, des Realitätenwesens, der Rechts- und Wirtschaftsdienste, weiters sonstige Arbeitsstätten, in denen mindestens 80% der Arbeitnehmer/innen ausschließlich mit Bürotätigkeiten beschäftigt sind.

(3) Arbeitsmedizinische Zentren, die eine eingeschränkte arbeitsmedizinische Betreuung von Bürobetrieben ausüben, müssen dies durch eine entsprechende Bezeichnung des Zentrums oder durch einen entsprechenden Zusatz zur Bezeichnung oder in sonst eindeutig erkennbarer Weise zum Ausdruck bringen.

Schlußbestimmungen

§ 7. (1) § 2 Abs. 3 tritt mit 1. Jänner 2000 in Kraft.

(2) Die übrigen Bestimmungen dieser Verordnung treten mit 1. Jänner 1997 in Kraft.

(3) Arbeitsmedizinische Zentren, die am 1. Jänner 1997 über eine aufrechte Bewilligung gemäß § 80 ASchG oder eine Ermächtigung gemäß § 22c Abs. 2 des Arbeitnehmerschutzgesetzes (ANSchG), BGBl. Nr. 234/1972, verfügen, müssen bis spätestens 31. Dezember 1997 die Anforderungen der §§ 2 bis 6 erfüllen.

(4) § 4 Abs. 3 und § 5 Abs. 2 in der Fassung der Verordnung BGBl. II Nr. 441/1998 treten mit 1. Jänner 1999 in Kraft. § 5 Abs. 3 Z 5 tritt mit Ablauf des 31. Dezember 1998 außer Kraft.

(5) § 1 Abs. 1 in der Fassung BGBl. II Nr. 210/2013 tritt mit dem der Kundmachung folgenden Monatsersten in Kraft.

(6) § 1 Abs. 2a und § 2 Abs. 2 Z 6 und Z 7 in der Fassung BGBl. II Nr. 218/2022 treten mit 1. Juli 2022 in Kraft.

Arbeitsmittelverordnung

Verordnung des Bundesministers für Wirtschaft und Arbeit über den Schutz der ArbeitnehmerInnen bei der Benutzung von Arbeitsmitteln (Arbeitsmittelverordnung- AM-VO) und mit der die Bauarbeiterschutzverordnung geändert wird, BGBl. II Nr. 164/2000, BGBl. II Nr. 313/2002 (Art.1), BGBl. II Nr. 309/2004, BGBl. II Nr. 21/2010 und BGBl. II Nr. 330/2024.

Auf Grund der §§ 4, 6 Abs. 2, 12, 14, 17, 39 Abs. 1 und Abs. 2 sowie 95 Abs. 1 und Abs. 2 des ArbeitnehmerInnenschutzgesetzes (ASchG), BGBl. Nr. 450/1994, zuletzt geändert durch BGBl. I Nr. 70/1999, wird vom Bundesminister für Wirtschaft und Arbeit verordnet:

INHALTSVERZEICHNIS

1. ABSCHNITT

ALLGEMEINE BESTIMMUNGEN

Anwendungsbereich

§ 1. (1) Diese Verordnung gilt für Arbeitsstätten, auswärtige Arbeitsstellen und Baustellen, die unter das ArbeitnehmerInnenschutzgesetz (ASchG) fallen.

(2) Der 4. Abschnitt ist nicht anzuwenden auf Arbeitsmittel, die nach den im Anhang A angeführten Vorschriften in Verkehr gebracht wurden oder nach den im Anhang B angeführten Vorschriften aufgestellt wurden oder betrieben werden.

Begriffsbestimmungen

§ 2. (1) Arbeitsmittel im Sinne dieser Verordnung sind alle Maschinen, Apparate, Werkzeuge, Geräte und

Anlagen, die zur Benutzung durch ArbeitnehmerInnen vorgesehen sind. Zu den Arbeitsmitteln gehören insbesondere auch Beförderungsmittel zur Beförderung von Personen oder Gütern, Aufzüge, Leitern, Gerüste, Dampfkessel, Druckbehälter, Feuerungsanlagen, Behälter, Silos, Förderleitungen, kraftbetriebene Türen und Tore sowie Hub-, Kipp- und Rolltore.

(2) Benutzung im Sinne dieser Verordnung umfasst alle ein Arbeitsmittel betreffende Tätigkeiten wie In- und Außerbetriebnahme, Gebrauch, Transport, Instandsetzung, Umbau, Instandhaltung, Wartung und Reinigung.

(3) Fachkundig im Sinne dieser Verordnung sind Personen, die die erforderlichen fachlichen Kenntnisse und Berufserfahrungen besitzen und auch die Gewähr für eine gewissenhafte Durchführung der ihnen übertragenen Arbeiten bieten. Als fachkundige Personen können auch Betriebsangehörige eingesetzt werden.

(4) Aufsicht im Sinne dieser Verordnung ist die Überwachung von ArbeitnehmerInnen durch eine geeignete Person, die im Gefahrenfall unverzüglich eingreifen und die erforderlichen Maßnahmen setzen kann.

(5) Gefahrenbereich im Sinne dieser Verordnung ist der Bereich innerhalb oder im Umkreis eines Arbeitsmittels, in dem die Sicherheit oder die Gesundheit von sich darin aufhaltenden ArbeitnehmerInnen gefährdet ist oder gefährdet sein könnte.

(6) Schutzeinrichtungen im Sinne dieser Verordnung sind technische Vorkehrungen, die dazu bestimmt sind, den Zugang zu Gefahrenbereichen oder ein Hineinlangen in diese zu verhindern, oder die eine andere geeignete Schutzfunktion bewirken.

(7) Krane im Sinne dieser Verordnung sind Arbeitsmittel zum Heben von Lasten, die die gehobene Last unabhängig von der Hubbewegung in mindestens einer Richtung motorisch angetrieben bewegen können. Regalbedienungsgeräte, Hubstapler, Bagger und Radlader gelten nicht als Krane.

(8) Selbstfahrende Arbeitsmittel sind motorisch angetriebene schienengebundene oder nicht-schienengebundene Fahrzeuge, die entsprechend dem vom Hersteller angegebenen Verwendungszweck für die Durchführung von Arbeitsvorgängen bestimmt sind.

(9) Hubstapler sind mit Gabeln, Plattformen oder anderen Lastaufnahmemitteln ausgerüstete selbstfahrende Arbeitsmittel mit Hubmast, die dazu bestimmt sind, Lasten zu heben, sie an einen anderen Ort zu verbringen, dort abzusetzen oder zu stapeln oder in Regale einzubringen oder um sonstige Manipulationstätigkeiten mit Lasten unter Verwendung besonderer Zusatzgeräte durchzuführen. Hubstapler mit hubbewegtem Fahrersitz sind Hubstapler, die mit einem Fahrerplatz ausgerüstet sind, der mit dem Lastaufnahmemittel zum Einlagern von Lasten in Regale angehoben wird.

(10) Mechanische Leitern sind fahrbare freistehend verwendbare Schiebeleitern oder Schiebedrehleitern, die hand- oder kraftbetrieben aufgerichtet, gedreht oder ausgeschoben werden.

(11) „Kraftbetrieben" im Sinne dieser Verordnung sind Arbeitsmittel nur bei Antriebsformen, die den Kraftantrieb mittels technisch freigemachter Energie bewirken, wie elektrische, pneumatische oder hydraulische Antriebe, nicht jedoch Antriebe, die durch Schwerkraft oder allein durch menschliche Muskelkraft (unmittelbar oder mittelbar) erfolgen.

Sicherheits- und Gesundheitsanforderungen

§ 3. (1) ArbeitgeberInnen dürfen nur solche Arbeitsmittel zur Verfügung stellen, die hinsichtlich Konstruktion, Bau und weiterer Schutzmaßnahmen den für sie geltenden Rechtsvorschriften über Sicherheits- und Gesundheitsanforderungen entsprechen. Zu diesen Rechtsvorschriften gehören die in den Anhängen A und B angeführten Vorschriften sowie der 4. Abschnitt.

(2) Wenn ArbeitgeberInnen ein Arbeitsmittel erwerben, das nach einer im Anhang A angeführten Vor-schrift gekennzeichnet ist, können sie davon ausgehen, dass dieses Arbeitsmittel hinsichtlich Konstruktion, Bau und weiterer Schutzmaßnahmen dieser Vorschrift über Sicherheits- und Gesundheitsanforderungen entspricht.

(3) Abs. 2 gilt nicht, wenn ArbeitgeberInnen über andere Erkenntnisse verfügen, insbesondere wenn sie auf Grund eines Unfalls oder eines Beinaheunfalles oder auf Grund von Informationen von Herstellern, Sicherheitsfachkräften, Arbeitsmedizinern, ArbeitnehmerInnen, Prüfern, Unfallversicherungsträgern, Behörden oder sonstiger Stellen annehmen können, dass ein Arbeitsmittel den im Anhang A angeführten Vorschriften über Sicherheits- und Gesundheitsanforderungen nicht entspricht.

(4) In Fällen nach Abs. 3 ist unverzüglich die Ermittlung und Beurteilung der vom Arbeitsmittel ausgehenden Gefahren zu überprüfen. Ergibt diese Überprüfung eine Gefahr für ArbeitnehmerInnen, haben die ArbeitgeberInnen geeignete Maßnahmen zum Schutz des Lebens und der Gesundheit der ArbeitnehmerInnen zu ergreifen. Erforderlichenfalls ist das Arbeitsmittel stillzulegen und von der weiteren Benutzung auszuschließen.

(5) Die gemäß Abs. 4 durchzuführenden Maßnahmen sind in den Sicherheits- und Gesundheitsschutzdokumenten im Sinne des § 5 ASchG zu dokumentieren. In dieser Dokumentation sind die festgestellten Gefahren und die dagegen ergriffenen Schutzmaßnahmen darzustellen.

Information

§ 4. (1) Wenn die Benutzung eines Arbeitsmittels mit einer Gefahr für Sicherheit und Gesundheit von ArbeitnehmerInnen verbunden ist, müssen ArbeitgeberInnen dafür sorgen, dass alle ArbeitnehmerInnen, die diese Arbeitsmittel benutzen, ausreichende Informationen im Sinne des § 12 ASchG erhalten. Diese Informationen müssen zumindest folgende Angaben in Bezug auf die Sicherheit und Gesundheit enthalten:

1. Einsatzbedingungen des jeweiligen Arbeitsmittels,
2. absehbare Störungen,
3. Rückschlüsse aus den bei der Benutzung von Arbeitsmitteln gegebenenfalls gesammelten Erfahrungen.

(2) Die Information nach Abs. 1 ist nicht erforderlich, soweit die zu informierenden ArbeitnehmerInnen im Rahmen ihrer Ausbildung oder ihrer bisherigen beruflichen Tätigkeit ausreichende Kenntnisse über die Arbeitsweise und Verwendung der Arbeitsmittel erworben haben.

(3) ArbeitgeberInnen müssen dafür sorgen, dass alle ArbeitnehmerInnen im Sinne des § 12 ASchG informiert werden über:

1. die sie betreffenden Gefährdungen durch die in ihrer unmittelbaren Arbeitsumgebung vorhandenen Arbeitsmittel,
2. entsprechende Veränderungen, sofern diese Veränderungen jeweils Arbeitsmittel in ihrer unmittelbaren Arbeitsumgebung betreffen, auch wenn sie diese Arbeitsmittel nicht unmittelbar benutzen.

(4) Wenn für das sichere Verwenden, Einspannen oder Befestigen von Werkzeugen die Kenntnis besonderer Daten erforderlich ist, wie höchstzulässige Drehzahl, Abmessungen, Angaben über zu bearbeitende Werkstoffe oder Lager- und Ablauffristen, sind die

ArbeitnehmerInnen über diese Daten zu informieren. Erforderlichenfalls sind diese Informationen den ArbeitnehmerInnen zur Verfügung zu stellen.

Unterweisung

§ 5. (1) Wenn die Verwendung eines Arbeitsmittels mit einer Gefahr für Sicherheit und Gesundheit von ArbeitnehmerInnen verbunden ist, müssen ArbeitgeberInnen dafür sorgen, dass alle ArbeitnehmerInnen, die diese Arbeitsmittel verwenden, eine angemessene Unterweisung im Sinne des § 14 ASchG erhalten.

(2) Die Unterweisung vor der erstmaligen Verwendung von Arbeitsmitteln im Sinne des § 14 Abs. 2 Z 1 und Z 3 ASchG muss zumindest beinhalten:

1. Inbetriebnahme, Verwendung,
2. gegebenenfalls Auf- und Abbau,
3. Beseitigen von Störungen im Arbeitsablauf der Arbeitsmittel,
4. erforderlichenfalls Rüsten der Arbeitsmittel,
5. für den jeweiligen Verwendungszweck vorgesehene Schutzeinrichtungen,
6. notwendige Schutzmaßnahmen.

(3) Die Unterweisung nach Abs. 2 Z 1 kann entfallen, soweit die zu unterweisenden ArbeitnehmerInnen im Rahmen ihrer Ausbildung oder ihrer bisherigen beruflichen Tätigkeit ausreichende Kenntnisse über die Arbeitsweise und Verwendung der jeweiligen Arbeitsmittel erworben haben.

(4) Die wiederkehrende Unterweisung im Sinne des § 14 Abs. 2 ASchG muss zumindest beinhalten:

1. für den jeweiligen Verwendungszweck vorgesehene Schutzeinrichtungen,
2. notwendige Schutzmaßnahmen.

(5) ArbeitgeberInnen müssen dafür sorgen, dass die mit Instandsetzungs-, Umbau-, Instandhaltungs- und Wartungsarbeiten betrauten ArbeitnehmerInnen eine angemessene besondere Unterweisung erhalten.

(6) Bei den Unterweisungen sind Bedienungsanleitungen der Hersteller und innerbetriebliche Betriebsanweisungen zu berücksichtigen. Diese Unterlagen sind den ArbeitnehmerInnen zur Verfügung zu stellen.

Prüfpflichten

§ 6. (1) Arbeitsmittel dürfen nur verwendet werden, wenn die für sie erforderlichen Prüfungen durchgeführt wurden. Dies gilt für

1. Abnahmeprüfungen, wiederkehrende Prüfungen, Prüfungen nach außergewöhnlichen Ereignissen und Prüfungen nach Aufstellung im Sinne dieser Verordnung,
2. Erstprüfungen bzw. Prüfungen für das rechtmäßige Inverkehrbringen und die erste Betriebsprüfung bei Druckgeräten,
3. Periodische Kontrollen bzw. wiederkehrende Untersuchungen und Überprüfungen bei Druckgeräten (Dampfkesseln, Druckbehältern, Versandbehältern und Rohrleitungen),
4. Abnahmeprüfungen und regelmäßige Überprüfungen bei überwachungspflichtigen Hebeanlagen, die unter die Hebeanlagen-Betriebsverordnung 2009, BGBl. II Nr. 210/2009, fallen.

(2) Werden bei der Prüfung Mängel festgestellt, darf das Arbeitsmittel erst nach der Mängelbehebung benutzt werden.

(3) Werden bei einer wiederkehrenden Prüfung Mängel des Arbeitsmittels festgestellt, darf das Arbeitsmittel abweichend von Abs. 2 auch vor Mängelbehebung wieder benutzt werden, wenn

1. die Person, die die Prüfung durchgeführt hat, im Prüfbefund schriftlich festhält, dass das Arbeitsmittel bereits vor Mängelbehebung wieder benutzt werden darf und
2. die betroffenen ArbeitnehmerInnen über die Mängel des Arbeitsmittels informiert wurden.

Abnahmeprüfung

§ 7. (1) Folgende Arbeitsmittel sind vor der ersten Inbetriebnahme einer Abnahmeprüfung zu unterziehen:

1. Krane einschließlich Ladekrane auf Fahrzeugen, ausgenommen
   a. schienengebundene und nicht schienengebundene Fahrzeugkrane (Mobilkrane),
   b. Turmdrehkrane,
2. sonstige kraftbetriebene Arbeitsmittel zum Heben von Lasten, die vor der Verwendung eingebaut oder montiert werden müssen,
3. durch mechanische oder elektronische Führungs- bzw. Leitsysteme geführte Regalbediengeräte,
4. Fahrzeughebebühnen,
5. auf Fahrzeugen aufgebaute Ladebordwände,
6. kraftbetriebene Anpassrampen,
7. fest montierte Hubtische zur ausschließlichen Beförderung von Gütern mit einer Tragfähigkeit über 10 kN oder wenn eine Hubhöhe über 2 m erreicht werden kann,
8. Arbeitskörbe für Krane, Hubstapler und mechanische Leitern, wenn die Verwendung vom Hersteller oder Inverkehrbringer des Kranes, Hubstaplers oder der mechanischen Leiter nicht vorgesehen ist,
9. Arbeitsmittel, die vor der Verwendung am Einsatzort aus Einzelteilen zusammengebaut oder an Teilen der Umgebung, wie Gebäuden, montiert werden müssen, zum Heben von ArbeitnehmerInnen oder von Lasten und ArbeitnehmerInnen (zB Fassadenbefahrgeräte, Mastkletterbühnen, Bauaufzüge mit Personenbeförderung, Einrichtungen zur Beförderung von ArbeitnehmerInnen im Schornsteinbau),

(Anm.: Z 10 aufgehoben durch BGBl. II Nr. 21/2010)

11. kraftbetriebene Türen und Tore, einschließlich solcher von Fahrzeugen
12. Tore, die sich nach oben öffnen, mit einer Torblattfläche über 10 m2,
13. Materialseilbahnen, auf die das Seilbahngesetz 2003, BGBl. I Nr. 103/2003, aufgrund § 3 Z 2 und 3 SeilbG 2003 keine Anwendung findet,
14. Bagger und Radlader zum Heben von Einzellasten, die vom Hersteller oder Inverkehrbringer für diese Verwendung nicht vorgesehen sind,
15. fahrbare und verfahrbare Hängegerüste,
16. Förderanlagen für Untertagebauarbeiten (zB Schachtbefahrungsanlagen, Schrägaufzüge).

(Anm.: Z 17 aufgehoben durch BGBl. II Nr. 21/2010)

(2) Die Abnahmeprüfung muss mindestens folgende Prüfinhalte umfassen:

1. Prüfung des ordnungsgemäßen Zustandes, der korrekten Montage und der Stabilität,
2. Prüfung der Steuer- und Kontrolleinrichtungen,
3. erforderlichenfalls Funktionsprüfung mit und ohne Belastung,
4. Prüfung der Einhaltung der Sicherheitsfunktionen bei vorhersehbaren Störungen und Fehlbedienungen,
5. Prüfung der sicheren Zu- und Abfuhr von Stoffen und Energien,
6. Prüfung der Schutzmaßnahmen für allfällig vorhandene, nicht vermeidbare Restrisiken, wie Sicherheitsaufschriften, Warneinrichtungen und persönliche Schutzausrüstungen,

7. bei Arbeitskörben auch die Eignung des Arbeitsmittels (Kran, Hubstapler oder mechanische Leiter), mit dem der Arbeitskorb gehoben wird.

(3) Für Abnahmeprüfungen sind heranzuziehen:

1. ZiviltechnikerInnen einschlägiger Fachgebiete, insbesondere für Maschinenbau oder Elektrotechnik, oder
2. zugelassene Prüfstellen gemäß § 71 Abs. 5 der Gewerbeordnung 1994, BGBl. Nr. 194 (GewO), im Rahmen ihrer Zuständigkeit, oder
3. akkreditierte Prüf- und Überwachungsstellen nach dem Akkreditierungsgesetz, BGBl. Nr. 468/1992 (AkkG), im Rahmen ihrer Befugnisse, oder
4. Ingenieurbüros (Beratende Ingenieure) einschlägiger Fachrichtungen im Rahmen ihrer Befugnisse.

(4) Für Abnahmeprüfungen nach Abs. 1 Z 2, 4, 5, 6, 7, 10, 11 und 12 dürfen auch Inspektionsstellen für überwachungsbedürftige Hebeanlagen gemäß § 15 der Hebeanlagen-Betriebsverordnung 2009, BGBl. II Nr. 210/2009, herangezogen werden. Gleiches gilt für Krane mit einer Tragfähigkeit unter 50 kN, wenn das höchst zulässige Lastmoment unter 100 kNm liegt.

Wiederkehrende Prüfung

§ 8. (1) Folgende Arbeitsmittel sind mindestens einmal im Kalenderjahr, jedoch längstens im Abstand von 15 Monaten, einer wiederkehrenden Prüfung zu unterziehen:

1. Krane einschließlich Ladekrane auf Fahrzeugen, schienengebundene und nicht schienengebundene Fahrzeugkrane (Mobilkrane),
2. sonstige kraftbetriebene Arbeitsmittel zum Heben von Lasten, Winden und Zuggeräte,
3. durch mechanische oder elektronische Führungs- bzw. Leitsysteme geführte Regalbediengeräte,
4. Hubtische zur ausschließlichen Beförderung von Gütern,
5. Fahrzeughebebühnen,
6. auf Fahrzeugen aufgebaute Ladebordwände,
7. kraftbetriebene Anpassrampen,

(Anm.: Z 8 aufgehoben durch BGBl. II Nr. 21/2010)

9. kraftbetriebene Türen und Tore,
10. Tore, die sich nach oben öffnen, mit einer Torblattfläche über 10 m2,
11. Materialseilbahnen, auf die das Seilbahngesetz 2003, BGBl. I Nr. 103/2003, aufgrund § 3 Z 2 und 3 SeilbG 2003 keine Anwendung findet,
12. Bagger und Radlader zum Heben von Einzellasten,
13. Lastaufnahmeeinrichtungen und Anschlagmittel für Lasten oder Arbeitskörbe,
14. selbstfahrende Arbeitsmittel, ausgenommen Fahrzeuge, für die eine Prüfpflicht nach dem Kraftfahrgesetz 1967 (KFG 1967), BGBl. Nr. 267, besteht,
15. Arbeitsmittel zum Heben von ArbeitnehmerInnen oder von Lasten und ArbeitnehmerInnen,
16. Arbeitskörbe,
17. Hubstapler mit hubbewegtem Fahrerplatz,
18. Befahr- und Rettungseinrichtungen,
19. mechanische Leitern,
20. Stetigförderer, ausgenommen Förderbänder und Rollenbahnen unter 5 m Förderlänge,
21. Feuerungsanlagen für flüssige oder gasförmige Brennstoffe mit mehr als 30 kW Nennwärmeleistung,
22. Kraftbetriebene Pressen, Stanzen und Spritzgießmaschinen mit Handbeschickung oder Handentnahme,
23. Bolzensetzgeräte,
24. fahrbare und verfahrbare Hängegerüste,
25. Förderanlagen für Untertagebauarbeiten (zB Schachtbefahrungsanlagen, Schrägaufzüge),
26. mechanische Vortriebsgeräte für Untertagebauarbeiten (zB Fräsen, Aufbruchgeräte),
27. sonstige Geräte und Anlagen für Untertagebauarbeiten, auf denen ArbeitnehmerInnen transportiert oder von denen aus Arbeiten durchgeführt werden,
28. Verteilermaste.

(2) Die wiederkehrende Prüfung muss mindestens folgende Prüfinhalte umfassen:

1. Prüfung von verschleißbehafteten Komponenten wie Bremsen, Kupplungen, Rollen, Räder und Tragmitteln,
2. Einstellung von sicherheitsrelevanten Bauteilen und Sicherheitseinrichtungen wie Lastkontrolleinrichtungen, Bewegungsbegrenzungen,
3. Funktionsprüfung sicherheitsrelevanter Bauteile wie Schalteinrichtungen, Notausschaltvorrichtungen, Lichtschranken, Bewegungssensoren, Kontaktleisten, Schaltmatten, Warn- und Signaleinrichtungen, Verriegelungen,
4. bei Arbeitskörben auch die Eignung des Arbeitsmittels (Kran, Hubstapler oder mechanische Leiter), mit dem der Arbeitskorb gehoben wird.

(3) Für wiederkehrende Prüfungen von Arbeitsmitteln sind Personen nach § 7 Abs. 3 oder nach § 7 Abs. 4 heranzuziehen. Für wiederkehrende Prüfungen nach Abs. 1 Z 1 bis 14 und Z 19 bis 23 dürfen auch sonstige geeignete fachkundige Personen herangezogen werden. Für wiederkehrende Prüfungen nach Abs. 1 Z 26 und 27 dürfen auch sonstige geeignete fachkundige Personen, die vom Hersteller eingeschult wurden, herangezogen werden.

(4) Wenn wiederkehrende Prüfungen nach Abs. 1 Z 1, 2, 3, 5, 9, 12 und 19 durch fachkundige Betriebsangehörige durchgeführt werden, ist abweichend von Abs. 3 mindestens jedes vierte Jahr

1. eine Person nach § 7 Abs. 3 oder § 7 Abs. 4 heranzuziehen,
2. dafür zu sorgen, dass die fachkundigen Betriebsangehörigen dieser Prüfung beigezogen werden oder durch die PrüferInnen über allfällige Neuerungen auf dem Gebiet der Prüfinhalte oder Methoden für die Durchführung dieser Prüfung (zB durch Weitergabe des Prüfbefundes) informiert werden.

(5) Abs. 4 ist für wiederkehrende Prüfungen von Türen und Toren nach Abs. 1 Z 9 dann nicht anzuwenden, wenn die Tür bzw. das Tor sich in einem Fahrzeug befindet und die wiederkehrende Prüfung der Tür bzw. des Tors im Rahmen der wiederkehrenden Prüfung des Fahrzeugs erfolgt.

(6) Eine Prüfung nach außergewöhnlichen Ereignissen nach § 9 ersetzt eine wiederkehrende Prüfung, die sonst durchzuführen wäre.

(7) Werden Arbeitsmittel, die wiederkehrend zu prüfen sind, mehr als 15 Monate nicht verwendet, so ist die wiederkehrende Überprüfung vor der nächsten Verwendung durchzuführen.

Prüfung nach außergewöhnlichen Ereignissen

§ 9. (1) Arbeitsmittel, bei denen wiederkehrende Prüfungen (§ 8 Abs. 1) durchzuführen sind, sind nach außergewöhnlichen Ereignissen, die schädliche Einwirkungen auf die Sicherheit des Arbeitsmittels haben können, auf ihren ordnungsgemäßen Zustand zu prüfen. Zu den außergewöhnlichen Ereignissen zählen insbesondere

1. Absturz von Lasten,
2. Umstürzen des Arbeitsmittels oder von Teilen davon,

3. Kollision des Arbeitsmittels mit anderen Arbeitsmitteln oder mit Teilen der Umgebung,
4. Überlastung des Arbeitsmittels,
5. Einwirkung von großer Hitze, insbesondere bei Bränden,
6. wesentliche vom Hersteller oder Inverkehrbringer des Arbeitsmittels nicht vorgesehene Änderungen,
7. größere Instandsetzungen

(2) Zu diesen Prüfungen sind Personen nach § 7 Abs. 3 heranzuziehen. Handelt es sich um ein in § 8 Abs. 1 Z 2, 4, 6, 7, 9, 10, 13, 14, 17, 19 bis 23 angeführtes Arbeitsmittel, dürfen auch Personen nach § 7 Abs. 4 für diese Prüfung herangezogen werden.

Prüfung nach Aufstellung

§ 10. (1) Für den Fall, dass die folgenden Arbeitsmittel ortsveränderlich eingesetzt werden, sind sie nach jeder Aufstellung an einem neuen Einsatzort vor ihrer Verwendung einer Prüfung zu unterziehen:
1. Krane,
2. sonstige kraftbetriebene Arbeitsmittel zum Heben von Lasten, Winden und Zuggeräte,
3. Arbeitsmittel zum Heben von ArbeitnehmerInnen,
4. Arbeitsmittel zum Heben von Arbeitskörben,
5. Befahr- und Rettungseinrichtungen,
6. mechanische Leitern,
7. fahrbare und verfahrbare Hängegerüste,
8. Förderanlagen für Untertagebauarbeiten (zB Schachtbefahrungsanlagen, Schrägaufzüge),
9. mechanische Vortriebsgeräte für Untertagebauarbeiten (zB Fräsen, Aufbruchgeräte),
10. sonstige Geräte und Anlagen für Untertagebauarbeiten, auf denen ArbeitnehmerInnen transportiert oder von denen aus Arbeiten durchgeführt werden.

(2) Die Prüfung nach Aufstellung muss mindestens folgende Prüfinhalte umfassen:
1. nach dem erstmaligen Aufstellen des Arbeitsmittels an einem Arbeitstag der ordnungsgemäße Zustand durch Funktions- und Sichtkontrolle,
2. nach dem erstmaligen Aufstellen des Arbeitsmittels an einem Arbeitstag und bei jeder weiteren Umstellung die sichere Aufstellung,
3. bei Arbeitsmitteln, die am Einsatzort aus mehreren Einzelteilen zusammengesetzt werden, die ordnungsgemäße Montage.

(3) Für die Prüfung nach Aufstellung sind geeignete fachkundige Personen heranzuziehen.

(4) Abweichend von Abs. 3 sind für die Prüfung nach Aufstellung der folgenden Arbeitsmittel, sofern sie auf Baustellen verwendet werden, Personen nach § 7 Abs. 3 oder nach § 7 Abs. 4 heranzuziehen:
1. Krane mit Arbeitskörben, ausgenommen Ladekrane auf Fahrzeugen sowie schienengebundene und nicht schienengebundene Fahrzeugkrane (Mobilkrane) mit Arbeitskörben,
2. fahrbare und verfahrbare Hängegerüste,
3. Förderanlagen für Untertagebauarbeiten (zB Schachtbefahrungsanlagen, Schrägaufzüge).

(5) Eine wiederkehrende Prüfung nach § 8 ersetzt die sonst bei einer Prüfung nach Aufstellung durchzuführende Funktions- und Sichtkontrolle.

Prüfbefund, Prüfplan

§ 11. (1) Die Ergebnisse folgender Prüfungen sind in einem Prüfbefund festzuhalten:
1. Abnahmeprüfungen,
2. wiederkehrende Prüfungen,
3. Prüfungen nach außergewöhnlichen Ereignissen,
4. Prüfung nach Aufstellung von Kranen, die vor der Verwendung am Einsatzort aus Einzelteilen zusammengebaut werden müssen, wie z. B. Turmdrehkrane, Fahrzeugkrane (Mobilkrane) mit getrennt angeliefertem Zusatzausleger, Fahrzeugkrane (Mobilkrane) mit zerlegt angeliefertem Gittermast,
5. Prüfung nach Aufstellung von Kranen mit Arbeitskörben auf Baustellen, ausgenommen schienengebundene und nichtschienengebundene Fahrzeugkrane (Mobilkrane) und Ladekrane auf Fahrzeugen mit Arbeitskörben,
6. Prüfung nach Aufstellung von Arbeitsmitteln zum Heben von ArbeitnehmerInnen auf Baustellen, die vor der Verwendung am Einsatzort aus Einzelteilen zusammengebaut oder an Teilen der Umgebung, wie Gebäuden, montiert werden müssen (zB Fassadenbefahrgeräte, Mastkletterbühnen, Hängebühnen, Dachdeckerfahrstühle, Bauaufzüge mit Personenbeförderung),
7. Prüfung nach Aufstellung von sonstigen kraftbetriebenen Arbeitsmitteln zum Heben von Lasten, Winden und Zuggeräten auf Baustellen, die vor der Verwendung am Einsatzort aus Einzelteilen zusammengebaut werden müssen,
8. Prüfung nach Aufstellung von fahrbaren und verfahrbaren Hängegerüsten,
9. Förderanlagen für Untertagebauarbeiten (zB Schachtbefahrungsanlagen, Schrägaufzüge).

(2) Der Prüfbefund muss beinhalten:
1. Prüfdatum,
2. Namen und Anschrift des Prüfers bzw. Bezeichnung der Prüfstelle,
3. Unterschrift des Prüfers,
4. Ergebnis der Prüfung,
5. Angaben über die Prüfinhalte.

(3) Die Prüfbefunde sind von den ArbeitgeberInnen bis zum Ausscheiden des Arbeitsmittels aufzubewahren. Am Einsatzort des Arbeitsmittels müssen Prüfbefunde oder Kopien über die letzte Abnahmeprüfung, über die wiederkehrenden Prüfungen und über die Prüfungen nach Aufstellung vorhanden sein.

(3a) Abs. 3 zweiter Satz gilt nicht, wenn lediglich für die wiederkehrenden Prüfungen eines Arbeitsmittels ein Prüfbefund erforderlich ist und am Arbeitsmittel eine Prüfplakette angebracht ist, die
1. das Datum der letzten wiederkehrenden Prüfung aufweist,
2. eine eindeutige Zuordnung zum Prüfbefund des Arbeitsmittels aufweist,
3. unverwischbar und gut lesbar beschriftet ist,
4. an gut sichtbarer Stelle am Arbeitsmittel angebracht ist.

(4) Für folgende Arbeitsmittel ist ein Prüfplan gemäß § 37 Abs. 5 ASchG zu erstellen:
1. Arbeitsmittel, die vor der Verwendung am Einsatzort aus Einzelteilen zusammengebaut werden müssen, zum Heben von ArbeitnehmerInnen oder von Lasten und ArbeitnehmerInnen, wie insbesondere Fassadenbefahrgeräte, Mastkletterbühnen, Hängebühnen, Hängegerüste,
2. Krane und mechanische Leitern mit Arbeitskörben auf Baustellen.

Aufstellung

§ 12. (1) Arbeitsmittel sind so aufzustellen, dass ArbeitnehmerInnen für die Benutzung des Arbeitsmittels sicheren Zugang zu allen hiefür erforderlichen Stellen haben. An diesen Stellen muss ein gefahrloser Aufenthalt möglich sein.

(2) Bei Arbeitsmitteln sind festverlegte Bedienungsstiegen anzubringen, wenn dies für einen sicheren Zugang der ArbeitnehmerInnen zu den für die Durchführung der Pro-

duktions- und Einstellungsarbeiten am Arbeitsmittel notwendigen Stellen erforderlich ist. Sofern die Errichtung von Bedienungsstiegen aus technischen Gründen nicht möglich ist, sind festverlegte Leitern oder Steigeisen, die auf Plattformen oder Podeste führen, anzubringen.

Funktionskontrolle von Schutzeinrichtungen

§ 13. (1) Bei ortsfesten Arbeitsmitteln sind nach dem Aufstellen Schutzeinrichtungen wie Lichtschranken, Lichtvorhänge, Schaltleisten, Trittschaltmatten, Zweihandschaltungen, öffenbare Verkleidungen, Verdeckungen und Umwehrungen sowie Notausschaltvorrichtungen einer Kontrolle hinsichtlich ihrer einwandfreien sicherheitstechnischen Funktion zu unterziehen.

(2) Nach Reparaturen, die Auswirkungen auf die Schutzeinrichtungen haben könnten, sind ebenfalls Funktionskontrollen im Sinne des Abs. 1 durchzuführen.

Erprobung

§ 14. (1) Soweit dies aus technischen Gründen erforderlich ist, sind für die notwendige Erprobung eines Arbeitsmittels Abweichungen von den für den Normalbetrieb vorgesehenen Schutzmaßnahmen und die Benutzung des Arbeitsmittels ohne die vorgesehenen Schutzeinrichtungen zulässig.

(2) Für eine Erprobung nach Abs. 1 gilt:

1. Es sind geeignete Schutzmaßnahmen gegen Gefahren, mit denen zu rechnen ist, festzulegen, im Sinne des § 5 ASchG zu dokumentieren und durchzuführen.
2. Die Durchführung dieser Schutzmaßnahmen ist zu überwachen.
3. Für die Erprobung dürfen nur geeignete fachkundige Personen herangezogen werden.
4. Die für die Erprobung herangezogenen ArbeitnehmerInnen sind vor Beginn der Arbeiten über das Verhalten bei Unregelmäßigkeiten oder Störungen, die während der Erprobung auftreten können, zu unterweisen.
5. Mit der Erprobung darf erst begonnen werden, wenn die erforderlichen Sicherheits-, Warn- und Messeinrichtungen betriebsbereit und funktionsfähig sind.
6. Während der Erprobung müssen Gefahrenbereiche entsprechend der Kennzeichnungsverordnung (KennV), BGBl. II Nr. 101/1997, gekennzeichnet sein.
7. Während der Erprobung müssen Gefahrenbereiche mit Vorrichtungen ausgestattet sein, die unbefugte ArbeitnehmerInnen am Betreten dieser Bereiche hindern.
8. Im Gefahrenbereich dürfen sich nur die für die Durchführung der Erprobung unbedingt erforderlichen ArbeitnehmerInnen aufhalten.

(3) Wenn mit einer ernsten und unmittelbaren Gefahr zu rechnen ist, sind besondere Fluchtwege vorzusehen. Diese Fluchtwege sind entsprechend der KennV zu kennzeichnen.

(4) Falls es auf Grund der Art oder des Umfanges der Erprobung oder wegen sonstiger besonderer Verhältnisse zur Vermeidung einer möglichen Gefährdung der ArbeitnehmerInnen erforderlich ist, ist eine fachkundige Person mit der Planung der Erprobung zu beauftragen und muss während der Erprobung eine Aufsicht durch eine geeignete fachkundige Person erfolgen.

(5) Soweit eine Erprobung von maschinellen und elektrischen Arbeitsmitteln und Anlagen in mineralgewinnenden Betrieben notwendig ist, ist für die systematische Erprobung ein Plan zu erstellen. Über die Erprobungen sind Aufzeichnungen zu führen.

Verwendung

§ 15. (1) Durch geeignete Schutzeinrichtungen und Schutzmaßnahmen ist für das sichere Zuführen und Abführen von Werkstücken und Werkstoffen zu sorgen. Soweit sich aus § 35 Abs. 1 Z 2 ASchG in Verbindung mit der Bedienungsanleitung und aus dem 2. Abschnitt dieser Verordnung nicht etwas anderes ergibt, gilt Folgendes:

1. Werkstücke, die auf Grund der beim Bearbeitungsvorgang entstehenden Kräfte nicht mit der Hand gehalten oder geführt werden können, sind in geeignete Spann- oder Halteeinrichtungen der Arbeitsmittel einzuspannen, oder es sind andere geeignete Einrichtungen gegen ein Wegschleudern der Werkstücke zu verwenden.
2. Einzuspannende Werkzeuge und Werkstücke sind so zu befestigen, dass sie sich beim Arbeitsvorgang nicht lösen können.
3. Beim Bearbeiten kleiner oder schmaler Werkstücke, die den Werkzeugen von Hand zugeführt werden, sind geeignete Halte-, Spann- oder Zuführungsvorrichtungen zu verwenden.
4. Beim Bearbeiten langer Werkstücke, die den Werkzeugen von Hand zugeführt werden, sind nach Erfordernis geeignete Auflageeinrichtungen zu verwenden.
5. Wenn ein Zuführen, Nachstopfen, Nachdrücken, Abstreifen, Abstoßen oder Entfernen der zu bearbeitenden Werkstücke oder der zu verarbeitenden Werkstoffe von Hand aus erforderlich ist, sind geeignete Hilfsmittel, wie Schiebeladen, Stößel oder Zangen, zu verwenden.

(2) Arbeitsmittel sind auszuschalten, wenn dies zur Vermeidung einer Gefährdung der ArbeitnehmerInnen erforderlich ist. Soweit sich aus § 35 Abs. 1 Z 2 ASchG in Verbindung mit der Bedienungsanleitung und aus dem 2. Abschnitt dieser Verordnung nicht etwas anderes ergibt, gilt Folgendes:

1. Arbeitsmittel, die eine dauernde Beobachtung des Arbeitsvorganges aus Sicherheitsgründen erfordern, sind bei Verlassen des Arbeitsplatzes auszuschalten.
2. Arbeitsmittel, deren Wiederanlaufen nach einem Energieausfall zu einer Gefahr für ArbeitnehmerInnen führen kann, sind bei Energieausfall auszuschalten.
3. Handgeführte motorisch angetriebene Arbeitsmittel dürfen nur bei stillstehendem Werkzeug abgelegt werden.
4. Fahrbare Maschinen sowie Maschinen, die bei der Verwendung mit der Hand gehalten werden, dürfen nur in ausgeschaltetem Zustand transportiert werden.

(3) Späne, Splitter oder Abfälle aller Art dürfen aus der Nähe bewegter Teile, Werkzeuge oder Werkstücke nicht mit der Hand entfernt werden. Es sind geeignete Hilfsmittel zu verwenden. Zum Entfernen dürfen nur solche Hilfsmittel zur Verfügung gestellt werden, an deren Griffen ein Hängenbleiben nicht möglich ist.

(4) Für den Fall, dass aus fertigungstechnischen Gründen einzelne bestimmte Arbeitsvorgänge auf Arbeitsmitteln nur durchgeführt werden können, wenn vorübergehend Schutzeinrichtungen ganz oder teilweise abgenommen oder außer Wirksamkeit gesetzt sind, gilt abweichend von § 35 Abs. 1 Z 4 und 5 ASchG Folgendes:

1. Es sind geeignete Schutzmaßnahmen festzulegen und durchzuführen.
2. Die Durchführung dieser Schutzmaßnahmen ist zu überwachen.
3. Es dürfen für die Durchführung dieser Arbeitsvorgänge nur eigens beauftragte ArbeitnehmerInnen herangezogen werden.

4. Diese ArbeitnehmerInnen sind vor Beginn der Arbeiten besonders zu unterweisen.
5. Nach Beendigung solcher Arbeitsvorgänge darf erst weiter gearbeitet werden, wenn die Schutzeinrichtungen wieder angebracht und wirksam sind.

(5) Arbeiten unter beweglichen oder an gehobenen Arbeitsmitteln oder unter Teilen derselben dürfen nur durchgeführt werden, wenn diese Arbeitsmittel oder Teile in geeigneter Weise gegen unbeabsichtigtes Bewegen gesichert sind.

(6) Geschlossene Behälter dürfen nur dann erhitzt werden, wenn das Entstehen einer gefahrbringenden Druckerhöhung durch entsprechende Schutzmaßnahmen verhindert ist.

Wartung

§ 16. (1) Die Wartung im Sinne des § 38 Abs. 1 ASchG hat sich insbesondere auf Schutzeinrichtungen und sonstige für die Sicherheit von ArbeitnehmerInnen relevante Teile von Arbeitsmitteln zu erstrecken.

(2) Für die systematische Wartung von maschinellen und elektrischen Arbeitsmitteln und Anlagen in mineralgewinnenden Betrieben ist ein geeigneter Plan zu erstellen.

(3) Für die Wartung von Arbeitsmitteln sind geeignete fachkundige Personen heranzuziehen.

(4) Für die in § 8 Abs. 1 Z 1 bis 3 und 11 bis 15 angeführten Arbeitsmittel sind Wartungsbücher zu führen. In die Wartungsbücher sind die durchgeführten Wartungen unter Angabe der gewarteten Teile der Arbeitsmittel einzutragen.

Besondere Arbeiten

§ 17. (1) Einstell-, Wartungs- , Instandhaltungs- und Reinigungsarbeiten sowie Arbeiten zur Beseitigung von Störungen dürfen nicht an in Betrieb befindlichen Arbeitsmitteln durchgeführt werden. Durch geeignete Maßnahmen ist ein unbeabsichtigtes, unbefugtes oder irrtümliches Einschalten der Arbeitsmittel zu verhindern.

(2) Wenn dies aus technischen Gründen notwendig ist, dürfen abweichend von Abs. 1 solche Arbeiten an in Betrieb befindlichen Arbeitsmitteln durchgeführt werden. Soweit sich aus § 35 Abs. 1 Z 2 ASchG in Verbindung mit der Bedienungsanleitung und aus dem 2. Abschnitt dieser Verordnung nicht etwas anderes ergibt, gilt in diesen Fällen Folgendes:

1. Es sind geeignete Schutzmaßnahmen festzulegen und durchzuführen.
2. Die Durchführung dieser Schutzmaßnahmen ist zu überwachen.
3. Für die Arbeiten dürfen nur geeignete fachkundige ArbeitnehmerInnen herangezogen werden.
4. Diese ArbeitnehmerInnen sind für diese Arbeiten besonders zu unterweisen.

(3) Abs. 1 und 2 gelten nicht für Arbeiten, die offensichtlich auch an in Betrieb befindlichen Arbeitsmitteln gefahrlos möglich sind.

2. ABSCHNITT

BESONDERE REGELUNGEN FÜR DIE BENUTZUNG BESTIMMTER ARBEITSMITTEL

Arbeitsmittel zum Heben von Lasten

§ 18. (1) Bei der Auswahl von Arbeitsmitteln zum Heben von Lasten sowie der Lastaufnahmeeinrichtungen und Anschlagmittel für Lasten sind im Sinne des § 33 Abs. 3 Z 1 ASchG die zu handhabenden Lasten, die Greif- und Anschlagpunkte, die Einhakvorrichtungen, die Witterungsbedingungen sowie die Art und Weise des Anschlagens oder Aufnehmens von Lasten zu berücksichtigen.

(2) Durch geeignete Maßnahmen ist bei der Benutzung von Arbeitsmitteln zum Heben von Lasten für die Standsicherheit des Arbeitsmittels und das sichere Aufnehmen, Bewegen und Absetzen der Last zu sorgen. Soweit sich aus § 35 Abs. 1 Z 2 ASchG in Verbindung mit der Bedienungsanleitung nicht etwas anderes ergibt, gilt Folgendes:

1. Die Arbeitsmittel sind auf tragfähigem Unterbau oder Untergrund standsicher aufzustellen und so zu verwenden, dass ihre Standsicherheit gewahrt bleibt.
2. Die Arbeitsmittel sind unter Aufsicht einer geeigneten fachkundigen Person unter Anwendung der jeweils notwendigen Sicherheitsmaßnahmen aufzustellen und abzutragen.
3. Wenn zum Heben von Lasten besondere Sicherheitsmaßnahmen oder die Kenntnis besonderer sicherheitstechnischer Angaben, insbesondere Anschlagpunkt, Schwerpunkt oder Gewicht, erforderlich sind, so ist dafür Sorge zu tragen, dass die das Arbeitsmittel benutzenden ArbeitnehmerInnen über diese Besonderheiten informiert werden.
4. Von Hand angeschlagene Lasten dürfen erst auf Anweisung des Anschlägers oder gegebenenfalls des Einweisers bewegt werden.
5. Lasten sind so zu befördern, dass sie an Hindernissen nicht hängen bleiben und ein Herabfallen hintangehalten wird. Auf die Gefahr des Auspendelns oder Kippens der Last insbesondere zufolge von Windangriff ist zu achten.
6. Hängende Lasten sind zu überwachen, außer wenn der Zugang zum Gefahrenbereich durch geeignete Maßnahmen verhindert wird oder die Last so aufgenommen ist, dass keine Gefährdung entsteht und die Last sicher im hängenden Zustand gehalten wird.

(3) Es ist dafür zu sorgen, dass sich keine ArbeitnehmerInnen unter hängenden Lasten aufhalten.

(4) Hängende Lasten dürfen nicht über ungeschützte ständige Arbeitsplätze bewegt werden. In jenen Fällen, in denen dies nicht möglich ist, sind geeignete Schutzmaßnahmen festzulegen und durchzuführen.

(5) Für Baustellen gilt abweichend von Abs. 4, dass das Hinwegführen von Lasten über ArbeitnehmerInnen möglichst zu vermeiden ist.

(6) In folgenden Fällen dürfen Lasten keinesfalls über ArbeitnehmerInnen hinweggeführt werden:

1. wenn Lastaufnahmeeinrichtungen verwendet werden, die die Last durch Magnet-, Saug- oder Reibungskräfte ohne zusätzliche Sicherung halten,
2. beim Transport von feuerflüssigen Massen, explosionsgefährlichen, brandgefährlichen und gesundheitsgefährdenden Arbeitsstoffen.

(7) Auf Lastaufnahmeeinrichtungen und Anschlagmitteln sind die zulässige Belastung und gegebenenfalls die Bedingungen, unter denen sie gilt, deutlich anzugeben. Erforderlichenfalls ist auch die Eigenlast anzugeben. Lastaufnahmeeinrichtungen und Anschlagmittel dürfen über die zulässige Belastung hinaus nicht belastet werden. Lastaufnahmeeinrichtungen und Anschlagmittel sind so aufzubewahren, dass ihre Beschädigung und die Beeinträchtigung ihrer Funktionsfähigkeit ausgeschlossen sind.

(8) Wenn die Gefahr des unbeabsichtigten Lösens der Last oder des Hängenbleibens des Lasthakens besteht, dürfen nur Lasthaken verwendet werden, die entweder als Sicherheitshaken ausgebildet sind oder eine solche

Form haben, dass ein unbeabsichtigtes Lösen der Last nicht erfolgen kann.

(9) Anschlagmittel sowie Lastaufnahmemittel sind in sicherer Weise zu verbinden. Sofern Anschlagmittel bzw. Lastaufnahmemittel nach der Benutzung nicht getrennt werden, sind die Verbindungen deutlich zu kennzeichnen.

Krane

§ 19. (1) Für die Benutzung von Kranen sind unter Berücksichtigung der betrieblichen Gegebenheiten schriftliche Betriebsanweisungen zu erstellen. Diese Betriebsanweisungen müssen mindestens Sicherheitsregeln für folgende Bereiche enthalten:

1. Aufnehmen, den Transport und das Absetzen von Lasten,
2. gegebenenfalls Betreten von Kranen und Kranbahnen,
3. Verständigung zwischen Last-Anschläger, Einweiser und Kranführer,
4. Umrüstung und Wartung von Kranen, Aufbau und Abbau von Kranen,
5. gegebenenfalls Betrieb von Kranen mit einander überschneidenden Arbeitsbereichen,
6. gegebenenfalls Heben von Lasten durch zwei oder mehrere Krane,
7. bei im Freien verwendeten Kranen das Verhalten in der Nähe von Freileitungen,
8. bei im Freien verwendeten Kranen das Verhalten bei Berührung von Freileitungen,
9. Verhalten bei Windeinwirkung oder Gewittern, falls Regelungen auf diesem Gebiet auf Grund des Aufstellungsortes und der Art des Krans für die Sicherheit der ArbeitnehmerInnen erforderlich sind,
10. Sicherung gegen Inbetriebnahme durch Unbefugte.

(2) Der Einsatz von Kranen ist ordnungsgemäß zu planen und so zu überwachen und durchzuführen, dass die Sicherheit der ArbeitnehmerInnen gewährleistet wird. Insbesondere ist für die Einhaltung der Betriebsanweisung nach Abs. 1 zu sorgen.

(3) Mit dem Führen eines Krans dürfen nur ArbeitnehmerInnen beschäftigt werden, die über eine Fahrbewilligung im Sinne des § 33 verfügen.

(4) Die Funktion der Bremsen, der Betriebs- oder Notendschalter und der Warneinrichtungen sind täglich bei der erstmaligen Inbetriebnahme durch den Kranführer zu überprüfen.

(5) Werden zwei oder mehrere Krane mit einander überschneidenden Arbeitsbereichen eingesetzt, so sind geeignete Maßnahmen durchzuführen, um Gefahr bringende Zusammenstöße zwischen den Lasten oder zwischen den Kranen selbst zu verhindern.

(6) Wenn der Weg der Last oder des Lastaufnahmemittels vom Kranführer nicht über die gesamte Länge einsehbar ist, sind geeignete Maßnahmen, wie Bestellung eines Einweisers, durchzuführen, um Gefahr bringende Zusammenstöße mit der Last zu verhindern.

(7) Wenn eine Last durch zwei oder mehrere Krane gehoben werden soll, ist die Koordination der Kranführer zu gewährleisten.

(8) Die Verwendung von Kranen im Freien ist einzustellen, sobald sich die Wetterbedingungen derart verschlechtern, dass die Sicherheit von ArbeitnehmerInnen nicht mehr gewährleistet ist, insbesondere durch Beeinträchtigung der Funktionssicherheit oder der Standsicherheit des Krans.

(9) Während des Einsatzes eines Fahrzeugkrans (Mobilkrans) sind geeignete Maßnahmen zu treffen, um dessen Standsicherheit zu gewährleisten.

Fahrzeughebebühnen, Hubtische, Ladebordwände

§ 20. (1) Bei Verwendung von Fahrzeughebebühnen gilt Folgendes:

1. Die Lasten sind so auf das Lastaufnahmemittel aufzubringen und erforderlichenfalls zu sichern, dass eine unbeabsichtigte Lageveränderung verhindert wird.
2. Während der Bewegung von Fahrzeughebebühnen dürfen sich keine ArbeitnehmerInnen unter der Hebebühne aufhalten.
3. Es dürfen nur geeignete Lastaufnahme- oder Tragmittel verwendet werden. Diese müssen sicher aufgelegt, aufgesteckt oder sind in einer sonst geeigneten Weise mit der Hebebühne fest zu verbinden.

(2) Bei Verwendung von Hubtischen gilt Folgendes:

1. Die Lasten sind so auf das Lastaufnahmemittel aufzubringen, dass eine unbeabsichtigte Lageveränderung verhindert wird.
2. Unterhalb von Hubtischen dürfen sich keine ArbeitnehmerInnen aufhalten.

(3) Bei Verwendung von auf Fahrzeugen aufgebauten Ladebordwänden gilt Folgendes:

1. Geöffnete Ladebordwände sind durch geeignete Warnzeichen deutlich sichtbar zu kennzeichnen.
2. Wenn die Gefahr besteht, dass Ladungen wegrollen, wegrutschen oder in anderer gefährlicher Weise ihre Lage verändern können, sind geeignete Vorkehrungen zur Sicherung der Last auf der Ladebordwand zu treffen.
3. Fahrzeuge dürfen nicht mit geöffneter Ladebordwand verfahren werden. Ausgenommen sind Bewegungen zum Positionieren des Fahrzeuges an der Ladestelle bei unbeladener Ladebordwand.
4. Lasten dürfen nicht mit der Ladebordwand in das Kraftfahrzeug eingekippt werden.
5. Lasten dürfen nicht mit der Ladebordwand verschoben werden.

(4) ArbeitnehmerInnen dürfen nicht auf Ladebordwänden befördert werden. Abweichendes gilt nur für das Mitfahren einer Arbeitnehmerin/eines Arbeitnehmers, die/der das Ladegut manipuliert, wenn sie/er während der gesamten Arbeitsbewegung die Steuerung bedienen kann. Die Steuerung muss ohne Selbsthaltung ausgeführt sein.

Heben von ArbeitnehmerInnen

§ 21. (1) Für das Heben von ArbeitnehmerInnen dürfen nur dafür geeignete Arbeitsmittel benutzt werden. Dazu gehören insbesondere Hubarbeitsbühnen, Mastkletterbühnen, Fassadenbefahrgeräte, Hängebühnen, Hebeeinrichtungen von Bühnen und vergleichbare Arbeitsmittel. Auf Arbeitsmitteln, die zum Heben von Lasten bestimmt sind, dürfen ArbeitnehmerInnen nur befördert werden, wenn sie über gesicherte Einrichtungen zur Personenbeförderung verfügen, insbesondere Arbeitskörbe.

(2) Der Aufstellungsort von Arbeitsmitteln zum Heben von ArbeitnehmerInnen ist erforderlichenfalls gegen das Anstoßen durch selbstfahrende Arbeitsmittel und Fahrzeuge zu sichern.

(3) Auf Arbeitsmitteln zum Heben von ArbeitnehmerInnen und in Einrichtungen zur Personenbeförderung darf nur das für die auszuführenden Arbeiten unbedingt erforderliche Werkzeug und Material mitgenommen werden. Mitgeführte Lasten sind so aufzubringen, dass eine Beeinträchtigung der Standsicherheit des Arbeitsmittels verhindert wird.

(4) Ist ein gefahrloses Absenken der Arbeitsplattform bei Energieausfall oder einer anderen Störung nicht

möglich, ist für eine sichere Bergung der auf der Arbeitsplattform sich befindenden ArbeitnehmerInnen vorzusorgen.

(5) Solange sich ArbeitnehmerInnen auf der Arbeitsplattform aufhalten, darf das Arbeitsmittel nicht verfahren werden, außer es handelt sich um eine Versetzfahrt. Soweit sich aus § 35 Abs. 1 Z 2 ASchG in Verbindung mit der Betriebsanleitung nicht etwas anderes ergibt, gilt für solche Versetzfahrten Folgendes:

1. Fahrbewegungen dürfen nur auf Weisung der ArbeitnehmerInnen auf der Arbeitsplattform durchgeführt werden. Erforderlichenfalls sind geeignete Signale zur Verständigung zu vereinbaren.
2. Die Standsicherheit darf nicht beeinträchtigt werden.
3. Ist während des Bewegungsvorganges die Gefahr des Anstoßens des Arbeitsmittels an Hindernisse nicht auszuschließen, so ist durch geeignete Maßnahmen, insbesondere Einweiser, für die Sicherheit der auf der Arbeitsplattform befindlichen ArbeitnehmerInnen zu sorgen.
4. Die Fahrgeschwindigkeit ist so zu wählen, dass die Sicherheit der auf der Arbeitsplattform befindlichen ArbeitnehmerInnen während des ganzen Bewegungsvorganges gewährleistet bleibt.

(6) Der Standplatz auf der Arbeitsplattform darf nicht durch Einrichtungen oder Gegenstände erhöht werden.

(7) Für das Heben von ArbeitnehmerInnen mit Hebeeinrichtungen, wie Hubpodien und Versenkeinrichtungen von Bühnen, gilt Folgendes:

1. Anweisungen zur Auslösung von Bewegungsvorgängen müssen gut wahrnehmbar und eindeutig erfolgen.
2. Bewegungsvorgänge, die Gefährdungen verursachen können, dürfen nur ausgeführt werden, wenn die Geschwindigkeit der Situation angemessen ist und Schutzeinrichtungen zur Sicherung der Gefahrenstellen vorhanden sind oder die Gefahrenstellen vom Bediener der Hebeeinrichtung überwacht werden und diese deutlich gekennzeichnet sind.

Arbeitskörbe

§ 22. (1) Arbeitskörbe dürfen nur mit Kranen, mechanischen Leitern und Hubstaplern gehoben werden, die vom Hersteller oder Inverkehrbringer dafür vorgesehen sind, oder deren Eignung gemäß § 7 Abs. 1 Z 8 festgestellt wurde. Werden Arbeitskörbe mit Arbeitsmitteln zum Heben von Lasten gehoben, gilt § 21 Abs. 2 bis 6. Sind diese Arbeitsmittel nicht zum Heben von ArbeitnehmerInnen vorgesehen und besteht die Möglichkeit von Verwechslungen, muss eine Kennzeichnung deutlich sichtbar angebracht werden.

(2) Für die Verwendung von Arbeitskörben gilt Folgendes:

1. Arbeitskörbe dürfen nur für kurzfristige Arbeiten verwendet werden.
2. Die zulässige Personenanzahl, die zulässige Nutzlast und das zulässige Gesamtgewicht dürfen nicht überschritten werden.
3. Arbeitskörbe dürfen nur betreten oder verlassen werden, wenn sie auf einer ebenen und standfesten Unterlage abgestellt sind oder auf andere Weise so gesichert sind, dass das Betreten oder Verlassen gefahrlos erfolgen kann.
4. Arbeitskörbe dürfen nicht mit mehr als 0,5 m/s gehoben oder gesenkt werden.

(3) Bei der Verwendung von Arbeitskörben, deren Hubbewegung nicht vom Arbeitskorb aus gesteuert wird, gilt darüber hinaus Folgendes:

1. Arbeitskörbe dürfen nur nach Weisung der im Arbeitskorb befindlichen ArbeitnehmerInnen gehoben oder gesenkt werden. Erforderlichenfalls sind geeignete Signale zur Verständigung zu vereinbaren.
2. Ist eine Verständigung zwischen den ArbeitnehmerInnen im Korb und der Person, die die Bewegung des Arbeitskorbes steuert, nicht sichergestellt, darf die Bewegung des Arbeitskorbes nur nach den Anweisungen eines Einweisers erfolgen.
3. Die Bedienungsperson darf, solange sich ArbeitnehmerInnen im Arbeitskorb befinden, den Bedienungsstand des Lasthebemittels nicht verlassen.

(4) Werden Arbeitskörbe mit Kranen gehoben, gilt Folgendes:

1. Arbeitskörbe dürfen bei Gewitter und bei Wind, durch den ein starkes Pendeln des Arbeitskorbes verursacht werden kann, nicht verwendet werden.
2. Die ArbeitnehmerInnen im Arbeitskorb sind mit einem Auffangsystem gegen Absturz zu sichern, wenn die Gefahr eines unbeabsichtigten Kippens des Arbeitskorbes oder die Gefahr des Herausfallens von ArbeitnehmerInnen besteht.
3. Der Arbeitskorb, die Anschlagmittel und das ordnungsgemäße Einhängen in den Kranhaken sind nach jedem neuerlichen Einhängen des Arbeitskorbes durch eine geeignete fachkundige Person zu überprüfen.
4. Arbeitskörbe sind erforderlichenfalls durch Leitseile zu führen.
5. Bei Kranen mit einander überschneidenden Arbeitsbereichen dürfen die übrigen Krane nicht in den Arbeitsbereich von Arbeitskörben einschwenken.
6. Arbeitskörbe dürfen nicht mit einer höheren Geschwindigkeit als 1 m/s in horizontaler Richtung bewegt werden.
7. Der Einsatz von Arbeitskörben auf Baustellen darf nur von der Aufsichtsperson gemäß § 4 BauV angeordnet werden.
8. Die Be- und Entladung von Arbeitskörben für das Heben von Lasten und Personen muss so vorgenommen werden, dass für ArbeitnehmerInnen keine Gefahren auf Grund der Gewichtsentlastung entstehen können.
9. Als Kranführer dürfen unabhängig von der Art des Krans nur Personen eingesetzt werden, die über einen Nachweis der Fachkenntnisse für das Führen von Kranen gemäß § 62 Abs. 2 ASchG verfügen.

(5) Werden Arbeitskörbe mit Hubstaplern gehoben, gilt Folgendes:

1. Der Hubstapler darf nur auf ebenem und tragfähigem Untergrund aufgestellt werden.
2. Der Arbeitskorb darf nur bei stillstehendem und gebremstem Hubstapler angehoben werden.
3. Der Arbeitskorb, dessen Befestigung auf der Hubvorrichtung sowie der Hubstapler sind nach jeder neuerlichen Montage des Korbes durch eine geeignete fachkundige Person auf ordnungsgemäßen Zustand zu überprüfen.

Selbstfahrende Arbeitsmittel, Ladevorrichtungen

§ 23. (1) Durch geeignete Maßnahmen ist für eine sichere Abwicklung des innerbetrieblichen Verkehrs mit selbstfahrenden Arbeitsmitteln zu sorgen. Insbesondere sind geeignete Maßnahmen festzulegen und durchzuführen, um eine Gefährdung der ArbeitnehmerInnen durch Umkippen, Überrollen, Wegrollen oder Anstoßen des Arbeitsmittels oder durch einen Zusammenstoß von Arbeitsmitteln und einen Gefahr bringenden Kontakt von ArbeitnehmerInnen mit dem Arbeitsmittel zu verhindern.

(2) Für die Benutzung von selbstfahrenden Arbeitsmitteln sind unter Berücksichtigung der betrieblichen Gegebenheiten schriftliche Betriebsanweisungen zu erstellen. Für die Einhaltung der Betriebsanweisungen ist zu sorgen. Durch diese Betriebsanweisungen sind die notwendigen Maßnahmen im Sinne des Abs. 1 festzulegen, insbesondere Sicherheits- und Verkehrsregeln
1. für das Aufnehmen, die Sicherung, den Transport und das Absetzen von Lasten,
2. für das Be- und Entladen des Arbeitsmittels,
3. gegebenenfalls für den Transport von Personen,
4. gegen die Inbetriebnahme des Arbeitsmittels durch Unbefugte,
5. für den Fahrbetrieb,
6. für die In- und Außerbetriebnahme.

(3) Wird ein selbstfahrendes Arbeitsmittel auch für das Heben von Lasten eingesetzt, so ist in der Betriebsanweisung nach Abs. 2 auch auf die Anforderungen nach § 18 Abs. 2 bis 8 Bedacht zu nehmen.

(4) *(entfällt gemäß BGBl. II Nr. 21/2010)*

(5) Der Sicherheit dienende Vorrichtungen von Fahrzeugen, wie Bremsen, Beleuchtung und Warneinrichtungen, sind täglich bei der erstmaligen Inbetriebnahme durch die LenkerInnen zu überprüfen.

(6) ArbeitnehmerInnen dürfen nur auf sicheren und für diesen Zweck ausgerüsteten Plätzen befördert werden.

(7) Soweit sich aus § 35 Abs. 1 Z 2 ASchG in Verbindung mit der Bedienungsanleitung nicht etwas anderes ergibt, darf die Fahrgeschwindigkeit 2,5 m/s nicht überschreiten, wenn ArbeitnehmerInnen Arbeiten von selbstfahrenden Arbeitsmitteln aus durchführen müssen.

(8) Besteht die Gefahr eines Brandes durch selbstfahrende Arbeitsmittel oder Ladungen, sind die Arbeitsmittel mit entsprechenden Brandbekämpfungseinrichtungen auszurüsten. Dies gilt nicht, wenn am Einsatzort ausreichend nahe Brandbekämpfungseinrichtungen vorhanden sind.

(9) Für die Verwendung von Ladevorrichtungen, wie Gleitschienen, Gleitpfosten oder Ladebrücken, gilt Folgendes:
1. Sie dürfen nur verwendet werden, wenn sie genügend tragfähig sind.
2. Sie sind gegen Abrutschen, unzulässiges Durchbiegen, unbeabsichtigtes Verschieben und Umkanten zu sichern.
3. Es dürfen nur Ladebrücken verwendet werden, von denen Flüssigkeiten leicht abfließen können.
4. Bereiche unter Ladevorrichtungen sowie Bereiche zwischen Gleitschienen und Gleitpfosten dürfen während des Transportes von Lasten nicht betreten werden.

Maßnahmen bei Arbeiten in kleinen, engen oder schlechtbelüfteten Räumen und Behältern

§ 23a. (1) Für Arbeiten in kleinen, engen oder schlechtbelüfteten Räumen und Behältern wie beispielsweise Schächte, Gruben, Kanäle oder Rohrleitungen, bei denen eine der folgenden Gefahren nicht ausgeschlossen werden kann, sind schriftliche Betriebsanweisungen zu erstellen:
1. Gefahren durch gesundheitsgefährdende Arbeitsstoffe,
2. Gefahren durch brand- und explosionsgefährliche Arbeitsstoffe,
3. Gefahren durch Sauerstoffmangel,
4. mechanische Gefahren durch Einbauten in den kleinen, engen oder schlechtbelüfteten Räumen und Behältern wie z. B. durch Rührwerke und Zuführungseinrichtungen,
5. Gefahren durch unter Druck stehenden Behältern und Rohrleitungen,
6. Gefahren durch Schüttgüter,
7. Gefahren durch besonders belastende Temperatur und Luftfeuchte,
8. Gefahr durch Absturz oder Versinken.

(2) Die schriftlichen Betriebsanweisungen haben, soweit zutreffend, folgende sowie erforderlichenfalls weitere Inhalte zu umfassen:
1. Art und Ausmaß der Gefahren durch Arbeitsstoffe oder Sauerstoffmangel und die dagegen festgelegten Schutzmaßnahmen sowie die Form der Aufsicht,
2. Erforderliche Messungen vor Beginn und während der Arbeiten,
3. Gefahren durch die Temperatur in kleinen, engen oder schlechtbelüfteten Räumen und Behältern und die dagegen festgelegten Schutzmaßnahmen,
4. Be- und Entlüftung der kleinen, engen oder schlechtbelüfteten Räume und Behälter während der Arbeiten,
5. Trennen von in die kleinen, engen oder schlechtbelüfteten Räume und Behälter führenden Leitungen und Zuführungseinrichtungen und von sonstiger Energiezufuhr sowie Sicherungsmaßnahmen gegen Wiedereinschalten (zB durch zwei Abschaltvorrichtungen, Entfernen von Zwischenstücken und Setzen von Blindflanschen, Abtrennen mittels Steckscheibe oder durch Blindflansche),
6. Drucklosmachen von Behältern und Rohrleitungen,
7. Stillsetzung von mechanischen Einbauten (zB Rührwerke) sowie Sicherungsmaßnahmen gegen Wiedereinschalten oder Bewegung,
8. Stillsetzung von bewegten Behältern sowie Sicherungsmaßnahmen gegen Wiedereinschalten,
9. Sicherung gegen Absturz bzw. Versinken beim Einstieg in kleine, enge oder schlechtbelüftete Räume und Behälter sowie für Arbeiten in und an diesen Arbeitsmitteln,
10. Schutzmaßnahmen gegen Gefahren von Schüttgütern,
11. Rettungsmaßnahmen einschließlich der dafür vorgesehenen Einrichtungen,
12. Kennzeichnung und Abgrenzung der Arbeitsbereiche insbesondere von Einstiegsöffnungen.

(3) Für die in Abs. 1 genannten Arbeiten ist im Rahmen der Ermittlung und Beurteilung der Gefahren gemäß § 4 ASchG ein schriftliches Arbeitsfreigabesystem samt den notwendigen Schutz- und Rettungsmaßnahmen festzulegen und eine geeignete fachkundige Person zu benennen, die die erforderlichen fachlichen Kenntnisse und Berufserfahrungen besitzt und mit den möglichen Gefahren und den erforderlichen Schutz- und Rettungsmaßnahmen vertraut ist.

(4) Die Arbeiten dürfen erst aufgenommen werden, wenn eine Arbeitsfreigabe erteilt wurde. Die Arbeitsfreigabe darf erteilt werden, wenn
1. eine auf das betreffende Arbeitsmittel und die Arbeitsabläufe abgestimmte besondere Unterweisung der Arbeitnehmerinnen bzw. Arbeitnehmer über die Inhalte der schriftlichen Betriebsanweisung nach Abs. 1 erteilt wurde und
2. nachdem die benannte, fachkundige Person (Abs. 3) sich überzeugt hat, dass die laut Arbeitsfreigabesystem festgelegten Schutz- und Rettungsmaßnahmen durchgeführt sind und für eine geeignete Aufsicht gesorgt ist.

(5) Für Arbeiten in kleinen, engen oder schlechtbelüfteten Räumen und Behältern wie beispielsweise Schächte, Gruben, Kanäle oder Rohrleitungen, bei denen die Gefahren gemäß Abs. 1 ausgeschlossen werden können,

sind zumindest Maßnahmen für die Überwachung der Arbeitnehmerinnen bzw. Arbeitnehmer und die Rettung der Arbeitnehmerinnen bzw. Arbeitnehmer festzulegen. Die Arbeitnehmerinnen bzw. Arbeitnehmer, die für diese Arbeiten herangezogen werden, sind vor Beginn der Arbeiten entsprechend zu unterweisen.

(6) § 23a gilt nicht für Baustellen im Sinn des ASchG.

Arbeiten an Einrichtungen für die Lagerung von Schüttgütern

§ 23b. (1) In Einrichtungen für die Lagerung von Schüttgütern, wie Silos oder Bunker, denen diese Güter seitlich oder von unten entnommen werden, darf, solange sie nicht entleert sind, nur eingestiegen werden, wenn dies unumgänglich notwendig ist. Für das Einsteigen in diese Behälter, Silos oder Bunker ist § 23a anzuwenden. Während in solche Einrichtungen eingestiegen wird und während sich Arbeitnehmerinnen bzw. Arbeitnehmer darin aufhalten, darf aus ihnen kein Schüttgut entnommen werden. Entleerungsöffnungen müssen, soweit dies möglich ist, geschlossen gehalten sein.

(2) Sofern Schüttgut zur Bildung von Stauungen, Brücken oder Ansätzen neigt, müssen zum Beseitigen der Stauungen oder zum Lockern des Schüttgutes entsprechende Vorrichtungen vorhanden oder geeignete Geräte beigestellt sein. Diese Vorrichtungen oder Geräte müssen ein Beseitigen von Störungen von außen ermöglichen. Arbeitnehmerinnen bzw. Arbeitnehmer dürfen sich im Inneren von solchen Einrichtungen nicht unterhalb von anstehendem oder haftendem Schüttgut aufhalten.

(3) § 23b gilt nicht für Baustellen im Sinn des ASchG.

Programmgesteuerte Arbeitsmittel

§ 24. (1) Durch geeignete Schutzeinrichtungen und geeignete Maßnahmen ist dafür zu sorgen, dass ArbeitnehmerInnen nicht durch den Aufenthalt im Gefahrenbereich von beweglichen Teilen programmgesteuerter Arbeitsmittel gefährdet werden.

(2) Der Gefahrenbereich von programmgesteuerten Arbeitsmitteln darf nur betreten werden, wenn es für das Programmieren oder Einstellen dieser Arbeitsmittel sowie für die Einschulung von ArbeitnehmerInnen in diesen Tätigkeiten aus technischen Gründen erforderlich ist. Soweit sich aus § 35 Abs. 1 Z 2 ASchG in Verbindung mit der Bedienungsanleitung nicht etwas anderes ergibt, gilt in diesen Fällen Folgendes:

1. Im Gefahrenbereich des Arbeitsmittels darf sich nur die unbedingt erforderliche Anzahl von ArbeitnehmerInnen aufhalten.
2. Wenn das Programmieren oder Einstellen nur bei in Bewegung befindlichem Arbeitsmittel erfolgen kann, ist die Bewegungsgeschwindigkeit des Arbeitsmittels oder der Teile des Arbeitsmittels auf ein ungefährliches Maß zu reduzieren.
3. Eine Abfolge von mehreren Bewegungen hintereinander, so diese Gefahr bringend ist, muss durch geeignete Mittel verhindert sein, insbesondere durch Schrittschaltung oder Tippbetrieb mittels Tasten ohne Selbsthaltung.

(3) Wenn eine Herabsetzung der Bewegungsgeschwindigkeit aus technischen Gründen nicht möglich ist, insbesondere weil die gewünschte Positioniergenauigkeit bei einer Herabsetzung nicht erreicht werden könnte, sind geeignete Schutzmaßnahmen festzulegen und umzusetzen, wie Einrichtung eines sicheren Ortes, von dem die Programmierung oder das Einstellen aus ungefährdet vorgenommen werden kann, oder Aufsicht durch eine geeignete fachkundige Person außerhalb des Arbeitsbereiches, die das Arbeitsmittel sofort stillsetzen kann, z. B. durch eine Notausschalteinrichtung.

Bearbeitungsmaschinen

§ 25. (1) Durch geeignete Schutzeinrichtungen und Schutzmaßnahmen ist dafür zu sorgen, dass bei der Verwendung von Sägen eine Gefährdung der ArbeitnehmerInnen durch das Werkzeug, Werkstück oder durch Rückschlag soweit wie möglich verhindert wird. Soweit sich aus § 35 Abs. 1 Z 2 ASchG in Verbindung mit der Bedienungsanleitung nicht etwas anderes ergibt, gilt Folgendes:

1. Zum Lösen von Keilbefestigungen an Gattersägen von Hand sind Keilfangkästen zu benützen.
2. Abgestellte, noch in Bewegung befindliche Kreissägeblätter dürfen nicht durch seitliches Gegendrücken gebremst werden.
3. Längsschnittkreissägen für die Bearbeitung von Holz oder ähnlichen Werkstoffen dürfen nur verwendet werden, wenn sie eine Sicherung gegen Rückschlag des Werkstückes aufweisen, wie einen Spaltkeil oder eine mechanische Zuführungseinrichtung.
4. Erfolgt die Sicherung gegen Rückschlag durch einen Spaltkeil, so dürfen hiefür nur zum Sägeblatt passende Keile verwendet werden. Der Abstand vom Sägeblatt darf höchstens 8 mm betragen.
5. An Kreissägen für Holz oder ähnliche Werkstoffe darf nur dann im Gleichlauf gearbeitet werden, wenn sie so eingerichtet sind, dass eine unbeabsichtigte Änderung des Vorschubes oder ein Wegschleudern des Werkstückes verhindert ist.
6. Bei Pendelsägen zum Ablängen von Holz oder sonstigen Werkstoffen, die ähnlich bearbeitet werden können, muss das Schneidegut durch eine geeignete Einrichtung in der Schnittlage gehalten werden, wenn dies mit der Hand nicht in sicherer Weise geschehen kann.
7. Bei Bandsägen ist die Sägebandführung entsprechend der erforderlichen Schnitthöhe nachzustellen.

(2) Durch geeignete Schutzeinrichtungen und Schutzmaßnahmen ist dafür zu sorgen, dass bei der Verwendung von Hobel- und Fräsmaschinen eine Gefährdung der ArbeitnehmerInnen durch das Werkzeug oder durch Rückschlag soweit wie möglich verhindert wird. Soweit sich aus § 35 Abs. 1 Z 2 ASchG in Verbindung mit der Bedienungsanleitung nicht etwas anderes ergibt, gilt Folgendes:

1. Bei Abrichthobelmaschinen sind die Tischhälften jeweils so nahe zusammenzuschieben, wie es der Arbeitsvorgang zulässt.
2. Der nicht benützte Teil der Messerwelle von Abrichthobelmaschinen ist vor und hinter dem Anschlag zu verdecken.
3. Bei Arbeiten an Fräsmaschinen für Holz oder sonstige Werkstoffe, die ähnlich bearbeitet werden können, sind geeignete, die Werkzeuge soweit wie möglich verdeckende Schutzeinrichtungen zu verwenden.
4. Arbeiten an Fräsmaschinen für Holz oder sonstige Werkstoffe, die ähnlich bearbeitet werden können, sind möglichst unter Benützung eines Anschlaglineals oder einer sonstigen geeigneten Führung durchzuführen. Die Hälften des Anschlaglineals sind soweit wie möglich zusammenzuschieben.
5. Bei Arbeit auf Holzfräs- und Kehlmaschinen sind, soweit es der Arbeitsvorgang zulässt, Vorrichtungen, wie hölzerne Druckkämme oder Anschlagklötze, zu verwenden, sofern nicht durch andere Maßnahmen ein Rückschlagen des Werkstückes verhindert wird.
6. Die auf Metallhobel- oder -fräsmaschinen zu bearbeitenden Werkstücke müssen auf den Maschinentischen sicher eingespannt werden.

(3) Durch geeignete Schutzeinrichtungen und Schutzmaßnahmen ist dafür zu sorgen, dass bei der Verwendung von Schleifwerkzeugen und Schleifkörpern eine Gefährdung der ArbeitnehmerInnen durch ein Zerplatzen des Schleifwerkzeuges oder durch Einzugsstellen soweit wie möglich verhindert wird. Soweit sich aus § 35 Abs. 1 Z 2 ASchG in Verbindung mit der Bedienungsanleitung nicht etwas anderes ergibt, gilt Folgendes:

1. Schleifwerkzeuge sind vor Stoß und Schlag zu schützen. Sie sind trocken und frostsicher bei möglichst gleich bleibender Temperatur zu lagern.
2. Vor jedem Aufspannen ist das Schleifwerkzeug auf offenkundige Mängel zu untersuchen. Keramisch gebundene Schleifwerkzeuge sind überdies einer Klangprobe zu unterziehen.
3. Bei Arbeiten, bei denen das Werkstück dem Schleifwerkzeug von Hand zugeführt wird, sind nachstellbare Werkstückauflagen zu benützen. Diese sind so nachzustellen, dass der Abstand zwischen Werkstückauflage und Schleifwerkzeug nicht mehr als 3 mm beträgt.
4. Jedes Schleifwerkzeug mit einem Außendurchmesser von mehr als 100 mm ist vor der ersten Inbetriebnahme sowie nach jedem Wiederaufspannen einer Erprobung im Leerlauf mit der höchstzulässigen Arbeitsgeschwindigkeit zu unterziehen. Der Probelauf muss bei Handschleifmaschinen mindestens 1/2 Minute, bei allen anderen Schleifmaschinen 1 Minute dauern. Der Probelauf darf erst vorgenommen werden, nachdem der Gefahrenbereich abgesichert und, sofern das Schleifwerkzeug mit einer Schutzverdeckung verwendet werden muss, diese angebracht ist.

(4) Schleifwerkzeuge, die nicht schlagfrei und wuchtig laufen, dürfen nicht verwendet werden. Die Behebung einer Unwucht durch eingemeißelte oder eingebohrte Ausnehmungen oder durch Ausgießen von Ausnehmungen auf das Sollmaß ist verboten.

(5) Es ist dafür zu sorgen, dass die Angaben der Hersteller für die ordnungsgemäße Verwendung von Werkzeugen für Bearbeitungsmaschinen wie Sägen, Bohrer, Fräser oder Schleifscheiben eingehalten werden. Dies gilt insbesondere für Höchst- oder Mindestdrehzahlen bzw. Höchst- oder Mindestschnittgeschwindigkeiten von Werkzeugen.

(6) Bei Verwendung von Pressen und Stanzen sind wirksame Vorkehrungen gegen Quetschgefahren für die ArbeitnehmerInnen zu treffen. Ein Hineinlangen in den gefährlichen Teil des Stempelweges während des Stempelniedergangs ist zu verhindern. Einstellarbeiten und Änderungen, die die Schutzeinrichtungen in ihrer Wirkung beeinträchtigen können, dürfen nur von geeigneten fachkundigen Personen vorgenommen werden.

(7) Exzenterpressen mit formschlüssiger Kupplung dürfen nur verwendet werden, wenn:

1. Werkzeuge verwendet werden, bei denen keine Quetschgefahr gegeben ist, oder
2. Verkleidungen oder Verdeckungen vorhanden sind, die ein Hineinlangen in den Stempelweg verhindern.

Geräte für autogenes Schweißen, Schneiden und verwandte Verfahren

§ 26. (1) Durch geeignete Schutzmaßnahmen ist dafür zu sorgen, dass bei der Benutzung von Geräten für autogenes Schweißen, Schneiden und verwandte Verfahren durch ArbeitnehmerInnen Brand- und Explosionsgefahren verhindert werden.

(2) Bei Benutzung von Geräten für autogenes Schweißen, Schneiden und verwandte Verfahren gilt Folgendes:

1. Die mit Sauerstoff in Berührung kommenden Armaturen sind fettfrei zu halten.
2. Neue Schläuche sind vor ihrer Benutzung durch Ausblasen zu reinigen. Die Schläuche dürfen auf den Tüllen nur mit geeigneten Schlauchklemmen befestigt werden.
3. Nicht angeschlossene Flaschen, bei denen die Verwendung einer Schutzkappe vorgesehen ist, müssen mit dieser versehen sein.
4. Wird in engen Räumen autogen geschweißt oder geschnitten, so sind bei längerer Unterbrechung der Arbeiten die Brenner und ihre Zuleitungen aus den engen Bereichen zu entfernen.
5. Ein Ableuchten der Apparate, Leitungen und Druckregler mit offener Flamme ist unzulässig.
6. Druckgasflaschen sind gegen Umfallen und unzulässige Erwärmung zu sichern.

(3) Bei Benutzung von Acetylen-Verbrauchsanlagen gilt zusätzlich zu Abs. 2 Folgendes:

1. Während der Entnahme müssen bei handradlosen Flaschenventilen die Ventilschlüssel aufgesteckt bleiben.
2. Im Bereich von Acetylen-Flaschen ist ein schwer entflammbarer Hitzeschutzhandschuh, bei mehr als drei parallel geschalteten Flaschen (Flaschenbatterien) überdies eine Löschdecke bereitzuhalten.
3. Acetylen-Flaschen dürfen, sofern der Hersteller nicht etwas anderes vorgesehen hat, nur stehend transportiert, gelagert und verwendet werden. Eine liegende Verwendung von einzelnen Acetylen-Flaschen ist zulässig, wenn das Flaschenventil mindestens 40 cm höher liegt als der Flaschenfuß.
4. Acetylen-Flaschen, in denen eine Acetylen-Zersetzung festgestellt oder vermutet wurde, sind, sofern dies gefahrlos möglich ist, zu kennzeichnen und von der weiteren Verwendung auszuschließen.

(4) Die Unterweisung nach § 14 ASchG muss jährlich erfolgen und unter Berücksichtigung der betrieblichen Gegebenheiten, des Inhalts der Betriebsanleitungen der Hersteller und einschlägiger fachlicher Hinweise sowie unter Beachtung der Abs. 2 und 3 insbesondere umfassen:

1. Anschließen der Druckregler,
2. Einstellen und Betrieb der Anlage,
3. Verhalten bei Störungen wie Flammenrückschlägen oder Flaschenbränden,
4. Flaschenwechsel uns Transport von Flaschen,
5. Durchführung der Sichtkontrolle gemäß § 35 Abs. 3 Z 1 ASchG.

Stetigförderer

§ 27. (1) Durch geeignete Schutzeinrichtungen und Schutzmaßnahmen ist dafür zu sorgen, dass bei der Benutzung von Stetigförderern, wie Becherwerken, Schüttelrinnen, Schwing-, Gurt- oder Kreisförderern eine Gefährdung der ArbeitnehmerInnen, insbesondere Quetsch- und Einzugsgefahren sowie die Gefahr des Einklemmens, wirksam verhindert werden.

(2) Durch entsprechende Information, Anweisung oder andere geeignete Maßnahmen ist dafür zu sorgen, dass in Betrieb befindliche sowie nicht gegen Anlauf gesicherte Stetigförderer nur betreten oder überstiegen werden, wenn weder von den bewegten Teilen des Stetigförderers noch vom Transportgut samt den Lastaufnahmemitteln eine Gefahr für ArbeitnehmerInnen ausgeht. Das Hineinbeugen in die Laufbahn der Förderstränge ist verboten.

(3) Durch entsprechende Information, Anweisung oder andere geeignete Maßnahmen ist dafür zu sorgen, dass ArbeitnehmerInnen auf Stetigförderern nicht mitfahren.

(4) Wenn die betrieblichen Verhältnisse einen Verkehr neben, über oder unter Stetigförderern erfordern, sind die zum gefahrlosen Begehen notwendigen Wege einzurichten.

Handwerkzeuge

§ 28. (1) Handwerkzeuge, wie Messer, Hacken, Hämmer, Stemmeisen und Schraubendreher, sind so abzulegen, vorübergehend zu verwahren, zu transportieren und zu lagern, dass ArbeitnehmerInnen nicht gefährdet werden können.

(2) Handwerkzeuge, die Funken ziehen können, dürfen an Stellen, an denen hierdurch eine Explosion oder ein Brand ausgelöst werden könnte, nicht verwendet werden.

(3) Es dürfen nur Handwerkzeuge verwendet werden, deren Griffe und Stiele den menschlichen Körpermaßen und Körperformen entsprechend gestaltet und mit dem übrigen Teil des Werkzeuges fest verbunden oder fest darin eingesetzt sind. Handmesser dürfen nur verwendet werden, wenn, soweit dies der Arbeitszweck zulässt, sie so gestaltet sind, dass die Hand nicht auf die Klinge abgleiten kann.

Bolzensetzgeräte

§ 29. (1) Bei der Benutzung von Bolzensetzgeräten muss die Unterweisung nach § 14 ASchG jährlich erfolgen und unter Berücksichtigung der betrieblichen Gegebenheiten, des Inhalts der Betriebsanleitungen der Hersteller und einschlägiger fachlicher Hinweise insbesondere umfassen:

1. Aufbewahrung von Bolzensetzgeräten, Bolzen und Treibladungen,
2. Aufnehmen, Laden, Tragen, Zureichen und Entladen von Bolzensetzgeräten,
3. Maßnahmen bei Ladehemmungen und zum Beseitigen von Kartuschenversagern,
4. Besetzen von Materialien,
5. Maßnahmen für die Sicherung des Gefahrenbereiches,
6. zu verwendende Schutzausrüstung.

(2) Die ordnungsgemäße Beschaffenheit von Bolzensetzgeräten ist vor jedem Arbeitsbeginn und nach jeder längeren Arbeitsunterbrechung durch den Benutzer durch eine Sichtkontrolle zu überprüfen.

Kompressoranlagen

§ 30. Kompressoranlagen sind so aufzustellen, dass die angesaugte Luft frei von gesundheitsschädlichen und brennbaren Anteilen in gefährlichem Ausmaß ist.

Zentrifugen

§ 31. Bei der Verwendung von Zentrifugen ist für einen sicheren Betrieb zu sorgen, insbesondere dafür, dass ArbeitnehmerInnen nicht erfasst werden. Soweit sich aus § 35 Abs. 1 Z 2 ASchG in Verbindung mit der Bedienungsanleitung nicht etwas anderes ergibt, gilt bei der Verwendung von Zentrifugen Folgendes:

1. Zentrifugen sind gleichmäßig zu beschicken.
2. Die Höchstdrehzahl darf nicht überschritten werden.
3. Zentrifugen dürfen nicht mit der Hand gebremst werden.

Verbrennungskraftmaschinen

§ 32. Bei der Benutzung von Verbrennungskraftmaschinen ist für einen sicheren Betrieb zu sorgen, insbesondere ist eine Gefährdung der ArbeitnehmerInnen durch Rückschlag und Explosionsgefahren zu vermeiden. Soweit sich aus § 35 Abs. 1 Z 2 ASchG in Verbindung mit der Bedienungsanleitung nicht etwas anderes ergibt, gilt bei der Verwendung von Verbrennungskraftmaschinen Folgendes:

1. Das Anlassen von Verbrennungskraftmaschinen unter Verwendung von reinem Sauerstoff oder brennbaren Gasen ist verboten.
2. Offenes Feuer und Licht und sonstige Zündquellen dürfen beim Nachfüllen von flüssigem Kraftstoff nicht vorhanden sein. Kraftstoff mit einem Flammpunkt unter 55°C darf nur bei stillstehendem Motor nachgefüllt werden, soweit nicht durch besondere Maßnahmen eine Entzündungsgefahr ausgeschlossen ist.

Fahrbewilligung

§ 33. (1) Mit dem Führen von Kranen und mit dem Lenken eines selbstfahrenden Arbeitsmittels in Arbeitsstätten, auf Baustellen und auf auswärtigen Arbeitsstellen, auf denen die StVO nicht gilt, dürfen nur ArbeitnehmerInnen beschäftigt werden, die über eine Fahrbewilligung der ArbeitgeberInnen verfügen.

(2) Die Fahrbewilligung darf erst nach einer auf das betreffende Arbeitsmittel abgestimmten besonderen Unterweisung der ArbeitnehmerInnen über die Inhalte der schriftlichen Betriebsanweisung nach § 19 Abs. 1 bzw. nach § 23 Abs. 2 erteilt werden.

(3) Werden in einer Arbeitsstätte betriebsfremde ArbeitnehmerInnen für Tätigkeiten nach Abs. 1 mit betriebseigenen Arbeitsmitteln eingesetzt, ist zusätzlich zur Fahrbewilligung der ArbeitgeberInnen dieser ArbeitnehmerInnen eine Fahrbewilligung der für die Arbeitsstätte verantwortlichen ArbeitgeberInnen erforderlich.

(4) Die Fahrbewilligung ist durch die ArbeitgeberInnen zu entziehen, wenn Umstände bekannt werden, die glaubhaft erscheinen lassen, dass ArbeitnehmerInnen für Tätigkeiten nach Abs. 1 nicht geeignet sind.

3. ABSCHNITT

LEITERN UND GERÜSTE

Allgemeine Bestimmungen über Leitern

§ 34. (1) ArbeitgeberInnen dürfen nur Leitern zur Verfügung stellen, die folgenden Sicherheits- und Gesundheitsanforderungen im Sinne des § 33 Abs. 3 Z 2 ASchG entsprechen:

1. Leitern müssen so beschaffen sein, dass sie sich nicht gefährlich durchbiegen können.
2. Sprossen und Stufen von Leitern müssen trittsicher und in die Leiterholme unbeweglich eingefügt sein.
3. Der Abstand der Sprossen oder Stufen voneinander muss gleich groß sein. Die Sprossenabstände dürfen nicht mehr als 30 cm betragen, ausgenommen der oberen zwei Sprossenabstände von Stehleitern, die maximal 35 cm betragen dürfen.
4. Auf Leitern, ausgenommen Dachleitern, sind aufgenagelte Stangen, Bretter oder Latten als Sprossen und Stufen nicht zulässig.
5. Der lichte Abstand der Holme muss mindestens 28 cm betragen.
6. Leitern dürfen nicht durch Befestigen von Latten an Holmen verlängert werden.
7. Das Ausbessern von Leitern durch Nageln sowie das Zusammensetzen von hiezu nicht bestimmten Teilen zu einer Leiter ist nicht zulässig.

(2) Für die Verwendung von Leitern gilt Folgendes:

1. Leitern dürfen als Standplatz für die Durchführung von Arbeiten nur verwendet werden, wenn nur so wenig Werkzeug und Material mitgeführt wird, dass beim Auf- und Abstieg von der Leiter gewährleistet ist, dass sich ArbeitnehmerInnen sicher an der Leiter anhalten können.
2. Bei Windeinwirkung oder sonstigen ungünstigen Wetterbedingungen dürfen Leitern nicht verwendet werden, wenn die Standsicherheit der Leiter beeinträchtigt oder sonst die Sicherheit der ArbeitnehmerInnen gefährdet ist.
3. Leitern sind derart aufzustellen, dass sie gegen Wegrutschen und Umfallen gesichert sind.
4. Leitern sind auf tragfähigen Standflächen, erforderlichenfalls auf lastverteilenden Unterlagen, aufzustellen.
5. Bei Leitern, die im Verkehrsbereich von Fahrzeugen oder Hebezeugen oder im Öffnungsbereich von Fenstern oder Türen aufgestellt sind, sind Vorkehrungen gegen ein Anstoßen an die Leiter zu treffen, wie Absperrungen oder Aufstellen von Warnposten. Bei schlechter Sicht oder bei Dunkelheit sind Leitern an solchen Aufstellungsorten durch eine deutlich sichtbare Warnbeleuchtung zu kennzeichnen.
6. Leitern dürfen nicht als waagrechte Gerüstträger, als Unterlagen für Gerüstbeläge sowie als Laufgänge, Lauftreppen und Laufbrücken verwendet werden, soweit sie nicht hiefür gebaut sind.
7. Gerüstleitern und Dachleitern dürfen nicht als Aufstiegsleitern benützt werden.

(3) Für Mehrzweckleitern gelten die nachstehenden Bestimmungen jener Leiterart, an deren Stelle sie verwendet werden.

Festverlegte Leitern

§ 35. (1) Für festverlegte Leitern gelten ergänzend zu § 34 Abs. 1 folgende Sicherheits- und Gesundheitsanforderungen im Sinne des § 33 Abs. 3 Z 2 ASchG:

1. Festverlegte Leitern müssen um mindestens 1 m über die Ein- oder Ausstiegsstelle hinausragen, wenn nicht eine andere Vorrichtung ausreichend Gelegenheit zum Anhalten bietet.
2. Leitern von mehr als 5 m Länge, deren Lage von der Lotrechten um nicht mehr als 15° abweicht, sind ab einer Höhe von 3 m mit einer durchlaufenden Rückensicherung zu versehen (Leiterkorb). Ist infolge der Lage der Leiter ein Absturz über einen Höhenunterschied von mehr als 5 m möglich, ist bereits ab 2 m Höhe eine Rückensicherung erforderlich.
3. Besteht zwischen Rückensicherung und dem Geländer des Standplatzes die Möglichkeit, bei einem Sturz von der Leiter mehr als 5 m seitlich über das Geländer hinaus abzustürzen, ist eine Sicherung gegen Absturz anzubringen.
4. Rückensicherungen müssen eine Schlupfweite von 60 cm bis 75 cm haben und zumindest aus einem Querring bei jeder fünften Sprosse und mindestens fünf durchgehenden vertikal verlaufenden Stäben bestehen. Abweichend davon dürfen Rückensicherungen, die aus nur drei statt fünf durchgehenden vertikal verlaufenden Stäben bestehen, weiter verwendet werden, wenn die Leiter bereits vor dem in § 65 Abs. 4 genannten Zeitpunkt verwendet wurde.
5. Leitern sind in Abständen von höchstens 10 m durch Plattformen zu unterteilen. Abweichend davon dürfen Leitern bis zu 25 m Leiterlänge ohne Plattformen verwendet werden, wenn dafür nur besonders unterwiesene, erfahrene und körperlich geeignete ArbeitnehmerInnen herangezogen werden, die einen Steigschutz verwenden.

(2) Eine Rückensicherung nach Abs. 1 kann entfallen, wenn andere geeignete Einrichtungen als Schutz gegen Absturz verwendet werden, insbesondere ein Steigschutz.

Anlegeleitern

§ 36. (1) Soweit sich aus § 35 Abs. 1 Z 2 ASchG in Verbindung mit der Bedienungsanleitung nicht etwas anderes ergibt, gilt für die Verwendung von Anlegeleitern ergänzend zu § 34 Abs. 2 Folgendes:

1. Die Schrägstellung von Anlegeleitern darf nicht flacher als 3 : 1 und nicht steiler als 4 : 1 sein.
2. Sprossenanlegeleitern dürfen nur bis zu einer Länge von 8 m verwendet werden, es sei denn, es sind besondere geeignete Maßnahmen zur Sicherung der Leiter gegen Umfallen getroffen, wie Standverbreiterungen (zB mit Querfuß oder breiterem Leiterfuß), seitliche Abstützung oder Befestigung der Leiter am oberen Leiterende.
3. Einteilige Stufenanlegeleitern dürfen nur bis zu einer Länge von 4 m verwendet werden.

(2) Leitern dürfen nicht an Stützpunkte angelehnt werden, die keine ausreichende Standsicherheit der Leitern gewährleisten.

(3) Anlegeleitern müssen um mindestens 1 m über die Ein- oder Ausstiegsstelle hinausragen, wenn nicht eine andere Vorrichtung ausreichend Gelegenheit zum Anhalten bietet.

(4) Anlegeleitern, die bei Gerüsten verwendet werden, sind an den Gerüsten gut zu befestigen und so aufzustellen, dass von der Austrittssprosse ein sicherer Standort leicht erreicht werden kann.

(5) Leitergänge müssen derart gegeneinander versetzt angebracht sein, dass herabfallende Gegenstände den darunterliegenden Leitergang nicht treffen können. Befindet sich unter Leitergängen ein Durchgang oder ein Arbeitsplatz, muss eine ausreichende Sicherung gegen herabfallende Gegenstände angebracht sein.

(6) Von Anlegeleitern aus dürfen nur kurzfristige Arbeiten im Greifraum durchgeführt werden, wie das Beheben von Putzschäden, einfache Montage- und Installationsarbeiten oder das Ausbessern von Anstrichen. Für diese Arbeiten dürfen nur unterwiesene, erfahrene und körperlich geeignete ArbeitnehmerInnen herangezogen werden. Im Freien dürfen die Arbeiten von der Leiter aus nur bei günstigen Witterungsverhältnissen durchgeführt werden.

(7) Bei einer Absturzhöhe von mehr als 5 m darf von Anlegeleitern aus zudem nur gearbeitet werden, wenn

1. die ArbeitnehmerInnen persönliche Schutzausrüstung gegen Absturz verwenden oder
2. besondere geeignete Maßnahmen zur Sicherung der Leiter gegen Umfallen getroffen sind, wie Standverbreiterungen (zB mit Querfuß oder breiterem Leiterfuß), seitliche Abstützung oder Befestigung der Leiter am oberen Leiterende.

(8) Werden Anlegeleitern als Verkehrswege benützt und besteht die Gefahr eines Absturzes über mehr als 5 m, sind als Sicherungen Seitenwehren, eine Rückensicherung nach § 35 Abs. 1 oder eine andere Einrichtung nach § 35 Abs. 2 anzubringen.

Stehleitern

§ 37. (1) Für Stehleitern gelten ergänzend zu § 34 Abs. 1 folgende Sicherheits- und Gesundheitsanforderungen im Sinne des § 33 Abs. 3 Z 2 ASchG:

1. Stehleitern müssen eine geeignete Sicherung gegen Auseinandergleiten der Leiterschenkel haben.
2. Oberhalb der Gelenke von Stehleitern dürfen sich keine Widerlager bilden können.

(2) Soweit sich aus § 35 Abs. 1 Z 2 ASchG in Verbindung mit der Bedienungsanleitung nicht etwas anderes ergibt, gilt für die Verwendung von Stehleitern ergänzend zu § 34 Abs. 2 Folgendes:

1. Stehleitern dürfen als Anlegeleitern nur verwendet werden, wenn sie auf Grund konstruktiver Einrichtungen hiefür geeignet sind.
2. Ein Übersteigen von Stehleitern auf andere Standplätze oder Einrichtungen ist nicht zulässig, sofern die Leiter nicht gegen Kippen und Wegrutschen gesichert ist.

(3) Erfolgt ein Übersteigen zu höher gelegenen Standplätzen, muss eine geeignete höher gelegene Anhaltemöglichkeit vorhanden sein.

(4) Wenn bei Arbeiten von einer Stehleiter aus ein Absturz vom Standplatz auf der Leiter aus mehr als 3 m möglich ist, dürfen von der Leiter aus nur kurzfristige Arbeiten im Greifraum durchgeführt werden, wie das Beheben von Putzschäden, einfache Montage- und Installationsarbeiten oder das Ausbessern von Anstrichen. Für diese Arbeiten dürfen nur unterwiesene, erfahrene und körperlich geeignete ArbeitnehmerInnen herangezogen werden. Im Freien dürfen die Arbeiten von der Leiter aus nur bei günstigen Witterungsverhältnissen durchgeführt werden.

Mechanische Leitern

§ 38. (1) Für mechanische Leitern gelten ergänzend zu § 34 Abs. 1 folgende Sicherheits- und Gesundheitsanforderungen im Sinne des § 33 Abs. 3 Z 2 ASchG:

1. Mechanische Leitern müssen die für den sicheren Betrieb erforderlichen Anzeigevorrichtungen, wie Neigungsmesser, und Einrichtungen zur ausreichenden Entlastung der Achsfederung und der Luftbereifung sowie zum Ausgleich von Geländeunebenheiten haben.
2. Mechanische Leitern müssen eine entsprechende Standfläche oder mindestens eine Standstufe und eine Rückensicherung haben.

(2) Soweit sich aus § 35 Abs. 1 Z 2 ASchG in Verbindung mit der Bedienungsanleitung nicht etwas anderes ergibt, gilt für die Verwendung von mechanischen Leitern ergänzend zu § 34 Abs. 2 Folgendes:

1. Mechanische Leitern dürfen nur unter Anleitung einer geeigneten fachkundigen Person auf- und abgebaut sowie verwendet werden.
2. Für die Bedienung dürfen nur Personen herangezogen werden, die mit der Bedienungsweise vertraut sind.
3. Mechanische Leitern sind gegen Gefahr bringendes Schwanken zu sichern.
4. Mechanische Leitern dürfen erst bestiegen werden, wenn sie standsicher aufgestellt und die Feststellvorrichtungen für die aufgerichtete Leiter und die ausgefahrenen Leiterteile wirksam sind.
5. Mechanische Leitern dürfen nicht verfahren, geschwenkt, aus- oder eingezogen werden, solange sich ArbeitnehmerInnen auf der Leiter befinden. Dies gilt nicht für den Aufenthalt von ArbeitnehmerInnen in Arbeitskörben von mechanischen Leitern, sofern die Leitern nur geschwenkt, ausgeschoben oder eingezogen werden.

(3) Abs. 1 Z 2 gilt nicht für die Verwendung von mechanischen Leitern auf Baustellen, die mit Arbeitskörben ausgerüstet sind.

Strickleitern

§ 39. (1) Soweit sich aus § 35 Abs. 1 Z 2 ASchG in Verbindung mit der Bedienungsanleitung nicht etwas anderes ergibt, gilt für die Verwendung von Strickleitern ergänzend zu § 34 Abs. 2 Folgendes:

1. Strickleitern sind vor jeder Verwendung auf einwandfreien Zustand zu prüfen, wobei insbesondere auf die sichere Befestigung der Leitersprossen zu achten ist.
2. Leitersprossen müssen so befestigt sein, dass ein Herausrutschen der Sprossen aus dem Holm, ein Drehen der Sprossen in den Holmen und ein Verschieben der Sprossen entlang der Holme verhindert ist.
3. Strickleitern sind sicher zu befestigen. Durch geeignete Maßnahmen ist ein Gefahr bringendes Verdrehen der Leiter zu verhindern.
4. Beim Begehen von Strickleitern sowie beim Arbeiten von Strickleitern aus sind die ArbeitnehmerInnen mit einem Auffangsystem zu sichern. Dabei darf das Sicherungsseil nicht an der Strickleiter befestigt sein. Dies gilt nicht für Notabstiege, z. B. aus Krankabinen.
5. Auf einer Strickleiter darf sich jeweils nur eine Arbeitnehmerin/ein Arbeitnehmer befinden.
6. Während eine Arbeitnehmerin/ein Arbeitnehmer von der Strickleiter aus arbeitet, muss eine Aufsicht durch eine geeignete Person erfolgen.

(2) Strickleitern dürfen nur benutzt werden, wenn andere Steigeinrichtungen nicht verwendet werden können. Von Strickleitern aus dürfen nur leichte Arbeiten von kurzer Dauer ausgeführt werden.

Gerüste

§ 40. Für die Benutzung von Gerüsten außerhalb von Baustellen gelten die §§ 55 bis 73 der Bauarbeiterschutzverordnung (BauV), BGBl. Nr. 340/1994, zuletzt geändert durch BGBl. II Nr. 368/1998.

4. ABSCHNITT

BESCHAFFENHEIT VON ARBEITSMITTELN

Ergonomie von Arbeitsmitteln

§ 41. (1) Bei der Gestaltung von Arbeitsmitteln, insbesondere der Bedienungseinrichtungen, Bedienungsplätze, Bedienungsstände und Schutzeinrichtungen, ist auf die arbeitsphysiologischen und ergonomischen Erkenntnisse soweit Bedacht zu nehmen, wie dies der Schutz der ArbeitnehmerInnen erfordert.

(2) Bedienungseinrichtungen von Arbeitsmitteln (zB Ein- und Ausschaltvorrichtungen oder Beschickungs- und Zuführungseinrichtungen) müssen von den Arbeitsplätzen der die Arbeitsmittel bedienenden ArbeitnehmerInnen leicht und gefahrlos zugänglich sein.

(3) Teile von Arbeitsmitteln, die der Wartung bedürfen oder der Wartung dienen (zB Lager, Schmiereinrichtungen oder ähnliche Teile) müssen leicht und gefahrlos zugänglich sein.

(4) Beleuchtungseinrichtungen an Arbeitsmitteln müssen so angeordnet werden und beschaffen sein, dass eine störende direkte Lichtwirkung auf die Augen verhindert ist. Reflexblendung und stroboskopische Effekte müssen vermieden sein. Soweit erforderlich, müssen Beleuchtungseinrichtungen auch so beschaffen sein, dass keine Verfälschung von Farben auftreten kann.

(5) Warnvorrichtungen müssen leicht wahrnehmbar und unmissverständlich sein.

(6) Wenn Bedienungseinrichtungen von Arbeitsmitteln Einfluss auf die Sicherheit haben, müssen sie deutlich sichtbar, als solche identifizierbar und erforderlichenfalls entsprechend gekennzeichnet sein.

(7) Wenn zum sicheren Betrieb von Arbeitsmitteln die Kenntnis bestimmter Daten (wie Stromart, Spannung,

Schutzart, Drehrichtung) oder bestimmter Grenzwerte (wie Tragfähigkeit, Masse, Drehzahl, Füllmenge oder Druck) notwendig ist, müssen diese auf den Arbeitsmitteln deutlich erkennbar und in dauerhafter Weise angegeben sein. Soweit es zum sicheren Betrieb notwendig ist, müssen bei Arbeitsmitteln auch Hinweise über die bestimmungsgemäße Verwendung und auf mögliche Gefahren beim Umgang vorhanden sein. Daten und Hinweise müssen, sofern nicht Symbole verwendet werden, in deutscher Sprache abgefasst sein.

Steuersysteme von Arbeitsmitteln

§ 42. (1) Stromkreise elektrischer Steuersysteme müssen ausreichend isoliert und gegen Beschädigung geschützt verlegt sein.

(2) Elektrisch betriebene Arbeitsmittel mit Überlastsicherung müssen so ausgeführt sein, dass beim Wiedereinschalten das Arbeitsmittel nicht selbsttätig in Gang gesetzt wird, sofern dadurch Gefahren für die Sicherheit und Gesundheit von ArbeitnehmerInnen entstehen können.

(3) Hydraulische und pneumatische Einrichtungen von Arbeitsmitteln müssen so gestaltet und beschaffen sein, dass Gefahren für Sicherheit und Gesundheit von ArbeitnehmerInnen, insbesondere durch Beschädigung, Überschreiten des zulässigen Betriebsdrucks, der zulässigen Betriebstemperatur, durch Ausströmen von Druckmedien oder durch Verwechseln von Anschlüssen vermieden sind.

(4) Es ist dafür zu sorgen, dass im Fall von Störungen (zB durch Erschütterungen, Schwankungen in der Energiezufuhr, Ausfall der Energie oder Wiederkehr der Energie nach Störungen)

1. Schutzmaßnahmen nicht unwirksam werden und
2. auch sonst keine Gefahren für Sicherheit und Gesundheit von ArbeitnehmerInnen entstehen (zB durch in Gang setzen von Bewegungen, Herabfallen von festgehaltenen Gegenständen, Lockern von Spannvorrichtungen).

(5) Abweichend von Abs. 4 sind bei elektrischen Arbeitsmitteln, die bei der Verwendung mit der Hand gehalten werden und bei denen die Stromzufuhr über Steckvorrichtungen erfolgt, keine Maßnahmen hinsichtlich des in Gang setzens von Gefahr bringenden Bewegungen erforderlich.

Gefahrenstellen an Arbeitsmitteln

§ 43. (1) Gefahrenstellen im Sinne dieser Bestimmung sind alle Stellen an bewegten Teilen von Arbeitsmitteln, bei denen bei mechanischem Kontakt eine Verletzungsgefahr besteht. Gefahrenstellen im Sinne dieser Bestimmung sind insbesondere:

1. bewegte Teile von Kraftübertragungseinrichtungen, die Quetsch-, Scher-, Schneid-, Stich-, Fang-, Einzugs- oder andere Gefahrenstellen bilden,
2. sonstige bewegte Teile von Arbeitsmitteln, die Quetsch-, Scher-, Schneid-, Stich-, Fang-, Einzugs- oder andere Gefahrenstellen, wie zB Bewegungsbahnen von Gegen- und Schwunggewichten, bilden,
3. vorstehende Teile an bewegten Teilen von Arbeitsmitteln, wie Stellschrauben, Bolzen, Keile, Schmiereinrichtungen,
4. rotierende Teile von Arbeitsmitteln,
5. bewegte Teile eines Arbeitsmittels, die der Bearbeitung, Verarbeitung, Herstellung oder der Zuführung oder Abführung von Stoffen oder Werkstücken dienen (zB Werkzeuge), die Quetsch-, Scher-, Schneid-, Stich-, Fang-, Einzugs- oder andere Gefahrenstellen bilden,
6. bewegte Werkstücke, die Quetsch-, Scher-, Schneid-, Stich-, Fang-, Einzugs- oder andere Gefahrenstellen bilden.

(2) Keine Gefahrenstelle liegt vor, wenn

1. die Leistung des Arbeitsmittels so gering ist, dass bei Berührung keine Verletzungsgefahr besteht,
2. die an der Gefahrenstelle wirkende Kraft unter Berücksichigung der Form der Gefahrenstelle so gering ist, dass bei Berührung keine Verletzungsgefahr besteht, oder
3. die Einhaltung des nach Anhang C jeweils erforderlichen Sicherheitsabstands gewährleistet ist.

(3) Gefahrenstellen sind durch Schutzeinrichtungen so zu sichern, dass ein möglichst wirksamer Schutz der Sicherheit und Gesundheit der ArbeitnehmerInnen erreicht wird. Primär sind Gefahrenstellen durch Verkleidungen, Verdeckungen oder Umwehrungen zu sichern, die das Berühren der Gefahrenstelle verhindern:

1. Verkleidungen müssen das Erreichen der Gefahrenstelle von allen Seiten verhindern und die Einhaltung des nach Anhang C erforderlichen Sicherheitsabstands gewährleisten.
2. Verdeckungen müssen das Berühren der Gefahrenstelle von jenen Seiten verhindern, die im Normalbetrieb von den vorgesehenen Standplätzen aus, von anderen Arbeitsplätzen aus oder von Verkehrswegen aus zugänglich sind. Verdeckungen müssen die Einhaltung des nach Anhang C erforderlichen Sicherheitsabstands gewährleisten.
3. Umwehrungen müssen ein unbeabsichtigtes Annähern an die Gefahrenstelle verhindern und die Einhaltung des nach Anhang C erforderlichen Sicherheitsabstands gewährleisten.

(4) Sofern sich Schutzeinrichtungen nach Abs. 3 ohne fremde Hilfsmittel öffnen oder abnehmen lasssen, müssen sie so beschaffen sein, dass

1. sie sich entweder nur aus der Schutzstellung bewegen lassen, wenn das Arbeitsmittel still steht oder das Öffnen der Schutzeinrichtung das Arbeitsmittel bzw. den Teil des Arbeitsmittels zwangsläufig still setzt, wobei ein Gefahr bringender Nachlauf verhindert sein muss,
2. das in Gang setzen des Arbeitsmittels nur möglich ist, wenn sich die beweglichen Schutzeinrichtungen in der Schutzstellung befinden und
3. die Verriegelungen der Schutzeinrichtungen so gestaltet und angeordnet sind, dass sie nicht leicht unwirksam gemacht werden können.

(5) Ist eine Sicherung der Gefahrenstellen mit Schutzeinrichtungen nach Abs. 3 aufgrund der Arbeitsvorgänge nicht möglich, sind die Gefahrenstellen durch Schutzeinrichtungen zu sichern, die ein Gefahr bringendes in Gang setzen oder Berühren bewegter Teile verhindern oder deren Stillsetzen bewirken. Dazu gehören insbesondere Sicherungen mit Annäherungsreaktion (zB Lichtschranken), abweisende Einrichtungen, Schalteinrichtungen ohne Selbsthaltung oder ortsbindende Einrichtungen (wie zB Zweihandschaltungen).

(6) Soweit aufgrund der Arbeitsvorgänge eine Sicherung der Gefahrenstellen auch nicht mit Schutzeinrichtungen nach Abs. 5 möglich ist, sind die ArbeitnehmerInnen über die Gefahrenstellen zu informieren und jährlich in der Vermeidung von Verletzungsgefahren zu unterweisen.

(7) Schutzeinrichtungen müssen wie folgt beschaffen sein:

1. Sie müssen stabil gebaut sein.
2. Sie dürfen keine zusätzlichen Gefahren verursachen und bei der Arbeit möglichst wenig behindern.
3. Sie dürfen nicht auf einfache Weise umgangen oder unwirksam gemacht werden können.

4. Sie dürfen Beobachtungs- und Überwachungsvorgänge, wie zB von Arbeitsvorgängen, nicht mehr als notwendig einschränken.
5. Sie müssen die für den Einbau oder Austausch von Teilen sowie für Rüst- oder Wartungsarbeiten erforderlichen Eingriffe möglichst ohne Demontage der Schutzeinrichtungen zulassen, wobei der Zugang auf den für die Arbeit notwendigen Bereich beschränkt sein muss.

(8) Es ist dafür zu sorgen, dass Schutzeinrichtungen nach Abs. 3 auch dann vorhanden sind, wenn die Arbeitsmittel in allgemein zugänglichen, versperrten Betriebsräumen, wie Aufzugstriebswerks- oder Transmissionsräumen, aufgestellt sind. Das gilt nicht, wenn durch andere technische und organisatorische Maßnahmen sichergestellt ist, dass ArbeitnehmerInnen durch ein unbeabsichtigtes Einschalten der Arbeitsmittel nicht gefährdet werden.

Gefahren, die von Arbeitsmitteln ausgehen können

§ 44. (1) Arbeitsmittel müssen so ausgelegt werden, dass ArbeitnehmerInnen durch Freisetzung von Arbeitsstoffen (zB Gase, Dämpfe, Rauch, Staub, Flüssigkeiten), die in dem Arbeitsmittel verwendet werden, nicht gefährdet werden können. Erforderlichenfalls müssen die Arbeitsmittel mit Einrichtungen ausgestattet sein, die den Anschluss an eine Absauganlage ermöglichen. Abgasleitungen von Verbrennungskraftmaschinen müssen druckfest ausgeführt sein.

(2) Können bei der Verwendung von Arbeitsmitteln Späne, Splitter oder ähnliche Teile wegfliegen und dadurch Gefahren für die ArbeitnehmerInnen entstehen, müssen

1. die Arbeitsmittel mit Schutzeinrichtungen ausgestattet sein, die das Wegfliegen verhindern (zB Verdeckungen, Verkleidungen, Schutzhauben, Schutzfenster, Absauganlagen, Rückschlagsicherungen) oder, wenn dies aufgrund der Arbeitsvorgänge nicht möglich ist,
2. Maßnahmen getroffen sein, die Gefährdung verhindern (zB Umwehrungen ode räumliche Trennung).

(3) Arbeitsmittel müssen so ausgelegt werden, dass ArbeitnehmerInnen nicht gefährdet werden können durch

1. Brand oder Erhitzung des Arbeitsmittels oder
2. Explosionen des Arbeitsmittels oder von Stoffen, die in dem Arbeitsmittel erzeugt, verwendet oder gelagert werden.

(4) Teile von Arbeitsmitteln, die eine Oberflächentemperatur von mehr als 60°C oder von weniger als -20°C erreichen können und sich innerhalb des Schutzabstands nach Anhang C befinden, sind so zu sichern, dass die ArbeitnehmerInnen sie nicht berühren oder ihnen gefährlich nahe kommen können. Das gilt nicht, wenn die Ermittlung und Beurteilung der Gefahren ergeben hat, dass aufgrund der konkretenVerhältnisse in Abhängigkeit von Temperatur, Wärmeleitfähigkeit und Eigenschaft der Oberfläche sowie von Art und Dauer der möglichen Berührung keine Gefährdung der ArbeitnehmerInnen besteht.

(5) Soweit eine Sicherung nach Abs. 4 aufgrund der Arbeitsvorgänge nicht möglich ist, ist der Gefahrenbereich zu kennzeichnen und dafür zu sorgen, dass sich dem betrffenden Teil nur ArbeitnehmerInnen nähern können, die über die Gefahr besonders informiert wurden und geeignete persönliche Schutzausrüstung tragen.

(6) Lasereinrichtungen müssen so beschaffen sein, dass unbeabsichtigtes Strahlen verhindert wird und so abgeschirmt sein, dass weder durch die Nutzstrahlung noch durch reflektierte oder gestreute Strahlung und Sekundärstrahlung Gesundheitsgefahren auftreten, oder, wenn dies aus technischen Gründen nicht möglich ist, andere Schutzmaßnahmen getroffen sind. Die optischen Einrichtungen zur Beobachtung und Einstellung von Lasereinrichtungen müssen so beschaffen sein, dass durch die Laserstrahlung keine Gesundheitsgefährdung eintritt.

Ein- und Ausschaltvorrichtungen

§ 45. (1) Arbeitsmittel müssen sicher wirkende Vorrichtungen zum Ein- und Ausschalten aufweisen. Die Schaltstellungen „Ein“ bzw. „Aus“ müssen gekennzeichnet sein. Wenn nicht erkennbar ist, ob das Arbeitsmittel in Betrieb ist und dadurch Gefahren für die ArbeitnehmerInnen entstehen können, müssen Einrichtungen, wie Kontrolllampen, vorhanden sein, die den Schaltzustand anzeigen.

(2) Ein- und Ausschaltvorrichtungen müssen so angeordnet und gestaltet sein, dass ein unbeabsichtigtes Betätigen vermieden ist.

(3) Arbeitsmittel, die bei der Verwendung mit der Hand gehalten werden, müssen ohne Loslassen der Handgriffe ein- und ausgeschaltet werden können oder beim Loslassen der Handgriffe selbsttätig ausschalten.

(4) Wenn beim Einschalten eines größeren, unübersichtlichen oder programmgesteuerten Arbeitsmittels eine Gefahr für Sicherheit und Gesundheit von ArbeitnehmerInnen entstehen kann, ist eine optische oder akustische Warneinrichtung vorzusehen, um vor dem Anlauf des Arbeitsmittels zu warnen.

(5) Arbeitsmittel müssen mit deutlich erkennbaren Vorrichtungen ausgestattet sein, mit denen sie von den Energiequellen getrennt werden können.

(6) Selbsttätig wirkende Not-Ausschalter, wie Not-Endschalter, sind vorzusehen, wenn bei Ausfall von selbsttätigen Schalteinrichtungen, wie Betriebs-Endschalter, eine Gefahr für ArbeitnehmerInnen entstehen kann.

Not-Halt-Befehlsgeräte

§ 46. (1) Arbeitsmittel müssen gegebenenfalls entsprechend der von ihnen ausgehenden Gefährdung der ArbeitnehmerInnen und der normalerweise erforderlichen Stillsetzungszeit mit einem Not-Halt-Befehlsgerät (zB Not-Halt-Taster oder Reißleine) vorgesehen sein.

(2) Not-Halt-Befehlsgeräte müssen leicht, schnell und gefahrlos von jedem Bedienungsplatz der Maschine aus betätigt werden können. Sie müssen sich von anderen Schaltvorrichtungen deutlich unterscheiden.

(3) Not-Halt-Taster müssen selbsthaltend, auffallend rot und gelb unterlegt gekennzeichnet und pilzförmig gestaltet sein.

(4) Durch Entriegeln oder Zurückführen von Not-Halt-Befehlsgeräten in die Ausgangsstellung darf nicht ein Anlaufen des Arbeitsmittels erfolgen. Das Wiedereinschalten darf erst nach Entriegeln der betätigten Not-Halt-Befehlsgeräte möglich sein.

Standplätze, Aufstiege

§ 47. (1) An Arbeitsmitteln angebrachte Standplätze, von denen ArbeitnehmerInnen abstürzen könnten, sind zu sichern

1. bei einer Absturzhöhe von mehr als 1 m: durch mindestens 1 m hohe, geeignete Vorrichtungen, wie standfeste Geländer mit Mittelstange oder Brüstungen und
2. bei einer Absturzhöhe von mehr als 2 m: zusätzlich durch Fußleisten.

(2) Abs. 1 gilt nicht für auf Fahrzeugen aufgebaute Ladebordwände.

(3) Bei Auf- oder Abstiegen auf oder zu Arbeitsmitteln

darf der Abstand der einzelnen Trittflächen maximal 30 cm betragen. Die unterste Trittfläche hat zu liegen

1. bei ortsfest aufgestellten Arbeitsmitteln maximal 40 cm über dem Boden,
2. bei nicht ortsfest aufgestellten Arbeitmitteln maximal 60 cm über dem Boden,
3. bei Fahrerplätzen von selbstfahrenden Arbeitsmitteln maximal 70 cm über dem Boden.

(4) Es ist dafür zu sorgen, dass Standplätze auf Arbeitsmitteln sowie Auf- und Abstiege

1. aus ausreichend festem Material, in zweckentsprechender Weise und fachgemäß hergestellt sind,
2. eine ausreichende Breite und eine unfallsichere Oberfläche aufweisen und
3. eben, standfest, ausreichend tragfähig, sicher befestigt sowie tritt- und kippsicher sind.

Feuerungsanlagen

§ 48. (1) Feuerungsanlagen müssen so eingerichtet sein und betrieben werden, dass Flammenrückschläge und Verpuffungen möglichst vermieden werden. Die Brennstoffzufuhr muss bei Flammenrückschlägen oder im Brandfall durch Brandschutzsicherungen, wie Brandschutzthermostate, gesperrt werden.

(2) Bei Feuerungsanlagen nach Abs. 1, die mit flüssigen oder gasförmigen Brennstoffen betrieben werden, müssen Flammenwächter eingebaut sein, die beim Nichtzünden des vom Brenner erzeugten Brennstoff-Luft-Gemisches die Brennstoffzufuhr sperren. Eine Wiederinbetriebnahme des Brenners darf erst nach ausreichender Durchlüftung des Brennerraumes und der Abgasleitung erfolgen. Solche Feuerungsanlagen, insbesondere Anlagen, die mit flüssigen oder gasförmigen Brennstoffen zentral versorgt werden, müssen von einem leicht und sicher erreichbaren Ort durch deutlich und dauerhaft gekennzeichnete Vorrichtungen außer Betrieb gesetzt werden können.

(3) In Abgasleitungen von Feuerungsanlagen nach Abs. 1 müssen, sofern keine druckfeste Abgasleitung vorhanden ist, Überdrucksicherungen, wie Explosionsklappen, eingebaut sein. Diese Sicherungen müssen so gelegen sein oder es sind solche Schutzmaßnahmen zu treffen, dass beim Ansprechen der Sicherungen ArbeitnehmerInnen nicht gefährdet werden. Überdrucksicherungen müssen ferner so ausgeführt und gelegen sein, dass sie durch Hitzeeinwirkung nicht unwirksam oder undicht werden können. Dies gilt nicht für Gas-Zentralheizungsanlagen.

(4) Für die Zufuhr der erforderlichen Verbrennungsluft während des Betriebes von Feuerungsanlagen nach Abs. 1 ist zu sorgen.

Leitungen und Armaturen

§ 49. (1) Leitungen und Armaturen, bei deren Beschädigung oder Undichtheit erhöhte Gefahren auftreten können, müssen geschützt verlegt oder zweckentsprechend gesichert sein.

(2) Leitungen, die in befahrbare Behälter einmünden, müssen verlässlich wirkende Absperrvorrichtungen besitzen oder durch Blindflansche absperrbar sein. In Ausnahmefällen, wie bei großen oder schweren Leitungen, können auch Steckscheiben verwendet werden. Blindflansche und Steckscheiben müssen von außen leicht erkennbar und gegen Einwirkungen der in den Leitungen enthaltenen Stoffe genügend widerstandsfähig sein; auf Steckscheiben muss der höchstzulässige Druck, für den sie geeignet sind, angegeben sein.

(3) Rohrleitungen müssen, wenn durch Verwechseln von Rohrleitungen oder aus sonstigen Gründen eine Gefährdung von ArbeitnehmerInnen eintreten kann, bei den Füll-, Verteil- und Entnahmestellen sowie an sonst erforderlichen Stellen im Verlauf der Leitungen unverwechselbar gekennzeichnet sein. Eine Kennzeichnung ist auch für einzeln verlegte Rohrleitungen erforderlich, wenn durch deren Inhalt eine Gefährdung von ArbeitnehmerInnen eintreten kann. Werden die Rohrleitungen mit Farben gekennzeichnet, müssen die in Rechtsvorschriften oder anerkannten Regeln der Technik für einzelne Gase, Dämpfe oder Flüssigkeiten bestimmten Kennfarben allgemein verwendet werden. Erforderlichenfalls müssen Rohrleitungen mit zusätzlichen Angaben, wie Druck oder Strömungsrichtung, versehen sein.

(4) Abblasevorrichtungen und Ausflussöffnungen von Leitungen und Armaturen müssen so beschaffen und gelegen sein, dass ArbeitnehmerInnen durch austretende Stoffe nicht gefährdet werden.

(5) Bei Absperrvorrichtungen, wie Hähnen, Ventilen oder Schiebern, muss erkennbar sein, ob sie geöffnet oder geschlossen sind, wenn durch eine falsche Stellung Gefahren entstehen können.

(6) Bei Leitungen und Armaturen, bei denen die Möglichkeit einer elektrostatischen Aufladung, die zu gefährlichen Entladungsvorgängen führen kann, besteht, müssen Maßnahmen zur gefahrlosen Ableitung dieser Aufladung getroffen sein.

Behälter

§ 50. (1) Behälter müssen gegen die zu erwartenden mechanischen, chemischen und physikalischen Einwirkungen genügend widerstandsfähig und dicht sein. Schadhafte Behälter sind von der Verwendung auszuschließen. Behälter müssen ausreichend große, erforderlichenfalls verschließbare Öffnungen zum Füllen und Entleeren haben. Bei Bedarf müssen auch Öffnungen zum Belüften, Entlüften, Gasaustausch und Entwässern vorhanden sein, sodaß Arbeiten mit und an den Behältern gefahrlos vorgenommen werden können.

(2) Behälter müssen, wenn es die Sicherheit erfordert, mit den notwendigen Einstiegs-, Befahr- oder Besichtigungsöffnungen sowie mit Öffnungen zur Probenentnahme ausgestattet sein. Die Öffnungen müssen gut zugänglich sein.

(3) Öffnungen zur Probenentnahme und Besichtigungsöffnungen müssen von einem festen Standplatz aus erreichbar sein. Einbauten dürfen Arbeiten im Behälter sowie ein rasches und sicheres Bergen von Personen nicht behindern.

(4) Die lichte Weite der Einstiegs- oder Befahröffnungen von Behältern muss betragen:

1. grundsätzlich mindestens 45 cm;
2. jedoch mindestens 60 cm bei Behältern mit weniger als 0,5 bar Betriebsdruck, in denen sich Gase, Dämpfe oder Schwebstoffe gesundheitsgefährdender oder brandgefährlicher Arbeitsstoffe ansammeln können.

(5) Vor senkrechten Einstiegs- oder Befahröffnungen muss ein freier Raum mit einer Mindesttiefe von 1 m vorhanden sein. Oberhalb waagrechter Einstiegs- oder Befahröffnungen muss ein freier Raum mit einer Mindesthöhe von 1 m vorhanden sein. Der freie Raum muss das ungehinderte Einsteigen, Aussteigen und Bergen von Personen, erforderlichenfalls auch mit angelegtem Atemschutzgerät, rasch und sicher ermöglichen.

(6) Behälter müssen, soweit es die Sicherheit erfordert, mit Kontrolleinrichtungen, wie Manometern, Thermometern, Schaugläsern oder Füllstandanzeigern, ausgerüstet sein oder Anschlussvorrichtungen für diese Einrichtungen besitzen.

(7) Kontrolleinrichtungen nach Abs. 3 müssen im Blickfeld der ArbeitnehmerInnen, die sie zu beobachten haben, liegen und ausreichend belichtet oder beleuchtbar sein. Diese Einrichtungen müssen leicht zugänglich sein sowie allenfalls auf ihre richtige Funktionsweise geprüft und leicht gereinigt werden können.

(8) Bei ortsfesten Behältern, bei denen die Möglichkeit einer elektrostatischen Aufladung, die zu gefährlichen Entladungsvorgängen führen kann, besteht, müssen Maßnahmen zur gefahrlosen Ableitung dieser Aufladung getroffen sein.

(9) Schutzumhüllungen von Behältern müssen aus einem Material bestehen, das mit dem Behälterinhalt nicht in gefährlicher Weise reagieren kann.

Silos und Bunker für Schüttgüter

§ 51. (1) Silos für Schüttgüter müssen unter Berücksichtigung der Eigenschaften des Schüttgutes so ausgeführt sowie die Füll- und Entleerungsöffnungen so angeordnet und bemessen sein, dass das Schüttgut störungsfrei ein- und auslaufen kann und das Fließen des Schüttgutes mit oder ohne Hilfsmittel gewährleistet ist. Nach Möglichkeit sind Rundsilos zu verwenden. Innenliegende Verstrebungen und andere Einbauten, die das Fließen des Schüttgutes behindern, sind möglichst zu vermeiden.

(2) Silos für brennbare Schüttgüter müssen in zumindest brandhemmender Bauweise (F30 bzw. EI-30) hergestellt sein. Silos bis zu einem Füllvolumen von 2 m3 dürfen auch aus nicht brennbaren Materialien ohne nachgewiesenen Brandwiderstand hergestellt sein. Silos mit einem Füllvolumen über 2 m3 dürfen aus nicht brennbaren Materialien hergestellt sein, wenn

1. die Silos im Freien aufgestellt sind,
2. die Betriebsgebäude im Brandfall rasch und sicher verlassen werden können und
3. der Abstand des Silos von Gebäudeöffnungen und Fluchtwegen der halben Silohöhe entspricht, mindestens jedoch 5 m beträgt.

(3) Verschlüsse von Füll- und Entleerungsöffnungen sowie Füll- und Entleerungseinrichtungen von Silos für Schüttgüter müssen so angeordnet und beschaffen sein, dass ArbeitnehmerInnen diese Verschlüsse und Einrichtungen gefahrlos bedienen und durch das Schüttgut nicht gefährdet werden können. Der Füllvorgang muss bei Erreichen der zulässigen Füllmenge automatisch unterbrochen werden, wenn das Füllen der Silos nicht beaufsichtigt wird und ArbeitnehmerInnen durch Überfüllen gefährdet werden können.

(4) Silos für Schüttgüter, in denen durch die Art der Füllung oder Entleerung ein gefährlicher Über- oder Unterdruck entstehen kann, müssen mit geeigneten Einrichtungen zum Druckausgleich ausgestattet sein.

(5) Einstiegs- und Befahröffnungen in Decken und Wänden von Silos für Schüttgüter müssen gegen unbeabsichtigtes und unbefugtes Öffnen gesichert sein.

(6) Oben begehbare offene Silos für Schüttgüter müssen durch geeignete Schutzmaßnahmen, wie Abschrankungen oder Gitter, auch gegen Abstürzen von Personen in die Silos, insbesondere beim Beseitigen von Störungen, gesichert sein.

(7) Die Abs. 1 bis 6 gelten sinngemäß auch für Bunker für Schüttgüter. § 50 Abs. 1 und 3 und soweit wie möglich auch Abs. 5 sind sinngemäß auf Silos und Bunker für Schüttgüter anzuwenden.

Beschaffenheit von Arbeitsmitteln zum Heben von Lasten oder ArbeitnehmerInnen

§ 52. (1) Für Hebebühnen, Hubtische und kraftbetriebene Anpassrampen gilt Folgendes:

1. Die Senkgeschwindigkeit von Hebebühnen und Hubtischen darf bis zu einer Nennlast von 35 kN 0,2 m/s, bei einer Nennlast von mehr als 35 kN 0,05 m/s nicht überschreiten.
2. Auffahrtshebebühnen für Kraftfahrzeuge müssen Einrichtungen, wie z. B. 6 cm hohe Radabweiser, besitzen, durch die ein seitliches Überfahren der Holme vermieden wird.
3. Bei Schäden im Drucksystem, bei Reißen eines Tragmittels oder bei einem Bruch im Antriebssystem muss sichergestellt sein, dass kein unbeabsichtigtes Senken der Hebebühne oder des Hubtisches erfolgt.
4. Betätigungseinrichtungen für Hebebühnen, Hubtische und kraftbetriebene Anpassrampen müssen als Schalteinrichtungen ohne Selbsthaltung ausgeführt sein.
5. Die Betätigungseinrichtung muss so angeordnet sein, dass der gesamte Arbeitsbereich überblickt werden kann.
6. An Hebebühnen, Hubtischen und kraftbetriebenen Anpassrampen müssen die Tragfähigkeit und die für den sicheren Betrieb notwendigen Angaben aus der Bedienungsanleitung dauerhaft und gut sichtbar angegeben sein.

(2) Für Arbeitskörbe und Hubarbeitsbühnen gilt Folgendes:

1. Arbeitskörbe und Hubarbeitsbühnen müssen durch Geländer oder Brüstungen und durch Fußleisten gesichert sein. Geländer oder Brüstungen müssen mindestens 1 m hoch sein. Geländer sind gegen Durchstürzen von Personen mit mindestens einer Mittelstange oder senkrechten Stäben zu sichern, so sie nicht vollflächig verkleidet sind.
2. Die Breite der Einstiegsöffnung in der Umwehrung von Arbeitskörben und Hubarbeitsbühnen muss mindestens 0,5 m betragen. Die Verschlüsse von Einstiegsöffnungen dürfen nicht nach außen aufschlagen und müssen gegen unbeabsichtigtes Öffnen gesichert sein.
3. Besteht die Möglichkeit, dass im Arbeitskorb befindliche ArbeitnehmerInnen durch herabfallende Güter gefährdet werden, so ist dieser mit einem hinreichend stabilen Schutzdach auszurüsten.
4. Auf Arbeitskörben muss die Eigenlast des Korbes, auf Arbeitskörben und Hubarbeitsbühnen die Anzahl der zu befördernden Personen und das höchstzulässige Gesamtgewicht deutlich sichtbar angegeben sein.
5. Arbeitskörbe und Hubarbeitsbühnen müssen durch eine Warnmarkierung gekennzeichnet sein.

(3) Werden Arbeitskörbe mit Hubstaplern gehoben, gilt zusätzlich zu Abs. 2:

1. Quetsch- und Scherstellen am Hubstapler, die vom Arbeitskorb aus erreicht werden können, sind zu sichern. Weiters ist, wenn die Gefahr besteht, dass ArbeitnehmerInnen beim Heben des Arbeitskorbes gegen ein festes Hindernis gedrückt werden, der Arbeitskorb mit einem mindestens 1,75 m hohen, mit dem Arbeitskorb fest verbundenen Rahmen auszustatten.
2. Arbeitskörbe für Hubstapler müssen so befestigt sein, dass Abgleiten, Abziehen oder Kippen des Arbeitskorbes verhindert ist. Dies kann durch Steckbolzen, Schrauben oder in ähnlicher Weise erfolgen. Die Verwendung von Klemmschrauben ist verboten.
3. Der Hubstapler zum Heben des Arbeitskorbes muss so beschaffen sein, dass auch bei Versagen der Hydraulik eine Senkgeschwindigkeit von höchstens 0,5 m/s sichergestellt ist und gegen Bruch der die Hubvorrichtung tragenden Seile oder Ketten und

der dazugehörigen Verbindungselemente eine mindestens zehnfache Sicherheit bezogen auf das höchstzulässige Gesamtgewicht des Korbes besteht.

4. Die Reifen des Hubstaplers für das Heben eines Arbeitskorbes müssen so beschaffen sein, dass auch bei Beschädigung die Standsicherheit Gewähr leistet ist.

(4) Werden Arbeitskörbe mit Kranen gehoben, gilt zusätzlich zu Abs. 2:

1. Arbeitskörbe für Krane müssen über mindestens einen deutlich gekennzeichneten Anschlagspunkt verfügen, an dem Absturzsicherungen befestigt werden können. Dieser Anschlagspunkt muss für die Aufnahme jener Kräfte, die beim Auffangen abstürzender Personen auftreten können, ausgelegt sein.
2. Arbeitskörbe müssen in Höhe der Brustwehr mit einer umlaufenden Vorrichtung ausgestattet sein, die Gewähr leistet, dass auch beim Anstoßen oder Anstreifen des Arbeitskorbes an Hindernissen ein gefahrloses Anhalten der ArbeitnehmerInnen an der Brustwehr möglich ist.
3. Das Lösen der Befestigung der Anschlagmittel am Arbeitskorb für Krane darf nur mittels Werkzeugs möglich sein.
4. Die Anschlagmittel für das Befestigen des Arbeitskorbes für Krane müssen zum Einhängen in den Lasthaken in einem Ring oder in einem gleichwertigen Element zusammengefasst sein. Der Neigungswinkel der Anschlagmittel gegenüber der Lotrechten darf 45° nicht überschreiten.
5. Drahtseilverbindungen als Anschlagmittel für Arbeitskörbe für Krane müssen durch Seilschlösser oder als Seilösen mit eingelegter Kausche hergestellt sein. Für die Herstellung der Ösen muss ein Spleiß oder eine Presshülse verwendet werden; die Verwendung von Backenzahnklemmen ist nicht zulässig.
6. Der Kran muss eine zulässige Tragfähigkeit von mindestens dem 1,5-fachen des maximal zulässigen Gesamtgewichtes des Arbeitskorbes und eine mindestens zweifache Sicherheit gegen Kippen aufweisen.

Beschaffenheit von selbstfahrenden Arbeitsmitteln

§ 53. (1) Selbstfahrende Arbeitsmittel müssen eine Sicherung gegen Inbetriebnahme durch Unbefugte besitzen.

(2) Selbstfahrende Arbeitsmittel, die nicht den Kraftfahrvorschriften unterliegen, müssen mit folgenden Einrichtungen ausgestattet sein:

1. feststellbare Bremseinrichtung,
2. akustische Warnvorrichtung,
3. geeignete Lenkvorrichtung, ausgenommen bei schienengebundenen Arbeitsmitteln,
4. leicht zugängliche oder automatisch auslösende Not-Halt-Befehlsgeräte, sofern es die Sicherheit der ArbeitnehmerInnen erfordert,
5. Einrichtung zur Ausleuchtung der Fahrbahn und Einrichtungen, die das Ausmaß der Fahrzeuge erkennen lassen, sofern das Arbeitsmittel in nicht ausreichend beleuchteten Bereichen verwendet wird,
6 Hilfsvorrichtungen zur Verbesserung der Sicht, wenn die direkte Sicht des Fahrers/ der Fahrerin nicht ausreicht, um die Sicherheit von ArbeitnehmerInnen zu gewährleisten,
7. Aufhängevorrichtung, wenn Kraftübertragungseinrichtungen auf dem Boden schleifen und dadurch verschmutzt oder beschädigt werden können,
8. Einrichtungen, die ein Blockieren von Kraftübertragungseinrichtungen zwischen selbstfahrenden Arbeitsmitteln und ihren Zusatzausrüstungen oder Anhängern verhindern (zB Rutschkupplung), wenn durch plötzliches Blockieren der Kraftübertragungseinrichtungen (zB Kardanwellen), ArbeitnehmerInnen gefährdet werden können. Wenn dies auf technischen Gründen nicht möglich ist, sind andere geeignete Schutzeinrichtungen vorzusehen, um gefährliche Folgen für ArbeitnehmerInnen zu verhindern.

(3) Schienengebundene selbstfahrende Arbeitsmittel müssen mit Vorrichtungen versehen sein, durch die die Folgen eines Zusammenstoßes bei gleichzeitiger Bewegung mehrerer schienengebundener Arbeitsmittel verringert werden, wie beispielsweise Puffer.

(4) Ferngesteuerte selbstfahrende Arbeitsmittel müssen überdies ausgestattet sein mit:

1. einer Einrichtung die gewährleistet, dass sie automatisch anhalten, wenn sie aus dem Kontrollbereich der Fernsteuerung herausfahren,
2. entsprechenden Verdeckungen, Verkleidungen oder Umwehrungen, wenn sie unter normalen Einsatzbedingungen ArbeitnehmerInnen anfahren oder einklemmen können, und nicht mit einer Einrichtung ausgestattet sind, die gewährleistet, dass sie vor einem Hindernis selbsttätig anhalten, wie zB Überwachung des Fahrwegs des Fahrzeugs mit Sensoren.

(5) Auf selbstfahrende Arbeitsmittel zum Heben und Transport von Lasten, wie Hubstaplern, muss die Tragfähigkeit, gegebenenfalls für verschiedene Lastschwerpunktabstände bzw. verschiedene Hubhöhen von Lasten, deutlich sichtbar angeschrieben sein.

(6) Bei selbstfahrenden Arbeitsmitteln mit kraftbetriebener Hubvorrichtung wie Hubstaplern, muss die oberste und unterste Stellung der Hubvorrichtung durch zwangsläufig wirkende Einrichtungen begrenzt sein. Für die unterste Stellung ist eine solche Einrichtung nicht erforderlich, wenn das Senken ohne Kraftantrieb erfolgt. Besteht die Möglichkeit, dass LenkerInnen beim Stapelvorgang durch herabfallende Güter gefährdet weerden, muss der Lenkerplatz entsprechend gesichert sein.

(7) Bagger und Radlader zum Heben von Einzellasten müssen für das Heben von Einzellasten mindestens mit folgenden Einrichtungen ausgestattet sein:

1. Schutzeinrichtung gegen unbeabsichtigtes Zurücklaufen der Last, wie Leitungsbruchsicherungen, Rückschlagventile oder eine Dimensionierung der Schläuche mit hoher Sicherheit gegen Platzen,
2. Einrichtungen gegen die Gefahr von unkontrollierten Bewegungen der Last beim Hebevorgang,
3. zur Gewährleistung der Standsicherheit Schutzeinrichtungen zur Begrenzung des Lastmoments oder Warneinrichtung vor Überschreiten des zulässigen Lastmoments und
4. Sicherheitslasthaken oder vergleichbare Anschlagpunkte zum Anschlagen der Lasten.

(8) Erdbaumaschinen und Förderzeuge müssen mit Aufbauten ausgerüstet sein, die den/die FahrerIn vor herab fallenden Gegenständen schützen.

(9) Selbstfahrende Arbeitsmittel mit mitfahrenden ArbeitnehmerInnen müssen so ausgerüstet sein, dass die Gefahren für die ArbeitnehmerInnen während des Transports möglichst gering sind. Dies gilt insbesondere für die Risiken eines Kontakts der ArbeitnehmerInnen mit Rädern oder Ketten und eines Einklemmen durch diese. Fahrerstände und Fahrersitze müssen so angeordnet sein, dass die LenkerInnen bei Zusammenstößen

geschützt sind. Standflächen von Fahrerständen müssen gleitsicher sein.

Arbeitsplätze auf selbstfahrenden Arbeitsmitteln

§ 53a. (1) Lenkerplätze von selbstfahrenden Arbeitsmitteln, die ausschließlich oder vorwiegend für den Einsatz im Freien bestimmt sind, müssen sich in einem geschlossenen Lenkerhaus befinden, soweit dies aufgrund der Einsatzbedingungen oder Arbeitsweise erforderlich ist. Das Lenkerhaus muss mit Einrichtungen zum Beheizen und Belüften ausgerüstet sein.

(2) Auf selbstfahrende Arbeitsmittel dürfen ArbeitnehmerInnen nur ständig mitfahren, wenn für sie geeignete Beifahrersitze vorhanden sind. Werden nur gelegentlich ArbeitnehmerInnen mitgenommen, müssen geeignete Standflächen und Anhaltevorrichtungen vorhanden sein.

(3) Bei selbstfahrenden Arbeitsmittel mit Lenkerstand muss bei Verlassen des Lenkerstands der Betrieb des Arbeitsmittels zwangsläufig unterbrochen werden und die Bremsanlage selbsttätig zur Wirkung kommen. Beim Wiederbetreten des Lenkerstands darf sich der Antrieb des Arbeitsmittels nicht selbstständig einschalten.

Überroll- und Kippschutz bei selbstfahrenden Arbeitsmitteln

§ 53b. (1) Bei selbstfahrenden Arbeitsmitteln mit mitfahrenden ArbeitnehmerInnen sind unter tatsächlichen Einsatzbedingungen die Risiken aus einem Überrollen oder Kippen des Arbeitsmittels durch eine der folgenden Maßnahmen zu begrenzen:

1. durch eine Schutzeinrichtung, die verhindert, dass das Arbeitsmittel um mehr als eine Vierteldrehung kippt, oder
2. durch eine Einrichtung, die gewährleistet, dass ein ausreichender Freiraum um die mitfahrenden ArbeitnehmerInnen erhalten bleibt, sofern die Kippbewegung mehr als eine Vierteldrehung ausmachen kann, oder
3. durch eine andere Einrichtung mit gleicher Schutzwirkung.

(2) Schutzeinrichtungen nach Abs. 1 können Bestandteil des Arbeitsmittels sein. Schutzeinrichtungen nach Abs. 1 sind nicht erforderlich, wenn

1. das Arbeitsmittel während der Benutzung stabilisiert wird oder
2. ein Überrollen oder Kippen des Arbeitsmittels aufgrund der Bauart unmöglich ist.

(3) Besteht die Gefahr, dass mitfahrende ArbeitnehmerInnen bei einem Überrollen oder Kippen zwischen den Teilen des Arbeitsmittels und dem Boden gequetscht werden, ist zusätzlich zu den Schutzeinrichtungen nach Abs. 1 ein Rückhaltesystem einzubauen.

(4) Hubstapler mit aufsitzenden ArbeitnehmerInnen sind mit einer der folgenden Schutzeinrichtungen gegen die Gefährdung der ArbeitnehmerInnen bei Überrollen oder Kippen des Hubstaplers auszustatten:

1. Verwendung einer geschlossenen Fahrerkabine oder
2. Verwendung eines Überrollschutzes und eines Rückhaltesystems oder.
3. wenn der Hubstapler um nicht mehr 90° kippen kann, mit einem Rückhaltesystem.

(5) Abs. 4 gilt nicht, wenn ein Überrollen oder Kippen konstruktionsbedingt oder aufgrund der tatsächlichen Einsatzbedingungen auszuschließen ist.

Beschaffenheit von Türen und Toren

§ 54. (1) Für das Bewegen von Toren müssen außen und innen geeignete Einrichtungen angebracht sein. Bei Torblättern, die durch Windangriff oder sonstige Einflüsse bewegt werden können, muss eine unbeabsichtigte Schließbewegung durch eine Feststelleinrichtung verhindert sein. Torblätter, die nach oben öffnen, müssen mit Einrichtungen ausgerüstet sein, die verhindern, dass die Torblätter bei Riss oder Bruch eines Tragmittels sowie bei Störungen oder Schäden im Drucksystem von pneumatischen oder hydraulischen Antrieben herabfallen können.

(2) Kraftbetriebene Türen und Tore müssen für Notbetrieb eingerichtet sein. Bei Notbetrieb muss ein Gefahr bringendes Wirksamwerden des Kraftantriebes zwangsläufig verhindert sein. Betätigungseinrichtungen für den Kraftantrieb müssen als Tasten ohne Selbsthalteschaltung ausgebildet sein. Sie müssen an einer Stelle liegen, von der aus der Verkehr durch die Türen und Tore überblickt werden kann. Tasten ohne Selbsthalteschaltung sind nicht erforderlich, wenn durch andere Schutzmaßnahmen, wie Lichtschranken, Fühlleisten oder Rutschkupplungen, die Bewegung des Tür- oder Torblattes bei Gefährdung von Personen zum Stillstand kommt oder wenn die Schließkraft so gering ist, dass sich dadurch keine Gefährdung von Personen ergibt.

(3) Automatische Türen und Tore müssen durch Schutzmaßnahmen, wie Lichtschranken, Fühlleisten oder Bodenkontaktmatten, gesichert sein, durch die die Bewegung des Tür- oder Torblattes bei Gefährdung von Personen zum Stillstand kommt. Solche Maßnahmen sind nicht erforderlich, wenn die Geschwindigkeit des Tür- oder Torblattes und die Schließkraft so gering sind, dass sich dadurch keine Gefährdung von Personen ergibt. Automatische Türen müssen im Notfall selbsttätig öffnen oder von Hand aus leicht zu öffnen sein.

Beschaffenheit von Fahrtreppen und Fahrsteigen

§ 55. (1) Fahrtreppen und Fahrsteige müssen so ausgebildet sein, dass keine Quetsch- oder Scherstellen auftreten. Sie müssen beidseitig Handläufe besitzen, die sich annähernd mit der gleichen Geschwindigkeit bewegen wie die Stufen und Steige. Bei Stromausfall sowie bei Auftreten von Gebrechen, wie Bruch eines Tragmittels, muss die Fahrbewegung selbsttätig zum Stillstand kommen.

(2) An jedem Ende von Fahrtreppen und Fahrsteigen muss eine leicht zugängliche und als solche bezeichnete Notausschaltvorrichtung angebracht sein, die gegen unbeabsichtigtes Betätigen geschützt sein muss.

Beschaffenheit von Schleifmaschinen

§ 56. (1) Schutzverdeckungen, wie Schutzhauben oder Schutzringe, müssen so bemessen und befestigt sein, dass sie bei einem eventuellen Bruch des Schleifwerkzeuges auftretenden Beanspruchungen standhalten und Bruchstücke sicher auffangen können. Schutzverdeckungen dürfen nur den für die Arbeit benötigten Teil des Schleifwerkzeuges freilassen.

(2) Bei ortsfesten Schleifmaschinen für maximale Umfangsgeschwindigkeiten von 100 m/s oder mehr und bei Trennschleifmaschinen von 125 m/s oder mehr müssen die Schleifwerkzeuge und das Werkstück zur Gänze verdeckt sein.

(3) Ständerschleifmaschinen müssen über eine geeignete, nachstellbare Werkstückauflage verfügen.

(4) Bei Flachschleifmaschinen mit elektromagnetischer Spannvorrichtung und maschinellem Vorschub darf der Vorschubantrieb nur nach dem Einschalten des Magnetstromes eingerückt werden können. Die Einschaltestellung muss bei elektromagnetischen Spannvorrichtungen durch eine Signallampe, bei permanent magnetischen Spannvorrichtungen durch eine Sichtmarke erkennbar sein.

Beschaffenheit von Pressen, Stanzen und kraftbetriebenen Tafelscheren

§ 57. (1) Pressen und Stanzen, bei denen nach ihrer Bauart ein Arbeiten mit Einzelhub möglich ist, und kraftbetriebene Tafelscheren müssen eine Sicherung gegen einen unbeabsichtigten zweiten Stempelniedergang bei längerer Betätigung der Einrückvorrichtung haben (Nachschlagsicherung).

(2) Pressen und Stanzen dürfen sich nur mit einem besonderen Gerät von Einzelhub auf Dauerhub und von Hand- auf Fußeinrückung umschalten lassen.

Beschaffenheit von Kompressoren

§ 58. (1) Jede Druckstufe eines Kompressors muss mit einem Druckmesser mit Höchstdruckmarke und mit einer Sicherheitseinrichtung, die eine unzulässige Drucksteigerung verhindert, ausgerüstet sein. Besteht eine Druckstufe aus mehreren Zylindern, so muss für jeden Zylinder ein Druckmesser und eine Sicherheitseinrichtung vorhanden sein, wenn die einzelnen Zylinder für sich betriebsmäßig abgeschaltet werden können.

(2) Für Kompressoren, die mit Druckbehältern, an denen die vorgeschriebenen Sicherheitseinrichtungen angebracht sind, in Verbindung stehen, sind Sicherheitseinrichtungen nach Abs. 1 dann nicht erforderlich, wenn sich zwischen Kompressor und Behälter keine Absperrvorrichtung befindet.

(3) Die Absätze 1 und 2 gelten nicht für Kompressoren für Kälteanlagen.

Beschaffenheit von Geräten für autogenes Schweißen, Schneiden und verwandte Verfahren

§ 59. (1) Für Geräte für autogenes Schweißen und Schneiden und verwandte Verfahren gilt Folgendes:

1. Es müssen Sicherheitseinrichtungen gegen Flammenrückschlag, Gasrücktritt und Nachströmen zwischen den Entnahmestellen oder dem Abgang des Druckminderers einerseits und dem Verbraucher andererseits vorhanden sein. Diese Forderung gilt sowohl für Versorgung mit Brenngas als auch für Versorgung mit Sauerstoff.
2. Die Sammelleitung einer Flaschenbatterie muss vor ihrem Eingang in den Druckminderer absperrbar eingerichtet sein.
3. Die Rohrleitungen sind gegen Korrosion zu schützen und elektrisch zu erden.

(2) Für Geräte mit Acetylen als Brenngas gilt zusätzlich zu Abs. 1 Folgendes:

1. Acetylen darf für die Versorgung von autogenen Schweiß- und Schneidanlagen unter keinem höheren Druck als 1,5 bar weitergeleitet und verteilt werden.
2. Rohrleitungen für Acetylen müssen aus Stahl hergestellt sein.

Beschaffenheit von Bolzensetzgeräten

§ 60. Jedes Bolzensetzgerät muss entweder mit einem Beschuss- bzw. Typenprüfzeichen nach der Beschussverordnung 1999, BGBl. II Nr. 386/1999, gekennzeichnet sein oder, wenn es vor dem 24. Juni 1989 erstmalig zur Verfügung gestellt wurde, mit dem ÖNORM-Zeichen.

5. ABSCHNITT

SCHLUSSBESTIMMUNGEN

§ 61. (1) Gemäß § 125 Abs. 8 ASchG wird festgestellt, dass gleichzeitig mit Inkrafttreten dieser Verordnung nachstehende gemäß § 106 Abs. 3 Z 3, § 109, § 121 sowie § 123 Abs. 1 und 2 ASchG als Bundesgesetz geltende Bestimmungen außer Kraft treten:

1. § 22 Abs. 8 bis 10, § 27 Abs. 2 bis 4, § 28 Abs. 2 bis 5, § 29 Abs. 2 bis 8, § 30, § 31, § 32 samt Anhang 1 bis 4, § 33 Abs. 1 bis 8 und Abs. 10, §§ 34 bis 36, §§ 39 und 40, § 41 Abs. 1 bis 7, 9 und 10, §§ 42 bis 47, § 58, § 62 Abs. 4 bis 10 der Allgemeinen Arbeitnehmerschutzverordnung (AAV), BGBl. Nr. 218/1983,
2. § 4 Abs. 5 bis 9 und Abs. 11 bis 13, § 6 Abs. 1 und 2, § 9 Abs. 5, 6, 13 und 14, § 10 Abs. 2, 4, 5 und 6, § 12 und § 13 Abs. 1 der Allgemeinen Maschinen- und Geräte-Sicherheitsverordnung (AMGSV), BGBl. Nr. 219/1983,
3. §§ 8 bis 61 der Maschinen-Schutzvorrichtungsverordnung, BGBl. Nr. 43/1961,
4. §§ 80 bis 82, §§ 84 bis 86, § 87 Abs. 8, §§ 89 bis 91, § 93 Abs. 3 bis 6, §§ 94 bis 103, § 104 Abs. 3, § 105 Abs. 2 bis 7 und § 106 der Allgemeinen Dienstnehmerschutzverordnung (ADSV), BGBl. Nr. 265/1951,
5. die Verordnung über die Verbindlicherklärung von ÖNORMEN über Bauvorschriften für Krane und Windwerke sowie über Betriebs- und Wartungsvorschriften für Krane, BGBl. Nr. 505/1981,
6. die Verordnung, mit der eine ÖNORM über Prüfvorschriften für Krane und Hebezeuge verbindlich erklärt wird, BGBl. Nr. 68/1985,
7. die Verordnung über die Verbindlicherklärung einer ÖNORM für die Verwendung künstlicher Schleifkörper, BGBl. Nr. 506/1981,
8. die Verordnung, mit der ÖNORMEN über Bolzensetzgeräte für verbindlich erklärt werden, BGBl. Nr. 290/1989,
9. § 4 Abs. 2, § 5 Abs. 1, § 9 Abs. 1 erster bis vierter sowie siebter und achter Satz, § 9 Abs. 5, § 13 Abs. 1 bis 3, § 16 Abs. 5, § 18, § 26, § 30, § 31, § 32 Abs. 1, 2, 4 und 5, § 33 Abs. 1, § 34, §§ 37 bis 39, § 40 Abs. 1 bis 4, §§ 41 bis 46 sowie §§ 52 bis 59 der Verordnung über den Schutz des Lebens und der Gesundheit von Dienstnehmern in Eisen- und Stahlhüttenbetrieben, BGBl. Nr. 122/1955,
10. § 1, § 3, § 4, § 6, § 14, §§ 39 bis 56, §§ 62 bis 66 sowie der Anhang der Azetylenverordnung, BGBl. Nr. 75/1951,
11. § 9, § 11 Abs. 1 und Abs. 4, § 45 Abs. 3 sowie §§ 47 bis 51 der Verordnung über den Schutz der Dienstnehmer und der Nachbarschaft beim Betrieb von Steinbrüchen, Lehm-, Ton-, Sand- und Kiesgruben sowie bei Haldenabtragungen, BGBl. Nr. 253/1955.

(2) Gemäß § 125 Abs. 7 ASchG wird festgestellt, dass mit Inkrafttreten dieser Verordnung, BGBl. II Nr. 330/2024, folgende gemäß § 109 Abs. 2 ASchG als Bundesgesetz geltende Bestimmungen der Allgemeinen Arbeitnehmerschutzverordnung (AAV) außer Kraft treten: § 59 Abs. 1 bis 12, 14 und 15, § 60 Abs. 1 bis 3 und Abs. 10 bis 12.

§ 62. (1) Die folgenden Bestimmungen der Bauarbeiterschutzverordnung (BauV), BGBl. Nr. 340/1994, zuletzt geändert durch BGBl. II Nr. 368/1998 treten außer Kraft:

1. § 6 Abs. 9, § 16 Abs. 1, 2, 4, 6 und 7
2. §§ 74 bis 80
3. §§ 134 bis 138
4. §§ 142 und 143
5. § 144 Abs. 1 bis 4 und Abs. 8 erster Satz
6. § 151 Abs. 2 und Abs. 3 Z 1
7. § 151 Abs. 3 Z 3, 7, 8, 9, und 11
8. § 151 Abs. 4 Z 2 und 3
9. § 151 Abs. 5 Z 1, 3, 7, 8

(2) § 151 Abs. 6 lautet:

3

„Alle übrigen im I. und II. Hauptstück vorgesehenen wiederkehrenden Prüfungen sind von den in Abs. 5 genannten Personen oder von sonstigen geeigneten, fachkundigen und hierzu berechtigten Personen durchzuführen, die auch Betriebsangehörige sein können. Bei Bauaufzügen ohne Personenbeförderung (§ 139 Abs. 8) und Verteilermasten (§ 147 Abs. 7) sind die wiederkehrenden Prüfungen mindestens alle vier Jahre von den in Abs. 5 genannten Personen durchzuführen."

(3) Die Überschrift des 8. Abschnittes der Bauarbeiterschutzverordnung (BauV), BGBl. Nr. 340/1994 lautet: „Laufbrücken und Lauftreppen".

(4) Die Überschrift des 20. Abschnittes der Bauarbeiterschutzverordnung (BauV), BGBl. Nr. 340/1994 lautet: „Bauaufzüge".

(5) Die Überschrift des 21. Abschnittes der Bauarbeiterschutzverordnung (BauV), BGBl. Nr. 340/1994 lautet: „Arbeiten mit Maschinen".

§ 63. Folgende gemäß § 195 Abs. 1 des Mineralrohstoffgesetzes (MinroG), BGBl. I Nr. 184/1999, als Bundesgesetz weitergeltende Bestimmungen, die ausschließlich Belange des ArbeitnehmerInnenschutzes regeln, treten mit Inkrafttreten dieser Verordnung außer Kraft:

1. §§ 4 und 5, § 14 Abs. 3, § 25 Abs. 5, §§ 45, 56, 57 und 59, § 60 Abs. 1, §§ 61, 86 und 87, § 110 Abs. 1, §§ 303 bis 306 und 313 der Allgemeinen Bergpolizeiverordnung, BGBl. Nr. 114/1959; in der Fassung der Verordnungen BGBl. Nr. 185/1969, 22/1972, 12/1984, 53/1995, II Nr. 108/1997 und II Nr. 134/1997 sowie der Bundesgesetze BGBl. Nr. 259/1975, 355/1990 und 518/1995.

2. §§ 31 und 33 der Erdöl-Bergpolizeiverordnung, BGBl. Nr. 278/1937, in der Fassung der Verordnungen Verordnungs- und Amtsblatt für den Reichsgau Wien Nr. 47 und 48/1944, der Verordnungen BGBl. Nr. 125/1961, 12/1984, 737/1996 und II Nr. 134/1997, der Kundmachung BGBl. Nr. 265/1961 und des Bundesgesetzes BGBl. Nr. 259/1975.

§ 64. Änderungen der Anhänge A und B erfolgen durch Kundmachung des Bundesministers für Arbeit, Soziales und Konsumentenschutz im Bundesgesetzblatt.

Inkrafttreten

§ 65. (1) Diese Verordnung tritt mit 1. Juli 2000 in Kraft.

(2) Folgende Anforderungen gelten erst ab 5. Dezember 2002:

1. Ausrüstung von selbstfahrenden Arbeitsmitteln mit Brandbekämpfungseinrichtungen gemäß § 23 Abs. 8,
2. Einrichtungen zum Schutz der ArbeitnehmerInnen bei mobilen Arbeitsmitteln gemäß § 53 Abs. 1, 3, 5, 6, 11, 12 und 13.

(3) Gemäß § 109 ASchG wird festgestellt, dass gleichzeitig mit Inkrafttreten dieser Verordnung § 36 und § 37 Abs. 1 bis 5 ASchG in Kraft treten.

(4) Das Inhaltsverzeichnis, § 5 Abs. 6, § 6 Abs. 1 Z 4, § 7 Abs. 1 Z 1, 7, 11, 13 und 16, Abs. 3 Z 3 und 4, Abs. 4, § 8 Abs. 1 Z 4, 9, 11, 21 und 22, Abs. 3, Abs. 5, § 11 Abs. 1 Z 5, § 26 Abs. 4, § 29 Abs. 1, § 33 Abs. 1 und 2, § 35 Abs. 1 Z 4 und 5, § 36 Abs. 1 Z 2 und 3, § 36 Abs. 7 und 8, §§ 41 bis 47, § 48 Abs. 2 und 3, § 49 Abs. 2 und 3, § 50 Abs. 1 bis 9, § 51 Abs. 1, 2 und 7, §§ 53, 53a und 53b, § 54 Abs. 2, § 55 Abs. 1, Anhang A sowie Anhang C in der Fassung BGBl. II Nr. 21/2010 treten mit dem ihrer Kundmachung folgenden Monatsersten in Kraft. Mit diesem Zeitpunkt treten § 7 Abs. 1 Z 10 und 17, § 8 Abs. 1 Z 8, § 23 Abs. 4 sowie die Anhänge 1 bis 4 außer Kraft.

(5) § 15 Abs. 6, das Inhaltsverzeichnis zu §§ 23a und 23b, die §§ 23a und 23b samt Überschrift und § 61 in der Fassung der Verordnung BGBl. II Nr. 330/2024 treten mit dem der Kundmachung folgenden Tag in Kraft.

ANHANG A (§ 3 ABS. 1)

Vorschriften über Sicherheits- und Gesundheitsanforderungen – Inverkehrbringen von Arbeitsmitteln

1. Niederspannungsgeräte-Verordnung 1993 – NspGV 1993, BGBl. Nr. 44/1994,
2. Maschinen-Sicherheitsverordnung – MSV, BGBl. Nr. 306/1994,
3. Flurförderzeuge-Sicherheitsverordnung – FSV, BGBl. Nr. 307/1994,
4. Schutzaufbauten-Sicherheitsverordnung – SSV, BGBl. Nr. 308/1994,
5. Einfache Druckbehälter-Verordnung, BGBl. Nr. 388/1994,
6. Gasgeräte-Sicherheitsverordnung – GSV, BGBl. Nr. 430/1994,
7. Niederspannungsgeräte-Verordnung 1995 – NspGV 1995, BGBl. Nr. 51/1995,
8. II. Abschnitt der Aufzüge-Sicherheitsverordnung 1996 – ASV 1996, BGBl. Nr. 780/1996,
9. Versandbehälterverordnung 1996, BGBl. Nr. 368/1996
10. Medizinproduktegesetz – MPG, BGBl. Nr. 657/1996
11. Druckgeräteverordnung – DGVO, BGBl. II Nr. 426/1999
12. Ortsbewegliche Druckgeräteverordnung (ODGVO), BGBl. II Nr. 291/2001
13. Versandbehälterverordnung 2002 (VBV 2002), BGBl. II Nr. 202/2002.
14. Aufzüge-Sicherheitsverordnung 2008 – ASV 2008, BGBl. II Nr. 274/2008
15. Maschinen-Sicherheitsverordnung 2010 – MSV 2010, BGBl. II Nr. 282/2008

ANHANG B (§ 3 ABS. 1)

Vorschriften über Sicherheits- und Gesundheitsanforderungen – Aufstellung und Betrieb von Arbeitsmitteln

1. Verordnung über die Aufstellung und den Betrieb von Dampfkesseln – ABV, BGBl. Nr. 353/1995.
2. Druckbehälter-Aufstellungs-Verordnung – DBA-VO, BGBl. II Nr. 361/1998.

ANHANG C

Sicherheitsabstände im Sinne des § 43

Der Sicherheitsabstand im Sinne des § 43 ergibt sich aus der in Richtung Gefahrenstelle gemessenen Reichweite einer Person mit ihren Körperteilen ohne Zuhilfenahme von Gegenständen einschließlich eines Sicherheitszuschlags.

1. Beim Hinaufreichen mit gestrecktem Körper beträgt der Sicherheitsabszand von der Standflächenebene nach oben gemessen mindestens 2500mm. Standflächenebene sind sowohl der Fußboden als auch erhöhte, ortsfeste und von Personen üblicherweise betretene Standflächen.
2. Beim Hineinreichen in und Hindurchreichen durch längliche Öffnungen mit parallelen Seiten beträgt der Sicherheitsabstand:
   2.1 bei Öffnungsweiten über 4 bis 8 mm mindestens 15 mm
   2.2 bei Öffnungsweiten über 8 bis 20 mm mindestens 120 mm
   2.3 bei Öffnungsweiten über 20 bis 30 mm mindestens 200 mm
   2.4 bei Öffnungsweiten über 30 bis 135 mm mindestens 850 mm.

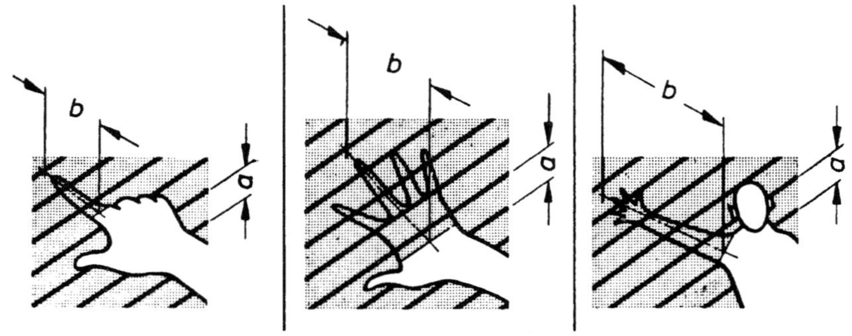

a = Öffnungsweite
b = Sicherheitsabstand

3. Beim Hineinreichen in und Hindurchreichen durch quadratische oder kreisförmige Öffnungen beträgt der Sicherheitsabstand:
   3.1 bei Öffnungsweiten über 4 bis 8 mm mindestens 15 mm
   3.2 bei Öffnungsweiten über 8 bis 25 mm mindestens 120 mm
   3.3 bei Öffnungsweiten über 25 bis 40 mm mindestens 200 mm
   3.4 bei Öffnungsweiten über 40 bis 250 mm mindestens 850 mm.
4. Bei Öffnungen anderer Art oder Form sind die vorstehenden Bestimmungen sinngemäß anzuwenden.

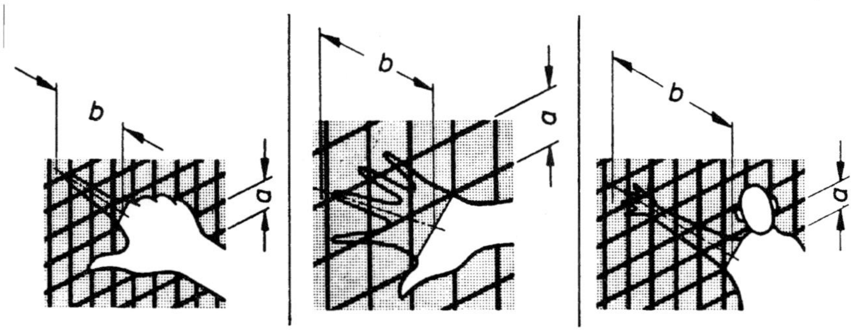

a = Öffnungsweite
b = Sicherheitsabstand

5. Beim Herumreichen um beliebig gelegene Kanten beträgt der Sicherheitsabstand:
   5.1 für die Hand von der Fingerwurzel bis zur Fingerspitze mindestens 120 mm
   5.2 für die Hand von der Handwurzel bis zur Fingerspitze mindestens 230 mm
   5.3 für die Hand von der Ellenbeuge bis zur Fingerspitze mindestens 550 mm
   5.4 für die Hand von der Achsel bis zur Fingerspitze mindestens 850 mm

   Diese Sicherheitsabstände gelten nur unter der Voraussetzung, dass das Gelenk des für ein Herumreichen in Betracht kommenden Körperteils zwangsläufig an der Kante anliegt und ein weiteres Vor- oder Durchschieben dieses Körperteils in Richtung Gefahrenstelle ausgeschlossen ist.

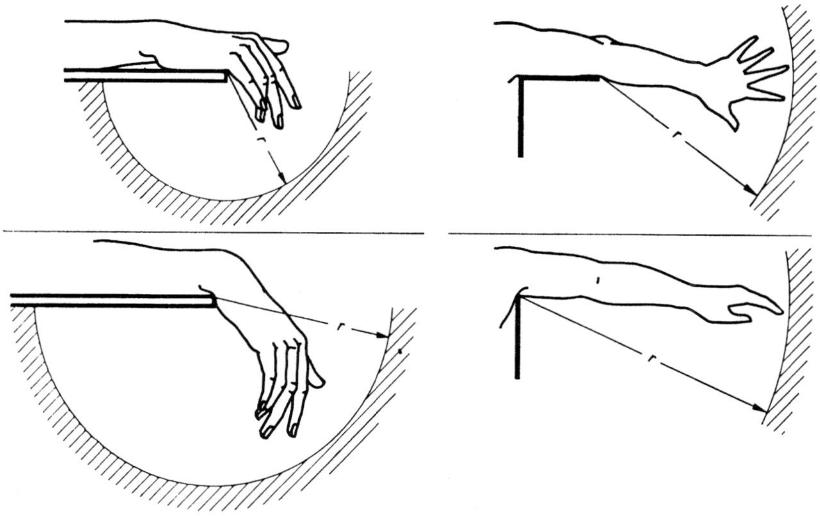

r = Sicherheitsabstand

6. Beim Hinüberreichen über Kanten an Arbeitsmitteln oder Schutzeinrichtungen beträgt der Sicherheitsabstand – abhängig von der Höhe der Gefahrenstelle und von der Höhe der Kante – mindestens den in der nachstehenden Tabelle angegebenen Wert. Diese Sicherheitsabstände gelten nur unter der Voraussetzung, dass die Kante mindestens 1 m hoch ist. Der Bereich zwischen Schutzeinrichtung und Gefahrenstelle darf nicht betretbar sein.

a **Höhe der Gefahrenstelle** (von der Standflächenebene aus) **in mm**	**b** **Höhe der Kante** (von der Standflächenebene aus) **im mm**							
	2400	2200	2000	1800	1600	1400	1200	1000
	c **Sicherheitsabstand in mm**							
2400	100	100	100	100	100	100	100	100
2200	–	250	350	400	500	500	600	600
2000	–	–	350	500	600	700	900	1100
1800	–	–	–	600	900	900	1000	1100
1600	–	–	–	500	900	900	1000	1300
1400	–	–	–	100	800	900	1000	1300
1200	–	–	–	–	500	900	1000	1400
1000	–	–	–	–	300	900	1000	1400
800	–	–	–	–	–	600	900	1300
600	–	–	–	–	–	–	500	1200
400	–	–	–	–	–	–	300	1200

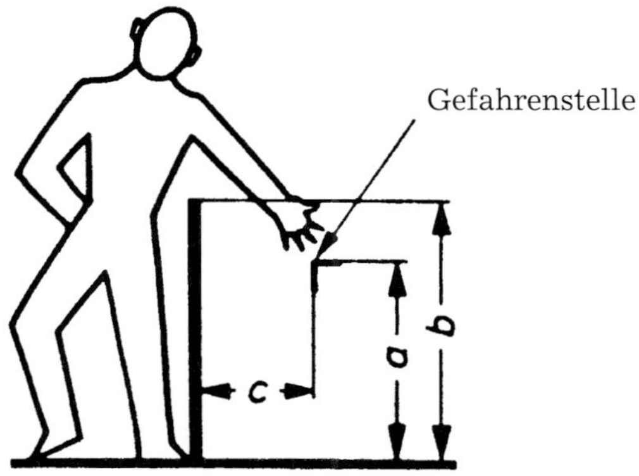

Raum für Anmerkungen und Notizen

Arbeitsstättenverordnung

Verordnung der Bundesministerin für Arbeit, Gesundheit und Soziales, mit der Anforderungen an Arbeitsstätten und an Gebäuden auf Baustellen festgelegt und die Bauarbeiterschutzverordnung geändert wird (Arbeitsstättenverordnung – AStV), BGBl. II Nr. 368/1998, idF BGBl. II Nr. 256/2009, Art 1, BGBl. II Nr. 324/2014 (Art. 1) und BGBl II Nr. 309/2017.

Aufgrund der §§ 19 bis 32 Abs. 1 des Bundesgesetzes über Sicherheit und Gesundheitsschutz bei der Arbeit (ArbeitnehmerInnenschutzgesetz-ASchG), BGBl. Nr. 450/1994, zuletzt geändert durch BGBl. I Nr. 47/1997, wird verordnet:

INHALTSVERZEICHNIS:

Anwendungsbereich

§ 1. (1) Die Bestimmungen dieser Verordnung – mit Ausnahme des 6. Abschnittes – gelten für Arbeitsstätten im Sinne des § 19 ASchG, und zwar sowohl für Arbeitsstätten in Gebäuden als auch, soweit sich die einzelnen Bestimmungen nicht ausdrücklich auf Gebäude oder auf Räume beziehen, für Arbeitsstätten im Freien.

(2) Arbeitsstätten, die nur einen Teilbereich eines Gebäudes umfassen, dürfen nur in Gebäuden eingerichtet werden, in denen auch die außerhalb der jeweiligen Arbeitsstätte gelegenen Gebäudeteile, die von Arbeitnehmer/innen benutzt werden, dem 1. und dem 2. Abschnitt dieser Verordnung entsprechen.

(3) Abs. 2 gilt nicht hinsichtlich jener Gebäudeteile, die auch von Hausbewohner/innen benutzt werden, sofern das Gebäude zur überwiegenden Nutzung zu Wohnzwecken vorgesehen ist. Läßt jedoch die Ausführung der außerhalb der jeweiligen Arbeitsstätte gelegenen Gebäudeteile, die von Arbeitnehmer/innen benutzt werden, eine Gefährdung der Sicherheit oder Gesundheit dieser Arbeitnehmer/innen befürchten, hat die Behörde die erforderlichen Maßnahmen dem/der Arbeitgeber/in dieser Arbeitnehmer/innen gemäß § 94 ASchG vorzuschreiben.

(4) Der 3. Abschnitt dieser Verordnung gilt für Räume, in denen mindestens ein ständiger Arbeitsplatz eingerichtet ist (Arbeitsräume). Ständige Arbeitsplätze sind jene räumlichen Bereiche, in denen sich Arbeitnehmer/innen, der Zweckbestimmung des Raumes entsprechend, bei der von ihnen im regulären Betriebsablauf auszuübenden Tätigkeit aufhalten. Führer- oder Bedienungsstände von Arbeitsmitteln sind keine Arbeitsräume im Sinne dieser Verordnung.

(5) Der 6. Abschnitt dieser Verordnung gilt für Gebäude auf Baustellen, in denen ständige Arbeitsplätze eingerichtet sind.

1. ABSCHNITT

ALLGEMEINE BESTIMMUNGEN FÜR ARBEITSSTÄTTEN

Verkehrswege

§ 2. (1) Verkehrswege sind so zu gestalten und freizuhalten, dass sie, sofern nicht die Bestimmungen über Fluchtwege anzuwenden sind, folgende nutzbare Mindestbreite aufweisen:
1. Verkehrswege ohne Fahrzeugverkehr: 1,0 m;
2. Durchgänge zwischen Lagerungen, Möbeln, Maschinen oder sonstigen Betriebseinrichtungen, ferner Bedienungsstiegen und -stege: 0,6 m;
3. Verkehrswege mit Fahrzeug- und Fußgängerverkehr: die maximale für den betreffenden Verkehrsweg vorgesehene Fahrzeugbreite bzw. Breite der Ladung plus beidseits je 0,5 m;
4. Fahrtreppen und Fahrsteige: 0,6 m.

(2) Abweichend von Abs. 1 Z 1 sind in Arbeitsstätten in Containern, Wohnwagen oder sonstigen ähnlichen Einrichtungen Verkehrswege mit einer nutzbaren Mindestbreite von 0,8 m zu gestalten.

(3) Die Begrenzungen von Verkehrswegen sind zu kennzeichnen, wenn der Raum, durch den der Verkehrsweg führt,
1. eine Bodenfläche von mehr als 1000 m2 aufweist, soweit die Betriebsverhältnisse eine solche Kennzeichnung zulassen, oder
2. so eingerichtet ist oder genutzt wird, dass dies zum Schutz der Arbeitnehmer/innen erforderlich ist.

(4) Verkehrswege sind so zu gestalten, dass sie auf ihrer tatsächlichen nutzbaren Gesamtbreite eine lichte Höhe von mindestens 2,0 m aufweisen.

(5) Rampen mit Fußgängerverkehr sind so zu gestalten, dass sie keine größere Neigung als 1:10 aufweisen.

(6) Der Abstand, in dem Verkehrswege mit Fahrzeugverkehr an Türen, Toren, Durchgängen oder Treppenaustritten vorbeiführen, ist so zu bemessen, dass diese gefahrlos benutzt werden können. Wenn dieser Abstand 1,0 m unterschreitet, sind geeignete Maßnahmen zu treffen, um eine Gefährdung zu vermeiden, wie Hinweise auf den Querverkehr, Abschrankungen oder Lichtsignale.

(7) Es ist dafür zu sorgen, dass Verkehrswege
1. möglichst eben, ausreichend tragfähig und sicher befestigt sind,
2. bei jeder Witterung gefahrlos benützbar sind,
3. so beleuchtbar sind, dass die Beleuchtungsstärke innerhalb von Gebäuden mindestens 30 Lux beträgt und im Freien für eine sichere Benützung des Verkehrswegs ausreichend ist. Die Beleuchtungseinrichtungen müssen so angeordnet und ausgeführt sein, dass keine Blendung erfolgt und eine Verwechslung mit Signalen ausgeschlossen ist.

(8) Auf Verkehrswegen sind Hindernisse, einzelne Stufen oder Vertiefungen zu vermeiden. Ist dies nicht möglich, sind
1. Hindernisse oder einzelne Stufen so zu sichern oder zu kennzeichnen, dass eine Gefährdung vermieden wird,
2. Vertiefungen tragsicher und unverschiebbar abzudecken oder, sofern auch dies nicht möglich ist, so zu sichern oder zu kennzeichnen, dass eine Gefährdung vermieden wird.

(9) Abweichend von Abs. 1 Z 4 sind Fahrtreppen und Fahrsteige mit einer nutzbaren Mindestbreite von 0,4 m zulässig, sofern diese bereits vor dem Inkrafttreten dieser Verordnung errichtet wurden.

(10) § 47 ist anzuwenden auf dem Abs. 1 Z 1 nicht entsprechende Verkehrswege mit Stichtag 31. Dezember 1951.

Ausgänge

§ 3. (1) Ausgänge sind so zu gestalten und freizuhalten, dass sie, sofern nicht die Bestimmungen über Notausgänge anzuwenden sind, folgende nutzbare Mindestbreite aufweisen:
1. Ausgänge ohne Fahrzeugverkehr: 0,8 m;
2. Ausgänge mit Fahrzeug- und Fußgängerverkehr: die maximale für den betreffenden Ausgang vorgesehene Fahrzeugbreite bzw. Breite der Ladung plus beidseits je 0,5 m.

(2) Wenn ein Ausgang überwiegend für den Fahrzeugverkehr bestimmt ist, ist
1. daneben ein eigener, als solcher gekennzeichneter Ausgang für den Fußgängerverkehr einzurichten oder
2. der Ausgang mit einem Geländer in einen für den Fahrzeugverkehr vorgesehenen Abschnitt und in einen mindestens 0,8 m breiten für den Fußgängerverkehr vorgesehenen und als solchen gekennzeichneten Abschnitt zu unterteilen.

(3) Ausgänge sind so zu gestalten, dass sie auf ihrer tatsächlichen nutzbaren Gesamtbreite eine lichte Höhe von mindestens 2,0 m aufweisen.

(4) § 47 ist anzuwenden auf
1. dem Abs. 1 Z 1 nicht entsprechende Ausgänge mit Stichtag 31. Dezember 1951;
2. dem Abs. 2 nicht entsprechende Ausgänge mit Stichtag 31. Dezember 1983.

Stiegen

§ 4. (1) Stiegen gelten als Verkehrswege. Für sie gelten daher die Bestimmungen des § 2 und gegebenenfalls die Bestimmungen über Fluchtwege.

(2) Stiegen sind so zu gestalten, dass
1. die Höhe der Stufen höchstens 18 cm beträgt und innerhalb eines Stiegenlaufs einheitlich ist,
2. die Auftrittsbreite der Stufen in der Gehlinie mindestens 26 cm beträgt,
3. die Auftrittsbreite der Stufen von gewendelten Laufteilen auf der erforderlichen nutzbaren Mindestbreite der Stiege beträgt:
   a) mindestens 13 cm und
   b) höchstens 40 cm.
4. in folgenden Fällen Podeste vorhanden sind, de-ren Länge, gemessen in der Gehlinie, betragen muss:
   a) nach maximal 20 Stufen: mindestens 1,2 m Länge,
   b) vor Türen, die zur Stiege führen: mindestens die Länge der größten Türblattbreite.

(3) Bei Stiegen mit mehr als vier Stufen ist ein fester Handlauf anzubringen. Bei Stiegen mit mehr als vier Stufen und einer Stiegenbreite von mehr als 1,2 m sind an beiden Seiten der Stiege feste Handläufe anzubringen. Die Handläufe sind so zu gestalten, dass sich Arbeitnehmer/innen nicht verletzen und nicht mit der Kleidung hängenbleiben können.

(4) Auf freien Seiten von Stiegen und Stiegenabsätzen sind standsichere, mindestens 1 m hohe Geländer mit einer Mittelstange oder mit einer anderen Sicherung gegen Absturz anzubringen. Dies gilt nicht für Stiegen zu Laderampen.

(5) Abs. 2 und 4 gelten nicht für festverlegte Bedienungsstiegen, die z. B. zu erhöhten oder vertieften Standplätzen oder zu Betriebseinrichtungen führen. Festverlegte Bedienungsstiegen dürfen nur verwendet werden, wenn sie eine Auftrittsbreite von mindestens 15 cm aufweisen und ihre Neigung höchstens 60° zur Waagrechten beträgt.

(6) Stiegen mit gewendelten Laufteilen dürfen nicht als Verkehrswege vorgesehen werden, auf denen auf Grund der betriebsüblichen Arbeitsvorgänge häufig schwere oder sperrige Lasten beidhändig zu transportieren sind.

(7) § 47 ist anzuwenden auf
1. dem Abs. 2 Z 1 oder Z 2 nicht entsprechende Stiegen, sofern sie gefahrlos begehbar sind, mit Stichtag 31. Dezember 1983;
2. dem Abs. 2 Z 1 nicht entsprechende Stiegen, sofern die Stufenhöhe höchstens 20 cm beträgt, mit Stichtag 31. Dezember 1998;
3. dem Abs. 2 Z 3 lit. a nicht entsprechende Stiegen, sofern sie gefahrlos begehbar sind, mit Stichtag 31. Dezember 1983;
4. dem Abs. 2 Z 3 lit. b nicht entsprechende Stiegen mit Stichtag 31. Dezember 1998;
5. dem Abs. 2 Z 4 lit. a nicht entsprechende Stiegen mit Stichtag 31. Dezember 1951;
6. dem Abs. 2 Z 4 lit. b nicht entsprechende Stiegen mit Stichtag 31. Dezember 1983.

Beleuchtung und Belüftung von Räumen

§ 5. (1) Alle Räume in Arbeitsstätten sind entsprechend ihrer Nutzungsart ausreichend beleuchtbar einzurichten.

(2) Die Beleuchtung von Räumen ist so zu gestalten, dass
1. sie von den Ein- und Ausgängen aus geschaltet werden kann,
2. Lichtschalter leicht zugänglich und erforderlichenfalls bei Dunkelheit erkennbar sind und
3. Leuchten so beschaffen und so angebracht sind, dass eine Gefährdung der Arbeitnehmer/innen vermieden wird.

(3) Alle Räume in Arbeitsstätten sind entsprechend ihrer Nutzungsart, natürlich oder mechanisch, erforderlichenfalls direkt ins Freie, ausreichend lüftbar einzurichten. Räume, durch die Verkehrswege hindurchführen, insbesondere Gänge, sind jedenfalls natürlich oder mechanisch direkt ins Freie ausreichend lüftbar einzurichten.

Fußböden, Wände und Decken

§ 6. (1) Fußbodenoberflächen sind so zu gestalten, dass sie
1. keine Stolperstellen aufweisen,
2. befestigt, trittsicher und rutschhemmend sind,
3. von allen zu erwartenden Verunreinigungen leicht zu reinigen und erforderlichenfalls desinfizierbar sind und
4. gegen die auf Grund der Nutzungsart des jeweiligen Bereichs zu erwartenden chemischen oder physikalischen Einwirkungen soweit widerstandsfähig sind, dass eine Belästigung oder Gefährdung von Arbeitnehmer/innen vermieden wird.

(2) Fußböden sind so zu gestalten, dass
1. sie ein Gefälle zu einem Abfluß mit Geruchsverschluß aufweisen, sofern zur Reinigung oder auf Grund der Nutzungsart des jeweiligen Bereiches größere Flüssigkeitsmengen verwendet werden, und
2. Kanaleinläufe oder sonstige Öffnungen von Ableitungen so ausgeführt sind, dass verwendete Stoffe nicht unbemerkt hineingelangen oder unbemerkt austreten können, sofern dadurch Arbeitnehmer/innen gefährdet werden könnten.

(3) Wand- und Deckenoberflächen sind so zu gestalten, dass sie
1. von allen zu erwartenden Verunreinigungen leicht zu reinigen und erforderlichenfalls desinfizierbar sind,
2. keine besonderen Ablagerungsflächen für Staub oder Schmutz aufweisen, soweit die Nutzungsart des Raumes dem nicht entgegensteht,
3. gegen die auf Grund der Nutzungsart des Raumes zu erwartenden chemischen oder physikalischen Einwirkungen soweit widerstandsfähig sind, dass eine Belästigung oder Gefährdung von Arbeitnehmer/innen vermieden wird, und
4. im Brandfall nicht tropfen und keine toxischen Gase in einem die Arbeitnehmer/innen gefährdenden Ausmaß freisetzen.

(4) Es ist dafür zu sorgen, dass durchsichtige Wände
1. als solche deutlich gekennzeichnet sind und
2. im Bereich von Arbeitsplätzen oder Verkehrswegen
   a) aus Sicherheitsmaterial bestehen oder
   b) so gegen die Arbeitsplätze und Verkehrswege abgeschirmt sind, dass die Arbeitnehmer/innen nicht mit den Wänden in Berührung kommen und beim Zersplittern der Wände nicht verletzt werden können.

(5) § 47 ist anzuwenden auf dem Abs. 3 Z 4 nicht entsprechende Wand- oder Deckenoberflächen mit Stichtag 31. Dezember 1998.

Türen und Tore

§ 7. (1) Es ist dafür zu sorgen, dass
1. Türen und Tore für den vorgesehenen Einsatz ausreichend stabil und widerstandsfähig sind,
2. vorstehende oder bewegliche Teile von Türen und Toren (wie insbesondere deren Öffnungsmechanismen) so gestaltet sind, dass sie den Verkehr nicht behindern und beim Öffnen und Schließen keine Verletzungsgefahr für die Arbeitnehmer/innen darstellen,
3. Türen und Tore gegen unbeabsichtigtes Aushängen, Ausheben, Umkippen, Ausschwingen oder Zufallen gesichert sind, sofern dadurch Arbeitnehmer/innen gefährdet werden könnten,
4. Türen und Tore, die sich nach oben öffnen, mit Einrichtungen ausgestattet sind, die ihr unbeabsichtigtes Herabfallen verhindern,
5. Schwingtüren und -tore so gestaltet sind, dass in Augennähe eine ausreichende Durchsicht möglich ist,
6. durchsichtige Türen und Tore in Augenhöhe gekennzeichnet sind und
7. durchsichtige Teile von Türen und Toren
   a) aus Sicherheitsmaterial bestehen oder
   b) gegen Eindrücken geschützt sind, wenn die Gefahr besteht, dass sich Arbeitnehmer/innen beim Zersplittern dieser Flächen verletzen können.

(2) Sind Türen oder Tore zur Gewährleistung der Sicherheit von Arbeitnehmer/innen, wie insbesondere aus Gründen des Brandschutzes, selbstschließend ausgeführt,
1. dürfen deren Selbstschließmechanismen nicht außer Funktion gesetzt werden und
2. ist regelmäßig zu kontrollieren, ob die Selbstschließmechanismen ordnungsgemäß funktionieren.

(3) Weisen Hub-, Kipp-, Roll- oder Schiebetore eine Torblattfläche von mehr als 10 m2 auf, ist im Torblatt eine Gehtür einzurichten, sofern sich nicht in der Nähe ein eigener für den Fußgängerverkehr vorgesehener Ausgang befindet. Die Gehtür ist so zu gestalten, dass sie sich beim Bewegen des Tores nicht unbeabsichtigt öffnen kann. Wird das Tor kraftbetrieben, so ist es so zu gestalten, dass der Torantrieb bei geöffneter Gehtür zwangsläufig stillgesetzt wird.

(4) § 47 ist anzuwenden auf
1. dem Abs. 1 Z 7 nicht entsprechende Türen oder Tore mit Stichtag 31. Dezember 1983;

2. dem Abs. 3 nicht entsprechende Türen oder Tore mit Stichtag 31. Dezember 1983.

Fenster, Lichtkuppeln und Glasdächer

§ 8. (1) Es ist dafür zu sorgen, dass Fenster, Lichtkuppeln und Glasdächer
1. für die sich durch die Nutzungsart des Raumes ergebende Beanspruchung ausreichend stabil und widerstandsfähig sind,
2. so beschaffen oder mit geeigneten Einrichtungen ausgestattet sind, dass direkte Sonneneinstrahlung auf Arbeitnehmer/innen oder störende Hitze oder Kälte vermieden wird und diese Einrichtungen leicht und gefahrlos zu betätigen sind, und
3. erforderlichenfalls mit Vorrichtungen versehen sind, die es ermöglichen, sie gefahrlos zu reinigen.

(2) Es ist dafür zu sorgen, dass öffenbare Fenster und Lichtkuppeln
1. weder beim Öffnen, Schließen oder Verstellen noch in geöffnetem Zustand eine Gefahr für die Arbeitnehmer/innen darstellen und
2. mit Öffnungsmechanismen ausgestattet sind, die leicht und von einem festen Standplatz aus zu betätigen und so gestaltet sind, dass sie keine Verletzungsgefahr für die Arbeitnehmer/innen darstellen.

(3) Lichtkuppeln und Glasdächer sind
1. so zu gestalten, dass sie im Brandfall nicht tropfen und keine toxischen Gase in einem die Arbeitnehmer/innen gefährdenden Ausmaß freisetzen und
2. durch geeignete Maßnahmen zu sichern, wenn vorhersehbar ist, dass sie durch herabfallende Gegenstände durchschlagen werden könnten.

(4) § 47 ist anzuwenden auf dem Abs. 3 Z 1 nicht entsprechende Lichtkuppeln und Glasdächer mit Stichtag 31. Dezember 1998.

Sicherheitsbeleuchtung und Orientierungshilfen

§ 9. (1) Folgende Bereiche sind mit einer Sicherheitsbeleuchtung auszustatten:
1. Arbeitsräume und Fluchtwege, die nicht natürlich belichtet sind;
2. Fluchtwege, die zwar natürlich belichtet sind, diese natürliche Belichtung jedoch z. B. auf Grund der baulichen Gegebenheiten oder auf Grund der Lage der Arbeitszeit nicht ausreicht, um bei Ausfall der künstlichen Beleuchtung das rasche und gefahrlose Verlassen der Arbeitsstätte zu ermöglichen;
3. Bereiche, in denen Arbeitnehmer/innen bei Ausfall der Beleuchtung einer besonderen Gefahr ausgesetzt sein könnten oder in denen Einrichtungen bedient werden, von denen eine besondere Gefahr für die Arbeitnehmer/innen ausgeht.

(2) Die Sicherheitsbeleuchtung muss
1. eine von der Beleuchtung unabhängige Energieversorgung haben und
2. selbsttätig wirksam werden und wirksam bleiben, wenn die Energieversorgung der Beleuchtung ausfällt.

(3) Die Sicherheitsbeleuchtung muss hinsichtlich Einschaltverzögerung, Beleuchtungsstärke und Beleuchtungsdauer so ausgelegt sein, dass bei Ausfall der Beleuchtung
1. die Arbeitsstätte rasch und gefahrlos verlassen werden kann und
2. die in Abs. 1 Z 3 genannten Bereiche schnell und sicher erkannt und alle erforderlichen Maßnahmen getroffen werden können.

(4) Sofern sich in Arbeitsräumen oder auf Fluchtwegen keine Bereiche im Sinne des Abs. 1 Z 3 befinden, sind abweichend von Abs. 1 Z 1 und 2 anstelle der Sicherheitsbeleuchtung selbst- oder nachleuchtende Orientierungshilfen, die bei Ausfall der Beleuchtung ein sicheres Verlassen der Arbeitsstätte gewährleisten, zulässig. In diesem Fall gelten Abs. 2 und Abs. 3 Z 1 für die Orientierungshilfen.

Lagerungen

§ 10. (1) Lagerungen sind so vorzunehmen, dass Arbeitnehmer/innen durch das Lagergut oder durch die Gebinde oder Verpackungen nicht gefährdet oder beeinträchtigt werden können, wobei insbesondere Bedacht zu nehmen ist auf:
1. die Stabilität und Eignung der Unterlage,
2. die Standfestigkeit der Lagerung selbst,
3. die Standfestigkeit der für die Lagerung verwendeten Einrichtungen,
4. die Beschaffenheit der Gebinde oder Verpackungen,
5. den Böschungswinkel von Schüttgütern,
6. den Abstand der Lagerungen zueinander oder zu Bauteilen oder Arbeitsmitteln und
7. mögliche äußere Einwirkungen.

(2) Durch geeignete Maßnahmen, wie z. B. durch deutlich erkennbare, dauerhafte Anschrift, ist dafür zu sorgen, dass nicht überschritten werden
1. die zulässige Belastung von Böden, unter denen sich andere Räume befinden,
2. die zulässige Belastung von Einrichtungen, die für die Lagerung verwendet werden, wie z. B. Galerien, Zwischenböden, Regalen, Paletten, Behälter,
3. die zulässige Füllhöhe von Behältern.

(3) Auf Stiegen einschließlich der Stiegenpodeste sind Lagerungen unzulässig.

Gefahrenbereiche

§ 11. (1) Öffnungen oder Vertiefungen in Fußböden, wie z. B. Schächte, Gruben oder Kanäle, sind tragsicher und unverschiebbar abzudecken oder durch geeignete Vorrichtungen gegen Absturz von Personen und gegen das Herabfallen von Gegenständen zu sichern.

(2) Sind Maßnahmen nach Abs. 1 auf Grund der Art der durchzuführenden Arbeiten nicht möglich, sind geeignete Leisten oder Abweiser anzubringen. Ist auch dies nicht möglich, sind die Gefahrenbereiche so zu kennzeichnen, dass eine Gefährdung vermieden wird.

(3) Erhöhte Bereiche, von denen Arbeitnehmer/innen abstürzen könnten, wie insbesondere erhöhte Standplätze, Verkehrswege, nicht festverschlossene Maueröffnungen, sind zu sichern
1. bei der Absturzhöhe von mehr als 1 m: durch mindestens 1 m hohe, geeignete Vorrichtungen wie standfeste Geländer mit Mittelstange oder Brüstungen und
2. bei einer Absturzhöhe von mehr als 2 m: zusätzlich durch Fußleisten.

(4) Arbeitsplätze und Verkehrswege, auf die Gegenstände herabfallen könnten, sind durch Schutzdächer oder Schutznetze zu sichern.

(5) Verkehrswege aus Gitterrosten oder durchbrochenem Material sind so zu gestalten, dass keine Gegenstände durchfallen können, durch die Arbeitnehmer/innen gefährdet werden könnten.

(6) Für Laderampen gilt:
1. Laderampen sind den Abmessungen der transportierten Lasten entsprechend auszulegen.
2. Laderampen müssen mindestens einen Abgang haben.

3. Laderampen mit mehr als 20 m Länge müssen, soweit dies betriebstechnisch möglich ist, in jedem Endbereich einen Abgang haben.
4. Abs. 3 gilt nicht für Laderampen. Nach Möglichkeit ist aber durch geeignete Maßnahmen dafür zu sorgen, dass die Arbeitnehmer/innen gegen Abstürze gesichert sind.

(7) § 47 ist anzuwenden auf dem Abs. 6 Z 2 und 3 nicht entsprechende Laderampen mit Stichtag 31. Dezember 1998.

Alarmeinrichtungen

§ 12. (1) Die Behörde hat Alarmeinrichtungen vorzuschreiben, wenn auf Grund besonderer Verhältnisse zu befürchten ist, dass der Eintritt einer vorhersehbaren Gefahr nicht rechtzeitig von allen Arbeitnehmer/innen wahrgenommen werden und ihnen daher im Gefahrenfall nicht ausreichend Zeit zur sicheren Flucht oder zum Ergreifen von Maßnahmen zur Gefahrenabwehr verbleiben könnte. Solche Verhältnisse können begründet sein in

1. der Art der Arbeitsvorgänge oder Arbeitsverfahren,
2. der Art oder Menge der vorhandenen Arbeitsstoffe,
3. den vorhandenen Einrichtungen oder Arbeitsmitteln,
4. der Lage, den Abmessungen, der baulichen Gestaltung oder der Nutzungsart der Arbeitsstätte oder
5. der höchstmöglichen Anzahl der in der Arbeitsstätte anwesenden Personen.

(2) Alarmeinrichtungen, die der Alarmierung von Arbeitnehmer/innen dienen, dürfen nur außer Betrieb gesetzt werden, wenn Vorsorge getroffen ist, dass die Arbeitnehmer/innen vom Eintritt einer Gefahr unverzüglich verständigt werden können.

(3) Wenn Alarmeinrichtungen, die der Alarmierung von Arbeitnehmer/innen dienen, vorhanden sind, sind mindestens einmal jährlich während der Arbeitszeit Alarmübungen durchzuführen. Über die Durchführung sind Aufzeichnungen zu führen.

Prüfungen

§ 13. (1) Folgende Anlagen und Einrichtungen sind mindestens einmal jährlich, längstens jedoch in Abständen von 15 Monaten auf ihren ordnungsgemäßen Zustand zu überprüfen:

1. Sicherheitsbeleuchtungen;
2. Alarmeinrichtungen;
3. Klima- oder Lüftungsanlagen;
4. Brandmeldeanlagen.

(2) Löschgeräte und stationäre Löschanlagen sind mindestens jedes zweite Kalenderjahr, längstens jedoch in Abständen von 27 Monaten auf ihren ordnungsgemäßen Zustand zu überprüfen.

(3) Nach größeren Instandsetzungen, Änderungen oder wenn begründete Zweifel am ordnungsgemäßen Zustand bestehen, sind die Anlagen und Einrichtungen (Abs. 1 und 2) auf ihren ordnungsgemäßen Zustand zu überprüfen.

(4) Prüfungen gemäß Abs. 1 bis 3 sind von geeigneten, fachkundigen und hiezu berechtigten Personen (z. B. befugte Gewerbetreibende, akkreditierte Überwachungsstellen, Ziviltechniker/innen, technische Büros, qualifizierte Betriebsangehörige) nach den Regeln der Technik durchzuführen.

(5) Über die Prüfungen nach Abs. 1 bis 3 sind Aufzeichnungen zu führen und mindestens drei Jahre in der Arbeitsstätte aufzubewahren. Die Aufzeichnungen über die Prüfung von Löschgeräten können entfallen, wenn Prüfdatum und Mängelfreiheit durch einen Aufkleber bestätigt werden.

(6) Die Funktion der Leuchten von Sicherheitsbeleuchtungsanlagen und die Funktion von Orientierungshilfen ist monatlich durch Augenschein zu kontrollieren. Die Kontrolle ist von geeigneten und unterwiesenen Personen durchzuführen. Über die Kontrolle sind Aufzeichnungen zu führen und mindestens sechs Monate in der Arbeitsstätte aufzubewahren. Bei selbstprüfenden Anlagen kann die Kontrolle der Leuchten entfallen.

Information der Arbeitnehmer/innen

§ 14. Alle betroffenen Arbeitnehmer/innen sind, bezogen auf ihren jeweiligen Bereich, zu informieren

1. über das Verhalten im Gefahrenfall (z. B. durch deutlichen Anschlag an geeigneten, leicht zugänglichen Stellen),
2. sofern in der Arbeitsstätte eine Alarmeinrichtung vorhanden ist, über die Bedeutung der Alarmsignale,
3. über allfällige Lagerverbote und Lagerbeschränkungen,
4. über die Standorte und die Handhabung der Einrichtungen zur Brandbekämpfung und
5. über die Standorte der Einrichtungen für die Erste-Hilfe-Leistung.

Barrierefreie Gestaltung von Arbeitsstätten

§ 15. (1) Werden bewegungsbehinderte Arbeitnehmer/innen beschäftigt, ist die Arbeitsstätte erforderlichenfalls im Sinne der Ab. 2 bis 5 zu adaptieren.

(2) Mindestens ein Endausgang ins Freie ist stufenlos erreichbar zu gestalten, wobei Niveauunterschiede maximal 3 cm betragen dürfen.

(3) Mindestens eine Toilette und ein Waschplatz sind barrierefrei erreichbar einzurichten und nach den Grundsätzen für barrierefreies Bauen im Sinne der ÖNORM B 1600 zu gestalten.

(4) Sofern nach § 34 Abs. 2 Duschen zur Verfügung zu stellen sind, sind die für bewegungsbehinderte Arbeitnehmer/innen vorgesehenen Duschen barrierefrei erreichbar einzurichten und nach den Grundsätzen für barrierefreies Bauen im Sinne der ÖNORM B 1600 zu gestalten.

(5) Sind im Gebäude ein oder mehrere Aufzüge vorgesehen, ist zumindest ein Aufzug stufenlos erreichbar und nach den Grundsätzen für barrierefreies Bauen im Sinne der ÖNORM B 1600 zu gestalten.

(6) Hinsichtlich Gebäuden, die nach Inkrafttreten dieser Verordnung geplant und errichtet werden und in denen Arbeitsstätten eingerichtet werden sollen, in denen die Beschäftigung bewegungsbehinderter Arbeitnehmer/innen nicht aus produktionstechnischen Gründen ausgeschlossen ist, ist bei der Planung darauf Bedacht zu nehmen, dass Einrichtungen nach Abs. 2 bis 5 vorgesehen werden oder eine nachträgliche Adaptierung ohne unverhältnismäßigen Kostenaufwand leicht erfolgen kann.

2. ABSCHNITT

SICHERUNG DER FLUCHT

Grundsätzliche Bestimmungen

§ 16. (1) Arbeitsstätten sind unter Beachtung des Brandverhaltens (z. B. Brennbarkeit, Brandwiderstand, Qualmbildung) der Konstruktionsteile des Gebäudes so zu errichten und zu gestalten, dass im Brandfall der Schutz der Arbeitnehmer/innen vor direkter oder indirekter Brandeinwirkung sowie vor Rauchgasen in ausreichendem Maß gewährleistet ist.

(2) Werden sinnes- oder bewegungsbehinderte Arbeitnehmer/innen beschäftigt, ist durch geeignete technische oder organisatorische Maßnahmen sicherzustellen, dass diese den Eintritt einer Gefahr rechtzeitig wahrnehmen können und ihnen im Gefahrenfall das rasche und sichere Verlassen der Arbeitsstätte möglich ist.

Fluchtwege, gesicherte Fluchtbereiche, Notausgänge

§ 17. (1) Arbeitsstätten sind so zu gestalten, dass von jedem Punkt der Arbeitsstätte aus

1. nach höchstens 10 m ein Verkehrsweg erreicht wird, der in seinem gesamten Verlauf bis zum Endausgang den Anforderungen der §§ 18 und 19 entspricht (Fluchtweg) und
2. nach höchstens 40 m jene Bereiche, durch die der Fluchtweg führt (wie z. B. Gänge, Stiegenhäuser, Foyers), in ihrem gesamten Verlauf bis zum Endausgang den Anforderungen des § 21 entsprechen (gesicherte Fluchtbereiche).

(1a) Liegen keine anderen Gefährdungen als durch Brandeinwirkung (insbesondere keine chemische oder mechanische Gefährdung) vor, und ist in jedem Geschoß ein weiterer und möglichst entgegengesetzt liegender Ausgang vorhanden, der direkt ins Freie, in einen gesicherten Fluchtbereich oder in einen anderen Brandabschnitt führt, so kann die Fluchtweglänge abweichend von Abs. 1 Z 2 betragen:

1. höchstens 50 m bei Räumen mit einer lichten Raumhöhe von mindestens 10 m,
2. höchstens 50 m bei Räumen mit einer lichten Raumhöhe von mindestens 5 m bei Vorhandensein einer automatischen Brandmeldeanlage mindestens im Schutzumfang „Brandabschnittsschutz" mit Rauchmeldern,
3. höchstens 70 m bei Räumen mit einer lichten Raumhöhe von mindestens 10 m bei Vorhandensein einer automatischen Brandmeldeanlage mindestens im Schutzumfang „Brandabschnittsschutz", mit Rauchmeldern,
4. höchstens 70 m bei Vorhandensein einer Rauch- und Wärmeabzugsanlage, welche durch eine automatische Brandmeldeanlage mindestens im Schutzumfang „Brandabschnittsschutz" mit Rauchmeldern angesteuert wird.

(1b) Ist die lichte Höhe nicht an allen Punkten des Raumes gleich, so ist zur Beurteilung die durchschnittliche Raumhöhe heranzuziehen.

(1c) Sind überwiegend ortsunkundige Personen (z. B. Kund/innen) auf den Fluchtweg angewiesen, ist ergänzend zu Abs. 1a durch geeignete technische oder organisatorische Maßnahmen sicherzustellen, dass der Eintritt einer Gefahr rechtzeitig wahrgenommen werden kann und im Gefahrenfall das rasche und sichere Verlassen der Arbeitsstätte möglich ist (z. B. Sicherheitsüberwachungseinrichtungen, Ordnerdienste)."

(2) Weiters sind Arbeitsstätten so zu gestalten, dass

1. aus jedem Arbeitsraum ein Ausgang direkt auf einen Fluchtweg führt und
2. aus folgenden Arbeitsräumen mindestens zwei hinreichend weit voneinander entfernte und nach Möglichkeit auf verschiedenen Seiten des Raumes liegende Ausgänge direkt auf einen Fluchtweg führen:
   a) Arbeitsräume mit einer Bodenfläche von mehr als 200 m^2, in denen mehr als 20 Arbeitnehmer/innen beschäftigt werden oder
   b) Arbeitsräume mit einer Bodenfläche von mehr als 500 m^2.

(3) Als Endausgänge im Sinne des Abs. 1 gelten jene Ausgänge, die in einen sicheren, öffentlich zugänglichen Bereich im Freien führen sowie direkte Ausgänge zu einem sicheren Ort des angrenzenden Geländes im Freien.

(4) Folgende Ausgänge sind entsprechend den Anforderungen der §§ 18 und 20 zu gestalten (Notausgänge):

1. alle Ausgänge im Verlauf von Fluchtwegen,
2. der Endausgang am Ende eines Fluchtweges.

(5) In Arbeitsstätten, in denen auf Grund ihrer geringen Ausmaße kein Fluchtweg vorhanden sein muss, sind die Ausgänge (einschließlich allfälliger Windfang- oder Doppeltüren), die im Gefahrenfall zum Verlassen der Arbeitsstätte benutzt werden, entsprechend den Anforderungen der §§ 18 und 20 Abs. 1 und 2 zu gestalten.

(6) Die Behörde hat kürzere als die in Abs. 1 genannten Entfernungen oder zusätzliche Fluchtwege, Notausgänge, Notausstiege oder festverlegte Notleitern vorzuschreiben, wenn dies auf Grund besonderer Verhältnisse im Sinne des § 12 Abs. 1 Z 1 bis 5 für einen wirksamen Schutz der Arbeitnehmer/innen erforderlich ist.

(7) § 47 ist anzuwenden auf

1. dem Abs. 2 Z 2 nicht entsprechende Arbeitsräume mit Stichtag 31. Dezember 1983;
2. dem Abs. 2 Z 2 lit. b nicht entsprechende Arbeitsräume mit Stichtag 31. Dezember 1998.

Abmessungen von Fluchtwegen und Notausgängen

§ 18. (1) Fluchtwege müssen folgende nutzbare Mindestbreite aufweisen:

1. für höchstens 20 Personen: 1,0 m;
2. für höchstens 120 Personen: 1,2 m;
3. bei mehr als 120 Personen erhöht sich die Breite nach Z 2 für je weitere zehn Personen um jeweils 0,1 m.

(2) Notausgänge müssen folgende nutzbare Mindestbreite aufweisen:

1. für höchstens 40 Personen: 0,8 m;
2. für höchstens 80 Personen: 0,9 m;
3. für höchstens 120 Personen: 1,0 m;
4. bei mehr als 120 Personen erhöht sich die Breite nach Z 3 für je weitere zehn Personen um jeweils 0,1 m."

(3) Die Personenzahlen in Abs. 1 und 2 bezeichnen jeweils

1. die höchstmögliche zu erwartende Anzahl gleichzeitig anwesender Personen, die im Gefahrenfall auf den Fluchtweg oder Notausgang angewiesen sein könnten oder
2. sofern ein Fluchtweg mehr als drei Geschoße miteinander verbindet, nur die höchstmögliche zu erwartende Anzahl gleichzeitig in drei unmittelbar übereinanderliegenden Geschoßen anwesender Personen, die im Gefahrenfall auf den Fluchtweg oder Notausgang angewiesen sein könnten.

(4) Die nach Abs. 2 erforderliche nutzbare Mindestbreite von Notausgängen darf auf unmittelbar nebeneinanderliegende Abschnitte unterteilt werden, sofern die nutzbare Breite jedes einzelnen Abschnittes mindestens 0,8 m beträgt. Liegen zwei Notausgänge im Abstand von maximal 20 cm nebeneinander, gelten sie als ein Notausgang.

(5) Fluchtwege dürfen in Fluchtrichtung für eine Länge von höchstens 2 m in unmittelbar nebeneinanderliegender Abschnitte unterteilt werden, sofern die nutzbare Breite jedes einzelnen Abschnittes mindestens 0,8 m beträgt.

(6) Stehen mehrere Notausgänge zur Verfügung, so ist unter Berücksichtigung der zulässigen Fluchtweglän-

gen, der baulichen Gegebenheiten (z. B. Raumaufteilung), der Lage der ortsgebundenen Arbeitsplätze und der Nutzungsart der Räume

1. die Personenzahl nach Abs. 3 auf die Notausgänge aufzuteilen und
2. für jeden Fluchtweg und jeden Notausgang die nach Abs. 1 und 2 erforderliche nutzbare Mindestbreite zu berechnen.

(7) § 47 ist anzuwenden auf

1. dem Abs. 1 oder 2 nicht entsprechende Fluchtwege und Notausgänge mit Stichtag 31. Dezember 1951;
2. dem Abs. 1 Z 3 nicht entsprechende Fluchtwege, bei denen es sich nicht um Gänge oder Stiegen handelt, mit Stichtag 31. Dezember 1998.

Anforderungen an Fluchtwege

§ 19. (1) Arbeitgeber/innen haben dafür zu sorgen, dass Fluchtwege folgende Anforderungen erfüllen:

1. Fluchtwege dürfen nicht durch Bereiche führen, in denen gefährliche Stoffe oder nicht atembare Gase in solchen Mengen vorhanden sind oder austreten können, dass diese im Gefahrenfall das sichere Verlassen der Arbeitsstätte unmöglich machen könnten.
2. Fluchtwege dürfen nicht verstellt oder unter die nach § 18 Abs. 1 erforderliche nutzbare Mindestbreite eingeengt werden.
3. Fluchtwege dürfen nicht von Gegenständen begrenzt werden, die leicht umgestoßen oder verschoben werden können.
4. Fluchtwege müssen jederzeit ungehindert benützbar sein, solange sich Arbeitnehmer/innen, die auf diese angewiesen sein könnten, in der Arbeitsstätte aufhalten.
5. Fußboden-, Wand- und Deckenoberflächen auf Fluchtwegen müssen aus mindestens schwer brennbaren und schwach qualmenden Materialien bestehen.
6. Aufzüge, Fahrtreppen und Fahrsteige sind als Fluchtwege unzulässig.

(2) Fluchtwege müssen auch im Gefahrenfall leicht und eindeutig als solche erkennbar sein. Sind sie auf Grund der Bauweise oder der Einrichtung nicht eindeutig erkennbar, sind sie als Fluchtwege zu kennzeichnen. Verkehrswege, die im Gefahrenfall nicht benützt werden dürfen, sind als solche zu kennzeichnen.

(3) Fluchtwege in Gebäuden dürfen nur über Stiegen führen, die , sofern sie sich nicht in einem gesicherten Fluchtbereich befinden, mindestens brandhemmend sind.

(4) Fluchtwege dürfen nur dann über Stiegen mit gewendelten Laufteilen führen, wenn

1. auf der nach § 18 Abs. 1 erforderlichen nutzbaren Mindestbreite des Fluchtweges die Auftrittsbreite der Stufen mindestens 20 cm beträgt oder
2. nicht mehr als 60 Personen im Gefahrenfall darauf angewiesen sind.

(5) Fluchtwege dürfen nur dann über Außenstiegen führen, wenn

1. diese aus nicht brennbaren Materialien bestehen,
2. diese bei jeder Witterung gefahrlos begehbar sind,
3. sofern mehr als ein Obergeschoß vorhanden ist, die Türen von den Außenstiegen ins Gebäude mindestens brandhemmend ausgeführt sind und
4. sofern mehr als ein Obergeschoß vorhanden ist, die Wand, an der die Außenstiege entlangführt, bis zum Geländeniveau und beidseits der Stiege jeweils mindestens je 3,0 m brandbeständig ausgeführt ist und allfällige Fenster in diesem Wandbereich mindestens brandhemmend ausgeführt sind.

(6) § 47 ist anzuwenden auf

1. dem Abs. 1 Z 5 nicht entsprechende Fußboden-, Wand- und Deckenoberflächen mit Stichtag 31. Dezember 1998;
2. dem Abs. 3 nicht entsprechende Stiegen mit Stichtag 31. Dezember 1983;
3. dem Abs. 4 nicht entsprechende Stiegen mit Stichtag 31. Dezember 1951;
4. dem Abs. 5 Z 1, 3 oder 4 nicht entsprechende Stiegen mit Stichtag 31. Dezember 1998.

Anforderungen an Notausgänge

§ 20. (1) Arbeitgeber/innen haben dafür zu sorgen, dass Notausgänge folgende Anforderungen erfüllen:

1. Notausgänge müssen jederzeit leicht und ohne fremde Hilfsmittel von innen auf die gesamte nach § 18 Abs. 2 erforderliche nutzbare Mindestbreite geöffnet werden können, solange sich Arbeitnehmer/innen in der Arbeitsstätte aufhalten, die auf die Notausgänge angewiesen sein könnten.
2. Notausgänge dürfen nicht verstellt oder unter die nach § 18 Abs. 2 erforderliche nutzbare Mindestbreite eingeengt werden.
3. Notausgänge dürfen nicht von Gegenständen begrenzt werden, die leicht umgestoßen oder verschoben werden können.

(2) Notausgänge müssen auch im Gefahrenfall leicht und eindeutig als solche erkennbar sein. Sind sie auf Grund der Bauweise oder der Einrichtung nicht eindeutig erkennbar, sind sie als Notausgänge zu kennzeichnen. Ausgänge, die im Gefahrenfall nicht benützt werden dürfen, sind als solche zu kennzeichnen.

(3) Sind auf einen Notausgang im Gefahrenfall mehr als 15 Personen angewiesen, muss sich die Türe in Fluchtrichtung öffnen lassen.

(4) Automatische Türen sind als Notausgänge nur zulässig, wenn sich die Türen

1. in jeder Stellung händisch leicht in Fluchtrichtung öffnen lassen oder
2. bei Stromausfall oder Ausfall der Steuerung selbsttätig öffnen und geöffnet bleiben oder
3. händisch leicht öffnen lassen und auf den Ausgang im Gefahrenfall höchstens 15 Personen angewiesen sind.

(5) Drehtüren sind als Notausgänge unzulässig.

(6) Ausgänge von Tragluftbauten müssen stabil ausgeführt sein. Durch geeignete Maßnahmen muss das Zusammensinken der Hülle soweit verhindert sein, dass der Raum gefahrlos verlassen werden kann.

(7) § 47 ist anzuwenden auf dem Abs. 3 oder 4 nicht entsprechende Notausgänge mit Stichtag 31. Dezember 1998.

Anforderungen an gesicherte Fluchtbereiche

§ 21. (1) Für gesicherte Fluchtbereiche gelten folgende Anforderungen:

1. Es darf nur geringe Brandlast vorhanden sein.
2. Wände, Decken, Fußböden und Stiegen müssen mindestens hochbrandhemmend ausgeführt sein.
3. Fußboden-, Wand- und Deckenoberflächen müssen aus mindestens schwer brennbaren und schwach qualmenden Materialien bestehen.
4. Zu angrenzenden Räumen, die nicht die Anforderungen an gesicherte Fluchtbereiche erfüllen, müssen die Türen
   a) mindestens brandhemmend und selbstschließend oder
   b) zu Räumen mit geringer Brandlast mindestens rauchdicht und selbstschließend sein.

5. Es müssen geeignete Maßnahmen, wie Rauchabzugsöffnungen, getroffen sein, die ein Verqualmen im Brandfall verhindern.

(2) § 47 ist anzuwenden auf dem Abs. 1 nicht entsprechende Bereiche mit Stichtag 31. Dezember 1983.

Stiegenhaus

§ 22. (1) Werden mehr als zwei Geschoße überwiegend als Arbeitsstätten genutzt, gilt folgendes:

1. Die Geschoße müssen durch mindestens ein durchgehendes Stiegenhaus verbunden sein.
2. Dieses Stiegenhaus muss den Anforderungen nach § 21 entsprechen.
3. Erforderlichenfalls ist durch geeignete Maßnahmen sicherzustellen, dass Personen im Gefahrenfall nicht am Ausgang des Stiegenhauses vorbeilaufen können.

(2) In Stiegenhäusern, die mehr als fünf Geschoße miteinander verbinden, müssen

1. Wände, Decken, Fußböden und Stiegen abweichend von § 21 Abs. 1 Z 2 mindestens brandbeständig ausgeführt sein und
2. Fußboden-, Wand- und Deckenoberflächen abweichend von § 21 Abs. 1 Z 3 aus nicht brennbaren Materialien bestehen.

(3) Als Geschoße gelten das Erdgeschoß sowie Ober- und Untergeschoße.

(4) § 47 ist anzuwenden auf:

1. dem Abs. 1 Z 1 nicht entsprechende Stiegen mit Stichtag 31. Dezember 1983;
2. dem Abs. 1 Z 2 oder dem Abs. 2 Z 1 oder 2 nicht entsprechende Stiegenhäuser mit Stichtag 31. Dezember 1983.

3. ABSCHNITT

ANFORDERUNGEN AN ARBEITSRÄUME

Raumhöhe in Arbeitsräumen

§ 23. (1) Als Arbeitsräume dürfen nur Räume mit einer lichten Höhe von mindestens 3,0 m verwendet werden.

(2) Abweichend von Abs. 1 dürfen als Arbeitsräume auch Räume mit mindestens folgender lichter Höhe verwendet werden, sofern nur Arbeiten mit geringer körperlicher Belastung durchgeführt werden und keine erschwerenden Bedingungen, wie z. B. erhöhte Wärmeeinwirkung oder Belastung der Raumluft durch gefährliche Stoffe, vorliegen:

1. 2,8 m bei einer Bodenfläche von 100 m^2 bis 500 m^2,
2. 2,5 m bei einer Bodenfläche bis 100 m^2.

(3) Ist die lichte Höhe nicht an allen Punkten des Raumes gleich, so ist zur Beurteilung die durchschnittliche Raumhöhe heranzuziehen.

(4) § 47 ist anzuwenden auf dem Abs. 1 oder 2 nicht entsprechende Arbeitsräume mit Stichtag 31. Dezember 1983.

Bodenfläche und Luftraum

§ 24. (1) Als Arbeitsräume dürfen nur Räume verwendet werden, deren Bodenfläche mindestens 8,0 m^2 für eine/n Arbeitnehmer/in, plus jeweils mindestens 5,0 m^2 für jede/n weitere/n Arbeitnehmer/in, beträgt.

(2) Arbeitsräume sind so zu gestalten, dass für jede/n Arbeitnehmer/in eine zusammenhängende freie Bodenfläche von mindestens 2,0 m2 zur Verfügung steht, und zwar

1. direkt bei seinem Arbeitsplatz oder,
2. sofern dies aus zwingenden, in der Art der Arbeit gelegenen Gründen nicht möglich ist, so nahe beim Arbeitsplatz als möglich.

(3) Arbeitsräume sind so zu gestalten, dass der freie, durch das Volumen von Einbauten nicht verringerte Luftraum pro Arbeitnehmer/in mindestens beträgt:

1. 12,0 m^3: bei Arbeiten mit geringer körperlicher Belastung;
2. 15,0 m^3: bei Arbeiten mit normaler körperlicher Belastung;
3. 18,0 m^3: bei Arbeiten mit hoher körperlicher Belastung oder bei erschwerenden Bedingungen (wie z. B. erhöhter Wärmeeinwirkung oder Belastung der Raumluft durch gefährliche Stoffe).

(4) Arbeitsräume, die auch für den Aufenthalt anderer Personen, wie z. B. Kunden/Kundinnen, bestimmt sind, sind so zu gestalten, dass für jede gleichzeitig anwesende andere Person zusätzlich 10 m^3 freier Luftraum vorhanden ist. Dies gilt nicht für Verkaufsräume und für Räume in Gastgewerbebetrieben.

(5) § 47 ist anzuwenden auf

1. dem Abs. 1 nicht entsprechende Arbeitsräume mit Stichtag 31. Dezember 1998;
2. dem Abs. 3 Z 2 oder 3 nicht entsprechende Arbeitsräume mit Stichtag 31. Dezember 1983, sofern der Mindestluftraum pro Arbeitnehmer/in mindestens 12,0 m^3 bzw. 15,0 m^3 beträgt und sich seit diesem Stichtag die in den Räumen durchgeführten Arbeiten im Hinblick auf körperliche Belastung oder erschwerende Bedingungen nicht nachteilig verändert haben.

Lichteintrittsflächen und Sichtverbindung

§ 25. (1) Als Arbeitsräume dürfen nur Räume verwendet werden, die möglichst gleichmäßig natürlich belichtet sind. Sie müssen Lichteintrittsflächen aufweisen, die

1. in Summe mindestens 10% der Bodenfläche des Raumes betragen und
2. direkt ins Freie führen.

(2) Von Abs. 1 abweichende Räume dürfen in folgenden Fällen als Arbeitsräume verwendet werden:

1. Räume, deren Nutzungsart der Eintritt von Tageslicht entgegensteht;
2. Räume, die ausschließlich zwischen 18.00 und 6.00 Uhr als Arbeitsräume genutzt werden;
3. Räume in Untergeschoßen, sofern es sich handelt um
   a) Tiefgaragen oder ähnliche Einrichtungen,
   b) kulturelle Einrichtungen,
   c) Verkaufsstellen in dicht verbauten Ortskernen oder
   d) Gastgewerbebetriebe (Kellerlokale).

(3) In den Fällen des Abs. 2 Z 3, sind, sofern zur Arbeitsstätte auch Räume mit Lichteintrittsflächen gehören, die ortsgebundenen Arbeitsplätze in diesen Räumen anzuordnen.

(4) Weiters dürfen in Arbeitsstätten in Bahnhofs- oder Flughafenhallen, Passagen oder Einkaufszentren folgende Räume als Arbeitsräume verwendet werden:

1. von Abs. 1 Z 1 abweichende Räume, wenn es technisch unmöglich ist, ein entsprechendes Ausmaß herzustellen;
2. von Abs. 1 Z 2 abweichende Räume, wenn
   a) es technisch unmöglich ist, direkt ins Freie führende Lichteintrittsflächen herzustellen und
   b) Lichteintrittsflächen vorhanden sind, die in einen Raum führen, der den Anforderungen des Abs. 1 möglichst nahekommt.
3. Räume ohne Lichteintrittsflächen, wenn es technisch unmöglich ist, direkt ins Freie oder in einen Raum im Sinne des Z 2 lit. b führende Lichtein-

trittsflächen herzustellen. In diesem Fall ist jedoch eine Sichtverbindung im Ausmaß von mindestens 10% der Bodenfläche zu einem sonstigen Raum herzustellen.

(5) Als Arbeitsräume dürfen nur Räume verwendet werden, die eine Sichtverbindung zum Freien aufweisen. Diese muss

1. so gelegen und so beschaffen sein, dass von ortsgebundenen Arbeitsplätzen aus ein Sichtkontakt mit der äußeren Umgebung möglich ist, sofern dem nicht zwingende Gründe entgegenstehen, und
2. mindestens 5% der Bodenfläche des Raumes betragen.

(6) Lichtkuppeln und Glasdächer gelten nicht als Sichtverbindung nach Abs. 5.

(7) Abs. 5 ist in den Fällen des Abs. 2 und Abs. 4 Z 3 nicht anzuwenden und in den Fällen des Abs. 4 Z 1 und 2 nur soweit anzuwenden, als dies technisch möglich ist.

(8) § 47 ist anzuwenden auf

1. dem Abs. 1 nicht entsprechende Arbeitsräume mit Stichtag 31. Dezember 1951;
2. dem Abs. 5 nicht entsprechende Arbeitsräume mit Stichtag 31. Dezember 1983.

Natürliche Lüftung

§ 26. (1) Als Arbeitsräume dürfen nur Räume verwendet werden, denen ausreichend frische, von Verunreinigungen möglichst freie Luft zugeführt und aus denen verbrauchte Luft abgeführt wird. Die Lüftung hat so zu erfolgen, dass die Räume möglichst gleichmäßig be- und entlüftet werden. Ortsgebundene Arbeitsplätze sind so anzuordnen, dass Arbeitnehmer/innen keiner schädlichen Zugluft ausgesetzt sind.

(2) Arbeitsräume, die ausschließlich natürlich be- und entlüftet werden, müssen direkt ins Freie führende Lüftungsöffnungen aufweisen. Diese Lüftungsöffnungen müssen

1. in Summe einen wirksamen Lüftungsquerschnitt von mindestens 2% der Bodenfläche des Raumes aufweisen und
2. sofern die Raumtiefe mehr als 10 m beträgt, so angeordnet sein, dass eine Querlüftung möglich ist.

(3) In eingeschoßigen Gebäuden müssen Arbeitsräume mit mehr als 500 m2 Bodenfläche, die ausschließlich natürlich be- und entlüftet werden, zusätzlich durch Lüftungsaufsätze auf dem Dach lüftbar sein.

(4) Türen gelten nur dann als Lüftungsöffnungen nach Abs. 2, wenn

1. sie direkt ins Freie führen und
2. die Möglichkeit des Offenhaltens zu Lüftungszwecken im Vergleich zu Fenstern nicht eingeschränkt ist.

(5) Lüftungsöffnungen müssen von den Arbeitnehmer/innen von einem festen Standplatz aus geöffnet und verstellt werden können.

(6) § 47 ist anzuwenden auf dem Abs. 2 oder 3 nicht entsprechende Arbeitsräume mit Stichtag 31. Dezember 1983.

Mechanische Be- und Entlüftung

§ 27. (1) § 26 Abs. 1 gilt auch bei mechanischer Be- und Entlüftung.

(2) Arbeitsräume sind mechanisch zu be- und entlüften, wenn die natürliche Lüftung nicht ausreicht, insbesondere wenn

1. die nach § 26 Abs. 2 Z 1 erforderlichen Lüftungsquerschnitte nicht erreicht werden oder
2. dem § 26 Abs. 2 Z 2 nicht entsprochen ist oder
3. trotz Einhaltung der erforderlichen Lüftungsquerschnitte
   a) eine ausreichend gute Luftqualität nicht gewährleistet werden kann (z. B. erschwerenden Bedingungen wie erhöhter Wärme-, Rauch- oder Dampfeinwirkung, Belastung der Raumluft durch gefährliche Stoffe) oder
   b) die natürliche Belüftung mit einer unzulässigen Lärmbelästigung der Arbeitnehmer/innen verbunden wäre.

(3) Wird ein Arbeitsraum ausschließlich mechanisch be- und entlüftet, gilt folgendes:

1. Pro anwesender Person und Stunde ist mindestens folgendes Außenluftvolumen zuzuführen:
   a) 35 m^3, wenn in dem Raum nur Arbeiten mit geringer körperlicher Belastung durchgeführt werden;
   b) 50 m^3, wenn in dem Raum Arbeiten mit normaler körperlicher Belastung durchgeführt werden.
   c) 70 m^3, wenn in dem Raum Arbeiten mit hoher körperlicher Belastung durchgeführt werden.
2. Der dem Raum zugeführte Luftvolumenstrom muss dem Abluftstrom entsprechen, sofern die Nutzungsart des Raumes dem nicht entgegensteht.
3. Bei erschwerenden Bedingungen wie erhöhter Wärme-, Rauch- oder Dampfeinwirkung sind die Werte nach Z 1 mindestens um ein Drittel zu erhöhen.
4. Bei Umluftbetrieb darf der Anteil des in der Stunde zugeführten Außenluftvolumens bei Außentemperaturen zwischen 26 °C und 32 °C und zwischen 0 °C und –12 °C bis auf einen Wert von 50% linear verringert werden.

(4) Wird ein Arbeitsraum sowohl natürlich als auch mechanisch be- und entlüftet, ist die mechanische Be- und Entlüftung so auszulegen, dass unter Berücksichtigung der natürlichen Lüftung ausreichend Außenluft zugeführt werden kann.

(5) Die Zuluft ist erforderlichenfalls zu erwärmen oder zu kühlen.

(6) Zuluftöffnungen sind so anzuordnen und auszuführen, dass

1. Arbeitnehmer/innen keiner schädlichen Zugluft ausgesetzt sind und
2. es zu keiner Beeinträchtigung der Luftqualität und zu keiner Geruchsbelästigung der Arbeitnehmer/innen kommt.

(7) Lüftungsanlagen im Sinne des Abs. 2 müssen jederzeit funktionsfähig sein. Wenn dies für einen wirksamen Schutz der Arbeitnehmer/innen erforderlich ist, muss eine etwaige Störung durch eine Warneinrichtung angezeigt werden.

(8) Klima- und Lüftungsanlagen sind regelmäßig zu kontrollieren und bei Bedarf zu reinigen. Ablagerungen und Verunreinigungen, die zu einer umittelbaren Gesundheitsgefährdung der Arbeitnehmer/innen durch Verschmutzung der Raumluft führen könnten, sind sofort zu beseitigen. Befeuchtungsanlagen sind stets in hygienisch einwandfreiem Zustand zu erhalten.

(9) § 47 ist anzuwenden auf dem Abs. 3 Z 1 bis 3 oder 5 nicht entsprechende mechanische Be- und Entlüftungsanlagen mit Stichtag 31. Dezember 1983, sofern sich seit diesem Stichtag die in dem Raum durchgeführten Arbeiten hinsichtlich der körperlichen Belastung nicht nachteilig geändert haben.

Raumklima in Arbeitsräumen

§ 28. (1) Es ist dafür zu sorgen, dass die Lufttemperatur in Arbeitsräumen beträgt:

1. zwischen 19 und 25 °C, wenn in dem Raum Arbeiten mit geringer körperlicher Belastung durchgeführt werden;

2. zwischen 18 und 24 °C, wenn in dem Raum Arbeiten mit normaler körperlicher Belastung durchgeführt werden;
3. mindestens 12 °C, wenn in dem Raum nur Arbeiten mit hoher körperlicher Belastung durchgeführt werden;

(2) Abweichend von Abs. 1 ist dafür zu sorgen, dass in der warmen Jahreszeit
1. bei Vorhandensein einer Klima- oder Lüftungsanlage die Lufttemperatur 25 °C möglichst nicht überschreitet oder
2. andernfalls sonstige Maßnahmen ausgeschöpft werden, um nach Möglichkeit eine Temperaturabsenkung zu erreichen.

(3) Es ist dafür zu sorgen, dass die Luftgeschwindigkeit an ortsgebundenen Arbeitsplätzen in Arbeitsräumen folgende Mittelwerte über eine Mittelungsdauer von 200 Sekunden nicht überschreitet:
1. 0,10 m/s, wenn Arbeiten mit geringer körperlicher Belastung durchgeführt werden;
2. 0,20 m/s, wenn Arbeiten mit normaler körperlicher Belastung durchgeführt werden;
3. 0,35 m/s, wenn Arbeiten mit hoher körperlicher Belastung durchgeführt werden.

(4) Von Abs. 1 bis 3 darf abgewichen werden, wenn die Einhaltung dieser Werte auf Grund der Nutzungsart des Raumes nicht möglich ist und
1. zumindest im Bereich der ortsgebundenen Arbeitsplätze den Abs. 1 bis 3 entsprechende Werte herrschen oder, wenn auch dies nicht möglich ist,
2. andere technische oder organisatorische Maßnahmen zum Schutz der Arbeitnehmer/innen vor unzuträglichen raumklimatischen Einwirkungen getroffen sind (wie z. B. Abschirmen von Zugluftquellen oder wärmestrahlender Flächen, Kühlen, Einblasen trockener oder feuchter Luft, Verminderung der Einwirkungsdauer).

(5) Wird eine Klimaanlage verwendet, muss
1. die relative Luftfeuchtigkeit zwischen 40% und 70% liegen, sofern dem nicht produktionstechnische Gründe entgegenstehen, und
2. in der Arbeitsstätte ein Raumthermometer und ein Hygrometer vorhanden sein.

(6) § 47 ist anzuwenden auf Klimaanlagen, durch die dem Abs. 5 Z 1 nicht entsprochen werden kann, mit Stichtag 31. Dezember 1983.

Künstliche Beleuchtung in Arbeitsräumen

§ 29. (1) Arbeitsräume sind mit einer möglichst gleichmäßigen und möglichst farbneutralen künstlichen Beleuchtung auszustatten. Die Beleuchtungsstärke muss im ganzen Raum, gemessen 0,85 m über dem Boden, mindestens 100 Lux betragen, sofern die Nutzungsart des Raumes dem nicht entgegensteht. (Allgemeinbeleuchtung).

(2) Arbeitsplätze sind erforderlichenfalls zusätzlich zu beleuchten, wobei auf den Stand der Technik, die jeweilige Sehaufgabe und die möglichen Gefährdungen am Arbeitsplatz Bedacht zu nehmen ist.

(3) Arbeitsräume und Arbeitsplätze sind so zu gestalten und Leuchten sind so auszuwählen und zu positionieren, dass große Leuchtdichten, große Leuchtdichteunterschiede, Flimmern, stroboskopische Effekte sowie direkte und indirekte Blendung im Gesichtsfeld der Arbeitnehmer/innen vermieden werden.

Abweichende Regelungen für bestimmte Arbeitsräume

§ 30. (1) Die in Abs. 4 angeführten Ausnahmen gelten, wenn
1. in dem Arbeitsraum seiner Nutzungsart nach nur kurzfristige Tätigkeiten durchzuführen sind, sodass die maximale Beschäftigungsdauer pro Arbeitnehmer/in in diesem Raum nicht mehr als zwei Stunden pro Tag beträgt und
2. diese Arbeitnehmer/innen während ihrer restlichen Arbeitszeit nicht in Arbeitsräumen beschäftigt werden, die den §§ 23 bis 29 nicht entsprechen.

(2) Weiters gelten die in Abs. 4 angeführten Ausnahmen für den klar abgrenzbaren Teil eines Arbeitsraumes (fiktive Raumteilung), wenn
1. in dem betreffenden Teil des Arbeitsraumes kein Arbeitsplatz gelegen ist, an dem die Beschäftigungsdauer pro Arbeitnehmer/in mehr als zwei Stunden pro Tag beträgt,
2. jene Arbeitsplätze, an denen die Beschäftigungsdauer pro Arbeitnehmer/in mehr als zwei Stunden pro Tag beträgt, ausschließlich in dem anderen, klar abgrenzbaren Teil des Arbeitsraumes gelegen sind und dieser den §§ 23 bis 29 entspricht und
3. die Bodenfläche des Arbeitsraumes insgesamt mehr als 100 m^2 beträgt.

(3) Die in Abs. 4 Z 3, 5 und 6 angeführten Ausnahmen gelten jedoch nicht, wenn in dem Arbeitsraum seiner Nutzungsart nach erschwerende Bedingungen, wie z. B. erhöhte Wärmeeinwirkung oder Belastung der Raumluft durch gefährliche Stoffe, vorliegen.

(4) Nach Maßgabe des Abs. 1 bis 3 dürfen Räume als Arbeitsräume verwendet werden, auch wenn sie die nachstehenden Anforderungen nicht erfüllen:
1. die Mindestraumhöhe nach § 23 Abs. 1 und 2, wobei aber eine lichte Höhe von mindestens 2,1 m gegegeben sein muss;
2. die Mindestbodenfläche nach § 24 Abs. 1 und 2;
3. den Mindestluftraum nach § 24 Abs. 3 und 4;
4. die Lichteintrittsflächen und Sichtverbindung nach § 25 Abs. 1 und 5;
5. die Lüftungsöffnungen bei natürlicher Lüftung nach § 26 Abs. 2 und 3;
6. die mechanische Be- und Entlüftung nach § 27 Abs. 2 bis 4;
7. die Lufttemperatur nach § 28 Abs. 1 Z 2, wobei aber die Lufttemperatur mindestens 16 °C betragen muss,
8. die Luftgeschwindigkeit und die Luftfeuchtigkeit nach § 28 Abs. 3 bis 5, wobei aber alle vorhandenen technischen Möglichkeiten auszuschöpfen sind, um die in § 28 Abs. 3 und 5 genannten Werte zu erreichen.

(5) Für Meisterkojen, Portierslogen und Kassenschalter innerhalb von Räumen gelten folgende Ausnahmen:
1. Es ist zulässig, dass Lichteintrittsflächen, Sichtverbindung und Lüftungsöffnungen abweichend von § 25 Abs. 1 und 5 und von § 26 Abs. 2 nicht direkt ins Freie, sondern in den umgebenden Raum führen, sofern dieser den Anforderungen der §§ 25 und 26 entspricht.
2. § 9 Abs. 1 Z 1 ist nicht anzuwenden.
3. Für Meisterkojen und Portierslogen innerhalb von Räumen gilt die in Abs. 4 Z 2 angeführte Ausnahme.
4. Für Kassenschalter innerhalb von Räumen gelten die in Abs. 4 Z 1 bis 3 angeführten Ausnahmen.

Abweichende Regelungen für Container und ähnliche Einrichtungen

§ 31. (1) Die in Abs. 2 angeführten Ausnahmen gelten für Container, Wohnwagen oder sonstige ähnliche Einrichtungen, sofern sie in folgenden Fällen als Arbeitsräume verwendet werden:
1. als provisorische, zeitlich begrenzte Behelfslösung, insbesondere wenn die Nutzung eines Gebäudes

wegen Umbaumaßnahmen vorübergehend nicht möglich ist;
2. wenn wegen der Art der durchzuführenden Arbeiten häufig, mindestens aber einmal im Jahr, ein Standortwechsel erforderlich ist, wie insbesondere bei mobilen Verkaufs- oder Sammeleinrichtungen.

(2) Für Arbeitsräume im Sinne des Abs. 1 gilt folgendes:
1. § 23 Abs. 1 und 2 ist nicht anzuwenden; die lichte Höhe hat bei Wohnwagen oder ähnlichen Einrichtungen mindestens 2,3 m, bei stationären Containern mindestens 2,5 m zu betragen;
2. § 24 Abs. 1 ist nicht anzuwenden; die Bodenfläche des Raumes hat pro Arbeitnehmer/in mindestens 4,0 m2 zu betragen;
3. § 24 aAbs. 3 und 4 ist nicht anzuwenden; der freie, durch das Volumen von Einbauten nicht verringerte Luftraum hat pro Arbeitnehmer/in mindestens 10 m^3 zu betragen;
4. § 27 Abs. 3 und 4 ist nicht anzuwenden.

(3) Container, Wohnwagen oder sonstige ähnliche Einrichtungen dürfen als Arbeitsräume nur verwendet werden, wenn Decken, Wände und Böden ausreichend wärmeisoliert sind.

(4) Für Container, Wohnwagen oder sonstige ähnliche Einrichtungen, die am 31. Dezember 1998 bereits als Arbeitsräume genutzt wurden, gelten abweichend von Abs. 1 bis 3 die in § 30 Abs. 4 angeführten Ausnahmen. Dies gilt auch für vorwiegend als Witterungsschutz errichtete Räume wie Verkaufsstände oder Kassenschalter, die am 31. Dezember 1998 bereits als Arbeitsräume im Sinne des § 1 Abs. 4 genutzt wurden.

4. ABSCHNITT

SANITÄRE VORKEHRUNGEN UND SOZIALEINRICHTUNGEN

Trink- und Waschwasser

§ 32. (1) Trinkwasserentnahmestellen und allenfalls zur Verfügung gestellte Trinkgefäße sind in hygienischem Zustand zu halten.

(2) Entnahmestellen von nicht zum Trinken geeignetem Wasser sind als solche zu kennzeichnen.

(3) Es ist Waschwasser zur Verfügung zu stellen, das den an Trinkwasser zu stellenden hygienischen Anforderungen möglichst nahe kommt.

Toiletten

§ 33. (1) Den Arbeitnehmer/innen sind Toiletten in einer solchen Anzahl zur Verfügung zu stellen, dass für jeweils höchstens 15 Arbeitnehmer/innen mindestens eine verschließbare Toilettzelle zur Verfügung steht. Sind Toiletten für betriebsfremde Personen, wie z. B. Kunden/Kundinnen oder Patient/Patientinnen, vorgesehen,
1. sind diese in die Anzahl der für die Arbeitnehmer/innen erforderlichen Toiletten nicht einzurechnen und
2. ist dafür zu sorgen, dass betriebsfremde Personen die für die Arbeitnehmer/innen vorgesehenen Toiletten nicht benützen können.

(2) Nach Geschlechtern getrennte Toiletten sind einzurichten, wenn mindestens fünf männliche Arbeitnehmer und mindestens fünf weibliche Arbeitnehmer/innen darauf angewiesen sind.

(3) Stehen nach Geschlechtern getrennte Toiletten zur Verfügung und ist für Männer zufolge Abs. 1 mehr als eine Toilettzelle erforderlich, ist annähernd die Hälfte der für Männer erforderlichen Toilettzellen durch Pißstände zu ersetzen.

(4) Die Personenzahlen in Abs. 1 bis 3 beziehen sich auf regelmäßig gleichzeitig in der Arbeitsstätte anwesende Arbeitnehmer/innen.

(5) Toiletten sind so anzulegen, dass sie mit Arbeitsräumen, mit Aufenthalts- und Bereitschaftsräumen oder mit Umkleideräumen nicht unmittelbar in Verbindung stehen. Von solchen Räumen müssen Toiletten durch natürlich oder mechanisch direkt ins Freie ausreichend lüftbare Vorräume getrennt sein.

(6) Abweichend von § 3 Abs. 1 ist bei Ausgängen von Toilettzellen eine nutzbare Mindestbreite von 0,6 m zulässig. Die lichte Höhe von Toiletten hat mindestens 2,0 m zu betragen.

(7) Es ist dafür zu sorgen, dass
1. Toiletten ohne Erkältungsgefahr benutzbar sind,
2. Toiletten mit Wasserspülung oder einer gleichwertigen Einrichtung sowie Toilettpapier ausgestattet sind,
3. Toiletten den sanitären Anforderungen entsprechen und in hygienischem Zustand gehalten werden und
4. in unmittelbarer Nähe der Toiletten eine Waschgelegenheit vorhanden ist.

(8) § 47 ist anzuwenden auf dem Abs. 1 zweiter Satz nicht entsprechende Arbeitsstätten mit Stichtag 31. Dezember 1983.

Waschplätze, Waschräume, Duschen

§ 34. (1) In jeder Arbeitsstätte ist eine solche Anzahl an Waschplätzen zur Verfügung zu stellen, dass für jeweils höchstens fünf Arbeitnehmer/innen, die gleichzeitig ihre Arbeit beenden, mindestens ein Waschplatz vorhanden ist.

(2) Duschen sind für jene Arbeitnehmer/innen zur Verfügung zu stellen, deren Arbeitsbedingungen eine umfassendere Reinigung als die der Hände, der Arme und des Gesichts erforderlich machen, insbesondere wegen starker Verschmutzung oder Staubeinwirkung, wegen hoher körperlicher Belastung oder Hitzeeinwirkung oder wegen Hautkontakts mit gefährlichen Arbeitsstoffen.

(3) Die Anzahl der Duschen muss so bemessen sein, dass für jeweils höchstens fünf Arbeitnehmer/innen im Sinne des Abs. 2, die gleichzeitig ihre Arbeit beenden, mindestens eine Dusche vorhanden ist.

(4) Waschräume sind zur Verfügung zu stellen,
1. wenn in der Arbeitsstätte regelmäßig gleichzeitig mehr als zwölf Arbeitnehmer/innen anwesend sind, zur Unterbringung der Waschplätze oder
2. wenn nach Abs. 2 Duschen erforderlich sind, zur Unterbringung der Waschplätze und Duschen.

(5) In den Fällen des Abs. 4 sind nach Geschlechtern getrennte Waschräume einzurichten, wenn mindestens fünf männliche Arbeitnehmer und mindestens fünf weibliche Arbeitnehmerinnen gleichzeitig auf die Waschräume angewiesen sind.

(6) Die lichte Höhe von Waschräumen hat mindestens 2,0 m zu betragen.

(7) Es ist dafür zu sorgen, dass Waschplätze und Duschen
1. ausreichend bemessen sind, sodass sich jede/r Arbeitnehmer/in den hygienischen Erfordernissen entsprechend reinigen kann,
2. mit fließendem, nach Möglichkeit warmen Wasser ausgestattet sind,
3. den sanitären Anforderungen entsprechen, in hygienischem Zustand gehalten und erforder-

lichenfalls regelmäßig und wirksam desinfiziert werden,
4. mit geeigneten Mitteln zur Körperreinigung ausgestattet sind und
5. mit Einweghandtüchern oder Händetrocknern ausgestattet sind, sofern nicht jedem/jeder Arbeitnehmer/in ein eigenes Handtuch zur Verfügung gestellt wird.

(8) Fußroste aus Holz dürfen nicht verwendet werden.

(9) Es ist dafür zu sorgen, dass die Raumtemperatur in Waschräumen mindestens beträgt:
1. 21 °C in Waschräumen ohne Duschen,
2. 24 °C in Waschräumen mit Duschen.

(10) Waschräume nach Abs. 4 Z 2 und Umkleideräume müssen untereinander leicht und ohne Erkältungsgefahr erreichbar sein.

(11) § 47 ist anzuwenden auf dem Abs. 4 Z 1 nicht entsprechende Arbeitsstätten
a) mit Stichtag 31. Dezember 1983, sofern höchstens 20 Arbeitnehmer/innen regelmäßig gleichzeitig in der Arbeitsstätte anwesend sind;
b) im übrigen mit Stichtag 31. Dezember 1951.

Kleiderkästen und Umkleideräume

§ 35. (1) Für jede/n Arbeitnehmer/in ist ein Kleiderkasten zur Verfügung zu stellen, der
1. ausreichend groß, luftig und versperrbar ist,
2. geeignet ist, Kleidung und sonstige persönliche Gegenstände gegen Wegnahme zu sichern und vor Einwirkungen wie Nässe, Staub, Rauch, Dämpfe oder Gerüche zu schützen.

(2) Abweichend von Abs. 1 muss nicht für jede/n Arbeitnehmer/in ein eigener Kleiderkasten zur Verfügung gestellt werden, wenn
1. die Arbeitnehmer/innen
   a) ausschließlich mit büroähnlichen Tätigkeiten beschäftigt werden oder
   b) im Verkauf beschäftigt werden und keine besondere Arbeits- oder Schutzkleidung tragen, und
2. für die Kleidung eine andere versperrbare Aufbewahrungsmöglichkeit zur Verfügung steht, in der sie gegen Wegnahme gesichert und vor Einwirkungen wie Nässe, Staub, Rauch, Dämpfe oder Gerüche geschützt ist, und
3. für jede/n Arbeitnehmer/in eine versperrbare Einrichtung zur Aufbewahrung der sonstigen persönlichen Gegenstände zur Verfügung steht.

(3) Abs. 1 gilt nicht, wenn Arbeitnehmer/innen den überwiegenden Teil ihrer Arbeitszeit an auswärtigen Arbeitsstellen oder Baustellen verbringen und ihnen dort Einrichtungen nach Abs. 1 oder 2 zur Verfügung stehen.

(4) Umkleideräume sind zur Verfügung zu stellen, wenn
1. gemäß § 34 Abs. 2 Duschen zur Verfügung zu stellen sind oder
2. in der Arbeitsstätte regelmäßig gleichzeitig mehr als zwölf Arbeitnehmer/innen beschäftigt werden, die sich umkleiden müssen, weil sie bei ihrer Tätigkeit besondere Arbeits- oder Schutzkleidung tragen, oder
3. wenn in der Arbeitsstätte regelmäßig gleichzeitig bis zu zwölf Arbeitnehmer/innen beschäftigt werden, die sich umkleiden müssen, weil sie bei ihrer Tätigkeit besondere Arbeits- oder Schutzkleidung tragen und dieses Umkleiden in anderen Räumen aus sittlichen oder hygienischen Gründen nicht zumutbar ist.

(5) In den Fällen des Abs. 4 sind nach Geschlechtern getrennte Umkleideräume einzurichten, wenn mindestens fünf männliche Arbeitnehmer und mindestens fünf weibliche Arbeitnehmerinnen gleichzeitig auf die Umkleidekabinen angewiesen sind.

(6) Die lichte Höhe von Umkleideräumen nach Abs. 4 hat mindestens 2,0 m zu betragen.

(7) Es ist dafür zu sorgen, dass in Umkleideräumen nach Abs. 4
1. für jede/n gleichzeitig auf den Umkleideraum angewiesenen Arbeitnehmer/in mindestens 0,6 m^2 freie Bodenfläche vorhanden ist,
2. Sitzgelegenheiten in ausreichender Zahl vorhanden sind,
3. die Kleiderkästen nach Abs. 1 untergebracht sind,
4. die Raumtemperatur mindestens 21 °C beträgt und
5. nasse Arbeits- oder Schutzkleidung nicht getrocknet wird.

(8) Sofern die Arbeits- oder Schutzkleidung bei der Arbeit naß oder feucht wird, muss für deren Trocknen gesorgt sein. Erforderlichenfalls sind gut lüftbare Trockenräume einzurichten.

(9) § 47 ist anzuwenden auf
1. dem Abs. 4 Z 1 nicht entsprechende Arbeitsstätten
   a) mit Stichtag 31. Dezember 1983, sofern höchstens 20 Arbeitnehmer/innen regelmäßig gleichzeitig in der Arbeitsstätte anwesend sind;
   b) im übrigen mit Stichtag 31. Dezember 1951;
2. dem Abs. 4 Z 3 nicht entsprechende Arbeitsstätten mit Stichtag 31. Dezember 1998;
3. dem Abs. 7 Z 1 nicht entsprechende Umkleideräume mit Stichtag 31. Dezember 1983.

Aufenthalts- und Bereitschaftsräume

§ 36. (1) Sind in einer Arbeitsstätte regelmäßig gleichzeitig mehr als zwölf Arbeitnehmer/innen, die nicht den überwiegenden Teil ihrer Arbeitszeit an auswärtigen Arbeitsstellen oder Baustellen verbringen, anwesend, sind Aufenthaltsräume zur Verfügung zu stellen.

(2) Unabhängig von der Arbeitnehmer/innenzahl sind für folgende Arbeitnehmer/innen Aufenthaltsräume zur Verfügung zu stellen, sofern diesen kein anderer den Anforderungen des Abs. 3 entsprechender Raum zur Erholung oder zur Einnahme von Mahlzeiten während der Arbeitspausen zur Verfügung steht:
1. für Arbeitnehmer/innen, die mehr als zwei Stunden pro Tag im Freien beschäftigt werden;
2. für Arbeitnehmer/innen, die in Arbeitsräumen beschäftigt werden, die aus Sicherheits- oder Gesundheitsgründen nicht zur Erholung oder zur Einnahme von Mahlzeiten während der Arbeitspausen geeignet sind, wie insbesondere wegen Beeinträchtigung oder Belästigung durch Lärm, Erschütterungen, üble Gerüche, Schmutz, Staub, Hitze, Kälte, Nässe oder Einwirkung gefährlicher Arbeitsstoffe.

(3) Es ist dafür zu sorgen, dass in Aufenthaltsräumen nach Abs. 1 und 2
1. die lichte Höhe mindestens 2,5 m beträgt,
2. die Raumtemperatur mindestens 21 °C beträgt,
3. für jede/n gleichzeitig auf den Raum angewiesene/n Arbeitnehmer/in ein freier Luftraum von mindestens 3,5 m^3 vorhanden ist,
4. für jede/n gleichzeitig auf den Raum angewiesene/n Arbeitnehmer/in eine freie Bodenfläche von mindestens 1 m^2 vorhanden ist,
5. ausreichend große Tische und für jede/n gleichzeitig auf den Raum angewiesene/n Arbeitnehmer/in eine Sitzgelegenheit mit Rückenlehne vorhanden sind,
6. keine Beeinträchtigung oder unzumutbare Belästigung durch Lärm, Erschütterungen, üble Gerü-

che, Schmutz, Staub, Hitze oder Einwirkung gefährlicher Arbeitsstoffe gegeben ist,
7. dem § 25 Abs. 1 und 5 entsprechende Lichteintrittsflächen und Sichtverbindung vorhanden sind, sofern die Arbeitnehmer/innen während des Tages überwiegend in Arbeitsräumen im Sinne des § 25 Abs. 2 beschäftigt werden und
8. gegebenenfalls geeignete Stellen vorhanden sind, an denen vor dem Betreten der Aufenthaltsräume nasse oder verunreinigte Arbeits- oder Schutzkleidung abgelegt werden kann und
9. in den Aufenthaltsräumen nasse Arbeits- oder Schutzkleidung nicht getrocknet wird.

(4) Werden im Fall des § 31 Abs. 1 Z 1 Container als Aufenthaltsräume verwendet, ist abweichend von Abs. 3 Z 1 eine lichte Höhe von mindestens 2,3 m zulässig.

(5) Sofern nach § 28 Abs. 3 ASchG Bereitschaftsräume zur Verfügung zu stellen sind, ist dafür zu sorgen, dass
1. diese den Anforderungen nach Abs. 3 entsprechen und
2. für alle Arbeitnehmer/innen, die während der Nacht gleichzeitig Bereitschaft haben, je eine zur Erholung geeignete Liege vorhanden ist.

(6) § 47 ist anzuwenden auf
1. dem Abs. 1 nicht entsprechende Arbeitsstätten
   a) mit Stichtag 31. Dezember 1983, sofern höchstens 20 Arbeitnehmer/innen regelmäßig gleichzeitig in der Arbeitsstätte anwesend sind;
   b) im übrigen mit Stichtag 31. Dezember 1951;
2. dem Abs. 3 Z 1 nicht entsprechende Arbeitsstätten mit Stichtag 31. Dezember 1983, sofern die lichte Höhe mindestens 2,0 m beträgt;
3. dem Abs. 3 Z 3, 4 oder 7 nicht entsprechende Arbeitsstätten mit Stichtag 31. Dezember 1983;
4. dem Abs. 5 nicht entsprechende Arbeitsstätten mit Stichtag 31. Dezember 1992.

Wohnräume

§ 37. Zu Wohnzwecken oder zur Nächtigung dürfen den Arbeitnehmer/innen von Arbeitgeber/innen nur Räume zur Verfügung gestellt werden, die den nachfolgenden Anforderungen entsprechen:
1. Sie müssen ein direkt ins Freie führendes Fenster haben sowie ausreichend beleuchtbar und beheizbar sein.
2. Die lichte Höhe hat mindestens 2,5 m zu betragen.
3. Sie müssen versperrbar sein sowie mit ausreichend großen Tischen und mit mindestens einer Sitzgelegenheit mit Rückenlehne für jede/n untergebrachte/n Arbeitnehmer/in ausgestattet sein.
4. Der freie, durch das Volumen von Einbauten nicht verringerte Luftraum muss pro Arbeitnehmer/in mindestens 10 m^3 betragen.
5. Für jede/n Arbeitnehmer/in muss ein versperrbarer Kasten und ein Bett mit Bettzeug zur Verfügung stehen, Etagenbetten sind nicht zulässig.
6. Schlafräume müssen versperrbar sein. Sie müssen nach Geschlechtern getrennt benutzbar sein und auch gesonderte Zugänge haben.
7. Es müssen Einrichtungen zum Zubereiten und Wärmen sowie zum Kühlen von Speisen und Getränken zur Verfügung stehen.
8. Es müssen Mittel für die Erste Hilfe zur Verfügung stehen.
9. Es müssen geeignete Einrichtungen zum Trocknen nasser Kleidung zur Verfügung stehen.
10. Sofern Raucher und Nichtraucher nicht in getrennten Räumen untergebracht sind, ist das Rauchen zu untersagen.
11. Den Arbeitnehmer/innen müssen geeignete Duschen, Waschgelegenheiten und Toiletten zur Verfügung stehen. Hinsichtlich Anzahl und Beschaffenheit gelten §§ 32 bis 34 sinngemäß.

Benutzbarkeit von sanitären Vorkehrungen und Sozialeinrichtungen

§ 38. Es ist dafür zu sorgen, dass Toiletten, Wasch- und Umkleideräume sowie Aufenthalts-, Bereitschafts- und Wohnräume durch andere Nutzungen (z. B. Lagerungen) nicht in ihrer Benutzbarkeit beeinträchtigt werden.

5. ABSCHNITT

ERSTE HILFE UND BRANDSCHUTZ

Mittel für die Erste Hilfe

§ 39. (1) In jeder Arbeitsstätte ist eine Ausstattung an Mitteln für die Erste Hilfe bereitzustellen. Art und Umfang dieser Ausstattung müssen der Anzahl der in der Arbeitsstätte beschäftigten Arbeitnehmer/innen sowie den im Hinblick auf die Art der Arbeitsvorgänge, der verwendeten Arbeitsmittel oder Arbeitsstoffe möglichen Verletzungsgefahren angemessen sein.

(2) Mittel der Ersten Hilfe sind in staubdicht schließenden Behältern, in hygienisch einwandfreiem, jederzeit gebrauchsfertigem Zustand aufzubewahren.

(3) Die Aufbewahrungsorte müssen leicht zugänglich und gekennzeichnet sein. In unmittelbarer Nähe des Behälters müssen vorhanden sein:
1. eine ausführliche Anleitung zur Ersten-Hilfe-Leistung,
2. Vermerke mit den Namen der Ersthelfer und
3. die Notrufnummer der Rettung oder Vermerke über Unfallmeldestellen, Krankentransportmittel, Ärzte oder Krankenhäuser.

(4) Es ist dafür zu sorgen, dass in der Arbeitsstätte oder in der Nähe der Arbeitsstätte ein Telefon vorhanden ist, das die Arbeitnehmer/innen im Notfall leicht erreichen und benutzen können.

(5) In Arbeitsstätten mit besonderen Unfallgefahren sind Einrichtungen für den Transport von Verletzten in ausreichender Zahl bereitzustellen. Die Aufbewahrungsorte müssen leicht zugänglich und gekennzeichnet sein.

Ersthelfer/innen

§ 40. (1) Es ist dafür zu sorgen, dass mindestens folgende Personenzahl nachweislich für die Erste Hilfe Leistung ausgebildet ist (Erst-Helfer/innen):
1. Bei bis zu 19 regelmäßig gleichzeitig beschäftigten Arbeitnehmer/innen eine Person; bei 20 bis 29 regelmäßig gleichzeitig beschäftigten Arbeitnehmer/innen zwei Personen; bei je 10 weiteren regelmäßig gleichzeitig beschäftigten Arbeitnehmer/innen eine zusätzliche Person;
2. abweichend von Z 1 in Büros oder in Arbeitsstätten, in denen die Unfallgefahren mit Büros vergleichbar sind: Bei bis zu 29 regelmäßig gleichzeitig beschäftigten Arbeitnehmer/innen eine Person; bei 30 bis 49 regelmäßig gleichzeitig beschäftigten Arbeitnehmer/innen zwei Personen; bei je 20 weiteren regelmäßig gleichzeitig beschäftigten Arbeitnehmer/innen eine zusätzliche Person.

(2) Für die Ausbildung nach Abs. 1 gilt Folgendes:
1. In Arbeitsstätten mit mindestens fünf regelmäßig gleichzeitig beschäftigten Arbeitnehmer/in-

nen muss es sich bei der Ausbildung nach Abs. 1 um eine mindestens 16-stündige Ausbildung nach den vom Österreichischen Roten Kreuz ausgearbeiteten Lehrplänen, oder eine andere, zumindest gleichwertige Ausbildung, wie die des Präsenz- oder Ausbildungsdiensts beim Bundesheer, handeln.

2. In Arbeitsstätten mit weniger als fünf regelmäßig gleichzeitig beschäftigten Arbeitnehmer/innen ist es bis 1.1.2015 ausreichend, wenn der/die Erst-Helfer/in nach dem 1.1.1998 eine mindestens sechsstündige Unterweisung in lebensrettenden Sofortmaßnahmen (im Sinne es §6 der Führerscheingesetz-Durchführungsverordnung, BGB1. II Nr. 320/1997) absolviert hat. Ab 1.1.2015 muss der/die Erst-Helfer/in eine Erste-Hilfe-Auffrischung nach Abs. 3 absolvieren.

(3) Es ist dafür zu sorgen, dass Erst-Helfer/innen in Abständen von höchstens vier Jahren eine mindestens achtstündige Erste-Hilfe-Auffrischung absolvieren. Diese kann auch geteilt werden, sodass in Abständen von höchstens zwei Jahren eine mindestens vierstündige Erste-Hilfe-Auffrischung erfolgt. Die Erste-Hilfe-Auffrischung kann auch durch den/die Arbeitsmediziner/in ohne Einrechnung in die Präventionszeit durchgeführt werden.

(4) Durch organisatorische Maßnahmen ist sicherzustellen, dass während der betriebsüblichen Arbeitszeit eine im Hinblick auf die Anzahl der anwesenden Arbeitnehmer/innen ausreichende Anzahl an Erst-Helfer/innen anwesend ist. Erst-Helfer/in kann auch der/die Arbeitgeber/in selbst sein.

Sanitätsräume

§ 41. (1) Ein Sanitätsraum ist in Arbeitsstätten einzurichten, in denen

1. regelmäßig mehr als 250 Arbeitnehmer/innen beschäftigt werden oder
2. regelmäßig mehr als 100 Arbeitnehmer/innen beschäftigt werden und auf Grund der Art der Arbeitsvorgänge oder Arbeitsverfahren, der verwendeten Arbeitsstoffe oder Arbeitsmittel besondere Unfallgefahren für die Arbeitnehmer/innen bestehen.

(2) Es ist dafür zu sorgen, dass Sanitätsräume folgenden Anforderungen entsprechen:

1. Sie sind so zu gestalten, dass bei Unfällen oder plötzlichen Erkrankungen Erste Hilfe geleistet und eine ärztliche Erstversorgung durchgeführt werden kann.
2. Die lichte Höhe muss mindestens 2,0 m betragen, sofern nicht die Bestimmungen des 3. Abschnittes anzuwenden sind.
3. Sie sind mit einem Telefon, einer Liege sowie einer Waschgelegenheit mit fließendem Kalt- und Warmwasser auszustatten.
4. Die Raumtemperatur muss mindestens 21 °C betragen.
5. In der Nähe muss sich eine Toilette befinden.
6. Sie dürfen durch andere Nutzungen (z. B. Lagerungen) nicht in ihrer Benutzbarkeit beeinträchtigt werden.

(3) Sanitätsräume müssen so gelegen sein, dass sie möglichst von allen Stellen der Arbeitsstätte mit einer Trage leicht erreicht werden können. Sie müssen nach Möglichkeit im Erdgeschoß liegen. Sie müssen als solche gekennzeichnet sein.

(4) Wenn dies auf Grund besonderer Verhältnisse im Sinne des § 12 Abs. 1 Z 1 bis 5 für einen wirksamen Schutz der Arbeitnehmer/innen erforderlich ist, sind Zufahrtswege für Rettungskräfte einzurichten.

(5) § 47 ist anzuwenden auf dem Abs. 1 nicht entsprechende Arbeitsstätten mit Stichtag 31. Dezember 1983.

Löschhilfen

§ 42. (1) In jeder Arbeitsstätte müssen geeignete Löschhilfen, wie Löschwasser, Löschdecken, Löschsand, Wandhydranten, tragbare Feuerlöschgeräte oder fahrbare Feuerlöscher, in ausreichender Anzahl bereitgestellt sein. Bei der Auswahl der geeigneten Löschhilfen und deren Anzahl ist insbesondere zu berücksichtigen:

1. die Brandklassen der vorhandenen Einrichtungen und Materialien,
2. das Brandverhalten der vorhandenen Einrichtungen und Materialien,
3. die vorhandene Brandlast,
4. die Nutzungsart der Arbeitsstätte und
5. die Ausdehnung der Arbeitsstätte.

(2) Unzulässig sind:

1. Tetrachlorkohlenstoff als Löschmittel;
2. in kleinen, engen oder schlecht lüftbaren Räumen:
   a) Halogenkohlenwasserstoffe als Löschmittel oder
   b) tragbare Feuerlöschgeräte mit Kohlendioxid als Löschmittel;
3. in tiefgelegenen Räumen: Kohlendioxidlöschanlagen.

(3) Abs. 2 Z 2 lit. a und Abs. 2 Z 3 gelten nicht, wenn durch geeignete Maßnahmen wie entsprechende Konzentrationen, Zutrittsbeschränkungen und Absaugungsmöglichkeit des Löschmittels, sichergestellt ist, dass Sicherheit und Gesundheit von Arbeitnehmer/innen auch im Einsatzfall nicht gefährdet werden.

(4) Löschhilfen müssen jederzeit gebrauchsfähig, erforderlichenfalls gegen Einfrieren geschützt sowie leicht erreichbar sein. Die Löschhilfen oder deren Aufstellungsorte müssen gekennzeichnet sein.

(5) Die Behörde hat besondere Brandschutzeinrichtungen, wie Brandmeldeanlagen oder stationäre Löschanlagen, vorzuschreiben, wenn dies auf Grund besonderer Verhältnisse im Sinne des § 12 Abs. 1 Z 1 bis 5 für einen wirksamen Schutz der Arbeitnehmer/innen erforderlich ist.

(6) Besondere Brandschutzeinrichtungen im Sinne des Abs. 5 dürfen nur außer Betrieb gesetzt werden, wenn andere geeignete Brandschutzmaßnahmen getroffen sind.

Brandschutzbeauftragte und Brandschutzwarte

§ 43. (1) Die Behörde hat die Bestellung eines/einer Brandschutzbeauftragten und erforderlichenfalls einer Ersatzperson sowie, falls dies nicht ausreicht, weitere geeignete Maßnahmen vorzuschreiben, wenn dies auf Grund besonderer Verhältnisse im Sinne des § 12 Abs. 1 Z 1 bis 5 für einen wirksamen Schutz der Arbeitnehmer/innen erforderlich ist.

(2) Als Brandschutzbeauftragte nach Abs. 1 dürfen nur Personen bestellt werden, die eine mindestens 16stündige Ausbildung auf dem Gebiet des Brandschutzes nach den Richtlinien der Feuerwehrverbände oder Brandverhütungsstellen oder eine andere, zumindest gleichwertige einschlägige Ausbildung nachweisen können.

(3) Brandschutzbeauftragte nach Abs. 1 sind zu folgenden Aufgaben heranzuziehen:

1. Maßnahmen nach § 45 Abs. 2 bis 6,
2. Information der Arbeitnehmer/innen über das Verhalten im Brandfall,
3. Durchführung der Eigenkontrolle im Sinne der einschlägigen Regeln der Technik,

4. Bekämpfung von Entstehungsbränden mit Mitteln der ersten und erweiterten Löschhilfe,
5. Evakuierung der Arbeitsstätte und
6. Vorbereitung eines allfälligen Feuerwehreinsatzes.

(4) Den Brandschutzbeauftragten ist während der Arbeitszeit ausreichend Zeit für die Wahrnehmung ihrer Aufgaben zu gewähren und sind alle dazu erforderlichen Mittel und Unterlagen zur Verfügung zu stellen. Sie sind mit den nötigen Befugnissen auszustatten.

(5) Sofern es die Personenzahl oder die Ausdehnung der Arbeitsstätte erfordern, hat die Behörde zusätzlich die Bestellung der erforderlichen Anzahl von Brandschutzwarten und erforderlichenfalls von Ersatzpersonen vorzuschreiben. Brandschutzwarte haben die Aufgabe, den/die Brandschutzbeauftragte/n bei seinen/ihren Aufgaben zu unterstützen und innerhalb bestimmter örtlicher oder sachlicher Bereiche der Arbeitsstätte die Brandsicherheit zu überwachen.

(6) Als Brandschutzwarte dürfen nur Personen bestellt werden, die eine einschlägige Ausbildung einer Schulungseinrichtung nachweisen oder nachweislich vom Brandschutzbeauftragten mindestens sechs Stunden betriebsbezogen ausgebildet und unterwiesen wurden.

(7) Abs. 1 bis 6 gelten nicht, wenn

1. der/die Arbeitgeber/in auf Grund landesgesetzlicher Vorschriften eine/n Brandschutzbeauftragte/n bestellt oder eine Betriebsfeuerwehr eingerichtet hat oder
2. in der Arbeitsstätte eine freiwillige Betriebsfeuerwehr nach den Richtlinien der Landesfeuerwehrverbände eingerichtet ist.

Brandschutzgruppe

§ 44. *entfällt gemäß BGBl. II Nr. 324/2014 (Art 1)*

§ 44a. (1) Wenn weder aufgrund landesgesetzlicher Vorschriften ein/e Brandschutzbeauftragte/r bestellt oder eine Betriebsfeuerwehr eingerichtet ist, noch eine freiwillige Betriebsfeuerwehr nach den Richtlinien der Landesfeuerwehrverbände eingerichtet ist, noch ein/e Brandschutzbeauftragte/r ein/e Brandschutzwart/in oder eine Brandschutzgruppe nach dieser Verordnung vorgeschrieben ist, ist dafür zu sorgen, dass die gemäß § 25 Abs. 4 ASchG benannten Personen mit der Handhabung der Mittel der ersten Löschhilfe vertraut und in der Lage sind, folgende Veranlassungen treffen zu können:

1. Im Brandfall erforderlichenfalls die Feuerwehr zu alarmieren,
2. im Fall von Alarm nach Anweisung des Arbeitgebers/ der Arbeitgeberin zu kontrollieren, ob alle Arbeitnehmer/innen die Arbeitsstätte verlassen haben,
3. die Mittel der ersten Löschhilfe im Brandfall anzuwenden, soweit dies zur Sicherung der Flucht von Arbeitnehmer/innen unbedingt notwendig ist.

(2) Die Bestellung von Personen, die für Brandbekämpfung und Evakuierung der Arbeitnehmer/innen zuständig sind, befreit die Arbeitgeber/innen nicht von ihrer Verantwortung nach §25 Abs. 1 bis 3 ASchG.

Maßnahmen bei erhöhtem Brandschutz

§ 45. (1) Die Maßnahmen nach Abs. 2 bis 6 sind zu treffen:

1. in Arbeitsstätten, für die die Bestellung eines/einer Brandschutzbeauftragten (§ 43) oder einer Brandschutzgruppe (§ 44) nach dieser Verordnung oder, vor Inkrafttreten dieser Verordnuung nach der Allgemeinen Arbeitnehmerschutzverordnung, mit Bescheid vorgeschrieben wurde;
2. in Arbeitsstätten, in denen der/die Arbeitgeber/in auf Grund landesgesetzlicher Vorschriften einen Brandschutzbeauftragten bestellt oder eine Betriebsfeuerwehr eingerichtet hat;
3. in Arbeitsstätten, in denen eine freiwillige Betriebsfeuerwehr nach den Richtlinien der Feuerwehrverbände eingerichtet ist.

(2) Es ist eine Brandschutzordnung zu erstellen. In dieser sind die zur Brandverhütung und zur Brandbekämpfung erforderlichen technischen und organisatorischen Vorkehrungen und durchzuführenden Maßnahmen festzuhalten. Die Brandschutzordnung ist jährlich auf Richtigkeit und Vollständigkeit zu überprüfen und gegebenenfalls zu ergänzen. Die Brandschutzordnung ist allen Arbeitnehmer/innen zur Kenntnis zu bringen. Die Brandschutzordnung ist Bestandteil des Sicherheits- und Gesundheitsschutzdokuments.

(3) Es ist ein Brandschutzbuch zu führen. In diesem sind festzuhalten:

1. die Ergebnisse der Eigenkontrolle und die getroffenen Maßnahmen zur Mängelbehebung,
2. die durchgeführten Überprüfungen und deren Ergebnisse,
3. die durchgeführten Brandschutzübungen und
4. alle Brände und deren Ursachen.

(4) Es ist ein Brandschutzplan nach den einschlägigen Regeln der Technik in Zusammenarbeit mit dem örtlich zuständigen Feuerwehrkommando zu erstellen.

(5) Es sind mindestens einmal jährlich Brandalarm- und Räumungsübungen durchzuführen. Werden bei einer solchen Übung Mängel der Alarmeinrichtung festgestellt, ist die Übung nach höchstens drei Monaten zu wiederholen.

(6) Alle Arbeitnehmer/innen, die in jenen Bereichen beschäftigt werden, in denen die den erhöhten Brandschutz begründeten Verhältnisse vorliegen, sind in der ordnungsgemäßen Handhabung der Löschgeräte zu unterweisen.

6. ABSCHNITT

GEBÄUDE AUF BAUSTELLEN

Gebäude und Arbeitsräume auf Baustellen

§ 46. (1) Unbeschadet der Bauarbeiterschutzverordnung – BauV, BGBl. Nr. 340/1994, zuletzt geändert durch BGBl. II Nr. 121/1998, gelten für Räume auf oder im Zusammenhang mit Baustellen, in denen ständige Arbeitsplätze im Sinne des § 1 Abs. 4 eingerichtet sind, wie Baustellenbüros, Werkstätten oder Lagerräume, folgende Bestimmungen dieser Verordnung:

1. für die Bodenfläche: § 24 Abs. 2;
2. für Lichteintrittsflächen und Sichtverbindung: § 25 Abs. 1 und 5, soweit dies technisch möglich ist;
3. für die natürliche Lüftung: § 26 Abs. 1 und 5;
4. für die mechanische Be- und Entlüftung: § 27 Abs. 1, 6 und 7;
5. für die Raumtemperatur: § 28 Abs. 1 und 3 und § 30 Abs. 3 Z 7;
6. für die künstliche Beleuchtung: § 29.

(2) Als Arbeitsräume im Sinne des Abs. 1 dürfen nur Räume verwendet werden, deren lichte Höhe mindestens 2,5 m beträgt. Abweichend davon dürfen Container und ähnliche Einrichtungen mit folgenden lichten Höhen als Arbeitsräume verwendet werden:

1. 2,2 m, sofern in dem Arbeitsraum seiner Nutzungsart nach nur kurzfristige Tätigkeiten durchzuführen sind,
2. 2,3 m im Scheitel bei Baustellenwagen,

3. im übrigen 2,3 m.

(3) Weiters gelten für Gebäude, in denen Räume im Sinne des Abs. 1 eingerichtet sind, folgende Bestimmungen dieser Verordnung:

1. für Verkehrswege: § 2 Abs. 1 Z 3, Abs. 3 und Abs. 6;
2. für Ausgänge: § 3 Abs. 1 und 3;
3. für die Beleuchtung: § 5 Abs. 2 Z 3, wobei erforderlichenfalls stoßsichere tragbare Lichtquellen zur Verfügung zu stellen sind;
4. für Türen und Tore: § 7 Abs. 1;
5. für Fußböden, Wände und Decken: § 6 Abs. 1, 3 und 4;
6. für Fenster, Lichtkuppeln und Glasdächer: § 8;
7. für Laderampen: § 11 Abs. 6;
8. für die barrierefreie Gestaltung: § 15 Abs. 1;
9. für den baulichen Brandschutz: § 16 Abs. 1;
10. für Fluchtwege und Notausgänge: § 19 Abs. 1 und 2 und § 20 Abs. 1 und 2.

7. ABSCHNITT

ÜBERGANGS- UND SCHLUSSBESTIMMUNGEN

Übergangsbestimmungen

§ 47. (1) Arbeitsstätten, die bereits vor Inkrafttreten dieser Verordnung genutzt wurden und deren vorhandene Ausführung einzelnen Bestimmungen dieser Verordnung nicht entspricht, dürfen weiterhin genutzt werden, wenn

1. diese Verordnung hinsichtlich der betreffenden Bestimmung auf § 47 verweist,
2. der vom Verweis auf § 47 erfaßte Teil der Arbeitsstätte in der tatsächlich vorhandenen Ausführung bereits seit dem jeweils angegebenen Stichtag besteht, und
3. seit dem jeweils angegebenen Stichtag stets eine Nutzung als Arbeitsstätte, und, sofern es sich um Bestimmungen des 3. Abschnittes handelt, auch eine Nutzung als Arbeitsraum gegeben war.

(2) Abs. 1 wird durch einen Wechsel in der Person des Arbeitgebers/der Arbeitgeberin nicht berührt.

(3) Abs. 1 wird grundsätzlich auch nicht berührt, wenn sich nach dem jeweiligen Stichtag die in Z 1 bis 5 angeführten Verhältnisse in der Arbeitsstätte ändern. Hat eine solche Änderung jedoch zur Folge, dass die tatsächlich vorhandene Ausführung des vom Verweis auf § 47 erfaßten Teils der Arbeitsstätte für einen wirksamen Schutz der Arbeitnehmer/innen nicht mehr ausreicht, hat die Behörde die erforderlichen Maßnahmen mit Bescheid vorzuschreiben. Eine solche Änderung kann betreffen:

1. die Art der Arbeitsvorgänge oder Arbeitsverfahren,
2. die Art oder Menge der vorhandenen Arbeitsstoffe,
3. die vorhandenen Einrichtungen oder Arbeitsmittel,
4. die Lage, die Abmessungen, die bauliche Gestaltung oder die Nutzungsart der Arbeitsstätte oder
5. die höchstmögliche Anzahl der in der Arbeitsstätte anwesenden Personen.

(4) Abs. 1 gilt solange, als der konkrete, vom Verweis auf § 47 erfaßte Teil der Arbeitsstätte in der tatsächlich vorhandenen Ausführung weiterbesteht. Wird dieser Teil jedoch erneuert oder hinsichtlich der vom Verweis auf § 47 erfaßten Ausführung verändert, ist die Erneuerung oder Veränderung entsprechend den Anforderungen dieser Verordnung vorzunehmen.

(5) Abs. 1 gilt nicht, wenn

1. aus einem vor Inkrafttreten dieser Verordnung erlassenen rechtskräftigen Bescheid hervorgeht, dass die tatsächlich vorhandene Ausführung des vom Verweis auf § 47 erfaßten Teils der Arbeitsstätte unzulässig ist oder
2. nach Inkrafttreten dieser Verordnung eine Änderung der Nutzungsart der Arbeitsstätte erfolgt, durch die eine Bewilligungspflicht im Sinne der §§ 92 oder 93 ASchG begründet wird.

(6) Arbeitsstätten, für die vor Inkrafttreten dieser Verordnung mit Bescheid eine Ausnahmegenehmigung im Sinne des § 126 Abs. 1 oder 2 ASchG erteilt wurde, dürfen entsprechend diesem Bescheid weiterhin genutzt werden.

(7) Auf Arbeitsstätten, die vor Inkrafttreten dieser Verordnung gemäß § 27 Abs. 1 oder 2 des Arbeitnehmerschutzgesetzes, BGBl. Nr. 234/1972, oder gemäß § 92 Abs. 1 oder § 93 Abs. 2 ASchG genehmigt wurden, sind die Bestimmungen dieser Verordnung nur insoweit anzuwenden, als nicht der Genehmigungsbescheid anderes vorsieht.

(8) Bescheide, durch die weitergehende Maßnahmen zum Schutz der Arbeitnehmer/innen gemäß § 94 Abs. 3 oder 4 ASchG vorgeschrieben wurden, bleiben unberührt.

Schlußbestimmungen

§ 48. (1) § 1 Abs. 4 der Bauarbeiterschutzverordnung – BauV, BGBl. Nr. 340/1994, zuletzt geändert durch BGBl. II Nr. 121/1998, tritt außer Kraft.

(2) Gemäß § 95 Abs. 2 ASchG wird festgestellt, dass in § 25 Abs. 2 Z 2, Abs. 4 Z 3 und Abs. 7 sowie in § 46 Abs. 2 dieser Verordnung Abweichungen von § 22 Abs. 6 und § 118 Abs. 1 ASchG festgelegt werden.

(3) Gemäß § 106 Abs. 2, § 107 Abs. 2 und 3 sowie § 108 Abs. 1 ASchG wird festgestellt, dass gleichzeitig mit dieser Verordnung § 21 Abs. 5 ASchG, § 25 Abs. 4 erster Satz und Abs. 5 ASchG sowie § 28 Abs. 3 ASchG in Kraft treten.

(4) Gemäß § 125 Abs. 8 ASchG wird festgestellt, dass mit Inkrafttreten dieser Verordnung außer Kraft treten:

1. folgende gemäß § 106 Abs. 3 und § 118 Abs. 1 erster Satz ASchG als Bundesgesetz geltende Bestimmungen der Allgemeinen Arbeitnehmerschutzverordnung (AAV): § 3; § 4; § 6 Abs. 1 bis Abs. 3, in Abs. 4 der dritte und vierte Satz sowie Abs. 6 bis Abs. 8; § 7 Abs. 1 bis Abs. 3 und Abs. 5; § 8; § 9; § 10; § 11; § 12; § 13; § 14 Abs. 1; § 15; § 18 Abs. 1 bis Abs. 5 und in Abs. 6 der zweite Satz; § 19 Abs. 1 und Abs. 2; § 21; § 22 Abs. 1 bis Abs. 4 und Abs. 7; § 23; § 24; § 25; § 26 Abs. 1 bis Abs. 9 und Abs. 11 bis Abs. 15; § 27 Abs. 1; § 28 Abs. 1; § 63; § 64 in Abs. 1 der erste und zweite Satz, Abs. 2 und Abs. 3, in Abs. 4 und Abs. 5 jeweils der erste Satz, Abs. 7 und in Abs. 8 der erste Satz.
2. sämtliche gemäß § 106 Abs. 4 bis 7 ASchG weitergeltenden Bestimmungen der Allgemeinen Dienstnehmerschutzverordnung (ADSV);
3. folgende gemäß § 107 ASchG als Bundesgesetz geltende Bestimmungen der Allgemeinen Arbeitnehmerschutzverordnung (AAV): § 76 Abs. 1 bis Abs. 5 und Abs. 7; § 77; § 78; § 79; § 81 Abs. 1, Abs. 2 mit Ausnahme des letzten Satzes, Abs. 3 bis Abs. 7; § 82;
4. folgende gemäß § 108 ASchG als Bundesgesetz geltende Bestimmungen der Allgemeinen Arbeitnehmerschutzverordnung (AAV): § 83 Abs. 1; § 84 Abs. 1, Abs. 3, in Abs. 4 der erste Satz sowie Abs. 5 und Abs. 6; § 85 Abs. 2 bis Abs. 5; § 86 Abs. 1 bis Abs. 3, Abs. 5, Abs. 7 bis 9; § 87 Abs. 1, mit Ausnahme des letzten Satzes, sowie Abs. 2 bis Abs. 6; § 88;
5. folgende gemäß § 109 ASchG als Bundesgesetz

geltende Bestimmungen der Allgemeinen Arbeitnehmerschutzverordnung (AAV): § 22 Abs. 6; § 27 in Abs. 2 der erste Satz;

6. folgende gemäß § 111 Abs. 1 ASchG als Bundesgesetz geltende Bestimmungen:
   a) § 16 Abs. 3 der Verordnung BGBl. Nr. 183/1923;
   b) § 9 Abs. 3 der Verordnung BGBl. Nr. 184/1923;
   c) § 14 Abs. 1 der Verordnung BGBl. Nr. 185/1923.

(5) Folgende gemäß §§ 106 bis 108 ASchG als Bundesgesetz geltende Bestimmungen der Allgemeinen Arbeitnehmerschutzverordnung (AAV) werden durch diese Verordnung nicht berührt:

1. § 6 in Abs. 4 der erste und zweite Satz und Abs. 5; § 7 Abs. 4; § 14 Abs. 2 und Abs. 3; § 22 Abs. 5; § 26 Abs. 10; § 28 Abs. 2 bis 5; § 18 in Abs. 6 der erste Satz; § 64 in Abs. 1 der dritte Satz, in Abs. 4 der zweite Satz, in Abs. 5 der zweite und dritte Satz, Abs. 6 und in Abs. 8 der zweite und dritte Satz;
2. § 74; § 75; § 76 Abs. 6 und Abs. 8; § 81 in Abs. 2 der letzte Satz; § 81 Abs. 8;
3. § 84 in Abs. 4 der zweite Satz; § 86 Abs. 6; § 87 in Abs. 1 der letzte Satz.

(6) Diese Verordnung tritt am 1. Jänner 1999 in Kraft. § 40 und § 44a in der Fassung der Verordnung BGBI. II Nr. 256/2009 treten am 1. Jänner 2010 in Kraft.

(7) Das Inhaltsverzeichnis sowie § 43 Abs. 1 in der Fassung BGBl. II Nr. 324/2014 treten mit 1. Jänner 2015 in Kraft. § 44 samt Überschrift tritt mit Ablauf des 31. Dezember 2014 außer Kraft.

(8) § 2 Abs. 7, § 17 Abs. 1a, 1b, 1c und 3 sowie § 18 Abs. 2 und 4 in der Fassung BGBl. II Nr. 309/2017 treten mit dem ihrer Kundmachung folgenden Monatsersten in Kraft.

Raum für Anmerkungen und Notizen

Bauarbeiterschutzverordnung (BauV)
Inhaltsübersicht

I. HAUPTSTÜCK

Allgemeine Anforderungen und Maßnahmen

1. Abschnitt: Allgemeine Bestimmungen

2. Abschnitt: Arbeitsvorgänge und Arbeitsverfahren

3. Abschnitt: Persönliche Schutzausrüstung

4. Abschnitt: Erste Hilfeleistung, Sanitäre Vorkehrungen und sonstige Einrichtungen

5. Abschnitt: Brandschutzmaßnahmen

II. HAUPTSTÜCK

Besondere Anforderungen und Maßnahmen

6. Abschnitt: Erd- und Felsarbeiten

7. Abschnitt: Gerüste

8. Abschnitt: Leitern, Laufbrücken, Lauftreppen

9. Abschnitt: Schalungen und Lehrgerüste

10. Abschnitt: Montagearbeiten des Stahlbaues und des konstruktiven Holzbaus, Bauen mit Fertigteilen

11. Abschnitt: Arbeiten auf Dächern

Bauarbeiterschutzverordnung (BauV)

Verordnung des Bundesministers für Arbeit, Soziales und Konsumentenschutz über Sicherheit und Gesundheitsschutz auf Baustellen und auf auswärtigen Arbeitsstellen (Bauarbeiterschutzverordnung – BauV) BGBl. Nr. 340/1994 idF. BGBl. Nr. 450/1994, BGBl. Nr. 706/1995, BGBl. II Nr. 121/1998, BGBl. II Nr. 368/1998, BGBl. II Nr. 164/2000, BGBl. II Nr. 232/2000, BGBl. II Nr. 313/2002, BGBl. II Nr. 425/2003, BGBl. II Nr. 309/2004, BGBl. II Nr. 358/2004, BGBl. II Nr. 17/2005, BGBl. II Nr. 22/2006 (Art. III), BGBl. II Nr. 242/2006 (Art. II), BGBl. II Nr. 13/2007 (Art. IV), BGBl. II Nr. 256/2009 (Art. 2), BGBl. II Nr. 408/2009, BGBl. II Nr. 21/2010, BGBl. II Nr. 416/2010 (Art. 2), BGBl. II Nr. 3/2011, BGBl II Nr. 33/2012 (Art. II), BGBl. II Nr. 77/2014 (Art. 2) und BGBl II Nr. 241/2017 (Art. 1).

I. HAUPTSTÜCK

ALLGEMEINE ANFORDERUNGEN UND MASSNAHMEN

1. ABSCHNITT

ALLGEMEINE BESTIMMUNGEN

Geltungsbereich

§ 1. (1) Diese Verordnung gilt für die Beschäftigung von Arbeitnehmern auf Baustellen im Sinn des § 2 Abs. 3 dritter Satz ASchG.

(2) Folgende Bestimmungen dieser Verordnung gelten auch für die Beschäftigung von Arbeitnehmern auf auswärtigen Arbeitsstellen im Sinn des § 2 Abs. 3 letzter Satz ASchG:

1. § 6 Abs. 2 zweiter Satz, Abs. 3, Abs. 7 und Abs. 8,
2. §§ 7 bis 10,
3. §§ 48 bis 54,
4. §§ 87 bis 93,
5. §§ 106, 108 und 109
6. § 157.

(3) Diese Verordnung ist nicht auf Arbeiten anzuwenden, die durch die Tagbauarbeitenverordnung – TAV, BGBl II Nr. 416/2010 in der jeweils geltenden Fassung, geregelt werden.

(4) *außer Kraft (BGBl. II Nr. 368/1998)*

Begriffsbestimmungen

§ 2. (1) Bauarbeiten sind Arbeiten zur Herstellung, Instandhaltung, Sanierung, Reparatur, Änderung und Beseitigung von baulichen Anlagen aller Art, einschließlich der hiefür erforderlichen Vorbereitungs- und Abschlußarbeiten. Bauarbeiten sind insbesondere auch Zimmerer-, Dachdecker-, Glaser-, Maler-, Anstreicher-, Spengler-, Fliesenleger-, Estrich-, Isolierarbeiten und Gerüstbauarbeiten, Stahlbauarbeiten, Gas-, Wasser-, Heizungs-, Lüftungs- und Elektroinstallationsarbeiten, Sprengarbeiten, Abbrucharbeiten sowie Fassadenreinigungsarbeiten und Rauchfangkehrerarbeiten. Als Bauarbeiten gelten auch Erdarbeiten, wie Aufschüttung, Auf- und Abgrabungen sowie die Herstellung von künstlichen Hohlräumen unterhalb der Erdoberfläche.

(2) Fachkundige im Sinne dieser Verordnung sind Personen, die die erforderlichen fachlichen Kenntnisse und Berufserfahrungen besitzen und auch die Gewähr für eine gewissenhafte Durchführung der ihnen übertragenen Arbeiten bieten. Als fachkundige Personen im Sinne dieser Verordnung gelten fachkundige Organe von Anstalten des Bundes oder eines Bundeslandes, von staatlich autorisierten Anstalten, sowie Ziviltechniker oder Gewerbetreibende, jeweils im Rahmen ihrer Befugnisse. Als fachkundige Personen können auch Betriebsangehörige eingesetzt werden.

(3) Soweit in dieser Verordnung personenbezogene Bezeichnungen nur in männlicher Form angeführt sind, beziehen sie sich auf Frauen und Männer in gleicher Weise.

Meldung von Bauarbeiten

§ 3. (1) Dem zuständigen Arbeitsinspektorat ist nachweislich Meldung zu erstatten, wenn Bauarbeiten im Sinne dieser Verordnung ausgeführt werden, die voraussichtlich länger als fünf Arbeitstage dauern.

(2) Von der Meldepflicht nach Abs. 1 ausgenommen sind Glaser-, Maler-, Anstreicher-, Fliesenleger-, Estrich-, Isolier-, Gas-, Wasser-, Heizungs-, Lüftungs- und Elektroinstallationsarbeiten, soweit diese Arbeiten im Gebäude ausgeführt werden.

(3) Meldungen nach Abs. 1 haben zu enthalten:

1. die genaue Lage der Baustelle,
2. den Zeitpunkt des Arbeitsbeginnes,
3. Art und Umfang der Arbeiten,
4. die voraussichtliche Zahl der Beschäftigten und
5. den Namen der vorgesehenen Aufsichtsperson.

(4) Werden die Bauarbeiten von mehreren Arbeitgebern unmittelbar aufeinanderfolgend ausgeführt, obliegt die Meldepflicht jenem Arbeitgeber, der als erster auf der Baustelle mit gemäß Abs. 1 meldepflichtigen Bauarbeiten beginnt.

(5) Abweichend von Abs. 4 müssen

1. Arbeiten in Behältern, Gruben, Schächten, Kanälen oder Rohrleitungen, für die gemäß § 120 Abs. 1 und 2 Schutzmaßnahmen schriftlich angeordnet werden müssen,
2. *außer Kraft (BGBl. II Nr. 242/2006)*
3. Arbeiten gemäß § 125 Abs. 2, bei denen Bleistaub frei wird,
4. Sandstrahlarbeiten gemäß § 126,
5. Arbeiten auf Dächern, bei denen die Abs.turzhöhe mehr als 5,00 m beträgt,

in jedem Fall gesondert gemeldet werden, sofern die Arbeiten voraussichtlich länger als fünf Arbeitstage dauern.

(6) Meldungen nach Abs. 1, 4 und 5 sind spätestens eine Woche vor Arbeitsbeginn zu erstatten. In Katastrophenfällen, bei unaufschiebbaren Arbeiten oder bei kurzfristig zu erledigenden Aufträgen ist die Meldung spätestens am Tage des Arbeitsbeginnes zu erstatten.

Anwendung der Grundsätze der Gefahrenverhütung auf Baustellen

§ 3a. Arbeitgeber/innen haben dafür zu sorgen dass die in § 7 ASchG genannten Grundsätze der Gefahrenverhütung angewendet werden, insbesondere in Bezug auf

1. die Aufrechterhaltung von Ordnung und Sauberkeit auf der Baustelle;
2. die Wahl des Standorts der Arbeitsplätze unter Berücksichtigung der Zugangsbedingungen zu diesen Arbeitsplätzen und die Festlegung der Verkehrswege oder Verkehrszonen;

3. die Bedingungen für die Handhabung der verschiedenen Materialien;
4. die Instandhaltung, die Kontrolle vor Inbetriebnahme und die regelmäßige Kontrolle der Anlagen und Einrichtungen, um Mängel, die die Sicherheit und die Gesundheit der Arbeitnehmer/innen beeinträchtigen können, auszuschalten;
5. die Abgrenzung und die Einrichtung von Lagerbereichen für die verschiedenen Materialien, insbesondere wenn es sich um gefährliche Materialien oder Stoffe handelt;
6. die Bedingungen für die Entfernung von benutzten gefährlichen Materialien;
7. die Lagerung und die Beseitigung bzw. den Abtransport von Abfällen und Schutt;
8. die Anpassung der tatsächlichen Dauer für die verschiedenen Arbeiten oder Arbeitsabschnitte unter Berücksichtigung der Arbeiten auf der Baustelle,
9. die Zusammenarbeit zwischen Arbeitgeber/innen und Selbständigen,
10. die Wechselwirkungen zu betrieblichen Tätigkeiten auf dem Gelände, auf dem oder in dessen Nähe die Baustelle liegt.

Aufsicht und Koordination

§ 4. (1) Bauarbeiten dürfen nur unter Aufsicht einer geeigneten Aufsichtsperson, mit der erforderlichen Sorgfalt und nach fachmännischen Grundsätzen durchgeführt werden. Als Aufsichtsperson kann der Arbeitgeber oder eine von ihm bevollmächtigte, mit entsprechenden Befugnissen ausgestattete Person tätig sein. Als Aufsichtsperson ist nur geeignet, wer

1. die für die auszuführenden Arbeiten erforderlichen theoretischen und praktischen Kenntnisse und Erfahrungen in allen Fragen besitzt, die mit den in Betracht kommenden Arbeiten vom Standpunkt der Sicherheit zusammenhängen,
2. Kenntnisse über die in Betracht kommenden Arbeitnehmerschutzvorschriften besitzt und
3. die Gewähr für eine gewissenhafte Durchführung der übertragenen Aufgaben bietet.

(2) *außer Kraft (BGBl. II Nr. 13/2007)*

(3) Die erforderlichen Kenntnisse gemäß Abs. 1 Z 2 sind in geeigneter Form nachzuweisen, zB. durch ein Zeugnis über die erfolgreiche Ablegung einer Meisterprüfung.

(4) Wenn die Aufsichtsperson auf der Baustelle nicht ständig anwesend ist, ist ein auf der Baustelle beschäftigter geeigneter Arbeitnehmer zu bestellen, der in Abwesenheit der Aufsichtsperson auf die Durchführung und Einhaltung der zum Schutz der Arbeitnehmer notwendigen Maßnahmen zu achten hat. Es darf nur ein Arbeitnehmer bestellt werden, der

1. die Gewähr für eine gewissenhafte Durchführung der übertragenenen Aufgaben bietet,
2. die für die auszuführenden Arbeiten erforderlichen praktischen Kenntnisse besitzt,
3. von der Aufsichtsperson über die bei den auszuführenden Arbeiten zum Schutz der Arbeitnehmer notwendigen Maßnahmen nachweislich besonders unterwiesen worden ist und
4. seiner Bestellung nachweislich zugestimmt hat.

(5) Zur Abwendung einer unmittelbar drohenden oder eingetretenen Gefährdung des Lebens oder der Gesundheit von Arbeitnehmern kann die Aufsichtsperson oder, wenn diese nicht ausreichend schnell herbeigerufen werden kann, der gemäß Abs. 4 bestellte Arbeitnehmer von den Bestimmungen dieser Verordnung abweichende Anordnungen treffen, soweit dies im Interesse des Schutzes der Arbeitnehmer geboten erscheint, um die Gefährdung abzuwenden oder zu beseitigen. Die bei der Durchführung dieser Anordnungen Beschäftigten sind besonders zu unterweisen und zu sichern.

(6) Sind auf einer Baustelle Arbeitnehmer verschiedener Arbeitgeber tätig, so hat jeder Arbeitgeber dafür zu sorgen, dass die von ihm getroffenen Maßnahmen zum Schutz seiner Arbeitnehmer sich für die Arbeitnehmer anderer Arbeitgeber nicht nachteilig auswirken. Die einzelnen Arbeitgeber haben dafür zu sorgen, dass die Schutzmaßnahmen koordiniert werden. Wenn es im Hinblick auf das Ausmaß der Gefahren und den Umfang der Baustelle erforderlich erscheint, ist eine angemessene Abstimmung zwischen den Arbeitnehmer/innen bzw. den Vertreter/innen der Arbeitnehmer/innen jener Arbeitgeber/innen, die auf der Baustelle tätig sind, vorzusehen.

(7) Die unmittelbare Umgebung und die Grenze der Baustelle sind klar sichtbar und als solche erkennbar zu kennzeichnen und zu gestalten. Soweit durch das Betreten von Baustellen durch Unbefugte Gefahren für Leben und Gesundheit von Arbeitnehmern herbeigeführt werden können, sind Unbefugte durch geeignete Maßnahmen, wie Absperrungen oder Verweisen, von der Baustelle fernzuhalten und ist das Betreten der Baustelle durch Unbefugte durch Anschlag zu verbieten. Die unmittelbare Umgebung und die Grenze der Baustelle sind klar sichtbar und als solche erkennbar zu kennzeichnen und zu gestalten.

Eignung der Arbeitnehmer

§ 5. (1) Arbeitnehmer, von denen dem Arbeitgeber bekannt ist, dass sie an körperlichen Schwächen oder Gebrechen in einem Maße leiden, dass sie dadurch bei bestimmten Arbeiten einer besonderen Gefahr ausgesetzt wären oder andere gefährden könnten, dürfen mit Arbeiten dieser Art nicht beschäftigt werden

(2) *außer Kraft (BGBl. II Nr. 77/2014 Art. 2)*

(3) Arbeitnehmer, die sich offenbar in einem durch Alkohol, Arzneimittel oder Suchtgift beeinträchtigten Zustand befinden, in dem sie sich selbst oder andere auf der Baustelle Beschäftigte gefährden könnten, dürfen auf der Baustelle nicht beschäftigt werden.

(4) Mit der selbständigen Ausführung von Arbeiten, die mit besonderen Gefahren verbunden sind, dürfen nur Arbeitnehmer beschäftigt werden, die mit diesen Arbeiten vertraut, körperlich und fachlich geeignet sowie besonders unterwiesen worden sind. Sofern solche Arbeiten von einem Arbeitnehmer allein ausgeführt werden, muss eine wirksame Überwachung dieses Arbeitnehmers sichergestellt sein, wie durch Beaufsichtigen des Arbeitnehmers, Personenüberwachungsanlagen oder sonstige geeignete Maßnahmen. Dies gilt insbesondere für:

1. das Einbringen von Künettenverbauen (§ 51),
2. das Aufstellen oder Abtragen von Gerüsten (§ 60),
3. Montagearbeiten (§ 85),
4. Arbeiten auf Dächern, wobei die Arbeitnehmer mit persönlicher Schutzausrüstung gesichert sind (§ 87),
5. Untertagebauarbeiten (13. Abschnitt),
6. Wasserbauarbeiten (§ 106),
7. Arbeiten im Gleisbereich (§ 108),
8. Abbrucharbeiten, bei denen eine schriftliche Abbruchanweisung erforderlich ist (16. Abschnitt),
9. Arbeiten gemäß dem 17. Abschnitt, sofern Schutzmaßnahmen schriftlich anzuordnen sind,
10. besondere Bauarbeiten gemäß dem 18. Abschnitt,
11. Arbeiten mit Flüssiggas unter Erdgleiche, sofern die Aufsichtsperson die Schutzmaßnahmen schriftlich anzuordnen hat (§ 130).

(5) Zum Lenken und Führen von motorisch angetriebenen Fahrzeugen, wie Baggern, Planierraupen, Radla-

dern oder Motorkarren, dürfen nur Arbeitnehmer herangezogen werden, die die hiefür notwendige Eignung und Ausbildung nachweisen. Arbeitnehmer, die zum Lenken und Führen von motorisch angetriebenen Fahrzeugen nicht auf Grund einer Lenkerberechtigung im Sinne der kraftfahrrechtlichen Vorschriften berechtigt sind, dürfen zu solchen Tätigkeiten im Baustellenbereich nur herangezogen werden, wenn sie eine entsprechende Ausbildung nachweisen. Zum Lenken und Führen von motorisch angetriebenen Fahrzeugen ist außerdem eine schriftliche Bewilligung des Arbeitgebers erforderlich. Sobald Umstände bekannt werden, die Zweifel an der Lenkfähigkeit eines solchen Arbeitnehmers entstehen lassen, ist diesem das Lenken und Führen eines motorisch angetriebenen Fahrzeuges zu untersagen und nötigenfalls die Bewilligung zu entziehen.

(6) Zu Arbeiten mit schweren Baumaschinen, wie Baggern, Planierraupen oder Radladern, dürfen nur Arbeitnehmer herangezogen werden, die

1. die erforderliche körperliche und geistige Eignung und Berufserfahrung besitzen und
2. .die vom Standpunkt des Arbeitnehmerschutzes notwendigen fachlichen Kenntnisse für die sichere Durchführung dieser Arbeiten besitzen.

(7) *außer Kraft (BGBl. II Nr. 313/2002)*

Arbeitsplätze und Verkehrswege

§ 6. (1) Arbeitsplätze und die Zugänge zu diesen sowie sonstige Verkehrswege im Bereich der Baustelle sind ordnungsgemäß anzulegen und in einem solchen Zustand zu erhalten. Arbeitsplätze und Verkehrswege sind von Hindernissen und Abfällen freizuhalten. Sie müssen gegen herabfallende Gegenstände geschützt sein. Lagerungen sind nur soweit zulässig, als dadurch der für die Ausführung der Arbeiten unter Bedachtnahme auf die Grundsätze der Ergonomie erforderliche Raum und die für den Verkehr erforderliche Breite der Verkehrswege nicht beeinträchtigt werden.

(2) Standflächen sind unter Berücksichtigung der Art der auszuführenden Arbeiten ausreichend groß und tragsicher zu gestalten. Bei vereisten Stand- und Verkehrsflächen müssen geeignete Vorkehrungen getroffen werden, durch die eine Gefährdung der Arbeitnehmer verhindert wird.

(3) Arbeiten dürfen an übereinanderliegenden Stellen nicht gleichzeitig ausgeführt werden, sofern nicht die unten liegenden Arbeitsplätze und Verkehrswege gegen herabfallende, abgleitende oder abrollende Gegenstände und Massen geschützt sind.

(4) Lotrechte Bewehrungsstäbe müssen an ihrem oberen Ende bügelförmig, zB mit Haken, ausgebildet sein. Ist aus arbeitstechnischen Gründen, wie bei Säulen mit engem Eisenabstand, diese bügelförmige Ausbildung nicht möglich, so sind geeignete Maßnahmen, wie Abdecken oder Umbiegen dieser Bewehrungsstäbe, zu treffen.

(5) Während der in die Dunkelheit fallenden Arbeitsstunden oder bei nicht ausreichender natürlicher Belichtung müssen Arbeitsplätze und Verkehrswege ausreichend beleuchtet sein. Auf Arbeitsplätzen ohne natürliche Belichtung und auf Arbeitsplätzen, an denen während der Dunkelheit gearbeitet wird, muss für eine von der Beleuchtung unabhängige Notbeleuchtung, wie Akku-Handlampen, vorgesorgt sein. Die Notbeleuchtung muss die Umgebung zumindest so erhellen, dass die Arbeitnehmer die Arbeitsplätze und Verkehrswege sicher verlassen können.

(6) Es ist dafür zu sorgen, dass alle Arbeitsplätze bei Gefahr schnell und sicher verlassen werden können. Fluchtwege und Ausgänge müssen in ausreichender Anzahl und in geeigneter Anordnung und Größe vorhanden sein. Fluchtwege und Notausgänge sind erforderlichenfalls entsprechend zu kennzeichnen. Türen von Notausgängen müssen in Fluchtrichtung aufschlagen. Schiebe- und Drehtüren sind als Notausgänge nicht zulässig.

(7) Zum Erreichen von schwer zugänglichen Arbeitsplätzen und zur Durchführung von Arbeiten an diesen Plätzen müssen geeignete Einrichtungen verwendet werden, wie Arbeitskörbe, Hubarbeitsbühnen, mechanische Leitern oder Anlegeleitern. Zugangs- und Positionierungsverfahren unter Zuhilfenahme von Seilen dürfen nur angewendet werden, wenn die Ermittlung und Beurteilung der Gefahren ergeben hat, dass die Arbeit sicher durchgeführt werden kann und die Verwendung anderer Einrichtungen im Sinne des ersten Satzes nicht gerechtfertigt ist. Unter Berücksichtigung der Ergebnisse der Ermittlung und Beurteilung der Gefahren und insbesondere nach Maßgabe der Dauer der Arbeiten und der ergonomischen Beanspruchungen ist ein Arbeitssitz mit angemessenem Zubehör zur Verfügung zu stellen.

(8) Bei Zugangs- und Positionierungsverfahren unter Zuhilfenahme von Seilen müssen folgende Bedingungen erfüllt sein:

1. Das System muss mindestens zwei getrennt voneinander befestigte Seile umfassen, wobei eines als Zugangs-, Absenk- und Haltemittel (Arbeitsseil) und das andere als Sicherungsmittel (Sicherungsseil) dient. Wenn die Ermittlung und Beurteilung der Gefahren ergibt, dass die Verwendung eines zweiten Seils wegen außergewöhnlicher Umstände eine größere Gefährdung bei den Arbeiten bewirken würde, ist abweichend davon die Verwendung eines einzigen Seils zulässig, sofern geeignete Maßnahmen zur Gewährleistung der Sicherheit der Arbeitnehmer getroffen worden sind.
2. Zur Sicherung der Arbeitnehmer muss geeignete persönliche Schutzausrüstung gegen Absturz, Ertrinken oder Versinken verwendet werden. Die persönliche Schutzausrüstung muss mit dem Sicherungsseil, oder auf Grund der gemäß Z 1, 2. Satz getroffenen Maßnahmen mit einer anderen Einrichtung, die einen Absturz verhindert, wie einem Höhensicherungsgerät, verbunden sein.
3. Das Arbeitsseil muss mit sicheren Mitteln für das Aufseilen und Abseilen ausgerüstet sein; es muss ein selbstsicherndes System umfassen, das in den Fällen, in denen der Anwender die Kontrolle über seine Bewegungen verliert, einen Absturz verhindert. Das Sicherungsseil ist mit einer bewegungssynchron mitlaufenden beweglichen Absturzsicherung auszurüsten. Wenn die Ermittlung und Beurteilung der Gefahren dies rechtfertigt, ist es zulässig, die mit dem Sicherungsseil verbundene bewegliche Absturzsicherung nicht bewegungssynchron auszuführen.
4. Arbeitssitze, die dazu bestimmt sind, auch entlang von Wänden bewegt zu werden, müssen so gestaltet sein, dass ein gefahrloses Bewegen möglich ist und Quetschstellen für die Beine vermieden werden.
5. Werkzeug und anderes Zubehör, das von den Arbeitnehmern benutzt werden soll, sind an der persönlichen Schutzausrüstung gegen Absturz, Ertrinken oder Versinken oder am Sitz oder unter Rückgriff auf andere angemessene Mittel zu befestigen.
6. Durch sorgfältige Planung und Überwachung der Arbeiten ist sicher zu stellen, dass Arbeitnehmern bei Bedarf unmittelbar Hilfe geleistet werden kann.
7. Die betreffenden Arbeitnehmer sind in den vorgesehenen Arbeitsverfahren, insbesondere in Bezug auf die Rettungsverfahren, besonders zu unterweisen.

(9) Arbeitsplätze an erhöhten oder tiefer liegenden Standorten müssen standsicher und stabil sein. Zu berücksichtigen sind dabei die Zahl der dort beschäftigten Arbeitnehmer/innen, die höchstmögliche Belastung und Verteilung der Lasten sowie etwaige äußere Einwirkungen. Wenn die tragenden und die sonstigen Teile dieser Arbeitsplätze selbst nicht standsicher sind, ist ihre Standsicherheit durch geeignete und sichere Befestigungsvorrichtung zu gewährleisten, um jede zufällige bzw. ungewollte Ortsveränderung des gesamten bzw. eines Teils des Arbeitsplatzes zu verhindern.

Absturzgefahr

§ 7. (1) Bei Absturzgefahr sind Absturzsicherungen (§ 8), Abgrenzungen (§ 9) oder Schutzeinrichtungen (§ 10) anzubringen.

(2) Absturzgefahr liegt vor:

1. bei Öffnungen und Vertiefungen im Fuß- oder Erdboden, wie Schächten, Kanälen, Gruben, Gräben und Künetten, bei Öffnungen in Geschoßdecken, wie Installationsöffnungen, oder in Dächern, wie Lichtkuppel- oder Sheddachöffnungen,
2. an Arbeitsplätzen, Standplätzen und Verkehrswegen an oder über Gewässern oder anderen Stoffen, wenn die Gefahr des Versinkens besteht,
3. an Wandöffnungen, an Stiegenläufen und -podesten sowie an Standflächen zur Bedienung oder Wartung von stationären Maschinen bei mehr als 1,00 m Absturzhöhe,
4. an sonstigen Arbeitsplätzen, Standplätzen und Verkehrswegen bei mehr als 2,00 m Absturzhöhe.

(3) Müssen zur Durchführung von Arbeiten Absturzsicherungen (§ 8), Abgrenzungen (§ 9) oder Schutzeinrichtungen (§ 10) entfernt werden, sind geeignete andere Schutzmaßnahmen zu treffen, wie die Verwendung von persönlichen Schutzausrüstungen. Nach Beendigung oder Unterbrechung solcher Arbeiten ist unverzüglich dafür zu sorgen, dass diese Absturzsicherungen, Abgrenzungen und Schutzeinrichtungen wieder angebracht oder andere gleichwertige Schutzmaßnahmen getroffen werden.

(4) Die Anbringung von Absturzsicherungen (§ 8) oder Schutzeinrichtungen (§ 10) kann entfallen, wenn

1. der hiefür erforderliche Aufwand unverhältnismäßig hoch gegenüber dem Aufwand für die durchzuführenden Arbeiten ist und
2. die Arbeitnehmer mittels geeigneter persönlicher Schutzausrüstung gegen Absturz gesichert sind.

(5) Werden Stockwerksdecken hergestellt oder werden von Stockwerksdecken aus die Wände errichtet, können

1. bei Mauern über die Hand von der Stockwerksdecke aus zur Herstellung von Giebelmauern, Trempelwänden und Mauerwerksbänken bis zu einer Absturzhöhe von 7,00 m,
2. bei sonstigen Arbeiten mit Blick zur Absturzkante bis zu einer Absturzhöhe von 5,00 m

Absturzsicherungen, Abgrenzungen und Schutzeinrichtungen entfallen, wenn die Arbeiten von unterwiesenen, erfahrenen und körperlich geeigneten Arbeitnehmern durchgeführt werden. In diesem Fall kann auch die Sicherung der Arbeitnehmer durch geeignete persönliche Schutzausrüstung gegen Absturz entfallen. Abs. 2 Z 1 bleibt unberührt.

Absturzsicherungen

§ 8. (1) Geeignete Absturzsicherungen sind

1. tragsichere und unverschiebbare Abdeckungen von Öffnungen und Vertiefungen oder
2. Umwehrungen (Geländer) an den Absturzkanten, die aus Brust-, Mittel- und Fußwehren bestehen. Bei Wandöffnungen, Stiegenpodesten und Standflächen zur Bedienung oder Wartung von Maschinen bis zu einer Absturzhöhe von 2,00 m und bei Stiegenläufen können die Fußwehren entfallen.

(2) Brust-, Mittel- und Fußwehren müssen aus widerstandsfähigem Material hergestellt und so befestigt sein, dass sie nicht unbeabsichtigt gelöst werden können. Werden Wehren aufgesteckt oder mit Klammern oder Nägeln befestigt, müssen sie derart angebracht sein, dass sie bei Belastung gegen die Stützen gedrückt werden. Die Befestigungselemente für Wehren, wie Steher, müssen den einwirkenden Kräften durch belastete Brust-, Mittel- und Fußwehren sicher standhalten.

(2a) Die Oberkante von Brustwehren muss in voller Länge mindestens 1,00 m über der Standfäche liegen. Brust- und Mittelwehren müssen für eine waagrecht oder senkrecht nach oben gerichtete Kraft von 0,30 kN sowie eine senkrecht nach unten gerichtete Kraft von mindestens 1,25 kN (dies als außerordentlicher Lastfall), ansetzend jeweils an der ungünstigsten Stelle, bemessen sein. Sofern Brust- und Mittelwehren aus Brettern verwendet werden, müssen diese einen Mindestquerschnitt von 15 x 2,4 cm aufweisen.

(2b) Die Oberkante von Fußwehren muss mindestens 15 cm über der Standfläche liegen. Die Unterkante muss möglichst dicht mit der Standfläche abschließen. Fußwehren müssen für eine waagrecht gerichtete Kraft von mindestens 0,15 kN, ansetzend an der ungünstigsten Stelle, bemessen sein.

(2c) Mittelwehren müssen zwischen Brustwehren und Fußwehren derart angebracht werden, dass die lichten Abstände zwischen den Wehren nicht mehr als 47 cm betragen.

(3) Ketten dürfen als Wehren nicht verwendet werden. Seile als Wehren sind nur im Stahlbau sowie im Turm-, und Schornsteinbau zulässig. Werden dabei zur Augenausbildung Backenzahnklemmen verwendet, sind mindestens drei Backenzahnklemmen anzuordnen, wobei die Klemmbacken jeweils am auf Zug beanspruchten Teil des Seiles anzuordnen sind.

(4) Abweichend von Abs. 1 Z 2 und Abs. 2 gilt bei Fensteröffnungen ein Parapet mit einer Höhe von mindestens 85 cm als geeignete Absturzsicherung.

(5) Auf auswärtigen Arbeitsstellen gelten abweichend von Abs. 1 Z 2 auch Umwehrungen als ausreichend, die dem § 11 Abs. 3 der Arbeitsstättenverordnung entsprechen.

Abgrenzungen

§ 9. (1) Anstelle von Absturzsicherungen nach § 8 sind stabile Abgrenzungen durch Brustwehren aus Holz, Metallrohr, gespannten Seilen oder Ketten zulässig.

(2) Eine Abgrenzung ist nur auf Flächen bis 20° Neigung zulässig.

(3) Abgrenzungen sind anzuordnen

1. bei Balkonen oder Loggien an der Zutrittsöffnung zum Balkon oder zur Loggia,
2. in den übrigen Fällen in einem Abstand von ca. 2 m zur Absturzkante.

(4) Der Bereich zwischen Abgrenzung und Absturzkante darf nur betreten werden, wenn dies aus arbeitstechnischen Gründen erforderlich ist. In diesem Fall müssen die Arbeitnehmer durch geeignete persönliche Schutzausrüstung gegen Absturz gesichert sein.

(5) Für die Abgrenzung gelten die Regelungen des § 8 Abs. 2 und 2a betreffend Brustwehren mit der Maßgabe, dass die Brustwehren in mindestens 1,00 m und höchstens 1,20 m Höhe über den Arbeitsplätzen oder Verkehrswegen anzubringen sind.

Schutzeinrichtungen

§ 10. (1) Können Absturzsicherungen nach § 8 oder Abgrenzungen nach § 9 aus arbeitstechnischen Gründen nicht verwendet werden, müssen Schutzeinrichtungen zum Auffangen abstürzender Personen und Materialien vorhanden sein, wie Fanggerüste (§ 59) oder Auffangnetze, sowie bei Dächern Dachfanggerüste oder Dachschutzblenden (§ 88).

(2) Auffangnetze müssen an tragfähigen Konstruktionen befestigt sein. Die Maschenweite von Auffangnetzen darf nicht mehr als 10 cm betragen. Auffangnetze müssen möglichst dicht unterhalb des absturzgefährlichen Arbeitsplatzes angebracht sein, wobei der Netzrand nicht tiefer als 6,00 m unter den absturzgefährlichen Arbeitsplätzen liegen darf. Die Netzränder müssen die absturzgefährlichen Arbeitsplätze waagrecht gemessen um mindestens zwei Drittel jenes Abstandes überragen, um den der Netzrand lotrecht unterhalb der absturzgefährlichen Arbeitsplätze liegt, mindestens aber um 1,50 m. Das Auffangnetz ist derart aufzuhängen, dass zwischen dem Netz und darunterliegenden festen Gegenständen ein ausreichend großer Sicherheitsabstand vorhanden ist, wobei auf den Durchhang Bedacht zu nehmen ist.

Gefahren durch Naturereignisse

§ 11. Können Arbeitnehmer durch Naturereignisse, wie Steinschlag, Lawinen oder Hochwasser, gefährdet werden, sind die jeweils möglichen Sicherheitsvorkehrungen

1. für die Baustelle,
2. für die Unterkünfte,
3. für die Zugänge zur Baustelle und zu den Unterkünften

zu treffen.

Arbeiten an bestehenden Bauwerken

§ 12. Vor dem Beginn von Bauarbeiten an bestehenden Bauwerken sind jene Bauwerks- oder Baukonstruktionsteile, auf die sich diese Arbeiten erstrecken oder die durch diese beeinflußt werden, durch eine fachkundige Person auf ihre Standsicherheit und Tragfähigkeit zu prüfen. Sind Standsicherheit und Tragfähigkeit nicht ausreichend gewährleistet, darf erst nach Durchführung der notwendigen Sicherungen mit den Arbeiten begonnen werden.

Lagerung

§ 15. (1) Materialien und Geräte sind so zu lagern, dass durch deren Herabfallen, Abrutschen, Umfallen oder Wegrollen Arbeitnehmer nicht gefährdet werden.

(2) Lagergut muss gegen äußere Einwirkungen so geschützt sein, dass keine gefährlichen chemischen oder physikalischen Veränderungen des Lagergutes eintreten.

(3) Lagerungen dürfen nur so hoch vorgenommen werden, dass ihre Standfestigkeit gewährleistet ist. Es dürfen lediglich Materialien geringen Gewichts höher als 2,00 m händisch gestapelt werden.

(4) Stapel dürfen nur auf festem, ebenem Boden oder auf genügend starken Unterlagen, in sich gut verbunden und sachgemäß errichtet werden. Das Errichten und Abtragen von Stapeln sowie das Manipulieren an Stapeln ist von sicheren Standplätzen aus vorzunehmen. Aus den unteren Lagen eines Stapels darf weder Lagergut herausgezogen noch dem Lagergut Material entnommen werden.

(5) Beim Lagern von Rundholz, Rohren, Fässern und ähnlichem Lagergut müssen geeignete Vorkehrungen gegen das Abrollen des Lagergutes getroffen werden. Bleche, Glastafeln, Platten, Rohre, Stangen und ähnliches Lagergut müssen bei stehender Lagerung gegen Umfallen gesichert sein.

(6) Schüttgüter dürfen, sofern ein Abrutschen nicht durch andere geeignete Maßnahmen verhindert ist, nur unter Einhaltung des dem Schüttgut entsprechenden Böschungswinkels gelagert werden. Das Abtragen hat unter Einhaltung dieses Böschungswinkels zu erfolgen. Das Unterhöhlen von solchen Lagerungen ist verboten.

Transport-, Be- und Entladen

§ 16. (1) *und* (2) *außer Kraft (BGBl. II Nr. 164/2000)*

(3) Vor dem Transport verpackter Materialien, insbesondere von durch Schrumpffolien oder Bänder zusammengehaltenen, ist der Zustand der Verpackung zu prüfen. Erforderlichenfalls ist durch zusätzliche Maßnahmen eine Gefährdung der Arbeitnehmer beim Transport zu verhindern.

(4) *außer Kraft (BGBl. II Nr. 164/2000)*

(5) Das Abwerfen von Gegenständen und Materialien ist nur gestattet, wenn der hiedurch gefährdete Bereich durch Warnposten oder sonst in zuverlässiger Weise gesichert ist. Mit dem Abwerfen darf erst begonnen werden, nachdem der Abwerfende sich selbst überzeugt oder der Warnposten durch ein gut wahrnehmbares und vorher vereinbartes Zeichen bekanntgegeben hat, dass der gefährdete Bereich gesichert ist. Warnposten haben sich nur der Sicherung des gefährdeten Bereiches zu widmen, sie dürfen nicht gleichzeitig mit anderen Verrichtungen beschäftigt werden.

(6) *und* (7) *außer Kraft (BGBl. II Nr. 164/2000)*

2. ABSCHNITT

ARBEITSVORGÄNGE UND ARBEITSVERFAHREN

Allgemeines

§ 17. (1) Bei Arbeitsvorgängen und Arbeitsverfahren, die mit einer erheblichen Beeinträchtigung der Arbeitnehmer durch Gase, Dämpfe, Schwebstoffe, blendendes Licht oder ähnliche Einwirkungen verbunden sind, ist durch geeignete Schutzmaßnahmen sicherzustellen, dass die nicht unmittelbar mit diesen Arbeiten beschäftigten Arbeitnehmer den Einwirkungen der angeführten Art nicht ausgesetzt sind.

(2) Die Vorbereitung, Gestaltung und Durchführung von Arbeitsvorgängen und Arbeitsverfahren hat derart zu erfolgen, dass unter Berücksichtigung aller Umstände, insbesondere der technischen Möglichkeiten und der besonderen betrieblichen Verhältnisse, Arbeitsbedingungen gegeben sind, durch die bei umsichtiger Verrichtung der beruflichen Tätigkeit ein möglichst wirksamer Schutz des Lebens und der Gesundheit der Arbeitnehmer erreicht wird. Dementsprechend sind die hiefür notwendigen und geeigneten Betriebseinrichtungen, sonstigen mechanischen Einrichtungen und Betriebsmittel mit den notwendigen Schutzvorrichtungen zur Verfügung zu stellen oder geeignete Schutzmaßnahmen anderer Art zu treffen.

(3) Bei der Vorbereitung, Gestaltung und Durchführung von Arbeitsvorgängen und Arbeitsverfahren ist dem Stand der Technik und der Medizin entsprechend auch auf die arbeitshygienischen, arbeitsphysiologischen, arbeitspsychologischen und ergonomischen Erkenntnisse Bedacht zu nehmen.

(4) Die vom Hersteller (Erzeuger) oder Vertreiber vorgeschriebenen Schutzmaßnahmen sind einzuhalten, dies gilt insbesondere für die Verwendung von Arbeitsstoffen, Betriebseinrichtungen und sonstigen mechanischen Einrichtungen.

(5) In Bereichen, in denen hinsichtlich der Atemluft erhöhte Gefahr besteht, darf ein/e Arbeitnehmer/in allein nur dann beschäftigt werden, wenn er/sie ständig überwacht wird und alle geeigneten Vorkehrungen getroffen sind, um eine wirksame und sofortige Hilfeleistung zu ermöglichen.

(6) Die über die Bestimmungen der BauV über persönliche Schutzausrüstungen hinausgehenden Bestimmungen der Verordnung persönliche Schutzausrüstung (PSA-V) sind zusätzlich zu beachten.

§ 18 *außer Kraft (BGBl. II Nr. 22/2006).*

Allgemeine Bestimmungen über Arbeitsstoffe

§ 19. (1) *außer Kraft (BGBl. II Nr. 408/2009)*

(2) Arbeitsstoffe, die als Stoffe, Zubereitungen oder Fertigwaren vom Geltungsbereich des Chemikaliengesetzes 1996 - ChemG 1996, BGBl. I Nr. 53/1997 oder des Biozid-Produkte-Gesetzes - BiozidG, BGBl. I Nr. 105/2000 in der jeweils geltenden Fassung, erfaßt werden, und die wegen ihrer gefährlichen Eigenschaften nach den Bestimmungen dieser Gesetze und der darauf beruhenden Verordnungen zu kennzeichnen sind, dürfen auf der Baustelle nur verwendet werden:

1. in gekennzeichneten Originalbehältnissen, oder
2. in sonstigen geeigneten Behältnissen, die nach den genannten Rechtsvorschriften gekennzeichnet sind.

(3) Abgesaugte Gase, Dämpfe oder Stäube sind so abzuleiten, dass Arbeitnehmer nicht gefährdet sind. Absaugeanlagen sind nach Bedarf zu reinigen.

(4) *außer Kraft (BGBl. II Nr. 242/2006)*

Brandgefährliche und explosionsgefährliche Arbeitsstoffe

§ 20. (1) Arbeitsvorgänge und Arbeitsverfahren, bei denen brandgefährliche oder explosionsgefährliche Arbeitsstoffe verwendet oder gelagert werden, sind in einer solchen Weise und unter solchen Sicherheitsvorkehrungen vorzubereiten, zu gestalten und durchzuführen, dass eine Gefährdung der Arbeitnehmer durch Brände oder Explosionen möglichst vermieden wird.

(2) Bei der Lagerung von brandgefährlichen oder explosionsgefährlichen Arbeitsstoffen müssen die durch deren Eigenschaften bedingten Schutzmaßnahmen insbesondere gegen Entzünden derselben getroffen sein. Dies gilt insbesondere bei der Lagerung von leicht brennbaren, leicht entzündlichen oder selbstentzündlichen Abfällen, Rückständen, Putzmaterialien, losem Papier, Holzwolle u. dgl. sowie von Behältern, die Reste von leicht entzündlichen oder entzündlichen Arbeitsstoffen enthalten. Solche Lagerungen müssen so eingerichtet und angelegt sein, dass ein Brand rasch und ungehindert bekämpft werden kann.

(3) Brandgefährliche oder explosionsgefährliche Arbeitsstoffe dürfen über Arbeitsplätzen und Verkehrswegen sowie auf oder unter Stiegen, Laufstegen, Podesten, Plattformen, Rampen und ähnlichen Verkehrswegen nicht gelagert werden. Behälter, die solche Arbeitsstoffe enthalten, dürfen nicht aufeinandergestellt werden, wenn die Gefahr besteht, dass die Behälter dadurch beschädigt oder undicht werden. Mit Ausnahme des Tagesbedarfs dürfen solche Arbeitsstoffe nicht in Räumen gelagert werden, die sich unter oder über Räumen oder Bereichen befinden, in denen sich Arbeitnehmer regelmäßig aufhalten.

(4) Sofern Gase oder Dämpfe von explosionsgefährlichen Arbeitsstoffen schwerer als Luft sind, muss Vorsorge getroffen sein, dass sich solche Gase und Dämpfe in tiefer gelegenen Räumen in gefahrdrohender Menge nicht ansammeln können.

(5) Für die Aufbewahrung von brandgefährlichen oder explosionsgefährlichen Arbeitsstoffen dürfen Trinkgefäße, Getränkeflaschen und Gefäße, die ihrer Art nach für die Aufbewahrung von Lebens- und Genußmitteln bestimmt sind, nicht verwendet werden. Dies gilt auch für Behälter, die mit solchen Gefäßen oder Flaschen verwechselt werden können.

(6) Explosionsgefährliche Arbeitsstoffe dürfen an Arbeitsplätzen nur in der für den Fortgang der Arbeiten erforderlichen Menge, höchstens jedoch jener eines Tagesbedarfs, vorhanden sein. Verschüttete Arbeitsstoffe sind unverzüglich unter Beachtung der nötigen Vorsichtsmaßnahmen zu beseitigen. Abfälle und Rückstände sind gefahrlos zu entfernen, ordnungsgemäß zwischenzulagern und gefahrlos abzutransportieren.

(7) Bei Arbeiten mit explosionsgefährlichen Arbeitsstoffen dürfen sich in unmittelbarer Nähe des Arbeitsplatzes oder der Lagerstelle keine wirksamen Zündquellen befinden. Erforderlichenfalls ist dieser Bereich abzuschranken und durch entsprechende Warnschilder, die auf die Brand- oder Explosionsgefahr hinweisen, zu kennzeichnen. Geeignete Feuerlöscher in ausreichender Zahl sind bereitzustellen.

(8) *außer Kraft (BGBl. II Nr. 309/2004)*

Gesundheitsgefährdende Arbeitsstoffe

§ 21. (1) Arbeitsvorgänge und Arbeitsverfahren sind in einer solchen Weise und unter solchen Sicherheitsvorkehrungen vorzubereiten, zu gestalten und durchzuführen, dass eine Gefährdung der Arbeitnehmer durch Einwirkungen von gesundheitsgefährdenden Arbeitsstoffen möglichst vermieden wird. Bei der Lagerung von gesundheitsgefährdenden Arbeitsstoffen müssen die durch deren Eigenschaften bedingten Schutzmaßnahmen getroffen sein.

(2) Bei Arbeiten mit gesundheitsgefährdenden Arbeitsstoffen ist das Essen, Trinken, Rauchen und die Einnahme von Medikamenten verboten. Zu Arbeitsplätzen, an denen Arbeiten mit solchen Arbeitsstoffen vorgenommen werden, dürfen Getränke, Eß- und Rauchwaren nicht mitgebracht werden. Arbeitnehmer mit Erkrankungen oder Verletzungen der Haut, welche eine Aufnahme von gesundheitsgefährdenden Arbeitsstoffen durch die Haut begünstigen, dürfen zu Arbeiten mit solchen Arbeitsstoffen nicht herangezogen werden.

(3) Die Vorbereitung, Gestaltung und Durchführung von Arbeitsvorgängen und Arbeitsverfahren hat derart zu erfolgen, dass die Entwicklung von Gasen, Dämpfen oder Schwebstoffen gesundheitsgefährdender Arbeitsstoffe in einer gefährlichen oder in anderer Weise für die Gesundheit nachteiligen Konzentration am Arbeitsplatz vermieden wird. Eine Konzentration im Sinne des ersten Satzes liegt jedenfalls dann vor, wenn die in der Grenzwerteverordnung, in der jeweils geltenden Fassung verlautbarten MAK-Werte oder TRK-Werte von Arbeitsstoffen überschritten werden. Dementsprechend müssen Gase, Dämpfe oder Schwebstoffe an der Entstehungs- oder Austrittsstelle entsprechend abgesaugt oder die jeweils erforderlichen anderen Schutzmaßnahmen, wie künstliche oder natürliche Raumlüftung bei Vorhandensein nur geringer Men-

gen von Gasen, Dämpfen oder Schwebstoffen, getroffen werden. Diese Maßnahmen sind derart zu treffen, dass die MAK- oder TRK-Werte stets möglichst weit unterschritten werden. Arbeitgeber haben überdies anzustreben, dass die MAK-Werte möglichst weit unterschritten werden.

(4) § 20 Abs. 4 bis 6 gilt auch für die Aufbewahrung, Lagerung und Verwendung von gesundheitsgefährdenden Arbeitsstoffen.

(5) Benzol, Tetrachlorkohlenstoff, 1,1,2,2-Tetrachloräthan und Pentachloräthan sowie Arbeitsstoffe, die einen Volumenanteil von mehr als ein Prozent der genannten Stoffe enthalten, dürfen als Löse-, Verdünnungs-, Reinigungs- und Entfettungsmittel nicht verwendet werden. Schwefelkohlenstoff darf als Lösemittel nicht verwendet werden.

(6) Das Auftragen von Holzschutzmitteln, die chlorierte Phenole enthalten, im Spritzverfahren, ausgenommen in geschlossenen Apparaten, ist nicht zulässig.

(7) Durch Verbrennungsmotoren angetriebene Betriebsmittel, wie Flurförderzeuge, dürfen in geschlossenen Räumen nur betrieben werden, wenn Abgasbestandteile, wie Kohlenoxide, Stickoxide, oder Ölnebel, in einer Konzentration im Sinne des Abs. 3 nicht auftreten.

(8) Heizeinrichtungen für feste oder flüssige Brennstoffe dürfen, insbesondere in geschlossenen Räumen, ohne Anschluß an eine Abgasanlage nur betrieben werden, wenn eine gefährliche oder in anderer Weise für die Gesundheit nachteilige Konzentration von gesundheitsschädlichen Gasen gemäß Abs. 3 mit Sicherheit ausgeschlossen und ein Volumenanteil des Sauerstoffes in der Atemluft von mindestens 17% gewährleistet ist. Heizeinrichtungen für gasförmige Brennstoffe dürfen ohne Anschluß an eine ins Freie führende Abzugseinrichtung nur betrieben werden, wenn die stündlich verbrauchte Gasmenge weniger als 20 l pro Kubikmeter des Aufstellungsraumes beträgt.

3. ABSCHNITT

PERSÖNLICHE SCHUTZAUSRÜSTUNG

Allgemeines

§ 22. Die zweckentsprechende Verwendung der Schutzausrüstung ist zu überwachen.

(2) *bis* (6) *außer Kraft (BGBl. II Nr. 77/2014)*

§ 23. bis **§ 30.** *außer Kraft (BGBl. II Nr. 77/2014)*

4. ABSCHNITT

ERSTE-HILFE-LEISTUNG, SANITÄRE VORKEHRUNGEN UND SONSTIGE EINRICHTUNGEN

Erste-Hilfe-Leistung

§ 31. (1) Auf jeder Baustelle muss bei Verletzungen oder plötzlichen Erkrankungen Erste Hilfe geleistet werden können. Nötigenfalls ist der Verletzte oder Erkrankte sofort einer ärztlichen Behandlung zuzuführen.

(2) Es ist eine den Regeln der Technik entsprechende Ausstattung an Mitteln für die Erste Hilfe bereitzustellen. Art und Umfang dieser Ausstattung müssen der Anzahl der auf der Baustelle beschäftigten Arbeitnehmer/innen sowie den im Hinblick auf die Art der Arbeitsvorgänge, der verwendeten Arbeitsmittel oder Arbeitsstoffe möglichen Verletzungsgefahren angemessen sein. Mittel der Ersten Hilfe sind in staubdicht schließenden Behältern, in hygienisch einwandfreiem, jederzeit gebrauchsfertigem Zustand aufzubewahren. Die Behälter müssen entsprechend gekennzeichnet sein. Die Kennzeichnung hat deutlich und dauerhaft zu erfolgen.

(3) Eine ausführliche Anleitung zur Ersten-Hilfe-Leistung sowie für länger als 5 Tage dauernde Baustellen Vermerke mit den Namen der gemäß Abs. 5 für die Erste-Hilfe-Leistung ausgebildeten Personen sowie je nach den Erfordernissen Vermerke über Unfallmeldestelle, Krankentransportmittel, Ärzte und Krankenanstalten, müssen in jedem Behälter gemäß Abs. 2 enthalten oder neben diesem angebracht sein.

(4) Es sind Maßnahmen zu treffen, um den Abtransport von Arbeitnehmer/innen, die von einem Unfall oder plötzlichem Unwohlsein betroffen sind, zur ärztlichen Behandlung sicherzustellen. Auf Baustellen, auf denen von einem Arbeitgeber mindestens 20 Arbeitnehmer beschäftigt werden, müssen geeignete Einrichtungen für den Transport von Verletzten, wie Tragbahren, Krankentransport- oder Hängematten oder Bergetücher, in ausreichender Zahl bereitgestellt werden. Diese Einrichtungen müssen leicht zugänglich, der Aufbewahrungsort muss dauerhaft und deutlich gekennzeichnet sowie gegen Verunreinigung und Nässe geschützt sein. Es sind Maßnahmen zu treffen, um den Abtransport von Arbeitnehmer/innen, die von einem Unfall oder plötzlichem Unwohlsein betroffen sind, zur ärztlichen Behandlung sicherzustellen.

(5) Es ist dafür zu sorgen, dass mindestens folgende Personenzahl nachweislich für die Erste Hilfe Leistung ausgebildet ist (Erst-Helfer/innen): Bei bis zu 19 von einem Arbeitgeber/ einer Arbeitgeberin auf einer Baustelle beschäftigten Arbeitnehmer/innen eine Person; bei 20 bis 29 regelmäßig von einem Arbeitgeber/ einer Arbeitgeberin auf einer Baustelle beschäftigten Arbeitnehmer/innen zwei Personen; bei je 10 weiteren regelmäßig von einem Arbeitgeber/ einer Arbeitgeberin auf einer Baustelle beschäftigten Arbeitnehmer/innen eine zusätzliche Person.

(5a) Für die nach Abs. 5 notwendige Anzahl an ausgebildeten Erst-Helfer/innen hat jede/r Arbeitgeber/in entsprechend der Anzahl der von ihm/ihr auf der Baustelle beschäftigten Arbeitnehmer/innen zu sorgen. Werden auf einer Baustelle gleichzeitig Arbeitnehmer/innen mehrerer Arbeitgeber/innen beschäftigt, ist es aber auch zulässig, dass mehrere Arbeitgeber/innen die nach Abs. 5 notwendige Anzahl an Erst-Helfer/innen gemeinsam erbringen, sofern die diesbezügliche Koordination und Festlegung in ihren Sicherheits- und Gesundheitsschutzdokumenten klar und nachvollziehbar dokumentiert ist. Erst-Helfer/in kann auch der/die Arbeitgeber/in selbst sein.

(6) Für die Ausbildung nach Abs. 5 gilt Folgendes:

1. Bei mindestens fünf von einem Arbeitgeber/ einer Arbeitgeberin auf einer Baustelle beschäftigten Arbeitnehmer/innen muss es sich bei der Ausbildung nach Abs. 5 um eine mindestens 16-stündige Ausbildung nach den vom Österreichischen Roten Kreuz ausgearbeiteten Lehrplänen, oder eine andere, zumindest gleichwertige Ausbildung, wie die des Präsenz- oder Ausbildungsdienstes beim Bundesheer, handeln.
2. Bei weniger als fünf von einem Arbeitgeber/ einer Arbeitgeberin auf einer Baustelle beschäftigten Arbeitnehmer/innen ist es bis 1.1.2015 ausreichend,

wenn der/die Erst-Helfer/in nach dem 1.1.1998 eine mindestens sechsstündige Unterweisung in lebensrettenden Sofortmaßnahmen (im Sinne des § 6 der Führerscheingesetz-Durchführungsverordnung, BGBl. II Nr. 320/1997) absolviert hat. Ab 1.1.2015 muss der/die Ersthelfer/in eine Erste-Hilfe-Auffrischung nach Abs. 6a absolvieren.

(6a) Es ist dafür zu sorgen, dass Erst-Helfer/innen in Abständen von höchstens vier Jahren eine mindestens achtstündige Erste-Hilfe-Auffrischung absolvieren. Diese kann auch geteilt werden, sodass in Abständen von höchstens zwei Jahren eine mindestens vierstündige Erste-Hilfe-Auffrischung erfolgt. Die Erste-Hilfe-Auffrischung kann auch durch den/die Arbeitsmediziner/in ohne Einrechnung in die Präventionszeit durchgeführt werden.

(7) Auf Baustellen mit besonderen Gefahren hat die zuständige Behörde die Bereitstellung entsprechender Einrichtungen für die ärztliche Erstversorgung, wie Elektrokardiographen, Defibrillatoren oder Infusionsgeräte, sowie eine den Erfordernissen entsprechende bestimmte Ausbildung in Erster-Hilfe-Leistung vorzuschreiben. Ferner hat die zuständige Behörde entsprechende Maßnahmen aufzutragen, damit für einen möglichst raschen Transport Verletzter oder Erkrankter und für deren rasche Behandlung Vorsorge getroffen wird.

(8) Auf Baustellen, auf denen giftige, ätzende oder infektiöse Arbeitsstoffe verwendet werden, muss zur raschen Beseitigung von Verunreinigungen der Haut oder Schleimhaut eine Waschgelegenheit und überdies ein betriebsbereiter Wasseranschluß mit Schlauch und Handbrause vorhanden sein. Beim Verwenden ätzender Arbeitsstoffe müssen ferner auch sofort einsatzbereite Augenduschen oder Augenspülflaschen bereitstehen.

(9) Werden auf einer Baustelle von einem Arbeitgeber weniger als fünf Arbeitnehmer nicht länger als einen Arbeitstag mit Arbeiten mit geringer Unfallgefahr beschäftigt, finden die Abs. 2, 3, 7 und 8 keine Anwendung. Der Arbeitgeber hat jedoch geeignetes Material für die Erstversorgung zur Verfügung zu stellen.

Sanitätsräume

§ 32. (1) Auf Baustellen, auf denen von einem Arbeitgeber mehr als 50 Arbeitnehmer beschäftigt werden, muss im Bereich der Baustelle ein Sanitätsraum oder eine vergleichbare Einrichtung, wie Sanitätscontainer oder Sanitätswagen, vorhanden sein, in dem bei Unfällen und plötzlichen Erkrankungen Erste Hilfe geleistet oder eine ärztliche Erstversorgung durchgeführt werden kann. Diese Verpflichtung des Arbeitgebers gilt für Baustellen in nicht mehr als 10 km Entfernung von Krankenanstalten mit unfallchirurgischen oder allgemeinchirurgischen Ambulanzen erst ab Beschäftigung von mehr als 100 Arbeitnehmern.

(2) Sanitätsräume und vergleichbare Einrichtungen müssen so gelegen sein, dass sie mit einer Tragbahre und mit Rettungsfahrzeugen erreicht werden können.

(3) Sanitätsräume und vergleichbare Einrichtungen müssen entsprechend gekennzeichnet sein. Die Kennzeichnung hat deutlich und dauerhaft zu erfolgen.

(4) Ständig besetzte Sanitätsräume müssen natürlich belichtet sein. Sanitätsräume dürfen von außen nicht einsehbar sein. Sie müssen ausreichend beleuchtbar und lüftbar eingerichtet und mit einer Liege sowie einer Waschgelegenheit mit fließendem Kalt- und Warmwasser ausgestattet sein. Es müssen Spender für Flüssigseife und Einweghandtücher zur Verfügung stehen. Während der kalten Jahreszeit müssen die Sanitätsräume so beheizt werden, dass eine Raumtemperatur von mindestens 21° C erreicht wird.

(5) In der Nähe der Sanitätsräume muss eine Abortanlage zur Verfügung stehen.

(6) Durch Meldeeinrichtungen, wie Fernsprechanlagen, müssen geeignete Stellen erreichbar sein, damit unverzüglich die notwendige Hilfe herbeigerufen und an den Einsatzort geleitet werden kann.

Trinkwasser

§ 33. (1) Auf jeder Baustelle muss den Arbeitnehmern ein den hygienischen Anforderungen entsprechendes sowie hinreichend kühles Trinkwasser oder ein anderes diesen Erfordernissen entsprechendes, gesundheitlich einwandfreies, alkoholfreies Getränk zur Verfügung stehen. Trinkwasserentnahmestellen und allenfalls zur Verfügung gestellte Trinkgefäße müssen den hygienischen Anforderungen entsprechen.

(2) Entnahmestellen von nicht zum Trinken geeignetem Wasser müssen als solche entsprechend gekennzeichnet sein. Die Kennzeichnung hat deutlich und dauerhaft zu erfolgen.

(3) Bei Arbeiten unter besonders erschwerenden Arbeitsbedingungen, wie größerer Hitze- oder Kälteeinwirkung, bei denen in verstärktem Maße die Notwendigkeit besteht, Getränke zu sich zu nehmen, hat die Behörde für die damit befaßten Arbeitnehmern die Bereitstellung alkoholfreier Getränke vorzuschreiben, wobei anzugeben ist, welchen Anforderungen diese genügen müssen.

Waschgelegenheiten

§ 34. (1) Auf jeder Baustelle muss Vorsorge getroffen werden, dass einwandfreies Waschwasser zur Verfügung steht. Für je fünf Arbeitnehmer, die gleichzeitig ihre Arbeit beenden, muss ein Waschplatz oder ein Waschgefäß zur Verfügung stehen. Abweichend hievon sind bei kurzfristigen Arbeiten, bei denen kein Waschwasser zur Verfügung steht, wie Installationsreparaturarbeiten, andere geeignete Mittel zum Händereinigen ausreichend.

(2) Bei jedem Waschplatz müssen die notwendigen Mittel zum Reinigen sowie zum Abtrocknen zur Verfügung gestellt werden.

(3) Zur Beseitigung von stärkeren Verschmutzungen der Haut muss auch warmes fließendes Wasser zur Verfügung stehen, ausgenommen bei kurzfristigen Arbeiten, sofern die Arbeitnehmer in angemessener Zeit eine entsprechende Waschgelegenheit mit warmem fließenden Wasser in der Betriebsstätte oder in der Unterkunft erreichen können. Geeignete Hautmittel (Hautschutz-, Hautreinigungs-, Hautpflegemittel) müssen in gebrauchsfertiger Form bereitgestellt sein.

(4) Arbeitnehmern, die einer besonders starken Verschmutzung, starker Staubeinwirkung, der Einwirkung giftiger, ätzender, leicht zersetzlicher, ekelerregender oder infektiöser Arbeitsstoffe oder größerer Hitze ausgesetzt sind, müssen Brausen zur Verfügung stehen, wobei auf höchstens fünf Arbeitnehmer, die ihre Arbeit gleichzeitig beenden, eine Brauseeinrichtung mit fließendem Kalt- und Warmwasser zu entfallen hat.

(5) Werden auf einer Baustelle von einem Arbeitgeber mehr als zehn Arbeitnehmer länger als zwei Wochen beschäftigt, müssen den Arbeitnehmern Waschräume zur Verfügung stehen, sofern die Arbeitnehmer nicht nach Beendigung der Arbeit in ihre Betriebsstätte oder Unterkünfte mit entsprechenden Waschräumen zu Fuß innerhalb von 30 Minuten oder mit zur Verfügung gestellten Fahrgelegenheiten zurückkehren können. In den Waschräumen muss für je 20 Arbeitnehmer eine Brauseeinrichtung mit fließendem Kalt- und Warmwasser zur Verfügung stehen.

(6) Waschräume müssen sich möglichst in der Nähe der Aufenthaltsräume befinden, wobei die Verbin-

dungswege gegen Witterungseinflüsse zu schützen sind. Waschräume müssen ausreichend beleucht- und lüftbar eingerichtet sein. Waschräume müssen während der kalten Jahreszeit so beheizt werden, dass eine Raumtemperatur von mindestens 21° C erreicht wird. Fußroste aus Holz dürfen nicht verwendet werden. Für eine regelmäßige und wirksame Desinfektion von Fußböden und Rosten muss gesorgt sein. Fußböden und Roste müssen gleitsicher sein. Unmittelbar ins Freie führende Ausgänge von Waschräumen müssen als Windfang ausgebildet sein.

(7) Sind keine getrennten Waschräume vorhanden, ist die getrennte Benützung der Waschplätze durch Männer und fiauen durch organisatorische Maßnahmen sicherzustellen.

(8) Für Männer und Frauen müssen getrennte Waschräume zur Verfügung stehen, sofern jedem Geschlecht mindestens fünf Arbeitnehmer angehören.

Aborte

§ 35. (1) Auf jeder Baustelle oder in deren Nähe müssen den Arbeitnehmern entsprechend ausgestattete Abortanlagen zur Verfügung stehen, die den diesbezüglichen sanitären Anforderungen entsprechen und mit Wasserspülung oder einer gleichwertigen Ausstattung versehen sind.

(2) Für Männer und Frauen müssen getrennte, deutlich bezeichnete Abortanlagen mit gesonderten Zugängen vorhanden sein, sofern jedem Geschlecht mindestens fünf Arbeitnehmer angehören. Abortanlagen müssen in solcher Zahl vorhanden sein, dass für je höchstens 20 männliche und je höchstens 15 weibliche Arbeitnehmer mindestens eine verschließbare Abortzelle zur Verfügung steht.

(3) Abortanlagen müssen ausreichend beleucht- und lüftbar eingerichtet sein und dürfen mit Arbeitsräumen sowie mit Räumen zum Aufenthalt während der Arbeitspausen und Umkleideräumen nicht unmittelbar in Verbindung stehen. Sie müssen von diesen durch direkt ins Freie entlüftbare oder mechanisch entlüftbare Vorräume getrennt sein. In Vorräumen von Abortzellen muss eine Waschgelegenheit vorhanden sein, sofern sich eine solche nicht in unmittelbarer Nähe der Abortanlage befindet.

(4) Werden von einem Arbeitgeber auf einer Baustelle mehr als 15 männliche Arbeitnehmer beschäftigt, muss für je 15 männliche Arbeitnehmer mindestens ein Pißstand vorhanden sein. Die Pißstände müssen den sanitären Anforderungen entsprechen, die Wände und Rinnen oder Muscheln müssen aus glattem und undurchlässigem Material hergestellt sein.

(5) In den Abortzellen muss Toilettenpapier zur Verfügung stehen und ein Kleiderhaken angebracht sein.

Aufenthaltsräume

§ 36. (1) Werden auf einer Baustelle von einem Arbeitgeber mehr als fünf Arbeitnehmer beschäftigt und beträgt die voraussichtliche Arbeitsdauer mehr als eine Woche, muss den Arbeitnehmern zum Umkleiden sowie zum Aufenthalt in den Arbeitspausen und bei ungünstiger Witterung ein Aufenthaltsraum zur Verfügung stehen. Durch geeignete technische oder organisatorische Maßnahmen ist dafür Sorge zu tragen, dass Nichtraucher vor der Einwirkung von Tabakrauch geschützt sind. Solche Maßnahmen sind insbesondere eine verstärkte Be- und Entlüftung der Aufenthaltsräume oder getrennte Aufenthaltsräume für Raucher und Nichtraucher.

(2) Als Aufenthaltsräume können Räume in Baracken oder Gebäuden sowie Baustellenwagen, Container oder andere Raumzellen verwendet werden. Aufenthaltsräume müssen gegen Witterungseinflüsse Schutz bieten, ausreichend lüft- und beleuchtbar eingerichtet sein und während der kalten Jahreszeit so beheizt werden, dass eine Raumtemperatur von mindestens 21° C erreicht wird. Während der kalten Jahreszeit muss die ins Freie führende Tür des Aufenthaltsraumes mit einem Windfang ausgestattet sein.

(3) Die lichte Höhe von Aufenthaltsräumen muss mindestens 2,30 m betragen, für Baustellenwagen ist eine lichte Höhe von mindestens 2,30 m im Scheitel ausreichend, bei Containern oder anderen Raumzellen muss die lichte Höhe mindestens 2,20 m betragen. Für jeden auf der Baustelle beschäftigten Arbeitnehmer muss nach Abzug der Fläche für vorhandene Einrichtungen, wie Kleiderschränke, Tische, Heizeinrichtungen, eine freie Bodenfläche von

1. mindestens 1,00 m^2 bei Raumhöhen bis zu 2,30 m,
2. mindestens 0,75 m^2 in den übrigen Fällen zur Verfügung stehen.

(4) In Aufenthaltsräumen dürfen Baustoffe, gesundheitsgefährdende, brandgefährliche und explosionsgefährliche Arbeitsstoffe nicht gelagert werden.

(5) Im Aufenthaltsraum muss für jeden auf der Baustelle beschäftigten Arbeitnehmer eine den Grundsätzen der Ergonomie entsprechende Sitzgelegenheit zur Verfügung stehen. Die Oberfläche der Sitze muss glatt sein. Weiters muss für jeden Arbeitnehmer eine Tischfläche von mindestens 60 cm Breite und von mindestens 30 cm Tiefe zur Verfügung stehen.

(6) Im Aufenthaltsraum oder in einem sonstigen nahegelegenen Raum muss zur Aufbewahrung der Straßen und Arbeitskleidung jedem auf der Baustelle Beschäftigten ein Kleiderkasten zur Verfügung stehen, der mindestens 50 cm breit, 50 cm tief und 1,80 m hoch sowie mit einem Ablagefach ausgestattet ist, sofern die Arbeitnehmer nicht nach Beendigung der Arbeit in ihre Betriebsstätten oder Unterkünfte zu Fuß innerhalb von 30 Minuten oder mit zur Verfügung gestellten Fahrgelegenheiten zurückkehren können. Für eine getrennte Aufbewahrung von Straßenkleidung einerseits und Arbeits- und Schutzkleidung andererseits ist Vorsorge zu tragen.

(7) Im Aufenthaltsraum muss eine Einrichtung zum Wärmen und Kühlen von Speisen zur Verfügung stehen.

(8) Sofern auf der Baustelle für das Trocknen nasser Arbeits- und Schutzkleidung kein gesonderter Raum zur Verfügung steht, muss im Aufenthaltsraum eine hiefür geeignete Einrichtung, wie ein Trockenschrank, und eine entsprechende Be- und Entlüftung dieser Einrichtung vorhanden sein.

(9) Werden den Arbeitnehmern in der Nähe der Baustelle rasch erreichbare Unterkünfte gemäß § 38 zur Verfügung gestellt, sind die Abs. 1 bis 8 nicht anzuwenden.

Weitere Einrichtungen

§ 37. Stehen den Arbeitnehmern keine Aufenthaltsräume nach § 36 zur Verfügung, muss dafür gesorgt werden, dass die Arbeitnehmer sich auf der Baustelle oder in unmittelbarer Nähe gegen Witterungseinflüsse geschützt umkleiden, wärmen und ihre Mahlzeiten einnehmen können. Jedem Arbeitnehmer muss ein abschließbarer Schrank oder eine sonstige geeignete, versperrbare Einrichtung zur Aufbewahrung der Kleidung zur Verfügung zu stehen.

Allgemeine Bestimmungen über Unterkünfte

§ 38. (1) Den Arbeitnehmern sind erforderlichenfalls geeignete Unterkünfte zur Verfügung zu stellen, insbesondere dann, wenn sie auf derart entlegenen Baustellen beschäftigt werden, dass sie in deren Umgebung keine Räume erhalten können, die den sonst für Wohnräume maßgebenden Erfordernissen entsprechen.

(2) Unterkünfte müssen nahe der Baustelle liegen und leicht erreichbar sein. Unterkünfte und Zugänge zu diesen dürfen nicht in einem Bereich liegen, der erfahrungsgemäß insbesondere durch Lawinen, Steinschlag oder Hochwasser gefährdet erscheint.

(3) Werden Räume in Gebäuden für Unterkunftszwecke zur Verfügung gestellt, müssen diese Räume den für Wohnräume geltenden baupolizeilichen und feuerpolizeilichen Bestimmungen entsprechen.

(4) Zum Trocknen nasser Kleidung muss ein beheizbarer und ausreichend lüftbarer Trockenraum mit einer geeigneten Einrichtung zur Verfügung stehen. Nasse Arbeits- oder Schutzkleidung darf nicht in Schlafräumen getrocknet werden.

(5) Es müssen Einrichtungen zum Aufbewahren, Wärmen, Kühlen und Zubereiten von Speisen zur Verfügung stehen, sofern nicht eine eigene Küche eingerichtet ist. Es sind Mittel zur Ersten-Hilfe-Leistung bereitzuhalten. In den Unterkünften müssen Trinkwasser oder Getränke gemäß § 33 Abs. 1, Waschgelegenheiten gemäß § 34 und Aborte gemäß § 35 zur Verfügung stehen.

(6) Baustoffe, Baugeräte oder motorbetriebene Fahrzeuge sowie gesundheitsgefährdende, brandgefährliche und explosionsgefährliche Arbeitsstoffe dürfen in den Unterkünften nicht gelagert oder abgestellt werden. Zur Aufbewahrung des den Arbeitnehmern gehörenden Werkzeuges müssen nach Bedarf verschließbare Behälter beigestellt sein.

(7) Außentüren von Unterkünften müssen dicht und verschließbar sein, sie müssen im Regelfall nach außen aufschlagen und mit einem Windfang ausgestattet sein.

(8) Während der kalten Jahreszeit und bei naßkalter Witterung müssen Unterkünfte so beheizt werden, dass eine Raumtemperatur von mindestens 21° C erreicht wird.

Schlafräume in Unterkünften

§ 39. (1) Schlafräume in Unterkünften müssen so groß sein, dass auf jeden darin untergebrachten Arbeitnehmer ein Luftraum von mindestens 10 m^3 entfällt.

(2) In Schlafräumen muss jedem Arbeitnehmer ein Bett mit Bettzeug und ein versperrbarer Kasten zur Verfügung stehen. In einem Raum dürfen höchstens vier Bettstellen aufgestellt werden. Etagenbetten und Strohsäcke sind nicht zulässig. Bettwäsche ist nach jedem Wechsel des Benutzers, mindestens jedoch wöchentlich zu wechseln.

(3) In den Schlafräumen müssen Sitzgelegenheiten und Tischflächen entsprechend § 36 Abs. 5 vorhanden sein.

(4) Schlafräume müssen von innen verschließbar sein. Sie müssen ins Freie führende öffenbare Fenster besitzen. Die Gesamtfläche der Fenster muss mindestens ein Zehntel der Rißbodenfläche der Räume betragen. Die Fenster müssen kippbar eingerichtet sein. Die Fenster müssen mit ausreichendem Sichtschutz, wie Vorhängen oder Jalousien, ausgestattet sein.

(5) Arbeitnehmerinnen sind in abgetrennten, mit eigenem Zugang ausgestatteten Teilen der Unterkünfte unterzubringen.

(6) In den Schlafräumen sind geeignete Waschplätze einzurichten, sofern nicht in der Unterkunft Waschräume eingerichtet sind.

(7) Sofern Raucher und Nichtraucher nicht in getrennten Schlafräumen untergebracht sind, ist in den Schlafräumen das Rauchen nicht gestattet.

Aufenthaltsräume in Unterkünften

§ 40. (1) In jeder Unterkunft muss ein Aufenthaltsraum eingerichtet sein.

(2) Aufenthaltsräume in Unterkünften müssen ins Freie führende öffenbare Fenster besitzen. Die Gesamtfläche der Fenster muss mindestens ein Zehntel der Fußbodenfläche der Räume betragen. Fenster müssen kippbar eingerichtet sein.

(3) Aufenthaltsräume müssen mit Sitzgelegenheiten und Tischflächen entsprechend § 36 Abs. 5 eingerichtet sein.

Krankenstube

§ 41. (1) In jeder Unterkunft für mehr als 50 Arbeitnehmer ist eine Krankenstube einzurichten. In Krankenstuben müssen mindestens zwei Betten aufgestellt sein. Krankenstuben müssen ihrem Zweck entsprechend ausgestattet sein. Ein für Erste-Hilfe-Leistung Ausgebildeter muss jederzeit leicht erreichbar sein. Wohnung und Fernsprechnummer eines leicht erreichbaren Arztes muss in der Krankenstube durch Anschlag bekanntgegeben sein. Falls kein öffentlicher Fernsprechanschluss vorhanden ist, muss eine gleichwertige Verbindung zu einer ständig besetzten Stelle bestehen, über die Hilfe herbeigeholt oder das öffentliche Fernsprechnetz erreicht werden kann.

(2) In entlegenen und schwer erreichbaren Unterkünften, in Unterkünften für Stollen- und Tunnelbauten sowie in Unterkünften für mehr als 100 Arbeitnehmer müssen zur vorläufigen Erstversorgung Verletzter oder Erkrankter mindestens zwei zur Leistung von Sanitätshilfsdiensten ausgebildete Personen zur Verfügung stehen.

(3) Für Unterkünfte, die sich an entlegenen, schwer erreichbaren Orten befinden, hat die Behörde entsprechende Maßnahmen vorzuschreiben, damit von der Unterkunft aus jederzeit ein Arzt leicht erreichbar ist und rasch zur Stelle sein kann. Erforderlichenfalls hat die zuständige Behörde auch vorzuschreiben, dass ein Arzt anwesend sein muss, dass ein Sanitätskraftwagen bereitstehen oder Rettungshubschrauber zur Verfügung stehen muss.

(4) In Krankenstuben ist das Rauchen nicht gestattet.

(5) In Krankenstuben sind Trinkwasser oder Getränke gemäß § 33 Abs. 1 zur Verfügung zu stellen.

5. ABSCHNITT

BRANDSCHUTZMASSNAHMEN

Allgemeines

§ 42. (1) An brandgefährdeten Arbeitsplätzen ist das Rauchen und die Verwendung von offenem Feuer und Licht verboten. Durch deutlich sichtbare und dauerhafte Anschläge ist auf dieses Verbot hinzuweisen.

(2) Schweiß-, Schneide- und Lötarbeiten sowie sonstige funkenbildende Arbeiten an Arbeitsplätzen sind nur zulässig, wenn geeignete Maßnahmen getroffen wurden, durch die das Entstehen eines Brandes verhindert wird.

(3) Schweiß-, Schneide- und Lötarbeiten sind so durchzuführen, dass durch Flammenwirkung oder heiße Metallteile, insbesondere durch Schweißperlen, brenn-

bare oder entzündliche Materialien nicht entzündet werden können. Erforderlichenfalls sind Brandwachen vorzusehen.

Fußböden von Arbeitsplätzen, Aufenthaltsräumen und Unterkünften

§ 43. Wenn der Fußboden einer gefahrbringenden Erwärmung ausgesetzt ist, muss er unter und rund um Öfen, Herde, offene Feuerstellen und Feuerungsöffnungen bis zu einer Entfernung von mindestens 60 cm aus nicht brennbarem Material hergestellt oder mit einem aus solchem Material bestehenden Belag versehen sein. Dies gilt auch, wenn der Fußboden oder dessen Belag durch herabfallende oder herausfließende Brennmaterialien, Schlacke u. dgl. in Brand gesetzt werden kann.

Brennbare Abfälle und Rückstände

§ 44. (1) Leicht brennbare Abfälle, Rückstände, Holzwolle, Sägespäne, loses Papier u. dgl. dürfen auf Arbeitsplätzen nur in solchen Mengen vorhanden sein, dass das Entstehen eines größeren Brandherdes oder das rasche Ausbreiten eines Brandes möglichst vermieden wird. Es ist dafür zu sorgen, dass im Falle eines Brandes dieser Materialien Fluchtwege und Verkehrswege nicht unbenützbar werden. Von Feuerstätten und anderen Zünd- oder Wärmequellen sind diese Materialien fernzuhalten. Sie sind zu sammeln, von den Arbeitsplätzen zumindest nach jeder Arbeitsschicht zu entfernen und brandsicher zu verwahren.

(2) Leicht entzündliche oder selbstentzündliche Abfälle, Rückstände, Putzmaterialien u. dgl. dürfen an Arbeitsplätzen nur in geringen Mengen vorhanden sein. Sie sind in dichten Behältern aus nicht brennbarem Material, die mit einem dicht schließenden Deckel ausgestattet und entsprechend gekennzeichnet sind, zu sammeln und sobald als möglich von der Baustelle zu entfernen.

Feuerlöschmittel und Feuerlöschgeräte

§ 45. (1) Auf jeder Baustelle müssen unter Berücksichtigung der Art der Arbeitsvorgänge und Arbeitsverfahren, der Art der brandgefährlichen Arbeitsstoffe und explosionsgefährlichen Arbeitsstoffe, insbesondere der leicht brennbaren, leicht entzündlichen oder selbstentzündlichen Abfälle, Rückstände, Putzmaterialien u. dgl., sowie unter Berücksichtigung der Arbeitsweise, allfälliger Lagerungen sowie des Umfanges und der Lage der Baustelle und der höchstmöglichen Anzahl der anwesenden Personen die erforderlichen geeigneten Feuerlöschmittel und Feuerlöschgeräte, wie Löschwasser, Löschsand, Handfeuerlöscher oder fahrbare Feuerlöscher, bereitgehalten werden.

(2) Diese Mittel und Geräte sind gebrauchsfähig zu halten und müssen erforderlichenfalls gegen Einfrieren geschützt sein. Feuerlöschmittel und Feuerlöschgeräte müssen gut sichtbar, auffallend gekennzeichnet und jederzeit leicht erreichbar sein. Orte, an denen Feuerlöschmittel und Feuerlöschgeräte bereitgestellt sind, müssen deutlich und dauerhaft gekennzeichnet sein.

(3) Feuerlöschgeräte müssen den für sie geltenden Rechtsvorschriften, Handfeuerlöscher überdies den anerkannten Regeln der Technik entsprechen.

(4) Zum Löschen von Feststoff-, Flüssigkeits-, Gas- oder Leichtmetallbränden dürfen nur die für die jeweilige Brandklasse geeigneten Feuerlöschmittel, zum Löschen von Bränden von unter Spannung stehenden elektrischen Anlagen und elektrischen Betriebsmitteln sowie in deren Nähe nur hiefür geeignete Löschgeräte verwendet werden.

(5) Auf Baustellen mit besonders brandgefährlichen oder explosionsgefährlichen Arbeitsvorgängen oder Arbeitsverfahren müssen zur Rettung von Personen, deren Kleidung in Brand geraten ist, Löschdecken oder mit Wasser gefüllte geeignete Behälter in ausreichender Anzahl leicht erreichbar bereitgestellt sein.

(6) Bei Schweiß-, Schneide- und Lötarbeiten sowie bei Arbeiten mit Trennschleifmaschinen in der Nähe von brennbaren oder entzündlichen Materialien müssen geeignete Handfeuerlöscher bereitgestellt sein.

(7) Mit der Handhabung der Feuerlöschgeräte muss eine für wirksame Brandschutzmaßnahmen ausreichende Zahl von Arbeitnehmern vertraut sein. Diese müssen auch hinsichtlich einer zweckmäßigen Anwendung der Löschverfahren unterwiesen sein.

(8) Feuerlöschgeräte und Feuerlöschanlagen sind mindestens alle zwei Jahre einer wiederkehrenden Prüfung (§ 151) zu unterziehen. Werden Feuerlöschmittel, wie Wasser, Sand u. dgl., vorrätig gehalten, so ist deren Vorhandensein und Menge in geeigneten Zeitabständen, zumindest aber halbjährlich zu kontrollieren. Über die Prüfungen und Kontrollen sind Vormerke zu führen. Handfeuerlöscher müssen mit entsprechenden Prüfplaketten versehen sein.

Brandalarmeinrichtungen, Brandalarmplan, Brandschutzordnung

§ 46. (1) Wenn durch die Gegebenheiten der Baustelle im Falle eines Brandes besondere Gefahren auftreten können, hat die Behörde geeignete Brandalarmeinrichtungen, wie Alarmsirenen, vorzuschreiben, durch die alle Arbeitnehmer vom Ausbruch eines Brandes sofort und eindeutig in Kenntnis gesetzt werden können.

(2) Für Baustellen nach Abs. 1 hat die Behörde die Aufstellung eines Brandalarmplanes vorzuschreiben, in dem insbesondere zu regeln ist, wie und mit welchen Einrichtungen die Arbeitnehmer vom Ausbruch eines Brandes oder über andere Gefahrenzustände in Kenntnis gesetzt werden und wie sie sich in diesen Fällen zu verhalten haben.

(3) Die Arbeitnehmer müssen über die Art des Brandalarmsignals und über das Verhalten im Falle eines Brandes unterwiesen werden. Entsprechende Anschläge, in denen auch die Erreichbarkeit der Feuerwehr angegeben sein muss, müssen an gut sichtbarer Stelle deutlich und dauerhaft angebracht sein. Mindestens einmal jährlich ist auf Baustellen, für die gemäß Abs. 1 eine Brandalarmeinrichtung vorzuschreiben ist, eine Einsatzübung während der Arbeitszeit abzuhalten. Hierüber sind Aufzeichnungen zu führen.

(4) *außer Kraft (BGBl. II Nr. 408/2009)*

(5) Die Behörde hat für Baustellen nach Abs. 1 die Aufstellung einer Brandschutzordnung vorzuschreiben. In dieser Brandschutzordnung ist insbesondere zu regeln, welche Vorkehrungen in technischer und organisatorischer Hinsicht zur Verhütung und Bekämpfung eines Brandes zu treffen sind.

Brandschutz bei Einrichtung der Baustellen

§ 47. Bei der Aufstellung von überwiegend aus brennbaren Stoffen bestehenden Bauunterkünften (Holzbaracken, Wohnwagen) und Behelfsbauten für den Betrieb von Werkstätten und für die Lagerung von Bau- und Arbeitsstoffen sind ausreichende Abstände zwischen den genannten Gebäuden einzuhalten, um einer Brandübertragung vorzubeugen und im Gefahrenfalle eine Tätigkeit der Feuerwehr nicht zu behindern. Behelfsbauten für die Lagerung von leicht entzündlichen oder brennbaren Stoffen sind außen deutlich zu kennzeichnen.

II. HAUPTSTÜCK

BESONDERE ANFORDERUNGEN UND MASSNAHMEN

6. ABSCHNITT

ERD- UND FELSARBEITEN

Aushub

§ 48. (1) Vor Durchführung von Erdarbeiten ist zu ermitteln, ob im vorgesehenen Arbeitsbereich Leitungen oder sonstige Einbauten verlegt sind, durch deren Beschädigung Arbeitnehmer gefährdet werden können, oder ob gefahrbringende Boden- oder Wasserverhältnisse oder besondere Einflüsse, wie Erschütterungen durch den Straßen-oder Schienenverkehr, vorliegen. Wenn während der Durchführung von Erdarbeiten solche Einbauten oder deren Schutzabdeckungen sowie gefahrbringende Boden- oder Wasserverhältnisse oder sonstige gefahrbringende Einflüsse unvermutet angetroffen werden, ist die Aufsichtsperson zu verständigen. Erforderlichenfalls sind entsprechende Sicherungsmaßnahmen, wie Sicherung der Einbauten oder Abfangen und Ableiten der Wasserzuflüsse, zu treffen.

(2) Beim Ausheben von Gruben, Gräben oder Künetten von mehr als 1,25 m Tiefe ist unter Berücksichtigung der örtlichen Standfestigkeit des Bodens, der Wasserverhältnisse, der Auflasten sowie auftretender Erschütterungen eine der folgenden Maßnahmen durchzuführen, sodass Arbeitnehmer durch abrutschendes oder herabfallendes Material nicht gefährdet werden können:

1. Die Wände von Gruben, Gräben oder Künetten sind entsprechend § 50 abzuböschen,
2. die Wände von Gruben, Gräben oder Künetten sind entsprechend §§ 51 und 52 zu verbauen, oder
3. es sind geeignete Verfahren zur Bodenverfestigung (§ 53) anzuwenden.

(3) Wenn schlechte Bodenverhältnisse oder besondere Einflüsse, wie Erschütterungen durch den Straßen- oder Schienenverkehr, vorliegen, muss auch schon bei einer geringeren Tiefe als 1,25 m eine der Maßnahmen nach Abs. 2 durchgeführt werden.

(4) Sofern nicht Sicherungsmaßnahmen gegen Einsturz des Randes und Hineinfallen von gelagertem Material getroffen sind, darf der Rand von Gruben, Gräben oder Künetten innerhalb eines Schutzstreifens von mindestens 50 cm Breite nicht belastet werden.

(5) Erfolgt ein Aushub neben bestehenden Bauten, muss die Standsicherheit der Fundamente der bestehenden Bauten erforderlichenfalls durch Maßnahmen wie nur abschnittsweises Ausheben und Unterfangen erhalten bleiben.

(6) Untergraben ohne entsprechende Sicherungsmaßnahmen ist unzulässig, Überhänge sind unverzüglich zu beseitigen. Freigelegte Bauwerksteile, Randsteine, Pflastersteine oder Findlinge, die abstürzen oder abrutschen können, sind unverzüglich zu beseitigen oder zu sichern.

(7) Baugruben, Gräben oder Künetten dürfen nur betreten werden, wenn die Sicherungsmaßnahmen nach Abs. 2 durchgeführt sind.

Arbeitsraumbreite

§ 49. (1) Baugruben, Gräben und Künetten dürfen nur betreten werden, wenn die erforderliche Arbeitsraumbreite nach Abs. 2 bis 6 eingehalten wird.

(2) Die Arbeitsraumbreite wird waagrecht gemessen

1. bei nicht verbauten Gräben oder Künetten bei geböschten Erdwänden von Böschungsfuß zu Böschungsfuß, bei lotrechten Erdwänden von Erdwand zu Erdwand,
2. bei verbauten Gräben oder Künetten von Innenseite zu Innenseite der Verbauwände,
3. bei nicht verbauten Baugruben vom Böschungsfuß der Erdwand zu der Außenseite der Baukonstruktion,
4. bei verbauten Baugruben im Regelfall von der Innenseite der Verbauwand zu der Außenseite der Baukonstruktion, bei Behinderungen durch die Aufsetzer des Verbaus von der Innenseite der Aufsetzer zu der Außenseite der Baukonstruktion.

(3) Die Arbeitsraumbreite muss bei Baugruben

1. mit nicht steiler als 80° geböschten Wänden mindestens 40 cm,
2. mit steiler geböschten oder mit lotrechten Wänden mindestens 60 cm betragen.

(4) Die Arbeitsraumbreite muss bei Gräben oder Künetten mit lotrechten oder nahezu lotrechten Wänden

1. bei einer Aushubtiefe bis 1,75 m mindestens 60 cm,
2. bei einer Aushubtiefe über 1,75 m bis zu 4,00 m mindestens 70 cm,
3. bei einer Aushubtiefe über 4,00 m mindestens 90 cm

betragen.

(5) Geringere Arbeitsraumbreiten als 60 cm sind nur bei Gräben oder Künetten mit einer Aushubtiefe bis zu 1,25 m zulässig, die zwar betreten werden, in denen jedoch keine Arbeiten in gebückter Haltung, wie das Verlegen oder Prüfen von Leitungen sowie das Spleißen von Kabeln, durchgeführt werden.

(6) Werden in Gräben oder Künetten Rohrleitungen verlegt, muss die Arbeitsraumbreite entsprechend den Regeln der Technik so bemessen werden, dass neben den Rohren ausreichend Raum zur Verrichtung der erforderlichen Arbeiten vorhanden ist.

Abböschen

§ 50. (1) Bei Baugruben, Gräben oder Künetten ist die Böschungsneigung nach den bodenmechanischen Eigenschaften unter Berücksichtigung der Einflüsse, die auf die Böschung wirken, festzulegen. Der Böschungswinkel darf im Regelfall

1. bei nichtbindigen oder weichen bindigen Böden, wie Mutterböden, Sande oder Kiese, höchstens 45°,
2. bei steifen oder halbfesten bindigen Böden, wie Lehm, Mergel, fester Ton, höchstens 60°,
3. bei leichtem Fels höchstens 80°,
4. bei schwerem Fels höchstens 90° betragen.

(2) Sofern damit zu rechnen ist, dass sich der Zusammenhalt des Bodens durch Austrocknen, Eindringen von Wasser, Frost oder durch Bildung von Rutschflächen verschlechtern kann, müssen flachere Böschungen hergestellt oder die Böschungsflächen gegen diese Einflüsse geschützt werden.

(3) Werden steilere Böschungen als nach Abs. 1 ausgeführt, ist vor Ausführung der Arbeiten von einer fachkundigen Person ein rechnerischer Nachweis der Standsicherheit zu erstellen.

Verbaumaßnahmen

§ 51. (1) Verbaue können durch einen waagrechten oder lotrechten Verbau mit Pfosten (Holzbohlen), durch einen Verbau mit Kanaldielen, großflächigen Verbauplatten, Spundwänden, Trägerbohlwänden, Schlitz- und Pfahlwänden sowie verankerten Torkretwänden erfolgen.

(2) Verbaue sind nach den ungünstigsten Beanspruchungen zu bemessen, insbesondere sind Auflasten, Erschütterungen, Nässe und der Straßen- und Schienenverkehr zu berücksichtigen. Verbaue dürfen nur von Arbeitnehmern eingebaut, umgebaut oder entfernt werden, die mit diesen Arbeiten vertraut sind. Andere Arbeitnehmer dürfen nur nach erfolgter besonderer Unterweisung und unter Anleitung von mit den Arbeiten vertrauten Personen eingesetzt werden.

(3) Die Standsicherheit des Verbaues muss in jedem Bauzustand sichergestellt sein. Alle Teile des Verbaues müssen während der Bauausführung regelmäßig überprüft und nötigenfalls instandgesetzt und verstärkt werden. Nach längeren Arbeitsunterbrechungen, nach starken Regenfällen, bei wesentlichen Veränderungen der Belastung, bei einsetzendem Tauwetter, nach Sprengung oder anderen Erschütterungen, muss der Verbau vor Wiederaufnahme der Arbeiten überprüft werden. Die Prüfungen sind von der Aufsichtsperson durchzuführen.

(4) Der Verbau muss ganzflächig direkt an den Künetten- oder Grubenwänden anliegen, bis zur Aushubsohle reichen und eine so dichte Wand bilden, dass durch Fugen oder Stöße keine Gefährdung und Beeinträchtigung der Arbeitnehmer durch durchtretendes Material auftritt. Hohlräume hinter der Verkleidung sind zur Erhaltung der Standsicherheit des Verbaues unverzüglich kraftschlüssig zu verfüllen. Wenn zur Verkleidung Pfosten verwendet werden, müssen diese mindestens 5 cm dick, parallel besäumt und vollkantig sein.

(5) Der obere Rand des Verbaues muss die Geländeoberfläche so weit überragen, dass er zur Abwehr gegen Herabfallen von Material und Gegenständen geeignet ist, mindestens aber 5 cm.

(6) Verbauteile müssen so eingebaut werden, dass sie an ihren Berührungsflächen satt anliegen. Sie sind gegen Herabfallen, Verdrehen und seitliches Verschieben zu sichern.

(7) Änderungen an Verbauen dürfen nur vom oder im Einvernehmen mit demjenigen Unternehmen durchgeführt werden, das den Verbau eingebracht hat.

Verbauarten

§ 52. (1) Der Verbau mit waagrechten Pfosten oder Kanaldielen (waagrechter Verbau) muss stets dem Aushub fortschreitend von oben nach unten eingebracht werden. In den einzelnen Feldern dürfen nur Pfosten oder Dielen von annähernd gleicher Länge eingebaut werden. Das Einbringen des Verbaues darf hinter dem Aushub bei nichtbindigen oder weichen bindigen Böden nur um maximal 25 cm, bei steifen oder halbfesten bindigen Böden um höchstens 50 cm zurückbleiben. Dies gilt sinngemäß für den Rückbau des Verbaues und beim Verfüllen. Kann bei besonders schlechten Bodenverhältnissen beim Rückbau des Verbaues eine Gefahr für die Arbeitnehmer entstehen, muss der Verbau im Boden belassen und verschüttet werden.

(2) Lotrechte Aufsetzer für waagrechten Verbau aus Holz (Brusthölzer) müssen einen Querschnitt von mindestens 8 x 16 cm besitzen. Sie sind durch mindestens zwei Sprenger (Steifen) abzustützen. Sprenger aus Holz müssen mindestens 10 cm Durchmesser oder einen Querschnitt von 10 x 10 cm haben. Sprenger dürfen ohne besondere Vorkehrungen quer zu ihrer Längsachse nicht belastet werden. Das Ein- und Aussteigen auf den Sprenger ist nicht zulässig, hiezu sind Leitern zu benützen.

(3) Der Verbau mit lotrechten Pfosten oder Kanaldielen (lotrechter Verbau) muss in vorübergehend standfesten Böden dem Aushub unmittelbar folgen. Er darf

1. bei steifen oder halbfesten bindigen Böden höchstens 50 cm und dies auf eine Länge von nicht mehr als 5,00 m,
2. bei nicht bindigen oder weichen, bindigen Böden um höchstens 25 cm und dies auf eine Länge von höchstens drei Pfostenbreiten hinter dem Aushub zurückbleiben.

(4) In nicht standfesten Böden müssen Pfosten oder Kanaldielen beim lotrechten Verbau in jedem Bauzustand so weit im Boden stecken, dass ein Aufbruch ausgeschlossen ist. Mit dem Fortschritt des Aushubes sind sie so weit in den Boden einzutreiben, dass sie jeweils mindestens 30 cm im Boden stecken.

(5) Waagrechte Aufsetzer für lotrechten Verbau aus Holz (Gurt- und Rahmenhölzer) müssen mindestens einen Querschnitt von 12 x 16 cm haben, sie sind durch Hängeeisen oder gleichwertige Vorrichtungen an der Baugrubenwand anzuhängen.

(6) Beim Verbau durch Spund-, Trägerbohl-, Schlitz-, Pfahl- oder verankerte Torkretwände ist vor Ausführung der Arbeiten ein von einer fachkundigen Person erstellter Standsicherheitsnachweis zu erbringen.

Bodenverfestigung

§ 53. (1) Bodenverfestigungen können durch Injektionen, Hochdruckbodenvermörtelung oder künstliche Vereisung erfolgen.

(2) Bei Bodenverfestigungen ist ein von einer fachkundigen Person verfaßter Standsicherheitsnachweis zu erbringen.

(3) Während der Arbeiten sind die erforderlichen Messungen, wie Verformungs-, Festigkeits- oder Setzungsmessungen, durchzuführen. Hierüber sind Vormerke zu führen.

(4) Die Wirksamkeit der Verfestigung ist von einer fachkundigen Person spätestens beim Aushub zu überprüfen. Diese Überprüfung ist in regelmäßigen Zeitabständen zu wiederholen, wenn die Verfestigung über längere Zeit wirksam sein muss.

Abtragearbeiten

§ 54. (1) Abtragearbeiten an Erd- oder Felswänden sowie an Halden dürfen nur ausgeführt werden, wenn die örtliche Standfestigkeit des Materials gewährleistet ist und erhalten bleibt. Das Unterhöhlen von Wänden und das Arbeiten im Bereich überhängender oder unterhöhlter Wände ist verboten. Felsputzarbeiten gelten nicht als Abtragearbeiten.

(2) Wände sind in Stufen abzutragen, wenn trotz Abböschen Material abstürzen kann. Die Stufen müssen mindestens 1,50 m breit und dürfen nicht höher als 3,00, m sein. Von Stufen abgestürztes Material ist unverzüglich zu entfernen.

(3) Beim Abtragen mit Baggern, Radladern oder ähnlichen Geräten im Hochschnitt sind jene Wandteile, die über den Schnittbereich der Geräte um mehr als 1,00 m hinausragen, vor Beginn der Arbeiten zu beseitigen. Bei Wänden, die über den Schnittbereich der Geräte um nicht mehr als 1,00 m hinausragen, ist das von den Geräten nicht mehr zu erreichende Material rechtzeitig zu beseitigen.

(4) Erd- und Felswände sind von der Aufsichtsperson jeweils vor Beginn der Arbeiten und fallweise während derselben auf das Vorhandensein loser Steine oder Massen zu prüfen. Dies gilt insbesondere nach längeren Arbeitsunterbrechungen oder Ereignissen, die die Standsicherheit beeinträchtigen können, wie starker Regen, Frost, festgestellte Erdrisse oder andere Naturereignisse. Mängel und Gefahrenzustände sind unverzüglich zu beseitigen.

7. ABSCHNITT

GERÜSTE

Allgemeines

§ 55. (1) Gerüste müssen in dem für die Ausführung der Arbeiten und dem Schutz der Arbeitnehmer notwendigen Umfang nach fachmännischen Grundsätzen errichtet werden. Gerüste müssen entsprechend den auftretenden Beanspruchungen unter Zugrundelegung ausreichender Sicherheit gemäß den anerkannten Regeln der Technik bemessen sein.

(2) Für Gerüste dürfen nur einwandfreie, ausreichend tragfähige Gerüstbauteile verwendet werden. Gerüstbauteile aus Holz müssen aus gesundem, vollkommen entrindetem, im erforderlichen Mindestquerschnitt nicht geschwächtem Holz der entsprechenden Festigkeitsklasse bestehen. Gerüstbauteile aus Metall dürfen keine Mängel aufweisen, durch die ihre Festigkeit beeinträchtigt wird. Sie müssen einen entsprechenden Korrosionsschutz haben. Gerüstbauteile, einschließlich der Verankerungsmittel, Kupplungen, Natur-, Kunstfaser- und Drahtseile, Rüstdrähte, Ketten oder Schraubverbindungen, müssen vor schädigenden Einwirkungen, wie Fäulnis oder Rost, derart geschützt sein, dass ihre Festigkeit nicht beeinträchtigt wird.

(3) Standgerüste sind ausreichend zu versteifen. Verstrebungen müssen in der Nähe der Kreuzungspunkte der für die Standsicherheit maßgeblichen waagrechten und lotrechten Konstruktionsglieder mit diesen fest verbunden sein sowie die auftretenden Kräfte aufnehmen und weiterleiten können. Versteifungen dürfen erst beim Abbau des Gerüstes und abgestimmt auf diesen entfernt werden.

(4) Standgerüste müssen freistehend standsicher aufgestellt oder an dem einzurüstenden Objekt sicher, insbesondere zug- und druckfest, verankert sein. Der waagrechte und lotrechte Abstand der Verankerungen ist nach den statischen Erfordernissen festzulegen, insbesondere ist bei Verkleidung der Gerüste durch Netze, Planen oder Schutzwände die erhöhte Beanspruchung durch Wind zu berücksichtigen. Die Verankerungen sind in der Nähe der Gerüstknotenpunkte anzubringen. Es dürfen nur der Bauart des Gerüstes und der Art des eingerüsteten Objekts entsprechende und ausreichend tragfähige Verankerungen verwendet werden.

(5) Verankerungen dürfen nur an standsicheren und für die Verankerung geeigneten Bauteilen befestigt werden. Die Befestigung an Schneefangrechen, Blitzableitern, Dachrinnen, Fallrohren, Fensterrahmen und nicht tragfähigen Fensterpfeilern ist unzulässig.

(6) Verankerungen dürfen erst beim Abbau des Gerüsts und abgestimmt auf diesen entfernt werden. Muss eine Verankerung schon früher ausgebaut werden, ist vorher für einen vollwertigen Ersatz zu sorgen.

Statischer Nachweis

§ 56. (1) Für verankerte Systemgerüste, das sind verankerte Gerüste, in dem einige oder alle Abmessungen durch Verbindungen oder durch fest an den Bauteilen angebrachte Verbindungsmittel vorbestimmt sind, muss vor der erstmaligen Aufstellung ein statischer Nachweis erstellt sein.

(2) Der statische Nachweis gemäß Abs. 1 ist von einer fachkundigen Person zu erstellen.

(3) Für Gerüste und Gerüstbauteile, die von der Regelausführung oder vom statischen Nachweis nach Abs. 1 abweichend errichtet werden, muss von einer fachkundigen Person eine statische Berechnung erstellt werden, in der alle bei der Errichtung und bei der Benützung der Gerüste möglichen Belastungszustände berücksichtigt sind.

(4) Werden Gerüste mit Netzen, Planen oder Schutzwänden verkleidet, muss von einer fachkundigen Person eine statische Berechnung erstellt werden, sofern die erhöhte Beanspruchung durch Wind zufolge dieser Verkleidung nicht bereits im statischen Nachweis nach Abs. 1 berücksichtigt wurde.

Gerüstlagen

§ 57. (1) Gerüstbelagteile müssen über die gesamte Gerüstbreite dicht aneinander und so verlegt sein, dass sie nicht herabfallen, kippen oder sich verschieben können. Sie müssen ausreichend Sicherheit gegen Ausrutschen bieten. Beläge müssen gesichert sein, wenn sie durch Wind oder sonstige Belastung abgehoben werden können. Um Bauwerksecken müssen Gerüstlagen in voller Breite herumgeführt werden.

(2) Werden als Gerüstbelag Pfosten aus Holz verwendet, müssen diese mindestens 20 cm breit, mindestens 5 cm dick und parallel besäumt sein. Die Verringerung der Dicke infolge Herstellungstoleranz, Abnützung und Schwinden darf höchstens 5 Prozent betragen. Die Pfosten müssen an den Auflagern einen Überstand von mindestens 20 cm aufweisen, an den Endauflagern darf der Überstand höchstens 30 cm betragen. Die Auflager der Pfosten dürfen bei Schutzdächern und bei Arbeitsgerüsten nicht mehr als 3,00 m voneinander entfernt sein.

(3) Gerüstbeläge, wie Pfosten oder Belagplatten aus Holz oder Metall, müssen insbesondere hinsichtlich ihrer Tragfähigkeit und Durchbiegung ausreichend dimensioniert sein. Die größte Durchbiegungsdifferenz zwischen belasteten und unbelasteten Belagteilen darf nicht mehr als 25 mm betragen.

Arbeitsgerüste

§ 58. (1) Arbeitsgerüste sind Gerüste, von, denen aus oder auf denen Arbeiten ausgeführt werden.

(2) Die Gerüstlagen müssen für die auszuführenden Arbeiten und für den hiebei erforderlichen Verkehr genügend breit sein sowie die auftretenden Arbeits- und Verkehrslasten aufnehmen können.

(2a) Gerüstlagen müssen mindestens 60 cm breit sein. Jede Gerüstlage, einschließlich der Eckausbildung, muss über die volle Länge die festgelegte Breite aufweisen. In Bereichen, in denen dies aus technischen Gründen nicht möglich ist, können die Gerüstlagen auf bis zu 40 cm Breite verschmälert werden, ausgenommen bei Arbeiten gemäß § 63 Abs. 6.

(3) Bei Absturzgefahr nach § 7 Abs. 2 Z 2 oder 4 müssen die Gerüstlagen mit Wehren gemäß § 8 versehen sein. Abweichend davon kann bei bauartbedingter Notwendigkeit bei Systemgerüsten der Abstand von Belagoberfläche zu Brustwehroberkante auf 950 mm verringert werden.

(4) Werden bei verankerten Gerüsten als Gerüstbelag Pfosten verwendet, dürfen an der Schmalseite die Fußwehren entfallen.

(5) Der Abstand zwischen dem Gerüstbelag und dem eingerüsteten Objekt muss möglichst gering sein. Auf der dem eingerüsteten Objekt zugewandten Seite des Gerüstes sind Wehren anzubringen, wenn

1. Absturzgefahr gemäß § 7 Abs. 2 Z 2 oder 4 besteht und
2. der Abstand zwischen Gerüstbelag und eingerüstetem Objekt
   a) bei reich gegliederten Fassaden sowie bei Vormauerungen und ähnlichen Arbeiten, bei denen mit dem Anbringen einer Wandverkleidung der Abstand zwischen Gerüstbelag und eingerüstetem Objekt um mindestens 10 cm verringert wird, mehr als 40 cm,

b) in allen sonstigen Fällen mehr als 30 cm

beträgt.

(6) Besteht bei Arbeitsgerüsten mit Gerüstlagen aus Pfosten eine besondere Gefährdung für die Arbeitnehmer im Falle eines Pfostenbruches, wie bei Gerüstlagen über Verkehrswegen des Schienen- und Straßenverkehrs, bei Gerüstlagen über Gewässern oder anderen Stoffen, in denen man versinken kann, sowie bei Gerüstlagen, die mehr als 5,00 m über dem Boden oder über der nächsttieferen Gerüstlage liegen, muss die Gerüstlage doppelt mit Pfosten belegt sein oder darf der Abstand der Auflager der Pfosten nicht mehr als 2,00 m betragen.

(7) Für das gefahrlose Besteigen und Verlassen der Gerüstlagen sind sicher begehbare Aufstiege oder Zugänge, wie Leitergänge, Treppentürme, Außentreppen oder lotrechte, festverlegte Leitern, anzubringen. Die Aufstiege und Zugänge müssen mit dem Gerüst fest verbunden sein. Aufstiege und Zugänge müssen so angebracht sein, dass alle möglichen Arbeitsplätze auf einer Gerüstlage nicht mehr als 20 m von den Aufstiegen oder Zugängen entfernt sind.

(8) Werden als Aufstiege lotrechte Leitern verwendet, sind diese, sofern die Leiterlänge mehr als 5,00 m beträgt, ab einer Höhe von 3,00 m mit einem Rückenschutz gemäß § 35 AM-VO zu versehen. Durchlaufende lotrechte Leitern sind in Abständen von nicht mehr als 10,00 m durch Zwischenpodeste zu unterteilen, sofern in diesem Bereich keine Ausstiegsmöglichkeit auf eine Gerüstlage besteht. Zur Erleichterung des Ausstieges von der lotrechten Leiter auf eine Gerüstlage dürfen im Ausstiegsbereich (im Bereich des Leiterkorbes) Mittel- und Fußwehren entfallen.

Schutzgerüste

§ 59. (1) Schutzgerüste sind Fanggerüste und Schutzdächer. Fanggerüste sind Gerüste, die Personen gegen einen tieferen Absturz sichern. Schutzdächer sind Gerüste, die Personen vor herabfallenden Gegenständen und Materialien schützen.

(2) Fanggerüste müssen möglichst nahe unter der Absturzkante angeordnet sein, die Gerüstlagen dürfen im Regelfall nicht tiefer als 3,00 m, in Ausnahmefällen nicht tiefer als 4,00 m unter der Absturzkante liegen. Es dürfen nur solche Belagsteile verwendet werden, deren Widerstandsfähigkeit unter Berücksichtigung dynamischer Belastungen nachgewiesen ist. Dies gilt nicht für Gerüstbeläge aus lose verlegten Pfosten (Abs. 3a).

(3) Fanggerüste müssen bei einem lotrechten Abstand des Belags zur Absturzkante

1. bis zu 2,00 m mindestens 1,00 m,
2. bis zu 3,00 m mindestens 1,30 m,
3. bis zu 4,00 m mindestens 1,50 m

über die am weitesten auskragenden Konstruktions- oder Bauteile hinausragen.

(3a) Bei Fanggerüsten mit Gerüstbelägen aus lose verlegten Pfosten (Pfostenbelag) darf der Abstand der Unterstützungen höchstens die nachstehenden, in Z 1 bis 3 angeführten Werte betragen, wobei als Fallhöhe der lotrecht gemessene Abstand von der Absturzkante zur Belagoberfläche, bei mehr als 45 Grad geneigten Flächen der lotrecht gemessene Abstand vom Arbeitsplatz zur Belagoberfläche gilt. Bei Fallhöhen über 3 m ist die Verwendung von Pfostenbelägen nicht gestattet.

1. Abstand der Unterstützungen bei Verwendung von mindestens 20 cm breiten Pfosten
   a. 1,20 m bei einlagigen Gerüstpfosten und Fallhöhe nicht mehr als 2 m
   b. 1,10 m bei einlagigen Gerüstpfosten und Fallhöhe nicht mehr als 3 m
   c. 2,00 m bei zweilagigen Gerüstpfosten und Fallhöhe nicht mehr als 2 m
   d. 1,70 m bei zweilagigen Gerüstpfosten und Fallhöhe nicht mehr als 3 m
2. Abstand der Unterstützungen bei Verwendung von mindestens 24 cm breiten Pfosten
   a. 1,30 m bei einlagigen Gerüstpfosten und Fallhöhe nicht mehr als 2 m
   b. 1,20 m bei einlagigen Gerüstpfosten und Fallhöhe nicht mehr als 3 m
   c. 2,20 m bei zweilagigen Gerüstpfosten und Fallhöhe nicht mehr als 2 m
   d. 1,90 m bei zweilagigen Gerüstpfosten und Fallhöhe nicht mehr als 3 m
3. Abstand der Unterstützungen bei Verwendung von mindestens 28 cm breiten Pfosten
   a. 1,40 m bei einlagigen Gerüstpfosten und Fallhöhe nicht mehr als 2 m
   b. 1,30 m bei einlagigen Gerüstpfosten und Fallhöhe nicht mehr als 3 m
   c. 2,50 m bei zweilagigen Gerüstpfosten und Fallhöhe nicht mehr als 2 m
   d. 2,10 m bei zweilagigen Gerüstpfosten und Fallhöhe nicht mehr als 3 m

(4) Die Gerüstlagen der Fanggerüste müssen an das bestehende Bauwerk möglichst dicht anschließen und an der Außenseite mit einer mindestens 50 cm hohen Blende versehen sein.

(5) Die Gerüstlagen der Fanggerüste dürfen nur betreten werden, wenn sie zusätzlich zur Blende mit Brustwehren versehen sind. Nicht mit Brustwehren versehene Gerüstlagen dürfen nur bei der Aufstellung, Änderung und Abtragung des Gerüstes oder zur Bergung von Personen betreten werden.

(6) Werden keine anderen ausreichenden Maßnahmen zum Schutz von Personen vor herabfallenden Gegenständen und Materialien getroffen, sind in einer Höhe von höchstens 3,00 m über den Arbeitsplätzen oder Verkehrswegen Schutzdächer anzubringen.

(7) Der Belag von Schutzdächern muss dicht und so ausgebildet sein, dass er den zu erwartenden Belastungen durch herabstürzende Materialien und Gegenstände standhält.

(8) Der Belag von Schutzdächern muss mit mindestens 50 cm hohen Blenden versehen sein. Schutzdächer müssen mindestens 1,50 m über die Absturzkante oder, wenn das Schutzdach in Verbindung mit einem Arbeitsgerüst errichtet wird, über den äußeren Rand des Gerüstes hinausragen. Bei geneigten Schutzdächern in Verbindung mit Arbeitsgerüsten muss die Vorderkante des Schutzdaches oder die Oberkante der Blende mindestens 50 cm über dem Ansatzpunkt der Schräge am Außensteher des Arbeitsgerüstes liegen.

Aufstellen und Abtragen von Gerüsten

§ 60. (1) Gerüste müssen entsprechend der Regelausführung oder der statischen Berechnung gemäß § 56 errichtet werden.

(2) Beim Aufstellen von Gerüsten sind alle zur Verwendung kommenden Gerüstbauteile durch eine fachkundige Person auf offensichtliche Mängel zu prüfen. Gerüstbauteile mit offensichtlichen Mängeln dürfen nicht verwendet werden.

(3) Gerüste, die an verkehrsreichen Stellen oder auf einer unübersichtlichen Fahrbahn aufgestellt sind, müssen für Verkehrsteilnehmer deutlich und gut wahrnehmbar sowie bei Dunkelheit und schlechter Sicht durch eine geeignete Warnbeleuchtung gekennzeichnet sein. In einem entsprechenden Abstand vor dem Gerüst muss auf dieses aufmerksam gemacht werden. Erforderlichenfalls ist ein geeigneter Anfahrschutz in einem entsprechenden Abstand vom Gerüst vorzusehen.

(4) Gerüste sind auf entsprechend tragfähigen und unverrückbaren Unterlagen, wie Fußplatten, Kanthölzern oder Pfosten, zu errichten. Mauersteine, Kisten, Paletten und ähnliches dürfen als Unterlagen nicht verwendet werden. Bei der Verteilung der Stützlasten auf den Untergrund muss dessen Tragfähigkeit beachtet werden. Höhenunterschiede sind durch geeignete Einrichtungen, wie Leiterfüße oder Schraubspindeln, auszugleichen. Ist ein mehrlagiger Unterbau erforderlich, muss er kippsicher ausgebildet sein. Schrägstützen müssen gegen Ausweichen gesichert sein.

(5) *außer Kraft (BGBl. II Nr. 33/2012 Art. II)*

(6) Gerüste dürfen nur von geeigneten und mit diesen Arbeiten vertrauten Personen aufgestellt, wesentlich geändert oder abgetragen werden. Andere geeignete Arbeitnehmer dürfen nur nach erfolgter besonderer Unterweisung und unter Anleitung von mit den Arbeiten vertrauten Personen eingesetzt werden. Alle nicht mit den Gerüstarbeiten beschäftigten Arbeitnehmer haben sich außerhalb des Gefahrenbereiches aufzuhalten. Die besondere Unterweisung hat sich auf Folgendes zu erstrecken:

1. Verstehen des Plans für den Auf-, Ab- oder Umbau des betreffenden Gerüsts;
2. sicherer Auf-, Ab- oder Umbau des betreffenden Gerüsts;
3. vorbeugende Maßnahmen gegen die Gefahr des Absturzes von Personen und des Herabfallens von Gegenständen;
4. Sicherheitsvorkehrungen für den Fall, dass sich die Witterungsverhältnisse so verändern, dass die Sicherheit des betreffenden Gerüsts beeinträchtigt sein könnte;
5. zulässige Belastungen;
6. alle anderen mit dem Auf-, Ab- oder Umbau gegebenenfalls verbundenen Gefahren.

(7) Gerüste dürfen weder unvollständig errichtet noch teilweise abgetragen und so belassen werden, dass eine Verwendung derselben möglich ist, wenn der bereits aufgestellte oder noch stehenbleibende Teil den Anforderungen an Gerüste nicht voll entspricht.

(8) Beim Abtragen von Gerüsten dürfen Gerüstmaterialien, Werkzeuge und sonstige Gegenstände nur in sicherer Weise abgeseilt oder auf andere Art ohne Gefährdung für die mit dem Gerüstabbau beschäftigten Arbeitnehmer herabbefördert werden.

(9) Für die Montage und Demontage von Gerüstbauteilen dürfen von unterwiesenen, erfahrenen und körperlich geeigneten Arbeitnehmern bei günstigen Witterungsverhältnissen Gerüstlagen von mindestens 40 cm Breite begangen werden, auch wenn keine Maßnahmen nach § 7 getroffen wurden.

(10) Abs. 3 ist nicht anzuwenden, wenn die von der zuständigen Verkehrsbehörde angeordneten Maßnahmen eingehalten werden.

Prüfung von Gerüsten

§ 61. (1) Gerüste sind nach ihrer Fertigstellung einer Überprüfung durch eine fachkundige Person des Gerüstaufstellers zu unterziehen.

(2) Gerüste sind vor ihrer erstmaligen Benützung von einer fachkundigen Person des Gerüstbenützers auf offensichtliche Mängel zu prüfen. Solche Prüfungen sind nach jeder längeren Arbeitsunterbrechung, nach Sturm, starkem Regen, Frost oder sonstigen Schlechtwetterperioden, bei Systemgerüsten mindestens einmal monatlich, bei sonstigen Gerüsten mindestens einmal wöchentlich, auf offensichtliche Mängel durchzuführen.

(3) Bei Hängegerüsten ist zusätzlich täglich vor Beginn der Arbeiten durch eine fachkundige Person die Aufhängekonstruktion zu überprüfen.

(4) *außer Kraft (BGBl. II Nr. 313/2002)*

(5) Über die Überprüfungen nach Abs. 1 bis 3 sind Vormerke zu führen, wenn Absturzgefahr nach § 7 Abs. 2 Z 2 oder 4 besteht.

Benützung von Gerüsten

§ 62. (1) Gerüste dürfen erst benützt werden nach

1. ihrer Fertigstellung,
2. den Prüfungen gemäß § 61 Abs. 1 bis 3 und
3. Beseitigung der bei diesen Prüfungen festgestellten Mängel.

(2) Jedes Gerüst ist in gutem, gebrauchsfähigem Zustand zu erhalten. Änderungen an den Gerüsten oder das Anbringen von Hebezeugen an Gerüsten dürfen nur vom Gerüstaufsteller oder im Einvernehmen mit dem Gerüstaufsteller vorgenommen werden.

(3) Das Abspringen oder das Abwerfen von Gegenständen auf Gerüstlagen ist verboten.

(4) Ein Gerüst, das den Anforderungen an Gerüste nicht voll entspricht, darf nicht benützt werden.

Verwendungszweck von Gerüsten

§ 63. (1) Sofern nachstehend nicht anders bestimmt ist, darf jedes Gerüst im Rahmen seiner gemäß § 56 nachgewiesenen Belastbarkeit als Schutzgerüst (§ 59) und als Arbeitsgerüst (§ 58) für alle Arbeiten verwendet werden.

(2) Folgende Gerüste dürfen ausschließlich für Arbeiten verwendet werden, die nur geringe Mengen von Bau- und Werkstoffen erfordern, wie Reinigungs-, Instandhaltungs- und Ausbesserungsarbeiten, Spengler-, Maler- und Anstreicherarbeiten:

1. einfache Leitergerüste, das sind einfach gestellte Leitergerüste gemäß § 64 Abs. 4, bei denen der Gerüstbelag auf den Sprossen der Gerüstleitern aufliegt,
2. Hängegerüste, die an Seilen oder Ketten hängen und keiner der Arbeitsmittelverordnung, AM-VO, BGBl. II Nr. 164/2000, entsprechenden Abnahmeprüfung unterzogen wurden.

(3) Behelfsgerüste (§ 73) dürfen nur für kurzfristige Arbeiten gemäß Abs. 2 verwendet werden.

(4) Folgende Gerüste dürfen nur für Arbeiten nach Abs. 2 und für Fassadenherstellungsarbeiten, bei denen keine schweren Bau- und Werkstoffe erforderlich sind, wie Verputz-, Beschichtungs- und Verkleidungsarbeiten, verwendet werden:

1. Konsolleitergerüste, das sind einfach gestellte Leitergerüste gemäß § 64 Abs. 4, bei denen der Gerüstbelag auf stählernen Konsolen, bestehend aus Konsolenstäben und Konsolenstützen, aufliegt,
2. einreihige Metallgerüste,
3. Bockgerüste aus abgebundenen Holzböcken und Bockgerüste, deren Böcke aus Metallbeinen und hölzernen Querträgern bestehen,
4. Konsolgerüste, die mittels einbetonierter Schlaufen befestigt sind.

(5) Konsolgerüste für den Schornsteinbau dürfen für das Errichten, Instandsetzen und Abtragen von Schornsteinen verwendet werden.

(6) Für Mauer-, Beton-, Steinmetz- sowie für Versetz- und Montagearbeiten mit schweren Bauteilen dürfen die in den Abs. 2 bis 4 genannten Gerüste nur verwendet werden, wenn ein statischer Nachweis gemäß § 56 Abs. 3 erbracht wird.

Leitergerüste

§ 64. (1) Für Leitergerüste dürfen als Steher nur Gerüstleitern aus Holz verwendet werden. Der Abstand zwischen den einzelnen Gerüstleitern darf nicht mehr als 3,00 m betragen. Die Verwendung von Verlängerungsleitern ist verboten.

(2) An Bauwerksecken, Erkern und Balkonen müssen der Gerüstbelag und die Wehren durchlaufend angeordnet werden, die Gerüstleitern sind entsprechend aufzustellen.

(3) *außer Kraft (BGBl. II Nr. 408/2009)*

(4) Einfach gestellte Leitergerüste sind Leitergerüste, bei denen die Gerüstleitern in einer Reihe aufgestellt sind. Bei einfach gestellten Leitergerüsten müssen die einzelnen Gerüstleitern miteinander durch einen Horizontalverband, der gleichzeitig als Brustwehr dient, und durch einen Diagonalverband verbunden sein. Der Diagonalverband muss alle oberen Enden sowohl der Stand- als auch der Verlängerungsleitern erfassen. Die Brustwehren und die Verstrebungen sind mit jeder Leiter, die sie kreuzen, durch Schrauben zu verbinden.

(5) Bei Leitergerüsten muss, mit Ausnahme von an ausspringenden rechtwinkeligen oder nahezu rechtwinkeligen Gebäudeecken aufgestellten Leitern, jede Gerüstleiter mindestens zweimal, jedenfalls aber in jedem Stockwerk einmal mit dem Bauwerk verankert sein, wobei der lotrechte Abstand zwischen den Verankerungen 4,00 m nicht überschreiten darf. Bei Leitergerüsten bis zu höchstens 8,00 m Höhe, deren oberste Gerüstlage nicht mehr als 6,00 m über der Aufstandsfläche liegt, genügt eine Verankerung. Verankerungen müssen von Mauerkanten mindestens 25 cm entfernt sein.

(6) Doppelt gestellte Leitergerüste sind Leitergerüste, bei denen die Gerüstleitern in zwei Reihen aufgestellt sind. Bei doppelt gestellten Leitergerüsten muss der Gerüstbelag auf Querriegeln aufgelegt sein, die auf entsprechend starken Längsriegeln ruhen. Längsriegel müssen auf ausreichend bemessenen Stahlstäben aufgelegt und an den Leiterholmen sicher befestigt sein.

(7) Bei räumlichen Gerüstkonstruktionen, wie Leiterplateaugerüsten, dürfen die Gerüstleitern den Gerüstbelag um nicht mehr als 2,00 m überragen.

(8) Räumliche Gerüstkonstruktionen müssen durch Abspannen, Verankern oder Abstützen gegen Umkippen gesichert sein, wenn

1. bei Verwendung im Freien
   a) das Gerüst mehr als 12,00 m hoch ist oder
   b) das Verhältnis von Höhe (Aufstandsfläche bis Oberkante des obersten Gerüstbelags) zur kleinsten Aufstandsbreite größer ist als
      3 : 1 bei Gerüsthöhen bis 4,00 m,
      2 : 1 bei Gerüsthöhen bis 8,00 m,
      1 : 1 bei Gerüsthöhen bis 12,00 m,
2. bei Verwendung in geschlossenen Räumen das Verhältnis von Höhe zur kleinsten Aufstandsbreite größer ist als
   3 : 1 bei Gerüshöhen bis 10,00 m,
   2 : 1 bei Gerüsthöhen über 10,00 m.

Metallgerüste

§ 65. (1) Bei gekuppelten Metallrohrgerüsten müssen geeignete, entsprechend gekennzeichnete Kupplungen zur Verbindung der einzelnen Gerüstbauteile verwendet werden. Beim Anschluß mehrerer Rohre in einem Knotenpunkt müssen die Kupplungen möglichst eng aneinander angeschlossen sein.

(2) Die Steher müssen unverschiebbar und lotrecht auf eine Fußplatte gestellt sein. Rohrstöße müssen versetzt angeordnet und in die Nähe der Knotenpunkte gelegt sein, sie müssen einen Stoßbolzen erhalten.

(3) Längsriegel müssen an jedem Steher, den sie kreuzen, angeschlossen sein. Stöße der Längsriegel müssen zug- und druckfest verbunden sein. Benachbarte Stöße müssen um ein Feld versetzt sein, sie dürfen nicht senkrecht übereinander oder waagrecht nebeneinander angeordnet sein.

(4) Jeder Steher eines mehrreihigen, freistehend nicht standsicheren Metallgerüstes muss verankert sein. Die erste Verankerung darf nicht höher als 8,00 m, bei Randstehern nicht höher als 4,00 m über der Aufstandsfläche des Gerüstes liegen, sofern dies nach den örtlichen Verhältnissen möglich ist. Der lotrechte Abstand der Verankerungen darf bei Mittelstehern nicht mehr als 8,00 m, bei Randstehern nicht mehr als 4,00 m betragen, wobei die Verankerungen versetzt anzuordnen sind. Die oberste Verankerung darf bei Mittelstehern nicht mehr als 4,00 m, bei Randstehern nicht mehr als 2,00 m unter der obersten Gerüstlage angeordnet sein.

(5) Bei nicht verankerten Gerüsten ist die Sicherheit gegen Kippen durch eine fachkundige Person nachzuweisen, sofern nicht entsprechende Herstellerangaben über die Kippsicherheit vorliegen. Der Nachweis der Kippsicherheit ist nicht erforderlich, wenn

1. Stahlrohrgerüstmaterial und Pfostenbelag oder andere, in Bezug auf das spezifische Gewicht vergleichbare, Materialien zur Verwendung gelangen und
2. der Abstand der Aufstandsfläche zur obersten Gerüstlage nicht mehr als 6,00 m beträgt und
3. die kleinste Aufstandsbreite bei Aufstellung des Gerüsts im Freien mindestens 4,00 m, bei Aufstellung in geschlossenen Räumen mindestens 2,00 m beträgt.

(6) Gerüstkonstruktionen aus vorgefertigten Elementen müssen fest miteinander verbunden sein, Steckverbindungen müssen zusätzlich gegen unbeabsichtigtes Lösen gesichert sein.

(7) Bei einreihigen Metallrohrgerüsten, bei denen die den Gerüstbelag tragenden waagrechten Rohre nicht auf dem Bauwerk aufliegen, muss von einer in § 56 Abs. 2 genannten Person eine statische Berechnung des Gerüstes sowie eine darauf beruhende Aufstellanleitung erstellt werden. Das Gerüst muss gemäß dieser Aufstellanleitung errichtet sein.

Verfahrbare Standgerüste

§ 66. (1) Verfahrbare Standgerüste sind Standgerüste, die auf geeigneten Einrichtungen, wie Rädern oder Rollen, in waagrechter Richtung bewegt werden können.

(2) Verfahrbare Standgerüste dürfen nur auf tragfähigen und ebenen Unterlagen verwendet werden, wobei Höhenunterschiede durch geeignete Einrichtungen, wie höhenverstellbare Räder oder Spindeln, auszugleichen sind.

(3) Die Fahrrollen müssen so mit dem Gerüst verbunden sein, dass ein unbeabsichtigtes Loslösen im entlasteten Zustand nicht möglich ist. Ein unbeabsichtigtes Verschieben des Gerüstes muss durch Feststelleinrichtungen verhindert sein, die mit dem Gerüst fest verbunden sein müssen.

(4) Aufstiege auf fahrbare Standgerüste sollen nach Möglichkeit im Inneren des Gerüstes angebracht sein. Erfolgt der Aufstieg über lotrecht an der Gerüstaußenseite angeordnete Leitern, müssen diese an der Schmalseite des Gerüstes montiert sein. Die Verwendung von Anlegeleitern als Aufstieg ist unzulässig.

(5) Verfahrbare Standgerüste dürfen nur verfahren werden, wenn sich auf ihnen weder Personen noch lose Lasten befinden.

(6) § 65 Abs. 5 ist anzuwenden.

Bockgerüste

§ 67. (1) Gerüste aus abgebundenen Holzböcken dürfen nicht höher als 1,00 m sein, Gerüste aus Böcken mit zwei Metallbeinen und einem hölzernen Querträger dürfen eine Höhe von 2,00 m nicht überschreiten. Bei Gerüsten aus Metallböcken darf der Gerüstbelag höchstens 2,80 m über der Aufstandsfläche liegen.

(2) Ausziehbare Böcke sind nur in Metallausführung zulässig, für das Feststellen des ausziehbaren Teils ist ein ausreichend starker Steckbolzen zu verwenden, der mit dem Bock unverlierbar verbunden sein muss.

(3) Der Abstand der Böcke voneinander darf 2,00 m nicht überschreiten.

(4) Bockgerüste von mehr als 2,00 m Höhe müssen eine ausreichende Längs- und Querverstrebung haben. Bei höhenverstellbaren Metallböcken muss der ausgezogene Teil von der Längsverstrebung erfaßt sein. Eine Längsverstrebung ist nicht erforderlich, wenn die Standsicherheit des Bockgerüstes auf andere Weise gewährleistet ist.

Konsolgerüste

§ 68. (1) Konsolen müssen an tragfähigen Bauteilen derart befestigt werden, dass ein unbeabsichtigtes Lösen der Konsolen auszuschließen ist.

(2) Werden zur Befestigung der Konsolen Schlaufen verwendet, sind diese doppelt anzuordnen, wobei jede Schlaufe in der Lage sein muss, die volle Last aufzunehmen. Schlaufen müssen aus Betonrundstahl der Stahlgüte I bestehen, dessen Durchmesser mindestens 8 mm betragen muss. Sie müssen unabhängig von der Haftlänge hakenförmig in die Stahlbewehrung der Decke oder in andere geeignete Konstruktionen eingreifen und dürfen erst dann belastet werden, wenn der Beton ausreichende Festigkeit erreicht hat oder durch andere Maßnahmen ein Herausziehen der Schlaufen verhindert wird.

(3) Erfolgt die Befestigung nicht durch Schlaufen, muss für die Befestigung ein statischer Nachweis durch eine in § 56 Abs. 2 genannte Person erstellt werden.

(4) *außer Kraft (BGBl. II Nr. 313/2002)*

(5) An Gebäudeecken müssen der Gerüstbelag, die erforderlichen Wehren und die Blende um die Ecken herumgeführt werden.

(6) Sind für den unteren Teil der Konsolen keine tragfähigen Auflager vorhanden, wie bei Fensteröffnungen, müssen ausreichend tragfähige Überbrückungselemente unverschiebbar angeordnet werden.

Ausschußgerüste

§ 69. (1) Die Ausleger von Ausschußgerüsten (Auslegergerüsten) müssen im Bauwerksinneren an tragfähigen Bauteilen derart befestigt sein, dass sie nicht kippen und sich weder abheben noch verschieben können. Eine Befestigung nur durch Verkeilen an der Wand oder der Decke ist unzulässig. Jeder Ausleger muss durch mindestens zwei Befestigungen mit dem Bauwerk verankert sein, wobei eine Befestigung in einem Abstand von der Bauwerkskante angeordnet sein muss, der der Kraglänge des Auslegers entspricht, mindestens jedoch 1,50 m beträgt. Bei Verankerung in Betondecken dürfen Ausleger erst belastet werden, wenn der Beton der Deckenkonstruktion ausreichend erhärtet ist.

(2) Der waagrechte Abstand der Ausleger darf bei Verwendung als Arbeits- oder Fanggerüst maximal 1,50 m, bei Verwendung als Schutzdach maximal 3,00 m betragen.

(3) An Gebäudeecken müssen der Gerüstbelag, die erforderlichen Wehren und die Blenden um die Ecken herumgeführt werden, hiezu müssen die Ausleger fächerförmig angeordnet sein.

(4) Ausleger aus Holz müssen einen Mindestquerschnitt von 10/16 cm aufweisen und hochkant verlegt sein.

(5) Bei einer Auskragung der Ausleger von mehr als 1,50 m ist eine statische Berechnung gemäß § 56 Abs. 3 zu erstellen.

Gerüste für Arbeiten an Schornsteinen

§ 70. (1) Beim Schornsteinbau dürfen Steigeisen nicht als Auflager für Arbeits- und Schutzgerüste verwendet werden. Konsolgerüste dürfen an eingeschlagenen Haken oder Klammern nicht befestigt werden.

(2) Bei Arbeiten im Inneren von Schornsteinen muss etwa 2 m unterhalb des Arbeitsgerüstes ein Fanggerüst angebracht sein. Förderöffnungen im Gerüstbelag müssen durch Brust-, Mittel- und Fußwehren gesichert sein.

(3) Bei Konsolgerüsten für Arbeiten an Schornsteinen dürfen nur Stahlkonsolen verwendet werden. Die Verwendung von Konsolen aus Aluminium ist nur zulässig, wenn sie den Stahlkonsolen gleichwertig sind. Die Konsolen müssen mit zwei Haken für die Aufhängung am Seil ausgerüstet sein. Die Konsolen dürfen nicht mehr als 1,00 m auskragen und an der Außenseite

1. bei Instandsetzungsarbeiten bei einem Schornsteinaußenradius von nicht mehr als 2,00 m keinen größeren Abstand als 1,25 m,
2. in sonstigen Fällen keinen größeren Abstand als 1,00 m haben.

(4) Zum Aufhängen der Konsolen sind um den Schornstein zwei Stahldrahtseile zu legen, von denen jedes in der Lage sein muss, die volle Belastung zu tragen. Sie müssen an jeder Verbindungsstelle mit mindestens fünf Backenzahnklemmen oder gleichwertigen Verbindungsmitteln verbunden und mit Holzkeilen so gespannt sein, dass sie gegen Abrutschen gesichert sind. Die Konsolen müssen mit ihren Haken stets in beide Seile eingehängt sein, beim Auf- und Abrüsten genügt es, die Konsolen nur in ein Stahldrahtseil einzuhängen.

(5) Als Gerüstbelag dürfen nur Bretter mit einer Mindestdicke von 3 cm und einer Mindestbreite von 20 cm verwendet werden.

(6) Abweichend von § 8 ist als Absturzsicherung ein straff gespanntes Faserseil von mindestens 12 mm Durchmesser oder ein gleichwertiges Seil in mindestens 1,00 m Höhe über dem Gerüstbelag zulässig. Die auf dem Gerüstbelag beschäftigten Arbeitnehmer müssen zusätzlich durch geeignete persönliche Schutzausrüstung gegen Absturz gesichert sein.

(7) Die für die Baustoffbeförderung beim Schornsteinbau erforderlichen Ausleger oder Galgen dürfen nicht an den Stahldrahtseilen befestigt sein, die die Konsolen tragen.

(8) Zum Schutz der im Bereich des Schornsteinschaftes beschäftigten Arbeitnehmer muss ein Schutzdach mit durchschlagsicherem Belag, wie mit doppelter Pfostenlage und dazwischenliegender Dämmschicht, errichtet sein, der übrige Gefahrenbereich muss abgesperrt und durch Warnschilder gekennzeichnet sein.

Allgemeine Bestimmungen über Hängegerüste

§ 71. (1) Hängegerüste müssen mit nicht brennbaren Tragmitteln an tragfähigen Bauteilen aufgehängt sein.

(2) Für die Aufhängekonstruktion von Tragmitteln, Umlenkrollen u. dgl. am Bauwerk ist von einer fachkundigen Person ein statischer Nachweis zu erstellen. Die Ableitung der Kräfte in Bauwerksteile ist von einer fachkundigen Person zu überprüfen, gegebenenfalls ist ein statischer Nachweis zu erstellen. Bei der Berechnung der Tragfähigkeit der Aufhängekonstruktion dürfen für diese die zulässigen Spannungen nur bis zur Hälfte aus-

genutzt werden. Wird die Standsicherheit der Aufhängekonstruktion durch Auflast, wie Ballast, hergestellt, ist eine mindestens 3-fache Sicherheit gegen Kippen nachzuweisen.

(3) Hängegerüste dürfen nur so benützt werden, dass das Gerüst nicht kippen kann. Die Benutzung von Leitern auf Hängegerüsten ist verboten. Nebeneinanderhängende Gerüste dürfen nicht durch unsachgemäße Konstruktionen verbunden werden. Hängegerüste sind gegen Pendeln zu sichern. Bei heftigem Wind, der ein starkes Schwanken des Gerüstes bewirkt, ist die Arbeit auf dem Gerüst einzustellen.

Fahrbare und verfahrbare Hängegerüste

§ 72. (1) Fahrbare (lotrecht bewegliche) Hängegerüste dürfen nicht an Seilen aufgehängt werden, die als Tragkonstruktion für Arbeits- oder Schutzgerüste verwendet werden. Die Aufhängung des Hängegerüstes muss je Aufhängepunkt mit zwei Tragmitteln oder mit einem Tragmittel mit zusätzlichem Sicherungsseil erfolgen. Sicherungsseil und Fangvorrichtung müssen bei Seilbruch das Hängegerüst sicher halten.

(2) Zum Heben der fahrbaren Hängegerüste dürfen nur die für das Gerüst gemäß Herstellerangabe vorgesehenen Stahldrahtseile verwendet werden, die eine mindestens 10-fache Sicherheit, bei Vorhandensein einer Fangvorrichtung eine mindestens 8-fache Sicherheit gegen Bruch aufweisen. Hierauf ist insbesondere bei Austausch der Seile zu achten.

(3) Drahtseilverbindungen müssen durch Seilschlösser oder als Seilösen mit eingelegter Kausche hergestellt sein. Für die Herstellung der Ösen müssen der Spleiß oder die Preßhülse verwendet werden. Die Verwendung von Backenzahnklemmen ist verboten.

(4) Das Gerüst darf lotrecht nur so verfahren werden, dass es seine horizontale Lage möglichst beibehält. Wird ein Hängegerüst mit mehreren Winden benützt, dann dürfen nur gleiche Winden verwendet werden. Sofern ein Besteigen und Verlassen des Gerüstes in der unteren Endstellung nicht möglich ist, müssen sichere Einrichtungen zum Besteigen und Verlassen des Gerüstes geschaffen werden.

(5) Winden für fahrbare Hängegerüste müssen neben mindestens einer selbsttätig wirkenden Bremseinrichtung, wie selbsthemmendes Getriebe oder Betriebsbremse, zusätzlich eine selbsttätig wirkende Sicherheitseinrichtung, wie Sicherheitsbremse oder Sperrvorrichtung, gegen unbeabsichtigtes Absenken besitzen, die bei Aussetzen der Antriebskraft, bei Versagen der Betriebsbremse oder bei Getriebebruch wirksam ist. Bei Verwendung von Klemmbackengeräten (Seilzügen) müssen zusätzliche Fangvorrichtungen angeordnet werden, die bei Durchrutschen rechtzeitig ansprechen.

(6) Fahrbare Hängegerüste müssen mit geeigneten Vorrichtungen, wie Handantrieb, ausgestattet sein, durch die bei Ausfall der Energie das Gerüst in die Ausgangsstellung oder zu einem sicheren Ausstieg gebracht werden kann. Bei Wiederkehr der Energie darf es zu keiner Gefährdung bei der Bedienung durch diese Vorrichtung kommen.

(7) Bei fahrbaren Hängegerüsten müssen die Aufwärtsbewegungen durch Notendhalteinrichtungen begrenzt sein. Nach Ansprechen der Notendhalteinrichtung muss die entgegengesetzte Bewegung noch möglich sein. Rutschkupplungen sind als Notendhalteinrichtungen nicht zulässig.

(8) Verfahrbare (waagrecht bewegliche) Hängegerüste müssen Feststellvorrichtungen zur Sicherung gegen unbeabsichtigtes Verfahren haben.

(9) Auf jedem fahrbaren oder verfahrbaren Hängegerüst muss leicht leserlich und dauerhaft die zulässige Höchstzahl der darauf Beschäftigten und die zulässige Belastung angegeben sein.

Behelfsgerüste

§ 73. (1) Behelfsgerüste sind Gerüste, bei denen als Steher Stehleitern verwendet werden.

(2) Abweichend von §§ 57 Abs. 2 und 3 und 58 Abs. 2 darf als Gerüstbelag nur ein Pfosten verwendet werden, der mindestens 25 cm breit ist. Der Gerüstbelag darf nicht höher als 2,00 m über der Aufstandsfläche und nicht höher als auf der dritten Leitersprosse von oben liegen. Für die als Steher eingesetzten Stehleitern gilt § 37 Abs. 1 AM-VO.

8. ABSCHNITT

LAUFBRÜCKEN UND LAUFTREPPEN

§ 74. *bis* **80.** *außer Kraft (BGBl. II Nr. 164/2000)*

Laufbrücken, Lauftreppen

§ 81. (1) Laufbrücken und Lauftreppen müssen mindestens 80 cm breit, falls sie zum Transport von Material befahren werden sollen, mindestens 1,25 m breit sein. Sie müssen sicher befestigt sein und einen dicht verlegten Belag haben, der zumindest den Anforderungen an Gerüstlagen (§ 57) entspricht.

(2) Laufbrücken und Lauftreppen müssen möglichst flach angelegt sein. Laufbrücken für die Materialbeförderung mit Fahrzeugen dürfen keine größere Steigung als 1: 3, sonstige geneigten Laufbrücken und Lauftreppen dürfen keine größere Steigung als 1 : 2 aufweisen.

(3) Bei geneigten Laufbrücken und Lauftreppen müssen die dem Gehverkehr dienenden Verkehrsflächen in Schrittweite angebrachte Trittleisten haben.

(4) Beträgt der Abstand der Laufbrücke oder der Lauftreppe zum Bauwerk mehr als 30 cm, ist eine Absturzsicherung gemäß § 8 auch an der dem Bauwerk zugewandten Seite erforderlich.

9. ABSCHNITT

SCHALUNGEN UND LEHRGERÜSTE

Allgemeines

§ 82. (1) Schalungen und Lehrgerüste müssen standfest und so hergestellt sein, dass die auftretenden Belastungen und Beanspruchungen in allen Bauphasen sicher aufgenommen und direkt auf tragfähigen Boden oder auf sichere oder gesicherte Bauteile übertragen werden können.

(2) Bei allen auftretenden Bauzuständen muss bei Beton-, Stahlbeton- und Gewölbearbeiten die Standsicherheit gewährleistet sein. Erforderlichenfalls ist von einer fachkundigen Person ein Standsicherheitsnachweis zu erstellen. Die Reihenfolge der Arbeitsvorgänge hat entsprechend diesen Berechnungen zu erfolgen.

(3) Beim Herstellen von Schalungen und Lehrgerüsten ist darauf Bedacht zu nehmen, dass diese leicht und gefahrlos abgetragen werden können. Stützen und Lehrbögen müssen ohne Erschütterung durch geeignete

Vorrichtungen entfernt oder abgesenkt werden können. Stützen und Absteifungen müssen eine ausreichende Knicksicherheit aufweisen.

(4) Schalungsträger dürfen auf Mauerwerk nur aufgelegt werden, wenn dieses ausreichend tragfähig ist. Sie müssen entsprechend den statischen Erfordernissen unterstützt sein. Bei längenverstellbaren Schalungsträgern darf die Mindesteinschublänge, mit der die Trägerteile ineinandergreifen, nicht unterschritten werden.

(5) Großflächige Schalungselemente müssen Einrichtungen, wie stählerne Bügel oder Ösen, haben, die ein Anhängen an Hebezeuge oberhalb des Schwerpunktes ermöglichen. Während des Transportes mit Hebezeugen dürfen Schalungselemente nicht betreten werden, erforderlichenfälls müssen sie mit Leitseilen geführt werden.

(6) Großflächige Schalungselemente müssen auf ebenen, tragfähigen Flächen standsicher aufgestellt sein. Nach Erfordernis müssen zugfeste Abspannungen, zugfeste Verankerungen oder druckfeste Abstützungen angebracht sein. Jedes Schalungselement muss an beiden seitlichen Enden oberhalb seines Schwerpunktes abgestützt werden. Schalungselemente dürfen vom Anschlagmittel des Hebezeuges erst abgehängt werden, wenn die Abstützungen wirksam sind. Beim Ausschalen dürfen die Abstützungen erst entfernt werden, wenn das Schalungselement am Anschlagmittel des Hebezeuges angehängt ist.

(7) Großflächige Schalungselemente dürfen nur bestiegen werden, wenn sie standsicher aufgestellt sind. Das Besteigen darf nur über Leitern erfolgen. Für Arbeiten vom Schalungselement aus müssen mindestens 50 cm breite Arbeitsbühnen angebracht sein.

(8) Bei speziellen Schalungsmethoden, wie Kletter- und Gleitschalungen oder Freivorbaugeräten, muss eine schriftliche Montageanweisung des Herstellers vorliegen. Die Arbeiten müssen nach den Anweisungen des Herstellers durchgeführt werden. Für spezielle Schalungsmethoden muss eine von einer fachkundigen Person erstellte statische Berechnung vorliegen.

Stützen

§ 83. (1) Werden Stützen auf unbefestigten Boden gestellt, müssen sie unverrückbar auf Unterlagen, wie Kanthölzern oder Pfosten, aufgestellt werden. Zwei- oder mehrlagige Unterlagen aus Kanthölzern dürfen nur kreuzweise und kippsicher aufgestellt werden, Ziegelstapel und Stapel aus ähnlichem Material sind als Unterlagen nicht zulässig. Unterlagen aus mehr als zwei übereinander liegenden Kanthölzern und Kreuzstapel über 40 cm Höhe dürfen nur in Ausnahmefällen verwendet und müssen nach den besonderen Anweisungen der Aufsichtsperson so errichtet werden, dass die Standsicherheit gewährleistet ist.

(2) Bei mehrgeschossigen Bauten sind die Stützen im Regelfall lotrecht untereinander anzuordnen. Stützen, die Teile eines Traggerüstes sind, müssen untereinander abgesteift sein, bei Stützen aus Stahl müssen hiebei Verschwertungsklammern oder Gerüstkupplungen verwendet werden.

(3) Keile und auf Keilwirkung beruhende Verbindungen sind gegen unbeabsichtigtes Lösen zu sichern.

(4) Stahlstützen müssen entsprechend ihrem Tragfähigkeitsbereich dauerhaft gekennzeichnet sein. Ausziehbare Stützen müssen im voll eingeschobenen Zustand zwischen der Unterseite des Innenrohrendstückes und dem höchsten Teil des Außenrohres oder der Verstelleinrichtung einen Abstand von mindestens 10 cm haben. Steckbolzen zum Feststellen ausziehbarer Teile müssen mindestens 12 mm dick und mit den Stützen unverlierbar verbunden sein.

(5) Holzstützen aus Kantholz müssen einen Querschnitt von mindestens 8 x 8 cm haben. Holzstützen aus Rundholz müssen entrindet sein und in diesem Zustand eine Zopfdicke von mindestens 7 cm haben.

(6) Bei Verwendung von Holzstützen darf höchstens jede dritte Stütze gestoßen sein, der Stoß darf nicht im mittleren Drittel der Stütze liegen und muss durch mindestens 70 cm lange hölzerne Laschen gegen Ausknicken gesichert sein. Bei Rundhölzern müssen drei, bei Kanthölzern vier Laschen je Stütze verwendet werden. Holzstützen dürfen nur einmal gestoßen sein, für stark belastete Stützen und Schalungen dürfen gestoßene Hölzer nicht verwendet werden.

Ausschalen

§ 84. (1) Bauteile dürfen erst ausgeschalt werden, wenn der Beton oder das Mauerwerk ausreichend erhärtet ist und die Aufsichtsperson die Ausschalung angeordnet hat.

(2) Bis zum Erhärten des Betons oder des Mauerwerkes müssen die Bauteile gegen Frost und vorzeitiges Austrocknen geschützt sein. Sie dürfen keinen Erschütterungen oder sonstigen Belastungen ausgesetzt werden.

(3) Das Ausschalen ist mit geeignetem Werkzeug so durchzuführen, dass die Standsicherheit von Gerüstbauteilen und Schalungsteilen nicht gefährdet wird. Stützen, Pfeiler und Wände müssen im Regelfall vor den von ihnen gestützten Balken und Platten ausgeschalt werden. Erschütterungen beim Ausschalen sind zu vermeiden. Das Entfernen der Schalung durch Krane, Bagger und ähnliche Geräte darf erst nach entsprechender Lockerung vorgenommen werden, das Losreißen von Schalungsteilen ist verboten. Beim Entfernen der Schalung ist jeder unnötige Aufenthalt unter derselben verboten.

(4) Schalholz und Schalungsteile sind unmittelbar nach dem Ausschalen aus dem Arbeitsbereich zu entfernen und sachgemäß zu lagern. Aus dem Schalholz sowie aus Konstruktionsteilen vorstehende Nägel oder sonstige spitze oder scharfkantige Befestigungsmittel sind zu entfernen oder umzuschlagen.

10. ABSCHNITT

MONTAGEARBEITEN DES STAHLBAUS UND DES KONSTRUKTIVEN HOLZBAUS, BAUEN MIT FERTIGTEILEN

Montagearbeiten

§ 85. (1) Bei der Ausführung von Montagearbeiten muss die Tragfähigkeit und die Standsicherheit des Bauwerkes während der einzelnen Montagezustände gewährleistet sein. Wenn bei der Montage besondere Sicherheitsmaßnahmen erforderlich sind oder für die Montage die Kenntnis besonderer sicherheitstechnischer Angaben erforderlich ist, sind von einer fachkundigen Person schriftliche Montageanweisungen und Zeichnungen zu erstellen. Dabei sind die für die Durchführung der Montagearbeiten erforderlichen Standplätze, die Absturzsicherungen, die Schutzeinrichtungen und die Befestigungseinrichtungen für die persönliche Schutzausrüstung (gegen Absturz) festzulegen.

(2) Bereiche, in denen Personen durch herabfallende, abgleitende oder abrollende Gegenstände gefährdet werden können, dürfen nicht betreten werden. Sie müssen gekennzeichnet und erforderlichenfalls abgesperrt oder durch Warnposten, die mit anderen Arbeiten nicht beschäftigt werden dürfen, gesichert sein.

(3) Für die Durchführung von Montagearbeiten dürfen abweichend von § 6 Abs. 2 und 7 und § 7 Konsolen, angeschweißte Sprossen, Profile von Gittermasten oder ähnliche tragfähige Konstruktionsteile als Standplätze verwendet werden, wenn eine Befestigungsmöglichkeit für eine Absturzsicherung vorhanden ist, an der die Arbeitnehmer mittels geeigneter persönlicher Schutzausrüstung gegen Absturz gesichert sind.

(4) Bei Vorliegen aller in Z 1 bis 6 genannten Voraussetzungen dürfen abweichend von Abs. 3, § 6 Abs. 2 und 7 und § 7 zum Lösen oder Befestigen von Anschlagmitteln sowie für das Fixieren von Bauteilen geeignete Bauteile als Zugang und Standplatz verwendet werden:

1. Das Anbringen von Absturzsicherungen, Schutzeinrichtungen sowie das Erreichen oder Anbringen der zum Benützen der persönlichen Schutzausrüstung (gegen Absturz) erforderlichen Befestigungsmöglichkeiten wäre mit größeren Gefahren verbunden als die Durchführung der im Einleitungssatz genannten Tätigkeiten ohne Absturzsicherung,
2. die in § 6 Abs. 7 genannten Einrichtungen können aus technischen Gründen zur Durchführung der im Einleitungssatz genannten Tätigkeiten nicht eingesetzt werden, oder es käme durch die Verwendung dieser Einrichtungen zu größeren Absturzgefahren als bei Durchführung der im Einleitungssatz genannten Tätigkeiten ohne Absturzsicherung,
3. es liegen günstige Witterungsverhältnisse vor,
4. die Tätigkeiten werden von unterwiesenen, erfahrenen und körperlich geeigneten Arbeitnehmern durchgeführt,
5. die als Zugänge benützten Bauteile sind ausreichend verankert, und
6. die als Zugänge benützten Bauteile sind mindestens 20 cm breit, wenn sie im Reitsitz benützt werden, oder sind bei geringerer Breite mit Einrichtungen für ein sicheres Festhalten versehen, wie Handläufen, gespannten Stahldrahtseilen oder Konstruktionsteilen.

(5) Bei Montagearbeiten müssen Nieten, Schrauben und sonstige Kleinteile gegen Herabfallen gesichert aufbewahrt sein.

Bauen mit Fertigteilen

§ 86. (1) Für das Bauen mit Fertigteilen gilt § 85.

(2) Fertigteile, das sind überwiegend vorgefertigte Bauteile, müssen so gestaltet und ausgestattet sein, dass sie sicher transportiert und montiert werden können. Hiezu müssen sie die erforderlichen Anschluß- und Befestigungseinrichtungen für Lastaufnahmemittel sowie erforderlichenfalls auch für Montagestreben, Montageverbände und andere Hilfskonstruktionen, Laufstege, Laufbrücken, Gerüste oder Absturzsicherungen haben.

(3) Die Montageanweisungen gemäß § 85 Abs. 1 müssen die erforderlichen Angaben für den Transport und die Montage enthalten, insbesondere Herstellerangaben betreffend

1. das Gewicht der Fertigteile,
2. das Lagern der Fertigteile,
3. das Anschlagen der Fertigteile an Hebezeuge,
4. das Transportieren und die beim Transport einzuhaltende Transportlage der Fertigteile, und
5. den Einbau der zur Montage der Fertigteile erforderlichen Hilfskonstruktionen,

sowie Angaben betreffend:

6. die Reihenfolge der Montage und das Zusammenfügen der Fertigteile,
7. erforderliche Maßnahmen zur Gewährleistung der Tragfähigkeit und der Standsicherheit des Bauwerkes und der Fertigteile auch während der einzelnen Montagezustände,
8. Maßnahmen zur Herstellung von Arbeitsplätzen und Zugängen zu diesen,
9. Maßnahmen gegen Abstürzen von Personen bei der Montage,
10. Maßnahmen gegen Herabfallen von Gegenständen, und
11. die Prüfung der Fertigteile auf sichtbare Beschädigungen, Verformungen und Risse, die die Sicherheit beeinträchtigen können.

(4) Fertigteile sind vor dem Transport und vor dem Einbau auf sichtbare Beschädigungen, Verformungen und Risse im Hinblick auf ihre Tragfähigkeit zu prüfen.

(5) Fertigteile müssen so gelagert, transportiert und eingebaut werden, dass sich ihre Lage nicht unbeabsichtigt verändern kann. Sie sind möglichst in der vorgesehenen Einbaulage unter Berücksichtigung der statischen Erfordernisse und der Anweisungen des Herstellers zu transportieren.

(6) Großflächige und lange Fertigteile sind mit Leitseilen zu führen, wenn diese Teile beim Hochziehen anstoßen oder hängenbleiben können.

11. ABSCHNITT

ARBEITEN AUF DÄCHERN

Allgemeines

§ 87. (1) Bei Arbeiten auf Dächern bis zu einer Absturzhöhe von 3,00 m dürfen Absturzsicherungen, Abgrenzungen und Schutzeinrichtungen abweichend von § 7 entfallen, wenn die Arbeiten bei günstigen Witterungsverhältnissen sowie von unterwiesenen, erfahrenen und körperlich geeigneten Arbeitnehmern durchgeführt werden. In diesem Fall kann auch die Sicherung der Arbeitnehmer durch persönliche Schutzausrüstung gegen Absturz entfallen, ausgenommen bei Arbeiten am Dachsaum und bei Arbeiten auf Dächern mit einer Neigung von mehr als 45°. § 7 Abs. 2 Z 1 bleibt unberührt.

(2) Bei Arbeiten auf Dächern mit einer Neigung bis zu 20° und einer Absturzhöhe von mehr als 3,00 m müssen Absturzsicherungen oder Schutzeinrichtungen gemäß §§ 7 bis 10 vorhanden sein.

(3) Bei Arbeiten auf Dächern mit einer Neigung von mehr als 20° und einer Absturzhöhe von mehr als 3,00 m müssen geeignete Schutzeinrichtungen vorhanden sein, die den Absturz von Menschen, Materialien und Geräten in sicherer Weise verhindern, wie insbesondere Dachfanggerüste (§ 88). Bei besonderen Gegebenheiten, wie auf glatter, nasser oder vereister Dachhaut, die ein Ausgleiten begünstigen, müssen auch bei geringerer Neigung solche Schutzeinrichtungen vorhanden sein. Wenn Arbeiten auf Dächern gleichzeitig oder aufeinanderfolgend sowohl an der Dachfläche als auch an der Traufe durchgeführt werden, müssen solche Schutzeinrichtungen verwendet werden, die sowohl für die Arbeiten an der Dachfläche als auch für die Arbeiten an der Traufe wirksam sind.

(4) Die Absturzhöhe wird lotrecht gemessen bei:

1. Dachneigungen bis einschließlich 45° von der Traufenkante bis zur Auftrefffläche,
2. Dachneigungen von mehr als 45° vom Arbeitsplatz auf dem Dach bis zur Auftrefffläche.

(5) In folgenden Fällen darf bei Arbeiten auf Dächern das Anbringen von Schutzeinrichtungen nach Abs. 2 und 3 entfallen, sofern die Arbeitnehmer durch geeig-

nete persönliche Schutzausrüstung gegen Absturz gesichert sind:

1. bei geringfügigen Arbeiten, wie Reparatur- oder Anstricharbeiten, die nicht länger als einen Tag dauern, oder
2. bei Arbeiten am Dachsaum, wenn nicht gleichzeitig oder aufeinanderfolgend auch an der Dachfläche Arbeiten durchgeführt werden, sowie bei Arbeiten im Giebelbereich.

(6) Bei Arbeiten auf Dächern mit einer Neigung von mehr als 45 Grad müssen die Arbeitnehmer zusätzlich zu den nach Abs. 3 erforderlichen Schutzeinrichtungen durch geeignete persönliche Schutzausrüstung gegen Absturz gesichert sein.

(7) Bei Arbeiten, die von Dachdeckerfahrstühlen (fahrbaren Arbeitssitzen) aus durchgeführt werden, müssen keine Schutzeinrichtungen nach Abs. 3 vorhanden sein.

(8) Arbeiten auf Dächern, bei denen die Arbeitnehmer einer besonderen Gefährdung ausgesetzt sind, dürfen von einem Arbeitnehmer allein nicht ausgeführt werden. Es muss zumindest ein zweiter Arbeitnehmer zur Überwachung und Sicherung eingesetzt sein. Die Arbeiten müssen von unterwiesenen, erfahrenen und körperlich geeigneten Arbeitnehmern durchgeführt werden. Dies gilt insbesondere für Arbeiten nach Abs. 5 und 7 sowie für Arbeiten auf Dächern mit einer Neigung von mehr als 60°.

(9) Es ist sicherzustellen, dass Arbeitnehmer durch herabfallende Materialien, Werkzeuge u. dgl. nicht gefährdet werden können.

Schutzeinrichtungen

§ 88. (1) Dachschutzblenden dürfen bei Dachneigungen bis zu 60° verwendet werden. Dachschutzblenden müssen eine Bauhöhe von mindestens 80 cm haben und so angebracht sein, dass ihr oberer Rand, gemessen im rechten Winkel zur Dachfläche, einen Abstand von mindestens 60 cm von der Dachfläche hat.

(2) Dachschutzblenden dürfen nur an tragfähigen Teilen des Daches, wie Sparren, befestigt werden. Es müssen Vorrichtungen vorhanden sein, damit benachbarte Halterungen gegeneinander ausgesteift werden können.

(3) Dachfanggerüste müssen mit einer mindestens 1,00 m hohen tragfähigen Schutzwand ausgerüstet sein, deren oberer Rand, gemessen im rechten Winkel zur Dachfläche, einen Abstand von mindestens 60 cm von der Dachfläche haben muss. Der Belag des Dachfanggerüstes darf bei Arbeiten im Bereich des Dachsaums nicht mehr als 1,50 m unterhalb des Dachsaums liegen.

(4) Dachschutzblenden und Dachfanggerüste müssen die zu sichernden Arbeitsplätze seitlich um mindestens 2,00 m überragen.

(5) Dachschutzblenden und die Schutzwände von Dachfanggerüsten müssen aus Brettern oder aus Netzen mit einer Maschenweite von nicht mehr als 10 cm bestehen.

Arbeitsplätze und Zugänge

§ 89. (1) Bei Arbeiten auf Dächern mit einer Neigung von mehr als 45° müssen besondere Arbeitsplätze und Zugänge wie Dachdeckerstühle, Dachdeckerfahrstühle oder sicher befestigte Dachleitern, geschaffen werden. Dies gilt auch, wenn gemäß § 87 Schutzeinrichtungen nicht erforderlich sind.

(2) Dachdeckerstühle müssen Verstelleinrichtungen zur Anpassung an die Dachneigung besitzen, die gegen unbeabsichtigtes Lösen gesichert sein müssen. Belagträger müssen am äußeren Ende mindestens 6 cm hoch aufgekantet sein oder andere Einrichtungen besitzen, die ein Abgleiten der Belagspfosten verhindern. Der Belag muss mindestens 25 cm breit sein. Jeder Dachdeckerstuhl muss an einem ausreichend bemessenen Tragmittel, wie einem Sicherheitsseil, hängen. Das Einhängen der Tragmittel in Dachhaken ist nur zulässig, wenn deren ausreichende Tragfähigkeit vorher festgestellt worden ist. Dachdeckerstühle dürfen nicht mit Geländern ausgestattet sein.

(3) Dachdeckerfahrstühle dürfen für Arbeiten an Türmen oder turmähnlichen Bauwerken verwendet werden.

(4) *bis* (6) *außer Kraft (BGBl. II Nr. 313/2002)*

(7) Dachleitern (Auflegeleitern aus Holz) dürfen höchstens 6,00 m lang sein. Zumindest zwei Anfangs- und zwei Endsprossen müssen durch geeignete Beschläge gesichert sein. Werden bei Dacharbeiten mehrere Dachleitern übereinander verwendet, muss die oberste Dachleiter im Firstbereich sicher befestigt und müssen die Dachleitern miteinander sicher verbunden sein. Für die Befestigung der Dachleitern und persönlicher Schutzausrüstung gegen Absturz sind nach Möglichkeit entsprechend starke Dachhaken zu verwenden, die sicher befestigt sein müssen. Die oberste Sprosse von Dachleitern darf nicht zum Einhängen benützt werden. Bei Dachneigungen von mehr als 75° dürfen Dachleitern nicht verwendet werden.

Arbeiten auf nicht durchbruchsicheren Dachflächen

§ 90. (1) Nicht durchbruchsichere Dachflächen dürfen nur betreten werden, wenn Sicherungsmaßnahmen nach Abs. 2 bis 7 getroffen sind.

(2) Geeignete Sicherungsmaßnahmen gegen Durchbrechen sind:

1. Unterdachkonstruktionen, wie volle Schalung, Unterspanntafeln oder korrosionsbeständiges Maschendrahtgitter,
2. Lauf- und Arbeitsstege,
3. Dachleitern.

(3) Lauf- und Arbeitsstege müssen bei Dachneigungen bis 20° und bei einer Verlegerichtung der Eindeckungselemente parallel zum -Dachsaum mit einer Breite von mindestens 25 cm verlegt sein. In den übrigen Fällen müssen sie mit einer Breite von mindestens 50 cm verlegt sein. Beträgt die Dachneigung mehr als 20°, müssen Lauf- und Arbeitsstege gegen unbeabsichtigtes Verschieben bzw. Abrutschen gesichert sein. Sie müssen bei einer Dachneigung von mehr als 10° mit Trittleisten und bei einer Dachneigung von mehr als 30° mit Stufen versehen sein.

(4) Dachleitern dürfen ohne zusätzliche Maßnahmen gegen Durchbrechen bei Dachneigungen von 20° bis 75° verwendet werden. Bei Dachneigungen unter 20° dürfen sie nur verwendet werden, wenn durch geeignete Maßnahmen, wie Unterspanntafeln, ein Durchbrechen zwischen den Sprossen vermieden wird.

(5) Beträgt die Absturzhöhe ins Innere des Bauwerkes mehr als 5,00 m, ist eine der folgenden Schutzmaßnahmen gegen Absturz zu treffen:

1. Unterdachkonstruktionen nach Abs. 2 Z 1,
2. Fanggerüste nach § 59 Abs. 2 bis 5,
3. Auffangnetze nach § 10 Abs. 2,
4. die Sicherung der Arbeitnehmer durch Absturzsicherungssysteme als persönliche Schutzausrüstung, wenn geeignete Anschlagpunkte zur Verfügung stehen.

(6) Der Gefahrenbereich unterhalb von nicht durchbruchsicheren Dachflächen muss entsprechend abgesperrt und durch Warnschilder gekennzeichnet sein.

(7) Bei Ausführung von Maurer-, Verputz-, Gerüst- und ähnlichen Arbeiten auf nicht durchbruchsicheren Dachflächen, bei denen zu erwarten ist, dass durch die Art der Arbeiten größere Belastungen auftreten, müssen die Arbeitsplätze und Verkehrswege so hergestellt und gestaltet sein, als ob das Dach nicht eingedeckt wäre.

12. ABSCHNITT

ARBEITEN AN SCHORNSTEIN- UND FEUERUNGSANLAGEN

Einrichtungen zum Befördern von Personen beim Schornsteinbau

§ 91. (1) Zur Bedienung von Einrichtungen zum Befördern von Personen beim Schornsteinbau dürfen nur entsprechend unterwiesene, erfahrene Arbeitnehmer verwendet werden. Sie dürfen den Bedienungsstand nicht verlassen, solange die Anlage in Betrieb ist. Der Bedienungsstand muss so angeordnet oder eingerichtet sein, dass die Bedienungsperson den Förderkorb möglichst in allen Stellungen, zumindest aber an den Ein- und Ausstiegsstellen, beobachten kann.

(2) Die Verständigung zwischen der Bedienungsperson des Hebezeuges und den Benützern von Personenförderkörben sowie den Einweisern an den Ein- und Ausstiegsstellen muss jederzeit -sicher möglich sein. Erforderlichenfalls sind hierfür geeignete Maßnahmen zu treffen, wie die Verwendung von Gegensprechanlagen oder Funksprechgeräten.

(3) Personenförderkörbe müssen allseits mindestens 2,00 m hoch, geschlossen und mit einer Türe versehen sein. Diese Türe muss einen Verschluß haben, der gegen unbeabsichtigtes Öffnen gesichert werden kann und im Notfall von außen öffenbar ist. Personenförderkörbe müssen so ausgebildet sein, dass ein hartes Aufsetzen vermieden wird. Ein unbeabsichtigtes Bewegen des Personenförderkorbes während des Ein- und Aussteigens muss durch geeignete Maßnahmen oder Vorrichtungen verhindert sein. Personenförderkörbe müssen durch auffällige Farbgebung deutlich erkennbar sein.

(4) Winden für Personenförderkörbe müssen für eine zulässige Tragfähigkeit von mindestens dem 1,5-fachen der zulässigen Gesamtlast, bestehend aus der Last des Förderkorbes und der Nutzlast, bemessen sein.

(5) Die bei Einseilaufhängungen als Tragmittel verwendeten Stahldrahtseile müssen spannungsarm und mindestens drehungsarm sein. Drahtseilverbindungen müssen durch Seilschlösser oder als Seilösen mit eingelegter Kausche hergestellt sein. Für die Herstellung der Ösen müssen der Spleiß oder die Preßhülse vorgesehen sein. Die Verwendung von Backenzahnklemmen ist verboten. Lasthaken müssen Sicherungen gegen unbeabsichtigtes Aushängen des Personenförderkorbes haben.

(6) Winden für Personenförderkörbe müssen mit Einrichtungen ausgestattet sein, die ein einwandfreies Aufund Abwickeln des Tragmittels gewährleisten, wie eine Seilwickeleinrichtung. Sie müssen neben mindestens einer selbsttätig wirkenden Bremseinrichtung, wie ein selbsthemmendes Getriebe oder eine Betriebsbremse, zusätzlich eine selbsttätig wirkende Sicherheitseinrichtung, wie eine Sicherheitsbremse oder eine Sperrvorrichtung, gegen unbeabsichtigtes Absenken besitzen, die bei Aussetzen der Antriebskraft, bei Versagen der Betriebsbremse oder bei Getriebebruch wirksam ist.

(7) *außer Kraft (BGBl. II Nr. 313/2002)*

(8) Einrichtungen nach Abs. 1 sind täglich vor Beginn der Arbeiten durch eine fachkundige Person einer Sicht und Funktionsprüfung zu unterziehen.

(9) *außer Kraft (BGBl. II Nr. 313/2002)*

Schornsteinreinigungsarbeiten

§ 92. (1) Vor der erstmaligen Reinigung von Schornsteinen ist zu prüfen, ob im vorgesehenen Arbeits- und Verkehrsbereich Anlagen, wie elektrische Anlagen, Antennen, Rohrleitungen oder maschinelle Anlagen, vorhanden sind, durch die Arbeitnehmer gefährdet werden können. Sind solche Anlagen vorhanden, müssen mit dem Eigentümer oder Betreiber dieser Anlagen die erforderlichen Sicherungsmaßnahmen festgelegt werden. Reinigungsarbeiten dürfen erst ausgeführt werden, nachdem die erforderlichen Sicherungsmaßnahmen durchgeführt wurden.

(2) Schornsteinreinigungsarbeiten dürfen vom Dachboden aus nur ausgeführt werden, wenn nicht isolierte elektrische Freileitungen für Nennspannungen unter 1 kV

1. bei über die Mündung des Schornsteines geführten Leitungen einen lotrechten Mindestabstand zur Mündung von 2,50 m,
2. bei seitlich oberhalb der Mündung des Schornsteines geführten Leitungen einen waagrechten Mindestabstand zur Außenwand des Schornsteins von 80 cm,
3. bei seitlich unterhalb der Mündung des Schornsteines geführten Leitungen einen waagrechten Abstand zur Außenwand des Schornsteins von 1,20 m,

haben.

(3) Sind die Freileitungen isoliert oder sind am Schornsteinkopf Einrichtungen, wie geschlossene Schornsteinaufsätze, vorhanden, die ein Berühren eines über die Schornsteinmündung hinausgestoßenen Kehrgerätes mit unter Spannung stehenden Leitungen ausschließen, hat abweichend von Abs. 2 der waagrechte Mindestabstand zur Außenwand des Schornsteines für Nennspannungen unter 1 kV zu betragen

1. bei seitlich oberhalb der Mündung des Schornsteines geführten Leitungen 50 cm,
2. bei seitlich unterhalb der Mündung des Schornsteines geführten Leitungen 20 cm.

(4) Schornsteine dürfen von innen befahren werden, wenn an ihrer Sohle eine Einstiegsöffnung von mindestens 60 x 60 cm vorhanden ist. Schornsteine dürfen nur dann innen bestiegen und befahren werden, wenn sich in den angeschlossenen Feuerstätten kein Feuer befindet. Automatisch anfahrende Feuerstätten müssen außer Betrieb gesetzt und gegen unbeabsichtigtes Wiedereinschalten gesichert sein. Schornsteine sind vor dem Besteigen und Befahren zu belüften.

(5) Wenn für die Durchführung von Schornsteinreinigungsarbeiten keine mit Absturzsicherungen gemäß § 8 versehenen Standplätze und Zugänge zu diesen vorhanden sind, müssen die Arbeitnehmer in sonstiger geeigneter Weise durch persönliche Schutzausrüstung gegen Absturz gesichert sein. Als geeignete Sicherung gilt insbesondere die Befestigung der persönlichen Schutzausrüstung der Arbeitnehmer gegen Absturz an einem am Dach montierten hiefür vorgesehenen gespannten Stahldrahtseil.

Feuerungsanlagen

§ 93. Arbeiten an oder in Feuerungsanlagen von Betriebseinrichtungen, wie Dampfkessel, Industrieöfen oder Zentralheizanlagen, dürfen erst begonnen werden, wenn die Anlagen entsprechend ausgekühlt und durchlüftet sind. Bei diesen Arbeiten müssen die Anlagen überdies dauernd und ausreichend durchlüftet werden. Soweit erforderlich, sind zusätzliche Maßnahmen gegen eine Gefährdung durch Hitzeeinwirkung zu treffen. Nötigenfalls müssen auch Vorkehrungen getroffen werden, die eine Gefährdung der Arbeitnehmer durch Gase, Dämpfe, Rauch, Hitze oder schädliche Zugluft ausschließen. Offenes Licht darf bei Arbeiten im Inneren von Feuerungsanlagen nicht verwendet werden.

13. ABSCHNITT

UNTERTAGEBAUARBEITEN

Vorbereitende Maßnahmen

§ 94. (1) Spätestens zwei Wochen vor Beginn der Untertagebauarbeiten, das sind Arbeiten zur Herstellung und zum Ausbau von unterirdischen Hohlräumen, wie Stollen-, Tunnel- und Schachtbauten, muss dem Arbeitsinspektorat ein von einer fachkundigen Person erstelltes geotechnisches Gutachten über das zu durchörtende Gebirge und die daraus und aufgrund der Vortriebsart notwendigen Stützungs- und Sicherungsmaßnahmen vorgelegt werden.

(2) Die Übersendung gemäß Abs. 1 ist nicht erforderlich, wenn keine besonderen Stützungs- und Sicherungsmaßnahmen oder Arbeitsanweisungen erforderlich sind.

Allgemeines

§ 95. (1) Bei der Durchführung von Untertagebauarbeiten sind die aufgrund des geotechnischen Gutachtens festgelegten Stützungs- und Sicherungsmaßnahmen einzuhalten.

(2) Untertagebauarbeiten dürfen nur durchgeführt werden, wenn eine fachkundige Person die Untertagebauarbeiten während der gesamten Bauzeit in periodischen Zeitabständen, mindestens einmal täglich, überprüft. Die Prüfung hat sich insbesondere auf die ordnungsgemäße Ausführung der Stützungs- und Sicherungsmaßnahmen zu erstrecken.

(3) Wird festgestellt, dass eine Änderung der vorgesehenen Stützungs- oder Sicherungsmaßnahmen notwendig sein könnte, weil

1. die Eigenschaften des zu durchörternden Gebirges nicht den im geotechnischen Gutachten genannten Eigenschaften entsprechen, oder
2. andere Einflüsse, wie insbesondere ein erhöhter Wasseranfall oder eine höhere Gas- oder Staubkonzentration, als die im geotechnischen Gutachten ausgewiesenen Einflüsse vorliegen,

ist unverzüglich die überwachende fachkundige Person nach Abs. 2 beizuziehen. Diese fachkundige Person hat die notwendigen Änderungen der Stützungs- und Sicherungsmaßnahmen festzulegen, in einer Anlage zum geotechnischen Gutachten zu vermerken und die Durchführung dieser Maßnahmen zu überwachen.

(4) Der Ausbruch darf nur in solcher Fläche und Tiefe erfolgen, dass die notwendigen Stützungsmaßnahmen der Hohlraumflächen innerhalb der Standzeit des Umgebungsgebirges sicher durchgeführt werden können.

(5) Zur Herstellung von Spritzbeton sind quarzarme, nach Möglichkeit quarzfreie Zuschlagstoffe und Bindemittel zu verwenden. Spritzbetonarbeiten dürfen nur von geeigneten zuverlässigen Personen ausgeführt werden, die in der Bedienung und Wartung der Betonspritzmaschine unterwiesen und mit der Arbeitsweise vertraut sind.

(6) Bohrarbeiten, Sicherungsarbeiten gegen Hereinbrechen von Material und ähnliche Arbeiten dürfen nur von sicheren Standplätzen aus, wie Plattformen oder beweglichen Arbeitskörben, ausgeführt werden. Werden dabei Plattformen oder Arbeitskörbe an Ladeschaufeln von Ladegeräten oder Baggern befestigt, dürfen hiezu nur solche Ladegeräte oder Bagger mit ausreichender Standsicherheit verwendet werden, die mit entsprechenden Steuerelementen- und Einrichtungen für gesicherte Bewegungen der Standplätze ausgestattet sind, wie Steuerelemente ohne Selbsthaltung (Totmannsteuerung) und Hubeinrichtungen mit Parallelführung der Standplätze.

(7) Standplätze gemäß Abs. 6 müssen eine ebene und trittsichere Standfläche haben und mit einem ausreichenden, mindestens 1,90 in hohen, lotrechten stabilen Rahmen zur Sicherung der angehobenen Arbeitnehmer gegen Einquetschen ausgerüstet sein. Zur Sicherung gegen Absturz müssen abweichend von § 8 Brustwehren oder geeignete Anschlagpunkte vorhanden sein, an denen sich die Arbeitnehmer durch persönliche Schutzausrüstung gegen Absturz sichern. Bei Gefahr von herabfallendem Ausbruchmaterial ist ein Schutzdach mit durchschlagsicherem Belag zu errichten.

(8) Bei Vortrieben durch Sprengen sind Sprengstoffe einzusetzen, die in den Schwaden einen möglichst geringen Anteil von giftigen Gasen aufweisen, wie Emulsions-Slurrys.

Bewetterung

§ 96. (1) Bei Untertagebauarbeiten ist für eine ausreichende, gleichmäßige und möglichst zugfreie Belüftung (Bewetterung) der Arbeitsplätze und Verkehrswege zu sorgen. Die Bewetterung ist als ausreichend anzusehen, wenn

1. ein Volumenanteil des Sauerstoffes in der Atemluft von mehr als 19 % vorhanden ist,
2. eine gefährliche oder in anderer Weise für die Gesundheit nachteilige Konzentration gesundheitsgefährdender Stoffe, wie Kohlenmonoxid, Stickoxid, Schwefeldioxid oder lungengängiger Quarz- oder Silikatstaub, im Sinne des § 21 Abs. 3 vermieden wird, und
3. *außer Kraft (BGBl. II Nr. 309/2004)*
4. die in Brusthöhe gemessene Luftgeschwindigkeit mindestens 0,20 m/s beträgt.

(2) Bei der Bemessung der Bewetterung nach Abs. 1 ist zusätzlich zu berücksichtigen, dass für jedem Untertagebauten beschäftigten Arbeitnehmer eine Frischluftmenge von mindestens 2 m^3/min und für jeden eingesetzten Verbrennungsmotor mindestens 4 m^3/min pro kW Nennleistung zugeführt werden muss.

(3) Die Behörde kann geringere Frischluftmengen als die in Abs. 2 genannten zulassen, wenn entsprechend einem von einer fachkundigen Person erstellten Nachweis sichergestellt ist, dass durch geeignete Maßnahmen, wie die Verwendung von schadstoffarmen Motoren und Sprengstoffen, dem zusätzlichen Einbau von Ventilatoren und Auslässen in den Luttenleitungen, sowie einem koordinierten Geräteeinsatz, die in Abs. 1 Z 1 und 2 angeführten Werte jederzeit eingehalten werden.

(4) Luttenleitungen müssen möglichst nahe bis vor Ort herangeführt und nach Erfordernis, mindestens jedoch wöchentlich, auf Dichtheit geprüft werden.

(5) Die Einhaltung der in den Abs. 1 Z 1 und 2 angeführten Werte, insbesondere für Sauerstoff, Kohlenmonoxid und Stickstoffdioxid ist durch Messungen zu kontrollieren, die mindestens einmal täglich, bei Sprengvortrieb jedenfalls nach jedem Abschlag, durchzuführen sind. Die Einhaltung des im Abs. 1 Z 4 angeführten Wertes ist durch Messungen zu kontrollieren, die mindestens einmal wöchentlich durchzuführen sind. Die Einhaltung des in Abs. 1 Z 2 angeführten Wertes für Staub ist

1. durch eine Erstmessung, die nach erfolgter Lüftungsinstallation, längstens aber bei einer Vortriebslänge des Tunnels oder Stollens von 70 m durchzuführen ist, und
2. durch weitere Messungen, die in Abhängigkeit von den geologischen Verhältnissen und der vorangegangenen Messung, im Regelfall alle zwei Monate durchzuführen sind, zu kontrollieren. Über diese Messungen sind Aufzeichnungen zu führen.

(6) *außer Kraft (BGBl. II Nr. 309/2004)*
(7) *außer Kraft (BGBl. II Nr. 309/2004)*
(8) Zeigen die Messwerte gemäß Abs. 5 eine Überschreitung der in den Abs. 1 Z 1 und 2 angeführten Werte, dürfen die Arbeitsplätze vor Ort erst betreten werden, wenn durch entsprechende technische Maßnahmen, wie eine verstärkte Bewetterung oder Besprühung des Haufwerks zur Staubvermeidung, die angeführten Werte unterschritten sind. Abweichend hier von dürfen, wenn trotz dieser technischen Maßnahmen der in der Grenzwertverordnung in der jeweils geltenden Fassung verlautbarte MAK-Wert für Quarzstaub überschritten wird, Arbeitnehmer die Arbeitsplätze vor Ort betreten, wenn sie mit geeigneter persönlicher Schutzausrüstung (Atemschutz) ausgerüstet sind.
(9) *außer Kraft (BGBl. II Nr. 309/2004)*

§ 97. *außer Kraft (BGBl. II Nr. 33/2012 Art. II)*

Betriebsmittel

§ 98. (1) Geräte und Fahrzeuge, die unter Tage eingesetzt werden, dürfen nicht mit Benzin oder Flüssiggas betrieben werden. Der Einsatz von Dieselmotoren ist auf das unbedingt notwendige Ausmaß einzuschränken. Bei Einsatz von dieselbetriebenen Fahrzeugen und Geräten dürfen entsprechend dem Stand der Technik nur schadstoffarme Dieselmotoren mit Partikelreduktionssystemen eingesetzt werden. Über das Vorliegen der Voraussetzungen nach dem dritten Satz ist ein Nachweis zu führen.
(2) Der gleichzeitige Einsatz von Geräten und Fahrzeugen nach Abs. 1 ist auf das arbeitstechnisch notwendige Ausmaß zu beschränken.
(3) *bis* (5) *außer Kraft (BGBl. II Nr. 313/2002)*
(6) Mechanische Vortriebsgeräte, wie Fräsen und Aufbruchgeräte, weiters Förderanlagen, wie Schachtbefahrungsanlagen und Schrägaufzüge sowie sonstige Geräte und Anlagen, auf denen Arbeitnehmer transportiert werden oder von denen aus Arbeiten ausgeführt werden, sind täglich vor Betriebsaufnahme von einer fachkundigen Person auf ihren betriebssicheren Zustand zu prüfen. Diese Anlagen dürfen erst nach der Behebung eventuell festgestellter Mängel in Betrieb genommen werden.
(7) Motorisch betriebene Betriebsmittel, bei deren Wartung und Reinigung im Falle eines unbeabsichtigten Einschaltens eine Gefahr für Arbeitnehmer auftreten kann, wie Förderbänder, Mischmaschinen, Betonnachmischer und Fräsen, müssen gegen unbeabsichtigtes Einschalten durch geeignete Einrichtungen, wie Schlüsselschalter, gesichert sein.
(8) Der beim Arbeiten mit Vortriebsmaschinen entstehende Staub ist durch geeignete Anlagen abzusaugen, sofern nicht Spritzdüsen im Bereich des Bohr- oder Schneidkopfes ein ausreichendes Niederschlagen des Staubes gewährleisten.

Allgemeine Bestimmungen über den Tunnel- und Stollenbau

§ 99. (1) Arbeitsplätze und Verkehrswege in Tunneln und Stollen müssen folgende Mindestlichtmaße aufweisen:
1. bei Längen bis zu 50 m bei Kreisquerschnitt 80 cm Durchmesser, bei Rechteckquerschnitt 80 cm Höhe und 60 cm Breite,
2. bei Längen über 50 m bis zu 100 m bei Kreisquerschnitt 1,00 m Durchmesser, bei Rechteckquerschnitt 1,00 m Höhe und 60 cm Breite,
3. bei Längen über 100 m bei Kreisquerschnitt 1,20 m Durchmesser, bei Rechteckquerschnitt 1,20 m Höhe und 60 cm Breite.

(2) In Tunneln und Stollen muss mindestens auf einer Seite zwischen der Begrenzung des größten Ladeprofils der Fördereinrichtung und dem Verbau ein Verkehrsweg mit einem freien Mindestquerschnitt von 1,00 m Breite und 2,00 m Höhe vorhanden sein. Bei nichtgleisgebundenem Betrieb muss der Verkehrsweg gegenüber dem Fahrweg in geeigneter Weise abgegrenzt sein. Bei einer Neigung dieser Verkehrswege von mehr als 20° sind Stufen anzulegen, wobei die Stufenhöhe nicht mehr und die Stufenbreite nicht weniger als 25 cm betragen darf.
(3) Abweichend von Abs. 2 darf bei Förderung mit Stetigförderern oder bei Gleisbetrieb, wenn aus bautechnischen Gründen die Mindestbreite nach Abs. 2 nicht eingehalten werden kann, die Breite des Verkehrsweges auf 50 cm verringert werden.
(4) Abweichend von Abs. 2 und 3 kann in engen Stollen und Tunneln, wenn aus bautechnischen Gründen, wie bei vollmechanischem Vortrieb, die Mindestbreite nach Abs. 3 nicht eingehalten werden kann, ein eigener Verkehrsweg entfallen, wenn in Abständen von höchstens 50 m
1. auffällige gekennzeichnete und beleuchtete Schutznischen von mindestens 1,50 m Tiefe, 1,00 m Länge und 2,00 m Höhe, oder
2. bei kreisförmigen Frässtollen außerhalb des Lichtraumprofils angeordnete Standplätze mit mindestens 60 cm Tiefe, 80 cm Breite und 2,00 m Höhe

vorhanden sind.
(5) Können aus bautechnischen Gründen weder Verkehrswege nach Abs. 2 und 3 noch Nischen oder Standplätze nach Abs. 4 angelegt werden, darf der Förderweg während des Förderbetriebes nicht betreten werden. Der Verkehr muss durch geeignete Maßnahmen, wie Lichtsignale oder Absperrungen in Verbindung mit Fernsprechanlagen, geregelt werden.
(6) In enge Stollen, wie Rohrpressungen, dürfen Arbeitnehmer nur auf seilgeführten Rollenwagen oder ähnlichen Einrichtungen einfahren.

Transportmittel und -einrichtungen im Tunnel- und Stollenbau

§ 100. (1) Zur Personenbeförderung dürfen nur geeignete Transportmittel verwendet werden, die mit seitlich bis über die Schulterhöhe geschützten Sitzplätzen und mit Dächern ausgerüstet sein müssen. Mit diesen Transportmitteln müssen auch Tragbahren und andere geeignete Rettungsmittel zum Transport von Verletzten befördert werden können. Als Mannschaftstransportwagen dürfen nur Transportmittel verwendet werden, die mit einer Federung sowie einer ausreichenden Schalldämmung versehen sind. Eine Schalldämmung ist dann als ausreichend anzusehen, wenn bei der vorgesehenen Höchstgeschwindigkeit die Personen einem Schalldruckpegelwert von höchstens 85 dB ausgesetzt sind.
(2) Fahrbetriebsmittel müssen so eingerichtet sein, dass eine Gefährdung beim Kuppeln vermieden wird. Kupplungseinrichtungen müssen leicht zu handhaben und so gestaltet sein, dass ein unbeabsichtigtes Entkuppeln der Wagen nicht möglich ist. Vorzugsweise sind automatische Kupplungen zu verwenden.
(3) Gleisenden müssen gegen Ablaufen von Fahrzeugen in geeigneter Weise gesichert sein. Entladegleise müssen in einem solchen Abstand von der Schüttkante verlegt oder gesichert sein, dass die Fahrzeuge nicht umstürzen können. An ständigen Kippstellen müssen Haltevorrichtungen für die Wagengestelle angebracht sein. Bei hochliegenden Sturzgleisen, die zu Entladearbeiten betreten werden, müssen gegen Absturz gesicherte Laufbühnen angebracht sein oder, falls dies nicht möglich ist, muss der Raum zwischen den Schienen begehbar sein.

(4) In Stollen und Tunneln müssen sowohl Züge als auch alleinfahrende Fahrzeuge durch eine von der übrigen Beleuchtung deutlich unterscheidbare Beleuchtung gekennzeichnet sein. An der Spitze eines Zuges und eines alleinfahrenden Fahrzeuges muss eine weißes Licht ausstrahlende Leuchte angebracht sein, die die Strecke im Bereich des Anhalteweges ausreichend beleuchtet. Züge und alleinfahrende Fahrzeuge müssen mit einem rotleuchtenden Schlußlicht ausgestattet sein.

Verkehr im Tunnel- und Stollenbau

§ 101. (1) Die Geschwindigkeit von Fahrzeugen darf nur so groß sein, dass sie vor gefährdeten Personen und Hindernissen innerhalb des Anhalteweges sicher angehalten werden können. Hindernisse und Engstellen müssen entweder ausreichend beleuchtet oder mit einer Warnbeleuchtung, wie Blinklichtern, ausgestattet sein. Beim Vorbeifahren an Arbeitsstellen ist im Schrittempo zu fahren, es sei denn, dass diese Stellen derart abgesichert sind, dass eine Gefährdung nicht möglich ist. Die aufgrund der Fahrzeugeigenschaften, insbesondere der Sicherheitseinrichtungen, der Beschaffenheit der Fahrbahn oder Gleise, der Beleuchtung und der Sichtweite höchstzulässige Geschwindigkeit ist vor der Einfahrt in den Untertagebau deutlich sichtbar anzuschlagen.

(2) Vor dem Kippen und Entladen von Wagen, vor dem Öffnen von Wagenklappen sowie vor dem Lösen von Verschlüssen von Seitenentladern ist darauf zu achten, dass sich keine Personen im Gefahrenbereich befinden.

(3) Der Fahrer hat Signaleinrichtungen, Bremsen und sonstige der Sicherheit dienende Einrichtungen des Triebfahrzeuges vor Beginn jeder Arbeitsschicht auf ihren ordnungsgemäßen Zustand zu prüfen. Vor Verlassen des Bedienungsstandes muss das Triebfahrzeug außer Betrieb gesetzt sowie gegen unbeabsichtigtes und unbefugtes Ingangsetzen gesichert werden. Im Untertagebetrieb müssen Verbrennungskraftmaschinen bei längerem Stillstand der Triebfahrzeuge abgestellt sein.

(4) Wagengarnituren dürfen im Regelfall von den Triebfahrzeugen nur gezogen werden. Die Garnituren dürfen nur unter der Voraussetzung geschoben werden, dass für den Fahrer des Triebfahrzeuges eine ausreichende Sicht über den gesamten Anhalteweg gegeben ist oder an der Spitze der geschobenen Wagengarnituren eine Sicherungsperson mitfährt, die die Wegstrecke überblickt und eine sichere Verbindung zum Triebfahrzeugführer besitzt.

(5) Im Fahr- und Verschiebebetrieb müssen einheitliche, deutlich wahrnehmbare Signale gegeben werden. Die Abfahrt eines Zuges oder eines Fahrzeuges ist durch deutlich hörbare Signale anzuzeigen. Solche Signale müssen auch vor jeder Gefahrenstelle und vor dem Erreichen von Arbeitsplätzen nach Bedarf abgegeben werden. Die Arbeitnehmer sind über die Bedeutung der Signale nachweislich zu unterweisen.

(6) Von Personen, die sich im Bereich von Fahrstrecken aufhalten und sich nicht außerhalb des Lichtraumprofils oder in einer Ausweiche befinden, sind bei Wahrnehmung von Fahrzeugen Lichtsignale in Richtung dieses Fahrzeuges als Gefahrenhinweis abzugeben. Die Arbeitnehmer sind über die Bedeutung der Lichtsignale nachweislich zu unterweisen. Die Bedeutung der Lichtsignale ist beim Portal des Untertagebaues anzuschlagen.

(7) Das Rückwärtsfahren von nicht gleisgebundenen Transportfahrzeugen ist ohne Einweiser erlaubt, wenn

1. nur solche Strecken befahren werden, die nicht auch als Gehwege dienen, und
2. beim Rückwärtsfahren zwangsläufig eine geeignete optische Warneinrichtung, wie eine orange Drehleuchte, eingeschaltet wird.

Allgemeine Bestimmungen über den Schachtbau

§ 102. (1) Schächte müssen einen Mindestquerschnitt von 70 x 70 cm haben.

(2) Bei Schachtarbeiten, ausgenommen bei engen Schächten, bei denen der Eingefahrene von einer außerhalb des Schachtes befindlichen Person ständig überwacht wird, darf vor Ort ein Arbeitnehmer allein nicht beschäftigt werden.

(3) In Schächten, die während der Förderung begangen oder befahren werden können, muss der Förderbereich vom Geh- oder Fahrungsbereich durch eine stabile und durchgriffsichere Wand getrennt sein.

(4) In Schächten, die keine Uennung nach Abs. 3 besitzen und bei denen sich die Arbeitnehmer während der Förderung im Schacht befinden, muss im Bereich der Sohle ein Schutzraum vorhanden sein, der die Arbeitnehmer gegen herabfallende Gegenstände und Materialien schützt.

(5) Schachtöffnungen müssen, mit Ausnahme der Bedienungsseite für die Förderung, mit einer mindestens 1,00 m hohen Schutzwand umgeben sein. An der Bedienungsseite muss eine Rißwehr vorhanden sein. Am Rand von Schächten müssen Vorkehrungen gegen Eindringen von Oberflächenwässer vorhanden sein. Aushubmaterial, Baustoffe, Werkzeuge und sonstige Gegenstände dürfen nicht näher als 1,50 m vom Schachtrand entfernt gelagert sein.

(6) Bei Verwendung von fertigen Betonringen für Schächte, die nach dem Senkbrunnenverfahren abgeteuft werden, sind die Ringe dem Aushub entsprechend abzusenken. Hiebei ist darauf zu achten, dass die Wandungen sämtlicher Ringe eine lotrechte Lage haben und keine Fugen entstehen. Die Oberkante des jeweils obersten Ringes muss mindestens 10 cm über dem angrenzenden Gelände liegen.

(7) Bei der Tieferlegung bestehender Schächte darf ohne vorherige Durchführung geeigneter Sicherungsmaßnahmen die Schachtmauer nicht untergraben werden.

Verkehrswege im Schachtbau

§ 103. (1) Mit Ausnahme von engen und weniger als 10,00 m tiefen Schächten dürfen Steigleitern in Schächten nicht steiler als 80° eingebaut sein.

(2) In Schächten von mehr als 20 m Tiefe müssen bei den zum Ein- und Ausstieg benützten Leitergängen mit einer Neigung von mehr als 70° in Abständen von höchstens 5,00 m Podeste oder Ruhesitze angebracht sein. An Steigschächten müssen die in den Podesten vorhandenen Durchstiegsöffnungen durch die Leitern überdeckt sein. Das Ende des Leiterganges ist dem Schachtaushub entsprechend anzupassen.

(3) In Schrägschächten müssen außerhalb des Verkehrsbereiches der Fördergeräte liegende Verkehrswege angelegt sein. Bei einer Neigung von 15° bis 35° muss der Verkehrsweg mit einem Handlauf versehen sein, bei einer Neigung von mehr als 35° müssen Stufen mit Handlauf oder Leitergänge angeordnet sein.

Förderung in Schächten

§ 104. (1) In Schächten, die mittels fahrbarer Aufbruchbühne von unten nach oben vorgetrieben werden, muss die Aufbruchbühne während des Transportes von Personen und, soweit dies technisch möglich ist, auch während der Vortriebsarbeit mit einem Schutzdach ausgestattet sein. Zwischen Aufbruchfuß und Aufbruchkopf muss eine in jeder Richtung funktionsfähige Sprechverbindung vorhanden sein. Das Begehen dieser Schächte ist verboten. Ein Hinweis auf dieses Verbot ist beim Mundloch anzuschlagen.

(2) Bei Förderanlagen mit Fahrgeschwindigkeiten von mehr als 0,50 m/s dürfen in Schächten nur Fördergefäße mit geeigneten Führungen verwendet werden. Fördergefäße dürfen nur bis zu 10 cm unter ihrem Rand mit Aushubmaterial gefüllt werden.

(3) Fördergefäße in Schächten dürfen für die Personenbeförderung verwendet werden, wenn sie mit seitlich bis über die Schulterhöhe geschützten Sitzplätzen mit Dächern ausgerüstet sind.

(4) In engen Schächten, in denen es in Anbetracht des geringen Querschnitts nicht möglich ist, Leitern anzubringen, darf abweichend von Abs. 3 ein Arbeitnehmer in einem leeren Fördergefäß mitfahren, wobei der Arbeitnehmer in geeigneter Weise zu sichern ist.

(5) Während der Förderung im Schacht darf sich unmittelbar unterhalb des Bereiches des Fördergerätes kein Arbeitnehmer aufhalten, sofern er nicht durch ein Schutzdach geschützt ist. Arbeiten zur Sicherung der Schachtwände und an den Förderanlagen dürfen erst vorgenommen werden, nachdem der Maschinenführer verständigt und die Last sowie die Förderanlage abgestellt und fixiert ist.

(6) Besteht die Möglichkeit, dass sich das Fördergut oder die Last verhängen, müssen motorkraftbetriebene Winden mit Überlastsicherungen und Einrichtungen gegen Schlaffseilbildung ausgerüstet sein.

(7) Förderanlagen, die für die Personenbeförderung verwendet werden, müssen zusätzlich zu den nach der Arbeitsmittelverordnung (AM-VO) erforderlichen Prüfungen Sicht- und Funktionsprüfungen durch eine fachkundige Person unterzogen werden. Für diese Prüfungen ist von einer in § 7 Abs. 3 AM-VO genannten Person ein Zeitplan festzulegen.

(8) Förderanlagen, die für die Personenbeförderung verwendet werden, müssen bei Fahrgeschwindigkeiten von mehr als 0,50 m/s mit einer vom Standort des Maschinenführers aus gut sichtbaren Teufenanzeige sowie mit einem laut tönendem Warngerät ausgerüstet sein. Förderanlagen, die mit mehr als 1,50 m/s betrieben werden, müssen ferner mit einem Geschwindigkeitsmesser ausgestattet sein, auf dem die zulässigen Höchstgeschwindigkeiten bei Personentransport (Seilfahrt) und Materialtransport deutlich gekennzeichnet sind.

Schutzausrüstungen, Rettungs- und Brandschutzmaßnahmen, sanitäre Einrichtungen

§ 105. (1) Den Arbeitnehmern sind elektrische Leuchten, deren Stromquellen mindestens für die Dauer einer Schicht ausreichen, zur Verfügung zu stellen. Bei Arbeiten in Tunneln oder Stollen von mehr als 500 m Länge sind Atemschutzgeräte zur Selbstrettung zur Verfügung zu stellen, die in unmittelbarer Nähe der Arbeitsplätze und deutlich gekennzeichnet aufbewahrt werden müssen.

(2) Unabhängig von der Art der Förderung ist dafür zu sorgen, dass alle Arbeitsplätze bei Gefahr schnell verlassen und Verletzte rasch geborgen werden können. Hiezu müssen geeignete Verkehrswege und Ausgänge in ausreichender Zahl vorhanden sein, die entsprechend gekennzeichnet und stets freigehalten sein müssen.

(3) Für alle Untertagebauarbeiten, ausgenommen Untertagebauarbeiten geringen Umfangs, für die keine besonderen Stützungs- und Sicherungsmaßnahmen oder Arbeitsanweisungen erforderlich sind, ist ein Flucht- und Rettungsplan zu erstellen, der die Maßnahmen zur Warnung der Arbeitnehmer, die Flucht- und Rettungswege und -zufahrten, die für Rettung und Brandbekämpfung einzusetzenden Geräte und Fahrzeuge sowie die sonstigen Regelungen für den Notfall, wie den Einsatz von Atemschutzgeräten zur Selbstrettung, enthalten muss. Mindestens einmal jährlich ist eine Einsatzübung abzuhalten, hierüber sind Aufzeichnungen zu führen.

(4) Zwischen den Arbeitsplätzen unter Tage und über Tage muss eine zuverlässige Verständigungsmöglichkeit (Sprechstelle) vorhanden sein, ausgenommen bei Untertagebauarbeiten, bei denen sich die Arbeitnehmer in Ruf- oder Sichtweite befinden. Solange unter Tage gearbeitet wird, muss mindestens eine Stelle über Tage besetzt sein, soferne nicht von unter Tage aus ein Anschluß an das öffentliche Fernsprechnetz besteht. Unter Tage sind Sprechstellen in Abständen von maximal 1 km einzurichten und entsprechend zu kennzeichnen. Die Notrufnummern sind an jeder Sprechstelle deutlich sichtbar anzugeben.

(5) Zur raschen Bergung von Verletzten müssen entsprechende Einrichtungen zur Verfügung stehen, wie Tragbahren, Bergegeräte und Fahrzeuge. Bei Stollen und Tunneln von mehr als 2 km Länge muss ein entsprechend eingerichtetes Fahrzeug ständig bereitstehen und von den Arbeitsplätzen aus rasch abrufbar sein. In Schächten müssen die dem Transport von Personen dienenden Einrichtungen, mangels solcher die dem Transport von Materialien dienenden Einrichtungen, derart beschaffen sein“ dass Verletzte ordnungsgemäß geborgen werden können.

(6) Im Bereich vor Ort müssen bei Untertagebauten von mehr als 500 m Länge geeignete Abortanlagen, bei Tunneln von mehr als 500 m Länge darüber hinaus geeignete Aufenthaltsräume zur Verfügung gestellt werden.

14. ABSCHNITT

WASSERBAUARBEITEN

Allgemeines

§ 106. (1) Bei Arbeiten an, über oder in Gewässern sind, sofern Ertrinkungsgefahr auftreten kann, nach Möglichkeit des Schwimmens kundige Personen zu beschäftigen. Es müssen überdies geeignete persönliche Schutzausrüstungen zum Schutz gegen Ertrinken (Rettungs-, Schwimmwesten, Rettungskombinationen, Schwimmhilfen) sowie Rettungsausrüstungen wie Rettungsringe, Seile, Wurfleinen oder Haken, erforderlichenfalls auch Fangnetze oder Boote, bereitgestellt sein. Mindestens eine Person muss die für die Durchführung der Wiederbelebung von im Wasser verunglückten Personen notwendigen Kenntnisse besitzen.

(2) Vor Beginn der Arbeiten nach Abs. 1 sind die Arbeitnehmer in der Handhabung der Schutz- und Rettungsausrüstungen sowie über das richtige Verhalten bei Unfällen zu unterweisen. Mit diesen Ausrüstungen sind mindestens einmal jährlich Übungen durchzuführen. Über die Unterweisungen und Übungen sind Vormerke zu führen.

(3) Bei Arbeiten über oder an Flüssen mit starker Strömung und in sonstigen Fällen einer erhöhten Gefährdung, wie bei Arbeiten in der Nähe von überströmten Wehrverschlüssen, müssen geeignete (selbstaufblasende) Schwimmwesten getragen, Schutzmaßnahmen gegen Absturz im Sinne des § 7 getroffen und Motorboote bereitgestellt sein, die während der Dauer der Arbeiten besetzt sein müssen.

(4) Arbeiten im unmittelbaren Bereich von in Betrieb befindlichen Wasserstollen und von Wassergerinnen oder Leitungen mit erheblicher Sogwirkung dürfen erst begonnen werden, wenn diese abgesperrt oder andere geeignete Schutzmaßnahmen, die ein Abstürzen und Abtreiben von Personen verhindern, getroffen sind. Die Einhaltung dieser Schutzmaßnahmen während der gesamten Dauer der Arbeiten muss sichergestellt sein.

(5) Bei Arbeiten an, über oder in Gewässern muss, wenn eine Gefährdung der Arbeitnehmer durch plötzlich auftretendes Hoch- oder Schwellwasser entstehen kann, durch entsprechende Maßnahmen sichergestellt sein, dass die Arbeitnehmer rechtzeitig in Sicherheit gebracht werden können.

(6) Erforderlichenfalls sind Arbeitnehmer vor der Gefahr durch die Schiffahrt zu schützen und vor dem Herannahen von Schiffen zu warnen.

Wasserfahrzeuge

§ 107. (1) Wasserfahrzeuge sowie schwimmende Geräte oder Anlagen, wie Arbeitsflöße, Plattformen, müssen auch den für sie geltenden schiffahrtsrechtlichen Schutzvorschriften entsprechen. Sie dürfen nicht über das zulässige Maß belastet werden. Für jede an Bord befindliche Person muss ein geeignetes Rettungsmittel vorhanden sein. Sofern Gefahr besteht, dass Arbeitnehmer auch durch Sogwirkungen gefährdet werden können, wie bei Schwimmbaggern oder Elevatoren, müssen zusätzlich auch Rettungsstangen bereitgehalten werden.

(2) Von Wasserfahrzeugen sowie von schwimmenden Anlagen oder Geräten aus dürfen Arbeiten nur durchgeführt werden, wenn dies schiffahrtsrechtlich zulässig ist, und Fahrzeuge, Anlagen oder Geräte ausreichend tragfähig, sicher verheftet sind und ein gefahrloser Zugang sichergestellt ist. Zum Auslegen von Ankern müssen geeignete Vorrichtungen vorhanden sein, die ein sicheres Ablassen und Heben der Kette oder des Seiles ermöglichen.

(3) Bereiche, von denen Absturzgefahr ins Wasser besteht, wie an Arbeitsplattformen, müssen soweit möglich mit standsicheren Geländern umwehrt sein. Deckluken, Bunkerlöcher und sonstige Öffnungen sind, ausgenommen die Zeit ihrer Benützung, verschlossen zu halten.

15. ABSCHNITT

BAU- UND ERHALTUNGSARBEITEN BEI EISENBAHNANLAGEN UND AUF STRASSEN MIT FAHRZEUGVERKEHR

Bau- und Erhaltungsarbeiten bei Eisenbahnanlagen

§ 108. (1) Bau- und Erhaltungsarbeiten im Bereich von Gleisen von in Betrieb befindlichen Eisenbahnen sind unter Bedachtnahme auf die besonderen Gefahren des Eisenbahnbetriebes auszuführen. Werden Arbeiten im Gefährdungsbereich von in Betrieb befindlichen Gleisen durchgeführt und wird die Sicherheit der in diesem Bereich tätigen Arbeitnehmer nicht auf andere Weise sichergestellt, sind geeignete Sicherungsposten einzusetzen, soweit nicht Sicherungsposten vom Bahnbetreiber beigestellt werden.

(2) Mit Arbeiten im Gleisbereich darf erst begonnen werden, nachdem ein Aufsichtsorgan des Bahnbetreibers hiezu nachweislich die Bewilligung erteilt hat und die erforderlichen Sicherungsposten die Sicherung der Arbeitnehmer übernommen haben. Den Anordnungen der Aufsichtsorgane und der Sicherungsposten des Bahnbetreibers hinsichtlich der besonderen Gefahren des Eisenbahnbetriebes ist Folge zu leisten.

(3) Vor Beginn der Arbeiten im Gleisbereich von in Betrieb befindlichen Eisenbahnen sind die Arbeitnehmer auf der Baustelle über die Gefahren durch den Bahnbetrieb und deren Abwendung nachweislich zu unterweisen. Die Arbeitnehmer sind insbesondere über den Ort, an dem sie bei Annäherung von Schienenfahrzeugen vor diesen Schutz finden können, sowie über die Bedeutung der Warnsignale zu unterrichten.

(4) Sicherungsposten und alle im Bereich der Gleisanlagen Beschäftigten müssen geeignete persönliche Schutzausrüstung (insbesondere Warnkleidung) tragen. Sicherungsposten dürfen während des Einsatzes keine anderen Tätigkeiten ausüben, durch die ihre Aufgabe als Sicherungsposten beeinträchtigt wird. Sicherungsposten müssen mit entsprechenden Einrichtungen zur Abgabe von Warnsignalen ausgerüstet sein, sie haben die im Bereich der Baustelle tätigen Arbeitnehmer vor Gefahren rechtzeitig zu warnen. Die erforderlichen Schutzmaßnahmen sind im Einvernehmen mit dem örtlich Aufsichtsführenden des Bahnbetreibers anzuordnen.

(5) Bei Annäherung eines Schienenfahrzeuges darf der Gleisbereich nur nach der Seite verlassen werden, die vor Beginn der Arbeiten festgelegt worden ist. Der Gleisbereich darf erst wieder betreten werden, wenn der Sicherungsposten das Wiederbetreten erlaubt hat.

(6) Bei schlechter Sicht, bei der die Sicherung der Arbeitnehmer durch die Sicherungsposten nicht gewährleistet ist, dürfen Arbeiten nur durchgeführt werden, wenn die Gleise gesperrt sind oder von den Sichtverhältnissen unabhängige Sicherungseinrichtungen, wie signalabhängige Arbeitsplatzsicherungsanlagen, vorhanden sind.

(7) Bauteile, Baustoffe, Werkzeuge und Geräte müssen so gelagert werden, dass sie von Schienenfahrzeugen nicht erfaßt werden können. In Rettungsnischen dürfen keine Lagerungen vorgenommen werden.

(8) Vor der Durchführung von Arbeiten im Bereich von Fahrleitungen oder Stromschienen sind im Einvernehmen mit dem Bahnbetreiber die erforderlichen Sicherungsmaßnahmen gegen ein gefahrbringendes Annähern an oder ein unbeabsichtigtes Berühren von unter Spannung stehenden Fahrleitungen oder Stromschienen festzulegen. Vor Beginn der Arbeiten sind die Arbeitnehmer über diese Sicherungsmaßnahmen sowie die notwendigen Verhaltensweisen zu unterrichten.

(9) Gerüste, die sich im Bereich von Gleisanlagen befinden, müssen so aufgestellt.sein, dass sie von Schienenfahrzeugen nicht erfaßt werden können. Die Gerüste müssen so bemessen und aufgestellt sein, dass ihre Standsicherheit auch durch vorbeifahrende Schienenfahrzeuge nicht gefährdet ist.

Bau- und Erhaltungsarbeiten auf Straßen mit Fahrzeugverkehr

§ 109. (1) Bau- und Erhaltungsarbeiten auf Straßen mit Fahrzeugverkehr dürfen nur durchgeführt werden, wenn die zum Schutz der Arbeitnehmer vor dem Fahrzeugverkehr erforderlichen Maßnahmen, insbesondere Verkehrssicherungsmaßnahmen wie die Anbringung von Verkehrszeichen und Absperreinrichtungen, im Einklang mit den verkehrsrechtlichen Vorschriften getroffen sind.

(2) Die bei Bau- und Erhaltungsarbeiten auf Straßen mit Fahrzeugverkehr beschäftigten Arbeitnehmer müssen mit geeigneter persönlicher Schutzausrüstung (insbesondere Warnkleidung) ausgestattet sein.

16. ABSCHNITT

ABBRUCHARBEITEN

Vorbereitende Maßnahmen

§ 110. (1) Vor Durchführung von Abbrucharbeiten muss der Bauzustand des abzubrechenden Objektes und der angrenzenden Nachbarobjekte von einer fachkundigen Person untersucht werden. Die Untersuchung des abzubrechenden Objektes hat sich insbesonders auf die konstruktiven Gegebenheiten, die statischen Verhältnisse, die Art und den Zustand der Bauteile und Baustoffe sowie die Art und Lage von Leitungen und sonstigen Einbauten zu erstrecken. Die fachkundige Person muss über die jeweils erforderlichen Kenntnisse, insbesondere auf dem Gebiet der Statik, verfügen und praktische Erfahrungen besitzen.

(2) Sind im abzubrechenden Objekt gesundheitsgefährdende, brandgefährliche oder explosionsgefährliche Arbeitsstoffe gelagert, müssen diese Stoffe vor Beginn der Abbrucharbeiten sachgemäß aus dem Objekt entfernt werden.

(3) *außer Kraft (BGBl. II Nr. 242/2006)*

(4) Die fachkundige Person hat eine schriftliche Abbruchanweisung zu erstellen. Eine schriftliche Abbruchanweisung ist nicht erforderlich, wenn für die Abbrucharbeiten keine besonderen Sicherungsmaßnahmen oder Anweisungen notwendig sind.

(5) Die schriftliche Abbruchanweisung nach Abs. 4 muss insbesondere nachstehende Angaben enthalten:

1. Umfang, Reihenfolge und Art der Abbrucharbeiten und der dabei erforderlichen Sicherheitsmaßnahmen,
2. Art der erforderlichen Gerüste und Aufstiege,
3. Abbruchniveau,
4. mögliche Gefährdung durch Einwirkungen auf benachbarte Objekte und auf das Gelände und damit im Zusammenhang stehende Maßnahmen für den Schutz der Arbeitnehmer,
5. Art und Lage von Freileitungen, unterirdisch verlegten Leitungen und anderen Einbauten sowie die diesbezüglich erforderlichen Sicherheitsmaßnahmen,
6. Sicherheitsmaßnahmen, die beim Abbruch von Fertigteilbauten, Stahlbeton-, Metall- und Holzbauten auf Grund der Eigenart der Konstruktion erforderlich sind, und
7. mögliche gesundheitsgefährdende Einwirkungen, Brand- oder Explosionsgefahren durch im Bauwerk verwendete Stoffe, wie bleihältige Anstriche, durch Abgase oder durch Sauerstoffmangel sowie die hiefür geeigneten Schutzmaßnahmen.

Allgemeine Sicherungsmaßnahmen

§ 111. (1) Während der Durchführung von Abbrucharbeiten ist das Verhalten des abzubrechenden Bauwerkes zu beobachten und darauf zu achten, dass die in der Abbruchanweisung festgelegte Arbeitsweise sowie die notwendigen Sicherheitsmaßnahmen eingehalten werden. Wird die Standsicherheit des Bauwerks durch den Fortgang der Abbrucharbeiten oder durch sonstige Ereignisse beeinträchtigt und entstehen dadurch Gefahren für die Arbeitnehmer, ist die Unterbrechung der Arbeiten anzuordnen und die fachkundige Person nach § 110 Abs. 1 beizuziehen. Die Arbeiten dürfen erst wieder aufgenommen werden, nachdem

1. die fachkundige Person entsprechende Maßnahmen, die in die Abbruchanweisung eingetragen werden müssen, festgelegt hat,
2. diese Maßnahmen durchgeführt wurden und
3. die fachkundige Person die Weiterarbeit gestattet hat.

(2) Sicherheitsmaßnahmen müssen an allen Stellen getroffen sein, an denen sich Arbeitnehmer bei Durchführung von Abbrucharbeiten aufhalten müssen. Zugänge zu den Arbeitsplätzen müssen entsprechend gesichert sein. Erforderlichenfalls müssen durch Witterungseinflüsse notwendige zusätzliche Sicherheitsmaßnahmen getroffen sein.

(3) Bereiche, in denen Personen durch herabfallende Gegenstände gefährdet werden können, müssen abgesperrt oder durch entsprechende Schutzdächer gesichert sein. Dies ist insbesondere erforderlich, wenn Abbruchmaterialien abgeworfen werden, Bauteile abstürzen können oder beim Abbruch durch Einreißen Personen durch das Wegschleudern des Zugseiles gefährdet werden können.

(4) An einsturzgefährdeten baulichen Anlagen und Bauteilen darf nur gearbeitet werden, wenn durch geeignete Einrichtungen wie Gerüste, Leitern, Arbeitskörbe oder Hubarbeitsbühnen, ein gefahrloses Erreichen der Arbeitsplätze und ein gefahrloser Aufenthalt an diesen möglich ist. Bei der Verankerung von Gerüsten und beim Anlegen von Leitern ist darauf zu achten, dass dies nur an standfesten Bauteilen erfolgt.

(5) Geschoßdecken und andere Bauteile dürfen durch Schutt oder Baumaterialien nicht überlastet werden. Eine Anhäufung von Schuttmassen ist zu vermeiden. Mit der Materialräumung darf erst begonnen werden, wenn geeignete Sicherheitsvorkehrungen getroffen sind.

(6) Abbruchmaterial muss in sicherer Weise gelagert werden. Geruchsbelästigende oder ekelerregende Abfallstoffe sind unverzüglich abzutransportieren. Arbeitsplätze für die Reinigung oder das Aussortieren von Abbruchmaterial müssen außerhalb des Gefahrenbereiches der Abbruchstelle angelegt sein.

(7) Nach längeren Arbeitsunterbrechungen, nach starkem Wind, starkem oder andauerndem Regen sowie nach starken Erschütterungen, wie durch in der Nähe vorgenommene Sprengungen, müssen die abzubrechenden Bauteile hinsichtlich ihrer Standsicherheit neuerlich durch die fachkundige Person gemäß § 110 Abs. 1 untersucht werden.

Arbeitsvorgänge

§ 112. (1) Tragende und aussteifende Bauteile dürfen nur dann entfernt werden, wenn sie für die Standsicherheit nicht mehr erforderlich sind. Herabhängende oder auskragende Teile, die abstürzen können, müssen abgestützt oder beseitigt werden.

(2) Auflager von tragenden Konstruktionsteilen müssen nötigenfalls entsprechend den zu erwartenden Auflagerdrücken durch Abfangen, Pölzen oder Aufhängen gesichert sein.

(3) Der Abbruch von Bauwerken oder Bauwerksteilen durch Unterhöhlen oder Einschlitzen ist unzulässig.

(4) Um eine belästigende Staubentwicklung zu verhindern, sind abzubrechende Bauteile und Schutt nach Bedarf anzufeuchten. Schlauch- oder Rohrrutschen zum Transport von Schutt müssen dicht und so angeordnet sein, dass die freie Fallhöhe möglichst gering ist.

(5) Beim Abtragen von Fundamenten sind angrenzende nicht standfeste Böden oder benachbarte Bauwerke erforderlichenfalls zu sichern.

(6) Kann durch Abbrucharbeiten die Standsicherheit der Fundamente benachbarter Bauwerke beeinträchtigt werden, dürfen die Abbrucharbeiten entlang dieser Fundamente nur abschnittsweise in einer den statischen Erfordernissen entsprechenden Länge durchgeführt werden, wobei die zur Sicherung der Standsicherheit der benachbarten Fundamente notwendigen Maßnahmen, wie Unterfangen, getroffen sein müssen.

Einsatz von Maschinen

§ 113. (1) Bei Abbrucharbeiten unter Einsatz von Maschinen, wie Bagger oder Lader, muss zum abzubrechenden Bauwerk ein waagrechter Sicherheitsabstand eingehalten werden, der

1. bei Abbruch durch Einreißen mindestens das dreifache der Geschoßhöhe,
2. bei den übrigen Abbruchmethoden mindestens das 1,5-fache der Geschoßhöhe

beträgt.

(2) Wenn eine Gefährdung durch herabfallende schwere Gegenstände besteht, dürfen nur Bagger und Lader verwendet werden,

1. die mit einem stabilen Schutzdach für den Fahrersitz ausgerüstet sind, und
2. deren vorderen Scheiben der Fahrerkabine mit einem Schutzgitter gesichert sind und alle Scheiben aus Sicherheitsglas bestehen.

(3) Hammerbohrmaschinen, Hydraulikhämmer und Bohrhämmer dürfen zu Abbrucharbeiten nur verwendet werden, wenn dadurch andere Bauteile nicht gefährlich erschüttert werden. Hammerbohrmaschinen, Hydraulikhämmer und Bohrhämmer dürfen nur von festem Boden oder standsicheren Plätzen aus betrieben werden.

Abbruch durch Abtragen

§ 114. (1) Abbruch durch Abtragen ist das schichtenweise Abbrechen von Mauerwerk, Beton oder anderen Baustoffen mittels Handwerkzeug oder Druckluftgeräten.

(2) Abbruch durch Abtragen ist nur zulässig, wenn

1. andere Abbruchmethoden wegen Gefährdung, Beschädigung oder Erschütterung benachbarter Objekte oder Verkehrswege sowie der beabsichtigten Wiederverwendung von Baumaterialien nicht angewendet werden können,
2. sichere Standplätze während aller Abbruchphasen gegeben sind, und
3. das Abtragen in umgekehrter Reihenfolge wie das Errichten des Bauwerks erfolgt.

(3) Das Entfernen von Konstruktionsteilen, wie Balken, Trägerschließen, Stiegenläufen und Wänden, darf nur stockwerksweise erfolgen. Vor dem Abtragen von Holz- oder Metallkonstruktionen sind deren Verbindungen durch die Aufsichtsperson zu untersuchen und erforderlichenfalls die Konstruktionsteile beim Abtragen abzustützen.

Abbruch durch Abgreifen

§ 115. (1) Abbruch durch Abgreifen ist nur bei Bauwerken zulässig, bei denen infolge ihres Bauzustandes keine Einsturzgefahr besteht.

(2) Beim Abbruch durch Abgreifen müssen Bagger verwendet werden, mit denen der Greifer die abzubrechenden Bauteile in einer Höhe von mindestens 50 cm frei überschwenken kann.

(3) Der Bauzustand des Bauwerkes während des Abgreifvorganges ist zu überwachen.

(4) Während des Abgreifvorganges ist der Aufenthalt von Personen innerhalb des Gefahrenbereiches verboten.

Abbruch durch Eindrücken

§ 116. (1) Das Eindrücken von Bauwerksteilen ist unzulässig, wenn mit diesen zusammenhängende Bauteile stehen bleiben sollen.

(2) Zum Abbruch durch Eindrücken dürfen nur hydraulisch betriebene Geräte verwendet werden. Das Eindrücken von Bauwerken oder Bauwerksteilen mit dem Ausleger eines Seilbaggers oder unter Verwendung von Zahnstangenwinden ist nicht zulässig.

(3) Der Abbruch durch Eindrücken hat so zu erfolgen, dass die abgebrochenen Bauteile möglichst in das Innere des Bauwerkes fallen. Das Abbruchmaterial muss ohne Betreten des Abbruchbauwerkes allein mit dem Gerät beseitigt werden können.

Abbruch durch Einreißen

§ 117. (1) Das Einreißen von Bauwerksteilen ist unzulässig, wenn mit diesen zusammenhängende Bauteile stehen bleiben sollen.

(2) Die als Zugvorrichtung verwendeten Winden, Greifzüge, Raupenfahrzeuge, Radlader oder Bagger müssen so aufgestellt werden, dass die Bedienungspersonen dieser Vorrichtungen durch herabfallende Bauteile nicht gefährdet werden können und die Neigung des Zugseiles keinesfalls mehr als 45° beträgt.

(3) Beim Abbruch durch Einreißen sind für das Umfassen der Gebäudeteile eigene Anschlagmittel, wie Seilschlingen oder Ketten, zu verwenden, die mit dem Zugseil sicher zu verbinden sind. Seilschlingen müssen an den Mauerwerkskanten gegen Abknicken durch geeignete Vorkehrungen gesichert sein. Ein gefahrloses Erreichen der Befestigungspunkte der Anschlagmittel muss erforderlichenfalls durch geeignete Einrichtungen wie Gerüste, Leitern, Arbeitskörbe, Hubarbeitsbühnen, gewährleistet sein.

(4) Winden, Flaschenzüge und Umlenkrollen müssen so verankert sein, dass die zu erwartenden Zugkräfte mit mindestens 1,5-facher Sicherheit gegenüber der Nennlast aufgenommen werden können.

(5) Bedienungsstände der Winden müssen so ausgebildet sein, dass die Arbeitnehmer bei einem allfälligen Bruch des Zugmittels gegen weggeschleuderte Teile geschützt sind.

(6) Bei den maschinellen Einrichtungen dürfen während des Einreißens nur die für deren Bedienung notwendigen Arbeitnehmer anwesend sein. Alle übrigen Arbeitnehmer haben sich außerhalb des Gefahrenbereiches aufzuhalten.

Abbruch durch Einschlagen

§ 118. (1) Zum Abbruch durch Einschlagen dürfen nur Geräte verwendet werden, die nach den Angaben des Geräteherstellers für das Zerstören von Bauteilen unter Verwendung von stählernen Fallbirnen (Schlagkugeln) geeignet sind. Die Auslegerspitze des Gerätes muss bis mindestens 1,50 m über die höchsten Schlagpunkte reichen.

(2) Decken und Gewölbe sind durch senkrechten Fall der Fallbirne, Wände und andere Bauteile durch Ausschwingen der Fallbirne unter Beachtung der Gebrauchsanweisung des Geräteherstellers zu zerstören. Das Wippen mit dem Ausleger zum Erreichen der Schwingbewegung ist nicht zulässig.

(3) Die Schlagbewegung der Fallbirne ist so zu führen, dass die abgebrochenen Bauteile möglichst in das Innere des Bauwerkes fallen. Das Unterhöhlen und das Einschlagen von Bauteilen durch waagrechtes schlitzartiges Zertrümmern von Wänden und Pfeilern ist verboten.

(4) Tragende Bauteile sind so einzuschlagen, dass keine labilen Zustände geschaffen werden.

(5) Die Fallbirne muss mit dem Hubseil und, sofern ein Leitseil verwendet wird, mit diesem fachgerecht verbunden sein. Die Aufhängung der Fallbirne am Hubseil und das Leitseil sind je nach Beanspruchung, mindestens jedoch einmal täglich, zu prüfen.

(6) Kann das Bauwerk nicht zur Gänze durch Einschlagen abgebrochen werden, muss, bevor nach anderen Abbruchmethoden weitergearbeitet wird, der stehengebliebene Teil auf seine Standsicherheit von der fachkundigen Person nach § 110 Abs. 1 untersucht werden. Auf Grund des Ergebnisses dieser Untersuchung sind die erforderlichen zusätzlichen Sicherheitsmaßnahmen festzulegen, in die Abbruchanweisung einzutragen und durchzuführen.

(7) Bei den maschinellen Einrichtungen dürfen während des Einschlagens nur die für die Bedienung notwendigen Arbeitnehmer anwesend sein. Alle übrigen Arbeitnehmer haben sich außerhalb des Gefahrenbereiches aufzuhalten.

Abbruch durch Demontage

§ 119. (1) Der Abbruch durch Demontage hat im Regelfall in umgekehrter Reihenfolge wie bei der Montage zu erfolgen, indem die Verbindungen der einzelnen Konstruktionsteile gelöst oder durch Sägen oder thermisch getrennt werden.

(2) Die zu demontierenden Konstruktionsteile müssen so fixiert oder an Hebezeugen mit Anschlagmitteln gesichert sein, dass sie nach dem Lösen oder Trennen der Verbindungen nicht gefahrbringend abstürzen oder ausschwingen.

(3) Beim thermischen Trennen müssen den Arbeitnehmern als persönliche Schutzausrüstung zur Verfügung gestellt werden:

1. Fuß- und Beinschutz,
2. Schutzkleidung aus schwer entflammbaren Materialien, bei beengten Platzverhältnissen darüber hinaus noch Lederschürzen,
3. Schutzhandschuhe mit Stulpen aus schwer entflammbaren Materialien und
4. Kopf- und Nackenschutz, Augen- und Gesichtsschutz.

(4) Beim thermischen Trennen ist besonders darauf zu achten, dass im Arbeitsbereich befindliche brennbare Baustoffe nicht in Brand gesetzt werden. Erforderlichenfalls sind eine ausreichende Anzahl von geeigneten Handfeuerlöschern oder ein unter Druck stehender Wasserschlauch für Löschzwecke bereitzuhalten und Brandwachen einzurichten.

(5) Sofern beim thermischen Trennen der Boden unterhalb der Arbeitsfläche brennbar ist, muss er mit Blechen abgedeckt werden, auf die eine Schicht Sand aufzubringen ist, oder es müssen andere gleichwertige Maßnahmen getroffen werden.

(6) Bei Anwendung des thermischen Trennverfahrens in geschlossenen oder engen Räumen sind Maßnahmen zu treffen, die eine gesundheitsgefährdende Anreicherung von Gasen und Dämpfen im Arbeitsbereich verhindern. An Arbeitsplätzen, an denen eine Anreicherung von Gasen zu erwarten ist, sind für die Gaszufuhr Panzerschläuche zu verwenden.

(7) § 85 ist anzuwenden.

17. ABSCHNITT

ARBEITEN IN ODER AN BEHÄLTERN, SILOS, SCHÄCHTEN, GRUBEN, GRÄBEN, KÜNETTEN, KANÄLEN UND ROHRLEITUNGEN

Allgemeines

§ 120. (1) Für Arbeiten in oder an Behältern, Silos, Schächten, Gruben, Gräben, Künetten, Kanälen und Rohrleitungen gelten Abs. 2 bis 5, wenn nicht sichergestellt ist, dass in diesen Einrichtungen oder bei Arbeiten an diesen Einrichtungen weder Sauerstoffmangel auftreten kann, noch gesundheitsgefährdende oder brandgefährliche Stoffe vorhanden sind oder sich ansammeln können.

(2) Vor Betreten der Einrichtungen und vor Beginn der Arbeiten an diesen Einrichtungen hat die Aufsichtsperson die notwendigen Schutzmaßnahmen für die Durchführung der Arbeiten schriftlich anzuordnen. Die Einhaltung dieser Schutzmaßnahmen muss durch die Aufsichtsperson oder bei deren Abwesenheit durch einen ständig anwesenden gemäß § 4 Abs. 4 bestellten Arbeitnehmer sichergestellt werden.

(3) Die Einrichtungen dürfen erst betreten werden, nachdem die in Abs. 2 genannte Person die Erlaubnis erteilt hat. Diese darf die Erlaubnis erst erteilen, wenn sie sich davon überzeugt hat, dass die angeordneten Schutzmaßnahmen durchgeführt sind.

(4) In den Einrichtungen und bei Arbeiten an diesen Einrichtungen dürfen Lampen oder Lötwerkzeuge mit flüssigen Brennstoffen nicht verwendet werden.

(5) Einrichtungen, die brandgefährliche Stoffe enthalten, enthalten haben oder in denen sich solche Stoffe ansammeln können, dürfen mit offener Flamme nicht ab- oder ausgeleuchtet werden.

(6) Bei Arbeiten an unter Druck stehenden Behältern oder Leitungen hat die Aufsichtsperson jedenfalls auch festzulegen, unter Einhaltung welcher Bedingungen austretende Gase abgefackelt oder Schrauben nachgezogen oder ausgewechselt werden dürfen. Das Öffnen solcher Behälter ist nur in drucklosem Zustand zulässig.

(7) Sofern Schüttgut in Einrichtungen, wie Silos oder Bunkern, zur Bildung von Stauungen, Brücken oder Ansätzen neigt, müssen zur Beseitigung der Störungen oder zum Lockern des Schüttgutes entsprechende Vorrichtungen vorhanden oder geeignete Geräte beigestellt sein. Diese Vorrichtungen oder Geräte müssen in der Regel ein Beseitigen von Störungen von außen ermöglichen. Arbeitnehmer dürfen sich im Inneren von solchen Einrichtungen nicht unterhalb von anstehendem oder haftendem Schüttgut aufhalten. Solches Schüttgut darf nur von oben her gelöst oder beseitigt werden. Während des Abziehens von losem Material aus Bunkern oder Silos ist das Befahren unzulässig.

§ 121. *außer Kraft (BGBl. II Nr. 309/2004)*

Einsteigen

§ 122. (1) Das Einsteigen in Einrichtungen gemäß § 120 Abs. 1 ist nur unter Anwendung entsprechender Schutzmaßnahmen zulässig. Als Schutzmaßnahmen sind insbesondere das Einblasen von Frischluft möglichst in die Nähe des Arbeitsplatzes, eine ausreichende, allenfalls mechanische Lüftung der Betriebseinrichtung und das Bereitstellen von geeigneten Atemschutzgeräten außerhalb der Betriebseinrichtung anzuwenden. Das Einblasen von Sauerstoff zur Belüftung ist verboten.

(2) Sofern nicht auszuschließen ist, dass in der Einrichtung ein Sauerstoffmangel oder eine Konzentration von Gasen, Dämpfen oder Schwebstoffen gesundheitsgefährdender Arbeitsstoffe im Sinne des § 21 Abs. 3 auftreten kann, darf das Einsteigen nur mit geeigneter persönlicher Schutzausrüstung (Atemschutz, erforderlichenfalls Schutzkleidung) erfolgen.

(3) An der Einstiegstelle muss außerhalb der Einrichtung während der Dauer des Befahrens eine mit den Arbeiten vertraute und über die in Betracht kommenden Schutz- und Rettungsmaßnahmen unterrichtete Person ständig anwesend sein. Diese Person muss in der Lage sein, den Eingefahrenen, wenn er durch geeignete persönliche Schutzausrüstung gegen Absturz, Ertrinken und Versinken gesichert ist, allein zu bergen. Wenn der Einfahrende nicht durch die persönliche Schutzausrüstung gesichert werden kann, wie bei Behinderungen durch Einbauten in der Einrichtung, muss die im ersten Satz genannte Person Hilfe herbeiholen können, ohne sich entfernen zu müssen. In diesem Fall muss, sofern

eine Sichtverbindung mit dem Eingefahrenen nicht besteht und eine Verständigung durch Zuruf nicht möglich ist, durch technische Maßnahmen, wie Funk-oder Fernsprechverbindung, eine verläßliche Überwachung des Eingefahrenen möglich sein.

(4) Der Einfahrende ist, soweit nicht Befahreinrichtungen, wie Arbeitssitze, eingesetzt werden, unter Verwendung einer geeigneten persönlichen Schutzausrüstung gegen Absturz, Ertrinken oder Versinken so zu sichern", dass eine allenfalls erforderliche Bergung rasch erfolgen kann. Das Seilende ist außerhalb der Einrichtung derart zu befestigen, dass es nicht in diese hineinfallen kann. Schlaffseilbildung ist nach Möglichkeit zu vermeiden. Muss die Bergung nach oben erfolgen, so müssen hiezu erfordetlichenfalls geeignete Bergeeinrichtungen, wie Seilwinden oder Hubzüge, beigestellt sein. Sofern die Einrichtung brandgefährliche Stoffe enthält, enthalten hat oder sich solche Stoffe in der Einrichtung ansammeln können, dürfen nur geeignete persönliche Schutzausrüstungen mit ausreichender Hitzebeständigkeit verwendet werden.

(5) Falls der Einfahrende nicht durch geeignete persönliche Schutzausrüstungen gesichert werden kann, müssen geeignete Ausstiegseinrichtungen vorhanden sein, die ein Verlassen der Einrichtung auch ohne fremde Hilfe ermöglichen.

(6) Zur Bergung von Eingefahrenen dürfen weitere entsprechend gesicherte und ausgerüstete Personen in die Einrichtung erst dann einsteigen, wenn zur Sicherung dieser Eingefahrenen genügend Personen anwesend sind.

18. ABSCHNITT

BESONDERE BAUARBEITEN

Arbeiten im Bereich von Deponien

§ 123. (1) Wird im Bereich von Deponien in unter Niveau gelegenen Einrichtungen gemäß § 120 Abs. 1 gearbeitet, müssen zusätzlich zu den Maßnahmen nach §§ 120 und 122 geeignete Warneinrichtungen vorhanden sein, die ein optisches und akustisches Warnsignal geben, wenn ein Sauerstoffgehalt unter 17% vorliegt.

(2) In Einrichtungen nach Abs. 1 darf nur die für die Arbeitsdurchführung unbedingt notwendige Zahl von Arbeitnehmern eingesetzt werden. Ein Arbeitnehmer allein darf nicht beschäftigt sein.

(3) Die in Einrichtungen nach Abs. 1 tätigen Arbeitnehmer sind mit geeigneten Atemschutzgeräten für die Selbstrettung auszustatten.

Arbeiten mit Asbest

§ 124. *außer Kraft (BGBl. II Nr. 242/2006))*

Arbeiten mit Blei

§ 125. (1) Das Auftragen von Farben und Lacken, die einen Massenanteil von mehr als 2% Blei enthalten, im Spritzverfahren ist nicht zulässig.

(2) Arbeiten, bei denen Bleistaub frei wird, wie beim autogenen Schneiden von minisierten Eisenteilen oder beim Abkratzen von bleihältigen Anstrichen, dürfen nur von Arbeitnehmern durchgeführt werden, die mit geeigneter persönlicher Schutzausrüstung (Atemschutz, Schutzhandschuhe) ausgestattet sind. Ebenso sind alle sonstigen Arbeitnehmer, die der Einwirkung von Bleistaub ausgesetzt sind, mit geeigneter persönlicher Schutzausrüstung (Atemschutz) auszustatten.

(3) Darüber hinaus sind den mit Arbeiten nach Abs. 2 beschäftigten Arbeitnehmern zur Reinigung warmes fließendes Wasser und geeignete Hautmittel (Hautschutz-, Hautreinigungs-, Hautpflegemittel) zur Verfügung zu stellen.

Sandstrahlen

§ 126. (1) Sandstrahlen ist die Bearbeitung von Oberflächen von Bauteilen, bei der Strahlmittel mit hoher Geschwindigkeit auf die Bauteile geschleudert werden.

(2) Strahlmittel, die einen Masseanteil von mehr als 2% Quarz enthalten, dürfen zum Strahlen nicht verwendet werden.

(3) Die mit den Strahlarbeiten beschäftigten Arbeitnehmer, sowie Arbeitnehmer, die der Einwirkung des Staubes ausgesetzt sind, müssen mit geeigneter persönlicher Schutzausrüstung (Atemschutz, Schutzkleidung) ausgestattet sein.

19. ABSCHNITT

ARBEITEN MIT FLÜSSIGGAS

Allgemeines

§ 127. (1) Die Flüssiggas-Verordnung 2002 - FGV, BGBl. II Nr. 446/2002, ist mit der Maßgabe der Abs. 4, 5 und 6 anzuwenden

1. in Gebäuden auf Baustellen und
2. für die Lagerung oder Verwendung von Flüssiggas in ortsfesten Flüssiggasbehältern.

(2) Entsprechend den §§ 9, 18, 47, 48, 51 bis 56 sowie 58 bis 60 FGV müssen gelagert sein:

1. jene Mengen von Flüssiggas in Versandbehältern, die über den Tagesbedarf des jeweiligen Arbeitsvorganges hinaus gehen, und
2. alle Versandbehälter nach Arbeitsschluss.

(3) Auf beschädigte Versandbehälter ist § 50 FGV anzuwenden.

(4) In Räumen auf Baustellen darf Flüssiggas nur in der Menge des Tagesbedarfs des jeweiligen Arbeitsvorganges vorhanden sein. Höchstens dürfen jedoch, auch bei darüber hinausgehendem Tagesbedarf, folgende Mengen vorhanden sein:

1. bei einer Raumkubatur bis zu 1000 m^3: zwei Versandbehälter bis zu je 15 kg oder ein Versandbehälter bis zu 33 kg;
2. bei einer Raumkubatur von mehr als 1000 m^3 bis zu 1500 m^3: vier Versandbehälter bis zu je 15 kg oder zwei Versandbehälter bis zu je 33 kg;
3. pro weitere 500 m^3: zusätzlich zwei Versandbehälter bis zu je 15 kg oder ein Versandbehälter bis zu 33 kg.

(5) Auf Baustellen einschließlich Gebäuden auf Baustellen darf Flüssiggas den Versandbehältern in der Flüssigphase nur nach ausdrücklicher Anordnung und schriftlicher Festlegung der Schutzmaßnahmen durch die Aufsichtsperson nach den Grundsätzen der Gefahrenverhütung gemäß § 7 ASchG entnommen werden.

(6) Auf Baustellen einschließlich Gebäuden auf Baustellen ist das Abfüllen und Umfüllen von Flüssiggas

verboten. Abweichend davon ist das Befüllen von ortsfesten Flüssiggasbehältern sowie das Abfüllen von Flüssiggas aus Versandbehältern in Versandbehälter zulässig, wenn

1. das Volumen des zu befüllenden Versandbehälters nicht mehr als 1060 cm^3 beträgt und
2. Flüssiggas dabei aus einem Versandbehälter mit einem Füllgewicht von mindestens 11 kg und maximal 15 kg entnommen wird und
3. das Abfüllen nach ausdrücklicher Anordnung und schriftlicher Festlegung der Schutzmaßnahmen durch die Aufsichtsperson nach den Grundsätzen der Gefahrenverhütung gemäß § 7 ASchG und unter Berücksichtigung der Angaben des Herstellers der Abfüllanlage erfolgt.

Ausrüstung von Flüssiggasanlagen

§ 128. (1) Jede Flüssiggasanlage, bei der der Versandbehälter über einen Schlauch mit der Gasverbrauchseinrichtung verbunden ist, muss neben der Absperreinrichtung an der Verbrauchseinrichtung mit einer gut zugänglichen Hauptabsperreinrichtung ausgestattet sein, mit der die Gasversorgung der Verbrauchseinrichtung unterbrochen werden kann. Soferne nur eine Verbrauchseinrichtung an den Versandbehälter angeschlossen ist, kann das Behälterventil als Hauptabsperreinrichtung dienen, wenn es leicht erreichbar ist.

(2) Als bewegliche Verbindung zwischen Versandbehälter und Gasverbrauchseinrichtung müssen für Flüssiggas geeignete und entsprechend gekennzeichnete Schläuche verwendet werden. Schläuche müssen gegen unbeabsichtigtes Lösen und Abziehen, z. B. mit Schlauchtüllen und Schlauchklemmen, sicher befestigt sein. Die Verwendung von Draht als Ersatz für Schlauchklemmen ist verboten.

(3) Gasverbrauchseinrichtungen, die mit Schläuchen von mehr als 40 cm Länge an Flüssiggasbehälter, ausgenommen Versandbehälter bis 2 kg Inhalt, angeschlossen sind, müssen unmittelbar hinter dem Druckregler mit Leckgassicherungen oder Druckreglern mit integrierter Dichtigkeitsprüfung und Schlauchbruchsicherung mit einem Nennwert bis zu 1,5 kg/h Flüssiggas ausgerüstet sein. Über Erdgleiche und in Räumen, deren Fußboden nicht allseits tiefer als das angrenzende Gelände liegt, können statt dessen auch für die jeweilige Gasverbrauchseinrichtung geeignete Schlauchbruchsicherungen verwendet werden. Über Erdgleiche können Leckgassicherungen und Schlauchbruchsicherungen entfallen, wenn Gaswarngeräte nach § 130 Abs. 5 vorhanden sind.

(4) Gasverbrauchseinrichtungen mit einem Anschlußwert von mehr als 0,50 kg/h, wie Bitumenkocher, Heizgeräte, Bautrocknungsgeräte oder Flächentrockner, bei denen der Arbeitsvorgang kein ständiges Beobachten der Flamme erfordert, müssen mit Zündsicherungen ausgestattet sein.

(5) Bei festverlegten Leitungen mit mehreren Abzweigungen zum Anschluß von ortsveränderlichen Gasverbrauchseinrichtungen müssen nach den Absperrventilen bei den Abzweigungen für Flüssiggas geeignete beidseitig dichtende Schnellschlußkupplungen eingebaut sein.

(6) Für Rohrleitungen (§ 6 FGV), Verdampfer, Verdichter und Pumpen gelten die §§ 22 bis 30 mit Ausnahme des § 27 Abs. 3, sowie die §§ 32 bis 38 FGV. Jedoch sind auf Schlauchleitungen, mit denen ortsveränderliche Gasverbrauchseinrichtungen an Versandbehälter angeschlossen sind, § 23 Abs. 3 und § 29 Abs. 5 zweiter Satz FGV nicht anzuwenden.

Allgemeine Bestimmungen über die Aufstellung von Flüssiggasanlagen

§ 129. (1) Versandbehälter müssen an Orten aufgestellt sein, an denen die Behälter nicht übermäßig erwärmt werden können und an denen ausströmendes Flüssiggas weder zu Explosionen noch zu Gesundheitsschädigungen führen kann.

(2) Um jeden Versandbehälter muss eine Schutzzone vorhanden sein, innerhalb derer sich keine Kelleröffnungen oder sonstige Verbindungen zu Kellerräumen, keine Licht- oder Luftschächte, Kanalschächte, Öffnungen oder Abflüsse zu Kanälen, keine Gräben, Gruben oder andere Räume befinden dürfen, in die Flüssiggas abfließen kann.

(3) Die Schutzzone nach Abs. 2 ist bei im Freien aufgestellten Versandbehältern ein kegelförmiger Bereich mit einem Radius von mindestens 1,00 m um jeden Behälter und mit einer Höhe von 50 cm über dem Flaschenventil. Bei Aufstellung mehrerer Behälter ist die Schutzzone die Umhüllende der kreisförmigen Bereiche um jeden einzelnen Behälter. Die Schutzzone nach Abs. 2 ist bei in Räumen aufgestellten Versandbehältern ein kegelförmiger Bereich mit einem Radius von mindestens 2 m um jeden Behälter und mit einer Höhe von 1 m über dem Flaschenventil. Bei Aufstellung mehrerer Behälter ist die Schutzzone die Umhüllende der kreisförmigen Bereiche um jeden einzelnen Behälter.

(4) Die Schutzzone nach Abs. 2 darf durch öffnungslose mindestens brandhemmende Wände oder Bauteile höchstens an zwei Seiten eingeengt sein.

(5) Innerhalb der Schutzzone ist die Verwendung von offenem Licht und Feuer sowie das Rauchen verboten. Dies gilt nicht für Gasverbrauchseinrichtungen, die an den jeweiligen Versandbehälter angeschlossen sind. Elektrische Anlagen und Betriebsmittel in diesem Bereich müssen explosionsgeschützt ausgeführt sein.

(6) Versandbehälter müssen, soferne keine wärmeisolierenden Blenden aufgestellt sind, von den angeschlossenen Verbrauchseinrichtungen einen Abstand von mindestens 1,50 m haben.

(7) Versandbehälter müssen so aufgestellt sein, dass sie gegen mechanische Beschädigung und gegen den Zugriff Unbefugter geschützt sind, nicht umfallen und auch nicht umgestoßen werden können, sowie gegen Abstürzen gesichert sein. Die Behälter müssen aufrecht stehen, soferne nicht das Flüssiggas aus der flüssigen Phase entnommen wird oder die Behälter in Maschinen oder Anlagen mit Halterungen fest eingebaut sind.

(8) Versandbehälter dürfen nicht geworfen oder gestürzt werden. Sie müssen vor allem bei Auflade- oder Abladevorgängen vor Stößen, insbesondere vor dem Aufprall auf den Boden, durch geeignete Maßnahmen geschützt werden.

(9) Auf Fahrzeugen, ausgenommen Straßenfertigern und Straßenfräsen, müssen die Flüssiggasbehälter in Außenschränken untergebracht sein, die nur von außen zugänglich sein dürfen und gegen das Fahrzeuginnere dicht abgeschlossen sein müssen. Dies gilt nicht, wenn sich aus den Angaben des Herstellers Anderes ergibt. Flaschenschränke müssen im oder direkt über dem Boden liegende, ins Freie führende Lüftungsöffnungen haben.

Verwendung von Versandbehältern unter Erdgleiche

§ 130. (1) An Orten unter Erdgleiche, wie in Tunneln, Stollen, Schächten, Baugruben, sonstigen Gruben, Gräben oder Künetten, dürfen Versandbehälter nicht gelagert werden und flüssiggasbetriebene Fahrzeuge nicht verwendet werden.

(2) Werden Gasverbrauchseinrichtungen an Orten nach Abs. 1 verwendet, sind grundsätzlich die an die Gasverbrauchseinrichtungen angeschlossenen Versandbehälter, wenn sie mehr als 3 kg Füllgewicht haben, außerhalb dieser Orte nach den Grundsätzen des § 129 Abs. 2 aufzustellen.

(3) Ist eine Aufstellung der Versandbehälter gemäß Abs. 2 aus arbeitstechnischen Gründen nicht möglich, dann dürfen an Orten nach Abs. 1 Versandbehälter mit mehr als 3 kg Füllgewicht verwendet werden, wenn die Aufsichtsperson dies ausdrücklich angeordnet und unter Berücksichtigung der örtlichen Verhältnisse die erforderlichen Schutzmaßnahmen, wie Lüftungsmaßnahmen, Brandschutzmaßnahmen oder Festlegung von Fluchtwegen, schriftlich festgelegt hat.

(4) An Orten nach Abs. 1 dürfen nur jene Versandbehälter eingebracht werden, die unmittelbar für den Fortgang der Arbeiten erforderlich sind. Durch natürliche oder künstliche Lüftung muss sichergestellt sein, dass sich an diesen Orten weder eine gesundheitsgefährdende Konzentration im Sinne des § 21 Abs. 3 noch eine Konzentration explosionsfähiger Gas-Luft-Gemische von 50 % oder mehr der unteren Explosionsgrenze ansammeln können. Leere Behälter müssen sofort entfernt werden. Nach Arbeitsschluß sind auch noch nicht entleerte Behälter zu entfernen.

(5) Werden an Orten nach Abs. 1 Versandbehälter mit mehr als 3 kg Füllgewicht verwendet, sind in unmittelbarer Nähe der Aufstandsfläche der Versandbehälter Warngeräte vorzusehen, die durch akustische und optische Signale rechtzeitig anzeigen, dass die Konzentration eines explosionsfähigen Gas-Luft-Gemisches 50 % der unteren Explosionsgrenze erreicht.

(6) Abweichend von Abs. 5 und § 128 Abs. 3 dürfen in Baugruben Versandbehälter mit Schlauchbruchsicherungen und ohne Warngeräte verwendet werden, soferne

1. diese Baugruben eine, verglichen mit den Grundrißabmessungen, sehr geringe Tiefe aufweisen,
2. eine ausreichende natürliche Lüftung gewährleistet und
3. eine Aufstellung der Versandbehälter gemäß Abs. 2 aus arbeitstechnischen Gründen nicht möglich ist.

Brandschutz bei Verwendung von Flüssiggas

§ 131. (1) Bedienungspersonen von Flüssiggasanlagen müssen über allfällige Brandgefahren und über die im Brandfalle zu ergreifenden Maßnahmen unterwiesen sein.

(2) Geräte, in denen Flüssiggas verbrannt wird, dürfen nur auf Unterlagen aufgestellt werden, von denen aus eine Brandübertragung auf die Umgebung nicht möglich ist.

(3) *außer Kraft (BGBl. II Nr. 408/2009)*

Betrieb von Flüssiggasanlagen

§ 132. (1) Flüssiggasanlagen dürfen nur von besonders unterwiesenen Personen bedient werden. Gasverbrauchseinrichtungen ohne Zündsicherung dürfen darüber hinaus auch nur unter Aufsicht solcher Personen betrieben werden. Die Bedienungsanweisung des Herstellers ist zu beachten, sie muss bei der Flüssiggasanlage bereitgehalten werden.

(2) Volle und leere Versandbehälter dürfen nur mit geschlossenen Behälterventilen mit fest angezogener Ventilverschlußmutter und Ventilschutzkappe, soweit solche vorgesehen sind, gelagert und befördert werden. Volle oder leere Versandbehälter dürfen mit Hebezeugen nur in geeigneten Transportvorrichtungen, wie Körben, befördert werden.

(3) Vor Inbetriebnahme einer Flüssiggasanlage muss festgestellt werden, ob für den sicheren Betrieb der Flüssiggasanlage eine ausreichende Be- und Entlüftung des Aufstellungsortes gewährleistet ist, erforderlichenfalls muss eine mechanische Be- und Entlüftung eingerichtet sein. Heizgeräte ohne Abführung der Abgase dürfen nicht in Räumen ohne ausreichenden Luftwechsel aufgestellt und betrieben werden. § 95 Abs. 4 FGV ist anzuwenden.

(4) Für eine ausreichende Luftzufuhr zu den Brennern von Gasverbrauchseinrichtungen muss gesorgt sein. Die Brenner sind in regelmäßigen Abständen zu reinigen.

(5) Gezündete oder noch heiße Brenner dürfen nicht auf Versandbehältern oder in deren unmittelbarer Nähe abgelegt werden. Sie müssen auf geeigneten Ablagevorrichtungen aus nicht brennbarem Material und so abgelegt werden, dass die Flamme keine brennbaren Stoffe treffen kann. Bei längeren Arbeitsunterbrechungen oder Pausen ist der Brenner abzuschalten.

(6) Flächentrockner, bei denen keine selbsttätig wirkende Reduziereinrichtung für die Brennerflamme vorhanden ist, sind beim Abstellen oder auch nur kurzfristigem Stillstand abzuschalten.

(7) Die Hauptabsperreinrichtung der Flüssiggasanlage ist bei längeren Arbeitsunterbrechungen und nach Arbeitsschluß zu schließen.

Prüfung von Flüssiggasanlagen

§ 133. (1) Flüssiggasanlagen sind auf jeder Baustelle vor ihrer ersten Inbetriebnahme von einer fachkundigen Person auf ihren ordnungsgemäßen Zustand, insbesonders auf Dichtheit der Anlage und richtige Wirkungsweise der Sicherheitseinrichtungen zu prüfen. Flüssiggasanlagen sind in den erforderlichen regelmäßigen Zeitabständen, mindestens aber einmal jährlich einer wiederkehrenden Prüfung (§ 151) zu unterziehen. Über die Prüfungen sind Vormerke zu führen.

(2) Anlagenteile, die einem Verschleiß oder der Alterung unterliegen, wie Absperreinrichtungen, Druckregler, Leckgas- oder Schlauchbruchsicherungen, sind laufend zu warten und müssen vor einem Wiedereinbau fachgerecht instandgesetzt werden.

20. ABSCHNITT

BAUAUFZÜGE

§ 134. bis 138. *außer Kraft (BGBl. II Nr. 164/2000)*

Allgemeine Bestimmungen über Bauaufzüge ohne Personenbeförderung

§ 139. (1) Bauaufzüge ohne Personenbeförderung sind Hebezeuge mit einer Hubhöhe von mehr als 2,00 m, die ausschließlich der Beförderung von Lasten auf Baustellen dienen, nach Beendigung der Bauarbeiten wieder abgebaut werden und bei denen die Lastaufnahmemittel während des Betriebes die Führungskonstruktionen nicht verlassen.

(2) Bauaufzüge müssen standsicher aufgestellt und in diesem Zustand erhalten werden. Verankerungen am Bauwerk müssen entsprechend dem statischen Nach-

weis ausgebildet sein und müssen die auftretenden Kräfte in alle erforderlichen Richtungen übertragen können.

(3) Es dürfen nur Lastaufnahmemittel betreten werden, die eine mindestens 1,00 m hohe Umwehrung besitzen. Weiters dürfen sie nur betreten werden, wenn

1. durch geeignete Einrichtungen ein Absturz verhindert wird, wie durch eine Fangvorrichtung, oder
2. sie sicher in jeder Ladestelle aufgesetzt werden können, wie durch ausreichend dimensionierte Stützriegel oder durch eine schwenkbare Plattform.

(4) Vom Bedienungsstand muss die untere Ladestelle beobachtet werden können, außerdem muss die Stellung des Lastaufnahmemittels unmittelbar oder mittelbar erkennbar sein. Eine Signalvorrichtung, mit der von jeder Ladestelle aus Signale gegeben werden können, muss beim Bedienungsstand angebracht sein, wenn die oberste Ladestelle mehr als 5,00 m über dem Bedienungsstand liegt. Diese Signalvorrichtung ist so einzurichten, dass ein unbeabsichtigtes Betätigen derselben nicht möglich ist.

(5) Die gleichzeitige Steuerung des Bauaufzuges von mehreren Stellen aus darf nicht möglich sein.

(6) Die Benützung der Führungskonstruktion als Aufstieg und das Mitfahren mit dem Lastaufnahmemittel ist verboten.

(7) Durch Anschlag am Lastaufnahmemittel ist

1. auf die zulässige Nutzlast und
2. auf das Verbot des Mitfahrens von Personen

hinzuweisen.

(8) *außer Kraft (BGBl. II Nr. 313/2002)*

Schutzmaßnahmen bei Bauaufzügen ohne Personenbeförderung

§ 140. (1) Die Fahrbahn von Bauaufzügen ist so abzusichern oder zu umwehren, dass Arbeitnehmer

1. durch bewegte Teile des Bauaufzugs oder
2. durch herabstürzende Gegenstände

nicht gefährdet werden.

(2) Schutzmaßnahmen im Sinne des Abs. 1 Z 1 sind:

1. eine mindestens 2,00 m hohe dichte Verschalung an jedem Fahrbahnzugang,
2. eine mindestens 1,50 m zurückgesetzte Absperrung an jedem Fahrbahnzugang in mindestens 1,00 m und nicht mehr als 1,20 m Höhe, die ein Hineinbeugen in die Fahrbahn verhindert,
3. eine entsprechend zurückgesetzte, nicht wegnehmbare durchgriffsichere Absperrung an jeder Ladestelle, wie Schiebe- oder Hubgitter, Schiebe- oder Flügeltüren, sowie mindestens 1,50 m zurückgesetzte, schwenk- oder verschiebbare Schranken, in mindestens 1,00 m und nicht mehr als 1,20 m Höhe.

(3) Schutzmaßnahmen im Sinne des Abs. 1 Z 2 sind:

1. eine dichte Verschalung des gesamten Aufzugschachtes,
2. eine Abschrankung, die mit Ausnahme der Ladestelle allseitig in mindestens 2,00 m Entfernung um die Fahrbahn errichtet ist, verbunden mit einem Schutzdach über der unteren Ladestelle,
3. Schutzdächer im Niveau der unteren Ladestelle über allen Verkehrswegen, Arbeitsplätzen und Zugängen zu diesen, die sich näher als 2,00 m zur Fahrbahn befinden, wie Ladestellen, Bedienungsplätze oder über Triebwerken.

(4) Schutzmaßnahmen nach Abs. 3 sind nicht erforderlich bei:

1. Bauaufzügen mit vollständig geschlossenem Fahrkorb,
2. Kippkübelaufzügen zum Transport von Mörtel, Beton oder ähnlichen Arbeitsstoffen,
3. Schrägaufzügen, bei denen der Zugang zur unteren Ladestelle mehr als 3,00 m vom Bauwerk, an das der Schrägaufzug angelehnt ist, entfernt liegt, sofern eine seitliche Absperrung in mindestens 2,00 m Entfernung von der Fahrbahn errichtet ist.

Bauaufzüge mit Personenbeförderung

§ 141. (1) Bauaufzüge mit Personenbeförderung sind Hebezeuge im Sinne des § 139 Abs. 1, die zusätzlich zur Beförderung von Personen auf Baustellen dienen. Sie müssen mit den für die Beförderung von Personen notwendigen Sicherheitseinrichtungen versehen sein.

(2) § 140 Abs. 2 gilt auch für Bauaufzüge mit Personenbeförderung.

(3) *außer Kraft (BGBl. II Nr. 313/2002)*

21. ABSCHNITT

ARBEITEN MIT MASCHINEN

§§ 142. und 143. *außer Kraft (BGBl. II Nr. 164/2000)*

§ 144. (1) *bis* (4) *außer Kraft (BGBl. II Nr. 164/2000)*

(5) Erdbaumaschinen müssen von Baugruben, Schächten, Gräben, Bruch-, Gruben-, Halden- und Böschungsrändern so weit entfernt bleiben, dass keine Absturzgefahr besteht. Die Aufsichtsperson hat entsprechend der Tragfähigkeit des Untergrundes den erforderlichen Abstand von der Absturzkante festzulegen. An ortsfesten Kippstellen dürfen Erdbaumaschinen nur betrieben werden, wenn fest eingebaute Einrichtungen an der Kippstelle das Abrollen oder Abstürzen der Maschine verhindern.

(6) Im Falle eines Stromübertrittes ist die Erdbaumaschine durch Heben oder Absenken der Arbeitseinrichtung oder durch Herausfahren oder Herausschwenken aus dem Gefahrenbereich zu bringen. Wenn dies nicht möglich ist, darf der Lenker den Lenkerplatz nicht verlassen, er hat Außenstehende vor dem Nähertreten und dem Berühren des Gerätes zu warnen und das Abschalten des Stromes zu veranlassen.

(7) Arbeitseinrichtungen von Erdbaumaschinen dürfen über besetzte Lenker-, Beifahrer- oder Arbeitsplätze anderer Maschinen und Geräte nur hinweggeschwenkt werden, wenn diese gegen Herabfallen der Arbeitseinrichtung oder von Ladegut durch Schutzaufbauten gemäß den anerkannten Regeln der Technik gesichert sind.

(8) Beim Wegladen von Haufwerk vor Erd- und Felswänden sind Bagger möglichst so aufzustellen und zu betreiben, dass sich der Lenkerplatz und der Aufstieg zu diesem nicht auf der der Wand zugewandten Seite des Baggers befindet.

(9) Vor Verlassen des Lenkerplatzes ist die Arbeitseinrichtung abzusetzen und die Erdbaumaschine gegen unbeabsichtigtes Bewegen mit den dafür vorgesehenen Einrichtungen zu sichern. Bevor sich der Lenker von der Erdbaumaschine entfernt, hat er ferner den Antrieb so zu sichern, dass dieser durch Unbefugte nicht in Gang gesetzt werden kann. Bei Arbeitspausen und bei Arbeitsschluß hat der Lenker die Erdbaumaschine auf tragfähigem, möglichst ebenem Untergrund abzustellen. In geneigtem Gelände ist die Erdbaumaschine zusätzlich gegen Abrollen und Abrutschen zu sichern.

Bagger zum Heben von Einzellasten

§ 145. (1) *bis* (5) *außer Kraft (BGBl. II Nr. 21/2010)*

(6) Vor der Verwendung des Baggers zu Hebearbeiten hat der Baggerfahrer die Sicherheitseinrichtungen, insbesondere die Funktion der Bremsen, der Notendhalteeinrichtungen und der Warneinrichtungen, zu prüfen.

(7) Arbeitnehmer, die Lasten anschlagen, dürfen nur nach Zustimmung des Baggerfahrers und nur von der Seite her an den Ausleger herantreten. Der Anschläger und ein allenfalls erforderlicher Einweiser müssen sich stets im Sichtbereich des Baggerfahrers aufhalten. Lasten müssen so angeschlagen werden, dass sie nicht kippen, verrutschen oder herausfallen können. Der Baggerfahrer hat darauf zu achten, dass die Last lotrecht angehoben und Schrägzug vermieden wird. Er darf die Last nicht über Personen hinwegführen und muss sie möglichst nahe über den Boden führen und ihr Pendeln vermeiden.

(8) *und* (9) *außer Kraft (BGBl. II Nr. 313/2002)*

Rammen

§ 146. (1) Rammen dürfen nur unter Anleitung einer fachkundigen Person auf-, um- oder abgebaut sowie betrieben werden.

(2) Rammelemente sind so nahe wie möglich vor der Ramme aufzunehmen und abzulegen, um den Schrägzug gering zu halten. Rammelemente müssen gegen Umfallen gesichert sein.

(3) Absturzsicherungen für Bären, Rammhauben und Fördergefäße sowie die Halteeinrichtungen für Rammelemente sind so zu benutzen, dass ein Herunterfallen oder Umfallen der zu sichernden Teile verhindert wird.

(4) Ramm- und Ziehvorgänge müssen ständig beobachtet und bei Auftreten einer Gefahr sofort unterbrochen werden. Auf die Beobachtung kann verzichtet werden, wenn die an der Ramme Beschäftigten auch gegen herabfallende Teile der Ramme oder umfallende Rammelemente ausreichend geschützt sind.

(5) An Gleisen für Rammen müssen zur Sicherung gegen Herabfahren der Ramme Gleisendsicherungen an beiden Gleisenden vorhanden sein. Die Gleisendsicherungen müssen an beiden Schienen so angebracht sein, dass sie gleichzeitig zur Wirkung kommen.

Betonpumpen, Verteilermaste

§ 147. (1) Verteilermaste müssen standsicher aufgestellt sein. Der Standsicherheit dienende Abstützeinrichtungen müssen während des Betriebes von der Bedienungsperson des Gerätes überprüft und erforderlichenfalls nachgerichtet werden. Soweit dies erforderlich ist, sind ausreichend bemessene lastverteilende Unterlagen zu verwenden. Von Baugruben, Gräben und anderen Vertiefungen ist ein ausreichender Sicherheitsabstand einzuhalten.

(2) Auf Fahrzeugen aufgebaute Verteilermaste müssen entsprechend den betriebsmäßig zu erwartenden Beanspruchungen mit dem Fahrzeug verbunden sein und gegen unbeabsichtigtes Bewegen gesichert werden können.

(3) Kann die Bedienungsperson nicht bei allen Mastbewegungen das Ende der Förderleitung beobachten, darf der Verteilermast nur auf Zeichen eines Einweisers bedient werden.

(4) Vor dem Öffnen von Förderleitungsverbindungen muss das Förderleitungssystem von Verteilermasten drucklos gemacht werden.

(5) Bei pneumatischer Reinigung von Förderleitungen muss der Endschlauch entfernt und ein Fangkorb oder eine andere gleichwertige Einrichtung verwendet werden.

(6) Verteilermaste müssen Einrichtungen besitzen, durch die eine ausreichende Standsicherheit gewährleistet ist. Verteilermaste auf Unterbauten, die während des Betriebes verfahrbar sind, müssen Einrichtungen haben, die unbeabsichtigte Fortbewegungen der Unterbauten verhindern.

(7) *und* (8) *außer Kraft (BGBl. II Nr. 313/2002)*

Heiz- und Schmelzgeräte

§ 148. (1) Heizgeräte müssen so aufgestellt sein und betrieben werden, dass Arbeitnehmer durch Abgase und Strahlungswärme nicht gefährdet werden und keine Brände entstehen können. In Räumen dürfen solche Geräte nur aufgestellt werden, wenn eine für die Verbrennung ausreichende Luftmenge zugeführt wird und durch regelmäßigen Luftaustausch die Abgase ins Freie abgeführt werden, sodass ein Volumenanteil des Sauerstoffes in der Atemluft von mindestens 17 % gewährleistet ist.

(2) Schmelzgeräte müssen während des Betriebes von einer Bedienungsperson beaufsichtigt werden. Vor Inbetriebnahme von Schmelzgeräten muss allenfalls vorhandenes Wasser aus der Schmelzwanne entfernt werden, Wasser oder nasse Zuschläge dürfen nicht in die flüssige heiße Masse eingebracht werden.

Sonstige Maschinen und Geräte

§ 149. (1) Vor dem Umsetzen, Verladen oder Transportieren von Straßenfräsen hat der Lenker die Fräseinrichtungen stillzusetzen. Instandhaltungsarbeiten dürfen nur bei stillstehendem Antrieb durchgeführt werden. Vor Arbeiten an Leitungen, die unter Überdruck stehen können, sind diese drucklos zu machen.

(2) Explosionsstampfer sind am Handgriff zu führen.

(3) Walzen mit Deichsel sind bei Rückwärtsfahrt seitlich an der Deichsel zu führen. Bei Fahrt im Gefälle muss der Lenker bergseitig mitgehen.

(4) Fördergefäße von Mischmaschinen für Beton oder Mörtel sind vor Reinigungs- und Instandhaltungsarbeiten an den Maschinen gegen ein unbeabsichtigtes Niedergehen zu sichern. Das Festziehen der Bremse allein ist keine ausreichende Sicherung.

(5) Bei Reinigungs- und Instandhaltungsarbeiten an der Mischmaschine muss erforderlichenfalls die Energiezufuhr des Antriebes der Maschine durch den Hauptschalter allpolig unterbrochen werden. Vor Arbeiten im Innenraum der Maschine muss der Schutzdeckel in geöffnetem Zustand arretiert und die Maschine gegen Wiedereinschalten gesichert sein.

(6) Bei Betonspritzmaschinen müssen Schläuche, Rohre und deren Verbindungen auf mindestens 2,5-fachen Betriebsdruck bemessen sein. Betonspritzmaschinen dürfen nur von Arbeitnehmern bedient und Betonspritzarbeiten nur von Arbeitnehmern durchgeführt werden, die besonders unterwiesen und mit der Arbeitsweise vertraut sind. Während der Spritzbetonarbeiten muss sich eine zweite Person in Ruf- oder Sichtweite des Spritzdüsenführers aufhalten. Der Geräteführer hat den Spritzdüsenführer über den Förderbeginn rechtzeitig zu unterrichten.

(7) Vor dem Lösen von Förderleitungsverbindungen oder anderen Teilen des Drucksystems von Betonspritzmaschinen ist die Druckluftzuführung zu unterbrechen und das System drucklos zu machen.

(8) Vor Entfernen des Schutzkorbes von Glättmaschinen, wie zum An- und Abbau von Glättscheiben an die Glättblätter oder zum Verstellen der Neigung der Glättblätter, ist der Antriebsmotor stillzusetzen.

(9) Bei Eisenbiegemaschinen ist darauf zu achten, dass Arbeitnehmer durch die zu verformenden Bewehrungseisen nicht eingeklemmt oder verletzt werden.

III. HAUPTSTÜCK

INSTANDHALTUNG, PRÜFUNG, REINIGUNG UND UNTERWEISUNG

Instandhaltung

§ 150. Arbeitsplätze und die Zugänge zu diesen, Betriebseinrichtungen, sonstige mechanische Einrichtungen, Betriebsmittel, Aufenthaltsräume, Unterkünfte, sanitäre Einrichtungen sowie sonstige Einrichtungen oder Gegenstände für den Schutz der Arbeitnehmer sind in gutem und sicherem Zustand zu erhalten.

Prüfungen

§ 151. (1) Betriebseinrichtungen, sonstige mechanische Einrichtungen und Betriebsmittel, für die im I. oder im II. Hauptstück Prüfungen ihres ordnungsgemäßen Zustands vorgesehen sind, dürfen nur verwendet werden, wenn diese Prüfungen durchgeführt und dabei festgestellte Mängel beseitigt wurden. Die Prüfungen sind von Ziviltechnikern des hiefür in Betracht kommenden Fachgebietes, fachkundigen Organen des Technischen Überwachungsvereines oder von sonstigen geeigneten, fachkundigen und hierzu berechtigten Personen durchzuführen, die auch Betriebsangehörige sein können.

(2) Soweit in den Arbeitnehmerschutzvorschriften für Betriebseinrichtungen, sonstige mechanische Einrichtungen und Betriebsmittel nicht besondere Abnahmeprüfungen und wiederkehrende Prüfungen vorgeschrieben sind, sind diese in regelmäßigen Abständen, mindestens jedoch einmal jährlich, von dem in Abs. 1 genannten Personenkreis auf ihren ordnungsgemäßen Zustand zu prüfen.

§ 152. *außer Kraft (BGBl. II Nr. 313/2002)*

Reinigung

§ 153. (1) Für die Reinhaltung der Arbeitsplätze und Zugänge zu diesen, der Betriebseinrichtungen, sonstigen mechanischen Einrichtungen und Betriebsmittel, Aufenthaltsräume, Unterkünfte und sanitären Einrichtungen und sonstigen Einrichtungen oder Gegenstände für den Schutz der Arbeitnehmer ist Sorge zu tragen. Sofern gesundheitsgefährdende, brandgefährliche oder explosionsgefährliche Arbeitsstoffe verwendet oder gelagert werden, ist dafür Sorge zu tragen, dass auch Rückstände oder Abfälle derselben bei der Reinigung gefahrlos beseitigt werden.

(2) Erforderlichenfalls ist in regelmäßigen Zeitabständen eine Desinfektion der in Abs. 1 angeführten Objekte, Einrichtungen, Mittel oder Gegenstände vorzunehmen.

Unterweisung

§ 154. (1) Arbeitnehmer müssen vor der erstmaligen Aufnahme der Tätigkeit auf der Baustelle in der sicheren Durchführung der Arbeiten unterwiesen werden. Die Unterweisung hat sich auch auf die fachgerechte Durchführung der Arbeiten zu erstrecken, soweit dies aufgrund des Ausbildungsstandes der Arbeitnehmer im Interesse des Schutzes von Leben und Gesundheit der Arbeitnehmer geboten ist.

(2) Vor der erstmaligen Heranziehung von Arbeitnehmern zu Arbeiten mit gesundheitsgefährdenden, brandgefährlichen oder explosionsgefährlichen Arbeitsstoffen, ferner zu Arbeitsvorgängen und Arbeitsverfahren, bei denen Einwirkungen durch solche Arbeitsstoffe auftreten können, müssen die Arbeitnehmer insbesondere über die wesentlichen Eigenschaften diese Arbeitsstoffe, über die von ihnen ausgehenden Gesundheits-, Brand-, Explosions- oder Infektionsgefahren und über die zu beachtenden Schutzmaßnahmen mündlich und erforderlichenfalls auch schriftlich unterwiesen werden. Vom Erzeuger oder Vertreiber den Verpackungen beigegebenen Anleitungen, die bei der Verwendung der Arbeitsstoffe zu beachten sind, wie Sicherheitsdatenblätter, müssen den Arbeitnehmern bekanntgegeben oder ausgefolgt werden.

(3) Vor der erstmaligen Heranziehung von Arbeitnehmern zu Arbeiten an Betriebseinrichtungen, sonstigen mechanischen Einrichtungen und Betriebsmitteln sowie vor der erstmaligen Heranziehung zu Arbeiten, die mit einer besonderen Gefahr für die damit beschäftigten Arbeitnehmer oder für andere Arbeitnehmer verbunden sind, müssen die Arbeitnehmer, sofern sie noch nicht über die geforderten Kenntnisse oder Erfahrungen verfügen, über die Arbeitsweise und ihr Verhalten sowie über die bestehenden oder anzuwendenden Schutzmaßnahmen mündlich und, sofern dies in dieser Verordnung verlangt wird, auch schriftlich unterwiesen werden. Vom Erzeuger oder Vertreiber solcher Einrichtungen und Mittel herausgegebene Bedienungsanleitungen und Wartungsvorschriften sind den Arbeitnehmern bekanntzugeben oder auszufolgen.

(4) Die Unterweisung hat durch den Arbeitgeber zu erfolgen. Er kann diese Aufgabe der Aufsichtsperson oder sonstigen geeigneten fachkundigen Personen übertragen.

(5) Die Unterweisung der Arbeitnehmer hat in mündlicher und erforderlichenfalls in schriftlicher Form zu erfolgen. Arbeitnehmer, die der deutschen Sprache nicht hinreichend mächtig sind, müssen in einer Sprache unterwiesen werden, die eine für sie verständliche Unterweisung ermöglicht. Die Unterweisung hat durch geeignete Personen und erforderlichenfalls in schriftlicher Form und bildlicher Darstellung zu erfolgen. Über die Durchführung der Unterweisung sind Aufzeichnungen zu führen. Nach erfolgter Unterweisung ist in geeigneter Form zu prüfen, ob die Unterweisung verstanden wurde. Für eine angemessene Aufsicht, insbesondere bei der erstmaligen Durchführung von Arbeiten, muss gesorgt sein.

(6) Eine Unterweisung in fachlicher Hinsicht ist nicht erforderlich, wenn der Nachweis der Fachkenntnisse durch ein Zeugnis nach der Verordnung über den Nachweis der Fachkenntnisse (Fachkenntnisnachweis-Verordnung – FK-V) BGBl. II Nr. 13/2007, erbracht wurde. Dies gilt auch in bezug auf die Verkehrsvorschriften für Fahrer von motorisch angetriebenen Fahrzeugen, die eine Lenkerberechtigung im Sinne der kraftfahrrechtlichen Vorschriften besitzen.

(7) Unterweisungen sind nach Erfordernis, zumindest aber einmal im Kalenderjahr, in dem jeweils gebotenen Umfang zu wiederholen. Ein solches Erfordernis ist jedenfalls bei Änderungen auf der Baustelle gegeben, durch die eine neue Gefährdung für Leben oder Gesundheit der Arbeitnehmer hervorgerufen werden kann. Unterweisungen sind ferner nach Unfällen zu wiederholen, soweit dies zur Verhütung weiterer Unfälle nützlich erscheint. Dies gilt auch nach Ereignissen, die beinahe zu einem Unfall geführt hätten und von denen die Aufsichtsperson oder die für die Unterweisung zuständige Person Kenntnis erhalten hat.

IV. HAUPTSTÜCK

DURCHFÜHRUNG DES ARBEITNEHMERSCHUTZES

Besondere Pflichten der Arbeitgeber

§ 155. (1) Der Arbeitgeber hat dafür zu sorgen, dass den Vorschriften des I., II. und III. Hauptstückes dieser

Verordnung sowie den aufgrund dieser Bestimmungen von der Behörde vorgeschriebenen Bedingungen und Auflagen sowie den erteilten Aufträgen sowohl bei der Einrichtung als auch bei der Unterhaltung und Führung der Baustelle entsprochen wird.

(2) Der Arbeitgeber hat dafür zu sorgen, dass Betriebseinrichtungen, sonstige mechanische Einrichtungen, Betriebsmittel, Aufenthaltsräume, Unterkünfte sowie sanitäre Einrichtungen in einem den Vorschriften des I., II. und III. Hauptstückes dieser Verordnung entsprechenden Zustand versetzt und in diesem erhalten werden.

(3) Der Arbeitgeber hat das Interesse der Arbeitnehmer an allen Fragen, die den Schutz des Lebens und der Gesundheit sowie den durch Alter und Geschlecht der Arbeitnehmer gebotenen Schutz der Sittlichkeit betreffen, entsprechend zu fördern und auch sein Verhalten danach einzurichten. Der Arbeitgeber darf ein den im Abs. 1 angeführten Vorschriften, Bedingungen, Auflagen oder Aufträgen widersprechendes Verhalten nicht dulden, es sei denn, es handelt sich um eine Anordnung im Sinne des § 4 Abs. 4.

Besondere Pflichten und Verhalten der Arbeitnehmer

§ 156. (1) Jeder Arbeitnehmer hat die zum Schutz des Lebens und der Gesundheit der Arbeitnehmer durch das I., II. und III. Hauptstück dieser Verordnung gebotenen Schutzmaßnahmen anzuwenden sowie sich entsprechend diesen Anordnungen zu verhalten und die ihm im Zusammenhang damit erteilten Weisungen zu befolgen.

(2) Arbeitnehmer haben alle Einrichtungen und Vorrichtungen, die zum Schutz des Lebens und der Gesundheit der Arbeitnehmer aufgrund des I., II. und III. Hauptstückes dieser Verordnung oder entsprechend den dem Arbeitgeber von der Behörde vorgeschriebenen Bedingungen und Auflagen sowie den erteilten Aufträgen zu errichten und beizustellen sind, den Erfordernissen des Schutzzweckes entsprechend zu benützen und pfleglich zu behandeln.

(3) Arbeitnehmer dürfen an Betriebseinrichtungen, sonstigen mechanischen Einrichtungen und Betriebsmitteln angebrachte Schutzvorrichtungen oder Schutzmaßnahmen anderer Art weder beschädigen noch abnehmen oder unwirksam machen. Sie dürfen ferner die Betätigung von Schutzvorrichtungen, die Anwendung von Schutzmaßnahmen anderer Art sowie von Arbeitsvorgängen und Arbeitsverfahren, die zum Zweck einer Verringerung der Gefahren für Leben und Gesundheit vorgeschrieben sind, nicht verhindern.

(4) Arbeitnehmer dürfen sich nicht an Betriebseinrichtungen, sonstigen mechanischen Einrichtungen und Betriebsmitteln betätigen, deren Bedienung, Benützung oder Instandhaltung ihnen nicht obliegt.

(5) Arbeitnehmer, die sich in einem durch Alkohol, Arzneimittel oder Suchtgift beeinträchtigten Zustand befinden, dürfen die Baustelle nicht betreten. Der Genuß alkoholhältiger Getränke während der Arbeitszeit ist verboten. In den Ruhepausen dürfen solche Getränke nur getrunken werden, wenn sich die Arbeitnehmer dadurch nicht in einen Zustand versetzen, in dem sie sich selbst oder andere auf der Baustelle Beschäftigte gefährden.

(6) Die Arbeitnehmer haben sich, soweit dies auf Grund ihrer fachlichen Kenntnisse und Berufserfahrungen von ihnen verlangt werden kann, vor der Benützung von Betriebseinrichtungen, sonstigen mechanischen Einrichtungen und von Betriebsmitteln und von sonstigen Einrichtungen oder Gegenständen für den Schutz der Arbeitnehmer zu vergewissern, ob diese offenkundige Mängel aufweisen, durch die der notwendige Schutz der Arbeitnehmer beeinträchtigt wird. Festgestellte Mängel und auffallende Erscheinungen an solchen Einrichtungen, Mitteln oder Gegenständen sind sogleich dem Arbeitgeber, der Aufsichtsperson oder der von diesen hiefür bestimmten Stelle auf der Baustelle und den Organen der Arbeitnehmerschaft zu melden.

(7) Arbeitnehmer haben unverzüglich dem Arbeitgeber oder der Aufsichtsperson Mitteilung zu machen, wenn sie

1. an Schwächen und Gebrechen gemäß § 5 Abs. 1 leiden oder
2. außer Kraft *(BGBl. II Nr. 77/2014, Art. 2)*
3. mit dem Lenken von Fahrzeugen gemäß § 5 Abs. 5 beauftragt sind und Umstände auftreten, die ihre Lenkfähigkeit in Frage stellen.

V. HAUPTSTÜCK

AUSNAHMEN UND ABWEICHUNGEN

Abweichungen für das Ausheben und Betreten von Mastgruben

§ 157. (1) Für das Herstellen von Mastgruben für Holzmaste für Freileitungen, für das Betreten dieser Mastgruben zum Einrichten der Maste und für das Betreten dieser Mastgruben für kurzfristige Nacharbeiten gelten die nachstehenden Abweichungen.

(2) Wenn sich beim Aushub der Grube die Standfestigkeit der Grubenwände als ausreichend erweist und wenn keine die Standsicherheit der Grubenwände beeinträchtigenden Einflüsse wie Erschütterungen oder Auflasten vorhanden sind, kann auf Sicherungsmaßnahmen nach § 48 Abs. 2 und 7 verzichtet werden.

(3) Abs. 2 gilt nur für Mastgruben, deren Tiefe 2 m nicht überschreitet.

(4) Abs. 2 gilt nicht bei ungünstigen Witterungsbedingungen wie starkem Regen oder Tauwetter.

(5) Wird gemäß Abs. 2 auf Sicherungsmaßnahmen verzichtet, sind folgende Maßnahmen einzuhalten:

1. Die Arbeiten müssen unter Aufsicht einer verantwortlichen Person erfolgen, die schon mindestens fünf Jahre mit solchen Arbeiten betraut ist.
2. Es dürfen nur entsprechend unterwiesene und mit den Arbeiten vertraute Arbeitnehmer herangezogen werden.
3. Die Mastgruben müssen möglichst kurz nach dem Aushub wieder verfüllt werden. Sie dürfen keinesfalls über Nacht offengehalten werden.

Abweichungen für kurzfristige Bauarbeiten

§ 158. (1) *und* (2) *außer Kraft (BGBl. Nr. 450/1994)*

(3) Werden auf einer Baustelle von einem Arbeitgeber weniger als fünf Arbeitnehmer nicht länger als fünf Tage beschäftigt, finden die §§ 32 bis 41 dieser Verordnung keine Anwendung. Der Arbeitgeber hat jedoch im gebotenem Umfang unter Berücksichtigung der örtlichen Gegebenheiten für notwendige Maßnahmen im Sinn der §§ 32 bis 41 dieser Verordnung zu sorgen.

VI. HAUPTSTÜCK

SCHLUSS- UND ÜBERGANGSBESTIMMUNGEN

Auflegen von Vorschriften, Vormerken und Nachweisen

§ 159. (1) Der Arbeitgeber hat auf Baustellen eine Abschrift der mit Bescheid vorgeschriebenen Bedingungen und Auflagen sowie der erteilten Aufträge an geeigneter, für die Arbeitnehmer leicht zugänglicher Stelle, wie im Aufenthaltsraum, aufzulegen, sofern er auf dieser Baustelle Arbeitnehmer mehr als fünf Arbeitstage beschäftigt.

(2) Die in dieser Verordnung vorgeschriebenen Vormerke über Prüfungen müssen auf der Baustelle zur Einsichtnahme aufliegen.

(3) Auf der Baustelle müssen weiters zur Einsichtnahme aufliegen:

1. Vormerke über Übungen und Messungen gemäß § 53 Abs. 3,
2. Nachweise gemäß §§ 5 Abs. 5 und 98 Abs. 1, und
3. Auskünfte gemäß § 11.

(4) Sofern ein Arbeitgeber auf einer Baustelle Arbeitnehmer länger als fünf Arbeitstage beschäftigt, müssen auf der Baustelle weiters zur Einsichtnahme aufliegen:

1. Nachweise und Berechnungen gemäß §§ 45 Abs. 8, 50 Abs. 3, 52 Abs. 6, 53 Abs. 2, 56 Abs. 3 und 4, 65 Abs. 7, 68 Abs. 3, 69 Abs. 5, 71 Abs. 2, 82 Abs. 2 und 154 Abs. 5,
2. Anweisungen und Zeichnungen gemäß §§ 65 Abs. 7, 82 Abs. 8, 85 Abs. 1, 110 Abs. 4, 120 Abs. 2 und 130 Abs. 3,
3. Bewilligungen gemäß § 5 Abs. 5,
4. Vormerke über Übungen und Messungen gemäß §§ 46 Abs. 3, 96 Abs. 5, 105 Abs. 3 und 106 Abs. 2,
5. Brandalarmpläne und Brandschutzordnungen gemäß § 46 Abs. 2 und
6. Gutachten gemäß § 94 Abs. 1

(5) Anstelle der in Abs. 4 Z 1 genannten Nachweise und Berechnungen können auch die sich aus diesen Berechnungen ergebenden von der fachkundigen Person verfaßten Arbeitsanweisungen auf der Baustelle zur Einsichtnahme aufliegen.

Behördenzuständigkeit

§ 160. *außer Kraft (BGBl. Nr. 450/1994)*

Strafbestimmungen

§ 161. Übertretungen dieser Verordnung sind nach § 130 Abs. 5 Z 1 ASchG zu bestrafen.

Übergangsbestimmungen

§ 162. (1) *außer Kraft (BGBl. II Nr. 256/2009)*

(2) Baustellenwagen, Container und andere Raumzellen, die bei Inkrafttreten dieser Verordnung bereits in Verwendung stehen, dürfen weiter verwendet werden, auch wenn sie § 34 Abs. 6 letzter Satz, § 36 Abs. 2 letzter Satz und § 36 Abs. 3 erster Satz, § 39 Abs. 4 dritter Satz und § 40 Abs. 2 zweiter und dritter Satz nicht entsprechen.

(3) *außer Kraft (BGBl. II Nr. 408/2009)*

(4) § 92 Abs. 4 erster Satz gilt nicht für Reinigungsarbeiten in Schornsteinen, die bei Inkrafttreten dieser Verordnung bereits errichtet sind.

(5) *außer Kraft (BGBl. II Nr. 408/2009)*

(6) Vor Inkrafttreten dieser Verordnung in Verwendung befindliche Systemgerüste, bei denen Brust- und Mittelwehren abweichend von § 8 Abs. 2 letzter Satz einen lichten Abstand von höchstens 50 cm aufweisen, dürfen weiterverwendet werden.

(7) *bis* (9) *außer Kraft (BGBl. II Nr. 408/2009)*

(10) Abweichend von § 8 Abs. 2b dürfen Fußwehren von Systemgerüsten, die vor dem 1.1.2010 in Verkehr gebracht wurden, weiterverwendet werden, wenn ihre Oberkante mindestens 12 cm hoch über der Standfläche liegt.

(11) Die §§ 8 Abs. 2 bis 2c, 57, 58 Abs. 2a, 59 Abs. 2 und 3a, 64 und 87 Abs. 3 und 5, in der Fassung der Verordnung BGBl. II Nr. 408/2009, sind nur für Baustellen anwendbar, deren Beginn nach dem 1.1.2010 liegt.

Außerkrafttreten von Vorschriften

§ 163. Gemäß § 33 Abs. 4 ANSchG wird festgestellt, dass die Verordnung vom 10. November 1954, BGBl. Nr. 267, über Vorschriften zum Schutz des Lebens und der Gesundheit von Dienstnehmern bei Ausführung von Bauarbeiten, Bauneben- und Bauhilfsarbeiten, in der Fassung der Verordnung BGBl. Nr. 501/1973 und BGBl. Nr. 39/1974, mit Ablauf des 31. Dezember 1994 außer Kraft tritt.

Inkrafttreten

§ 164. (1) Diese Verordnung tritt mit 1. Jänner 1995 in Kraft.

(2) § 157 in der Fassung BGBl. II Nr. 121/1998 tritt mit 1. Mai 1998 in Kraft.

(3) § 2 Abs. 2, § 4 Abs. 3, § 5 Abs. 6 Z 2 sowie § 154 Abs. 6, jeweils in der Fassung BGBl. II Nr. 13/2007, treten mit dem der Kundmachung folgenden Monatsersten in Kraft. § 4 Abs. 2 tritt mit dem der Kundmachung folgenden Monatsletzten außer Kraft.

(4) Das Inhaltsverzeichnis, § 2 Abs. 3, §3a, §4 Abs. 6 und 7, § 6 Abs. 6 und 9, § 17 Abs. 5, §21 Abs. 3, § 31 Abs. 4 bis 6a, § 45 Abs. 1, § 96 Abs. 1Z 2, § 96 Abs. 8 und § 159 Abs. 3 in der Fassung der Verordnung BGB1. II Nr. 256/2009 treten am 1. Jänner 2010 in Kraft und tritt § 162 Abs. 1 außer Kraft.

(5) Die §§ 7 Abs. 2 Z 2, 8 Abs. 2, 2a bis 2c, 31 Abs. 2, 49 Abs. 6, 55 Abs. 2, 56 Abs. 1, 2 und 3, 58 Abs. 2, 2a, 3 und 8, 59 Abs. 2, 3a, 4 und 7, 61 Abs. 5, 62 Abs. 4, 64 Abs. 1, 65 Abs. 1 und 5, 67 Abs. 3, §§ 73 Abs. 2, 87 Abs. 3 und 5, §§ 96 Abs. 5, 98 Abs. 1, § 104 Abs. 7 sowie § 162 Abs. 10 und 11 in der Fassung BGBl. II Nr. 408/2009 treten am 1. Jänner 2010 in Kraft. Die § 19 Abs. 1, § 46 Abs. 4, § 64 Abs. 3, § 131 Abs. 3 sowie § 162 Abs. 3, 5, 7, 8 und 9 treten am 1. Jänner 2010 außer Kraft.

(6) § 145 Abs. 1–5 tritt mit dem der Kundmachung der Verordnung BGBl. II Nr. 21/2010 folgenden Monatsersten außer Kraft.

(7) § 1 Abs. 3 in der Fassung der Verordnung BGBl. II Nr. 416/2010 tritt am 1. Jänner 2011 in Kraft.

(8) Der Titel der Verordnung, § 1 Abs. 1 und 2, § 2 Abs. 1, § 6 Abs. 3, § 7 Abs. 3, § 8 Abs. 5, § 9 Abs. 5 und § 109 Abs. 1 in der Fassung der Verordnung BGBl. II Nr. 3/2011 treten mit 1. Februar 2011 in Kraft.

(9) §§ 13 und 14, § 60 Abs. 5 und § 97 treten am 1. März 2012 außer Kraft.

(10) Das Inhaltsverzeichnis zum 3. Abschnitt, § 6 Abs. 8 Z 2 und Z 5, § 7 Abs. 4 und 5, § 9 Abs. 4, § 17 Abs. 6, § 34 Abs. 3 zweiter Satz, § 70 Abs. 6, § 85 Abs. 1, 3 und 4 Z 1, § 87 Abs. 1, 5 und 6, § 89 Abs. 7, § 90 Abs. 5 Z 4, § 92 Abs. 5, § 95 Abs. 7 zweiter Satz, § 96 Abs. 8 letzter Halbsatz, § 106 Abs. 1 zweiter Satz, § 108 Abs. 4 erster Satz, § 109 Abs. 2, § 119 Abs. 3 Z 1, 2 und 4, § 122 Abs. 2 letzter Halbsatz, Abs. 3 zweiter und dritter Satz, Abs. 4 erster und letzter Satz und Abs. 5, § 125 Abs. 2 erster und letzter Satz und Abs. 3, § 126 Abs. 3, § 150, § 151 Abs. 1 und 2, § 153 Abs. 1, § 154 Abs. 2, § 155 Abs. 2, § 156 Abs. 6 und Abs. 7 Z 1, § 159 Abs. 4 Z 4 sowie § 164 Abs. 9 in der Fassung BGBl. II Nr. 77/2014, treten mit dem der Kundmachung der Verordnung folgenden Monatsersten in Kraft. Die § 5 Abs. 2, § 22 Abs. 1 erster Satz samt Absatzbezeichnung sowie Abs. 2 bis 6, §§ 23 bis 30, § 34 Abs. 3 dritter Satz und § 156 Abs. 7 Z 2 treten mit dem der Kundmachung folgenden Monatsletzten außer Kraft.

11) § 159 Abs. 1 in der Fassung der Verordnung BGBl. II Nr. 241/2017 tritt am 1. Juli 2017 in Kraft

Für Gebäude auf Baustellen gilt der 6. Abschnitt Arbeitsstättenverordnung:

Gebäude und Arbeitsräume auf Baustellen

§ 46. *(1) Unbeschadet der Bauarbeiterschutzverordnung – BauV, BGBl. Nr. 340/1994, zuletzt geändert durch BGBl. II Nr. 121/1998, gelten für Räume auf oder im Zusammenhang mit Baustellen, in denen ständige Arbeitsplätze im Sinne des § 1 Abs. 4 eingerichtet sind, wie Baustellenbüros, Werkstätten oder Lagerräume, folgende Bestimmungen dieser Verordnung:*

1. *für die Bodenfläche: § 24 Abs. 2;*
2. *für Lichteintrittsflächen und Sichtverbindung: § 25 Abs. 1 und 5, soweit dies technisch möglich ist;*
3. *für die natürliche Lüftung: § 26 Abs. 1 und 5;*
4. *für die mechanische Be- und Entlüftung: § 27 Abs. 1, 6 und 7;*
5. *für die Raumtemperatur: § 28 Abs. 1 und 3 und § 30 Abs. 3 Z 7;*
6. *für die künstliche Beleuchtung: § 29.*

(2) Als Arbeitsräume im Sinne des Abs. 1 dürfen nur Räume verwendet werden, deren lichte Höhe mindestens 2,5 m beträgt. Abweichend davon dürfen Container und ähnliche Einrichtungen mit folgenden lichten Höhen als Arbeitsräume verwendet werden:

1. *2,2 m, sofern in dem Arbeitsraum seiner Nutzungsart nach nur kurzfristige Tätigkeiten durchzuführen sind,*
2. *2,3 m im Scheitel bei Baustellenwagen,*
3. *im übrigen 2,3 m.*

(3) Weiters gelten für Gebäude, in denen Räume im Sinne des Abs. 1 eingerichtet sind, folgende Bestimmungen dieser Verordnung:

1. *für Verkehrswege: § 2 Abs. 1 Z 3, Abs. 3 und Abs. 6;*
2. *für Ausgänge: § 3 Abs. 1 und 3;*
3. *für die Beleuchtung: § 5 Abs. 2 Z 3, wobei erforderlichenfalls stoßsichere tragbare Lichtquellen zur Verfügung zu stellen sind;*
4. *für Türen und Tore: § 7 Abs. 1;*
5. *für Fußböden, Wände und Decken: § 6 Abs. 1, 3 und 4;*
6. *für Fenster, Lichtkuppeln und Glasdächer: § 8;*
7. *für Laderampen: § 11 Abs. 6;*
8. *für die barrierefreie Gestaltung: § 15 Abs. 1;*
9. *für den baulichen Brandschutz: § 16 Abs. 1;*
10. *für Fluchtwege und Notausgänge: § 19 Abs. 1 und 2 und § 20 Abs. 1 und 2*

(4) Das Inhaltsverzeichnis, § 2 Abs. 3, §3a, §4 Abs. 6 und 7, § 6 Abs. 6 und 9, § 17 Abs. 5, §21 Abs. 3, § 31 Abs. 4 bis 6a, § 45 Abs. 1, § 96 Abs. 1 Z 2, § 96 Abs. 8 und § 159 Abs. 3 in der Fassung der Verordnung BGB1. II Nr. 256/2009 treten am 1. Jänner 2010 in Kraft und tritt § 162 Abs. 1 außer Kraft.

Verordnung über Beschäftigungsverbote und -beschränkungen für Arbeitnehmerinnen

Verordnung des Bundesministers für Wirtschaft und Arbeit über Beschäftigungsverbote und -beschränkungen für Arbeitnehmerinnen, BGBl. Nr. 356/2001, idF BGBl.II Nr. 279/2008.

Außer Kraft gem. BGBl. II Nr. 230/2015, Art. 1

Raum für Anmerkungen und Notizen

Verordnung über die Betriebsbewilligung nach dem Arbeitnehmerschutzgesetz

Verordnung über die Betriebsbewilligung nach dem Arbeitnehmerschutzgesetz (AnSchG-VO), BGBl. Nr. 116/1976, idF BBGl. Nr. 450/1994.

Betriebsbewilligung

§ 2. (3) Eine Bewilligung nach Abs. 1 ist, soweit sich aus Abs. 2 nicht anderes ergibt, insbesondere erforderlich für:
Elektrizitätserzeugungsanlagen mit einer gesamten installierten Maschinenleistung (Klemmenleistung) von mehr als 10 MW sowie Umspann- und Schaltanlagen mit einer gesamten installierten Transformatorenleistung von mehr als 50 MVA und einer Nennspannung von 110 kV und darüber;
Schlachthöfe;
Müllverbrennungsanlagen;
Tierkörperverwertungsanstalten;
Badeanstalten, soweit Wärmepumpen oder für die Wasserentkeimung gesundheitsschädliche Stoffe verwendet werden;.
Sportanlagen mit Kunsteisbahnen;
Rundfunk- und Fernsehanstalten hinsichtlich ihrer Produktionsstudios mit besonderen Einrichtungen, wie Filmentwicklung, Werkstätten oder zentraler Energieversorgung, und der Großsendeanlagen;
Theater mit maschinellen Bühneneinrichtungen, Theaterwerkstätten;
Filmateliers einschließlich ihrer Werkstätten;
Betriebe mit solchen Kraftfahrzeug-Einstellräumen, die auch als Arbeitsräume verwendet werden, wenn deren Stellplätze mehr als 5 m unter dem angrenzenden Gelände liegen;
Krankenanstalten;
Betriebe, die unter den Geltungsbereich der Verordnung über die gesundheitliche Eignung von Arbeitnehmern für bestimmte Tätigkeiten, BGBl. Nr. 39/1974, fallen.

Ansuchen um Betriebsbewilligung

§ 3. (2) Dem Ansuchen sind eine Betriebsbeschreibung, die erforderlichen Pläne und sonstige für die Beurteilung des Betriebes notwendige Unterlagen in dreifacher Ausfertigung anzuschließen. Diesen Unterlagen müssen die für die Beurteilung des Betriebes vom Standpunkt des Arbeitnehmerschutzes maßgebenden Umstände zu entnehmen sein. Die Pläne müssen vor allem Aufschluß geben über die Größe und Lage der Arbeitsräume und die Belichtung derselben, über sonstige Betriebsräume und Lagerräume, über die Ausgänge, Verkehrs- und Fluchtwege, die Betriebseinrichtungen sowie die sanitären Vorkehrungen. Die Betriebsbeschreibung und die sonstigen Unterlagen müssen insbesondere Angaben enthalten über die Art des Betriebes und der Erzeugnisse desselben oder der in diesem ausgeübten Tätigkeiten, die Beleuchtung, Beheizung und Lüftung der Betriebsräume, die verwendeten Betriebseinrichtungen, sonstigen mechanischen Einrichtungen sowie Betriebsmittel, die Arbeitsvorgänge und Arbeitsverfahren, die zur Verwendung kommenden Arbeitsstoffe, die Art und Menge allfälliger Lagerungen und über die Zahl der im Betrieb Beschäftigten.

Die abgedruckten Bestimmungen sind gemäß § 117 ASchG als Bundesgesetz in Kraft.

Raum für Anmerkungen und Notizen

Bildschirmarbeitsverordnung

Verordnung der Bundesministerin für Arbeit, Gesundheit und Soziales über den Schutz der Arbeitnehmer/innen bei Bildschirmarbeit (Bildschirmarbeitsverordnung – BS-V), BGBl. II Nr. 124/1998.

Auf Grund der §§ 67 und 68 des Bundesgesetzes über Sicherheit und Gesundheitsschutz bei der Arbeit (ArbeitnehmerInnenschutzgesetz – ASchG), BGBl. Nr. 450/1994, in der Fassung BGBl. I Nr. 9/1997, wird verordnet:

1. ABSCHNITT

ALLGEMEINE BESTIMMUNGEN

Geltungsbereich

§ 1. (1) Der 2. Abschnitt gilt für Bildschirmarbeitsplätze im Sinne des § 67 Abs. 1 zweiter Satz ASchG, ausgenommen die in § 67 Abs. 5 ASchG genannten Einrichtungen und Geräte.

(2) Der 3. Abschnitt gilt für Bildschirmarbeit, das ist die Ausführung von Tätigkeiten wie Datenerfassung, Datentransfer, Dialogverkehr, Textverarbeitung, Bildbearbeitung oder CAD/CAM-Arbeiten an Bildschirmarbeitsplätzen im Sinne des § 67 Abs. 1 zweiter Satz ASchG unter Verwendung von Bildschirmgeräten im Sinne des § 67 Abs. 1 ASchG.

(3) Der 4. Abschnitt gilt für die Beschäftigung von Arbeitnehmern/Arbeitnehmerinnen an Bildschirmarbeitsplätzen im Sinne des Abs. 1.

(4) Ein nicht unwesentlicher Teil der normalen Arbeit im Sinne des § 68 Abs. 3 ASchG liegt vor, wenn Arbeitnehmer/innen

1. durchschnittlich ununterbrochen mehr als zwei Stunden oder
2. durchschnittlich mehr als drei Stunden ihrer Tagesarbeitszeit mit Bildschirmarbeit beschäftigt werden.

Arbeitsmittel

§ 2. Als Arbeitsmittel im Sinne dieser Verordnung gelten Bildschirmgeräte, Eingabe- und Datenerfassungsvorrichtungen sowie unbedingt erforderliche Zusatzgeräte.

2. ABSCHNITT

BILDSCHIRMARBEITSPLÄTZE

Bildschirm und Tastatur

§ 3. (1) Den Arbeitnehmern/Arbeitnehmerinnen dürfen nur Bildschirme zur Verfügung gestellt werden, die folgenden Anforderungen entsprechen:

1. Die Benützung des Geräts als solche darf keine Gefährdung der Arbeitnehmer/innen mit sich bringen.
2. Die auf dem Bildschirm angezeigten Zeichen müssen scharf und deutlich, ausreichend groß und mit angemessenem Zeichen- und Zeilenabstand dargestellt werden.
3. Die Wiedergabe der Zeichen in Positivdarstellung muß möglich sein.
4. Das Bild muß stabil und frei von Flimmern sein. Das Bild darf auch keine Instabilitäten anderer Art aufweisen, wie störende Veränderungen von Zeichengestalt und Zeichenort.
5. Die Helligkeit und der Kontrast zwischen Zeichen und Bildschirmhintergrund müssen leicht von dem/der Arbeitnehmer/Arbeitnehmerin eingestellt und den Umgebungsbedingungen angepaßt werden können.
6. Der Bildschirm muß zur Anpassung an die individuellen Bedürfnisse des/der Arbeitnehmers/Arbeitnehmerin leicht dreh- sowie neigbar sein. Es kann auch stattdessen ein separater Ständer für den Bildschirm oder ein verstellbarer Tisch verwendet werden.
7. Der Bildschirm muß eine reflexionsarme Oberfläche besitzen.
8. Die Größe des Bildschirms muß der Arbeitsaufgabe entsprechen.

(2) Den Arbeitnehmern/Arbeitnehmerinnen darf nur eine Tastatur zur Verfügung gestellt werden, die folgenden Anforderungen entspricht:

1. Die Tastatur muß neigbar und eine vom Bildschirm getrennte Einheit sein.
2. Zur Vermeidung von Reflexionen muß die Tastatur eine matte Oberfläche haben.
3. Die Tastenbeschriftung muß sich vom Untergrund deutlich abheben und auch bei leicht wechselnden Arbeitshaltungen ohne Schwierigkeiten lesbar sein.
4. Die Anordnung der Tastatur und die Beschaffenheit der Tasten müssen die Bedienung der Tastatur erleichtern.

Arbeitstisch und Arbeitsfläche

§ 4. (1) Den Arbeitnehmern/Arbeitnehmerinnen sind geeignete Arbeitstische oder Arbeitsflächen zur Verfügung zu stellen, für die folgendes gilt:

1. Sie müssen eine ausreichend große und reflexionsarme Oberfläche besitzen.
2. Die Größe muß den Maßen der verwendeten Arbeitsmittel entsprechen.
3. Eine flexible Anordnung von Arbeitsmitteln und Arbeitsvorlagen muß möglich sein.
4. Sie müssen abgerundete Ecken und Kanten aufweisen.

(2) Bei häufiger Arbeit mit Arbeitsvorlagen sind auf Wunsch Vorlagehalter zur Verfügung zu stellen, für die folgendes gilt:

1. Sie müssen ausreichend groß, stabil und verstellbar sein.
2. Sie müssen möglichst im gleichen Sehabstand zum Bildschirm anzuordnen sein.
3. Sie müssen so eingerichtet werden, daß unbequeme Kopf- und Augenbewegungen soweit wie möglich eingeschränkt werden.

(3) Die Fläche vor der Tastatur oder vor dem Tastenfeld der Tastatur muß eine ausreichende Tiefe aufweisen, um den Arbeitnehmern/Arbeitnehmerinnen das Auflegen der Hände zu ermöglichen.

(4) Der Beinfreiraum unter dem Arbeitstisch und der Arbeitsfläche ist so zu bemessen, daß ein unbehindertes und gefahrloses Erreichen und Bedienen der darauf angeordneten und häufig verwendeten Arbeitsmittel

durch Verschieben oder Verdrehen des Arbeitsstuhls, unter Beibehaltung der Sitzposition, gewährleistet ist.

Arbeitsstuhl

§ 5. (1) Den Arbeitnehmern/Arbeitnehmerinnen sind Arbeitsstühle zur Verfügung zu stellen, die folgenden Anforderungen entsprechen müssen:

1. Arbeitsstühle dürfen die Bewegungsfreiheit nicht einschränken und müssen den Arbeitnehmern/ Arbeitnehmerinnen die Einnahme ergonomisch günstiger Körperhaltungen ermöglichen.
2. Arbeitsstühle müssen als Drehstühle mit Rollen oder Gleitern ausgeführt und kippsicher sein, wobei Rollen beim unbelasteten Stuhl schwergängig sein müssen. Das Untergestell muß mindestens fünf Auflagepunkte aufweisen.
3. Die Sitzhöhe muß verstellbar sein.
4. Die Rückenlehne muß den Arbeitnehmer/innen eine gute Abstützung in verschiedenen Sitzhaltungen ermöglichen und in Höhe und Neigung verstellbar sein.

(2) Den Arbeitnehmern/Arbeitnehmerinnen sind Fußstützen zur Verfügung zu stellen, wenn dies auf Grund der Körpermaße oder fehlenden Tischhöhenverstellung erforderlich ist.

Belichtung und Beleuchtung

§ 6. (1) Bildschirmarbeitsplätze sind so einzurichten, daß Blendungen und störende Reflexionen auf dem Bildschirm und anderen Arbeitsmitteln durch Lichtquellen auch bei leicht wechselnden Arbeitshaltungen vermieden werden. Bei der Aufstellung des Bildschirms ist darauf zu achten, daß die Blickrichtung annähernd parallel zu Fensterflächen gerichtet ist, wenn dies auf Grund der Raumanordnung möglich ist.

(2) Lichteintrittsöffnungen, die störende Reflexionen oder zu hohe Kontraste hervorrufen, müssen mit verstellbaren Lichtschutzvorrichtungen ausgestattet sein.

(3) Die Beleuchtung ist so zu dimensionieren und anzuordnen, daß ausreichende Lichtverhältnisse und ein ausgewogener Kontrast zwischen Bildschirm und Umgebung gewährleistet sind. Dabei sind die Art der Tätigkeit sowie die sehkraftbedingten Bedürfnisse des/ der Arbeitnehmers/Arbeitnehmerin zu berücksichtigen.

Strahlung

§ 7. Alle Strahlungen mit Ausnahme des sichtbaren Teils des elektromagnetischen Spektrums müssen auf Werte verringert werden, die für die Sicherheit und Gesundheit der Arbeitnehmer/innen unerheblich sind.

3. ABSCHNITT

BILDSCHIRMARBEIT

Ermittlung und Beurteilung

§ 8. Im Rahmen der Ermittlung und Beurteilung von Gefahren im Sinne des § 68 Abs. 1 ASchG ist insbesondere festzustellen, ob Bildschirmarbeit im Sinne des § 1 Abs. 4 vorliegt.

Unterlagen

§ 9. Alle zur Programmbedienung notwendigen Informationen, wie Handbücher und Tastaturschablonen, müssen, soweit sie für die Erfüllung der Arbeitsaufgabe notwendig sind, für die Arbeitnehmer/innen leicht erreichbar zur Verfügung stehen.

Pausen und Tätigkeitswechsel

§ 10. (1) Nach jeweils 50 Minuten ununterbrochener Bildschirmarbeit muß eine Pause oder ein Tätigkeitswechsel im Ausmaß von jeweils mindestens 10 Minuten erfolgen.

(2) Abs. 1 gilt nicht, wenn täglich nicht mehr als zwei Stunden ununterbrochen Bildschirmarbeit geleistet wird.

(3) Eine nach 50 Minuten zustehende Pause oder der Tätigkeitswechsel kann jeweils in die anschließende zweite Stunde verlegt werden, sofern der Arbeitsablauf dies erfordert.

(4) Ein Tätigkeitswechsel im Sinne der Abs. 1 und 2 muß in Tätigkeiten bestehen, die geeignet sind, die durch die Arbeit am Bildschirmgerät auftretenden Belastungen zu verringern.

(5) Pausen gemäß Abs. 1 sind in die Arbeitszeit einzurechnen.

(6) Ist aus zwingenden technischen Gründen (z. B. beim Bedienen und Überwachen von Verkehrsleitsystemen) eine Pausenregelung oder ein Tätigkeitswechsel im Sinne der Abs. 1 und 3 nicht möglich, so ist eine gleichwertige andere Pausenregelung zu treffen oder ein gleichwertiger anderer Tätigkeitswechsel vorzusehen.

Untersuchungen

§ 11. (1) Der/die Arbeitgeber/in hat Arbeitnehmern/ Arbeitnehmerinnen bei Vorliegen von Bildschirmarbeit im Sinne des § 1 Abs. 4 eine angemessene Untersuchung der Augen und des Sehvermögens (Überprüfungen der Sehschärfe und Untersuchung des sonstigen Sehvermögens) anzubieten, und zwar vor Aufnahme der Tätigkeit, sowie anschließend in Abständen von drei Jahren und weiters bei Auftreten von Sehbeschwerden, die auf Bildschirmarbeit zurückgeführt werden können.

(2) Arbeitnehmer/innen können für Untersuchungen gemäß Abs. 1 in Anspruch nehmen:

1. Fachärzte/Fachärztinnen für Augenheilkunde und Optometrie,
2. Fachärzte/Fachärztinnen für Arbeits- und Betriebsmedizin oder
3. Personen, die zur selbständigen Ausübung des ärztlichen Berufes im Sinne des Ärztegesetzes 1984, BGBl. Nr. 373, berechtigt sind und eine vom Bundesminister für Arbeit, Gesundheit und Soziales anerkannte arbeitsmedizinische Ausbildung absolviert haben.
4. Personen, die die Meisterprüfung im Augenoptikerhandwerk (§ 120 GewO 1994) erfolgreich abgelegt haben, zwecks Durchführung der Überprüfungen der Sehschärfe.

(3) Die Kosten für Untersuchungen gemäß Abs. 1 sind von den Arbeitgebern/Arbeitgeberinnen zu tragen.

(4) Der/die Arbeitgeber/in hat Arbeitnehmern/Arbeitnehmerinnen weiters eine augenfachärztliche Untersuchung zu ermöglichen, wenn sich diese auf Grund von Untersuchungen gemäß Abs. 1 als erforderlich erweist.

Sehhilfen

§ 12. (1) Arbeitnehmern/Arbeitnehmerinnen sind spezielle Sehhilfen zur Verfügung zu stellen, wenn die Ergebnisse der Untersuchungen nach § 11 Abs. 1 und 4 ergeben, daß diese notwendig sind, weil normale Sehhilfen nicht verwendet werden können. Spezielle Sehhilfen müssen folgenden Anforderungen entsprechen:

1. Abstimmung auf eine Arbeitsdistanz zum Bildschirm und zu den Belegen,

2. Abstimmung auf die physiologischen Gegebenheiten und pathologischen Befunde des/der Arbeitnehmers/Arbeitnehmerin,
3. die Gläser müssen entspiegelt, dürfen aber nicht getönt sein.

(2) Hinsichtlich der Brillenglasqualität sind unter Berücksichtigung des Abs. 1 Z 2 zu verwenden:

1. Einstärkengläser für die Arbeitsdistanz zum Bildschirm,
2. Mehrstärkengläser, entweder hohe Bifokalgläser für die Arbeitsdistanz zum Bildschirm und Beleg oder Trifokal- oder Multifokalgläser mit besonders breitem Korridor für die Arbeitsdistanz zum Bildschirm.

(3) Die Kosten für Sehhilfen, die ausschließlich durch den notwendigen Schutz bei Bildschirmarbeit unter Beachtung der Abs. 1 und 2 entstehen, sind von den Arbeitgebern/Arbeitgeberinnen zu tragen, sofern nicht die Träger der Sozialversicherung diese übernehmen.

4. ABSCHNITT

SONSTIGE PFLICHTEN DER ARBEITGEBER/INNEN

Unterweisung

§ 13. (1) Jeder/jede Arbeitnehmer/in ist vor Aufnahme seiner/ihrer Tätigkeit am Bildschirmgerät und bei jeder wesentlichen Veränderung der Organisation seines/ihres Arbeitsplatzes im Umgang mit dem Gerät sowie hinsichtlich der ergonomisch richtigen Einstellung und Anordnung der Arbeitsmittel zu unterweisen.

Information

§ 14. (1) Die an Bildschirmarbeitsplätzen beschäftigten Arbeitnehmer/innen sind über folgendes zu informieren:

1. ob an Arbeitsplätzen Bildschirmarbeit im Sinne des § 1 Abs. 4 vorliegt,
2. das Recht auf Untersuchungen gemäß § 11,
3. das Recht auf Zurverfügungstellung einer speziellen Sehhilfe bei Zutreffen der Voraussetzungen des § 68 Abs. 3 Z 4 ASchG und
4. den Anspruch auf Pausen und Tätigkeitswechsel gemäß § 10.

(2) Die Information der einzelnen Arbeitnehmer/innen kann entfallen, wenn Sicherheitsvertrauenspersonen bestellt oder Belegschaftsorgane errichtet sind und diese im Sinne des Abs. 1 informiert werden.

Anhörung/Beteiligung

§ 15. (1) Die an Bildschirmarbeitsplätzen beschäftigten Arbeitnehmer/innen sind zu den in dieser Verordnung geregelten Fragen anzuhören und an deren Behandlung zu beteiligen.

(2) Die Anhörung und Beteiligung der einzelnen Arbeitnehmer/innen kann entfallen, wenn Sicherheitsvertrauenspersonen bestellt oder Belegschaftsorgane errichtet sind und diese im Sinne des Abs. 1 befaßt werden.

5. ABSCHNITT

SCHLUSSBESTIMMUNGEN

Ausnahmen und Abweichungen

§ 16. (1) Auf Arbeitsvorgänge, die fallweise kurzdauernde Eingaben und Abfragen von Informationen am Bildschirm mit nachfolgendem Tätigkeitswechsel (z. B. Kundenbetreuung in Kaufhäusern, Buchhandlungen, im Bankschalterdienst oder bei der Lagerhaltung) erfordern, sind die §§ 4 und 5 nicht anzuwenden.

(2) Mit Ausnahme des Abs. 1 wird gemäß § 95 Abs. 1 ASchG festgelegt, daß die zuständige Behörde keine Ausnahmen von den §§ 3, 4 Abs. 1 und 3 sowie von den Bestimmungen des 3. und 4. Abschnitts dieser Verordnung zulassen darf.

Inkrafttreten

§ 17. (1) Die Verordnung tritt mit 1. Mai 1998 in Kraft.

(2) Die §§ 3 und 4 treten mit 1. Jänner 2000 in Kraft.

(3) Die §§ 3 und 4 sind jedoch zu beachten,

1. wenn Arbeitsplätze wesentlich geändert werden,
2. wenn die Ermittlung und Beurteilung der Gefahren gemäß § 68 Abs. 1 ASchG ergibt, daß durch die Arbeit an diesen Arbeitsplätzen Leben oder Gesundheit der Arbeitnehmer/innen gefährdet ist.

(4) Die Abs. 2 und 3 gelten nicht für § 4 Abs. 4.

Raum für Anmerkungen und Notizen

Verordnung biologische Arbeitsstoffe

Verordnung der Bundesministerin für Arbeit, Gesundheit und Soziales über den Schutz der Arbeitnehmer/innen gegen Gefährdung durch biologische Arbeitsstoffe (Verordnung biologische Arbeitsstoffe – VbA), BGBl. II Nr. 237/1998, idF BGBl. II Nr. 186/2015, Art. II, BGBl. II Nr. 382/2020 (Art. 3) und BGBl. II Nr. 156/2021.

Auf Grund der §§ 2 Abs. 6, 40 bis 44, 48 Abs. 1 Z 1 und § 98 Abs. 5 des Bundesgesetzes über Sicherheit und Gesundheitsschutz bei der Arbeit (ArbeitnehmerInnenschutzgesetz – ASchG), BGBl. Nr. 450/1994, zuletzt geändert durch BGBl. I Nr. 47/1997, wird verordnet:

Anwendungsbereich und Begriffsbestimmungen

§ 1. (1) Diese Verordnung gilt für die Verwendung (§ 2 Abs. 6 ASchG) von biologischen Arbeitsstoffen (§ 40 Abs. 5 ASchG) einschließlich unkonventioneller Agenzien, die mit transmissiblen spongiformen Enzephalopathien assoziiert sind.

(2) Im Sinne des § 40 Abs. 5 ASchG sind

1. Mikroorganismen: alle zellularen oder nichtzellularen mikrobiologischen Einheiten, die zur Vermehrung oder zur Weitergabe von genetischem Material fähig sind;
2. Zellkulturen: in-vitro-Vermehrungen von aus vielzelligen Organismen isolierten Zellen.

(3) Beabsichtigte Verwendung im Sinne dieser Verordnung liegt vor, wenn der Zweck einer Tätigkeit oder eines Arbeitsverfahrens die Verwendung eines oder mehrerer biologischer Arbeitsstoffe ist, wie insbesondere

1. an industriellen Arbeitsplätzen in der Biotechnologie und
2. an Laborarbeitsplätzen in Forschung und Entwicklung, einschließlich diagnostischer mikrobiologischer Labors, jedoch mit Ausnahme klinischer, veterinärmedizinischer und allgemein diagnostischer Labors.

(4) Unbeabsichtigte Verwendung im Sinne dieser Verordnung liegt vor, wenn keine beabsichtigte Verwendung vorliegt, es aber offenkundig ist oder die Ermittlung und Beurteilung der Gefahren nach § 41 ASchG ergeben hat, dass eine Tätigkeit oder ein Arbeitsverfahren zu einer Exposition gegenüber einem oder mehreren biologischen Arbeitsstoffen führen kann.

Zuordnung zu Risikogruppen bei beabsichtigter Verwendung

§ 2. (1) Bei beabsichtigter Verwendung haben Arbeitgeber/innen die biologischen Arbeitsstoffe entsprechend ihrem Infektionsrisiko einer der vier Risikogruppen nach § 40 Abs. 5 Z 1 bis 4 ASchG zuzuordnen.

(2) Die Zuordnung nach Abs. 1 hat gemäß den Organismenlisten (Anhang 2) zu erfolgen.

(3) Sofern ein biologischer Arbeitsstoff in den Organismenlisten (Anhang 2) nicht enthalten ist, hat die Zuordnung nach Abs. 1 nach dem Stand von Wissenschaft und Technik, unter Beachtung der Kriterien gemäß § 40 Abs. 5 Z 1 bis 4 ASchG zu erfolgen. Bei dieser Zuordnung können national oder international anerkannte Listen der EU-Mitgliedstaaten herangezogen werden, die eine Einstufung biologischer Arbeitsstoffe in Risikogruppen im Sinne des § 40 Abs. 5 Z 1 bis 4 ASchG enthalten.

(4) Ist die Zuordnung eines biologischen Arbeitsstoffes nicht eindeutig möglich, ist er der höchsten der in Betracht kommenden Risikogruppen zuzuordnen.

(5) Viren, die bereits beim Menschen isoliert, aber noch nicht in der Organismenliste (Anhang 2) eingestuft sind, sind mindestens der Risikogruppe 2 zuzuordnen, es sei denn, das Virus ist in einer Liste im Sinne des Abs. 3 in Risikogruppe 1 eingestuft.

Ermittlung und Beurteilung der Gefahren bei beabsichtigter Verwendung

§ 3. (1) Bei der Ermittlung und Beurteilung der Gefahren sind zu berücksichtigen:

1. die Risikogruppe der biologischen Arbeitsstoffe;
2. Art und Häufigkeit der Tätigkeit;
3. mögliche Infektionswege, z. B. durch Inhalation von Aerosolen oder Staub, durch direkten oder indirekten Haut- oder Schleimhautkontakt, durch Verletzungen oder Bisse, durch orale Aufnahme;
4. die aus der Arbeit der Arbeitnehmer/innen resultierenden möglichen allergieauslösenden oder toxigenen Wirkungen;
5. Informationen im Sinne des § 41 Abs. 2 ASchG über mögliche oder tatsächlich aufgetretene Erkrankungen, die auf die Verwendung von biologischen Arbeitsstofen zurückzuführen sind oder sein könnten;
6. die Ungewißheit hinsichtlich des Vorhandenseins von sowie die Gefährdung durch biologische Arbeitsstoffe, die im Organismus menschlicher Patienten oder von Tieren oder in den von Menschen oder Tiren stammenden Proben, Ausscheidungen oder Abfällen vorhanden sind oder sein könnten.

Ermittlung und Beurteilung der Gefahren bei unbeabsichtigter Verwendung

§ 4. (1) Bei unbeabsichtigter Verwendung ist die Ermittlung und Beurteilung der Gefahren anhand von Informationen über Erfahrungen mit vergleichbaren Arbeitsplätzen vorzunehmen. Dabei ist § 3 anzuwenden, soweit dies ohne Kenntnis der Identität des biologischen Arbeitsstoffes möglich ist.

(2) Sofern bei unbeabsichtigter Verwendung die Identität eines biologischen Arbeitsstoffes bekannt ist, muss überdies eine Zuordnung zu einer Risikogruppe gemäß § 2 vorgenommen werden.

Hygiene, Expositionsvermeidung, Impfung

§ 5. (1) Werden biologische Arbeitsstoffe verwendet, müssen Arbeitgeber/innen für die Einhaltung folgender Hygienemaßnahmen sorgen:

1. Arbeitsplätze und Arbeitsmittel sind in einem dem Arbeitsablauf entsprechenden sauberen Zustand zu halten.
2. Von den Arbeitnehmer/innen mitgebrachte Lebensmittel, Kosmetika, Medikamente und Tabakerzeugnisse
   a) müssen so aufbewahrt werden, dass eine Kontamination mit biologischen Arbeitsstoffen vermieden wird und
   b) dürfen an Arbeitsplätzen oder in Räumen, an bzw. in denen die Gefahr einer Kontamination mit biologischen Arbeitsstoffen besteht, nicht konsumiert bzw. angewendet werden.

3. Auf die Verbote nach Z 2 lit. b muss durch deutlich sichtbare Anschläge hingewiesen werden.
4. Die Arbeitnehmer/innen haben nach Ende der Arbeit sowie vor dem Essen, Trinken oder Rauchen die Hände zu waschen.
5. Ungeziefer muss gegebenenfalls in geeigneter Weise bekämpft werden.

(2) Werden biologische Arbeitsstoffe verwendet, müssen Arbeitgeber/innen dafür sorgen, dass folgende Maßnahmen zur Expositionsvermeidung getroffen werden:
1. Spitze, schneidende oder zerbrechliche Arbeitsgeräte sind, wenn möglich, durch solche zu ersetzen, bei denen keine oder weniger Gefahr von Stich- oder Schnittverletzungen besteht.
2. Für das Pipettieren müssen Pipettierhilfen zur Verfügung gestellt werden. Mundpipettieren ist verboten.
3. Wenn eine Exposition von Arbeitnehmer/innen gegenüber biologischen Arbeitsstoffen der Risikogruppe 2, 3 oder 4 möglich ist, sind Tätigkeiten und Arbeitsverfahren mit Staub- oder Aerosolbildung, einschließlich Reinigungsverfahren, wenn möglich durch solche ohne Staub- oder Aerosolbildung zu ersetzen. Bei allen Tätigkeiten ist Staub- oder Aerosolbildung möglichst zu vermeiden.
4. Wenn Staub- oder Aerosolbildung nicht vermieden werden kann, ist die Anzahl der Arbeitnehmer/innen, die tatsächlich oder möglicherweise gegenüber biologischen Arbeitsstoffen der Risikogruppe 2, 3 oder 4 exponiert sind, auf das niedrigstmögliche Niveau zu begrenzen.

(3) Abs. 2 Z 3 und 4 gelten auch für biologische Arbeitsstoffe der Risikogruppe 1, sofern der damit verbundene Aufwand vertretbar ist.

(4) Ergibt die Ermittlung und Beurteilung der Gefahren, dass ein Risiko für die Sicherheit oder Gesundheit der Arbeitnehmer/innen auf Grund der Exposition gegenüber biologischen Arbeitsstoffen besteht, gegen die es wirksame Impfstoffe gibt, haben Arbeitgeber/innen den betreffenden Arbeitnehmer/innen die Impfung anzubieten.

Ausstattung, persönliche Schutzausrüstung, sichere Handhabung

§ 6. (1) Werden biologische Arbeitsstoffe verwendet, ist den Arbeitnehmer/innen zur Verfügung zu stellen:
1. Seifenspender, Hautdesinfektionsmittel, Einweghandtücher und Hautpflegemittel an den Waschplätzen,
2. geeignete Arbeitskleidung,
3. geeignete Schutzhandschuhe,
4. geeignete Schutzmasken bei staub- oder aerosolbildenden Arbeitsverfahren,
5. getrennte Aufbewahrungsmöglichkeiten für Straßenkleidung einerseits und Arbeitskleidung oder persönliche Schutzausrüstung andererseits.

(2) Die Oberflächen von Werkbänken und Arbeitstischen müssen wasserundurchlässig, leicht zu reinigen und desinfizierbar sowie gegen die zu erwartenden mechanischen, chemischen oder physikalischen Einflüsse widerstandsfähig sein.

(3) Arbeitgeber/innen haben dafür zu sorgen, dass
1. Arbeitskleidung und persönliche Schutzausrüstung außerhalb des Arbeitsraumes bzw. außerhalb des Arbeitsbereiches nicht getragen wird und
2. persönliche Schutzausrüstung nach jedem Gebrauch, erforderlichenfalls auch vor jedem Gebrauch, überprüft und gereinigt wird.

(4) Arbeitgeber/innen müssen geeignete Verfahren für die Entnahme, die Handhabung sowie für die Verarbeitung von Proben menschlichen oder tierischen Ursprungs festlegen und dafür geeignete Einrichtungen zur Verfügung stellen.

(5) Arbeitgeber/innen haben dafür zu sorgen, dass nur solche Behälter zur Sammlung, zur Aufbewahrung, zum Transport oder zur Beseitigung von biologischen Arbeitsstoffen, von Proben, von Rückständen oder von möglicherweise kontaminierten Gegenständen oder Materialien verwendet werden, die
1. hinsichtlich ihrer Beschaffenheit (z. B. Material, Festigkeit, Größe, Verschluß) geeignet sind, den Inhalt sicher zu umschließen, wobei auf die Art des jeweiligen Inhalts (z. B. scharfe Gegenstände, Flüssigkeiten, Gewicht) Bedacht zu nehmen ist,
2. deutlich erkennbar sind (z. B. durch Farbkodierung, Beschriftung oder Kennzeichnung mit dem Symbol für Biogefährdung) und
3. ihrer Art nach nicht zur Aufbewahrung von Lebensmitteln bestimmt sind oder mit solchen Behältern verwechselt werden können.

Desinfektion, Vorsorge für besondere Fälle

§ 7. (1) Arbeitgeber/innen müssen festlegen, welche spezifischen Desinfektionsverfahren für die verwendeten biologischen Arbeitsstoffe geeignet und wie oft diese anzuwenden sind und müssen die dafür erforderlichen Mittel zur Verfügung stellen.

(2) Arbeitgeber/innen haben dafür zu sorgen, dass
1. eine unverzügliche Reinigung und Desinfektion des kontaminierten Bereiches erfolgt, wenn Material, das biologische Arbeitsstoffe enthalten kann, ausgetreten ist oder verschüttet wurde,
2. Arbeitsflächen täglich gereinigt und regelmäßig desinfiziert werden,
3. soweit dies auf Grund des Arbeitsablaufs möglich und erforderlich ist, Arbeitsmittel, die in Kontakt mit biologischen Arbeitsstoffen waren, desinfiziert werden:
   a) vor der Reinigung oder
   b bevor sie aus dem Arbeitsbereich gebracht werden,
4. im Fall von Hautkontakt eine Desinfektion der betroffenen Hautflächen erfolgt.

(3) Für folgende Fälle (Z 1 bis 4) müssen Arbeitgeber/innen auf Grund der Ermittlung und Beurteilung der Gefahren im voraus schriftlich festlegen, welche Maßnahmen (wie z. B. Abgrenzen des betroffenen Bereiches, Desinfektion mit bestimmten Mitteln, Reinigung mit bestimmten saugenden Verfahren, Tragen von bestimmter persönlicher Schutzausrüstung, Filtergeräte für die Selbstrettung) zu treffen sind und müssen die dazu erforderlichen Mittel zur Verfügung stellen:
1. für Reinigungsarbeiten, insbesondere wenn Material, das biologische Arbeitsstoffe enthalten kann, ausgetreten ist oder verschüttet wurde,
2. für den Umgang mit bzw. die Beseitigung von Rückständen oder von möglicherweise kontaminierten Gegenständen oder Materialien,
3. für Wartungs-, Instandhaltungs- und Abbrucharbeiten, bei denen die Möglichkeit einer beträchtlichen Erhöhung der Exposition der Arbeitnehmer/innen vorherzusehen ist und
4. für den Fall von Betriebsstörungen oder Zwischenfällen, durch die es zu einer beträchtlichen Erhöhung der Exposition der Arbeitnehmer/innen kommen könnte.

Ausnahmen von §§ 6 und 7

§ 8. (1) Bei beabsichtigter Verwendung müssen die Maßnahmen gemäß §§ 6 und 7 nicht getroffen werden, wenn die Zuordnung nach § 2 ergeben hat, dass ausschließlich biologische Arbeitsstoffe der Risikogruppe 1 verwendet werden.

(2) Bei unbeabsichtigter Verwendung müssen die Maßnahmen gemäß §§ 6 und 7 nicht getroffen werden,

1. soweit die Ermittlung und Beurteilung der Gefahren ergeben hat, dass diese Maßnahmen im einzelnen nicht erforderlich sind oder
2. wenn die Ermittlung und Beurteilung der Gefahren ergeben hat, dass mit höchster Wahrscheinlichkeit nur solche biologischen Arbeitsstoffe verwendet werden, die keiner höheren als der Risikogruppe 1 zuzuordnen sind.

Zusätzliche Schutzmaßnahmen bei beabsichtigter Verwendung

§ 9. (1) Bei beabsichtigter Verwendung sind

1. Bereiche, in denen biologische Arbeitsstoffe der Risikogruppe 2, 3 oder 4 verwendet werden, an den Zugängen mit dem Warnzeichen „Biogefährdung“ zu kennzeichnen und
2. über §§ 5 bis 7 hinausgehend die Schutzmaßnahmen nach Anhang 1 zu treffen, und zwar bei Verwendung von biologischen Arbeitsstoffen
   a) der Risikogruppe 2: die Schutzmaßnahmen nach Anhang 1.RG2;
   b) der Risikogruppe 3: die Schutzmaßnahmen nach Anhang 1.RG3;
   c) der Risikogruppe 4: die Schutzmaßnahmen nach Anhang 1.RG4.

(2) Werden innerhalb eines Arbeitsbereiches biologische Arbeitsstoffe mit unterschiedlichen Risikogruppen verwendet, sind die Schutzmaßnahmen entsprechend der höchsten in Betracht kommenden Risikogruppe zu treffen.

(3) Wenn der Stamm eines biologischen Arbeitsstoffes abgeschwächt ist oder bekannte Virulenzgene verloren hat, müssen abweichend von Abs. 1 die auf Grund der Einstufung seines Elternstammes erforderlichen Schutzmaßnahmen – vorbehaltlich einer angemessenen Ermittlung und Beurteilung der Gefahren – nicht getroffen werden. Dies ist beispielsweise der Fall, wenn ein solcher Stamm als Produkt oder Bestandteil eines Produkts zu prophylaktischen oder therapeutischen Zwecken verwendet werden soll.

(4) Ob und welche weiteren als die in Abs. 1 genannten zusätzlichen Schutzmaßnahmen, insbesondere wegen möglicher Infektionswege oder wegen möglicher allergieauslösender oder toxigener Wirkungen, erforderlich sind, ist von den Arbeitgeber/innen auf Grund der Ermittlung und Beurteilung der Gefahren festzulegen.

(5) Wenn bei der beabsichtigten Verwendung biologischer Arbeitsstoffe in industriellen Verfahren die Gefahren auf Grund der Ermittlung und Beurteilung für bestimmte Tätigkeiten zwar nicht abschließend beurteilt werden können, jedoch Hinweise dafür vorliegen, dass ein erhebliches Gesundheitsrisiko für die Arbeitnehmer/innen gegeben sein könnte, dürfen die entsprechenden Tätigkeiten nur in Arbeitsräumen ausgeführt werden, die dem Anhang 1.RG3 entsprechen.

(6) Abweichend von Abs. 1 gilt für diagnostische mikrobiologische Labors § 10 Abs. 3.

Zusätzliche Schutzmaßnahmen in bestimmten Fällen unbeabsichtigter Verwendung

§ 10. (1) Im Fall des § 4 Abs. 2 ist von den Arbeitgeber/innen auf Grund der Ermittlung und Beurteilung der Gefahren festzulegen, ob und welche über §§ 5 bis 7 hinausgehende Schutzmaßnahmen (z. B. solche nach Anhang 1) insbesondere wegen möglicher Infektionswege oder wegen möglicher allergieauslösender oder toxigener Wirkungen erforderlich sind.

(2) Für Isolierstationen (einschließlich post-mortem-Stationen), die der Absonderung von Patienten oder Tieren dienen, weil diese mit biologischen Arbeitsstoffen der Risikogruppe 3 oder 4 infiziert sind oder infiziert sein könnten, ist von den Arbeitgeber/innen entsprechend der Risikogruppe der in Betracht kommenden biologischen Arbeitsstoffe festzulegen, welche zusätzlichen Schutzmaßnahmen nach Anhang 1.RG3 oder 1.RG4 erforderlich sind, um ein Infektionsrisiko für die Arbeitnehmer/innen möglichst zu vermeiden.

(3) In Labors, die Stoffe verwenden, bei denen nicht feststeht, ob biologische Arbeitsstoffe vorhanden sind, die für den Menschen krankheitserregend sein können, die jedoch nicht beabsichtigen, mit biologischen Arbeitsstoffen als solchen zu arbeiten, insbesondere sie zu züchten oder sie zu konzentrieren, sind die zusätzlichen Schutzmaßnahmen nach Anhang 1.RG2 zu treffen. Ob und welche weiteren zusätzlichen Schutzmaßnahmen (insbesondere solche nach Anhang 1.RG3 oder 1.RG4) erforderlich sind, ist von den Arbeitgeber/innen auf Grund der Ermittlung und Beurteilung der Gefahren festzulegen.

Meldung bei beabsichtigter Verwendung

§ 11. (1) Die Meldung der erstmaligen beabsichtigten Verwendung biologischer Arbeitsstoffe der Risikogruppe 2, 3 oder 4 gemäß § 42 Abs. 6 ASchG hat zu enthalten;

1. Name des Arbeitgebers/der Arbeitgeberin und Anschrift der Arbeitsstätte;
2. Angaben zur Identität der biologischen Arbeitsstoffe, sofern möglich, nach Gattung und Art;
3. die vorgenommene Zuordnung zu den Risikogruppen gemäß § 2;
4. die Ergebnisse der Ermittlung und Beurteilung der Gefahren gemäß § 3;
5. gegebenenfalls Angaben über Schutzmaßnahmen nach § 9 Abs. 4, 5 oder 6.

(2) Weiters sind gegebenenfalls jene biologischen Arbeitsstoffe zu melden, die bei der Verwendung voraussichtlich entstehen werden, sofern diese einer höheren als der ursprünglich gemeldeten Risikogruppe zuzuordnen sind.

(3) Liegt zum Zeitpunkt des Inkrafttretens dieser Verordnung bereits eine beabsichtigte Verwendung biologischer Arbeitsstoffe der Risikogruppe 3 oder 4 vor, hat eine dem Abs. 1 entsprechende Meldung innerhalb von drei Monaten nach Inkrafttreten dieser Verordnung zu erfolgen.

(4) Arbeitgeber/innen haben dem Arbeitsinspektorat weiters Betriebsstörungen oder Zwischenfälle, die zu einer beträchtlichen Erhöhung der Exposition der Arbeitnehmer/innen gegenüber einem biologischen Arbeitsstoff der Risikogruppe 3 oder 4 geführt haben, zu melden.

Information und Unterweisung der Arbeitnehmer/innen

§ 12. (1) Die Information der Arbeitnehmer/innen nach § 12 ASchG hat sich jedenfalls zu beziehen auf:

1. mögliche Gefahren für die Gesundheit,
2. von den Arbeitnehmer/innen zu treffende Hygiene- und Desinfektionsmaßnahmen,
3. von den Arbeitnehmer/innen zu treffende Maßnahmen zur Verhütung einer Exposition und
4. das Tragen und Benutzen von persönlicher Schutzausrüstung.

(2) Schriftliche Anweisungen nach § 14 Abs. 5 ASchG müssen am Arbeitsplatz ausgehängt werden über:

1. die gemäß § 7 Abs. 3 Z 4 festgelegten Maßnahmen und
2. die zu beachtenden Schutzmaßnahmen, sofern biologische Arbeitsstoffe der Risikogruppe 3 oder 4 verwendet werden.

(3) Arbeitgeber/innen haben sicherzustellen, dass Arbeitnehmer/innen, denen gemäß § 43 Abs. 4 ASchG in Verbindung mit § 5 Abs. 4 dieser Verordnung Impfstoffe zur Verfügung gestellt werden, über Vor- und Nachteile der Impfung und der Nicht-Impfung informiert werden.

Handhabung der Organismenlisten (Anhang 2)

§ 13. (1) Den Risikogruppen zugeordnet sind nur biologische Arbeitsstoffe, die bekanntermaßen Infektionskrankheiten beim Menschen hervorrufen. Nicht berücksichtigt sind:

1. Tier- und Pflanzenpathogene, von denen bekannt ist, daß sie nicht auf den Menschen wirken und
2. genetisch veränderte Mikroorganismen.

(2) Wenn ein biologischer Arbeitsstoff in den Organismenlisten nicht enthalten ist, ist er nicht automatisch der Risikogruppe 1 zuzuordnen.

(3) Der Zuordnung der biologischen Arbeitsstoffe zu Risikogruppen wurde deren Wirkung bei gesunden Arbeitnehmer/innen zugrundegelegt. Nicht berücksichtigt wurden hingegen spezifische Wirkungen bei Arbeitnehmer/innen, die besonders empfindlich sind, sowie bei schwangeren oder stillenden Arbeitnehmerinnen.

(4) Im Fall von Gattungen, von denen mehrere Arten als humanpathogen bekannt sind, enthalten die Listen die am häufigsten mit einem Krankheitsgeschehen assoziierten Arten und einen allgemeineren Hinweis darauf, dass andere Arten derselben Gattung möglicherweise den Gesundheitszustand beeinträchtigen.

(5) Wird bei der Zuordnung biologischer Arbeitsstoffe eine gesamte Gattung genannt, so ist davon auszugehen, daß die als nichtpathogen geltenden Arten und Stämme hievon ausgeschlossen sind.

(6) Die Zuordnung von Parasiten gilt nur für diejenigen Stadien des Lebenszyklus des betreffenden Parasiten, die für den Menschen am Arbeitsplatz möglicherweise infektionsfähig sind.

(7) Die in den Listen verwendeten Bezeichnungen der biologischen Arbeitsstoffe entsprechen dem Stand 2019 der internationalen Vereinbarungen über die Taxonomie und Nomenklatur von biologischen Arbeitsstoffen. Die Möglichkeit allfälliger späterer Änderungen in der Taxonomie und Nomenklatur ist zu beachten.

(8) In den Organismenlisten sind biologische Arbeitsstoffe mit folgenden Hinweisen versehen:

1. mit „A“: wenn sie mögliche allergene Wirkung haben,
2. mit „T“: wenn sie Toxine produzieren,
3. mit „V“: wenn ein wirksamer Impfstoff zur Verfügung steht und in der EU registriert ist,
4. mit „(**)“ wenn bei einem biologischen Arbeitsstoff der Risikogruppe 3 eine Infizierung über den Luftweg normalerweise nicht erfolgen kann und daher das diesbezügliche Infektionsrisiko für Arbeitnehmer/innen begrenzt ist,
5. mit „spp.“: wenn andere Arten als humanpathogen bekannt sind.

Schlußbestimmungen

§ 14. (1) Gemäß § 95 Abs. 1 ASchG wird festgestellt, daß die Behörde von den Bestimmungen dieser Verordnung, mit Ausnahme jener des § 9 Abs. 1, keine Ausnahme zulassen darf.

(2) Gemäß § 110 Abs. 2 ASchG wird festgestellt, daß gleichzeitig mit Inkrafttreten dieser Verordnung § 42 Abs. 6 ASchG in Kraft tritt.

(3) Gemäß § 125 Abs. 8 ASchG wird festgestellt, daß mit Inkrafttreten dieser Verordnung die nachstehenden Bestimmungen der Allgemeinen Arbeitnehmerschutzverordnung, die gemäß den im folgenden genannten Bestimmungen des ASchG als Bundesgesetz gelten, außer Kraft treten:

1. § 53 AAV (§ 110 Abs. 8 ASchG),
2. jeweils nur hinsichtlich infektiöser Arbeitsstoffe: § 49 Abs. 7, zweiter Halbsatz AAV (§ 114 Abs. 4 Z 2 ASchG), § 65 Abs. 9 AAV (§ 110 Abs. 8 ASchG), § 71 Abs. 1 AAV (§ 114 Abs. 4 Z 7 ASchG) und § 81 Abs. 8 AAV (§ 107 Abs. 4 ASchG).

(4) Liegt zum Zeitpunkt des Inkrafttretens dieser Verordnung bereits eine beabsichtigte Verwendung biologischer Arbeitsstoffe der Risikogruppe 2 oder 3 vor, müssen die folgenden Schutzmaßnahmen erst spätestens am 1. August 1999 getroffen sein:

1. Anhang 1.RG2: die Schutzmaßnahmen RG2.3, RG2.5, RG2.6 und RG2.8 bis RG2.10;
2. Anhang 1.RG3: die Schutzmaßnahmen RG3.2 und RG3.5 bis RG3.7.

(5) Spätestens zu den in § 110 Abs. 1a ASchG genannten Zeitpunkten müssen erfüllt sein:

1. bei beabsichtigter Verwendung: die in § 3, § 5 Abs. 4, § 7 Abs. 3, § 9 Abs. 4 und 5, § 11 Abs. 1 Z 4 und 5 und § 12 Abs. 2 Z 1 dieser Verordnung vorgesehenen Verpflichtungen;
2. bei unbeabsichtigter Verwendung: die in § 4, § 5 Abs. 4, § 7 Abs. 3, § 10 und § 12 Abs. 2 Z 1 dieser Verordnung vorgesehenen Verpflichtungen.

(6) Diese Verordnung tritt am 1. November 1998 in Kraft.

(7) § 1 Abs. 1 und Abs. 2, § 2 Abs. 1 und Abs. 3 sowie § 3 Z 5 in der Fassung BGBl. II Nr. 186/2015 treten mit dem ihrer Kundmachung folgenden Tag in Kraft.

(8) In Anhang 1 treten RG2.11 bis RG2.14, RG3.1, RG3.11 bis RG3.12 und RG4.12 bis RG4.13 in der Fassung der Verordnung BGBl. II Nr. 156/2021 mit dem der Kundmachung folgenden Tag in Kraft. Soweit nicht der biologische Arbeitsstoff SARS-CoV-2 verwendet wird, sind sie jedoch erst ab dem 20. November 2021 anzuwenden. § 13 Abs. 4, 7 und 8 Z 3 und 5 sowie Anhang 2 in der Fassung der Verordnung BGBl. II Nr. 156/2021 treten am 20. November 2021 in Kraft.

Der Anhang 2 betreffend Organismenliste (Bakterien, Viren, Parasiten und Pilze) wird hier nicht wiedergegeben; es wird auf die gedruckte Fassung des Bundesgesetzblattes BGBl. II Nr. 237/1998 vom 23. Juli 1998 und des BGBl. II Nr. 382/2020 (Art. 3) hingewiesen.

ZUSÄTZLICHE SCHUTZMASSNAHMEN

RG2: ***Zusätzliche Schutzmaßnahmen für Risikogruppe 2***

RG2.1 In der Arbeitsstätte muß ein Autoklav oder eine gleichwertige Dekontaminationseinrichtung (zB Durchreichautoklav) vorhanden sein.

RG2.2 Arbeiten mit biologischen Arbeitsstoffen müssen an gesonderten Arbeitsplätzen durchgeführt werden.

RG2.3 Arbeiten mit biologischen Arbeitsstoffen dürfen nur in einer Sicherheitswerkbank oder in geschlossenen Apparaturen durchgeführt werden.

RG2.4 An den Arbeitsplätzen dürfen biologische Arbeitsstoffe nur in der für den Fortgang der Arbeiten erforderlichen Menge vorhanden sein.

RG2.5 Durch geeignete Maßnahmen muß ein unkontrollierter Austritt von biologischen Arbeitsstoffen im Fall von Betriebsstörungen oder Zwischenfällen verhindert werden. Bei industriellen Verfahren (inklusive Technikumsmaßstab) müssen Auffangvorrichtungen vorhanden sein, deren Volumen sich nach dem größten Einzelvolumen orientiert.

RG2.6 Geräte und Arbeitsverfahren müssen so beschaffen sein, daß biologische Arbeitsstoffe auch bei Ausfall der Netzenergie nicht austreten können.

RG2.7 Sofern dies notwendig und technisch möglich ist, müssen zur Überprüfung einer möglichen unkontrollierten Verbreitung von biologischen Arbeitsstoffen stichprobenweise Tests auf das Vorhandensein verwendeter biologischer Arbeitsstoffe am Arbeitsplatz und in dessen Umgebung durchgeführt werden.

RG2.8 Wenn Prozeßabluft (zB aus Werkbänken, geschlossenen Apparaturen, Fermentern, Autoklaven) in Räume rückgeführt wird, muß sie über geeignete Filter gereinigt werden.

RG2.9 Bei industriellen Verfahren (inklusive Technikumsmaßstab) müssen Vorgänge wie Beimpfen, Probenehmen, Abernten aus einem Fermenter oder ähnliches, in oder mit Hilfe von geschlossenen Apparaturen erfolgen, sofern nicht eine Inaktivierung der biologischen Arbeitsstoffe erfolgt.

RG2.10 Bei industriellen Verfahren (inklusive Technikumsmaßstab) muß die Reinigung von Arbeitsgeräten und Anlagenteilen in geschlossenen Apparaturen erfolgen. Ist dies nicht möglich, müssen die mit biologischen Arbeitsstoffen verunreinigten Teile vor dem Öffnen dekontaminiert werden.

RG2.11 Sofern die Ermittlung und Beurteilung der Gefahren nichts anderes ergibt, muss eine wirksame Kontrolle von Überträgern wie Nagetieren oder Insekten gewährleistet werden.

RG2.12 Die Oberflächen von Werkbänken und Böden müssen wasserundurchlässig und leicht zu reinigen sein.

RG2.13 Sofern die Ermittlung und Beurteilung der Gefahren nichts anderes ergibt, muss für die sichere Entsorgung von Tierkörpern im Rahmen eines validierten Inaktivierungsprozesses gesorgt werden.

RG2.14 Sofern die Ermittlung und Beurteilung der Gefahren nichts anderes ergibt, muss der Arbeitsraum mit einem Beobachtungsfenster oder einer vergleichbaren Vorrichtung versehen sein, die die Beobachtung der im Arbeitsraum anwesenden Personen oder Tiere ermöglicht.

RG3: ***Zusätzliche Schutzmaßnahmen für Risikogruppe 3***

RG3.1 Aus dem Anhang 1.RG2 gelten die Punkte RG2.3 bis RG2.10 und RG2.14 auch für Risikogruppe 3.

RG3.2 Arbeitsbereiche, in denen biologische Arbeitsstoffe der Risikogruppe 3 verwendet werden, dürfen nur über eine mit zwei selbstschließenden Türen ausgestattete Schleuse zu betreten und zu verlassen sein. Die Türen der Schleuse müssen gegeneinander verriegelt sein und dürfen nur im Notfall entriegelt werden. In der Schleuse muß vorhanden sein
a) Waschbecken mit Armhebel-, Fuß- oder Sensorbetätigung,
b) getrennte Aufbewahrungsmöglichkeiten für Schutzausrüstung einerseits und für Arbeits- und Privatkleidung andererseits.

RG3.3 Arbeitgeber/innen haben dafür zu sorgen, daß
a) in der Schleuse geeignete Schutzkleidung angezogen wird,
b) im Arbeitsbereich geeignete Schutzkleidung getragen wird,
c) beim Arbeiten geeignete Schutzhandschuhe getragen werden,
d) die verwendete Schutzkleidung vor oder gleichzeitig mit der Reinigung dekontaminiert wird.

RG3.4 Im Arbeitsbereich muß ein Autoklav oder eine gleichwertige Dekontaminationseinrichtung (zB Durchreichautoklav) vorhanden sein.

RG3.5 Biologische Arbeitsstoffe der Risikogruppe 3 dürfen nur in Arbeitsräumen verwendet werden, die folgende Anforderungen erfüllen:
a) Es muß ein geeignetes Kommunikationssystem für Notfälle vorhanden sein.
b) Im Raum oder in unmittelbarer Nähe des Raumes muß ein Waschbecken mit Armhebel-, Fuß- oder Sensorbetätigung vorhanden sein.
c) Der Raum muß so abgedichtet werden können, daß eine Raumdesinfektion möglich ist.
d) Im Raum dürfen, wenn möglich, keine anderen Arbeiten durchgeführt werden.

RG3.6 Das Lüftungssystem des Arbeitsraumes muß an eine Notstromversorgung angeschlossen sein. Die Abluftleitungen müssen durch geeignete Filter (zB HEPA-Filter) gesichert sein. Filterwechsel müssen so erfolgen, daß eine Exposition von Arbeitnehmer/innen vermieden wird. Ist das nicht möglich, ist geeignete Schutzausrüstung zu tragen.

RG3.7 Bei Verwendung von biologischen Arbeitsstoffen der Risikogruppe 3, für die eine Übertragung durch die Luft (Partikel, Aerosole) nicht ausgeschlossen werden kann, ist der Arbeitsraum ständig unter Unterdruck zu halten, sodaß eine gerichtete Luftströmung von außen nach innen gewährleistet ist. Zur

Messung des Unterdrucks muß ein von innen und außen ablesbares Meßgerät vorhanden sein. Bei Druckanstieg muß ein optischer und akustischer Alarm erfolgen.

RG3.8 Das Ausschleusen von Proben mit lebenden biologischen Arbeitsstoffen der Risikogruppe 3 darf nur in bruchsicheren, dicht verschlossenen, entsprechend gekennzeichneten und außen dekontaminierten Behältern erfolgen.

RG3.9 Gegenstände oder Materialien, die kontaminiert sein könnten, müssen im Arbeitsbereich dekontaminiert werden. Ist das nicht möglich, dürfen sie nur in bruchsicheren, dicht verschlossenen, entsprechend gekennzeichneten und außen dekontaminierten Behältern aus dem Arbeitsraum gebracht werden. Dies gilt auch für Abfälle (einschließlich Tierkörpern).

RG3.10 Eine wirksame Kontrolle von Überträgern wie Nagetiere oder Insekten muß gewährleistet werden.

RG3.11 Die Oberflächen von Werkbänken und Böden müssen wasserundurchlässig und leicht zu reinigen sein. Bei der Ermittlung und Beurteilung der Gefahren ist zu berücksichtigen, ob das auch für andere Flächen erforderlich ist.

RG3.12 Sofern die Ermittlung und Beurteilung der Gefahren nichts anderes ergibt, muss jedes Labor über eine eigene Ausrüstung verfügen.

RG4: Zusätzliche Schutzmaßnahmen für Risikogruppe 4

RG4.1 Aus dem Anhang 1.RG2 gelten die Punkte RG2.4 bis RG2.7, RG2.9 und RG2.10 auch für Risikogruppe 4.

RG4.2 Aus dem Anhang 1.RG.3 gelten die Punkte RG3.3, RG3.6 und RG3.10 auch für Risikogruppe 4.

RG4.3 Biologische Arbeitsstoffe der Risikogruppe 4 dürfen nur in Arbeitsräumen verwendet werden, die nur über eine dreikammerige Schleuse betreten und verlassen werden können. Die Türen der Schleuse müssen jeweils gegeneinander verriegelt sein und dürfen nur im Notfall entriegelt werden. Es ist dafür zu sorgen, daß in der Schleuse alle Kleidungsstücke und Schmuck abgelegt werden. In der Schleuse muß vorhanden sein:

a) in der ersten Kammer: getrennte Aufbewahrungsmöglichkeiten für Schutzausrüstung einerseits und für Arbeits- und Privatkleidung andererseits;
b) in der zweiten Kammer: Waschraum: Dusche, Waschbecken mit Armhebel-, Fuß- oder Sensorbetätigung;
c) in der dritten Kammer: sterilisierbare Behälter für benutzte Schutzausrüstung.

RG4.4 Biologische Arbeitsstoffe der Risikogruppe 4 dürfen nur in Arbeitsräumen verwendet werden, die weiters folgende Anforderungen erfüllen:

a) Es muß eine Materialschleuse mit einer Dekontaminationseinrichtung (zB Durchreichautoklav) vorhanden sein.
b) Es muß eine kontinuierliche Sichtverbindung oder Kameraüberwachung und ein geeignetes Kommunikationssystem für Notfälle vorhanden sein.
c) Es muß ein Waschbecken mit Armhebel-, Fuß- oder Sensorbetätigung, vorhanden sein.
d) Ver- und Entsorgungsleitungen müssen gegen Rückfluß gesichert sein.
e) Gasleitungen müssen durch geeignete Filter (zB HEPA-Filter) gesichert sein.
f) Der Raum ist ständig unter Unterdruck zu halten, sodaß eine gerichtete Luftströmung von außen nach innen gewährleistet ist. Zur Messung des Unterdrucks muß ein von innen und außen ablesbares Meßgerät vorhanden sein. Bei Druckanstieg muß ein optischer und akustischer Alarm erfolgen.
g) Der Raum muß so abgedichtet werden können, daß eine Raumdesinfektion möglich ist.
h) Im Raum dürfen keine anderen Arbeiten durchgeführt werden.

RG4.5 Bei Verwendung biologischer Arbeitsstoffe der Risikogruppe 4 ist die Rückführung von Abluft, auch wenn diese gereinigt ist, in Räume verboten.

RG4.6 Die Arbeiten dürfen nur in einer Sicherheitswerkbank der Klasse 3 oder in geschlossenen Apparaturen durchgeführt werden. Sicherheitswerkbänke müssen zum Zweck der Desinfektion eine von außen zu bedienende Begasunganlage haben.

RG4.7 Arbeiten, die aus technischen Gründen nicht in einer Sicherheitswerkbank durchgeführt werden können, wie insbesondere Reinigung, Wartung, Instandhaltung und Aufräumarbeiten nach Austritt von biologischen Arbeitsstoffen, dürfen nur durchgeführt werden, wenn

a) der Raum zuvor zwecks Desinfektion begast wurde oder
b) die Arbeitnehmer/innen fremdbelüftete Vollschutzanzüge tragen.

RG4.8 Arbeitnehmer/innen dürfen nicht verpflichtet werden, allein im Arbeitsraum tätig zu sein.

RG4.9 Das Ausschleusen von Proben mit lebenden biologischen Arbeitsstoffen der Risikogruppe 4 darf nur in bruchsicheren, dicht verschlossenen, entsprechend gekennzeichneten und außen dekontaminierten Behältern erfolgen. Jeder Weitertransport hat in einem zusätzlichen, dicht verschlossenen, entsprechend gekennzeichneten Behälter zu erfolgen.

RG4.10 Das Ausschleusen von Gegenständen oder Materialien darf nur durch eine Materialschleuse mit Dekontaminationseinrichtung erfolgen.

RG4.11 Abfälle (einschließlich Tierkörper) müssen innerhalb des Arbeitsraumes dekontaminiert werden. Erforderlichenfalls muß in der Arbeitsstätte ein Verbrennungsofen für Tierkörper vorhanden sein.

RG4.12 Die Oberflächen von Werkbänken, Wänden, Böden und Decken müssen wasserundurchlässig und leicht zu reinigen sein.

RG4.13 Jedes Labor muss über eine eigene Ausrüstung verfügen.

Elektroschutzverordnung 2012

Verordnung über den Schutz der Arbeitnehmer/innen vor Gefahren durch den elektri-schen Strom (Elektroschutzverordnung 2012 – ESV 2012), BGBl. Nr. 33/2012, Art. I

Geltungsbereich und Begriffsbestimmungen

§ 1. (1) Diese Verordnung gilt in Arbeitsstätten, auf Baustellen und an auswärtigen Arbeitsstellen im Sinne des ASchG.

(2) §§ 4 und 5 gelten nur für elektrische Anlagen mit Nennspannungen bis 1000 V Wechselspannung oder 1500 V Gleichspannung.

(3) Im Sinne dieser Verordnung ist eine

1. Elektrofachkraft: eine Person mit geeigneter fachlicher Ausbildung, Kenntnissen und Erfahrungen, sodass sie Gefahren erkennen und vermeiden kann, die von der Elektrizität ausgehen können;
2. elektrotechnisch unterwiesene Person: eine Person, die durch Elektrofachkräfte ausreichend unterrichtet wurde, sodass sie Gefahren vermeiden kann, die von der Elektrizität ausgehen können.

1. ABSCHNITT

ELEKTRISCHE ANLAGEN UND ELEKTRISCHE BETRIEBSMITTEL

Allgemeine Bestimmungen

§ 2. (1) Zum Schutz der Sicherheit und der Gesundheit der Arbeitnehmer/innen vor Gefahren, die vom elektrischen Strom ausgehen, haben Arbeitgeber/innen dafür zu sorgen, dass elektrische Anlagen und elektrische Betriebsmittel nach den anerkannten Regeln der Technik betrieben werden, sich stets in sicherem Zustand befinden und Mängel unverzüglich behoben werden. Wenn die Betriebsverhältnisse eine unverzügliche Mängelbehebung nicht zulassen, sind geeignete Maßnahmen zum Schutz des Lebens und der Gesundheit der Arbeitnehmer/innen zu ergreifen (z.B. durch Absperren, Kenntlichmachen, Anbringen von Schildern) und die betroffenen Arbeitnehmer/innen darüber zu informieren.

(2) Arbeitgeber/innen haben dafür zu sorgen, dass nur solche elektrische Anlagen und elektrische Betriebsmittel verwendet werden, die im Hinblick auf Betriebsart und Umgebungseinflüsse den jeweiligen betrieblichen und örtlichen Anforderungen entsprechen und den zu erwartenden Beanspruchungen (wie gegebenenfalls insbesondere Hitze, Kälte, Feuchtigkeit sowie elektrische, mechanische oder chemische Beanspruchungen) sicher widerstehen können.

(3) Elektrische Anlagen und elektrische Betriebsmittel, von denen eine Gefahr durch den elektrischen Strom für die Arbeitnehmer/innen ausgeht, dürfen nicht verwendet werden.

Basisschutz (Schutz gegen direktes Berühren)

§ 3. (1) Elektrische Anlagen und elektrische Betriebsmittel dürfen nur verwendet werden, wenn ihre betriebsmäßig unter Spannung stehenden Teile entweder in ihrem ganzen Verlauf isoliert oder durch ihre Bauart, Lage oder Anordnung oder durch besondere Vorrichtungen gegen direktes Berühren geschützt sind.

(2) Abs. 1 gilt nicht

1. in abgeschlossenen elektrischen Betriebsstätten,
2. in Sonderfällen, in denen die anerkannten Regeln der Technik dies erlauben.

Fehlerschutz (Schutz bei indirektem Berühren)

§ 4. (1) In elektrischen Anlagen und für elektrische Betriebsmittel ist mindestens eine Maßnahme des Fehlerschutzes anzuwenden, wie insbesondere:

1. Nullung,
2. Fehlerstrom-Schutzschaltung,
3. Isolationsüberwachungssystem,
4. Schutzisolierung,
5. Schutzkleinspannung,
6. Funktionskleinspannung,
7. Schutztrennung,
8. Schutzerdung bei elektrischen Anlagen, die
   a. vor dem 1.1.2011 errichtet wurden oder
   b. nach dem 1.1.2011 errichtet wurden, sofern Nullung und Fehlerstrom-Schutzschaltung nicht angewendet werden können.

(2) Abs. 1 gilt nicht für Ausnahmen, die in den anerkannten Regeln der Technik ausdrücklich festgehalten sind, insbesondere

1. Betriebsmittel der Stromversorgung zur Messung elektrischer Arbeit und Leistung mit Nennspannungen bis 250 V gegen Erde,
2. Metallteile zur Führung oder Bewehrung von Leitungen und Kabeln, wenn zwischen Metallteilen und Leitern Schutzisolierung besteht,
3. Stahl- und Stahlbetonmasten in Verteilnetzen,
4. Dachständer und mit diesen leitend verbundene Metallteile in Verteilnetzen.

(3) Für elektrische Anlagen muss ein Hauptpotentialausgleich errichtet sein. Bei Untertagebauarbeiten muss zur Erzielung eines einheitlichen Erdpotentials ein zusätzlicher Leiter aus Kupfer oder Stahl mit mindestens 50 mm² Querschnitt unabhängig von der elektrischen Versorgungsleitung mitgeführt werden. Dieser Leiter ist in Abständen von nicht mehr als 100 m mit vorhandenen metallischen Leitern, wie Rohrleitungen und Schienen, elektrisch leitend zu verbinden und über Tage fachgemäß zu erden.

(4) Abweichend von Abs. 1 muss in von Baustromverteilern gespeisten Stromkreisen mindestens eine Maßnahme des Fehlerschutzes Anwendung finden, wie insbesondere

1. Nullung,
2. Fehlerstrom-Schutzschaltung,
3. Schutzisolierung,
4. Schutzkleinspannung,
5. Schutztrennung.

Zusatzschutz durch Fehlerstrom-Schutzeinrichtungen

§ 5. Arbeitgeber/innen haben dafür zu sorgen, dass

1. in Arbeitsstätten Stromkreise mit Steckdosen für den Hausgebrauch gemäß ÖVE/ÖNORM IEC 60884-1 oder für industrielle Anwendungen gemäß ÖVE/ÖNORM EN 60309 bis 16 Ampere Nennstrom bei Anwendung der Maßnahmen des Fehlerschutzes Schutzerdung, Nullung oder Fehlerstrom-Schutzschaltung mit einem Zusatzschutz in Form von Fehlerstrom-Schutzeinrichtungen mit einem Nennfehlerstrom von maximal 0,03 Ampere ausgestattet sind,
2. von Baustromverteilern gespeiste Stromkreise mit Steckdosen bis 32 Ampere Nennstrom, bei Anwendung der Maßnahmen des Fehlerschutzes Nullung

oder Fehlerstrom-Schutzschaltung, mit einem Zusatzschutz in Form von Fehlerstrom Schutzeinrichtungen mit einem Nennfehlerstrom von maximal 0,03 Ampere ausgestattet sind,

3. ortsveränderliche elektrische Betriebsmittel, die sie ihren Arbeitnehmer/innen als Arbeitsmittel zur Verfügung stellen, auf Baustellen oder auf auswärtigen Arbeitsstellen nur dann an Steckdosen, die Teil einer bestehenden Hausinstallation oder einer ähnlichen Anlage sind, betrieben werden, wenn
   a) feststeht, dass die Steckdose durch eine Fehlerstrom-Schutzeinrichtung mit einem Nennfehlerstrom von maximal 0,03 Ampere geschützt ist oder
   b) ein ortsveränderlicher Adapter mit eingebauter Fehlerstrom-Schutzeinrichtung mit einem Nennfehlerstrom von maximal 0,03 Ampere verwendet wird.

Leitungsroller

§ 6. Arbeitgeber/innen haben dafür zu sorgen, dass Leitungsroller vorzugsweise mit eingebauter Überhitzungsschutzeinrichtung verwendet werden. Leitungsroller ohne Überhitzungsschutzeinrichtung dürfen nur bei vollständig abgerolltem Kabel verwendet werden.

Kontrollen und Prüfungen

§ 7. (1) Arbeitgeber/innen haben dafür zu sorgen, dass die elektrischen Anlagen in ihren Arbeitsstätten und auf Baustellen sowie die von ihnen ihren Arbeitnehmer/innen als Arbeitsmittel zur Verfügung gestellten ortsveränderlichen elektrischen Betriebsmittel nur verwendet werden, wenn

1. die für diese nach Abs. 3 erforderlichen Kontrollen durchgeführt wurden,
2. die für diese nach §§ 8 und 9 erforderlichen Prüfungen von Elektrofachkräften, die Kenntnisse durch Prüfung vergleichbarer Anlagen und Betriebsmittel haben, durchgeführt wurden, und
3. Angaben von Hersteller/innen oder von Inverkehrbringer/innen über die Prüfungen der elektrischen Anlagen oder elektrischen Betriebsmitteln eingehalten werden.

(2) Abs. 1 Z 2 gilt nicht für elektrische Anlagen der öffentlichen Stromversorgung.

(3) Folgende Kontrollen durch eine elektrotechnisch unterwiesene Person sind erforderlich:

1. Kontrolle der Funktion von Fehlerstrom-Schutzeinrichtungen, jedenfalls für jene, die den Fehler- oder Zusatzschutz nach den Regeln der Technik gewährleisten, durch Betätigung der Prüftaste in den von den Hersteller/innen oder Inverkehrbringer/innen angegebenen Intervallen, falls solche Intervalle nicht angegeben sind, zumindest alle sechs Monate, sowie nach einem Fehlerfall,
2. auf Baustellen: Kontrolle der elektrischen Anlagen für den Betrieb der Baustelle und der elektrischen Betriebsmittel auf offensichtliche Mängel mindestens einmal wöchentlich,
3. bei Untertagebauarbeiten:
   a) wöchentliche Kontrolle der Funktion von Fehlerstrom-Schutzeinrichtungen durch Betätigen der Prüftaste, der Einrichtungen zur Erfassung von Erdschlüssen, der Einrichtungen zur Überwachung des Schutzleiters und des Isolationswiderstandes, der Notbeleuchtungen sowie der Einrichtungen zur Notabschaltung,
   b) zumindest monatliche Kontrolle der Funktion von Fehlerstrom-Schutzeinrichtungen mit geeigneten Messgeräten.

(4) Über die Ergebnisse der Kontrollen nach Abs. 3 Z 3 sind Vormerke zu führen, die zumindest das Datum sowie Namen und Unterschrift der Person, die die Kontrolle durchgeführt hat, enthalten. Die jeweils letzten beiden Vormerke sind aufzubewahren.

(5) Im Bergbau ist für die systematische Prüfung, Wartung und gegebenenfalls Erprobung von maschinellen und elektrischen Betriebsmitteln und Anlagen ein geeigneter Plan aufzustellen. Sämtliche Wartungs-, Prüf- und Erprobungsarbeiten an elektrischen Anlagen oder elektrischen Betriebsmitteln sind von einer Elektrofachkraft durchzuführen. Die Prüfungen und Tests sind in einem Protokoll festzuhalten, das entsprechend aufzubewahren ist.

Prüfungen vor Inbetriebnahme

§ 8. Eine Prüfung vor Inbetriebnahme ist erforderlich für

1. elektrische Anlagen nach ihrer Errichtung oder Wiedererrichtung,
2. elektrische Anlagen oder Anlagenteile nach wesentlichen Änderungen, wesentlichen Erweiterungen oder nach Instandsetzung,
3. ortsveränderliche elektrische Betriebsmittel nach Änderungen oder nach Instandsetzung.

Wiederkehrende Prüfungen

§ 9. (1) Wiederkehrende Prüfungen sind erforderlich für

1. elektrische Anlagen,
2. ortsveränderliche elektrische Betriebsmittel der Schutzklasse I in Arbeitsstätten, es sei denn, die Ermittlung und Beurteilung der Gefahren hat ergeben, dass diese ausschließlich an Steckdosen einer elektrischen Anlage betrieben werden, die dem § 5 Z 1 entspricht,
3. ortsveränderliche elektrische Betriebsmittel, die im Bergbau oder bei Untertagebauarbeiten verwendet werden.

(2) Die Zeitabstände von wiederkehrenden Prüfungen nach Abs. 1 betragen längstens fünf Jahre. Abweichend davon betragen die Zeitabstände

1. längstens zehn Jahre, wenn die elektrische Anlage nur geringen Belastungen ausgesetzt ist, wie insbesondere in Büros oder in Handels- oder Dienstleistungsbetrieben, wenn keine Einflüsse nach Abs. 3 vorliegen,
2. längstens drei Jahre in explosionsgefährdeten Bereichen und in Bereichen, in denen explosionsgefährliche Arbeitsstoffe verwendet werden,
3. längstens ein Jahr in explosionsgefährdeten Bereichen und in Bereichen, in denen explosionsgefährliche Arbeitsstoffe verwendet werden, im Fall einer außergewöhnlichen Beanspruchung z.B. durch eine der in Abs. 3 Z 1 genannten Einwirkungen,
4. längstens ein Jahr auf Baustellen sowie in jenen Teilen von Arbeitsstätten oder auswärtigen Arbeitsstellen, in denen feste mineralische Rohstoffe obertage gewonnen oder aufbereitet werden,
5. längstens sechs Monate bei Untertagebauarbeiten und im Untertagebergbau.

(3) Abweichend von Abs. 2 hat die Behörde für die Prüfung von elektrischen Anlagen, Anlagenteilen oder elektrischen Betriebsmitteln, die nicht unter Abs. 2 Z 3 bis 5 fallen, kürzere Zeitabstände vorzuschreiben:

1. längstens drei Jahre im Fall einer außergewöhnlichen Beanspruchung z.B. durch

a) Feuchtigkeit oder Nässe, oder wenn Kondenswasser oder Spritzwasser nicht ausgeschlossen werden kann,
b) Umgebungstemperaturen von weniger als 20°C oder mehr als 40°C,
c) Einwirkung von Säuren, Laugen, Lösemitteln oder deren Dämpfen, die Korrosion bewirken können,
d) direkte Einwirkungen von Witterungseinflüssen, soweit sie nicht schon durch lit. a oder b erfasst sind,
e) Einwirkung von Staub, der durch die Arbeitsvorgänge entsteht.

2. längstens ein Jahr im Fall einer außergewöhnlichen Beanspruchung durch das Zusammentreffen von mehreren der in Z 1 genannten Einwirkungen.

(4) Die Behörde hat zusätzliche Prüfungen vorzuschreiben, wenn der Verdacht gegeben ist, dass sich eine elektrische Anlage oder ein elektrisches Betriebsmittel nicht in ordnungsgemäßem Zustand befindet und dadurch Arbeitnehmer/innen gefährdet sein könnten.

Mindestinhalt der Prüfungen

§ 10. (1) Bei elektrischen Anlagen müssen die Prüfungen nach §§ 8 und 9 zumindest folgende Inhalte umfassen:
1. Sichtprüfung des ordnungsgemäßen Zustandes
2. Schutzmaßnahmen gegen direktes Berühren (Basisschutz)
3. Schutzmaßnahmen bei indirektem Berühren (Fehlerschutz)
4. gegebenenfalls Schutzmaßnahmen des Zusatzschutzes
5. gegebenenfalls Erfassung des thermischen Zustandes relevanter elektrischer Betriebsmittel.

(2) Bei ortsveränderlichen elektrischen Betriebsmitteln müssen die Prüfungen nach §§ 8 und 9 zumindest folgende Inhalte umfassen:
1. Sichtprüfung des ordnungsgemäßen Zustandes,
2. Funktionsprüfung,
3. gegebenenfalls Prüfung des Schutzleiters und Messung des Schutzleiterstroms,
4. gegebenenfalls Messung des Isolationswiderstandes.

Prüfbefunde

§ 11. (1) Es ist dafür zu sorgen, dass die Ergebnisse der Prüfungen nach §§ 8 und 9 in einem Prüfbefund festgehalten werden, der folgende Angaben enthält:
1. Prüfdatum,
2. Name des Prüfers/der Prüferin,
3. Anschrift des Prüfers/der Prüferin oder Bezeichnung und Anschrift der prüfenden Stelle,
4. Unterschrift des Prüfers/der Prüferin,
5. Umfang und Ergebnis der Prüfung, wobei eindeutig nachvollziehbar sein muss, welche Anlagen, Anlagenteile und Betriebsmittel geprüft wurden,
6. die in der elektrischen Anlage realisierten Maßnahmen des Fehlerschutzes und Zusatzschutzes.

(2) Schaltpläne und Unterlagen für die elektrische Anlage sowie Befunde über Prüfungen vor Inbetriebnahme (§ 8) sind bis zum Stilllegen der elektrischen Anlage oder Ausscheiden des elektrischen Betriebsmittels aufzubewahren. Über wiederkehrende Prüfungen (§ 9) sind jeweils zumindest die letzten beiden Befunde aufzubewahren. Beträgt das Prüfintervall jedoch mehr als drei Jahre, ist der Befund über die letzte Überprüfung ausreichend.

(3) Die Prüfbefunde für elektrische Anlagen oder deren Kopien müssen in der Arbeitsstätte oder auf der Baustelle, die Prüfbefunde für ortsveränderliche elektrische Betriebsmittel müssen am Einsatzort des elektrischen Betriebsmittels einsehbar sein. Bei nicht besetzten Anlagen müssen die Prüfbefunde bei der dieser Anlage zugeordneten Stelle einsehbar sein.

(4) Abs. 3 gilt nicht für elektrische Betriebsmittel, an denen eine Prüfplakette angebracht ist, die
1. das Datum der letzten wiederkehrenden Prüfung aufweist,
2. eine eindeutige Zuordnung zum Prüfbefund des elektrischen Betriebsmittels aufweist,
3. unverwischbar und gut lesbar beschriftet ist,
4. an gut sichtbarer Stelle am elektrischen Betriebsmittel angebracht ist.

2. ABSCHNITT

ARBEITEN AN ODER IN DER NÄHE VON ELEKTRISCHEN ANLAGEN

Arbeiten im spannungsfreien Zustand

§ 12. (1) Arbeitgeber/innen haben dafür zu sorgen, dass vor dem Beginn von Arbeiten, die im spannungsfreien Zustand durchgeführt werden, der Arbeitsbereich eindeutig festgelegt wird und die Arbeiten nach den anerkannten Regeln der Technik durchgeführt werden. Dabei sind insbesondere die fünf Sicherheitsregeln einzuhalten:
1. Freischalten,
2. gegen Wiedereinschalten sichern,
3. Spannungsfreiheit feststellen,
4. Erden und Kurzschließen:
   a) in Hochspannungsanlagen jedenfalls,
   b) in Kleinspannungs- oder Niederspannungsanlagen, wenn die Gefahr besteht, dass die Anlage unter Spannung gesetzt wird,
5. benachbarte, unter Spannung stehende Teile abdecken oder abschranken.

(2) Alle an der Arbeit beteiligten Personen müssen Elektrofachkräfte oder elektrotechnisch unterwiesene Personen sein oder von einer solchen Person beaufsichtigt werden.

Arbeiten unter Spannung

§ 13. (1) Arbeitgeber/innen haben dafür zu sorgen, dass Arbeiten unter Spannung nach den anerkannten Regeln der Technik durchgeführt werden.

(2) Die Arbeiten dürfen nur von Elektrofachkräften oder elektrotechnisch unterwiesenen Personen durchgeführt werden, die
1. eine für die betreffenden Arbeiten einschlägige Spezialausbildung sowie die erforderlichen Nachschulungen erhalten haben, und
2. über die für die betreffenden Arbeiten notwendige Ausrüstung und persönliche Schutzausrüstung verfügen.

(3) Die Arbeiten dürfen nur durchgeführt werden, wenn schriftliche Arbeitsanweisungen festgelegt sind.

(4) Von Abs. 2 Z 1 und von Abs. 3 kann abgewichen werden, wenn die Ermittlung und Beurteilung der Gefahren nach den anerkannten Regeln der Technik ergibt, dass ein sicheres Arbeiten trotzdem möglich ist.

(5) Bei starkem Regen, bei schlechter Sicht, bei Gewitter, bei Brand- und Explosionsgefahr oder wenn Arbeitsmittel nicht ungehindert benutzt werden können, dürfen Arbeiten unter Spannung nicht durchgeführt werden.

Bei sonstigen ungünstigen Umgebungsbedingungen hat der/die Arbeitgeber/in Arbeiten unter Spannung entsprechend der Minderung der Isolationseigenschaften und der eingeschränkten Sicht und Bewegungsfreiheit zu beschränken.

(6) Arbeitgeber/innen haben dafür zu sorgen, dass Arbeitsmittel und persönliche Schutzausrüstung für das Arbeiten unter Spannung in ordnungsgemäßem Zustand erhalten werden. Die Arbeitnehmer/innen sind in der dazu erforderlichen Vorgangsweise (betreffend Aufbewahrung und Lagerung, Transport, Pflege, Instandhaltung) zu unterweisen.

Arbeiten in der Nähe unter Spannung stehender Teile

§ 14. (1) Arbeitgeber/innen haben dafür zu sorgen, dass in der Nähe von unter Spannung stehenden Teilen mit Nennspannungen über 50 V Wechselspannung oder 120 V Gleichspannung nur dann gearbeitet wird, wenn durch geeignete Maßnahmen nach den anerkannten Regeln der Technik sichergestellt ist, dass Arbeitnehmer/innen die unter Spannung stehenden Teile nicht berühren können und nicht mit Körperteilen oder Gegenständen in gefährliche Bereiche (Abs. 3 und 4) eindringen können.

(2) Geeignete Maßnahmen im Sinne des Abs. 1 sind

1. Schutzvorrichtung, Abdeckung, Kapselung oder isolierende Umhüllung der unter Spannung stehenden Teile oder,
2. wenn dies nicht möglich ist, Schutz durch Abstand nach Maßgabe der Abs. 3 bis 5.

(3) Im Fall des Abs. 2 Z 2 haben die Arbeitgeber/innen vor dem Beginn der Arbeiten die Größe des notwendigen Abstandes festzulegen, der jedenfalls größer sein muss als die Gefahrenzone (Anhang 1), und haben bei der Festlegung Folgendes zu berücksichtigen:

1. Art und Umstände der Arbeiten,
2. Ausbildung und Kenntnisse der Arbeitnehmer/innen,
3. Höhe der Spannung,
4. Art der verwendeten Arbeitsmittel und anderen Ausrüstungen,
5. mögliche Bewegungen von Arbeitsmitteln und Gegenständen (z.B. Lasten, Trag- oder Lastaufnahmemittel) sowie von Freileitungen.

(4) Wenn nichtelektrotechnische Arbeiten, insbesondere Bauarbeiten, von elektrotechnischen Laien durchgeführt werden sollen, gilt im Fall des Abs. 2 Z 2 weiters Folgendes:

1. Der notwendige Abstand muss jedenfalls größer sein als die Annäherungszone (Anhang 2).
2. Es sind
   a. nur solche Arbeitsmittel zu verwenden, deren Höhe und Reichweite die Einhaltung des notwendigen Abstandes gewährleisten oder
   b. geeignete technische Maßnahmen anzuwenden (wie Prallseile, Abschrankungen, Dreh , Höhen oder Auslegerbegrenzungen von Maschinen), die sicher stellen, dass ein gefahrbringendes Annähern an unter Spannung stehende Teile verhindert ist oder
   c. geeignete betriebliche oder organisatorische Maßnahmen zu setzen (wie Warneinrichtungen), die sicher stellen, dass ein gefahrbringendes Annähern an unter Spannung stehende Teile verhindert ist.

(5) Die Arbeitnehmer/innen müssen über die notwendigen Sicherheitsabstände eingehend informiert werden. Dies gilt insbesondere bei nichtelektrotechnischen Arbeiten bei denen ein gefahrbringendes Annähern an unter Spannung stehende Teile absehbar ist (Kran, Leitern, Betonlift, etc.).

3. ABSCHNITT

BLITZSCHUTZ UND SCHLUSSBESTIMMUNGEN

Blitzschutz

§ 15. (1) Arbeitsstätten müssen mit Blitzschutzanlagen ausgestattet sein, wenn aufgrund ihrer Höhe, Flächenausdehnung, Umgebung und der zu erwartenden Blitzaktivität (Erdblitzdichte), in Relation zu Bauweise, Nutzung oder Inhalt des Gebäudes, eine Gefährdung durch Blitzschlag oder durch die Folgen eines Blitzschlags besteht. Dies gilt auch für Baustellen, soweit dies technisch möglich ist.

(2) Für blitzschlaggefährdete Arbeitsmittel müssen Vorkehrungen getroffen werden, durch die durch Blitzschlag verursachte elektrische Ladungen auf sichere Art und Weise in den Erdboden abgeleitet werden.

(3) § 8 Z 1 und 2 gilt auch für Blitzschutzanlagen. Weiters haben Arbeitgeber/innen dafür zu sorgen, dass Blitzschutzanlagen, die nach Abs. 1 erforderlich sind, regelmäßig auf ihren ordnungsgemäßen Zustand geprüft werden und festgestellte Mängel unverzüglich behoben werden. Prüfungen müssen von Elektrofachkräften, die über Kenntnisse in den einschlägigen Blitzschutz-Normen und Kenntnisse durch Prüfung vergleichbarer Anlagen haben, in folgenden Zeitabständen durchgeführt werden:

1. längstens drei Jahre,
2. davon abweichend längstens ein Jahr im Falle der Verwendung von explosionsgefährlichen, hochentzündlichen oder größeren Mengen von leichtentzündlichen Arbeitsstoffen (oder Arbeitsstoffen der Gefahrenklasse 1, der Gefahrenklasse 6 Kategorie 1 und 2 oder der Gefahrenklasse 7).

(4) Für den Prüfbefund gilt § 11 Abs. 1 Z 1 bis 4, Abs. 2 und Abs. 3.

Schlussbestimmungen

§ 16. (1) Hinsichtlich elektrischer Anlagen, die im Zeitpunkt des Inkrafttretens dieser Verordnung bereits bestehen, wird den Verpflichtungen nach § 3, § 4 Abs. 1 und 3 sowie § 5 auch durch Einhaltung der zur Zeit der Errichtung oder Änderung der elektrischen Anlage in Geltung gestandenen elektrotechnischen Vorschriften entsprochen, sofern nicht für die betreffende elektrische Anlage in einer Verordnung oder einem Bescheid nach § 4 Abs. 2 des Elektrotechnikgesetzes 1992, BGBl. Nr. 106/1993, etwas Anderes normiert ist.

(2) § 8 Z 1 und 2 gilt nur für elektrische Anlagen, die nach Inkrafttreten dieser Verordnung erstmals in Betrieb genommen werden.

(3) Gemäß § 125 Abs. 8 ASchG wird festgestellt, dass §§ 16 und 21 Abs. 4 sowie in § 21 Abs. 5 und 6 die Verweise auf Abs. 4 der gemäß § 119 Abs. 1 ASchG als Bundesgesetz geltenden Druckluft- und Taucherarbeitenverordnung, BGBl. Nr. 501/1973, zuletzt geändert durch BGBl. II Nr. 13/2007, mit Inkrafttreten dieser Verordnung außer Kraft treten.

(4) Es wird festgestellt, dass die gemäß § 196 Abs. 1 Z 7 des Mineralrohstoffgesetzes, BGBl. I Nr. 38/1999 (MinroG) weiter geltende Bergpolizeiverordnung für Elektrotechnik, BGBl. Nr. 737/1996, als Arbeitnehmerschutzvorschrift mit Inkrafttreten dieser Verordnung außer Kraft tritt.

(5) Durch § 7 Abs. 5 werden Punkt 3.1 des Anhangs zur Richtlinie 92/104/EWG sowie Punkt 4.1 des Anhangs zur Richtlinie 92/91/EWG umgesetzt.

(6) § 5 Z 3 und § 9 Abs. 1 Z 2 treten ein Jahr nach dem in Abs. 7 genannten Zeitpunkt in Kraft.

(7) Diese Verordnung tritt am 1. März 2012 in Kraft. Gleichzeitig tritt die Elektroschutzverordnung 2003 – ESV 2003, BGBl. II Nr. 424/2003, außer Kraft.

ANHANG 1

GEFAHRENZONE

Netz-Nennspannung (kV)	Äußere Grenze der Gefahrenzone (cm)	
	Innenraumanlage	Freiluftanlage
<1	keine Berührung	
3	6	12
6	9	12
10	12	15
15	16	16
20	22	22
30	32	32
36	38	38
45	48	48
60	63	63
70	75	75
110	110	110
132	130	130
150	150	150
220	210	210
275	240	240
380	340	340
480	410	410
700	640	640

ANHANG 2

ANNÄHERUNGSZONE

Netz-Nennspannung(kV)	Äußere Grenze der Annäherungszone (cm)
bis 1	50
über 1 bis 30	150
über 30 bis 110	200
über 110 bis 220	300
über 220 bis 380	400

AUSNAHMEN VON ANHANG 1 UND ANHANG 2:
Von den in Anhang 1 und 2 angeführten Abständen kann abgewichen werden, wenn die Ermittlung und Beurteilung der Gefahren nach den anerkannten Regeln der Technik ergibt, dass ein sicheres Arbeiten möglich ist.

Raum für Anmerkungen und Notizen

Verordnung Sicherheitsfachkräfteausbildung

Verordnung über die Fachausbildung der Sicherheitsfachkräfte und die Besonderheiten der sicherheitstechnischen Betreuung für den untertägigen Bergbau (SFK-VO), BGBl. Nr. 277/1995 idF. BGBl. II Nr. 342/2002, BGBl. II Nr. 13/2007 (Art. III), BGBl. II Nr. 110/2013 und BGBl. II Nr. 236/2017

Auf Grund der §§ 74 und 90 Abs. 1 Z 1 des Bundesgesetzes über Sicherheit und Gesundheitsschutz bei der Arbeit (ArbeitnehmerInnenschutzgesetz – ASchG), BGBl. Nr. 450/1994, wird verordnet:

Inhalt und Umfang der Fachausbildung

§ 1. (1) Die Fachausbildung muss das notwendige Wissen auf dem Gebiet der Arbeitssicherheit und Kenntnisse der maßgeblichen Arbeitnehmerschutzvorschriften vermitteln. Sie hat die Auszubildenden in die Lage zu versetzen, die Aufgaben einer Sicherheitsfachkraft zu erfüllen.

(2) Die Fachausbildung hat folgende Gebiete zu umfassen:

1. Einführung und Grundlagen: mindestens acht Unterrichtseinheiten;
2. Rechtsgrundlagen, Normen: mindestens 32 Unterrichtseinheiten;
3. Grundsätze der Organisation und der Methoden des betrieblichen Arbeitnehmerschutzes: mindestens 23 Unterrichtseinheiten;
4. Sicherheit von Arbeitssystemen mit Anwendungsfällen: mindestens 60 Unterrichtseinheiten;
5. Ergonomie, Grundlagen und Anwendung: mindestens 24 Unterrichtseinheiten;
6. Schadstoffe, Grundlagen und Anwendung: mindestens 19 Unterrichtseinheiten;
7. Ermittlung und Beurteilung von Gefahren, Festlegung von Maßnahmen: mindestens zehn Unterrichtseinheiten;
8. Kosten-Nutzen-Analyse: mindestens zehn Unterrichtseinheiten;
9. Psychologische und betriebssoziologische Grundlagen des Arbeitnehmerschutzes: mindestens 27 Unterrichtseinheiten;
10. Schnittstellen mit verwandten Sachgebieten, insbesondere dem Verkehrswesen: mindestens sieben Unterrichtseinheiten.

(3) Die Fachausbildung hat mindestens acht Wochen zu umfassen, die Gesamtzahl der Unterrichtseinheiten darf 288 nicht unterschreiten. Eine Unterrichtseinheit umfaßt 50 Minuten. Die Differenez zwischen der Gesamtzahl von 288 Unterrichtseinheiten zu den verbindlich vorgeschriebenen von 220 im Ausmaß von 68 Unterrichtseinheiten bleibt der individuellen inhaltlichen und didaktischen Gestaltung des Unterrichts durch die einzelne Ausbildungseinrichtung vorbehalten.

(3a) Anwesenheitspflicht besteht jedenfalls in der ersten und letzten Ausbildungswoche. Nach Abschluss der ersten Ausbildungswoche und vor Beginn der letzten Ausbildungswoche kann die Anwesenheitspflicht im Ausmaß von insgesamt höchstens 96 Unterrichtseinheiten durch Selbststudium ersetzt werden, wobei Seminarteile und Selbststudium aufeinander folgend abzuwechseln haben. Die Ausbildungseinrichtung hat geeignetes Lernmaterial (wie Skripten, CD-Roms, Videos) für das Selbststudium zur Verfügung zu stellen.

(4) Die Fachausbildung kann blockweise durchgeführt werden, wobei die einzelnen Ausbildungsabschnitte mindestens eine Woche betragen müssen. Die Ausbildungseinrichtung hat zu gewährleisten, dass die Fachausbildung bei normalem Ausbildungsgang innerhalb von zwei Jahren abgeschlossen werden kann.

Qualitätskriterien der Fachausbildung

§ 2. Die Fachausbildung hat einem möglichst hohen Qualitätsanspruch zu genügen. Daher sind bei der Fachausbildung folgende Qualitätskriterien einzuhalten:

1. Die Ausbildung muss praxis- und anwendungsorientiert erfolgen.
2. Der Ausbildung muss ein geschlossenes Gesamtkonzept zugrunde liegen.
3. Die Ausbildung muss lernzielorientiert erfolgen.
4. Die Ausbildung muss modernen methodisch-didaktischen Anforderungen genügen.
5. Lernkontrollen und Prüfungen müssen sich an Lernzielen orientieren.

Lernkontrollen und Prüfung

§ 3. (1) Während der Fachausbildung ist der Lernfortschritt durch zweckentsprechende Lernkontrollen zu überprüfen.

(2) Die Fachausbildung ist mit einer Prüfung abzuschließen. Die Prüfung ist sowohl schriftlich als auch mündlich abzuhalten. Die Prüfung kann wiederholt werden.

(3) Über den erfolgreichen Abschluß der Fachausbildung ist ein Zeugnis auszustellen. Bei blockweiser Durchführung der Fachausbildung ist den Teilnehmern und Teilnehmerinnen eine Bestätigung über die Teilnahme an den einzelnen Ausbildungsabschnitten auszustellen.

(4) Das Bundesministerium für Arbeit, Soziales und Konsumentenschutz ist vom Prüfungstermin zeitgerecht zu verständigen und ist berechtigt, eine/n Vertreter/in zur Prüfung zu entsenden.

Ausbildung im Ausland

§ 3a. (1) Eine Ausbildungseinrichtung mit gemäß § 6 anerkannter Fachausbildung, die als öffentlich-rechtliche Körperschaft eingerichtet ist, muss auf Antrag an Staatsangehörige eines Mitgliedstaates der Europäischen Union ohne Absolvierung einer Ausbildung und Ablegung einer Prüfung nach dieser Verordnung ein Zeugnis gemäß § 3 Abs. 3 ausstellen, wenn diese Person nachweist einen entsprechenden Befähigungs- oder Ausbildungsnachweis zu besitzen, der in einem anderen Mitgliedstaat erforderlich ist, um in dessen Hoheitsgebiet die Erlaubnis zur Aufnahme oder Ausübung dieses Berufs zu erhalten.

(2) Ist im Herkunftsmitgliedsstaat einer/eines Staatsangehörigen eines Mitgliedstaates der Europäischen Union kein Befähigungs- oder Ausbildungsnachweis erforderlich, um die Erlaubnis zur Aufnahme oder Ausübung der Tätigkeit einer Sicherheitsfachkraft (Fachkraft für Arbeitssicherheit) nach §§ 73ff ASchG in dessen Hoheitsgebiet zu erhalten (Art. 13 Abs. 2 der Richtlinie des Europäischen Parlaments und des Rates vom 7. September 2005 über die Anerkennung von Berufsqualifikationen 2005/36/EG, ABl. Nr. L 255/22, in der Fassung der Änderungsrichtlinie 2013/55/EU des Europäischen Parlaments und des Rates vom 20. November 2013, ABl. L 354, S. 132 vom 28.12.2013), muss die Ausbildungseinrichtung (Abs. 1) ein Zeugnis zum Nachweis der Fachkenntnisse ausstellen, wenn die betreffende Person

1. den Abschluss einer die jeweiligen Fachkenntnisse vermittelnden reglementierten Ausbildung im Sinn des Artikels 3 Abs. 1 lit. e) der Richtlinie 2005/36/EG oder
2. eine einschlägige Berufserfahrung im Sinn des Art. 3 lit. f der Richtlinie 2005/36/EG über die Anerkennung von Berufsqualifikationen (ABl. L 255/22 vom 30.9.2005, in der Fassung der Änderungsrichtlinie 2013/55/EU des Europäischen Parlaments und des Rates vom 20. November 2013, ABl. L 354, S. 132 vom 28.12.2013) ein Jahr lang in Normalarbeitszeit oder während einer entsprechenden Gesamtdauer in Teilzeit in den letzten zehn Jahren nachweist.

nachweist.

(3) Abs. 1 und 2 gilt sinngemäß für außerhalb der Europäischen Union nachweislich abgeschlossene Ausbildungen und erworbene Berufserfahrungen von Staatsangehörigen eines Mitgliedstaats der Europäischen Union oder von Staatsangehörigen eines Vertragsstaats des Europäischen Wirtschaftsraumes (EWR), der Schweizerischen Eidgenossenschaft oder der Türkei, wenn die Ausbildung in einem dieser Staaten abgeschlossen oder die Berufserfahrung in einem dieser Staaten erworben wurde.

(4) Befähigungs- oder Ausbildungsnachweise, die außerhalb der Europäischen Union oder den in Abs. 3 genannten Staaten erworben wurden und bereits in einem Mitgliedstaat der Europäischen Union nach der Richtlinie über die Anerkennung von Berufsqualifikationen 2005/36/EG anerkannt worden sind, gelten als Nachweis der Fachkenntnisse und sind durch die Ausbildungseinrichtung (Abs. 1) auf Antrag durch Zeugnisausstellung gemäß § 3 Abs. 3 anzuerkennen. Wurden solche Befähigungs- oder Ausbildungsnachweise noch nicht in einem Mitgliedstaat der Europäischen Union anerkannt, haben Ausbildungseinrichtungen (Abs. 1) auf Antrag solche Nachweise durch Zeugnisausstellung gemäß § 3 als Nachweis der Fachkenntnisse nach dieser Verordnung anzuerkennen, wenn die Gewähr dafür gegeben ist, dass Fachkenntnisse im Sinn dieser Verordnung vorliegen. Ist auf Grund der vorgelegten Nachweise nicht eindeutig feststellbar, dass zumindest Fachkenntnisse vorliegen, die den Fachkenntnissen nach dieser Verordnung entsprechen, hat sich die Ausbildungseinrichtung vom Vorliegen ausreichender Fachkenntnisse durch eine theoretische und/oder praktische Prüfung zu überzeugen.

(5) Antragsberechtigt ist jene Person, die über einen Befähigungs- oder Ausbildungsnachweis oder im Fall des Abs. 2 über eine nachweisliche einschlägige Berufserfahrung verfügt, oder deren Arbeitgeber/in im Inland.

(6) Eine Ausbildungseinrichtung nach Abs. 1 gilt als zuständige benannte Stelle gemäß Artikel 56 Abs. 3 der Richtlinie 2005/36/EG über die Anerkennung von Berufsqualifikationen im Anwendungsbereich dieser Verordnung. Sie hat dem/der Antragsteller/in binnen eines Monats den Empfang der Unterlagen zu bestätigen und gegebenenfalls mitzuteilen, welche Unterlagen fehlen. Sie hat über Anträge ohne unnötigen Verzug, spätestens aber binnen drei Monaten nach Einreichung der vollständigen Unterlagen zu entscheiden.

(Anm.: Abs. 7 aufgehoben durch BGBl. II Nr. 210/2013)

(8) Sind die Voraussetzungen gemäß Abs. 1, 2, 3 oder 4 nicht erfüllt, ist zur Erlangung eines Zeugnisses gemäß § 3 Abs. 3 die Absolvierung einer Ausbildung und erfolgreiche Ablegung einer Prüfung nach dieser Verordnung erforderlich.

Ausbildungsleiter(in)

§ 4. Die Ausbildungseinrichtung hat eine Person zu bestellen, die für die organisatorische Kursbetreuung zuständig ist [Ausbildungsleiter(in)]. Diese Person muss zumindest auf einem Teilgebiet der Fachausbildung über fachliche Kenntnisse verfügen und außerdem Fähigkeiten in organisatorischer und pädagogischer Hinsicht besitzen.

Antrag auf Anerkennung

§ 5. Die Ausbildungseinrichtung hat den Antrag auf Anerkennung der Fachausbildung beim Bundesminister für Arbeit, Soziales und Konsumentenschutz einzubringen. Folgende Unterlagen sind anzuschließen:
1. ein Ausbildungsplan, der die einzelnen Ausbildungsgegenstände samt Zahl der vorgesehenen Unterrichtseinheiten und bei blockweiser Ausbildung auch die zeitliche Einteilung enthalten muß,
2. allgemeine Angaben über die organisatorische und fachliche Qualifikation der Ausbildungsleiter(innen) und über die fachliche Qualifikation der vorgesehenen Lehrkräfte,
3. zweckentsprechende Angaben über die Ausstattung und Lehrmittel der Einrichtung,
4. Angaben über die Organisation, den Ablauf und Inhalt der Prüfungen.

Anerkennung der Fachausbildung

§ 6. (1) Die Fachausbildung ist vom Bundesminister für Arbeit, Soziales und Konsumentenschutz mit Bescheid anzuerkennen, wenn der vorgelegte Ausbildungsplan § 1 entspricht und gewährleistet ist, daß die personellen und sachlichen Voraussetzungen der Ausbildungseinrichtung zur Erreichung des Ausbildungszieles gegeben sind.

(2) Den gesetzlichen Interessenvertretungen der Arbeitgeber und der Arbeitnehmer ist im Verfahren Gelegenheit zur Stellungnahme zu geben sowie eine Ablichtung des Bescheides zu übermitteln.

(3) Die Anerkennung kann unter Vorschreibung von Auflagen hinsichtlich Organisation, Ausstattung, Lehrmittel und Prüfung erteilt werden, soweit dies erforderlich ist, um eine ordnungsgemäße Ausbildung zu gewährleisten.

(4) Die Anerkennung ist zu widerrufen, wenn
1. die vorgeschriebenen Auflagen nicht erfüllt werden oder
2. die in Abs. 1 angeführten Voraussetzungen nicht mehr vorliegen oder
3. gegen §§ 2, 3, 4, 7 oder 8 verstoßen wird.

Zulassung zur Fachausbildung

§ 7. (1) Zur Fachausbildung sind Personen zuzulassen, die
1. ein Hochschulstudium oder Fachhochschulstudium einer technischen oder naturwissenschaftlichen Studienrichtung erfolgreich abgeschlossen haben oder eine Reifeprüfung an einer höheren technischen Lehranstalt erfolgreich abgelegt haben oder nach gewerberechtlichen Vorschriften eine Meisterprüfung oder den erfolgreichen Abschluß einer Werkmeisterschule nachgewiesen haben oder eine vergleichbare Ausbildung absolviert haben und
2. eine mindestens zweijährige, dieser Ausbildung entsprechende betriebliche Tätigkeit ausgeübt haben.

(2) Sonstige Personen dürfen zur Fachausbildung zugelassen werden, wenn sie
1. eine mindestens vierjährige betriebliche Tätigkeit ausgeübt haben und
2. durch Ablegung einer Aufnahmeprüfung an der Ausbildungseinrichtung nachgewiesen haben,

dass sie über ausreichende Grundkenntnisse auf technischem Gebiet verfügen.

Meldepflichten

§ 8. Die Ausbildungseinrichtung hat dem Bundesministerium für Arbeit, Soziales und Konsumentenschutz zu melden:

1. Beginn und Beendigung der Ausbildungstätigkeit der Ausbildungseinrichtung,
2. jede wesentliche Änderung zu den in § 5 Z 1 bis 4 angeführten Angaben.

Sicherheitstechnische Betreuung für den untertägigen Bergbau

§ 8a. (1) Arbeitgeber/innen dürfen für einen untertägigen Bergbau gemäß § 73 Abs. 1 Z 1 und 2 ASchG nur eine Sicherheitsfachkraft bestellen, die eine mindestens sechs Monate dauernde betriebliche Tätigkeit im Bergbau nachweist. Bei Bestellung mehrerer betriebseigener oder externer Sicherheitsfachkräfte muss mindestens eine Person diese Voraussetzung erfüllen.

(2) Arbeitgeber/innen dürfen für einen untertägigen Bergbau ein sicherheitstechnisches Zentrum gemäß § 73 Abs. 1 Z 3 ASchG nur dann in Anspruch nehmen, wenn gewährleistet ist, dass die Betreuung durch eine Sicherheitsfachkraft erfolgt, die die Voraussetzungen nach Abs. 1 erfüllt.

(3) Arbeitgeber/innen dürfen für einen untertägigen Bergbau die Leitung mehrerer betriebseigener Sicherheitsfachkräfte gemäß § 83 Abs. 6 ASchG nur einer Sicherheitsfachkraft übertragen, die die Voraussetzungen nach Abs. 1 erfüllt.

Übergangsbestimmungen

§ 9. (1) Wer im Zeitraum vom 1. Jänner 1985 bis 31. Dezember 1994 mindestens drei Jahre als Sicherheitstechniker gemäß § 21 des Arbeitnehmerschutzgesetzes, BGBl. Nr. 234/1972, bestellt und dem zuständigen Arbeitsinspektorat schriftlich gemeldet war und vor dem 1. Jänner 1995 einen Lehrgang für Sicherheitstechniker in der Dauer von mindestens zwei Wochen absolviert hat, darf uneingeschränkt als Sicherheitsfachkraft ohne Nachweis der Fachkenntnisse tätig sein.

(2) Wer vor dem 1. Jänner 1995 für einen Betrieb als Sicherheitstechniker gemäß § 21 des Arbeitnehmerschutzgesetzes, BGBl. Nr. 234/1972, bestellt und dem Arbeitsinspektorat schriftlich gemeldet wurde und seither ununterbrochen als Sicherheitstechniker (seit 1. Jänner 1995: als Sicherheitsfachkraft) tätig war, darf weiterhin ohne Nachweis der Fachkenntnisse als Sicherheitsfachkraft für die zu diesem Betrieb gehörenden Arbeitsstätten, Baustellen und auswärtigen Arbeitsstellen tätig sein. Dies gilt auch im Falle eines Arbeitgeberwechsels.

(3) Wer nach dem 1. Jänner 1995 gemäß § 115 Abs. 5 ASchG als Sicherheitsfachkraft bestellt wird, darf ohne Nachweis der Fachkenntnisse höchstens vier Jahre ab dem Zeitpunkt der Bestellung als Sicherheitsfachkraft tätig sein.

(3a) Wer schon einmal nach bergrechtlichen Vorschriften bescheidmäßig als Sicherheitsbeauftragte/r anerkannt war, darf weiterhin als Sicherheitsfachkraft, auch für den untertägigen Bergbau, tätig sein.

(4) Arbeitgeber(innen) können Arbeitnehmer(innen), die ein Drittel der Fachausbildung absolviert haben, für einen Zeitraum von höchstens zwei Jahren als Sicherheitsfachkräfte bestellen, wenn sie in einer Arbeitsstätte oder auf Baustellen des Arbeitgebers/der Arbeitgeberin seit mindestens drei Jahren beschäftigt sind.

(5) Als Nachweis der Fachkenntnisse gilt der Abschluß einer Ausbildung in Österreich, die

1. dem Inhalt und Umfang nach der Fachausbildung gleichwertig ist und
2. zwischen dem 1. September 1993 und dem 31. Dezember 1995 stattgefunden hat.

Außer-Kraft-Treten von Vorschriften

§ 9a. (1) Gemäß § 196 Abs. 2 des Mineralrohstoffgesetzes (MinroG), BGBl. I Nr. 38/1999, zuletzt geändert durch BGBl. I Nr. 21/2002, wird festgestellt, dass die ausschließlich Belange des Arbeitnehmerschutzes regelnden §§ 40 bis 51 sowie Anlage X der gemäß § 196 Abs. 1 Z 8 MinroG als Bundesgesetz weiter geltenden Bergpolizeiverordnung über verantwortliche Personen, BGBl. II Nr. 108/1997, zuletzt geändert durch BGBl. I Nr. 21/2002, außer Kraft treten.

(2) Anhängige Anerkennungsverfahren gemäß § 48 der Bergpolizeiverordnung über verantwortliche Personen gelten mit In-Kraft-Treten dieser Verordnung als eingestellt. Anträge gemäß § 48 der Bergpolizeiverordnung über verantwortliche Personen werden mit In-Kraft-Treten dieser Verordnung gegenstandslos.

Inkrafttreten

§ 10. (1) Diese Verordnung tritt am 1. Juni 1995 in Kraft.

(2) Der Titel der Verordnung sowie die §§ 1 Abs. 3a und 4, 3 Abs. 4, 9 Abs. 3a, 8a und 9a treten mit dem der Kundmachung folgenden Monatsersten in Kraft.

(3) § 3 Abs. 4 und § 3a, jeweils in der Fassung BGBl. II Nr. 13/2007, treten mit dem der Kundmachung folgenden Monatsersten in Kraft.

(4) Die § 3 Abs. 4, §§ 5, 6 Abs. 1 u. 2 und § 8 jeweils in der Fassung BGBl. II Nr. 210/2013 treten mit dem der Kundmachung folgenden Monatsersten in Kraft. § 3a Abs. 7 in der Fassung BGBl. II Nr. 210/2013 tritt mit Ablauf des 31. Dezember 2013 außer Kraft.

Raum für Anmerkungen und Notizen

Verordnung der Bundesministerin für Arbeit, Familie und Jugend über die Gesundheitsüberwachung am Arbeitsplatz 2020 (VGÜ)

Verordnung des Bundesministers für Arbeit, Soziales und Konsumentenschutz über die Gesundheitsüberwachung am Arbeitsplatz 2014 (VGÜ 2014), BGBl. II Nr. 27/1997, BGBl. II Nr. 412/1999, BGBl. II Nr. 343/2002, BGBl. II Nr. 306/2004, BGBl. II Nr. 22/2006 (Art. II), BGBl. II Nr. 224/2007, BGBl. II Nr. 221/2010 (Art. 2), BGBl. II Nr. 26/2014 (Art. 1), BGBl. II Nr. 186/2015 (Art. I), BGBl. II Nr. 230/2015 (Art. 2), BGBl. II Nr. 179/2016 (Art. 2), BGBl II Nr. 253/2017, BGBl. II Nr. 238/2018 (Art. 2), BGBl. II Nr. 246/2018 (Art. 2), BGBl. II Nr. 254/2018 (Art. 2), BGBl. II Nr. 382/2020 (Art. 2), BGBl. II Nr. 550/2020 und BGBl. II Nr. 330/2024.

Auf Grund der §§ 6, 59 und 95 Abs. 2 des Bundesgesetzes über Sicherheit und Gesundheitsschutz bei der Arbeit (ArbeitnehmerInnenschutzgesetz – ASchG), BGBl. Nr. 450/1994, wird vom Bundesminister für Arbeit und Soziales verordnet:

Geltungsbereich

§ 1. Diese Verordnung gilt für die Beschäftigung von Arbeitnehmern/Arbeitnehmerinnen, für die Untersuchungen im Sinne des 5. Abschnitts des ArbeitnehmerInnenschutzgesetzes vorgesehen sind.

Eignungs- und Folgeuntersuchungen gemäß § 49 Abs. 1 ASchG

§ 2. (1) Arbeitnehmer/innen dürfen mit Tätigkeiten, bei denen sie einer der nachstehenden Einwirkungen ausgesetzt sind, nur beschäftigt werden, wenn vor Aufnahme der Tätigkeit Eignungsuntersuchungen durchgeführt wurden und bei Fortdauer der Tätigkeit in regelmäßigen Zeitabständen Folgeuntersuchungen durchgeführt werden:

1. Blei, seine Legierungen oder Verbindungen;
2. Quecksilber oder seine anorganischen Verbindungen;
3. Arsen oder seine Verbindungen;
4. Mangan oder seine Verbindungen;
5. Cadmium oder seine Verbindungen;
6. Chrom VI-Verbindungen;
7. Cobalt oder seine Verbindungen;
8. Nickel oder seine Verbindungen;
9. Aluminium-, aluminiumoxid- oder aluminiumhydroxid-haltige Stäube und Rauche;
10. Quarz- oder asbesthaltiger Staub oder Hartmetallstaub;
11. Schweißrauch;
12. Fluor oder seine anorganischen Verbindungen;
13. Rohparaffin, Teer, Teeröle, Anthracen, Pech oder Ruß mit hohem Anteil an polyzyklischen aromatischen Kohlenwasserstoffen, wenn die Ermittlung und Beurteilung der Gefahren gemäß §§ 4 und 41 ASchG ergibt, dass eine Gesundheitsgefährdung bestehen könnte;
14. Benzol;
15. Toluol;
16. Xylole;
17. Trichlormethan (Chloroform), Trichlorethen (Trichlorethylen), Tetrachlormethan (Tetrachlorkohlenstoff), Tetrachlorethan, Tetrachlorethen (Perchlorethylen) oder Chlorbenzol;
18. Kohlenstoffdisulfid (Schwefelkohlenstoff);
19. Dimethylformamid;
20. Ethylenglykoldinitrat (Nitroglykol) oder Glyzerintrinitrat (Nitroglyzerin);
21. Aromatische Nitro- oder Aminoverbindungen;
22. Phosphorsäureester;
23. Rohbaumwoll-, Rohhanf- oder Rohflachsstaub;
24. Isocyanate.

(2) Ergibt die Ermittlung und Beurteilung der Gefahren gemäß §§ 4 und 41 ASchG, daß diese Arbeitsstoffe in einer Apparatur so verwendet werden, daß während des normalen Arbeitsvorganges kein Entweichen in den Arbeitsraum möglich ist, so ist Abs. 1 nicht anzuwenden.

(3) Abs. 1 ist nicht anzuwenden, wenn die Ermittlung und Beurteilung der Gefahren (§§ 4 und 41 ASchG) hinsichtlich des Arbeitsbereiches/des Arbeitsplatzes oder des Arbeitsvorganges, für den die Eignungs- und Folgeuntersuchungen durchzuführen sind, ergibt, dass

1. Arbeitnehmer/innen mit Tätigkeiten, bei denen sie einer Einwirkung nach Abs. 1 ausgesetzt sind, im Durchschnitt einer Arbeitswoche nicht länger als eine Stunde pro Arbeitstag beschäftigt werden, ausgenommen die Einwirkung eindeutig krebserzeugender Arbeitsstoffe, oder
2. das durchschnittliche tägliche Expositionsausmaß maximal der Hälfte des MAK-Werts (als Tagesmittelwert) entspricht, wobei dies durch eine repräsentative Messung im Sinne des 5. Abschnittes der Grenzwerteverordnung 2024 (GKV), BGBl. II 253/2001, in der jeweils geltenden Fassung, zu belegen ist. Dies gilt nicht für Arbeitsstoffe, die gemäß Anhang I (Stoffliste) der GKV in Spalte 12 mit „H" gekennzeichnet sind.

(3a) Ungeachtet der Einstufung als eindeutig krebserzeugend gilt für Quarzfeinstaub Abs. 3 Z 1. Abs. 1 ist auf Quarzfeinstaub nicht anzuwenden, wenn

1. die Einhaltung des MAK-Wertes durch eine repräsentative Messung im Sinne des 5. Abschnitts der GKV oder durch Vergleichsdaten im Sinne des Abs. 5 nachgewiesen wird und
2. die Exposition der Arbeitnehmerinnen und Arbeitnehmer durch die zu setzenden Schutzmaßnahmen möglichst niedrig gehalten wird.

(4) Abs. 1 ist für eindeutig krebserzeugende Arbeitsstoffe nicht anzuwenden, wenn die Ermittlung und Beurteilung (§§ 4 und 41 ASchG) hinsichtlich des Arbeitsbereiches/des Arbeitsplatzes oder des Arbeitsvorganges, für den die Eignungs- und Folgeuntersuchungen durchzuführen sind, ergibt, dass

1. die Arbeitsstoffbelastung im Organismus der untersuchten Arbeitnehmer/innen in drei aufeinander folgenden Untersuchungen die Referenzwerte der jeweiligen Arbeitsstoffe für Erwachsene (www.arbeitsinspektion.gv.at) nicht überschreitet oder
2. das durchschnittliche tägliche Expositionsausmaß maximal 1/20 des TRK-Werts (als Tagesmittelwert) entspricht, wobei dies durch eine repräsentative Messung im Sinne des 5. Abschnittes der GKV zu belegen ist. Dies gilt nicht für Arbeitsstoffe, die gemäß Anhang I (Stoffliste) der GKV in Spalte 12 mit „H" gekennzeichnet sind.

(5) Abs. 1 ist weiters nicht anzuwenden, wenn durch eine Bewertung nach dem Stand der Technik unter Berücksichtigung von Vergleichsdaten (insbesondere Angaben von Hersteller/innen und Inverkehrbringer/innen, Berechnungsverfahren sowie Messergebnisse vergleichbarer Arbeitsplätze) repräsentativ für den jeweiligen Arbeitsplatz nachgewiesen wird, dass das durchschnittliche tägliche Expositionsausmaß maximal die Hälfte des MAK-Werts bzw. 1/20 des TRK-Werts beträgt.

Eignungs- und Folgeuntersuchungen gemäß § 49 Abs. 2 ASchG

§ 3. (1) Arbeitnehmer/innen dürfen mit nachfolgenden Tätigkeiten nur beschäftigt werden, wenn vor Aufnahme der Tätigkeit Eignungsuntersuchungen durchgeführt wurden und bei Fortdauer der Tätigkeit in regelmäßigen Zeitabständen Folgeuntersuchungen durchgeführt werden:

1. Tätigkeiten, bei denen Atemschutzgeräte mit einer Masse von mehr als 5 kg länger als 30 Minuten durchgehend getragen werden müssen;
2. Tätigkeiten im Rahmen von Gasrettungsdiensten und Grubenwehren sowie als deren ortskundige Führer/innen;
3. Tätigkeiten, bei denen eine den Organismus belastende Hitze im Sinne des Art. VII Abs. 2 Z 2 des Nachtschwerarbeitsgesetzes (NSchG), BGBl. Nr. 354/1981 idF BGBl. I Nr. 87/2013, vorliegt. Als Beurteilungszeitraum für die Untersuchungspflicht gilt ein Arbeitstag, an dem der/die Arbeitnehmer/in dieser Einwirkung ausgesetzt ist.

(2) Einrichtungen im Sinne des Abs. 1 Z 2 sind besondere betriebliche Einrichtungen zur Leistung Erster Hilfe oder Rettung von Arbeitnehmern/Arbeitnehmerinnen in Fällen, in denen die Arbeitnehmer/innen infolge besonderer Ereignisse der Einwirkung gesundheitsgefährdender oder sonst für die Atmung nicht geeigneter Gase, Dämpfe oder Staube ausgesetzt sind.

Eignungs- und Folgeuntersuchungen für Arbeitnehmer/innen, die unter Tage im Bergbau beschäftigt werden

§ 3a. (1) Arbeitnehmer/innen unter 21 Jahren dürfen unter Tage im Bergbau nur beschäftigt werden, wenn vor Aufnahme der Tätigkeit Eignungsuntersuchungen durchgeführt wurden und bei Fortdauer der Tätigkeit in Zeitabständen von einem Jahr Folgeuntersuchungen durchgeführt werden.

(2) Eignungs- und Folgeuntersuchungen nach Abs. 1 sind nicht erforderlich, wenn bereits gemäß § 2 Abs. 1 oder § 3 Untersuchungspflichten bestehen. Die Zeitabstände der Folgeuntersuchungen verkürzen sich in jenen Fällen, in denen in der Anlage 1 mehr als ein Jahr vorgesehen ist, auf ein Jahr. Sind dabei Lungenröntgen vorgesehen, so sind diese nur erforderlichenfalls jährlich durchzuführen.

(3) Eignungs- und Folgeuntersuchungen gemäß Abs. 1 sind von Arbeitsmediziner/innen durchzuführen und zu beurteilen. Abweichend von § 56 Abs. 1 ASchG bedarf es keiner Ermächtigung.

Eignungs- und Folgeuntersuchungen für Arbeitnehmer/innen, die in Räumen beschäftigt werden, in denen die Sauerstoffkonzentration zum Zweck der Brandvermeidung herabgesetzt ist

§ 3b. (1) Arbeitnehmer/innen dürfen in Räumen, in denen die Sauerstoffkonzentration zum Zweck der Brandvermeidung unter 17 Volumsprozent, nicht jedoch unter 15 Volumsprozent, herabgesetzt ist, nur beschäftigt werden, wenn vor Aufnahme der Tätigkeit Eignungsuntersuchungen durchgeführt wurden und bei Fortdauer der Tätigkeit in Zeitabständen von zwei Jahren Folgeuntersuchungen durchgeführt werden.

(2) Eignungs- und Folgeuntersuchungen gemäß Abs. 1 sind von hiezu von der bzw. von dem für Arbeit zuständigen Bundesministerin bzw. zuständigen Bundesminister ermächtigten Ärzten/Ärztinnen in dem in **Anlage 2** (Untersuchungsrichtlinien) festgelegten Umfang durchzuführen.

Untersuchungen bei Lärmeinwirkung

§ 4. (1) Eine gesundheitsgefährdende Lärmeinwirkung im Sinne des § 50 des ArbeitnehmerInnenschutzgesetzes (ASchG), BGBl. Nr. 450/1994, liegt vor, wenn für Arbeitnehmer/innen folgende Expositionsgrenzwerte überschritten werden, wobei die dämmende Wirkung von persönlicher Schutzausrüstung nicht zu berücksichtigen ist:

1. $L_{A,EX,8h}$ = 85 dB, sofern nicht die Lärmexposition von einem Arbeitstag zum anderen erheblich schwankt und die wöchentliche Lärmexposition $L_{A,EX,40h}$ von 85 dB nicht überschritten wird oder
2. p_{peak} = 140 Pa (entspricht: $LC_{,peak}$ = 137 dB).

(2) Bei Durchführung von Untersuchungen gemäß § 50 Abs. 2 ASchG hat der/die untersuchende Arzt/Ärztin dem Arbeitgeber/der Arbeitgeberin eine Bestätigung darüber zu übermitteln, dass eine Untersuchung durchgeführt wurde.

(3) Wenn die Ermittlung und Beurteilung der Gefahren oder die Bewertungen und Messungen der Lärmexposition oder Gesundheitsbeschwerden von Arbeitnehmer/innen auf ein Gesundheitsrisiko hindeuten und die Exposition der Arbeitnehmer/innen die nachstehenden Auslösewerte für Lärm überschreitet, müssen Arbeitgeber/innen dafür sorgen, dass die Arbeitnehmer/innen sich auf eigenen Wunsch vor Aufnahme dieser Tätigkeit sowie bei Fortdauer der Tätigkeit in regelmäßigen Zeitabständen einer besonderen Untersuchung im Sinne des § 51 ASchG unterziehen können. Diese Untersuchungen dürfen nur von Ärzten/Ärztinnen vorgenommen werden, die den Anforderungen für Arbeitsmediziner/innen gemäß § 79 Abs. 2 ASchG entsprechen. Die Auslösewerte betragen:

1. $L_{A,EX,8h}$ = 80 dB, sofern nicht die Lärmexposition von einem Arbeitstag zum anderen erheblich schwankt und die wöchentliche Lärmexposition $L_{A,EX,40h}$ von 80 dB nicht überschritten wird oder
2. p_{peak} = 112 Pa (entspricht: $LC_{,peak}$ = 135 dB).

Sonstige besondere Untersuchungen gemäß § 51 ASchG

§ 5. (1) Arbeitgeber/innen müssen dafür sorgen, daß Arbeitnehmer/innen, die eine Tätigkeit ausüben, bei der sie einer der nachstehenden Einwirkungen ausgesetzt sind, sich auf eigenen Wunsch vor Aufnahme dieser Tätigkeit sowie bei Fortdauer der Tätigkeit in regelmäßigen Zeitabständen einer ärztlichen Untersuchung unterziehen können:

1. eindeutig krebserzeugende Arbeitsstoffe im Sinne der GKV,
2. biologische Arbeitsstoffe der Gruppe 2, 3 oder 4 gemäß § 40 Abs. 5 ASchG
3. Vibrationen, die einen Auslösewert (Hand-Arm-Vibrationen: $a_{hw,8h}$ = 2,5 m/s^2 und Ganzkörper-Vibrationen) $a_{w,8h}$ = 0,5 m/s^2) überschreiten,
4. inkohärente künstliche optische Strahlung oder kohärente optische Strahlung (LASER), durch die Expositionsgrenzwerte nach § 3 der Verordnung optische Strahlung – VOPST, BGBl. II Nr. 221/2010 überschritten werden,

5. elektromagnetische Felder, durch die Expositionsgrenzwerte nach § 3 der Verordnung elektromagnetische Felder – VEMF, BGBl. II Nr. 179/2016, überschritten werden, oder wenn der/die Arbeitnehmer/in unerwünschte oder unerwartete gesundheitliche Auswirkungen meldet.
6. fortpflanzungsgefährdende (reproduktionstoxische) Arbeitsstoffe im Sinne der GKV.

(2) Im Falle des Abs. 1 Z 1 und 2 gilt § 2 Abs. 2 sinngemäß.

(3) Arbeitgeber/innen müssen dafür sorgen, daß Arbeitnehmer/innen

1. die regelmäßig Nachtarbeit leisten oder
2. die in mindestens 30 Nächten im Kalenderjahr Nachtarbeit leisten,

sich auf eigenen Wunsch vor Aufnahme dieser Tätigkeit sowie bei Fortdauer der Tätigkeit in regelmäßigen Zeitabständen einer allgemeinen ärztlichen Untersuchung unterziehen können. Als Nachtarbeit gilt eine Tätigkeit von mindestens drei Stunden im Zeitraum zwischen 22 und 6 Uhr.

(4) Sonstige besondere Untersuchungen gemäß Abs. 1 und 3 dürfen nur von Ärzten/Ärztinnen vorgenommen werden, die den Anforderungen für Arbeitsmediziner/innen gemäß § 79 Abs. 2 ASchG entsprechen.

Gemeinsame Bestimmungen

§ 6. (1) Als Eignungsuntersuchung im Sinne dieser Verordnung gilt die für die erstmalige Aufnahme einer Tätigkeit durchgeführte Untersuchung betreffend eine bestimmte Einwirkung, unabhängig davon, in welchem Betrieb die Tätigkeit erfolgte.

(2) Die Zeitabstände der Folgeuntersuchungen sowie der wiederkehrenden Untersuchungen der Hörfähigkeit werden in der Anlage 1 dieser Verordnung festgelegt.

(Anm.: Abs. 2a und 2b aufgehoben durch Art. 2 Z 5, BGBl. II Nr. 330/2024)

(3) Untersuchungen, die denselben/dieselbe Arbeitnehmer/in betreffen, sind möglichst zu demselben Zeitpunkt durchzuführen. Zur Zusammenführung der Untersuchungszeitpunkte können die in Anlage 1 geltenden Zeitabstände auf maximal das 1,5fache erstreckt werden, bis ein einheitlicher Untersuchungszeitpunkt erreicht ist.

(4) Eignungs- und Folgeuntersuchungen gemäß § 49 ASchG, Untersuchungen der Hörfähigkeit gemäß § 50 ASchG und sonstige besondere Untersuchungen gemäß § 51 ASchG sind in dem in Anlage 2 (Untersuchungsrichtlinien) festgelegten Umfang durchzuführen.

(5) Bei Durchführung der Untersuchungen ist nach den anerkannten Regeln der Arbeitsmedizin vorzugehen. Der/die untersuchende Arzt/Ärztin hat allenfalls vorhandene Befunde vorangegangener Untersuchungen im Sinne dieser Verordnung zu berücksichtigen.

(6) Werden zu Teilbereichen der Untersuchungen andere Ärzte/Ärztinnen oder Labors herangezogen, so hat der/die untersuchende Arzt/Ärztin die Ergebnisse dieser Teiluntersuchungen bei der Beurteilung zu berücksichtigen. Er/sie hat die Beurteilung eigenhändig zu unterzeichnen oder mit einer qualifizierten elektronischen Signatur zu versehen.

(7) Bei Eignungs- und Folgeuntersuchungen sind zur Vereinheitlichung der Anamnese, des Untersuchungsganges und der Befundermittlung sowie zur Dokumentation die auf der Website der Arbeitsinspektion (www.arbeitsinspektion.gv.at) zum Download zur Verfügung stehenden Untersuchungsformulare zu verwenden. Es können auch Untersuchungsformulare verwendet werden, die diesen inhaltlich entsprechen und gut lesbar sind.

(7a) Die Übermittlung von Befund und Beurteilung kann gemäß § 52a ASchG elektronisch über verschlüsselte Verbindungen (zumindest TLS 1.2, AES mit mindestens 128 Bit Verschlüsselung sowie RSA mit mindestens 2048 Bit Austausch) erfolgen

1. über die Webapplikation „Eignungs- und Folgeuntersuchung" der Arbeitsinspektion oder
2. durch Übermittlung der Daten in den Vorgaben der Arbeitsinspektion entsprechender strukturierter Form (XML-Datenformat).

(7b) Der/die untersuchende Arzt/Ärztin hat Befund und Beurteilung, sofern die Übermittlung elektronisch gemäß Abs. 7a erfolgt, mit einer qualifizierten elektronischen Signatur zu versehen.

(7c) Zur Gewährleistung der Datensicherheit sind für die Arbeitsinspektion folgende Maßnahmen zu treffen:

1. Es ist sicherzustellen, dass der Zugriff auf Befund und Beurteilung im Sinn des § 53 ASchG nur dem arbeitsinspektionsärztlichen Dienst und der Abteilung für Arbeitsmedizin im Zentral-Arbeitsinspektorat möglich ist. Die für die IT der Arbeitsinspektion zuständige Organisationseinheit hat für den Betrieb Zugriff auf die Daten zum Zweck der Bereitstellung sowie für Wartung und Pflege des Systems.
2. Die Zugriffsberechtigungen für die Benutzer/innen sind individuell zuzuweisen und zu dokumentieren. Die Zugriffsberechtigten sind über die Bestimmungen nach § 6 Datenschutzgesetz (DSG), BGBl. I Nr. 165/1999, in der jeweils geltenden Fassung,, über den Inhalt dieser Verordnung sowie über das Datensicherheitskonzept nach Z 7 zu belehren.
3. Zugriffsberechtigte sind von der weiteren Benutzung ihrer Zugriffsberechtigung auszuschließen, wenn sie diese zur weiteren Erfüllung der ihnen übertragenen Aufgaben nicht mehr benötigen oder sie die Daten nicht entsprechend ihrer Zweckbestimmung verwenden.
4. Der Zugang zu den Serverräumen des Zentral-Arbeitsinspektorates ist ausschließlich den Mitarbeiter/innen der für die IT der Arbeitsinspektion zuständigen Organisationseinheit sowie deren Vorgesetzten in aufsteigender Linie gestattet. Sind Service- und Wartungsarbeiten erforderlich, kann auch anderen Personen der Zugang zu den Serverräumen gewährt werden. Diese Personen sind von den Mitarbeiter/innen der für die IT der Arbeitsinspektion zuständigen Organisationseinheit während ihrer Tätigkeit im Serverraum zu beaufsichtigen. Ist es erforderlich, dass externen Personen zu Räumen mit einer Zugriffsmöglichkeit auf die Daten Zutritt zu gewähren ist, so ist jedenfalls sicherzustellen, dass eine Einsichtnahme in die Daten durch diese nicht möglich ist.
5. Es ist sicherzustellen, dass geeignete, dem jeweiligen Stand der Technik entsprechende Vorkehrungen getroffen werden, um eine Vernichtung, Veränderung oder Abfrage der Daten durch unberechtigte Benutzer/innen oder Systeme zu verhindern.
6. Alle durchgeführten Verarbeitungsvorgänge, wie insbesondere Eintragungen, Änderungen, Abfragen und Übermittlungen sind im notwendigen Ausmaß zu protokollieren. Diese Daten sind zehn Jahre lang aufzubewahren. Am Jahresende des zehnten Jahres sind diese zu löschen. Wurde die Aufbewahrungsfrist auf Grund einer arbeitsmedizinischen Begründung über die zehn-Jahresfrist hinaus verlängert, so sind die Protokolldaten zu diesen Einzelfällen entsprechend der festgelegten Frist aufzubewahren.
7. Es ist ein Datensicherheitskonzept zu erstellen, in dem sämtliche Datensicherheitsmaßnahmen

für den Betrieb sowie für die Aufbewahrung der Daten anzuordnen sind. Das Datensicherheitskonzept ist für alle Benutzer/innen, die Zugriff auf die Daten haben, verbindlich.

(8) Untersuchungen im Sinne dieser Verordnung sind vorrangig von gemäß § 79 ASchG bestellten Arbeitsmedizinern/Arbeitsmedizinerinnen durchzuführen. Arbeitgeber/innen müssen den untersuchenden Ärzten/Ärztinnen Zugang zu den Arbeitsplätzen der zu untersuchenden Arbeitnehmer/innen gewähren und alle erforderlichen Informationen über die Arbeitsplätze zur Verfügung stellen. Die untersuchenden Ärzte/Ärztinnen haben sich jedenfalls Kenntnis von den konkreten Arbeitsbedingungen des/der zu untersuchenden Arbeitnehmers/Arbeitnehmerin zu verschaffen. Dies kann durch Besichtigung des jeweiligen Arbeitsplatzes und/oder durch Einholung der zur Beurteilung und Beratung erforderlichen Informationen über den Arbeitsplatz erfolgen.

(Anm.: Abs. 9 aufgehoben durch Z 3, BGBl. II Nr. 253/2017)

Ermittlung und Beurteilung der Gefahren

§ 6a. (1) Der/die Arbeitgeber/in hat auf Grundlage der Ermittlung und Beurteilung der Gefahren einschließlich der Ergebnisse von Messungen und Bewertungen und in den Fällen des § 49 Abs. 1 ASchG unter der Voraussetzung, dass die Gefahr des Entstehens einer Berufskrankheit besteht, festzulegen, ob eine Untersuchung im Sinne dieser Verordnung für einen bestimmten Arbeitsbereich, Arbeitsplatz oder einen bestimmten Arbeitsvorgang erforderlich ist. Erforderlichenfalls ist das Sicherheits- und Gesundheitsschutzdokument im Sinne der § 2 Abs. 2 Z 1 und § 3 DOK-VO entsprechend anzupassen.

(2) Wird im Rahmen der Gesundheitsüberwachung eine Gesundheitsbeeinträchtigung festgestellt, die nach Auffassung des/der untersuchenden Arztes/Ärztin auf Einwirkungen bei der Arbeit zurückzuführen ist, so hat der Arbeitgeber/die Arbeitgeberin die Ermittlung und Beurteilung der Gefahren für den Arbeitsbereich des/der untersuchten Arbeitnehmers/Arbeitnehmerin zu überprüfen. Dies ist jedenfalls erforderlich, wenn die Beurteilung der gesundheitlichen Eignung bei Durchführung von Eignungs- und Folgeuntersuchungen gemäß § 52 ASchG auf „nicht geeignet" oder „geeignet mit Verkürzung des Zeitabstandes bis zur Folgeuntersuchung" lautet.

(3) Der/die untersuchende Arzt/Ärztin muss den/die Arbeitgeber/in nachweislich über das Erfordernis der Überprüfung und Anpassung der Ermittlung und Beurteilung der Gefahren in Kenntnis setzen. Dem/der untersuchenden Arzt/Ärztin ist Einsicht in das gemäß Abs. 1 letzter Satz angepasste Sicherheits- und Gesundheitsschutzdokument zu gewähren.

Gesundheitliche Eignung

§ 7. (1) Eine Beschäftigung von Arbeitnehmern/Arbeitnehmerinnen mit Tätigkeiten, bei denen die Gefahr einer Berufskrankheit besteht, ist nicht zulässig, wenn durch ein vom Arbeitnehmer / von der Arbeitnehmerin vorgelegtes ärztliches Zeugnis nachgewiesen wird, daß sein/ihr Gesundheitszustand eine derartige Tätigkeit nicht zuläßt.

(2) Dies gilt nicht für Tätigkeiten unter Einwirkungen gemäß § 2 Abs. 1.

Informationen der Arbeitnehmer/innen

§ 8. (1) Arbeitgeber/innen sind verpflichtet, jeden Arbeitnehmer/jede Arbeitnehmerin vor Aufnahme der Beschäftigung mit einer Tätigkeit, für die diese Verordnung Untersuchungen vorsieht, zu informieren,

1. dass vor Aufnahme der Tätigkeit sowie bei Fortdauer der Tätigkeit Gesundheitsuntersuchungen auf Kosten des Arbeitgebers/der Arbeitgeberin durchgeführt werden müssen, damit eine Beschäftigung erfolgen kann,
2. ob es sich um sonstige besondere Untersuchungen handelt, denen sich Arbeitnehmer/innen auf eigenen Wunsch unterziehen können,
3. über die Zeitabstände der Folgeuntersuchungen bzw. der wiederkehrenden Untersuchungen und
4. dass die ermächtigten Ärzte/Ärztinnen sowie die Ärzte/Ärztinnen der Arbeitsinspektion dem Arbeitnehmer/der Arbeitnehmerin die Ergebnisse der Untersuchung auf Verlangen zu erläutern haben.

(2) Wenn bei einer Untersuchung gemäß § 4 Abs. 3 oder gemäß § 5 Abs. 1 Z 2 bis 5 bei einem/einer Arbeitnehmer/in eine die Gesundheit schädigende Auswirkung festgestellt wurde, sind Arbeitgeber/innen, die davon Kenntnis haben, verpflichtet, alle anderen in ähnlicher Weise exponierten Arbeitnehmer/innen verstärkt über die Möglichkeit solcher Untersuchungen zu informieren.

Strafbestimmung

§ 9. Übertretungen der Bestimmungen dieser Verordnung sind wie folgt zu bestrafen: Übertretungen des § 6a gemäß § 130 Abs. 1 Z 5 ASchG, Übertretungen der § 2, § 3, § 3a, § 3b, § 4 Abs. 3, § 5 und § 6 gemäß § 130 Abs. 1 Z 18 ASchG, Übertretungen des § 7 gemäß § 130 Abs. 1 Z 8 ASchG und Übertretungen des § 8 gemäß § 130 Abs. 1 Z 11 ASchG.

Ausnahme

§ 10. (1) Gemäß § 95 Abs. 2 ASchG wird folgende Ausnahme von § 50 Abs. 2, § 55 Abs. 1 und § 56 Abs. 6 ASchG festgelegt:

Arbeitnehmer/innen dürfen mit Tätigkeiten, die mit gesundheitsgefährdenden Lärmeinwirkungen verbunden sind, auch beschäftigt werden, wenn Tonschwellenaudiogramme im Rahmen der Untersuchungen gemäß § 50 Abs. 2 ASchG von qualifizierten Bediensteten der Träger der Unfallversicherung unter Verantwortung eines Arztes durchgeführt werden.

Schlußbestimmungen

§ 11. (1) § 5 Abs. 3 dieser Verordnung tritt mit 1. Februar 1997 in Kraft.

(2) Die übrigen Bestimmungen dieser Verordnung treten mit 1. März 1997 in Kraft.

(3) § 5 Abs. 1 Z 2 tritt mit Inkrafttreten einer Verordnung über die Verwendung biologischer Arbeitsstoffe in Kraft.

(4) Gemäß § 125 Abs. 8 ASchG wird festgestellt, daß mit Inkrafttreten dieser Verordnung die gemäß § 112 Abs. 2 Z 1 ASchG als Bundesgesetz in Geltung stehenden § 2 Abs. 2 und 3, § 3 Abs. 1 bis 3, Abs. 4 erster Satz, Abs. 5 und 9, § 4 Abs. 1 letzter Satz, Abs. 2 erster bis dritter Satz und Abs. 3 erster Satz sowie die Anlage der Verordnung über die gesundheitliche Eignung von Arbeitnehmern für bestimmte Tätigkeiten, BGBl. Nr. 39/1974, außer Kraft treten.

(5) § 2 Abs. 1 Z 1 und 3, § 2 Abs. 1 Z 14, § 2 Abs. 3, § 3 Abs. 1 Z 2, § 3 Abs. 2, § 4 Abs. 1, § 6 Abs. 6, § 10, § 11 *(Anm.: Überschrift fehlt)* Abs. 5, 6, 7 und 8 sowie Anlage 1 und 2 in der Fassung der Verordnung BGBl. II Nr. 412/1999 treten mit 1. Jänner 2000 in Kraft.

(6) Folgende gemäß § 195 Abs. 1 des Mineralrohstoffgesetzes (MinroG), BGBl. I Nr. 38/1999, als Bundesge-

setz weitergeltende Bestimmungen, die ausschließlich Belange des Arbeitnehmerschutzes regeln, treten mit Inkrafttreten dieser Verordnung außer Kraft:

1. § 15 Abs. 2, § 16, § 27 Abs. 1 letzter Satz und Anlage 1 der Bergpolizeiverordnung über das Grubenrettungswesen, BGBl. Nr. 21/1972, in der Fassung des Bundesgesetzes BGBl. Nr. 259/1975,
2. §§ 288, 326, 326a, 326b und 327 der Allgemeinen Bergpolizeiverordnung, BGBl. Nr. 114/1959, in der Fassung der Verordnungen BGBl. Nr. 185/1969, 22/1972, 12/1984, 53/1995, BGBl. II Nr. 108/1997 und BGBl. II Nr. 134/1997 sowie der Bundesgesetze BGBl. Nr. 259/1975, 355/1990 und 518/1995,
3. Staubschädenbekämpfungsverordnung, BGBl. Nr. 185/1954, in der Fassung des Bundesgesetzes BGBl. Nr. 259/1975.

(7) Durch diese Verordnung wird hinsichtlich der Tätigkeit in mineralgewinnenden Betrieben Art. 8 der Richtlinie 92/104/EWG in österreichisches Recht umgesetzt.

(8) § 5 Abs. 3 Z 2 und Anlage 1 in der Fassung der Verordnung BGBl. II Nr. 343/2002 treten mit 1. August 2002 in Kraft.

(9) § 3a und § 5 Abs. 1 Z 1 in der Fassung der Verordnung BGBl. II Nr. 343/2002 sowie die Ergänzung des Inhaltsverzeichnisses der Anlage 2, Teil I um „Beschäftigung von Arbeitnehmer/innen unter 21 Jahren unter Tage im Bergbau“ und die Ergänzung der Anlage 2, Teil I um die Untersuchungsrichtlinien für die Beschäftigung von Arbeitnehmer/innen unter 21 Jahren unter Tage im Bergbau treten mit dem der Kundmachung folgenden Monatsersten in Kraft.

(10) § 4 Abs. 1 und 3, § 8, in Anlage 1 die Tabelle „Einwirkungen nach § 50“ und in Anlage 2 Teil II die Überschrift, jeweils in der Fassung der Verordnung BGBl. II Nr. 22/2006, treten für Arbeitsstätten und auswärtige Arbeitsstellen im Musik- oder Unterhaltungssektor (einschließlich Musikdarbietungen im Gastgewerbe) erst am 15. Februar 2008 in Kraft.

(11) Der Titel der Verordnung und die § 2 Abs. 1 und 2, § 3 Abs. 1 Z 2, § 3b samt Überschrift, § 6 Abs. 6 und 7, § 6a samt Überschrift, § 7 Abs. 1, § 9, Anlage 1 und Anlage 2 in der Fassung der Verordnung BGBl. II Nr. 224/2007 treten sechs Monate nach dem der Kundmachung folgenden Monatsersten in Kraft. Abs. 10 bleibt unberührt.

(12) Der Titel der Verordnung und § 2 Abs. 1 Z 9, Z 17 und Z 21, § 2 Abs. 2, 3, 4 und 5, § 3 Abs. 1 Z 1 und Z 3 sowie Abs. 2, § 3b Abs. 2, § 4 Abs. 3, § 5 Abs. 1 Z 1, § 5 Abs. 4, § 6 samt Überschrift, § 6a samt Überschrift, § 8 Abs. 1 Z 2, 3 und 4 sowie Abs. 2 und Anlage 1 und Anlage 2 in der Fassung der Verordnung BGBl. II Nr. 26/2014 treten mit dem der Kundmachung folgenden Monatsersten in Kraft.

(13) § 5 Abs. 1 Z 2 und die Überschrift in Anlage 2 Teil IV Z 2 in der Fassung BGBl. II Nr. 186/2015 treten mit dem ihrer Kundmachung folgenden Tag in Kraft.

(14) Anlage 2 Teil II Punkt 1. in der Fassung der Verordnung BGBl. II Nr. 230/2015 tritt mit dem der Kundmachung folgenden Monatsersten in Kraft.

(15) § 5 Abs. 1 Z 4 u. 5, § 8 Abs. 2 und § 11 Abs. 14 in der Fassung der Verordnung BGBl. II Nr. 179/2016, in Anlage 1 die Ergänzung der Tabelle III „Sonstige besondere Untersuchungen (§ 5)“ um elektromagnetische Felder, in Anlage 2 die Ergänzung des Inhaltsverzeichnisses zu Teil IV um „6. Elektromagnetische Felder“ sowie die Ergänzung in Teil IV um die Untersuchungsrichtlinien „6. Einwirkung durch elektromagnetische Felder“ treten mit dem der Kundmachung folgenden Monatsersten in Kraft.

(15) Der Titel der Verordnung und § 6 Abs. 7a bis 7c in der Fassung BGBl. II Nr. 253/2017 treten mit dem der Kundmachung folgenden Monatsersten in Kraft. Gleichzeitig tritt § 6 Abs. 9 außer Kraft.

(16) Die Verordnung der Bundesministerin für Arbeit, Soziales, Gesundheit und Konsumentenschutz, mit der die Grenzwerteverordnung 2011 (GKV 2011) und die Verordnung über die Gesundheitsüberwachung am Arbeitsplatz 2017 (VGÜ 2017) geändert werden, BGBl. II Nr. 238/2018, ist nicht in Kraft getreten.

(17) § 2 Abs. 3 bis 4 und § 5 Abs. 1 Z 1 in der Fassung der Verordnung BGBl. II Nr. 382/2020 treten mit Ablauf des Tages der Kundmachung in Kraft.

(18) Der Titel der Verordnung, § 2 Abs. 3a Z 1, § 3b, § 5 Abs. 1 Z 1 und § 6 Abs. 7 in der Fassung der Verordnung BGBl. II Nr. 550/2020 treten mit Ablauf des Tages der Kundmachung in Kraft. § 6 Abs. 2a und 2b sowie Anlage 1 und Anlage 2 Teil I in der Fassung der Verordnung BGBl. II Nr. 550/2020 treten rückwirkend am 15. März 2020 in Kraft.

(19) § 6 Abs. 2a und 2b sowie Anlage 1 und Anlage 2 Teil I in der Fassung der Verordnung BGBl. II Nr. 550/2020 gelten auch für Arbeitnehmerinnen und Arbeitnehmer in der Land- und Forstwirtschaft für Untersuchungen, die in den als Bundesverordnungen in Geltung stehenden Ausführungsverordnungen über die Gesundheitsüberwachung in der Land- und Forstwirtschaft zu den Landarbeitsordnungen, in Vorarlberg zum Land- und Forstarbeitsgesetz vorgesehen sind.

(20) Der Titel, die § 2 Abs. 3 Z 2, § 3b Abs. 2, § 5 Abs. 1 Z 6, § 6 Abs. 7 und in Anlage 2 Teil IV die Ziffer 7 samt Überschrift in der Fassung der Verordnung BGBl. II Nr. 330/2024 treten mit dem der Kundmachung folgenden Tag in Kraft. Gleichzeitig treten § 6 Abs. 2a und 2b, in Anlage 1 der letzte Absatz und in Anlage 2 Teil I 1. Grundsätzliche Bestimmungen der letzte Absatz samt Überschrift außer Kraft.

Anlage 1

Zeitabstände der ärztlichen Untersuchungen
(ausgenommen Verkürzungen nach Anlage 2)

Teil I: Eignungs- und Folgeuntersuchungen (§§ 2, 3, 3a, 3b)

1.	Blei, seine Legierungen oder Verbindungen	1 Jahr Glasherstellung und Akkumulatorenfertigung: 3 Monate Rostschutzarbeiten[1]: 4 Wochen
2.	Quecksilber oder seine anorganischen Verbindungen	1 Jahr Leuchtstoffröhrenrecycling, Amalgamentsorgung: 3 Monate
3.	Arsen oder seine Verbindungen	1 Jahr
4.	Mangan oder seine Verbindungen	1 Jahr
5.	Cadmium oder seine Verbindungen	1 Jahr
6.	Chrom-VI-Verbindungen	1 Jahr
7.	Cobalt oder seine Verbindungen	1 Jahr
8.	Nickel oder seine Verbindungen	1 Jahr
9.	Aluminium-, aluminiumoxid- oder aluminiumhydroxid-haltige Stäube und Rauche	1 Jahr
10.	Quarz- oder asbesthaltiger Staub oder Hartmetallstaub	2 Jahre für die Röntgenuntersuchung: 4 Jahre
11.	Schweißrauch	2 Jahre
12.	Fluor oder seine anorganischen Verbindungen	1 Jahr
13.	Rohparaffin, Teer, Teeröle, Anthracen, Pech oder Ruß[2]	2 Jahre
14.	Benzol	1 Jahr Kokereiarbeiten: 3 Monate
15.	Toluol	1 Jahr
16.	Xylole	1 Jahr
17.	Trichlormethan (Chloroform), Trichlorethen (Trichlorethylen), Tetrachlormethan (Tetrachlorkohlenstoff), Tetrachlorethan, Tetrachlorethen (Perchlorethylen) oder Chlorbenzole	1 Jahr
18.	Kohlenstoffdisulfid (Schwefelkohlenstoff)	1 Jahr
19.	Dimethylformamid	1 Jahr
20.	Ethylenglykoldinitrat (Nitroglykol) oder Glyzerintrinitrat (Nitroglyzerin)	1 Jahr
21.	Aromatische Nitro- oder Aminoverbindungen	1 Jahr
22.	Phosphorsäureester	1 Jahr oder am Ende der Saison[3]
23.	Rohbaumwoll-, Rohhanf- oder Rohflachsstaub	1 Jahr
24.	Isocyanate	1 Jahr
25.	Gasrettungsdienste, Grubenwehren sowie deren ortskundige Führer/innen, Tragen schwerer Atemschutzgeräte (mehr als 5 kg)	2 Jahre
26.	Den Organismus besonders belastende Hitze	2 Jahre
27.	Herabgesetzte Sauerstoffkonzentration (unter 17 Vol%, nicht unter 15 Vol%)	2 Jahre
28.	Arbeitnehmer/innen unter 21 Jahren unter Tage im Bergbau	1 Jahr

Teil II: Untersuchungen bei Lärmeinwirkung (§ 4)

Lärm	5 Jahre

Teil III: Sonstige besondere Untersuchungen (§ 5)

1. Krebserzeugende Arbeitsstoffe	5 Jahre
2. Biologische Arbeitsstoffe der Gruppen 2, 3 oder 4	2 Jahre
3. Vibrationen (Hand-Arm-Vibrationen oder Ganzkörpervibrationen)	4 Jahre
4. Nachtarbeit	2 Jahre, für Arbeitnehmer/innen nach Vollendung des 50. Lebensjahres oder nach 10 Jahren als Nachtarbeitnehmer/in 1 Jahr
5. Künstliche optische Strahlung	2 Jahre
6. Elektromagnetische Felder	5 Jahre

Die in dieser Anlage enthaltenen Zeitabstände der Folgeuntersuchungen und wiederkehrenden Untersuchungen der Hörfähigkeit dürfen um 10 %, höchstens aber um 30 Tage überschritten werden. § 6 Abs. 3 erster Satz bleibt unberührt.

1 Rostschutzarbeiten einschließlich Trennen und Schneiden von rostschutzbeschichteten Teilen.
2 Ruß mit hohem Anteil an polyzyklischen aromatischen Kohlenwasserstoffen, wenn die Ermittlung und Beurteilung der Gefahren ergibt, dass eine Gesundheitsgefährdung bestehen könnte.
3 Bei zeitlich begrenzten Saisonarbeiten, die kürzer als 1 Jahr dauern.

Kennzeichnungsverordnung

Verordnung der Bundesministerin für Arbeit, Gesundheit und Soziales über die Sicherheits- und Gesundheitsschutzkennzeichnung (Kennzeichnungsverordnung – KennV), BGBl. II Nr. 101/1997, idF BGBl. II Nr. 184/2015.

Aufgrund der §§ 3 Abs. 7 und 20 Abs. 2 des Bundesgesetzes über Sicherheit und Gesundheitsschutz bei der Arbeit (ArbeitnehmerInnenschutzgesetz – ASchG), BGBl. Nr. 450/1994, zuletzt geändert durch BGBl. I Nr. 9/1997, wird verordnet:

Allgemeine Vorschriften

§ 1. (1) Diese Verordnung gilt für Arbeitsstätten, Baustellen und auswärtige Arbeitsstellen im Sinne des ASchG.

(2) Sicherheits- und Gesundheitsschutzkennzeichnung ist jedes Zeichen (Schild, Sicherheitsfarbe, Leucht- oder Schallzeichen, Sprech- oder Handzeichen), das für einen bestimmten Bereich oder für eine bestimmte Situation eine für den Sicherheits- und Gesundheitsschutz der Arbeitnehmer/innen relevante Aussage trifft.

(3) Soweit nach anderen Arbeitnehmerschutzvorschriften oder nach Bescheiden, die aufgrund von Arbeitnehmerschutzvorschriften ergangen sind, eine Sicherheits- oder Gesundheitsschutzkennzeichnung erforderlich ist, müssen Arbeitgeber/innen dafür sorgen, dass diese Kennzeichnung dieser Verordnung entsprechend gestaltet ist.

(4) Die Sicherheits- und Gesundheitsschutzkennzeichnung nach dieser Verordnung darf für keine anderen als für die in dieser Verordnung dafür jeweils festgelegten Aussagen verwendet werden.

(5) Arbeitgeber/innen müssen dafür sorgen, dass die Sicherheits- und Gesundheitsschutzkennzeichnung

1. hinsichtlich ihrer Art, Anordnung, Ausmaße, Anzahl, Gestaltung und Funktionsweise sowie hinsichtlich ihres Standortes und Zustandes entsprechend der Art und dem Ausmaß der Gefahr bzw. des zu bezeichnenden Bereiches so beschaffen ist, dass eine möglichst hohe Wirksamkeit erreicht wird,
2. in ihrer Sicht- oder Hörbarkeit nicht durch andere Kennzeichnungen, durch gleichartige Emissionsquellen oder durch sonstige Einrichtungen beeinträchtigt ist,
3. gegebenenfalls auch für Arbeitnehmer/innen mit – auch durch persönliche Schutzausrüstung – eingeschränktem Hör- oder Sehvermögen wirksam ist und
4. so beschaffen ist, dass ihre Mitteilung klar verständlich und eine Verwechslung ausgeschlossen ist.

(6) Mittel der Sicherheits- und Gesundheitsschutzkennzeichnung müssen ihrer Art entsprechend regelmäßig gereinigt, gewartet, auf ihre tatsächliche Wirksamkeit überprüft sowie bei Bedarf instandgesetzt oder erneuert werden.

Arbeitsstoffkennzeichnung – Behälter

§ 1a. (1) Die Kennzeichnung nach § 44 Abs. 2 ASchG von Behältern (einschließlich sichtbar verlegter Rohrleitungen), die gefährliche chemische Arbeitsstoffe enthalten, muss eine Bezeichnung des Arbeitsstoffs sowie Angaben über die möglichen Gefahren, die mit seiner Einwirkung verbunden sind, und über notwendige Sicherheitsmaßnahmen beinhalten, und weiters aufweisen:

1. Gefahrenpiktogramme entsprechend der Verordnung (EG) Nr. 1272/2008 (CLP-Verordnung), wenn der Arbeitsstoff einer der in § 40 Abs. 1 ASchG genannten Gefahrenklassen zuzuordnen ist. Stattdessen kann, sofern in Anhang 1.2 dieser Verordnung ein den gefährlichen Eigenschaften des Arbeitsstoffes entsprechendes Warnzeichen vorgesehen ist, das dasselbe Symbol aufweist, wie das Gefahrenpiktogramm nach der CLP-Verordnung, bis zum 1. Juni 2024 auch dieses verwendet werden.
2. Warnzeichen nach Anhang 1.2 dieser Verordnung, wenn der gefährliche Arbeitsstoff keiner der in § 40 Abs. 1 ASchG genannten Gefahrenklassen zuzuordnen ist, aber andere gefährliche Eigenschaften i.S.d. § 40 Abs. 1 ASchG aufweist und in Anhang 1.2 ein den gefährlichen Eigenschaften des Arbeitsstoffes entsprechendes Warnzeichen vorgesehen ist.

(2) Das Warnzeichen „Allgemeine Gefahr“ darf für die Kennzeichnung von Behältern (einschließlich sichtbar verlegter Rohrleitungen), die gefährliche Arbeitsstoffe enthalten, nicht verwendet werden.

(3) Die Kennzeichnung nach Abs. 1 kann

1. durch zusätzliche Informationen ergänzt werden;
2. beim innerbetrieblichen Transport von Behältern durch Gefahrzettel, die für den Transport gefährlicher Stoffe oder Gemische in der Europäischen Union gelten, ergänzt oder ersetzt werden.

(4) Die Kennzeichnung nach Abs. 1 ist wie folgt anzubringen:

1. in gut sichtbarer Weise,
2. als Schild, Aufkleber oder aufgemalte Kennzeichnung,
3. ist dies nicht möglich, dann in Form eines Beipacktextes,
4. auf oder bei Rohrleitungen sichtbar in unmittelbarer Nähe der gefahrenträchtigsten Stellen (z. B. bei einfach lösbaren Verbindungen sowie Entnahme- und Befüllstellen) und in ausreichender Häufigkeit.

(5) Wenn nach § 44 Abs. 2 ASchG die Kennzeichnung von Behältern (einschließlich sichtbar verlegter Rohrleitungen), die gefährliche Arbeitsstoffe enthalten, entfällt, weil die Art der Arbeitsstoffe oder die Art des Arbeitsvorganges dem entgegenstehen, müssen die Arbeitgeber/innen dafür sorgen, dass die Arbeitnehmer/innen, die diese Arbeitsstoffe verwenden, durch

1. eine zumindest jährliche nachweisliche Unterweisung auf Grundlage einer Betriebsanweisung (§ 14 Abs. 5 ASchG) oder
2. eine andere geeignete, von ihnen im Sicherheits- und Gesundheitsschutzdokument festgelegte Maßnahme

über die möglichen Gefahren, die mit der Einwirkung verbunden sind, und über notwendige Sicherheitsmaßnahmen, informiert und unterwiesen werden.

(6) Bei Arbeitsstoffen, die nach den für sie geltenden Hersteller- oder Inverkehrbringervorschriften ohne eine dem Abs. 1 entsprechende Kennzeichnung in Verkehr gebracht werden dürfen, kann die Kennzeichnung nach Abs. 1 entfallen, wenn die Arbeitgeber/innen dafür

sorgen, dass die Arbeitnehmer/innen, die diese Arbeitsstoffe verwenden, durch

1. eine zumindest jährliche nachweisliche Unterweisung auf Grundlage einer Betriebsanweisung (§ 14 Abs. 5 ASchG) oder
2. eine andere geeignete, von ihnen im Sicherheits- und Gesundheitsschutzdokument festgelegte Maßnahme

über die möglichen Gefahren, die mit der Einwirkung verbunden sind, und über notwendige Sicherheitsmaßnahmen, informiert und unterwiesen werden.

Arbeitsstoffkennzeichnung – Räume oder Bereiche

§ 1b. (1) Eine Kennzeichnung von Räumen oder Bereichen (einschließlich Schränken) nach § 44 Abs. 3 ASchG muss bei Lagerung erheblichen Mengen gefährlicher Arbeitsstoffe erfolgen, sofern nicht bei Betreten des Raumes oder Bereiches die Kennzeichnung der einzelnen Behälter eindeutig erkennbar ist. Lagerräume, die zur Lagerung erheblicher Mengen von explosionsgefährlichen oder brandgefährlichen Arbeitsstoffen bestimmt sind, müssen jedenfalls gekennzeichnet werden. Dies gilt auch für Lagerräume zur Lagerung erheblicher Mengen von gesundheitsgefährdenden Arbeitsstoffen der Gefahrenklassen

1. Akute Toxizität (Gefahrenklasse 3.1)
2. Spezifische Zielorgan-Toxizität, einmalige Exposition (Gefahrenklasse 3.8)
3. Ätz-/Reizwirkung auf die Haut (Gefahrenklasse 3.2)
4. Schwere Augenschädigung/Augenreizung (Gefahrenklasse 3.3)
5. Keimzellmutagenität (Gefahrenklasse 3.5)
6. Karzinogenität (Gefahrenklasse 3.6)
7. Reproduktionstoxizität (Gefahrenklasse 3.7).

(2) Erhebliche Mengen gefährlicher Arbeitsstoffe im Sinn des Abs. 1 sind grundsätzlich 1.000 kg, sofern in den folgenden Ziffern, abgestuft nach den Gefahrenklassen nach der CLP-Verordnung, nicht anderes bestimmt wird:

1. für entzündbare Flüssigkeiten (Gefahrenklasse 2.6) bei Lagerung in Räumen:
   a. 5 Liter extrem entzündbare Flüssigkeiten (Kategorie 1)
   b. 50 Liter leicht entzündbare oder entzündbare Flüssigkeiten (Kategorie 2 oder 3)
2. für entzündbare Flüssigkeiten (Gefahrenklasse 2.6) bei Lagerung im Freien:
   a. 50 Liter extrem entzündbare Flüssigkeiten (Kategorie 1)
   b. 500 Liter leicht entzündbare Flüssigkeiten (Kategorie 2)
   c. 2500 Liter entzündbare Flüssigkeiten (Kategorie 3)
3. 1 kg für oxidierende Flüssigkeiten (Gefahrenklasse 2.13) und oxidierende Feststoffe (Gefahrenklasse 2.14), jeweils Kategorie 1
4. 2,5 Liter Behältervolumen für Arbeitsstoffe, die einer der folgenden Gefahrenklassen zugeordnet werden können:
   a. Gase unter Druck (Gefahrenklasse 2.5)
   b. Entzündbare Gase und chemisch instabile Gase (Gefahrenklasse 2.2), Kategorie 1 und 2
   c. Oxidierende Gase (Gefahrenklasse 2.4)
5. 20 kg Nettomasse für entzündbare Aerosole (Gefahrenklasse 2.3)
6. 50 kg für Arbeitsstoffe, die einer der folgenden Gefahrenklassen zugeordnet werden können:
   a. Oxidierende Flüssigkeiten (Gefahrenklasse 2.13) und oxidierende Feststoffe (Gefahrenklasse 2.14), jeweils Kategorie 2 und 3
   b. Spezifische Zielorgan-Toxizität, wiederholte Exposition (Gefahrenklasse 3.9), Kategorie 1
   c. Karzinogenität (Gefahrenklasse 3.6)
   d. Reproduktionstoxizität (Gefahrenklasse 3.7)
   e. Keimzellmutagenität (Gefahrenklasse 3.5)
7. 200 kg für Arbeitsstoffe, die bei Berührung mit Wasser entzündbare Gase entwickeln (Gefahrenklasse 2.12)
8. Für Arbeitsstoffe, die einer der folgenden Gefahrenklassen zugeordnet werden können, gilt jede Menge als erheblich im Sinne des Abs. 2:
   a. explosive Stoffe oder Gemische und Erzeugnisse mit Explosivstoff (Gefahrenklasse 2.1)
   b. entzündbare Feststoffe (Gefahrenklasse 2.7)
   c. selbstzersetzliche Stoffe oder Gemische (Gefahrenklasse 2.8)
   d. pyrophore Flüssigkeiten und pyrophore Feststoffe (Gefahrenklasse 2.9 und 2.10)
   e. selbsterhitzungsfähige Stoffe und Gemische (Gefahrenklasse 2.11)
   f. organische Peroxide (Gefahrenklasse 2.15)
   g. akute Toxizität (Gefahrenklasse 3.1), Kategorie 1 bis 3
   h. spezifische Zielorgan-Toxizität, einmalige Exposition (Gefahrenklasse 3.8), Kategorie 1.

(3) Die Kennzeichnung von Räumen oder Bereichen nach § 44 Abs. 3 ASchG muss erfolgen mit:

1. Gefahrenpiktogrammen entsprechend der Verordnung (EG) Nr. 1272/2008 (CLP-Verordnung), wenn der gefährliche Arbeitsstoff einer der in § 40 Abs. 1 ASchG genannten Gefahrenklassen zuzuordnen ist. Stattdessen kann, sofern in Anhang 1.2 dieser Verordnung ein den gefährlichen Eigenschaften des Arbeitsstoffes entsprechendes Warnzeichen vorgesehen ist, bis zum 1. Juni 2024 auch dieses verwendet werden.
2. Warnzeichen nach Anhang 1.2 dieser Verordnung, wenn der gefährliche Arbeitsstoff keiner der in § 40 Abs. 1 ASchG genannten Gefahrenklassen zuzuordnen ist, aber andere gefährliche Eigenschaften i.S.d. § 40 Abs. 1 ASchG aufweist und in Anhang 1.2 ein den gefährlichen Eigenschaften des Arbeitsstoffes entsprechendes Warnzeichen vorgesehen ist;
3. dem Warnzeichen „Allgemeine Gefahr“ nach Anhang 1.2 dieser Verordnung, wenn der gefährliche Arbeitsstoff keiner der in § 40 Abs. 1 ASchG genannten Gefahrenklassen zuzuordnen ist, aber andere gefährliche Eigenschaften i.S.d. § 40 Abs. 1 ASchG aufweist und in Anhang 1.2 kein den gefährlichen Eigenschaften des Arbeitsstoffes entsprechendes Warnzeichen vorgesehen ist. Das Warnzeichen „Allgemeine Gefahr“ muss durch einen verbalen Hinweis auf die konkreten gefährlichen Eigenschaften des Arbeitsstoffes ergänzt werden.

Verwendung von Schildern und Sicherheitsfarben

§ 2. (1) Schilder mit Verbots-, Warn-, Gebots-, Rettungs- oder Hinweiszeichen sind zu verwenden:

1. zur Kennzeichnung von Gefahrenbereichen und
2. zur Kennzeichnung von sonstigen sicherheitsrelevanten Bereichen, wie insbesondere von Fluchtwegen, Erste-Hilfe-Einrichtungen oder Mitteln zur Brandbekämpfung.

(2) Abweichend von Abs. 1 können statt Schildern Sicherheitsfarben verwendet werden:

1. zur Kennzeichnung von Bereichen, in denen eine Gefahr des Abstürzens oder des Anstoßens gegen Hindernisse besteht und
2. zur Kennzeichnung und Standorterkennung von Mitteln zur Brandbekämpfung.

Anforderungen an verwendete Schilder, Aufkleber und Sicherheitsfarben

§ 3. (1) Es dürfen nur Schilder und Aufkleber verwendet werden, die
1. aus gegen Schlag und Umgebungsbedingungen möglichst widerstandsfähigem und witterungsbeständigem Material bestehen,
2. möglichst leicht verständlich sind und keine für das Verständnis nicht erforderlichen Details enthalten,
3. die Eigenmerkmale laut Anhang 1 entsprechend ihrer jeweiligen Aussage aufweisen und
4. sofern sie eine der in Anhang 1 genannten Aussagen treffen, der dort jeweils zugeordneten Darstellung entsprechen.

(1a) Abs. 1 Z 3 und 4 gelten nicht, wenn zur Arbeitsstoffkennzeichnung nach §§ 1a oder 1b Gefahrenpiktogramme nach der CLP-Verordnung verwendet werden.

(2) Abweichend von Abs. 1 Z 4 sind geringfügige Abweichungen von den Darstellungen laut Anhang 1 insoweit zulässig, als Bedeutung oder Verständlichkeit der Aussage nicht verändert oder vermindert werden.

(3) Sicherheitsfarben müssen
1. entsprechend ihrer jeweiligen Bedeutung laut Anhang 2 verwendet werden oder
2. dem Muster in Anhang 2 entsprechen, wenn sie zur Kennzeichnung von Bereichen dienen, in denen eine Gefahr des Abstürzens oder des Anstoßens gegen Hindernisse besteht.

(4) Werden Schilder oder Sicherheitsfarben verwendet, müssen Arbeitgeber/innen dafür sorgen, dass diese
1. eine zur einwandfreien Erkennbarkeit hinreichend hohe Leuchtdichte aufweisen,
2. phosphoreszierende Farben oder reflektierende Materialien aufweisen, sofern die Belichtung oder Beleuchtung für ihre Wahrnehmbarkeit nicht ausreicht,
3. am Zugang zu dem zu bezeichnenden Bereich oder in unmittelbarer Nähe der zu bezeichnenden Gefahrenquelle oder des zu bezeichnenden Gegenstandes angebracht sind und
4. entfernt werden, wenn ihre Aussage nicht mehr zutrifft.

Verwendung von Leucht-, Schall-, Sprech- und Handzeichen

§ 4. (1) Im Sinne dieser Verordnung sind
1. Leuchtzeichen: Zeichen, die von einer Vorrichtung erzeugt werden, die aus durchsichtigem Material besteht, das von innen oder von hinten durchleuchtet wird;
2. Schallzeichen: codierte akustische Signale, die von einer spezifischen Vorrichtung ohne Verwendung einer menschlichen oder synthetischen Stimme ausgesandt und verbreitet werden;
3. Sprechzeichen: verbale Mitteilungen mit festgelegtem Wortlaut unter Verwendung einer menschlichen oder synthetischen Stimme;
4. Handzeichen: codierte Bewegungen oder Hand- bzw. Armstellungen.

(2) Leucht-, Schall- oder Sprechzeichen sind zu verwenden
1. zur Übermittlung von Hinweisen auf zeitlich begrenzte Gefahren oder
2. zur Übermittlung von Notrufen an Personen zur Ausführung bestimmter sicherheitsrelevanter Handlungen.

(3) Hand- oder Sprechzeichen sind zur Anleitung von Arbeitnehmer/innen bei zeitlich begrenzten risikoreichen Arbeitsvorgängen zu verwenden.

Anforderungen an verwendete Leucht- und Schallzeichen

§ 5. (1) Es dürfen nur Leuchtzeichen verwendet werden,
1. deren Farbe der Bedeutung der Sicherheitsfarben laut Anhang 2 entspricht,
2. deren Licht deutlich sichtbar ist, mit der Umgebung kontrastiert und nicht blendet,
3. bei denen allenfalls enthaltene Bildzeichen dem § 3 Abs. 1 Z 2 bis 4 und Abs. 2 entsprechen,
4. die bis zum Abschluß der erforderlichen Aktion andauern und
5. bei denen, sofern die Vorrichtung kontinuierliche und blinkende Leuchtzeichen aussenden kann, das blinkende im Gegensatz zum kontinuierlichen Zeichen eine höhere Gefahrenstufe oder eine höhere Dringlichkeit der erforderlichen Aktion anzeigt.

(2) Es dürfen nur Schallzeichen verwendet werden,
1. deren Lautstärkepegel deutlich über dem Umgebungslärm liegt, aber nicht schmerzhaft ist,
2. die durch Impulsdauer und -intervalle gut erkennbar und deutlich abgesetzt von anderen Schallzeichen oder sonstigen Umgebungsgeräuschen sind,
3. die bis zum Abschluß der erforderlichen Aktion andauern,
4. die, sofern es sich um Evakuierungszeichen handelt, einen nicht unterbrochenen Ton haben und
5. bei denen, sofern die Vorrichtung eine kontinuierliche und eine veränderliche Frequenz aussenden kann, die veränderliche im Gegensatz zur kontinuierlichen Frequenz eine höhere Gefahren- stufe oder eine höhere Dringlichkeit der erforderlichen Aktion anzeigt.

(3) Vorrichtungen, die eine Energiequelle benötigen, müssen über eine Notversorgung verfügen, es sei denn, dass bei Unterbrechung der Energiezufuhr kein Risiko mehr besteht.

Anforderungen an verwendete Sprech- und Handzeichen

§ 6. (1) Werden Sprechzeichen verwendet, müssen Arbeitgeber/innen dafür sorgen, dass diese so kurz, einfach und klar wie möglich, akustisch einwandfrei wahrnehmbar und ihre Aussagen für die betroffenen Arbeitnehmer/innen leicht verständlich sind.

(2) Werden Handzeichen verwendet, müssen Arbeitgeber/innen dafür sorgen, dass
1. diese genau, einfach, aussagekräftig, leicht durchführbar und verständlich sowie deutlich voneinander abgegrenzt sind und, sofern sie mit beiden Armen gleichzeitig gegeben werden, symmetrisch erfolgen und nur eine Aussage darstellen,
2. diese, sofern sie eine der in Anhang 3 genannten Aussagen treffen, der dort jeweils zugeordneten Darstellung entsprechen.

(3) Abweichend von Abs. 2 Z 2 sind geringfügige Abweichungen von den Darstellungen laut Anhang 3 insoweit zulässig, als Bedeutung oder Verständlichkeit der Aussage nicht verändert oder vermindert werden.

(4) Werden Handzeichen verwendet, müssen Arbeitgeber/innen weiters dafür sorgen, dass die Person, die die Zeichen gibt,
1. den gesamten Ablauf der Arbeitsvorgänge beobachten kann, ohne durch die Arbeitsvorgänge gefährdet zu sein,
2. sich ausschließlich der Steuerung der Arbeitsvorgänge und der Sicherheit der in der Nähe befindlichen Arbeitnehmer/innen widmet und
3. für die Arbeitnehmer/innen leicht erkennbar ist und erforderlichenfalls geeignete Erkennungszeichen trägt.

Information und Unterweisung

§ 7. (1) Arbeitgeber/innen müssen alle betroffenen Arbeitnehmer/innen über die Bedeutung der Sicherheits- und Gesundheitsschutzkennzeichnung und über die damit in Zusammenhang stehenden zu ergreifenden Maßnahmen im Sinne des § 12 ASchG informieren.

(2) Arbeitgeber/innen müssen alle betroffenen Arbeitnehmer/innen in der Bedeutung von Gefahrenpiktogrammen, Warnzeichen, Leucht- und Schallzeichen sowie Sprech- und Handzeichen und in den damit in Zusammenhang stehenden zu ergreifenden Maßnahmen im Sinne des § 14 ASchG unterweisen.

Schlußbestimmungen

§ 8. (1) Die Bestimmungen dieser Verordnung sind Mindestvorschriften nach der Richtlinie 92/58/EWG des Rates vom 24. Juni 1992 in der Fassung der Änderung durch Art. 1 der Richtlinie 2014/27/EU vom 26. Februar 2014. Daher wird gemäß § 95 Abs. 1 ASchG festgelegt, dass die Behörde von den Bestimmungen dieser Verordnung keine Ausnahmen zulassen darf.

(2) Zeichen zum Hinweis auf Feuerlöschgeräte müssen der Darstellung nach Anhang 1 ab 1. März 2000 entsprechen.

(3) Im übrigen tritt diese Verordnung mit 1. Juli 1997 in Kraft.

(4) §§ 1a und 1b jeweils samt Überschrift, die Überschrift zu § 3, § 3 Abs. 1, 1a und 4, § 7 Abs. 2, § 8 Abs. 1 sowie Anhang 1 Punkt 1.2 in der Fassung der Verordnung BGBl. II Nr. 184/2015, treten mit dem ihrer Kundmachung folgenden Tag in Kraft. Gemäß § 135 Abs. 8 ASchG wird festgestellt, dass durch das Inkrafttreten von § 1b dieser Verordnung in dem gemäß § 110 Abs. 8 ASchG als Bundesgesetz geltenden § 65 Abs. 4 der Allgemeinen Arbeitnehmerschutzverordnung (AAV), BGBl. 218/1983, im vorletzten Satz der Satzteil „bei den Zugängen deutlich und dauerhaft gekennzeichnet und“ außer Kraft tritt.

(5) In § 1a Abs. 1 Z 1 und in § 1b Abs. 3 Z 1 tritt jeweils der zweite Satz mit 1. Juni 2024 außer Kraft.

Anhang 1: SCHILDER

1.1. VERBOTSZEICHEN

Eigenmerkmale:
Form: rund; schwarzes Piktogramm auf weißem Grund, Rand und Neigungswinkel von 45 Grad zur Horizontalen, rot; die Sicherheitsfarbe Rot muss mindestens 35% der Oberfläche des Zeichens ausmachen.

Zu verwendende Zeichen:

 Rauchen verboten	 Feuer, offenes Licht und Rauchen verboten	 Für Fußgänger verboten
 Verbot mit Wasser zu löschen	 Kein Trinkwasser	 Zutritt für Unbefugte verboten
 Für Flurförderfahrzeuge verboten	 Berühren verboten	

1.2. WARNZEICHEN

Eigenmerkmale:
Form: dreieckig; schwarzes Piktogramm auf gelbem Grund. schwarzer Rand: die Sicherheitsfarbe Gelb muss mindestens 50% der Oberfläche des Zeichens ausmachen.

Zu verwendende Zeichen:

 Warnung vor feuergefährlichen Stoffen oder hoher Temperatur	 Warnung vor explosions-gefährlichen Stoffen	 Warnung vor giftigen Stoffen
 Warnung vor ätzenden Stoffen	 Warnung vor radioaktiven Stoffen	 Warnung vor schwebender Last
 Warnung vor Flurförderfahrzeugen	 Warnung vor gefährlicher elektrischer Spannung	 Warnung vor allgemeiner Gefahr
 Warnung vor Laserstrahl	 Warnung vor brandfördernden Stoffen	 Warnung vor nichtionisierender Strahlung

 Warnung vor starkem magnetischen Feld	 Warnung vor Stolpergefahr	 Warnung vor Absturzgefahr
 Warnung vor Biogefährdung	 Warnung vor Kälte	 Warnung vor explosionsfähiger Atmosphäre

1.3. GEBOTSZEICHEN

Eigenmerkmale:
Form: rund; weißes Piktogramm auf blauem Grund; die Sicherheitsfarbe Blau muss mindestens 50% der Oberfläche des Zeichens ausmachen.

Zu verwendende Zeichen:

 Augenschutz tragen	 Schutzhelm tragen	 Gehörschutz tragen
 Atemschutz tragen	 Schutzschuhe tragen	 Schutzhandschuhe tragen
 Schutzkleidung tragen	 Gesichtsschutzschild tragen	 Auffanggurt anlegen
 Gebot für Fußgänger	 Allgemeines Gebot (gegebenenfalls mit Zusatzzeichen)	

1.4. RETTUNGSZEICHEN

Eigenmerkmale:
Form: rechteckig oder quadratisch; weißes Piktogramm auf grünem Grund; die Sicherheitsfarbe Grün muss mindestens 50% der Oberfläche des Zeichens ausmachen.

Zu verwendende Zeichen:

Rettungsweg – Notausgang

Rettungsweg – Notausgang

Rettungsweg – Notausgang

Rettungsweg – Notausgang

Rettungsweg – Notausgang

Richtungsanzeige
(zusätzlich zu den folgenden Rettungszeichen verwenden)

Erste Hilfe

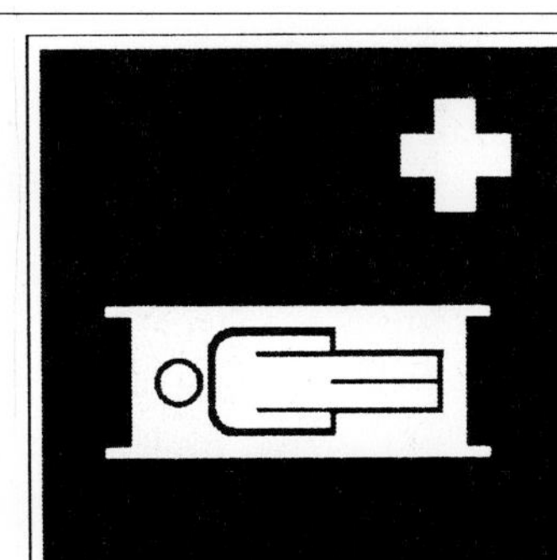

Krankentrage

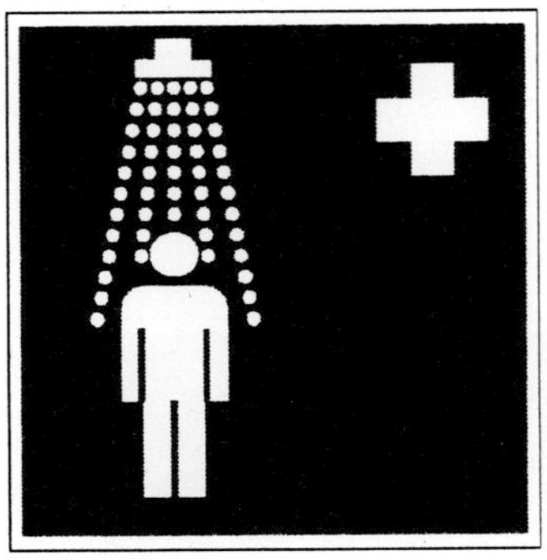 Notdusche	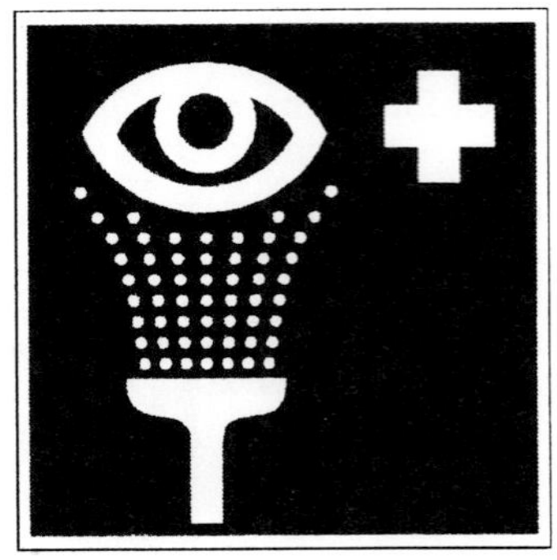 Augenspüleinrichtung	 Notruftelefon

1.5. HINWEISSCHILDER FÜR MATERIAL ZUR BRANDBEKÄMPFUNG

Eigenmerkmale:
Form: rechteckig oder quadratisch; weißes Piktogramm auf rotem Grund; die Sicherheitsfarbe Rot muss mindestens 50% der Oberfläche des Zeichens ausmachen.

Zu verwendende Zeichen:

 Hinweis auf einen Feuerwehrschlauch	 Hinweis auf eine Leiter	 Hinweis auf ein Feuerlöschgerät
 Brandmeldungstelefon	 Richtungsanzeige (zusätzlich zu den folgenden Rettungszeichen verwenden)	

Anhang 2: SICHERHEITSFARBEN

Sicherheitsfarbe	Bedeutung	Hinweise – Angaben
Rot	Verbotszeichen	Gefährliches Verhalten
	Gefahr – Alarm	Halt, Stillstand, Not-Ausschalteinrichtung, Evakuierung
	Material und Ausrüstungen zur Brandbekämpfung	Kennzeichnung und Standort
Gelb oder Gelb-Orange	Warnzeichen	Achtung, Vorsicht Überprüfung
Blau	Gebotszeichen	Besonderes Verhalten oder Tätigkeit Verpflichtung zum Tragen einer persönlichen Schutzausrüstung
Grün	Erste-Hilfe-, Rettungszeichen	Türen, Ausgänge, Wege, Betriebsmittel, Stationen, Räume
	Gefahrlosigkeit	Rückkehr zum Normalzustand

Muster zur Kennzeichnung von Hindernissen und Gefahrenstellen:
Die Streifen (schwarz/gelb oder rot/weiß) sind in einem Neigungswinkel von etwa 45 Grad anzuordnen und müssen in etwa die gleiche Breite aufweisen.

Anhang 3: HANDZEICHEN

Bedeutung	Erklärung	Bild
Achtung Beginn der Einweisung	Arm gestreckt hochhalten	
Halt	Beide Arme seitlich waagrecht ausstrecken und in dieser Lage halten. Im Bedarfsfall darf das Zeichen auch einarmig gegeben werden.	

Bedeutung	Erklärung	Bild
Halt – Gefahr	Beide Arme waagrecht abwechselnd ausstrecken und anwinkeln.	
Langsam	Unterarm nach unten gestreckt langsam nach links und rechts schwenken, solange die vorsichtige Bewegung erforderlich ist. Dieses Zeichen gilt für alle Bewegungseinrichtungen der mechanischen Einrichtung oder des Betriebsmittels.	
Abstandszeichen	Der zurückzulegende Weg wird durch den horizontalen Abstand der Handflächen angezeigt. Nach Erreichen des gewollten Abstandes ist das Handzeichen „Halt“ zu geben.	
Bewegung in Richtung	Den der Bewegungsrichtung zugeordneten Arm anwinkeln und seitlich hin und her bewegen.	
Heben	Mit einem nach oben zeigenden Arm kreisen.	

Bedeutung	Erklärung	Bild
Senken	Mit einem nach unten zeigenden Arm kreisen.	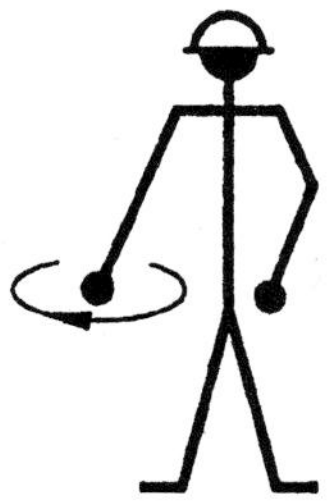
Ausladung verkleinern	Mit beiden erhobenen Armen kreisen.	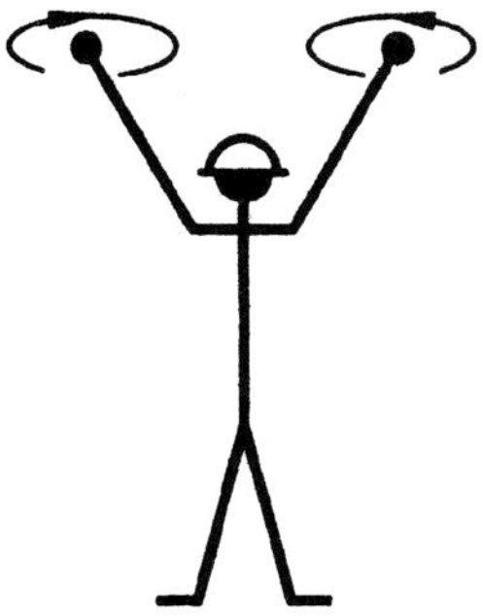
Ausladung vergrößern	Mit beiden herabhängenden Armen kreisen.	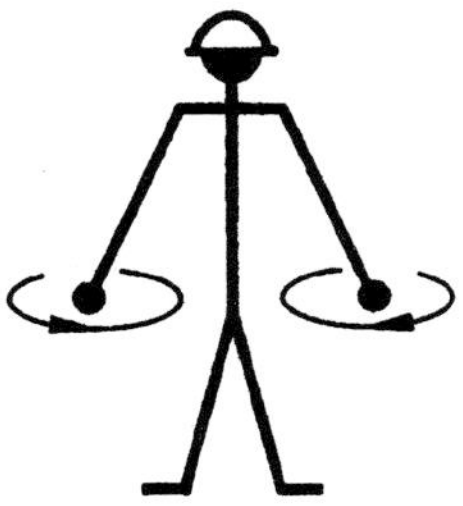
Öffnen	Arm mit nach unten halb geöffneter Hand seitlich gestreckt halten.	
Schließen	Arm mit nach unten geschlossener Hand seitlich gestreckt halten.	

Bedeutung	Erklärung	Bild
Herkommen	Mit beiden Armen und den zum Körper zugekehrten Handflächen heranwinken	
Entfernen	Mit beiden Armen und den vom Körper abgekehrten Handflächen wegwinken.	
Abfahren	Mit hochgestrecktem Arm und nach vorn gekehrter Handfläche wegwinken.	
Ende der Einweisung	Unterarme in Brusthöhe kreuzen.	

Fachkenntnisnachweis-Verordnung

Verordnung des Bundesministers für Wirtschaft und Arbeit mit der die Verordnung über den Nachweis der Fachkenntnisse (Fachkenntnisnachweis-Verordnung-FK-V) erlassen wird, BGBl. II Nr. 23/2007 (Art. I), BGBl. II Nr. 215/2012 (Art. 2), BGBl. II Nr. 210/2013 (Art. 5), BGBl. II Nr. 26/2014 (Art. 2) und BGBl II Nr. 226/2017 (Art. 2).

Auf Grund der §§ 62, 63 Abs. 1 und 2 sowie § 72 Abs. 1 Z 1 des Bundesgesetzes über Sicherheit und Gesundheitsschutz bei der Arbeit (ArbeitnehmerInnenschutzgesetz - ASchG), BGBl. Nr. 450/1994, zuletzt geändert durch BGBl. I Nr. 71/2013, wird verordnet:

Artikel I

Verordnung über den Nachweis der Fachkenntnisse (Fachkenntnisnachweis-Verordnung - FK-V)

INHALTSVERZEICHNIS

Geltungsbereich

§ 1. Diese Verordnung gilt für die Beschäftigung von Arbeitnehmern/Arbeitnehmerinnen in Arbeitsstätten, auf Baustellen oder an auswärtigen Arbeitsstellen im Sinn des ArbeitnehmerInnenschutzgesetzes (ASchG).

Beschäftigung der Arbeitnehmer/innen mit Fachkenntnissen

§ 2. Mit nachfolgenden Arbeiten dürfen Arbeitgeber/innen nur Arbeitnehmer/innen beschäftigen, die die entsprechenden Fachkenntnisse durch ein Zeugnis gemäß § 4 nachweisen:

1. Durchführung folgender Arbeiten mit besonderen Gefahren:
   a) Führen von Kranen (§ 2 Abs. 7 der Arbeitsmittelverordnung - AM-VO, BGBl. II Nr. 164/2000),
   b) Führen von Hubstaplern (§ 2 Abs. 9 AM-VO),
   c) Sprengarbeiten (§ 2 Abs. 1 der Sprengarbeitenverordnung - SprengV, BGBl. II Nr. 358/2004),
   d) Arbeiten im Rahmen eines Gasrettungsdienstes (§ 3 Abs. 2 der Verordnung über die Gesundheitsüberwachung am Arbeitsplatz - VGÜ, BGBl. II Nr. 27/1997), ausgenommen Arbeiten im Grubenrettungs- und Gasschutzwesen, insbesondere Gasschutzwehren nach bergrechtlichen Vorschriften,
   e) Taucharbeiten (einschließlich der Tätigkeit als Signalperson) im Sinn der Druckluft- und Taucherarbeitenverordnung, BGBl. Nr. 501/1973;
2. Vorbereitung und Organisation von Arbeiten unter Hochspannung (Arbeiten an elektrischen Starkstromanlagen unter Wechselspannungen über 1 kV oder Gleichspannungen über 1,5 kV).

Ausnahmen vom Fachkenntnisnachweis

§ 3. (1) § 2 Z 1 gilt nicht für die Beschäftigung der Arbeitnehmer/innen mit der Durchführung folgender Arbeiten:

1. Führen von handbetriebenen Kranen,
2. Führen von flurgesteuerten Kranen, deren Tragfähigkeit nicht mehr als 50 kN beträgt, sowie dem Führen von Fahrzeug- und Ladekranen, deren Tragfähigkeit nicht mehr als 50 kN und deren Lastmoment nicht mehr als 100 kNm beträgt,
3. Führen von Hubstaplern, die ihre Last ausschließlich innerhalb der Radbasis aufnehmen und befördern oder die mittels Deichsel geführt werden,
4. Verwendung von Fluchtgeräten für den Brand- oder Evakuierungsfall,
5. Bedienung von Hebeeinrichtungen, die integrierter Bestandteil von Maschinen oder maschinellen Einrichtungen sind und ausschließlich zu deren Beschickung dienen,
6. Einsatz als Sprenggehilfe/Sprenggehilfin für Tätigkeiten gemäß § 3 Abs. 4 SprengV.

(2) § 2 Z 2 gilt nicht für die Beschäftigung der Arbeitnehmer/innen mit der Organisation und Vorbereitung folgender Arbeiten unter Hochspannung:

1. Bedienung mittels Isolierstangen (zB Schalten von Trennern, Ein- und Rückstellen von Anzeigevorrichtungen),
2. Heranführung von geeigneten Mess-, Prüf-, Justier- und Ablesevorrichtungen (zB Temperaturmesseinrichtungen, Spannungsprüfer),
3. Reinigen mit geeigneten Hilfswerkzeugen und Hilfsmitteln,
4. Entladen von Kondensatoren,
5. Abspritzen von Isolatoren,
6. Abklopfen von Fremdbelägen (zB Raureif) und Entfernen von Gegenständen (zB Ausästen der Leitungsstrassen) mit Hilfe geeigneter Werkzeuge auf Isolierstangen,

7. Anbringen von einfachen Vorrichtungen mit geeigneten Werkzeugen auf Isolierstangen (zB Anbringen von Abdeckplatten, Kurzschlussanzeigen, Spannungsanzeigen),
8. Nachfüllen von Löschflüssigkeiten in Leistungsschaltern,
9. Arbeiten an Akkumulatoren, sofern mindestens eine zweite Person anwesend ist,
10. sofern die Ermittlung und Beurteilung der Gefahren (§§ 4f ASchG) ergibt, dass die Durchführung folgender Arbeiten unter Beachtung der festgelegten Maßnahmen zur Gefahrenverhütung ohne Nachweis der Fachkenntnisse für die Organisation und Vorbereitung gefahrlos möglich ist:
    a) Arbeiten in Prüffeldern, auf Prüfplätzen und in Laboratorien,
    b) Herausnehmen und Einsetzen von nicht gegen direktes Berühren geschützten Sicherungen mit geeigneten Hilfsmitteln.

(3) § 2 gilt nicht für die Beschäftigung von Arbeitnehmern/Arbeitnehmerinnen, die aus dem Ausland nach Österreich zur vorübergehenden Arbeitsleistung entsendet wurden, wenn

1. die Beschäftigung nicht länger als vier Wochen im Kalenderjahr dauert, und
2. der/die Arbeitgeber/in über eine Bestätigung verfügt, wonach der/die Arbeitnehmer/in die im Entsendestaat gegebenenfalls erforderlichen Nachweise für die sichere Durchführung der Arbeiten besitzt. Bei Durchführung von Sprengarbeiten ist zusätzlich eine nachweisliche einschlägige Berufserfahrung von zumindest zweijähriger Dauer im Ausmaß der Normalarbeitszeit in den letzten zehn Jahren erforderlich.

Nachweis der Fachkenntnisse

§ 4. (1) Der Nachweis der für die Durchführung von Arbeiten gemäß § 2 erforderlichen Fachkenntnisse im Sinn des § 62 Abs. 1 Z 2 i.V.m. Abs. 2 und 4 ASchG gilt als erbracht, wenn

1. der erfolgreiche Abschluss einer Ausbildung, die die Voraussetzungen nach dieser Verordnung erfüllt, durch ein Zeugnis gemäß § 11 bestätigt wird, oder
2. die jeweiligen Fachkenntnisse durch ein Abschlusszeugnis einer Unterrichtsanstalt gemäß § 15 nachgewiesen werden.

(2) Der Nachweis der Fachkenntnisse

1. für das Führen von sonstigen Fahrzeug- und Ladekranen gemäß § 6 Z 1 lit. e) gilt als Nachweis der Fachkenntnisse für das Führen von Fahrzeug- und Ladekranen bis 300 kNm Lastmoment gemäß § 6 Z 1 lit. d),
2. für das Führen von Lauf-, Bock- und Portalkranen, Säulendreh- und Wandschwenkkranen gemäß § 6 Z 1 lit. b) gilt als Nachweis der Fachkenntnisse für das Führen von flurgesteuerten Kranen bis 300 kN Tragfähigkeit gemäß § 6 Z 1 lit. a),
3. für die Durchführung allgemeiner Taucharbeiten gemäß § 6 Z 5 lit. a) gilt als Nachweis der Fachkenntnisse für die Durchführung von Forschungs- und Ingenieurtaucharbeiten sowie die Tätigkeit als Signalperson gemäß § 6 Z 5 lit. b) und c),
4. für die Durchführung von Forschungs- und Ingenieurtaucharbeiten gemäß § 6 Z 5 lit. b) gilt als Nachweis der Fachkenntnisse für die Tätigkeit als Signalperson gemäß § 6 Z 5 lit. c).

(3) Zeugnisse über die mit Erfolg abgelegte Häuerprüfung (Häuerbrief, Häuerschein) gemäß § 331 der Allgemeinen Bergpolizeiverordnung, BGBl. Nr. 114/1959, gelten als Nachweis der Fachkenntnisse für die Durchführung von allgemeinen Sprengarbeiten und Tiefbohrlochsprengarbeiten gemäß § 6 Z 3 lit. a) und lit. b) eingeschränkt auf Gesteinssprengungen nach dieser Verordnung.

(4) Entspricht beim Führen von motorisch betriebenen selbstfahrenden Arbeitsmitteln mit wechselbarer Zusatzausrüstung zum Einsatz als Kran oder als Hubstapler (Kran-Stapler-Kombinationsgeräte) der durchzuführende Arbeitsvorgang

1. dem Führen von Kranen, ist der Nachweis der Fachkenntnisse für das Führen von Kranen erforderlich,
2. dem Führen von Hubstaplern, ist der Nachweis der Fachkenntnisse für das Führen von Hubstaplern erforderlich.

Ausbildung zum Erwerb von Fachkenntnissen

§ 5. (1) Eine Ausbildung zum Erwerb von Fachkenntnissen nach dieser Verordnung muss die notwendigen theoretischen Kenntnisse und praktischen Fähigkeiten auf den in § 6 angeführten Gebieten vermitteln. Sie hat den/die Auszubildende/n in die Lage zu versetzen,

1. Arbeiten mit besonderen Gefahren gemäß § 2 Z 1 sicher durchzuführen oder
2. Vorbereitungs- und Organisationsarbeiten betreffend Arbeiten unter Hochspannung gemäß § 2 Z 2 so wahrzunehmen, dass die Beschäftigten die jeweiligen Arbeiten sicher durchführen können.

(2) Die Ausbildung muss die in § 6 angeführte Mindestgesamtzahl an Unterrichtseinheiten des Ausbildungsgebiets sowie Ausbildungsinhalte und Mindestanzahl verbindlich vorgesehener und frei gestaltbarer Unterrichtseinheiten und praktischer Übungen laut Anhang umfassen.

(3) Eine theoretische Unterrichtseinheit muss mindestens 50 Minuten betragen. Frei gestaltbare Unterrichtseinheiten sind von der Ausbildungseinrichtung im Sinn der Ausbildungsziele inhaltlich und didaktisch zu gestalten. Praktische Übungen sind mindestens in dem im Anhang angeführten Ausmaß als Praxisübung pro Ausbildungsteilnehmer/in durchzuführen, soweit nicht ausdrücklich gemeinsame Vorführungen zulässig sind.

Fachkenntnisausbildungsgebiete

§ 6. Die Ausbildung muss je nach Ausbildungsgebiet mindestens die nachfolgend angeführte Gesamtzahl an Unterrichtseinheiten (einschließlich praktischer Übungen) umfassen:

1. Führen von Kranen:
    a) Flurgesteuerte Lauf-, Bock- und Portalkrane, Säulendreh- und Wandschwenkkrane, die ausschließlich vom Boden aus im Mitgängerbetrieb mittels Schaltkassette oder Funkfernsteuerung bedient werden können und über eine Tragfähigkeit von maximal 300 kN verfügen: Mindestens 9 Unterrichtseinheiten (Anhang 1 lit. a),
    b) Sonstige Lauf-, Bock- und Portalkrane, Säulendreh- und Wandschwenkkrane: Mindestens 21 Unterrichtseinheiten (Anhang 1 lit. b),
    c) Dreh- und Auslegerkrane (ortsveränderliche, rundum schwenkbare Krane mit senkrechtem oder nahezu senkrechtem Traggerüst und Wipp- oder Katzausleger, wie gleislose und gleisgebundene Turmdrehkrane oder Schnellbaukrane): Mindestens 31 Unterrichtseinheiten (Anhang 1 lit. c),
    d) Fahrzeugkrane (Auslegerkrane mit eigenem Antrieb für die Fahrbewegung, die mit oder ohne Lasten verfahren werden können ohne dass hierzu eine feste Fahrbahn oder Gleisan-

lage benötigt wird und deren Standsicherheit durch die Schwerkraft sichergestellt wird) und Ladekrane (im allgemeinen auf einem Fahrzeug montierte Krane zur Be- und Entladung des Fahrzeuges) mit jeweils einem maximalen Lastmoment von 300 kNm: Mindestens 21 Unterrichtseinheiten (Anhang 1 lit. d),
   e) Fahrzeug- und Ladekrane mit einem maximalen Lastmoment von über 300 kNm: Mindestens 31 Unterrichtseinheiten (Anhang 1 lit. e),
   f) Sonderkrane (Kabel-, Rohrleger-, Schwimm-, Gieß-, Stripper-, Blockwende-, Chargier-, Hütten-, Hafenmobil-, Schienenkrane): Mindestens 14 Unterrichtseinheiten (Anhang 1 lit. f).
2. Führen von Hubstaplern: Mindestens 20,5 Unterrichtseinheiten (Anhang 2).
3. Durchführung von Sprengarbeiten:
   a) Allgemeine Sprengarbeiten (einschließlich Abbruchsprengen, Eissprengen, Metallsprengen, Serienparallelschaltungen bei Sprengarbeiten, Sprengarbeiten unter Tage): Mindestens 75 Unterrichtseinheiten (Anhang 3 lit. a),
   b) Tiefbohrlochsprengarbeiten: Mindestens 37 Unterrichtseinheiten (Anhang 3 lit. b),
   c) Sprengarbeiten unter Wasser: Mindestens 22 Unterrichtseinheiten (Anhang 3 lit. c),
   d) Sprengarbeiten in heißen Massen: Mindestens 22 Unterrichtseinheiten (Anhang 3 lit. d),
   e) Lawinenauslösesprengarbeiten: Mindestens 22 Unterrichtseinheiten (Anhang 3 lit. e),
   f) Lawinenauslösesprengarbeiten vom Hubschrauber: Mindestens 9 Unterrichtseinheiten (Anhang 3 lit. f).
4. Durchführung von Tätigkeiten im Rahmen eines Gasrettungsdienstes: Mindestens 35 Unterrichtseinheiten (Anhang 4).
5. Durchführung von Taucharbeiten (Tätigkeit als Signalperson):
   a) Allgemeine Taucharbeiten (Durchführung von Unterwasserarbeiten unter Zuhilfenahme von Tauchgeräten zur Versorgung mit Atemgas): Mindestens 270 Unterrichtseinheiten (Anhang 5 lit. a),
   b) Forschungstaucharbeiten (Taucharbeiten zur Durchführung wissenschaftlicher Forschungstätigkeiten unter Wasser) und Ingenieurtaucharbeiten (Taucharbeiten zur Überwachung des Arbeits- oder Baufortschritts, zur Überprüfung des baulichen Zustandes von Unterwasserbauvorhaben, Unterwasserbauwerken oder physikalischer und hydromechanischer Verhältnisse unter Wasser): Mindestens 210 Unterrichtseinheiten (Anhang 5 lit. b),
   c) Tätigkeit als Signalperson (Sorgetragung für die Sicherheit der Taucher/innen bei Abstieg, Aufenthalt unter Wasser und Auftauchen): Mindestens 166 Unterrichtseinheiten (Anhang 5 lit. c).
6. Vorbereitungs- und Organisationsarbeiten betreffend Arbeiten unter Hochspannung (insbesondere Mitwirkung bei der Ermittlung und Beurteilung der Gefahren und Durchführung der festgelegten Maßnahmen zur Gefahrenverhütung gemäß §§ 4f ASchG, bei Auswahl von Betriebseinrichtungen, Werkzeugen und anderen Arbeitsmitteln, Auswahl und Bewertung persönlicher Schutzausrüstung, bei Information und Unterweisung der Arbeitnehmer/innen, Ausarbeitung und Zurverfügungstellung schriftlicher Betriebsanweisungen und sonstiger Anweisungen sowie Mitwirkung bei Planung und Einrichtung einer den Arbeiten unter Hochspannung angemessenen Aufsicht): Mindestens 25 Unterrichtseinheiten (Anhang 6).

Verkürzte Ausbildung (Kombinationsausbildung, Ergänzungsausbildung)

§ 7. (1) Abweichend von § 5 Abs. 2, § 6 und dem Anhang ist eine kombinierte Ausbildungsdurchführung in verkürzter Form für die gleichzeitige Vermittlung der Fachkenntnisse für das Führen verschiedener Krane zulässig. Eine solche Kombinationsausbildung muss die Ausbildungsinhalte aller kombinierten Kran-Ausbildungsgebiete laut Anhang 1 zumindest in folgendem zeitlichen Gesamtausmaß umfassen:
1. Mindestanzahl theoretischer und frei gestaltbarer Unterrichtseinheiten des höherwertigen Ausbildungsgebiets,
2. 50 v. H. der Summe der Mindestunterrichtseinheiten aller zusätzlich kombinierten Ausbildungsgebiete, wobei Bruchteile von Hundert für voll gerechnet werden,
3. praktische Übungen im vollen, laut Anhang für die kombinierten Ausbildungsgebiete jeweils vorgesehenen Ausmaß.

(2) Für Ausbildungsteilnehmer/innen, die bereits über ein Zeugnis zum Nachweis der Fachkenntnisse für das Führen einer bestimmten Kranart oder für die Durchführung bestimmter Taucharbeiten (Tätigkeit als Signalperson) im Sinn dieser Verordnung verfügen, ist zur Erlangung weiterer, darüber hinausgehender Fachkenntnisse eine Ergänzungsausbildung wie folgt zulässig:
1. Führen von Kranen: Die Ausbildung verkürzt sich im betreffenden Ausbildungsgebiet um die nachweislich bereits zuvor vermittelten Fachkenntnisse (theoretische und frei verfügbare Unterrichtseinheiten laut Anhang 1). Praktische Übungen sind im vollen, laut Anhang für das weitere Ausbildungsgebiet vorgesehenen Ausmaß durchzuführen.
2. Durchführung von Taucharbeiten (Tätigkeit als Signalperson): Eine ergänzende theoretische Ausbildung ist nicht erforderlich. Zusätzliche praktische Übungen sind im Ausmaß der Differenz zwischen dem laut Anhang 5 für die bereits vermittelten Fachkenntnisse und dem für das weitere Ausbildungsgebiet jeweils vorgesehenem Mindestausmaß praktischer Übungen durchzuführen.

Ausbildungsteilnahme

§ 8. (1) Zu folgenden Ausbildungsgebieten dürfen Ausbildungseinrichtungen nur Personen als Kursteilnehmer/innen zulassen, die bereits über einen anderen, nachfolgend angeführten Nachweis von Fachkenntnissen verfügen:
1. Führen von Sonderkranen: Nachweis der Fachkenntnisse für das Führen von sonstigen Lauf-, Bock- und Portalkranen, Säulendreh- und Wandschwenkkranen,
2. Durchführung von Tiefbohrlochsprengarbeiten, Sprengarbeiten in heißen Massen oder Lawinenauslösesprengarbeiten: Nachweis der Fachkenntnisse für die Durchführung allgemeiner Sprengarbeiten,
3. Durchführung von Sprengarbeiten unter Wasser: Nachweis der Fachkenntnisse für die Durchführung allgemeiner Sprengarbeiten sowie für die Durchführung allgemeiner Taucharbeiten,
4. Lawinenauslösesprengarbeiten vom Hubschrauber: Nachweis der Fachkenntnisse für die Durchführung allgemeiner Sprengarbeiten sowie für Lawinenauslösesprengarbeiten.

(2) Zu Ausbildungen für Vorbereitungs- und Organisationsarbeiten betreffend Arbeiten unter Hochspannung dürfen Ausbildungseinrichtungen nur Elektrofachkräfte im Sinn der ÖVE-EN 50110-1 (EN 50110-2-100 eingearbeitet) als Kursteilnehmer/innen zulassen.

(3) Vor Beginn der Ausbildung zur Durchführung von Taucharbeiten ist die gesundheitliche Eignung der Kursteilnehmer/innen durch Bestätigung eines Arztes/einer Ärztin, der/die zur selbständigen Ausübung des ärztlichen Berufs im Sinne des Ärztegesetzes 1998, BGBl. I Nr. 169/1998, berechtigt ist und eine Ausbildung auf dem Gebiet der Tauch- und Hyperbarmedizin abgeschlossen hat, nachzuweisen.

(4) Die Anwesenheitspflicht während der Ausbildung kann hinsichtlich der Vermittlung der jeweils in Betracht kommenden Rechtsvorschriften, Richtlinien und Normen des jeweiligen Ausbildungsgebiets laut Anhang bis zu jeweils maximal einem Drittel der Unterrichtseinheiten durch Selbststudium ersetzt werden, wobei Präsenzphasen und Selbststudium aufeinander folgend abzuwechseln haben.

Durchführung der Ausbildung

§ 9. (1) Die Ausbildungseinrichtung muss eine Person bestellen, die für die organisatorische Kursbetreuung zuständig ist (Ausbildungsleiter/in). Diese Person muss zumindest auf einem Teilgebiet der Ausbildung über fachliche Kenntnisse verfügen und Fähigkeiten in organisatorischer und pädagogischer Hinsicht besitzen.

(2) Die Ausbildungseinrichtung muss über das für die Vermittlung der theoretischen und praktischen Lehrinhalte erforderliche fachlich qualifizierte Lehrpersonal verfügen.

1. Zur Vermittlung der erforderlichen praktischen Fähigkeiten darf die Ausbildungseinrichtung nur Lehrpersonal einsetzen, das eine mindestens zweijährige einschlägige Tätigkeit nachweisen kann.
2. Abweichend von Z 1 muss das Lehrpersonal für die Vermittlung der praktischen Fähigkeiten zur Durchführung von Tauchgängen über den Nachweis der Fachkenntnisse für die jeweiligen Taucharbeiten verfügen und eine einschlägige Berufspraxis, in der mindestens 1000 Tauchstunden geleistet wurden, nachweisen.

(3) Die Ausbildungseinrichtung muss über die für die Vermittlung der Lehrinhalte erforderlichen Räumlichkeiten und Übungsplätze, Einrichtungen und Lehrmittel verfügen sowie über die für den praktischen Teil der Ausbildung erforderlichen technischen Einrichtungen und Geräte.

(4) Die Ausbildungseinrichtung hat den Kursteilnehmern/Kursteilnehmerinnen Unterlagen zur Verfügung zu stellen, in denen insbesondere die maßgeblichen gesetzlichen Vorschriften sowie der aktuelle Stand der Richtlinien und Normen Berücksichtigung finden. Die Ausbildungseinrichtung hat geeignetes Lehrmaterial (wie Skripten, CD-Rom, Video) für das Selbststudium zur Verfügung zu stellen.

Prüfungen

§ 10. (1) Die Ausbildungseinrichtung hat Prüfungen durchzuführen. Sie darf zu den Prüfungen nur Personen zulassen, die eine von ihr durchgeführte Ausbildung absolviert haben.

(2) Die Prüfung muss aus einem theoretischen und einem praktischen Teil bestehen. Die Prüfung kann in Teilprüfungen abgelegt werden. Die Ausbildungseinrichtung hat zu gewährleisten, dass die Ausbildung bei normalem Ausbildungsgang innerhalb von zwei Jahren abgeschlossen werden kann.

(3) Die Prüfung zur Erlangung eines Nachweises der Fachkenntnisse im Sinn dieser Verordnung muss alle zum jeweiligen Ausbildungsgebiet im Anhang 1 bis 6 angeführten Ausbildungsinhalte umfassen. Der theoretische sowie praktische Prüfungsteil zu kombinierten Ausbildungen (§ 7 Abs. 1) muss die Ausbildungsinhalte aller kombinierten Ausbildungsgebiete umfassen, der praktische Prüfungsteil muss zu jedem der kombinierten Ausbildungsgebiete abgelegt werden.

(4) Theoretische und praktische Prüfungen sind vor einer Prüfungskommission abzulegen, der zumindest zwei Personen des Lehrpersonals angehören.

(5) Über die gesamte Prüfung ist ein Prüfungsprotokoll zu erstellen, das mindestens folgende Angaben zu enthalten hat:

1. Art der Fachausbildung (Ausbildungsgebiet),
2. Namen der Mitglieder der Prüfungskommission,
3. Datum und Ort der Prüfung,
4. Vor- und Zuname sowie Geburtsdatum der geprüften Person,
5. Ergebnisse der theoretischen und, wird eine solche durchgeführt, der praktischen Prüfung.

(6) Das Prüfungsprotokoll ist von den Mitgliedern der Prüfungskommission zu unterfertigen und von der Ausbildungseinrichtung mindestens 40 Jahre aufzubewahren oder automationsunterstützt zu speichern.

Zeugnisse zum Nachweis der Fachkenntnisse

§ 11. (1) Ausbildungseinrichtungen dürfen Zeugnisse zum Nachweis der Fachkenntnisse nur ausstellen, wenn sie dazu gemäß § 14 ermächtigt wurden,

1. nach Durchführung einer den §§ 5 bis 9 sowie dem Anhang 1 bis 6 jeweils entsprechenden Ausbildung und erfolgreicher Ablegung einer Prüfung gemäß § 10 oder
2. aufgrund einer entsprechenden Ausbildung im Ausland gemäß § 12.

(2) Wird die Prüfung in Form von Teilprüfungen abgelegt, darf erst nach erfolgreicher Absolvierung aller Teilprüfungen ein Abschlusszeugnis ausgestellt werden.

(3) Abweichend von Abs. 1 Z 1 darf die Ausbildungseinrichtung ein Zeugnis an eine Person ausstellen, die den erfolgreichen Abschluss einer vergleichbaren Ausbildung nachweisen kann, die nicht zur Gänze den angeführten Ausbildungsinhalten zur Erlangung des Nachweises der Fachkenntnisse entspricht, wenn diese Person über die nicht oder nicht ausreichend vermittelten Ausbildungsinhalte eine Zusatzprüfung erfolgreich abgelegt hat, für die § 10 Abs. 4 bis 6 gilt.

(4) Das Zeugnis ist in Form eines Lichtbildausweises auszustellen.

(5) Wenn ein Originalzeugnis in Verlust geraten ist, hat die Ausbildungseinrichtung über von ihr ausgestellte Zeugnisse ein Duplikat auszustellen.

Ausbildung im Ausland

§ 12. (1) Eine gemäß § 14 ermächtigte Ausbildungseinrichtung, die als öffentlich-rechtliche Körperschaft eingerichtet ist, muss auf Antrag an Staatsangehörige eines Mitgliedstaates der Europäischen Union ohne Absolvierung einer Ausbildung und Ablegung einer Prüfung nach dieser Verordnung ein Zeugnis gemäß § 11 Abs. 1 Z 2 ausstellen, wenn diese Person nachweist einen entsprechenden Befähigungs- oder Ausbildungsnachweis zu besitzen, der in einem anderen Mitgliedstaat erforderlich ist, um in dessen Hoheitsgebiet die Erlaubnis zur Aufnahme oder Ausübung dieses Berufs zu erhalten.

(2) Ist im Herkunftsstaat einer/eines Staatsangehörigen eines Mitgliedstaates der Europäischen Union kein Befähigungs- oder Ausbildungsnachweis erforderlich, um die Erlaubnis zur Aufnahme oder Ausübung dieses Berufs in dessen Hoheitsgebiet zu erhalten (Art. 13 Abs. 2 der Richtlinie des Europäischen Parlaments und des Rates vom 7. September 2005 über die Anerkennung von Berufsqualifikationen 2005/36/EG, ABl. Nr. L 255/22, in der Fassung der Änderungsrichtlinie 2013/55/EU des Europäischen Parlaments und des Rates vom 20. November 2013, ABl. L 354, S. 132 vom 28.12.2013), muss die Ausbildungseinrichtung (Abs. 1) ein Zeugnis zum Nachweis der Fachkenntnisse ausstellen, wenn die betreffende Person

1. den Abschluss einer die jeweiligen Fachkenntnisse vermittelnden reglementierten Ausbildung im Sinn des Artikels 3 Abs. 1 lit. e) der Richtlinie 2005/36/EG oder
2. eine einschlägige Berufserfahrung im Sinn des Art. 3 lit. f der Richtlinie 2005/36/EG über die Anerkennung von Berufsqualifikationen (ABl. L 255/22 vom 30.9.2005, in der Fassung der Änderungsrichtlinie 2013/55/EU des Europäischen Parlaments und des Rates vom 20. November 2013, ABl. L 354, S. 132 vom 28.12.2013) ein Jahr lang in Normalarbeitszeit oder während einer entsprechenden Gesamtdauer in Teilzeit in den letzten zehn Jahren nachweist.

(3) Abs. 1 und 2 gilt sinngemäß für außerhalb der Europäischen Union nachweislich abgeschlossene Ausbildungen und erworbene Berufserfahrungen von Staatsangehörigen eines Mitgliedstaats der Europäischen Union oder von Staatsangehörigen eines Vertragsstaats des Europäischen Wirtschaftsraumes (EWR), der Schweizerischen Eidgenossenschaft oder der Türkei, wenn die Ausbildung in einem dieser Staaten abgeschlossen oder die Berufserfahrung in einem dieser Staaten erworben wurde.

(4) Befähigungs- oder Ausbildungsnachweise, die außerhalb der Europäischen Union oder den in Abs. 3 genannten Staaten erworben wurden und bereits in einem Mitgliedstaat der Europäischen Union nach der Richtlinie über die Anerkennung von Berufsqualifikationen 2005/36/EG anerkannt worden sind, gelten als Nachweis der Fachkenntnisse und sind durch die Ausbildungseinrichtung (Abs. 1) auf Antrag durch Zeugnisausstellung gemäß § 11 Abs. 1 Z 2 anzuerkennen. Wurden solche Befähigungs- oder Ausbildungsnachweise noch nicht in einem Mitgliedstaat der Europäischen Union anerkannt, haben Ausbildungseinrichtungen (Abs. 1) auf Antrag solche Nachweise durch Zeugnisausstellung gemäß § 11 als Nachweis der Fachkenntnisse nach dieser Verordnung anzuerkennen, wenn die Gewähr dafür gegeben ist, dass Fachkenntnisse im Sinn dieser Verordnung vorliegen. Ist auf Grund der vorgelegten Nachweise nicht eindeutig feststellbar, dass zumindest Fachkenntnisse vorliegen, die den Fachkenntnissen nach dieser Verordnung entsprechen, hat sich die Ausbildungseinrichtung vom Vorliegen ausreichender Fachkenntnisse durch eine theoretische und/oder praktische Prüfung zu überzeugen.

(5) Antragsberechtigt ist jene Person, die über einen Befähigungs- oder Ausbildungsnachweis oder im Fall des Abs. 2 über eine nachweisliche einschlägige Berufserfahrung verfügt, oder deren Arbeitgeber/ in im Inland.

(6) Eine ermächtigte Ausbildungseinrichtung nach Abs. 1 gilt als zuständige benannte Stelle gemäß Artikel 56 Abs. 3 der Richtlinie 2005/36/EG über die Anerkennung von Berufsqualifikationen im Anwendungsbereich dieser Verordnung. Sie hat dem/der Antragsteller/in binnen eines Monats den Empfang der Unterlagen zu bestätigen und gegebenenfalls mitzuteilen, welche Unterlagen fehlen. Sie hat über Anträge ohne unnötigen Verzug, spätestens aber binnen drei Monaten nach Einreichung der vollständigen Unterlagen, zu entscheiden.

(7) *außer Kraft (BGBl. II Nr. 210/2013)*

(8) Sind die Voraussetzungen gemäß Abs. 1 bis 5 nicht erfüllt, ist zur Erlangung eines Zeugnisses gemäß § 11 die Absolvierung einer Ausbildung und erfolgreiche Ablegung einer Prüfung nach dieser Verordnung erforderlich.

Melde- und Auskunftspflichten

§ 13. (1) Die Ausbildungseinrichtung hat dem Bundesministerium für Arbeit, Soziales und Konsumentenschutz unverzüglich zu melden:

1. jede Änderung des Ausbildungsplans und der Prüfungsordnung,
2. jede Änderung der Ausbildungsleitung,
3. jede wesentliche Änderung der Voraussetzungen gemäß § 9 Abs. 2 und 3.

(2) Dem in Abs. 1 genannten Bundesministerium ist jeder Prüfungstermin zeitgerecht zu melden. Es ist berechtigt eine/n Vertreter/in zu den Prüfungen zu entsenden.

(3) Dem in Abs. 1 genannten Bundesministerium sind bis 31. Jänner des Folgejahres über die im abgelaufenen Kalenderjahr durchgeführten Ausbildungen und Prüfungen, getrennt nach Arten der Fachkenntnisse im Sinn dieser Verordnung, folgende Daten bekannt zu geben:

1. Anzahl der Ausbildungsveranstaltungen,
2. Anzahl der männlichen und Anzahl der weiblichen Ausbildungsteilnehmer/innen, BGBl. II Nr. 13/2007
3. Anzahl der ausgestellten Zeugnisse gemäß § 11 Abs. 1 Z 1,
4. soweit es sich um eine Ausbildungseinrichtung gemäß § 12 Abs. 1 handelt, weiters die Anzahl der ausgestellten Zeugnisse gemäß § 11 Abs. 1 Z 2.

(4) Auf Verlangen des in Abs. 1 genannten Bundesministeriums sind die in der Ausbildung verwendeten Lehrmittel, insbesondere Skripten und Unterlagen zum Selbststudium, und das Prüfungsprotokoll zur Einsichtnahme zu übermitteln.

Ermächtigung von Ausbildungseinrichtungen

§ 14. (1) Auf Antrag des Betreibers/der Betreiberin der Ausbildungseinrichtung hat der Bundesminister für Arbeit, Soziales und Konsumentenschutz die Ermächtigung zur Ausstellung von Zeugnissen gemäß § 63 Abs. 1 ASchG zu erteilen, wenn

1. die vorgesehene Ausbildung §§ 5 bis 8 sowie dem Anhang entspricht,
2. die notwendigen Voraussetzungen gemäß §§ 9f vorliegen und
3. die vorgesehenen Prüfungen und Zeugnisse §§ 10 und 11, bei einer als öffentlich-rechtlichen Körperschaft eingerichteten Ausbildungseinrichtung weiters § 12 Abs. 1 bis 4, entsprechen.

(2) Der/die Antragsteller/in hat zum Nachweis der Voraussetzungen nach Abs. 1 geeignete Unterlagen vorzulegen, insbesondere

1. einen Ausbildungsplan, der die einzelnen Ausbildungsgegenstände samt Zahl der jeweils vorgesehenen Unterrichtseinheiten einschließlich praktischer Übungen, bei Kombinationsausbildungen weiters Angaben zu Art und Umfang der kombinierten Ausbildungsinhalte sowie bei blockweiser Ausbildung auch die zeitliche Einteilung enthält,

2. eine Prüfungsordnung, die zumindest regelt: Zulassung zu den Prüfungen, Organisation und Inhalt der Prüfungen, ob mündliche Prüfungen durchgeführt werden, weiters Angaben zur Feststellung des Prüfungsergebnisses.

(3) Die Ermächtigung kann unter Vorschreibung von Auflagen hinsichtlich der Organisation, des Lehrpersonals, der Ausstattung insbesondere hinsichtlich technischer Einrichtungen und Geräte, der Lehrmittel und der Prüfung erteilt werden, soweit dies erforderlich ist, um eine ordnungsgemäße Ausbildung zu gewährleisten.

(4) Die Ermächtigung ist zu widerrufen, wenn
1. die in Abs. 1 genannten Voraussetzungen nicht mehr vorliegen,
2. die nach Abs. 3 vorgeschriebenen Auflagen nicht eingehalten werden, oder
3. gegen eine Verpflichtung nach §§ 10 bis 13 verstoßen wird.

(5) Die Ermächtigung erlischt, wenn die ermächtigte Ausbildungseinrichtung fünf Jahre keine Ausbildung durchführt.

Unterrichtsanstalten

§ 15. Unterrichtsanstalten im Sinn des § 63 Abs. 1 ASchG sind, sofern sie im Sinn dieser Verordnung einschlägige Ausbildungen oder Lehrgänge durchführen:
1. Universitäten im Sinn des Universitätsgesetzes 2002, BGBl. I Nr. 120/2002, einschließlich der Universitätslehrgänge gemäß § 56 Universitätsgesetz 2002,
2. die Universität für Weiterbildung Krems nach dem DUK-Gesetz 2004, BGBl. I Nr. 22/2004,
3. akkreditierte Privatuniversitäten,
4. Fachhochschulen gemäß Fachhochschul-Studiengesetz, BGBl. Nr. 340/1993,
5. Einrichtungen des berufsbildenden mittleren und höheren Schulwesens.

Übergangs- und Schlussbestimmungen

§ 16. (1) Zeugnisse über den Nachweis von Fachkenntnissen, die vor In-Kraft-Treten dieser Verordnung durch Unterrichtsanstalten oder ermächtigte Einrichtungen gemäß § 7 Abs. 1 der Verordnung über den Nachweis der Fachkenntnisse für bestimmte Arbeiten, BGBl. Nr. 441/1975, oder durch ermächtigte Einrichtungen gemäß § 5 Abs. 1 der Verordnung über den Nachweis der Fachkenntnisse für die Vorbereitung und Organisation von bestimmten Arbeiten unter elektrischer Spannung über 1 kV, BGBl. Nr. 10/1982, ausgestellt wurden, gelten als Nachweis der Fachkenntnisse im Sinn dieser Verordnung.

(2) Ausbildungseinrichtungen, die bei In-Kraft-Treten dieser Verordnung über eine aufrechte Ermächtigung gemäß § 7 Abs. 1 der Verordnung über den Nachweis der Fachkenntnisse für bestimmte Arbeiten, BGBl. Nr. 441/1975 oder gemäß § 5 Abs. 1 der Verordnung über den Nachweis der Fachkenntnisse für die Vorbereitung und Organisation von bestimmten Arbeiten unter elektrischer Spannung über 1 kV, BGBl. Nr. 10/1982, verfügen, müssen bis spätestens ein Jahr nach In-Kraft-Treten dieser Verordnung die Anforderungen der §§ 9f erfüllen.

(3) Arbeitnehmer/innen, die vor dem 1. Jänner 2008 mindestens zwei Jahre nachweislich mit der Durchführung von Taucharbeiten (Tätigkeit als Signalperson) im Sinn dieser Verordnung beschäftigt wurden, dürfen mit diesen Arbeiten uneingeschränkt ohne Nachweis der Fachkenntnisse beschäftigt werden. Die am 1. Jänner 2008 weniger als zwei Jahre, mindestens aber sechs Monate mit diesen Arbeiten beschäftigten Arbeitnehmer/innen dürfen ohne Nachweis der Fachkenntnisse bis spätestens 31. Dezember 2009 weiter mit diesen Arbeiten beschäftigt werden. Dies gilt jeweils auch im Falle eines Wechsels des Arbeitgebers/der Arbeitgeberin.

(4) Bescheide gemäß § 113 Abs. 3 ASchG bleiben unberührt und gelten als Nachweis der Fachkenntnisse im Sinn dieser Verordnung.

(5) Zum Zeitpunkt des In-Kraft-Tretens dieser Verordnung anhängige Verwaltungsverfahren zur Anerkennung gemäß § 113 Abs. 3 ASchG sind nach der bisherigen Rechtslage weiterzuführen und abzuschließen.

(6) Gemäß § 95 Abs. 1 ASchG wird festgelegt, dass die zuständige Behörde von § 2 keine Ausnahme zulassen darf.

(7) Soweit in dieser Verordnung auf Bestimmungen anderer Rechtsnormen verwiesen wird, gelten diese in ihrer jeweils geltenden Fassung.

(8) Gemäß § 113 Abs. 1 ASchG wird festgestellt, dass mit In-Kraft-Treten dieser Verordnung § 62 und § 63 Abs. 1 und 2 ASchG zur Gänze in Kraft treten.

(9) Gemäß § 125 Abs. 8 ASchG wird festgestellt, dass mit In-Kraft-Treten dieser Verordnung außer Kraft treten:
1. die gemäß § 113 Abs. 2 Z 1 ASchG als Bundesgesetz geltenden §§ 2 bis 9 der Verordnung über den Nachweis der Fachkenntnisse für bestimmte Arbeiten, BGBl. Nr. 441/1975, zuletzt geändert durch BGBl. I Nr. 159/2001.
2. die gemäß § 113 Abs. 2 Z 2 ASchG als Bundesgesetz geltenden §§ 2 bis 7 der Verordnung über den Nachweis der Fachkenntnisse für die Vorbereitung und Organisation von bestimmten Arbeiten unter elektrischer Spannung über 1 kV, BGBl. Nr. 10/1982, zuletzt geändert durch BGBl. I Nr. 159/2001.
3. die gemäß § 119 Abs. 1 ASchG als Bundesgesetz geltenden § 31 Abs. 6 bis 8 und § 32 Abs. 2 sowie Anhang 5 hinsichtlich des Nachweises über Taucherarbeiten (Ausbildung für Taucherarbeiten) sowie der Ausbildung als Taucher/in und als Signalperson der Druckluft- und Taucherarbeitenverordnung, BGBl. Nr. 501/1973, zuletzt geändert durch BGBl. II Nr. 358/2004.

(10) § 2, § 8 Abs. 1 Z 3 und § 9 Abs. 2 Z 2 treten jeweils hinsichtlich Taucharbeiten (Tätigkeit als Signalperson) mit 1. Jänner 2008 in Kraft. Für die Zulassung zum Ausbildungsgebiet „Durchführung von Sprengarbeiten unter Wasser" (§ 6 Z 3 lit. c) sind bis dahin ausreichende Tauchkenntnisse in geeigneter Form nachzuweisen.

(11) Im Übrigen tritt diese Verordnung mit dem ihrer Kundmachung folgenden Monatsersten in Kraft.

(12) § 12 Abs. 7, § 13 Abs. 1 und § 14 Abs. 1 in der Fassung BGBl. II Nr. 215/2012 treten mit 1. Juli 2012 in Kraft.

(13) Die § 13 Abs. 1 bis 4 und § 14 Abs. 1 jeweils in der Fassung BGBl. II Nr. 210/2013 treten mit dem der Kundmachung folgenden Monatsersten in Kraft. § 12 Abs. 7 in der Fassung BGBl. II Nr. 210/2013 tritt mit Ablauf des 31. Dezember 2013 außer Kraft.

(14) § 1, § 10 Abs. 4 und § 14 Abs. 5 in der Fassung BGBl. II Nr. 26/2014, treten mit dem der Kundmachung folgenden Monatsersten in Kraft.

Die Anhänge 1 bis 6 werden hier nicht wiedergegeben, es wird auf die gedruckte Fassung des Bundesgesetzblattes hingewiesen.

Verordnung über die Sicherheits- und Gesundheitsschutzdokumente

Verordnung des Bundesministers für Arbeit und Soziales über die Sicherheits- und Gesundheitsschutzdokumente (DOK-VO), BGBl. Nr. 478/1996 i. d. F. BGBl. II Nr. 53/1997.

Aufgrund der §§ 5 und 18 Z 1 des Bundesgesetzes über Sicherheit und Gesundheitsschutz bei der Arbeit (ArbeitnehmerInnenschutzgesetz – ASchG), BGBl. Nr. 450/1994, wird vom Bundesminister für Arbeit und Soziales sowie aufgrund des § 132 Abs. 3 Z 6 i. V. m. § 18 Z 1 ASchG wird für Betriebe und Tätigkeiten, die der Gewerbeordnung 1994, BGBl. Nr. 194, unterliegen, vom Bundesminister für Arbeit und Soziales im Einvernehmen mit dem Bundesminister für wirtschaftliche Angelegenheiten verordnet:

Allgemeine Bestimmungen

§ 1. (1) Das Sicherheits- und Gesundheitsschutzdokument im Sinne des § 5 ASchG ist übersichtlich zu gestalten. Gleichartige Arbeitsplätze oder Arbeitsvorgänge oder Gefahrenbereiche können zusammengefaßt dokumentiert werden. Die für eine Arbeitsstätte erstellten Sicherheits- und Gesundheitsschutzdokumente sind möglichst einheitlich zu gestalten.

(2) Die Dokumentation kann auch in graphischer Form erfolgen, soweit dies zweckmäßig ist, insbesondere durch Verwendung von Symbolen, Plänen, Layouts und Skizzen.

(3) Die Dokumentation kann auch automationsunterstützt erfolgen. Es muss gewährleistet sein, dass alle Berechtigten Zugang zu den Sicherheits- und Gesundheitsschutzdokumenten haben. Ist der ausreichende Zugang nicht auf andere Weise gewährleistet, muss ein Ausdruck der Sicherheits- und Gesundheitsschutzdokumente zur Einsichtnahme aufliegen.

Inhalt

§ 2. (1) Das Sicherheits- und Gesundheitsschutzdokument muss jedenfalls enthalten:

1. Angaben über die Person, die die Ermittlung und Beurteilung der Gefahren durchgeführt hat; wenn die Ermittlung und Beurteilung der Gefahren von mehreren Personen durchgeführt wurde, weiters Angaben über ihren Aufgabenbereich; Angaben über allfällige für Messungen, Berechnungen und Analysen beigezogene fachkundige Personen;
2. Angaben über den Tag oder den Zeitraum der erstmaligen Ermittlung und Beurteilung der Gefahren;
3. Angaben über den Bereich (insbesondere Arbeitsplatz, Arbeitsraum, Organisationseinheit, Arbeitsstätte), auf den sich das Sicherheits- und Gesundheitsschutzdokument bezieht und über die Anzahl der in diesem Bereich zum Zeitpunkt der Ermittlung und Beurteilung der Gefahren beschäftigten Arbeitnehmer/innen;
4. die festgestellten Gefahren;
5. die durchzuführenden Maßnahmen zur Gefahrenverhütung auf technischem und organisatorischem Gebiet,
6. bei jenen vorgesehenen Maßnahmen, die nicht umgehend umgesetzt werden können, zusätzlich Angaben über die Zuständigkeit für die Umsetzung und über die Umsetzungsfrist.

(2) Soweit dies für den Bereich, auf den sich das Sicherheits- und Gesundheitsschutzdokument bezieht, zutrifft, muss es auch enthalten:

1. die Festlegung der Arbeitsplätze oder Arbeitsbereiche, für die nach dem 5. Abschnitt des ASchG Eignungsuntersuchungen, Folgeuntersuchungen, Untersuchungen bei Lärmeinwirkung oder sonstige besondere Untersuchungen vorgesehen sind;
2. die Festlegung der Tätigkeiten, für die ein Nachweis der Fachkenntnisse im Sinne des § 63 ASchG notwendig ist;
3. Angaben über die notwendigen persönlichen Schutzausrüstungen;
4. Angaben über Bereiche, die besonders zu kennzeichnen sind oder für die Zutrittsbeschränkungen bestehen;
5. Vorkehrungen für ernste und unmittelbare Gefahren im Sinne des § 3 Abs. 3 und 4 ASchG.

(3) Soweit dies für den Bereich, auf den sich das Sicherheits- und Gesundheitsschutzdokument bezieht, zutrifft, muss es auch enthalten:

1. ein Verzeichnis der verwendeten gefährlichen Arbeitsstoffe im Sinne des § 40 ASchG;
2. ein Verzeichnis der Arbeitsmittel, für die Prüfungen im Sinne des § 37 ASchG notwendig sind, samt allfälligen Prüfplänen; gegebenenfalls Wartungspläne für Arbeitsmittel;
3. Brandschutzordnung, Evakuierungspläne, Explosionsschutzdokument.

(4) Die in Abs. 3 angeführten Unterlagen können auch gesondert geführt werden. In diesem Fall muss das Sicherheits- und Gesundheitsschutzdokument einen Verweis auf diese Unterlagen enthalten.

(5) Werden in dem Bereich, auf den sich das Sicherheits- und Gesundheitsschutzdokument bezieht, gefährliche Arbeitsstoffe verwendet, für die Grenzwerte im Sinne des § 45 ASchG gelten, sind im Dokument auch die zur Anwendung kommenden MAK-Werte oder TRK-Werte anzuführen.

(6) Werden bei der Festlegung von Maßnahmen zur Gefahrenverhütung Önormen, harmonisierte europäische Normen (EN oder Önormen), ÖVE-Vorschriften, Unfallverhütungsvorschriften, Technische Richtlinien oder sonstige anerkannte Regeln der Technik zugrundegelegt, sind diese im Sicherheits- und Gesundheitsschutzdokument anzuführen.

§ 2a. Die Sicherheits- und Gesundheitsschutzdokumente für Arbeitsstätten, in denen nicht mehr als zehn Arbeitnehmer/innen regelmäßig beschäftigt werden und in denen keine Gefahren bestehen, für die Schutzmaßnahmen festzulegen sind, können entsprechend der Anlage zu dieser Verordnung gestaltet werden.

Überprüfung und Anpassung

§ 3. (1) Bei einer Überprüfung und Anpassung der Ermittlung und Beurteilung der Gefahren oder der Maßnahmen zur Gefahrenverhütung im Sinne des § 4 Abs. 4 und 5 ASchG muss auch eine Anpassung des Sicherheits- und Gesundheitsschutzdokumentes erfolgen.

(2) Aus dem Sicherheits- und Gesundheitsschutzdokument muss sich ergeben, wer die Überprüfung und Anpassung der Ermittlung und Beurteilung der Gefahren vorgenommen hat, wann sie erfolgt ist und auf welchen Bereich sie sich bezieht.

Zuständige Personen

§ 4. (1) Aus dem Sicherheits- und Gesundheitsschutzdokument muss sich ergeben, welche Personen innerbetrieblich für Fragen der Sicherheit und des Gesundheitsschutzes zuständig sind, oder welche innerbetriebliche Stelle nähere Auskünfte über Personen und Dienste mit besonderen Aufgaben auf diesem Gebiet erteilt.

Inkrafttreten

§ 5. (1) Diese Verordnung tritt mit dem der Kundmachung folgenden Tag in Kraft.

(2) § 2a in der Fassung der Verordnung BGBl. Nr. II 53 tritt mit 1. Jänner 1997 in Kraft.

Anlage

Anlage

Sicherheits- und Gesundheitsschutzdokument

für Arbeitsstätten mit bis zu 10 Arbeitnehmern, in denen bei der Gefahrenermittlung und -beurteilung keine Gefährdungen von Arbeitnehmern festgestellt wurden, für die Schutzmaßnahmen festzulegen sind

Bezeichnung der Arbeitsstätte:	
Adresse:	
Zahl der im Zeitpunkt der Gefahrenermittlung und -beurteilung beschäftigten AN:	

Bei der Gefahrenermittlung und -beurteilung (§ 4 ASchG) wurden keine Gefährdungen von Arbeitnehmern festgestellt, für die Schutzmaßnahmen festzulegen wären.

Ermittlung durchgeführt von:	
Datum, Unterschrift:	

Verordnung über sicherheitstechnische Zentren

Verordnung der Bundesministerin für Arbeit, Gesundheit und Soziales über sicherheitstechnische Zentren (STZ-VO), BGBl. II Nr. 450/1998, BGBl. II Nr. 210/2013 (Art. 2).

Auf Grund der §§ 75 und 90 Abs. 1 Z 3 des Bundesgesetzes über Sicherheit und Gesundheitsschutz bei der Arbeit (ArbeitnehmerInnenschutzgesetz – ASchG), BGBl. Nr. 450/1994, zuletzt geändert durch BGBl. I Nr. 47/1997, wird verordnet:

1. ABSCHNITT

SICHERHEITSTECHNISCHE ZENTREN

Fachliche Leitung und weitere Sicherheitsfachkräfte

§ 1. (1) Die fachliche Leitung des sicherheitstechnischen Zentrums muss einer Sicherheitsfachkraft im Sinne des § 74 Abs. 1 ASchG übertragen werden, die die sicherheitstechnische Betreuung hauptberuflich, mindestens aber im Ausmaß von regelmäßig 20 Stunden wöchentlich, ausübt.

(2) Im sicherheitstechnischen Zentrum müssen weitere Sicherheitsfachkräfte im Sinne des § 74 Abs. 1 ASchG beschäftigt werden, sodass das Zentrum eine regelmäßige sicherheitstechnische Betreuung im Ausmaß von mindestens 70 Stunden wöchentlich ausüben kann, wobei auf dieses Ausmaß nur die Einsatzzeit von Sicherheitsfachkräften anzurechnen ist, die regelmäßig mindestens acht Stunden wöchentlich beschäftigt werden.

(3) Zur sicherheitstechnischen Betreuung im Sinne des Abs. 1 zählen die Beratung von Arbeitgebern, Arbeitnehmern, Sicherheitsvertrauenspersonen und Belegschaftsorganen auf dem Gebiet der Arbeitssicherheit und der menschengerechten Arbeitsgestaltung, die Unterstützung der Arbeitgeber bei der Erfüllung ihrer Pflichten auf diesem Gebiet sowie die für die fachliche Leitung des Zentrums notwendigen Koordinations- und Leitungstätigkeiten.

Fachpersonal

§ 2. (1) Im sicherheitstechnischen Zentrum muss geeignetes Fachpersonal zur fachlichen Unterstützung der Sicherheitsfachkräfte bei Erfüllung ihrer Aufgaben gemäß § 76 ASchG im erforderlichen Ausmaß beschäftigt werden.

(2) Dem Fachpersonal muss mindestens eine Person mit einer Ausbildung auf dem Gebiet des Maschinenbaus oder der Elektrotechnik und mindestens eine Person mit einer Ausbildung auf dem Gebiet der Chemie oder Biologie angehören. Dies gilt nicht, soweit eine im Zentrum beschäftigte Sicherheitsfachkraft über eine Ausbildung auf dem betreffenden Gebiet verfügt oder der Nachweis erbracht wird, dass eine Zusammenarbeit mit gewerberechtlich befugten Personen bzw. Ziviltechnikern, die über eine Ausbildung auf dem Gebiet des Maschinenbaus oder der Elektrotechnik bzw. auf dem Gebiet der Chemie oder Biologie verfügen, erfolgt.

(3) Als geeignetes Fachpersonal gelten Personen, die

1. ein Universitätsstudium oder Fachhochschulstudium einer technischen oder naturwissenschaftlichen Studienrichtung erfolgreich abgeschlossen haben oder eine Reifeprüfung an einer höheren technischen Lehranstalt erfolgreich abgelegt haben oder nach gewerberechtlichen Vorschriften eine Meisterprüfung oder den erfolgreichen Abschluß einer Werkmeisterschule nachgewiesen haben oder eine vergleichbare Ausbildung absolviert haben und
2. eine mindestens dreijährige, dieser Ausbildung entsprechende betriebliche Tätigkeit ausgeübt haben.

(4) Als Fachpersonal können auch Personen beschäftigt werden, die nachweislich mindestens ein Drittel einer gemäß § 6 der Verordnung über die Fachausbildung der Sicherheitsfachkräfte (SFK-VO), BGBl. Nr. 277/1995, anerkannten Ausbildung absolviert haben.

(5) Fachpersonal ist in dem zur Unterstützung der Sicherheitsfachkräfte notwendigen Ausmaß zu beschäftigen. Als Mindestausmaß für die Beschäftigung des Fachpersonals gilt die Hälfte der Summe der Normalarbeitszeit der Sicherheitsfachkräfte, mindestens aber insgesamt ein Ausmaß von regelmäßig 38 Stunden wöchentlich.

Hilfspersonal

§ 3. (1) Im sicherheitstechnischen Zentrum muss geeignetes Hilfspersonal im erforderlichen Ausmaß beschäftigt werden.

(2) Zum Hilfspersonal zählen Personen, die Sekretariatsarbeiten und Tätigkeiten wie Schriftverkehr, Telefondienst oder Ablage verrichten.

(3) Hilfspersonal ist in dem zur Unterstützung der Sicherheitsfachkräfte und des Fachpersonals notwendigen Ausmaß zu beschäftigen, mindestens aber insgesamt im Ausmaß von regelmäßig 38 Stunden wöchentlich.

Räumlichkeiten

§ 4. (1) Den im sicherheitstechnischen Zentrum beschäftigten Personen müssen entsprechende Arbeitsräume zur Verfügung stehen.

(2) Sofern nicht jeder Sicherheitsfachkraft ein eigener Arbeitsraum zur Verfügung steht, muss im Zentrum ein geeignetes Besprechungszimmer vorhanden sein.

(3) Durch entsprechende versperrbare Einrichtungen wie ein Archiv oder eine Ablage muss gewährleistet sein, dass betriebsbezogene Unterlagen Unbefugten nicht zugänglich sind.

(4) Daten, die zu Zwecken der sicherheitstechnischen Betreuung verarbeitet werden, müssen vor dem Zugriff Unbefugter in geeigneter Weise geschützt werden.

Ausstattung und Mittel

§ 5. (1) Das sicherheitstechnische Zentrum muss über die Arbeitnehmerschutzvorschriften, über die Tätigkeit des Zentrums maßgeblichen Normen sowie die erforderliche einschlägige periodische und nichtperiodische Fachliteratur verfügen.

(2) Das sicherheitstechnische Zentrum muss über die notwendigen Geräte zur Durchführung von Messungen auf dem Gebiet des Arbeitnehmerschutzes verfügen. Zur Mindestausstattung gehören:

1. Geräte oder kombiniertes Gerät zur Messung der Beleuchtungsstärke und der Leuchtdichte,
2. Geräte oder kombiniertes Gerät, geeignet für die Messung der Behaglichkeitsbedingungen von Luftfeuchte, Lufttemperatur und Luftgeschwindigkeit,
3. Schallpegelmesser mit Prüfschallquelle geeignet für die Messung des A-bewerteten energieäquivalenten Dauerschallpegels,
4. Prüfröhrchenpumpe mit Prüfröhrchenöffner für Prüfröhrchen zur Kurzzeitmessung.

2. ABSCHNITT

Zentren für die sicherheitstechnische und arbeitsmedizinische Betreuung

§ 6. (1) Wenn ein Zentrum sowohl als sicherheitstechnische als auch als arbeitsmedizinisches Zentrum tätig wird, muss es hinsichtlich der Präventivfachkräfte, des Fach- und des Hilfspersonals sowohl die Voraussetzungen für sicherheitstechnische Zentren (§ 75 ASchG sowie 1. Abschnitt dieser Verordnung) als auch die Voraussetzungen für arbeitsmedizinische Zentren (§ 80 ASchG und AMZ-VO, BGBl. Nr. 441/1996, in der jeweils geltenden Fassung) erfüllen.

(2) Es müssen eine leitende Sicherheitsfachkraft und ein leitender Arbeitsmediziner bestellt werden, die in fachlicher Hinsicht voneinander unabhängig sind. Die Unabhängigkeit bei der Ausübung der Fachkunde muss auch im Fall einer gemeinsamen administrativen Leitung für beide Bereiche gewährleistet sein.

(3) Das Zentrum muss über die in § 5 Abs. 1 und 2 AMZ-VO und § 5 Abs. 1 und 2 dieser Verordnung vorgeschriebene Ausstattung und die vorgeschriebenen Mittel verfügen.

(4) Als Mindestausstattung muss das Zentrum über folgende Räumlichkeiten verfügen:

1. Den im Zeitraum beschäftigten Personen müssen entsprechende Arbeitsräume zur Verfügung stehen.
2. Sofern nicht jeder Präventivfachkraft ein eigener Arbeitsraum zur Verfügung steht, muss ein geeignetes Besprechungszimmer vorhanden sein.
3. Das Zentrum muss weiters über die in § 4 Abs 2, 3, 5 und 6 AMZ-VO und § 4 Abs. 4 dieser Verordnung genannten Räume und Einrichtungen verfügen.

3. ABSCHNITT

Schlußbestimmungen

§ 7. (1) Die Verordnung tritt mit 1. Jänner 1999 in Kraft.

(2) § 1 Abs. 1 in der Fassung BGBl. II Nr. 210/2013 tritt mit dem der Kundmachung folgenden Monatsersten in Kraft.

Verordnung über die Sicherheitsvertrauenspersonen

Verordnung des Bundesministers für Arbeit und Soziales über die Sicherheitsvertrauenspersonen (SVP-VO) vom 12. April 1996, BGBl. Nr. 172/1996 und BGBl II Nr. 324/2014 (Art. 2).

Auf Grund der §§ 10, 11 und 18 Z 3 des Bundesgesetzes über Sicherheit und Gesundheitsschutz bei der Arbeit (ArbeitnehmerInnenschutzgesetz – ASchG), BGBl. Nr. 450/1994, wird vom Bundesminister für Arbeit und Soziales sowie auf Grund des § 18 Z 3 ASchG in Verbindung mit § 132 Abs. 3 Z 6 ASchG hinsichtlich jener Betriebe und Tätigkeiten, die der Gewerbeordnung 1994 unterliegen, vom Bundesminister für Arbeit und Soziales im Einvernehmen mit dem Bundesminister für wirtschaftliche Angelegenheiten verordnet:

Mindestanzahl der Sicherheitsvertrauenspersonen

§ 1. (1) Es muss mindestens die in der Anlage angeführte Anzahl von Sicherheitsvertrauenspersonen bestellt werden.

(2) Die Mindestanzahl der Sicherheitsvertrauenspersonen richtet sich nach der Arbeitnehmerzahl.

(3) Für die Ermittlung der Arbeitnehmerzahl ist bei der Bestellung von Sicherheitsvertrauenspersonen gemäß § 10 Abs. 2 und 3 ASchG auf den Betrieb abzustellen, für den die Belegschaftsorgane gewählt wurden.

(4) Für die Ermittlung der Arbeitnehmerzahl ist bei der Bestellung von Sicherheitsvertrauenspersonen gemäß § 10 Abs. 4 ASchG auf die Arbeitsstätte abzustellen. Mehrere auf einem Betriebsgelände gelegene oder sonst im räumlichen Zusammenhang stehende Gebäude eines Arbeitgebers/einer Arbeitgeberin zählen zusammen als eine Arbeitsstätte. Die auf Baustellen und auswärtigen Arbeitsstellen beschäftigten Arbeitnehmer/innen sind einzurechnen.

Betriebe mit mehreren Arbeitsstätten

§ 2. Umfaßt ein Betrieb, für den Belegschaftsorgane bestehen, mehrere Arbeitsstätten, gilt folgendes:

1. Die Anzahl der im Betrieb bestellten Sicherheitsvertrauenspersonen muss mindestens der in der Anlage angeführten Mindestanzahl entsprechen.
2. Für jede Arbeitsstätte des Betriebes, in der mehr als 50 Arbeitnehmer/innen beschäftigt werden, ist mindestens eine Sicherheitsvertrauensperson zu bestellen.
3. Die gesonderte Bestellung nach Z 2 hat auch zu erfolgen, wenn sich auf Grund der Zahl der Arbeitsstätten insgesamt für den Betrieb eine höhere Anzahl an Sicherheitsvertrauenspersonen ergibt, als der Mindestanzahl nach der Anlage entspricht.
4. Eine Sicherheitsvertrauensperson, die für eine Arbeitsstätte mit mehr als 50 Arbeitnehmer/innen bestellt ist, kann zusätzlich noch die Betreuung von Arbeitsstätten übernehmen, in denen bis zu 50 Arbeitnehmer/innen beschäftigt werden.

Saisonbetriebe

§ 3. (1) Bei der Berechnung der Mindestanzahl der Sicherheitsvertrauenspersonen in Saisonbetrieben ist auf die durchschnittliche Arbeitnehmerzahl während jener drei Monate des der Bestellung vorangegangenen Kalenderjahres abzustellen, in denen der höchste Beschäftigtenstand bestand.

(2) Für eine Neubestellung oder Nachbesetzung außerhalb der Saison gilt abweichend von § 6 und § 7 eine Frist von drei Monaten.

Auswahl und Qualifikation

§ 4. (1) Bei der Auswahl der Sicherheitsvertrauenspersonen ist nach Möglichkeit auf eine angemessene Vertretung der betrieblichen Bereiche (z. B. Produktion und Verwaltung) und der regionalen Bereiche (z. B. Filialen) sowie auf eine dem Beschäftigtenstand entsprechende Vertretung von Frauen und Männern zu achten. Bei mehrschichtiger Arbeitsweise ist darauf zu achten, dass nach Möglichkeit alle Schichten entsprechend betreut werden können.

(2) Als Sicherheitsvertrauenspersonen dürfen nur Arbeitnehmer/innen bestellt werden, die die für ihre Aufgaben notwendigen persönlichen und fachlichen Voraussetzungen erfüllen. Die notwendigen fachlichen Voraussetzungen sind erfüllt, wenn eine Sicherheitsvertrauensperson eine Ausbildung auf dem Gebiet des Arbeitnehmerschutzes im Ausmaß von mindestens 24 Unterrichtseinheiten absolviert hat. Eine Unterrichtseinheit muss mindestens 50 Minuten umfassen.

(2a) Die notwendigen fachlichen Voraussetzungen sind auch erfüllt, wenn eine Sicherheitsvertrauensperson eine Fachausbildung für Sicherheitsfachkräfte (§ 74 ASchG) oder eine arbeitsmedizinische Ausbildung (§ 79 Abs. 2 ASchG) erfolgreich absolviert hat.

(3) Sicherheitsvertrauenspersonen, die vor ihrer Bestellung keine Ausbildung nach Abs. 2 absolviert haben, ist innerhalb des ersten Jahres der Funktionsperiode Gelegenheit zu geben, die für ihre Tätigkeit erforderlichen Fachkenntnisse durch eine solche Ausbildung zu erwerben.

(4) Abs. 3 gilt auch für Betriebsratsmitglieder, die gemäß § 10 Abs. 2 Z 2 ASchG die Aufgaben einer Sicherheitsvertrauensperson übernehmen.

Wirkungsbereich

§ 5. (1) Sind für einen Betrieb oder für eine Arbeitsstätte mehr als zwei Sicherheitsvertrauenspersonen zu bestellen, kann eine Aufteilung des Wirkungsbereiches erfolgen. Wird der Wirkungsbereich nicht aufgeteilt, sind alle Sicherheitsvertrauenspersonen für den gesamten Betrieb bzw. die gesamte Arbeitsstätte zuständig.

(2) Bei der Aufteilung des Wirkungsbereiches der Sicherheitsvertrauenspersonen ist auf die organisatorischen, regionalen und fachlichen Gegebenheiten Bedacht zu nehmen.

(3) Die Aufteilung des Wirkungsbereiches bedarf der Zustimmung der vorgesehenen Sicherheitsvertrauenspersonen und der zuständigen Belegschaftsorgane. In Arbeitsstätten ohne Belegschaftsorgane bedarf die Aufteilung des Wirkungsbereiches der Zustimmung der vorgesehenen Sicherheitsvertrauenspersonen und der Arbeitnehmer/innen. In der schriftlichen Information der Arbeitnehmer/innen über die beabsichtigte Bestellung gemäß § 10 Abs. 4 Z 2 ASchG ist auch der vorgesehene Wirkungsbereich anzugeben.

(4) Abs. 3 gilt sinngemäß für die Mitbetreuung weiterer Arbeitsstätten im Sinne des § 2 Z 4.

Frist für die Bestellung

§ 6. Die Bestellung von Sicherheitsvertrauenspersonen hat binnen acht Wochen nach Ablauf der vorangegangenen Funktionsperiode zu erfolgen.

Nachbesetzung und betriebliche Änderungen

§ 7. (1) Wenn während der Funktionsperiode eine Sicherheitsvertrauensperson vorzeitig abberufen wird, die Funktion zurücklegt oder wenn ihr Arbeitsverhältnis beendet wird, hat binnen acht Wochen eine Nachbesetzung zu erfolgen. Gleiches gilt, wenn eine Sicherheitsvertrauensperson mehr als acht Wochen lang an der Ausübung ihrer Aufgaben verhindert ist.

(2) Die Nachbesetzung gemäß Abs. 1 hat für den Wirkungsbereich der ausgeschiedenen Sicherheitsvertrauensperson zu erfolgen. Die Nachbesetzung hat für den Rest der Funktionsperiode der übrigen Sicherheitsvertrauenspersonen zu erfolgen.

(3) Wenn alle für eine Arbeitsstätte bzw. einen Betrieb bestellten Sicherheitsvertrauenspersonen während der Funktionsperiode vorzeitig abberufen werden, ihre Funktion zurücklegen oder ihr Arbeitsverhältnis beendet wird, hat eine Neubestellung gemäß § 10 ASchG zu erfolgen.

(4) Wurden Sicherheitsvertrauenspersonen für eine Arbeitsstätte ohne Belegschaftsorgane gemäß § 10 Abs. 4 ASchG bestellt und werden während ihrer Funktionsperiode Belegschaftsorgane gewählt, so hat eine Neubestellung gemäß § 10 Abs. 2 ASchG zu erfolgen, wenn es die zuständigen Belegschaftsorgane verlangen.

Vorsitzende

§ 8. (1) Wurden für eine Arbeitsstätte bzw. einen Betrieb mehrere Sicherheitsvertrauenspersonen bestellt, so können diese aus ihrem Kreis einen Vorsitzenden/eine Vorsitzende wählen.

(2) Der/die Vorsitzende hat die Aufgabe, für die Zusammenarbeit der Sicherheitsvertrauenspersonen und für die Weitergabe von Informationen zu sorgen und vertritt die Sicherheitsvertrauenspersonen gegenüber den Arbeitgeber/innen und den Behörden.

Meldung und Information

§ 9. (1) Die Mitteilung an das Arbeitsinspektorat gemäß § 10 Abs. 8 ASchG hat zu enthalten:

1. Namen der Sicherheitsvertrauenspersonen,
2. Wirkungsbereich und Dienstort der einzelnen Sicherheitsvertrauenspersonen,
3. Beginn und Ende der Funktionsperiode,
4. Angaben über die Bestellung von Vorsitzenden (§ 8),
5. Unterschrift des Arbeitgebers/der Arbeitgeberin oder der sonst für die Einhaltung der Arbeitnehmerschutzvorschriften verantwortlichen Person und
6. bei Bestellung gemäß § 10 Abs. 2 oder 3 ASchG auch die Unterschrift eines Vertreters/einer Vertreterin der zuständigen Belegschaftsorgane.

(2) Außer im Fall einer Nachbesetzung (§ 7 Abs. 1) hat die Mitteilung auch Angaben über die Arbeitnehmerzahl zu enthalten.

(3) Alle im Wirkungsbereich der Sicherheitsvertrauensperson beschäftigten Arbeitnehmer/innen sind über die Bestellung der Sicherheitsvertrauensperson zu informieren. Die Information hat die in Abs. 1 vorgesehenen Angaben zu enthalten. Diese Information kann auch durch einen Aushang der Mitteilung an das Arbeitsinspektorat an einer für alle Arbeitnehmer/innen leicht zugänglichen Stelle erfolgen.

Schlussbestimmungen

§ 10. (1) Bei Arbeitnehmer/innen, die vor dem 1. Juli 1996 eine Ausbildung auf dem Gebiet des Arbeitnehmerschutzes im Ausmaß von mindestens 24 Unterrichtseinheiten zu jeweils mindestens 50 Minuten absolviert haben, ist davon auszugehen, dass sie die notwendigen fachlichen Voraussetzungen im Sinne des § 4 Abs. 2 erfüllen.

(2) Für Sicherheitsvertrauenspersonen, die im Zeitraum zwischen 1. Juli 1995 und 30. Juni 1996 bestellt wurden, gilt § 4 Abs. 3 mit der Maßgabe, dass ihnen bis spätestens 30. Juni 1998 Gelegenheit zu geben ist, die für ihre Tätigkeit erforderlichen Fachkenntnisse durch eine Ausbildung zu erwerben.

(3) Endet die Funktionsperiode der vor dem 1. Juli 1996 für einen Betrieb bzw. eine Arbeitsstätte bestellten Sicherheitsvertrauenspersonen zu unterschiedlichen Zeitpunkten, so hat eine generelle Neubestellung für den Betrieb bzw. für die Arbeitsstätte gemäß § 10 ASchG zu erfolgen

1. bei Ausscheiden einer Sicherheitsvertrauensperson im Sinne des § 7 oder
2. bei Ablauf der Funktionsperiode einer Sicherheitsvertrauensperson,
3. spätestens aber mit 1. Jänner 1997.

(4) Soweit sich aus Abs. 1 und 2 nicht anderes ergibt, tritt diese Verordnung mit 1. Juli 1996 in Kraft.

(5) Gemäß § 125 Abs. 8 ASchG wird festgestellt, dass der gemäß § 104 Z 3 ASchG als Bundesgesetz geltende § 3 der Verordnung über Einrichtungen in den Betrieben für die Durchführung des Arbeitnehmerschutzes, BGBl. Nr. 2/1984, in der Fassung BGBl. Nr. 450/1994, mit 30. Juni 1996 außer Kraft tritt.

(6) § 4 Abs. 2a in der Fassung BGBl. II Nr. 324/2014 tritt mit 1. Jänner 2015 in Kraft.

Mindestanzahl der Sicherheitsvertrauenspersonen

Anlage

Arbeitnehmerzahl		Anzahl der Sicherheitsvertrauenspersonen
von	bis	
11	50	1
51	100	2
101	300	3
301	500	4
501	700	5
701	900	6
901	1.400	7
1.401	2.200	8
2.201	3.000	9
3.001	3.800	10
3.801	4.600	11
4.601	5.400	12
5.401	6.200	13
6.201	7.000	14
7.001	7.800	15
7.801	8.600	16
8.601	9.400	17
9.401	10.200	18

Für je weitere 800 Arbeitnehmer/innen ist jeweils eine zusätzliche Sicherheitsvertrauensperson zu bestellen. Bruchteile von 800 werden für voll gerechnet.

Raum für Anmerkungen und Notizen

Grenzwerteverordnung – GKV 2020

Verordnung der Bundesministerin für Arbeit, Soziales, Gesundheit und Konsumentenschutz über Grenzwerte für Arbeitsstoffe sowie über krebserzeugende und fortpflanzungsgefährdende (reproduktionstoxische) Arbeitsstoffe (Grenzwerteverordnung 2018 – GKV 2018), BGBl. II Nr. 253/2018 idF BGBl. II Nr. 254/2018, BGBl. II Nr. 382/2020 (Art. 1), BGBl. II Nr. 156/2021 und BGBl. II Nr. 330/2024.

Auf Grund des § 48 Abs. 1 Z 3 sowie auf Grund der §§ 12, 40 Abs. 3, 42 Abs. 1 und 2, 43 Abs. 2, 45, 72 Abs. 1 Z 6 und 95 Abs. 2 des Bundesgesetzes über Sicherheit und Gesundheitsschutz bei der Arbeit (ArbeitnehmerInnenschutzgesetz – ASchG), BGBl. Nr. 450/1994, zuletzt geändert durch BGBl. I Nr. 70/1999, wird verordnet:

Inhaltsverzeichnis

Anwendungsbereich und Begriffsbestimmungen

§ 1. (1) Diese Verordnung gilt für Arbeitsstätten, Baustellen und auswärtige Arbeitsstellen im Sinne des ASchG.

(2) „Schwebstoffe“ sind Staub, Rauch und Nebel.

1. „Staub“ ist eine disperse Verteilung fester Stoffe in Luft, entstanden durch mechanische Prozesse oder durch Aufwirbelung.
2. „Rauch“ ist eine disperse Verteilung feinster fester Stoffe in Luft, entstanden durch thermische Prozesse oder durch chemische Reaktionen. Rauche werden als Alveolengängige Fraktion erfasst.
3. „Nebel“ ist eine disperse Verteilung flüssiger Stoffe in Luft, entstanden durch Kondensation oder durch Dispersion.

(3) „Nichtflüchtige Schwebstoffe“ sind Schwebstoffe, deren Dampfdruck so klein ist, dass bei Raumtemperatur keine gefährlichen Konzentrationen in der Dampfphase auftreten können.

(4) „Einatembare Fraktion“ ist der Massenanteil aller Schwebstoffe, der durch Mund und Nase eingeatmet wird.

(5) „Alveolengängige Fraktion“ ist der Massenanteil der eingeatmeten Partikel, der bis in die nicht-ciliierten Luftwege vordringt.

(6) „Absauggeräte“ im Sinne dieser Verordnung sind Entstauber, Industriestaubsauger, Kehrsaugmaschinen und Arbeitsmittel mit integrierter Absaugung.

1. ABSCHNITT

GRENZWERTE

Maximale Arbeitsplatzkonzentration (MAK-Werte)

§ 2. (1) Als MAK-Werte im Sinne des § 45 Abs. 1 ASchG werden die in Anhang I (Stoffliste mit MAK-Werten und TRK-Werten) angeführten Werte festgelegt.

(2) MAK-Werte werden für gesunde Personen im erwerbsfähigen Alter festgelegt. Bei Einhaltung der MAK-Werte wird im Allgemeinen die Gesundheit von ArbeitnehmerInnen nicht beeinträchtigt und werden diese nicht unangemessen belästigt. Im Einzelfall, insbesondere bei schwangeren oder stillenden Arbeitnehmerinnen, kann jedoch auch bei Einhaltung der MAK-Werte eine gesundheitliche Beeinträchtigung oder unangemessene Belästigung nicht ausgeschlossen werden.

Technische Richtkonzentration (TRK-Werte)

§ 3. (1) Als TRK-Werte im Sinne des § 45 Abs. 2 ASchG werden die in Anhang I (Stoffliste mit MAK-Werten und TRK-Werten) angeführten Werte festgelegt.

(2) Die Einhaltung der TRK-Werte soll das Risiko einer Beeinträchtigung der Gesundheit vermindern, vermag dieses jedoch nicht vollständig auszuschließen. TRK-Werte werden für solche gesundheitsgefährdenden Arbeitsstoffe aufgestellt, für die nach dem Stand der Wissenschaft keine als unbedenklich anzusehende Konzentration angegeben werden kann.

Beurteilungszeitraum für MAK-Werte und TRK-Werte

§ 4. (1) Der Beurteilungszeitraum für Grenzwerte im Sinne des § 45 Abs. 1 und 2 ASchG (MAK-Werte und TRK-Werte) wird wie folgt festgelegt:

1. Wenn der Grenzwert als „Tagesmittelwert“ angegeben ist, gilt als Beurteilungszeitraum eine in der Regel achtstündige Exposition bei Einhaltung einer durchschnittlichen Wochenarbeitszeit von 40 Stunden (in Vierschichtbetrieben 42 Stunden je Woche im Durchschnitt von vier aufeinander folgenden Wochen).
2. Wenn der Grenzwert als „Kurzzeitwert„ angegeben ist, gilt als Beurteilungszeitraum
   a) ein Zeitraum von 15 Minuten oder
   b) wenn in Anhang I (Spalte 10) für einen bestimmten Arbeitsstoff ein anderer Zeitraum festgelegt ist, dieser Zeitraum.

(2) Kurzzeitwerte mit einem Beurteilungszeitraum von 15 Minuten dürfen innerhalb von acht Stunden insgesamt höchstens eine Stunde lang erreicht werden.

(3) Für Kurzzeitwerte mit einem anderen, in Anhang I (Spalte 10) festgelegten Beurteilungszeitraum gilt Folgendes:

1. Der Kurzzeitwert darf innerhalb von acht Stunden höchstens in der Häufigkeit erreicht werden, die in Anhang I für den bestimmten Arbeitsstoff jeweils festgelegt ist.
2. Zwischen den Expositionsspitzen, in denen der Tagesmittelwert überschritten wird, muss ein Zeitabstand von mindestens dem Dreifachen der zulässigen Kurzzeitwertdauer liegen.
3. Gemittelt über jeden dieser Zeitabstände darf der Konzentrationswert des Tagesmittelwerts nicht überschritten werden.

(4) Als „Momentanwert“ wird ein Kurzzeitwert bezeichnet, dessen Höhe in seinem Beurteilungszeitraum zu keiner Zeit, das ist die nach dem Stand der Technik kürzestmögliche Mess- oder Anzeigezeit des Messverfahrens, überschritten werden darf.

MAK-Werte für biologisch inerte Schwebstoffe

§ 5. (1) Treten in der Luft am Arbeitsplatz Schwebstoffe auf, die außer der Eigenschaft „biologisch inert“ keine anderen gesundheitsgefährdenden Eigenschaften im Sinne des § 40 Abs. 4 bis 4b ASchG aufweisen, gelten die folgenden MAK-Werte.

(2) Der MAK-Wert für biologisch inerte Schwebstoffe beträgt als Tagesmittelwert:

1. 10 mg/m³ einatembare Fraktion,
2. 5 mg/m³ alveolengängige Fraktion.

(3) Der MAK-Wert für biologisch inerte Schwebstoffe beträgt als Kurzzeitwert:

1. 20 mg/m³ einatembare Fraktion in einem Beurteilungszeitraum von einer Stunde. Der Kurzzeitwert darf innerhalb von acht Stunden höchstens zwei Mal erreicht werden. § 4 Abs. 3 Z 2 und 3 ist anzuwenden.
2. 10 mg/m³ alveolengängige Fraktion in einem Beurteilungszeitraum von einer Stunde. Der Kurzzeitwert darf innerhalb von acht Stunden höchstens zwei Mal erreicht werden. § 4 Abs. 3 Z 2 und 3 ist anzuwenden.

MAK-Werte für Kohlenwasserstoffdämpfe

§ 6. (1) Treten in der Luft am Arbeitsplatz Dampfgemische von ausschließlich kohlenstoff- und wasserstoffhaltigen Kohlenwasserstoffen auf, gelten die folgenden MAK-Werte.

(2) Der MAK-Wert für Kohlenwasserstoffdämpfe beträgt als Tagesmittelwert:

1. 200 ml/m³ für Kohlenwasserstoffgemische mit einem Gehalt an aromatischen Kohlenwasserstoffen von weniger als 1 %, an n-Hexan von weniger als 5 % und an Cyclo-/Isohexanen von weniger als 25 %,
2. 70 ml/m³ für Kohlenwasserstoffgemische mit einem Gehalt an aromatischen Kohlenwasserstoffen von 1 % bis 25 % und an Hexanen von weniger als 1 %,
3. 20 ml/m³ für Kohlenwasserstoffgemische mit einem Gehalt an aromatischen Kohlenwasserstoffen von mehr als 25 %,
4. 50 ml/m³ für Kohlenwasserstoffgemische mit einem Gehalt an n-Hexan von 5 % oder mehr,
5. 170 ml/m³ für Kohlenwasserstoffgemische mit einem Gehalt an aromatischen Kohlenwasserstoffen von weniger als 1 %, an n-Hexan von weniger als 5 % und an Cyclo-/Isohexanen von 25 % oder mehr.

Die in Z 1 bis 5 angegebenen Gehalte sind als Gewichtsprozent in der Flüssigkeit zu verstehen.

(3) In folgenden Fällen gilt der niedrigste nach Abs. 2 Z 1 bis 5 jeweils in Betracht kommende MAK-Wert:

1. wenn die Zuordnung eines Kohlenwasserstoffgemisches zu Abs. 2 Z 1 bis 5 nicht bekannt ist oder
2. wenn ArbeitnehmerInnen gleichzeitig den Dämpfen verschiedener Kohlenwasserstoffgemische ausgesetzt sind.

(4) Der MAK-Wert für Kohlenwasserstoffdämpfe beträgt als Kurzzeitwert die zweifache Konzentration des Tagesmittelwertes gemäß Abs. 2 in einem Beurteilungszeitraum von 30 Minuten. Er darf innerhalb von acht

Stunden höchstens viermal erreicht werden. § 4 Abs. 3 Z 2 und 3 ist anzuwenden.

(5) Unbeschadet des Abs. 1

1. gelten gegebenenfalls die MAK-Werte oder TRK-Werte der in den Dampfgemischen enthaltenen Stoffe und
2. gilt, sofern in den Dampfgemischen ein krebserzeugender Kohlenwasserstoff enthalten ist, für den kein MAK-Wert oder TRK-Wert festgelegt ist, die Verpflichtung, gemäß § 45 Abs. 7 ASchG dafür zu sorgen, dass die Konzentration dieses Stoffes in der Luft am Arbeitsplatz stets so gering wie möglich ist.

(6) Liefert ein Messverfahren zur Ermittlung der Kohlenwasserstoffdämpfe gemäß Abs. 1 bis 4 Ergebnisse in der Einheit mg/m³, so ist unter Zugrundelegung der Molmasse von Octan auf die Einheit ml/m³ umzurechnen.

Bewertung von Stoffgemischen

§ 7. (1) Treten in der Luft am Arbeitsplatz nebeneinander oder nacheinander Gemische von Stoffen auf, für die ein MAK-Wert als Tagesmittelwert festgelegt ist, und ist für das Stoffgemisch als solches kein MAK-Wert festgelegt, muss unbeschadet der Verpflichtung zur Einhaltung der für die einzelnen Stoffe jeweils festgelegten MAK-Werte der Bewertungsindex I für das Stoffgemisch kleiner oder gleich 1 sein.

(2) Der Bewertungsindex I für ein Stoffgemisch ist wie folgt zu berechnen:

1. Es sind nur jene Stoffe zu berücksichtigen, deren Konzentration größer ist als 10% des für den jeweiligen Stoff geltenden MAK-Wertes.
2. Der Bewertungsindex I eines Stoffgemisches ist die Summe der Schadstoffindices Ii. Jeder Schadstoffindex Ii ist der Quotient aus der für den jeweiligen Schadstoff i festgestellten Konzentration Ci in der Luft am Arbeitsplatz und dem jeweiligen MAK-Wert (als Tagesmittelwert). Die Konzentrationen der einzelnen Schadstoffe i (C1, C2 bis Cn) sind die für dieselbe Arbeitsschicht festgestellten Durchschnittskonzentrationen.

(3) Sind in einem Stoffgemisch Kohlenwasserstoffe enthalten, ist der Tagesmittelwert für Kohlenwasserstoffdämpfe in die Berechnung einzubeziehen.

(4) Sofern es im Einzelfall nach dem Stand der arbeitsmedizinischen oder toxikologischen Wissenschaft begründet werden kann, kann von dem Bewertungsverfahren nach Abs. 2 abgewichen werden.

(5) Bei Kontrollmessungen kann anstatt der Erfassung aller Stoffe eines Stoffgemisches entsprechend Abs. 2 Z 1 eine auf Leitkomponenten reduzierte Erfassung vorgenommen werden, wenn die Konzentrationsverhältnisse der Komponenten in der Luft untereinander gleich bleibend sind. Voraussetzung ist ausreichendes Vorwissen auf der Grundlage von Arbeitsbereichsanalysen, das sich auf Messungen der Konzentration der Komponenten gefährlicher Stoffe in der Luft am Arbeitsplatz stützt. Die Festlegung der Leitkomponenten hat unter Mitwirkung aller im Betrieb für den Arbeitnehmerschutz verantwortlichen Stellen zu erfolgen. Kriterien für die Auswahl einer oder mehrerer Leitkomponenten sind die Toxizität der bei der Arbeitsbereichsanalyse ermittelten Einzelstoffe, ihre Konzentrationsanteile in der Luft sowie ihre analytische Erfassbarkeit. Der Grenzwert für den aus einer bzw. mehreren Leitkomponenten ermittelten Bewertungsindex berechnet sich aus den Ergebnissen der bei der Arbeitsbereichsanalyse gewonnenen Erkenntnisse entsprechend den Anteilen der Leitkomponenten des Stoffgemisches in der Luft.

Information der ArbeitnehmerInnen

§ 8. (1) ArbeitnehmerInnen, die einen Arbeitstoff verwenden, für den ein Grenzwert besteht, sind über diese Tatsache zu informieren.

(2) ArbeitnehmerInnen, die einen Arbeitstoff verwenden, der in Anhang I (Spalte 12) mit dem Hinweis „S“ versehen ist, sind darüber zu informieren, dass der Arbeitsstoff in weit überdurchschnittlichem Maß Überempfindlichkeitsreaktionen allergischer Art auslöst.

(3) ArbeitnehmerInnen, die einen Arbeitstoff verwenden, der in Anhang I (Spalte 12) mit dem Hinweis „H“ versehen ist, sind darüber zu informieren, dass hinsichtlich des Arbeitsstoffes eine besondere Gefahr der Aufnahme durch die Haut besteht.

(4) Arbeitnehmerinnen und Arbeitnehmer, die einen krebserzeugenden oder reproduktionstoxischen Arbeitsstoff verwenden, können darauf hingewiesen werden, dass sie sich nach Beendigung der Exposition fachärztlichen Gesundheitsuntersuchungen so lange unterziehen sollen, wie dies zur Sicherung ihrer Gesundheit nach Ansicht der untersuchenden Fachärztinnen oder Fachärzte jeweils erforderlich ist.

Handhabung des Anhangs I

§ 9. (1) In Anhang I werden MAK-Werte und TRK-Werte von Gasen, Dämpfen und flüchtigen Schwebstoffen angegeben:

1. als Volumen pro Volumeneinheit in der im Allgemeinen von Temperatur und Luftdruck unabhängigen Einheit „ml/m³“ (Milliliter pro Kubikmeter) oder „ppm“ (parts per million) und
2. als in der Einheit des Luftvolumens befindliche Masse eines Stoffes in der von Temperatur und Luftdruck abhängigen Einheit „mg/m3“ (Milligramm pro Kubikmeter) für eine Temperatur von 20 °C und einen Luftdruck von 1013 hPa (1013 mbar).

(2) Ergeben sich zwischen den in Abs. 1 genannten Werten Umrechnungsdifferenzen, so ist vom Wert nach Abs. 1 Z 1 auszugehen.

(3) In Anhang I werden MAK-Werte und TRK-Werte von nichtflüchtigen Schwebstoffen in „mg/m³“ (Milligramm pro Kubikmeter) angegeben.

(4) In Anhang I (Spalte 12) sind

1. sensibilisierende Arbeitsstoffe, die auch bei Einhaltung des MAK-Wertes oder des TRK-Wertes allergische Reaktionen in weit überdurchschnittlichem Maß auslösen, mit „S“ gekennzeichnet und
2. Arbeitsstoffe, die die äußere Haut leicht zu durchdringen vermögen und bei deren Verwendung die Gefahr der Aufnahme durch die Haut daher wesentlich größer sein kann als durch Einatmung, mit „H“ gekennzeichnet. Diese Kennzeichnung weist jedoch nicht auf eine eventuelle Hautreizungsgefahr hin, da die Hautresorption auch ohne jede Hautreizung erfolgen kann.

(5) In Anhang I sind MAK-Werte und TRK-Werte für Schwebstoffe

1. mit „E“ gekennzeichnet, wenn sie sich auf die einatembare Fraktion beziehen und
2. mit „A“ gekennzeichnet, wenn sie sich auf die alveolengängige Fraktion beziehen.

(6) In Anhang I (Spalte 4) sind fortpflanzungsgefährdende (reproduktionstoxische) Arbeitsstoffe (Anhang VI)

1. mit „F„ gekennzeichnet, wenn sie die Fruchtbarkeit beeinträchtigen können,
2. mit „f„ gekennzeichnet, wenn sie vermutlich die Fruchtbarkeit beeinträchtigen können,
3. mit„ D„ gekennzeichnet, wenn sie das Kind im Mutterleib schädigen können,

4. mit „d„ gekennzeichnet, wenn sie vermutlich das Kind im Mutterleib schädigen können,
5. mit „L„ gekennzeichnet, wenn sie Säuglinge über die Muttermilch schädigen können.

(7) In Anhang I (Spalte 5) findet sich bei krebserzeugenden Arbeitsstoffen ein Verweis auf Anhang III (Liste krebserzeugender Arbeitsstoffe).

(8) In Anhang I werden TRK-Werte von Fasern als Konzentration in Fasern pro Kubikmetern (F/m³) angegeben. Eine Faser im Sinne des Anhangs I hat bei einem Verhältnis von Länge zu Durchmesser von größer als 3 : 1 eine Länge von mehr als fünf Mikrometer und einen Durchmesser von weniger als drei Mikrometer.

(9) Wenn in Anhang I allgemein oder im Besonderen auf die Salze eines organischen Arbeitsstoffes Bezug genommen wird, ist, sofern nicht anderes angegeben, zur Beurteilung der Konzentration die Stammverbindung, von welcher das Salz abgeleitet ist, heranzuziehen.

(10) Bei Arbeitsstoffen, die in der Luft sowohl als Schwebstoff als auch teilweise als Dampf vorliegen, bezieht sich der Grenzwert auf die Gesamtkonzentration des Stoffes als Schwebstoff und als Dampf. Die Grenzwerte für Kühlschmierstoffe bleiben unberührt.

2. ABSCHNITT

KREBSERZEUGENDE UND FORTPFLANZUNGSGEFÄHRDENDE (REPRODUKTIONSTOXISCHE) ARBEITSSTOFFE

Einstufung und Unterteilung von krebserzeugenden Arbeitsstoffen

§ 10. (1) Als krebserzeugend im Sinne des 4. Abschnittes des ASchG gelten jedenfalls Arbeitsstoffe, die

1. in Anhang III (Liste krebserzeugender Arbeitsstoffe) oder Anhang V (Liste von Hölzern, deren Stäube als eindeutig krebserzeugend gelten) genannt sind oder
2. nach den Bestimmungen des Chemikaliengesetzes 1996 in der Fassung der Berichtigung ABl. Nr. L 16 vom 20.01.2011 S. 1, oder des Pflanzenschutzmittelgesetzes 2011 als krebserzeugend einzustufen oder zu kennzeichnen sind oder die in Anhang I der Verordnung (EG) Nr. 1272/2008 über die Einstufung, Kennzeichnung und Verpackung von Stoffen und Gemischen, ABl. Nr. L 353 S. 1, in der jeweils geltenden Fassung, genannten Kriterien für die Einstufung als karzinogener Stoff der Kategorie 1A oder 1B erfüllen.

(2) Krebserzeugende Arbeitsstoffe werden unterteilt in

1. eindeutig krebserzeugende Arbeitsstoffe, das sind Arbeitsstoffe, die beim Menschen erfahrungsgemäß bösartige Geschwülste zu verursachen vermögen oder sich im Tierversuch als krebserzeugend erwiesen haben, und
2. Arbeitsstoffe mit begründetem Verdacht auf krebserzeugendes Potenzial.

Einstufung und Unterteilung von fortpflanzungsgefährdenden (reproduktionstoxischen) Arbeitsstoffen

§ 10a. (1) Als fortpflanzungsgefährdende (reproduktionstoxische) Arbeitsstoffe im Sinne des 4. Abschnittes des ASchG gelten jedenfalls Arbeitsstoffe, die

1. in Anhang VI (fortpflanzungsgefährdende (reproduktionstoxische) Arbeitsstoffe) genannt sind oder
2. nach den Bestimmungen des Chemikaliengesetzes 1996 in der Fassung der Berichtigung ABl. Nr. L 16 vom 20.01.2011 S. 1, oder des Pflanzenschutzmittelgesetzes 2011 als fortpflanzungsgefährdende Stoffe einzustufen und zu kennzeichnen sind oder die in Anhang I der Verordnung (EG) Nr. 1272/2008 über die Einstufung, Kennzeichnung und Verpackung von Stoffen und Gemischen, ABl. Nr. L 353 S. 1, in der jeweils geltenden Fassung, genannten Kriterien für die Einstufung als reproduktionstoxischer Stoff der Kategorie 1A oder 1B erfüllen.

(2) Fortpflanzungsgefährdende Stoffe werden unterteilt in:

1. kann die Fruchtbarkeit beeinträchtigen,
2. kann vermutlich die Fruchtbarkeit beeinträchtigen,
3. kann das Kind im Mutterleib schädigen,
4. kann vermutlich das Kind im Mutterleib schädigen,
5. kann Säuglinge über die Muttermilch schädigen.

Ausnahmen für Arbeitsstoffe mit begründetem Verdacht auf krebserzeugendes Potenzial

§ 11. Gemäß § 95 Abs. 2 ASchG wird angeordnet, dass auf Arbeitsstoffe mit begründetem Verdacht auf krebserzeugendes Potenzial

1. § 42 Abs. 3 ASchG an Stelle von § 42 Abs. 1 und 2 ASchG anzuwenden ist und
2. § 42 Abs. 5 und 7, § 43 Abs. 1 und § 44 Abs. 4 ASchG nicht anzuwenden sind.

Verringerung der Einwirkung durch reproduktionstoxische Arbeitsstoffe

§ 11a. Steht ein reproduktionstoxischer Arbeitsstoff gemäß § 45 Abs. 7 ASchG in Verwendung, haben Arbeitgeberinnen bzw. Arbeitgeber durch geeignete Maßnahmen dafür zu sorgen, dass die Exposition auf ein Mindestmaß verringert wird.

Verbot von eindeutig krebserzeugenden Arbeitsstoffen

§ 12. (1) Die Verwendung folgender eindeutig krebserzeugender Arbeitsstoffe ist verboten:

1. 2-Naphthylamin und seine Salze
2. 4-Aminobiphenyl und seine Salze
3. Benzidin und seine Salze
4. 4-Nitrobiphenyl.

(2) Abs. 1 gilt nicht, wenn die Konzentration des Stoffes in einer Zubereitung unter 0,1 Gewichtsprozent beträgt.

Meldung eindeutig krebserzeugender und reproduktionstoxischer (Kategorie 1A und 1B) Arbeitsstoffe

§ 13. Die Meldung der beabsichtigten erstmaligen Verwendung gemäß § 42 Abs. 5 ASchG hat mindestens folgende Angaben zu enthalten:

1. Name des Arbeitgebers/der Arbeitgeberin und Anschrift der Arbeitsstätte,
2. voraussichtlich jährlich verwendete Mengen der betreffenden Stoffe und der Zubereitungen, in denen die betreffenden Stoffe enthalten sind,
3. Art der Arbeitsvorgänge,
4. Zahl der exponierten ArbeitnehmerInnen,
5. Angaben zur Exposition,
6. beabsichtigte Maßnahmen zur Gefahrenverhütung gemäß §§ 43 und 45 Abs. 5 ASchG.

Schutz- oder Arbeitskleidung

§ 14. (1) ArbeitgeberInnen müssen den ArbeitnehmerInnen, für die die Gefahr einer Einwirkung von eindeutig krebserzeugenden oder reproduktionstoxischen

(Kategorie 1A und 1B) Arbeitsstoffen besteht, zur Verfügung stellen:

1. geeignete Schutzkleidung im Sinne der §§ 69 und 70 ASchG oder
2. geeignete Arbeitskleidung im Sinne des § 71 Abs. 2 ASchG, sofern für die spezifischen chemischen Einwirkungen der verwendeten Arbeitsstoffe eine geeignete Schutzkleidung nicht erhältlich ist, und
3. getrennte Aufbewahrungsmöglichkeiten für die Straßenkleidung einerseits und Arbeitskleidung oder persönliche Schutzausrüstung andererseits.

(2) ArbeitgeberInnen müssen dafür sorgen, dass persönliche Schutzausrüstung nach jedem Gebrauch, erforderlichenfalls auch vor jedem Gebrauch, überprüft und gereinigt wird.

Unterweisung

§ 14a. (1) Arbeitnehmerinnen und Arbeitnehmer sind über die Eigenschaften von krebserzeugenden und reproduktionstoxischen Arbeitsstoffen und deren Auswirkungen auf die Gesundheit einschließlich der zusätzlichen Risiken durch Tabakkonsum zu informieren.

(2) Die Unterweisung gemäß § 14 ASchG muss insbesondere neue oder veränderte Gefährdungen berücksichtigen, wenn Arbeitnehmerinnen und Arbeitnehmer neuen krebserzeugenden oder reproduktionstoxischen Arbeitsstoffen oder mehreren verschiedenen krebserzeugenden oder reproduktionstoxischen Arbeitsstoffen, auch solchen, die in gefährlichen Arzneimitteln enthalten sind, ausgesetzt sein können oder wenn sich die Umstände im Zusammenhang mit der Arbeit ändern.

(3) Arbeitnehmerinnen und Arbeitnehmer im Gesundheitswesen (wie Kranken- und Kuranstalten, Ambulatorien, Arzt- und Zahnarztpraxen, Pflegeeinrichtungen, Einrichtungen zur psychosozialen Betreuung oder Suchtbekämpfung, Arbeitsplätze der mobilen Krankenbetreuung oder mobilen Pflege) sowie im Veterinärwesen, Apotheken und Labors, bei denen eine Exposition gegenüber krebserzeugenden oder reproduktionstoxischen Arbeitsstoffen besteht, sind regelmäßig zu unterweisen, jedenfalls wenn am jeweiligen Arbeitsplatz neuartige gefährliche Arzneimittel, die diese Arbeitsstoffe enthalten, verwendet werden.

Luftrückführung

§ 15. (1) Bei Verwendung von eindeutig krebserzeugenden Arbeitsstoffen (Gasen, Dämpfen, Schwebstoffen) ist die Rückführung der Abluft von Klimaanlagen, Lüftungsanlagen oder Absaugeinrichtungen (Absauganlagen oder Absauggeräten), auch wenn diese gereinigt ist, in Räume verboten (Umluftverbot).

(2) Für Klima- und Lüftungsanlagen ist die Luftrückführung bei Verwendung von eindeutig krebserzeugenden Schwebstoffen jedoch im Falle der Wärmerückgewinnung während der Heizperiode erlaubt, sofern die belastete Luft nicht in vorher unbelastete Arbeitsbereiche geführt wird und folgende Voraussetzungen vorliegen:

1. Entweder es wird durch eine staubtechnische Prüfung nachgewiesen, dass die Konzentration des krebserzeugenden Schwebstoffes in der rückgeführten Luft ein Zwanzigstel des TRK-Wertes unterschreitet, oder
2. die Klima- oder Lüftungsanlage erfüllt nachweislich folgende Anforderungen:
   a) der Anteil der rückgeführten Luft an der Zuluft darf maximal 50 % betragen, wobei bei der Berechnung des erforderlichen Luftwechsels für natürliche Belüftung ein Zuluftstrom von einmal dem Raumvolumen (m^3) pro Stunde anzunehmen ist,
   b) die Konzentration des krebserzeugenden Schwebstoffes in der rückgeführten Luft darf ein Zehntel des TRK-Wertes nicht überschreiten und
   c) die gesamte Staubbeladung in der rückgeführten Luft darf insgesamt 1 mg/m3 nicht überschreiten.

(3) Für Absauganlagen und Absauggeräte ist die Luftrückführung bei Verwendung von eindeutig krebserzeugenden Schwebstoffen erlaubt, wenn die Voraussetzungen nach Abs. 2 Z 1 oder 2 erfüllt sind. Abweichend von Abs. 2 Z 1 und 2 können Industriestaubsauger zum Zwecke der Abreinigung oder zur Absaugung von Holzbearbeitungsmaschinen gemäß § 16a Abs. 5 eingesetzt werden, wenn die Konzentration des Schwebstoffes in der rückgeführten Luft ein Zehntel des TRK-Wertes nicht überschreitet.

(4) Bei Verwendung von Formaldehyd und Quarzfeinstaub gilt Abs. 1 nicht, wenn sichergestellt ist, dass die in Anhang 1 festgelegten Grenzwerte dauerhaft nicht überschritten werden. Dies ist insbesondere dann der Fall, wenn gemäß § 28 Abs. 5 keine Grenzwert-Vergleichsmessungen erforderlich sind, oder wenn gemäß § 29 Abs. 2 letzter Satz Kontrollmessungen entfallen können, oder wenn die Einhaltung des Grenzwertes durch eine kontinuierlich messende Einrichtung überwacht wird.

3. ABSCHNITT

SONDERBESTIMMUNGEN FÜR HOLZSTAUB

Holzstaub: Luftrückführung und TRK-Wert

§ 16. (1) § 15 gilt für alle Holzstäube.

(2) Wenn die Ermittlung und Beurteilung der Gefahren ergibt, dass an einem Arbeitsplatz wegen Verwendung einer der in Abs. 3 angeführten Holzbearbeitungsmaschinen der Grenzwert von 2 mg/m^3 nicht eingehalten werden kann, gilt Folgendes:

1. Es sind alle technisch und organisatorisch möglichen Maßnahmen so auszuschöpfen, dass dieser Grenzwert im Einzelfall so wenig wie möglich überschritten wird,
2. Arbeitgeber/innen müssen dafür sorgen, dass Arbeitnehmer/innen Atemschutz tragen und
3. abweichend von § 3 Abs. 1 gilt an diesem Arbeitsplatz ein TRK-Wert von 5 mg/m^3, wenn es sich ausschließlich um Weichholzstaub (Stäube von Nadelhölzern) handelt. Für Hartholzstaub (Stäube von Laubhölzern) gilt ein TRK-Wert von 3 mg/m^3 bis 17. Jänner 2023.

(3) Abs. 2 gilt bei Verwendung folgender Holzbearbeitungsmaschinen:

1. Doppelabkürzkreissägemaschinen, sofern sie keine Ausrückeinrichtung haben,
2. Tischbandsägemaschinen,
3. Tischoberfräsmaschinen in Industriebetrieben (soweit keine spiralförmigen Nutfräser eingesetzt werden können),
4. Kopierfräsmaschinen, soweit sie nicht gekapselt werden können,
5. Drechselbänke (in Drechslereien betrieben),
6. Schleif- und Schwabbelböcke,
7. Rundstabschleifmaschinen,
8. Parkettschleifmaschinen und
9. Handschleifmaschinen, sofern nicht Absaugung von Maschine und Schleiftisch erfolgt.

(4) Auf Wunsch der Arbeitnehmer/innen ist ihnen auch bei Einhaltung des TRK-Wertes von 2 mg/m³ persönliche Schutzausrüstung (Atemschutz, Schutzbrille) zur Verfügung zu stellen.

Holzstaub: Pflicht zur Absaugung

§ 16a. (1) Spanabhebende Holzbearbeitungsmaschinen müssen, sofern auf Grund des Arbeitsverfahrens eine Erfassung möglich ist und nach dem Stand der Technik eine Einrichtung zur Erfassung verfügbar ist, abgesaugt werden.

(2) Folgende handgeführte Holzbearbeitungsmaschinen müssen mit einer Absauganlage oder einem Absauggerät mit Staubsammeleinrichtung im Gehäuse abgesaugt werden:

1. Handkreissägen,
2. Handhobelmaschinen,
3. Handoberfräsmaschinen, sofern eine Einrichtung zur Erfassung nach dem Stand der Technik verfügbar ist,
4. Flachdübelfräsmaschinen/Lamellendübelfräsmaschinen,
5. Schleifmaschinen.

(3) Bei Arbeiten mit handgeführten Schleifmaschinen muss ab 1. Januar 2015, über die Geräteabsaugung nach Abs. 2 hinausgehend, eine zusätzliche Absaugung erfolgen durch Verwendung:

1. eines geeigneten Arbeitstisches für Schleifarbeiten mit integrierter Absaugung (Schleiftisch) oder
2. einer anderen geeigneten Stauberfassung (zB Wand- oder Kabinenabsaugung).

(4) Abweichend von Abs. 2 Z 5 und Abs. 3 dürfen handgeführte Schleifmaschinen mit integrierter Absaugung mit gehäuselosem Staubbeutel maximal eine Stunde pro Arbeitsschicht verwendet werden.

(5) Von Abs. 1, 2 und 3 kann abgewichen werden, wenn sich aus der Ermittlung und Beurteilung der Gefahren eine Unterschreitung des Grenzwertes ergibt, weil Holzbearbeitungsmaschinen verwendet werden

1. mit geringer Emission von einatembarem Holzstaub wie:
   a) Ständerbohrmaschinen bei Verwendung von Spiralbohrern,
   b) Astlochfräsmaschinen,
   c) Kettenstemmmaschinen,
   d) Maschinen mit geringer Zerspanung bei Montagearbeiten,
   e) Säge- und Spaneranlagen im Frischholzbereich in Sägewerken, wenn die Späne über Vibrorinnen (Rüttler) oder über Absaugung geführt werden,
   f) Streumaschinen (gekapselt) für die Spanplattenherstellung und
   g) Abbundanlagen (gekapselt).
2. im Freien, in Hallen mit ausreichendem Luftdurchzug, unter Wetterschutzdächern oder auf Montagebaustellen mit beispielsweise folgenden Maschinen:
   a) transportable Kreissägemaschinen,
   b) Montagekreissägemaschinen,
   c) Zimmereihandmaschinen für Abbund,
   d) Motorkettensägen und
   e) Abbundanlagen.
3. mit einer geringen Zerspanungsleistung wie:
   a) Furnierkreissägen,
   b) Langloch-, Dübel- und Reihenbohrmaschinen.
4. mit geringen Maschinenlaufzeiten (bis zu einer Stunde pro Schicht) wie:
   a) Ausleger- und Gehrungskappkreissägemaschinen,
   b) Tischbandsägemaschinen.

Holzstaub: Maßnahmen bei der Absaugung

§ 17. (1) Bei der Verwendung von Holzstaub gilt für Absauganlagen Folgendes:

1. Die Ablagerungen müssen in einem Silo oder Bunker oder in Staubsammeleinrichtungen erfolgen.
2. Staubsammeleinrichtungen müssen im Freien oder in einem vom Arbeitsraum zumindest brandhemmend getrennten Raum untergebracht sein.
3. Die Filteranlagen müssen im Freien oder in einem vom Arbeitsraum zumindest brandhemmend getrennten Raum untergebracht sein, wobei dies auch der Raum nach Z 2 sein kann.
4. Alle Teile, von den Erfassungsstellen bis zur Ablagerung des Staubes, müssen so gestaltet sein, dass Staubmengen, die beim Betrieb, bei vorhersehbaren Störungen oder beim Abreinigen in Arbeitsräume austreten, dem Stand der Technik entsprechend so gering wie möglich gehalten werden.
5. Die Möglichkeit zur Umschaltung auf Abluftbetrieb muss bei Filteranlagen gemäß Z 3 gegeben sein.

(2) Ist bei Absauganlagen die Unterbringung von Filteranlage oder Staubsammeleinrichtung nach Abs. 1 auf Grund der Konstruktion der Absauganlage in Verbindung mit der räumlichen Beengtheit innerhalb geschlossener Bebauung nicht möglich, so kann eine Aufstellung im Arbeitsraum unter folgenden Voraussetzungen erfolgen:

1. Alle Teile der Absauganlage, von den Erfassungsstellen bis zur Ablagerung des Staubes, müssen so gestaltet sein, dass Staubmengen, die beim Betrieb, bei Störungen oder beim Abreinigen in Arbeitsräume austreten, dem Stand der Technik entsprechend so gering wie möglich gehalten werden.
2. Filteranlagen und Staubsammeleinrichtungen müssen ein geeignetes Gehäuse aufweisen.
3. Pro Brandabschnitt und Arbeitsraum darf nur eine Filteranlage und Staubsammeleinrichtung aufgestellt werden.

(3) Der ordnungsgemäße Zustand von Absauganlagen oder Absauggeräten (Absaugeinrichtungen), die Holzstaub absaugen, ist gewährleistet, wenn

1. die Erfassungselemente gereinigt und sachgemäß eingestellt sind und
2. die mittlere Luftgeschwindigkeit am absaugenden Anschlussstutzen der Erfassungselemente und in den Abluftleitungen mindestens 20 m/s, bei feuchten Spänen mindestens 28 m/s, beträgt. Bei Kantenanleimmaschinen beträgt dieser Wert mindestens 12 m/s.

(4) Wenn bei automatischer Messung die mittlere Luftgeschwindigkeit am absaugenden Anschlussstutzen der Erfassungselemente die Werte nach Abs. 3 Z 2 unterschreitet, ist die Absaugeinrichtung außer Betrieb zu nehmen und vor Inbetriebnahme der ordnungsgemäße Zustand durch eine fachkundige Person oder erforderlichenfalls von einem hiezu befugten Fachunternehmen wieder herzustellen.

(5) Erfolgt keine automatische Messung der mittleren Luftgeschwindigkeit an einer für das Abluftleitungssystem der Absaugeinrichtung repräsentativen Stelle, so ist mindestens einmal wöchentlich der ordnungsgemäße Zustand durch Sichtprüfung von einer fachkundigen Person zu kontrollieren, insbesondere hinsichtlich der

1. Erfassungselemente und deren Einstellung,
2. Filterelemente,
3. Funktion von Einrichtungen für das Abreinigen und das Austragen,
4. Funktionsfähigkeit der Absaugeinrichtung an den Absauganschlussstutzen der Erfassungselemente.

(6) Ergibt die Sichtprüfung Abweichungen, die darauf schließen lassen, dass der ordnungsgemäße Zustand nicht gewährleistet ist, ist die Absaugeinrichtung außer Betrieb zu nehmen. Vor Inbetriebnahme ist der ordnungsgemäße Zustand von einer fachkundigen Person oder erforderlichenfalls von einem hiezu befugten Fachunternehmen wieder herzustellen und die für den ordnungsgemäßen Zustand erforderliche Luftgeschwindigkeit am absaugenden Anschlussstutzen der Absaugeinrichtung durch eine Messung zu bestätigen.

(7) Alle ArbeitnehmerInnen, die Holzbe- oder -verarbeitung durchführen, sind über die korrekte Einstellung der Erfassungselemente zu informieren.

Holzstaub: Reinigung

§ 18. (1) Betriebsräume und Arbeitsmittel müssen regelmäßig von Holzstaubablagerungen gereinigt werden. Dabei ist zu vermeiden, dass Staub aufgewirbelt wird und in die Atemluft von ArbeitnehmerInnen gelangt.

(2) Abblasen von Holzstaub (zB von Werkstücken, Kleidung) mit Druckluft oder trockenes Kehren ist unzulässig. Beim Abreinigen sind saugende Verfahren (zB Saugpistolen, Industriestaubsauger) zu verwenden. Ist dies aus technischen Gründen nicht möglich, hat der/die ArbeitgeberIn dafür zu sorgen, dass von den ArbeitnehmerInnen, die die Reinigung durchführen, geeigneter Atemschutz getragen wird und dass andere ArbeitnehmerInnen nicht beeinträchtigt werden.

(3) Alle ArbeitnehmerInnen, die Reinigungsarbeiten von Holzstaub durchführen, sind in der korrekten Beseitigung der Staubablagerungen zu unterweisen.

§ 19. *Entfällt (gemäß GKV 2011, BGBl. II Nr. 429/2011)*

§ 20. Entfällt (gemäß GKV 2011, BGBl. II Nr. 429/2011)

4. ABSCHNITT

SONDERBESTIMMUNGEN FÜR ASBEST

Geltungsbereich des 4. Abschnitts

§ 21. Dieser Abschnitt gilt für Arbeiten, bei denen Arbeitnehmer/innen Asbeststaub oder Staub von asbesthaltigen Materialien ausgesetzt sind oder sein können.

Meldung von Asbestarbeiten

§ 22. (1) Arbeitgeber/innen haben vor Beginn von Arbeiten nach § 21 dem zuständigen Arbeitsinspektorat den Ort (Anschrift), Beginn und Dauer der Arbeiten und alle Angaben nach § 13 schriftlich zu melden. Sofern es sich um Bauarbeiten im Sinne der BauV handelt, ist auch der Name der vorgesehenen Aufsichtsperson zu melden. Bei einer Änderung der Arbeitsbedingungen, durch die die Exposition gegenüber Asbeststaub oder Staub von asbesthaltigen Materialien erheblich zunehmen kann, muss eine neue Meldung erfolgen. Den Sicherheitsvertrauenspersonen und den Belegschaftsorganen ist Einsicht in die Meldung zu gewähren. Sind weder Sicherheitsvertrauenspersonen bestellt noch Belegschaftsorgane errichtet, ist den betroffenen Arbeitnehmern/innen Einsicht in die Meldung zu gewähren.

(2) Abs. 1 gilt nicht für die folgenden in Z 1 bis 4 genannten Arbeiten, sofern Arbeitnehmer/innen dabei nur gelegentlichen Expositionen geringer Höhe (15.000 F/m^3) ausgesetzt sind und sofern die Ermittlung und Beurteilung der Gefahren gemäß §§ 4 und 41 ASchG ergeben hat, dass der TRK-Wert für Asbest nicht überschritten wird:

1. kurze, nicht aufeinander folgende Wartungsarbeiten, bei denen nur an nicht brüchigen Materialien gearbeitet wird,
2. Entfernung von intakten Materialien, in denen die Asbestfasern fest in einer Matrix gebunden sind, wobei diese Materialien nicht beschädigt werden,
3. Einkapselung und Einhüllung von asbesthaltigen Materialien in gutem Zustand oder
4. Überwachung und Kontrolle der Luft und Probenahmen zur Feststellung des Vorhandenseins von Asbest in einem bestimmten Material.

(3) Insbesondere bei den folgenden Arbeiten kann, wenn sie unter Einhaltung der Maßnahmen nach § 26 durchgeführt werden, davon ausgegangen werden, dass sie unter Abs. 2 fallen:

1. Wartung und Reinigung von Standardheizkesseln,
2. Rauchfangkehrerarbeiten bei asbesthältigen Schornsteinen,
3. Bohren von Gerüstverankerungslöchern an Außenfassaden sowie Anbohren von Asbestzement-Fassadenplatten, Vorbereitungsarbeiten für Montagen bei Asbestzement-Platten,
4. Ausbau, insbesondere von Dichtschnüren von Standardheizkesseln, von asbesthältigem Material aus Elektrospeicherheizgeräten, von asbesthaltigen Flachdichtungen, von asbesthaltigem Material bei Pumpen, Schiebern und sonstigen Armaturen, von asbesthaltigen Kupplungsscheiben, Scheibenbremsbelägen, Trommelbremsbelägen bei Kraftfahrzeugen sowie von Fensterrahmen und Türen mit asbesthaltigem Fugenkitt,
5. zerstörungsfreier Ausbau von Asbestzement-Rohrleitungen, sowie
6. Entfernen von einzelnen Asbestzement-Platten sowie von Vinyl-Asbestplatten (Flexplatten).

(4) Arbeiten nach Abs. 2 sind gemäß § 95 Abs. 2 ASchG von der Anwendung des § 47 (Verzeichnis der Arbeitnehmer) und § 49 ASchG (Eignungs- und Folgeuntersuchungen) ausgenommen.

Arbeitsplan

§ 23. (1) Vor Beginn von Abbrucharbeiten oder der Entfernung von Asbest oder asbesthaltigen Materialien (insbesondere aus Gebäuden, Bauten, Geräten und Anlagen, Tunnelbauten, Bergbauanlagen sowie aus Schiffen) ist ein schriftlicher Arbeitsplan zu erstellen und dem Sicherheits- und Gesundheitsschutzdokument anzuschließen. Auf Verlangen ist der Arbeitsplan dem zuständigen Arbeitsinspektorat vor Beginn der vorgesehenen Arbeiten zu übermitteln. Der Arbeitsplan hat insbesondere vorzusehen, dass

1. Asbest oder asbesthaltige Materialien vor Anwendung der Abbruchtechniken entfernt werden, außer in den Fällen, in denen diese Entfernung für Arbeitnehmer/innen eine größere Gefahr verursachen würde, als wenn der Asbest oder die asbesthaltigen Materialien an Ort und Stelle verbleiben würden,
2. erforderlichenfalls geeignete Atemschutzgeräte und andere persönliche Schutzausrüstung gemäß § 69 ASchG zur Verfügung gestellt werden,
3. nach Abschluss der Abbruch- oder Sanierungsarbeiten geprüft wird, dass keine Gefährdung durch Asbest am Arbeitsplatz mehr besteht.

(2) Auf Verlangen des zuständigen Arbeitsinspektorates hat der Arbeitsplan zusätzliche Angaben über die Eigenschaften der Ausrüstungen für den Schutz und die Dekontaminierung jener Arbeitnehmer/innen, die Arbeiten gemäß Abs. 1 durchführen, sowie für den Schutz sonstiger Arbeitnehmer/innen, die sich am Ort der Arbeiten oder in dessen Nähe aufhalten, zu enthalten.

(3) Wenn Arbeiten gemäß Abs. 1 voraussichtlich länger als fünf Arbeitstage dauern, ist der Arbeitsplan am Arbeitsort zur Einsichtnahme aufzulegen.

Messungen der Asbestkonzentration

§ 24. (1) Für Messungen der Asbestfaserkonzentration gilt der 5. Abschnitt.

(2) Die Fasern sind insbesondere zu zählen
1. mit dem PCM (Phasenkontrastmikroskop), und zwar unter Anwendung des von der WHO (Weltgesundheitsorganisation) 1997 empfohlenen Verfahrens oder
2. mit dem Rasterelektronenmikroskop (REM) oder
3. mit einem anderen Verfahren, das zumindest zu gleichwertigen oder repräsentativeren Ergebnissen führt.

(3) Vor Probenahmen sind die Sicherheitsvertrauenspersonen oder die Belegschaftsorgane anzuhören. Sind weder Sicherheitsvertrauenspersonen noch Belegschaftsorgane bestellt, sind die betroffenen Arbeitnehmer/innen anzuhören.

Information und Unterweisung

§ 25. (1) Die Information der Arbeitnehmer/innen nach § 12 ASchG hat jedenfalls zu enthalten:
1. die Gefahren für die Gesundheit infolge einer Exposition gegenüber Asbeststaub oder Staub von asbesthaltigen Materialien,
2. die vorgeschriebenen Grenzwerte und die Notwendigkeit der Überwachung der Luft,
3. die Vorschriften über die Hygienemaßnahmen, einschließlich der Notwendigkeit, nicht zu rauchen,
4. die erforderlichen Vorsichtsmaßnahmen in Bezug auf das Tragen und die Verwendung von Schutzausrüstung und Schutzkleidung,
5. die besonderen Vorsichtsmaßnahmen, um die Asbestexposition so weit wie möglich zu verringern,
6. den Hinweis, dass sich die Arbeitnehmer/innen nach Beendigung der Exposition lungenfachärztlichen Gesundheitsuntersuchungen so lange unterziehen sollen, wie dies zur Sicherung ihrer Gesundheit nach Ansicht der untersuchenden Fachärztinnen oder Fachärzte jeweils erforderlich ist.

(2) Die Unterweisung der Arbeitnehmer/innen nach § 14 ASchG hat insbesondere Folgendes zu enthalten:
1. Eigenschaften von Asbest und seine Auswirkungen auf die Gesundheit einschließlich der synergistischen Wirkung des Rauchens,
2. Arten von Erzeugnissen oder Materialien, die Asbest enthalten können,
3. Arbeiten, bei denen eine Asbestexposition auftreten kann und die Bedeutung von Vorkehrungen zur Expositionsminderung,
4. sichere Arbeitsverfahren, Kontrollen und persönliche Schutzausrüstungen,
5. Zweck, Angebot und Auswahl, Wirkungsgrenzen und richtiger Einsatz von Atemschutzausrüstungen,
6. Dekontaminationsverfahren, Notfallverfahren und Abfallbeseitigung,
7. erforderliche Eignungs- und Folgeuntersuchungen.

Minimierung der Exposition

§ 26. (1) Bei Arbeiten nach § 21 müssen Arbeitgeber/innen dafür sorgen, dass zusätzlich zu den Maßnahmen nach § 43 ASchG folgende Maßnahmen getroffen werden:
1. Alle Arbeitsbereiche und Arbeitsmittel sind regelmäßig, möglichst mit saugenden Verfahren, zu reinigen und zu warten;
2. Arbeitskleidung und persönliche Schutzausrüstung, die mit Asbest in Berührung gekommen sind, sowie Asbest, Asbeststaub freisetzendes oder asbesthaltiges Material und asbesthaltige Abfälle sind, erforderlichenfalls nach geeigneter Behandlung und Verpackung, in geeigneten geschlossenen Behältnissen aufzubewahren und ohne Staubentwicklung abzutransportieren. Behältnisse, in denen asbesthaltige Abfälle gesammelt werden, sind mit einem Hinweis auf ihren Inhalt zu kennzeichnen.

(2) Bei Arbeiten nach § 21 sind Arbeitsverfahren so zu gestalten, dass kein Asbeststaub entsteht. Ist dies nicht möglich, muss die Freisetzung von Asbeststaub in die Luft, soweit dies nach dem Stand der Technik möglich ist, vermieden werden. Bauteile aus Asbestzement müssen möglichst zerstörungsfrei im Ganzen demontiert werden. Materialien, in denen Asbestfasern fest in einer Matrix gebunden sind, dürfen nur mit Handgeräten oder mit geeigneten, langsam laufenden, die Entstehung von Asbeststaub möglichst vermeidenden Arbeitsmitteln, die mit geeigneten filternden Absaugungen versehen sind, oder mit Arbeitsmitteln, die im Nassverfahren arbeiten, bearbeitet werden. Das Schneiden mittels Trennscheibe ist verboten.

(3) Kann eine Grenzwertüberschreitung nicht durch andere Maßnahmen nach § 43 ASchG vermieden werden und ist das Tragen individueller Atemschutzgeräte erforderlich, ist deren Verwendung auf ein absolutes zeitliches Minimum zu reduzieren. Während der Dauer der Arbeiten sind entsprechende Erholungszeiten je nach physischer und klimatischer Belastung festzulegen.

Besondere Arbeiten

§ 27. (1) Vor Beginn von Abbruch- oder Instandhaltungsarbeiten müssen Arbeitgeber/innen feststellen, ob und in welchem Umfang asbesthaltige Materialien enthalten sind. Dazu haben sie geeignete Vorkehrungen zu treffen und erforderlichenfalls die entsprechenden Informationen bei den Eigentümer/innen einzuholen.

(2) Bei bestimmten Arbeiten (wie Abbruch-, Sanierungs-, Reparatur- oder Instandhaltungsarbeiten), bei denen trotz Vornahme aller in Frage kommenden Maßnahmen nach § 43 ASchG eine Grenzwertüberschreitung vorherzusehen ist, sind folgende zusätzliche Maßnahmen zu setzen:
1. Der Arbeitsbereich ist durch entsprechende Warnschilder zu kennzeichnen, die darauf hinweisen, dass der Grenzwert voraussichtlich überschritten wird.
2. Der Arbeitsbereich ist abzugrenzen, dicht abzuschotten und darf nur über eine Schleusenanlage betreten werden. Weiters ist ein Unterdruck aufrecht zu erhalten und die Raumluft aus dem Arbeitsbereich abzusaugen und über geeignete Filter ins Freie abzuführen.
3. Für Arbeitnehmer/innen ist entsprechende Schutzkleidung zur Verfügung zu stellen, um den Kontakt der Arbeitnehmer/innen mit Asbest zu vermeiden.
4. Die mit diesen Arbeiten beschäftigten Arbeitnehmer/innen sind mit Frischluftgeräten oder mit motorunterstützten Filtergeräten mit geeigneten Partikelfiltern unter Verwendung von Vollmasken oder mit gleichwertigen Kopfteilen auszurüsten.
5. Nach Beendigung der Arbeiten ist noch im Arbeits- oder Schleusenbereich der den Schutzanzügen anhaftende Staub abzuwaschen oder abzusaugen. In der Schleuse ist für je höchstens fünf Arbeitnehmer/innen, die gleichzeitig ihre Arbeit beenden, eine Dusche vorzusehen.

4A. ABSCHNITT

Allgemeine Bestimmungen zu gefährlichen Arbeitsstoffen

Geltungsbereich des 4a. Abschnitts

§ 27a. Der 4a. Abschnitt gilt nicht für Baustellen im Sinn des ASchG.

Schutzmaßnahmen gegen Gase, Dämpfe und Schwebstoffe

§ 27b. (1) Arbeitsvorgänge und Arbeitsverfahren, mit denen eine erhebliche Beeinträchtigung der Arbeitnehmerinnen bzw. Arbeitnehmer durch Gase, Dämpfe, Schwebstoffe, Wärme, üblen Geruch oder ähnliche Einwirkungen verbunden ist, sind in geschlossenen Systemen oder nach Möglichkeit in eigenen Räumen durchzuführen. Sofern dies nicht möglich ist, sind Arbeitnehmerinnen bzw. Arbeitnehmer, die nicht unmittelbar mit solchen Arbeiten beschäftigt sind, durch geeignete Maßnahmen vor solchen Einwirkungen zu schützen.

(2) Abgesaugte Gase, Dämpfe oder Schwebstoffe sind so abzuleiten, abzuscheiden oder zu sammeln, dass Arbeitnehmerinnen bzw. Arbeitnehmer nicht gefährdet und die Luftverhältnisse im Betrieb nicht beeinträchtigt sind. Absaugung und Raumlüftung dürfen einander nicht ungünstig beeinflussen.

(3) Den Arbeitsräumen und sonstigen Betriebsräumen ist die der abgesaugten Luftmenge entsprechende Frischluftmenge, wenn notwendig vorgewärmt, unter Vermeidung schädlicher Zugluft zuzuführen. Sofern Absauganlagen oder Absauggeräte für den jeweiligen Arbeitsplatz vorhanden sind, müssen diese bei Verwendung von gefährlichen Arbeitsstoffen betrieben werden.

(4) Wenn Störungen oder Gebrechen an Absauganlagen auftreten können, die zu einer akuten Gefährdung der Arbeitnehmerinnen bzw. Arbeitnehmer führen können, ist eine selbsttätig wirkende Warn- und Alarmeinrichtung zu installieren. Diese hat rechtzeitig die betroffenen Arbeitnehmerinnen bzw. Arbeitnehmer optisch oder akustisch vor den Störungen und Gebrechen zu warnen. An Alleinarbeitsplätzen sind die Auslösewerte für Warn- und Alarmeinrichtungen entsprechend anzupassen.

(5) Absauganlagen einschließlich der Rohrleitungen sind nach Bedarf zu reinigen. Abscheideanlagen sind nach Bedarf zu entleeren und Filter rechtzeitig zu regenerieren oder auszutauschen. Wartungsanleitungen von Herstellerinnen und Herstellern sind zu beachten.

(6) Abgase von Arbeitsmitteln sind direkt ins Freie abzuleiten, sodass Arbeitnehmerinnen bzw. Arbeitnehmer nicht gefährdet werden. Sofern der Austritt von Abgasen aus Gasverbrauchseinrichtungen in den Raum nach dem Stand der Technik zulässig ist, müssen die Abgase nicht abgeleitet werden. Abgase offener Feuerstellen sind möglichst nahe der Entstehungsstelle zu erfassen und gefahrlos ins Freie abzuführen.

(7) Die Verwendung von mit Verbrennungsmotoren betriebenen selbstfahrenden Arbeitsmitteln und nicht ortsfesten Arbeitsmitteln ist in geschlossenen Räumen verboten. Davon kann abgewichen werden, wenn

1. die Abgase keine eindeutig krebserzeugenden oder reproduktionstoxischen (Kategorie 1A und 1B) Abgasbestandteile enthalten und der Nachweis über Grenzwerte gemäß § 45 ASchG geführt wird, oder
2. die Abgase von selbstfahrenden Arbeitsmitteln eindeutig krebserzeugende oder reproduktionstoxische (Kategorie 1A und 1B) Abgasbestandteile beinhalten, aber kein gleichwertiges Arbeitsergebnis mit selbstfahrenden Arbeitsmitteln ohne eindeutig krebserzeugende oder reproduktionstoxische Abgasbestandteile erreicht werden kann und die Konzentration so gering, wie es nach dem Stand der Technik möglich ist, gehalten wird. Dies gilt auch für dieselbetriebene Fahrzeuge.

Bei Prüf- und Wartungsarbeiten an Verbrennungsmotoren in geschlossenen Arbeits- und Betriebsräumen sind entstehende Abgase zu erfassen und gefahrlos ins Freie abzuleiten.

(8) In Arbeitsräumen sind geeignete Vorkehrungen zu treffen, durch die eine die Sicherheit der Arbeitnehmerinnen bzw. Arbeitnehmer gefährdende oder die Gesundheit nachteilig beeinflussende Dampfbildung verhindert wird.

Arbeiten mit gesundheitsgefährdenden und explosionsgefährlichen Arbeitsstoffen

§ 27c. (1) Gesundheitsgefährdende und explosionsgefährliche Arbeitsstoffe dürfen an Arbeitsplätzen nur in der für den Fortgang der Arbeiten erforderlichen Menge, höchstens jedoch jener eines Tagesbedarfes, vorhanden sein. Verschüttete Arbeitsstoffe sind unverzüglich unter Berücksichtigung der jeweiligen gefährlichen Eigenschaften zu beseitigen. Abfälle und Rückstände sind in geeigneten, erforderlichenfalls verschließbaren Behältern zu sammeln und gefahrlos zu entfernen.

(2) Werden gesundheitsgefährdende oder ekelerregende Arbeitsstoffe verwendet, haben Arbeitgeberinnen und Arbeitgeber für die Einhaltung folgender Hygienemaßnahmen sorgen:

1. Von den Arbeitnehmerinnen bzw. Arbeitnehmern mitgebrachte Lebensmittel, Getränke, Kosmetika, Medikamente und Tabakerzeugnisse
   a) sind so aufzubewahren, dass eine Einwirkung durch diese Arbeitsstoffe vermieden wird, und
   b) dürfen an Arbeitsplätzen und in Räumen, an bzw. in denen die Gefahr einer Exposition gegenüber diesen Arbeitsstoffen besteht, nicht konsumiert oder angewendet werden.
2. Auf die Verbote nach Z 1 lit. b ist durch deutlich sichtbare Anschläge hinzuweisen.
3. Arbeitnehmerinnen bzw. Arbeitnehmer haben vor dem Essen, Trinken oder Rauchen sowie nach Ende der Arbeit die Hände zu waschen.
4. Arbeitnehmerinnen bzw. Arbeitnehmer mit Erkrankungen oder Verletzungen der Haut, die eine Aufnahme von gesundheitsgefährdenden Arbeitsstoffen durch die Haut begünstigen, dürfen zu Arbeiten mit solchen Arbeitsstoffen nicht herangezogen werden.
5. Arbeitsplätze und Arbeitsmittel sind in einem dem Arbeitsablauf entsprechenden sauberen Zustand zu halten, insbesondere sind Böden, Wände und andere Oberflächen regelmäßig zu reinigen.

(3) Zum gefahrlosen Umfüllen und Entnehmen von gesundheitsgefährdenden oder heißen Flüssigkeiten aus Behältern müssen außer der erforderlichen Schutzausrüstung geeignete Einrichtungen beigestellt sein.

(4) Sofern die Arbeits- oder Schutzkleidung bei der Arbeit stark verschmutzt wird oder mit gesundheitsgefährdenden, leicht zersetzlichen oder ekelerregenden Arbeitsstoffen in Berührung kommt, ist diese getrennt von der Straßenkleidung aufzubewahren.

Ersatz von Arbeitsstoffen und Verwendungsbeschränkungen für bestimmte Arbeitsstoffe

§ 27d. (1) Sofern 1,1,2,2-Tetrachlorethan und Pentachlorethan sowie Arbeitsstoffe, die einen Volumenanteil von mehr als ein Prozent der genannten Stoffe enthalten, durch nicht oder weniger gesundheitsgefährdende Arbeitsstoffe ersetzt werden können, sind diese zu verwenden. Dies gilt nicht für die Erzeugung dieser Arbeitsstoffe, für ihre Verwendung für chemische Synthesen oder für analytische Zwecke und Forschungszwecke in Labors. Zum Antrieb von zweitaktmotorbetriebenen handgeführten Arbeitsmitteln sind nur Treibstoffe zu verwenden, die maximal 0,1 Gewichtsprozent Benzol enthalten.

(2) Tetrachlorkohlenstoff, 1,1,2,2-Tetrachlorethan und Pentachlorethan sowie Arbeitsstoffe, die einen Volumenanteil von mehr als ein Prozent der genannten Stoffe enthalten, dürfen als Löse-, Verdünnungs-, Reinigungs- und Entfettungsmittel nicht verwendet werden.

(3) Schwefelkohlenstoff darf als Lösemittel nicht verwendet werden. Dies gilt nicht für die Verwendung von Schwefelkohlenstoff zur Erzeugung von Chemiefasern nach dem Viskoseverfahren. Abs. 1 zweiter Satz ist sinngemäß anzuwenden.

(4) Arsen sowie arsenhaltige Arbeitsstoffe dürfen zum Reinigen und Beizen nicht verwendet werden.

(5) Das Auftragen von Farben und Lacken, die einen Masseanteil von mehr als zwei Prozent Blei enthalten, ist im Spritzverfahren, ausgenommen in geschlossenen Apparaten, nicht zulässig.

(6) Das Auftragen von Holzschutzmitteln, die chlorierte Phenole enthalten, ist im Spritzverfahren, ausgenommen in geschlossenen Apparaten, nicht zulässig.

(7) Strahlmittel, die einen Masseanteil von mehr als zwei Prozent Quarz enthalten, dürfen, ausgenommen in geschlossenen Apparaten, zum Strahlen nicht verwendet werden.

(8) Leichtmetalle dürfen mit chlorierten Kohlenwasserstoffen nur entfettet werden, wenn diese stabilisiert sind. Dies gilt nicht für Perchlorethylen.

Lagerung von gefährlichen Arbeitsstoffen

§ 27e. (1) Bei der Lagerung von gefährlichen Arbeitsstoffen gemäß § 40 ASchG sind die durch deren Eigenschaften bedingten Schutzmaßnahmen zu treffen. Dies gilt insbesondere bei der Lagerung von leicht entzündlichen oder selbstentzündlichen Abfällen, Rückständen oder Putzmaterialien sowie von leeren Behältern, die Reste von diesen Arbeitsstoffen enthalten.

(2) Gefährliche Arbeitsstoffe dürfen über Arbeitsplätzen und Verkehrswegen, in Ausfahrten, Durchgängen, Durchfahrten, Schleusen und Pufferräumen sowie auf oder unter Stiegen, Laufstegen, Podesten, Plattformen, Rampen und ähnlichen Verkehrswegen nicht gelagert werden. Behälter, die solche Arbeitsstoffe enthalten, dürfen nur aufeinandergestellt werden, wenn keine Gefahr besteht, dass die Behälter dadurch beschädigt oder undicht werden.

(3) Behälter für Lebensmittel oder solche, die damit verwechselt werden können, dürfen für die Aufbewahrung von gesundheitsgefährdenden, brandgefährlichen oder explosionsgefährlichen Arbeitsstoffen nicht verwendet werden.

(4) Räume, in denen Behälter gelagert werden, die gefährliche Arbeitsstoffe, verdichtete, verflüssigte oder unter Druck gelöste Gase oder nicht atembare Gase enthalten, müssen so angelegt sein, dass im Gefahrenfall Fluchtwege oder sonstige Verkehrswege nicht unbenutzbar werden. Erforderlichenfalls müssen ins Freie gut lüftbare Pufferräume vorhanden sein. Die im ersten Satz genannten Räume müssen so angelegt sein, dass eine gefährliche Ansammlung von Arbeitsstoffen nicht möglich ist. Insbesondere wenn Gase und Dämpfe schwerer als Luft sind, ist dies durch eine ausreichende natürliche oder mechanische Lüftung unmittelbar ins Freie sicherzustellen und Vorsorge zu treffen, dass sich solche Gase und Dämpfe in tiefer gelegenen Räumen in nicht gefährlicher Menge ansammeln können. Erforderlichenfalls ist zusätzlich ein Warn- und Alarmsystem zu installieren. Die Räume müssen gegen Zutritt Unbefugter gesichert sein. § 27c Abs. 2 ist sinngemäß anzuwenden.

(5) In Räumen, in denen größere Mengen von Flüssigkeiten der folgenden Gefahrenklassen erzeugt, verwendet oder gelagert werden, muss der Fußboden flüssigkeitsundurchlässig und gegen die Einwirkung solcher Flüssigkeiten widerstandsfähig sein:

1. akute Toxizität (Gefahrenklasse 3.1) Kategorie 1 bis 3,
2. Ätz-/Reizwirkung auf die Haut (Gefahrenklasse 3.2) Kategorien 1A, 1B und 1C,
3. schwere Augenschädigung/Augenreizung (Gefahrenklasse 3.3) Kategorie 1, spezifische Zielorgan-Toxizität bei einmaliger oder wiederholter Exposition (Gefahrenklasse 3.8 oder 3.9) jeweils Kategorie 1,
4. Aspirationsgefahr (Gefahrenklasse 3.10),
5. entzündbare Flüssigkeiten (Gefahrenklasse 2.6.) Kategorie 1 bis 3,
6. organische Peroxide (Gefahrenklasse 2.15) Typ E und F,
7. selbstzersetzliche Stoffe oder Gemische (Gefahrenklasse 2.8) Typ C, D, E und F,
8. pyrophore Flüssigkeiten (Gefahrenklasse 2.9),
9. selbsterhitzungsfähige Stoffe oder Gemische (Gefahrenklasse 2.11),
10. Stoffe oder Gemische, die in Berührung mit Wasser entzündbare Gase entwickeln (Gefahrenklasse 2.12) Kategorie 2 und 3,
11. organische Peroxide (Gefahrenklasse 2.15) Typ C und D,
12. Stoffe oder Gemische, die in Berührung mit Wasser entzündbare Gase entwickeln (Gefahrenklasse 2.12) Kategorie 1.

Durch Maßnahmen, wie Gefälle des Fußbodens zu Sammelgruben oder entsprechend hohe, flüssigkeitsundurchlässige Wandumfassungen und Türschwellen, muss verhindert sein, dass solche Flüssigkeiten in andere Räume oder ins Freie fließen können.

(6) Lagerungen von brandgefährlichen oder explosionsgefährlichen Arbeitsstoffen müssen auch gegen Brandeinwirkung von außen gesichert sowie so eingerichtet und angelegt sein, dass ein Brand rasch und ungehindert bekämpft werden kann.

(7) Behälter für Gase unter Druck (Gefahrenklasse 2.5) dürfen nicht geworfen oder gestürzt werden. Sie müssen, auch im entleerten Zustand, gegen Umfallen gesichert sein. Gefüllte Behälter müssen vor gefahrbringender Erwärmung oder starkem Frost geschützt sein.

(8) Arbeitsstoffe mit unterschiedlichen Gefahreneigenschaften oder solche, die unter starker Erwärmung, Flammenbildung oder unter Entwicklung von gefährlichen Gasen oder Dämpfen miteinander reagieren oder reagieren können, müssen sicher getrennt oder genügend weit voneinander entfernt gelagert werden. Sofern solche Arbeitsstoffe zusammen gelagert werden, sind die Behälter in getrennte Auffangwannen zu stellen.

(9) Lagerungen von ekelerregenden Arbeitsstoffen dürfen nur in ausschließlich diesen Zwecken dienenden, von anderen Arbeitsräumen und sonstigen Betriebsräumen abgetrennten Räumen vorgenommen werden. Diese Räume müssen gegen Zutritt Unbefugter gesichert sein.

Vorsorge für Erste-Hilfe-Leistung

§ 27f. In Räumen, in denen Arbeitsstoffe der folgenden Gefahrenklassen verwendet werden, ist zur raschen Beseitigung von Verunreinigungen der Haut oder Schleimhaut eine entsprechende Waschgelegenheit mit Kalt- und nach Möglichkeit Warmwasser bereitzustellen:

1. akute Toxizität (Gefahrenklasse 3.1) Kategorie 1 bis 3,
2. Ätz-/Reizwirkung auf die Haut (Gefahrenklasse 3.2) Kategorien 1A, 1B und 1C,
3. schwere Augenschädigung/Augenreizung (Gefahrenklasse 3.3) Kategorie 1,
4. spezifische Zielorgan-Toxizität bei einmaliger oder wiederholter Exposition (Gefahrenklasse 3.8 oder 3.9) jeweils Kategorie 1,
5. Aspirationsgefahr (Gefahrenklasse 3.10).

Werden Arbeitsstoffe der Gefahrenklasse Ätz-/Reizwirkung auf die Haut (Gefahrenklasse 3.2) Kategorien 1A, 1B und 1C oder schwere Augenschädigung/Augenreizung (Gefahrenklasse 3.3) Kategorie 1 verwendet, sind außerdem einsatzbereite, geeignete Augenduschen oder – wenn dies nicht möglich ist – Augenspülflaschen in der Nähe des Arbeitsplatzes bereitzustellen. Wenn es auf Grund der Ermittlung und Beurteilung der Gefahren erforderlich ist, sind außerdem einsatzbereite Notduschen bereitzustellen.

5. ABSCHNITT:

MESSUNGEN

Grenzwert-Vergleichsmessungen

§ 28. (1) Wenn an einem Arbeitsplatz die Exposition von Arbeitnehmer/innen gegenüber einem Arbeitsstoff, für den ein MAK-Wert oder ein TRK-Wert festgelegt ist, nicht sicher ausgeschlossen werden kann, sind Grenzwert-Vergleichsmessungen durchzuführen.

(2) Grenzwert-Vergleichsmessungen sind repräsentative Messungen der Exposition der Arbeitnehmer/innen, deren Ergebnisse Grenzwertvergleiche ermöglichen. Sie sind an repräsentativen Stellen unter repräsentativen Bedingungen durchzuführen. Wenn später Kontrollmessungen mit vereinfachten Messverfahren durchgeführt werden sollen, sind im Rahmen der Grenzwert-Vergleichsmessung dafür Messpunkte festzulegen und Referenz-Messergebnisse festzustellen.

(3) Ergibt eine Grenzwert-Vergleichsmessung eine Grenzwertüberschreitung, ist die Wirksamkeit der Maßnahmen zur Gefahrenverhütung (§ 43 ASchG) zu prüfen. Erforderlichenfalls sind diese Maßnahmen zu ergänzen oder ihre Wirksamkeit zu verbessern und ist danach eine neuerliche Grenzwert-Vergleichsmessung durchzuführen. Ergibt diese wieder eine Grenzwertüberschreitung, und sind alle Maßnahmen nach § 43 ASchG ausgeschöpft, sind keine weiteren Messungen mehr erforderlich.

(4) Wirken sich Änderungen, Erweiterungen oder Umgestaltungen auf die Konzentrationsverhältnisse erhöhend aus, sind neuerlich Grenzwert-Vergleichsmessung durchzuführen.

(5) Abweichend von Abs. 1 sind Grenzwert-Vergleichsmessungen nicht erforderlich, wenn durch eine Bewertung nach dem Stand der Technik unter Berücksichtigung von Vergleichsdaten (insbesondere Betriebsanleitungen, Angaben von Hersteller/innen oder Inverkehrbringer/innen, Berechungsverfahren sowie Messergebnisse vergleichbarer Arbeitsplätze) repräsentativ für den jeweiligen Arbeitsplatz nachgewiesen wird, dass die anzuwendenden Grenzwerte unterschritten werden.

Kontrollmessungen

§ 29. (1) Auf Grundlage der Ermittlung und Beurteilung der Gefahren sind im Sicherheits- und Gesundheitsschutzdokument angemessene Zeitabstände für Kontrollmessungen nach § 46 Abs. 6 ASchG festzulegen.

(2) Ergeben zwei aufeinanderfolgende Kontrollmessungen eine längerfristige Einhaltung der Grenzwerte an einem Arbeitsplatz, können die Zeitabstände für Kontrollmessungen verdoppelt werden. Ergibt danach eine weitere Kontrollmessung die langfristige Einhaltung der Grenzwerte, können weitere Kontrollmessungen entfallen.

(3) Kontrollmessungen sind nicht erforderlich in den Fällen des § 30.

(4) Kontrollmessungen sind mindestens einmal im Kalenderjahr, jedoch längstens im Abstand von 15 Monaten durchzuführen, wenn

1. die Ergebnisse der Grenzwert-Vergleichsmessung im Bereich des halben bis einfachen Grenzwertes als Tagesmittelwert liegen, oder
2. durch die Bewertung nach § 28 Abs. 5 nur eine Grenzwerteunterschreitung, aber nicht die konkrete Höhe der Arbeitsstoffkonzentration nachgewiesen werden kann.

(5) Kontrollmessungen können mit vereinfachten Messverfahren durchgeführt werden, mit denen repräsentativ geprüft wird, ob sich die Expositionsverhältnisse an den gemäß § 28 Abs. 2 festgelegten Messpunkten geändert haben. Kontrollmessungen können aber auch als neuerliche Grenzwert-Vergleichsmessungen durchgeführt werden.

(6) Neuerliche Grenzwert-Vergleichsmessungen sind jedenfalls durchzuführen, wenn eine Kontrollmessung um mehr als ein Drittel über dem Messergebnis der Grenzwert-Vergleichsmessung bzw. des festgestellten Referenz-Messergebnisses liegt.

Kontinuierliche und mobile Messungen sowie Überwachung

§ 30. (1) Bei Arbeitsvorgängen, bei denen plötzliche Grenzwertüberschreitungen nicht sicher ausgeschlossen werden können und kein Atemschutz verwendet wird, muss der Konzentrationswert an repräsentativen Stellen überwacht werden

1. mittels kontinuierlich messender Einrichtungen, oder
2. zumindest vor Durchführung der Tätigkeiten und während derselben mittels mobiler Messeinrichtungen, oder
3. durch andere Maßnahmen zur Konzentrationsbegrenzung, wie zB durch die Funktionsüberwachung von Absaug- oder mechanischen Lüftungsanlagen.

(2) In den Fällen des Abs. 1 sind die Arbeitnehmer/innen vor Erreichen von gesundheitsgefährdenden Konzentrationen rechtzeitig akustisch und, falls dies nicht ausreicht, auch optisch zu warnen.

(3) Überwachungen nach Abs. 1 sind jedenfalls erforderlich für das Befahren (Inspektion) von und für Arbeiten in oder an Betriebseinrichtungen, die gesundheitsgefährdende Arbeitsstoffe enthalten oder enthalten haben, oder in denen sich gesundheitsgefährdende Gase oder Dämpfe bilden oder ansammeln können oder in denen die Luft einen Sauerstoffgehalt von weniger als 17% erreichen kann.

Gemeinsame Bestimmungen

§ 31. (1) Messungen können durch vereinfachte Messverfahren, wie Messverfahren zur Feststellung des ungünstigsten Falls (worst case) oder Messungen von Stoffgemischen mittels Leitsubstanzen, ersetzt werden, wenn aus den Messergebnissen Messverpflichtungen und Maßnahmen eindeutig und repräsentativ abgeleitet werden können.

(2) Grenzwert-Vergleichsmessungen und Bewertungen nach § 28 Abs. 5 müssen von geeigneten, fachkundigen Personen durchgeführt werden. Das sind Personen, die neben jenen Qualifikationen, die für die betreffende Messung oder Bewertung erforderlich sind, auch die fachlichen Kenntnisse und Berufserfahrungen sowie die notwendigen Einrichtungen besitzen und die Gewähr für die gewissenhafte und repräsentative Durchführung nach dem Stand der Technik bieten. Kontrollmessungen mit vereinfachten Messverfahren können auch von unterwiesenen Betriebsangehörigen durchgeführt werden. Messverfahren können in Probenahme und Analyse aufgeteilt sein, wobei sich dann die Anforderungen an Personen und an die notwendigen Einrichtungen auf den jeweiligen Abschnitt des Messverfahrens beziehen.

(3) Messungen und Bewertungen sind so zu dokumentieren (§ 5 ASchG), dass Repräsentativität, Umfang und Ergebnisse der Messungen und Bewertungen eindeutig und nachvollziehbar sind.

(4) Soweit in diesem Abschnitt auf Grenzwerte Bezug genommen wird, gelten die betreffenden Bestimmungen auch für Bewertungsindices im Sinne des § 7.

Prüfungen

§ 32. (1) Absaug- oder mechanische Lüftungsanlagen zur Abführung von gesundheitsgefährdenden Arbeitsstoffen dürfen nur dann in Betrieb genommen werden, wenn vor ihrer erstmaligen Inbetriebnahme ihre Wirksamkeit bezogen auf die zu erwartende Exposition am Arbeitsplatz durch eine repräsentative Messung der Absaug- bzw. Lüftungsleistung nachgewiesen wurde.

(2) Absaug- oder mechanische Lüftungsanlagen oder Absauggeräte zur Abführung von gesundheitsgefährdenden Arbeitsstoffen sind mindestens einmal im Kalenderjahr, jedoch längstens im Abstand von 15 Monaten, auf ihren ordnungsgemäßen Zustand zu überprüfen.

(3) Werden an Anlagen gemäß Abs. 1 Änderungen, Erweiterungen oder Umgestaltungen vorgenommen, die sich auf die Absaug- oder Lüftungsleistung auswirken, ist die Prüfung zu ergänzen.

(4) Prüfungen sind so zu dokumentieren (§ 5 ASchG), dass Umfang und Ergebnisse der Prüfungen eindeutig und nachvollziehbar sind.

(5) Die Prüfungen müssen von geeigneten, fachkundigen und hiezu berechtigten Personen (zB befugte Gewerbetreibende, akkreditierte Prüf- und Überwachungsstellen, Ziviltechniker/innen, Technische Büros - Ingenieurbüros, qualifizierte Betriebsangehörige) nach den Regeln der Technik durchgeführt werden.

(6) Abs. 1 bis Abs. 5 gilt nicht für Industriestaubsauger, die nur für die Abreinigung verwendet werden.

Umsetzung von Rechtsakten der Europäischen Union

§ 33. Durch diese Verordnung wird die Richtlinie (EU) 2022/431 des Europäischen Parlaments und des Rates vom 9. März 2022 zur Änderung der Richtlinie 2004/37/EG über den Schutz der Arbeitnehmer gegen Gefährdung durch Exposition gegenüber Karzinogenen, Mutagenen oder reproduktionstoxischen Stoffen bei der Arbeit, ABl. L 88 vom 16.03.2022 S. 1, umgesetzt.

6. ABSCHNITT

ÜBERGANGS- UND SCHLUSSBESTIMMUNGEN

Übergangsbestimmungen

§ 34. (1) Bescheidmäßige Vorschreibungen über Messungen bleiben unberührt.

(2) Vor dem 1. Januar 2012 bereits genehmigte Absauganlagen, Entstauber und Arbeitsmittel mit integrierter Absaugung dürfen bis 1. Januar 2020 weiterverwendet werden, auch wenn sie die Bedingungen des § 15 Abs. 3 erster Satz iVm § 15 Abs. 2 Z 1 nicht erfüllen. Soweit es sich dabei jedoch um Reinluftanlagen (Unterdruckanlagen), Entstauber und Arbeitsmittel mit integrierter Absaugung handelt, darf die Konzentration des Holzstaubes in der rückgeführten Luft ein Zehntel des TRK-Wertes nicht überschreiten.

(3) Vor dem 1. Januar 2012 bereits genehmigte Absauganlagen dürfen bis 1. Januar 2020 weiterverwendet werden, auch wenn sie die Bedingungen des § 17 Abs. 1 Z 2, 3 und 5 nicht erfüllen.

(4) Abweichend von **Anhang I (Stoffliste)** beträgt der TRK-Wert für Chrom (VI)-Verbindungen bis zum 17. Jänner 2025

1. für alle Arbeiten als Tagesmittelwert 0,02 mg/m³ einatembare Fraktion,
2. für Schweiß- oder Plasmaschneidearbeiten oder ähnliche raucherzeugende Arbeitsverfahren als Tagesmittelwert 0,05 mg/m³ einatembare Fraktion.

(5) Der Grenzwert für Trimethylamin in der Fassung BGBl. II Nr. 156/2021 tritt mit 20. Mai 2021 in Kraft.

(6) Vor Inkrafttreten dieser Verordnung in der Fassung BGBl. II Nr. 156/2021 aufgrund des ASchG oder aufgrund des Arbeitnehmerschutzgesetzes, BGBl. Nr. 234/1972, erlassene Bescheide über dieselbetriebene Flurförderfahrzeuge in geschlossenen Räumen gelten bis zum 20. Februar 2023, im Untertage- und Tunnelbau bis 20. Februar 2026, unberührt weiter.

Schlussbestimmungen

§ 35. (1) Gemäß § 125 Abs. 8 ASchG wird festgestellt, dass mit In-Kraft-Treten dieser Verordnung außer Kraft treten:

1. die in § 110 Abs. 5 ASchG genannte Verlautbarung von Grenzwerten,
2. der gemäß § 110 Abs. 8 ASchG als Bundesgesetz geltende letzte Satz des § 16 Abs. 5 der Allgemeinen Arbeitnehmerschutzverordnung, BGBl. Nr. 218/1983, idF 450/1994.

(2) Gemäß § 114 Abs. 3 ASchG wird festgestellt, dass § 71 Abs. 2 ASchG hinsichtlich der Verwendung eindeutig krebserzeugender Arbeitsstoffe gleichzeitig mit dieser Verordnung in Kraft tritt.

(3) Diese Verordnung tritt mit dem dritten auf ihre Kundmachung folgenden Monatsersten in Kraft.

(4) Der Titel der Verordnung sowie die Anhänge I/2003, II/2003 und III/2003 in der Fassung BGBl. II Nr. 184/2003 treten mit dem sechsten auf ihre Kundmachung folgenden Monatsersten in Kraft.

(5) Die Bezeichnungen der §§ 19 und 20 im Inhaltsverzeichnis, § 5 Abs. 2 erster Satz und Abs. 3 Z 1 und 2, § 6 Abs. 2, Abs. 3 erster Satz, Abs. 3 Z 1 und Abs. 6, die Überschrift zu § 19, § 19 Abs. 1, § 20 samt Überschrift, Anhang I/2003 (Stoffliste), Anhang II/2003 (TRK-Liste), Anhang III/2003 (Liste krebserzeugender Arbeitsstoffe) in der Fassung BGBl. II Nr. 119/2004 sowie Anhang V/2003 (Hartholz-Liste) treten mit dem ersten auf die Kundmachung dieser Verordnung folgenden Monatsersten in Kraft.

(6) Gemäß § 95 Abs. 1 ASchG wird festgestellt, dass die Behörde von den Bestimmungen des 4. Abschnitts

dieser Verordnung keine Ausnahmen zulassen darf.

(7) Gemäß § 110 Abs. 6 ASchG wird festgestellt, dass § 46 Abs. 1, 3, 4, 6 und 7 ASchG, und gemäß § 118 Abs. 2 ASchG wird festgestellt, dass § 97 Abs. 7 ASchG mit dem in Abs. 10 genannten Zeitpunkt in Kraft treten.

(8) Gemäß § 125 Abs. 8 ASchG wird festgestellt, dass die §§ 16 Abs. 8, 52 Abs. 3, 55 Abs. 6 und 59 Abs. 13 der gemäß § 110 Abs. 8 ASchG als Bundesgesetz geltenden Bestimmungen der Allgemeinen Arbeitnehmerschutzverordnung (AAV) mit dem in Abs. 10 genannten Zeitpunkt außer Kraft treten.

(9) Gemäß § 125 Abs. 8 ASchG wird festgestellt, dass die gemäß § 123 Abs. 4 ASchG als Bundesgesetz geltende Verordnung über Beschränkungen des Inverkehrsetzens und des Herstellens, des Verwendens sowie über die Kennzeichnung asbesthaltiger Stoffe, Zubereitungen und Fertigwaren (Asbestverordnung), BGBl. Nr. 324/1990, außer Kraft getreten ist.

(10) Der Titel der Verordnung „Grenzwerteverordnung 2006 – GKV 2006“, das Inhaltsverzeichnis zum 4. bis 6. Abschnitt, § 9 Abs. 6 Z 2, § 14 Abs. 2, der 4. und 5. Abschnitt, §§ 33 und 34 Abs. 6, in Anhang I/2003 (MAK-Liste) der Eintrag für Nickel, in Anhang II/2003 (TRK-Liste) die Einträge für Asbest und Nickelverbindungen, in der Fassung BGBl. II Nr. 242/2006, treten mit 1. Juli 2006 in Kraft.

(11) Der Titel der Verordnung „Grenzwerteverordnung 2007 – GKV 2007, das Inhaltsverzeichnis zu § 9, § 2 Abs. 1, § 3 Abs. 1, § 4 Abs. 1 Z 3 lit. b, § 4 Abs. 3, § 5 Abs. 2 und 3, § 8 Abs. 2 und 3, die Überschrift zu § 9, § 9 Abs. 1 und 3, § 9 Abs. 4, § 9 Abs. 4 Z 1, § 9 Abs. 5 bis 8, § 16 Abs. 1, § 33 Abs. 4, Anhang I/2007 (Stoffliste), in der Fassung BGBl. II Nr. 243/2007 treten mit 1. Oktober 2007 in Kraft.

(12) Mit 1. Januar 2015 tritt § 16 Abs. 3 Z 9 außer Kraft.

(13) § 5 Abs. 1 in der Fassung BGBl. II Nr. 186/2015 tritt mit dem seiner Kundmachung folgenden Tag in Kraft.

(14) Mit dem ihrer Kundmachung folgenden Tag treten in Kraft: § 10 Abs. 1 Z 2, § 10a Abs. 1 Z 2, § 15 Abs. 4, weiters der Eintrag zu Formaldehyd in Anhang I/2011 sowie der Eintrag Formaldehyd im Abschnitt „A2 Stoffe“ des Anhangs III/2011, jeweils in der Fassung BGBl. II Nr. 288/2017. Gleichzeitig tritt der Eintrag Formaldehyd im Abschnitt „B-Stoffe“ des Anhangs III/2011, außer Kraft.

(15) Die Verordnung der Bundesministerin für Arbeit, Soziales, Gesundheit und Konsumentenschutz, mit der die Grenzwerteverordnung 2011 (GKV 2011) und die Verordnung über die Gesundheitsüberwachung am Arbeitsplatz 2017 (VGÜ 2017) geändert werden, BGBl. II Nr. 238/2018, ist nicht in Kraft getreten.

(16)

Der Titel der Verordnung, das Inhaltsverzeichnis, § 8 Abs. 4, § 15 Abs. 4, § 16 Abs. 2 Z 3, § 33 Abs. 5, die Anhänge I, III, V, VI, in der Fassung der Verordnung BGBl. II Nr. 382/2020, treten mit dem der Kundmachung folgenden Tag in Kraft. Mit Ablauf des 17. Jänner 2023 tritt § 16 Abs. 2 Z 3 letzter Satz außer Kraft.

(17) Der Titel der Verordnung, das Inhaltsverzeichnis, § 33 Abs. 6 bis 9, Anhang I/2021 (Stoffliste), in Anhang III Abschnitt C die Ziffern 7 und 14 bis 15 sowie die Titel zu den Anhängen III, V und VI in der Fassung der Verordnung BGBl. II Nr. 156/2021 treten mit dem der Kundmachung folgenden Tag in Kraft.

(18) Gemäß § 125 Abs. 7 ASchG wird festgestellt, dass § 6 Abs. 4 und § 14 Abs. 2 der gemäß § 106 Abs. 3 Z 1 ASchG als Bundesgesetz geltenden Bestimmung der Allgemeinen Arbeitnehmerschutzverordnung (AAV) mit Inkrafttreten dieser Verordnung, BGBl. II Nr. 330/2024, außer Kraft treten.

(19) Gemäß § 125 Abs. 7 ASchG wird festgestellt, dass mit Inkrafttreten dieser Verordnung, BGBl. II Nr. 330/2024, folgende gemäß § 110 Abs. 8 ASchG als Bundesgesetz geltende Bestimmungen der Allgemeinen Arbeitnehmerschutzverordnung (AAV) außer Kraft treten: § 16 Abs. 4 bis 7 und Abs. 9 bis 11, § 52 Abs. 4 bis 7, § 54 Abs. 6, § 55 Abs. 2 bis 5 und Abs.7 bis 10 und § 65.

(20) Gemäß § 125 Abs. 7 ASchG wird festgestellt, dass § 81 Abs. 8 der gemäß § 107 Abs. 1 ASchG als Bundesgesetz geltenden Bestimmung der Allgemeinen Arbeitnehmerschutzverordnung (AAV) mit Inkrafttreten dieser Verordnung, BGBl. II Nr. 330/2024, außer Kraft tritt.

(21) Gemäß § 125 Abs. 7 ASchG wird festgestellt, dass § 83 Abs. 2 und § 86 Abs. 6 der gemäß § 108 Abs. 2 ASchG als Bundesgesetz geltenden Bestimmungen der Allgemeinen Arbeitnehmerschutzverordnung (AAV) mit Inkrafttreten dieser Verordnung, BGBl. II Nr. 330/2024, außer Kraft treten.

(22) Der Titel, das Inhaltsverzeichnis, § 8 Abs. 4, § 11a samt Überschrift, die Überschrift zu § 13, § 14 Abs. 1, § 14a samt Überschrift, der 4a. Abschnitt, §§ 33, 34 und 35, Anhang I/2024, Anhang III/2024 und Anhang VI/2024, die Bezeichnung des Anhangs V, in der Fassung der Verordnung BGBl. II Nr. 330/2024 treten mit dem der Kundmachung folgenden Tag in Kraft.

Verordnung explosionsfähige Atmosphären

Verordnung des Bundesministers für Wirtschaft und Arbeit über den Schutz der Arbeitnehmer/innen vor explosionsfähigen Atmosphären und mit der die Bauarbeiterschutzverordnung und die Arbeitsmittel-Verordnung geändert werden (Verordnung explosionsfähige Atmosphären – VEXAT), BGBl. II Nr. 309/2004 idF BGBl. II Nr. 140/2005 (Art. 2), BGBl. Nr. 33/2012 (Art. III) und BGBl. II Nr. 186/2015 (Art. IV).

Auf Grund der § 3 Abs. 7, §§ 4, 5, 8, 12, 14, 17, § 20 Abs. 3, § 21 Abs. 1, 3 und 4, § 25 Abs. 6, 8 und 9, § 33 Abs. 3 und 5, § 34 Abs. 3 und 4, §§ 35 und 37, § 40 Abs. 1 und 2, § 41, § 42 Abs. 3, § 43, § 44 Abs. 3, § 46 Abs. 2, 3, 5 und 8, § 48 Abs. 1 Z 4, § 60 Abs. 1, § 61 Abs. 1, §§ 70, 71 und 72 Abs. 1 Z 6 sowie § 95 Abs. 2 des Bundesgesetzes über Sicherheit und Gesundheitsschutz bei der Arbeit (ArbeitnehmerInnenschutzgesetz- ASchG), BGBl. Nr. 450/1994, zuletzt geändert durch BGBl. I Nr. 159/2001, wird verordnet:

INHALTSVERZEICHNIS

1. ABSCHNITT

ALLGEMEINE BESTIMMUNGEN

Anwendungsbereich

§ 1. (1) Diese Verordnung gilt für Arbeitsstätten, Baustellen und auswärtige Arbeitsstellen im Sinne des ASchG.

(2) Diese Verordnung gilt nicht für

1. das Verwenden von explosionsgefährlichen Arbeitsstoffen (das sind Arbeitsstoffe, die, ohne gasförmig zu sein, auch ohne Beteiligung von Luftsauerstoff exotherm und unter schneller Entwicklung von Gasen reagieren können und, wenn sie unter festgelegten Prüfbedingungen detonieren, schnell deflagrieren oder beim Erhitzen unter teilweisem Einschluss explodieren), oder chemisch instabilen Stoffen;
2. untertägige grubengasführende Bergbaue sowie untertägige Bergbaue mit entzündlichen Stäuben (Kohlenbergbaue);
3. die Verwendung von Gasverbrauchseinrichtungen gemäß der Gasgeräte-Sicherheitsverordnung, GSV BGBl. Nr. 430/1994, in der jeweils geltenden Fassung;
4. die Beförderung gefährlicher Güter nach dem Gefahrgutbeförderungsgesetz - GGBG, BGBl. I Nr. 145/1998, in der jeweils geltenden Fassung.

(3) Wenn explosionsfähige Atmosphären außerhalb von atmosphärischen Bedingungen (das ist bei Gesamtdrücken von weniger als 0,8 bar oder mehr als 1,1 bar oder bei Gemischtemperaturen von weniger als –20°C oder mehr als +60 °C) auftreten können, ist § 3 Abs. 2 dieser Verordnung nicht anzuwenden.

(4) Durch diese Verordnung werden nicht berührt:

1. die Verordnung über brennbare Flüssigkeiten - VbF, BGBl. Nr. 240/1991, in der jeweils geltenden Fassung,
2. die Flüssiggas-Verordnung 2002 - FGV, BGBl. II Nr. 446/2002, in der jeweils geltenden Fassung,
3. die Druckgaspackungslagerungsverordnung 2002 - DGPLV 2002, BGBl. II Nr. 489/2002, in der jeweils geltenden Fassung, und
4. die Verordnung über Ausstattung und Betriebsweise von gewerblichen Betriebsanlagen zum Betrieb von Flüssiggas-Tankstellen, BGBl. Nr. 558/1978, in der jeweils geltenden Fassung.

Begriffsbestimmungen

§ 2. (1) Im Sinne dieser Verordnung bedeuten die Begriffe:

1. Brennbare Arbeitsstoffe: Hochentzündliche, leicht entzündliche und entzündliche Arbeitsstoffe im Sinne des § 40 Abs. 3 und 3a ASchG sowie sonstige oxidierbare Arbeitsstoffe;
2. Normalbetrieb: Zustand, bei dem Arbeitsmittel, elektrische Anlagen oder persönliche Schutzausrüstung innerhalb ihrer Auslegungsparameter benutzt werden, einschließlich dem Ingang- und Stillsetzen;
3. Vorhersehbare Störung: Zustand, bei dem Arbeitsmittel, elektrische Anlagen oder persönliche Schutzausrüstung vorhersehbar die bestimmungsgemäße Funktion nicht erbringen;
4. Heißarbeiten: Arbeiten mit offenen Flammen oder Arbeiten, bei denen Funkenbildung oder ein Erhitzen von Teilen auf eine Temperatur von mehr als 80 % der Zündtemperatur eines brennbaren Arbeitsstoffes der explosionsfähigen Atmosphäre eintreten kann;

5. Medizinisch genutzte Räume: Bereiche, die bestimmungsgemäß für medizinische Untersuchungen oder Behandlungen genutzt werden.

(2) Arbeitsmittel (§ 2 Abs. 5 ASchG) im Sinne dieser Verordnung sind insbesondere solche, die eigene potentielle Zündquellen aufweisen (z. B. Geräte und Schutzsysteme im Sinne der Explosionsschutzverordnung 1996 – ExSV 1996, BGBl. Nr. 252/1996, in der geltenden Fassung, elektrische Betriebsmittel, medizinische elektrische Geräte) oder die in Verbindung mit Arbeitsvorgängen potentielle Zündquellen darstellen können (wie elektrostatische Entladungen oder mechanisch erzeugte Funken).

Explosionsfähige Atmosphären und explosionsgefährdete Bereiche

§ 3. (1) Explosionsfähige Atmosphäre ist ein Gemisch aus Luft oder anderer oxidativer Atmosphäre und brennbaren Gasen, Dämpfen, Nebeln oder Stäuben, in dem sich der Verbrennungsvorgang nach erfolgter Entzündung auf das gesamte unverbrannte Gemisch überträgt.

(2) Bei Verwendung von brennbaren Flüssigkeiten ist das Auftreten explosionsfähiger Atmosphären, sofern nicht der Stand der Technik eine höhere Sicherheit erfordert, jedenfalls dann anzunehmen, wenn die maximal erreichbare Flüssigkeitstemperatur, Verarbeitungstemperatur oder Umgebungstemperatur

1. nicht mindestens 5°C unter der Temperatur des Flammpunktes liegt, oder
2. bei einem Gemisch, für das kein Flammpunkt bestimmt ist, nicht mindestens 15°C unter der Temperatur des niedrigsten Flammpunktes liegt.
3. *entfällt (gemäß ESV 2012).*

(3) Explosionsgefährdete Bereiche sind alle Bereiche, in denen explosionsfähige Atmosphären in gefahrdrohenden Mengen auftreten können, sodass besondere Schutzmaßnahmen für die Aufrechterhaltung des Schutzes von Sicherheit und Gesundheit der betroffenen Arbeitnehmer/innen erforderlich werden. Ein Bereich, in dem explosionsfähige Atmosphären nicht in solchen Mengen zu erwarten sind, dass besondere Schutzmaßnahmen erforderlich werden, gilt als nicht explosionsgefährdeter Bereich.

(4) Ein explosionsgefährdeter Bereich liegt jedenfalls dann vor, wenn 50% der unteren Explosionsgrenze (UEG) erreicht werden können, sofern nicht diese Verordnung oder der Stand der Technik eine höhere Sicherheit erfordert.

(5) Werden Arbeitsvorgänge oberhalb der oberen Explosionsgrenze (OEG) durchgeführt, liegt ein explosionsgefährdeter Bereich dann vor, wenn die OEG unterschritten werden kann. Dabei sind insbesondere auch Ingangsetzen, Stillsetzen und vorhersehbare Störungen zu berücksichtigen.

Ermittlung und Beurteilung der Explosionsgefahren

§ 4. (1) Arbeitgeber/innen müssen die Wahrscheinlichkeit und die Dauer des Auftretens von explosionsfähigen Atmosphären und explosionsgefährdeten Bereichen sowie die charakteristischen Eigenschaften und Kenndaten der Arbeitsstoffe, die explosionsfähige Atmosphären bilden können, ermitteln und beurteilen.

(2) Arbeitgeber/innen müssen die spezifischen Gefahren, die von explosionsfähigen Atmosphären ausgehen können, und die spezifischen Gefahren von explosionsgefährdeten Bereichen in ihrer Gesamtheit ermitteln und beurteilen und dabei insbesondere berücksichtigen:

1. die Wahrscheinlichkeit des Vorhandenseins, der Aktivierung und des Wirksamwerdens von Zündquellen, einschließlich elektrostatischer Entladungen;
2. das Ausmaß der zu erwartenden Auswirkungen und ob Arbeitnehmer/innen betroffen sein können;
3. die Arbeitsmittel sowie deren Sicherheits-, Kontroll- und Regelvorrichtungen, die elektrischen Anlagen (Installationen), die baulichen und örtlichen Gegebenheiten, die angewendeten Arbeitsvorgänge und ihre möglichen Wechselwirkungen, die Arbeitskleidung und persönliche Schutzausrüstung;
4. die möglichen Explosionsgefahren, insbesondere bei
   a. Normalbetrieb,
   b. vorhersehbaren Störungen, Instandhaltung, Reinigung, Prüfung und Störungsbehebung,
   c. Arbeiten nach § 6 Abs. 3.

(3) Bereiche, die über Öffnungen mit Bereichen verbunden sind oder verbunden werden können, in denen explosionsfähige Atmosphären auftreten können, müssen bei der Ermittlung und Beurteilung der Explosionsgefahren ebenfalls berücksichtigt werden.

(4) Enthält eine explosionsfähige Atmosphäre mehrere Arten von brennbaren Gasen, Dämpfen, Nebeln oder Stäuben, so muss die Beurteilung der Schutzmaßnahmen auf das größtmögliche Gefährdungspotential ausgelegt sein.

Explosionsschutzdokument

§ 5. (1) Arbeitgeber/innen müssen auf Grundlage der Ermittlung und Beurteilung ein Explosionsschutzdokument erstellen und auf dem letzten Stand halten.

(2) Das Explosionsschutzdokument muss jedenfalls Angaben enthalten über:

1. die festgestellten Explosionsgefahren, insbesondere bei
   a. Normalbetrieb
   b. vorhersehbaren Störungen, Instandhaltung, Reinigung, Prüfung und Störungsbehebung,
   c. Arbeiten nach § 6 Abs. 3;
2. die zur Gefahrenvermeidung durchzuführenden primären, sekundären und konstruktiven Explosionsschutzmaßnahmen, einschließlich Maßnahmen und Vorkehrungen für vorhersehbare Störungen, Instandhaltung, Reinigung, Prüfung und Störungsbehebung;
3. die örtliche Festlegung der explosionsgefährdeten Bereiche und deren Einstufung in Zonen;
4. die Eignung der in den jeweiligen explosionsgefährdeten Bereichen verwendeten Arbeitsmittel, elektrischen Anlagen, Arbeitskleidung und persönlichen Schutzausrüstung sowie über Sicherheits- Kontroll- und Regelvorrichtungen außerhalb von explosionsgefährdeten Bereichen, die für den sicheren Betrieb in explosionsgefährdeten Bereichen erforderlich sind oder dazu beitragen;
5. Umfang und Ergebnisse von Prüfungen und Messungen in Zusammenhang mit explosionsgefährdeten Bereichen;
6. die im Fall von Warn- oder Alarmbedingungen zur Explosionsvermeidung erforderlichen technischen und organisatorischen Vorkehrungen und durchzuführenden Maßnahmen;
7. Arbeiten nach § 6 Abs. 3;
8. Angaben über Ziel, Maßnahmen und Modalitäten der Koordination, wenn in der Arbeitsstätte auch betriebsfremde Arbeitnehmer/innen beschäftigt werden.

(3) Das Explosionsschutzdokument ist vor Aufnahme der Arbeit zu erstellen. Es ist zu überarbeiten, wenn we-

sentliche Änderungen, die Auswirkungen auf den Schutz vor explosionsfähigen Atmosphären haben, vorgenommen werden. Dies gilt insbesondere für Änderungen der Arbeitsvorgänge, der Art der verwendeten Arbeitsstoffe, der Arbeitsstätte einschließlich der elektrischen Anlage, der Arbeitsmittel, der Arbeitskleidung, der persönlichen Schutzausrüstung oder der Sicherheits-, Kontroll- oder Regelvorrichtungen, die für den sicheren Betrieb in explosionsgefährdeten Bereichen erforderlich sind oder dazu beitragen.

Information, Unterweisung, Arbeitsfreigabe

§ 6. (1) Arbeitnehmer/innen in explosionsgefährdeten Bereichen sind im Sinne des § 12 ASchG zumindest über Folgendes zu informieren:

1. wie Explosionsgefahr entsteht und in welchen Bereichen sie vorhanden ist,
2. über die Art der am Arbeitsplatz möglichen Explosionsgefahren, die getroffenen Schutzmaßnahmen, deren Wirkung und Auswirkungen,
3. das Verhalten bei Warnung oder Alarm.

(2) Arbeitnehmer/innen in explosionsgefährdeten Bereichen sind im Sinne des § 14 ASchG zumindest jährlich zu unterweisen:

1. im richtigen Verhalten gegenüber Explosionsgefahren bei vorhersehbaren Störungen;
2. im richtigen Umgang mit den vorhandenen Arbeitsmitteln;
3. darin, welche ortsveränderlichen Arbeitsmittel eingesetzt und welche nicht eingesetzt werden dürfen und welche sonstigen ortsveränderlichen Gegenstände eine Explosionsgefahr bewirken oder erhöhen können;
4. in der sicheren Durchführung von Arbeiten, unter besonderer Berücksichtigung von Instandhaltung, Reinigung, Prüfung und Störungsbehebung;
5. darüber, welche Arbeitskleidung (einschließlich Arbeitsschuhe) oder persönliche Schutzausrüstung erforderlich ist und welche nicht verwendet werden darf.

(3) Für folgende Arbeiten sind schriftliche Anweisungen (§ 14 Abs. 5 ASchG) zu erstellen:

1. Befahren (Inspektion) und Arbeiten (wie Instandhaltung, Reinigung, Prüfung und Störungsbehebung) in oder an Betriebseinrichtungen (wie Behältern, Silos, Rohrleitungen, Schächten oder Gruben), die brennbare Arbeitsstoffe enthalten, enthalten haben oder in denen sich explosionsfähige Atmosphären ansammeln können,
2. Arbeiten, für deren Dauer eine temporäre Zoneneinstufung oder -umstufung erfolgen muss (§ 12 Abs. 2 oder 3).

(4) Für die in Abs. 3 genannten Arbeiten ist im Rahmen der Ermittlung und Beurteilung der Explosionsgefahren ein Arbeitsfreigabesystem samt den notwendigen Schutz- und Rettungsmaßnahmen festzulegen und eine geeignete fachkundige Person zu benennen, die die erforderlichen fachlichen Kenntnisse und Berufserfahrungen besitzt und mit den möglichen Gefahren und den erforderlichen Schutz- und Rettungsmaßnahmen vertraut ist.

(5) Es ist dafür zu sorgen, dass die in Abs. 3 genannten Arbeiten erst durchgeführt werden, nachdem die nach Abs. 4 benannte Person sich überzeugt hat, dass die laut Arbeitsfreigabesystem festgelegten Schutz- und Rettungsmaßnahmen durchgeführt sind und die Arbeitsfreigabe erteilt hat.

(6) Es ist dafür zu sorgen, dass während der Durchführung von in Abs. 3 Z 1 genannten Arbeiten in Betriebseinrichtungen ständig eine Person außerhalb der Betriebseinrichtung anwesend ist, die die Einhaltung der Schutzmaßnahmen überwacht und erforderlichenfalls Rettungsmaßnahmen setzen kann.

(7) Wenn es auf Grund der Ermittlung und Beurteilung der Explosionsgefahren erforderlich ist, ist im Explosionsschutzdokument festzulegen, für welche anderen als die in Abs. 3 genannten Arbeiten schriftliche Anweisungen zu erstellen sind und ein Arbeitsfreigabesystem festzulegen ist.

Prüfungen

§ 7. (1) Vor der erstmaligen Inbetriebnahme müssen überprüft werden:

1. elektrische Anlagen in explosionsgefährdeten Bereichen auf ihre Explosionssicherheit;
2. mechanische Lüftungs- oder Absauganlagen in explosionsgefährdeten Bereichen auf ihre Explosionssicherheit sowie durch Messung der Lüftungs- bzw. Absaugleistung auf ihre Wirksamkeit;
3. die Umsetzung des Zonenplans (ob die explosionsgefährdeten Bereiche gemäß Zonenplan realisiert und korrekt gekennzeichnet sind oder durch sonstige technische oder organisatorische Maßnahmen vermieden oder ausreichend begrenzt sind);
4. die Umsetzung der primären, sekundären und konstruktiven Explosionsschutzmaßnahmen einschließlich Maßnahmen und Vorkehrungen für vorhersehbare Störungen gemäß Explosionsschutzdokument;
5. Räume, in denen sich explosionsgefährdete Bereiche befinden, auf ihre bauliche Ausführung (§ 13);
6. Geräte, Schutzsysteme und medizinische elektrische Geräte daraufhin, ob sie für die Zonen, in denen sie verwendet werden sollen, auf Grund ihrer Klassifikation (§ 15 Abs. 3 und 4) geeignet sind;
7. sonstige Arbeitsmittel daraufhin, ob sie bestimmungsgemäß für die Verwendung in den entsprechenden explosionsgefährdeten Bereichen geeignet sind (§ 15 Abs. 2);
8. Sicherheits-, Kontroll- und Regeleinrichtungen, die sich außerhalb der explosionsgefährdeten Bereiche befinden, daraufhin, ob sie das ordnungsgemäße Funktionieren der Arbeitsmittel gewährleisten;
9. diverse Verbindungseinrichtungen daraufhin, ob sie eine Explosionsgefahr darstellen können, wobei auch die Gefahr des Vertauschens zu berücksichtigen ist;
10. Arbeitskleidung (einschließlich der Arbeitsschuhe) und persönliche Schutzausrüstung daraufhin, ob sie bestimmungsgemäß für die Verwendung in den entsprechenden explosionsgefährdeten Bereichen geeignet sind (§ 15 Abs. 2).

(2) Elektrische Anlagen und elektrische Betriebsmittel dürfen in explosionsgefährdeten Bereichen nur verwendet werden, wenn sie in Zeitabständen von längstens drei Jahren wiederkehrenden Prüfungen auf ihren ordnungsgemäßen Zustand hinsichtlich der Explosionssicherheit unterzogen werden.

(2a) Abweichend von Abs. 2 betragen die Zeitabstände

1. längstens sechs Monate bei Untertagebauarbeiten und im Untertagebergbau,
2. längstens ein Jahr auf Baustellen und im Tagbau,
3. längstens ein Jahr im Fall einer außergewöhnlichen Beanspruchung z.B. durch
   a) Feuchtigkeit oder Nässe oder wenn Kondenswasser oder Spritzwasser nicht ausgeschlossen werden kann,
   b) Umgebungstemperaturen von weniger als 20°C oder mehr als 40°C,
   c) Einwirkung von Säuren, Laugen, Lösemitteln oder deren Dämpfen, die Korrosion bewirken können,

d) direkte Einwirkungen von Witterungseinflüssen, soweit sie nicht schon durch lit. a oder b erfasst sind,
e) Einwirkung von Staub, der durch die Arbeitsvorgänge entsteht.

(3) Mechanische Lüftungs- und Absauganlagen zur Abführung von explosionsfähigen Atmosphären sind mindestens einmal im Kalenderjahr, jedoch längstens im Abstand von 15 Monaten, auf ihren ordnungsgemäßen Zustand zu prüfen.

(4) Werden Änderungen, Erweiterungen oder Umgestaltungen vorgenommen, die sich auf die Explosionssicherheit auswirken, sind die Prüfungen zu ergänzen.

(5) Die Prüfungen müssen von geeigneten, fachkundigen Personen durchgeführt werden. Das sind Personen, die neben jenen Qualifikationen, die für die betreffende Prüfung jeweils erforderlich sind, auch die fachlichen Kenntnisse und Berufserfahrungen auf dem Gebiet des Explosionsschutzes besitzen und auch die Gewähr für eine gewissenhafte Durchführung der ihnen übertragenen Arbeiten bieten. Als fachkundige Personen können auch Betriebsangehörige eingesetzt werden.

Messungen

§ 8. (1) Wenn die Entstehung explosionsgefährdeter Bereiche nicht sicher ausgeschlossen werden kann, ist durch repräsentative Messungen der Konzentration von explosionsfähigen Atmosphären die Wirksamkeit der Maßnahmen des primären Explosionsschutzes nachzuweisen.

(2) Messungen nach Abs. 1 sind nicht erforderlich, wenn

1. durch Herstellerangaben oder durch Berechnung nach dem Stand der Technik die Unterschreitung der unteren Explosionsgrenze (UEG) mit genügend großer Sicherheit (das sind für gas- und dampfförmige explosionsfähige Atmosphären 10% UEG und für andere Verhältnisse eine vergleichbare Sicherheit) nachgewiesen wird oder
2. eine Einstufung in Zonen erfolgt und dafür Messungen nicht erforderlich sind.

(3) Ergibt die Messung nach Abs. 1 eine Konzentration von gas- oder dampfförmigen explosionsfähigen Atmosphären von mehr als 25% UEG und für andere eine vergleichbare Sicherheit, sind zumindest im Kalenderjahr, jedoch längstens im Abstand von 15 Monaten, wiederkehrende Kontrollmessungen durchzuführen. Solche Kontrollmessungen sind nicht erforderlich:

1. in Bereichen, in denen eine Überwachung durch kontinuierlich messende Einrichtungen oder durch mobile Messeinrichtungen gewährleistet ist oder
2. wenn Maßnahmen zur Konzentrationsbegrenzung, wie Inertisierung, Absaug- oder mechanische Lüftungsanlagen, durch eine technische Maßnahme in ihrer Wirksamkeit überwacht werden.

(4) Werden Änderungen, Erweiterungen oder Umgestaltungen vorgenommen, die sich auf die Konzentrationsverhältnisse auswirken, sind die Messungen zu ergänzen.

(5) Die Messungen müssen von Personen nach § 46 Abs. 3 ASchG und erforderlichenfalls mit Messgeräten mit geeignetem Explosionsschutz durchgeführt werden.

Gefahrenanalyse

§ 9. (1) Folgende Arbeitsmittel, Arbeitskleidung und persönliche Schutzausrüstung sind durch Gefahrenanalyse darauf hin zu prüfen, ob sie für die explosionsgefährdeten Bereiche, in denen sie verwendet werden sollen, geeignet sind:

1. Geräte, Schutzsysteme und medizinische elektrische Geräte, die nicht für die Verwendung in explosionsgefährdeten Bereichen klassifiziert sind (§ 15 Abs. 3 und 4) oder für die nach § 15 Abs. 7 keine eindeutige Eignung für die vorliegende Zone festgestellt werden konnte;
2. sonstige Arbeitsmittel, Arbeitskleidung und persönliche Schutzausrüstung, für die in den Herstellerangaben keine oder keine eindeutige Angabe zur bestimmungsgemäßen Verwendung im vorliegenden explosionsgefährdeten Bereich festgelegt ist;
3. die Kombination von Arbeitsmitteln mit anderen Arbeitsmitteln oder Verbindungseinrichtungen, soweit die bestimmungsgemäße Verwendung der Kombination nicht durch Herstellerangaben eindeutig festgelegt ist,
4. Teile von Arbeitsmitteln oder deren Sicherheits-, Kontroll- und Regelvorrichtungen, die für den Explosionsschutz maßgeblich sind, wenn sie bei Instandhaltung oder Störungsbehebung wesentlich geändert wurden oder Teile durch andere als identische oder gleichwertige Ersatzteile ersetzt wurden.

(2) Ergibt die Gefahrenanalyse nicht eindeutig, dass die Arbeitsmittel, Arbeitskleidung oder persönliche Schutzausrüstung für einen bestimmten explosionsgefährdeten Bereich geeignet sind, dürfen sie in der jeweiligen Zone nicht verwendet werden.

(3) Die Gefahrenanalyse gilt als erbracht:

1. durch Nachweis der bestimmungsgemäßen Verwendung gemäß den In-Verkehr-Bringervorschriften, z. B. für Geräte und Schutzsysteme im Sinne der ExSV 1996;
2. durch schriftliche Bestätigung der Hersteller/innen oder In-Verkehr-Bringer/innen, dass Gegenstände im Sinne des Abs. 1 Z 2 bis 4 für den Einsatz im vorliegenden explosionsgefährdeten Bereich unter Berücksichtigung der verwendeten Arbeitsstoffe geeignet sind;
3. durch Nachweis einer der folgenden Stellen:
   a. Ziviltechniker/innen, deren Fachgebiet auch den Explosionsschutz umfasst,
   b. zugelassene Prüfstellen gemäß § 71 Abs. 5 der Gewerbeordnung 1994, im Rahmen ihrer Zuständigkeit,
   c. akkreditierte Prüf- und Überwachungsstellen nach dem Akkreditierungsgesetz - AkkG, BGBl. Nr. 468/1992, in der geltenden Fassung, im Rahmen ihrer Befugnisse oder
   d. Technische Büros – Ingenieurbüros im Rahmen ihrer Zuständigkeit.

2. ABSCHNITT

EXPLOSIONSSCHUTZ-MASSNAHMEN

Grundsätze des Explosionsschutzes

§ 10. (1) Wenn die Bildung von explosionsfähigen Atmosphären nicht auszuschließen ist, haben Arbeitgeber/innen die der Art des Betriebes entsprechenden technischen oder organisatorischen Maßnahmen zum Schutz gegen Explosionen in folgender Rangordnung zu treffen:

1. Die Bildung von explosionsfähigen Atmosphären oder zumindest von explosionsgefährdeten Bereichen ist zu verhindern (primärer Explosionsschutz).
2. Falls dies auf Grund der Art der Arbeitsvorgänge nicht möglich ist, sind wirksame Zündquellen in explosionsgefährdeten Bereichen zu vermeiden (sekundärer Explosionsschutz).

3. Falls dies nicht organisatorisch und technisch sicher möglich ist, sind Maßnahmen zu treffen, die die schädlichen Auswirkungen einer möglichen Explosion so begrenzen, dass die Gesundheit und Sicherheit der Arbeitnehmer/innen gewährleistet wird (konstruktiver Explosionsschutz).

(2) Zum Schutz der Gesundheit und zur Gewährleistung der Sicherheit der Arbeitnehmer/innen müssen Arbeitgeber/innen in Anwendung der Grundsätze nach Abs. 1 und auf Grundlage der Ermittlung und Beurteilung der Explosionsgefahren die erforderlichen technischen und organisatorischen Maßnahmen treffen, damit explosionsgefährdete Bereiche so gestaltet sind, dass die Arbeit gefahrlos ausgeführt werden kann.

(3) Maßnahmen nach Abs. 1 sind erforderlichenfalls regelmäßig zu überprüfen, jedenfalls aber dann, wenn sich wesentliche Änderungen ergeben.

Primärer Explosionsschutz: Verhindern der Entstehung von explosionsgefährdeten Bereichen

§ 11. (1) Arbeitgeber/innen haben dafür zu sorgen, dass die Vorbereitung, Gestaltung und Durchführung von Arbeitsvorgängen so erfolgt, dass die Entstehung von explosionsgefährdeten Bereichen möglichst vermieden wird und insbesondere die Maßnahmen nach den folgenden Absätzen getroffen werden.

(2) Soweit brandgefährliche Arbeitsstoffe (§ 40 Abs. 3 und 3a ASchG) nicht ersetzt werden können, ist ihre Menge am Arbeitsplatz auf das für den Fortgang der Arbeit unbedingt erforderliche Ausmaß, höchstens jedoch auf den Tagesbedarf, zu beschränken. Verschüttete brandgefährliche Arbeitsstoffe müssen unverzüglich unter Beachtung der nötigen Vorsichtsmaßnahmen beseitigt werden. Abfälle und Rückstände müssen gefahrlos entfernt und entsorgt werden.

(3) Die Freisetzung von brennbaren Gasen, Dämpfen, Nebeln, Stäuben oder explosionsfähigen Atmosphären bei Arbeitsvorgängen oder aus Betriebseinrichtungen ist, wenn möglich, zu vermeiden durch die Verwendung von

1. geschlossenen Betriebseinrichtungen oder
2. Systemen mit so geringen Leckagen, dass keine explosionsgefährlichen Bereiche entstehen können.

(4) Wenn sich durch Maßnahmen nach Abs. 3 die Bildung von explosionsgefährdeten Bereichen nicht verhindern lässt, sind die Freisetzungen

1. an ihrer Austritts- oder Entstehungsstelle vollständig zu erfassen, soweit dies nach dem Stand der Technik möglich ist, und anschließend ohne Gefahr für die Arbeitnehmer/innen abzuführen, oder
2. geeignete natürliche oder mechanische Lüftungsmaßnahmen zu treffen.

(5) Es muss Vorsorge getroffen werden, dass Gase oder Dämpfe brandgefährlicher Arbeitsstoffe, die leichter oder schwerer sind als Luft, sich nicht in höher oder tiefer gelegenen Bereichen ansammeln und dort explosionsgefährdete Bereiche bilden können.

(6) Staubablagerungen müssen möglichst vermieden werden. Für die Beseitigung von Ablagerungen brandgefährlicher Stäube sind Verfahren, wie Nassreinigungsverfahren oder saugende Verfahren, bei denen Aufwirbelungen möglichst vermieden werden, anzuwenden. Reinigungsgeräte wie Industriestaubsauger oder Kehrsaugmaschinen müssen für das Saugen von brennbaren Stäuben oder brennbaren Flüssigkeiten geeignet sein. Werden Leichtmetallstäube in Nassreinigern abgeschieden, ist bei der Ermittlung und Beurteilung die mögliche Entwicklung von Wasserstoff als Gefährdung zu berücksichtigen.

(7) Erfolgt keine Einstufung in Zonen und kann die Bildung von explosionsgefährdeten Bereichen im Normalbetrieb nicht ausgeschlossen werden, müssen jedenfalls kontinuierlich messende Einrichtungen eingesetzt werden. Dabei sind die Arbeitnehmer/innen spätestens bei Erreichen der Warn- und Alarmbedingungen, das sind höchstens 50 % der unteren Explosionsgrenze (UEG), akustisch und, falls dies nicht ausreicht, auch optisch zu warnen. Die Auslösung der Warnung und Alarmierung kann auch auf Grund anderer Kriterien erfolgen, die eine vergleichbare Sicherheit gewährleisten, zB durch Überwachung von Inertisierung, Absaug- oder mechanischen Lüftungsanlagen.

(8) Werden kontinuierlich messende Einrichtungen in Kombination mit selbsttätig einleitenden Maßnahmen zur Senkung der Konzentration, z. B. Einschaltung von Absaug- oder mechanischen Lüftungsanlagen oder dem Einleiten von Abschaltvorgängen eingesetzt, so muss deren Einschaltung so früh erfolgen, dass 50% UEG nicht überschritten werden können.

(9) Sofern diese Verordnung oder der Stand der Technik eine höhere Sicherheit erfordern, gelten entsprechend niedrigere als die in Abs. 7 und 8 festgelegten Werte.

Einstufen und Kennzeichnen explosionsgefährdeter Bereiche (Zonen)

§ 12. (1) Explosionsgefährdete Bereiche sind nach Ausmaß, Häufigkeit und Dauer des Auftretens von explosionsfähigen Atmosphären wie folgt in Zonen einzustufen:

1. Zonen für brennbare Gase, Dämpfe, Nebel:
   a. Zone 0: Bereich, in dem explosionsfähige Atmosphären als Gemisch aus Luft und brennbaren Gasen, Dämpfen oder Nebeln ständig, über lange Zeiträume oder häufig vorhanden ist.
   b. Zone 1: Bereich, in dem sich bei Normalbetrieb gelegentlich explosionsfähige Atmosphären als Gemisch aus Luft und brennbaren Gasen, Dämpfen oder Nebeln bilden können.
   c. Zone 2: Bereich, in dem bei Normalbetrieb explosionsfähige Atmosphären als Gemisch aus Luft und brennbaren Gasen, Dämpfen oder Nebeln normalerweise nicht oder aber nur kurzzeitig auftreten.
2. Zonen für brennbare Stäube:
   a. Zone 20: Bereich, in dem explosionsfähige Atmosphären in Form einer Wolke aus in der Luft enthaltenem brennbaren Staub ständig, über lange Zeiträume oder häufig vorhanden sind.
   b. Zone 21: Bereich, in dem sich bei Normalbetrieb gelegentlich explosionsfähige Atmosphären in Form einer Wolke aus in der Luft enthaltenem brennbaren Staub bilden können.
   c. Zone 22: Bereich, in dem bei Normalbetrieb explosionsfähige Atmosphären in Form einer Wolke aus in der Luft enthaltenem brennbaren Staub normalerweise nicht oder aber nur kurzzeitig auftreten.
3. Zonen in medizinisch genutzten Räumen:
   a. Zone G: Auch als „umschlossene medizinische Gas-Systeme“ bezeichnet, umfasst – nicht unbedingt allseitig umschlossene - Hohlräume, in denen dauernd oder zeitweise explosionsfähige Gemische in geringen Mengen erzeugt, geführt oder angewendet werden.
   b. Zone M: Auch als „medizinische Umgebung“ bezeichnet, umfasst den Teil eines Raumes, in dem explosionsfähige Atmosphären durch An-

wendung von Analgesiemitteln oder medizinischen Hautreinigungs- oder Desinfektionsmitteln, jedoch nur in geringen Mengen und nur für kurze Zeit, vorkommen können.

(2) Wenn nur vorübergehend für die Dauer bestimmter Arbeiten (wie Instandhaltung, Reinigung, Prüfung und Störungsbehebung) ein explosionsgefährdeter Bereich oder eine gefährlichere Zone vorliegt, hat für diesen Zeitraum eine temporäre Einstufung oder Umstufung zu erfolgen.

(3) Werden in einer bestimmten Zone vorübergehend Maßnahmen gesetzt, die gewährleisten, dass für die Dauer bestimmter Arbeiten kein explosionsgefährdeter Bereich oder eine weniger gefährliche Zone vorliegt, kann für diesen Zeitraum eine temporäre Ausstufung oder Umstufung erfolgen.

(4) Explosionsgefährliche Bereiche, die für Arbeitnehmer/innen zugänglich sind, sind zumindest mit dem Warnzeichen „Warnung vor explosionsfähigen Atmosphären" und dem Verbotszeichen „Feuer, offenes Licht und Rauchen verboten" zu kennzeichnen, wenn Gefahren für die Sicherheit und die Gesundheit der Arbeitnehmer/innen nicht durch sonstige technische oder organisatorische Maßnahmen vermieden oder ausreichend begrenzt werden.

Bauliche Ausführung von explosionsgefährdeten Bereichen

§ 13. (1) In Räumen, in denen sich explosionsgefährdete Bereiche befinden, müssen

1. Wände, Decken, Fußböden aus nicht brennbarem Material bestehen,
2. Fußbodenbeläge zumindest schwer brennbar sein,
3. Türen und Tore aus nicht brennbarem Material bestehen, selbstschließend sein und sich in Fluchtrichtung öffnen lassen, wenn dem nicht Explosionsschutzmaßnahmen entgegenstehen (z. B. druckstoßfeste Ausführung).

(2) Sind jedoch ausreichende Sicherheitsabstände der explosionsgefährdeten Bereiche zu potentiellen Zündquellen (wie Feuerungen oder Funkenarbeiten) oder zu Brandlasten gewährleistet, müssen nur jene Bauteile den Anforderungen nach Abs. 1 entsprechen, die vom explosionsgefährdeten Bereich betroffen sind, und zwar mindestens:

1. der Bereich des Fußbodens und der Decke durch Projektion der größten Ausdehnung des explosionsgefährdeten Bereiches nach unten und oben,
2. der Bereich von Wänden vom Fußboden bis zur Decke in der größten Breite eines wandberührenden explosionsgefährdeten Bereiches,
3. Türen und Tore, wenn sie ganz oder teilweise im explosionsgefährdeten Bereich liegen.

(3) Wenn Räume, in denen sich explosionsgefährdete Bereiche befinden, an Räume mit hoher Brandlast, deren Wände und Decken nicht zumindest brandbeständig und Türen und Tore nicht zumindest
brandhemmend ausgeführt sind, angrenzen, müssen

1. Wände und Decken gegenüber den angrenzenden Räumen zumindest brandbeständig,
2. Türen und Tore zumindest brandhemmend ausgeführt sein.

(4) In den Zonen 0, 1, 20, 21, G und M darf der elektrische Widerstand des Fußbodens nicht mehr als $10^8\ \Omega$ betragen.

(5) Zwischen Räumen, aus denen explosionsfähige Atmosphären in gefahrdrohender Menge austreten können, und gesicherten Fluchtbereichen (§ 21 AStV) müssen ausreichend lüftbare Schleusen vorhanden sein, die verhindern, dass im gesicherten Fluchtbereich explosionsgefährliche Bereiche auftreten können.

Sekundärer Explosionsschutz: Vermeiden von Zündquellen

§ 14. (1) In explosionsgefährdeten Bereichen dürfen keine wirksamen Zündquellen vorhanden sein. Potentielle Zündquellen sind zu vermeiden oder auf das unbedingt notwendige Ausmaß zu beschränken. Es dürfen nur die für den Betrieb unbedingt erforderlichen Arbeitsmittel verwendet werden. Elektrische Anlagen müssen, soweit es möglich ist, außerhalb explosionsgefährdeter Bereiche angeordnet werden.

(2) Wirksame Zündquellen sind Zündquellen, die explosionsfähige Atmosphären entzünden können. Sie treten zum Beispiel auf durch

a. heiße Oberflächen, Flammen und heiße Gase,
b. mechanisch erzeugte Funken, elektrische Anlagen, Blitzschlag,
c. statische Elektrizität, kathodischen Korrosionsschutz,
d. elektrische Ausgleichsströme,
e. Ultraschall, nichtionisierende und ionisierende Strahlung,
f. chemische Reaktionen,
g. adiabatische Kompression, Stoßwellen.

(3) Weisen Arbeitsmittel eigene potentielle Zündquellen auf, ist die Vermeidung von wirksamen Zündquellen dann technisch sicher, wenn

1. keine wirksamen Zündquellen vorhanden sind:
   a. in Zone 0, 20, G
      aa. bei Normalbetrieb des betreffenden Arbeitsmittels,
      bb. bei vorhersehbaren Störungen und
      cc. bei selten auftretenden Störungen;
   b. in Zone 1 oder 21
      aa. bei Normalbetrieb des betreffenden Arbeitsmittels,
      bb. bei vorhersehbaren Störungen;
   c. in Zone 2, 22 oder M bei Normalbetrieb des betreffenden Arbeitsmittels und
2. in Zone 0, 20, G zudem, für den Fall des Auftretens von zwei unabhängigen Fehlern oder des Versagens einer apparativen Schutzmaßnahme, die erforderliche Sicherheit durch mindestens eine zweite unabhängige apparative Schutzmaßnahme gewährleistet ist, und
3. in Zone 20, 21 und 22 zusätzlich eine mögliche Selbstentzündung vermieden ist.

(4) In explosionsgefährdeten Bereichen gilt weiters:

1. Es müssen Maßnahmen getroffen sein, die die Entzündung von Ablagerungen von Staub, Pulver oder Spänen verhindern.
2. Rauchen, offenes Feuer oder offenes Licht sind verboten.
3. Wenn Arbeitsvorgänge Funken erzeugen oder elektrostatische Auf- und Entladungen verursachen können, die wirksame Zündquellen darstellen können, müssen Vorkehrungen getroffen sein, die
   a. das Entstehen solcher Funken verhindern bzw.
   b. das Entstehen solcher Aufladungen verhindern oder die Aufladungen im Rahmen der betrieblichen Möglichkeiten gefahrlos ableiten, wie Erdung oder Erhöhung der Luftfeuchtigkeit.
4. Wenn bei Arbeitsvorgängen (zB Instandhaltung, Reinigung, Prüfung oder Störungsbehebung) nicht ausgeschlossen werden kann, dass nach ihrer Durchführung wirksame Zündquellen (wie Glimmnester) in einem explosionsgefährdeten Bereich verbleiben, müssen Maßnahmen getroffen werden, die dies verhindern (zB Reinigung durch fachkundiges Personal).

5. Kleidung oder persönliche Schutzausrüstung, bei der ein elektrischer, elektrostatischer oder mechanisch verursachter Lichtbogen oder Funken entstehen kann, der explosionsfähige Atmosphären entzünden könnte, darf nicht getragen werden.
6. Geeignete Arbeitskleidung (einschließlich Arbeitsschuhen) muss für die Arbeitnehmer/innen zur Verfügung gestellt und von diesen getragen werden.

Anforderungen an elektrische Anlagen und an Gegenstände in explosionsgefährdeten Bereichen

§ 15. (1) Elektrische Anlagen in explosionsgefährdeten Bereichen müssen die im Anhang angeführten Anforderungen erfüllen.

(2) In explosionsgefährdeten Bereichen dürfen nur Arbeitsmittel, Arbeitskleidung (einschließlich Arbeitsschuhen), und persönliche Schutzausrüstung verwendet werden, die nach dem Stand der Technik dafür geeignet sind und bestimmungsgemäß verwendet werden. Bei der Auswahl ist Bedacht zu nehmen auf:

1. die Vermeidung von wirksamen Zündquellen,
2. äußere Einflüsse, die den Schutz vor Explosionen beeinträchtigen können (zB chemische, mechanische, thermische, elektrische oder physikalische Einflüsse oder Staub, Nässe oder Feuchtigkeit) sowie
3. die Wirkung von Sicherheits-, Kontroll- und Regeleinrichtungen.

(3) Werden in explosionsgefährdeten Bereichen Geräte im Sinne der Explosionsschutzverordnung 1996 – ExSV 1996, BGBl. Nr. 252/1996, verwendet, müssen sie der Gruppe II nach der ExSV 1996 entsprechen, und zwar

1. in Zone 0: Geräte der Kategorie 1G (G steht für Gase, Dämpfe, Nebel)
2. in Zone 1: Geräte der Kategorie 1G oder der Kategorie 2G
3. in Zone 2: Geräte der Kategorie 1G, der Kategorie 2G oder der Kategorie 3G
4. in Zone 20: Geräte der Kategorie 1D (D steht für Staub/Luft-Gemische)
5. in Zone 21: Geräte der Kategorie 1D oder der Kategorie 2D
6. in Zone 22: Geräte der Kategorie 1D, der Kategorie 2D oder der Kategorie 3D.

(3a) Schutzsysteme in explosionsgefährdeten Bereichen müssen entsprechend den geltenden Inverkehrbringer/innenvorschriften zur bestimmungsgemäßen Verwendung ausgeführt sein und benutzt werden. Werden Schutzsysteme verwendet, die keinen Inverkehrbringer/innenvorschriften entsprechen müssen, sind sie entsprechend dem Stand der Technik unter Berücksichtigung erforderlicher Berechnungen (wie jene für Druckentlastungsflächen oder für reduzierte Explosionsdrücke) explosionssicher gemäß § 10 Abs. 1 Z 3 auszuführen.

(4) In medizinisch genutzten Räumen dürfen in explosionsgefährdeten Bereichen nur medizinische elektrische Geräte verwendet werden, die den Anforderungen folgender Klassen im Sinne der ÖVE EN 60601-1 (A1+A2 eingearbeitet) + A12 + A13:1996-03, „Medizinische elektrische Geräte, Allgemeine Festlegungen für die Sicherheit", entsprechen:

1 .in Zone G: der Klasse „APG" (Anästhesiemittel-Prüfung der Klasse G),
2. in Zone M: der Klasse „APG" (Anästhesiemittel-Prüfung der Klasse G) oder der Klasse „AP" (Anästhesiemittel-Prüfung der Klasse M).

(5) Wenn in medizinisch genutzten Räumen explosionsgefährdete Bereiche durch andere explosionsfähige Atmosphären als durch Anästhesiemittel oder medizinische Hautreinigungs- oder Desinfektionsmittel auftreten, müssen medizinische elektrische Geräte zusätzlich den Anforderungen der Gruppe II nach ExSV 1996 entsprechen.

(6) Arbeitsmittel dürfen nur verwendet werden, wenn sie laut Herstellerangaben für den betreffenden Arbeitsstoff geeignet sind oder wenn

1. die Temperaturklasse des Gerätes oder Schutzsystems
   a. die Zündtemperatur der jeweiligen gas-, dampf- oder nebelförmigen explosionsfähigen Atmosphären nicht überschreitet oder
   b. zwei Drittel der Zündtemperatur der jeweiligen explosionsfähigen Staubatmosphären nicht überschreitet oder
   c. für mögliche Staubablagerungen die um 75 °C verminderte Glimmtemperatur des jeweiligen Staubes nicht überschreitet, wobei die Schichtdicken 5 mm nicht überschreiten dürfen; ansonsten ist eine größere Verminderung als 75 °C nach Stand der Technik festzulegen und
2. die Geräteuntergruppe von Geräten oder Schutzsystemen der Zündschutzart „druckfeste Kapselung (d)" oder „Eigensicherheit (i)" so ausgewählt wird, dass je nach Art der Gase und Dämpfe, die die explosionsfähigen Atmosphären bilden können, die zünddurchschlagsichere Normspaltweite oder bei Eigensicherheit der Mindestzündstrom (Stand der Technik) nicht überschritten wird, und
3. in der vorliegenden Zone die Geräte oder Schutzsysteme mit Zündschutzarten ausgestattet sind, die den Sicherheits- und Gesundheitsschutzanforderungen entsprechen.

(7) Geräte, Schutzsysteme oder medizinische elektrische Geräte, die anders klassifiziert sind als im Sinne des Abs. 3 oder 4, dürfen in explosionsgefährdeten Bereichen nur dann verwendet werden, wenn durch eine geeignete, fachkundige Person (§ 7 Abs. 5) schriftlich festgestellt wurde, dass sie für die Zonen, in denen sie verwendet werden sollen, eindeutig geeignet und technisch sicher sind.

(8) Geräte, Schutzsysteme oder medizinische elektrische Geräte, die nicht für die Verwendung in explosionsgefährdeten Bereichen klassifiziert sind oder für die nach Abs. 7 keine eindeutige Eignung für die vorliegende Zone festgestellt werden konnte, dürfen in explosionsgefährdeten Bereichen dann verwendet werden, wenn die Gefahrenanalyse (§ 9) ergeben hat, dass sie für die Zonen, in denen sie verwendet werden sollen, eindeutig geeignet und technisch sicher sind.

Vorsorge für den Fall von Störungen

§ 16. (1) Für den Fall, dass ein Energieausfall zu einer Gefahrenausweitung führen kann, muss Vorsorge getroffen sein, dass Arbeitsmittel unabhängig vom Energieausfall und unabhängig von den übrigen Arbeitsvorgängen in einem sicheren Zustand gehalten werden.

(2) Für den Fall, dass Arbeitsmittel mit Automatikbetrieb vom bestimmungsgemäßen Betrieb abweichen, muss Vorsorge getroffen sein, dass

1. sie unter sicheren Bedingungen von Hand abgeschaltet werden können und
2. dies ausschließlich durch Arbeitnehmer/innen durchgeführt wird, die gemäß § 6 schriftlich informiert und unterwiesen sind.

(3) Für den Fall von Notabschaltungen muss Vorsorge getroffen sein, dass gespeicherte Energien so schnell und sicher wie möglich abgebaut oder isoliert werden, damit sie ihre Gefahr bringende Wirkung verlieren.

(4) Maßnahmen nach Abs. 1 bis 3 müssen nicht getroffen werden, wenn die Ermittlung und Beurteilung der

Gefahren ergeben hat, dass die genannten Störungen zu keiner Explosionsgefahr führen können.

(5) Wenn es zum schnellen und sicheren Verlassen gefährdeter Bereiche notwendig ist, sind für die Arbeitnehmer/innen die zur Flucht notwendigen Mittel bereitzustellen und ordnungsgemäß instand zu halten. Diese müssen hinsichtlich möglicher Zündquellen jedenfalls so ausgelegt sein, dass sie unter Berücksichtigung von vorhersehbaren Störungen ein sicheres Verlassen gewährleisten.

Behälter und ähnliche Betriebseinrichtungen

§ 17. (1) Für das Befahren (Inspektion) von und für Arbeiten in oder an Betriebseinrichtungen, die brennbare Arbeitsstoffe enthalten, enthalten haben oder in denen sich explosionsfähige Atmosphären ansammeln können, sind Maßnahmen zu treffen, die die Entstehung explosionsgefährdeter Bereiche verhindern.

(2) Arbeiten nach Abs. 1 sind zB Instandhaltung, Reinigung, Prüfung und Störungsbehebung. Betriebseinrichtungen nach Abs. 1 sind zB Behälter, Silos, Rohrleitungen, Schächte oder Gruben. Explosionsfähige Atmosphären können sich im Sinn des Abs. 1 zB. durch Rohrleitungen, die brennbare Arbeitsstoffe enthalten oder durch Arbeiten, die durchgeführt werden, ansammeln. Maßnahmen im Sinne des Abs. 1 sind zB Lüftung, Inertisierung oder Konzentrationsbegrenzung.

(3) Die Entstehung explosionsgefährdeter Bereiche muss an repräsentativen Stellen überwacht werden

1. mittels kontinuierlich messender Einrichtungen oder
2. zumindest vor Durchführung der Tätigkeiten und während derselben mittels mobiler Messeinrichtungen.

(4) In den Fällen des Abs. 3 sind die Arbeitnehmer/innen spätestens bei Erreichen der Warn- und Alarmbedingungen, das sind höchstens 20% der unteren Explosionsgrenze (UEG) akustisch und, falls dies nicht ausreicht, auch optisch zu warnen. Die Auslösung der Warnung und Alarmierung kann auch auf Grund anderer Kriterien erfolgen, die eine vergleichbare Sicherheit gewährleisten, zB durch Überwachung von Inertisierung, Absaug- oder mechanischen Lüftungsanlagen.

(5) Weiters gilt Folgendes

1. Es ist dafür zu sorgen, dass Betriebseinrichtungen nicht mit offener Flamme ab- oder ausgeleuchtet werden und keine Arbeitsmittel mit flüssigen brennbaren Stoffen und keine Druckbehälter mit brennbaren Stoffen in die Betriebseinrichtungen mitgenommen werden.
2. Bei Heißarbeiten in Betriebseinrichtungen muss für eine ausreichende, allenfalls mechanische Lüftung gesorgt sein.
3. Heißarbeiten dürfen an Behältern, von denen nicht mit Sicherheit ausgeschlossen werden kann, dass sie brennbare Arbeitsstoffe enthalten haben, nur durchgeführt werden, wenn die Behälter vollständig mit Wasser oder Inertgas gefüllt sind.
4. Bei der Arbeitsfreigabe für Heißarbeiten sind die notwendigen Schutzmaßnahmen, je nach Erfordernis einzeln oder in sicherer Reihenfolge kombiniert, festzulegen und durchzuführen. Es sind dies z. B.
   a. Sperren aller Zuleitungen,
   b. Drucklosmachen oder Entleeren von Betriebseinrichtungen, die brennbare Arbeitsstoffe enthalten oder enthalten haben; für Rohrleitungen, die brennbare Arbeitsstoffe enthalten und sich in Betriebseinrichtungen befinden, gilt dies jedenfalls dann, wenn sie innerhalb der Betriebseinrichtung lösbare Verbindungen enthalten,
   c. Öffnen der Verschlüsse unter Vermeidung von Funkenbildung,
   d. Entfernen allenfalls vorhandener Restmengen,
   e. gründliches Spülen mit Wasser, Wasserdampf oder Inertgas,
   f. Reinigung in der Weise, dass bei späterer Erwärmung keine Brand- oder Explosionsgefahr entstehen kann.

(6) Müssen Restmengen aus Betriebseinrichtungen, in deren Umgebung sich explosionsgefährdete Bereiche befinden, beseitigt werden, oder muss eine Überprüfung von Reinigungsarbeiten vor dem Befahren durchgeführt werden, hat dies mit technischen Mitteln zu erfolgen, die nicht erfordern, dass Arbeitnehmer/ innen in den explosionsgefährdeten Bereichen anwesend sind. Ist dies nicht möglich, dürfen abweichend von Abs. 1 und 2 diese Tätigkeiten durch Arbeitnehmer/innen durchgeführt werden, wenn alle in Zone 0 notwendigen Schutzmaßnahmen getroffen sind und, sofern gesundheitsgefährdende Arbeitsstoffe vorliegen, zusätzlich eine geeignete, von der Umgebungsatmosphäre unabhängig wirkende Atemversorgung durch Isoliergeräte eingerichtet ist.

Untertagebauarbeiten

§ 18. (1) Untertagebauarbeiten dürfen im Normalbetrieb

1. nur ausgeführt werden, wenn die Bildung explosionsfähiger Atmosphären durch Grubengase vermieden wird, wie insbesondere durch ausreichende Bewetterung;
2. nicht ausgeführt werden, wenn die Konzentration von Grubengasen 25 % der unteren Explosionsgrenze (UEG) übersteigt.

(2) Durch ausreichende Maßnahmen, wie Absaugung, Inertisierung oder Befeuchtung müssen im Normalbetrieb staubexplosionsgefährdete Bereiche vermieden sein.

(3) Die explosionsfähigen Grubengasatmosphären müssen an repräsentativen Stellen überwacht werden,

1. wenn die Bildung von grubengasexplosionsgefährdeten Bereichen mit Konzentrationen von mehr als 10% UEG unter Berücksichtigung vorhersehbarer Störungen, wie Ausfall der Bewetterung oder Gaseinbrüchen auf Grund geologischer Verhältnisse, nicht ausgeschlossen werden kann: Mittels kontinuierlich messender Einrichtungen;
2. ansonsten zumindest einmal täglich bzw. vor Arbeitsbeginn, bei Sprengvortrieb jedenfalls vor und nach jedem Abschlag mittels mobil messender Einrichtungen, sofern das Auftreten von explosionsfähigen Grubengasatmosphären nicht ausgeschlossen werden kann. Wenn das Messergebnis 10 % UEG überschreitet, sind umgehend Maßnahmen zur Senkung der Grubengaskonzentration zu setzen und kontinuierlich messende Einrichtungen zu installieren.

(4) In den Fällen des Abs. 3 sind die Arbeitnehmer/innen

1. bei Erreichen der Warnbedingungen, das sind höchstens 10% UEG, akustisch und, falls dies nicht ausreicht, auch optisch zu warnen und
2. bei Erreichen der Alarmbedingungen, das sind höchstens 25% UEG, zu alarmieren.

Bohr- und Behandlungsarbeiten

§ 19. (1) Bei Bohrarbeiten wie Erkundungs- und Gewinnungsbohrungen sowie bei Behandlungsarbeiten an fertig gestellten Bohrlöchern (Sonden) sind, sofern die Ermittlung und Beurteilung der Explosionsgefahren dies erfordert, vorzusehen:

1. Überwachungseinrichtungen, die an festgelegten Stellen die Gaskonzentrationen automatisch und kontinuierlich messen,
2. automatische Alarmsysteme und
3. Einrichtungen zur automatischen Abschaltung von elektrischen Betriebsmitteln und Verbrennungsmotoren.

(2) Wenn automatische Messungen erfolgen, müssen die Messergebnisse aufgezeichnet werden und muss im Explosionsschutzdokument festgelegt werden, ob, in welcher Form und wie lange die Messergebnisse aufbewahrt werden müssen.

(3) Es sind geeignete technische Maßnahmen vorzusehen, die den Gefahr bringenden Austritt brennbarer Arbeitsstoffe aus der Bohrung verhindern oder deren gefahrlose Ableitung ermöglichen.

(4) Die Systeme zur Absperrung und Druckentlastung von Bohrlöchern und Rohrleitungen müssen im Fall von Störungen von geeigneten Stellen aus, zB vom Bedienungsstand oder von einer sonstigen sicheren Stelle, sicher fernbedienbar sein. Diese geeigneten Stellen sind auf Grund der Ermittlung und Beurteilung der Explosionsgefahren im Explosionsschutzdokument festzulegen.

(5) Außerhalb des explosionsgefährdeten Bereiches muss eine Notabschalteinrichtung vorhanden sein, die im explosionsgefährdeten Bereich sämtliche Betriebsmittel stillsetzt bzw. die gesamte elektrische Anlage im explosionsgefährdeten Bereich allpolig abschaltet. § 16 Abs. 3 bleibt unberührt.

Konstruktiver Explosionsschutz: Begrenzung der Auswirkung von Explosionen

§ 20. (1) Können im Inneren von Betriebseinrichtungen (wie Behältern, Silos oder Rohrleitungen), in denen sich explosionsgefährdete Bereiche bilden können, wirksame Zündquellen nicht organisatorisch und technisch sicher ausgeschlossen werden, sind

1. Maßnahmen zu treffen, die die Auswirkung von Explosionen auf ein für Arbeitnehmer/innen unbedenkliches Maß beschränken (wie insbesondere explosionsfeste Bauweise, Explosionsunterdrückung oder eine Explosionsdruckentlastung ohne Gefährdung der Arbeitnehmer/innen), und
2. erforderlichenfalls mit Maßnahmen zu kombinieren, die die Ausbreitung von Explosionen verhindern (insbesondere Verhindern der Flammen- und Explosionsübertragung auf gefährdete Bauteile oder Bereiche durch explosionstechnische Entkopplung).

(2) Für Silos oder Bunker, die Schüttgüter enthalten, die staubexplosionsfähige Atmosphären bilden können, sind jedenfalls Maßnahmen nach Abs. 1 Z 1 und Z 2 zu treffen.

3. ABSCHNITT

ÜBERGANGS- UND SCHLUSSBESTIMMUNGEN

Übergangsbestimmungen

§ 21. (1) Bei In-Kraft-Treten dieser Verordnung bereits bestehende Arbeitsstätten, Baustellen und auswärtige Arbeitsstellen müssen erst ab 1. Juli 2006 den §§ 4, 5, 9, 12, 16 und 19 Abs. 5 dieser Verordnung entsprechen.

(2) Hinsichtlich bestehender elektrischer Anlagen in explosionsgefährdeten Bereichen wird der Verpflichtung der § 7 Abs. 1 Z 1 und § 15 Abs. 1 auch durch Einhaltung der zur Zeit der Errichtung bzw. Herstellung der elektrischen Anlage in Geltung gestandenen elektrotechnischen Vorschriften und der §§ 4.3.3. und 5.1.2.6 der ÖVE-EX 65/1981 und der ÖVE-EX 65a/1985 entsprochen.

(3) Arbeitsmittel, die bereits vor dem 1. Juli 2003 verwendet wurden und die dem § 15 Abs. 3 oder 4 nicht entsprechen, dürfen weiterverwendet werden, sofern sie keine wirksame Zündquelle darstellen. Bis zum 1. Juli 2006 ist sicherzustellen, dass solche Arbeitsmittel so gewartet und benutzt werden, dass die Explosionsgefahr so gering wie möglich gehalten wird. Falls es doch zu einer Explosion kommen sollte, ist das Risiko einer Explosionsübertragung innerhalb des Bereichs des betreffenden Arbeitsmittels kontrolliert oder so gering wie möglich zu halten, damit Gesundheit und Sicherheit der Arbeitnehmer/innen gewährleistet werden. Für solche Geräte, Schutzsysteme und medizinische elektrische Geräte gilt § 15 Abs. 7 und 8 ab 1. Juli 2006.

(4) Vor In-Kraft-Treten dieser Verordnung auf Grund des ArbeitnehmerInnenschutzgesetzes oder auf Grund des Arbeitnehmerschutzgesetzes, BGBl. Nr. 234/1972, erlassene Bescheide werden durch diese Verordnung mit folgender Maßgabe nicht berührt: Wenn durch Bescheid eine Einstufung von explosionsgefährdeten Bereichen in „Zone 10“ oder in „Zone 11“ vorgenommen wurde, ist bis zum 1. Juli 2006 im Rahmen der Ermittlung und Beurteilung der Explosionsgefahren eine Einstufung dieser Bereiche gemäß § 12 vorzunehmen und im Explosionsschutzdokument zu dokumentieren. Dabei sind einzustufen

1. bescheidmäßig in „Zone 10“ eingestufte Bereiche in Zone 20, außer es handelt sich um einen Bereich, in dem betriebsmäßig nur gelegentlich mit dem Auftreten von explosionsfähigen Staubatmosphären zu rechnen ist und der daher in Zone 21 eingestuft werden kann;
2. bescheidmäßig in „Zone 11“ eingestufte Bereiche
   a. in Zone 21, wenn im Normalbetrieb gelegentlich mit dem Auftreten von explosionsfähigen Staubatmosphären zu rechnen ist oder
   b. in Zone 22, wenn im Normalbetrieb nicht oder aber nur kurzzeitig mit dem Auftreten von explosionsfähigen Staubatmosphären zu rechnen ist.

(5) Werden in bestehenden Arbeitsstätten, Baustellen oder auswärtigen Arbeitsstellen mit explosionsgefährdeten Bereichen Änderungen, Erweiterungen oder Umgestaltungen vorgenommen, sind diese entsprechend den Bestimmungen dieser Verordnung vorzunehmen.

Schlussbestimmungen

§ 22. (1) Gemäß § 110 Abs. 6 ASchG wird festgestellt, dass § 46 Abs. 2, 3, 5 und 8 ASchG gleichzeitig mit dieser Verordnung in Kraft treten.

(2) Gemäß § 114 Abs. 3 ASchG wird festgestellt, dass § 71 Abs. 2 ASchG hinsichtlich geeigneter Arbeitskleidung für explosionsgefährdete Bereiche gleichzeitig mit dieser Verordnung in Kraft tritt.

(3) Gemäß § 95 Abs. 2 ASchG wird festgestellt, dass in § 8 Abs. 2 und 3 dieser Verordnung eine Abweichung von § 46 Abs. 2 ASchG und in § 11 Abs. 4 eine Abweichung von § 43 Abs. 2 Z 5 und 6 ASchG festgelegt werden.

(4) Gemäß § 125 Abs. 8 ASchG wird festgestellt, dass mit In-Kraft-Treten dieser Verordnung außer Kraft treten:

1. folgende gemäß § 106 Abs. 3 ASchG als Bundesgesetz geltende Bestimmungen der Allgemeinen Arbeitnehmerschutzverordnung - AAV, BGBl. Nr. 218/1983, in der geltenden Fassung: § 6 Abs. 5, § 7 Abs. 4 erster Satz, in § 14 Abs. 2 die Wortfolge „und explosionsgefährdete Räume“, § 14 Abs. 3, in

§ 22 Abs. 5 die Wortfolge „und von explosionsgefährdeten Räumen"; in § 26 Abs. 10 erster Satz die Wortfolge „Explosionsgefährdete Räume und";
2. folgende gemäß § 107 Abs. 1 ASchG als Bundesgesetz geltende Bestimmungen der AAV: in § 74 Abs. 1 die Wortfolge „und in explosionsgefährdeten Räumen"; § 74 Abs. 2 erster Satz;
3. folgende gemäß § 109 Abs. 2 ASchG als Bundesgesetz geltende Bestimmungen der AAV: § 59 Abs. 8 letzter Satz, in § 59 Abs. 13 die Wortfolge „, leicht entzündliche, entzündliche oder schwer entzündliche" sowie der Passus „oder eine Konzentration von 10 Prozent der unteren Explosionsgrenze von Gasen oder Dämpfen leicht entzündlicher, entzündlicher oder schwer entzündlicher Arbeitsstoffe überschritten wird."; § 60 Abs. 4 bis 9;
4. folgende gemäß § 110 Abs. 8 ASchG als Bundesgesetz geltende Bestimmungen der AAV: § 16 Abs. 3 und in Abs. 8 erster Satz der Begriff „und 3"; § 54 Abs. 2, 3, 4, 5, in § 54 Abs. 6 die Wortfolge „brandgefährlichen Arbeitsstoffen und"; § 54 Abs. 7 bis 9;
5. den gemäß § 114 Abs. 4 Z 8 ASchG als Bundesgesetz geltenden § 73 Abs. 2 zweiter Satz AAV.
6. in § 62 Abs. 1 letzter Satz der Verordnung über brennbare Flüssigkeiten - VbF, BGBl. Nr. 240/1991, der Verweis „§§ 59 und 60 AAV"; dieser wird ersetzt durch den Verweis auf „§ 17 VEXAT".

(5) Die Bauarbeiterschutzverordnung - BauV, BGBl. Nr. 340/1994, zuletzt geändert durch BGBl. II Nr. 425/2003, wird wie folgt geändert:
1. In § 19 Abs. 4 entfällt das Zitat „§ 20 Abs. 8,".
2. In § 20 Abs. 4, 6 und 7 entfällt jeweils die Wortfolge „brandgefährliche oder".
3. § 20 Abs. 8 tritt außer Kraft.
4. In § 42 Abs. 1 entfällt die Wortfolge „und explosionsgefährdeten"
5. § 42 Abs. 2 lautet:

„(2) Schweiß-, Schneide- und Lötarbeiten sowie sonstige funkenbildende Arbeiten an brandgefährdeten Arbeitsplätzen sind nur zulässig, wenn geeignete Maßnahmen getroffen wurden, durch die das Entstehen eines Brandes verhindert wird."

6. § 96 Abs. 1 Z 3, Abs. 6 und Abs. 9 treten außer Kraft.
7. In § 96 Abs. 5 entfällt die Wortfolge „und Methan".
8. In § 96 Abs. 3, 5 und 8 wird das Zitat „Z 1 bis 3" jeweils ersetzt durch „Z 1 und 2".
9. § 97 Abs. 1 zweiter Satz tritt außer Kraft.
10. § 120 Abs. 4 zweiter Satz tritt außer Kraft.
11. § 121 tritt außer Kraft.
12. § 122 Abs. 2 zweiter Satz tritt außer Kraft.
13. In § 123 Abs. 1 wird das Zitat „§§ 120 bis 122" ersetzt durch „§§ 120 und 122", lautet der letzte Halbsatz „wenn ein Sauerstoffgehalt unter 17% vorliegt." und entfallen die Ziffern 1 und 2.
14. In § 130 Abs. 4 wird die Wortfolge „explosible Gas-Luftgemische im Sinne des § 20 Abs. 8" ersetzt durch „eine Konzentration explosionsfähiger Gas-Luftgemische von 50 % oder mehr der unteren Explosionsgrenze".
15. In § 130 Abs. 5 wird der Satzteil „die Bildung eines explosiblen Gas-Luftgemisches (§ 20 Abs. 8) rechtzeitig anzeigen." ersetzt durch die Wortfolge „rechtzeitig anzeigen, dass die Konzentration eines explosionsfähigen Gas-Luftgemisches 50 % der unteren Explosionsgrenze erreicht."

(6) In § 51 der Arbeitsmittel-Verordnung - AM-VO, BGBl. II Nr. 164/2000, zuletzt geändert durch BGBl. II Nr. 313/2002, entfällt der Abs. 7 und wird in Abs. 8 der Verweis „Abs. 1 bis 7" ersetzt durch „Abs. 1 bis 6".

(7) Gemäß § 195 Abs. 2 des Mineralrohstoffgesetzes - MinroG, BGBl. I Nr. 38/1999, zuletzt geändert durch BGBl. I Nr. 112/2003, wird festgestellt, dass gleichzeitig mit In-Kraft-Treten dieser Verordnung
1. folgende gemäß § 195 Abs. 1 Z 1 MinroG als Bundesgesetz geltenden Bestimmungen der Erdöl-Bergpolizeiverordnung, BGBl. Nr. 278/1937, zuletzt geändert mit BGBl. I Nr. 21/2002, außer Kraft treten: §§ 32, 36, 38, 41, 47A, weiters § 47B Abs. 1 lit. b bis g jeweils hinsichtlich explosionsgefährdeter Bereiche, § 47B Abs. 2, in § 47D die Wortfolge „sowie sinngemäß die Bestimmungen des § 47B Abs. 2" sowie die Anlage "Bestimmungen über die Durchführung von Feuerarbeiten in explosions- und feuergefährdeten Betriebsbereichen";
2. §§ 18 und 126 Abs. 6 der gemäß § 195 Abs. 1 Z 4 MinroG als Bundesgesetz geltenden Allgemeinen Bergpolizeiverordnung, BGBl. Nr. 114/1959, zuletzt geändert mit BGBl. I Nr. 21/2002, außer Kraft treten;
3. in § 3 Abs. 1 der gemäß § 196 Abs. 1 Z 7 MinroG als Bundesgesetz geltenden Bergpolizeiverordnung für Elektrotechnik, BGBl. Nr. 737/1996, zuletzt geändert mit BGBl. I Nr. 21/2002, im ersten Satz der Satzteil „wenn sie sich jedoch in explosionsgefährdeten Bereichen in geschlossenen Räumen befinden, mindestens vierteljährlich" und im zweiten Satz die Wortfolge „in explosionsgefährdeten oder" außer Kraft treten.

(8) Durch diese Verordnung werden folgende Rechtsakte der Europäischen Gemeinschaft umgesetzt:
1. Richtlinie 1999/92/EG vom 16.12.1999, ABl. Nr. L 23 vom 28.1.2000, berichtigt durch ABl. Nr. L 134 vom 7.6.2000, über Mindestvorschriften zur Verbesserung des Gesundheitsschutzes und der Sicherheit der Arbeitnehmer, die durch explosionsfähige Atmosphären gefährdet werden können;
2. Richtlinie 92/91/EWG vom 3.11.1992, ABl. Nr. L 348 vom 28.11.1992, über Mindestvorschriften zur Verbesserung der Sicherheit und des Gesundheitsschutzes der Arbeitnehmer in den Betrieben, in denen durch Bohrungen Mineralien gewonnen werden, hinsichtlich ihrer Bestimmungen über den Explosionsschutz;
3. Richtlinie 92/104/EWG vom 3.12.1992, ABl. Nr. L 404 vom 31.12.1992, über Mindestvorschriften zur Verbesserung der Sicherheit und des Gesundheitsschutzes der Arbeitnehmer in übertägigen oder untertägigen mineralgewinnenden Betrieben, hinsichtlich ihrer Bestimmungen über den Explosionsschutz im Geltungsbereich dieser Verordnung.

(9) Diese Verordnung tritt mit dem ihrer Kundmachung folgenden Monatsersten in Kraft.

(10) § 3 Abs. 2, § 7 Abs. 2 und 2a, § 15 Abs. 3 und 3a und im Anhang die Punkte 21, 25 sowie 29 jeweils samt Überschrift, in der Fassung der Verordnung BGBl. II Nr. 33/2012 treten mit 1. März 2012 in Kraft

(11) § 2 Abs. 1 Z 1 und § 11 Abs. 2 in der Fassung BGBl. II Nr. 186/2015 treten mit dem ihrer Kundmachung folgenden Tag in Kraft.

ANHANG (GEMÄSS § 15 ABS. 1)

ELEKTRISCHE ANLAGEN IN EXPLOSIONSGEFÄHRDETEN BEREICHEN KABEL UND LEITUNGEN

Allgemeines

1. Außer bei eigensicheren Installationen darf Aluminium, wenn es als Leiterwerkstoff eingesetzt wird, nur mit geeigneten Anschlussvorrichtungen verwendet

werden und muss folgende Leiterquerschnittsflächen aufweisen:
a. bei mehradrigen Kabeln mindestens 16 mm2
b. bei einadrigen Kabeln mindestens 35 mm2.

2. Vermeiden von Beschädigungen: Kabel und Leitungen sowie das Zubehör sollten soweit wie möglich an Stellen installiert sein, wo sie gegen mechanische Beschädigungen, Korrosion, chemische Einwirkungen (zB Lösemittel) und Beeinträchtigungen durch Wärme geschützt sind. Wo Einwirkungen dieser Art unvermeidlich sind, müssen Maßnahmen zum Schutz der Anlage getroffen werden (zB Installation in ausreichend bemessenen Schutzrohren, Auswahl besonderer Kabelqualitäten, bewehrte, gesicherte Kabel usw.).
3. Es dürfen nur ummantelte Kabel und Leitungen (Thermoplast-Duroplast-Elastomermantel oder mineralisolierte Metallmantel) verwendet werden. Kabel und Leitungen für ortsfeste Verlegung müssen hinsichtlich der Flammenausbreitung den Prüfungen nach Stand der Technik entsprechen, sofern sie nicht in Erde oder Sand verlegt werden.
4. Kabel und Leitungen mit einem Schirm oder einer Bewehrung aus Drahtgeflecht müssen zusätzlich einen Mantel bzw. Schutzhüllen aus Gummi oder Kunststoff haben. Rohrdrähte dürfen nicht verwendet werden.
5. Wo Schächte, Kanäle, Rohre oder Gräben zur Verlegung von Kabeln verwendet werden, müssen Vorkehrungen getroffen werden, um den Durchtritt von brennbaren Gasen, Dämpfen oder Flüssigkeiten von einem Bereich zum anderen und die Ansammlung brennbarer Gase, Dämpfe oder Flüssigkeiten in Gräben zu verhindern.
6. Öffnungen für Kabel, Leitungen und „Conduits“ in Wänden zwischen explosionsgefährdeten Bereichen und nicht gefährdeten Bereichen müssen in angemessener Weise abgedichtet sein, zB durch Sandverschluss oder Mörtelabdichtung.
7. Kabel und Leitungen sind so zu verlegen und an Betriebsmittel anzuschließen, dass der Explosionsschutz, insbesondere die Zündschutzart, erhalten bleibt.
8. Für die ortsfeste Verwendung gebaute elektrische Betriebsmittel dürfen nur über fest verlegte zugentlastete Leitungen angeschlossen werden.

Für Leitungen für ortsveränderliche und transportable Betriebsmittel gilt zusätzlich:

9. Ortsveränderliche und transportable Betriebsmittel müssen Anschlussleitungen mit einem Außenmantel aus schwerem Polychloropren oder aus einem anderen gleichwertigen synthetischen Elastomer aufweisen oder eine schwere Gummischlauchleitung oder gleichwertigen Aufbau haben. Die Leiter müssen eine Mindestquerschnittsfläche von 1 mm2 mit Litzenaufbau haben. Für ortsveränderliche elektrische Betriebsmittel mit einer Bemessungsspannung bis 250 V gegen Erde und einem Bemessungsstrom nicht größer als 6 A dürfen Leitungen verwendet werden, die eine Ummantelung aus normalen Polychloropren, einem anderen gleichwertigen synthetischen Elastomer, normalem Gummi oder gleichwertigem Aufbau haben. Solche Leitungen sind jedoch nicht zulässig für ortsveränderliche elektrische Betriebsmittel, die starken mechanischen Beanspruchungen ausgesetzt sind, zB Handlampen, Fußschalter, Fasspumpen. Leitungen für ortsveränderliche elektrische Betriebsmittel aus Kunststoff, die bei Umgebungstemperaturen unter minus 5°C verwendet werden, müssen hinsichtlich der Kältebeständigkeit den schweren Gummischlauchleitungen gleichwertig sein. Sie müssen eine diesbezügliche für den Anwender deutlich lesbare Kennzeichnung aufweisen. Wenn für ortsveränderliche und transportable elektrische Betriebsmittel eine flexible Metallbewehrung oder ein flexibler Metallschirm in der Leitung enthalten ist, dürfen diese nicht als einziger Schutzleiter verwendet werden.

Für Kabel und Leitungen eigensicherer Stromkreise gilt:

10. Es dürfen nur Kabel und Leitungen verlegt werden, von denen die Werte der Kapazität, Induktivität und des ohmschen Widerstandes bekannt sind.
11. Eine allfällige Bewehrung von Kabeln und Leitungen ist an den Potentialausgleich anzuschließen.
12. Anlagen mit eigensicheren Stromkreisen müssen so errichtet werden, dass deren Eigensicherheit nicht durch äußere elektrische oder magnetische Felder beeinträchtigt wird, wie zB durch nahe gelegene Starkstrom-Freileitungen, oder einadrige Starkstromkabel. Das kann zB durch den Einsatz von Schirmungen und/oder verdrillten Adern oder durch Einhaltung eines angemessenen Abstandes von der Quelle des elektrischen oder magnetischen Feldes erreicht werden.
13. Kabel und Leitungen müssen im ganzen Verlauf eine der folgenden Anforderungen erfüllen:
    a. Kabel und Leitungen eigensicherer Stromkreise sind von allen Kabeln und Leitungen nichteigensicherer Stromkreise getrennt, oder
    b. Kabel und Leitungen eigensicherer Stromkreise sind so angeordnet, dass sie gegen die Gefahr einer mechanischen Beschädigung geschützt sind, oder
    c. Kabel und Leitungen eigensicherer oder nicht eigensicherer Stromkreise sind bewehrt, metallummantelt oder geschirmt.
14. Aderleitungen eigensicherer und nichteigensicherer Stromkreise dürfen nicht in derselben Leitung geführt werden.
15. Aderleitungen eigensicherer und nichteigensicherer Stromkreise in demselben Bündel oder Kabelkanal müssen durch eine Isolierstoff-Zwischenlage oder eine geerdete Metallzwischenlage getrennt sein. Die Trennung ist nicht erforderlich, wenn Mäntel oder Schirmungen für die eigensicheren oder die nichteigensicheren Stromkreise verwendet werden.
16. In elektrischen Anlagen mit eigensicheren und nichteigensicheren Stromkreisen, zB in Schränken der Mess-, Steuer- und Regelungstechnik, müssen die Anschlussklemmen der eigensicheren Stromkreise zuverlässig von den nichteigensicheren Stromkreisen getrennt sein. (zB durch eine Trennplatte mit einem Fadenmaß von 50 mm oder einem Abstand von 50 mm). Dies gilt auch für die Trennung eigensicherer Stromkreise der Zonen 0 und 1 voneinander. Die Anschlussklemmen eigensicherer Stromkreise müssen als solche gekennzeichnet sein.
17. Kabel und Leitungen, die eigensichere Stromkreise enthalten, müssen gekennzeichnet sein. Wenn Mäntel oder Umhüllungen durch eine Farbe gekennzeichnet sind, muss die verwendete Farbe hellblau sein. Für andere Zwecke dürfen derart gekennzeichnete Kabel und Leitungen nicht verwendet werden.
18. Innerhalb von Schränken, in denen die Gefahr der Verwechslung von Kabeln und Leitungen eigensicherer und nichteigensicherer Stromkreise besteht (wenn zB ein blauer Neutralleiter vorhanden ist), müssen andere Maßnahmen getroffen werden, wie:
    * Verlegung der Adern in einem gemeinsamen hellblauen Kabelbaum

* besonders sorgfältige Beschriftung
* übersichtliche Anordnung und räumliche Trennung.

Ergänzungen für staubexplosionsgefährdete Bereiche

19. Kabel und Leitungen sind so zu führen, dass sich eine möglichst geringe Staubmenge ansammelt und dass sie für die Reinigung zugänglich sind. Falls zur Aufnahme von Kabeln und Leitungen Pritschen, Kanäle oder Gräben verwendet werden, müssen Vorkehrungen gegen das Eindringen und Ansammeln von brennbarem Staub getroffen werden.
20. Bei Staubarten mit niedriger Glimmtemperatur ist, wenn die Staubablagerungen auf Kabeln und Leitungen nicht verhindert werden kann, die Strombelastbarkeit besonders zu prüfen und allenfalls herabzusetzen.

Für Kabel und Leitungen eigensicherer Stromkreise gilt in Zone 0 und 20 zusätzlich:

21. **Für vor dem 1. März 2012 errichtete elektrische Anlagen gilt Folgendes:**
Leiter bzw. Aderleitungen von eigensicheren Stromkreisen der Zone 0 und 1 dürfen in Kabeln, Leitungen, Rohren und Leiterbündeln nicht gemeinsam geführt werden.
Für nach dem 1. März 2012 errichtete elektrische Anlagen gilt Folgendes:
Ungeschirmte Leiter bzw. ungeschirmte Aderleitungen von eigensicheren Stromkreisen der Zone 0 oder Zone 20 (eigensichere Kreise der Kategorie „ia") dürfen in Kabeln, Leitungen, Rohren oder Leiterbündeln nicht gemeinsam mit Leitungen oder Aderleitungen der Zone 1 oder Zone 21 (eigensichere Kreise der Kategorie „ib") geführt werden.
22. Eigensichere Stromkreise für die Zone 0 oder 20 dürfen außerhalb von Geräten nicht mit anderen Stromkreisen galvanisch verbunden werden.
23. Die Verbindung mit dem Potentialausgleich muss in der Zone 0 oder 20 oder in deren unmittelbarer Nähe vorgenommen werden.
24. Bei Verwendung von Leitungen in eigensicheren Stromkreisen der Zone 0 oder 20 ist die zulässige Betriebsspannung aus der größtmöglichen Leitungskapazität zu ermitteln.
25. **Für vor dem 1. März 2012 errichtete elektrische Anlagen gilt Folgendes:**
An Anlagenteilen der Zone 0 (wie Lagertanks für brennbare Flüssigkeiten, Destillationskolonnen in petrochemischen Fabriken, Kläranlagen usw.) sowie in Anlagenteilen der Zone 20 (wie Silos), in denen eigensichere Stromkreise in das Innere geführt werden, gilt zum Schutz gegen Eindringen von gefährlichen Überspannungen (zB Blitzschlag, Schaltüberspannungen):
   a. Installation einer Überspannungsschutzeinrichtung möglichst nahe an der Einführung in die Zone 0 bzw. 20.
   b. Besonderer Schutz der eigensicheren Kreise durch Abdeckungen.
   c. Verlegung der Leitungen im Stahlpanzerrohr.

Für nach dem 1. März 2012 errichtete elektrische Anlagen gilt Folgendes:
An Anlagenteilen der Zone 0 (z.B. Lagertanks für brennbare Flüssigkeiten, Destillationskolonnen in petrochemischen Fabriken, Kläranlagen usw.) sowie in Anlagenteilen der Zone 20 (z.B. Silos), in denen eigensichere Stromkreise in das Innere geführt werden und die Gefahr von gefährlichen Überspannungen (z.B. Blitzschlag, Schaltüberspannungen) besteht, müssen folgende Maßnahmen zum Schutz gegen Eindringen von gefährlichen Überspannungen angewendet werden:
a) Installation einer Überspannungsschutzeinrichtung möglichst nahe an der Einführung in die Zone 0 bzw. Zone 20, und
b) Verlegung der Leitungen in durchgehend verbundenen Stahlrohren. In technisch begründeten notwendigen Ausnahmefällen (z.B. zur Vermeidung von Kondensatbildung, Zonenverschleppung, Schaffung von Detonationsgebilden usw.), wo die Durchgängigkeit der Stahlrohre unterbrochen sein kann, muss ein besonderer mechanischer Schutz der eigensicheren Kreise und geeignete Schirmungsmaßnahmen zur Abwehr von gefährlichen Überspannungen angewendet werden.
c) Von der Anwendung der Maßnahme in a) kann abgewichen werden, soweit dies in Baumusterprüfbescheinigungen und/oder Sicherheitsanweisungen des Herstellers/der Herstellerin des eigensicheren Gerätes angegeben wird.

Für Kabel und Leitungen nicht eigensicherer Stromkreise gilt in Zone 0 und 20 zusätzlich:

26. Für feste Verlegung sind nur Kabel und Leitungen mit Metallmantel, Metallgeflecht aus Kupfer oder mit einem Schirm zulässig. Sie müssen zusätzlich einen flammwidrigen äußeren Mantel aus Gummi oder Kunststoff haben. Diese Kabel und Leitungen müssen ständig auf den Isolationszustand der Leiter gegen die metallenen Umhüllungen überwacht werden. Sinkt der Isolationswiderstand unter 100 Omega/V Nennspannung, so muss der betreffende Stromkreis selbsttätig und allpolig abgeschaltet werden. Einschalten darf nur möglich sein, wenn der Isolationswiderstand mindestens 100 Omega/V Nennspannung beträgt (Wiedereinschaltsperre). Der Messstromkreis der Isolationseinrichtung muss eigensicher nach Kategorie „ia" sein. Die Funktionsfähigkeit der Isolationseinrichtung muss überprüfbar sein.
27. Im Kurzschlussfall muss der betreffende Stromkreis innerhalb von 0,25 s abgeschaltet sein.
28. Abzweige und Verbindungen sind im Zuge der Kabel- und Leitungsführung nicht zulässig.

Verbindungen durch Gießharzmuffen und Schrumpfschläuche:

29 Für nach dem 1. März 2012 errichtete elektrische Anlagen gilt Folgendes:
In Zone 0 und Zone 20 sind solche Verbindungen nicht erlaubt. In allen anderen Zonen dürfen zum Verbinden von Kabeln und Leitungen auch Gießharzmuffen und Schrumpfschläuche verwendet werden, wenn diese nicht mechanisch beansprucht sind.

Verordnung Lärm und Vibrationen

Verordnung des Bundesministers für Wirtschaft und Arbeit, mit der die Verordnung über den Schutz der Arbeitnehmer/innen vor der Gefährdung durch Lärm und Vibrationen (Verordnung Lärm und Vibrationen – VOLV) erlassen wird und mit der die Bauarbeiterschutzverordnung und die Verordnung über die Gesundheitsüberwachung am Arbeitsplatz geändert werden, BGBl. II Nr. 22/2006 (Art I) und BGBl. II Nr. 302/2009.

Aufgrund §§ 12 bis 15, 20 Abs. 2, 22 Abs. 4, 28 Abs. 5, 33 Abs. 5, 38 Abs. 1, 65, 66 Abs. 1 und 3 sowie 72 Abs. 1 Z 3 und 4 des Bundesgesetzes über Sicherheit und Gesundheitsschutz bei der Arbeit (ArbeitnehmerInnenschutzgesetz – ASchG), BGBl. Nr. 450/1994, zuletzt geändert durch das Bundesgesetz BGBl. I Nr. 159/2001 und die Verordnung BGBl. II Nr. 309/2004, wird verordnet:

Inhaltsverzeichnis

Geltungsbereich

§ 1. Diese Verordnung gilt in Arbeitsstätten, auf Baustellen und an auswärtigen Arbeitsstellen im Sinne des ASchG für Tätigkeiten, bei denen die Arbeitnehmer/innen während ihrer Arbeit einer Gefährdung durch Lärm oder durch Vibrationen ausgesetzt sind oder ausgesetzt sein können.

Begriffsbestimmungen

§ 2. Im Sinne dieser Verordnung sind

1. Vibrationen: Mechanische Schwingungen oder Erschütterungen, die durch direkten Kontakt auf den menschlichen Körper übertragen werden (Definition und Bewertung laut Anhang B);
   a. Hand-Arm-Vibrationen: mechanische Schwingungen, die bei Übertragung auf das Hand-Arm- System des Menschen Gefährdungen für die Gesundheit und Sicherheit der Arbeitnehmer/innen verursachen, insbesondere Durchblutungsstörungen, Knochen- oder Gelenkschäden, neurologische oder Muskelerkrankungen.
   b. Ganzkörper-Vibrationen: mechanische Schwingungen, die bei Übertragung auf den gesamten Körper Gefährdungen für die Gesundheit und Sicherheit der Arbeitnehmer/innen verursachen, insbesondere Rückenschmerzen und Schädigungen der Wirbelsäule.
2. Lärm: Jede Art von Schall im hörbaren Frequenzbereich (Definition und Bewertung laut Anhang A)
   a. gehörgefährdender Lärm: Lärm über dem Auslösewert (§ 4);
   b. störender Lärm: Lärm, der einen Beurteilungspegel nach § 5 überschreitet.

Expositionsgrenzwert

§ 3. (1) Die nachstehenden Expositionsgrenzwerte dürfen nicht überschritten werden:

1. Für Hand-Arm-Vibrationen: $a_{hw,8h}$ = 5 m/$_{s2}$;
2. Für Ganzkörper-Vibrationen: $a_{w,8h}$ = 1,15 m/$_{s2}$;
3. Für gehörgefährdenden Lärm: $L_{A,EX,8h}$ = 85 dB bzw. p_{peak} = 140 Pa (entspricht: $L_{C,peak}$ = 137 dB);
4. Für jugendliche Arbeitnehmer/innen gelten die in § 4 Abs. 1 Z 1 und 2 angeführten Auslösewerte für Vibrationen als Expositionsgrenzwerte.

(2) Abweichend von Abs. 1 kann bei Lärmexpositionen, die von einem Arbeitstag zum anderen erheblich schwanken, als Beurteilungszeitraum für den Auslösewert (§ 4 Abs. 1 Z 3), und den Expositionsgrenzwert (§ 3 Abs. 1 Z 3) anstatt des Tages (8 h) eine Woche (40 h) herangezogen werden, sofern

1. durch eine geeignete Bewertung oder Messung im Sinne des § 6 nachgewiesen wird, dass der Wochen-Lärmexpositionspegel ($L_{A,Ex,40h}$) den Expositionsgrenzwert nicht überschreitet, und
2. geeignete Maßnahmen getroffen werden, um die mit diesen Tätigkeiten verbundenen Risiken auf ein Mindestmaß zu verringern.

(3) Wenn die Expositionsgrenzwerte überschritten werden, müssen die Arbeitgeber/innen

1. unverzüglich Maßnahmen ergreifen, um die Exposition auf einen Wert unterhalb des Expositionsgrenzwertes zu senken,
2. ermitteln, warum der Expositionsgrenzwert überschritten wurde und
3. die Schutz- und Vorbeugemaßnahmen entsprechend anpassen, um ein erneutes Überschreiten des Grenzwertes zu verhindern.

Auslösewert

§ 4. Die Exposition der Arbeitnehmer/innen sollte, soweit dies nach dem Stand der Technik möglich ist, keinen der folgenden Auslösewerte überschreiten. Wenn die Exposition der Arbeitnehmer/innen einen der folgenden Auslösewerte für Vibrationen überschreitet, sind §§ 8 Abs. 1 und 9 Abs. 3 anzuwenden. Wenn die Exposition der Arbeitnehmer/innen einen der folgenden Auslösewerte für Lärm überschreitet, sind §§ 8 Abs. 1 und 14 Abs. 1 anzuwenden. Die individuelle Wirkung von persönlicher Schutzausrüstung ist hierbei nicht zu berücksichtigen. Die Auslösewerte betragen:

1. Für Hand-Arm-Vibrationen: $a_{hw,8h} = 2{,}5\ m/_{s2}$;
2. Für Ganzkörper-Vibrationen: $a_{w,8h} = 0{,}5\ m/_{s2}$;
3. Für gehörgefährdenden Lärm: $L_{A,EX,8h} = 80$ dB bzw. $p_{peak} = 112$ Pa (entspricht: $L_{C,peak} = 135$ dB).

Grenzwerte für bestimmte Räume

§ 5. (1) Bei Ganzkörper-Vibrationen in Räumen nach Z 1 bis 3 ist die Exposition so niedrig wie möglich zu halten und darf maximal den Auslösewert erreichen. Bei Lärm in Räumen nach Z 1 bis 3 dürfen die folgenden Beurteilungspegel nicht überschritten werden, wobei die von außen einwirkenden Geräusche, wie Lärm aus anderen Räumen, Nachbarschaftslärm, Verkehrslärm, Fluglärm, Lärm von einer Baustelle, in die Bewertung einzubeziehen sind:
1. $L_{A,r} = 50$ dB in Räumen, in denen überwiegend geistige Tätigkeiten, ausgeführt werden;
2. $L_{A,r} = 65$ dB in Räumen, in denen einfache Bürotätigkeiten oder vergleichbare Tätigkeiten ausgeführt werden;
3. $L_{A,r} = 50$ dB ortsbezogen, in Aufenthalts- und Bereitschaftsräumen, Sanitätsräumen und Wohnräumen, wobei Geräusche, die durch Personen im Raum verursacht werden, nicht einzubeziehen sind.

(2) Zur Einhaltung der Grenzwerte nach Abs. 1 Z 1 bis 3 darf Gehörschutz nicht herangezogen werden.

Bewertungen und Messungen

§ 6. (1) Lärm und Vibrationen an den Arbeitsplätzen sind einer Bewertung nach dem Stand der Technik zu unterziehen. Dazu können zB Betriebsanleitungen, Hersteller- oder Inverkehrbringerangaben, Arbeitsverfahrensvergleiche, veröffentlichte Informationen, wie wissenschaftliche Erkenntnisse oder Vergleichsdatenbanken oder Berechnungsverfahren, herangezogen werden.

(2) Kann aufgrund einer solchen Bewertung eine Überschreitung der Expositionsgrenzwerte oder eine Überschreitung der Grenzwerte für bestimmte Räume nicht sicher ausgeschlossen werden, so muss die Bewertung auf Grundlage einer repräsentativen Messung erfolgen.

(3) Arbeitgeber/innen haben dafür zu sorgen, dass Bewertungen und Messungen
1. unter Berücksichtigung der Herstellerangaben sachkundig geplant und in angemessenen Zeitabständen durchgeführt werden;
2. den physikalischen Eigenschaften von Lärm oder Vibrationen, dem Ausmaß, der Dauer und der Expositionsgröße sowie der Arbeitsumgebung angepasst sind und zu einem eindeutigen und repräsentativen Ergebnis führen; dies gilt auch für Stichprobenverfahren;
3. bei Hand-Arm-Vibrationen für Arbeitsmittel, die beidhändig gehalten oder geführt werden, an jeder Hand vorgenommen werden; die repräsentative Exposition ergibt sich aus dem höheren der beiden Werte, wobei beide Werte zu dokumentieren sind;
4. so dokumentiert werden (§ 5 ASchG), dass die Ergebnisse eindeutig und nachvollziehbar sind.

(4) Bewertungen und Messungen dürfen nur von fachkundigen Personen oder Diensten durchgeführt werden. Diese müssen die erforderlichen Fachkenntnisse und Berufserfahrungen besitzen und die Gewähr für die gewissenhafte und repräsentative Durchführung der Bewertungen und Messungen nach dem Stand der Technik bieten. Als Fachkundige können auch Betriebsangehörige eingesetzt werden.

(5) Fachkundige Personen oder Dienste müssen über die je nach Art der Aufgabenstellung, notwendigen und geeigneten Einrichtungen verfügen (zB Software für Berechnungen, Messgeräte, die den vorherrschenden Bedingungen insbesondere unter Berücksichtigung der Merkmale der zu messenden physikalischen Größe angepasst sind, oder aus denen die physikalische Größe eindeutig und repräsentativ abgeleitet werden kann, Vergleichsdaten, einschlägige technische Normen).

Ermittlung und Beurteilung der Gefahren

§ 7. (1) Arbeitgeber/innen müssen die Gefahren, denen die Arbeitnehmer/innen durch Lärm oder Vibrationen ausgesetzt sind, ermitteln und beurteilen und dabei insbesondere Folgendes berücksichtigen:
1. Art, Ausmaß, Dauer und Frequenzspektrum der Exposition, einschließlich der Exposition gegenüber impulsförmigem Schall sowie gegenüber intermittierenden und wiederholten Vibrationen;
2. Expositionsgrenzwerte, Auslösewerte und Grenzwerte für bestimmte Räume;
3. Ergebnisse von Bewertungen und Messungen sowie einschlägige Informationen auf Grundlage der Gesundheitsüberwachung;
4. die Angaben von Herstellern/Herstellerinnen, Inverkehrbringern/Inverkehrbringerinnen oder der Bedienungsanleitung (insbesondere Angaben zur korrekten Verwendung, zur Wartung und Kennzeichnung der Arbeitsmittel) sowie veröffentlichte Informationen wie wissenschaftliche Erkenntnisse oder Vergleichsdaten.

(2) Weiters sind bei der Ermittlung und Beurteilung der Gefahren, denen die Arbeitnehmer/innen durch Lärm oder Vibrationen ausgesetzt sind, zu berücksichtigen:
1. alle Auswirkungen auf die Gesundheit und Sicherheit der Arbeitnehmer/innen bei gleichzeitiger Einwirkung von Lärm und Vibrationen oder ototoxischen Substanzen, soweit nach dem Stand der Technik oder der Arbeitsmedizin ein Zusammenhang erwiesen ist;
2. besondere Arbeits- oder Umgebungsbedingungen bei Vibrationen, zB Arbeit bei niedrigen Temperaturen;
3. alle Auswirkungen auf die Gesundheit und Sicherheit besonders gefährdeter Arbeitnehmer/ innen;
4. die Verfügbarkeit von persönlicher Schutzausrüstung mit einer angemessenen mindernden Wirkung; bei Hand-Arm-Vibrationen zB auch Handschuhe zum Schutz vor Nässe und Kälte;
5. alle indirekten Auswirkungen auf Gesundheit und Sicherheit der Arbeitnehmer/innen durch
   a. Wechselwirkungen zwischen Lärm und Warnsignalen bzw. anderen Geräuschen, die beachtet werden müssen, um Unfallgefahren zu vermeiden; dies ist insbesondere zu beachten, wenn Gehörschutz zur Anwendung kommt;
   b. verminderte Sprachverständlichkeit bei Lärm;
   c. Auswirkungen von Vibrationen auf den Arbeitsplatz oder auf Arbeitsmittel, zB wenn sich Vibrationen auf das korrekte Handhaben von Bedienungselementen, auf das Ablesen von Anzeigen oder auf die Stabilität der Strukturen oder die Festigkeit von Verbindungen störend auswirken;
6. eine allfällige über die Normalarbeitszeit (acht Stunden oder vierzig Stunden) hinausgehende Exposition gegenüber Lärm oder Vibrationen.

(3) Bei der Ermittlung und Beurteilung der Gefahren ist, ausgehend vom Ist-Zustand, Bedacht zu nehmen auf

1. die Gestaltung und Auslegung der Arbeitsstätten, Räume, Arbeitsplätze und Arbeitsverfahren, wie bauliche Trennung von stark belasteten Bereichen, Abschirmungen, für Lärm auch Raumakustik;
2. die Verfügbarkeit alternativer Arbeitsmittel oder Ausrüstungen und die Möglichkeit technischer Maßnahmen, durch die das Ausmaß der Exposition verringert wird;
3. die Möglichkeit, Arbeitsmittel so aufzustellen und Arbeitsvorgänge so durchzuführen, dass das Ausmaß der Exposition insbesondere für Arbeitnehmer/innen, die nicht an diesen Arbeitsmitteln oder bei diesen Arbeitsvorgängen tätig sind, verringert wird;
4. die Möglichkeit, Verbindungen zwischen Arbeitsmitteln oder sonstigen Einrichtungen schwingungsdämpfend zu gestalten.

(4) Die Ermittlung und Beurteilung ist regelmäßig zu aktualisieren. Eine Überprüfung und erforderlichenfalls eine Anpassung gemäß § 4 Abs. 4 und 5 ASchG hat insbesondere auch zu erfolgen, wenn die Ermittlung und Beurteilung aufgrund bedeutsamer Veränderungen veraltet sein könnte, oder wenn es sich aufgrund der Ergebnisse einer Bewertung oder Messung oder aufgrund der Ergebnisse der Gesundheitsüberwachung als erforderlich erweist.

Information, Unterweisung, Anhörung und Beteiligung der Arbeitnehmer/innen

§ 8. (1) Wenn ein Auslösewert überschritten ist, muss eine Information und Unterweisung der Arbeitnehmer/innen nach §§ 12 und 14 ASchG erfolgen. Diese hat sich jedenfalls zu beziehen auf:
1. die Maßnahmen gemäß §§ 10 bis 13;
2. Bedeutung und Höhe der Expositionsgrenzwerte und der Auslösewerte sowie ihren Bezug zur Gefährdung;
3. die Ergebnisse der Bewertungen und Messungen und die potentiellen Gefahren, die von den Emissionsquellen ausgehen;
4. das Erkennen und Melden von gesundheitsschädigenden Auswirkungen;
5. die Voraussetzungen, unter denen die Arbeitnehmer/innen Anspruch auf eine Gesundheitsüberwachung haben und deren Zweck;
6. sichere Arbeitsverfahren, sowie korrekte Handhabung der Arbeitsmittel und Verhaltensweisen zur Minimierung der Exposition;
7. die korrekte Verwendung der zur Verfügung gestellten persönlichen Schutzausrüstung.

(2) Die Anhörung und Beteiligung der Arbeitnehmer/innen nach § 13 ASchG hat sich insbesondere zu beziehen auf:
1. die Ergebnisse der Ermittlung und Beurteilung der Gefahren;
2. die Maßnahmen gemäß §§ 10 bis 13;
3. die Auswahl persönlicher Schutzausrüstungen.

Maßnahmen und Maßnahmenprogramm

§ 9. (1) Gefahren durch Lärm oder Vibrationen müssen am Entstehungsort ausgeschlossen oder so weit verringert werden, als dies nach dem Stand der Technik und der Verfügbarkeit von geeigneten technischen Mitteln möglich ist.

(2) Um Lärm und Vibrationen auf das niedrigste in der Praxis vertretbare Niveau zu senken, müssen Arbeitgeber/innen unter Beachtung der Grundsätze der Gefahrenverhütung (§ 7 ASchG) geeignete Maßnahmen aus den §§ 10 bis 13 auswählen und durchführen.

(3) Wenn einer der nachstehenden Werte überschritten wird, müssen Arbeitgeber/innen bei der Festlegung von Maßnahmen nach § 4 Abs. 3 ASchG auch ein Programm mit Maßnahmen aus den §§ 10 bis 13 festlegen und durchführen:
1. Auslösewerte für Vibrationen,
2. Expositionsgrenzwerte für gehörgefährdenden Lärm,
3. Grenzwerte für bestimmte Räume.

Bauliche und raumakustische Maßnahmen

§ 10. (1) Im Maßnahmenprogramm nach § 9 sind bauliche Maßnahmen zur Vermeidung oder Verringerung der Exposition, wie die Gestaltung und Auslegung der Räume und Arbeitsplätze festzulegen. Bei Lärm sind nach Möglichkeit raumakustische Maßnahmen mit einem mittleren Schallabsorptionsgrad von mindestens $\alpha_{m,B}$ = 0,25 (leerer Raum, Planungswert) oder mindestens α_m = 0,3 (eingerichteter Raum) für die Oktavbandmittenfrequenzen von 500, 1000 und 2000 Hz zu setzen.

(2) Raumakustische Maßnahmen im Sinne des Abs. 1 müssen jedenfalls gesetzt werden, wenn damit unterschritten werden kann
1. der jeweilige Grenzwert für bestimmte Räume (§ 5),
2. bei gehörgefährdendem Lärm der Expositionsgrenzwert.

Maßnahmen an der Quelle

§ 11. Im Maßnahmenprogramm nach § 9 sind Maßnahmen an der Quelle zur Vermeidung oder Verringerung der Exposition an der Quelle festzulegen, wie
1. alternative Arbeitsverfahren, bei denen es zu keiner oder einer geringeren Exposition gegenüber Lärm und Vibrationen kommt;
2. die Auswahl geeigneter Arbeitsmittel, die laut Herstellerangaben und unter Berücksichtigung der auszuführenden Arbeit möglichst wenig Lärm und Vibrationen verursachen und die, insbesondere bei Vibrationen, nach ergonomischen Gesichtspunkten gestaltet sind;
3. die angemessene Wartung der Arbeitsmittel und ihrer Verbindungs- und Aufstellungsbauteile sowie anderer Einrichtungen an den Arbeitsplätzen.

Maßnahmen betreffend Arbeitsmittel und Arbeitsvorgänge

§ 12. Im Maßnahmenprogramm nach § 9 sind Maßnahmen betreffend Arbeitsmittel und Arbeitsvorgänge festzulegen, wie
1. Arbeitsmittel und Arbeitsvorgänge, die an Arbeitsplätzen Lärm oder Vibrationen über den Auslösewerten verursachen, sind unter Berücksichtigung der Arbeitsabläufe nach Möglichkeit in eigenen Räumen unterzubringen bzw. durchzuführen.
2. Arbeitsmittel und Arbeitsvorgänge, die an Arbeitsplätzen Lärm oder Vibrationen verursachen, sind so aufzustellen bzw. durchzuführen, dass insbesondere für Arbeitnehmer/innen, die nicht an diesen Arbeitsmitteln oder bei diesen Arbeitsvorgängen tätig sind, das Ausmaß der Exposition gegenüber Lärm und Vibrationen soweit als möglich verringert wird.
3. Rohre oder Leitungen, die vibrierende Arbeitsmittel untereinander oder mit anderen Einrichtungen verbinden, müssen schwingungsdämpfend ausgeführt und befestigt sein.

Technische und organisatorische Maßnahmen

§ 13. (1) Im Maßnahmenprogramm nach § 9 sind technische Maßnahmen festzulegen:

1. für Lärm: Luftschallminderung (zB durch Abschirmungen, Kapselungen, Abdeckungen mit schallabsorbierendem Material) oder Körperschallminderung (zB durch Körperschalldämmung oder Körperschallisolierung);
2. für Vibrationen: Bereitstellung von Zusatzausrüstungen, die die Gefahren aufgrund von Vibrationen verringern (zB Sitze, die Ganzkörper-Vibrationen wirkungsvoll dämpfen, oder Griffe, die auf den Hand-Arm-Bereich übertragene Vibrationen verringern).

(2) Im Maßnahmenprogramm nach § 9 sind organisatorische Maßnahmen festzulegen, wie

1. Abstandsvergrößerung zur Emissionsquelle von Lärm insbesondere für Arbeitnehmer/innen, die nicht an diesen Arbeitsmitteln oder bei diesen Arbeitsvorgängen tätig sind;
2. sichere Arbeitsverfahren, sowie korrekte Handhabung der Arbeitsmittel und Verhaltensweisen zur Minimierung der Exposition der Arbeitnehmer/ innen;
3. Begrenzen der Dauer der Exposition durch geeignete organisatorische Maßnahmen, wie eine Beschränkung der Beschäftigungsdauer, Arbeitsunterbrechungen oder die Einhaltung von Erholzeiten.

Persönliche Schutzausrüstung, Kennzeichnung, Verzeichnis

§ 14. (1) Für Arbeitnehmer/innen die sich in Bereichen aufhalten, in denen der Auslösewert für Lärm überschritten ist, ist Gehörschutz zur Verfügung zu stellen. Für Arbeitnehmer/innen, die sich in Bereichen aufhalten, in denen der Expositionsgrenzwert für gehörgefährdenden Lärm (Abs. 4) überschritten ist, muss der Gehörschutz so ausgewählt werden, dass die individuelle Exposition der Arbeitnehmer/innen den Expositionsgrenzwert nicht überschreitet. Arbeitnehmer/innen, die sich in Bereichen aufhalten, in denen der Expositionsgrenzwert für gehörgefährdenden Lärm überschritten ist, müssen diesen Gehörschutz benutzen.

(2) Um den Expositionsgrenzwert für Vibrationen zu unterschreiten, ist den Arbeitnehmer/innen persönliche Schutzausrüstung zur Verfügung zu stellen, sofern für die spezifische Einwirkung eine Schutzausrüstung erhältlich ist, durch die die individuelle Exposition der Arbeitnehmer/innen unter den Expositionsgrenzwert gesenkt werden kann. Außerdem ist erforderlichenfalls persönliche Schutzausrüstung zum Schutz vor Kälte und Nässe, zB Handschuhe als Witterungsschutz bei Hand-Arm-Vibrationen, bereitzustellen. Die Arbeitnehmer/innen müssen die persönliche Schutzausrüstung benutzen.

(3) Bereiche, in denen ein Expositionsgrenzwert für gehörgefährdenden Lärm (Abs. 4) oder, bei Übertragung von Vibrationen über den Boden, der Expositionsgrenzwert für Ganzkörper-Vibrationen überschritten ist, sind in geeigneter Weise zu kennzeichnen. Wenn dies technisch möglich und aufgrund der Expositionsgefahr gerechtfertigt ist, sind sie auch abzugrenzen und ist der Zugang einzuschränken.

(4) Die Überschreitung von Expositionsgrenzwerten nach Abs. 1 und 3 ist zu beurteilen

1. ortsbezogen oder
2. personenbezogen, sofern Ausmaß, Lage und Organisation der Aufenthaltsdauer der betroffenen Arbeitnehmer/innen im Sicherheits- und Gesundheitsschutzdokument festgelegt sind.

(5) Das Verzeichnis lärmexponierter Arbeitnehmer/innen im Sinne des § 65 Abs. 4 Z 6 ASchG ist für jene Arbeitnehmer/innen zu führen, die einer personenbezogenen Exposition über dem Expositionsgrenzwert für gehörgefährdenden Lärm ausgesetzt sind, wobei die individuelle Wirkung von persönlicher Schutzausrüstung nicht zu berücksichtigen ist.

Ausnahmen

§ 15. (1) Gemäß § 95 Abs. 1 ASchG wird festgestellt, dass die Behörde von den Bestimmungen dieser Verordnung, außer von § 5, § 9 Abs. 3 Z 3 und des § 10 Abs. 2, und mit Maßgabe des Abs. 2 keine Ausnahme zulassen darf.

(2) Hinsichtlich des Expositionsgrenzwertes für Vibrationen darf die Behörde gemäß § 95 Abs. 3 ASchG Ausnahmen von § 3 Abs. 1 zulassen, wenn die Arbeitnehmer/innen Vibrationen ausgesetzt sind, die in der Regel unter den Auslösewerten liegen, aber von einem Arbeitstag zum anderen erheblich schwanken und gelegentlich den Expositionsgrenzwert überschreiten können.

(3) Ausnahmebescheide nach Abs. 2 dürfen nur erteilt werden, wenn der Antragsteller,

1. durch eine Bewertung oder Messung nachweist, dass die durchschnittliche Exposition über einen Zeitraum von 40 Stunden hinweg unter dem Expositionsgrenzwert bleibt und
2. nachweist, dass die Risiken aus dieser Form der Einwirkung, der die Arbeitnehmer/innen ausgesetzt sind, geringer sind als die mit einer Exposition in Höhe des Expositionsgrenzwertes verbundenen Risiken.

(4) Ausnahmebescheide nach Abs. 2 dürfen weiters nur erteilt werden:

1. nach Anhörung der Interessenvertretungen der Arbeitgeber/innen und der Arbeitnehmer/innen,
2. unter Vorschreibung geeigneter Auflagen, die unter Berücksichtigung der besonderen Umstände gewährleisten, dass die sich daraus ergebenden Risiken auf ein Minimum reduziert werden,
3. wenn nach Anhörung des zuständigen arbeitsinspektionsärztlichen Dienstes gewährleistet ist, dass für die betreffenden Arbeitnehmer/innen eine verstärkte Gesundheitsüberwachung vorgesehen wird,
4. befristet, wobei die Frist maximal 4 Jahre betragen darf.

Umsetzung von Rechtsakten der Europäischen Union

§ 16. Durch diese Verordnung werden folgende Rechtsakte der Europäischen Union umgesetzt:

1. Richtlinie 2003/10/EG über Mindestvorschriften zum Schutz von Sicherheit und Gesundheit der Arbeitnehmer vor der Gefährdung durch physikalische Einwirkungen (Lärm), ABl. Nr. L 42 vom 15. 02. 2003 S. 38;
2. Richtlinie 2002/44/EG über Mindestvorschriften zum Schutz von Sicherheit und Gesundheit der Arbeitnehmer vor der Gefährdung durch physikalische Einwirkungen (Vibrationen), ABl. Nr. L 177 vom 06. 07. 2002 S. 13.

Übergangs- und Schlussbestimmungen

§ 17. (1) Gemäß § 114 Abs. 1 und 2 ASchG wird festgestellt, dass § 65 Abs. 2 bis 4 ASchG gleichzeitig mit dieser Verordnung in Kraft tritt.

(2) Gemäß § 125 Abs. 8 ASchG wird festgestellt, dass mit In-Kraft-Treten dieser Verordnung § 17 Abs. 1 bis 4, § 51 Abs. 1 bis 3, § 67 Abs. 1, 2 und 4 sowie § 87 Abs. 1

letzter Satz der gemäß § 108 Abs. 2, § 114 Abs. 2 zweiter Satz sowie § 114 Abs. 4 Z 5 und 7 ASchG als Bundesgesetz geltenden Allgemeinen Arbeitnehmerschutzverordnung (AAV), BGBl. Nr. 218/1983, in der Fassung der Verordnung BGBl. II Nr. 156/2005, außer Kraft treten.

(3) Gemäß § 195 Abs. 2 des Mineralrohstoffgesetzes – MinroG, BGBl. I Nr. 38/1999, zuletzt geändert durch das Bundesgesetz BGBl. I Nr. 85/2005, wird festgestellt, dass mit In-Kraft-Treten dieser Verordnung §§ 314 und 345 der gemäß § 195 Abs. 1 Z 4 MinroG als Bundesgesetz geltenden Allgemeinen Bergpolizeiverordnung, BGBl. Nr. 114/1959, zuletzt geändert durch die Verordnung BGBl. II Nr. 140/2005, außer Kraft treten.

(4) Vor In-Kraft-Treten dieser Verordnung aufgrund des ASchG oder aufgrund des Arbeitnehmerschutzgesetzes, BGBl. Nr. 234/1972, erlassene Bescheide werden durch diese Verordnung nicht berührt, mit der Maßgabe, dass bescheidmäßige Vorschreibungen von Grenzwerten für Lärm oder für Vibrationen außer Kraft treten und die in §§ 3, 4 und 5 festgelegten Werte Anwendung finden.

(5) Abweichend von § 3 Abs. 1 dürfen Arbeitsmittel, die vor dem 7. Juli 2007 verwendet werden und bei deren Verwendung trotz Durchführung aller in Betracht kommender Maßnahmen nach dieser Verordnung die Einhaltung der Expositionsgrenzwerte für Vibrationen nicht möglich ist, bis 7. Juli 2011 weiter verwendet werden.

(6) Abweichend von § 5 Abs. 1 Z 2 gilt ein Grenzwert von $L_{A,r}$ = 70 dB für Arbeitsräume, die bereits vor In-Kraft-Treten dieser Verordnung für einfache Bürotätigkeiten, oder vergleichbare Tätigkeiten genutzt wurden.

(7) § 10 Abs. 2 gilt nicht für im Zeitpunkt des In-Kraft-Tretens dieser Verordnung bereits bestehende Arbeitsstätten.

(8) Bei In-Kraft-Treten dieser Verordnung bereits bestehende Arbeitsstätten, Baustellen und auswärtige Arbeitsstellen müssen, sofern die in Abs. 2 und 3 genannten Bestimmungen eingehalten werden, den Bestimmungen dieser Verordnung hinsichtlich Lärm erst ab 15. Februar 2006 entsprechen.

(9) Für Arbeitsstätten und auswärtige Arbeitsstellen im Musik- oder Unterhaltungssektor (einschließlich Musikdarbietungen im Gastgewerbe) tritt diese Verordnung erst am 15. Februar 2008 in Kraft. Bis dahin sind insoweit die in Abs. 2 genannten Bestimmungen weiter anzuwenden.

(10) § 4, § 10 Abs. 1 und Abs. 2 Z 1, § 17 Abs. 5 sowie im Anhang B der Abschnitt „Ganzkörper-Vibrationen" in der Fassung der Verordnung BGBL. II Nr. 302/2009 treten mit 1. Oktober 2009 in Kraft.

ANHANG A

DEFINITION UND BEWERTUNG: LÄRMGRÖSSEN

Gehörgefährdender Lärm:

Spitzenschalldruck (p_{peak}): Höchstwert des momentanen C-bewerteten Schalldrucks.

Lärmexpositionspegel - $L_{A,EX,8h}$ oder $L_{A,EX,40h}$: A-bewerteter energieäquivalenter Dauerschallpegel $L_{A,eq}$ mit einem Beurteilungszeitraum von einem Arbeitstag (8 h) oder bei Lärmexpositionen, die von einem Arbeitstag zum anderen erheblich schwanken, mit einem Beurteilungszeitraum von einer Arbeitswoche (40 h) gemäß Abschnitt 3.6 ISO 1999:1990.

$L_{A,EX,To} = L_{A,eq,Te} + 10 \log (T_e/T_o)$

mit T_e als tatsächlicher Expositionsdauer zum jeweiligen Beurteilungszeitraum T_o von 8 h bzw. 40 h.

Störwirkung von Lärm:

Beurteilungspegel - $L_{A,r}$: Lärmexpositionspegel $L_{A,EX,To}$, wie für gehörgefährdenden Lärm, mit Zuschlägen für die Impuls- oder Tonhaltigkeit.

$L_{A,r} = L_{A,EX,To} + K$

mit T_o als Beurteilungszeitraum und K als Zuschlag, der je nach Gegebenheit entweder als Impulszuschlag KI oder Tonzuschlag KT zu berücksichtigen ist. Bei gleichzeitigem Auftreten von Impuls- und Tonhaltigkeit ist nur ein Zuschlag zu addieren.

Bei Aufenthaltsräumen in Baustellenwagen: $L_{A,r} = L_{A,eq,Te} + K$ mit Te als Pausendauer je Schicht

Impulszuschlag KI: Der Zuschlag für impulshältiges Geräusch ist 6 dB, wenn die A-bewerteten Maximalpegel bei der Anzeigedynamik „impulse" sich um mindestens 2 dB von den Maximalpegeln bei der Anzeigedynamik „fast" unterscheiden.

Tonzuschlag K_T: Wenn Tonkomponenten deutlich hörbar sind und die Terzbandanalyse ergibt, dass der Pegel eines (oder zweier) Terzbänder die Pegel der benachbarten Bänder um 5 dB oder mehr übersteigt, beträgt der Tonzuschlag 6 dB.

Zusammengesetzte Lärmexposition:

Setzt sich Ausmaß und Dauer der Lärmeinwirkung während eines Arbeitstages oder einer Arbeitswoche aus zwei oder mehreren verschiedenen Anteilen zusammen, so ist die Lärmexposition mit dem Gesamt- Expositionszeitraum T_e aus den i-ten verschiedenen Anteilen wie folgt zu berechnen:

$$L_{A,eq,T_e} = 10 \log \left[(1/T_e) \cdot \sum_{i=1}^{n} 10^{0,1 \cdot L_{A,eq,Te,i}} \cdot T_{e,i} \right] \text{ mit } T_e = \sum_{i=1}^{n} T_{e,i}$$

als gesamte Expositionsdauer,

$T_{e,i}$, als die i-te Teilexpositionsdauer von n und mit $L_{A,eq,}T_{e,i}$ als i-ter Teildauerschallpegel von n.

ANHANG B

DEFINITION UND BEWERTUNG: VIBRATIONSGRÖSSEN

Hand-Arm-Vibrationen:

Die Bewertung des Ausmaßes der Exposition gegenüber Hand-Arm-Vibrationen erfolgt anhand der Berechnung des auf einen Bezugszeitraum von 8 Stunden normierten Tagesexpositionswertes $a_{hw,8h}$; dieser wird ausgedrückt als die Quadratwurzel aus der Summe der Quadrate (Gesamtwert) der Effektivwerte der bewerteten Beschleunigung in den drei orthogonalen Richtungen a_{hwx}, a_{hwy}, a_{hwz} gemäß Kapitel 4 und 5 sowie Anhang A ÖNORM EN ISO 5349-1:2001.

$$a_{hw} = \sqrt{a_{hwx}^2 + a_{hwy}^2 + a_{hwz}^2} \text{ und } a_{hw,8h} = a_{hw,T_e} \cdot \sqrt{T_e / T_o} \text{ mit}$$

T_e als tatsächlicher Expositionsdauer zum Beurteilungszeitraum T_o von 8 h.

Zusammengesetzte Exposition bei Hand-Arm-Vibrationen:

Setzt sich Ausmaß und Dauer der Einwirkung von Hand-Arm-Vibrationen während eines Arbeitstages aus zwei oder mehreren verschiedenen Anteilen zusammen, so ist die Vibrationsexposition mit dem Gesamt- Expositionszeitraum T_e aus den i-ten verschiedenen Anteilen wie folgt zu berechnen:

$$a_{hw,T_e} = \sqrt{(1/T_e) \cdot \sum_{i=1}^{n} a_{hw,T_{e,i}}^2 \cdot T_{e,i}} \text{ mit } T_e = \sum_{i=1}^{n} T_{e,i}$$

als gesamte Expositionsdauer, $T_{e,i}$ als i-te Teilexpositionsdauer von n und mit $a_{w,}T_{e,i}$ als i-te Teilexposition von n.

Ganzkörper-Vibrationen:

Die Bewertung des Ausmaßes der Exposition gegenüber Ganzkörper-Vibrationen erfolgt anhand der Berechnung des auf den Bezugszeitraum von 8 Stunden normierten Tagesexpositionswertes $a_{w,8h}$; dieser wird ausgedrückt als Quadratwurzel aus der Summe der Quadrate (Gesamtwert) der Effektivwerte der bewerteten Beschleunigung in den drei orthogonalen Richtungen 1,4.a_{wx}, 1,4.$_{awy}$, a_{wz} gemäß Abschnitt 5, 6 und 7 sowie Anhängen A und B der ÖNORM ISO 2631-1:2005 mit der Maßgabe, dass für sitzende oder stehende Arbeitnehmer/innen die Vektorsumme heranzuziehen ist:

$$a_w = \sqrt{1{,}4^2 \cdot a_{wx}^2 + 1{,}4^2 \cdot a_{wy}^2 + a_{wz}^2} \text{ und } a_{w,8h} = a_{w,T_e} \cdot \sqrt{T_e / T_o}$$

mit T_e als tatsächlicher Expositionsdauer zum Beurteilungszeitraum T_o von 8 h.

Zusammengesetzte Exposition bei Ganzkörper-Vibrationen:

Setzt sich Ausmaß und Dauer der Einwirkung von Ganzkörper-Vibrationen während eines Arbeitstages aus zwei oder mehreren verschiedenen Anteilen zusammen, so ist die Vibrationsexposition mit dem Gesamt-Expositionszeitraum T_e aus den i-ten verschiedenen Anteilen wie folgt zu berechnen:

$$a_{hw,T_e} = \sqrt{(1/T_e) \cdot \sum_{i=1}^{n} a_{hw,T_{e,i}}^2 \cdot T_{e,i}} \text{ mit } T_e = \sum_{i=1}^{n} T_{e,i}$$

als gesamte Expositionsdauer, $T_{e,\,i}$ als i-te Teilexpositionsdauer von n und mit $a_{w,}T_{e,i}$ als i-te Teilexposition von n.

Verordnung optische Strahlung

Verordnung des Bundesministers für Arbeit, Soziales und Konsumentenschutz, mit der die Verordnung über den Schutz der Arbeitnehmer/innen vor der Einwirkung durch optische Strahlung (Verordnung optische Strahlung – VOPST) erlassen wird und mit der die Verordnung über die Gesundheitsüberwachung am Arbeitsplatz und die Verordnung über Beschäftigungsverbote und -beschränkungen für Jugendliche geändert werden, BGBl II Nr. 221/2010.

ARTIKEL 1

VERORDNUNG ÜBER DEN SCHUTZ DER ARBEITNEHMER/INNEN VOR DER EINWIRKUNG DURCH OPTISCHE STRAHLUNG (VERORDNUNG OPTISCHE STRAHLUNG – VOPST)

Aufgrund der §§ 3 Abs. 7, 4, 5, 12 bis 15, 20 Abs. 2, 22 Abs. 4, 28 Abs. 5, 33 Abs. 5, 38 Abs. 1, 66, 69, 70, 72 Abs. 1 Z 4 bis 6 und Abs. 2 sowie 95 Abs. 2 des Bundesgesetzes über Sicherheit und Gesundheitsschutz bei der Arbeit (ArbeitnehmerInnenschutzgesetz – ASchG), BGBl. Nr. 450/1994 zuletzt geändert durch das Bundesgesetz BGBl. I Nr. 147/2006, wird verordnet:

Inhaltsverzeichnis

Geltungsbereich

§ 1. Die Verordnung gilt in Arbeitsstätten, auf Baustellen und an auswärtigen Arbeitsstellen im Sinne des ASchG für Tätigkeiten, bei denen die Arbeitnehmer/innen während ihrer Arbeit einer Einwirkung durch optische Strahlung ausgesetzt sind oder ausgesetzt sein können.

Begriffsbestimmungen

§ 2. (1) Optische Strahlung ist jede inkohärente und kohärente (z. B. LASER) elektromagnetische Strahlung von natürlichen oder künstlichen Quellen im Wellenlängenbereich von 100 nm bis 1 mm. Das Spektrum der optischen Strahlung wird unterteilt in ultraviolette Strahlung, sichtbare Strahlung und Infrarotstrahlung.

(2) Ultraviolette Strahlung ist optische Strahlung im Wellenlängenbereich von 100 nm bis 400 nm. Der Bereich der ultravioletten Strahlung wird unterteilt in UV-A-Strahlung (315 nm bis 400 nm), UV-B-Strahlung (280 nm bis 315 nm) und UV-C-Strahlung (100 nm bis 280 nm).

(3) Sichtbare Strahlung ist optische Strahlung im Wellenlängenbereich von 380 nm bis 780 nm.

(4) Infrarotstrahlung ist optische Strahlung im Wellenlängenbereich von 780 nm bis 1 mm. Der Bereich der Infrarotstrahlung wird unterteilt in IR-A-Strahlung (780 nm bis 1400 nm), IR-B-Strahlung (1400 nm bis 3000 nm) und IR-C-Strahlung (3000 nm bis 1 mm).

(5) Expositionsgrenzwerte sind Grenzwerte für die Exposition gegenüber optischer Strahlung, die unmittelbar auf nachgewiesenen gesundheitlichen Auswirkungen und biologischen Erwägungen beruhen. Durch die Einhaltung dieser Grenzwerte wird sichergestellt, dass Arbeitnehmer/innen, die künstlichen Quellen optischer Strahlung ausgesetzt sind, vor allen bekannten gesundheitsschädlichen Auswirkungen geschützt sind.

(6) Ausmaß ist die kombinierte Wirkung von Bestrahlungsstärke, Bestrahlung und Strahldichte, der Arbeitnehmer/innen ausgesetzt sind.

Expositionsgrenzwerte

§ 3. (1) Folgende Expositionsgrenzwerte dürfen nicht überschritten werden:

1. Für inkohärente künstliche optische Strahlung: die Expositionsgrenzwerte gemäß Tabelle A.3, Anhang A unter Berücksichtigung der Definitionen gemäß Anhang A;
2. für kohärente optische Strahlung (LASER): die Expositionsgrenzwerte gemäß Tabellen B.4a, B.4b, B.4c, B.4d und B.4e, Anhang B unter Berücksichtigung der Definitionen gemäß Anhang B.

(2) Wenn die Bewertung gemäß § 4 ergibt, dass die Exposition der Arbeitnehmer/innen einen der Expositionsgrenzwerte für künstliche optische Strahlung nach Abs. 1 überschreitet sind § 6, § 7 Abs. 3, § 8 und § 9 Abs. 1 bis 3 anzuwenden.

Bewertungen und Messungen

§ 4. (1) Künstliche optische Strahlung an den Arbeitsplätzen sind einer Bewertung zu unterziehen. Dazu können als Stand der Technik herangezogen werden:

1. Internationale oder europäische Normen und Empfehlungen,
2. nationale oder internationale wissenschaftlich untermauerte Leitlinien, falls die unter Z 1 genannten Normen und Empfehlungen keine Bewertung ermöglichen.

(2) Angaben der Hersteller/innen oder der Inverkehrbringer/innen können bei der Bewertung berücksichtigt werden, wenn die Quellen künstlicher optischer Strahlung in den Geltungsbereich der einschlägigen Gemeinschaftsrichtlinien fallen. Dies kann z.B. die Angabe von Risikogruppen bei künstlicher inkohärenter optischer Strahlung für Lampen und Lampensysteme oder die Angabe von Laserklassen nach Stand der Technik sein.

(3) Falls die Bewertung gemäß Abs. 1 keine eindeutige Festlegung der erforderlichen Maßnahmen ermöglicht, muss eine Bewertung auf Grundlage von repräsentativen Messungen oder Berechnungen nach Stand der Technik erfolgen.

(4) Arbeitgeber/innen haben dafür zu sorgen, dass Bewertungen einschließlich Messungen oder Berechnungen

1. für künstliche optische Strahlung unter Berücksichtigung der Herstellerangaben sachkundig geplant und in angemessenen Zeitabständen durchgeführt werden,
2. den physikalischen Eigenschaften der künstlichen optischen Strahlung, dem Ausmaß, der Dauer und der physikalischen Größe sowie der Arbeitsumgebung angepasst sind und zu einem eindeutigen und repräsentativen Ergebnis (auch bei Stichprobenverfahren) führen,
3. so dokumentiert werden (§ 5 ASchG), dass die Ergebnisse eindeutig und nachvollziehbar sind.

(5) Bewertungen oder Messungen dürfen nur von fachkundigen Personen oder Diensten durchgeführt werden. Diese müssen die erforderlichen Fachkenntnisse und Berufserfahrungen besitzen und die Gewähr für die gewissenhafte und repräsentative Durchführung der Bewertungen und Messungen nach dem Stand der Technik bieten. Als Fachkundige können auch Betriebsangehörige eingesetzt werden.

(6) Fachkundige Personen oder Dienste müssen über die je nach Art der Aufgabenstellung notwendigen und geeigneten Einrichtungen verfügen (z.B. Software für Berechnungen, Messgeräte, die den vorherrschenden Bedingungen insbesondere unter Berücksichtigung der Merkmale der zu messenden physikalischen Größe angepasst sind, oder aus denen die physikalische Größe eindeutig und repräsentativ abgeleitet werden kann, Vergleichsdaten, einschlägige technische Normen).

Ermittlung und Beurteilung der Gefahren

§ 5. (1) Arbeitgeber/innen müssen die Gefahren, denen die Arbeitnehmer/innen durch künstliche optische Strahlung ausgesetzt sind, ermitteln und beurteilen und dabei insbesondere Folgendes berücksichtigen:

1. Art, Ausmaß, Dauer und Frequenz- oder Wellenlängenspektrum der Exposition gegenüber künstlicher optischer Strahlung, wobei auch die Exposition gegenüber mehreren Quellen zu berücksichtigen ist,
2. Ergebnisse von Bewertungen und Messungen sowie zusätzlich einschlägige Informationen für künstliche optische Strahlung auf Grundlage der Gesundheitsüberwachung,
3. veröffentlichte Informationen, wie wissenschaftliche Erkenntnisse oder Vergleichsdaten sowie die Angaben der Hersteller/innen oder der Inverkehrbringer/innen oder zusätzlich die Bedienungsanleitung (insbesondere Angaben zur korrekten Verwendung, zur Wartung und Kennzeichnung der Arbeitsmittel).

(2) Falls unter vorhersehbaren Bedingungen gleiche Ergebnisse erzielt werden, wie bei einem Vergleich mit den Expositionsgrenzwerten, kann auf Basis der Bewertungen nach § 4 Abs. 2 die Ermittlung und Beurteilung biologischer Strahlengefahren durch künstliche optische Strahlung nach den Risikogruppen für Lampen und Lampensystemen, Anhang A, insbesondere Tabelle A.4 und nach den Klassen für Laser, Anhang B, insbesondere Tabelle B.5, nach dem Stand der Technik durchgeführt werden.

(3) Weiters sind bei der Ermittlung und Beurteilung der Gefahren, denen die Arbeitnehmer/innen durch künstliche optische Strahlung ausgesetzt sind, zu berücksichtigen:

1. Alle Auswirkungen auf die Gesundheit und Sicherheit der Arbeitnehmer/innen,
   a) die sich aus dem Zusammenwirken von künstlicher optischer Strahlung und fotosensibilisierenden chemischen Stoffen ergeben,
   b) bei Schweißarbeiten,
   c) bei Bearbeitungsvorgängen, z.B. mit Lasern, die Entstehung von gesundheitsgefährdenden Arbeitsstoffen oder explosionsfähigen Atmosphären,
2. alle Auswirkungen auf die Gesundheit und Sicherheit besonders gefährdeter Arbeitnehmer/innen,
3. alle indirekten Auswirkungen auf Gesundheit und Sicherheit der Arbeitnehmer/innen durch Blendung, Brand- und Explosionsgefahr,
4. Gefahren, die bei Wartung, Instandhaltung, Störungsbehebung oder Justierarbeiten auftreten können,
5. Klassifizierungen gemäß dem Stand der Technik, wie z.B. für Lampen und Lampensysteme künstlicher inkohärenter optischer Strahlung oder LASER oder vergleichbare Klassifizierungen nach Gefahren.

(4) Bei der Ermittlung und Beurteilung der Gefahren durch künstliche optische Strahlung ist, ausgehend vom Ist-Zustand, Bedacht zu nehmen auf

1. die Gestaltung und Auslegung der Arbeitsstätten, Räume, Arbeitsplätze und Arbeitsverfahren, wie bauliche Trennung von stark belasteten Bereichen und Abschirmungen,
2. die Verfügbarkeit alternativer Arbeitsmittel oder Ausrüstungen und die Möglichkeit technischer Maßnahmen, durch die das Ausmaß der Exposition verringert wird,
3. die Möglichkeit, künstliche optische Strahlenquellen so aufzustellen und Arbeitsvorgänge so durchzuführen, dass das Ausmaß der Exposition insbesondere für Arbeitnehmer/innen, die nicht an diesen Strahlenquellen oder bei diesen Arbeitsvorgängen tätig sind, verringert wird,
4. die Möglichkeit zur Verringerung der Einwirkung von optischer Strahlung durch Verriegelungseinrichtungen, Abschirmungen oder vergleichbaren Schutzvorrichtungen,
5. Durchführung von unverzüglichen Maßnahmen zur Unterschreitung von Expositionsgrenzwerten.

(5) Die Ermittlung und Beurteilung der Gefahren ist regelmäßig zu aktualisieren. Eine Überprüfung und erforderlichenfalls eine Anpassung gemäß § 4 Abs. 4 und 5 ASchG hat insbesondere auch zu erfolgen, wenn die Ermittlung und Beurteilung der Gefahren aufgrund bedeutsamer Veränderungen veraltet sein könnte, oder wenn es sich aufgrund der Ergebnisse einer Bewertung oder Messung oder aufgrund der Ergebnisse der Gesundheitsüberwachung als erforderlich erweist.

Information, Unterweisung, Anhörung und Beteiligung der Arbeitnehmer/innen

§ 6. (1) Wenn in Bereichen ein Expositionsgrenzwert für künstliche optische Strahlung überschritten ist oder aufgrund der Arbeitsvorgänge Gefahren zu vermeiden sind, z.B. indirekte Auswirkungen, muss eine Information und Unterweisung der Arbeitnehmer/innen nach § 12 und § 14 ASchG erfolgen. Diese hat sich jedenfalls zu beziehen auf:

1. Die Maßnahmen gemäß § 8,
2. Bedeutung und Höhe der Expositionsgrenzwerte sowie ihren Bezug zur Gefährdung,
3. die Ergebnisse der Bewertungen oder Messungen

und die potenziellen Gefahren, die von den Strahlenquellen ausgehen,
4. das Erkennen und Melden von gesundheitsschädigenden Auswirkungen,
5. die Voraussetzungen, unter denen die Arbeitnehmer/innen Anspruch auf eine Gesundheitsüberwachung haben und deren Zweck,
6. sichere Arbeitsverfahren und korrekte Handhabung der Arbeitsmittel und Verhaltensweisen zur Minimierung der Exposition,
7. die korrekte Verwendung der zur Verfügung gestellten persönlichen Schutzausrüstung, Arbeitskleidung und Schutzmittel.

(2) Die Anhörung und Beteiligung der Arbeitnehmer/innen nach § 13 ASchG hat sich insbesondere zu beziehen auf:
1. Die Ergebnisse der Ermittlung und Beurteilung der Gefahren,
2. die Maßnahmen gemäß § 8,
3. die Auswahl von persönlicher Schutzausrüstung, Schutzmittel und Arbeitskleidung.

Maßnahmen und Maßnahmenprogramm

§ 7. (1) Gefahren durch künstliche optische Strahlung müssen am Entstehungsort ausgeschlossen oder so weit verringert werden, als dies nach dem Stand der Technik und der Verfügbarkeit von geeigneten technischen Mitteln möglich ist.

(2) Um die Einwirkung von künstlicher optischer Strahlung auf das niedrigste in der Praxis vertretbare Niveau zu senken, müssen Arbeitgeber/innen unter Beachtung der Grundsätze der Gefahrenverhütung (§ 7 ASchG) geeignete Maßnahmen setzen. Dies sind insbesondere Maßnahmen gemäß § 8.

(3) Wenn die Expositionsgrenzwerte für künstliche optische Strahlung überschritten werden, müssen Arbeitgeber/innen bei der Festlegung von Maßnahmen gemäß § 4 Abs. 3 ASchG auch ein Programm mit Maßnahmen gemäß § 8 festlegen und durchführen, mit dem Ziel, diese zu unterschreiten.

Inhalt des Maßnahmenprogramms

§ 8. (1) Im Maßnahmenprogramm sind unter Berücksichtigung der Angaben der Hersteller/innen oder der Inverkehrbringer/innen von Quellen künstlicher optischer Strahlung folgende Maßnahmen festzulegen:
1. Bauliche Maßnahmen zur Vermeidung oder Verringerung der Exposition, wie die Gestaltung und Auslegung der Räume und Arbeitsplätze;
2. Maßnahmen an der Quelle zur Vermeidung oder Verringerung der Exposition an der Quelle, wie
   a) alternative Arbeitsverfahren, bei denen es zu keiner oder einer geringeren Exposition gegenüber optischer Strahlung kommt,
   b) die Auswahl geeigneter Arbeitsmittel, die laut Herstellerangaben und unter Berücksichtigung der auszuführenden Arbeit möglichst wenig optische Strahlung emittieren,
   c) die angemessene Wartung der Arbeitsmittel und Schutzeinrichtungen sowie ihrer Verbindungs- und Aufstellungsbauteile sowie anderer Einrichtungen an den Arbeitsplätzen;
3. Maßnahmen betreffend Arbeitsmittel und Arbeitsvorgänge, wie
   a) Arbeitsmittel und Arbeitsvorgänge, die an Arbeitsplätzen optische Strahlung über den Expositionsgrenzwerten verursachen, sind unter Berücksichtigung der Arbeitsabläufe nach Möglichkeit in eigenen Räumen unterzubringen oder durchzuführen,
   b) Arbeitsmittel und Arbeitsvorgänge, die an Arbeitsplätzen optische Strahlung verursachen, sind so aufzustellen oder durchzuführen, dass insbesondere für Arbeitnehmer/innen, die nicht an diesen Arbeitsmitteln oder bei diesen Arbeitsvorgängen tätig sind, das Ausmaß der Exposition soweit als möglich verringert wird;
4. technische Maßnahmen zur Verringerung der Einwirkung von optischer Strahlung, erforderlichenfalls sind auch Verriegelungseinrichtungen, Abschirmungen oder vergleichbare Schutzvorrichtungen einzusetzen;
5. organisatorische Maßnahmen, wie
   a) Abstandsvergrößerung zur Strahlenquelle, insbesondere für Arbeitnehmer/innen, die nicht an diesen Arbeitsmitteln oder bei diesen Arbeitsvorgängen tätig sind oder sichere Arbeitsverfahren, sowie korrekte Handhabung der Arbeitsmittel und Verhaltensweisen zur Minimierung des Ausmaßes der Exposition der Arbeitnehmer/innen,
   b) Begrenzen der Dauer der Exposition durch geeignete organisatorische Maßnahmen, wie eine Beschränkung der Beschäftigungsdauer, Arbeitsunterbrechungen oder die Einhaltung von Erholzeiten.

(2) Bei Erstellung des Maßnahmenprogramms sind schutzbedürftige Arbeitnehmer/innen besonders zu berücksichtigen.

Persönliche Schutzausrüstung, Arbeitskleidung, Kennzeichnung

§ 9. (1) Für Arbeitnehmer/innen, die sich in Bereichen aufhalten, in denen ein Expositionsgrenzwert für künstliche optische Strahlung überschritten ist, ist je nach Art und Ausmaß der vorliegenden Gefahr zur Verfügung zu stellen und von den Arbeitnehmer/innen zu benutzen:
1. Geeignete persönliche Schutzausrüstung für Augen und Haut oder
2. geeignete Arbeitskleidung (Schutzkleidung), sofern geeignete persönliche Schutzausrüstung für optische Strahlung nicht erhältlich ist, sowie
3. geeignete Schutzmittel für ungeschützte Haut.

(2) Bereiche, in denen ein Expositionsgrenzwert überschritten ist, sind in geeigneter Weise zu kennzeichnen; erforderlichenfalls mit Angabe der maximalen Aufenthaltsdauer. Wenn dies technisch möglich und aufgrund der Expositionsgefahr gerechtfertigt ist, sind diese Bereiche auch abzugrenzen und ist der Zugang einzuschränken.

(3) Die Überschreitung von Expositionsgrenzwerten nach Abs. 1 und 2 ist zu beurteilen
1. ortsbezogen oder
2. personenbezogen, sofern Ausmaß, Lage und Organisation der Aufenthaltsdauer der betroffenen Arbeitnehmer/innen im Sicherheits- und Gesundheitsschutzdokument festgelegt sind.

Natürliche optische Strahlung

§ 10. Der Schutz von Arbeitnehmer/innen vor Gefahren durch natürliche optische Strahlung ist gemäß §§ 4, 5, 12 bis 15, 33 Abs. 5, 66, 69 und 70 ASchG zu berücksichtigen.

Ausnahmen

§ 11. Gemäß § 95 Abs. 1 ASchG wird festgestellt, dass die Behörde von den Bestimmungen dieser Verordnung keine Ausnahme zulassen darf.

Umsetzung von Rechtsakten der Europäischen Union

§ 12. Durch diese Verordnung wird die Richtlinie 2006/25/EG über Mindestvorschriften zum Schutz von Sicherheit und Gesundheit der Arbeitnehmer/innen vor der Gefährdung durch künstliche optische Strahlung, ABl. Nr. L 114 vom 27.04.2004 S. 38, umgesetzt.

Übergangs- und Schlussbestimmungen

§ 13. (1) Gemäß § 125 Abs. 8 ASchG wird festgestellt, dass mit Inkrafttreten dieser Verordnung in § 16 Abs. 1 der gemäß § 114 Abs. 4 Z 6 ASchG als Bundesgesetz geltenden Allgemeinen Arbeitnehmerschutzverordnung (AAV), BGBl. Nr. 218/1983, in der Fassung der Verordnung BGBl. II Nr. 242/2006, die Wortfolge „blendendes Licht, schädliche Strahlen" außer Kraft tritt.

(2) Gemäß § 114 Abs. 3 ASchG wird festgestellt, dass § 71 Abs. 2 ASchG hinsichtlich der Einwirkung künstlicher optischer Strahlung in Kraft tritt.

(3) Vor In-Kraft-Treten dieser Verordnung aufgrund des ASchG oder aufgrund des Arbeitnehmerschutzgesetzes, BGBl. Nr. 234/1972, erlassene Bescheide werden durch diese Verordnung nicht berührt, mit der Maßgabe, dass bescheidmäßige Vorschreibungen von Grenzwerten für künstliche optische Strahlung außer Kraft treten und die in § 3 festgelegten Expositionsgrenzwerte gelten.

ARTIKEL 2

ÄNDERUNG DER VERORDNUNG ÜBER DIE GESUNDHEITSÜBERWACHUNG AM ARBEITSPLATZ (VGÜ)

Siehe bei 12 VGÜ

ARTIKEL 3

ÄNDERUNG DER VERORDNUNG ÜBER BESCHÄFTIGUNGSVERBOTE UND -BESCHRÄNKUNGEN FÜR JUGENDLICHE (KJBG-VO)

Siehe bei KJ BG-VO

ANHANG A

ZUR VERORDNUNG OPTISCHE STRAHLUNG, INKOHÄRENTE OPTISCHE STRAHLUNG (KÜNSTLICHE) DEFINITIONEN, EXPOSITIONSGRENZWERTE, ERMITTLUNG UND BEURTEILUNG NACH RISIKOGRUPPEN FÜR LAMPEN UND LAMPENSYSTEME

Definitionen

Inkohärente Strahlung: jede optische Strahlung außer Laserstrahlung (vgl. Anhang B).

Die biophysikalisch relevanten Expositionswerte für optische Strahlung lassen sich anhand der nachstehenden Formeln bestimmen. Welche Formel zu verwenden ist, hängt von dem Bereich der von der Quelle ausgehenden Strahlung ab; die Ergebnisse sind mit den entsprechenden Expositionsgrenzwerten der Tabelle A.3 zu vergleichen. Für die jeweilige Strahlenquelle können mehrere Expositionswerte und entsprechende Expositionsgrenzwerte relevant sein.

Die Buchstaben a bis o beziehen sich auf die entsprechenden Zeilen in Tabelle A.3.

a) $$H_{eff} = \int_{0}^{t} \int_{\lambda=180nm}^{\lambda=400nm} E_{\lambda}(\lambda,t) \cdot S(\lambda) \cdot d\lambda \cdot dt$$

(H_{eff} ist nur im Bereich 180 nm bis 400 nm relevant)

b) $$H_{UVA} = \int_{0}^{t} \int_{\lambda=315nm}^{\lambda=400nm} E_{\lambda}(\lambda,t) \cdot d\lambda \cdot dt$$

(H_{UVA} ist nur im Bereich 315 nm bis 400 nm relevant)

c), d) $$L_B = \int_{\lambda=300nm}^{\lambda=700nm} L_{\lambda}(\lambda) \cdot B(\lambda) \cdot d\lambda$$

(L_B ist nur im Bereich 300 nm bis 700 nm relevant)

e), f) $$E_B = \int_{\lambda=300nm}^{\lambda=700nm} E_{\lambda}(\lambda) \cdot B(\lambda) \cdot d\lambda$$

(E_B ist nur im Bereich 300 nm bis 700 nm relevant)

g) bis l) $$L_R = \int_{\lambda_1}^{\lambda_2} L_{\lambda}(\lambda) \cdot R(\lambda) \cdot d\lambda$$

(Geeignete Werte für λ_1 und λ_2: siehe Tabelle A.3)

m), n) $$E_{IR} = \int_{\lambda=780nm}^{\lambda=3000nm} E_{\lambda}(\lambda) \cdot d\lambda$$

(E_{IR} ist nur im Bereich 780 nm bis 3000 nm relevant)

o) $$H_{skin} = \int_{0}^{t} \int_{\lambda=\ 80nm}^{\lambda=\ 000nm} E_{\lambda}(\lambda,t) \cdot d\lambda \cdot dt$$

(H_{skin} ist nur im Bereich 380 nm bis 3000 nm relevant)

Für die Zwecke dieser Verordnung können die vorstehenden Formeln durch folgende Ausdrücke ersetzt werden, wobei die in den folgenden Tabellen aufgeführten diskreten Werte zu verwenden sind:

a) $$E_{eff} = \sum_{\lambda=180nm}^{\lambda=400nm} E_{\lambda} \cdot S(\lambda) \cdot \Delta\lambda \text{ und } H_{eff} = E_{eff} \cdot \Delta t$$

b) $$E_{UVA} = \sum_{\lambda=315nm}^{\lambda=400nm} E_{\lambda} \cdot \Delta\lambda \text{ und } H_{UVA} = E_{UVA} \cdot \Delta t$$

c), d) $$L_B = \sum_{\lambda=300nm}^{\lambda=700nm} L_{\lambda} \cdot B(\lambda) \cdot \Delta\lambda$$

e), f) $$E_B = \sum_{\lambda=300nm}^{\lambda=700nm} E_{\lambda} \cdot B(\lambda) \cdot \Delta\lambda$$

g) bis l) $$L_R = \sum_{\lambda_2}^{\lambda_1} L_{\lambda} \cdot R(\lambda) \cdot \Delta\lambda$$

(Geeignete Werte für λ_1 und λ_2: siehe Tabelle A.3) m), n) $$E_{IR} = \sum_{\lambda=780nm}^{\lambda=3000nm} E_\lambda \cdot \Delta\lambda$$

(E_{IR} ist nur im Bereich 780 bis 3000 nm relevant)

o) $$E_{skin} = \sum_{\lambda=380nm}^{\lambda=3000nm} E_\lambda \cdot \Delta\lambda \text{ und } H_{skin} = E_{skin} \cdot \Delta t$$

Anmerkungen

E *Bestrahlungsstärke* oder *Leistungsdichte:* die auf eine Fläche einfallende Strahlungsleistung je Flächeneinheit, ausgedrückt in Watt pro Quadratmeter [$W \cdot m^{-2}$];

E_λ (λ, t), E_λ *spektrale Bestrahlungsstärke oder spektrale Leistungsdichte:* die auf eine Fläche einfallende Strahlungsleistung je Flächeneinheit, ausgedrückt in Watt pro Quadratmeter pro Nanometer [$W \cdot m^{-2} \cdot nm^{-1}$]; die Werte E_λ (λ, t) und E_λ werden aus Messungen gewonnen oder können von den Hersteller/innen der Arbeitsmittel angegeben werden;

E_{eff} *effektive Bestrahlungsstärke* (UV-Bereich): berechnete Bestrahlungsstärke im UV-Wellenlängenbereich von 180 nm bis 400 nm, spektral gewichtet mit S (λ), ausgedrückt in Watt pro Quadratmeter [$W \cdot m^{-2}$];

H *Bestrahlung:* das Integral der Bestrahlungsstärke über die Zeit, ausgedrückt in Joule pro Quadratmeter [$J \cdot m^{-2}$];

H_{eff} *effektive Bestrahlung:* Bestrahlung, spektral gewichtet mit S (λ), ausgedrückt in Joule pro Quadratmeter [$J \cdot m^{-2}$];

E_{UVA} *Gesamtbestrahlungsstärke (UV-A):* berechnete Bestrahlungsstärke im UV-A-Wellenlängenbereich von 315 nm bis 400 nm, ausgedrückt in Watt pro Quadratmeter [$W \cdot m^{-2}$];

H_{UVA} *Bestrahlung:* das Integral der Bestrahlungsstärke über die Zeit und die Wellenlänge oder die Summe der Bestrahlungsstärke im UV-A-Wellenlängenbereich von 315 nm bis 400 nm, ausgedrückt in Joule pro Quadratmeter [$J \cdot m^{-2}$];

S (λ) *spektrale Gewichtung* unter Berücksichtigung der Wellenlängenabhängigkeit der gesundheitlichen Auswirkungen von UV-Strahlung auf Auge und Haut (Tabelle A.1) [dimensionslos];

t, Δt Zeit, Dauer der Exposition, ausgedrückt in Sekunden [s];

λ Wellenlänge, ausgedrückt in Nanometern [nm];

$\Delta\lambda$ Bandbreite der Berechnungs- oder Messintervalle, ausgedrückt in Nanometer [nm];

L *Strahldichte:* der Strahlungsfluss oder die Strahlungsleistung je Einheitsraumwinkel je Flächeneinheit, ausgedrückt in Watt pro Quadratmeter pro Steradiant [$W \cdot m^{-2} \cdot sr^{-1}$];

$L_\lambda(\lambda)$, L_λ *spektrale Strahldichte* der Quelle, ausgedrückt in Watt pro Quadratmeter pro Steradiant pro Nanometer [$W \cdot m^{-2} \cdot sr^{-1} \cdot nm^{-1}$];

R (λ) *spektrale Gewichtung* unter Berücksichtigung der Wellenlängenabhängigkeit der dem Auge durch sichtbare Strahlung und Infrarot-A-Strahlung zugefügten thermischen Schädigung (Tabelle A.2) [dimensionslos];

L_R *effektive Strahldichte* (thermische Schädigung): berechnete Strahldichte, spektral gewichtet mit R (λ), ausgedrückt in Watt pro Quadratmeter pro Steradiant [$W \cdot m^{-2} \cdot sr^{-1}$];

B (λ) *spektrale Gewichtung* unter Berücksichtigung der Wellenlängenabhängigkeit der dem Auge durch Blaulichtstrahlung zugefügten photochemischen Schädigung (Tabelle A.2) [dimensionslos];

L_B *effektive Strahldichte (Blaulicht):* berechnete Strahldichte, spektral gewichtet mit B (λ), ausgedrückt in Watt pro Quadratmeter pro Steradiant [$W \cdot m^{-2} \cdot sr^{-1}$];

E_B *effektive Bestrahlungsstärke (Blaulicht):* berechnete Bestrahlungsstärke, spektral gewichtet mit B (λ), ausgedrückt in Watt pro Quadratmeter [$W \cdot m^{-2}$];

E_{IR} *Gesamtbestrahlungsstärke (thermische Schädigung):* berechnete Bestrahlungsstärke im Infrarot-Wellenlängenbereich von 780 nm bis 3000 nm, ausgedrückt in Watt pro Quadratmeter [$W \cdot m^{-2}$];

E_{skin} *Gesamtbestrahlungsstärke (sichtbar, IR-A und IR-B):* berechnete Bestrahlungsstärke im sichtbaren und Infrarot-Wellenlängenbereich von 380 nm bis 3000 nm, ausgedrückt in Watt pro Quadratmeter [$W \cdot m^{-2}$];

H_{skin} *Bestrahlung:* das Integral der Bestrahlungsstärke über die Zeit und die Wellenlänge oder die Summe der Bestrahlungsstärke im sichtbaren und Infrarot-Wellenlängenbereich von 380 nm bis 3000 nm, ausgedrückt in Joule pro Quadratmeter [$J \cdot m^{-2}$];

α *Winkelausdehnung:* der Winkel, unter dem eine scheinbare Quelle als Punkt im Raum erscheint, ausgedrückt in Milliradiant (mrad). Scheinbare Quelle ist das reale oder virtuelle Objekt, das das kleinstmögliche Netzhautbild erzeugt.

Tabelle A.1: S (λ) [dimensionslos], 180 nm bis 400 nm

λ [nm]	S (λ)	λ [nm]	S (λ)	λ [nm]	S (λ)	λ [nm]	S (λ)	λ [nm]	S (λ)
180	0,0120	228	0,1737	276	0,9434	324	0,000520	372	0,000086
181	0,0126	229	0,1819	277	0,9272	325	0,000500	373	0,000083
182	0,0132	230	0,1900	278	0,9112	326	0,000479	374	0,000080
183	0,0138	231	0,1995	279	0,8954	327	0,000459	375	0,000077
184	0,0144	232	0,2089	280	0,8800	328	0,000440	376	0,000074
185	0,0151	233	0,2188	281	0,8568	329	0,000425	377	0,000072
186	0,0158	234	0,2292	282	0,8342	330	0,000410	378	0,000069
187	0,0166	235	0,2400	283	0,8122	331	0,000396	379	0,000066
188	0,0173	236	0,2510	284	0,7908	332	0,000383	380	0,000064
189	0,0181	237	0,2624	285	0,7700	333	0,000370	381	0,000062
190	0,0190	238	0,2744	286	0,7420	334	0,000355	382	0,000059
191	0,0199	239	0,2869	287	0,7151	335	0,000340	383	0,000057
192	0,0208	240	0,3000	288	0,6891	336	0,000327	384	0,000055
193	0,0218	241	0,3111	289	0,6641	337	0,000315	385	0,000053
194	0,0228	242	0,3227	290	0,6400	338	0,000303	386	0,000051
195	0,0239	243	0,3347	291	0,6186	339	0,000291	387	0,000049
196	0,0250	244	0,3471	292	0,5980	340	0,000280	388	0,000047
197	0,0262	245	0,3600	293	0,5780	341	0,000271	389	0,000046
198	0,0274	246	0,3730	294	0,5587	342	0,000263	390	0,000044
199	0,0287	247	0,3865	295	0,5400	343	0,000255	391	0,000042
200	0,0300	248	0,4005	296	0,4984	344	0,000248	392	0,000041
201	0,0334	249	0,4150	297	0,4600	345	0,000240	393	0,000039
202	0,0371	250	0,4300	298	0,3989	346	0,000231	394	0,000037
203	0,0412	251	0,4465	299	0,3459	347	0,000223	395	0,000036
204	0,0459	252	0,4637	300	0,3000	348	0,000215	396	0,000035
205	0,0510	253	0,4815	301	0,2210	349	0,000207	397	0,000033
206	0,0551	254	0,5000	302	0,1629	350	0,000200	398	0,000032
207	0,0595	255	0,5200	303	0,1200	351	0,000191	399	0,000031
208	0,0643	256	0,5437	304	0,0849	352	0,000183	400	0,000030
209	0,0694	257	0,5685	305	0,0600	353	0,000175		
210	0,0750	258	0,5945	306	0,0454	354	0,000167		
211	0,0786	259	0,6216	307	0,0344	355	0,000160		
212	0,0824	260	0,6500	308	0,0260	356	0,000153		
213	0,0864	261	0,6792	309	0,0197	357	0,000147		
214	0,0906	262	0,7098	310	0,0150	358	0,000141		
215	0,0950	263	0,7417	311	0,0111	359	0,000136		
216	0,0995	264	0,7751	312	0,0081	360	0,000130		
217	0,1043	265	0,8100	313	0,0060	361	0,000126		
218	0,1093	266	0,8449	314	0,0042	362	0,000122		
219	0,1145	267	0,8812	315	0,0030	363	0,000118		
220	0,1200	268	0,9192	316	0,0024	364	0,000114		
221	0,1257	269	0,9587	317	0,0020	365	0,000110		
222	0,1316	270	1,0000	318	0,0016	366	0,000106		
223	0,1378	271	0,9919	319	0,0012	367	0,000103		
224	0,1444	272	0,9838	320	0,0010	368	0,000099		
225	0,1500	273	0,9758	321	0,000819	369	0,000096		
226	0,1583	274	0,9679	322	0,000670	370	0,000093		
227	0,1658	275	0,9600	323	0,000540	371	0,000090		

Tabelle A.2: B (λ), R (λ) [dimensionslos], 380 nm bis 1400 nm

λ [nm]	B (λ)	R (λ)
$300 \leq \lambda < 380$	0,01	—
380	0,01	0,1
385	0,013	0,13
390	0,025	0,25
395	0,05	0,5
400	0,1	1
405	0,2	2
410	0,4	4
415	0,8	8
420	0,9	9
425	0,95	9,5
430	0,98	9,8
435	1	10
440	1	10
445	0,97	9,7
450	0,94	9,4
455	0,9	9
460	0,8	8
465	0,7	7
470	0,62	6,2
475	0,55	5,5
480	0,45	4,5
485	0,32	3,2
490	0,22	2,2
495	0,16	1,6
500	0,1	1
$500 < \lambda \leq 600$	$10^{0,02 \cdot (450-\lambda)}$	1
$600 < \lambda \leq 700$	0,001	1
$700 < \lambda \leq 1050$	—	$10^{0,002 \cdot (700-\lambda)}$
$1050 < \lambda \leq 1150$	—	0,2
$1150 < \lambda \leq 1200$	—	$0,2 \cdot 10^{0,02 \cdot (1150-\lambda)}$
$1200 < \lambda \leq 1400$	—	0,02

Expositionsgrenzwerte

Tabelle A.3: Expositionsgrenzwerte für künstliche, inkohärente optische Strahlung

	Wellenlänge λ [nm]	Expositionsgrenzwert und Einheit	Messgröße	Anmerkung	Körperteil	Gefährdung
a	180 - 400 (UV-A, UV-B und UV-C)	30 $[J \cdot m^{-2}]$ Tageswert 8 Stunden	H_{eff}		Auge: Hornhaut, Bindehaut, Linse. Haut	Photokeratitis Konjunktivitis Kataraktogenese Erythem Elastose Hautkrebs
b	315 - 400 (UV-A)	10^4 $[J \cdot m^{-2}]$ Tageswert 8 Stunden	H_{UVA}		Auge: Linse	Kataraktogenese
c	300 - 700 (Blaulicht) *siehe Anmerkung 1*	$\frac{10^6}{t} [W \cdot m^{-2} \cdot sr^{-1}]$ t [Sekunden] bei $t \leq 10000$ s	L_B	bei $\alpha \geq 11$ mrad	Auge: Netzhaut	Photoretinitis
d	300 - 700 (Blaulicht) *siehe Anmerkung 1*	100 $[W \cdot m^{-2} \cdot sr^{-1}]$ bei $t > 10000$ s	L_B			
e	300 - 700 (Blaulicht) *siehe Anmerkung 1*	$\frac{100}{t} [W \cdot m^{-2}]$ t [Sekunden] bei $t \leq 10000$ s	E_B	bei $\alpha < 11$ mrad *siehe Anmerkung 2*		
f	300 - 700 (Blaulicht) *siehe Anmerkung 1*	0,01 $[W \cdot m^{-2}]$ $t > 10000$ s	E_B			
g	380 - 1400 (sichtbar und IR-A)	$\frac{2{,}8 \cdot 10^7}{C_\alpha} [W \cdot m^{-2} \cdot sr^{-1}]$ bei $t > 10$ s	L_R	$C_\alpha = 1{,}7$ bei $\alpha \leq 1{,}7$ mrad $C_\alpha = \alpha$ bei $1{,}7 \leq \alpha \leq 100$ mrad $C_\alpha = 100$ bei $\alpha > 100$ mrad $\lambda_1 = 380$; $\lambda_2 = 1400$	Auge: Netzhaut	Netzhaut-verbrennung
h	380 - 1400 (sichtbar und IR-A)	$\frac{5 \cdot 10^7}{C_\alpha \cdot t^{0,25}} [W \cdot m^{-2} \cdot sr^{-1}]$ t [Sekunden] bei $10\ \mu s \leq t \leq 10$ s	L_R			
i	380 - 1400 (sichtbar und IR-A)	$\frac{8{,}89 \cdot 10^8}{C_\alpha} [W \cdot m^{-2} \cdot sr^{-1}]$ bei $t < 10\ \mu s$	L_R			
j	780 - 1400 (IR-A)	$\frac{6 \cdot 10^6}{C_\alpha} [W \cdot m^{-2} \cdot sr^{-1}]$ bei $t > 10$ s	L_R	$C_\alpha = 11$ bei $\alpha \leq 11$ mrad $C_\alpha = \alpha$ bei $11 \leq \alpha \leq 100$ mrad $C_\alpha = 100$ bei $\alpha > 100$ mrad (Messgesichtsfeld: 11 mrad) $\lambda_1 = 780$; $\lambda_2 = 1400$	Auge: Netzhaut	Netzhaut-verbrennung
k	780 - 1400 (IR-A)	$\frac{5 \cdot 10^7}{C_\alpha \cdot t^{0,25}} [W \cdot m^{-2} \cdot sr^{-1}]$ t [Sekunden] bei $10\ \mu s \leq t \leq 10$ s	L_R			
l	780 - 1400 (IR-A)	$\frac{8{,}89 \cdot 10^8}{C_\alpha} [W \cdot m^{-2} \cdot sr^{-1}]$ bei $t < 10\ \mu s$	L_R			
m	780 - 3000 (IR-A und IR-B)	$18000 \cdot t^{-0,75}$ $[W \cdot m^{-2}]$ t [Sekunden] bei $t \leq 1000$ s	E_{IR}		Auge: Hornhaut, Linse	Hornhautverbrennung Kataraktogenese
n	780 - 3000 (IR-A und IR-B)	100 $[W \cdot m^{-2}]$ bei $t > 1\,000$ s	E_{IR}			
o	380 - 3000 (sichtbar, IR-A und IR-B)	$20000 \cdot t^{0,25}$ $[J \cdot m^{-2}]$ t [Sekunden] bei $t < 10$ s	H_{skin}		Haut	Verbrennung

Anmerkung 1: Der Bereich von 300 nm bis 700 nm deckt Teile der UV-B-Strahlung, die gesamte UV-A-Strahlung und den größten Teil der sichtbaren Strahlung ab; die damit verbundene Gefährdung wird gemeinhin als Gefährdung durch „Blaulicht" bezeichnet. Blaulicht deckt jedoch streng genommen nur den Bereich von ca. 400 nm bis 490 nm ab.

Anmerkung 2: Bei stetiger Fixierung von sehr kleinen Quellen mit einem Öffnungswinkel von weniger als 11 mrad kann LB in EB umgewandelt werden. Dies ist normalerweise nur bei ophtalmischen Instrumenten oder einer Augenstabilisierung während einer Betäubung der Fall. Die maximale „Starrzeit" errechnet sich anhand der Formel tmax = 100/EB, wobei EB in W•m-2 ausgedrückt wird. Wegen der Augenbewegungen bei normalen visuellen Anforderungen werden 100 s hierbei nicht überschritten.

Ermittlung und Beurteilung nach Risikogruppen für Lampen und Lampensysteme(1)

Tabelle A.4 – Risikogruppen, Gefahr, Maßnahmen (Expositionsgrenzwert)

RG Risiko	Wellenlängenbereich und Expositionslimit der RG	Gefahr [5] und maximal zulässige Expositionsdauer [6] T_e beim Referenzabstand [2] Ra	Kann Expositionsgrenzwert überschritten sein? Falls ja, ist § 3 Abs. 2 anzuwenden.
Freie Gruppe (RG 0) Risiko: kein Risiko bzw. **minimal** [4]	**IR-A und IR-B:** $E_{IR} \leq 100$ W/m²	≥ Ra: Augensicher auch bei **Dauerbestrahlung**	**Ja,** falls Ra unterschritten wird Sonst: **Nein**
	IR-A wenn L_v[3] < 10 cd/m²: $L_R \leq 6 \cdot 10^3/\alpha$ W/(m². sr)	≥ Ra: Augensicher auch bei **Dauerbestrahlung**	
	„sichtbar" und IR-A: $L_R \leq 28 \cdot 10^3/\alpha$ W/(m². sr)	≥ Ra: Augensicher auch bei **Dauerbestrahlung**	
	„Blaulicht: $\alpha \geq 0{,}11$ rad": $L_B \leq 100$ W/(m². sr) oder **„Blaulicht:** $\alpha < 0{,}11$ rad": $E_B \leq 1$ W/m²	≥ Ra: Augensicher auch bei **Dauerbestrahlung**	
	UV-A: $E_{UVA} \leq 10$ W/m²	≥ Ra: Augensicher, wenn **$T_e \leq 1\,000$ s (≅ 16 min)**	**Ja,** falls vorhersehbar angeführte Expositionsdauern T_e bei Abständen ≥ Ra überschritten werden oder Ra unterschritten wird Sonst: **Nein**
	UV-A, UV-B und UV-C: $E_{eff} \leq 0{,}001$ W/m²	≥ Ra: Augen- und hautsicher, wenn **$T_e \leq 30\,000$ s (= 8 h 20 min)**	
RG 1 Risiko: **gering** [4]	**IR-A und IR-B:** $E_{IR} \leq 570$ W/m²	≥ Ra: Augensicher, wenn **$T_e \leq 100$ s (≅ 1,6 min)**	
	IR-A, wenn L_v[3] < 10 cd/m²: $L_R \leq 6 \cdot 10^3/\alpha$ W/(m². sr)	≥ Ra: Augensicher, wenn **$T_e \leq 100$ s (≅ 1,6 min)**	
	„sichtbar" und IR-A: $L_R \leq 28 \cdot 10^3/\alpha$ W/(m². sr)	≥ Ra: Augensicher, wenn **$T_e \leq 10$ s**	
	„Blaulicht: $\alpha \geq 0{,}011$ rad": $L_B \leq 10^4$ W/(m². sr) oder **„Blaulicht:** $\alpha < 0{,}011$ rad": $E_B \leq 1$ W/m²	≥ Ra: Augensicher, wenn **$T_e \leq 100$ s (≅ 1,6 min)**	
	UV-A: $E_{UVA} \leq 33$ W/m²	≥ Ra: Augensicher, wenn **$T_e \leq 300$ s (= 5 min)**	
	UV-A, UV-B und UV-C: $E_{eff} \leq 0{,}003$ W/m²	≥ Ra: Augen- und hautsicher, wenn **$T_e \leq 10\,000$ s (≅ 2,8 h)**	
RG 2 Risiko: **moderat** [4]	**IR-A und IR-B:** $E_{IR} \leq 3\,200$ W/m²	≥ Ra: Augensicher, wenn **$T_e \leq 10$ s**	**Ja,** falls vorhersehbar angeführte Expositionsdauern T_e bei Abständen ≥ Ra überschritten werden können, wobei für den Lidschlussreflex gilt: Er darf nicht durch Applikationen oder durch bewusstes in den Strahl starren unterbunden werden oder der Ra unterschritten wird Sonst: **Nein**
	IR-A, wenn L_v[3] < 10 cd/m²: $L_R \leq 6 \cdot 10^3/\alpha$ W/(m². sr)	≥ Ra: Augensicher, wenn **$T_e \leq 10$ s**	
	„sichtbar" und IR-A: $L_R \leq 71 \cdot 10^3/\alpha$ W/(m². sr)	≥ Ra: Augensicher, wenn **$T_e \leq 0{,}25$ s** (Lidschlussreflex)	
	„Blaulicht: $\alpha \geq 0{,}011$ rad": $L_B \leq 4 \cdot 10^6$ W/(m². sr) oder **„Blaulicht:** $\alpha < 0{,}011$ rad": $E_B \leq 400$ W/m²	≥ Ra: Augensicher, wenn **$T_e \leq 0{,}25$ s** (Lidschlussreflex)	
	UV-A: $E_{UVA} \leq 100$ W/m²	≥ Ra: Augensicher, wenn **$T_e \leq 100$ s (≅ 1,6 min)**	
	UV-A, UV-B und UV-C: $E_{eff} \leq 0{,}03$ W/m²	≥ Ra: Augen- und hautsicher, wenn **$T_e \leq 1\,000$ s (≅ 16 min)**	
RG 3 hoch [4]	Beziehung Expositionslimit und maximale Expositions- (Bestrahlungs-) dauern beim Ra ungünstiger als bei RG 2	**Kann für Augen und Haut bereits bei kurzfristiger Bestrahlung gefährlich sein**	**Ja**

Fußnoten von (1) bis (6) auf der Folgeseite beachten! Abkürzungsverzeichnis ebenfalls auf Folgeseite.

(1) Falls sich die Klassifizierung in Risikogruppen nicht auf die Leuchte oder das gesamte Produkt bezieht (Lampensystem) sondern nur auf die „nackte" Lampe, ist zu berücksichtigen, dass

- im Normalfall Filter oder Abschirmungen in der Leuchte das Risiko gegenüber der Lampe stark abschwächen können oder
- in selteneren Fällen Filter oder Abschirmungen fokussierende oder verstärkende Wirkung haben können, z.B. durch Reflektoren oder Linsen, oder
- verstärkende Wirkung bei Einsatz mehrer Lampen auftreten kann.

(2) Der Bewertungs- oder Referenzabstand Ra einer Lampe beträgt 20 cm, ausgenommen bei bestimmten Allgemeingebrauchslampen. Bei Allgemeingebrauchs-

lampen ist Ra entweder jener Abstand, bei dem die Beleuchtungsstärke 500 lx beträgt oder falls dieser Abstand kleiner als 20 cm ist, so ist Ra mit 20 cm festgelegt.

(3) Leuchtdichte (L_v) als photometrische Größe. Dieser Grenzwert ist nur anzuwenden, wenn L weniger als 10 cd/m² beträgt, d.h. niedrige Helligkeit (sodass Pupille groß bleibt).

(4) Risikobezeichnungen in Bezug zu Expositionsmöglichkeiten beim Bewertungs- oder Referenzabstand Ra zur Lampe.

(5) Sicherheit oder Gefahr gegenüber biologischer Wirkung beim Bewertungs- oder Referenzabstand.

(6) Werden die Expositionsdauern Te (Spalte 3) unterschritten, so gewährleistet das entsprechende Emissionslimit der RG (Spalte 2) die sichere Unterschreitung der entsprechenden Expositions-grenzwerte, vorausgesetzt der Bewertungs- oder Referenzabstand Ra wird nicht unterschritten.

Abkürzungsverzeichnis zur Tabelle

UV Ultraviolettanteil der optischen Strahlung im Wellenlängenbereich von 100 nm bis 400 nm. Unterteilt in drei Klassen nach Wellenlängen:

UV-A: 315 nm bis 400 nm

UV-B: 280 nm bis 315 nm

UV-C: 100 nm bis 280 nm

IR Infrarotanteil der optischen Strahlung (Wärmestrahlung) im Wellenlängenbereich von 780 nm bis 1 mm. Unterteilt in drei Klassen nach Wellenlängen:

IR-A: 780 nm bis 1400 nm

IR-B: 1400 nm bis 3000 nm

IR-C: 3000 nm bis 1 mm

RG Risikogruppe

Ra Bewertungs- oder Referenzabstand, siehe Fußnote (2)

E Bestrahlungsstärke. Der jeweils angegebene Index bezieht sich auf die jeweilige Strahlungsart, z.B. E_{UVA}, ausgenommen der Index „eff". Dieser bedeutet „effektiv"

L Strahldichte. Der jeweils angegebene Index bezieht sich auf die jeweilige Strahlungsart, z.B. L_B für Blaulicht. Ausgenommen sind:

Index „R" (dieser bedeutet „Retina (Netzhaut)" und sagt aus, welcher Teil des Auges gefährdet ist) und Index „v" (dieser steht für „visuell" und charakterisiert die photometrische Größe Leuchtdichte mit spezieller Bewertung und Bezeichnung)

α Sehwinkel, der von der scheinbaren Quelle am Auge eines Beobachters oder am Ort der Messung aufgespannt wird.

sr Steradiant, Einheit des Raumwinkels,

W Einheit der Leistung,

m Längeneinheit

T_e Expositionsdauer,

s Sekunden,

min Minuten,

h Stunden

lx Lux, Einheit der Beleuchtungsstärke

cd Candela, Einheit der Lichtstärke

ANHANG B
KOHÄRENTE OPTISCHE STRAHLUNG (LASER) DEFINITIONEN, EXPOSITIONSGRENZWERTE, ERMITTLUNG UND BEURTEILUNG NACH KLASSEN FÜR LASER

Definitionen

Kohärente Strahlung oder Laserstrahlung: aus einem Laser resultierende künstliche optische Strahlung.

LASER (Light Amplification by Stimulated Emission of Radiation – Lichtverstärkung durch stimulierte Emission von Strahlung): jede Einrichtung, die dazu verwendet werden kann, elektromagnetische Strahlung im Bereich der Wellenlänge optischer Strahlung in erster Linie durch einen Prozess kontrollierter stimulierter Emission zu erzeugen oder zu verstärken.

Die biophysikalisch relevanten Expositionswerte für optische Strahlung lassen sich anhand der nachstehenden Formeln bestimmen. Welche Formel zu verwenden ist, hängt von der Wellenlänge und der Dauer der von der Quelle ausgehenden Strahlung ab; die Ergebnisse sind mit den entsprechenden Expositionsgrenzwerten der Tabellen B.4a, B.4b, B.4c, B.4d und B.4e zu vergleichen. Für die jeweilige Laserstrahlenquelle können mehrere Expositionswerte und entsprechende Expositionsgrenzwerte relevant sein.

Die in den Tabellen B.4a, B.4b, B.4c, B.4d und B.4e als Berechnungsfaktoren verwendeten Koeffizienten sind in Tabelle B.2, die Korrekturfaktoren für wiederholte Exposition sind in Tabelle B.3 aufgeführt. Die Strahlungsgefährdungen sind in Tabelle B.1 zusammengefasst.

$$E = \frac{dP}{dA} \; [W \cdot m^{-2}]$$

$$H = \int_0^t E(t) \cdot dt \; [J \cdot m^{-2}]$$

Anmerkungen

dP Leistung, ausgedrückt in Watt [W];

dA Fläche, ausgedrückt in Quadratmetern [m²];

E(t), E Bestrahlungsstärke oder Leistungsdichte: die auf eine Fläche einfallende Strahlungsleistung je Flächeneinheit, üblicherweise ausgedrückt in Watt pro Quadratmeter [$W \cdot m^{-2}$]; die Werte E(t) und E werden aus Messungen gewonnen oder können von den Hersteller/innen der Arbeitsmittel angegeben werden;

H Bestrahlung: das Integral der Bestrahlungsstärke über die Zeit, ausgedrückt in Joule pro Quadratmeter [$J \cdot m^{-2}$];

t Zeit, Dauer der Exposition, ausgedrückt in Sekunden [s];

λ Wellenlänge, ausgedrückt in Nanometer [nm];

γ Grenzempfangswinkel, ausgedrückt in Milliradiant [mrad];

γm Messempfangswinkel, ausgedrückt in Milliradiant [mrad];

α Winkelausdehnung einer Quelle, ausgedrückt in Milliradiant [mrad];

Grenzblende: Durchmesser der kreisförmigen Fläche, über die Bestrahlungsstärke und Bestrahlung gemittelt werden;

G integrierte Strahldichte: das Integral der Strahldichte über eine bestimmte Expositionsdauer, ausgedrückt als Strahlungsenergie je Flächeneinheit einer Abstrahlfläche je Einheitsraumwinkel der Emission, ausgedrückt in Joule pro Quadratmeter pro Steradiant [$J \cdot m^{-2} \cdot sr^{-1}$].

Tabelle B.1: Strahlungsgefährdung

Wellenlänge λ [nm]	Strahlungsbereich	Betroffenes Organ	Gefährdung	Tabellen für Expositionsgrenzwerte
180 bis 400	UV	Auge	Photochemische Schädigung und thermische Schädigung	B.4a B.4c
180 bis 400	UV	Haut	Erythem	B.4e
400 bis 700	sichtbar	Auge	Netzhautschädigung	B.4b, B.4d
400 bis 600	sichtbar	Auge	Photochemische Schädigung	B.4d
400 bis 700	sichtbar	Haut	Thermische Schädigung	B.4e
700 bis 1400	sichtbar, IR-A	Auge	Thermische Schädigung	B.4b B.4c
700 bis 1400	sichtbar, IR-A	Haut	Thermische Schädigung	B.4e
1400 bis 2600	IR-B	Auge	Thermische Schädigung	B.4b
2600 bis 10^6	IR-B, IR-C	Auge	Thermische Schädigung	B.4b
1400 bis 10^6	IR-B, IR-C	Auge	Thermische Schädigung	B.4c
1400 bis 10^6	IR-B, IR-C	Haut	Thermische Schädigung	B.4e

Tabelle B.2: Korrekturfaktoren und sonstige Berechnungsparameter (s. Tab. B.4b bis B.4e)

Parameter nach ICNIRP(*)	Gültiger Spektralbereich λ [nm]	Wert
C_A	$\lambda < 700$	$C_A = 1{,}0$
	$700 - 1050$	$C_A = 10^{0{,}002(\lambda - 700)}$
	$1050 - 1400$	$C_A = 5{,}0$
C_B	$400 - 450$	$C_B = 1{,}0$
	$450 - 700$	$C_B = 10^{0{,}02(\lambda - 450)}$
C_C	$700 - 1150$	$C_C = 1{,}0$
	$1150 - 1200$	$C_C = 10^{0{,}018(\lambda - 1150)}$
	$1200 - 1400$	$C_C = 8{,}0$
T_1	$\lambda < 450$	$T_1 = 10$ s
	$450 - 500$	$T_1 = 10 \cdot 10^{0{,}02(\lambda - 450)}$ s
	$\lambda > 500$	$T_1 = 100$ s
Parameter nach ICNIRP(*)	**Biologische Wirkung**	**Wert**
α_{min}	alle thermischen Wirkungen	$\alpha_{min} = 1{,}5$ mrad
Parameter nach ICNIRP(*)	**Gültiger Winkelbereich α [mrad]**	**Wert**
C_E	$\alpha < \alpha_{min}$	$C_E = 1{,}0$
	$\alpha_{min} < \alpha < 100$	$C_E = \alpha / \alpha_{min}$
	$\alpha > 100$	$C_E = \alpha^2 / (\alpha_{min} \cdot \alpha_{max})$ mrad bei $\alpha_{max} = 100$ mrad
T_2	$\alpha < 1{,}5$	$T_2 = 10$ s
	$1{,}5 < \alpha < 100$	$T_2 = 10 \cdot 10^{(\alpha - 1{,}5)/98{,}5}$ s
	$\alpha > 100$	$T_2 = 100$ s
Parameter nach ICNIRP(*)	**Gültige Expositionsdauer t [s]**	**Wert**
γ	$t \leq 100$	$\gamma = 11$ [mrad]
	$100 < t < 10^4$	$\gamma = 1{,}1 \cdot t^{0{,}5}$ [mrad]
	$t > 10^4$	$\gamma = 110$ [mrad]

(*) ICNIRP: International Commission on Non-Ionizing Radiation Protection

Tabelle B.3: Korrektur bei wiederholter Exposition

Jede der drei folgenden allgemeinen Regeln ist bei allen wiederholten Expositionen anzuwenden, die bei wiederholt gepulster oder modulierter Laserstrahlung auftreten:

1. Die Exposition gegenüber jedem einzelnen Impuls einer Impulsfolge darf den Expositionsgrenzwert für einen Einzelimpuls dieser Impulsdauer nicht überschreiten.
2. Die Exposition gegenüber einer Impulsgruppe (oder einer Untergruppe von Impulsen in einer Impulsfolge) innerhalb des Zeitraums t darf den Expositionsgrenzwert für die Zeit t nicht überschreiten.
3. Die Exposition gegenüber jedem einzelnen Impuls in einer Impulsgruppe darf den Expositionsgrenzwert für den Einzelimpuls, multipliziert mit einem für die kumulierte thermische Wirkung geltenden Korrekturfaktor $C_p = N^{-0{,}25}$ nicht überschreiten (wobei N die Zahl der Impulse ist). Diese Regel gilt nur für Expositionsgrenzwerte zum Schutz gegen thermische Schädigung, wobei alle in weniger als T_{min} erzeugten Impulse als einzelner Impuls behandelt werden.

Parameter	Gültiger Spektralbereich λ [nm]	Wert
T_{min}	$315 < \lambda \leq 400$	$T_{min} = 10^{-9}$ s (= 1 ns)
	$400 < \lambda \leq 1050$	$T_{min} = 18 \cdot 10^{-6}$ s (= 18 µs)
	$1050 < \lambda \leq 1400$	$T_{min} = 50 \cdot 10^{-6}$ s (= 50 µs)
	$1400 < \lambda \leq 1500$	$T_{min} = 10^{-3}$ s (= 1 ms)
	$1500 < \lambda \leq 1800$	$T_{min} = 10$ s
	$1800 < \lambda \leq 2600$	$T_{min} = 10^{-3}$ s (= 1 ms)
	$2600 < \lambda \leq 10^6$	$T_{min} = 10^{-7}$ s (= 100 ns)

Expositionsgrenzwerte

Tabelle B.4a: Expositionsgrenzwerte des Auges gegenüber Laserstrahlen - Kurze Expositionsdauer < 10 s

<table>
<tr><th colspan="2" rowspan="2">Wellenlänge[(a)]
λ [nm]</th><th rowspan="2">Grenz-blende</th><th colspan="3">Dauer t [s]</th></tr>
<tr><th>10^{-13} - 10^{-11}</th><th>10^{-11} - 10^{-9}</th><th>10^{-9} – 10^{1}</th></tr>
<tr><td>UV-C</td><td>180 - 280</td><td rowspan="15">1 mm für $t < 0{,}3$ s;

$1{,}5 \cdot t^{0{,}375}$ für $0{,}3\ s < t < 10$ s</td><td colspan="2" rowspan="15">$E = 3 \cdot 10^{10}$ [$W \cdot m^{-2}$]; siehe Fußnote [(c)]</td><td rowspan="2">$H = 30$ [$J \cdot m^{-2}$]</td></tr>
<tr><td rowspan="13">UV-B</td><td>280 - 302</td></tr>
<tr><td>303</td><td>$H = 40$ [$J \cdot m^{-2}$]; wenn $t < 2{,}6 \cdot 10^{-9}$ dann $H = 5{,}6 \cdot 10^{3}\ t^{0{,}25}$ [$J \cdot m^{-2}$]; siehe Fußnote [(d)]</td></tr>
<tr><td>304</td><td>$H = 60$ [$J \cdot m^{-2}$]; wenn $t < 1{,}3 \cdot 10^{-8}$ dann $H = 5{,}6 \cdot 10^{3}\ t^{0{,}25}$ [$J \cdot m^{-2}$]; siehe Fußnote [(d)]</td></tr>
<tr><td>305</td><td>$H = 100$ [$J \cdot m^{-2}$]; wenn $t < 1{,}0 \cdot 10^{-7}$ dann $H = 5{,}6 \cdot 10^{3}\ t^{0{,}25}$ [$J \cdot m^{-2}$]; siehe Fußnote [(d)]</td></tr>
<tr><td>306</td><td>$H = 160$ [$J \cdot m^{-2}$]; wenn $t < 6{,}7 \cdot 10^{-7}$ dann $H = 5{,}6 \cdot 10^{3}\ t^{0{,}25}$[$J \cdot m^{-2}$]; siehe Fußnote [(d)]</td></tr>
<tr><td>307</td><td>$H = 250$ [$J \cdot m^{-2}$]; wenn $t < 4{,}0 \cdot 10^{-6}$ dann $H = 5{,}6 \cdot 10^{3}\ t^{0{,}25}$ [$J \cdot m^{-2}$]; siehe Fußnote [(d)]</td></tr>
<tr><td>308</td><td>$H = 400$ [$J \cdot m^{-2}$]; wenn $t < 2{,}6 \cdot 10^{-5}$ dann $H = 5{,}6 \cdot 10^{3}\ t^{0{,}25}$ [$J \cdot m^{-2}$]; siehe Fußnote [(d)]</td></tr>
<tr><td>309</td><td>$H = 630$ [$J \cdot m^{-2}$]; wenn $t < 1{,}6 \cdot 10^{-4}$ dann $H = 5{,}6 \cdot 10^{3}\ t^{0{,}25}$[$J \cdot m^{-2}$], siehe Fußnote [(d)]</td></tr>
<tr><td>310</td><td>$H = 10^{3}$ [$J \cdot m^{-2}$]; wenn $t < 1{,}0 \cdot 10^{-3}$ dann $H = 5{,}6 \cdot 10^{3}\ t^{0{,}25}$ [$J \cdot m^{-2}$]; siehe Fußnote [(d)]</td></tr>
<tr><td>311</td><td>$H = 1{,}6 \cdot 10^{3}$ [$J \cdot m^{-2}$]; wenn $t < 6{,}7 \cdot 10^{-3}$ dann $H = 5{,}6 \cdot 10^{3}\ t^{0{,}25}$ [$J \cdot m^{-2}$]; siehe Fußnote [(d)]</td></tr>
<tr><td>312</td><td>$H = 2{,}5 \cdot 10^{3}$ [$J \cdot m^{-2}$]; wenn $t < 4{,}0 \cdot 10^{-2}$ dann $H = 5{,}6 \cdot 10^{3}\ t^{0{,}25}$ [$J \cdot m^{-2}$]; siehe Fußnote [(d)]</td></tr>
<tr><td>313</td><td>$H = 4{,}0 \cdot 10^{3}$ [$J \cdot m^{-2}$]; wenn $t < 2{,}6 \cdot 10^{-1}$ dann $H = 5{,}6 \cdot 10^{3}\ t^{0{,}25}$ [$J \cdot m^{-2}$]; siehe Fußnote [(d)]</td></tr>
<tr><td>314</td><td>$H = 6{,}3 \cdot 10^{3}$ [$J \cdot m^{-2}$]; wenn $t < 1{,}6 \cdot 10^{0}$ dann $H = 5{,}6 \cdot 10^{3}\ t^{0{,}25}$ [$J \cdot m^{-2}$]; siehe Fußnote [(d)]</td></tr>
<tr><td>UV-A</td><td>315 - 400</td><td>$H = 5{,}6 \cdot 10^{3}\ t^{0{,}25}$ [$J \cdot m^{-2}$]</td></tr>
</table>

Fußnoten siehe Tabelle B.4b

Tabelle B.4b: Expositionsgrenzwerte des Auges gegenüber Laserstrahlen - Kurze Expositionsdauer < 10 s

<table>
<tr><th colspan="2" rowspan="2">Wellenlänge[(a)]
λ [nm]</th><th rowspan="2">Grenz-blende</th><th colspan="7">Dauer [s]</th></tr>
<tr><th>10^{-13} - 10^{-11}</th><th>10^{-11} - 10^{-9}</th><th>10^{-9} - 10^{-7}</th><th>10^{-7} - $1{,}8 \cdot 10^{-5}$</th><th>$1{,}8 \cdot 10^{-5}$ - $5 \cdot 10^{-5}$</th><th>$5 \cdot 10^{-5}$ - 10^{-3}</th><th>10^{-3} - 10^{1}</th></tr>
<tr><td rowspan="3">sichtbar und IR-A</td><td>400 - 700</td><td rowspan="3">7 mm</td><td>$H = 1{,}5 \cdot 10^{-4} \cdot C_E$ [$J \cdot m^{-2}$]</td><td>$H = 2{,}7 \cdot 10^{4} \cdot t^{0{,}75} \cdot C_E$ [$J \cdot m^{-2}$]</td><td colspan="2">$H = 5 \cdot 10^{-3} \cdot C_E$ [$J \cdot m^{-2}$]</td><td colspan="3">$H = 18\ t^{0{,}75} \cdot C_E$ [$J \cdot m^{-2}$]</td></tr>
<tr><td>700 – 1050</td><td>$H = 1{,}5 \cdot 10^{-4} \cdot C_A \cdot C_E$ [$J \cdot m^{-2}$]</td><td>$H = 2{,}7 \cdot 10^{4} \cdot t^{0{,}75} \cdot C_A \cdot C_E$ [$J \cdot m^{-2}$]</td><td colspan="2">$H = 5 \cdot 10^{-3} \cdot C_A \cdot C_E$ [$J \cdot m^{-2}$]</td><td colspan="3">$H = 18\ t^{0{,}75} \cdot C_A \cdot C_E$ [$J \cdot m^{-2}$]</td></tr>
<tr><td>1 050- 1400</td><td>$H = 1{,}5 \cdot 10^{-3} \cdot C_C \cdot C_E$ [$J \cdot m^{-2}$]</td><td>$H = 2{,}7 \cdot 10^{5} \cdot t^{0{,}75} \cdot C_C \cdot C_E$ [$J \cdot m^{-2}$]</td><td colspan="3">$H = 5 \cdot 10^{-2} \cdot C_C \cdot C_E$ [$J \cdot m^{-2}$]</td><td colspan="2">$H = 90\ t^{0{,}75} \cdot C_C \cdot C_E$ [$J \cdot m^{-2}$]</td></tr>
<tr><td rowspan="4">IR-B und IR-C</td><td>1400 – 1500</td><td rowspan="4">siehe Fußnote [(b)]</td><td colspan="2">$E = 10^{12}$ [$W \cdot m^{-2}$] Siehe Fußnote[(c)]</td><td colspan="4">$H = 10^{3}$ [$J \cdot m^{-2}$]</td><td>$H = 5{,}6 \cdot 10^{3}\ t^{0{,}25}$ [$J \cdot m^{-2}$]</td></tr>
<tr><td>1500 - 1800</td><td colspan="2">$E = 10^{13}$ [$W \cdot m^{-2}$] Siehe Fußnote[(c)]</td><td colspan="5">$H = 10^{4}$ [$J \cdot m^{-2}$]</td></tr>
<tr><td>1800 - 2600</td><td colspan="2">$E = 10^{12}$ [$W \cdot m^{-2}$] Siehe Fußnote[(c)]</td><td colspan="4">$H = 10^{3}$ [$J \cdot m^{-2}$]</td><td>$H = 5{,}6 \cdot 10^{3}\ t^{0{,}25}$ [$J \cdot m^{-2}$]</td></tr>
<tr><td>2600 – 10^{6}</td><td colspan="2">$E = 10^{11}$ [$W \cdot m^{-2}$] Siehe Fußnote[(c)]</td><td>$H = 100$ [$J \cdot m^{-2}$]</td><td colspan="4">$H = 5{,}6 \cdot 10^{3} \cdot t^{0{,}25}$ [$J \cdot m^{-2}$]</td></tr>
</table>

Fußnoten zu Tabelle B.4a und B.4b:

[(a)] Existieren für eine Wellenlänge zwei Expositionsgrenzwerte, so gilt der strengere Wert.

[(b)] Wenn 1400 nm $\leq \lambda < 10^{5}$ nm: *Grenzblende* = 1 mm bei $t \leq 0{,}3$ s und $1{,}5.t^{0{,}375}$ mm bei $0{,}3\ s < t < 10$ s; wenn $10^{5} \leq \lambda < 10^{6}$ nm: *Grenzblende* = 11 mm.

[(c)] Mangels Daten empfiehlt die ICNIRP[(*)] für Impulslängen < 1 ns als Expositionsgrenzwert der Bestrahlungsstärke den Grenzwert für eine Impulslänge von 1 ns zu verwenden.

[(d)] Die in der Tabelle angegebenen Werte gelten für einzelne Laserimpulse. Bei mehrfachen Laserimpulsen müssen die Impulsdauern von Impulsen, die innerhalb eines Intervalls T_{min} (siehe Tabelle B.3) liegen, aufaddiert werden, und der daraus resultierende Zeitwert muss in der Formel $5{,}6.10^{3}.t^{0{,}25}$ für t eingesetzt werden.

[(*)] ICNIRP: International Commission on Non-Ionizing Radiation Protection

Tabelle B.4c: Expositionsgrenzwerte des Auges gegenüber Laserstrahlen – Lange Expositionsdauer ≥ 10 s

Wellenlänge[a] λ [nm]		Grenz-blende	Dauer t [s]
			$10^1 - 3 \cdot 10^4$
UV-C	180 – 280	3,5 mm	H = 30 [$J \cdot m^{-2}$]
UV-B	280 – 302		
	303		H = 40 [$J \cdot m^{-2}$]
	304		H = 60 [$J \cdot m^{-2}$]
	305		H = 100 [$J \cdot m^{-2}$]
	306		H = 160 [$J \cdot m^{-2}$]
	307		H = 250 [$J \cdot m^{-2}$]
	308		H = 400 [$J \cdot m^{-2}$]
	309		H = 630 [$J \cdot m^{-2}$]
	310		H = $1{,}0.10^3$ [$J \cdot m^{-2}$]
	311		H = $1{,}6.10^3$ [$J \cdot m^{-2}$]
	312		H = $2{,}5.10^3$ [$J \cdot m^{-2}$]
	313		H = $4{,}0.10^3$ [$J \cdot m^{-2}$]
	314		H = $6{,}3.10^3$ [$J \cdot m^{-2}$]
UV-A	315 - 400		H = 10^4 [$J \cdot m^{-2}$]
sichtbar, IR-A	700 - 1400	7 mm	wenn $\alpha < 1{,}5$ mrad, dann $E = 10 \cdot C_A \cdot C_C$ [$W \cdot m^{-2}$] wenn $\alpha > 1{,}5$ mrad und $t \leq T_2$, dann $H = 18 \cdot C_A \cdot C_C \cdot C_E \cdot t^{0{,}75}$ [$J \cdot m^{-2}$] wenn $\alpha > 1{,}5$ mrad und $t > T_2$, dann $E = 18 \cdot C_A \cdot C_C \cdot C_E \cdot T_2^{-0{,}25}$ [$W \cdot m^{-2}$] (maximal 1000 $W \cdot m^{-2}$)
IR-B, IR-C	1400 - 10^6	Siehe Fußnote[c]	E = 1000 [$W \cdot m^{-2}$]

Tabelle B.4d: Expositionsgrenzwerte des Auges gegenüber Laserstrahlen im sichtbaren Bereich – Lange Expositionsdauer ≥ 10 s

Wellenlänge[a] λ [nm]		Grenz-blende	Dauer t [s]		
			$10^1 - 10^2$	$10^2 - 10^4$	$10^4 - 3 \cdot 10^4$
sichtbar	400 - 600 Photochemisch[b] Netzhautschädigung	7 mm	$H = 100 \cdot C_B$ [$J \cdot m^{-2}$] (γ = 11 mrad)[d]	$E = 1 \cdot C_B$ [$W \cdot m^{-2}$]; ($\gamma = 1{,}1\ t^{0{,}5}$ mrad)[d]	$E = 1 \cdot C_B$ [$W \cdot m^{-2}$] (γ = 110 mrad)[d]
	400 - 700 Thermisch[b] Netzhautschädigung		wenn $\alpha < 1{,}5$ mrad, dann E = 10 [$W \cdot m^{-2}$] wenn $\alpha > 1{,}5$ mrad und $t \leq T_2$, dann $H = 18 \cdot C_E \cdot t^{0{,}75}$ [$J \cdot m^{-2}$] wenn $\alpha > 1{,}5$ mrad und $t > T_2$, dann $E = 18 \cdot C_E \cdot T_2^{-0{,}25}$ [$W \cdot m^{-2}$]		

Fußnoten zu Tabelle B.4c und B.4d:

(a) Existieren für eine Wellenlänge oder eine andere Eigenschaft des Lasers zwei Expositionsgrenzwerte, so gilt der strengere Wert.

(b) Bei kleinen Quellen mit einem Öffnungswinkel von 1,5 mrad oder weniger sind die beiden Expositionsgrenzwerte für sichtbare Strahlung E von 400 nm bis 600 nm zu reduzieren auf die thermischen Expositionsgrenzwerte für $10\ s \leq t < T_1$ und auf die photochemischen Expositionsgrenzwerte für längere Zeiten. Zu T_1 und T_2 siehe Tabelle B.2. Der Expositionsgrenzwert für photochemische Netzhautgefährdung kann auch ausgedrückt werden als Integral der Strahldichte über die Zeit $G = 10^6 \bullet C_B$ [$J \cdot m^{-2} \cdot sr^{-1}$], wobei Folgendes gilt: $t > 10$ s bis zu $t = 10000$ s und $L = 100 \cdot C_B$ [$W \cdot m^{-2} \cdot sr^{-1}$] bei $t > 10000$ s. Zur Messung von G und L ist γ_m als Mittelung des Gesichtsfelds zu verwenden. Die offizielle Grenze zwischen sichtbar und Infrarot ist 780 nm (entsprechend der Definition der CIE). Die Spalte mit den Bezeichnungen für die Wellenlängenbänder dient lediglich der besseren Übersicht. (Die Bezeichnung G wird vom CEN verwendet, die Bezeichnung L_t von der CIE und die Bezeichnung L_p von der IEC und dem CENELEC.)

(c) Für die Wellenlänge 1 400 – 10^5 nm: *Grenzblende* = 3,5 mm; für die Wellenlänge 10^5 nm – 10^6 nm: *Grenzblende* = 11 mm.

(d) Für Messungen des Expositionswertes ist γ wie folgt zu berücksichtigen: Wenn α (Öffnungswinkel einer Quelle) > γ (Grenzkegelwinkel, in eckigen Klammern in der entsprechenden Spalte angegeben), dann sollte das Messgesichtsfeld γ_m den Wert γ erhalten. (Bei Verwendung eines größeren Messgesichtsfelds würde die Gefährdung zu hoch angesetzt.) Wenn $\alpha < \gamma$, dann muss das Messgesichtsfeld γ_m groß genug sein, um die Quelle einzuschließen; es ist ansonsten jedoch nicht beschränkt und kann größer sein als γ.

Tabelle B.4e: Expositionsgrenzwerte der Haut gegenüber Laserstrahlen

Wellenlänge[(a)] λ [nm]		Grenzblende	Dauer t [s]					
			< 10^{-9}	10^{-9} - 10^{-7}	10^{-7} - 10^{-3}	10^{-3} – 10^{1}	10^{1} - 10^{3}	10^{3} - 3 · 10^{4}
UV (A,B,C)	180 - 400	3,5 mm	$E = 3 \cdot 10^{10}$ [$W \cdot m^{-2}$]	Gleiche Werte wie Expositionsgrenzwerte für das Auge				
sichtbar, IR-A	400 - 700		$E = 2 \cdot 10^{11}$ [$W \cdot m^{-2}$]	$H = 200 \cdot C_A$ [$J \cdot m^{-2}$]	$H = 1{,}1 \cdot 10^{4} \cdot C_A \cdot t^{0{,}25}$ [$J \cdot m^{-2}$]		$E = 2 \cdot 10^{3} \cdot C_A$ [$W \cdot m^{-2}$]	
	700 - 1400		$E = 2 \cdot 10^{11}\ C_A$ [$W \cdot m^{-2}$]					
IR-B, IR-C	1400 - 1500		$E = 10^{12}$ [$W \cdot m^{-2}$]	Gleiche Werte wie Expositionsgrenzwerte für das Auge				
	1500 - 1800		$E = 10^{13}$ [$W \cdot m^{-2}$]					
	1800 - 2600		$E = 10^{12}$ [$W \cdot m^{-2}$]					
	2600 - 10^{6}		$E = 10^{11}$ [$W \cdot m^{-2}$]					

(a) Existieren für eine Wellenlänge oder eine andere Eigenschaft des Lasers zwei Expositionsgrenzwerte, so gilt der strengere Wert.

Ermittlung und Beurteilung nach Klassen für Laser

Tabelle B.5 - Laserklassen, Gefahr, Maßnahmen (Expositionsgrenzwert)

Laser-klasse	Gefahr (1) hinsichtlich biologischer Wirkung im Gefahrenbereich	Kann Expositionsgrenzwert überschritten sein? Falls ja, ist § 3 Abs. 2 anzuwenden.
Klasse 1	■ augen- und hautsicher	**Ja,** bei Instandhaltung(2) Sonst: **Nein**
Klasse 1 M	■ augensicher, falls nicht durch Blick mit optischen Instrumenten der Strahlquerschnitt verkleinert wird und ■ hautsicher	**Ja,** bei Instandhaltung(2) **Ja,** bei Anwendung von optischen Instrumenten Sonst: **Nein**
Klasse 2	■ augensicher durch Abwendungsreaktion und Lidschlussreflex und ■ hautsicher	**Ja,** bei Instandhaltung(2) **Ja,** bei Applikationen, die Abwendungsreaktionen oder Lidschlussreflex einschränken oder verhindern sowie ■ unter Verhältnissen, bei denen bewusst in den Strahl geblickt werden muss Sonst: **Nein**
Klasse 2 M	■ augensicher durch Abwendungsreaktion und Lidschlussreflex; falls nicht durch Blick mit optischen Instrumenten der Strahlquerschnitt verkleinert wird und ■ hautsicher	**Ja,** bei Instandhaltung(2) **Ja,** bei Anwendung von optischen Instrumenten **Ja,** bei Applikationen, die Abwendungsreaktionen oder Lidschlussreflex einschränken oder verhindern sowie ■ unter Verhältnissen, bei denen bewusst in den Strahl geblickt werden muss Sonst: **Nein**
Klasse 3 R	■ Blick in den direkten oder gespiegelten Strahl kann gefährlich sein ■ Blick in den diffus gestreuten Strahl nicht gefährlich ■ hautsicher	**Ja,** bei Instandhaltung(2) **Ja,** hinsichtlich der Gefahr für Augen innerhalb des Gefahrenbereiches. Das Risiko ist gering bei zufällig kurzzeitiger Exposition Sonst: **Nein**
Klasse 3 B	■ Blick in den direkten oder gespiegelten Strahl kann gefährlich sein ■ Blick in den diffus gestreuten Strahl außerhalb eines Abstandes von 13 cm bei einer Betrachtungsdauer von weniger als 10 s nicht gefährlich ■ kann im oberen Leistungsbereich hautgefährlich sein	**Ja,** Instandhaltung(2) **Ja,** hinsichtlich der Gefahr für Augen und Haut innerhalb des Gefahrenbereiches. Das Risiko für Haut ist gering Sonst: **Nein**
Klasse 4	■ Blick in den direkten oder gespiegelten Strahl kann sehr gefährlich sein ■ Blick in den diffus gestreuten Strahl kann gefährlich sein ■ kann für Haut gefährlich sein	**Ja,** bei Instandhaltung(2) **Ja,** hinsichtlich der Gefahr für Augen- und Haut innerhalb des jeweiligen Gefahrenbereiches Sonst: **Nein**

(1) Sicherheit, Gefahr gegenüber biologischer Wirkung im Gefahrenbereich unter vorhersehbaren Bedingungen bei bestimmungsgemäßer Verwendung für kontinuierlichen und gepulsten Betrieb

(2) Instandhaltung, wie Wartung, Störungsbehebung, Reparatur, Justierung. Beispielsweise kann bei gekapselten Lasereinrichtungen durch Entfernen von Schutzeinrichtungen im Rahmen der Instandhaltung ein wesentlich höheres Gefahrenpotenzial auftreten als durch die Laserklasse angegeben ist. Daher ist für derartige Tätigkeiten immer zu prüfen, unter welchen Voraussetzungen sie sicher durchgeführt werden können.

Raum für Anmerkungen und Notizen

Verordnung Persönliche Schutzausrüstung (PSA-V)

Verordnung des Bundesministers für Arbeit, Soziales und Konsumentenschutz, mit der die Verordnung über den Schutz der Arbeitnehmer/innen durch persönliche Schutzausrüstung (Verordnung Persönliche Schutzausrüstung – PSA-V) erlassen und die Bauarbeiterschutzverordnung geändert wird, BGBl. II Nr. 77/2014 (Art. 1)

ARTIKEL 1

VERORDNUNG DES BUNDESMINISTERS FÜR ARBEIT, SOZIALES UND KONSUMENTENSCHUTZ ÜBER DEN SCHUTZ DER ARBEITNEHMER/INNEN DURCH PERSÖNLICHE SCHUTZAUSRÜSTUNG (VERORDNUNG PERSÖNLICHE SCHUTZAUSRÜSTUNG – PSA-V)

Aufgrund der §§ 3 bis 7, §§ 12 bis 15, § 17, § 65 Abs. 4 Z 1 bis 3, §§ 66, 69 f und § 72 Abs. 1 Z 5 des Bundesgesetzes über Sicherheit und Gesundheitsschutz bei der Arbeit (ArbeitnehmerInnenschutzgesetz – ASchG), BGBl. Nr. 450/1994, zuletzt geändert durch das Bundesgesetz BGBl. I Nr. 71/2013, wird verordnet:

Hinweis: Die Verordnung Persönliche Schutzausrüstung (PSA-V) ist eine Vorschrift, die die Verwendung von PSA regelt (Basis: ArbeitnehmerInnenschutzgesetz). Die PSA-Sicherheitsverordnung (PSASV) ist eine Vorschrift, die die grundlegenden Sicherheitsanforderungen betreffend Inverkehrbringen regelt (Basis: Gewerbeordnung).

INHALTSVERZEICHNIS

1. ABSCHNITT:

ALLGEMEINE BESTIMMUNGEN

Geltungsbereich

§ 1. (1) Diese Verordnung gilt für die Beschäftigung von Arbeitnehmer/innen in Arbeitsstätten, auf Baustellen und auswärtigen Arbeitsstellen.

(2) Die Bestimmungen dieser Verordnung gelten auch für persönliche Schutzausrüstungen, die nach anderen Arbeitnehmerschutzvorschriften zur Verfügung zu stellen sind.

Begriffsbestimmungen

§ 2. (1) Persönliche Schutzausrüstung im Sinn dieser Verordnung sind Ausrüstungen und Zusatzausrüstungen einschließlich Hautschutz im Sinn des § 69 Abs. 1 ASchG, für die Inverkehrbringervorschriften einschließlich harmonisierter Normen der EU gelten.

(2) Keine persönliche Schutzausrüstung im Sinn dieser Verordnung sind insbesondere:
1. Berufskleidung und Uniformen, die nicht speziell dem Schutz von Sicherheit und Gesundheit des Arbeitnehmers/der Arbeitnehmerin dienen,
2. Ausrüstungen wie Flucht- und Rettungsmittel,
3. Schutzausrüstungen für öffentliche Sicherheits- und Ordnungsdienste,
4. Schutzausrüstungen im Straßenverkehr, soweit für diese straßenverkehrsrechtliche Bestimmungen (wie das Kraftfahrgesetz 1967 – KFG 1967, BGBl. Nr. 267/1967) gelten,
5. Arbeitsmittel zur Sportausübung,
6. Selbstverteidigungs- und Abschreckungsmittel,
7. tragbare Geräte zur Feststellung und Signalisierung von Risiken und Schadstoffen,
8. Sehhilfen an Bildschirmarbeitsplätzen im Sinn der Bildschirmarbeitsverordnung – B-SV, BGBl. II Nr. 124/1998, soweit der Sehhilfe keine zusätzliche Schutzfunktion zukommt.

(3) Fachkundige Personen im Sinn dieser Verordnung sind Betriebsangehörige oder sonstige Personen, die die erforderlichen fachlichen Kenntnisse und Berufserfahrungen hinsichtlich der jeweiligen persönlichen Schutzausrüstungen und Zusatzausrüstungen besitzen und die Gewähr für eine gewissenhafte Durchführung der ihnen übertragenen Arbeiten bieten.

(4) Optische Strahlung im Sinn dieser Verordnung ist optische Strahlung im Sinn der Verordnung optische Strahlung (VOPST), BGBl. II Nr. 221/2010.

Allgemeine Pflichten der Arbeitgeber/innen

§ 3. (1) Arbeitgeber/innen müssen Arbeitnehmer/innen am Ort der Gefahr persönliche Schutzausrüstung zur Verfügung stellen, die den §§ 69 und 70 ASchG sowie dieser Verordnung entspricht, wenn Gefahren nicht durch kollektive technische Schutzmaßnahmen oder durch arbeitsorganisatorische Maßnahmen vermieden oder ausreichend begrenzt werden können. Wird von Arbeitgeber/innen persönliche Schutzausrüstung erworben, die nach den für sie geltenden Rechtsvorschriften gekennzeichnet ist, können Arbeitgeber/innen, die über keine anderen Erkenntnisse verfügen, davon ausgehen, dass diese persönliche Schutzausrüstung den für sie geltenden Rechtsvorschriften über Sicherheits- und Gesundheitsanforderungen entspricht.

(2) Die Beschäftigung von Arbeitnehmer/innen mit Tätigkeiten, bei denen eine der im 2. Abschnitt angeführten Gefahren besteht oder auftreten kann, ist nur

bei Verwendung geeigneter persönlicher Schutzausrüstung zulässig.

(3) Eine Benutzung persönlicher Schutzausrüstung durch verschiedene Personen ist nur zulässig, wenn dies entweder im 2. Abschnitt vorgesehen ist, bei Gefahr in Verzug oder wenn unvorhersehbare, unaufschiebbare oder kurzfristig zu erledigende Arbeiten dies erfordern und dies gesundheitlich und hygienisch unbedenklich ist.

(4) Arbeitgeber/innen haben erforderlichenfalls geeignete Behältnisse für die Aufbewahrung beizustellen (z. B. für Schutzbrillen, Atemschutzmasken, Gehörschutz) und Lagerplätze fest zu legen.

(5) Reparaturen, Ersatz- und Instandhaltungsmaßnahmen dürfen nur in dem Umfang durchgeführt werden, der von den Hersteller/innen oder Inverkehrbringer/innen für die betreffende Ausrüstung zugelassen ist.

(6) Arbeitgeber/innen haben dafür zu sorgen, dass persönliche Schutzausrüstung, bei der die Schutzwirkung nicht mehr gegeben ist (etwa auf Grund von Beschädigungen oder Überschreitung von Ablaufdaten), nicht mehr verwendet wird.

(7) Arbeitgeber/innen haben dafür zu sorgen, dass Arbeitnehmer/innen die zur Verfügung gestellte persönliche Schutzausrüstung

1. außer in besonderen Ausnahmefällen nur zu den vorgesehenen Zwecken und gemäß den Anweisungen und Bedienungsanleitungen benutzen und
2. nach Benutzung entsprechend ihrer Unterweisung an dem dafür vorgesehenen Platz lagern.

(8) Räumlich abgegrenzte Bereiche, in denen persönliche Schutzausrüstung zu verwenden ist, sind entsprechend zu kennzeichnen. Dies gilt nicht, wenn die Gefahr nur kurzzeitig besteht und gefährdete Personen in sonst geeigneter Weise auf die Gefahr hingewiesen werden.

(9) Auf Verlangen des Arbeitgebers/der Arbeitgeberin haben Arbeitnehmer/innen die gesundheitlichen Erfordernisse (§ 8 Abs. 3, § 9 Abs. 3, § 10 Abs. 3, § 11 Abs. 3) in geeigneter Form nachzuweisen.

Arbeitsplatzevaluierung

§ 4. (1) Arbeitgeber/innen haben bei der Ermittlung und Beurteilung der für die Sicherheit und Gesundheit der Arbeitnehmer/innen bestehenden Gefahren gemäß § 4 ASchG auch die Belastungen und sonstigen Einwirkungen, die den Einsatz persönlicher Schutzausrüstung erforderlich machen, zu berücksichtigen und gemäß § 5 ASchG zu dokumentieren. Besonders zu berücksichtigen sind:

1. Art und Umfang der Gefahren, bei denen persönliche Schutzausrüstung erforderlich ist (2. Abschnitt),
2. die bei den durchzuführenden Arbeiten gegebenen Einsatz- und Umgebungsbedingungen,
3. die für die Benutzung der persönlichen Schutzausrüstung erforderliche Konstitution der Arbeitnehmer/innen.

(2) Den auf Baustellen und auswärtigen Arbeitsstellen beschäftigten Arbeitnehmer/innen ist ein Auszug der auf die persönliche Schutzausrüstung bezogenen Inhalte des Sicherheits- und Gesundheitsschutzdokumentes im für die durchzuführenden Arbeiten erforderlichen Umfang zur Verfügung zu stellen.

Bewertung der persönlichen Schutzausrüstung

§ 5. (1) Die Bewertung nach § 70 Abs. 5 und 6 ASchG hat auf der Grundlage der Ergebnisse des § 4 Abs. 1 die spezifischen Benutzungsbedingungen der persönlichen Schutzausrüstung am Arbeitsplatz zu berücksichtigen, insbesondere

1. die vorgesehene Verwendungs- und Einsatzdauer der Ausrüstung,
2. Häufigkeit und Dauer der Exposition der Arbeitnehmer/innen gegenüber den Gefahren,
3. Ausmaß und Art der Gefahr,
4. die spezifischen Merkmale des Arbeitsplatzes jedes/jeder auf die persönliche Schutzausrüstung angewiesenen Arbeitnehmers/Arbeitnehmerin, der am Arbeitsplatz gegebenen Bedingungen, der Arbeitsvorgänge und der Art der Tätigkeit,
5. den Tragekomfort und die Leistungsmerkmale der persönlichen Schutzausrüstung.

(2) Bei der Bewertung ist neben den eventuellen Gefahrenquellen und Beeinträchtigungen, die die persönliche Schutzausrüstung selbst darstellen oder bewirken kann, auch die Auswirkung des Tragens der persönlichen Schutzausrüstung auf die Arbeitnehmer/innen entsprechend zu berücksichtigen, erforderlichenfalls durch Beschränkung der Tragedauer mit Tätigkeitswechsel.

(3) Bei der Bewertung ist festzustellen, ob die Unterschreitung des Grenzwertes oder Expositionsgrenzwertes, sofern ein solcher festgelegt ist, durch Verwendung der persönlichen Schutzausrüstung gewährleistet ist.

(4) Bei der Bewertung ist festzulegen, ob kürzere Intervalle für die wiederkehrenden Unterweisungen der Arbeitnehmer/innen erforderlich sind und ob die Unterweisung durch Schulungen und erforderlichenfalls durch praktische Übungen zu erfolgen hat.

Auswahl der persönlichen Schutzausrüstung

§ 6. (1) Die persönliche Schutzausrüstung muss auf der Grundlage der Ergebnisse des § 4 Abs. 1 und § 5 so ausgewählt werden, dass eine Beeinträchtigung oder Belastung des Trägers/der Trägerin oder eine Behinderung bei der Arbeit so gering wie möglich gehalten wird.

(2) Arbeitgeber/innen dürfen nur solche persönliche Schutzausrüstung zur Verfügung stellen, die auf Grund der Ergebnisse der Ermittlung und Beurteilung der Gefahren und der Bewertung als insgesamt geeignet festgelegt wurde. Die Auswahl persönlicher Schutzausrüstung hat entsprechend den Ergebnissen der Evaluierung in Abstimmung mit den jeweiligen Arbeitsbedingungen und Arbeitsvorgängen sowie allenfalls zusätzlich erforderlicher anderer persönlicher Schutzausrüstung oder Arbeitskleidung zu erfolgen.

(3) Verfügt der/die Arbeitgeber/in über Erkenntnisse, die darauf schließen lassen, dass eine persönliche Schutzausrüstung den für sie geltenden Rechtsvorschriften über Sicherheits- und Gesundheitsanforderungen trotz Kennzeichnung nicht entspricht, sind unverzüglich die Ermittlung und Beurteilung der Gefahren und die Bewertung der persönlichen Schutzausrüstung zu überprüfen. Ergibt diese Überprüfung eine Gefahr für die Arbeitnehmer/innen, die diese persönliche Schutzausrüstung benutzen müssen, haben die Arbeitgeber/innen geeignete Maßnahmen zum Schutz des Lebens und der Gesundheit der Arbeitnehmer/innen zu ergreifen. Erforderlichenfalls ist die Tätigkeit zu beenden und die persönliche Schutzausrüstung von der weiteren Benutzung auszuschließen.

(4) Erkenntnisse im Sinn des Abs. 3 werden insbesondere erlangt auf Grund eines Unfalles, eines Beinaheunfalles, eines Verdachts auf Berufskrankheit, einer arbeitsbedingten Erkrankung oder auf Grund von Informationen von Hersteller/innen, Sicherheitsfachkräften, Arbeitsmediziner/innen, Arbeitnehmer/innen, Prüfer/innen, Unfallversicherungsträgern, Behörden oder sonstigen Personen und Einrichtungen.

(5) Machen verschiedene Gefahren den gleichzeitigen

Einsatz mehrerer persönlicher Schutzausrüstungen notwendig (§ 70 Abs. 4 ASchG), müssen diese Ausrüstungen aufeinander abgestimmt und muss ihre Schutzwirkung gegen die verschiedenen Gefahren sicher gewährleistet sein.

(6) Bei Gefahren infolge Überschreitung von Grenzwerten gefährlicher Arbeitsstoffe oder von Expositionsgrenzwerten bei physikalischen Einwirkungen muss die Schutzwirkung von Ausrüstungen jedenfalls gegenüber jenem Arbeitsstoff oder jener physikalischen Einwirkung, dessen/deren Grenzwert überschritten ist, sicher gewährleistet sein.

(7) Bestehen aufgrund der verschiedenen Gefahren einander widersprechende Anforderungen an die persönlichen Schutzausrüstungen, muss die Ausrüstung die erforderliche Schutzwirkung jedenfalls gegen die Gefahren mit dem höchsten Risiko sicher gewährleisten. Zum Schutz gegen das verbleibende Restrisiko ist die bestmögliche persönliche Schutzausrüstung zur Verfügung zu stellen. Jene Gefahrenmomente, die dabei nicht vollständig ausgeschaltet werden können, sind zu verringern, indem das verbleibende Risiko neu evaluiert wird, dabei ist eine Verbesserung des Schutzes und der Arbeitsbedingungen durch vorläufige Maßnahmen anzustreben. Den Arbeitnehmer/innen sind geeignete Anweisungen zum Schutz gegen vorläufig weiterbestehende Gefahrenmomente zu erteilen (§ 7 Z 9 ASchG).

(8) Abs. 5 bis 7 gilt auch bei Verwendung nur einer persönlichen Schutzausrüstung bei Vorliegen verschiedener Gefahren.

(9) An der Auswahl der persönlichen Schutzausrüstung sind jene Arbeitnehmer/innen, die persönliche Schutzausrüstung verwenden müssen, zumindest in dem in § 13 ASchG vorgesehenen Ausmaß zu beteiligen. Nach Möglichkeit sind vor der Auswahl von Fuß- und Beinschutz, Augen- und Gesichtsschutz oder Gehörschutz Trageversuche mit den Sicherheitsvertrauenspersonen durchzuführen.

Information und Unterweisung

§ 7. (1) Arbeitgeber/innen haben Arbeitnehmer/innen, die persönliche Schutzausrüstung verwenden müssen, vor der erstmaligen Verwendung und danach, sofern der 2. Abschnitt nichts anderes bestimmt, gemäß §§ 12 und 14 ASchG mindestens einmal jährlich nachweislich über die persönliche Schutzausrüstung zu informieren und zu unterweisen. Die Unterweisung hat durch Schulungen und erforderlichenfalls praktische Übungen zu erfolgen, wenn dies im 2. Abschnitt vorgesehen ist oder gemäß § 5 Abs. 4 bei der Bewertung festgelegt wurde.

(2) Die Information gemäß Abs. 1 hat vor der erstmaligen Verwendung zumindest zu umfassen:

1. Gegen welche Gefahren die zur Verfügung gestellte persönliche Schutzausrüstung bei zweckentsprechender Verwendung schützt,
2. die Ergebnisse der Ermittlung und Beurteilung der Gefahren und die festgelegten Gefahrenverhütungsmaßnahmen,
3. die Bewertung und Auswahl der persönlichen Schutzausrüstung,
4. die Sicherheits- und Gesundheitsgefahren bei Nichtverwendung der persönlichen Schutzausrüstung,
5. die Sicherheits- und Gesundheitsgefahren bei allenfalls weiterbestehenden Restrisiken.

Die wiederkehrende Information muss zumindest die Inhalte der Ziffern 1, 4 und 5 umfassen.

(3) Erforderlichenfalls sind auch Arbeitnehmer/innen in die Information einzubeziehen, die in unmittelbarer Nähe von Bereichen tätig sind, in denen persönliche Schutzausrüstung zu verwenden ist. Dies gilt auch für Arbeitnehmer/innen, die bei ihrer Tätigkeit solche Bereiche durchqueren müssen.

(4) Die Unterweisung gemäß Abs. 1 hat zumindest zu umfassen:

1. Die bestimmungsgemäße Benutzung unter Beachtung allfälliger Verwendungsbeschränkungen,
2. die ordnungsgemäße Lagerung vor der ersten Verwendung,
3. die ordnungsgemäße Aufbewahrung zwischen den einzelnen Verwendungen sowie die Aufbewahrungsplätze für persönliche Schutzausrüstung, wenn solche festgelegt sind,
4. die Reinigung und Pflege,
5. die sachgerechte Entsorgung,
6. das Erkennen von die Schutzwirkung beeinträchtigenden Beschädigungen und Mängeln (Sichtprüfung vor der Verwendung),
7. Verhaltens- und Verfahrensregeln bei die Schutzwirkung beeinträchtigenden festgestellten Beschädigungen und Mängeln,
8. alle sonstigen Maßnahmen, die für Sicherheit und Gesundheit der Arbeitnehmer/innen bei Benutzung persönlicher Schutzausrüstung bei der Arbeit zu treffen sind.

(5) Bei Information und Unterweisung (Schulungen, Übungen) sind die Angaben der Hersteller/innen und Inverkehrbringer/innen zu berücksichtigen.

(6) Die Verwenderinformationen sind den Arbeitnehmer/innen in einer für sie verständlichen Form zur Verfügung zu stellen.

(7) Verwenden Arbeitnehmer/innen die persönliche Schutzausrüstung regelmäßig (z. B. wöchentlich), so können in der Arbeitsplatzevaluierung abweichend von Abs. 1 für die wiederkehrende Information und Unterweisung sowie für die Übungen nach § 14 Abs. 6 und § 15 Abs. 7 Z 2 längere Intervalle, maximal aber drei Jahre, festgelegt werden, wenn durch in der Arbeitsplatzevaluierung vorgesehene Maßnahmen ein wirksamer Schutz der Arbeitnehmer/innen erreicht wird. Dies gilt nicht für § 14 Abs. 5 Z 3.

2. ABSCHNITT:

BESONDERE BESTIMMUNGEN ÜBER PERSÖNLICHE SCHUTZAUSRÜSTUNG

Fuß- und Beinschutz

§ 8. (1) Fuß- und Beinschutz ist persönliche Schutzausrüstung zum Schutz der Gliedmaßen der unteren Extremitäten vor Verletzungen, vor Schäden durch länger andauernde Beanspruchung, vor anderen schädigenden Einwirkungen und zum Schutz vor Ausrutschen (z. B. Sicherheitsschuhe, Schutzstiefel, Schnittschutzhosen).

(2) Arbeitgeber/innen müssen Arbeitnehmer/innen Fuß- oder Beinschutz zur Verfügung stellen, wenn für diese eine oder mehrere der nachfolgenden Gefahren (§ 4) bestehen:

1. Mechanische Gefahren durch Anstoßen an Gegenstände, Einklemmen, umfallende, herabfallende oder abrollende Gegenstände, Hineintreten oder Hineinknien in spitze oder scharfe Gegenstände oder durch sonstige Kontakte mit spitzen oder scharfen Gegenständen,
2. thermische Gefahren durch Kontakt mit heißen oder kalten Oberflächen oder Medien (Berührungswärme, -kälte), Gasen (Konvektionswärme), Wärmestrahlung, Flammenwirkung, Funken oder Spritzer heißer Flüssigkeiten,

3. Gefahren durch gesundheitsgefährdende Arbeitsstoffe, wie chemische Gefahren durch feste, flüssige oder gasförmige Substanzen,
4. Gefahren durch biologische Arbeitsstoffe der Gruppe 2, 3 oder 4, wie Bakterien, Viren oder sonstige Mikroorganismen,
5. Gefahren durch ionisierende oder optische Strahlung,
6. elektrische Gefahren,
7. Gesundheitsgefahren für Gewebe oder Muskel-Skelett-Apparat bei Arbeiten in länger andauernder kniender Haltung,
8. Gefahren durch Hitze, Kälte, Feuchtigkeit, Nässe oder Witterung,
9. Gefahren durch starke Verunreinigungen,
10. Gefahr des Ausrutschens auf geneigten oder rutschigen Untergründen.

(3) Bei der Auswahl eines bestimmten Fuß- oder Beinschutzes sind insbesondere vorhandene Fußdeformationen oder Fußfehlstellungen der Träger/innen sowie Folgen von Erkrankungen oder Verletzungen zu berücksichtigen, die eine besondere Anpassung des Fuß- oder Beinschutzes erforderlich machen.

(4) Ist die Tätigkeit mit Gesundheitsgefahren für den Muskel-Skelett-Apparat infolge länger andauernder Beanspruchung verbunden (z. B. länger andauerndes Stehen oder Gehen, Knien, länger andauernde manuelle Handhabung schwerer oder sperriger Lasten) ist Fuß- oder Beinschutz so auszuwählen, dass bestmöglicher Schutz vor Schädigungen des Muskel-Skelett-Apparats gewährleistet ist.

(5) Arbeitgeber/innen haben bei der Benutzung von Fuß- oder Beinschutz durch Arbeitnehmer/innen dafür zu sorgen, dass für jede/n gefährdete/n Arbeitnehmer/in ein Fuß- oder Beinschutz zur alleinigen Benutzung zur Verfügung steht, sofern dieser direkt am Körper getragen wird, wie Schuhe oder Hosen.

Kopf- und Nackenschutz

§ 9. (1) Kopf- und Nackenschutz ist persönliche Schutzausrüstung zum Schutz des Kopfes und des Nackens einschließlich des hinteren Halses vor Verletzungen und vor anderen Schädigungen.

(2) Arbeitgeber/innen müssen Arbeitnehmer/innen Kopf- oder Nackenschutz zur Verfügung stellen, wenn für diese eine oder mehrere der nachfolgenden Gefahren (§ 4) bestehen:
1. Mechanische Gefahren durch herabfallende Gegenstände, Anstoßen an Gegenstände, pendelnde, umfallende oder wegfliegende Gegenstände, Erfasstwerden durch bewegte oder drehende Teile von Arbeitsmitteln oder sonstige Gegenstände,
2. thermische Gefahren durch Kontakt mit heißen oder kalten Oberflächen oder Medien (Berührungswärme, -kälte), Gasen (Konvektionswärme), Wärmestrahlung, Flammenwirkung, Funken oder Spritzer heißer Flüssigkeiten,
3. elektrische Gefahren,
4. Gefahren durch Hitze, Kälte, Nässe oder Witterung,
5. Gefahren durch optische oder ionisierende Strahlung.

(3) Bei der Auswahl eines bestimmten Kopf- oder Nackenschutzes sind insbesondere vorhandene Besonderheiten der Träger/innen bezüglich Kopfform oder Folgen von Erkrankungen oder Verletzungen zu berücksichtigen, die eine besondere Anpassung des Kopf- oder Nackenschutzes erforderlich machen.

(4) Arbeitgeber/innen müssen bei der Benutzung von Kopf- oder Nackenschutz Folgendes gewährleisten:
1. Für jede/n gefährdete/n Arbeitnehmer/in muss ein Kopf- oder Nackenschutz zur alleinigen Benutzung zur Verfügung stehen.
2. Zubehörteile dürfen nur entsprechend den Herstellerangaben angebracht oder ausgetauscht werden.
3. Auf Kopf- oder Nackenschutz dürfen Anstrichstoffe, Lösemittel, Klebemittel oder selbstklebende Etiketten nur dann aufgebracht werden, wenn die Schutzwirkung nicht beeinträchtigt wird. Dabei sind die Herstellerangaben zu berücksichtigen.
4. Schutzhelme müssen so angepasst oder eingestellt werden, dass ein Herabfallen des Helmes vom Kopf bei Bewegungen des Trägers/der Trägerin verhindert wird. Erforderlichenfalls sind Schutzhelme mit Kinnriemen zu verwenden. Das gilt auch für Anstoßkappen.

Augen- und Gesichtsschutz

§ 10. (1) Augen- und Gesichtsschutz ist persönliche Schutzausrüstung zum Schutz der Augen und des Gesichts vor Verletzungen und vor anderen Schädigungen.

(2) Arbeitgeber/innen müssen Arbeitnehmer/innen Augen- oder Gesichtsschutz zur Verfügung stellen, wenn für diese eine oder mehrere der nachfolgenden Gefahren (§ 4) bestehen:
1. Mechanische Gefahren durch Fremdkörper und Festkörper, wie Stäube, Späne, Splitter oder Körner,
2. Gefahren durch optische Strahlung, Lichtblendung,
3. Gefahren durch gesundheitsgefährdende Arbeitsstoffe, wie chemische Gefahren durch feste, flüssige oder gasförmige Substanzen,
4. thermische Gefahren durch Kontakt mit heißen oder kalten Oberflächen oder Medien (Berührungswärme, -kälte), Gasen (Konvektionswärme), Wärmestrahlung, Flammenwirkung, Funken oder Spritzer heißer Flüssigkeiten,
5. Gefahren durch biologische Arbeitsstoffe der Gruppe 2, 3 oder 4, wie Bakterien, Viren oder sonstige Mikroorganismen,
6. elektrische Gefahren wie Lichtbögen, Verblitzen,
7. Gefahren durch ionisierende Strahlung.

(3) Arbeitgeber/innen müssen bei der Auswahl eines bestimmten Augen- oder Gesichtsschutzes die Beachtung vorhandener Fehlsichtigkeiten und sonstiger Seheinschränkungen der Arbeitnehmer/innen sowie erforderlichenfalls das Erkennen von Sicherheits- und Gesundheitsschutzkennzeichnungen und sonstigen Seherfordernissen bei der Arbeit gewährleisten. Wenn ein/e Arbeitnehmer/in auf Grund einer Fehlsichtigkeit oder sonstigen Seheinschränkung einen Sehbehelf verwendet, muss der Augenschutz so ausgewählt werden, dass der Sehbehelf ohne Beeinträchtigung getragen werden kann (z. B. Überbrille). Bei besonderen Seherfordernissen bei überwiegend durchzuführenden Arbeitsvorgängen ist erforderlichenfalls ein optisch korrigierter Augenschutz zur Verfügung zu stellen.

(4) Arbeitgeber/innen haben bei der Benutzung von Augen- oder Gesichtsschutz durch Arbeitnehmer/innen dafür zu sorgen, dass für jede/n gefährdete/n Arbeitnehmer/in ein Augen- oder Gesichtsschutz zur alleinigen Benutzung zur Verfügung steht.

Gehörschutz

§ 11. (1) Gehörschutz ist persönliche Schutzausrüstung zur Verringerung und zur Vermeidung der Einwirkung von Lärm auf das Gehör.

(2) Bei der Bewertung von Gehörschutz sind insbesondere die Einflüsse der Arbeitsumgebung, wie Warn-

signale, informationshaltige Arbeitsgeräusche, Ortung von Schallquellen, Sprachkommunikation, hohe Temperaturen oder Staub zu beachten.

(3) Arbeitgeber/innen müssen bei der Auswahl eines bestimmten Gehörschutzes vorhandene medizinische Auffälligkeiten (z. B. Gehörgangsreizungen) und vorhandene Hörverluste der Arbeitnehmer/innen sowie das Hören von Signalen beachten. Gehörschutz ist so auszuwählen, dass die Leistungswerte den erforderlichen Schutz bieten, aber nach Möglichkeit eine akustische Isolation vermieden wird.

(4) Arbeitgeber/innen müssen bei der Benutzung von Gehörschutz durch Arbeitnehmer/innen gewährleisten, dass für jede/n gefährdete/n Arbeitnehmer/in ein Gehörschutz zur alleinigen Benutzung zur Verfügung steht.

(5) Die Unterweisung (§ 7 Abs. 4) hat insbesondere auch zu umfassen:

1. Anpassen und Einstellen sowie richtige Anwendung des Gehörschutzes,
2. Hörbarkeit von Sprache sowie Warn- und Alarmsignalen,
3. Ausgabe und Verfügbarkeit von Gehörschutz,
4. jeweils besondere Eigenschaften bei Zurverfügungstellung unterschiedlichen Gehörschutzes.

Hand- und Armschutz

§ 12. (1) Hand- und Armschutz ist persönliche Schutzausrüstung zum Schutz der Gliedmaßen der oberen Extremitäten (Hände, Arme bis über den Ellbogen) vor Verletzungen, vor arbeitsbedingten Hautschädigungen und anderen Schädigungen (z. B. durch Vibrationen).

(2) Arbeitgeber/innen müssen Arbeitnehmer/innen Hand- oder Armschutz zur Verfügung stellen, wenn für diese eine oder mehrere der nachfolgenden Gefahren (§ 4) bestehen:

1. Mechanische Gefahren durch Schneiden, Sägen, Anstoßen an Gegenstände, Einklemmen, umfallende, herabfallende oder abrollende Gegenstände, Stöße, Hineingreifen in spitze oder scharfe Gegenstände oder durch sonstige Kontakte mit spitzen oder scharfen Gegenständen oder solchen mit abrasiver Wirkung,
2. Gefahren durch gesundheitsgefährdende Arbeitsstoffe, wie chemische Gefahren durch feste, flüssige oder gasförmige Substanzen, insbesondere hautschädigende oder hautgängige Arbeitsstoffe,
3. thermische Gefahren durch Kontakt mit heißen oder kalten Oberflächen oder Medien (Berührungswärme, -kälte), Gasen (Konvektionswärme), Wärmestrahlung, Flammenwirkung, Funken oder Spritzer heißer Flüssigkeiten,
4. Gefahren durch biologische Arbeitsstoffe der Gruppe 2, 3 oder 4, wie Bakterien, Viren oder sonstige Mikroorganismen,
5. elektrische Gefahren wie elektrischer Strom, Lichtbögen,
6. Gefahren durch Vibration,
7. Gefahren durch ionisierende oder optische Strahlung,
8. Gefahren durch starke Verunreinigungen,
9. Gefahren durch Einwirkung von Hitze, Kälte, Feuchtigkeit, Nässe oder Witterung.

(3) Bei der Bewertung von Hand- oder Armschutz sind insbesondere zu beachten:

1. Das erforderliche Tastgefühl und Greifvermögen,
2. die erforderliche Schutzhandschuhgröße und Stulpenlänge,
3. die Herstellerangaben über die Schutzwirkung z. B. gegenüber bestimmten Chemikalien,
4. die von den Hersteller/innen angegebene Durchbruchszeit gegenüber Chemikalien.

(4) Arbeitgeber/innen müssen bei der Benutzung von Hand- oder Armschutz durch Arbeitnehmer/innen Folgendes gewährleisten:

1. Für jede/n gefährdete/n Arbeitnehmer/in muss Hand- oder Armschutz zur alleinigen Benutzung zur Verfügung stehen, ausgenommen Hand- oder Armschutz gegen Röntgenstrahlung bei der Röntgendiagnostik.
2. Bei der Benutzung von Chemikalienschutzhandschuhen sind die Herstellerangaben über Durchlässigkeit, Durchbruchszeit und Materialbeständigkeit einzuhalten.
3. Die Benutzung von Hand- oder Armschutz ist nicht zulässig, wenn die Gefahr des Erfasstwerdens der Hände durch bewegte oder drehende Teile von Arbeitsmitteln oder sonstigen Gegenständen besteht.
4. Anwendung der Hautmittel entsprechend den Festlegungen gemäß § 13 Abs. 3.
5. Tragefreie Zeiten zur Regeneration sind vorzusehen.

(5) Die Unterweisung (§ 7 Abs. 4) hat insbesondere auch zu umfassen:

1. Richtiges An- und Ablegen des Hand- oder Armschutzes,
2. zulässige Tragedauer, regelmäßiger Handschuhwechsel,
3. tragefreie Zeiten zur Regeneration, Maßnahmen zwischen den Trageperioden (z. B. geeigneter Wechsel von Tätigkeiten mit und ohne Handschuhe),
4. Verbot der Verwendung von Handschuhen, wenn die Gefahr des Erfasstwerdens der Hände durch bewegte oder drehende Teile oder sonstige Gegenstände besteht.

Hautschutz

§ 13. (1) Hautschutz ist der systematische Schutz der Haut durch äußerlich auf die Haut aufzubringende Hautmittel (Hautschutz, Hautreinigung, Hautpflege) als persönliche Schutzausrüstung zum Schutz vor Hauterkrankungen und Hautschädigungen bei der Arbeit.

(2) Arbeitgeber/innen müssen den Arbeitnehmer/innen die erforderlichen Hautmittel in geeigneter und den hygienischen Anforderungen entsprechender Form zur persönlichen Anwendung zur Verfügung stellen, wenn eine oder mehrere der nachfolgenden Gefahren (§ 4) bestehen:

1. Gefahren durch gesundheitsgefährdende Arbeitsstoffe, insbesondere bei direktem Kontakt,
2. Gefahren durch biologische Arbeitsstoffe der Gruppe 2, 3 oder 4, insbesondere bei direktem Kontakt,
3. Gefahren durch optische Strahlung,
4. Gefahren durch Einwirkung von Feuchtigkeit, Nässe oder Witterung,
5. Gefahren durch Einwirkung von Kälte,
6. Gefahren durch starke Verunreinigungen,
7. Gesundheitsgefahren durch länger andauerndes Tragen von Schutzhandschuhen.

(3) Arbeitgeber/innen müssen für den Hautschutz sowie bei der Benutzung von Hand- oder Armschutz durch Arbeitnehmer/innen auf Grundlage der Ergebnisse der Ermittlung und Beurteilung der Gefahren schriftlich festlegen, bei welchen betrieblichen Arbeitsvorgängen und in welchen Arbeitsbereichen jeweils welche Hautmittel (Hautschutz, Hautreinigung, Hautpflege), sowie falls Hand- oder Armschutz ausgewählt wurde, welcher Hand- oder Armschutz anzuwenden ist, wobei jeweils die Produktnamen sowie Informationen über Art, Zeitpunkte und Intervall der Anwendung anzugeben sind.

(4) Bei der Bewertung von Hautmitteln für den Hautschutz sind insbesondere die Hersteller- und Inverkehr-

bringerangaben zu beachten (z. B. über die Schutzwirkung gegenüber optischer Strahlung, Dauer der Schutzwirkung).

(5) Die Unterweisung (§ 7 Abs. 4) hat insbesondere auch zu umfassen:
1. Richtiges Aufbringen der Hautmittel,
2. die Festlegungen gemäß Abs. 3 entsprechend der Hautgefährdung.

Persönliche Schutzausrüstung gegen Absturz, Ertrinken und Versinken

§ 14. (1) Persönliche Schutzausrüstung gegen Absturz (Absturzsicherungssysteme) ist persönliche Schutzausrüstung zur Sicherung von Arbeitnehmer/innen an einem Anschlagpunkt, die einen Absturz entweder ganz verhindert (Haltesysteme) oder die Arbeitnehmer/innen sicher auffängt (Auffangsysteme). Persönliche Schutzausrüstung gegen Ertrinken oder Versinken ist persönliche Schutzausrüstung, die in eine Flüssigkeit gestürzte Arbeitnehmer/innen so schnell wie möglich an die Oberfläche zurückbringt und in einer Position hält, die bis zur Rettung das Atmen ermöglicht (Rettungswesten, Schwimmwesten, Rettungskombinationen, Schwimmhilfen).

(2) Arbeitgeber/innen müssen Arbeitnehmer/innen persönliche Schutzausrüstung gegen Absturz, Ertrinken oder Versinken zur Verfügung stellen, wenn für diese eine oder mehrere der nachfolgenden Gefahren (§ 4) bestehen:
1. Absturz,
2. Versinken,
3. Ertrinken.

Soweit eine zur Verfügung gestellte persönliche Schutzausrüstung gegen Absturz ausreichend auch gegen die Gefahr des Versinkens oder Ertrinkens schützt, ist keine spezifische persönliche Schutzausrüstung gegen Versinken oder Ertrinken zusätzlich erforderlich.

(3) Bei der Festlegung von Schutzmaßnahmen sind auch die erforderlichen Berge- und Rettungsmaßnahmen zu berücksichtigen.

(4) Arbeitgeber/innen müssen bei der Benutzung von persönlicher Schutzausrüstung gegen Absturz durch Arbeitnehmer/innen Folgendes in Übereinstimmung mit Hersteller- oder Inverkehrbringervorschriften gewährleisten:
1. Durch geeignete Auswahl und Verankerung ist sicherzustellen, dass ein Aufprallen der Arbeitnehmer/innen auf den Boden oder auf andere Hindernisse ausgeschlossen ist.
2. Persönliche Schutzausrüstung gegen Absturz darf nur zur Sicherung von Personen, nicht jedoch für andere Zwecke, z. B. als Anschlagmittel für Lasten, verwendet werden.
3. Anschlagpunkte für Absturzsicherungssysteme müssen den im Fall eines Absturzes auftretenden Kräften standhalten können.
4. Verbindungsmittel, bewegliche Führungen sowie einziehbare Verbindungsmittel von Höhensicherungsgeräten dürfen nicht ungeschützt über scharfe Kanten geführt werden.
5. Bei Einsatz von Höhensicherungsgeräten in horizontaler Richtung dürfen nur solche Geräte verwendet werden, die der/die Hersteller/in in Bezug auf Funktion bei waagrechtem Auszug und Kantenbeanspruchung dafür vorgesehen hat.
6. Teile von verschiedenen Halte- bzw. Auffangsystemen dürfen nur miteinander kombiniert werden, wenn die Hersteller/innen oder Inverkehrbringer/innen dies nicht ausgeschlossen haben.
7. Höhensicherungsgeräte dürfen für Arbeiten an oder über Gewässern oder anderen Stoffen, wenn die Gefahr des Versinkens besteht, nicht verwendet werden.
8. Teile von Absturzsicherungssystemen, die am Körper getragen werden (Haltegurt, Auffanggurt), sind denjenigen Arbeitnehmer/innen, für die die Sicherung gegen Absturz erforderlich ist, zur alleinigen Benutzung zur Verfügung zu stellen, wenn langfristige Tragedauer und hohe Tragehäufigkeit zu erwarten sind.
9. Beschädigte oder durch Sturz beanspruchte persönliche Schutzausrüstungen gegen Absturz sind der Benutzung zu entziehen.
10. Für den Fall eines Absturzes ist durch geeignete Maßnahmen eine unverzügliche Rettung zu gewährleisten.
11. Verbindungsmittel dürfen nicht durch Verknoten befestigt, gekürzt oder verlängert werden.
12. Verbindungsmittel mit Falldämpfern müssen so angeschlagen werden, dass die Funktion der Falldämpfer nicht beeinträchtigt wird.
13. Sicherungen von Karabinerhaken gegen unbeabsichtigtes Öffnen müssen benutzt werden.
14. Die ordnungsgemäße Sicherung der Karabinerhaken gegen unbeabsichtigtes Öffnen ist in regelmäßigen Zeitabständen zu kontrollieren.

(5) Die Unterweisung muss durch eine fachkundige Person erfolgen. Die Unterweisung (§ 7 Abs. 4) hat insbesondere auch zu umfassen:
1. Richtiges An- und Ablegen der persönlichen Schutzausrüstung,
2. ordnungsgemäße Verankerung von persönlicher Schutzausrüstung gegen Absturz,
3. allenfalls erforderliche Berge- und Rettungsmaßnahmen.

(6) Über das richtige An- und Ablegen von persönlicher Schutzausrüstung gegen Absturz, Ertrinken oder Versinken sowie die Durchführung von Berge- und Rettungsmaßnahmen sind mindestens einmal jährlich Übungen abzuhalten. In die Übungen sind alle Arbeitnehmer/innen einzubeziehen, die Auffangsysteme oder persönliche Schutzausrüstung gegen Ertrinken oder Versinken benutzen müssen. Diese Übungen müssen durch eine für Absturzsicherungssysteme fachkundige Person geplant und durchgeführt werden.

(7) Absturzsicherungssysteme dürfen nur verwendet werden, wenn die erforderlichen Prüfungen durchgeführt wurden. Für die Prüfung von Absturzsicherungssystemen gilt:
1. Gegenstände des Absturzsicherungssystems müssen entsprechend den Einsatzbedingungen und den betrieblichen Verhältnissen nach Bedarf, mindestens jedoch einmal jährlich, auf ihren ordnungsgemäßen Zustand durch eine fachkundige Person geprüft werden.
2. Feste Führungen von Steigschutzeinrichtungen müssen entsprechend den Einsatzbedingungen und den betrieblichen Verhältnissen in regelmäßigen Zeitabständen auf ihren ordnungsgemäßen Zustand durch eine fachkundige Person geprüft werden.
3. Die Ergebnisse der Prüfungen sind in Prüfbefunden festzuhalten. Der Prüfbefund muss beinhalten:
   a) Prüfdatum,
   b) Name und Anschrift des Prüfers/der Prüferin, Bezeichnung der Prüfstelle, Unterschrift des Prüfers/der Prüferin,
   c) Ergebnis der Prüfung,
   d) Angaben über die der Prüfung zu Grunde gelegten Prüfinhalte.

4. Die Prüfbefunde sind von den Arbeitgeber/innen bis zum Ausscheiden der persönlichen Schutzausrüstung aufzubewahren.

Atemschutz

§ 15. (1) Atemschutz sind Atemschutzgeräte als persönliche Schutzausrüstung zum Schutz des Trägers/der Trägerin vor dem Einatmen von gesundheitsgefährdenden oder biologischen Stoffen aus der Umgebungsatmosphäre oder vor Sauerstoffmangel bei der Arbeit.

(2) Arbeitgeber/innen müssen Arbeitnehmer/innen Atemschutz zur Verfügung stellen, wenn für diese eine oder mehrere der nachfolgenden Gefahren (§ 4) für die Atmung bestehen:

1. Konzentration der gesundheitsgefährdenden oder biologischen Stoffe in der Umgebungsatmosphäre,
2. Sauerstoffkonzentration unter 15 Volumsprozent in der Umgebungsatmosphäre.

(3) Atemschutz ist so auszuwählen, dass die inhalative Einwirkung von gefährlichen Stoffen zumindest soweit minimiert wird, dass die Grenzwerte (MAK-, TRK-Werte einschließlich Kurzzeitwerte oder Bewertungsindex für Stoffgemische) für die Träger/innen sicher unterschritten werden.

(4) Bei der Ermittlung und Beurteilung der Gefahren sind folgende Einflüsse auf die Arbeitnehmer/innen zu berücksichtigen:

1. Körperliche Belastung,
2. Tragedauer pro Arbeitseinsatz,
3. Anzahl der Arbeitseinsätze pro Arbeitsschicht,
4. Länge von Pausen zwischen den Arbeitseinsätzen,
5. Einflüsse der Arbeitsumgebung wie Lufttemperatur, Luftfeuchtigkeit, Strahlungswärme.

(5) Arbeitgeber/innen müssen bei der Benutzung von Atemschutzgeräten Folgendes gewährleisten:

1. Bei langer Tragedauer oder hoher Tragehäufigkeit müssen für jede/n gefährdete/n Arbeitnehmer/in Atemanschlüsse zur alleinigen Benutzung zur Verfügung stehen. Einwegfiltermasken (filtrierender Atemanschluss) sind unabhängig von der Tragedauer oder Tragehäufigkeit immer für jede/n gefährdete/n Arbeitnehmer/in zur alleinigen Benutzung zur Verfügung zu stellen.
2. Entsprechend dem Ergebnis der Ermittlung und Beurteilung der Gefahren sind erforderlichenfalls die Tragedauer und die Anzahl der Arbeitseinsätze zu beschränken. Zwischen den Arbeitseinsätzen sind die für die Erholung der Arbeitnehmer/innen erforderlichen Pausen zu gewähren.
3. Filtergeräte zum Schutz vor Schadstoffen dürfen nur dann verwendet werden, wenn die Umgebungsatmosphäre eine Sauerstoffkonzentration von mindestens 17 Volumsprozent enthält. Vor dem Einsatz von Filtergeräten ist die Sauerstoffkonzentration zu messen. Eine Messung ist nicht erforderlich, wenn zweifelsfrei feststeht, dass der Sauerstoffgehalt der Luft über dem angeführten Wert liegt.
4. Bei unklaren Einsatzbedingungen sowie in kleinen, engen oder schlecht belüfteten Räumen und Behältern dürfen Filtergeräte nicht verwendet werden. In solchen Fällen sind geeignete, von der Umgebungsatmosphäre unabhängige Atemschutzgeräte (Isoliergeräte) zu verwenden.
5. Für Notfälle wie Erschöpfung oder Atemnot ist durch geeignete Maßnahmen eine unverzügliche Rettung zu gewährleisten.

(6) Die Unterweisung (§ 7 Abs. 4) hat insbesondere auch zu umfassen:

1. Einsatzbedingungen, Handhabung und Wartung,
2. richtiges An- und Ablegen der Atemschutzgeräte,
3. Funktionskontrolle,
4. zulässige Tragedauer,
5. Verhalten bei Notfällen,
6. allenfalls erforderliche Maßnahmen zwischen den Trageperioden,
7. Funktion von Sicherheits- und Warneinrichtungen.

(7) Für die Unterweisung über den Atemschutz gilt:

1. Arbeitgeber/innen haben dafür zu sorgen, dass die Arbeitnehmer/innen im An- und Ablegen der Atemschutzgeräte und in der Funktionskontrolle geschult werden.
2. Über das An- und Ablegen von Atemschutzgeräten sind Übungen im Abstand von maximal sechs Monaten durchzuführen. Bei diesen Übungen ist die Unterweisung über die Funktionskontrolle zu wiederholen.
3. Die Unterweisung und Übungsdurchführung für die Benutzung von Isoliergeräten hat durch fachkundige Personen zu erfolgen. Das sind insbesondere im Grubenrettungs- und Gasrettungswesen oder in Feuerwehrschulen tätige Personen oder Personen, die durch Hersteller/innen von Atemschutzgeräten ausgebildet und regelmäßig (mindestens alle fünf Jahre) fortgebildet werden.

(8) Für die Prüfung von Atemschutzgeräten gilt:

1. Filter- und Isoliergeräte sind mindestens vierteljährlich von fachkundigen Personen auf ihren ordnungsgemäßen Zustand und die Einhaltung der Schutzfunktion zu prüfen. Dies gilt nicht für originalverpackte Filtergeräte (einschließlich Einwegfiltermasken).
2. Filter- und Isoliergeräte dürfen nur verwendet werden, wenn die erforderlichen Prüfungen durchgeführt wurden.
3. Die Ergebnisse der Prüfungen sind in Prüfbefunden festzuhalten. Der Prüfbefund muss beinhalten:
   a) Prüfdatum,
   b) Name und Anschrift des Prüfers/der Prüferin, Bezeichnung der Prüfstelle, Unterschrift des Prüfers/der Prüferin,
   c) Ergebnis der Prüfung,
   d) Angaben über die der Prüfung zu Grunde gelegten Prüfinhalte, insbesondere Herstellerangaben und Prüfnormen.
4. Die Prüfbefunde sind von den Arbeitgeber/innen bis zum Ausscheiden der persönlichen Schutzausrüstung aufzubewahren.

Schutzkleidung

§ 16. (1) Schutzkleidung ist persönliche Schutzausrüstung zum Schutz des Körpers vor Verletzungen und anderen arbeitsbedingten Schädigungen sowie sonstigen schädigenden Einwirkungen (z. B. Säureschutzkleidung, Wetterschutzkleidung, Kälteschutzkleidung, Warnkleidung).

(2) Arbeitgeber/innen müssen Arbeitnehmer/innen Schutzkleidung zur Verfügung stellen, wenn für diese eine oder mehrere der nachfolgenden Gefahren (§ 4) bestehen:

1. Mechanische Gefahren durch Stiche, Schnitte, Scheuern, Stäube, Erfasstwerden durch bewegte oder drehende Teile oder sonstige Gegenstände, Kontakt mit Schneiden oder Sägen oder anderen spitzen oder scharfen Gegenständen,
2. elektrische Gefahren wie elektrische Spannung und elektrostatische Aufladung,
3. thermische Gefahren durch Kontakt mit heißen oder kalten Oberflächen oder Medien (Berührungswärme, -kälte), Gasen (Konvektionswärme), Wärmestrahlung, Flammenwirkung, Funken oder Spritzer heißer Flüssigkeiten,

4. Gefahren durch gesundheitsgefährdende Arbeitsstoffe, wie chemische Gefahren durch feste, flüssige oder gasförmige Substanzen, insbesondere bei Kontakt mit hautschädigenden oder hautgängigen Arbeitsstoffen,
5. Gefahren durch biologische Arbeitsstoffe der Gruppe 2, 3 oder 4, wie Bakterien, Viren oder sonstige Mikroorganismen,
6. Gefahren durch starke Verunreinigungen,
7. Gefahren durch ionisierende oder optische Strahlung,
8. Gefahr von Bissen oder sonstigen Verletzungen insbesondere durch Tiere,
9. Gefahren durch Einwirkung von Hitze, Kälte, Feuchtigkeit, Nässe oder Witterung,
10. Gefahren bei Arbeiten auf öffentlichen Verkehrsflächen und im Bereich innerbetrieblichen Fahrverkehrs.

(3) Bei der Ermittlung und Beurteilung der Gefahren sind folgende Einflüsse auf die Arbeitnehmer/innen zu berücksichtigen:

1. Körperliche Belastung,
2. Tragedauer pro Arbeitseinsatz,
3. Anzahl der Arbeitseinsätze pro Arbeitsschicht,
4. Länge von Pausen zwischen den Arbeitseinsätzen.

(4) Arbeitgeber/innen müssen bei der Benutzung von Schutzkleidung gewährleisten, dass entsprechend dem Ergebnis der Ermittlung und Beurteilung der Gefahren erforderlichenfalls die Tragedauer und die Anzahl der Arbeitseinsätze beschränkt werden. Zwischen den Arbeitseinsätzen sind die für die Erholung der Arbeitnehmer/innen erforderlichen Pausen zu gewähren.

(5) Die Unterweisung (§ 7 Abs. 4) hat insbesondere auch zu umfassen:

1. Allfällig erforderliche Pflegehinweise für die Haut,
2. richtiges An- und Ablegen der Schutzkleidung,
3. zulässige Tragedauer,
4. allfällig erforderliche Regenerationszeiten und Maßnahmen zwischen den Trageperioden,
5. allfällig erforderliche ordnungsgemäße Reinigung und Desinfektion.

3. ABSCHNITT: **Übergangs- und Schlussbestimmungen**

§ 17. (1) Vor Inkrafttreten dieser Verordnung durch Bescheid aufgrund des ASchG oder des Arbeitnehmerschutzgesetzes, BGBl. Nr. 234/1972, verfügte Vorschreibungen und Auflagen über persönliche Schutzausrüstungen werden durch diese Verordnung nicht berührt mit der Maßgabe, dass die über die bescheidmäßige Vorschreibung oder Auflage hinausgehenden, auf die persönliche Schutzausrüstung bezogenen Pflichten nach dieser Verordnung zusätzlich wahrzunehmen sind.

(2) Gemäß § 125 Abs. 8 ASchG wird festgestellt, dass gleichzeitig mit Inkrafttreten dieser Verordnung die gemäß §§ 105, 108 Abs. 2 und 114 Abs. 4 Z 7 ASchG als Bundesgesetz geltenden §§ 66 bis 72, § 84 Abs. 4 und § 90 Abs. 2 bis 4 der Allgemeinen Arbeitnehmerschutzverordnung (AAV), BGBl. Nr. 218/1983, zuletzt geändert durch BGBl. II Nr. 291/2011, außer Kraft treten.

(3) Bestimmungen über persönliche Schutzausrüstungen in anderen Arbeitnehmerschutzvorschriften bleiben unberührt mit der Maßgabe, dass die darüber hinausgehenden Bestimmungen dieser Verordnung zusätzlich zu beachten sind.

(4) Die Verordnung tritt mit dem der Kundmachung folgenden Monatsersten in Kraft.

Arbeitsruhegesetz

Bundesgesetz vom 3. Februar 1983, BGBl. Nr. 144/1983 über die wöchentliche Ruhezeit und die Arbeitsruhe an Feiertagen (Arbeitsruhegesetz – ARG), BGBl. Nr. 413/1990, BGBl. Nr. 730/1990 (Art. II), BGBl. Nr. 158/1991, BGBl. Nr. 446/1994 (Art. II), BGBl. Nr. 804/1995 (Art. I), BGBl. Nr. 410/1996 (Art. II), BGBl. I Nr. 5/1997, BGBl. I Nr. 46/1997 (Art. II), BGBl. I Nr. 88/1999, BGBl. I Nr. 98/2001 (Art. 146), BGBl. I Nr. 48/2003 (Art. 3), BGBl. I Nr. 30/2004 (Art. 2), BGBl. I Nr. 159/2004 (Art.2), BGBl. I Nr. 175/2004 (Art. 4), BGBl. I Nr. 138/2006 (Art. 2), BGBl. I Nr. 61/2007 (Art.2), BGBl. I Nr. 124/2008 (Art. 2), BGBl. I Nr. 149/2009 (Art. 2), BGBl. I Nr. 93/2010 (Art. 3), BGBl. I Nr. 100/2010 (Art. 5), BGBl. I Nr. 35/2012 (Art. 62), BGBl. I Nr. 71/2013 (Art. 15), BGBl. I Nr. 91/2014, BGBl. I Nr. 152/2015 (Art. 7), BGBl. I Nr. 114/2016 (Art. 2), BGBl. I Nr. 40/2017 (Art. 13), BGBl I Nr. 126/2017 (Art. 4), BGBl I Nr. 127/2017 (Art. 2), BGBl I Nr. 53/2018 (Art. 2), BGBl I Nr. 22/2019 (Art. 1) und BGBl I Nr. 58/2022 (Art. 2).

1. ABSCHNITT

Geltungsbereich

§ 1. (1) Dieses Bundesgesetz gilt für Arbeitnehmer aller Art, soweit im folgenden nicht anderes bestimmt wird.

(2) Ausgenommen sind:

1. Arbeitnehmer, die in einem Arbeitsverhältnis zu einer Gebietskörperschaft oder zu einem Gemeindeverband stehen, soweit sie nicht
   a) in Betrieben eines Landes, einer Gemeinde oder eines Gemeindeverbandes beschäftigt sind,
   b) in Betrieben des Bundes beschäftigt sind;
2. Arbeitnehmer von Kraftfahrlinienunternehmungen im Sinne des Kraftfahrliniengesetzes (KfLG) BGBl. I Nr 203/1999, soweit für diese Arbeitnehmer zwingende dienstrechtliche Vorschriften über die wöchentliche Ruhezeit gelten;
3. nahe Angehörige der Arbeitgeberin bzw. des Arbeitgebers (Eltern, volljährige Kinder, im gemeinsamen Haushalt lebende Ehegattin oder Ehegatte, eingetragene Partnerin oder Partner, sowie Lebensgefährtin oder Lebensgefährte, wenn seit mindestens drei Jahren ein gemeinsamer Haushalt besteht), deren gesamte Arbeitszeit auf Grund der besonderen Merkmale der Tätigkeit
   a) nicht gemessen oder im Voraus festgelegt wird, oder
   b) von diesen Arbeitnehmerinnen bzw. Arbeitnehmern hinsichtlich Lage und Dauer selbst festgelegt werden kann;
4. Lehr- und Erziehungskräfte an Unterrichts- und Erziehungsanstalten, soweit sie nicht bereits unter Z 1 fallen;
5. leitende Angestellte oder sonstige Arbeitnehmerinnen und Arbeitnehmer, denen maßgebliche selbständige Entscheidungsbefugnis übertragen ist und deren gesamte Arbeitszeit auf Grund der besonderen Merkmale der Tätigkeit
   a) nicht gemessen oder im Voraus festgelegt wird, oder
   b) von diesen Arbeitnehmerinnen bzw. Arbeitnehmern hinsichtlich Lage und Dauer selbst festgelegt werden kann;
6. Arbeitnehmer, für die folgende Vorschriften gelten:
   a) das Hausbesorgergesetz, BGBl. Nr. 16/1970;
   b) das Hausgehilfen- und Hausangestelltengesetz, BGBl. Nr. 235/1962;
   c) das Bundesgesetz über die Beschäftigung von Kindern und Jugendlichen 1987, BGBl. Nr. 599;
   d) das Landarbeitsgesetz 2021, BGBl. I Nr. 78/2021;
   e) das Seeschifffahrtsgesetz, BGBl. Nr. 174/1981, soweit für diese Arbeitnehmer kollektivvertragliche Regelungen entsprechend § 4 des Anhanges der Richtlinie 1999/63/EG gelten;
7. Arbeitnehmer, die dem Bäckereiarbeiter/innengesetz 1996, BGBl. Nr. 410/1996, unterliegen;
8. Arbeitnehmer, die in Theaterunternehmen im Sinne des § 1 Abs. 2 des Theaterarbeitsgestzes (TAG), BGBl. I Nr. 100/2010, beschäftigt sind;
9. Heimarbeiter, auf die das Heimarbeitsgesetz 1960, BGBl. Nr. 105/1961, anzuwenden ist.

(3) Auf Arbeitnehmer gesetzlich anerkannter Kirchen und Religionsgesellschaften, die nicht in Betrieben beschäftigt sind, findet dieses Gesetz Anwendung, wenn keine gleichwertige interne Regelung besteht.

2. ABSCHNITT

WOCHENENDRUHE, WOCHENRUHE, ERSATZRUHE UND FEIERTAGSRUHE

Begriff der Ruhezeit

§ 2. (1) Im Sinne dieses Bundesgesetzes ist

1. Wochenendruhe eine ununterbrochene Ruhezeit von 36 Stunden, in die der Sonntag fällt (§ 3);
2. Wochenruhe eine ununterbrochene Ruhezeit von 36 Stunden in der Kalenderwoche (§ 4);
3. wöchentliche Ruhezeit sowohl die Wochenendruhe als auch die Wochenruhe;
4. Ersatzruhe eine ununterbrochene Ruhezeit, die als Abgeltung für die während der wöchentlichen Ruhezeit geleistete Arbeit zusteht (§ 6);
5. Feiertagsruhe eine ununterbrochene Ruhezeit von 24 Stunden, die frühestens um 0 Uhr und spätestens um 6 Uhr des gesetzlichen Feiertages beginnt (§ 7).

(2) Während der Wochenend- und Feiertagsruhe darf im Rahmen der §§ 10 bis 18 nur die unumgänglich notwendige Anzahl von Arbeitnehmern beschäftigt werden.

(3) Soweit in diesem Bundesgesetz personenbezogene Bezeichnungen noch nicht geschlechtsneutral formuliert sind, gilt die gewählte Form für beide Geschlechter.

Wochenendruhe

§ 3. (1) Der Arbeitnehmer hat in jeder Kalenderwoche Anspruch auf eine ununterbrochene Ruhezeit von 36 Stunden, in die der Sonntag zu fallen hat (Wochenendruhe). Während dieser Zeit darf der Arbeitnehmer nur beschäftigt werden, wenn dies auf Grund der §§ 2 Abs. 2, 10 bis 18 zulässig ist.

(2) Die Wochenendruhe hat für alle Arbeitnehmer spätestens Samstag um 13 Uhr, für Arbeitnehmer, die

mit unbedingt notwendigen Abschluß-, Reinigungs-, Instandhaltungs- oder Instandsetzungsarbeiten beschäftigt sind, spätestens Samstag um 15 Uhr zu beginnen.

(2a) Bei nicht durchlaufender mehrschichtiger Arbeitsweise hat die Wochenendruhe spätestens Samstag um 24 Uhr zu beginnen.

(3) In Betrieben mit einer werktags durchlaufenden mehrschichtigen Arbeitsweise hat die Wochenendruhe spätestens mit Ende der Nachtschicht zum Sonntag zu beginnen und darf frühestens mit Beginn der Nachtschicht zum Montag enden.

(4) Wird in Verbindung mit Feiertagen eingearbeitet und die ausfallende Arbeitszeit auf die Werktage der die Ausfallstage einschließenden Wochen verteilt (§ 4 Abs. 2 und 3 des Arbeitszeitgesetzes, BGBl. Nr. 461/1969), so kann der Beginn der Wochenendruhe im Einarbeitungszeitraum bis spätestens Samstag 18 Uhr aufgeschoben werden.

Wochenruhe

§ 4. Der Arbeitnehmer, der nach der für ihn geltenden Arbeitszeiteinteilung während der Zeit der Wochenendruhe beschäftigt wird, hat in jeder Kalenderwoche an Stelle der Wochenendruhe Anspruch auf eine ununterbrochene Ruhezeit von 36 Stunden (Wochenruhe). Die Wochenruhe hat einen ganzen Wochentag einzuschließen.

Abweichende Regelung der wöchentlichen Ruhezeit

§ 5. (1) Zur Ermöglichung der Schichtarbeit kann im Schichtplan die wöchentliche Ruhezeit abweichend von den §§ 3 und 4 geregelt werden.

(2) Das Ausmaß der wöchentlichen Ruhezeit kann in den Fällen des Abs. 1 bis auf 24 Stunden gekürzt werden. In einem Durchrechnungszeitraum von vier Wochen muß dem Arbeitnehmer jedoch eine durchschnittliche wöchentliche Ruhezeit von 36 Stunden gesichert sein. Zur Berechnung dürfen nur mindestens 24-stündige Ruhezeiten herangezogen werden.

(3) Die Bundesministerin bzw. der Bundesminister für Arbeit, Soziales, Gesundheit und Konsumentenschutz kann auf Antrag des Arbeitgebers nach Anhörung der gesetzlichen Interessenvertretungen der Arbeitgeber und Arbeitnehmer abweichend von Abs. 2 Schichtpläne zulassen. Sie können die wöchentliche Ruhezeit von mindestens 24 Stunden unterschreiten oder den vierwöchigen Durchrechnungszeitraum überschreiten, wenn dies aus wichtigen Gründen erforderlich und mit den Interessen der Arbeitnehmer vereinbar ist. Solche Schichtpläne können befristet werden.

(4) Die Bundesministerin bzw. der Bundesminister für Arbeit, Soziales, Gesundheit und Konsumentenschutz hat Ausnahmen gemäß Abs. 3 von Amts wegen oder auf Antrag einer der gesetzlichen Interessenvertretungen der Arbeitgeber oder Arbeitnehmer, des Arbeitgebers oder von Organen der Arbeitnehmerschaft des Betriebes abzuändern oder zu widerrufen, wenn die Voraussetzungen des Abs. 3 nicht mehr vorliegen.

(5) Für Arbeitnehmer, die auf im öffentlichen Interesse betriebenen Großbaustellen oder auf Baustellen der Wildbach- und Lawinenverbauung in Gebirgsregionen beschäftigt sind, kann durch Kollektivvertrag die wöchentliche Ruhezeit abweichend von den §§ 3 und 4 geregelt werden. Die wöchentliche Ruhezeit kann für einzelne Wochen gekürzt werden oder zur Gänze entfallen, wenn in einem vierwöchigen Durchrechnungszeitraum eine durchschnittliche wöchentliche Ruhezeit von 36 Stunden gesichert ist. Abs. 2 dritter Satz gilt sinngemäß.

(6) Für Arbeitnehmer, die bei der Herstellung oder beim Vertrieb von Tageszeitungen und Montagfrühblättern beschäftigt sind, kann durch Kollektivvertrag die wöchentliche Ruhezeit abweichend von den §§ 3 und 4 geregelt werden. Die wöchentliche Ruhezeit kann bis auf 24 Stunden gekürzt werden, wenn in einem vierwöchigen Durchrechnungszeitraum eine durchschnittliche wöchentliche Ruhezeit von 36 Stunden gesichert ist. Abs. 2 dritter Satz gilt sinngemäß.

Ersatzruhe

§ 6. (1) Der Arbeitnehmer, der während seiner wöchentlichen Ruhezeit (§ 2 Abs. 1 Z 3) beschäftigt wird, hat in der folgenden Arbeitswoche Anspruch auf Ersatzruhe, die auf seine Wochenarbeitszeit anzurechnen ist. Die Ersatzruhe ist im Ausmaß der während der wöchentlichen Ruhezeit geleisteten Arbeit zu gewähren, die innerhalb von 36 Stunden vor dem Arbeitsbeginn in der nächsten Arbeitswoche erbracht wurde.

(2) Während der Ersatzruhe nach Abs. 1 dürfen Arbeitnehmer nur im Rahmen der §§ 11 oder 14 beschäftigt werden.

(3) Wird ein Arbeitnehmer während der Ersatzruhe gemäß Abs. 1 beschäftigt, so ist diese Ersatzruhe im entsprechenden Ausmaß zu einer anderen, einvernehmlich festgesetzten Zeit nachzuholen.

(4) Während der Ersatzruhe nach Abs. 3 dürfen Arbeitnehmer nur zur Abwendung einer unmittelbaren Gefahr für die Sicherheit des Lebens oder für die Gesundheit von Menschen oder bei Notstand beschäftigt werden. Hiefür gebührt keine weitere Ersatzruhe.

(5) Die Ersatzruhe hat unmittelbar vor dem Beginn der folgenden wöchentlichen Ruhezeit zu liegen, soweit vor Antritt der Arbeit, für die Ersatzruhe gebührt, nicht anderes vereinbart wurde.

Rufbereitschaft

§ 6a. Rufbereitschaft außerhalb der Arbeitszeit darf nur während zwei wöchentlichen Ruhezeiten pro Monat vereinbart werden.

Feiertagsruhe

§ 7. (1) Der Arbeitnehmer hat an Feiertagen Anspruch auf eine ununterbrochene Ruhezeit von mindestens 24 Stunden, die frühestens um 0 Uhr und spätestens um 6 Uhr des Feiertages beginnen muß.

(2) Feiertage im Sinne dieses Bundesgesetzes sind: 1. Jänner (Neujahr), 6. Jänner (Heilige Drei Könige), Ostermontag, 1. Mai (Staatsfeiertag), Christi Himmelfahrt, Pfingstmontag, Fronleichnam, 15. August (Mariä Himmelfahrt), 26. Oktober (Nationalfeiertag), 1. November (Allerheiligen), 8. Dezember (Mariä Empfängnis), 25. Dezember (Weihnachten), 26. Dezember (Stephanstag).

(3) *entfällt gem. BGBl I Nr. 22/2019.*

(4) Feiertage dürfen auf die wöchentliche Ruhezeit nur angerechnet werden, soweit sie in die Zeit der wöchentlichen Ruhezeit fallen.

(5) In Betrieben mit einer werktags durchlaufenden mehrschichtigen Arbeitsweise hat die Feiertagsruhe spätestens mit Ende der Nachtschicht zum Feiertag zu beginnen und darf frühestens mit Beginn der Nachtschicht zum nächsten Werktag enden.

(6) Ist für die Normalarbeitszeit (§ 3 Arbeitszeitgesetz) an Feiertagen Zeitausgleich vereinbart, so muß dieser mindestens einen Kalendertag oder 36 Stunden umfassen.

(7) Fällt ein Feiertag auf einen Sonntag, so sind die §§ 3 bis 5 anzuwenden.

§ 7a. (1) Der Arbeitnehmer kann den Zeitpunkt des Antritts eines Tages des ihm zustehenden Urlaubs einmal pro Urlaubsjahr einseitig bestimmen. Der Arbeitnehmer hat den Zeitpunkt spätestens drei Monate im Vorhinein schriftlich bekannt zu geben.

(2) Es steht dem Arbeitnehmer frei, auf Ersuchen des Arbeitgebers den bekannt gegebenen Urlaubstag nicht anzutreten. In diesem Fall hat der Arbeitnehmer weiterhin Anspruch auf diesen Urlaubstag. Weiters hat er für den bekannt gegebenen Tag außer dem Urlaubsentgelt Anspruch auf das für die geleistete Arbeit gebührende Entgelt, insgesamt daher das doppelte Entgelt, womit das Recht gemäß Abs. 1 erster Satz konsumiert ist.

(3) Abweichend von § 1 Abs. 2 Z 2 bis 9 gilt diese Bestimmung auch für diese Personen.

Freizeit zur Erfüllung der religiösen Pflichten

§ 8. (1) Der Arbeitnehmer, der während der Wochenend- oder Feiertagsruhe beschäftigt wird, hat auf Verlangen Anspruch auf die zur Erfüllung seiner religiösen Pflichten notwendige Freizeit, wenn diese Pflichten nicht außerhalb der Arbeitszeit erfüllt werden können und die Freistellung von der Arbeit mit den Erfordernissen des Betriebes vereinbar ist.

(2) Der Arbeitnehmer hat diesen Anspruch bei Vereinbarung der Wochenend- oder Feiertagsarbeit, spätestens jedoch zwei Tage vorher, bei späterer Vereinbarung sofort, dem Arbeitgeber gegenüber geltend zu machen.

Entgelt für Feiertage und Ersatzruhe

§ 9. (1) Der Arbeitnehmer behält für die infolge eines Feiertages oder der Ersatzruhe (§ 6) ausgefallene Arbeit seinen Anspruch auf Entgelt.

(2) Dem Arbeitnehmer gebührt jenes Entgelt, das er erhalten hätte, wenn die Arbeit nicht aus den im Abs. 1 genannten Gründen ausgefallen wäre.

(3) Bei Akkord-, Stück- oder Gedinglöhnen, akkordähnlichen oder sonstigen leistungsbezogenen Prämien oder Entgelten ist das fortzuzahlende Entgelt nach dem Durchschnitt der letzten 13 voll gearbeiteten Wochen unter Ausscheidung nur ausnahmsweise geleisteter Arbeiten zu berechnen. Hat der Arbeitnehmer nach Antritt des Arbeitsverhältnisses noch keine 13 Wochen voll gearbeitet, so ist das Entgelt nach dem Durchschnitt der seit Antritt des Arbeitsverhältnisses voll gearbeiteten Zeiten zu berechnen.

(4) Durch Kollektivvertrag im Sinne des § 18 Abs. 4 Arbeitsverfassungsgesetz (ArbVG), BGBl. Nr. 22/1974, kann geregelt werden, welche Leistungen des Arbeitgebers als Entgelt anzusehen sind. Die Berechnungsart für die Ermittlung der Höhe des Entgelts kann durch Kollektivvertrag abweichend von Abs. 2 und 3 geregelt werden.

(5) Der Arbeitnehmer, der während der Feiertagsruhe beschäftigt wird, hat außer dem Entgelt nach Abs. 1 Anspruch auf das für die geleistete Arbeit gebührende Entgelt, es sei denn, es wird Zeitausgleich im Sinne des § 7 Abs. 6 vereinbart.

3. ABSCHNITT

AUSNAHMEN VON DER WOCHENEND- UND FEIERTAGSRUHE

Ausnahmen für bestimmte Tätigkeiten

§ 10. Während der Wochenend- und Feiertagsruhe dürfen Arbeitnehmer nur beschäftigt werden mit:

1. der Reinigung, Instandhaltung oder Instandsetzung, soweit sich solche Arbeiten während des regelmäßigen Arbeitsablaufes nicht ohne Unterbrechung oder erhebliche Störung ausführen lassen und infolge ihres Umfanges nicht bis spätestens Samstag 15 Uhr abgeschlossen werden können;
2. der Bewachung oder Wartung von Betriebsanlagen einschließlich Bergbauanlagen oder Wartung von Tieren;
3. Arbeiten, die dem Brandschutz dienen;
4. der gesundheitlichen Betreuung oder Versorgung mit Speisen und Getränken derjenigen Arbeitnehmer, die auf Grund der Ausnahmebestimmungen dieses Bundesgesetzes während der Wochenend- oder Feiertagsruhe beschäftigt werden dürfen;
5. der Beförderung der während der Wochenend- oder Feiertagsruhe beschäftigten Arbeitnehmer zu und von der Arbeitsstelle;
6. der Be- und Entlüftung, Beheizung oder Kühlung der Arbeitsräume;
7. Umbauarbeiten an Betriebsanlagen einschließlich Bergbauanlagen, wenn diese aus technischen Gründen nur während des Betriebsstillstandes durchgeführt werden können und ein Betriebsstillstand außerhalb der Ruhezeiten mit einem erheblichen Schaden verbunden wäre;
8. der Betreuung, Beaufsichtigung und Versorgung mit Speisen und Getränken in Internaten und Heimen, wenn diese Internate und Heime auch während der Wochenend- oder Feiertagsruhe betrieben werden.

Reisezeit

§ 10a. Verläßt der Arbeitnehmer über Auftrag des Arbeitgebers vorübergehend seinen Dienstort (Arbeitsstätte), um an anderen Orten seine Arbeitsleistung zu erbringen, ist eine Reisebewegung während der Wochenend- und Feiertagsruhe zulässig, wenn dies zur Erreichung des Reisezieles notwendig oder im Interesse des Arbeitnehmers gelegen ist.

Ausnahmen in außergewöhnlichen Fällen

§ 11. (1) Während der Wochenend- und Feiertagsruhe dürfen Arbeitnehmer in außergewöhnlichen Fällen mit vorübergehenden und unaufschiebbaren Arbeiten beschäftigt werden, soweit diese

1. zur Abwendung einer unmittelbaren Gefahr für die Sicherheit des Lebens oder die Gesundheit von Menschen oder bei Notstand sofort vorzunehmen sind oder
2. zur Behebung einer Betriebsstörung oder zur Verhütung des Verderbens von Gütern oder eines sonstigen unverhältnismäßigen wirtschaftlichen Schadens erforderlich sind, wenn unvorhergesehene und nicht zu verhindernde Gründe vorliegen und andere zumutbare Maßnahmen zu diesem Zweck nicht möglich sind.

(2) Der Arbeitgeber hat die in Abs. 1 angeführten Arbeiten dem Arbeitsinspektorat binnen zehn Tagen nach Beginn der Arbeiten schriftlich anzuzeigen. Die Anzeige hat die Gründe für die Arbeiten sowie die Anzahl der zur Arbeitsleistung benötigten Arbeitnehmer zu enthalten.

(3) Zur Sicherstellung der nach Abs. 1 notwendigen Arbeiten können Bereitschaftsdienste oder Rufbereitschaften eingerichtet werden.

(4) Der Arbeitgeber hat die Einrichtung von Bereitschaftsdiensten im Sinne des Abs. 3 unter Angabe von Gründen und der erforderlichen Anzahl der Arbeitnehmer dem Arbeitsinspektorat vorher schriftlich anzuzei-

gen. Entfallen die Gründe, die für die Einrichtung maßgebend waren, so hat er dies binnen zehn Tagen dem Arbeitsinspektorat schriftlich anzuzeigen.

Ausnahmen durch Verordnung für bestimmte Tätigkeiten

§ 12. (1) Durch Verordnung sind für Arbeitnehmer in bestimmten Betrieben Ausnahmen von der Wochenend- und Feiertagsruhe für Arbeiten zuzulassen, wenn diese

1. zur Befriedigung dringender Lebensbedürfnisse notwendig sind;
2. im Hinblick auf während der Wochenend- oder Feiertagsruhe hervortretende Freizeit- und Erholungsbedürfnisse und Erfordernisse des Fremdenverkehrs notwendig sind;
3. zur Bewältigung des Verkehrs notwendig sind;
4. aus technologischen Gründen einen ununterbrochenen Fortgang erfordern;
5. im Bergbau aus technologischen oder naturbedingten Gründen oder aus Gründen der Sicherheit einen ununterbrochenen Fortgang erfordern;
6. wegen der Gefahr des Mißlingens von Arbeitserzeugnissen nicht aufgeschoben werden können, soweit diese Gefahr nicht durch andere Maßnahmen abgewendet werden kann, oder
7. wegen der Gefahr des raschen Verderbens von Rohstoffen nicht aufgeschoben werden können und nach der Art des Betriebes auf einen bestimmten Zeitraum beschränkt sind.

(2) Soweit dies nach der Art der Tätigkeit zweckmäßig ist, hat die Verordnung die nach Abs. 1 zulässigen Arbeiten einzeln anzuführen und das für die Durchführung notwendige Zeitausmaß festzulegen. Arbeiten, die im unmittelbaren Zusammenhang mit den nach Abs. 1 zulässigen Arbeiten stehen oder ohne die diese nicht durchführbar wären, sind zuzulassen, soweit sie nicht vor oder nach der Wochenend- oder Feiertagsruhe vorgenommen werden können.

Ausnahmen durch Kollektivvertrag

§ 12a. (1) Der Kollektivvertrag kann weitere Ausnahmen von der Wochenend- und Feiertagsruhe zulassen, wenn dies zur Verhinderung eines wirtschaftlichen Nachteils sowie zur Sicherung der Beschäftigung erforderlich ist.

(2) Soweit dies nach der Art der Tätigkeit zweckmäßig ist, hat der Kollektivvertrag die nach Abs. 1 zulässigen Arbeiten einzeln anzuführen und das für die Durchführung notwendige Zeitausmaß festzulegen.

Vorübergehend auftretender besonderer Arbeitsbedarf

§ 12b. (1) Bei vorübergehend auftretendem besonderem Arbeitsbedarf können durch Betriebsvereinbarung Ausnahmen von der Wochenend- und Feiertagsruhe an vier Wochenenden oder Feiertagen pro Arbeitnehmerin bzw. Arbeitnehmer und Jahr zugelassen werden. Eine Ausnahme von der Wochenendruhe kann nicht an vier auf einander folgenden Wochenenden erfolgen.

(2) Für Verkaufstätigkeiten nach dem Öffnungszeitengesetz gilt Abs. 1 nicht.

(3) In Betrieben ohne Betriebsrat kann Wochenend- und Feiertagsarbeit nach Abs. 1 und 2 schriftlich mit den einzelnen Arbeitnehmerinnen und Arbeitnehmern vereinbart werden. In diesem Fall steht es den Arbeitnehmerinnen und Arbeitnehmern frei, solche Wochenend- und Feiertagsarbeit ohne Angabe von Gründen abzulehnen. Sie dürfen deswegen nicht benachteiligt werden, insbesondere hinsichtlich des Entgelts, der Aufstiegsmöglichkeiten und der Versetzung. Werden Arbeitnehmerinnen und Arbeitnehmer deswegen gekündigt, können sie die Kündigung innerhalb einer Frist von zwei Wochen bei Gericht anfechten. § 105 Abs. 5 ArbVG gilt sinngemäß.

(4) Die Betriebsvereinbarung bzw. die schriftliche Einzelvereinbarung muss, sofern sie für wiederkehrende Ereignisse abgeschlossen wird, den Anlass umschreiben.

Ausnahmen durch Verordnung des Landeshauptmannes

§ 13. (1) Der Landeshauptmann kann neben den gemäß § 12 Abs. 1 und 2 zulässigen Ausnahmen nach Anhörung der zuständigen gesetzlichen Interessenvertretungen der Arbeitgeber und Arbeitnehmer durch Verordnung weitere Ausnahmen zulassen, wenn

1. nicht bereits eine Ausnahme im Sinne dieses Bundesgesetzes, insbesondere durch den Ausnahmenkatalog gemäß § 12 Abs. 1, für den zu regelnden Bereich besteht und
2. ein außergewöhnlicher regionaler Bedarf für Versorgungsleistungen gegeben ist.

(2) Verordnungen im Sinne des Abs. 1 haben den örtlichen Geltungsbereich, die Tätigkeiten, die Zeiträume und das maximale Zeitausmaß, während dem die Beschäftigung von Arbeitnehmern zulässig ist, genau zu bezeichnen. Arbeiten, die im unmittelbaren Zusammenhang mit den nach Abs. 1 zulässigen Arbeiten stehen oder ohne die diese nicht durchführbar wären, sind zuzulassen, soweit sie nicht vor oder nach der Wochenend- oder Feiertagsruhe vorgenommen werden können.

(3) Verordnungen gemäß Abs. 1 sind der Bundesministerin bzw. dem Bundesminister für Arbeit jeweils zur Kenntnis zu bringen..

(4) Abs. 1 bis 3 gelten nicht für Verkaufstätigkeiten nach dem Öffnungszeitengesetz 2003, BGBl. I Nr. 48/2003.

Sonderregelung für den 8. Dezember

§ 13a. Die Beschäftigung von Arbeitnehmern am 8. Dezember in Verkaufsstellen gemäß § 1 Abs. 1 und 3 des Öffnungszeitengesetzes 2003, ist zulässig, wenn der 8. Dezember auf einen Werktag fällt. Der Arbeitnehmer hat das Recht, die Beschäftigung am 8. Dezember auch ohne Angabe von Gründen abzulehnen. Kein Arbeitnehmer darf wegen der Weigerung, am 8. Dezember der Beschäftigung nachzugehen, benachteiligt werden.

Ausnahmen durch Verordnung im öffentlichen Interesse

§ 14. Durch Verordnung sind Ausnahmen von der Wochenend- oder Feiertagsruhe für die Arbeitnehmer bestimmter Betriebe zuzulassen, wenn es das öffentliche Interesse infolge besonders schwerwiegender Umstände erfordert.

Ausnahmen in Einzelfällen

§ 15. (1) Der/die Bundesminister/in für Arbeit, Soziales, Gesundheit und Konsumentenschutz hat auf Antrag des Arbeitgebers nach Anhörung der gesetzlichen Interessenvertretungen der Arbeitgeber und Arbeitnehmer für bestimmte Arbeitnehmer eines Betriebes eine Ausnahme von der Wochenend- und Feiertagsruhe zuzulassen, wenn dies im Einzelfall infolge der Neuerrichtung oder Änderung einer Betriebsanlage oder der Einführung eines neuen Verfahrens aus den im § 12 Abs. 1 Z 4, 6 und 7 genannten Gründen erforderlich ist.

(2) Der/die Bundesminister/in für Arbeit, Soziales, Gesundheit und Konsumentenschutz hat auf Antrag des

Arbeitgebers nach Anhörung der gesetzlichen Interessenvertretungen der Arbeitgeber und Arbeitnehmer für bestimmte Arbeitnehmer eines Bergbaubetriebes eine Ausnahme von den Bestimmungen der Wochenend- und Feiertagsruhe zuzulassen, wenn dies

1. infolge der Neuerrichtung oder Änderung einer Bergbauanlage oder der Einführung eines neuen Verfahrens aus technologischen Gründen,
2. infolge von Betriebsunterbrechungen durch außergewöhnliche Ereignisse,
3. durch besondere Witterungseinflüsse bis zum Ausgleich entstandener Folgen,
4. zur Überbrückung von Versorgungsengpässen oder
5. unverzüglich zur Sicherstellung der Versorgung mit mineralischen Rohstoffen

erforderlich ist.

4. ABSCHNITT

SONDERBESTIMMUNGEN FÜR MÄRKTE UND MESSEN

Märkte und marktähnliche Veranstaltungen

§ 16. Finden Märkte oder marktähnliche Veranstaltungen §§ 286 bis 294 der Gewerbeordnung 1994 (GewO 1994), BGBl. Nr. 194, auf Grund gewerberechtlicher Bewilligung während der Wochenend- oder Feiertagsruhe statt, so ist die Beschäftigung von Arbeitnehmern nur im örtlich und zeitlich bewilligten Rahmen dieser Veranstaltung und im unbedingt notwendigen Ausmaß zulässig.

Messen und messeähnliche Veranstaltungen

§ 17. (1) Werden Messen oder messeähnliche Veranstaltungen durchgeführt, dürfen Arbeitnehmer auch während der Wochenend- und Feiertagsruhe mit Arbeiten beschäftigt werden, die

1. innerhalb der letzten zwei Wochen vor Beginn zur Vorbereitung der Veranstaltung, wie zum Aufbau der Ausstellungseinrichtung und zur Anlieferung des Messegutes,
2. zur Durchführung der Veranstaltung,
3. zur Betreuung und Beratung der Besucher,
4. zur Erfüllung der Aufgaben als Beauftragter der beruflich berührten Besucherkreise oder
5. für den Abbau und Abtransport des Messegutes, der Ausstellungseinrichtungen und sonstigen Abschlußarbeiten notwendig sind. In den Fällen der Z 1, 4 und 5 ist die Beschäftigung von Arbeitnehmern während der Wochenend- und Feiertagsruhe jedoch nur dann zulässig, wenn diese Arbeiten nicht durch zumutbare organisatorische Maßnahmen außerhalb der Ruhezeiten möglich sind. In den Fällen der Z 2 und 3 ist die Beschäftigung von Arbeitnehmern während der Wochenend- und Feiertagsruhe – unbeschadet der notwendigen Vor- und Abschlußarbeiten – nur in der Zeit zwischen 9 und 18 Uhr, während der Sommerzeit gemäß dem Zeitzählungsgesetz, BGBl. Nr. 78/1976, wahlweise auch in der Zeit zwischen 10 und 19 Uhr zulässig.

(2) Werbe- und Verkaufsveranstaltungen gelten als Messen oder messeähnliche Veranstaltungen, wenn sie die Voraussetzungen der Abs. 3 bis 6 erfüllen.

(3) Als Messe im Sinne des Abs. 1 ist eine zeitlich begrenzte, im allgemeinen regelmäßig wiederkehrende Veranstaltung zu verstehen, in deren Rahmen eine Vielzahl von Ausstellern ein umfassendes Angebot eines oder mehrerer Wirtschaftszweige ausstellt und überwiegend nach Muster vor allem an gewerbliche Wiederverkäufer, gewerbliche Verbraucher oder Großabnehmer vertreibt (Fachmesse).

(4) Als Messe im Sinne des Abs. 1 ist auch eine im allgemeinen regelmäßig wiederkehrende, jedoch höchstens zweimal im Jahr stattfindende Veranstaltung in der Dauer von mindestens drei und höchstens zehn aufeinanderfolgenden Tagen anzusehen, in deren Rahmen eine Vielzahl von Ausstellern ein umfassendes Angebot eines oder mehrerer Wirtschaftszweige ausstellt und sowohl an gewerbliche Wiederverkäufer, gewerbliche Verbraucher oder Großabnehmer als auch an Letztverbraucher vertreibt (Publikumsmesse).

(5) Als messeähnliche Veranstaltungen im Sinne des Abs. 1 gelten auch Veranstaltungen, die nur einmal oder jedenfalls ohne Regelmäßigkeit durchgeführt werden oder die die wirtschaftliche Leistungsfähigkeit von bestimmten Gewerbezweigen oder Regionen darstellen sollen (Handwerksausstellungen, Leistungsschauen und dergleichen), bei welchen der Informationszweck gegenüber der Absicht des Warenvertriebes überwiegt.

(6) Als Messen oder messeähnliche Veranstaltungen gelten Veranstaltungen jedoch nur dann, wenn infolge der großen Zahl der Aussteller und Besucher die Organisation der Durchführung von den Ausstellern nicht selbst bewältigt werden kann und die Veranstaltungen außerhalb jener Betriebsstätten durchgeführt werden, in denen der normale Geschäftsbetrieb der Aussteller stattfindet.

Verkaufsstellen in Bahnhöfen und Autobusbahnhöfen, auf Flughäfen und Schiffslandeplätzen, Zollfreiläden

§ 18. (1) Für den Verkauf von Lebensmitteln, Reiseandenken und notwendigem Reisebedarf (Reiselektüre, Schreibmaterialien, Blumen, Reise-Toiletteartikel, Filme und dergleichen) und Artikeln des Trafiksortiments dürfen Arbeitnehmer auch während der Wochenend- und Feiertagsruhe in Verkaufsstellen in Bahnhöfen und Autobusbahnhöfen, auf Flughäfen und an Schiffslandeplätzen beschäftigt werden. Die dem Verkauf dieser Waren gewidmete Fläche darf pro Verkaufsstelle 80 Quadratmeter nicht übersteigen, soweit nicht auf Grund einer Verordnung gemäß § 7 Z 1 des Öffnungszeitengesetzes 2003 oder auf Grund des § 12 Abs. 3 letzter Satz des Öffnungszeitengesetzes 2003 ein größeres Ausmaß zulässig ist. Als Verkaufsstelle im Sinne dieser Bestimmung ist eine Verkaufsstelle nur dann anzusehen, wenn sie ausschließlich durch die betreffende Verkehrseinrichtung zugänglich ist.

(2) Für den Verkauf des Sortiments von Zollfreiläden auf Flughäfen dürfen Arbeitnehmer auch während der Wochenend- und Feiertagsruhe beschäftigt werden.

5. ABSCHNITT

SONDERBESTIMMUNGEN

Sonderbestimmungen für Arbeitnehmer in Verkehrsbetrieben

§ 19. (1) Für Arbeitnehmer

1. in Verkehrsbetrieben im Sinne des
   a) Kraftfahrliniengesetzes (KfLG),
   b) Gelegenheitsverkehrsgesetzes 1996, BGBl. Nr. 112,
   c) Eisenbahngesetzes 1957, BGBl. Nr. 60,
   d) Seilbahngesetzes 2003, BGBl. I Nr. 103,
   e) Schifffahrtsgesetzes, BGBl. I Nr. 62/1997,
   f) Seeschifffahrtsgesetzes,
2. in Schlaf-, Liege- und Speisewagenunternehmungen im Rahmen des fahrenden Betriebes der Eisenbahnen,

3. die in Unternehmen nach dem Luftfahrtgesetz, BGBl. Nr. 253/1957, oder dem Flughafen-Bodenabfertigungsgesetz, BGBl. I Nr. 97/1998, als Flughafenpersonal oder als Flugsicherungspersonal beschäftigt sind,

kann durch Kollektivvertrag die wöchentliche Ruhezeit und die Ruhezeit an Feiertagen abweichend von den §§ 3, 4 und 7 geregelt werden, soweit diese Arbeitnehmer nicht gemäß § 1 Abs. 2 Z 2 vom Geltungsbereich ausgenommen sind.

(2)
1. Die wöchentliche Ruhezeit darf in einzelnen Wochen 36 Stunden unterschreiten oder ganz unterbleiben, wenn in einem kollektivvertraglich festgelegten Zeitraum eine durchschnittliche Ruhezeit von 36 Stunden erreicht wird. Zur Berechnung dürfen nur mindestens 24stündige Ruhezeiten herangezogen werden.
2. Die Lage der Ersatzruhe kann abweichend von § 6 festgelegt werden.
3. In Fällen des besonderen Bedarfes kann zur Aufrechterhaltung des Verkehrs durch Betriebe im Sinne des Abs. 1 eine finanzielle Abgeltung der Ersatzruhe vorgesehen werden.

(3) In Betrieben von Gebietskörperschaften können dienstrechtliche Vorschriften, die den wesentlichen Inhalt des Arbeitsverhältnisses zwingend festlegen, Regelungen im Sinne der Abs. 1 und 2 treffen.

(3a) Soweit in diesem Bundesgesetz
1. auf den EU-Teilabschnitt FTL verwiesen wird, ist dies ein Verweis auf den Teilabschnitt FTL im Anhang III der Verordnung (EU) Nr. 965/2012, zur Festlegung technischer Vorschriften und von Verwaltungsverfahren in Bezug auf den Flugbetrieb gemäß der Verordnung (EG) Nr. 216/2008 des Europäischen Parlaments und des Rates, ABl. Nr. L 296 vom 25.10.2012, S. 1, in der jeweils geltenden Fassung;
2. auf den EU-Teilabschnitt Q verwiesen wird, ist dies ein Verweis auf den Teilabschnitt Q im Anhang III der Verordnung (EG) Nr. 3922/91 des Rates vom 16. Dezember 1991 zur Harmonisierung der technischen Vorschriften und der Verwaltungsverfahren in der Zivilluftfahrt, ABl. Nr. L 373 vom 31.12.1991, S. 4, in der jeweils geltenden Fassung.

(4) Dem fliegenden Personal von Luftfahrtunternehmen sind zu gewähren:
1. bei Flügen gemäß Art. 8 Z 1 der Verordnung (EU) Nr. 965/2012 mindestens wöchentliche Ruhezeiten im Sinne der Bestimmungen des EU-Teilabschnittes FTL einschließlich österreichischer Durchführungsvorschriften,
2. bei Flügen gemäß Art. 8 Z 2 der Verordnung (EU) Nr. 965/2012 mindestens wöchentliche Ruhezeiten im Sinne der Bestimmungen des EU-Teilabschnittes Q einschließlich österreichischer Durchführungsvorschriften,
3. bei allen Flügen jedenfalls in einem Durchrechnungszeitraum von einem Kalenderjahr pro Kalendermonat durchschnittlich mindestens acht, in jedem Kalendermonat jedoch mindestens sieben arbeitsfreie Kalendertage am Wohnsitzort. Arbeitsfreie Kalendertage sind den Arbeitnehmern und Arbeitnehmerinnen zehn Tage im Voraus bekannt zu geben. Fallen diese in eine wöchentliche Ruhezeit, sind sie anzurechnen.

(5) Auf Arbeitnehmer gemäß Abs. 4, für die kollektivvertragliche Regelungen über die wöchentliche Ruhezeit gelten, sind die Abschnitte 2 bis 4 dieses Bundesgesetzes nicht anzuwenden.

(6) Für Arbeitnehmerinnen und Arbeitnehmer im Schiffsdienst von Binnenschifffahrtsunternehmen darf der Kollektivvertrag bei einer Durchrechnung der wöchentlichen Ruhezeit gemäß Abs. 2 Z 1 einen Durchrechnungszeitraum von mehr als einem Monat nur zulassen, wenn er nicht mehr als 31 aufeinander folgende Arbeitstage zulässt und die Mindestanzahl von aufeinander folgenden Ruhetagen im unmittelbaren Anschluss an aufeinander folgende geleistete Arbeitstage wie folgt bestimmt:
1. vom 1. bis zum 10. aufeinander folgenden Arbeitstag: je 0,2 Ruhetage pro aufeinander folgendem Arbeitstag;
2. vom 11. bis zum 20. aufeinander folgenden Arbeitstag: je 0,3 Ruhetage pro aufeinander folgendem Arbeitstag;
3. vom 21. bis zum 31. aufeinander folgenden Arbeitstag: je 0,4 Ruhetage pro aufeinander folgendem Arbeitstag.

Anteilige Ruhetage werden in dieser Berechnung der Mindestanzahl von aufeinander folgenden Ruhetagen addiert und nur in ganzen Tagen abgegolten.

Sonderbestimmungen für das grenzüberschreitend eingesetzte Zugpersonal

§ 19a. Für Arbeitnehmer gemäß § 18f Abs. 1 Z 3 AZG ist § 19 mit Ausnahme von Abs. 2 Z 2 und 3 nicht anzuwenden. Diese haben statt dessen Anspruch auf die Gewährung einer 36stündigen wöchentlichen Ruhezeit pro Kalenderwoche. Darüber hinaus haben sie Anspruch
1. auf die Verlängerung von zwölf wöchentlichen Ruhezeiten pro Jahr auf 60 Stunden, die den Samstag und den Sonntag umfassen müssen,
2. auf die Verlängerung von zwölf weiteren wöchentlichen Ruhezeiten pro Jahr auf 60 Stunden, die nicht den Samstag und den Sonntag umfassen müssen, sowie
3. auf 28 weitere 24stündige Ruhezeiten.

§ 20. *entfällt gem. BGBl. I Nr. 93/2010 (Art. 3).*

Sonderbestimmungen für bestimmte Arbeitnehmer in öffentlichen Apotheken und Anstaltsapotheken

§ 21. (1) Für angestellte Apothekenleiterinnen bzw. Apothekenleiter und andere allgemein berufsberechtigte Apothekerinnen und Apotheker in öffentlichen Apotheken oder Anstaltsapotheken kann durch Kollektivvertrag die wöchentliche Ruhezeit und die Ruhezeit an Feiertagen abweichend von den §§ 3, 4 und 7 geregelt werden.

(2)
1. Die wöchentliche Ruhezeit darf in einzelnen Wochen 36 Stunden unterschreiten oder ganz unterbleiben, wenn in einem kollektivvertraglich festgelegten Zeitraum eine durchschnittliche Ruhezeit von 36 Stunden erreicht wird. Zur Berechnung dürfen nur mindestens 24-stündige Ruhezeiten herangezogen werden.
2. Die Lage der Ersatzruhe kann abweichend von § 6 festgelegt werden.

(3) Bei Arbeitsleistungen in Apotheken, die ununterbrochenen Bereitschaftsdienst in Ruferreichbarkeit gemäß § 8 Abs. 3 des Apothekengesetzes, RGBl. Nr. 5/1907, versehen, darf Ruferreichbarkeit nur während zwei wöchentlichen Ruhezeiten pro Monat vereinbart werden. Der Kollektivvertrag kann zulassen, daß Ruferreichbarkeit innerhalb eines Zeitraumes von drei Monaten während sechs wöchentlichen Ruhezeiten vereinbart werden kann. Diese Bestimmung gilt nicht für Vertreter von alleinarbeitenden Apothekenleitern.

(4) In Betrieben von Gebietskörperschaften können

dienstrechtliche Vorschriften, die den wesentlichen Inhalt des Arbeitsverhältnisses zwingend regeln, Regelungen im Sinne der Abs. 1 bis 3 treffen.

Sonderbestimmungen für Arbeitnehmer in Betrieben des Bewachungsgewerbes

§ 22. (1) Für Arbeitnehmer in Betrieben des Bewachungsgewerbes im Sinne des § 129 Abs. 4 GewO 1994 kann durch Kollektivvertrag die wöchentliche Ruhezeit und die Ruhezeit an Feiertagen abweichend von den §§ 3, 4 und 7 geregelt werden.

(1a) Für den Kraftfahrlinienverkehr mit einer Linienstrecke von nicht mehr als 50 km sind die Abweichungen gemäß Abb. 1 nur anzuwenden, wenn durch Kollektivertrag oder Betriebsvereinbarung

1. eine Verlängerung der täglichen Lenkzeit auf mehr als zweimal wöchentlich neun Stunden zugelassen wurde (§ 14a Abs. 1 AZG) oder
2. eine Verlängerung der wöchentlichen Lenkzeit zugelassen wurde (§ 14a Abs. 2 AZG).

(2)

1. Die wöchentliche Ruhezeit darf in einzelnen Wochen 36 Stunden unterschreiten oder ganz unterbleiben, wenn in einem kollektivvertraglich festgelegten Zeitraum eine durchschnittliche Ruhezeit von 36 Stunden erreicht wird. Zur Berechnung dürfen nur mindestens 24stündige Ruhezeiten herangezogen werden.
2. Die Lage der Ersatzruhe kann abweichend von § 6 festgelegt werden.
3. Zur Aufrechterhaltung der ordnungsgemäßen Bewachung kann eine finanzielle Abgeltung der Ersatzruhe vorgesehen werden.

ABSCHNITT 5A

Lenker bestimmter Kraftfahrzeuge

§ 22a. (1) Auf die Beschäftigung von Lenkern von Kraftfahrzeugen, die unter die Verordnung (EG) Nr. 561/2006 über die Harmonisierung bestimmter Sozialvorschriften im Straßenverkehr, ABl. Nr. L 102 vom 11. 4. 2006 S. 1, fallen, sind die §§ 2 bis 5 und 19 nicht anzuwenden, soweit diese auf die Dauer der wöchentlichen Ruhezeit Bezug nehmen. Für diese Lenker gelten Vorschriften über die wöchentliche Ruhezeit nach Maßgabe dieser Verordnung auch auf Fahrtstrecken, die nicht unter Art. 2 Abs. 2 dieser Verordnung fallen.

(2) Für den Kraftfahrlinienverkehr mit einer Linienstrecke von nicht mehr als 50 km sind die §§ 2 bis 5 und 19, soweit sie auf die Dauer der wöchentlichen Ruhezeit Bezug nehmen, dann nicht anzuwenden, wenn durch Kollektivvertrag oder Betriebsvereinbarung

1. eine Verlängerung der täglichen Lenkzeit auf mehr als zweimal wöchentlich neun Stunden zugelassen wurde (§ 14a Abs. 1 AZG) oder
2. eine Verlängerung der wöchentlichen Lenkzeit zugelassen wurde (§ 14a Abs. 2 AZG). In diesem Fall gelten stattdessen die §§ 22b und 22c.

Wöchentliche Ruhezeit

§ 22b. (1) Der Lenker hat in jeder Woche Anspruch auf eine ununterbrochene wöchentliche Ruhezeit von mindestens 45 Stunden. Diese wöchentliche Ruhezeit kann auf 36 zusammenhängende Stunden verkürzt werden. Durch Kollektivvertrag kann zugelassen werden, daß die wöchentliche Ruhezeit außerhalb des Standortes des Fahrzeuges oder des Heimatortes des Lenkers auf 24 zusammenhängende Stunden verkürzt wird. Jede Verkürzung ist durch eine zusammenhängende Ruhezeit auszugleichen, die vor Ende der auf die betreffende Woche folgenden dritten Woche zu nehmen ist. Diese als Ausgleich zustehende Ruhezeit ist zusammen mit einer anderen mindestens achtstündigen Ruhezeit zu gewähren, und zwar über Verlangen des Lenkers am Aufenthaltsort des Fahrzeugs oder am Heimatort des Lenkers.

(2) Eine wöchentliche Ruhezeit, die in einer Woche beginnt und in die darauffolgende Woche reicht, kann auch der zweiten Woche zugerechnet werden.

(3) Zwischen zwei wöchentlichen Ruhezeiten dürfen höchstens sechs Tage liegen. Durch Kollektivvertrag kann zugelassen werden, daß im grenzüberschreitenden Personenverkehr mit Ausnahme des Linienverkehrs zwischen zwei wöchentlichen Ruhezeiten höchstens zwölf Tage liegen dürfen und die wöchentlichen Ruhezeiten in einem Durchrechnungszeitraum von zwei Wochen spätestens am Ende der zweiten Woche zusammen gewährt werden.

Abweichungen

§ 22c. Im Falle des § 22a Abs. 2 kann der Lenker, wenn es mit der Sicherheit im Straßenverkehr vereinbar ist, um einen geeigneten Halteplatz zu erreichen, von § 22b abweichen, soweit dies erforderlich ist, um die Sicherheit der Fahrgäste, des Fahrzeugs oder seiner Ladung zu gewährleisten. Art und Grund der Abweichung sind zu vermerken

1. auf dem Schaublatt, wenn das Fahrzeug mit einem analogen Fahrtenschreiber im Sinne von Art. 2 Abs. 2 lit. g der Verordnung (EU) Nr. 165/2014, über den Fahrtenschreiber im Straßenverkehr, ABl. Nr. L 60 vom 28.2.2014 S. 1, in der jeweils geltenden Fassung, ausgerüstet ist,
2. auf dem Ausdruck des Kontrollgeräts, wenn das Fahrzeug mit einem digitalen Fahrtenschreiber im Sinne von Art. 2 Abs. 2 lit. h der Verordnung (EU) Nr. 165/2014, ausgerüstet ist,
3. im Arbeitszeitplan in den Fällen des Art. 16 Abs. 1 der Verordnung (EG) Nr. 561/2006,
4. in den Arbeitszeitaufzeichnungen in den übrigen Fällen.

Informationspflichten

§ 22d. Der Dienstzettel gemäß § 2 Abs. 2 Arbeitsvertragsrechts-Anpassungsgesetz (AVRAG), BGBl. Nr. 459/1993, hat neben allen dort genannten Angaben auch einen Hinweis auf die für die Lenkerin/den Lenker geltenden Vorschriften zur wöchentlichen Ruhezeit und Feiertagsruhe sowie auf die Möglichkeiten zur Einsichtnahme zu enthalten.

Schadenersatz- und Regressansprüche

§ 22e. Bei Schadenersatz- und Regressansprüchen zwischen Arbeitgebern und Lenkern gelten als Grund für die Minderung oder den gänzlichen Ausschluss von Ersatz- oder Regressansprüchen im Sinne des § 2 Abs. 2 Z 4 und 5 des Dienstnehmerhaftpflichtgesetzes, BGBl. Nr. 80/1965,

1. ein Verstoß des Arbeitgebers gegen die Informationspflicht gemäß § 22d, oder
2. ein Verstoß gegen die Bestimmungen über die wöchentliche Ruhezeit,

es sei denn, dass diese Verstöße auf den Eintritt des Schadens oder die Schadenshöhe keinen Einfluss haben konnten.

ABSCHNITT 5B

Sonderbestimmungen für Arbeitnehmer in Verkaufsstellen und bestimmten Dienstleistungsbetrieben

§ 22f. (1) Arbeitnehmer in Verkaufsstellen gemäß § 1 des Öffnungszeitengesetzes 2003 dürfen an Samstagen nach 13 Uhr beschäftigt werden, soweit die jeweils geltenden Öffnungszeitenvorschriften das Offenhalten dieser Verkaufsstellen zulassen. Mit Arbeiten gemäß § 3 Abs. 2 dürfen Arbeitnehmer höchstens eine weitere Stunde beschäftigt werden.

(2) Arbeitnehmer in Betriebseinrichtungen von Dienstleistungsbetrieben, die mit Betriebseinrichtungen gemäß § 1 Öffnungszeitengesetz 2003 vergleichbar sind, dürfen an Samstagen bis 18 Uhr, mit Arbeiten gemäß § 3 Abs. 2 bis 19 Uhr beschäftigt werden, soweit nicht durch Verordnung nach §§ 12 oder 13 oder Kollektivvertrag nach § 12a weiter gehende Ausnahmen zugelassen sind.

(3) Der Kollektivvertrag kann Sonderbestimmungen für die Beschäftigung von Arbeitnehmern nach Abs. 1 und 2 festsetzen.

(4) Abs. 1 und 3 gelten auch für Tätigkeiten gemäß § 9 des Öffnungszeitengesetzes 2003.

6. ABSCHNITT

ALLGEMEINE VORSCHRIFTEN

§ 23. *(entfällt gem. BGBl. I Nr. 40/2017 (Art 13).*

Aushang der Ruhezeitenregelung

§ 24. Der Arbeitgeber hat an einer für die Arbeitnehmer des Betriebes leicht zugänglichen Stelle einen Aushang über den Beginn und das Ende der wöchentlichen Ruhezeit gut sichtbar anzubringen oder den Arbeitnehmern mittels eines sonstigen Datenträgers samt Ablesevorrichtung, durch geeignete elektronische Datenverarbeitung oder durch geeignete Telekommunikationsmittel zugänglich zu machen.

Aufzeichnungen und Auskunftspflicht

§ 25. (1) Der Arbeitgeber hat zur Überwachung der Einhaltung der Ruhezeiten Aufzeichnungen über Ort, Dauer und Art der Beschäftigung aller während der Wochenend-, Wochen-, Ersatz- oder Feiertagsruhe beschäftigten Arbeitnehmer sowie über die gemäß § 6 gewährte Ersatzruhe zu führen. Bei schriftlich festgehaltener fixer Arbeitszeiteinteilung ist § 26 Abs. 5a des Arbeitszeitgesetzes anzuwenden.

(2) Der Arbeitgeber hat der Arbeitsinspektion und ihren Organen die erforderlichen Auskünfte zu erteilen und auf Verlangen die gemäß Abs. 1 zu führenden Aufzeichnungen zur Einsicht vorzulegen.

Sonderbestimmungen für die Schifffahrt

§ 25a. (1) Dienstpläne und Arbeitszeitaufzeichnungen im Sinne der §§ 24 und 25 sind für die an Bord beschäftigten Arbeitnehmer an Bord der Schiffe im Sinne des Schifffahrtsgesetzes und des Seeschifffahrtsgesetzes anzubringen bzw. zu führen. Dies gilt jedoch nicht für Fahrzeuge, die nur dem Remork im Sinne des § 2 Z 30 Schifffahrtsgesetz in Häfen dienen.

(2) An Bord von Schiffen, die unter das Seeschifffahrtsgesetz fallen, sind die Unterlagen gemäß Abs. 1 überdies in den Arbeitssprachen und in Englisch anzubringen bzw. zu führen und haben den Standardmustern der Anhänge I und II der Richtlinie 1999/95/EG zu entsprechen. Eine schriftlich vom Arbeitgeber und vom Arbeitnehmer bestätigte Kopie der Arbeitszeitaufzeichnung ist dem Arbeitnehmer auszuhändigen.

Behördenzuständigkeit und Verfahrensvorschriften

§ 26. (1) Die nach diesem Bundesgesetz den Arbeitsinspektoraten zustehenden Aufgaben und Befugnisse sind in den vom Wirkungsbereich der Arbeitsinspektion ausgenommenen Betrieben von den zur Wahrung des Arbeitnehmerschutzes sonst berufenen Behörden wahrzunehmen.

(2) Die den Arbeitsinspektoraten nach diesem Bundesgesetz zustehenden Aufgaben und Befugnisse, die sich über den Wirkungsbereich eines Arbeitsinspektorates hinaus erstrecken, sind von der Bundesministerin bzw. dem Bundesminister für Arbeit wahr zu nehmen.

(3) Anzeigen gemäß § 11 Abs. 2 und 4 sind von Stempel- und Rechtsgebühren des Bundes befreit.

Strafbestimmungen

§ 27. (1) Arbeitgeber, die den §§ 3, 4, 5 Abs. 1 und 2, §§ 6, 6a, 7, 8 und 9 Abs. 1 bis 3 und 5 oder den §§ 10 bis 22b, 22c zweiter Satz, 22f sowie 24 bis 25a zuwiderhandeln, sind, sofern die Tat nicht nach anderen Vorschriften einer strengeren Strafe unterliegt, von der Bezirksverwaltungsbehörde mit einer Geldstrafe von 72 Euro bis 2 180 Euro, im Wiederholungsfall von 145 Euro bis 2 180 Euro zu bestrafen.

(2) Ebenso sind Arbeitgeberinnen bzw. Arbeitgeber zu bestrafen, die die wöchentliche Ruhezeit gemäß Art. 8, Abs. 6 bis 8a der Verordnung (EG) Nr. 561/2006 nicht gewähren oder die Aufzeichnungspflichten gemäßt Art. 12 dieser Verordnung verletzen.

(2a) Ebenso sind Arbeitgeberinnen und Arbeitgeber zu bestrafen, die in Bezug auf wöchentliche Ruhezeiten den Bestimmungen der EU-Teilabschnitte FTL oder Q einschließlich österreichischer Durchführungsvorschriften zuwiderhandeln.

(2b) Abweichend von Abs. 1 sind Arbeitgeber, sofern die Tat nicht nach anderen Vorschriften einer strengeren Strafe unterliegt, von der Bezirksverwaltungsbehörde im Wiederholungsfall mit einer Geldstrafe von 218 Euro bis 3 600 Euro zu bestrafen, wenn die wöchentliche Ruhezeit weniger als 24 Stunden betragen hat, soweit nicht eine kürzere Ruhezeit zulässig ist.

(2c) Sind Übertretungen gemäß Abs. 2 nach Anhang III der Richtlinie 2006/22/EG als

1. leichte Übertretungen eingestuft oder in diesem Anhang nicht erwähnt, sind die Arbeitgeberinnen und Arbeitgeber mit einer Geldstrafe von 72 Euro bis 1 815 Euro, im Wiederholungsfall von 145 Euro bis 1 815 Euro;
2. schwerwiegende Übertretungen eingestuft, sind die Arbeitgeberinnen und Arbeitgeber mit einer Geldstrafe von 200 Euro bis 2 180 Euro, im Wiederholungsfall von 250 Euro bis 3 600 Euro;
3. sehr schwerwiegende Übertretungen eingestuft, sind die Arbeitgeberinnen und Arbeitgeber mit einer Geldstrafe von 300 Euro bis 2 180 Euro, im Wiederholungsfall von 350 Euro bis 3 600 Euro;

zu bestrafen.

(3) Besteht bei einer Bezirksverwaltungsbehörde der Verdacht einer Zuwiderhandlung durch ein Organ einer Gebietskörperschaft, so hat die Behörde, wenn es sich um ein Organ des Bundes oder eines Landes handelt, eine Anzeige an das oberste Organ, welchem das der Zuwiderhandlung verdächtigte Organ untersteht, in allen anderen Fällen aber eine Anzeige an die Aufsichtsbehörde zu erstatten.

(4) Im Falle des § 22a Abs. 1 zweiter Satz genügt abweichend von § 44a Z 2 des Verwaltungsstrafgesetzes 1991 (VStG), BGBl. Nr. 52, als Angabe der verletzten Verwaltungsvorschrift die Angabe des entsprechenden Gebotes oder Verbotes der Verordnung (EG) Nr. 561/2006.

(5) Wurden Verwaltungsübertretungen nach den Abs. 1 und 2 nicht im Inland begangen, gelten sie an jenem Ort begangen, an dem sie festgestellt wurden.

Weitergelten von Regelungen

§ 28. (1) Bei Inkrafttreten dieses Bundesgesetzes bestehende für die Arbeitnehmer günstigere Regelungen in Kollektivverträgen, Arbeits-(Dienst-)Ordnungen, Betriebsvereinbarungen oder Arbeitsverträgen werden durch dieses Bundesgesetz nicht berührt.

(2) Bei Inkrafttreten dieses Bundesgesetzes bestehende Bestimmungen in Kollektivverträgen in Angelegenheiten, die durch Kollektivvertrag abweichend geregelt werden können, gelten als solche abweichende Regelungen. Bestehende kollektivvertragliche Ansprüche können auf Ansprüche gemäß § 19 Abs. 2 Z 3, § 20 Abs. 2 Z 3, § 21 Abs. 2 Z 3 und § 22 Abs. 2 Z 3 nur insoweit angerechnet werden, als dadurch die Belastung der Arbeit während der wöchentlichen Ruhezeit, nicht aber Mehrarbeit oder andere Arbeitserschwernisse abgegolten werden.

(3) Bestehende kollektivvertragliche Ansprüche können auf Ansprüche gemäß § 9 Abs. 5 nur insoweit angerechnet werden, als dadurch die Belastung der Feiertagsarbeit, nicht aber Mehrarbeit oder andere Arbeitserschwernisse abgegolten werden.

7. ABSCHNITT

ÜBERGANGS- UND SCHLUSSBESTIMMUNGEN

Außerkrafttreten von Ausnahmegenehmigungen

§ 29. Bescheide, mit Ausnahme der Strafbescheide, die auf Grund von Vorschriften erlassen worden sind, die durch dieses Bundesgesetz außer Kraft gesetzt werden, verlieren spätestens mit Ablauf von sechs Monaten nach Inkrafttreten dieses Bundesgesetzes ihre Wirksamkeit, wenn nicht innerhalb dieser Frist um eine Ausnahmegenehmigung nach diesem Bundesgesetz angesucht wird.

Anhängige Verfahren

§ 30. (1) Auf die im Zeitpunkt des Inkrafttretens dieses Bundesgesetzes anhängigen Verwaltungsverfahren ist an Stelle der aufgehobenen Vorschriften dieses Bundesgesetz anzuwenden.

(2) Die Bestimmungen dieses Bundesgesetzes sind auch auf strafbare Handlungen oder Unterlassungen anzuwenden, die vor seinem Inkrafttreten begangen worden sind, sofern diese dadurch nicht einer strengeren Strafe unterliegen als nach den bisherigen geltenden Vorschriften.

Aufhebung von Rechtsvorschriften

§ 31. (1) Mit Inkrafttreten dieses Bundesgesetzes treten außer Kraft:

1. Das Gesetz vom 28. Juli 1902, RGBl. Nr. 156, betreffend die Regelung des Arbeitsverhältnisses der bei Regiebauten von Eisenbahnen und in den Hilfsanstalten derselben verwendeten Arbeiter, in der Fassung des Gesetzes StGBl. Nr. 42/1919 und der Bundesgesetze BGBl. Nr. 191/1928, 50/1948 und 234/1972;
2. § 3 des Privat-Kraftwagenführergesetzes, BGBl. Nr. 359/1928, in der Fassung der Bundesgesetze BGBl. Nr. 174/1946, 50/1948, 313/1964, 317/1971 und 390/1976;
3. Artikel VI des Angestelltengesetzes, BGBl. Nr. 292/ 1921, in der Fassung der Bundesgesetze BGBl. Nr. 229/1937, 174/1946, 159/1947, 108/1958, 253/ 1959, 292/1971, 317/1971, 418/1975, 390/1976 und 107/1979;
4. die Verordnung des Justizministers im Einvernehmen mit dem Minister des Inneren und dem Leiter des Handelsministeriums vom 30. Juni 1911, RGBl. Nr. 129, über die Einhaltung der Sonn- und Feiertagsruhe in den Kanzleien der Rechtsanwälte und Notare, in der Fassung des Gesetzes StGBl. Nr. 95/1919 und der Vollzugsanweisung StGBl. Nr. 124/1920;
5. die Vollzugsanweisung des Staatsamtes für Handel und Gewerbe, Industrie und Bauten im Einvernehmen mit den beteiligten Staatsämtern vom 24. Juni 1919, StGBl. Nr. 326, über die Sonntagsruhe in den Kanzleien der Patentanwälte;
6. die Verordnung des Bundesministers für Handel und Verkehr vom 6. April 1933, BGBl. Nr. 166, betreffend die Bewilligung von Ausnahmen von der Feiertagsruhe für den Bergbau;
7. das Gesetz vom 16. Jänner 1895, RGBl. Nr. 21, betreffend die Regelung der Sonn- und Feiertagsruhe im Gewerbebetriebe, in der Fassung der Gesetze RGBl. Nr. 125/1905 und StGBl. Nr. 282/1919 sowie der Bundesgesetze BGBl. II Nr. 421/1934, BGBl. Nr. 548/1935, 194/1947 und 156/1958 hinsichtlich seiner arbeitsrechtlichen Bestimmungen;
8. das Gesetz vom 15. Mai 1919, StGBl. Nr. 282, über die Mindestruhezeit, den Ladenschluß und die Sonntagsruhe in Handelsgewerben und anderen Betrieben, in der Fassung des Bundesgesetzes BGBl. Nr. 50/1974;
9. § 2 Abs. 1 Z 2, 4, 6 und 7 und § 5 des Feiertagsruhegesetzes 1957, BGBl. Nr. 153, in der Fassung des Bundesgesetzes BGBl. Nr. 264/1967;
10. die §§ 9, 10 und 12 Abs. 1 des Bergarbeitergesetzes, StGBl. Nr. 406/1919, in der Fassung des Bundesgesetzes BGBl. Nr. 190/1928, der Verordnung BGBl. Nr. 209/1933 und des Bundesgesetzes BGBl. Nr. 50/1948;
11. die Verordnung des Bundesministers für Arbeit, Gesundheit und Soziales im Einvernehmen mit den Bundesministern für Handel und Verkehr und für Unterricht vom 26. Juni 1933, BGBl. Nr. 261, betreffend Ausnahmen von der Arbeitsruhe an Feiertagen (Ruhe- und Festtagen);
12. die Verordnung der Bundesregierung vom 28. Juni 1933, BGBl. Nr. 262, betreffend Ausnahmen von der Arbeitsruhe an Feiertagen (Ruhe- und Festtagen) in der Fassung des Bundesgesetzes BGBl. Nr. 455/1937;
13. die Verordnung des Handelsministers im Einvernehmen mit dem Minister des Inneren und dem Minister für Kultus und Unterricht vom 24. April 1895, RGBl. Nr. 58, womit in Durchführung des Gesetzes vom 16. Jänner 1895, RGBl. Nr. 21, betreffend die Regelung der Sonn- und Feiertagsruhe im Gewerbebetriebe, die gewerbliche Arbeit an Sonntagen bei einzelnen Kategorien von Gewerben gestattet wird, in der Fassung der Verordnungen RGBl. Nr. 125/1895, 97/1897, 76/1898, 35/1904, 99/1904, 97/1906, 186/1912, 208/1913, BGBl. Nr. 98/1924, 44/1926, 313/1927, 156/1929, 403/1935, 273/1959 und 369/1967;
14. die Verordnung des Handelsministeriums, des Ministeriums für Inneres, des Ministeriums für

Kultus und Unterricht, des Finanzministeriums und des Ministeriums für Landesverteidigung im Einvernehmen mit dem k.u.k.-Reichskriegsministerium vom 18. Jänner 1897 betreffend die Einhaltung der Sonntagsruhe beim Pulververschleiße, RGBl. Nr. 26;

15. die Verordnungen der Landeshauptleute, die auf Grund des § 7 der Durchführungsverordnung zum Sonntagsruhegesetz, RGBl. Nr. 58/1895, erlassen wurden;
16. § 376 Z 47 Abs. 2 lit. b bis d der GewO 1973, BGBl. Nr. 50/1974;
17. Verordnung des Landeshauptmannes von Wien vom 18. Februar 1982, LGBl. Nr. 10, betreffend Ausnahmen von der Sonn- und Feiertagsruhe im Gewerbe der Blumenbinder in Verkaufsstellen auf Bahnhöfen.

(2) Mit Inkrafttreten dieses Bundesgesetzes treten für Arbeitnehmer, die unter den Geltungsbereich dieses Bundesgesetzes fallen, folgende Rechtsvorschriften außer Kraft:

1. das Feiertagsruhegesetz 1957, BGBl. Nr. 153, in der Fassung des Bundesgesetzes BGBl. Nr. 264/ 1967;
2. die Verordnung des Staatsamtes für Arbeit, Gesundheit und Soziales vom 29. Oktober 1945, StGBl. Nr. 212, über die Lohnzahlung an Feiertagen, in der Fassung des Bundesgesetzes BGBl. Nr. 105/1961;
3. § 12 Abs. 3 und 4 des Arbeitszeitgesetzes, BGBl. Nr. 461/1969, in der Fassung der Bundesgesetze BGBl. Nr. 238/1971, 2/1975 und 354/1981.

(3) Mit Inkrafttreten der Änderungen durch das Bundesgesetz BGBl. I Nr. 5/1997 tritt Abschnitt XVII Z 1 der Arbeitsruhegesetz-Verordnung, BGBl. Nr. 149/ 1984, außer Kraft.

Weitergelten von Rechtsvorschriften

§ 32. (1) Verordnungen, die der Landeshauptmann auf Grund des § 1 Artikel VII oder IX des Gesetzes vom 16. Jänner 1895, RGBl. Nr. 21, betreffend die Regelung der Sonn- und Feiertagsruhe im Gewerbebetriebe, in der Fassung der Gesetze RGBl. Nr. 125/1905, StGBl. Nr. 282/1919 und BGBl. II Nr. 421/1934, BGBl. Nr. 548/ 1935, 194/1947 und 156/1958 erlassen hat und welche die Beschäftigung von Arbeitnehmern während der Wochenend- und Feiertagsruhe zulassen, gelten nach Inkrafttreten dieses Bundesgesetzes als bundesgesetzliche Regelung. Sie treten mit Neuerlassung der Verordnung des Landeshauptmannes, spätestens jedoch 18 Monate nach Inkrafttreten dieses Bundesgesetzes außer Kraft.

(2) Verordnungen, die der Landeshauptmann vor dem In-Kraft-Treten des Öffnungszeitengesetzes 2003 auf Grund des § 13 Abs. 1 erlassen hat und welche die Beschäftigung von Arbeitnehmern an Samstagen nach 18 Uhr, an Sonntagen und an Feiertagen in Verkaufsstellen gemäß § 1 Abs. 1 bis 3 des Öffnungszeitengesetzes 1991, BGBl. Nr. 50/1992, regeln, gelten nach dem In-Kraft-Treten des Öffnungszeitengesetzes 2003 als Verordnungen gemäß § 5 Abs. 2 bis 4 des Öffnungszeitengesetzes 2003.

§ 32a. Soweit in diesem Bundesgesetz auf andere Bundesgesetze verwiesen wird, sind diese in ihrer jeweils geltenden Fassung anzuwenden.

Bezugnahme auf Richtlinien

§ 32b. Durch dieses Bundesgesetz werden folgende Richtlinien der Europäischen Union umgesetzt:

1. Richtlinie 2003/88/EG des Rates vom 4. November 2003 über bestimmte Aspekte der Arbeitszeitgestaltung (ABl. Nr. L 299 vom 18.11.2003 S. 9).
2. Richtlinie 97/81/EG des Rates vom 15. Dezember 1997 zu der von UNICE, CEEP und EGB geschlossenen Rahmenvereinbarung über Teilzeitarbeit (ABl. Nr. L 14 vom 20.01.1998 S. 9);
3. Richtlinie 1999/63/EG des Rates vom 21. Juni 1999 zu der vom Verband der Reeder in der Europäischen Gemeinschaft (European Community Shipowners' Association ECSA) und dem Verband der Verkehrsgewerkschaften in der Europäischen Union (Federation of Transport Workers' Unions in the European Union FST) getroffenen Vereinbarung über die Regelung der Arbeitszeit von Seeleuten 2000 (ABl. Nr. L 167 vom 02. 07. 1999 S. 33);
4. Richtlinie 1999/95/EG des Europäischen Parlaments und des Rates zur Durchsetzung der Arbeitszeitregelung für Seeleute an Bord von Schiffen, die Gemeinschaftshäfen anlaufen, vom 13. Dezember 1999 (ABl. Nr. L 14 vom 20. 01. 2000 S. 29);
5. Richtlinie 2000/79/EG des Rates vom 27. November 2000 über die Durchführung der von der Vereinigung Europäischer Fluggesellschaften (AEA), der Europäischen Transportarbeiter-Föderation (ETF), der European Cockpit Association (ECA), der European Regions Airline Association (ERA) und der International Air Carrier Association (IACA) geschlossenen Europäischen Vereinbarung über die Arbeitszeitorganisation für das fliegende Personal der Zivilluftfahrt (ABl. Nr. L 302 vom 01.12.2000 S. 57);
6. Richtlinie 2002/15/EG des Europäischen Parlaments und des Rates vom 11. März 2002 zur Regelung der Arbeitszeit von Personen, die Fahrtätigkeiten im Bereich des Straßentransportes ausüben (ABl. Nr. L 80 vom 23.03.2002 S. 35).
7. Richtlinie 2005/47/EG des Europäischen Parlaments und des Rates vom 18. Juli 2005 betreffend die Vereinbarung zwischen der Gemeinschaft der Europäischen Bahnen (CER) und der Europäischen Transportarbeiter-Föderation (ETF) über bestimmte Aspekte der Einsatzbedingungen des fahrenden Personals im interoperablen grenzüberschreitenden Verkehr im Eisenbahnsektor (ABl. Nr. L 195 vom 27. 7. 2005, S. 15);
8. Richtlinie 2006/22/EG des Europäischen Parlaments und des Rates vom 15. März 2006 über die Mindestbedingungen für die Durchführung der Verordnungen (EWG) Nr. 3820/85 und (EWG) Nr. 3821/85 des Rates über Sozialvorschriften für Tätigkeiten im Kraftverkehr sowie zur Aufhebung der Richtlinie 88/599/EWG des Rates, ABl. Nr. L 102 vom 11.4.2006 S. 35, in der Fassung der Richtlinie (EU) Nr. 2020/1057 vom 15. Juli 2020, ABl. Nr. L 249 vom 31.07.2020 S. 49;
9. Richtlinie 2014/112/EU zur Durchführung der von der Europäischen Binnenschifffahrts Union (EBU), der Europäischen Schifferorganisation (ESO) und der Europäischen Transportarbeiter-Föderation (ETF) geschlossenen Europäischen Vereinbarung über die Regelung bestimmter Aspekte der Arbeitszeitgestaltung in der Binnenschifffahrt, ABl. Nr. L 367 vom 23.12.2014 S. 86.

Inkrafttreten von Novellen

§ 33. (1) Dieses Bundesgesetz tritt mit 1. Juli 1984 in Kraft.

(2) Verordnungen auf Grund dieses Bundesgesetzes können bereits von dem seiner Kundmachung folgenden Tag an erlassen werden. Diese Verordnungen dürfen frühestens mit dem im Abs. 1 bezeichneten Tag in Kraft gesetzt werden.

§ 33a. (1) Dieses Bundesgesetz tritt mit 1. Juli 1984 in Kraft.

(1) § 17 Abs. 1 letzter Satz in der Fassung des Bundesgesetzes BGBl. Nr. 158/1991 tritt mit 31. März 1991 in Kraft.

(2) Abschnitt 5a (§§ 22a bis 22c) sowie die §§ 27 Abs. 1, 1a, 3 und 4 und 32a, in der Fassung des Bundesgesetzes, BGBl. Nr. 446/1994, treten mit 1. Juli 1994 in Kraft.

(3) § 13a in der Fassung des Bundesgesetzes BGBl. Nr. 804/1995 tritt mit 1. Dezember 1995 in Kraft. Mit diesem Tag tritt auch § 7a außer Kraft.

(4) § 1 Abs. 2 Z 7 in der Fassung des Bundesgesetzes BGBl. Nr. 410/1996 tritt mit 1. Juli 1996 in Kraft.

(5) § 3 Abs. 4, § 6a, § 10a, § 12a, § 22a Abs. 1a, § 27 Abs. 1 und § 32a in der Fassung des Bundesgesetzes BGBl. I Nr. 46/1997, treten mit 1. Mai 1997 in Kraft.

(6) § 21 Abs. 1, 3 und 4 und § 27 Abs. 1 in der Fassung des Bundesgesetzes BGBl. I Nr. 88/1999 treten mit 1. Jänner 2000 in Kraft.

(17) § 27 Abs. 1 in der Fassung des Bundesgesetzes BGBl. I Nr. 98/2001 tritt mit 1. Jänner 2002 in Kraft.

(8) Die §§ 13, 13a, 18 Abs. 1, 19 Abs. 1 lit. F, 22 Abs. 1, 22d, 23, 24, 27 Abs. 1 und 32 in der Fassung des Bundesgesetzes BGBl. I Nr. 48/2003 treten gleichzeitig mit dem Öffnungszeitengesetz 2003 in Kraft.

(9) § 1 Abs. 2 Z 2, 3 und 6 lit. e, § 19 Abs. 1, § 25a sowie § 32b in der Fassung des Bundesgesetzes BGBl. I Nr. 30/2004 treten mit 1. Mai 2004 in Kraft.

(10) Die §§ 7 Abs. 3, 19 Abs. 4 und 5 sowie 32b Z 5 in der Fassung des Bundesgesetzes BGBl. I Nr. 159/2004 treten mit 1. Jänner 2005 in Kraft. Gleichzeitig tritt § 1 Abs. 2 Z 3 außer Kraft.

(11) § 22c in der Fassung des Bundesgesetzes BGBl. I Nr. 175/2004 tritt mit 5. Mai 2005 in Kraft.

(12) Die §§ 22a, 22c bis 22f, 27, 32b Z 1 und 6 sowie 34 Abs. 2 in der Fassung des Bundesgesetzes BGBl. I Nr. 138/2006 treten mit 11. April 2007 in Kraft.

(13) § 3 Abs. 2a und § 27 Abs. 1, 2 und 2a in der Fassung des Bundesgesetzes BGBl. I Nr. 61/2007 treten mit 1. Jänner 2008 in Kraft.

(14) § 19 Abs. 3a und 4, § 19a sowie § 32b in der Fassung des Bundesgesetzes BGBl. I Nr. 124/2008 treten am 16. Juli 2008 in Kraft. § 27 Abs. 2a und 2b tritt mit dem der Kundmachung folgenden Tag in Kraft.

(15) § 2 Abs. 3, § 27 Abs. 2, 2b und 2c sowie § 32b Z 7 und 8, in der Fassung des Bundesgesetzes BGBl. I Nr. 149/2009, treten mit 1. Jänner 2010 in Kraft.

(16) Der Entfall des § 20 samt Überschrift durch das Bundesgestz BGBl. I Nr. 93/2010 tritt mit 1. November 2010 in Kraft.

(17) § 1 Abs. 2 Z 8 in der Fassung des Bundesgesetzes BGBl. I Nr. 100/2010 tritt mit 1. Jänner 2011 in Kraft.

(18) § 34 Abs. 1 Z 2 in der Fassung vor dem 2. Stabilitätsgesetz 2012, BGBl. I Nr. 35/2012, tritt mit Ablauf des 30. Juni 2012 außer Kraft.

(19) § 26 und § 34 in der Fassung des Bundesgesetzes BGBl. I Nr. 71/2013 treten mit 1. Jänner 2014 in Kraft.

(20) § 25 Abs. 1 in der Fassung des Bundesgesetzes BGBl. I Nr. 91/2014 tritt mit 1. Jänner 2015 in Kraft.

(21) § 22c Z 1 und 2 und § 34 Abs. 2 in der Fassung des Bundesgesetzes BGBl. I Nr. 91/2014 treten am Tag des Inkrafttretens der Durchführungsrechtsakte der Kommission der Europäischen Union gemäß Art. 4 Abs. 8, 6 Abs. 5, 11 Abs. 1, 12 Abs. 7, 14, 21 Abs. 3, 22 Abs. 5, 31 Abs. 5 sowie 39 Abs. 3 der Verordnung (EU) Nr. 165/2014 in Kraft, frühestens jedoch mit 2. März 2016. Der/die Bundesminister/in für Arbeit, Soziales, Gesundheit und Konsumentenschutz hat den Zeitpunkt des Inkrafttretens der genannten Durchführungsrechtsakte im Bundesgesetzblatt I kundzumachen.

(22) § 19 Abs. 3a und 4 sowie § 27 Abs. 2a in der Fassung BGBl. I Nr. 152/2015 treten mit 18. Februar 2016 in Kraft.

(23) § 19 Abs. 6 und § 32b Z 8 und 9 in der Fassung des Bundesgesetzes BGBl. I Nr. 114/2016 treten mit 1. Jänner 2017 in Kraft.

(24) § 22d in der Fassung des Deregulierungsgesetzes 2017, BGBl. I Nr. 40/2017, tritt mit 1. Juli 2017 in Kraft. § 23 samt Überschrift tritt mit Ablauf des 30. Juni 2017 außer Kraft.

(25) § 10, § 11 Abs. 2 und 4, § 25 Abs. 1 sowie § 26 Abs. 3 in der Fassung des Bundesgesetzes BGBl. I Nr. 126/2017 treten mit 1. August 2017 in Kraft. Mit diesem Zeitpunkt treten § 12 Abs. 3 und § 17 Abs. 7 außer Kraft.

(26) § 21 Abs. 1 in der Fassung des Bundesgesetzes BGBl. I Nr. 127/2017 tritt mit 1. Jänner 2018 in Kraft; gleichzeitig tritt § 21 Abs. 2 Z 3 außer Kraft.

(27) § 1 Abs. 2 Z 3 und 5 sowie § 12b in der Fassung des Bundesgesetzes BGBl. I Nr. 53/2018 treten mit 1. September 2018 in Kraft.

(28) Bestimmungen in Normen der kollektiven Rechtsgestaltung, die nur für Arbeitnehmer, die den evangelischen Kirchen AB und HB, der Altkatholischen Kirche oder der Evangelisch-methodistischen Kirche angehören, Sonderregelungen für den Karfreitag vorsehen, sind unwirksam und künftig unzulässig. Dies gilt auch für Arbeitnehmer gemäß § 1 Abs. 2.

(29) Binnen drei Monaten nach Inkrafttreten dieses Bundesgesetzes kann der Arbeitnehmer einen Zeitpunkt für den Urlaubsantritt wählen, ohne die Frist gemäß § 7a einzuhalten. In diesem Fall hat der Arbeitnehmer den Zeitpunkt des Urlaubsantrittes frühestmöglich, spätestens aber zwei Wochen vor diesem Zeitpunkt dem Arbeitgeber bekannt zu geben.

(30) § 1 Abs. 2 Z 6 lit. d, § 5 Abs. 3 und 4, § 9 Abs. 4, § 12b Abs. 3, § 13 Abs. 3, § 15 Abs. 1 und 2, § 26 Abs. 2, § 27 Abs. 2 und 5, § 32b Z 8 sowie § 34, in der Fassung BGBl. I Nr. 58/2022, treten mit 1. Juni 2022 in Kraft. Gleichzeitig tritt § 27 Abs. 6 außer Kraft.

Vollziehung

§ 34. (1) Mit der Vollziehung dieses Bundesgesetzes sind betraut:

1. die Bundesministerin bzw. der Bundesminister für Kunst, Kultur, öffentlichen Dienst und Sport im Einvernehmen mit der Bundesministerin bzw. dem Bundesminister für Arbeit hinsichtlich der Arbeitnehmerinnen und Arbeitnehmer in Betrieben des Bundes; soweit finanzielle Angelegenheiten berührt sind, auch im Einvernehmen mit der Bundesministerin bzw. dem Bundesminister für Finanzen;
2. die Bundesministerin bzw. der Bundesminister für Finanzen hinsichtlich des § 26 Abs. 3;
3. die Bundesministerin bzw. der Bundesminister für Arbeit im Einvernehmen mit der Bundesministerin bzw. dem Bundesminister für Kunst, Kultur, öffentlichen Dienst und Sport hinsichtlich der Arbeitnehmerinnen und Arbeitnehmer in Betrieben der Länder, Gemeinden und Gemeindeverbände, soweit finanzielle Angelegenheiten berührt sind, auch im Einvernehmen mit der Bundesministerin bzw. dem Bundesminister für Finanzen;
4. die Bundesministerin bzw. der Bundesminister für Arbeit hinsichtlich aller anderen Arbeitnehmerinnen und Arbeitnehmer.

(2) Die in Abs. 1 Z 1 und 4 genannten Bundesministerinnen bzw. Bundesminister sind auch mit der Vollziehung der Verordnung (EG) Nr. 561/2006 und der Verordnung (EU) Nr. 165/2014 betraut.

Arbeitsruhegesetz-Verordnung

Verordnung des Bundesministers für soziale Verwaltung vom 18. Jänner 1984, BGBl. Nr. 149, betreffend Ausnahmen von der Wochenend- und Feiertagsruhe (Arbeitsruhegesetz-Verordnung - ARG-VO) Nr. 270/1984, BGBl. Nr. 545/1985, BGBl. Nr. 635/1986, BGBl. Nr. 89/1988, BGBl. Nr. 304/1988, BGBl. Nr. 240/1989, BGBl. Nr. 31/1990, BGBl. Nr. 171/1990, BGBl. Nr. 341/1990, BGBl. Nr. 790/1990, BGBl. Nr. 252/1991, BGBl. Nr. 27/1992, BGBl. Nr. 384/1992, BGBl. Nr. 435/1992, BGBl. Nr. 66/1993, BGBl. Nr. 163/1993, BGBl. Nr. 359/1993, BGBl. Nr. 468/1993, BGBl. Nr. 815/1994, BGBl. Nr. 851/1994, BGBl. Nr. 942/1994, BGBl. Nr. 143/1995, BGBl. Nr. 404/1995, BGBl. Nr. 737/1995, BGBl. Nr. 815/1995, BGBl. Nr. 139/1996, BGBl. I Nr. 5/1997, BGBl. II Nr. 14/1997, BGBl. II Nr. 92/1997, BGBl. II Nr. 152/1997, BGBl. II Nr. 189/1997, BGBl. II Nr. 242/1998, BGBl. II Nr. 374/1998, BGBl. II Nr. 76/1999, BGBl. II Nr. 165/1999, BGBl. II Nr. 41/2000, BGBl. II Nr. 125/2000, BGBl. II Nr. 245/2000, BGBl. II Nr. II/2001, BGBl. II Nr. 183/2002, BGBl. II Nr. 233/2002, BGBl. II Nr. 307/2002, BGBl. II Nr. 247/2003, BGBl. II Nr. 353/2003, BGBl. II Nr. 175/2004, BGBl. II Nr. 307/2004 BGBl. II Nr. 136/2008, BGBl. II Nr. 133/2009, BGBl. II Nr. 304/2009, BGBl. II Nr. 27/2011, BGBl. II Nr. 15/2012, BGBl. II Nr. 144/2012, BGBl. II Nr. 100/2014, BGBl. II Nr. 322/2015, BGBl. II Nr. 156/2016, BGBl. II Nr. 258/2017 und BGBl. II Nr. 98/2019.

Auf Grund des § 12 Abs. 1 des Arbeitsruhegesetzes (ARG), BGBl. Nr. 144/1983, wird im Einvernehmen mit dem Bundesminister für Handel, Gewerbe und Industrie verordnet:

§ 1. (1) Während der Wochenend- und Feiertagsruhe dürfen Arbeitnehmer nur die in der Anlage angeführten Tätigkeiten während der jeweils angeführten Zeiträume ausüben.

(2) Arbeiten, die im unmittelbaren Zusammenhang mit den zugelassenen Arbeiten stehen oder ohne die diese nicht durchführbar wären, sind zugelassen, soweit sie nicht vor oder nach der Wochenend- oder Feiertagsruhe vorgenommen werden können.

(3) Versuche in Laboratorien (Prüfständen) und Forschungsvorhaben, die auf Grund ihrer Eigenart während der Wochenend- und Feiertagsruhe nicht unterbrochen werden können, dürfen fortgeführt werden.

(4) Die Zahl der beschäftigten Arbeitnehmer ist auf das unbedingt notwendige Ausmaß zu beschränken.

(5) Soweit in dieser Verordnung personenbezogene Bezeichnungen noch nicht geschlechtsneutral formuliert sind, gilt die gewählte Form für beide Geschlechter.

§ 2. Übertretungen dieser Verordnung werden gemäß § 27 ARG bestraft.

§ 3. Diese Verordnung tritt am 1. Juli 1984 in Kraft.

Anlage

Ausnahmen von der Wochenend- und Feiertagsruhe (Ausnahmekatalog)

I. Urproduktion

1. Bergbau
   a) Arbeiten, die keine Unterbrechung erleiden dürfen;
   b) Arbeiten, die nur zu einer Zeit vorgenommen werden können, in welcher der Betrieb ruht;
   c) Arbeiten, die zum Schutz des Lebens und der Gesundheit von Personen, zum Schutz der Umwelt oder von Lagerstätten oder für den Bestand oder die Betriebsfähigkeit eines Bergbaues unaufschiebbar sind.
2. Blumen und Pflanzen (einschließlich Champignonzucht)
   a) Die notwendige Pflege von Blumen, Pflanzen und Sämereien;
   b) unaufschiebbare Arbeiten am lebenden Pflanzenmaterial, Fertigung von Gebinden und Dekorationen zwecks Belieferung von Veranstaltungen (insbesondere Hochzeiten, Firmungen, Bällen, Kongressen, Begräbnissen), sofern diese Tätigkeiten außerhalb der Wochenend- bzw. Feiertagsruhe nicht ausgeführt werden können;
   c) in Betrieben der Bundesinnung der Gärtner und Blumenbinder die Betreuung der Kunden im Detailverkauf
      aa) bei Friedhöfen während der Öffnungszeiten und bei Krankenanstalten während der Besuchszeiten;
      bb) an sechs Sonn- oder Feiertagen im Jahr und an Samstagen, die vor folgenden Festtagen liegen, bis 17 Uhr: Neujahr, Valentinstag, Ostern, Muttertag, Pfingsten, Allerheiligen (zwei Samstage vorher), Adventsonntage, Weihnachten.
3. Klenganstalten
   Dörren, Ausnehmen der gedörrten Zapfen, Absieben des Samens aus den Zapfen.
   1. Oktober bis 30. April.
4. Hopfendarren und Hopfenschwefeleien
   Übernahme des Grünhopfens; Darren des Grünhopfens; Schwefeln des Hopfens; Schütten des getrockneten und geschwefelten Hopfens.
   1. August bis 30. November.
5. Anbau von Feldfrüchten in landwirtschaftlichen Betrieben
   Anbau von Feldfrüchten in der Anbauzeit an Samstagen bis 18 Uhr.
6. Erntearbeiten
   Ernten sowie die Einbringung und Lagerung der Ernte, wenn dies mit Rücksicht auf die Verderblichkeit der Produkte und die Witterung erforderlich ist.
7. Forstaufsicht, Forst-, Jagd- und Fischereibetriebs- und -schutzdienst
   Alle Tätigkeiten, die in diesem Zusammenhang unbedingt erforderlich sind.
8. Forstarbeiten auf Truppenübungsplätzen
   Schlägerungs- und Bringungsarbeiten (Auszeige) in Forstbetrieben des Bundes an Samstagen bis 18 Uhr, sofern diese während der Woche infolge Nutzung der Forstfläche als Truppenübungsplatz nicht durchgeführt werden können.

II. Steine, Erden, Ton und Glas

1. Steinbrüche
   Ausführung von Gesteinsschnitten im gewachsenen Gestein mit Hilfe von Drahtseilen.
2. Stahlsandgatter und Stahlsandtrennsägen für Granit und Marmorsorten, die nicht auf Diamantgatter gesägt werden können
   Bedienung der im ununterbrochenen Betrieb stehenden Säge- und Schnittgutfördereinrichtungen bei Blöcken, deren Schnitt voraussichtlich länger als 144 Stunden dauert.
3. Kalkbrennereien
   Kontinuierlich betriebene Kalkbrennöfen.
   Beschicken der Öfen, Überwachen des Brennprozesses, Ziehen sowie Vermahlung und Hydration des erzeugten Kalkes.
4. Quarzbrennereien
   Kontinuierlich betriebene Schachtöfen.
   Beschicken der Öfen, Überwachen des Brennprozesses und Ziehen des Materials.
5. Gipsbrennereien
   Kontinuierlich betriebene Gipsbrenn- und -trocknungsanlagen.
   Beschicken der Brennanlagen, Überwachen des Brenn- und Trocknungsprozesses und Ziehen bzw. Abtransport des gebrannten Materials.

5a. Gipskartonplattenerzeugung
   Bedienung der Dosier- und Mischstation, der Formstation und des Formstranges, Beaufsichtigung und Regelung des kontinuierlichen Trocknungsprozesses, Beaufsichtigung und Regelung der Formatsäge einschließlich Abnahme und Lagerung sowie die im kontinuierlichen Prozeß erforderliche Qualitätskontrolle.

6. Magnesitbrennereien
   Der Brenn- und Schmelzprozeß, Vortrocknen und Aufbereiten des Rohmaterials, Brikettieren des Ofenaufgabematerials, Beschicken der Öfen, Ziehen, Fortschaffen und Aufbereiten des gebrannten oder geschmolzenen Materials.
7. Magnesit-Dolomitbrennereien
   Der Brenn- und Schmelzprozeß; Brechen, Mischen und Pressen des gesinterten Materials sowie das Brennen, Teertränken, Tempern und Verpacken von Magnesit-Dolomit und Dolomitmaterialien, die der Gefahr des raschen Verderbens als Rohstoff ausgesetzt sind.
8. Zementerzeugung
   Vortrocknen und Zerkleinern des Rohmaterials, Aufbereiten einschließlich des Brikettierens des Ofenaufgabematerials, Beschicken der Brenn- bzw. Schmelzöfen, Überwachen des Brenn- bzw. Schmelzprozesses, Ziehen, Fortschaffen und Aufbereiten des gebrannten bzw. geschmolzenen Materials; bei Drehöfen auch der Betrieb der Schlämmgruben und der Kohlenstauberzeugung.
9. Feuerfeste Steine; gebrannte Karborundum- und Schmirgelscheiben
   a) Beaufsichtigung und Regelung des Trocknungsprozesses;
   b) Überwachung des Brennprozesses einschließlich der Brennstoffzubringung, Beschicken der Öfen, Ziehen und Fortschaffen des gebrannten Materials, sofern das Brennen in Öfen erfolgt, die infolge ihrer Bauart das Entleeren der Öfen mittels mechanischer Transportvorrichtungen selbsttätig und ständig besorgen (Tunnel- oder Kanalöfen);
   c) im unmittelbaren Stofffluß das anschließende Tränken des gebrannten Steines mit Teer oder Pech.
10. Ziegeleien
    a) Beaufsichtigung und Regelung der im unmittelbaren Stofffluß liegenden Formungsprozesse, die wegen der Kontinuität des gesamten Produktionsprozesses nicht unterbrochen werden können;
    b) Beaufsichtigung und Regelung des Trocknungsprozesses;
    c) der Brennprozeß einschließlich der Brennstoffzubringung, Beschicken der Öfen, Ziehen und Fortschaffen des gebrannten Materials, sofern das Brennen in Öfen erfolgt, die infolge ihrer Bauart das Entleeren der Öfen mittels mechanischer Transportvorrichtungen selbsttätig oder ständig besorgen (Tunnel- oder Kanalöfen), jedoch mit der Beschränkung, dass das Unterzünden der Öfen mit ununterbrochener Feuerung spätestens Samstag um 18 Uhr zu erfolgen hat.
11. Tonwaren und Porzellan
    a) Beaufsichtigung und Regelung der Trocknung;
    b) Bedienung der Tunnel-, Kammer- und Herdwagenöfen.
12. Glaserzeugung, Glasbe- und Glasverarbeitung, Erzeugung von Steinwolle
    Wannenöfen, Hafenöfen, Tageswannen, kontinuierlich betriebene Gesteinsschmelzöfen, Maschinen für die vollautomatische Glasverarbeitung und synchrongeschaltete Bearbeitungsmaschinen, Kühlöfen
    Bedienung der Gasgeneratoren und Heizeinrichtungen, Aufbereiten, Befördern und Einlegen des Gemenges und der Scherben, Führung des Schmelzprozesses und Warmhalten der Öfen, Qualitätskontrolle, die im kontinuierlichen Anschluss erforderliche Verpackung und der Abtransport ins Lager.
13. Doppelwände und Elementdecken aus Beton im durchgehend vernetzten CAD/CIM-Verfahren auf Basis individuellen Plottens, Bewehrens und Betonierens
    Magazinieren und Reinigen auf der Palettenstation; Transport und Reinigung der Paletten und Schalungen; Aufplotten der Bauteilkonturlinien und Einbauteilpositionen im Maßstab 1 : 1; Absetzen von Schalungen und Abstellern aus Stahl, Holz, Kunststoff; Befestigen der Schalung; Herstellen von Sonderschalungsteilen; Schneiden, Biegen und Schweißen der Bewehrung; plangemäßes Einbringen der Bewehrung; Absetzen von Einbauteilen und der Bewehrung; Einbringen und Verdichten des Betons; Einstapeln in die Härtekammer; Beaufsichtigung und Regelung des Härteprozesses; Entschalen und anschließendes Einstapeln der Fertigteile auf den Lagerplatz.
14. Faserzementplattenerzeugung
    Aufbereiten der Rohstoffe und Herstellung der Materialmischung; Beschicken der Faserzementplattenmaschine mit dem Rohstoffgemisch; Abnehmen, Ablängen, Stanzen, Beschichten, Pressen, Lösen von der Form (Ausblechen) – jeweils im kontinuierlichen Stofffluss; Transporte und Nachbehandlung.

III. Hüttenwerke und Metallverarbeitung

1. Eisenhüttenwerke
   a) Kokereien (einschließlich ihrer Nebengewinnungsanlagen)
      Zulieferung, Aufbereitung und Mischung der Kohle, Transport des Kokses zum Hochofen, zu den Versandstellen oder Lagern;
   b) Hochofenanlagen (einschließlich der Erzvorbereitungsanlagen)
      Zufuhr von Möllerungsmaterial und Betreiben aller Hochofennebenanlagen einschließlich des

Granulierens und Schäumens und im unmittelbaren Stofffluß das anschließende Brechen und Sieben der Schlacke sowie Abfuhr sämtlicher Hochofenerzeugnisse und Nebenprodukte;

c) Stahlwerke, die nach dem Sauerstofffrischverfahren arbeiten, Martinanlagen sowie Elektrostahl- und Induktionsöfen, die durch Verwendung flüssigen Einsatzes oder von Hochofengas zu Feuerungs- oder Kraftzwecken mit dem Hochofen in unmittelbarer Verbindung stehen
Zufuhr des geschmolzenen Roheisens und der notwendigen Zuschläge und Legierungen zu den Konvertern, Martinöfen, Mischern und Elektroöfen, Bedienung der Generatoren und Gebläse, Chargieren und Schmelzarbeiten in den Konvertern, Martinöfen, Mischern und Elektroöfen, Abstich des fertigen Produktes in Kokillen und Stranggußanlagen sowie dessen Transport, Transport der Schlacken auf die Lagerplätze;

d) Siemens-Martin-, Elektro- und Induktionsofenanlagen, die nicht mit Hochöfen in Verbindung stehen
Zufuhr des festen oder flüssigen Einsatzes zu den Schmelzöfen, die Bedienung der Krane und Gebläse, das Chargieren und Schmelzen, das Vergießen des flüssigen Stahles in Kokillen und Stranggußanlagen, das Ziehen und Transportieren der Blöcke (mit den dazugehörigen Nebenarbeiten, insbesondere der Oberflächenbearbeitung der Rohstahlblöcke und Brammen durch Flämmen), den Transport der Zaggeln und Plantinen in die Tieföfen bzw. auf die Lagerplätze, das Zurichten der Gruben, Pfannen, Kokillen und Stranggußanlagen, den Transport von Schlacke und Schutt auf die Lagerplätze bzw. Halden, das Putzen und Markieren der gegossenen Blöcke an Sonn- und Feiertagen ab 18 Uhr;

e) Elektroschlackenumschmelzanlagen
Einbau der Kokillen und Elektroden, Vorschmelzen der Schlacke, Schmelzen des Blockes, Ausbauen und Ausheben des Blockes von der Anlage; Warmtransport an die Verformungsbetriebe;

f) Walzwerke oder Schmieden (einschließlich ihrer Adjustagen und Scherenstraßen), die auf Grund der vorgeschalteten Stahlwerk- oder Walzwerkanlagen eine unbedingt notwendige Kontinuität im Stofffluß erreichen müssen oder die bei der Edelstahlerzeugung eine vollkontinuierlich betriebene Wärmebehandlung beliefern
Übernahme der Blöcke und Stranggußprodukte vom Stahlwerk, Einsatz in Tief-, Stoß- und Herdwagenöfen und ähnlichen Erwärmungseinrichtungen; Aufheizen auf Verarbeitungstemperatur für die nachgeschalteten Verformungseinrichtungen; Betrieb von Walzstraßen einschließlich ihrer Entzunderungseinrichtungen, Betrieb von Schmiedepressen und Hämmern, Anlieferung in die Adjustagen und Betrieb der Adjustageeinrichtungen wie Scherenstraßen, Besäumeeinrichtungen, Richtmaschinen, Brenn-, Flämm- und Schneideeinrichtungen, Übergabe und Übernahme der in den vorstehend angeführten Anlagen erzeugten Produkte an die nachgeschalteten Lager, Vorbereitung für das Walzplattieren von Blechen, deren metallurgische Zusammensetzung ein Schweißen im warmen Zustand erfordert;

g) Glüh- und Warmbehandlungsöfen (in der Edelstahlerzeugung einschließlich ihrer Adjustagen mit deren Einrichtungen wie Richtaggregaten, Schneid- und Zerspanungseinrichtungen, Prüfanlagen und der zur Betreibung der Anlagen erforderlichen Infrastruktur), wenn der Erzeugungsprozeß technologisch eine Warmbehandlung im unmittelbaren Anschluß an die vorgeschalteten Warmverformungsbetriebe im Sinn der vorstehenden lit. b bis e oder eine Ofenverweildauer von mehr als 24 Stunden erfordert;

h) Glüheinrichtungen, bei denen der Abkühl- und Anfahrvorgang wegen Explosionsgefahr eine dauernde Aufsicht erfordert
Betreiben dieser Anlage;

i) Schweiß- und Schneidearbeiten
Schweiß- und Schneidearbeiten an Großgußstücken und legierten Gußstücken, bei denen aus metallurgischen Gründen das Anwärmen und Abkühlen länger als 24 Stunden dauert.

2. Glüh-, Verzinn-, Verzink- und Vergüteanlagen; Massegalvanik

a) Beschicken und Bedienen der Anlagen, Entnahme, Löschen sowie die unbedingt notwendige Prüfung des Produktes;

b) Bedienung der Massegalvanikanlagen in Verbindung mit Zinktrommelstraßen, bei denen die Abwasserentgiftung und -neutralisation durch eine automatische Kontrolle über pH-Schreiber erfolgt.

3. Metallurgische Produkte

a) Hüttenmännische Gewinnung der Produkte
Betrieb der Öfen (Röst-, Reduktions- und Schmelzöfen), Raffinieren und Gießen des geschmolzenen Produktes in Barren, Blöcke, Platten usw.; Vorbereiten der Formen bzw. des Gußbettes und das Räumen derselben;

b) Gewinnung der Produkte auf elektrothermischem oder elektrolytischem Wege
Der im ununterbrochenen Stofffluß vorgeschaltete Betrieb der Erzvorbehandlung, der Erzlaugerei und der Laugenvorbereitung; Betrieb der Elektroöfen, Schmelzöfen, Elektrolysebäder einschließlich der Gaswaschanlagen, Kryolitrückgewinnung, Soederbergfabrik bzw. Anodenfabrik, Anodenanschlägerei, Kathodenreparatur sowie der Zersetzungsapparate, Raffinieren und Gießen der geschmolzenen Produkte in Barren, Blöcke, Platten usw.; Vorbereiten der Formen bzw. des Gußbettes und das Räumen desselben; Raffinieren und Verpacken des Ferrosiliziums;

c) Walz- und Preßwerke, die aus technologischen Gründen eine unbedingt notwendige Kontinuität im Stofffluß erreichen müssen
Übernahme und Vorbereiten der Stranggußprodukte von der Gießerei, Einsatz in Erwärmungseinrichtungen, Aufheizen auf Verarbeitungstemperatur für die nachgeschalteten Verformungseinrichtungen, Betrieb von Walzstraßen und Strangpreßanlagen, Anlieferung an die Adjustagen und Betrieb von Adjustageeinrichtungen wie Scherenstraßen, Besäumeeinrichtungen, Richtmaschinen, Reck- und Ziehanlagen, Schneideeinrichtungen;

d) Schleiferei/Preßblechfertigung
Das Schleifen von Preßblechen (Fertigschliff) in kontinuierlicher Fertigung, sofern für die Einhaltung engster Dickentoleranzen und Planparallelitäten die Beibehaltung einer für die gesamte Einheit konstanten Betriebstemperatur erforderlich ist.

e) Herstellung von atomisierten (verdüsten) Metallpulvern mittels Versprühen von flüssigem Metall mit komprimierten Gasen
Betrieb der Öfen und Vorbereitung der technologischen Produktionseinrichtungen; Transport

des flüssigen Metalls vom Schmelzofen zum Verdüsungsraum; Austausch und innerbetrieblicher Transport der Auffangbehälter.

4. Gießereien
   a) Eisen- und Stahlgießereien
      Elektro-, Schmelz- und Warmhalteanlagen wie Lichtbogenöfen und Induktionsofenanlagen in Gießereien, die automatische Form- oder Gießanlagen betreiben oder Großgußstücke, deren Auskühlzeit mehr als acht Stunden beträgt, herstellen
      Beschicken und Anheizen von Schmelzöfen und Schmelzen, Anwärmen der Formen und der Kokillen an Sonn- und Feiertagen ab 18 Uhr, Warmhalten und Nachbehandeln von Großgußstücken mit einer Auskühlzeit von mehr als acht Stunden, Trocknen von Formen, deren Herstellung und Trocknung mehr als fünfeinhalb Tage erfordern, Beaufsichtigen und Warmhalten der Öfen;
   b) Nichteisenmetallgießereien
      Elektro-, Schmelz- und Warmhalteanlagen wie Induktionsofenanlagen sowie Fertigungsanlagen wie Induktionserwärmungsanlagen und Druckgießmaschinen im kontinuierlichen, vollautomatisierten Betrieb in Nichteisengießereien;
      Beschicken und Anheizen von Schmelzöfen sowie Schmelzen, Anwärmen der Formen und der Kokillen an Sonn- und Feiertagen ab 18 Uhr;
      Warmhalten und Nachbehandeln von Großgußstücken mit einer Auskühlzeit von mehr als acht Stunden, Trocknen von Formen, deren Herstellung und Trocknung mehr als fünfeinhalb Tage erfordern;
      Beaufsichtigen und Warmhalten der Öfen;
      Beschicken der Induktionserwärmungsanlage mit im Strangguß gerührten feinstkörnigen Aluminium-Bolzenabschnitten, welche nach Vollendung der Erwärmung im Temperaturbereich zwischen Solidus und Liquidus thixotrope Eigenschaften aufweisen und unter stabiler Verarbeitungstemperatur ohne Schwankungsbreiten kontinuierlich und vollautomatisiert in einer Druckgießmaschine oder vergleichbaren Presse verarbeitet werden;
   c) Umschmelzen von verunreinigten Aluminiumschrotten
      Vorbereitung der Schrotte auf den Schmelzbetrieb, Beschickung und Betrieb der Schmelz- und Gießöfen, Behandlung der Schmelze, Abgießen zu Massel und Umreifung der Massel.
5. Emaillieren
   Warmhalten oder Fortführen der Glüh- und Brenndauer der eingesetzten Öfen, nicht jedoch das Beschicken und Entleeren.
6. Halbfabrikate aus Eisen, Stahl und anderen metallischen Werkstoffen im Warmbetrieb
   Der kontinuierliche Betrieb von Warmbehandlungsöfen.
7. Kabel
   a) Der Betrieb an den Barrenöfen, Drahtglühöfen und Emailöfen (Lackdrahtöfen);
   b) der Trocken- und Tränkprozeß für Starkstromkabel.
8. Lackdrahterzeugung
   Drahtziehen; der Betrieb an den Barrenöfen und Emailöfen (Lackdrahtöfen); Prüfen; Umspulen und Verpacken von Feindraht bis 0,1 mm.
9. Akkumulatoren
   Betrieb von Bleikugelmühlen sowie Durchführung von Formierungsprozessen von Großoberflächen und Panzerplatten.
10. Elektrische Großmaschinen und Großtransformatoren
    a) Der Trocken- und Tränkprozeß der Wicklungen für elektrische Großmaschinen;
    b) Trocknung und Ölfüllung von Großtransformatoren;
    c) Prüfung von elektrischen Großmaschinen und Großtransformatoren ab 20 MVA Nennleistung.
11. Präparation von Stahlflaschen
    Beschicken und Entleeren von Trocken- und Härteöfen für die Präparationsmasse.
12. Stahlcorderzeugung
    Einsetzen von Vormaterialspulen, Anschweißen, Patentieren und Vermessingen, Drahtziehen, Verseilen, Umspulen und der mit dem jeweiligen Produktionsvorgang verbundene Spulenwechsel sowie Verpacken.
13. Gemüse- und Obstkonservendosenerzeugung
    Sofern der Vorrat an gebrauchsfähigem Lagergut wegen des starken Anfalls von verderblichen Produkten nicht ausreicht:
    Bedienung der Dosenfertigungsanlage, die unmittelbar anschließende Verpackung des fertigen Produktes und der Abtransport ins Zwischenlager, Auslieferung des Produktes zum Konservenabfüller: 1. Juni bis 31. Oktober und an zwei Samstagen im November.
14. Fertigung von Antriebselementen und Zahnrädern
    Arbeiten an Antriebselementen und Zahnrädern – Endverzahnung, Schlichtspan, Schleifen des Zahnrades, Härtevorgang –, sofern diese aus technologischen Gründen vollkontinuierlich durchgeführt werden müssen.
15. Integrierte Schaltungen
    Die Fertigung von integrierten Schaltungen, soweit diese aus technologischen Gründen vollkontinuierlich durchgeführt werden muss.
16. Bimetallbandfertigung
    Das Elektronenstrahlschweißen von Bimetallbändern im Durchzugsverfahren, sofern für die Einhaltung der optimalen Nahtausführung und Konstanz der Schweißparameter die Beibehaltung einer für die gesamte Einheit konstanten Betriebstemperatur erforderlich ist.
17. Herstellung von Farbbildröhren
    Die Bedienung von Glühöfen zur Maskenkonditionierung und oxydierenden Behandlung der Metallteile, Pressen der konditionierten Masken, die Bedienung von synchrongeschalteten Bearbeitungsmaschinen zum Aufbringen der Leuchtstoffe, der Aluminiumschicht, zum Verschmelzen von Glasschirm und Glaskonus, des Elektronenstrahlsystems mit dem Glaskörper und zum Evakuieren und Verschließen des Glaskörpers.
18. Herstellung keramischer Vielschichtbauelemente und von Elektrokeramik-Bauelementen.
    Die Fertigung von keramischen Vielschichtbauelementen und von Elektrokeramik-Bauelementen, soweit dazu thermische Prozesse notwendig sind, sowie die Durchführung von Messungen an solchen Bauteilen.
19. Herstellung von Leiterplatten in Feinstleitertechnologie.
    Das Bohren der Leiterplatten, das galvanische Aufbringen von Kupfer und die Strukturierung der Leiterplatten mittels Fotoprozeß.
20. Herstellung von Aluminium-Getränkedosen
    Stanzen und Ziehen des Aluminium-Bandmaterials, Reinigung und Behandlung der Blankdose, Vorlackieren und Drucken einschließlich der Trocknung, Innenlackieren, Necken und Bördeln, Testen sowie Palettieren.

21. Beschichtung von Preßwalzen für Papiermaschinen mit Granitersatz-Keramikbezügen
Sandstrahlen, Korrosionsbeschichtung und Aufbringung der Granitersatz-Schicht.
22. Bestücken von Printplatten
Bestücken von Printplatten in Verbindung mit elektromechanischen Großkomponenten (Laufwerken) unter Verwendung der Spitzenfertigungstechnologien des Wellen- und Reflowlötens (Feinstleitertechnik) in Größtserienfertigung.
23. Edelstahlröhrchen mit integrierter Glasfaser mit Längen von mindestens 50 km
   a) Hochfahren des Lasers auf Betriebstemperatur;
   b) Probeproduktion zur Einstellung der Laserparameter und Qualitätssicherung;
   c) Produktion der Edelstahlröhrchen (Formen, Einbringen der Glasfaser und des Gels, Verschweißen, Durchmesserkalibrieren, Reinigen und Bedrucken, Aufwickeln auf Spule).

IV. Holzverarbeitung

1. Spanplattenerzeugung
   a) Betreiben der Anlagen zur Erzeugung der Vormaterialien, wie Leim bzw. Bindemittel, die auf Grund der vor- oder nachgeschalteten Anlagen eine Kontinuität im Stofffluß bedingen, einschließlich Trocknung, Aufarbeitung und Lagerung;
   b) Betreiben der Späneerzeugung und der Trockner, der im kontinuierlichen Stofffluß unmittelbar anschließenden Silo- und Verleimstationen, der Schüttstation und des Formstranges sowie der Heißpressen, Aufteilsäge, Zuschnitt, Nachbearbeitung und Schleifstraße einschließlich Abnahme, Klimatisierung und Lagerung, der Beharzungs-, Imprägnier- und Beschichtungsanlagen einschließlich Zuschnitt, Nachbearbeitung, Veredelung und Lagerung, der Energieerzeugungs- und Verteilungsanlagen, die für die Aufrechterhaltung des Produktionsbetriebes erforderlich sind, sowie Abluftreinigung.
2. Faserplattenerzeugung
   a) Betreiben der Anlagen zur Erzeugung der Vormaterialien, wie Leim bzw. Bindemittel, die auf Grund der vor- oder nachgeschalteten Anlagen eine Kontinuität im Stofffluß bedingen, einschließlich Trocknung, Aufarbeitung und Lagerung;
   b) Betreiben der im kontinuierlichen Stofffluß unmittelbar anschließenden Defibratoren und Refiner, der Materialzufuhr, der Stoffaufbereitungs- und Verleimungsanlagen einschließlich Kalandrierung und Vernadelung, der Langsiebmaschine sowie der Heißetagenpresse bzw. der Trockner, Aufteilsäge und Schleifstraße einschließlich Abnahme, Klimatisierung und Lagerung des gepreßten Produktes, der Beharzungs-, Imprägnier- und Beschichtungsanlagen einschließlich Zuschnitt, Nachbearbeitung, Veredelung und Lagerung, der Energieerzeugungs- und Verteilungsanlagen, die für die Aufrechterhaltung des Produktionsbetriebes erforderlich sind, sowie Abluft- und Wasserreinigung.
3. Holztrockenkammern
Die für mehrtägige Holztrocknungsprozesse unbedingt erforderlichen Arbeiten bei Trockenkammern und Trockenkanälen, wie die rechtzeitige Entladung und Beschickung dieser mit vorbereitetem Holz, sowie der Betrieb der Anlagen zur Bereitstellung der Wärmeenergie.
4. Brettschichtholzerzeugung im Durchlaufpreßverfahren
Beschicken und Bedienen der Vorhobelanlage, der Beleimung und der Durchlaufleimpresse und der Nachhobelung einschließlich Lagerung des fertigen Produktes.

V. Bauwirtschaft

1. Vermessungen
Ausführung von Vermessungsarbeiten, bei denen nur während der Ruhezeiten einwandfreie geophysikalische Untersuchungsergebnisse erzielt werden können.
2. Bauarbeiten, die im öffentlichen Interesse liegen
   a) Auf öffentlichen Verkehrswegen;
   b) auf gefährlichen Böden;
   c) zur Fortführung von Betonierungsvorgängen (z. B bei Gleitschalungsbauten), die einen kontinuierlichen Arbeitsablauf von mehr als 152 Stunden in Anspruch nehmen;
   d) bei Stollen und Tunnels;
   e) bei Wasserbauten;
   sofern alle diese Arbeiten aus Gründen der Sicherheit der Allgemeinheit bzw. der Beschäftigten oder aus bautechnischen Gründen während der Wochenend- oder Feiertagsruhezeit nicht unterbrochen oder nur in diesen Zeiten durchgeführt werden können;
   f) Einbauten und Montagen auf Baustellen von Kraftwerken, die nur während der Durchführung der Bauarbeiten im Sinne der lit. c bis e durchgeführt werden können.
3. Transportbeton
Belieferung von während der Wochenend- und Feiertagsruhe durchgeführten gesetzlich erlaubten öffentlichen Bauvorhaben, der Betrieb der Mischanlage und das Abfüllen in die Fahrmischer.
4. Gleitbauarbeiten
Gleitbauarbeiten (z. B. bei der Neuerrichtung von Silos), die aus bautechnischen Gründen einen kontinuierlichen Arbeitsablauf von mehr als 152 Stunden erfordern.

VI. Leder und Textil

1. Gerberei
   a) Chrom- und pflanzliche Gerberei; Weiß- und Sämischgerberei
   An Vormittagen bis 12.00 Uhr:
      aa) Übernahme, Aufsalzen oder Einweichen der am Vortag eingelieferten frischen Häute 1. Mai bis 30. September;
      bb) Wechseln des Weichwassers, Aufschlagen und Bewegen der Häute, Einäschern der Häute, Entnahme der Häute aus den Gerbfässern, Umhängen oder Abnehmen der Leder im Trockenraum; in der Chrom- und Weißgerberei auch Schwöden und Enthaaren der Felle, die am Vortag geschwödet worden sind.
   b) Herstellung chromfreier Leder auf Wet-White-Basis
      aa) Entnahme der Häute aus den Gerbfässern, Bedienen der Reckmaschine, Nassstutzen der Wet-White im Rahmen des Trocknungsprozesses, Befüllung und Bedienung der Vakuumierungs- und Konditionierungsanlage, Regelung der Betriebstemperatur und des Trocknungsprozesses sowie Durchführung der Qualitätskontrolle;
      bb) Kontroll-, Regelungs- und Steuertätigkeiten im Zuge des Produktionsprozesses, Weiterführung von kontinuierlichen Herstellungsprozessen mittels eines Prozessleitstandes,

die einen ununterbrochenen Fortgang von der Gerbung bis zur Trocknung erfordern;
cc) Beschicken und Bedienen zur Auf- und Verarbeitung von Leimleder dienenden Anlagen zur Gewinnung von Nebenprodukten und Stoffen aus den durch den kontinuierlichen Produktionsprozess anfallenden biogenen Stoffen, deren Herstellung eine unbedingt notwendige Kontinuität im Stofffluss erfordert.

2. Herstellung von hochgedrehten Garnen und Zwirnen aus synthetischen Spinnstoffen
Bedienen der Texturiermaschinen und Zwirnmaschinen für texturierte und umsponnene Garne.
3. Spinnerei
Die im vollkontinuierlichen Produktionsprozeß erfolgende Verarbeitung von Fasern aller Art zu Garnen und Zwirnen
   a) nach den verschiedenen Open-end-Spinnverfahren:
   Bedienen der Anlagen zum Öffnen, Mischen, Kardieren, Kämmen, Strecken und Spinnen;
   b) nach dem Baumwollspinnverfahren mit und ohne Flyern:
   Bedienen der Anlagen zum Öffnen, Mischen, Kardieren, Kämmen, Strecken, Flyern und Spinnen, der automatischen Spulmaschinen und der Zwirnmaschinen;
   c) nach dem Kammgarnspinnverfahren:
   Bedienen der Anlagen zum Mischen, Krempeln, Strecken, Kämmen, Vorspinnen und Spinnen, der automatischen Spulmaschinen, der Zwirnmaschinen und Schrumpfanlagen;
   d) nach dem Halbkammgarnspinnverfahren:
   Bedienen der Anlagen zum Mischen, Krempeln, Strecken, Vorspinnen und Spinnen, der automatischen Spulmaschinen, der Zwirnmaschinen und Schrumpfanlagen;
   e) nach dem Leinengarnspinnverfahren:
   Bedienen der Anlagen zum Hecheln, Kardieren, Kämmen, Strecken, Vorspinnen, Vorgarnbleichen, Spinnen, Spulen, Garnbleichen und Zwirnen.
4. Weberei
Die im vollkontinuierlichen Produktionsprozeß erfolgende Herstellung von Geweben aus Fasern aller Art auf schützenlosen Webmaschinen:
Einlegen der Kette, Einziehen und Anknüpfen an der Webmaschine, Bedienen der Webmaschine.
5. Strickerei
Die im vollkontinuierlichen Produktionsprozeß erfolgende Verarbeitung von Chemiefasern und deren Mischungen mit Naturfasern zu
   a) gestrickter Oberbekleidung auf Single-Ringelmaschinen, Single-Wrapper-Maschinen und Interlock-Ringelmaschinen:
   Einziehen und Anknüpfen, Bedienung der genannten Maschinen;
   b) Strumpferzeugnissen unter Verwendung von elastischen Garnen:
   Einlegen der Kette und/oder Mustertrommel, Einziehen und Anknüpfen an den Strickmaschinen, Bedienung der genannten Maschinen sowie der Relaxier-Anlagen.
   c) Stoffen für Autoinnenausstattungen auf Henkelplüschstrickmaschinen sowie die unmittelbar damit im Zusammenhang stehende Ausrüstung und Veredelung der Stoffe, insbesondere Scheren, Waschen, Fixieren und Beschichten;
   d) gewirkten Einlagestoffen auf Wirk- und Raschelmaschinen;
   e) durchwirkten Vliesen auf Vliesraschelmaschinen.
6. Textilveredlung
   a) Unbedingt notwendige Arbeiten an jenen Feiertagen, die auf einen Dienstag, Mittwoch oder Donnerstag fallen;
   b) unbedingt notwendige Arbeiten an zwölf Wochenenden im Kalenderjahr, wenn die Fortführung der am Freitag eingeleiteten Chargenprozesse einen ununterbrochenen Fortgang erfordern.

VII. Zellstoff und Papier

1. Zellstofferzeugung
   a) Bedienen der im kontinuierlichen Produktionsfluß den Zellstofferzeugungsanlagen unmittelbar vorgeschalteten Holzvorbereitungsanlagen und der Anlagen zur Gewinnung der Kochflüssigkeit;
   b) Beschicken und Bedienen der Zellstoffkocher, der Wasch-, Sortier- und Entwässerungsvorrichtungen sowie Erfassen, Eindämpfen und Verbrennen der Kocherablauge in kontinuierlich betriebenen Einrichtungen; Bedienen der Anlagen zur Gewinnung von Nebenprodukten und Stoffen aus der durch den kontinuierlichen Produktionsprozeß anfallenden Kocherablauge, soweit die Fortführung von Gewinnungsprozessen aus biologischen oder ökologischen Gründen unbedingt notwendig ist;
   c) Bedienen der Anlagen für die der Bleiche vorgeschaltete Bereitung und Lagerung von Bleichmitteln, der Anlagen der Bleicherei sowie der Anlagen im Rahmen des Trocknungsprozesses.
2. Papier- und Kartonerzeugung
Bedienen der im kontinuierlichen Produktionsfluß unmittelbar vorgeschalteten Rohstoffaufbereitungsanlagen, der Stoffaufbereitungsanlagen, der Papier- und Kartonmaschinen, der Umroller und Rollenschneidemaschinen, Papier- und Kartonveredlungsmaschinen, Papier- und Kartonausrüstung, soweit alle diese Tätigkeiten im ununterbrochenen Produktionsfluß erforderlich sind.
3. Holzschleifereien
Bedienen der Holzschleifereianlagen mit Wasserantrieb oder solcher, die Kraftstrom ausschließlich von Wasserkraftwerken beziehen, bei eingetretenem Wassermangel an 15 Sonntagen im Kalenderjahr.

VIII. Lebensmittel (Nahrungs- und Genußmittel)

1. Getreide
Übernahme und Einlagerung des in die Mühle oder in die Außenlager während der Erntezeit zugeführten Getreides.
2. Kartoffelstärke
   a) Entnahme der Kartoffeln aus den Lagern, Waschen und Reiben, Ausbringen der Stärke, Gewinnung und Reinigung der Rohstärke sowie der Nebenprodukte (Kartoffeleiweiß, Kartoffelpülpe), Verarbeitung der Abfallstärke, Entwässern, Trocknen und Verpacken bzw. Lagern der gereinigten Produkte während der Zeit der Industriekartoffelkampagne;
   b) ganzjährig die Aufbereitung und Beseitigung der während der Kampagne anfallenden Abwässer.
3. Getreidestärken (Mais-, Reis- und Weizenstärke)
Entnahme des Rohstoffes aus den Lagern, Reinigen, Quellen, Vermahlen und Anteigen, Gewinnung, Reinigung und Trocknung der Stärke sowie der Nebenprodukte, deren Sichtung, Abfüllung und Lagerung.
4. Dextrin und andere abgebaute und modifizierte Stärken
Einbringen und Vorkonditionieren der Stärken, Durchführung des Aufschlusses, Einbringen der

Chemikalien, Durchführung der chemischen Reaktion, Reinigen, Trocknen, Kühlen, Befeuchten, Mischen, Sichten, Abfüllen (ausgenommen in Kleinpackungen) und Lagern.

5. Stärkeverzuckerungsprodukte
Einbringen, Verflüssigen und Verzuckern der Stärke mittels Säure oder Enzymen, Neutralisation, Raffinieren und Eindampfen; bei Trockenstärkesirup auch die Sprühtrocknung; bei Stärke- und Traubenzucker auch Kristallisation und Trocknen; bei allen die Abfüllung. Ferner die Aufbereitung und Abfüllung der anfallenden Nebenprodukte.

6. Kartoffeldauerprodukte in Stücken, in Flocken-, Grieß- oder Pulverform
Während der Zeit der Industriekartoffelkampagne die Entnahme der Kartoffeln aus den Lagern, Sortieren, Waschen, Schälen, Auslesen, Reiben oder Schneiden, Blanchieren, Kochen und Trocknen, Vermahlen, Mischen und Sichten der Produkte und Nebenprodukte und deren Lagerung; bei Püree und Kartoffelteig auch die Abfüllung in Kleinpackungen.

7. Chips und Minifrittes
Übernahme der Frühkartoffeln, Waschen, Schälen, Ausstechen, Schneiden, Sortieren, Rösten und Würzen, Verpacken und Lagern.
1. Juni bis 31. Juli.

8. Frittaten und Backerbsen
Überwachung der Erzeugung von Frittaten und Backerbsen an jedem zweiten Wochenende.

9. Zuckererzeugung
Während der Zeit der Zuckerrüben- und Raffinationskampagne
   a) Übernahme und Lagerung von Zuckerrüben;
   b) die Verladung von Zuckerrüben, soweit aus Witterungsgründen ein Transport in die Fabriken notwendig ist;
   c) die Rohzuckererzeugung und Raffination des Zuckers einschließlich Einlagerung der fertigen Ware;
   d) Betrieb von Schnitzeltrocknungs- und Melasseentzuckerungsanlagen, Lagerung der Rübenschnitzel sowie Verladung der Schnitzel;
   e) Abfüllen von Liefergrünsirup und Melasse.

10. Milch und Milchprodukte
   a) Rohmilch, Rohrahm, Babymilch und molkereimäßig behandelte Milch
   Sammlung, Übernahme, Qualitätskontrolle, molkereimäßige Behandlung, Versand an Be- und Verarbeitungsbetriebe; für Frischmilch „Baby" zusätzlich noch die Abfüllung;
   b) Milchprodukte
   Belieferung bei Messe-, Sport-, Fest- und marktähnlichen Veranstaltungen sowie an Bäder und Eissalons. Weiters an Sonn- und Feiertagen vor Werktagen ab 18 Uhr Beginn der notwendigen Vorarbeiten und anschließend die Belieferung des Groß- und Kleinhandels sowie sonstiger Großverbraucher mit Milch und Milchprodukten; bei mehreren aneinanderschließenden Sonn- und Feiertagen am letzten Ruhetag auch Abfüllen der Trinkmilch und flüssiger Milchprodukte;
   c) Butter
   Fetteinstellung und Ansäuerung des Rahms, Verbutterung von Käsereirahm und Abpackung der dabei hergestellten Butter; weiters an zwölf Wochenenden bzw. Feiertagen auch Verbutterung des Molkereirahms und Abpackung der dabei hergestellten Butter;
   d) Käse und Topfen
      aa) Frischkäse und Topfen
      Füllen der Fertiger, Einstellen des Fettgehaltes und Behandlung der Kesselmilch; weiters an zwölf Wochenenden bzw. Feiertagen auch die Topfenerzeugung und Abpackung in Großpackungen;
      bb) Weich-, Schnitt- und Hartkäse
      Füllen der Fertiger, Einstellen des Fettgehaltes, Behandeln der Kesselmilch und Weiterverarbeitung des Käsebruches sowie die unbedingt notwendigen Arbeiten am Salzbad und in den Reifungs- und Lagerräumen; weiters an zwölf Wochenenden bzw. Feiertagen Abpackung von Weich- und Schnittkäse bei Gefahr des sonstigen raschen Verderbens beim Versand;
   e) Dauermilchprodukte
      aa) Milch-, Buttermilch- und Molketrocknung sowie die Herstellung von Milchkonzentraten zur Weiterverarbeitung und die Herstellung von Futtermitteln
      Tankversand zum und vom Trockenwerk, Übernahme, Qualitätskontrolle, Einstellen des Fettgehaltes, molkereimäßige Behandlung, Konditionieren, Eindampfen, Trocknen, Sichten, Abfüllen in Großpackungen und Lagern;
      bb) Kaseintrocknung
      Übernahme, Einbringung und Qualitätskontrolle, Zerkleinern, Trocknen, Mahlen, Sichten, Abfüllen in Großpackungen und Lagern des Produktes;
      cc) Naßkaseinerzeugung und die im kontinuierlichen Stofffluß erfolgende Kaseintrocknung
      Zerkleinern, Mahlen und Sichten an zwölf Wochenenden bzw. Feiertagen.

11. Frische Fische
Verarbeitung einschließlich des Einlegens in das Garbad.

12. Rohwürste
Lagern und Wenden der Ware, Überwachung und Steuerung des Trocknungsprozesses.

13. Tiefgefrierwaren (Gemüse und Obst)
Übernahme der frisch geernteten Ware, die erforderliche Verarbeitung einschließlich Abfüllen und Einlagern in das Tiefkühllager
   a) Kochsalat – 1. Juni bis 15. August;
   b) Erdbeeren – 1. Juni bis 15. Juli;
   c) Erbsen – 1. Juni bis 31. Juli;
   d) grüne und gelbe Bohnen – 4 Wochenenden während der Erntezeit und am 15. August;
   e) Blattspinat – 10. April bis 15. Juni, 16. August bis 15. November;
   f) Tomatenmark – 1 Wochenende und 1 Feiertag im August;
   g) Sonstige Tiefgefrierwaren – insgesamt 5 Wochenenden und 1 Feiertag während der Erntezeit.

14. Gemüse- und Obstkonserven
   a) aa) Erbsen
      1. Juni bis 31. Juli;
      bb) grüne und gelbe Bohnen
      vier Wochenenden während der Erntezeit und am 15. August;
      cc) Tomatenmark
      15. August bis 30. September;
      dd) Gurken
      10. Juli bis 10. September;
      ee) Zuckermais
      15. August bis 30. September;
      ff) Kirschen
      15. Juni bis 30. Juli;
      gg) Pflaumen
      1. September bis 30. September;
      Übernahme der Ware, die erforderliche Ver-

arbeitung der frisch geernteten Ware einschließlich Abfüllen und Verpacken, wenn dies im kontinuierlichen Stofffluß erfolgt sowie Lagern.

b) aa) Sauerprodukte
Überwachung des Gär- oder Säuerungsvorganges;

bb) Erdbeeren
Übernahme der geernteten Ware; Reinigen, Sortieren (Verlesen), Vermarken oder Pulpen in Großgebinde,
1. Juni bis 15. Juli;

cc) Marillen
Übernahme der geernteten Ware; Reinigen, Sortieren (Verlesen), Vermarken oder Pulpen in Großgebinde,
15. Juli bis 15. August;

dd) Waldpilze
Übernahme der Ware, Blanchieren, Bereitstellen der Hüllgüter und des Packmediums, Verpacken, Verschließen, Sterilisieren, Verpacken und Etikettieren, wenn dies im kontinuierlichen Stofffluß erfolgt, Lagern,
1. Juli bis 30. September;

ee) sonstiges leicht verderbliches Obst und Gemüse
Übernahme und Lagern,
15. Mai bis 31. Oktober.

15. Verarbeitung von Beeren-, Stein- und Kernobst sowie Gemüse zu Säften und anderen Produkten der gärungslosen Obst- und Gemüseverwertung
Übernahme, Sortieren, Waschen, Zerkleinern, Pressen (oder Dämpfen, Passieren, Homogenisieren); Klären, Konzentrieren, Haltbarmachen, Abfüllen und Lagern,
1. Juni bis 15. Dezember.

16. Kaffeemittel- und Instantkaffee-Erzeugung
a) Darren
aa) Zichorie
Übernahme der Zichorienwurzeln, Waschen, Zerkleinern, Darren und Kühlen, Verladen, Lagern,
1. September bis 15. Dezember;
bb) Rohfeigen
Übernahme, Ausleeren und Aufschütten auf die Darranlage, Darren und Kühlen, Verpacken und Lagern,
1. November bis 30. Juni;
b) Extrahieren und Sprühtrocknen von Bohnenkaffee und Kaffeemittelextrakten
Mischen, Füllen der Extraktionsanlage, Extrahieren und Kühlen, Sprühtrocknen des Extraktes, Verpacken und Zwischenlagern des Extraktes.

17. Mälzerei
Einweichen, Überwachung des Weichprozesses, Ausweichen, Überwachung des Keim- und Röstprozesses des Getreides und des Darrprozesses sowie Entkeimen des Malzes.

18. Bierbrauerei
a) Führung der Haupt- und Nachgärung;
b) Brauen im Sudhaus am Sonntag ab 20 Uhr;
c) Zulieferung des Bieres in Ausflugsgebiete und zu Bädern vom 15. Mai bis 31. August und zu behördlich genehmigten Veranstaltungen.

19. Zustelldienst von alkoholfreien Getränken
Zulieferung alkoholfreier Getränke in Ausflugsgebiete und zu Bädern vom 15. Mai bis 31. August und zu behördlich genehmigten Veranstaltungen.

20. Zustelldienst von Speiseeis
Zulieferung von Speiseeis in Ausflugsgebiete und zu Bädern vom 1. Mai bis 30. September, während der gesetzlichen Schulferien nach § 2 des Schulzeitgesetzes 1985, BGBl. Nr. 77, sowie zu behördlich genehmigten Veranstaltungen.

21. Zustelldienst von Tiefkühlkost
a) Zulieferung von Tiefkühlkost zu behördlich genehmigten Veranstaltungen;
b) Zulieferung von Tiefkühlkost zur Versorgung der Fremdenverkehrsbetriebe am Samstagnachmittag vom 1. Mai bis 30. September und während der gesetzlichen Schulferien nach § 2 des Schulzeitgesetzes 1985, BGBl. Nr. 77.

22. Äthylalkoholerzeugung
a) Auf Basis von Melasse und Liefergrünsirup
aa) Übernahme der Melasse und des Liefergrünsirups während der Kampagne;
bb) Bereitung der Maischen und Überwachung des im kontinuierlichen Stofffluß anschließenden Gär-, Destillations- und Raffinationsprozesses an Feiertagen und an drei Wochenenden im Jahr;
b) Auf Basis von Knollen- und Körnerfrüchten sowie deren Nebenprodukten.
Entnahme der Rohstoffe aus den Lagern, Aufschluß, Breitung der Maischen, Bedienung und Überwachung des im kontinuierlichen Stofffluß anschließenden Gär-, Destillations- und Raffinationsprozesses sowie Lagerung und Kontrolle der anfallenden Erzeugnisse durch einen Zeitraum von 10 Monaten im Jahr.

23. Backhefeerzeugung
a) Übernahme der Melasse und des Liefergrünsirups während der Kampagne;
b) Bereitung der Melassemaischen und Nährsalzlösungen, Herführung der Anstellhefen, Fermentation, Hefezentrifugierung und Zwischenlagerung an Feiertagen und an drei Wochenenden im Jahr;
c) Hefeentwässerung, Hefepfundierung, Verpackung sowie Transport in die Kühlräume an drei Wochenenden im Jahr.

24. Erzeugung von Gärungsessig
Einstoßen der Essigmaische in die Essigbildner, Überwachung des Gärprozesses und der Essigbildner, Ausstoßen des Essigs aus den Essigbildnern.

25. Weinkellereien, Winzergenossenschaften
a) Zufuhr, Übernahme und Lagerung der Trauben und des Mostes;
b) Abpressen der Trauben und der Weinmaische einschließlich der Einlagerung;
c) Überwachung des Gärprozesses.

26. Gewinnung von Quellwässern
Transport der Flaschen zur Quelle (Brunnen), Füllen und Verschließen, Transport zum Lager.
15. Mai bis 31. August.

27. Konditoren (Zuckerbäcker) im Sinne des § 94 Z 40 GewO 1994 und Speiseeiserzeuger
Tätigkeiten einschließlich der Erzeugung, die zur Aufrechterhaltung des Betriebes und zur Betreuung der Gäste und Kunden (Endverbraucher) erforderlich sind.

28. Bandtabak
Bedienung der Stoffaufbereitungsanlagen, der Bandtabakformer und der Trocknungs- und Zerkleinerungsanlagen, soweit alle diese Tätigkeiten im kontinuierlichen Stofffluß erforderlich sind.

29. Industrielle Gewinnung von Rohölen
Die im Zusammenhang mit der Produktion stehenden Überwachungs-, Kontroll- und Einstellarbeiten, ausgenommen die Rohstoffeinlagerung und die Produktverladung.

30. Vollkontinuierliche industrielle Herstellung von Flach- und Rollwaffeln

Entnahme der Rohstoffe aus den Lagern, Zubereitung der Teig-, Creme- und Schokolademassen, Bedienung und Überwachung des Back- und Verarbeitungsprozesses, Kontrolle, Verpackung und Lagerung der anfallenden Erzeugnisse.

IX. Chemie

1. Schwefelsäure, schwefelige Säure, deren Anhydride und Salze
   a) Schwefeldioxyd (schwefelige Säure), Schwefelsäure
   Aufbereitung der Rohstoffe durch Brechen, Mahlen, Sichten, Mischen, Homogenisieren und Granulieren; Bedienen der Anlagen zur Erzeugung von Schwefeldioxyd durch Rösten von Kiesen, Blenden und gebranchten Gasreinigungsmassen, durch Verbrennen von Elementarschwefel und durch Reduktion von Kalziumsulfat; Entstauben und Reinigen der schwefeldioxydhältigen Gase, Trocknen und Verflüssigen des Schwefeldioxyds, Oxydation nach dem Turmverfahren oder in Kontaktanlagen; kontinuierliche Umsetzung von Schwefeltrioxyd mit organischen Substanzen zu organischen Sulfonaten und Sulfaten; Absorption des Schwefeltrioxyds und Einstellen der Säure auf den erforderlichen Gehalt (einschließlich Oleum); Speichern und Abfüllen in Transport- und Betriebsbehälter;
   b) Chemisch reine Schwefelsäure
   Beschicken und Bedienen der Destillationsgefäße und der Kühlvorrichtungen für die Säuredämpfe; Abziehen der chemisch reinen Säure in die Gefäße;
   c) Kupfervitriol
   Bedienen der Schmelz- und Röstöfen, der Türme, der Laugerei und Kristallisationsanlagen, der Zentrifugen und Waschanlagen, Abfüllen des Produktes;
   d) andere Salze der Schwefelsäure und der schwefeligen Säure
   Bedienen der Absorptionsgefäße für die Salze; Bereitung und Konzentration der Laugen; Bedienen der Kristallisationsanlagen, Zentrifugen, Trocknungs- und Zerkleinerungsapparate, Abfüllen der Produkte ausgenommen in Kleinpackungen.
2. Salpetersäure, Nitrate und Nitrite
   a) Salpetersäure
   Bedienen der Gebläse zur Förderung des Ammoniak-Luft-Gemisches zu den Verbrennungsöfen und der nitrosen Gase zur Absorption; Bedienen der Abhitzekessel nach den Ammoniakverbrennungsöfen sowie der Anlagen zur Absorption und Oxydation der Nitrose, Konzentrieren und Abfüllen der Säure;
   b) Nitrate und Nitrite
   Bedienen der Absorptionsgefäße für die Salze, Bereitung und Konzentration der Laugen; Bedienen der Kristallisationsanlagen, Zentrifugen, Trocknungs- und Zerkleinerungsapparate; Abfüllen der Produkte ausgenommen in Kleinpackungen.
3. Salzsäure
   Betrieb der Synthese-, Zersetzungs- und Absorptionsapparate, der Öfen, der Laugenbereitung und der Kristallisationsanlagen, der Zentrifugen, Abfüllen ausgenommen in Kleingebinde, Lagern.
4. Phosphorsäure, phosphorsaure Salze, Superphosphat, Komplex- und Mischdünger sowie Nebenprodukte der Phosphorsäureerzeugung
   Mahlen und Aufschluß der Rohphosphate; Abtrennen und Aufbereiten der Phosphorsäure und ihrer Nebenprodukte, insbesondere Konzentrieren, Mischen der Düngerkomponenten, Granulieren, Waschen, Trocknen, Brennen, Klassieren und Einspeichern.
5. Kieselfluorwasserstoffsäure, Silicofluoride und Fluoride
   Bedienen der Anlagen zur Erzeugung von Kieselfluorwasserstoffsäure durch Auswaschen der Abgase beim Aufschluß von Rohphosphaten, Wartung der Umsetz-, Fällungs- und Zentrifugiereinrichtungen zur Gewinnung von Silicofluoriden und Fluoriden, Überwachung der Trocknungs- bzw. Kalziniereinrichtungen, Abfüllen und Lagern.
6. Soda und deren Nebenprodukte; kohlensaurer Kalk
   Bereiten und Verarbeiten der Salzsole; Verarbeiten des Bikarbonates und der Laugen zu kalziniertem Soda und Chlorkalzium; Bedienen der Kristallisationsanlagen; Betrieb der Kalköfen; Erzeugung der Kalkmilch und deren Verarbeitung zu kohlensaurem Kalk; Herstellung von Reinbikarbonat, Entschwefelungsgranulat (Soda und Kalksteinmehl) und Ätznatron, Mahlen, Sichten, Abfüllen und Lagern der genannten Produkte.
7. Ätzalkalien (Ätznatron und Ätzkali); Chlor und Chlorprodukte, erzeugt auf elektrolytischem Weg
   a) Bereiten der Salzsole; Elektrolyse, Eindampfen der Lauge oder Abfüllen der Lauge, ausgenommen in Kleingebinde; Bedienen der Schmelzkessel, Gießen, Zerkleinern und Verpacken der Produkte;
   b) Verarbeitung des anfallenden gasförmigen Chlors durch Trocknung, Kompression und Verflüssigung des Chlors oder durch Herstellung von organischen oder anorganischen Chlorverbindungen, Abfüllen, ausgenommen in Flaschen, Lagern.
8. Wasserglas
   Betrieb der Wannenöfen und Ausgießen.
9. Ammoniak, Ammoniaklösungen, Ammonsalze
   a) Ammoniak, Ammoniaklösungen
   Bedienen der Spalt- und Konvertierungsanlagen, der Anlagen für die Reinigung des Synthesegases und der Drucksyntheseanlagen, Abfüllen und Lagern des flüssigen Ammoniaks;
   b) Ammonnitrat
   Bedienen der Neutralisations- und Verdampferanlagen, Wartung des Prillturmes zur Erzeugung des technischen Ammonnitrates, Verpacken und Lagern;
   c) Kalkammonsalpeter
   Bedienen der Kalksteinmühlen und Mischaggregate, Überwachen der Granulierungs-, Trocknungs-, Klassierungs-, Kühl- und Konditionierungseinrichtungen, Silolagerung;
   d) Ammonsulfat
   Bedienen der Kalzinierungseinrichtungen für Fällungsgips; Überwachen der Absorptions-, Misch- und Trenneinrichtungen, Bedienen der Eindampf-, Kristallisations-, Trocknungs- und Klassierungsanlagen, Silolagerung.
10. Lösen und Reinigen von Rohboraten, Bedienen der Kristallisationsanlagen, Zentrifugen und Trockner, Absieben und Abfüllen.
11. Natriumchlorid und dessen Nebenprodukte
    Verarbeiten von Sole zu Salz in der Solereinigung und im Eindampfprozeß; Betrieb der Trocknungsanlagen, Abfüllen und Lagern der genannten Produkte.
12. Karbiderzeugung auf elektrothermischem Weg
    Rohstoffaufbereitung, Betrieb der Elektroöfen, Zerkleinern, Abfüllen und Verpacken des fertigen Produktes sowie Betrieb der Kalköfen.

13. Korunderzeugung auf elektrothermischem Weg
Zulieferung, Aufbereitung und Mischung der Roh- und Zuschlagstoffe, Beschicken, Bedienen und Entleeren der Elektroöfen, Zerkleinern der Blöcke; Glühen und Klassieren, Abfüllen und Lagern.
14. Email und Emailtrübungsmittel
Betrieb der Naßmühlen, Schmelzrührwerke, Schmelzmuffel, Schmelztrommel, Filterpressen und Zentrifugen, Eindampfen der Laugen und Glühen des Produktes, Ablassen der Schmelze.
15. Bor, Molybdän, Nickel, Niob, Vanadium, Wolfram, Tantal, Titan und seltene Erdmetalle sowie deren Oxyde, Salze und Karbide
Betrieb der Aufschlußanlagen (wie Röst-, Muffel-, Glühöfen), der Extraktionsanlagen und der Karburierungsanlagen, der Fällungs- und Trocknungsanlagen, der Absorptionsapparate, der Kristallisationsanlagen, der Reduktionsöfen, der Sinteranlagen, insoweit sie mit Reduktionsöfen in Verbindung stehen, Schmelzen, Reduzieren, Laugen, Gewinnung des Wasserstoffgases.
16. Ultramarin
Überwachen des Ofenbetriebes und Bedienen der Naßmühlen.
17. Zinkweiß und Zinkgrau
Anheizen und Warmhalten der Schmelz- und Verbrennungsöfen.
18. Minium und Bleiglätte
Betrieb der Schmelzkessel und Öfen, Mahlen und Sichten sowie Abfüllen des Produktes.
19. Extrakte aus Farb- und Gerbmaterialien
Auslaugen der Rohprodukte und Eindampfen der Extrakte.
20. Kohle- und Graphitelektroden sowie andere Gegenstände, die aus amorphem Kohlenstoff, Elektrographit oder Sondergraphit hergestellt werden
Bedienen der Pressen, der Trocken- und Brennöfen mit ununterbrochener Feuerung sowie der Graphitöfen mit ununterbrochenem Ein- und Ausbau.
21. Wasserstoffperoxyd
Betrieb der Elektrolysen, der Hydrier-, Oxydations-, Extraktions-, Destillations- und Kondensationsanlagen, Abfüllen des Produktes.
22. Verdichtete oder verflüssigte Gase
a) Sauerstoff, Stickstoff, Edelgase
Bedienen der Kompressoren, der Gasverflüssigungs- und Gastrennungsanlagen, Abfüllen und Einlagern der Produkte;
b) Kohlensäure
Tätigkeiten im Sinne der lit. a, jedoch nur vom 15. Mai bis einschließlich 15. August;
c) Wasserstoff
Bedienen der Anlagen zur Elektrolyse bzw. zur oxydativen Spaltung; Konvertierung und CO2-Wäsche, Komprimieren, Abfüllen und Lagern;
d) Stickoxydul aus Ammonnitrat
Bedienen der Zersetzungsapparate, der Gaswäscher und der Kompressoren, Abfüllen und Lagern;
e) Azetylen
Bedienen der Gasentwicklungsanlagen, Komprimieren, Abfüllen und Lagern.
23. Methanol, Formaldehyd und Methylal
Betrieb der Destillations-, Zersetzungs- und Kontaktanlagen, die technisch einen ununterbrochenen Fortgang erfordern.
24. Organische Säuren, deren Anhydride, Ester und Salze
a) Essigsäure, Essigsäureester, Lösungsmittel und aus diesen Stoffen hergestellte organische Grundchemikalien
Betrieb der Destillations-, Zersetzungs- und Kontaktapparate, Abfüllen und Lagern;
b) Zitronensäure
Betrieb der Rohstoffaufbereitungsanlagen, des Gärhauses, der Filterstation, der Kalkstation, der Maischeaufbereitungsanlage samt Kristallisation, Abfüllen und Lagern;
c) Benzoesäure und Natriumbenzoat
Betrieb der Reaktoren und der Kompressoren, Vakuumdestillation und Neutralisation, Betrieb der Gegenstromwäscher, Oxydation und Filtration, Betrieb der Walzensprühtrockner, Mahlen, Abfüllen und Lagern;
d) andere organische Säuren (insbesondere Dicarbonsäuren wie Phthal-, Malein-, Fumar-, Apfel- und Weinsäure sowie Formamidinsulfinsäure und Polyoxycarbonsäuren), deren Anhydride, Ester und Salze
Betrieb der Verdampfer, Autoklaven-, Oxydations-, Hydrier-, Sublimations-, Destillier-, Kristallisations-, Veresterungs- und Trocknungsanlagen sowie der Lagerungsanlagen der Schmelzen, die technisch einen ununterbrochenen Fortgang erfordern oder auf Grund der vor- und nachgeschalteten Anlagen eine unbedingt notwendige Kontinuität im Stofffluß bedingen; Abfüllen und Lagern;
e) Gleichgewichtsperessigsäure
Betrieb der Abmischanlagen, Abfüllen und Lagern.
25. Fructose-Glucose
Zuckerauflösung und Hydrolyse, fraktionierte Kristallisation von Fructose und Glucose, Entwässerung, Verdampfung und Rektifikation im Verdampfer- und Kolonnensystem.
26. Harnstoff und Harnstoffderivate
a) Harnstoff
Bedienen der Reinigungs-, Kompressions- und Hochdrucksyntheseanlagen sowie der Anlagen zur Aufarbeitung des Syntheseproduktes, Abfüllen, Lagern und Verladen;
b) Harnstoffderivate
Bedienen der Umsetzungs-, Abscheidungs-, Umkristallisations-, Trocknungs- und Aufarbeitungsanlagen, Abfüllen und Lagern.
27. Düngemittel auf Torfbasis
Witterungsabhängige Arbeiten bei der Rohtorfgewinnung in der Zeit vom 1. April bis 31. Oktober an maximal fünf Sonn- bzw. Feiertagen im Jahr.
28. Pflanzenschutz- und Schädlingsbekämpfungsmittel
Bedienen der in mehreren Stufen im kontinuierlichen Fluß gekoppelten Syntheseanlagen, Wartung der Salz- bzw. Säurefällungsapparate sowie der Apparate zur Veresterung und Formulierung, Überwachung der Trocknungseinrichtungen, Verpacken und Lagern.
29. Pharmazeutische Produkte
Bedienen der Anlagen zur Synthese von Wirkstoffen; Aufarbeitung unmittelbar vor dem Ruhetag angefallener tierischer Organe; Tierbehandlung zur Serum- und Impfstoffgewinnung; Betreuung von Arzneipflanzenkulturen; Bedienen der Anlagen zur Herstellung mikrobiologischer Produkte einschließlich der Vorbereitung der Nährlösungen, Extraktion, Aufarbeitung, Destillation der Lösemittel und Verarbeitung der Abfallprodukte.
30. Sonstige organische Chemikalien, die in speziellen Mehrzweckanlagen hergestellt werden
Bedienen von Mehrzweckanlagen zur Erzeugung organischer Produkte, deren Herstellung einen ununterbrochenen Fortgang oder auf Grund der vor- oder nachgeschalteten Anlagen eine unbedingt notwendige Kontinuität im Stofffluß erfordern, Abfüllen und Lagern.

31. Humane Blutderivate und Impfstoffe
Weiterführung von kontinuierlichen Herstellungsprozessen bis zum abfüllbaren Produkt (einschließlich der Gefriertrocknung), soweit diese Arbeiten während der Wochenend- oder Feiertagsruhe nicht durch entsprechende organisatorische Maßnahmen verhindert werden können und die Beendigung aus biologischen oder chemischen Gründen notwendig ist.

32. Petrochemische Produkte
   a) Olefine
      Bedienen der Spaltöfen, Destillation, Raffination, Aufarbeitung der anfallenden Nebenprodukte, Ableiten und Abfüllen;
   b) Alkohole
      Bedienen der Anlagen zur Erzeugung und Reinigung von Synthesegas der Aldehyd- und Alkoholerzeugungsanlage sowie der Anlagen zur Reindarstellung, Abfüllen und Lagern.

33. Bitumenverarbeitung
Bedienen und Überwachen der Anlagen zum Warmhalten des geschmolzenen Bitumens.

34. Kunstseide
Bedienen der Viskoseanlagen, Aufbereiten bis zur Spinnerei, Bedienen der Spinnanlagen und Wäscherei, Weiterverarbeiten und Nachbehandeln der gesponnenen Fäden, Verpacken und Lagern.

35. Synthetische Spinnstoffe, Kunststoffvliese und Splitfasern
   a) Synthetische Spinnstoffe und Kunststoffvliese
      Bedienen der Extrusions- und Spinnanlagen sowie der Anlagen zum Verstrecken der Primärprodukte, zum Avivieren, Fixieren, Kräuseln, Zwirnen und Aufspulen, zum Schneiden zu Stapelfasern sowie zum Verfestigen der Spinnvliese, Verpacken und Lagern;
   b) Splitfasern
      Bedienen der Anlagen zum Extrudieren und Schneiden der Kunststoffolien, zum Verstrecken, Schneiden zu Stapelfasern, Avivieren, Fixieren und Kräuseln sowie Aufspulen der Fäden, Verpacken und Lagern.

36. Acrylnitril und Folgeprodukte
Bedienen der Anlagen zur Herstellung von Acrylnitril, der Umsetzeinrichtungen zur Verwertung der dabei anfallenden Nebenprodukte Blausäure, Acetonitril und Ammonsulfat, Lagern und Abfüllen der Roh-, Zwischen- und Fertigprodukte.

37. Zellwolle
Bedienen der Viskose-, Spinn- und Schneideanlagen, erforderliche Nachbehandlung einschließlich Trocknen und Öffnen, Verpacken und Lagern.

38. Kunstharze und Kunststoffe
Bedienen der Anlagen zur Erzeugung der Vorprodukte und der monomeren Zwischenprodukte, die selbst oder auf Grund der vor- bzw. nachgeschalteten Anlagen eine Kontinuität im Stofffluß bedingen, Bedienen der Anlagen zur Polymerisation, Polykondensation und Polyaddition, zur Trocknung, Sichtung und Aufarbeitung bis einschließlich Granulieren, zur Aufarbeitung der Nebenprodukte sowie zur Abfüllung, Verpacken und Lagern.

39. Stabilisatoren für die Kunststoffindustrie
Fällen und Trocknen sowie das Schmelzen der Reaktionsgemische, Kühlen, Mahlen, Mischen und Verpacken.

40. Be- und Verarbeitung von Thermoplasten, Duroplasten, Elastomeren und Silikonen sowie deren Materialkombinationen
Bedienen der plastifizierenden Kunststoffverarbeitungsanlagen bzw. der Anlagen zur Warmbehandlung von Kunststoffen
   a) mit einem Stundendurchlaufsatz von mehr als 50 kg oder
   b) deren Anheiz-, technische Einstellzeit bzw. Dauer bis zur Erreichung der Prozeßfähigkeit mehr als vier Stunden in Anspruch nimmt inklusive dem Bedienen der Anlagen zur Vor- und Nachbehandlung auch in komplexen Fertigungsanlagen sowie das unmittelbare Recyclieren von produktionsbedingt ausgeschiedenen Kunststoffen, wenn diese im kontinuierlichen Stofffluß anschließen. Eine komplexe Fertigungsanlage liegt vor, wenn mindestens drei aufeinander abgestimmte bzw. zusammenarbeitende Maschinen, Aggregate bzw. Periphergeräte zum Einsatz gelangen. Ausgenommen sind Montagestraßen, die ohne gleichzeitigen Produktionsprozeß ausschließlich vom Lager beschickt werden.

40a. Die Ausführung von Arbeiten mit Werkstoffen aus Kunststoff im Rahmen der Tätigkeit der kunststoffverarbeitenden Betriebe, die aus technologischen Gründen nur während des Betriebsstillstandes des externen Auftraggebers in der Wochenend- und Feiertagsruhe ausgeführt werden können.

41. Be- und Verarbeitung von Polykarbonat und Polykarbonatcompounds
Die Be- und Verarbeitung von Polykarbonat und Polykarbonatcompounds, wenn wegen der hohen Maßgenauigkeit des Produktes ein kontinuierlicher Produktionsablauf notwendig ist, an bis zu zwei aufeinanderfolgenden Wochenenden, höchstens jedoch an 14 Wochenenden bzw. Feiertagen pro Kalenderjahr.

42. Imprägnieren mit Kunstharzen
Bedienen des Imprägnierturms oder vergleichbarer Anlagen zum Imprägnieren von Verstärkungsmaterialien mit Kunstharzen, deren Anheiz- und technische Einstellzeit mehr als vier Stunden in Anspruch nimmt, sowie der im kontinuierlichen Stofffluß anschließenden Anlagen zum Trocknen, Aushärten, Ablängen und Kühllagern.

43. Kunststoffschichtplatten
Die Bedienung der Anlagen zur Imprägnierung der Schichten, der Pressen, der Anlagen zum Schneiden und Schleifen; Lagerung.

44. Knochenverarbeitung
Mazerieren (Auslaugen) der Knochen, Extraktion des Fettes, Waschen des entfetteten Schrotes und Weiterverarbeitung bis zum trockenen, unter normalen Bedingungen lagerfähigen Produkt zwecks Aufarbeitung des sonst ohne Gefahr des Verderbens nicht zu verarbeitenden Knochenanfalles.

45. Sprengstofferzeugung
Überwachen der Anlagen und Einrichtungen, in welchen Sprengstoffe erzeugt oder gelagert werden.

46. Holzverkohlung in Meilern und Haufen
Überwachen der vor Beginn der Wochenendruhe angezündeten Meiler und Haufen.

47. Verarbeitung von Erdöl, Erdölprodukten und Erdgas
   a) Entladen, Übernahme und Lagerung des durch Bahn und Schiff bzw. Pipeline zugeführten Erdöls, Erdgases, der Halbfabrikate und Zusatzstoffe;
   b) Verarbeitungsanlagen, die technisch einen ununterbrochenen Fortgang erfordern oder auf Grund der vorgeschalteten Anlagen eine unbedingt notwendige Kontinuität im Stofffluß bedingen
      Zuleitungen von Einsatzstoffen, Bedienung und Wartung von Anlagen zum Destillieren, selektiven Raffinieren, Cracken, Coken, Reformieren, Entschwefeln, Süßen, Hydrieren, Entparaffinie-

ren, Oxydieren, Isomerisieren, Alkylieren, Inline-Blending;
c) Ableiten, Transport und Lagern von Halbfertig- und Fertigprodukten.

48. Erzeugung von Vermiculite-(Glimmer-, Brandschutz-)Platten
Die Bedienung der Blähöfen, der Mischstationen, der Schüttstationen und des Formstranges einschließlich Abnahme, Schneiden, Schleifen und Lagern.
49. Herstellung von elastomeren Hochleistungsindustriewalzenbezügen
Fertigung des Walzenunter- und -überbaues und alle im vollkontinuierlichen Betrieb damit verbundenen Fertigungsstufen.
50. Herstellen von Compact-Discs
Das Spritzgießen und Beschichten (Aufbringen von Reflexions- und Schutzschichten inklusive Printing) einschließlich der Qualitätskontrolle.
51. Hochtemperaturisoliermaterial (Isolierplatten und Formkörper)
Die Bedienung der Trockenöfen, wenn die Trocknung an den Formungsprozeß wegen der beschränkten Lagerfähigkeit des Zwischenprodukts bei sonstiger Gefahr des Verderbens unmittelbar bzw. kurzfristig anschließen muss.
52. Herstellung von hochelastischen medizinischen Handschuhen aus Latex
Bedienen der Anlagen zur Erzeugung der vorvernetzten Mischungen, die selbst oder auf Grund der vor- bzw. nachgeschalteten Anlagen eine Kontinuität im Stofffluß bedingen; Bedienung der Anlagen zur Tauchfertigung, Trocknung, Fertigvernetzung und Vulkanisation, Sichtung und Aufarbeitung bis einschließlich zum Produktionsablauf gehörende Prüfarbeiten.
53. Herstellung von Printrelais
Bedienen und Überwachen von automatischen Produktionsanlagen zum Abdichten von Printrelais unter Anwendung von unter UV-Licht polymerisierenden Kunstharzen, deren sekundäre oxygene Aushärtungskomponente einen kontinuierlichen Stofffluß erfordert.
54. Herstellung von Papiermaschinensieben
Einbeziehen und Einknüpfen am Webstuhl, Bedienen der Webmaschine.
55. Erzeugung von Fettsäure-Methylester sowie Bioethanol und der dabei anfallenden Zwischenprodukte:
Kontroll-, Regelungs- und Steuertätigkeiten im Zuge des Produktionsprozesses einschließlich allenfalls erforderlicher Ein- und Auslagerungstätigkeiten.
56. Herstellung von Waschmitteln und Waschmittelkonzentraten im Dampftrocknungsverfahren, Wartung der Dampftrocknungsanlage und Qualitätskontrolle der in dieser Anlage durch überhitzten Wasserdampf erzeugten Produkte.
57. Herstellung von Additiven für Reibbeläge
Bedienen und Überwachen von Anlagen zum Aufschwefeln (Sulfidieren) und Schmelzen von Reaktionsgemischen, einschließlich diesen Verfahren vor- und nachgeschalteten und unbedingt notwendigen Prozessen, wie Kühlen, Trocknen, Mahlen, Mischen und Verpacken.

X. Energieerzeugungs-, Versorgungs- und Entsorgungsanlagen

1. Anlagen zur Erzeugung, Fortleitung oder Verteilung von elektrischer Energie,
von Stadt-, Spalt-, Erd- und Heizgas,
von Wärme in Form von Dampf oder Heißwasser sowie
Anlagen zur Wasserversorgung
a) Unbedingt erforderliche Arbeiten zur Aufrechterhaltung des kontinuierlichen Betriebes dieser Anlagen;
b) Arbeiten, die aus technischen Gründen nur bei einer Betriebseinschränkung oder -abschaltung durchgeführt werden können.
2. Fernleitungssysteme zum Transport von Erdöl, Erdölprodukten
Arbeiten zur Aufrechterhaltung des kontinuierlichen Betriebes dieser Fernleitungssysteme.
3. Müllabfuhr
Müllabfuhr, sofern diese Tätigkeit während der Wochenend- und Feiertagsruhe durchgeführt werden muss.
4. Kläranlagen, Kanalräumung
Unaufschiebbare Arbeiten zur Behebung von Störungen und Gebrechen der Kanalsysteme, Bedienen und Überwachen von Kläranlagen.

XI. Verkehr

1. a) Eisenbahnen im Sinne des Eisenbahngesetzes 1957:
Haupt- und Nebenbahnen, Straßenbahnen, Oberleitungsomnibusse
b) Unternehmungen im Sinne des Schifffahrtsgesetzes 1997, BGBl. I Nr. 62
c) Unternehmungen im Sinne des Luftfahrtgesetzes 1957, BGBl. Nr. 253, und des Flughafen-Bodenabfertigungsgesetzes, BGBl. I Nr. 97/1998
d) Kraftfahrlinienbetriebe im Sinne des Kraftfahrliniengesetzes (KfLG), BGBl. I Nr. 203/1999
e) Seilbahnen im Sinne des Seilbahngesetzes 2003, BGBl. I Nr. 103:
Haupt- und Kleinseilbahnen, Schlepplifte
f) Schlaf-(Liege-)Wagen- und Speisewagenbetriebe
g) Ausflugswagen-(Stadtrundfahrten-)Gewerbe, Mietwagengewerbe mit Omnibussen
h) Mietwagengewerbe mit Pkw, Taxi-, Hotelwagen-, Fiakergewerbe, Kraftfahrzeugverleih sowie Funkzentralen der Taxigewerbe.
Die zur Aufrechterhaltung des Betriebes unbedingt erforderlichen Tätigkeiten.
i) Abschleppdienst
unbedingt erforderliche Tätigkeiten des Abschleppdienstes;
j) Personenrückholdienst
unbedingt erforderliche Rückholdienste nach Unfällen bzw. Fahrunfähigkeit des Lenkers;
k) Garagen
die zur Aufrechterhaltung des Betriebes unbedingt erforderlichen Tätigkeiten.
2. Straßenbetriebsunternehmungen
Unbedingt erforderliche Tätigkeiten zur Aufrechterhaltung des Straßenbetriebes (einschließlich der Überwachung, Wartungs- und Sicherheitsarbeiten); Mauteinhebung.
3. Tankstellen sowie der Einzelhandel mit flüssigen und gasförmigen Brenn-, Treib- und Schmierstoffen über öffentliche Zapfstellen
a) Abgabe von Betriebsstoffen an Kraftfahrer im Betrieb von öffentlichen Zapfstellen;
b) Verkauf von Flüssiggas und Schmierstoffen;
c) notwendige Tätigkeiten sowie Verkauf von Kraftfahrzeugersatzteilen und Kraftfahrzeugzubehör, soweit dies für die Erhaltung oder Wiederherstellung der Betriebsfähigkeit des Kraftfahrzeuges oder für die Verkehrssicherheit notwendig ist;
d) an Tankstellen die Aufsicht und Bedienung maschineller Waschanlagen.

4. Güterbeförderung
   a) Zu- und Abfuhr von Materialien bei kontinuierlichen Bauvorhaben, die zur Aufrechterhaltung der Kontinuität unbedingt erforderlich ist und die während der Wochenend- und Feiertagsruhe durchgeführt werden muss;
   b) Fortsetzung der Güterbeförderung im nationalen und internationalen Güterfernverkehr zur Erreichung des Zieles der Fahrt, wenn in unvorhersehbaren Fällen (außergewöhnliche Verzögerung bei der Grenzabfertigung, Pannen, Unfälle) Verzögerungen eingetreten sind;
   c) Beförderung von Schlacht-, Stech- und Lebendvieh oder von leicht verderblichen Lebensmitteln sowie von landwirtschaftlichen Produkten, sofern diese Tätigkeiten während der Wochenend- und Feiertagsruhe durchgeführt werden müssen;
   d) Beförderung von Expreßgut, Reisegepäck und leicht verderblichen Gütern (Sachen und Tieren), soweit es sich um die Zu- und Abfuhr zu und von den Abgabestellen der öffentlichen Verkehrsmittel handelt und sofern diese Tätigkeiten während der Wochenend- und Feiertagsruhe durchgeführt werden müssen;
   e) alle Tätigkeiten im Zusammenhang mit dem Transport nicht lagerfähiger oder zur kurzfristigen Verwendung bestimmter radioaktiver Arzneimittel;
   f) Übersiedlungen, sofern diese während der Wochenend- und Feiertagsruhe infolge des Betriebsablaufes oder der Funktion des Auftraggebers durchgeführt werden müssen.
   g) im Rahmen des kombinierten Verkehrs (§ 2 Z 40 Kraftfahrgesetz, BGBl. Nr. 267/1967)
      aa) Fahrten mit Lastkraftwagen, Lastkraftwagen mit Anhängern und Sattelkraftfahrzeugen innerhalb eines Umkreises von 65 km zu und von den durch Verordnung gemäß § 42 Abs. 2 b der Straßenverkehrsordnung, BGBl. Nr. 159/1960, festgelegten Be- und Entladebahnhöfen sowie Be- und Entladehäfen,
      bb) Be- und Entladetätigkeiten im unbedingt erforderlichen Ausmaß.
5. Spedition
   a) Speditionstätigkeit im Zusammenhang mit der Beförderung und Lagerung von Schlacht-, Stech- und Lebendvieh oder von leicht verderblichen Lebensmitteln sowie von landwirtschaftlichen Produkten, sofern diese Tätigkeiten während der Wochenend- und Feiertagsruhe durchgeführt werden müssen;
   b) Speditionstätigkeit im Zusammenhang mit der Beförderung und Lagerung von Expreßgut, Luftfracht, Reisegepäck und leicht verderblichen Gütern (Sachen und Tieren), sofern diese Tätigkeiten während der Wochenend- und Feiertagsruhe durchgeführt werden müssen;
   c) speditionelle Transitabfertigung, wenn in der Güterbeförderung Verzögerungen im Sinne der Z 4 lit. b eingetreten sind und diese Tätigkeiten während der Wochenend- und Feiertagsruhe durchgeführt werden müssen.
6. Kraftfahrschulen
   Erteilung des Fahrunterrichtes an Samstagen bis 16 Uhr.
7. Schiffsführerschulen (Motorbootfahrschulen und Segelschulen) im Sinne des Schifffahrtsgesetzes 1997, BGBl. I Nr. 62
   Alle Tätigkeiten zur privaten Ausbildung an Samstagen bis 18 Uhr, an Sonn- und Feiertagen in der Zeit vom 1. April bis 30. September bis 12 Uhr.
8. (entfällt gem. BGBl II Nr. 27/2011)
9. Zustelldienste der Mineralölwirtschaft
   a) Vor Feiertagen, die auf einen Montag fallen, darf am vorhergehenden Samstag eine zweite Schicht gefahren werden, die spätestens um 22 Uhr zu enden hat;
   b) bei Doppelfeiertagen ist die ausschließliche Belieferung von Tankstellen am ersten Feiertag zulässig;
   c) erteilt der Landeshauptmann für Sonderfälle eine Ausnahmebewilligung nach den einschlägigen Bestimmungen der Straßenverkehrsordnung, so ist in diesen Sonderfällen die Beschäftigung von Arbeitnehmern im erforderlichen zeitlichen Ausmaß, längstens jedoch bis 22 Uhr zulässig.

XII. Fernmeldewesen, Nachrichtenmedien, Datenverarbeitung und Informationstechnik

1. Herstellung und Vertrieb von Tageszeitungen, tagesaktuellen Sonntagszeitungen und Montagfrühblättern
   Sämtliche Tätigkeiten, die zur Herstellung und zum Vertrieb von Tageszeitungen, tagesaktuellen Sonntagszeitungen und Montagfrühblättern unbedingt notwendig sind, soweit diese nicht außerhalb der Wochenend- und Feiertagsruhe durchgeführt werden können.
2. Fernmeldewesen, Nachrichtenagenturen, Zeitungs- und Zeitschriftenredaktionen
   Tätigkeiten zur Aufbringung, Verarbeitung und zum Vertrieb von Nachrichten einschließlich der zur Aufrechterhaltung des Betriebes unbedingt erforderlichen Tätigkeiten.
3. Rundfunkwesen
   Tätigkeiten zur Gestaltung, Produktion, Abwicklung und Ausstrahlung von Programmen einschließlich der zur Aufrechterhaltung des Betriebes unbedingt erforderlichen Tätigkeiten.
4. Kabel-TV-Unternehmen
   Abwicklung und Ausstrahlung von Programmen einschließlich der zur Aufrechterhaltung des Betriebes unbedingt erforderlichen Tätigkeiten.
5. Automationsunterstützte Datenverarbeitung und Informationstechnik
   Technische, Programmierungs- und Inbetriebnahmearbeiten im Rahmen der automationsunterstützten Datenverarbeitung und Informationstechnik in Sonderfällen. Solche Sonderfälle sind z. B.:
   a) Betriebsstörungen
   b) Systemumstellungen
   c) Sonderarbeiten auf Grund gesetzlicher Bestimmungen,

   sofern diese Arbeiten zur Aufrechterhaltung der Funktionsfähigkeit des Anwenderbetriebes oder wegen der unbedingt erforderlichen Wiederaufnahme der Arbeit am Montag (nächsten Werktag) unumgänglich während der Wochenend-(Feiertags-) Ruhe durchgeführt werden müssen.
6. Herstellung und Auslieferung von Gesetz- und Verordnungsblättern, parlamentarischen Materialien sowie von Verlautbarungsblättern für die Dienststellen des Bundes und der Länder
   Sämtliche Tätigkeiten, die zur Herstellung und Auslieferung unbedingt notwendig sind, soweit diese nicht außerhalb der Wochenend- und Feiertagsruhe durchgeführt werden können.

XIII. Fremdenverkehr, Freizeitgestaltung, Kongresse, Konferenzen

1. Betriebe des Gastgewerbes
Alle Tätigkeiten, die zur Aufrechterhaltung des Betriebes und zur Betreuung der Gäste erforderlich sind.
2. Reisebüros
Tätigkeiten im Zusammenhang mit der Betreuung der am Ort anwesenden in- und ausländischen Reisenden (Incoming-Geschäft), Abfertigung von Reisenden, Reisebetreuung, jedoch nur im unbedingt notwendigen Zeitausmaß, sowie Tätigkeiten im Internationalen Zentrum Wien an jenen Feiertagen, die nach den bei den internationalen Organisationen geltenden Regelungen als Werktag anzusehen sind.
3. Touristeninformation und Zimmervermittlung durch Reisebüros und befugte Fremdenverkehrsstellen, die ihre Tätigkeit auf Grund einer gesetzlichen Bewilligung, einer behördlichen Erlaubnis oder von der Vereinsbehörde genehmigter Statuten ausüben
Auskunfterteilung und Beratung von Touristen sowie Vermittlung von Zimmern im unbedingt notwendigen Zeitausmaß.
4. Einrichtungen der Kraftfahrerorganisationen an Grenzübergängen
Unbedingt notwendige Tätigkeiten zur Deckung von Bedürfnissen, die ausschließlich und regelmäßig nur im Zusammenhang mit dem Grenzübertritt auftreten.
5. Wechselstuben
Handel mit ausländischen Zahlungsmitteln (Devisen- und Valutengeschäft) sowie der schaltermäßige An- und Verkauf ausländischer Geldsorten und Reiseschecks (Wechselstubengeschäft) auf dem Flughafen Wien-Schwechat sowie in jeweils einer Wechselstube
   a) auf sonstigen Flugplätzen mit internationalem Linienverkehr sowie in zentralen Bus- und Bahnabfertigungsstellen (Air terminals) dieser Flugplätze;
   b) auf folgenden Bahnhöfen mit internationalem Zugsverkehr:
   Villach,
   Klagenfurt,
   Graz,
   Wien, Süd-, West- und Franz-Josefs-Bahnhof,
   Bahnhof Wien-Mitte,
   Linz,
   Salzburg,
   Innsbruck,
   Bregenz,
   Feldkirch;
   c) auf folgenden Grenzübergängen:
   Burgenland:
   Bonisdorf,
   Deutschkreutz,
   Heiligenkreuz,
   Klingenbach,
   Nickelsdorf,
   Rattersdorf,
   Schachendorf;
   Kärnten:
   Loibltunnel,
   Naßfeld/Sonnalpe,
   Plöckenpaß (Saison),
   Rosenbach (nach Eröffnung des Karawankentunnels),
   Thörl-Maglern,
   Wurzenpaß;
   Niederösterreich:
   Berg,
   Drasenhofen,
   Gmünd,
   Kleinhaugsdorf,
   Laa an der Thaya,
   Neunagelberg;
   Oberösterreich:
   Achleiten,
   Obernberg,
   Simbach-Innbrücke,
   Suben-Autobahnzollamt,
   Wullowitz;
   Salzburg:
   Großgmain,
   Hangendenstein,
   Saalbrücke,
   Steinpaß-Unken,
   Walserberg-Autobahn,
   Walserberg-Bundesstraße;
   Steiermark:
   Langegg (1. Mai bis 30. September),
   Radkersburg,
   Radlpaß,
   Spielfeld-Bahn,
   Spielfeld-Bundesstraße;
   Tirol:
   Achenwald,
   Arnbach,
   Brenner-Autobahn,
   Brenner-Bundesstraße,
   Eben-Hinterriß,
   Ehrwald-Schanz,
   Kiefersfelden-Autobahn,
   Kufstein-Staatsgrenze,
   Nauders,
   Schalklhof (Kajetansbrücke),
   Scharnitz-Straße,
   Stallerstraße (Saison),
   Timmelsjoch (Saison);
   Vorarlberg:
   Bregenz-Hafen,
   Feldkirch-Bundesstraße (nach Eröffnung),
   Höchst-Autobahn,
   Lustenau,
   Oberhochsteg,
   Tisis,
   Unterhochsteg;
   d) in folgenden Autobahnraststätten und Mautstellen:
   Eben/Pongau,
   Golling,
   Großglockner-Hochalpenstraße-Mautstellen,
   Mondsee,
   Parkplatz Europabrücke,
   Schönberg,
   Tauernalm,
   Wien-Auhof;
   e) an der Autobahnauffahrt Innsbruck/Amras;
   f) in allen österreichischen Spielbanken.
6. Freibäder, Hallenbäder, Saunabetriebe, Wannen- und Brausebäder, sanitäre Anlagen; Erholungszentren
Beaufsichtigung des Betriebes; Betreuung der Kassa; Badeaufsicht; Betreuung der technischen Anlagen; Wartung der Sauna; Reinigung; Verleih von Sportgeräten, Badewäsche, Liegestühlen usw.; Schwimmunterricht an Samstagen bis 18 Uhr; Fußpflege, Kosmetik und Massage während der zulässigen Betriebszeiten.
7. Betriebe des Freizeit- oder Fremdenverkehrsbereiches wie Parkanlagen, Campingplätze, Sportbetriebe (z. B. Bootsvermietung, Sportgeräteverleih,

Eislaufplätze, Golfplätze, Kegelbahnen, Minigolf-, Miniaturgolf-, Kleingolfplätze, Tennisplätze, Tennishallen, Tischtennisanlagen), Schischulen, Tanzschulen, Spielhallen, Spielautomatenaufsteller und -verleiher (einschließlich Musikautomaten), Sehenswürdigkeiten, persönliche Dienstleistungen im Fremdenverkehr wie Gepäckträger, Fremdenführer, Parkplatzbewacher, Lotsen
Alle Tätigkeiten, die zur Aufrechterhaltung des Betriebes und zur Betreuung der Gäste oder Kunden unbedingt erforderlich sind.

8. Veranstaltungen im öffentlichen Interesse zur Förderung der Verkehrssicherheit und des Umweltschutzes
Alle Tätigkeiten, die zur Vorbereitung und Durchführung dieser Veranstaltungen und zur Betreuung der Teilnehmer unbedingt erforderlich sind, unter Ausschluß jeglicher gewerblicher Betätigung.
9. Öffentliche Schaustellungen, Belustigungen, Darbietungen, sportliche Veranstaltungen, Vergnügungsunternehmungen pratermäßiger Art
Alle Tätigkeiten, die zur Vorbereitung und Durchführung dieser Veranstaltungen und zur Betreuung der Gäste unbedingt erforderlich sind.
10. Spielbanken, Buchmacher
Alle Tätigkeiten, die zur Aufrechterhaltung des Betriebes und zur Betreuung der Kunden oder Gäste unbedingt erforderlich sind.
11. Ausspielungen nach dem Glücksspielgesetz – GSpG
Alle Tätigkeiten, die zur Durchführung und zum Betrieb der dem Konzessionär übertragenen Ausspielungen nach den §§ 6 bis 12b GSpG, BGBl. Nr. 620/1989, (Lotto, Toto, Zusatzspiel, Sofortlotterien, Klassenlotterie, Zahlenlotto, Nummernlotterien, elektronische Lotterien, Bingo und Keno) sowie zur Betreuung der Gäste durch diesen oder dessen Beteiligungsunternehmen unbedingt erforderlich sind.
12. Kongresse, kongreßähnliche Veranstaltungen, Konferenzen, Seminare und Tagungen
Alle Tätigkeiten, die zur Vorbereitung und Durchführung dieser Veranstaltungen und zur Betreuung der Teilnehmer unbedingt erforderlich sind.

XIV. Kunst, Kultur, Wissenschaft, Bildung

1. a) Varieté, Kabarett, Zirkus
b) Musikalische Veranstaltungen, Konzerte
c) Museen und Ausstellungen
Alle Tätigkeiten, die zur Aufrechterhaltung der Funktion des Betriebes und zur Betreuung der Besucher unbedingt erforderlich sind
d) Theaterkartenbüro:
an Samstagen bis 19 Uhr,
an Sonn- und Feiertagen von 10 bis 19 Uhr
Alle Tätigkeiten, die zur Aufrechterhaltung des Betriebes und zur Betreuung der Kunden unbedingt erforderlich sind.
2. Film
a) Filmproduktionsunternehmung und Filmaufnahmeateliervermietung
Der Auf- und Abbau der Szenenbilder; die Bild- und Tonaufnahme; die Filmentwicklung und -zusammenstellung;
die Filmvorführung und die Arbeit des administrativen Aufsichtspersonals mit Beschränkung auf die hiebei unumgänglich notwendigen Personen; dies gilt auch für die Magnetbandtechnik.
b) Filmleihanstalt
Durchsehen; Expedition von Filmen.
3. Lichtspieltheater
Bedienung der Vorführanlage sowie die Beschäftigung des für die Durchführung des Kinobetriebes unbedingt erforderlichen Personals.
4. Berufsbegleitende Fachhochschul- Studiengänge
Alle Tätigkeiten, die zur Betreuung der Teilnehmer dieser Studiengänge unbedingt erforderlich sind, an Samstagen bis 18.00 Uhr sowie im Rahmen von Wochenend-Blockseminaren an höchstens zwei Sonntagen im Semester pro Studiengang von 8.00 bis 16.00 Uhr. Jedoch darf ein einzelner Arbeitnehmer zur Betreuung mehrerer Studiengänge insgesamt nur an höchstens sechs Sonntagen pro Jahr beschäftigt werden.

XV. Gesundheitswesen und Sanitärdienste

1. Heil- und Pflegeanstalten (Krankenanstalten), Kuranstalten
Alle Tätigkeiten in Gesundheitsberufen und sonstige Tätigkeiten, die aus medizinischen Gründen zur Fortführung der Therapien und zur Aufrechterhaltung des Betriebes unbedingt erforderlich sind.
2. Apotheken
Alle Aufgaben im Zusammenhang mit der ordnungsgemäßen Arzneimittelversorgung (§ 2 Pharmazeutische Fachkräfteverordnung, BGBl. Nr. 40/1930).
3. Blutspendedienste
Die für das Sammeln von Spenderblut durch mobile Blutabnahmeteams für die Aufrechterhaltung der Blutversorgung unbedingt erforderlichen Tätigkeiten.
4. Zahntechniker
Dringend erforderliche Reparaturen von Zahnprothesen und Zahnersatzstücken.
5. Wäschereien für den Gesundheitsdienst
Anlieferung in den Betriebsraum, Sortieren, Waschen, Zentrifugieren, Trocknen, Bügeln oder Pressen, Reparieren (Nähen), Expedieren, Verpacken und Verladen: Christi Himmelfahrt und Fronleichnam; 15. August, 26. Oktober und 8. Dezember, wenn diese Feiertage auf einen Donnerstag fallen. Stehen der 25. und 26. Dezember mit einem Sonntag in unmittelbarer Verbindung, gilt an einem dieser Tage die Ausnahme betreffend die vorgenannten Tätigkeiten.
6. Bestatter
Unaufschiebbare Arbeiten, die zur Erfüllung der Tätigkeiten der Bestatter notwendig sind.
7. Tierkörperverwertung
Einsammeln, Transport und Verarbeitung von verendeten Tieren, Tierkörperteilen, Schlachtabfällen, sonstigen tierischen Abfällen, Waren animalischer Herkunft, Blut und dergleichen bis zum lagerfähigen Endprodukt zwecks Aufarbeitung des sonst ohne Gefahr des Verderbens nicht zu verarbeitenden Abfalles.
8. Abdecker
Unaufschiebbare Arbeiten, die zur Erfüllung der sanitätspolizeilichen Vorschriften notwendig sind.
9. Schädlingsbekämpfung (Desinfektion)
Die Schädlingsbekämpfung (Desinfektion), soweit sich diese Arbeiten während des regelmäßigen Arbeitsablaufes des Auftraggeberbetriebes oder einer öffentlichen Stelle nicht ohne Unterbrechung oder erhebliche Störung ausführen lassen und infolge ihres Umfanges nicht bis spätestens Samstag 15 Uhr abgeschlossen werden können.
10. Ärzte für Allgemeinmedizin, Zahnärzte und Dentisten
Alle Tätigkeiten in der Ordination bzw. Betriebsstätte, die zur Aufrechterhaltung von im Rahmen der gesetzlichen Interessenvertretungen für drin-

gende Fälle organisierten Wochenend- und Feiertagsbereitschaftsdiensten unbedingt erforderlich sind, durch Arbeitnehmer gemäß § 49 Abs. 2 und 3 des Ärztegesetzes 1998 BGBl. I Nr. 169 bzw. § 24 Abs. 2 und 3 des Zahnärztegesetzes BGBl. I Nr. 126/2005.

10a. Gruppenpraxen von Ärzten, Zahnärzten und Dentisten im Sinne des § 52a des Ärztegesetzes 1998 bzw. des § 26 des Zahnärztegesetzes. Alle Tätigkeiten in Ordinationen bzw. Betriebsstätten und von diesen ausgehenden Tätigkeiten, die zur Aufrechterhaltung des Betreibs unbedingt erforderlich sind.

11. Aufbereitung von Medizinprodukten für den Operationsbereich
Anlieferung in die Betriebsräumlichkeiten, Warenannahme, manuelle und maschinelle Reinigung, Freigabe, Kontrolle und Pflege sowie Reparaturaustausch, Packen, Chargenzusammenstellung, Sterilisieren, Freigeben, Kommissionieren und Ausliefern zu den Kunden (Instrumentenkreislauf).

XVI. Dienstleistungen

1. Pastorale Dienste in Einrichtungen der gesetzlich anerkannten Religionsgesellschaften
Tätigkeiten im Zusammenhang mit pastoralen Diensten im jeweils erforderlichen Ausmaß.
2. Sozialdienste gemeinnütziger Einrichtungen
Die unbedingt erforderliche Betreuung und Beratung von Personen, die auf Grund besonderer persönlicher, familiärer oder gesundheitlicher Verhältnisse oder infolge außergewöhnlicher Ereignisse einer sozialen Gefährdung ausgesetzt sind oder einer besonderen Betreuung auch während der Wochenend- und Feiertagsruhe bedürfen.
3. Fotografen
Fotografieren und Ausarbeiten der Aufnahmen bei Veranstaltungen und Ereignissen, die während der Wochenend- und Feiertagsruhe stattfinden und einem größeren Personenkreis zur Aufgabe von Bestellungen vorgelegt werden sollen.
4. Rauchfangkehrer
   a) Unaufschiebbare Arbeiten zur Behebung von Störungen und Gebrechen an Feuerungsanlagen;
   b) Arbeiten, die auf Grund der spezifischen Voraussetzungen in Betrieben mit Feuerungsanlagen nur zu einer gewissen Zeit und in einem ausgeführt werden müssen und teilweise nur während der Wochenend- bzw. Feiertagsruhe vorgenommen werden können.
5. Berufsdetektive, Bewachungsgewerbe
Alle Tätigkeiten, die zur Erfüllung der Aufträge (Beobachtung und Bewachung) notwendig sind und außerhalb der Wochenend- und Feiertagsruhe nicht durchgeführt werden können.
6. Friseure
   a) in Badeanstalten an Samstagen während der Öffnungszeiten bis längstens 20 Uhr; in Hallenbädern an Sonn- und Feiertagen von 8 bis 13 Uhr jeweils einschließlich der Abschluß- und Reinigungsarbeiten;
   b) auf Flugplätzen mit internationalem Linienverkehr und auf folgenden Bahnhöfen:
   Villach,
   Klagenfurt,
   Graz,
   Wien, Süd-, West- und Franz-Josefs-Bahnhof,
   Linz,
   Salzburg,
   Innsbruck,
   Bregenz,
   Feldkirch
   an Samstagen bis 20 Uhr, an Sonn- und Feiertagen von 8 bis 13 Uhr jeweils einschließlich der Abschluß- und Reinigungsarbeiten.
7. Immobilientreuhänder (§ 117 GewO 1994)
   a) Die Vermietung von Appartements, die dem Fremdenverkehr dienen;
   b) die Durchführung von Mieter- und Wohnungseigentümerversammlungen;
   c) an Samstagen bis 19 Uhr und an 15 Sonn- bzw. Feiertagen im Jahr alle Tätigkeiten, die zur Herstellung des Konsenses bei Vermittlung von Bestandverträgen über Wohnungen und Geschäftsräume sowie bei Vermittlung des Kaufes, Verkaufes und Tausches von bebauten und unbebauten Grundstücken notwendig sind.
8. Wirtschaftsprüfer und Steuerberater sowie Buchprüfer und Steuerberater
Unbedingt erforderliche Tätigkeiten zur Durchführung gesetzlicher Pflichtprüfungen durch angestellte Wirtschaftstreuhänder, Revisoren und Revisionsassistenten in der ersten Hälfte des Kalenderjahres.
9. Ziviltechniker/innen, Ingenieurbüros gemäß § 134 Gewerbeordnung, BGBl. Nr. 194/1994, und akkreditierte Prüf- und Inspektionsstellen nach dem Akkreditierungsgesetz, BGBl. I Nr. 28/2012
   a) Ausführung von Tätigkeiten, die im Auftrag einer Gebietskörperschaft oder im öffentlichen Interesse zufolge gesetzlicher Anordnung, soweit es die Aufgabenstellung erfordert, nur während des Wochenendes durchgeführt werden können;
   b) Ausführung von Messungs- bzw. Vermessungsarbeiten, die nicht im Zusammenhang mit der Bauwirtschaft stehen und bei denen nur während des Wochenendes meßtechnisch einwandfreie Ergebnisse erzielt werden können.
10. Reparaturen
   a) Reparaturen und Pannendienste an Kraftfahrzeugen
      aa) Unaufschiebbare, unvorhersehbare und kurzfristige Arbeiten der Notdienste zur Behebung von Störungen und Gebrechen an Kraftfahrzeugen, welche während der Fahrt auftreten oder vor Antritt der Fahrt festgestellt werden und die die Verkehrs- und Betriebssicherheit oder die Betriebsfähigkeit (im Sinne des Kraftfahrgesetzes) beeinträchtigen;
      bb) unbedingt notwendiger Verkauf von Kraftfahrzeugersatzteilen und Kraftfahrzeugzubehör, soweit dies für die Erhaltung oder Wiederherstellung der Betriebsfähigkeit des Kraftfahrzeuges oder für die Verkehrssicherheit notwendig ist.
   b) Installationsanlagen
   Unaufschiebbare Arbeiten zur Behebung von Störungen und Gebrechen an Heizungs-, Klima- und Kälteanlagen sowie Gas-, Wasserleitungs- und Elektroinstallationen.
   c) Sende- und Empfangsanlagen
   Unaufschiebbare Arbeiten zur Behebung von Störungen und Gebrechen an
      aa) Sende- und Empfangsanlagen von Nachrichtenagenturen, für das Verkehrswesen, für öffentliche Dienste, Sicherheitsdienste und im Gesundheitswesen;
      bb) Funksende- und Funkempfangsanlagen zur Steuerung von Versorgungs- und Entsorgungseinrichtungen;
      cc) Sendeanlagen und an für einen größeren Teilnehmerkreis eingerichteten Übertragungsanlagen zur Rundfunkversorgung.

d) Aufzugsanlagen
Unaufschiebbare Arbeiten zur Behebung von Störungen oder Gebrechen.

e) Rolltreppenanlagen
Unaufschiebbare Arbeiten zur Behebung von unmittelbar auftretenden Störungen oder Gebrechen, sofern der Betrieb der Rolltreppenanlage öffentlichen Interessen dient.

f) Landwirtschaftliche Maschinen
Unaufschiebbare Arbeiten zur Behebung von Störungen oder Gebrechen an landwirtschaftlichen Maschinen.

11. Reinigung, Schneeräumung
Reinigungsarbeiten und Schneeräumung auf Verkehrsflächen und notwendige Arbeiten an Fassaden, soweit diese Arbeiten aus Gründen der Sicherheit oder aus verkehrstechnischen Gründen nicht außerhalb der Wochenend- oder Feiertagsruhe durchgeführt werden können.

12. Umstellung öffentlicher Uhren
Das Umstellen der öffentlichen Uhren zu Beginn und Ende der Sommerzeit auf Grund des Zeitzählungsgesetzes, BGBl. Nr. 78/1976, an den in der jeweiligen Verordnung der Bundesregierung festgesetzten Samstagen und Sonntagen.

13. Weihnachtsbeleuchtung
Alle Tätigkeiten, die auf öffentlichen Verkehrsflächen auf Grund einer behördlichen Bewilligung
a) zur Montage der Weihnachtsbeleuchtung erforderlich sind, an den Samstagen und an zwei Sonntagen;
b) zur Demontage der Weihnachtsbeleuchtung erforderlich sind, an den Samstagen während der behördlich bewilligten Zeiträume.

14. Notare
Unaufschiebbare und vorübergehende Tätigkeiten
a) bei Durchführung eines gesetzlichen Auftrages oder einer im öffentlichen Interesse gelegenen Aufgabe;
b) bei Erbringung notarieller Leistungen zur Befriedigung dringender Bedürfnisse der Parteien in außergewöhnlichen Fällen, wenn diese Leistungen außerhalb der Wochenend- und Feiertagsruhe nicht erbracht werden können oder eine Verschiebung unzumutbar ist.

15. Oesterreichische Nationalbank
a) Forschungs- und Erprobungsarbeiten durch die Oesterreichische Nationalbank zwecks Weiterentwicklung ihrer Banknoten;
b) Erfüllung dringender Aufgaben im öffentlichen Interesse, insbesondere solcher im Rahmen des „Europäischen Systems der Zentralbanken (ESZB)“ sowie im Zusammenhang mit der Kooperation mit internationalen Organisationen zum Zweck der Wahrnehmung nationaler, europäischer und internationaler Verpflichtungen, wie die Teilnahme an Arbeitskonferenzen (Committees, Task Forces, Working Groups und ähnliche), Schulungen und dergleichen sowie die damit in unmittelbarem Zusammenhang stehenden und unbedingt notwendigen Vorbereitungsarbeiten und Dienstreisen;
c) Ausrichtung von und Teilnahme an Informationsveranstaltungen und deren nötige Vorbereitung bzw. Nachbearbeitung, insbesondere die „Euro-Bus Tour“ und die „Euro-Bus Kids Tour“,
aa) an Samstagen bis 19 Uhr, wobei ein einzelner Arbeitnehmer insgesamt nur an höchstens zwölf Samstagen pro Jahr beschäftigt werden darf;
bb) an Sonn- und Feiertagen, wobei ein einzelner Arbeitnehmer insgesamt nur an höchstens acht solchen Tagen pro Jahr beschäftigt werden darf.

16. Wahlen
zu gesetzgebenden Körperschaften, Bundespräsidenten- und Gemeinderatswahlen, Wahlen zu gesetzlichen Interessenvertretungen, Volksabstimmungen, Volksbegehren.
Alle Tätigkeiten, die zur Vorbereitung und Durchführung von Wahlen, Volksabstimmungen und Volksbegehren unbedingt notwendig sind.

17. Überwachungstätigkeiten der gesetzlichen Interessenvertretungen
Überwachung der Einhaltung der arbeitsrechtlichen und gewerberechtlichen Bestimmungen durch die gesetzlichen Interessenvertretungen, soweit dies zu deren gesetzlichen Aufgaben gehört.

17a. Bauarbeiter-Urlaubs- und Abfertigungskasse
Baustellenkontrollen zur Durchführung von Erhebungen über die Einhaltung der Bestimmungen des Bauarbeiter-Urlaubs- und Abfertigungsgesetzes – BUAG, BGBl. Nr. 414/1972, und der einschlägigen Bestimmungen des Arbeitsvertragsrechts-Anpassungsgesetzes – AVRAG, BGBl. Nr. 459/1993.

18. Kreditunternehmungen und deren Rechenzentren
Unaufschiebbare Rechnungs- und Postarbeiten zur Erstellung des Jahresabschlusses in den hiefür zuständigen organisatorischen Einheiten am 1. und 6. Jänner.

19. Banken im Internationalen Zentrum Wien
Bankgeschäfte im Sinne des § 1 Abs. 2 des Bankwesengesetz, BGBl. Nr. 532/1993, an jenen Feiertagen, die nach den bei den internationalen Organisationen geltenden Regelungen als Werktag anzusehen sind.

20. Kreditkartenunternehmen
Die Kontrolle, Überprüfung und Genehmigung bzw. Ablehnung von Kreditkartenumsätzen, die Entgegennahme von Verlust- und Diebstahlsanzeigen von Kreditkarten einschließlich der entsprechenden Abhilfemaßnahmen.

21. Verwertungsgesellschaften im Sinne des Verwertungsgesellschaftengesetzes 2006, BGBl. Nr. 9.
Tätigkeiten zur Erfassung von Daten über Aufführungen und Sendungen sowie Kontrolltätigkeiten im Außendienst zu diesem Zweck.

22. Vereine zur Förderung der Verkehrssicherheit, die gemäß § 130 Abs. 2 Z II Z 6 Kraftfahrgesetz 1967 im Kraftfahrbeirat vertreten sind.
Journaldienst in der Zentrale durch einen Mitarbeiter an Wochenenden und Feiertagen, an denen auf Grund der bisherigen Erfahrungen ein erhöhtes Verkehrsaufkommen zu erwarten ist, insbesondere zu Ostern, Pfingsten und Weihnachten.

23. Betrieb eines Call Centers

23. Entgegennahme und Weiterleitung telefonischer Notrufe, Aufträge, Anfragen, Informationen und entsprechendes Telefonservice für alle gesetzlich erlaubten Tätigkeiten.

24. Bank- und Börsegeschäfte
Folgende Tätigkeiten, soweit sie nicht an Werktagen vorgenommen werden können, an allen Feiertagen, die in den Zeitraum von Montag bis Freitag fallen, mit Ausnahme des 1. Jänner und des 25. Dezember:
a) Eilzahlungsverkehr im internationalen Konnex;
b) Großbetragszahlungsverkehr;
c) nicht schaltermäßiger Geld- und Devisenhandel;
d) Wertpapier- und Derivatehandel;
e) Anbieten und Durchführen von Tätigkeiten im

Rahmen der Leitung und Verwaltung von Börsen, die im Zusammenhang mit dem Wertpapier- und Derivatehandel erforderlich sind.

25. Betrieb eines Call-Shops
Geschäftsvermittlung in Form der Vermittlung von Internet- und Telekommunikationsdienstleistungen mit zugehöriger Beratung und Betreuung zwischen befugten Betreibern und Kunden.

26. Fußpfleger, Kosmetiker und Masseure
Alle Tätigkeiten, die zur Betreuung der Gäste oder Kunden erforderlich sind, in Hotels sowie in Wellnessbetrieben, soweit sie nicht bereits durch Abschnitt XIII Z 6 erfasst werden (Fitnessstudios, Solarien, Sonnenbäder und vergleichbare Freizeit- und Fremdenverkehrseinrichtungen).

27. Betrieb eines Wetterdienstes
Die zur Aufrechterhaltung des Betriebes unbedingt erforderlichen Tätigkeiten zur Beschaffung (Aufbringung), Verarbeitung, Analyse und Freigabe von Wetter- und Umweltdaten.

28. Besuchsmittlung und Erhebung im Rahmen der Familiengerichtshilfe
   a) Die unbedingt erforderliche Vorbereitung der persönlichen Kontakte des Kindes zu dem Elternteil, der mit dem Kind nicht im gemeinsamen Haushalt lebt;
   b) die Verständigung mit Eltern und Kind über die konkrete Ausübung der persönlichen Kontakte sowie die Vermittlung bei Konflikten;
   c) die Teilnahme an der Übergabe des Kindes an den Elternteil, der mit dem Kind nicht im gemeinsamen Haushalt lebt, und an der Rückgabe des Kindes an den anderen Elternteil;
   d) die Anleitung der Eltern zur Abwicklung der Übergabe und Rückgabe des Kindes, wenn diese Anleitung außerhalb der Wochenend- bzw. Feiertagsruhe nicht möglich ist;
   e) die Kontaktaufnahme und die Kontaktbeobachtung im Rahmen von Erhebungen aufgrund eines richterlichen Auftrags oder infolge besonderer Lebensumstände, wie etwa Fremdunterbringung des Kindes oder auswärtiger Wohnumgebung des Elternteils, der mit dem Kind nicht im gemeinsamen Haushalt lebt.

29. Sozialpädagogische Betreuung von Insass/innen in Einrichtungen des Straf- und Maß-nahmenvollzuges (Jugendliche und junge Erwachsene) durch Sozialpädagog/innen
   a) die zur Prävention von Krisensituationen bzw. zur Unterstützung in akuten Krisen mit dem Ziel der Vermeidung von Selbst- und Fremdbeschädigungen notwendige sozialpädagogische Betreuung;
   b) die Ermöglichung von Sozialkontakten innerhalb und außerhalb der Einrichtungen zur Stärkung sozialer Kompetenzen insbesondere familiärer sozialer Bindungen;
   c) die Lernbetreuung zur Förderung von Kompetenzen, die eine Resozialisierung begünstigen;
   d) die Durchführung freizeitpädagogischer Aktivitäten zur Unterstützung der Rehabilitation und Reintegration.

30. Expert/innen in der Justiz gemäß § 2 Abs. 5a des Justizbetreuungsagentur-Gesetzes, BGBl. I Nr. 101/2008, deren spezifische Fachkenntnis innerhalb der Justiz nicht verfügbar, aber für die Bearbeitung komplexer oder besonders umfangreicher Ermittlungsverfahren oder gerichtlicher Verfahren zweckmäßig ist
   a) die notwendige Beratung von Justiz- und Exekutivorganen während Hausdurchsuchungen, die während der Wochenend- und Feiertagsruhe durchgeführt werden müssen bzw. mit Beginn der Wochenend- und Feiertagsruhe nicht unterbrochen werden können oder auf Grund der sich ergebenden Ermittlungsergebnisse zeitlich in die Wochenend- und Feiertagsruhe hinein ausgedehnt werden müssen;
   b) die notwendige Teilnahme an Vorbesprechungen zu Hausdurchsuchungen, die auf Grund des Termins der Hausdurchsuchung während der Wochenend- und Feiertagsruhe stattfinden müssen.

XVII. Handel

1. Verkaufstätigkeiten an Samstagen
(aufgehoben gem. BGBl. I Nr. 5/1997, Art. I)

1a. Inventurarbeiten an Samstagen
Arbeiten zur Erstellung und Überprüfung von
   a) Inventuren zum Ende eines Kalender(Wirtschafts) jahres;
   b) Übergabe- bzw. Übernahmeinventuren einmal im Kalender(Wirtschafts)jahr;
   c) Inventuren auf Grund behördlicher Anordnung;
   d) Inventuren in unmittelbarem zeitlichen Zusammenhang mit außergewöhnlichen Ereignissen (wie Einbruch, Elementarereignisse)
   an Samstagen bis 20 Uhr.

2. Verkaufstätigkeiten an Sonn- und Feiertagen
Der Verkauf und alle damit im Zusammenhang stehenden Tätigkeiten zur Betreuung der Kunden
   a) in Theatern, Varietés, Kabaretts und Zirkussen (XIV/1a);
   b) in Lichtspieltheatern (XIV/3);
   c) bei Konzerten und musikalischen Veranstaltungen (XIV/1b);
   d) bei Kongressen, kongreßähnlichen Veranstaltungen und Konferenzen (XIII/11);
   e) in Museen und Ausstellungen (XIV/1c);
   f) in Freibädern, Hallenbädern, Wannen- und Brausebädern, Saunabetrieben und Erholungszentren (XIII/6);
   g) bei Sport- und Freizeitveranstaltungen, in Sport- und Freizeiteinrichtungen und auf Campingplätzen (XIII/7 und 9);
   h) in Heil- und Pflegeanstalten (Krankenanstalten) und Kuranstalten (XV/1);
   i) bei Seilbahnen (XI/1e);
   j) in Verkaufsstellen für Devotionalien in Wallfahrtsorten;
   k) in Andenkenläden, Verkaufsstellen für Süßwaren;
   l) in Trafiken, soweit im Zeitpunkt des Inkrafttretens des Arbeitsruhegesetzes, BGBl. Nr. 144/1983, von der Monopolverwaltungsstelle Verschleißzeiten in Zeiten der Arbeitsruhe festgelegt sind;
   m) das Feilbieten im Umherziehen gemäß den §§ 53 Abs. 1 und 53a GewO 1994

3. Blumengroßhandel
Die unbedingt notwendigen Tätigkeiten im erforderlichen Zeitausmaß zur Verhütung der Gefahr des Verderbens von Blumen einschließlich der Zustellung an Betriebe im Sinne des Abschnittes I Z 2 lit. c.

4. Christbaumverkauf
An Sonntagen in der Zeit vom 12. bis 24. Dezember zwischen 8 und 20 Uhr und den vorhergehenden Samstagen bis 20 Uhr.

5. Lebensmittelhandel
   a) Ein- und Ausladen, Befördern, Manipulieren, Kommissionieren und Magazinieren von Obst und Gemüse;
   b) die unbedingt notwendigen Tätigkeiten zur Verhütung des Verderbens oder der Wertminderung von sonstigen rasch verderblichen Lebensmitteln

und landwirtschaftlichen Produkten im erforderlichen Zeitausmaß.

6. Kraftfahrzeughandel
Überstellungsfahrten mit Kraftfahrzeugen an Samstagen bis 18 Uhr.

7. Mineralölgroßhandel
Alle Tätigkeiten, die im Zusammenhang mit der Ausnahme für Zustelldienste der Mineralölwirtschaft (XI/9) unbedingt erforderlich sind.

8. Antiquitätenmessen
Verkauf von Antiquitäten im Rahmen von Antiquitätenmessen.

9. Vorführung von Großmaschinen und Fertigungsstraßen
Vorführung schwertransportierbarer Großmaschinen und Fertigungsstraßen auf dem Werksgelände des Ausstellers bzw. des Erzeugers im Zusammenhang mit Messen im Sinne des § 17 ARG.

Arbeitszeitgesetz

Bundesgesetz vom 11. Dezember 1969 über die Regelung der Arbeitszeit (Arbeitszeitgesetz), BGBl. Nr. 461/1981, BGBl. Nr. 238/1971, BGBl. Nr. 2/1975, BGBl. Nr. 354/1981, BGBl. Nr. 647/1987, BGBl. Nr. 473/1992 (Art. III), BGBl. Nr. 833/1992 (Art. XI), BGBl. Nr. 335/1993 (Art. V), BGBl. Nr. 446/1994 (Art. I), BGBl. Nr. 417/1996 (Art. VII), BGBl. I Nr. 8/1997 (Art. II), BGBl. I Nr. 46/1997 (Art. I), BGBl. I Nr. 88/1999 (Art. I), BGBl. I Nr. 37/2000 (Art. I), BGBl. I Nr. 98/2001 (Art. 145), BGBl. I Nr. 122/2002 (Art. 1), BGBl. Nr. 30/2004 (Art. 1), BGBl. I Nr. 64/2004 (Art. 4), BGBl. I Nr. 159/2004 (Art. 1), BGBl. I Nr. 175/2004 (Art. 3), BGBl. I Nr. 138/2006 (Art. 1), BGBl. I Nr. 61/2007 (Art.1), BGBl I Nr. 124/2008 (Art. 1), BGBl. I Nr. 149/2009 (Art. 1), BGBl. I Nr. 93/2010 (Art. 6), BGBl. I Nr. 35/2012 (Art. 65), BGBl. I Nr. 3/2013 (Art. 12), BGBl. I Nr. 71/2013 (Art. 16), BGBl. I Nr. 94/2014 (Art. 4), BGBl. I Nr. 152/2015 (Art. 6), BGBl. I Nr. 114/2016 (Art. 1), BGBl. I Nr. 30/2017 (Art. 6), BGBl I Nr. 126/2017 (Art. 3), BGBl. I Nr. 127/2017 (Art. 1), BGBl. I Nr. 53/2018 (Art. 1), BGBl I Nr. 100/2018 (Art. 41), BGBl I Nr. 58/2022 (Art. 1) und BGBl I Nr. 189/2024 (Art. 5).

ABSCHNITT 1

Geltungsbereich

§ 1. (1) Die Bestimmungen dieses Bundesgesetzes gelten für die Beschäftigung von Arbeitnehmern (Lehrlingen), die das 18. Lebensjahr vollendet haben.

(2) Ausgenommen vom Geltungsbereich dieses Bundesgesetzes sind:

1. Arbeitnehmer, die in einem Arbeitsverhältnis zu einer Gebietskörperschaft, zu einer Stiftung, zu einem Fonds oder zu einer Anstalt stehen, sofern diese Einrichtungen von Organen einer Gebietskörperschaft oder von Personen verwaltet werden, die hiezu von Organen einer Gebietskörperschaft bestellt sind; die Bestimmungen dieses Bundesgesetzes gelten jedoch für Arbeitnehmer, die nicht im Bereich der Hoheitsverwaltung tätig sind, sofern für ihr Arbeitsverhältnis ein Kollektivvertrag wirksam ist;
2. Arbeitnehmerinnen und Arbeitnehmer im Sinne des Landarbeitsgesetzes 2021, BGBl. I Nr. 78/2021;
3. Arbeitnehmer, für die die Vorschriften des Bäckereiarbeiter/innengesetzes 1996, BGBl. Nr. 410, gelten;
4. Arbeitnehmer, für die die Vorschriften des Hausgehilfen- und Hausangestelltengesetzes, BGBl. Nr. 235/1962, gelten;
5. Arbeitnehmer,
   a) für die die Vorschriften des Hausbesorgergesetzes, BGBl. Nr. 16/1970, gelten;
   b) denen die Hausbetreuung im Sinne des § 23 Abs. 1 des Mietrechtsgesetzes, BGBl. I Nr. 520/1981, obliegt. und die in einem Arbeitsverhältnis stehen
      aa) zum Hauseigentümer oder zu einer im mehrheitlichen Eigentum des Hauseigentümers stehenden juristischen Person, soweit sich die zu betreuenden Häuser im Eigentum des Hauseigentümers befinden;
      bb) zu einer im Sinne des § 7 Abs. 4b Wohnungsgemeinnützigkeitsgesetz, BGBl. Nr. 139/1979, gegründeten Gesellschaft.

   Für diese Arbeitnehmer ist jedoch § 19 anzuwenden.
6. Lehr- und Erziehungskräfte an Unterrichts- und Erziehungsanstalten, soweit sie nicht unter Z 1 fallen;
7. nahe Angehörige der Arbeitgeberin bzw. des Arbeitgebers (Eltern, volljährige Kinder, im gemeinsamen Haushalt lebende Ehegattin oder Ehegatte, eingetragene Partnerin oder Partner, sowie Lebensgefährtin oder Lebensgefährte, wenn seit mindestens drei Jahren ein gemeinsamer Haushalt besteht), deren gesamte Arbeitszeit auf Grund der besonderen Merkmale der Tätigkeit
   a) nicht gemessen oder im Voraus festgelegt wird, oder
   b) von diesen Arbeitnehmerinnen bzw. Arbeitnehmern hinsichtlich Lage und Dauer selbst festgelegt werden kann;
8. leitende Angestellte oder sonstige Arbeitnehmerinnen und Arbeitnehmer, denen maßgebliche selbständige Entscheidungsbefugnis übertragen ist und deren gesamte Arbeitszeit auf Grund der besonderen Merkmale der Tätigkeit
   a) nicht gemessen oder im Voraus festgelegt wird, oder
   b) von diesen Arbeitnehmerinnen bzw. Arbeitnehmern hinsichtlich Lage und Dauer selbst festgelegt werden kann;
9. Heimarbeiter im Sinne des Heimarbeitsgesetzes 1960, BGBl. Nr. 105/1961.
10. Dienstnehmer, die unter das Krankenanstalten-Arbeitszeitgesetz, BGBl. I Nr. 8/1997, fallen.

Regelungen durch Betriebsvereinbarung

§ 1a. Soweit im Folgenden nicht Anderes bestimmt wird, können Regelungen, zu denen der Kollektivvertrag nach diesem Bundesgesetz ermächtigt ist, durch Betriebsvereinbarung zugelassen werden, wenn

1. der Kollektivvertrag die Betriebsvereinbarung dazu ermächtigt, oder
2. für die betroffenen Arbeitnehmer mangels Bestehen einer kollektivvertragsfähigen Körperschaft auf Arbeitgeberseite kein Kollektivvertrag abgeschlossen werden kann.

ABSCHNITT 2

ARBEITSZEIT

Begriff der Arbeitszeit

§ 2. (1) Im Sinne dieses Bundesgesetzes ist:

1. Arbeitszeit die Zeit vom Beginn bis zum Ende der Arbeit ohne die Ruhepausen;
2. Tagesarbeitszeit die Arbeitszeit innerhalb eines ununterbrochenen Zeitraumes von 24 Stunden;
3. Wochenarbeitszeit die Arbeitszeit innerhalb des Zeitraumes von Montag bis einschließlich Sonntag.

(2) Arbeitszeit im Sinne des Abs. 1 Z 1 ist auch die Zeit, während der ein im übrigen im Betrieb Beschäftigter in seiner eigenen Wohnung oder Werkstätte oder sonst außerhalb des Betriebes beschäftigt wird. Werden Arbeitnehmer von mehreren Arbeitgebern beschäftigt, so dürfen die einzelnen Beschäftigungen zusammen die gesetzliche Höchstgrenze der Arbeitszeit nicht überschreiten.

(3) Soweit in diesem Bundesgesetz personenbezogene Bezeichnungen noch nicht geschlechtsneutral formuliert sind, gilt die gewählte Form für beide Geschlechter.

Normalarbeitszeit

§ 3. (1) Die tägliche Normalarbeitszeit darf acht Stunden, die wöchentliche Normalarbeitszeit vierzig Stunden nicht überschreiten, soweit im folgenden nicht anderes bestimmt wird.

(2) Aus Anlaß der mit dem Inkrafttreten dieses Bundesgesetzes eintretenden Arbeitszeitverkürzung darf das Entgelt der betroffenen Arbeitnehmer nicht gekürzt werden (Lohnausgleich). Ein nach Stunden bemessenes Entgelt ist dabei in dem gleichen Verhältnis zu erhöhen, in dem die Arbeitszeit verkürzt wird. Akkord-, Stück- und Gedinglöhne sowie auf Grund anderer Leistungslohnarten festgelegte Löhne sind entsprechend zu berichtigen. Durch Kollektivvertrag kann eine andere Regelung des Lohnausgleiches vereinbart werden.

Andere Verteilung der Normalarbeitszeit

§ 4. (1) Der Kollektivvertrag kann eine tägliche Normalarbeitszeit von bis zu zehn Stunden zulassen, soweit nach diesem Bundesgesetz eine kürzere Normalarbeitszeit vorgesehen ist. Darüber hinaus gehende Verlängerungsmöglichkeiten bleiben unberührt.

(2) Zur Erreichung einer längeren Freizeit, die mit der wöchentlichen Ruhezeit oder einer Ruhezeit gemäß § 12 zusammenhängen muss, kann die Normalarbeitszeit an einzelnen Tagen regelmäßig gekürzt und die ausfallende Normalarbeitszeit auf die übrigen Tage der Woche verteilt werden. Die Betriebsvereinbarung, für Arbeitnehmer in Betrieben, in denen kein Betriebsrat errichtet ist, das Arbeitsinspektorat, kann eine andere ungleichmäßige Verteilung der Normalarbeitszeit innerhalb der Woche zulassen, soweit dies die Art des Betriebes erfordert. Die tägliche Normalarbeitszeit darf neun Stunden nicht überschreiten.

(3) Fällt in Verbindung mit Feiertagen die Arbeitszeit an Werktagen aus, um den Arbeitnehmern eine längere zusammenhängende Freizeit zu ermöglichen, so kann die ausfallende Normalarbeitszeit auf die Werktage von höchstens 13 zusammenhängenden, die Ausfallstage einschließenden Wochen verteilt werden. Der Kollektivvertrag kann den Einarbeitungszeitraum verlängern. Die tägliche Normalarbeitszeit darf

1. bei einem Einarbeitungszeitraum von bis zu 13 Wochen zehn Stunden
2. bei einem längeren Einarbeitungszeitraum neun Stunden nicht überschreiten.

(4) Die wöchentliche Normalarbeitszeit des Personals von Verkaufsstellen im Sinne des Öffnungszeitengesetzes 2003, BGBl. I Nr. 48/2003, und sonstiger Arbeitnehmer des Handels kann in den einzelnen Wochen eines Durchrechnungszeitraumes von vier Wochen bis auf 44 Stunden ausgedehnt werden, wenn innerhalb dieses Zeitraumes die durchschnittliche wöchentliche Normalarbeitszeit 40 Stunden bzw. die durch Kollektivvertrag festgelegte Normalarbeitszeit nicht überschreitet. Der Kollektivvertrag kann eine Verlängerung des Durchrechnungszeitraumes zulassen. Die tägliche Normalarbeitszeit darf neun Stunden nicht überschreiten.

(5) Der zur Erreichung der durchschnittlichen Normalarbeitszeit nach Abs. 4 im Durchrechnungszeitraum erforderliche Zeitausgleich ist unter Berücksichtigung der jeweiligen Betriebserfordernisse zusammenhängend zu gewähren. Ein Zeitausgleich von mehr als vier Stunden kann in zwei Teilen gewährt werden, wobei ein Teil mindestens vier Stunden zu betragen hat.

(6) Für Arbeitnehmer, die nicht unter Abs. 4 fallen, kann der Kollektivvertrag zulassen, dass in einzelnen Wochen eines Durchrechnungszeitraumes von bis zu einem Jahr die Normalarbeitszeit

1. bei einem Durchrechnungszeitraum von bis zu acht Wochen auf höchstens 50 Stunden,
2. bei einem längeren Durchrechnungszeitraum auf höchstens 48 Stunden,

ausgedehnt wird, wenn sie innerhalb dieses Zeitraumes im Durchschnitt 40 Stunden bzw. die durch Kollektivvertrag festgelegte Normalarbeitszeit nicht überschreitet. Der Kollektivvertrag kann einen längeren Durchrechnungszeitraum unter der Bedingung zulassen, dass der zur Erreichung der durchschnittlichen Normalarbeitszeit erforderliche Zeitausgleich jedenfalls in mehrwöchigen zusammenhängenden Zeiträumen verbraucht wird. Die tägliche Normalarbeitszeit darf neun Stunden nicht überschreiten.

(7) Der Kollektivvertrag kann bei einer Arbeitszeitverteilung gemäß Abs. 4 und 6 eine mehrmalige Übertragung von Zeitguthaben und Zeitschulden in die nächsten Durchrechnungszeiträume zulassen.

(8) Die Betriebsvereinbarung kann eine tägliche Normalarbeitszeit von bis zu zehn Stunden zulassen, wenn die gesamte Wochenarbeitszeit regelmäßig auf vier Tage verteilt wird. In Betrieben, in denen kein Betriebsrat errichtet ist, kann eine solche Arbeitszeitverteilung schriftlich vereinbart werden.

(9) Für Arbeitnehmer in Betrieben gemäß § 2 Abs. 2a des Bauarbeiter-Urlaubs- und Abfertigungsgesetzes, BGBl. Nr. 414/1972, gilt Abs. 3 mit der Maßgabe, dass die tägliche Normalarbeitszeit bei Verlängerung des Einarbeitungszeitraumes durch Kollektivvertrag zehn Stunden nicht überschreiten darf. Abs. 8 ist nicht anzuwenden.

Normalarbeitszeit bei Schichtarbeit

§ 4a. (1) Bei mehrschichtiger Arbeitsweise ist ein Schichtplan zu erstellen. Die wöchentliche Normalarbeitszeit darf

1. innerhalb des Schichtturnusses oder
2. bei Durchrechnung der Normalarbeitszeit gemäß § 4 Abs. 6 innerhalb des Durchrechnungszeitraumes

im Durchschnitt 40 Stunden bzw. die durch Kollektivvertrag festgelegte Normalarbeitszeit nicht überschreiten.

(2) Die tägliche Normalarbeitszeit darf neun Stunden nicht überschreiten, soweit nicht nach § 4 eine längere Normalarbeitszeit zulässig ist.

(3) Bei durchlaufender mehrschichtiger Arbeitsweise mit Schichtwechsel kann die tägliche Normalarbeitszeit bis auf zwölf Stunden ausgedehnt werden,

1. am Wochenende (Beginn der Nachtschicht zum Samstag bis zum Ende der Nachtschicht zum Montag), wenn dies durch Betriebsvereinbarung geregelt ist, oder
2. wenn dies mit einem Schichtwechsel in Verbindung steht.

(4) Der Kollektivvertrag kann zulassen, dass

1. die Normalarbeitszeit in einzelnen Wochen bis auf 56 Stunden ausgedehnt wird;
2. die tägliche Normalarbeitszeit bis auf zwölf Stunden unter der Bedingung ausgedehnt wird, dass die arbeitsmedizinische Unbedenklichkeit dieser Arbeitszeitverlängerung für die betreffenden Tätigkeiten durch einen Arbeitsmediziner festgestellt wird. Auf Verlangen des Betriebsrates, in Betrieben ohne Betriebsrat auf Verlangen der Mehrheit der betroffenen Arbeitnehmer, ist ein weiterer, einvernehmlich bestellter Arbeitsmediziner zu befassen.

Gleitende Arbeitszeit

§ 4b. (1) Gleitende Arbeitszeit liegt vor, wenn der Arbeitnehmer innerhalb eines vereinbarten zeitlichen Rahmens Beginn und Ende seiner täglichen Normalarbeitzeit selbst bestimmen kann.

(2) Die gleitende Arbeitzeit muss durch Betriebsvereinbarung, in Betrieben, in denen kein Betriebsrat errichtet ist, durch schriftliche Vereinbarung geregelt werden (Gleitzeitvereinbarung).

(3) Die Gleitzeitvereinbarung hat zu enthalten:
1. die Dauer der Gleitzeitperiode,
2. den Gleitzeitrahmen,
3. das Höchstausmaß allfälliger Übertragungsmöglichkeiten von Zeitguthaben und Zeitschulden in die nächste Gleitzeitperiode und
4. Dauer und Lage der fiktiven Normalarbeitszeit.

(4) Die tägliche Normalarbeitszeit darf zehn Stunden nicht überschreiten. Eine Verlängerung der täglichen Normalarbeitszeit auf bis zu zwölf Stunden ist zulässig, wenn die Gleitzeitvereinbarung vorsieht, dass ein Zeitguthaben ganztägig verbraucht werden kann und ein Verbrauch in Zusammenhang mit einer wöchentlichen Ruhezeit nicht ausgeschlossen ist. Die wöchentliche Normalarbeitszeit darf innerhalb der Gleitzeitperiode die wöchentliche Normalarbeitszeit gemäß § 3 im Durchschnitt nur insoweit überschreiten, als Übertragungsmöglichkeiten von Zeitguthaben vorgesehen sind.

(5) Ordnet die Arbeitgeberin bzw. der Arbeitgeber Arbeitsstunden an, die über die Normalarbeitszeit gemäß § 3 Abs. 1 hinausgehen, gelten diese als Überstunden.

Dekadenarbeit

§ 4c. (1) Für Arbeitnehmer, die auf im öffentlichen Interesse betriebenen Großbaustellen oder auf Baustellen der Wildbach- und Lawinenverbauung in Gebirgsregionen beschäftigt sind, kann der Kollektivvertrag zulassen, dass die wöchentliche Normalarbeitszeit mehr als 40 Stunden beträgt, wenn innerhalb eines Durchrechnungszeitraumes von zwei Wochen die wöchentliche Normalarbeitszeit im Durchschnitt die Normalarbeitszeit gemäß § 3 nicht überschreitet.

(2) Die tägliche Normalarbeitszeit darf neun Stunden nicht überschreiten.

Verlängerung der Normalarbeitszeit bei Arbeitsbereitschaft

§ 5. (1) Die wöchentliche Normalarbeitszeit kann bis auf 60 Stunden, die tägliche Normalarbeitszeit bis auf zwölf Stunden ausgedehnt werden, wenn
1. der Kollektivvertrag oder die Betriebsvereinbarung dies zuläßt und
2. darüber hinaus in die Arbeitszeit des Arbeitnehmers regelmäßig und in erheblichem Umfang Arbeitsbereitschaft fällt.

(2) Eine Betriebsvereinbarung gemäß Abs. 1 ist nur zulässig, wenn
1. der Kollektivvertrag die Betriebsvereinbarung dazu ermächtigt, oder
2. für die betroffenen Arbeitnehmer kein Kollektivvertrag wirksam ist.

(3) Das Arbeitsinspektorat kann für Betriebe, in denen kein Betriebsrat errichtet ist, eine Verlängerung der wöchentlichen Normalarbeitszeit bis auf 60 Stunden, der täglichen Normalarbeitszeit bis auf zwölf Stunden für Arbeitnehmer zulassen, wenn
1. für die betroffenen Arbeitnehmer kein Kollektivvertrag wirksam ist und
2. darüber hinaus in die Arbeitszeit des Arbeitnehmers regelmäßig und in erheblichem Umfang Arbeitsbereitschaft fällt.

Normalarbeitszeit bei besonderen Erholungsmöglichkeiten

§ 5a. (1) Besteht die Arbeitszeit überwiegend aus Arbeitsbereitschaft (§ 5) und bestehen für den Arbeitnehmer während der Arbeitszeit besondere Erholungsmöglichkeiten, kann der Kollektivvertrag für solche Arbeiten die Betriebsvereinbarung ermächtigen, dreimal pro Woche eine Ausdehnung der täglichen Normalarbeitszeit bis auf 24 Stunden zuzulassen, wenn durch ein arbeitsmedizinisches Gutachten festgestellt wurde, dass wegen der besonderen Arbeitsbedingungen der Arbeitnehmer im Durchschnitt nicht stärker gesundheitlich belastet wird als bei Ausübung derselben Tätigkeit im Rahmen einer Verlängerung der Normalarbeitszeit gemäß § 5.

(2) Der Kollektivvertrag und die Betriebsvereinbarung haben alle Bedingungen festzulegen, unter denen die Verlängerung der täglichen Normalarbeitszeit im Einzelfall zulässig ist.

(3) Innerhalb eines durch Kollektivvertrag festzusetzenden Durchrechnungszeitraumes darf die wöchentliche Normalarbeitszeit im Durchschnitt 60 Stunden, in einzelnen Wochen des Durchrechnungszeitraumes 72 Stunden nicht überschreiten.

(4) § 1a Z 2 ist anzuwenden

Überstundenarbeit

§ 6. (1) Überstundenarbeit liegt vor, wenn entweder
1. die Grenzen der nach den §§ 3 bis 5a zulässigen wöchentlichen Normalarbeitszeit überschritten werden oder
2. die tägliche Normalarbeitszeit überschritten wird, die sich auf Grund der Verteilung dieser wöchentlichen Normalarbeitszeit gemäß den §§ 3 bis 5a und 18 Abs. 2 ergibt.

(1a) Am Ende einer Gleitzeitperiode bestehende Zeitguthaben, die nach der Gleitzeitvereinbarung in die nächste Gleitzeitperiode übertragen werden können, sowie am Ende eines Durchrechnungszeitraumes bestehende Zeitguthaben, die gemäß § 4 Abs. 7 in den nächsten Durchrechnungszeitraum übertragen werden können, gelten nicht als Überstunden.

(2) Arbeitnehmer dürfen zur Überstundenarbeit nur dann herangezogen werden, wenn diese nach den Bestimmungen dieses Bundesgesetzes zugelassen ist und berücksichtigungswürdige Interessen des Arbeitnehmers der Überstundenarbeit nicht entgegenstehen.

Verlängerung der Arbeitszeit bei Vorliegen eines erhöhten Arbeitsbedarfes

§ 7. (1) Bei Vorliegen eines erhöhten Arbeitsbedarfes darf die durchschnittliche Wochenarbeitszeit unbeschadet der Bestimmungen des § 8 über die nach den §§ 3 bis 5 zulässige Dauer innerhalb eines Durchrechnungszeitraumes von 17 Wochen 48 Stunden nicht überschreiten. Wöchentlich sind jedoch nicht mehr als zwanzig Überstunden zulässig. Die Tagesarbeitszeit darf zwölf Stunden nicht überschreiten. Die Regelungen des § 9 Abs. 4 bleiben unberührt.

(2) *entfällt gem. BGBl. I Nr. 53/2018 (Art. 1)*

(3) Unter den Voraussetzungen des § 5 Abs. 1 und 2 kann die Wochenarbeitszeit durch Überstunden bis auf 60 Stunden, die Tagesarbeitszeit bis auf 13 Stunden ausgedehnt werden. Bei Zulassung einer Verlängerung der Arbeitszeit durch das Arbeitsinspektorat gemäß § 5 Abs. 3 sind Überstunden nach Abs. 1 nur bis zu einer Tagesarbeitszeit von 13 Stunden und einer Wochenarbeszeit von 60 Stunden zulässig.

(4) *entfällt gem. BGBl. I Nr. 53/2018 (Art. 1)*

(4a) *entfällt gem. BGBl. I Nr. 53/2018 (Art. 1)*

(5) Darüber hinaus kann das Arbeitsinspektorat bei Nachweis eines dringenden Bedürfnisses auf Antrag des Arbeitgebers nach Anhörung der gesetzlichen Interessenvertretungen der Arbeitgeber und der Arbeitnehmer eine Arbeitszeitverlängerung bewilligen, soweit die Verlängerungsmöglichkeiten gemäß Abs. 1 und 3 ausgeschöpft sind. Eine Tagesarbeitszeit über zwölf Stunden und eine Wochenarbeitszeit über 60 Stunden kann das Arbeitsinspektorat jedoch nur zulassen, wenn dies im öffentlichen Interesse erforderlich ist.

(6) Es steht den Arbeitnehmerinnen und Arbeitnehmern frei, Überstunden nach § 7 und § 8 Abs. 1 und 2 ohne Angabe von Gründen abzulehnen, wenn durch diese Überstunden die Tagesarbeitszeit von zehn Stunden oder die Wochenarbeitszeit von 50 Stunden überschritten wird. Sie dürfen deswegen nicht benachteiligt werden, insbesondere hinsichtlich des Entgelts, der Aufstiegsmöglichkeiten und der Versetzung. Werden Arbeitnehmerinnen und Arbeitnehmer deswegen gekündigt, können sie die Kündigung innerhalb einer Frist von zwei Wochen bei Gericht anfechten. § 105 Abs. 5 des Arbeitsverfassungsgesetzes (ArbVG), BGBl. Nr. 22/1974 gilt sinngemäß.

Verlängerung der Arbeitszeit zur Vornahme von Vor- und Abschlußarbeiten

§ 8. (1) Die für den Betrieb oder eine Betriebsabteilung zulässige Dauer der Arbeitszeit darf um eine halbe Stunde täglich, jedoch höchstens bis zu zwölf Stunden täglich in folgenden Fällen ausgedehnt werden:

a) bei Arbeiten zur Reinigung und Instandhaltung, soweit sich diese Arbeiten während des regelmäßigen Betriebes nicht ohne Unterbrechung oder erhebliche Störung ausführen lassen,
b) bei Arbeiten, von denen die Wiederaufnahme oder Aufrechterhaltung des vollen Betriebes arbeitstechnisch abhängt,
c) bei Arbeiten zur abschließenden Kundenbedienung einschließlich der damit zusammenhängenden notwendigen Aufräumungsarbeiten.

(2) Die Arbeitszeit darf in den Fällen des Abs. 1 über zwölf Stunden täglich verlängert werden, wenn eine Vertretung des Arbeitnehmers durch andere Arbeitnehmer nicht möglich ist und dem Arbeitgeber die Heranziehung betriebsfremder Personen nicht zugemutet werden kann.

(3) Durch Kollektivvertrag kann näher bestimmt werden, welche Arbeiten als Vor- und Abschlußarbeiten gelten.

(4) Die Arbeitszeit gemäß § 5a Abs. 1 kann um eine halbe Stunde ausgedehnt werden, wenn dies zur Arbeitsübergabe unbedingt erforderlich ist.

Höchstgrenzen der Arbeitszeit

§ 9. (1) Die Tagesarbeitszeit darf zwölf Stunden und die Wochenarbeitszeit 60 Stunden nicht überschreiten, sofern die Abs. 2 bis 4 nicht anderes bestimmen. Diese Höchstgrenzen der Arbeitszeit dürfen auch beim Zusammentreffen einer anderen Verteilung der wöchentlichen Normalarbeitszeit mit Arbeitszeitverlängerungen nicht überschritten werden.

(2) Die Tagesarbeitszeit darf im Falle des § 13b Abs. 2 und 3 (Verlängerung der Arbeitszeit für Lenker) und § 18 Abs. 2 (Betriebe des öffentlichen Verkehrs) zwölf Stunden überschreiten und in den Fällen des § 5a (besondere Erholungsmöglichkeiten), § 7 Abs. 3 und 5 (erhöhter Arbeitsbedarf), § 8 Abs. 2 und 4 (Vor- und Abschlussarbeiten), § 18b Abs. 6 (Schiffsdienst von Schifffahrtsunternehmen) und § 19a Abs. 2 (Apotheken) zwölf Stunden insoweit überschreiten, als dies nach diesen Bestimmungen zulässig ist.

(3) Die Wochenarbeitszeit darf im Fall des § 4c (Dekadenarbeit) 60 Stunden überschreiten und in den Fällen der §§ 5a (besondere Erholungsmöglichkeiten), 7 Abs. 5 (erhöhter Arbeitsbedarf), 18 Abs. 3 (Betriebe des öffentlichen Verkehrs) und 19a Abs. 2 und 6 (Apotheken) 60 Stunden insoweit überschreiten, als dies nach diesen Bestimmungen zulässig ist.

(4) Ist nach den Bestimmungen dieses Bundesgesetzes eine Wochenarbeitszeit von mehr als 48 Stunden zulässig, darf die durchschnittliche Wochenarbeitszeit innerhalb eines Durchrechnungszeitraumes von 17 Wochen 48 Stunden nicht überschreiten. Der Kollektivvertrag kann eine Verlängerung des Durchrechnungszeitraumes bis auf 26 Wochen zulassen. Der Kollektivvertrag kann eine Verlängerung des Durchrechnungszeitraumes bis auf 52 Wochen bei Vorliegen von technischen oder arbeitsorganisatorischen Gründen zulassen.

(5) Abs. 4 ist nicht anzuwenden bei

1. Verlängerung der Arbeitszeit bei Arbeitsbereitschaft (§§ 5 und 7 Abs. 3),
2. Verlängerung der Arbeitszeit bei besonderen Erholungsmöglichkeiten (§§ 5a und 8 Abs. 4),
3. Verlängerung der Arbeitszeit gemäß § 13b Abs. 3 und
4. Verlängerung der Arbeitszeit gemäß § 19a Abs. 2 Z 4.

Überstundenvergütung

§ 10. (1) Für Überstunden gebührt

1. ein Zuschlag von 50 Prozent oder
2. eine Abgeltung durch Zeitausgleich. Der Überstundenzuschlag ist bei der Bemessung des Zeitausgleiches zu berücksichtigen oder gesondert auszuzahlen.

(2) Der Kollektivvertrag kann festlegen, ob mangels einer abweichenden Vereinbarung eine Abgeltung in Geld oder durch Zeitausgleich zu erfolgen hat. Trifft der Kollektivvertrag keine Regelung oder kommt kein Kollektivvertrag zur Anwendung, kann die Betriebsvereinbarung diese Regelung treffen. Besteht keine Regelung, gebührt mangels einer abweichenden Vereinbarung eine Abgeltung in Geld.

(3) Der Berechnung des Zuschlages ist der auf die einzelne Arbeitsstunde entfallende Normallohn zugrunde zu legen. Bei Akkord-, Stück- und Gedinglöhnen ist dieser nach dem Durchschnitt der letzten 13 Wochen zu bemessen. Durch Kollektivvertrag kann auch eine andere Berechnungsart vereinbart werden.

(4) Abweichend von Abs. 1 und 2 können Arbeitnehmerinnen und Arbeitnehmer für Überstunden, durch die die Tagesarbeitszeit von zehn Stunden oder die Wochenarbeitszeit von 50 Stunden überschritten wird, bestimmen, ob die Abgeltung in Geld nach Abs. 1 Z 1 oder durch Zeitausgleich nach Abs. 1 Z 2 erfolgt. Dieses Wahlrecht ist möglichst frühzeitig, spätestens jedoch am Ende des jeweiligen Abrechnungszeitraumes auszuüben.

ABSCHNITT 3

RUHEPAUSEN UND RUHEZEITEN

Ruhepausen

§ 11. (1) Beträgt die Gesamtdauer der Tagesarbeitszeit mehr als sechs Stunden, so ist die Arbeitszeit durch eine Ruhepause von mindestens einer halben Stunde zu unterbrechen. Wenn es im Interesse der Arbeitnehmer des Betriebes gelegen oder aus betrieblichen Gründen notwendig ist, können an Stelle einer halbstündigen Ruhepause zwei Ruhepausen von je einer Viertelstunde oder drei Ruhepausen von je zehn Minuten gewährt werden. Eine andere Teilung der Ruhepause kann aus diesen

Gründen durch Betriebsvereinbarung, in Betrieben, in denen kein Betriebsrat errichtet ist, durch das Arbeitsinspektorat, zugelassen werden. Ein Teil der Ruhepause muss mindestens zehn Minuten betragen.

(2) Eine Pausenregelung gemäß Abs. 1 zweiter Satz kann, sofern eine gesetzliche Betriebsvertretung besteht, nur mit deren Zustimmung getroffen werden.

(3) Bei Arbeiten, die werktags und sonntags einen ununterbrochenen Fortgang erfordern, sind den in Wechselschichten beschäftigten Arbeitnehmern an Stelle der Pausen im Sinne des Abs. 1 Kurzpausen von angemessener Dauer zu gewähren. Eine derartige Pausenregelung kann auch bei sonstiger durchlaufender mehrschichtiger Arbeitsweise getroffen werden.

(4) Arbeitnehmern, die Nachtschwerarbeit im Sinne des Art. VII Abs. 2 oder 4, einer Verordnung nach Art. VII Abs. 3 oder eines Kollektivvertrages gemäß Art. VII Abs. 6 des Nachtschwerarbeitsgesetzes (NSchG), BGBl. Nr. 354/1981, leisten, ist während jeder Nacht, in der diese Arbeit geleistet wird, jedenfalls eine Kurzpause von mindestens zehn Minuten zu gewähren. Mit dem Arbeitsablauf üblicherweise verbundene Unterbrechungen in der Mindestdauer von zehn Minuten, die zur Erholung verwendet werden können, können auf die Kurzpausen angerechnet werden.

(5) Die Betriebsvereinbarung, in Betrieben, in denen kein Betriebsrat errichtet ist, das Arbeitsinspektorat, kann eine Verkürzung der Ruhepause auf mindestens 15 Minuten zulassen, wenn es im Interesse der Arbeitnehmer gelegen oder aus betrieblichen Gründen notwendig ist. Wird die Ruhepause gemäß Abs. 1 geteilt, muss ein Teil mindestens 15 Minuten betragen.

(6) Kurzpausen im Sinne der Abs. 3 und 4 gelten als Arbeitszeit.

Ruhezeiten

§ 12. (1) Nach Beendigung der Tagesarbeitszeit ist den Arbeitnehmern eine ununterbrochene Ruhezeit von mindestens elf Stunden zu gewähren.

(2) Der Kollektivvertrag kann die ununterbrochene Ruhezeit auf mindestens acht Stunden verkürzen. Solche Verkürzungen der Ruhezeit sind innerhalb der nächsten zehn Kalendertage durch entsprechende Verlängerung einer anderen täglichen oder wöchentlichen Ruhezeit auszugleichen. Eine Verkürzung auf weniger als zehn Stunden ist nur zulässig, wenn der Kollektivvertrag weitere Maßnahmen zur Sicherstellung der Erholung der Arbeitnehmer vorsieht.

(2a) Im Gast-, Schank- und Beherbergungsgewerbe kann für Arbeitnehmerinnen und Arbeitnehmer in Küche und Service bei geteilten Diensten die tägliche Ruhezeit auf mindestens acht Stunden verkürzt werden. Ein geteilter Dienst liegt vor, wenn die Tagesarbeitszeit durch eine Ruhepause von mindestens drei Stunden unterbrochen wird. Solche Verkürzungen sind innerhalb von vier Wochen, in Saisonbetrieben nach Möglichkeit während der Saison, spätestens jedoch im Anschluss an die Saison, durch Verlängerung einer anderen täglichen Ruhezeit auszugleichen. Ist dieser Ausgleich bis zum Ende des Arbeitsverhältnisses nicht erfolgt, so gebührt den Arbeitnehmerinnen und Arbeitnehmern eine geldwerte Zahlung in Höhe des Normallohns und der Zuschläge, auf welche die Arbeitnehmerinnen und Arbeitnehmer für die während der Ruhezeit geleistete Tätigkeit Anspruch hatten.

(2b) Saisonbetriebe im Sinne des Abs. 2a sind Betriebe, die aufgrund des Jahreszeitenwechsels

1. nur zu bestimmten Zeiten im Jahr offen haben und die übrigen Zeiten geschlossen halten, oder
2. höchstens ein- oder zweimal im Jahr eine gegenüber den übrigen Zeiten deutlich verstärkte Geschäftstätigkeit entfalten, wodurch eine zusätzliche Personalaufnahme notwendig ist.

(2c) Bei Arbeiten, die werktags und sonntags einen ununterbrochenen Fortgang mit Schichtwechsel erfordern, kann die tägliche Ruhezeit einmal im Schichtturnus bei Schichtwechsel auf eine Schichtlänge, jedoch auf nicht weniger als acht Stunden verkürzt werden. Innerhalb des Schichtturnusses ist eine andere tägliche Ruhezeit entsprechend zu verlängern.

(2d) Beträgt die tägliche Normalarbeitszeit gemäß § 5a mehr als zwölf Stunden, ist abweichend von Abs. 1 eine ununterbrochene Ruhezeit von mindestens 23 Stunden zu gewähren.

(3) Den Arbeitnehmern gebührt wöchentlich eine ununterbrochene Wochenruhe von mindestens sechsunddreißig Stunden. Hievon kann in den Fällen der Schichtarbeit gemäß § 11 Abs. 3 nur insoweit abgewichen werden, als dies zur Ermöglichung des Schichtwechsels erforderlich ist.

(4) Wenn es aus betrieblichen Gründen notwendig ist, können durch Verordnung für bestimmte Arten oder Gruppen von Betrieben oder im Einzelfall durch Bewilligung des Arbeitsinspektorates Ausnahmen von der Bestimmung des Abs. 3 zugelassen werden.

Abs. 3 und 4 sind für Arbeitnehmer die unter den Geltungsbereich des Arbeitsruhegesetzes (§ 31 Abs. 2 Z 3, BGBl. Nr. 144/1983) fallen, außer Kraft.

ABSCHNITT 3A

NACHTARBEIT

Definitionen und Arbeitszeit

§ 12a. (1) Als Nacht im Sinne dieses Bundesgesetzes gilt die Zeit zwischen 22.00 Uhr und 05.00 Uhr.

(2) Nachtarbeitnehmer im Sinne dieses Bundesgesetzes sind Arbeitnehmer, die

1. regelmäßig oder
2. sofern der Kollektivvertrag nicht anderes vorsieht, in mindestens 48 Nächten im Kalenderjahr während der Nacht mindestens drei Stunden arbeiten.

(3) Nachtschwerarbeiter im Sinne dieses Abschnittes sind Nachtarbeitnehmer, die Nachtarbeit im Sinne des Abs. 1 unter den in Art. VII Abs. 2 oder 4, einer Verordnung nach Art. VII Abs. 3 oder eines Kollektivvertrages gemäß Art. VII Abs. 6 NSchG genannten Bedingungen leisten.

(4) Beträgt in den Fällen der Arbeitsbereitschaft gemäß § 5 die durchschnittliche tägliche Normalarbeitszeit der Nachtarbeitnehmer innerhalb eines Durchrechnungszeitraumes von 26 Wochen mehr als acht Stunden, so gebühren zusätzliche Ruhezeiten. Von der Summe aller Überschreitungen abzüglich der Summe aller Unterschreitungen der täglichen Normalarbeitszeit von acht Stunden im Durchrechnungszeitraum sind insgesamt zwei Drittel als zusätzliche Ruhezeiten zu gewähren.

(5) Soweit nach diesem Bundesgesetz eine Tagesarbeitszeit von mehr als acht Stunden zulässig ist, darf für Nachtschwerarbeiter die durchschnittliche Arbeitszeit an Nachtarbeitstagen innerhalb eines Durchrechnungszeitraumes von 26 Wochen einschließlich der Überstunden acht Stunden nur dann überschreiten, wenn dies durch Normen der kollektiven Rechtsgestaltung zugelassen wird. In diesen Fällen gebühren zusätzliche Ruhezeiten im Gesamtausmaß der Summe aller Überschreitungen abzüglich der Summe aller Unterschreitungen der Tagesarbeitszeit von acht Stunden an Nachtarbeitstagen im Durchrechnungszeitraum.

(6) Soweit die zusätzlichen Ruhezeiten nach Abs. 4 und 5 nicht bereits während des Durchrechnungszeit-

raumes gewährt werden, sind die zusätzlichen Ruhezeiten bis zum Ablauf von vier Kalenderwochen nach Ende des Durchrechnungszeitraumes, bei Schichtarbeit bis zum Ende des nächstfolgenden Schichtturnusses, zu gewähren. Jede zusätzliche Ruhezeit hat mindestens zwölf Stunden zu betragen und kann in Zusammenhang mit einer täglichen Ruhezeit nach § 12 oder einer wöchentlichen Ruhezeit nach dem Arbeitsruhegesetz, BGBl. Nr. 144/1983, gewährt werden.

(7) § 5 Abs. 3 ist auf Nachtarbeitnehmer nicht anzuwenden.

Untersuchungen

§ 12b. (1) Der Nachtarbeitnehmer hat Anspruch auf unentgeltliche Untersuchungen des Gesundheitszustandes gemäß § 51 ArbeitnehmerInnenschutzgesetz (ASchG), BGBl. Nr. 450/1994, und zwar vor Aufnahme der Tätigkeit und danach in Abständen von zwei Jahren, nach Vollendung des 50. Lebensjahres oder nach zehn Jahren als Nachtarbeitnehmer in jährlichen Abständen.

(2) Abweichend von § 12a Abs. 1 und 2 gelten für den Anspruch auf Untersuchungen die folgenden Definitionen:

1. als Nacht gilt die Zeit zwischen 22.00 Uhr und 06.00 Uhr;
2. Nachtarbeitnehmer sind Arbeitnehmer, die regelmäßig oder in mindestens 30 Nächten im Kalenderjahr während der Nacht mindestens drei Stunden arbeiten.

Versetzung

§ 12c. Der Nachtarbeitnehmer hat auf Verlangen Anspruch gegenüber dem Arbeitgeber auf Versetzung auf einen geeigneten Tagesarbeitsplatz entsprechend den betrieblichen Möglichkeiten, wenn

1. die weitere Verrichtung von Nachtarbeit die Gesundheit nachweislich gefährdet, oder
2. die Bedachtnahme auf unbedingt notwendige Betreuungspflichten gegenüber Kindern bis zu zwölf Jahren dies erfordert, für die Dauer dieser Betreuungspflichten.

Recht auf Information

§ 12d. Der Arbeitgeber hat sicherzustellen, dass Nachtarbeitnehmer über wichtige Betriebsgeschehnisse, die die Interessen der Nachtarbeitnehmer berühren, informiert werden.

ABSCHNITT 4

SONDERBESTIMMUNGEN FÜR LENKER VON KRAFTFAHRZEUGEN

UNTERABSCHNITT 4A

ALLGEMEINES

Definitionen

§ 13. (1) Im Sinne dieses Bundesgesetzes ist

1. Eine öffentliche Straße eine Straße mit öffentlichem Verkehr im Sinne des § 1 Abs. 1 der Straßenverkehrsordnung 1960, BGBl. Nr. 159;
2. ein VO-Fahrzeug ein Kraftfahrzeug, das entweder
   a) zur Güterbeförderung dient und dessen zulässiges Gesamtgewicht, einschließlich Anhänger oder Sattelanhänger,
      aa) 3,5 Tonnen übersteigt, oder
      bb) 2,5 Tonnen übersteigt und höchstens 3,5 Tonnen beträgt und das bei grenzüberschreitenden Güterbeförderungen oder bei Kabotagebefördernungen eingesetzt wird, oder
   b) zur Personenbeförderung dient und nach seiner Bauart und Ausstattung geeignet und dazu bestimmt ist, mehr als neun Personen einschließlich des Fahrers zu befördern,

   und das weder unter eine Ausnahme des Artikels 3 der Verordnung (EG) Nr. 561/2006 fällt noch aufgrund einer Verordnung gemäß § 15e Abs. 1 zur Gänze von der Anwendung der Verordnungen (EU) Nr. 165/2014 und (EG) Nr. 561/2006 freigestellt ist;
3. ein sonstiges Fahrzeug jedes Kraftfahrzeug, das nicht unter die Z 2 fällt;
4. ein analoges Kontrollgerät ein analoger Fahrtenschreiber im Sinne von Art. 2 Abs. 2 lit. g der Verordnung (EU) Nr. 165/2014;
5. ein digitales Kontrollgerät ein digitaler Fahrtenschreiber im Sinne von Art. 2 Abs. 2 lit. h der Verordnung (EU) Nr. 165/2014;
6. ein regionaler Kraftfahrlinienverkehr ein Kraftfahrlinienverkehr mit einer Linienstrecke von nicht mehr als 50 km.

(2) Soweit in diesem Bundesgesetz auf die Verordnung (EG) Nr. 561/2006 verwiesen wird, ist dies ein Verweis auf die Verordnung (EG) Nr. 561/2006 über die Harmonisierung bestimmter Sozialvorschriften im Straßenverkehr, ABl. Nr. L 102 vom 11.04.2006 S. 1, in der jeweils geltenden Fassung.

(3) Soweit in diesem Bundesgesetz auf die Verordnung (EU) Nr. 165/2014 verwiesen wird, ist dies ein Verweis auf die Verordnung (EU) Nr. 165/2014 über den Fahrtenschreiber im Straßenverkehr, ABl. Nr. L 60 vom 28.2.2014 S. 1, in der jeweils geltenden Fassung.

(4) Soweit in diesem Bundesgesetz auf den Anhang III der Richtlinie 2006/22/EG verwiesen wird, ist dies ein Verweis auf die Richtlinie 2006/22/EG des Europäischen Parlaments und des Rates vom 15. März 2006 über die Mindestbedingungen für die Durchführung der Verordnungen (EWG) Nr. 3820/85 und (EWG) Nr. 3821/85 des Rates über Sozialvorschriften für Tätigkeiten im Kraftverkehr (ABl. Nr. L 102 vom 11.4.2006, S.35), zuletzt geändert durch die Richtlinie 2009/5/EG der Kommission vom 30. Jänner 2009 (ABl. Nr. L 29 vom 31.1.2009, S. 45).

Geltungsbereich

§ 13a. (1) Für die Beschäftigung von Lenkern von Kraftfahrzeugen auf öffentlichen Straßen gelten die Bestimmungen der Abschnitte 2 bis 3a mit den in den §§ 13b bis 17c genannten Abweichungen.

(2) Für das Lenken von VO-Fahrzeugen gelten Vorschriften nach Maßgabe der Verordnung (EG) Nr. 561/2006 auch auf solchen Fahrtstrecken auf öffentlichen Straßen, die nicht unter Art. 2 Abs. 2 dieser Verordnung fallen.

(3) Die §§ 14a bis 15d sind nur auf das Lenken sonstiger Fahrzeuge anzuwenden.

(4) Für Lenkerinnen und Lenker von Oberleitungsomnibussen gemäß § 5 Eisenbahngesetz ist der Abschnitt 4 nicht anzuwenden, soweit § 18a nichts anderes bestimmt.

UNTERABSCHNITT 4B

BESTIMMUNGEN ZUR LENKER-RICHTLINIE

Arbeitszeit

§ 13b. (1) Die Arbeitszeit für Lenker umfasst die Lenkzeiten, die Zeiten für sonstige Arbeitsleistungen und die Zeiten der Arbeitsbereitschaft ohne die Ruhepausen.

Bei Teilung der täglichen Ruhezeit oder bei Unterbrechung der täglichen Ruhezeit bei kombinierter Beförderung beginnt eine neue Tagesarbeitszeit nach Ablauf der gesamten Ruhezeit.

(2) Der Kollektivvertrag, für Betriebe, für die kein Kollektivvertrag wirksam ist, die Betriebsvereinbarung, kann zusätzlich zu den nach § 7 Abs. 1 zulässigen Überstunden weitere Überstunden zulassen. Die wöchentliche Höchstarbeitszeit darf in einzelnen Wochen 60 Stunden und innerhalb eines Durchrechnungszeitraumes von bis zu 17 Wochen im Durchschnitt 48 Stunden nicht überschreiten. Der Kollektivvertrag, für Betriebe, für die kein Kollektivvertrag wirksam ist, die Betriebsvereinbarung, kann den Durchrechnungszeitraum aus objektiven, technischen oder arbeitsorganisatorischen Gründen auf bis zu 26 Wochen verlängern.

(3) Der Kollektivvertrag, für Betriebe, für die kein Kollektivvertrag wirksam ist, die Betriebsvereinbarung, kann abweichend von Abs. 2 eine durchschnittliche wöchentliche Höchstarbeitszeit von bis zu 55 Stunden zulassen, wenn zumindest die über 48 Stunden hinausgehende Arbeitszeit in Form von Arbeitsbereitschaft geleistet wird.

(4) Der Arbeitgeber hat den Lenker bei Begründung des Arbeitsverhältnisses bzw. vor dem erstmaligen Einsatz als Lenker schriftlich aufzufordern, ihm schriftliche Aufzeichnungen über all jene bei einem anderen Arbeitgeber geleisteten Arbeitszeiten vorzulegen, die ihm nicht ohnehin aufgrund des Herunterladens von der Fahrerkarte gemäß § 17a Abs. 2 bekannt sind.

Ruhepausen

§ 13c. (1) Abweichend von § 11 Abs. 1 ist die Tagesarbeitszeit

1. bei einer Gesamtdauer zwischen sechs und neun Stunden durch eine Ruhepause von mindestens 30 Minuten,
2. bei einer Gesamtdauer von mehr als neun Stunden durch eine Ruhepause von mindestens 45 Minuten,

zu unterbrechen. Die Ruhepause ist spätestens nach sechs Stunden einzuhalten.

(2) Die Ruhepause kann in mehrere Teile von mindestens 15 Minuten aufgeteilt werden.

(3) Für den regionalen Kraftfahrlinienverkehr kann durch Kollektivvertrag, für Betriebe, für die kein Kollektivvertrag wirksam ist, durch Betriebsvereinbarung, auch zugelassen werden, dass die Ruhepause in einen Teil von mindestens 20 Minuten und einen bzw. mehrere Teile von mindestens zehn Minuten geteilt wird.

(4) Bei Teilung der Ruhepause nach Abs. 2 oder 3 ist der erste Teil nach spätestens sechs Stunden einzuhalten.

(5) Bei Mehrfahrerbetrieb gemäß Art. 4 lit. o der Verordnung (EG) Nr. 561/2006 kann die Ruhepause bei Tourneetransporten mit Spezialkraftwagen zur Personenbeförderung im fahrenden Fahrzeug verbracht werden. Die Ruhepause gilt in diesen Fällen als Arbeitszeit. Beginn und Ende der Ruhepause sind spätestens am Ende der Einsatzzeit handschriftlich auf einem Ausdruck aus dem Kontrollgerät zu vermerken.

(6) Spezialkraftwagen zur Personenbeförderung bei Tourneetransporten im Sinne des Abs. 5 sind Fahrzeuge, die

1. im Rahmen der nichtlinienmäßigen Personenbeförderung verwendet werden, jedoch nicht als Fahrzeuge der Klassen M1, M2 oder M3 gemäß § 3 Abs. 1 des Kraftfahrgesetzes 1967 (KFG), BGBl. Nr. 267, zugelassen sowie mit einem digitalen Kontrollgerät ausgestattet sind und
2. aufgrund besonderer konstruktiver Merkmale über eine Ausrüstung verfügen, die den Lenkerinnen und Lenkern eine erholungswirksame Ruhepause auch während der Fahrt ermöglichen. Während der Ruhepause muss eine Sitzgelegenheit sowie eine Schlafgelegenheit zur Verfügung stehen, die nach den kraftfahrrechtlichen Vorschriften für die Beförderung von Personen im Liegen zugelassen ist. Die Schlafgelegenheit muss unfallsicher konstruiert und entsprechend geprüft sein.

Abs. 5 gilt nicht für Leer- oder Überstellungsfahrten.

Nachtarbeit

§ 14. (1) Im Sinne dieser Bestimmung gilt

1. als Nacht die Zeit zwischen 0.00 Uhr und 04.00 Uhr,
2. als Nachtarbeit jede Tätigkeit, die in diesem Zeitraum ausgeübt wird.

(2) Die Tagesarbeitszeit eines Lenkers darf an Tagen, an denen er Nachtarbeit leistet, zehn Stunden nicht überschreiten.

(3) Dem Lenker gebührt für Nachtarbeit binnen 14 Tagen ein Ausgleich durch eine Verlängerung einer täglichen oder wöchentlichen Ruhezeit im Ausmaß der geleisteten Nachtarbeit.

(4) Der Kollektivvertrag, für Betriebe, für die kein Kollektivvertrag wirksam ist, die Betriebsvereinbarung, kann aus objektiven, technischen oder arbeitsorganisatorischen Gründen Abweichungen von Abs. 1 bis 3 zulassen.

(5) § 12a Abs. 4 bis 6 ist nicht anzuwenden.

(6) Die Definition der Nacht gemäß § 12a Abs. 1 bleibt hinsichtlich des Versetzungsanspruches (§ 12c) und des Rechts auf Information (§ 12d), die Definition der Nacht gemäß § 12b Abs. 2 Z 1 hinsichtlich der Untersuchungen (§ 12b) unberührt.

UNTERABSCHNITT 4C

SONDERBESTIMMUNGEN FÜR DAS LENKEN SONSTIGER FAHRZEUGE

Lenkzeit

§ 14a. (1) Innerhalb der zulässigen Arbeitszeit darf die gesamte tägliche Lenkzeit zwischen zwei Ruhezeiten acht Stunden nicht überschreiten. Der Kollektivvertrag, für Betriebe, für die kein Kollektivvertrag wirksam ist, die Betriebsvereinbarung, kann zulassen, dass die Lenkzeit bis auf neun Stunden, zweimal wöchentlich jedoch bis auf zehn Stunden ausgedehnt wird.

(2) Innerhalb einer Woche darf die gesamte Lenkzeit 48 Stunden nicht überschreiten. Der Kollektivvertrag, für Betriebe, für die kein Kollektivvertrag wirksam ist, die Betriebsvereinbarung, kann eine Verlängerung der wöchentlichen Lenkzeit bis auf 56 Stunden zulassen. Innerhalb eines Zeitraumes von zwei aufeinander folgenden Wochen darf die Lenkzeit 90 Stunden nicht überschreiten.

(3) Bei Unterbrechung der täglichen Ruhezeit bei kombinierter Beförderung beginnt eine neue tägliche Lenkzeit nach Ablauf der gesamten Ruhezeit.

Lenkpausen

§ 15. (1) Nach einer Lenkzeit von höchstens vier Stunden ist eine Lenkpause von mindestens 30 Minuten einzulegen.

(1a) Der Kollektivvertrag kann zulassen, dass anstelle der Lenkpause nach Abs. 1 eine Lenkpause nach Art. 7 der Verordnung (EG) Nr. 561/2006 einzulegen ist.

(2) Zeiten, die der Lenker im fahrenden Fahrzeug verbringt, ohne es zu lenken, können auf Lenkpausen angerechnet werden. Andere Arbeiten dürfen nicht ausgeübt werden.

(3) Lenkpausen dürfen nicht auf die tägliche Ruhezeit angerechnet werden.

Lenker im regionalen Kraftfahrlinienverkehr

§ 15a. (1) Für Lenker im regionalen Kraftfahrlinienverkehr gelten die Abweichungen gemäß Abs. 2 bis 5.

(2) Abweichend von § 12 Abs. 1 kann durch Kollektivvertrag zugelassen werden, dass an Tagen, an denen eine tägliche Ruhezeit von mindestens zwölf Stunden eingehalten wird, diese Ruhezeit in zwei oder drei Abschnitten genommen werden kann, wobei ein Teil mindestens acht zusammenhängende Stunden, die übrigen Teile jeweils mindestens eine Stunde betragen müssen. In diesen Fällen beginnt abweichend von § 13b Abs. 1 zweiter Satz eine neue Tagesarbeitszeit nach Ablauf des mindestens achtstündigen Teiles der Ruhezeit.

(3) Durch Kollektivvertrag kann abweichend von § 12 Abs. 2 zugelassen werden, dass die tägliche Ruhezeit dreimal wöchentlich auf mindestens neun zusammenhängende Stunden verkürzt wird. Wird die tägliche Ruhezeit verkürzt, ist dem Lenker bis zum Ende der folgenden Woche eine zusätzliche Ruhezeit im Ausmaß der Verkürzung zu gewähren. Diese als Ausgleich zustehende Ruhezeit ist zusammen mit einer anderen mindestens achtstündigen Ruhezeit zu gewähren.

(4) Abweichend von § 15 Abs. 1 ist nach einer Lenkzeit von höchstens viereinhalb Stunden eine Lenkpause von mindestens 45 Minuten einzulegen. Durch Kollektivvertrag kann zugelassen werden, dass diese Lenkpause ersetzt wird durch

1. mehrere Lenkpausen von mindestens 15 Minuten, die in die Lenkzeit oder unmittelbar nach dieser so einzufügen sind, dass bei Beginn des letzten Teiles der Lenkpause die Lenkzeit von viereinhalb Stunden noch nicht überschritten sein darf, oder
2. eine Lenkpause von mindestens 15 Minuten und eine Lenkpause von mindestens 30 Minuten, wobei bei Beginn der zweiten Lenkpause die Lenkzeit von viereinhalb Stunden noch nicht überschritten sein darf, oder
3. mehrere Lenkpausen von mindestens je zehn Minuten, wenn die Gesamtdauer der Lenkpausen mindestens ein Sechstel der fahrplanmäßigen Lenkzeit beträgt, oder
4. eine Lenkpause von mindestens 30 Minuten nach einer ununterbrochenen Lenkzeit von höchstens viereinhalb Stunden.

(5) Für Betriebe, für die kein Kollektivvertrag wirksam ist, kann die Betriebsvereinbarung Abweichungen nach Abs. 2 bis 4 zulassen.

Kombinierte Beförderung

§ 15b. (1) Durch Kollektivvertrag kann zugelassen werden, dass Zeiten, in denen ein Lenker ein Fahrzeug begleitet, das auf einem Fährschiff oder der Eisenbahn befördert wird, als Ruhepausen oder als Ruhezeiten gelten. Eine Ruhezeit ist dann gegeben, wenn

1. diese Zeit mindestens drei Stunden beträgt und
2. dem Lenker ein Bett oder eine Schlafkabine zur Verfügung steht.

(2) Durch Kollektivvertrag kann eine zweimalige Unterbrechung der täglichen Ruhezeit zugelassen werden, wenn

1. Zeiten unter den Bedingungen des Abs. 1 zum Teil an Land, zum Teil auf dem Fährschiff oder der Eisenbahn verbracht werden,
2. die Unterbrechung eine Stunde nicht übersteigt, und
3. dem Lenker während der gesamten täglichen Ruhezeit ein Bett oder eine Schlafkabine zur Verfügung steht.

Verbot bestimmter Arten des Entgelts

§ 15c. Lenkerinnen und Lenker dürfen nicht nach Maßgabe der zurückgelegten Strecke, der Schnelligkeit der Auslieferung oder der Menge der beförderten Güter entlohnt werden, auch nicht in Form von Prämien oder Zuschlägen für diese Fahrtstrecken oder Gütermengen, es sei denn, dass diese Entgelte nicht geeignet sind, die Sicherheit im Straßenverkehr zu beeinträchtigen oder Verstöße gegen dieses Bundesgesetz zu begünstigen.

Abweichungen

§ 15d. (1) Wenn es mit der Sicherheit im Straßenverkehr vereinbar ist, kann der Lenker, um einen geeigneten Halteplatz zu erreichen, von den §§ 14a, 15, 15a und 15b sowie einer Verordnung gemäß § 15e abweichen, soweit dies erforderlich ist, um die Sicherheit der Fahrgäste, des Fahrzeugs oder seiner Ladung zu gewährleisten. Art und Grund der Abweichung sind zu vermerken

1. auf dem Schaublatt, wenn das Fahrzeug mit einem analogen Kontrollgerät ausgerüstet ist,
2. auf dem Ausdruck des Kontrollgeräts, wenn das Fahrzeug mit einem digitalen Kontrollgerät ausgerüstet ist,
3. im Arbeitszeitplan in den Fällen des Art. 16 Abs. 1 der Verordnung (EG) Nr. 561/2006,
4. in den Arbeitszeitaufzeichnungen in den übrigen Fällen.

(2) Für Lenkerinnen und Lenker, die als gemäß § 97 Abs. 2 der Straßenverkehrsordnung 1960, BGBl. Nr. 159/1960, beeidete Straßenaufsichtsorgane mit der Begleitung von Sondertransporten beauftragt werden, sind Abweichungen nach Abs. 1 auch zulässig, wenn dies für die Sicherheit der Ladung des Sondertransportes erforderlich ist.

(3) Sofern die Sicherheit im Straßenverkehr nicht gefährdet wird, kann die Lenkerin oder der Lenker unter außergewöhnlichen Umständen von § 14a Abs. 1 und 2 abweichen, um die Betriebsstätte der Arbeitgeberin oder des Arbeitgebers oder den eigenen Wohnsitz zu erreichen, um eine regelmäßige wöchentliche Ruhezeit, im Fall der Z 1 auch eine verkürzte wöchentliche Ruhezeit, einzulegen. In diesen Fällen kann die tägliche oder die wöchentliche Lenkzeit

1. entweder um bis zu einer Stunde überschritten werden, oder
2. um bis zu zwei Stunden überschritten werden, sofern unmittelbar vor dieser Überschreitung eine ununterbrochene Lenk- oder Ruhepause von mindestens 30 Minuten eingelegt wurde.

Eine Verlängerung der wöchentlichen Höchstarbeitszeit gemäß § 13b ist unzulässig. Jede Lenkzeitverlängerung ist durch eine Ruhezeit von gleicher Dauer auszugleichen, die in Verbindung mit einer ununterbrochenen täglichen oder wöchentlichen Ruhezeit bis zum Ende der dritten Woche nach der betreffenden Woche genommen werden muss. Abs. 1 letzter Satz ist anzuwenden.

UNTERABSCHNITT 4D

GEMEINSAME BESTIMMUNGEN

Ausnahmen durch Verordnung

§ 15e. (1) Durch Verordnung können Abweichungen von den Bestimmungen der §§ 12, 13b bis 15b, 17 und

17a oder von den Verordnungen (EU) Nr. 165/2014 und (EG) Nr. 561/2006 für die jeweils erfassten Fahrzeuge zugelassen werden. Solche Verordnungen dürfen nur für den innerstaatlichen Straßenverkehr und nur für die in Art. 3 oder Art. 13 der Verordnung (EG) Nr. 561/2006 genannten Kraftfahrzeuge erlassen werden, wenn

1. diese Abweichungen wegen der Art der Beförderung notwendig sind, und
2. die Erholung der Lenker nicht beeinträchtigt wird.

(2) Soweit die Bundesregierung zum Abschluss von Regierungsübereinkommen gemäß Art. 66 Abs. 2 B-VG, ermächtigt ist, können auch für den grenzüberschreitenden Straßenverkehr Abweichungen gemäß Abs. 1 zugelassen werden.

Schadenersatz- und Regressansprüche

§ 15f. Bei Schadenersatz- und Regressansprüchen zwischen Arbeitgebern und Lenkern gelten als Grund für die Minderung oder den gänzlichen Ausschluss von Ersatz- oder Regressansprüchen im Sinne des § 2 Abs. 2 Z 4 und 5 des Dienstnehmerhaftpflichtgesetzes, BGBl. Nr. 80/1965,

1. das Vorliegen einer Entgeltvereinbarung im Sinne des § 15c,
2. ein Verstoß des Arbeitgebers gegen die Informationspflicht gemäß § 17c Abs. 1, oder
3. ein Verstoß gegen die in § 28 Abs. 3 Z 1 bis 5, 7 und 8, oder des Abs. 4 Z 1 bis 3 genannten Bestimmungen,

es sei denn, dass diese Verstöße auf den Eintritt des Schadens oder die Schadenshöhe keinen Einfluss haben konnten.

Einsatzzeit

§ 16. (1) Die Einsatzzeit von Lenkern umfasst die zwischen zwei Ruhezeiten anfallende Arbeitszeit und die Arbeitszeitunterbrechungen. Bei Teilung der täglichen Ruhezeit oder bei Unterbrechung der täglichen Ruhezeit bei kombinierter Beförderung beginnt eine neue Einsatzzeit nach Ablauf der gesamten Ruhezeit, bei Teilung der täglichen Ruhezeit im regionalen Kraftfahrlinienverkehr nach Ablauf des mindestens achtstündigen Teiles der Ruhezeit.

(2) Die Einsatzzeit darf zwölf Stunden nicht überschreiten, soweit im folgenden nicht anderes bestimmt wird.

(3) Für Lenker von Kraftfahrzeugen, die

1. zur Güterbeförderung dienen und deren zulässiges Gesamtgewicht, einschließlich Anhänger oder Sattelanhänger, 3,5 Tonnen übersteigt, oder
2. zur Personenbeförderung dienen und die nach ihrer Bauart und Ausstattung geeignet und dazu bestimmt sind, mehr als neun Personen einschließlich des Fahrers zu befördern,

kann der Kollektivvertrag, für Betriebe, für die kein Kollektivvertrag wirksam ist, die Betriebsvereinbarung, eine Verlängerung der Einsatzzeit soweit zulassen, dass die vorgeschriebene tägliche Ruhezeit eingehalten wird.

(4) Für Lenker der übrigen Kraftfahrzeuge kann der Kollektivvertrag, für Betriebe, für die kein Kollektivvertrag wirksam ist, die Betriebsvereinbarung, eine Verlängerung der Einsatzzeit bis auf 14 Stunden zulassen.

(5) Abs. 2 bis 4 gelten nicht für Lenker, für die auf Grund der arbeitsvertraglichen Pflichten nicht das Lenken eines Kraftfahrzeuges im Vordergrund steht.

Kontrollgerät und Lenkprotokoll

§ 17. (1) Ist ein Fahrzeug, das im regionalen Kraftfahrlinienverkehr eingesetzt wird, mit einem analogen oder digitalen Kontrollgerät ausgestattet, kommen die für VO-Fahrzeuge geltenden Vorschriften für die Verwendung des Kontrollgerätes, der Schaublätter, der Ausdrucke oder der Fahrerkarte nach Maßgabe des Art. 6 Abs. 5 der Verordnung (EG) Nr. 561/2006, der Art. 26 bis 29 sowie 32 bis 37 der Verordnung (EU) Nr. 165/2014 sowie des § 17a zur Anwendung.

(2) Für alle übrigen sonstigen Kraftfahrzeuge im Sinne des § 13 Abs. 1 Z 3, die mit einem analogen oder digitalen Kontrollgerät ausgerüstet sind, gelten für die Verwendung des Kontrollgerätes, der Schaublätter, der Ausdrucke oder der Fahrerkarte die im Abs. 1 genannten Vorschriften nur, soweit nicht anstelle der Verwendung des Kontrollgerätes ein Lenkprotokoll geführt wird.

(3) Ist das Kraftfahrzeug

1. weder mit einem analogen noch einem digitalen Kontrollgerät ausgerüstet, oder
2. wird auf die Verwendung des Kontrollgerätes gemäß Abs. 2 verzichtet,

haben die Lenkerinnen und Lenker ein Lenkprotokoll nach den Vorschriften der Abs. 4 bis 6 zu führen.

(4) In den Fällen des Abs. 3 haben Lenkerinnen und Lenker während des Dienstes das aktuelle Lenkprotokoll sowie die Lenkprotokolle der letzten 56 Tage mit sich zu führen. Diese Lenkprotokolle sind den Kontrollorganen über deren Verlangen vorzuweisen.

(5) Den Arbeitgeberinnen und Arbeitgebern obliegen die Ausgabe der Lenkprotokolle sowie die Führung eines Verzeichnisses über die als Lenkerinnen und Lenker eingesetzten Arbeitnehmerinnen und Arbeitnehmer. Die Lenkprotokolle und das Verzeichnis können auch elektronisch geführt werden, sind mindestens 24 Monate lang aufzubewahren, wobei diese Frist bei einer Durchrechnung der Arbeitszeit mit dem Ende des Durchrechnungszeitraumes beginnt, und den Kontrollorganen auf Verlangen auszuhändigen.

(6) Nähere Bestimmungen über die Merkmale, die Form, den Inhalt und die Vorschriften über die Führung der Lenkprotokolle und des Verzeichnisses sowie deren Überprüfung durch die Arbeitgeberinnen und Arbeitgeber sind durch Verordnung zu treffen. Ferner können durch Verordnung Ausnahmen und Erleichterungen in der Führung der Lenkprotokolle gestattet werden, wenn die Überwachung der Einhaltung der Arbeitszeitregelungen auf andere Weise hinlänglich sichergestellt ist.

Digitales Kontrollgerät

§ 17a. (1) Zur Gewährleistung der ordnungsgemäßen Verwendung des digitalen Kontrollgerätes und der Fahrerkarte hat der Arbeitgeber in der Arbeitszeit den Lenker ausreichend und nachweislich in der Handhabung zu unterweisen oder die ausreichende Unterweisung nachweislich sicher zu stellen sowie alle sonst dafür notwendigen Maßnahmen zu treffen, insbesondere eine Bedienungsanleitung sowie genügend geeignetes Papier für den Drucker zur Verfügung zu stellen. Die Arbeitgeberin bzw. der Arbeitgeber hat weiters dafür Sorge zu tragen, dass die Lenkerin bzw. der Lenker all ihren bzw. seinen Verpflichtungen bezüglich des digitalen Kontrollgerätes nach der Verordnung (EU) Nr. 165/2014, insbesondere hinsichtlich der manuellen Eingabe gemäß Art. 34 Abs. 3 und der Mitführverpflichtungen gemäß Art. 36 nachkommt.

(2) Ist ein Fahrzeug mit einem digitalen Kontrollgerät ausgerüstet, so hat der Arbeitgeber dafür Sorge zu tragen, dass alle relevanten Daten aus dem digitalen Kontrollgerät und von der Fahrerkarte eines Lenkers lückenlos elektronisch herunter geladen und auf einen externen Datenträger übertragen werden und von allen übertragenen Daten unverzüglich Sicherungskopien erstellt werden, die auf einem gesonderten Datenträger

aufzubewahren sind. Die herunter geladenen Daten müssen gemäß Art. 2 Abs. 2 lit. n der Verordnung (EU) Nr. 165/2014 mit einer digitalen Signatur versehen sein. Sind die Fahrerkarte oder das digitale Kontrollgerät beschädigt oder weisen sie Fehlfunktionen auf, hat der Arbeitgeber alle zumutbaren Maßnahmen zu treffen, um die Daten in elektronischer Form zu erhalten. Ist dies nicht möglich, hat er zumindest einen Ausdruck vom Kontrollgerät vorzunehmen.

(3) Das Herunterladen, Übertragen und Sichern der Daten hat zu erfolgen:

1. bei den Daten aus dem digitalen Kontrollgerät:
   a) spätestens drei Monate nach dem letzten Herunterladen,
   b) im Falle eines Wechsels des Zulassungsbesitzers unmittelbar vor der Abmeldung des Fahrzeuges gemäß § 43 KFG,
   c) im Falle einer Aufhebung der Zulassung des Fahrzeugs gemäß § 44 KFG unmittelbar nachdem davon Kenntnis erlangt wird,
   d) unmittelbar vor oder nach einer Überlassung des Fahrzeugs, wenn diese aufgrund der Vermietung des Fahrzeugs oder einem vergleichbaren Rechtsgeschäft erfolgt,
   e) unmittelbar vor einem Austausch des Kontrollgeräts,
   f) im Falle eines Defekts einer Fahrerkarte, sobald davon Kenntnis erlangt wird;
2. bei den Daten von der Fahrerkarte eines Lenkers:
   a) spätestens alle 28 Tage,
   b) unmittelbar vor Beginn und Ende eines Beschäftigungsverhältnisses,
   c) unmittelbar vor Ablauf der Gültigkeit der Fahrerkarte.

(4) Der Arbeitgeber hat dafür zu sorgen, dass die vollständige, geordnete, inhaltsgleiche und authentische Wiedergabe der Daten gemäß Abs. 2 jederzeit gewährleistet ist. Er hat dem Arbeitsinspektorat diese Daten auf seine Kosten in elektronischer Form und einschließlich jener Hilfsmittel zur Verfügung zu stellen, die notwendig sind, um die Daten lesbar zu machen. Auf Verlangen ist auch ein Ausdruck dieser Daten vorzunehmen.

Aufzeichnungs- und Aufbewahrungspflicht

§ 17b. Der Arbeitgeber hat Aufzeichnungen über sämtliche geleisteten Arbeitsstunden von Lenkern zu führen und alle Lenkeraufzeichnungen mindestens 24 Monate lang aufzubewahren, wobei diese Frist bei einer Durchrechnung der Arbeitszeit mit dem Ende des Durchrechnungszeitraumes beginnt. Diese Aufzeichnungen sind dem Arbeitsinspektorat lückenlos und geordnet nach Lenker und Datum zur Verfügung zu stellen. Als Lenkeraufzeichnungen gelten neben sämtlichen herunter geladenen, übertragenen und gesicherten Daten im Sinne des § 17a Abs. 2 auch die Ausdrucke vom Kontrollgerät, Schaublätter, Arbeitszeitpläne, Fahrtenbücher sowie alle sonstigen Arbeitszeitaufzeichnungen einschließlich von Aufzeichnungen über das Verbringen der wöchentlichen Ruhezeit gemäß Art. 8 Abs. 8 der Verordnung (EG) Nr. 561/2006 in einer geeigneten Unterkunft

Informationspflichten

§ 17c. (1) Der Dienstzettel gemäß § 2 Abs. 2 Arbeitsvertragsrechts-Anpassungsgesetz (AVRAG), BGBl. Nr. 459/1993, hat neben allen dort genannten Angaben auch einen Hinweis für die Lenkerin/den Lenker geltenden arbeitszeitrechtlichen Vorschriften sowie auf die Möglichkeiten zur Einsichtnahme zu enthalten.

(2) Der Arbeitgeber hat dem Arbeitnehmer auf Verlangen eine Kopie der Arbeitszeitaufzeichnungen auszuhändigen.

ABSCHNITT 5

SONDERBESTIMMUNGEN FÜR ARBEITNEHMER IN BETRIEBEN DES ÖFFENTLICHEN VERKEHRS

Allgemeine Sonderbestimmungen

§ 18. (1) In dem öffentlichen Verkehr dienenden Unternehmen gelten, soweit sie nicht nach § 1 Abs. 2 von diesem Bundesgesetz ausgenommen sind, die Bestimmungen dieses Bundesgesetzes nach Maßgabe des Abschnittes 5 für

1. Arbeitnehmer, die
   a) auf Haupt- oder Nebenbahnen gemäß § 4 des Eisenbahngesetzes 1957, BGBl. Nr. 60, als Zugpersonal (§ 18f Abs. 1 Z 1) eingesetzt sind, oder
   b) in Haupt- oder Nebenbahnunternehmen sonstige fahrplangebundene Tätigkeiten ausüben;
2. Arbeitnehmer in Straßenbahn- oder Oberleitungsomnibusunternehmen gemäß § 5 des Eisenbahngesetzes, die
   a) als Fahrpersonal eingesetzt sind,
   b) fahrplangebundene Tätigkeiten ausüben oder
   c) sonstige Tätigkeiten ausüben, die die Kontinuität des Dienstes gewährleisten;
3. Arbeitnehmer in Seilbahnunternehmen gemäß § 2 des Seilbahngesetzes 2003, BGBl. I Nr. 103, die
   a) als Fahrpersonal tätig sind,
   b) zur Unterstützung oder Sicherung der Passagiere beim Ein- und Aussteigen eingesetzt oder
   c) mit der Lawinensicherung, Beschneiung und Pistenpräparierung befasst sind, sofern ein vorhersehbarer übermäßiger Arbeitsanfall besteht;
4. Arbeitnehmerinnen und Arbeitnehmer im Schiffsdienst von
   a) Hafenunternehmen im Sinne des Schifffahrtsgesetzes, BGBl. I Nr. 62/1997;
   b) Schifffahrtsunternehmen im Sinne des Schifffahrtsgesetzes;
5. Arbeitnehmer im Schiffsdienst von Schifffahrtsunternehmen im Sinne des Seeschifffahrtsgesetzes, BGBl. Nr. 174/1981;
6. Arbeitnehmer, die in Unternehmen nach dem
   a) Luftfahrtgesetz 1957, BGBl. Nr. 253,
   b) Flughafen-Bodenabfertigungsgesetz, BGBl. I Nr. 97/1998,
   c) Luftfahrtsicherheitsgesetz - LSG, BGBl. Nr. 824/1992,

als Flughafenpersonal oder als Flugsicherungspersonal Tätigkeiten ausüben, die zur Aufrechterhaltung des Luftverkehrs ständig erforderlich sind;

auch wenn sie kurzfristig andere Tätigkeiten ausüben.

(2) Durch Kollektivvertrag kann zugelassen werden, dass die nach den §§ 3 oder 5 zulässige wöchentliche Normalarbeitszeit abweichend von § 4 und abweichend von der nach § 3 Abs. 1 zulässigen täglichen Normalarbeitszeit innerhalb eines mehrwöchigen Durchrechnungszeitraumes so verteilt wird, dass im wöchentlichen Durchschnitt die nach den §§ 3 oder 5 zulässige wöchentliche Normalarbeitszeit nicht überschritten wird. Dabei darf die Tagesarbeitszeit zehn Stunden, in den Fällen des § 5 und des § 7 Abs. 1 jedoch zwölf Stunden insoweit überschreiten, als dies die Aufrechterhaltung des Verkehrs erfordert.

(3) Für Arbeitnehmer, deren Arbeitsleistung Warte- und Bereitschaftszeiten einschließt, können durch Kollektivvertrag abweichend von den §§ 2 und 3 besondere Regelungen über das Ausmaß der Wochenarbeitsleistung, über die Bewertung der Warte- und Bereitschaftszeiten als Arbeitszeit sowie über die Art und Höhe der Abgeltung dieser Zeiten getroffen werden.

(4) Durch Kollektivvertrag kann eine von § 11 abweichende Regelung zugelassen werden, wenn es im Interesse der Arbeitnehmer des Unternehmens gelegen oder aus betrieblichen Gründen notwendig ist.

(5) Abweichungen nach Abs. 2 bis 4 oder §§ 18a bis 18d sind auch durch Betriebsvereinbarung zulässig, wenn für die betroffenen Arbeitnehmer kein Kollektivvertrag wirksam ist.

Arbeitnehmerinnen und Arbeitnehmer in Straßenbahn-, Oberleitungsomnibus- und Seilbahnunternehmen

§ 18a. (1) Für Arbeitnehmer gemäß § 18 Abs. 1 Z 2 und 3 kann durch Kollektivvertrag zugelassen werden, dass die gemäß § 12 Abs. 1 zustehende tägliche Ruhezeit auf mindestens acht Stunden verkürzt wird. Diese Verkürzung ist innerhalb der nächsten 21 Tage durch entsprechende Verlängerung einer anderen täglichen oder wöchentlichen Ruhezeit auszugleichen. An höchstens zwei Tagen pro Woche kann durch Kollektivvertrag eine Verkürzung auf mindestens sechs Stunden zugelassen werden, wobei die erste Verkürzung innerhalb von sieben Tagen auszugleichen ist, die zweite Verkürzung innerhalb von 14 Tagen.

(2) Für Lenkerinnen und Lenker in Oberleitungsomnibusunternehmen sind darüber hinaus auch § 13c Abs. 1 bis 4 und § 14 anzuwenden.

Arbeitnehmer in Unternehmen der Binnenschifffahrt

§ 18b. (1) Für Arbeitnehmerinnen und Arbeitnehmer gemäß § 18 Abs. 1 Z 4 lit. a kann durch Kollektivvertrag zugelassen werden, dass die gemäß § 12 Abs. 1 zustehende tägliche Ruhezeit

1. auf mindestens acht Stunden verkürzt wird. Solche Verkürzungen der Ruhezeit sind innerhalb der nächsten zehn Kalendertage durch entsprechende Verlängerung einer anderen täglichen oder wöchentlichen Ruhezeit auszugleichen. Eine Verkürzung auf weniger als zehn Stunden ist nur zulässig, wenn der Kollektivvertrag weitere Maßnahmen zur Sicherstellung der Erholung der Arbeitnehmerinnen und Arbeitnehmer vorsieht;
2. zwei Abschnitten gewährt wird, wobei ein Teil der Ruhezeit mindestens sechs Stunden betragen muss. Ruhezeiten, die gemäß Z 1 auf weniger als zehn Stunden verkürzt wurden, dürfen nicht geteilt werden.

(2) Die Abs. 3 bis 9 gelten nur für Arbeitnehmerinnen und Arbeitnehmer gemäß § 18 Abs. 1 Z 4 lit. b.

(3) Durch Kollektivvertrag kann zugelassen werden, dass die gemäß § 12 Abs. 1 zustehende tägliche Ruhezeit

1. auf mindestens zehn Stunden verkürzt wird. Solche Verkürzungen der Ruhezeit sind innerhalb der nächsten zehn Kalendertage durch entsprechende Verlängerung einer anderen täglichen oder wöchentlichen Ruhezeit auszugleichen;
2. in zwei Abschnitten gewährt wird, wobei ein Teil der Ruhezeit mindestens sechs Stunden betragen muss.

(4) Die Summe der täglichen Ruhezeiten und der wöchentliche Ruhezeit nach dem Arbeitsruhegesetz (Gesamtruhezeit) darf innerhalb einer Kalenderwoche 84 Stunden nicht unterschreiten.

(5) Arbeitnehmerinnen und Arbeitnehmer dürfen innerhalb einer Kalenderwoche höchstens 42 Stunden während des Zeitraums von 23.00 Uhr bis 06.00 Uhr beschäftigt werden.

(6) Abweichend von § 18 Abs. 2 letzter Satz darf die Tagesarbeitszeit zehn Stunden, in den Fällen des § 5 zwölf Stunden, überschreiten, wenn dies die Aufrechterhaltung des Verkehrs erfordert, sie darf jedoch keinesfalls mehr als 14 Stunden betragen.

(7) Abweichend von § 25 hat der Aushang der Arbeitszeiteinteilung an Bord des Schiffes zu erfolgen und sind die Arbeitszeitaufzeichnungen gemäß § 26 an Bord des Schiffes zu führen. Diese haben jedenfalls zu enthalten:

1. Schiffsname,
2. Name der Arbeitnehmerin/des Arbeitnehmers,
3. Name der verantwortlichen Schiffsführerin/des verantwortlichen Schiffsführers,
4. Datum,
5. Arbeits- oder Ruhetag,
6. Beginn und Ende der täglichen Arbeits- oder Ruhezeiten.

(8) Die Arbeitszeitaufzeichnungen müssen mindestens bis zum Ende des jeweils vereinbarten Durchrechnungszeitraums an Bord aufbewahrt werden. Sie sind in geeigneten Zeitabständen (spätestens bis zum nächsten Monatsende) gemeinsam von Arbeitgeberin/Arbeitgeber oder Vertreterin/Vertreter und Arbeitnehmerin/Arbeitnehmer zu prüfen und bestätigen.

(9) Den Arbeitnehmerinnen und Arbeitnehmern ist eine Kopie der sie betreffenden bestätigten Aufzeichnungen auszuhändigen. Diese Kopien sind ein Jahr mitzuführen.

Arbeitnehmer in Unternehmen der Seeschifffahrt

§ 18c. (1) Arbeitnehmern gemäß § 18 Abs. 1 Z 5 ist abweichend von § 12 nach Beendigung der Tagesarbeitszeit eine ununterbrochene Ruhezeit von mindestens zehn Stunden zu gewähren. Durch Kollektivvertrag kann zugelassen werden, dass diese Ruhezeit in zwei Abschnitten gewährt wird, wobei ein Teil mindestens sechs Stunden betragen muss und zwischen diesen Teilen höchstens 14 Stunden liegen dürfen. In jedem Zeitraum von sieben aufeinander folgenden Tagen hat die Summe dieser Ruhezeiten mindestens 77 Stunden zu betragen.

(2) Dienstpläne und Arbeitszeitaufzeichnungen im Sinne der §§ 25 und 26 sind in den Arbeitssprachen und in Englisch an Bord der Schiffe aufzulegen bzw. zu führen und haben den Standardmustern der Anhänge I und II der Richtlinie 1999/95/EG zu entsprechen. Eine schriftlich vom Arbeitgeber und vom Arbeitnehmer bestätigte Kopie der Arbeitszeitaufzeichnung ist dem Arbeitnehmer auszuhändigen.

Arbeitnehmer in Luftfahrtunternehmen

§ 18d. Für Arbeitnehmer gemäß § 18 Abs. 1 Z 6 kann durch Kollektivvertrag zugelassen werden, dass die gemäß § 12 zustehende tägliche Ruhezeit auf mindestens zehn Stunden verkürzt wird, wenn in der unmittelbar auf diese verkürzte Ruhezeit folgenden Arbeitszeit spätestens nach sechs Stunden neben der Ruhepause gemäß § 11 zusätzlich eine Ruhepause von 30 Minuten gewährt wird. § 12 Abs. 2 bleibt unberührt.

Fliegendes Personal

§ 18e. (1) Soweit in diesem Bundesgesetz

1. auf den EU-Teilabschnitt FTL verwiesen wird, ist dies ein Verweis auf den Teilabschnitt FTL im Anhang III der Verordnung (EU) Nr. 965/2012 zur Festlegung technischer Vorschriften und von Ver-

waltungsverfahren in Bezug auf den Flugbetrieb gemäß der Verordnung (EG) Nr. 216/2008 des Europäischen Parlaments und des Rates, ABl. Nr. L 296 vom 25.10.2012, S. 1, in der jeweils geltenden Fassung;

1a. auf den EU-Teilabschnitt Q verwiesen wird, ist dies ein Verweis auf den Teilabschnitt Q im Anhang III der Verordnung (EG) Nr. 3922/91 des Rates vom 16. Dezember 1991 zur Harmonisierung der technischen Vorschriften und der Verwaltungsverfahren in der Zivilluftfahrt, ABl. Nr. L 373 vom 31.12.1991, S. 4, in der jeweils geltenden Fassung;

2. auf die AOCV 2008 verwiesen wird, ist dies ein Verweis auf die Verordnung des Bundesministers für Verkehr, Innovation und Technologie betreffend die Voraussetzungen für die Erteilung des Luftverkehrsbetreiberzeugnisses (AOCV 2008), BGBl. II Nr. 254/2008, in der jeweils geltenden Fassung;

3. der Begriff „Blockzeit" verwendet wird, bezeichnet dies die Zeit zwischen der ersten Bewegung eines Luftfahrzeugs aus seiner Parkposition zum Zweck des Startens bis zum Stillstand an der zugewiesenen Parkposition und bis alle Triebwerke abgestellt sind;

4. der Begriff „Blockzeit" für Hubschrauber verwendet wird, bezeichnet dies die Zeit vom Beginn des Drehens der Rotoren zum Zweck des Startens bis zum Stillstand.

(2) Für das fliegende Personal von Luftfahrtunternehmen sind der Abschnitt 2, mit Ausnahme des § 2, und der Abschnitt 3 sowie die §§ 12a Abs. 4 bis 6, 20a und 20b nicht anzuwenden. Für diese Arbeitnehmer darf

1. die Blockzeit 900 Stunden pro Kalenderjahr und
2. die Arbeitszeit pro Kalenderjahr 2 000 Stunden

nicht überschreiten. Die Jahresarbeitszeit ist möglichst gleichmäßig zu verteilen. Die Organisation des Arbeitsrhythmus durch den Arbeitgeber hat den allgemeinen Grundsatz zu berücksichtigen, dass die Arbeit dem Arbeitnehmer angepasst sein muss.

(3) Für das fliegende Personal von Luftfahrtunternehmen sind überdies folgende Bestimmungen anzuwenden:

1. bei Flügen gemäß Art. 8 Z 1 der Verordnung (EU) Nr. 965/2012 der EU-Teilabschnitt FTL,
2. bei Flügen gemäß Art. 8 Z 2 der Verordnung (EU) Nr. 965/2012 der EU-Teilabschnitt Q,
3. bei allen anderen Flügen die AOCV 2008 samt ihrer Anhänge,

jeweils einschließlich österreichischer Durchführungsvorschriften.

(4) § 26 gilt unbeschadet der in den EU-Teilabschnitten FTL oder Q oder in der AOCV 2008 vorgesehenen Aufzeichnungspflichten.

Sonderbestimmungen für Arbeitnehmer auf Haupt- oder Nebenbahnen

Begriffsbestimmungen

§ 18f. (1) Im Sinne dieses Bundesgesetzes ist

1. Zugpersonal das Personal, das als Triebfahrzeugführer oder Zugbegleitpersonal an Bord eines Zuges beschäftigt wird;
2. Triebfahrzeugführer jeder Arbeitnehmer, der für das Fahren eines Triebfahrzeuges verantwortlich ist;
3. grenzüberschreitendes Zugpersonal jenes Zugpersonal, das mindestens eine Stunde seiner täglichen Arbeitszeit im interoperablen grenzüberschreitenden Verkehr gemäß Z 6 eingesetzt wird;
4. eine auswärtige Ruhezeit eine tägliche Ruhezeit, die nicht am üblichen Wohnort des als Zugpersonal eingesetzten Arbeitnehmers genommen werden kann;
5. Fahrzeit die Dauer der geplanten Tätigkeit, während der der Triebfahrzeugführer die Verantwortung für das Fahren des Triebfahrzeuges trägt, ausgenommen die Zeit, die für das Auf- und Abrüsten des Triebfahrzeuges eingeplant ist. Sie schließt jedoch geplante Unterbrechungen ein, in denen der Triebfahrzeugführer für das Fahren des Triebfahrzeuges verantwortlich bleibt;
6. interoperabler grenzüberschreitende Verkehr ein grenzüberschreitende Verkehr, für den gemäß der Richtlinie 2001/14/EG, ABl. Nr. L 75 vom 15. 03. 2001, S. 29, mindestens zwei Sicherheitsbescheinigungen für das Eisenbahnunternehmen erforderlich sind.

(2) Als interoperabler grenzüberschreitender Verkehr gemäß Abs. 1 Z 6 gilt jedoch nicht

1. der grenzüberschreitende Personennah- und -regionalverkehr,
2. der grenzüberschreitende Güterverkehr, welcher nicht mehr als 15 Kilometer über die Grenze hinausgeht,
3. Zugbewegungen auf grenzüberschreitenden Strecken, die ihre Fahrt auf der Infrastruktur desselben Mitgliedstaats beginnen und beenden und die Infrastruktur eines anderen Mitgliedstaats nutzen, ohne dort anzuhalten (Korridorverkehr),
4. der Verkehr zwischen den im Anhang der Richtlinie 2005/47/EG aufgeführten offiziellen Grenzbahnhöfen.

Tägliche Ruhezeit

§ 18g. (1) Abweichend von § 12 Abs. 1 beträgt die tägliche Ruhezeit des grenzüberschreitenden Zugpersonals zwölf Stunden. Sie kann in folgenden Fällen verkürzt werden:

1. einmal pro Woche auf mindestens neun Stunden, wenn dafür eine entsprechende Verlängerung der nächsten täglichen Ruhezeit am Wohnort erfolgt;
2. auf mindestens acht Stunden ohne Ausgleich, wenn es sich um eine auswärtige tägliche Ruhezeit handelt.

Eine verkürzte Ruhezeit gemäß Z 1 darf nicht zwischen zwei auswärtigen Ruhezeiten gemäß Z 2 festgelegt werden. Auf eine auswärtige Ruhezeit hat jedenfalls eine tägliche Ruhezeit am Wohnort zu folgen.

(2) Für das sonstige Zugpersonal und Arbeitnehmer nach § 18 Abs. 1 Z 1 lit. b ist § 18a anzuwenden.

Ruhepausen für das Zugpersonal

§ 18h. (1) Auf das Zugpersonal ist § 11 nicht anzuwenden.

(2) Die Arbeitszeit der Triebsfahrzeugführer ist bei einer

1. Gesamtdauer der Arbeitszeit von mehr als sechs Stunden durch eine Ruhepause von mindestens 30 Minuten,
2. Gesamtdauer der Arbeitszeit von mehr als acht Stunden durch eine Ruhepause von mindestens 45 Minuten

zu unterbrechen.

(3) Beträgt die Gesamtdauer der Arbeitszeit des Zugbegleitpersonals mehr als sechs Stunden, ist sie durch eine Ruhepause von mindestens 30 Minuten zu unterbrechen.

(4) Die zeitliche Lage und die Länge der Ruhepause müssen ausreichend sein, um eine effektive Erholung des Zugpersonals zu sichern.

Fahrzeit für Triebfahrzeugführer

§ 18i. (1) Die Fahrzeit eines Triebfahrzeugführers zwischen zwei Ruhezeiten darf neun Stunden nicht überschreiten. Werden mindestens drei Stunden im Nachtzeitraum gemäß § 12a Abs. 1 gefahren, darf die Fahrzeit acht Stunden nicht überschreiten.

(2) Innerhalb eines Zeitraumes von zwei aufeinander folgenden Wochen darf die Fahrzeit eines grenzüberschreitenden Triebfahrzeugführers 80 Stunden nicht überschreiten.

Abweichungen für den nationalen Verkehr

§ 18j. Für Zugpersonal, das nicht grenzüberschreitend eingesetzt wird, kann der Kollektivvertrag Abweichungen von den §§ 18h und 18i Abs. 1 vorsehen.

Arbeitszeitaufzeichnungen

§ 18k. Aufzeichnungen über die Arbeitszeit des Zugpersonals gemäß § 26 sind für mindestens ein Jahr aufzubewahren.

ABSCHNITT 6

ARBEITSZEIT BEI ARBEITSVERHÄLTNISSEN ZUR REINHALTUNG, WARTUNG UND BEAUFSICHTIGUNG VON HÄUSERN

§ 19. Für Arbeitnehmer gemäß § 1 Abs. 2 Z 5 lit. b darf die Arbeitsverpflichtung jenes Ausmaß nicht übersteigen, das von einer vollwertigen Arbeitskraft unter Einhaltung der wöchentlichen Arbeitszeit gemäß § 9 Abs. 1 bewältigt werden kann.

SONDERBESTIMMUNGEN FÜR BESTIMMTE ARBEITNEHMERINNEN UND ARBEITNEHMER IN ÖFFENTLICHEN APOTHEKEN

§ 19a. (1) Für Arbeitnehmerinnen und Arbeitnehmer, die als Apothekenleiterinnen bzw. Apothekenleiter oder als andere allgemein berufsberechtigte Apothekerinnen und Apotheker in öffentlichen Apotheken beschäftigt sind, gelten die Bestimmungen dieses Bundesgesetzes mit den folgenden Abweichungen.

(2) Für Arbeitnehmerinnen und Arbeitnehmer, in deren Arbeitszeit wegen des Bereitschaftsdienstes der Apotheken gemäß § 8 Apothekengesetz, RGBl. Nr. 5/1907, regelmäßig und in erheblichem Umfang Arbeitsbereitschaft fällt, kann der Kollektivvertrag zulassen:

1. verlängerte Dienste von bis zu 25 Stunden,
2. abweichend von Z 1 bis zum 31. Dezember 2019 verlängerte Dienste von bis zu 32 Stunden, wobei eine weitere Verlängerung der Dienste von bis zu zwei Stunden für Arbeitnehmer und Arbeitnehmerinnen zugelassen werden kann, die an beiden Tagen des verlängerten Dienstes einen Bereitschaftsdienst während der Mittagssperre leisten,
3. innerhalb eines Durchrechnungszeitraumes von 17 Wochen eine durchschnittliche Wochenarbeitszeit von bis zu 48 Stunden,
4. abweichend von Z 3 bis zum 31. Dezember 2019 innerhalb eines Durchrechnungszeitraumes von 17 Wochen eine durchschnittliche Wochenarbeitszeit von bis zu 60 Stunden in Apotheken, die nach den apothekenrechtlichen Vorschriften mindestens 60 Bereitschaftsdienste im Turnus pro Kalenderjahr leisten müssen,
5. in einzelnen Wochen des Durchrechnungszeitraumes eine Wochenarbeitszeit von bis zu 72 Stunden, wobei eine Wochenarbeitszeit von mehr als 60 Stunden höchstens in vier aufeinanderfolgenden Wochen zulässig ist und
6. eine Ausdehnung des Durchrechnungszeitraumes von 17 auf bis zu 26 Wochen.

(2a) Eine Verlängerung der durchschnittlichen Wochenarbeitszeit von 48 auf bis zu 60 Stunden im Rahmen des Abs. 2 Z 4 ist nur zulässig, wenn die Arbeitnehmerin bzw. der Arbeitnehmer einer solchen Verlängerungsmöglichkeit schriftlich zugestimmt hat. Diese Zustimmung darf außer bei betriebsfremden Vertreterinnen und Vertretern nach § 17b Abs. 1 erster Satz Apothekengesetz nicht im Zusammenhang mit der Begründung des Dienstverhältnisses stehen.

(2b) Diese Zustimmung kann mit einer Vorankündigungsfrist von acht Wochen
1. für den nächsten Durchrechnungszeitraum,
2. bei einem Durchrechnungszeitraum von mehr als 17 Wochen für den verbleibenden Zeitraum

schriftlich widerrufen werden.

(2c) Arbeitgeberinnen und Arbeitgeber dürfen Arbeitnehmerinnen und Arbeitnehmer, die einer Verlängerung im Rahmen des Abs. 2 Z 4 nicht zustimmen oder ihre Zustimmung widerrufen haben, gegenüber anderen Arbeitnehmerinnen und Arbeitnehmern nicht benachteiligen. Dieses Diskriminierungsverbot betrifft insbesondere sämtliche Arbeitsbedingungen, die Verlängerung und die Beendigung von Dienstverhältnissen, Entgeltbedingungen, Aus- und Weiterbildungsmaßnahmen und Aufstiegschancen.

(2d) Arbeitgeberinnen und Arbeitgeber haben ein aktuelles Verzeichnis der Arbeitnehmerinnen und Arbeitnehmer zu führen, die einer Verlängerung im Rahmen des Abs. 2 Z 4 schriftlich zugestimmt haben. Bei Widerruf ist die Arbeitnehmerin bzw. der Arbeitnehmer aus dem Verzeichnis zu streichen. Diesem Verzeichnis sind Ablichtungen der Zustimmungserklärungen beizulegen.

(3) Bei Arbeitszeiten gemäß Abs. 2 kann der Kollektivvertrag Abweichungen von § 6 Abs. 1 zulassen.

(4) Verlängerte Dienste von bis zu 25 Stunden sind durch zwei, verlängerte Dienste von bis zu 32 Stunden durch drei Ruhepausen von jeweils mindestens 30 Minuten zu unterbrechen. Ist die Gewährung einer Ruhepause aus organisatorischen Gründen nicht möglich, ist innerhalb der nächsten zehn Kalendertage eine Ruhezeit entsprechend zu verlängern.

(5) Nach verlängerten Diensten von mehr als 13 Stunden ist die folgende Ruhezeit um jenes Ausmaß zu verlängern, um das der verlängerte Dienst 13 Stunden überstiegen hat, mindestens jedoch um elf Stunden. § 12a Abs. 4 bis 6 ist nicht anzuwenden.

(6) Für Arbeitnehmerinnen und Arbeitnehmer, in deren Arbeitszeit nicht in erheblichem Umfang Arbeitsbereitschaft fällt, kann der Kollektivvertrag unbeschadet der nach § 7 Abs. 1 zulässigen Überstunden bis zu zehn weitere Überstunden zulassen.

(7) Soweit nach § 8 des Apothekengesetzes sowie nach den dazu ergangenen Ausführungsvorschriften eine Dienstleistung in Form der Ruferreichbarkeit zulässig ist, darf mit der einzelnen Arbeitnehmerin bzw. dem einzelnen Arbeitnehmer Ruferreichbarkeit nur an 15 Tagen pro Monat vereinbart werden. Der Kollektivvertrag kann zulassen, dass Ruferreichbarkeit innerhalb eines Zeitraumes von 13 Kalenderwochen an 45 Tagen, jedoch höchstens an 30 aufeinanderfolgenden Tagen vereinbart werden kann.

(8) Leistet eine Arbeitnehmerin bzw. ein Arbeitnehmer während eines Bereitschaftsdienstes gemäß Abs. 7 Arbeiten, kann die tägliche Ruhezeit unterbrochen werden. Beträgt ein Ruhezeitteil mindestens acht Stunden, so ist innerhalb von zwei Wochen eine andere Ruhezeit

um vier Stunden, in allen übrigen Fällen um sechs Stunden zu verlängern

(9) Für Arbeitnehmerinnen und Arbeitnehmer, die als Vertreterinnen und Vertreter für alleinarbeitende Apothekenleiterinnen und Apothekenleiter beschäftigt werden, sind ununterbrochene Bereitschaftsdienste in Ruferreichbarkeit höchstens in vier aufeinanderfolgenden Wochen zulässig. Nach einer solchen Bereitschaftsperiode ist ein arbeitsfreier Ausgleichszeitraum von zwei Tagen pro Woche der Vertretung zu gewähren. Das Dienstverhältnis endet frühestens nach Ende des Ausgleichszeitraumes. Der Abs. 8 Z 1 zweiter Satz und Z 2 zweiter Satz sind nicht anzuwenden.

ABSCHNITT 6A

VERTRAGSRECHTLICHE BESTIMMUNGEN

Geltungsbereich

§ 19b. (1) Dieser Abschnitt gilt für Arbeitsverhältnisse aller Art.

(2) Dieser Abschnitt ist jedoch nicht auf Arbeitnehmer anzuwenden, die in einem Arbeitsverhältnis zu einer Gebietskörperschaft oder einem Gemeindeverband stehen. Die Bestimmungen dieses Abschnittes gelten jedoch für Arbeitnehmer, die in einem Arbeitsverhältnis zum Bund stehen, sofern für ihr Arbeitsverhältnis ein Kollektivvertrag wirksam ist.

(3) Ausgenommen sind weiters

1. Arbeiterinnen und Arbeitnehmer im Sinne des LAG 2021;
2. Arbeitnehmer, für die das Hausbesorgergesetz, BGBl. Nr. 16/1970, gilt;
3. leitende Angestellte oder sonstige Arbeitnehmerinnen und Arbeitnehmer, denen maßgebliche selbständige Entscheidungsbefugnis übertragen ist und deren gesamte Arbeitszeit auf Grund der besonderen Merkmale der Tätigkeit
   a) nicht gemessen bzw. im Voraus festgelegt wird, oder
   b) von diesen Arbeitnehmerinnen bzw. Arbeitnehmern hinsichtlich Lage und Dauer selbst festgelegt werden kann;
4. Heimarbeiter im Sinne des Heimarbeitsgesetzes 1960, BGBl. Nr. 105/1961;
5. nahe Angehörige der Arbeitgeberin bzw. des Arbeitgebers (Eltern, volljährige Kinder, im gemeinsamen Haushalt lebende Ehegattin oder Ehegatte, eingetragene Partnerin oder Partner, sowie Lebensgefährtin oder Lebensgefährte, wenn seit mindestens drei Jahren ein gemeinsamer Haushalt besteht), deren gesamte Arbeitszeit auf Grund der besonderen Merkmale der Tätigkeit
   a) nicht gemessen oder im Voraus festgelegt wird, oder
   b) von diesen Arbeitnehmerinnen bzw. Arbeitnehmern hinsichtlich Lage und Dauer selbst festgelegt werden kann.

(4) Von den §§ 19e und 19f sind weiters ausgenommen:

1. Arbeitnehmer, die in einem Arbeitsverhältnis zu einer Stiftung, zu einem Fonds oder zu einer Anstalt stehen, sofern diese Einrichtungen von Organen einer Gebietskörperschaft oder von Personen verwaltet werden, die hiezu von Organen einer Gebietskörperschaft bestellt sind;
2. Arbeitnehmer, für die die Vorschriften des Bäckereiarbeiterinnengesetzes 1996, BGBl. Nr. 410, gelten;
3. Arbeitnehmer, für die die Vorschriften des Hausgehilfen- und Hausangestelltengesetzes, BGBl. Nr. 235/1962, gelten;
4. Lehr- und Erziehungskräfte an Unterrichts- und Erziehungsanstalten, soweit die nicht unter Abs. 2 fallen;
5. Arbeitnehmer, die im Rahmen des Bodenpersonals von Luftverkehrsunternehmungen tätig sind;
6. Arbeitnehmer, für die die Vorschriften des Krankenanstalten-Arbeitszeitgesetzes, BGBl. I Nr. 8/1997, gelten.

Lage der Normalarbeitszeit

§ 19c. (1) Die Lage der Normalarbeitszeit und ihre Änderung ist zu vereinbaren, soweit sie nicht durch Normen der kollektiven Rechtsgestaltung festgesetzt wird.

(2) Abweichend von Abs. 1 kann die Lage der Normalarbeitszeit vom Arbeitgeber geändert werden, wenn

1. dies aus objektiven, in der Art der Arbeitsleistung gelegenen Gründen sachlich gerechtfertigt ist,
2. dem Arbeitnehmer die Lage der Normalarbeitszeit für die jeweilige Woche mindestens zwei Wochen im vorhinein mitgeteilt wird,
3. berücksichtigungswürdige Interessen des Arbeitnehmers dieser Einteilung nicht entgegenstehen und
4. keine Vereinbarung entgegensteht.

(3) Von Abs. 2 Z 2 kann abgewichen werden, wenn dies in unvorhersehbaren Fällen zur Verhinderung eines unverhältnismäßigen wirtschaftlichen Nachteils erforderlich ist und andere Maßnahmen nicht zumutbar sind. Durch Normen der kollektiven Rechtsgestaltung können wegen tätigkeitsspezifischer Erfordernisse von Abs. 2 Z 2 abweichende Regelungen getroffen werden.

Teilzeitarbeit

§ 19d. (1) Teilzeitarbeit liegt vor, wenn die vereinbarte Wochenarbeitszeit die gesetzliche Normalarbeitszeit oder eine durch Normen der kollektiven Rechtsgestaltung festgelegte kürzere Normalarbeitszeit im Durchschnitt unterschreitet. Einer Norm der kollektiven Rechtsgestaltung ist gleichzuhalten, wenn eine durch Betriebsvereinbarung festgesetzte kürzere Normalarbeitszeit mit anderen Arbeitnehmern, für die kein Betriebsrat errichtet ist, einzelvertraglich vereinbart wird.

(2) Ausmaß und Lage der Arbeitszeit und ihre Änderung sind zu vereinbaren, sofern sie nicht durch Normen der kollektiven Rechtsgestaltung festgesetzt werden. Die Änderung des Ausmaßes der regelmäßigen Arbeitszeit bedarf der Schriftform. § 19c Abs. 2 und 3 sind anzuwenden. Eine ungleichmäßige Verteilung der Arbeitszeit auf einzelne Tage und Wochen kann im Vorhinein vereinbart werden.

(2a) Die Arbeitgeberin/der Arbeitgeber hat teilzeitbeschäftigte Arbeitnehmerinnen/Arbeitnehmer bei Ausschreibung von im Betrieb freiwerdenden oder neuen Arbeitsplätzen, die zu einem höheren Arbeitszeitausmaß führen können, zu informieren. Die Information kann auch durch allgemeine Bekanntgabe an einer geeigneten, für die Teilzeitbeschäftigten leicht zugänglichen Stelle im Betrieb, durch geeignete elektronische Datenverarbeitung oder durch geeignete Telekommunikationsmittel erfolgen.

(2b) Werden teilzeitbeschäftigte Arbeitnehmerinnen und Arbeitnehmer nicht von freiwerdenden oder neuen Arbeitsplätzen im Sinne von Abs. 2a informiert, haben sie Anspruch auf Schadenersatz in der Höhe von 100 Euro. Schadenersatzansprüche nach anderen Rechtsvorschriften bleiben unberührt. Der Kollektivvertrag kann Abweichendes regeln.

(3) Teilzeitbeschäftigte Arbeitnehmer sind zur Arbeitsleistung über das vereinbarte Arbeitszeitausmaß (Mehrarbeit) nur insoweit verpflichtet, als

1. gesetzliche Bestimmungen, Normen der kollektiven Rechtsgestaltung oder der Arbeitsvertrag dies vorsehen,
2. ein erhöhter Arbeitsbedarf vorliegt oder die Mehrarbeit zur Vornahme von Vor- und Abschlußarbeiten (§ 8) erforderlich ist,
3. berücksichtigungswürdige Interessen des Arbeitnehmers der Mehrarbeit nicht entgegenstehen.

(3a) Für Mehrarbeitsstunden gemäß Abs. 3 gebührt ein Zuschlag von 25%. § 10 Abs. 3 ist anzuwenden.

(3b) Mehrarbeitsstunden sind nicht zuschlagspflichtig, wenn

1. sie innerhalb des Kalendervierteljahres oder eines anderen festgelegten Zeitraumes von drei Monaten, in dem sie angefallen sind, durch Zeitausgleich im Verhältnis 1:1 ausgeglichen werden;
2. bei gleitender Arbeitszeit die vereinbarte Arbeitszeit innerhalb der Gleitzeitperiode im Durchschnitt nicht überschritten wird. § 6 Abs. 1a ist sinngemäß anzuwenden.

(3c) Sieht der Kollektivvertrag für Vollzeitbeschäftigte eine kürzere wöchentliche Normalarbeitszeit als 40 Stunden vor und wird für die Differenz zwischen kollektivvertraglicher und gesetzlicher Normalarbeitszeit kein Zuschlag oder ein geringerer Zuschlag als nach Abs. 3a festgesetzt, sind Mehrarbeitsstunden von Teilzeitbeschäftigten im selben Ausmaß zuschlagsfrei bzw. mit dem geringeren Zuschlag abzugelten.

(3d) Sind neben dem Zuschlag nach Abs. 3a auch andere gesetzliche oder kollektivvertragliche Zuschläge für diese zeitliche Mehrleistung vorgesehen, gebührt nur der höchste Zuschlag.

(3e) Abweichend von Abs. 3a kann eine Abgeltung von Mehrarbeitsstunden durch Zeitausgleich vereinbart werden. Der Mehrarbeitszuschlag ist bei der Bemessung des Zeitausgleiches zu berücksichtigen oder gesondert auszuzahlen. Die Abs. 3b bis 3d sind auch auf die Abgeltung durch Zeitausgleich anzuwenden. § 10 Abs. 2 ist anzuwenden.

(3f) Der Kollektivvertrag kann Abweichungen von Abs. 3a bis 3e zulassen.

(4) Sofern in Normen der kollektiven Rechtsgestaltung oder Arbeitsverträgen Ansprüche nach dem Ausmaß der Arbeitszeit bemessen werden, ist bei Teilzeitbeschäftigten die regelmäßig geleistete Mehrarbeit zu berücksichtigen, dies insbesondere bei der Bemessung der Sonderzahlungen.

(Anm.: Abs. 5 aufgehoben durch Art. 41, BGBl. I Nr. 100/2018)

(6) Teilzeitbeschäftigte Arbeitnehmer dürfen wegen der Teilzeitarbeit gegenüber vollzeitbeschäftigten Arbeitnehmern nicht benachteiligt werden, es sei denn, sachliche Gründe rechtfertigen eine unterschiedliche Behandlung. Freiwillige Sozialleistungen sind zumindest in jenem Verhältnis zu gewähren, das dem Verhältnis der regelmäßig geleisteten Arbeitszeit zur gesetzlichen oder kollektivvertraglichen Normalarbeitszeit entspricht. Im Streitfall hat der Arbeitgeber zu beweisen, dass eine Benachteiligung nicht wegen der Teilzeitarbeit erfolgt.

(7) Durch Kollektivvertrag kann festgelegt werden, welcher Zeitraum für die Berechnung der regelmäßig geleisteten Mehrarbeit (Abs. 4) und für die Berechnung der Sozialleistungen (Abs. 6) heranzuziehen ist.

(8) Die Abs. 2 und 3 gelten nicht für Teilzeitbeschäftigungen gemäß Mutterschutzgesetz 1979, BGBl. Nr. 221, Väter-Karenzgesetz, BGBl. Nr. 651/1989, § 13a AVRAG oder vergleichbarer österreichischer Rechtsvorschriften.

Abgeltung von Zeitguthaben

§ 19e. (1) Besteht im Zeitpunkt der Beendigung des Arbeitsverhältnisses ein Guthaben des Arbeitnehmers an Normalarbeitszeit oder Überstunden, für die Zeitausgleich gebührt, ist das Guthaben abzugelten, soweit der Kollektivvertrag nicht die Verlängerung der Kündigungsfrist im Ausmaß des zum Zeitpunkt der Beendigung des Arbeitsverhältnisses bestehenden Zeitguthabens vorsieht und der Zeitausgleich in diesem Zeitraum verbraucht wird. Der Beendigung eines Arbeitsverhältnisses ist die Beendigung einer Arbeitskräfteüberlassung gleichzuhalten.

(2) Für Guthaben an Normalarbeitszeit gebührt ein Zuschlag von 50 Prozent. Dies gilt nicht, wenn der Arbeitnehmer ohne wichtigen Grund vorzeitig austritt. Der Kollektivvertrag kann Abweichendes regeln.

Abbau von Zeitguthaben

§ 19f. (1) Wird bei Durchrechnung der Normalarbeitszeit (§ 4 Abs. 4 und 6) mit einem Durchrechnungszeitraum von mehr als 26 Wochen der Zeitpunkt des Ausgleichs von Zeitguthaben nicht im Vorhinein festgelegt, und bestehen

1. bei einem Durchrechnungszeitraum von bis zu 52 Wochen nach Ablauf des halben Durchrechnungszeitraumes oder
2. bei einem längeren Durchrechnungszeitraum nach Ablauf von 26 Wochen

Zeitguthaben, ist der Ausgleichszeitpunkt binnen vier Wochen festzulegen oder der Ausgleich binnen 13 Wochen zu gewähren. Anderenfalls kann der Arbeitnehmer den Zeitpunkt des Ausgleichs mit einer Vorankündigungsfrist von vier Wochen selbst bestimmen, sofern nicht zwingende betriebliche Erfordernisse diesem Zeitpunkt entgegen stehen, oder eine Abgeltung in Geld verlangen. Durch Kollektivvertrag oder Betriebsvereinbarung können abweichende Regelungen getroffen werden.

(2) Wird bei Überstundenarbeit, für die Zeitausgleich gebührt, der Zeitpunkt des Ausgleichs nicht im Vorhinein vereinbart, ist

1. der Zeitausgleich für noch nicht ausgeglichene Überstunden, die bei Durchrechnung der Normalarbeitszeit (§ 4 Abs. 4 und 6) oder gleitender Arbeitszeit (§ 4b) durch Überschreitung der durchschnittlichen Normalarbeitszeit entstehen, binnen sechs Monaten nach Ende des Durchrechnungszeitraumes bzw. der Gleitzeitperiode zu gewähren;
2. in sonstigen Fällen der Zeitausgleich für sämtliche in einem Kalendermonat geleistete und noch nicht ausgeglichene Überstunden binnen sechs Monaten nach Ende des Kalendermonats zu gewähren.

Durch Kollektivvertrag können abweichende Regelungen getroffen werden.

(3) Wird der Zeitausgleich für Überstunden nicht innerhalb der Frist nach Abs. 2 gewährt, kann der Arbeitnehmer den Zeitpunkt des Zeitausgleichs mit einer Vorankündigungsfrist von vier Wochen einseitig bestimmen, sofern nicht zwingende betriebliche Erfordernisse diesem Zeitpunkt entgegen stehen, oder eine Abgeltung in Geld verlangen.

Unabdingbarkeit

§ 19g. Die dem Arbeitnehmer auf Grund dieses Abschnittes zustehenden Rechte können durch Arbeitsvertrag weder aufgehoben noch beschränkt werden.

ABSCHNITT 7

AUSNAHMEN

Außergewöhnliche Fälle

§ 20. (1) In außergewöhnlichen Fällen finden die Bestimmungen der §§ 3 bis 5a, 7 bis 9, 11, 12, 12a Abs. 4 bis 6, 13b bis 15b, 15e, 16, 18, 18a, 18b Abs. 1 und 3 bis 6, 18c Abs. 1, 18d, 18e, 18g bis 18i, 19d Abs. 3 Z 1 und 2, 20a und 20b Abs. 3 bis 5 keine Anwendung auf vorübergehende und unaufschiebbare Arbeiten, die

a) zur Abwendung einer unmittelbaren Gefahr für die Sicherheit des Lebens oder für die Gesundheit von Menschen oder bei Notstand sofort vorgenommen werden müssen, oder

b) zur Behebung einer Betriebsstörung oder zur Verhütung des Verderbens von Gütern oder eines sonstigen unverhältnismäßigen wirtschaftlichen Sachschadens erforderlich sind, wenn unvorhergesehene und nicht zu verhindernde Gründe vorliegen und andere zumutbare Maßnahmen zur Erreichung dieses Zweckes nicht getroffen werden können.

(2) Der Arbeitgeber hat die Vornahme von Arbeiten auf Grund des Abs. 1 ehestens, längstens jedoch binnen zehn Tagen nach Beginn der Arbeiten dem Arbeitsinspektorat schriftlich anzuzeigen. Die Anzeige hat die Gründe der Arbeitszeitverlängerung sowie die Anzahl der zur Mehrarbeit herangezogenen Arbeitnehmer zu enthalten. Die Aufgabe der Mitteilung bei der Post gilt als Erstattung der Anzeige.

Rufbereitschaft

§ 20a. (1) Rufbereitschaft außerhalb der Arbeitszeit darf nur an zehn Tagen pro Monat vereinbart werden. Der Kollektivvertrag kann zulassen, dass Rufbereitschaft innerhalb eines Zeitraumes von drei Monaten an 30 Tagen vereinbart werden kann.

(2) Leistet eine Arbeitnehmerin bzw. ein Arbeitnehmer während der Rufbereitschaft Arbeiten, kann die tägliche Ruhezeit unterbrochen werden, wenn innerhalb von zwei Wochen eine andere tägliche Ruhezeit um vier Stunden verlängert wird. Ein Teil der Ruhezeit muss mindestens acht Stunden betragen.

Reisezeit

§ 20b. (1) Reisezeit im Sinne der Abs. 2 bis 5 liegt vor, wenn der Arbeitnehmer über Auftrag des Arbeitgebers vorübergehend seinen Dienstort (Arbeitsstätte) verläßt, um an anderen Orten seine Arbeitsleistung zu erbringen, sofern der Arbeitnehmer während der Reisebewegung keine Arbeitsleistung zu erbringen hat.

(2) Durch Reisezeiten können die Höchstgrenzen der Arbeitszeit überschritten werden.

(3) Bestehen während der Reisezeit ausreichende Erholungsmöglichkeiten, kann die tägliche Ruhezeit verkürzt werden. Durch Kollektivvertrag kann festgelegt werden, in welchen Fällen ausreichende Erholungsmöglichkeiten bestehen.

(4) Bestehen während der Reisezeit keine ausreichenden Erholungsmöglichkeiten, kann die tägliche Ruhezeit durch Kollektivvertrag höchstens auf acht Stunden verkürzt werden. Ergibt sich dabei am nächsten Arbeitstag ein späterer Arbeitsbeginn als in der Vereinbarung gemäß § 19c Abs. 1 vorgesehen, ist die Zeit zwischen dem vorgesehenen und dem tatsächlichen Beginn auf die Arbeitszeit anzurechnen.

(5) Verkürzungen der täglichen Ruhezeit nach Abs. 3 und 4 sind nur zweimal pro Kalenderwoche zulässig.

(6) *entfällt gem. BGBl. I Nr. 53/2018 (Art. 1)*

Verkürzung der Arbeitszeit und Verlängerung der Ruhezeit bei gefährlichen Arbeiten

§ 21. Für Arbeitnehmer, die bei Arbeiten beschäftigt werden, die mit einer besonderen Gefährdung der Gesundheit verbunden sind, kann durch Verordnung eine kürzere als die nach § 3 zulässige Dauer der Arbeitszeit oder die Einhaltung längerer Ruhepausen oder Ruhezeiten als in den §§ 11 und 12 vorgesehen, angeordnet werden. Insoweit Ruhepausen über das im § 11 Abs. 1 vorgesehene Ausmaß hinausgehen, gelten sie als Arbeitszeit.

Arbeitszeit bei Reparaturarbeiten in heißen Öfen von Eisen- oder Stahlhüttenbetrieben oder Kokereien

§ 22. (1) Bei Reparaturarbeiten (Zustellungen), die in Eisen- oder Stahlhüttenbetrieben in heißen Siemens-Martin-Öfen, heißen Schmelz-, Glüh-, Aufheiz- oder Brennöfen sowie in heißen Konvertern oder in Kokereien in heißen Kokereiöfen vorgenommen werden, darf die Wochenarbeitszeit vierzig Stunden nicht überschreiten. Wird die Arbeitszeit an einzelnen Werktagen regelmäßig verkürzt, so darf sie an den übrigen Tagen der Woche acht Stunden nicht überschreiten.

(2) Nimmt die Beschäftigung mit den im Abs. 1 genannten Arbeiten nicht eine volle Woche in Anspruch, so sind Arbeitszeiten in den im Abs. 1 angeführten heißen Öfen oder heißen Konvertern mit einem Zuschlag von 7,5 Prozent zu bewerten. Eine Arbeitsstunde ist daher mit 641/2 Minuten in Anschlag zu bringen, jedoch darf die nach § 3 zulässige Dauer der Wochenarbeitszeit nicht überschritten werden.

(3) Als heiße Öfen oder heiße Konverter im Sinne der Abs. 1 und 2 gelten solche, bei denen die Innentemperatur mehr als 30° C beträgt.

(4) Die Bestimmungen der Abs. 1 und 2 gelten auch für Reparaturarbeiten (Zustellungen) in Hochöfen, soweit mit Kohlenstoffsteinen gearbeitet wird.

(5) Bei Einführung einer Wochenarbeitszeit von 42 Stunden tritt an Stelle des im Abs. 2 genannten Zuschlages von 7,5 Prozent ein solcher von 5 Prozent. Eine Arbeitsstunde ist daher dann mit 63 Minuten in Anschlag zu bringen.

Ausnahmen im öffentlichen Interesse

§ 23. Wenn es das öffentliche Interesse infolge besonders schwerwiegender Umstände erfordert, können durch Verordnung für einzelne Arten oder Gruppen von Betrieben Ausnahmen von den Bestimmungen der §§ 3, 4, 9, 11, 12, 12a Abs. 4 bis 6, 13b bis 15e, 16, 18, 18a, 18b Abs. 1 und 3 bis 6, 18c Abs. 1, 18d, 18e sowie 18g bis 18i zugelassen oder abweichende Regelungen hinsichtlich der Dauer der Ruhepausen getroffen werden.

ABSCHNITT 8

GEMEINSAME VORSCHRIFTEN

§ 24. *(entfällt gem. BGBl. I Nr. 40/2017, Art. 12)*

Aushangpflicht

§ 25. (1) Der Arbeitgeber hat an geeigneter, für den Arbeitnehmer leicht zugänglicher Stelle in der Betriebsstätte einen Aushang über den Beginn und das Ende der Normalarbeitszeit sowie Zahl und Dauer der Ruhepausen sowie der wöchentlichen Ruhezeit gut sichtbar anzubringen oder den Arbeitnehmern mittels eines sonstigen Datenträgers samt Ablesevorrichtung, durch geeignete elektronische Datenverarbeitung oder durch geeignete Telekommunikationsmittel zugänglich zu machen.

(2) Bei gleitender Arbeitszeit hat der Aushang abweichend von Abs. 1 den Gleitzeitrahmen, allfällige Übertragungsmöglichkeiten sowie Dauer und Lage der wöchentlichen Ruhezeit zu enthalten.

(3) Ist die Lage der Ruhepausen generell festgesetzt, ist diese in den Aushang aufzunehmen.

Aufzeichnungs- und Auskunftspflicht

§ 26. (1) Der Arbeitgeber hat zur Überwachung der Einhaltung der in diesem Bundesgesetz geregelten Angelegenheiten in der Betriebsstätte Aufzeichnungen über die geleisteten Arbeitsstunden zu führen. Der Beginn und die Dauer eines Durchrechnungszeitraumes sind festzuhalten.

(2) Ist – insbesondere bei gleitender Arbeitszeit – vereinbart, dass die Arbeitszeitaufzeichnungen vom Arbeitnehmer zu führen sind, so hat der Arbeitgeber den Arbeitnehmer zur ordnungsgemäßen Führung dieser Aufzeichnungen anzuleiten. Nach Ende der Gleitzeitperiode hat der Arbeitgeber sich diese Aufzeichnungen aushändigen zu lassen und zu kontrollieren. Werden die Aufzeichnungen vom Arbeitgeber durch Zeiterfassungssystem geführt, so ist dem Arbeitnehmer nach Ende der Gleitzeitperiode auf Verlangen eine Abschrift der Arbeitszeitaufzeichnungen zu übermitteln, andernfalls ist ihm Einsicht zu gewähren.

(2a) Wird in Saisonbetrieben eine Verkürzung der Ruhezeit im Sinne des § 12 Abs. 2a in Anspruch genommen, ist die Führung der Arbeitszeitaufzeichnungen durch die Arbeitnehmerin bzw. den Arbeitnehmer nach Abs. 2 nicht zulässig. Die Arbeitgeberin bzw. der Arbeitgeber hat in den Arbeitszeitaufzeichnungen die Inanspruchnahme des § 12 Abs. 2a sowie den Beginn und das Ende der Saison zu vermerken.

(3) Für Arbeitnehmerinnen/Arbeitnehmer, die die Lage ihrer Arbeitszeit und ihren Arbeitsort weitgehend selbst bestimmen können oder ihre Tätigkeit überwiegend in ihrer Wohnung ausüben, sind ausschließlich Aufzeichnungen über die Dauer der Tagesarbeitszeit zu führen.

(4) Durch Betriebsvereinbarungen kann festgesetzt werden, dass Arbeitnehmer gemäß Abs. 3 die Aufzeichnungen selbst zu führen haben. In diesem Fall hat der Arbeitgeber den Arbeitnehmer zur ordnungsgemäßen Führung der Aufzeichnungen anzuleiten, sich die Aufzeichnungen regelmäßig aushändigen zu lassen und zu kontrollieren.

(5) Die Verpflichtung zur Führung von Aufzeichnungen über die Ruhepausen gemäß § 11 entfällt, wenn

1. durch Betriebsvereinbarung, in Betrieben ohne Betriebsrat durch schriftliche Einzelvereinbarung
   a) Beginn und Ende der Ruhepausen festgelegt werden oder
   b) es den Arbeitnehmern/Arbeitnehmerinnen überlassen wird, innerhalb eines festgelegten Zeitraumes die Ruhepausen zu nehmen, und
2. von dieser Vereinbarung nicht abgewichen wird.

(5a) Bei Arbeitnehmerinnen/Arbeitnehmern mit einer schriftlich festgehaltenen fixen Arbeitszeiteinteilung haben die Arbeitgeberinnen/Arbeitgeber lediglich deren Einhaltung zumindest am Ende jeder Entgeltzahlungsperiode sowie auf Verlangen des Arbeitsinspektorates zu bestätigen und sind nur Abweichungen von dieser Einteilung laufend aufzuzeichnen.

(6) Die Arbeitgeber haben dem Arbeitsinspektorat die erforderlichen Auskünfte zu erteilen und auf Verlangen Einsicht in die Aufzeichnungen über die geleisteten Arbeitsstunden zu geben.

(7) In der Abrechnung gemäß § 78 Abs. 5 EStG 1988 sind die geleisteten Überstunden auszuweisen.

(8) Arbeitnehmerinnen/Arbeitnehmer haben einmal monatlich Anspruch auf kostenfreie Übermittlung ihrer Arbeitszeitaufzeichnungen, wenn sie nachweislich verlangt werden.

(9) Verfallsfristen werden gehemmt,

1. solange den Arbeitnehmerinnen/Arbeitnehmern die Übermittlung gemäß Abs. 8 verwehrt wird, oder
2. wenn wegen des Fehlens von Aufzeichnungen über die geleisteten Arbeitsstunden die Feststellung der tatsächlich geleisteten Arbeitszeit unzumutbar ist.

Behördenzuständigkeit und Verfahrensvorschriften

§ 27. (1) Die nach den Bestimmungen dieses Bundesgesetzes den Arbeitsinspektoraten zustehenden Aufgaben und Befugnisse sind in den vom Wirkungsbereich der Arbeitsinspektion ausgenommenen Betrieben von den zur Wahrung des Arbeitnehmerschutzes sonst berufenen Behörden wahrzunehmen.

(2) Bescheide nach den Bestimmungen dieses Bundesgesetzes sind zu widerrufen, wenn die entsprechenden Voraussetzungen weggefallen sind.

(3) Meldungen nach § 7 Abs. 4 und § 20 Abs. 2 sind von Stempel- und Rechtsgebühren des Bundes befreit.

Strafbestimmungen

§ 28. (1) Arbeitgeber, die

1. zusätzliche Ruhezeiten nach § 12a Abs. 4 bis 6 nicht gewähren;
2. Arbeitnehmer entgegen § 19a Abs. 7 zur Ruferreichbarkeit oder § 20a Abs. 1 zur Rufbereitschaft heranziehen oder entgegen § 19a Abs. 9 beschäftigen;
3. die Meldepflichten an das Arbeitsinspektorat gemäß § 20 Abs. 2, die Auskunfts- und Einsichtspflichten gemäß § 26 Abs. 6, die Aufbewahrungspflichten gemäß § 18k, Pflichten gemäß § 18b Abs. 8 oder 9 erster Satz verletzen, oder die Aufzeichnungen gemäß § 18b Abs. 7, § 18c Abs. 2 sowie § 26 Abs. 1 bis 5 mangelhaft führen;
4. die Verpflichtungen betreffend besondere Untersuchungen gemäß § 12b Abs. 1 verletzen;
5. Bescheide gemäß § 4 Abs. 2, § 5 Abs. 3 oder § 12 Abs. 4 nicht einhalten;
6. die Informationspflicht gemäß § 19d Abs. 2a nicht einhalten,

sind, sofern die Tat nicht nach anderen Vorschriften einer strengeren Strafe unterliegt, von der Bezirksverwaltungsbehörde mit einer Geldstrafe von 20 Euro bis 436 Euro zu bestrafen.

(2) Arbeitgeber, die

1. Arbeitnehmerinnen oder Arbeitnehmer über die Höchstgrenzen der täglichen oder wöchentlichen Arbeitszeit gemäß § 2 Abs. 2, § 7, § 8 Abs. 1, 2 oder 4, § 9, § 12a Abs. 5, § 18 Abs. 2 oder 3, § 18b Abs. 5 oder 6, § 19a Abs. 2 oder 6 oder § 20a Abs. 2 Z 1 hinaus einsetzen;
2. Ruhepausen oder Kurzpausen gemäß § 11 Abs. 1, 3, 4 oder 5, § 18 Abs. 4, § 18d, § 18h oder § 19a Abs. 4 nicht gewähren;
3. Arbeitnehmerinnen und Arbeitnehmern
   a) die tägliche Ruhezeit, den Ausgleich für Ruhezeitverkürzungen sowie sonstige vorgeschriebene Ausgleichsmaßnahmen gemäß § 12 Abs. 1 bis 2d, § 18a, § 18b Abs. 1 und 3, § 18c Abs. 1, § 18d, § 18g, § 19a Abs. 8, § 20a Abs. 2 Z 2 oder § 20b Abs. 4,
   b) Ruhezeitverlängerungen gemäß § 19a Abs. 4, 5 oder 8 oder § 20a Abs. 2 Z 2, oder

c) die Gesamtruhezeit gemäß § 18b Abs. 4, nicht gewähren;
4. Arbeitnehmer über die Höchstgrenzen der Fahrzeit gemäß § 18i hinaus einsetzen;
5. Verordnungen gemäß § 12 Abs. 4, § 21 oder § 23 übertreten;
6. Bescheide gemäß § 11 Abs. 1 und 5 nicht einhalten, oder
7. keine Aufzeichnungen gemäß § 18b Abs. 7, § 18c Abs. 2 sowie § 26 Abs. 1 bis 5 führen,

sind, sofern die Tat nicht nach anderen Vorschriften einer strengeren Strafe unterliegt, von der Bezirksverwaltungsbehörde mit einer Geldstrafe von 72 Euro bis 1 815 Euro, im Wiederholungsfall von 145 Euro bis 1 815 Euro zu bestrafen.

(3) Arbeitgeber, die
1. Lenker über die Höchstgrenzen der Arbeitszeit gemäß § 2 Abs. 2, § 13b Abs. 2 und 3 oder § 14 Abs. 2 hinaus einsetzen oder die Aufforderung nach § 13b Abs. 4 unterlassen;
2. Ruhepausen gemäß § 13c oder Ruhezeitverlängerungen gemäß § 14 Abs. 3 nicht gewähren;
3. Lenker über die gemäß § 14a Abs. 1 und 2 zulässige Lenkzeit hinaus einsetzen;
4. Lenkpausen gemäß § 15 oder § 15a Abs. 4 nicht gewähren;
5. die tägliche Ruhezeit gemäß § 15a Abs. 1 bis 3 oder § 15b Abs. 2 nicht gewähren;
6. die Aufzeichnungspflichten gemäß § 15d verletzen;
7. Verordnungen gemäß § 15e Abs. 1 oder § 17 Abs. 3 oder Regierungsübereinkommen gemäß § 15e Abs. 2 übertreten;
8. Lenker über die gemäß § 16 Abs. 2 bis 4 zulässige Einsatzzeit hinaus einsetzen;
9. nicht dafür sorgen, dass Lenkerinnen und Lenker das Lenkprotokoll gemäß § 17 Abs. 3 und 4 führen oder die ihre Pflichten gemäß § 17 Abs. 5 oder einer Verordnung nach § 17 Abs. 6 verletzen,

sind, sofern die Tat nicht nach anderen Vorschriften einer strengeren Strafe unterliegt, von der Bezirksverwaltungsbehörde mit einer Geldstrafe von 72 Euro bis 1 815 Euro, im Wiederholungsfall von 145 Euro bis 1 815 Euro zu bestrafen.

(3a) Arbeitgeberinnen und Arbeitgeber, die
1. die Pflichten betreffend das digitale Kontrollgerät gemäß § 17a verletzen;
2. die Aufzeichnungs- und Aufbewahrungspflichten gemäß § 17b verletzen,

sind, sofern die Tat nicht nach anderen Vorschriften einer strengeren Strafe unterliegt, von der Bezirksverwaltungsbehörde mit einer Geldstrafe von 145 Euro bis 2 180 Euro, im Wiederholungsfall von 200 Euro bis 3 600 Euro zu bestrafen.

(4) Abweichend von Abs. 2 und 3 sind Arbeitgeberinnen und Arbeitgeber, sofern die Tat nicht nach anderen Vorschriften einer strengeren Strafe unterliegt, von der Bezirksverwaltungsbehörde im Wiederholungsfall mit einer Geldstrafe von 218 Euro bis 3 600 Euro zu bestrafen, wenn
1. die Höchstgrenze der täglichen oder wöchentlichen Arbeitszeit (Abs. 2 Z 1 oder Abs. 3 Z 1) um mehr als 20% überschritten wurde, oder
2. die tägliche Ruhezeit (Abs. 2 Z 3 oder Abs. 3 Z 5) weniger als acht Stunden betragen hat, soweit nicht eine kürzere Ruhezeit zulässig ist.

(5) Arbeitgeberinnen und Arbeitgeber, die
1. Lenker über die gemäß Art. 6 Abs. 1 bis 3 der Verordnung (EG) Nr. 561/2006 zulässige Lenkzeit hinaus einsetzen;
2. Lenkpausen gemäß Art. 7 der Verordnung (EG) Nr. 561/2006 nicht gewähren;
3. die tägliche Ruhezeit gemäß Art. 8 Abs. 2, 4 oder 5 oder Art. 9 der Verordnung (EG) Nr. 561/2006 nicht gewähren;
4. die Pflichten gemäß Art. 6 Abs. 5 oder die Aufzeichnungspflichten gemäß Art. 12 der Verordnung (EG) Nr. 561/2006 verletzen;
5. die Pflichten gemäß Art. 10 Abs. 1 der Verordnung (EG) Nr. 561/2006 verletzen;
6. nicht gemäß Art. 10 Abs. 2 der Verordnung (EG) Nr. 561/2006 dafür gesorgt haben, dass die Lenkerinnen und Lenker ihre Verpflichtungen gemäß Kapitel II der Verordnung (EG) Nr. 561/2006 einhalten;
7. die Pflichten betreffend den Linienfahrplan und den Arbeitszeitplan gemäß Art. 16 Abs. 2 und 3 der Verordnung (EG) Nr. 561/2006 verletzen,
8. die Pflichten betreffend das Kontrollgerät, das Schaublatt, den Ausdruck oder die Fahrerkarte gemäß Art. 3 Abs. 1, Art. 26 ausgenommen Abs. 4, 7a und 9, Art. 27, Art. 28, Art. 29 Abs. 2 bis 5, Art. 32 Abs. 1 bis 4, Art. 33 Abs. 1 und 2 sowie Art. 34 bis 37 der Verordnung (EU) Nr. 165/2014 verletzen;
9. nicht gemäß Art. 33 Abs. 3 der Verordnung (EU) Nr. 165/2014 dafür gesorgt haben, dass die Lenkerinnen und Lenker ihre Verpflichtungen gemäß dieser Verordnung einhalten,

sind, sofern die Tat nicht nach anderen Vorschriften einer strengeren Strafe unterliegt, von der Bezirksverwaltungsbehörde mit einer Geldstrafe gemäß Abs. 6 zu bestrafen.

(6) Sind Übertretungen gemäß Abs. 5 nach Anhang III der Richtlinie 2006/22/EG als
1. leichte Übertretungen eingestuft oder in diesem Anhang nicht erwähnt, sind die Arbeitgeberinnen und Arbeitgeber
   a) in den Fällen der Z 1 bis Z 7 mit einer Geldstrafe von 72 Euro bis 1 815 Euro, im Wiederholungsfall von 145 Euro bis 1 815 Euro,
   b) im Fall der Z 8 mit einer Geldstrafe von 145 Euro bis 2 180 Euro, im Wiederholungsfall von 200 Euro bis 3 600 Euro;
2. schwerwiegende Übertretungen eingestuft, sind die Arbeitgeberinnen und Arbeitgeber mit einer Geldstrafe von 200 Euro bis 2 180 Euro, im Wiederholungsfall von 250 Euro bis 3 600 Euro;
3. sehr schwerwiegende Übertretungen eingestuft, sind die Arbeitgeberinnen und Arbeitgeber mit einer Geldstrafe von 300 Euro bis 2 180 Euro, im Wiederholungsfall von 350 Euro bis 3 600 Euro;
4. schwerste Übertretungen eingestuft, sind die Arbeitgeberinnen und Arbeitgeber mit einer Geldstrafe von 400 Euro bis 2 180 Euro, im Wiederholungsfall von 450 Euro bis 3 600 Euro,

zu bestrafen.

(7) Arbeitgeber, die den Bestimmungen
1. des § 18e Abs. 2,
2. der EU-Teilabschnitte FTL oder Q einschließlich österrichischer Durchführungsvorschriften, oder
3. der AOCV 2008 samt ihrer Anhänge einschließlich österreichischer Durchführungsvorschriften

(8) Auch Verstöße gegen die Aufzeichnungspflichten gemäß § 18b Abs. 7, § 18c Abs. 2 sowie § 26 Abs. 1 bis 5 sind hinsichtlich jedes einzelnen Arbeitnehmers gesondert zu bestrafen, wenn durch das Fehlen der Aufzeichnungen die Feststellung der tatsächlich geleisteten Arbeitszeit unmöglich oder unzumutbar wird.

(9) Im Falle des § 13a Abs. 2 genügt abweichend von § 44a Z 2 des Verwaltungsstrafgesetzes 1991 (VStG), BGBl. Nr. 52, als Angabe der verletzten Verwaltungsvorschrift die Angabe des entsprechenden Gebotes oder Verbotes der Verordnung (EG) Nr. 561/2006.

(10) *entfällt gem. BGBl. I Nr. 94/2014*

(11) Wurden Verwaltungsübertretungen nach den Abs. 1 bis 7 nicht im Inland begangen, gelten sie als an jenem Ort begangen, an dem sie festgestellt wurden.

(12) Abs. 1 bis 7 sind nicht anzuwenden, wenn die Zuwiderhandlung von Organen einer Gebietskörperschaft begangen wurde. Besteht bei einer Bezirksverwaltungsbehörde der Verdacht einer Zuwiderhandlung durch ein solches Organ, so hat sie, wenn es sich um ein Organ des Bundes oder eines Landes handelt, eine Anzeige an das oberste Organ, dem das der Zuwiderhandlung verdächtigte Organ untersteht (Art. 20 Abs. 1 erster Satz B-VG), in allen anderen Fällen aber eine Anzeige an die Aufsichtsbehörde zu erstatten.

Weitergelten von Regelungen

§ 29. (1) Soweit Kollektivverträge, Arbeitsordnungen oder Betriebsvereinbarungen für die Arbeitnehmer günstigere Bestimmungen vorsehen oder in Betrieben günstigere Regelungen bestehen, als sich nach den Bestimmungen dieses Bundesgesetzes ergibt, werden diese durch die Bestimmungen dieses Bundesgesetzes nicht berührt.

(2) Im Zeitpunkt des Inkrafttretens dieses Bundesgesetzes bestehende kollektivvertragliche Vereinbarungen in Angelegenheiten, in denen nach den Bestimmungen der §§ 3 Abs. 3 und 4, § 4 Abs. 7 und 9, § 5 Abs. 1 und 3, § 7 Abs. 2 und 3, § 10 Abs. 2, § 12 Abs. 1, § 14 Abs. 2, § 15 Abs. 3, § 16 Abs. 3 und 4, § 18 Abs. 2 bis 4 dieses Bundesgesetzes abweichende Regelungen durch Kollektivvertrag zugelassen sind, gelten als solche Regelungen, insoweit sie den vorgenannten Bestimmungen entsprechen.

ABSCHNITT 9

SCHLUSS- UND ÜBERGANGSBESTIMMUNGEN

Aufhebung von Rechtsvorschriften

§ 30. (1) Mit dem Inkrafttreten dieses Bundesgesetzes treten für dessen Geltungsbereich alle mit den Bestimmungen dieses Bundesgesetzes in Widerspruch stehenden Vorschriften, soweit sie noch in Geltung stehen und soweit § 32 nichts anderes bestimmt, außer Kraft. Insbesondere verlieren ihre Wirksamkeit:

1. Arbeitszeitordnung vom 30. April 1938, Deutsches RGBl. I S. 447 (GBl. f. d. L. Ö. Nr. 231/1939), mit Ausnahme des § 16,
2. Ausführungsverordnung zur Arbeitszeitordnung vom 12. Dezember 1938, Deutsches RGBl. I S. 1799 (GBl. f. d. L. Ö. Nr. 667/1939), mit Ausnahme der Nr. 20,
3. Verordnung über die Arbeitszeit in Kokereien und Hochofenwerken vom 20. Jänner 1925, Deutsches RGBl. I S. 5 (GBl. f. d. L. Ö. Nr. 231/1939),
4. Verordnung über die Arbeitszeit in Gaswerken vom 9. Februar 1927, Deutsches RGBl. I S. 59 (GBl. f. d. L. Ö. Nr. 231/1939),
5. Verordnung über die Arbeitszeit in Metallhütten vom 9. Februar 1927, Deutsches RGBl. I S. 59 (GBl. f. d. L. Ö. Nr. 231/1939),
6. Verordnung über die Arbeitszeit in Stahlwerken, Walzwerken und anderen Anlagen der Großeisenindustrie vom 16. Juli 1927, Deutsches RGBl. I S. 221 (GBl. f. d. L. Ö. Nr. 231/1939),
7. Verordnung über die Arbeitszeit in der Zementindustrie vom 26. März 1929, Deutsches RGBl. I S. 82 (GBl. f. d. L. Ö. Nr. 231/1939),
8. Zweite Anordnung vom 15. Februar 1939, welche die Arbeitszeit auf Baustellen betrifft, Deutscher Reichsanzeiger und Preußischer Staatsanzeiger Nr. 45 (GBl. f. d. L. Ö. Nr. 271/1939),
9. Verordnung über die Arbeitszeit in Krankenpflegeanstalten vom 13. Februar 1924, Deutsches RGBl. I S. 66, berichtigt im Deutschen RGBl. I S. 154/1924 (GBl. f. d. L. Ö. Nr. 25/1940),
10. Anordnung über Arbeitszeitverkürzung für Frauen, Schwerbeschädigte und minderleistungsfähige Personen (Freizeitanordnung) vom 22. Oktober 1943, RABl. I S. 508,
11. Abschnitt III, §§ 4 bis 7 der Verordnung zur Abänderung und Ergänzung von Vorschriften auf dem Gebiete des Arbeitsrechtes vom 1. September 1939, Deutsches RGBl. I S. 1683 (GBl. f. d. L. Ö. Nr. 1217/1939),
12. Verordnung über den Arbeitsschutz vom 12. Dezember 1939, Deutsches RGBl. I S. 2403,
13. Verordnung über die Sechzigstundenwoche vom 31. August 1944, Deutsches RGBl. I S. 191,
14. Verordnung des Bundesministeriums für soziale Verwaltung vom 22. Juni 1956, BGBl. Nr. 126, in der Fassung der Verordnung BGBl. Nr. 124/1959, über die Regelung der Arbeitszeit bei Reparaturarbeiten in heißen Öfen von Eisen- und Stahlhüttenbetrieben,
15. Verordnung des Bundesministeriums für soziale Verwaltung vom 25. September 1956, BGBl. Nr. 195, in der Fassung der Kundmachung vom 31. März 1966, BGBl. Nr. 49, betreffend die Zulassung von Arbeitszeitverlängerungen beim Nachweis eines dringenden Bedürfnisses.

(2) Weiters treten außer Kraft:

1. Erste Anordnung über die Vereinfachung der Lohn- und Gehaltsabrechnung vom 12. Juli 1944, Deutsches RGBl. I S. 166,
2. Zweite Anordnung über die Vereinfachung der Lohn- und Gehaltsabrechnung vom 2. September 1944, Deutsches RGBl. I S. 196,
3. Anordnung gegen Arbeitsvertragsbruch und Abwerbung sowie das Fordern unverhältnismäßig hoher Arbeitsentgelte in der privaten Wirtschaft vom 20. Juli 1942, RABl. I S. 341,
4. Anordnung über die Mehrarbeitsvergütung von Angestellten in der privaten Wirtschaft während der Kriegszeit vom 15. Oktober 1942, RABl. I S. 477,
5. Anordnung zur Regelung der Vergütung von zusätzlicher Sonn- und Feiertagsarbeit der kaufmännischen und technischen Angestellten der Industrie, des Handwerks und des Handels vom 14. März 1942, RABl. I S. 168,
6. Anordnung des Reichstreuhänders der Arbeit Wien vom 24. November 1944 über die Entlohnung der aus Anlaß einer Lastminderung der Gas- und Elektrizitätswerke geleisteten Nachtarbeitsstunden sowie der Arbeitsleistungen an Samstagnachmittagen und Sonntagen, Amtliche Mitteilungen des Präsidenten der Gauarbeitsämter und der Reichstreuhänder der Arbeit in den Donau- und Alpengauen, S. 284/1944,
7. Anordnung über die Aufhebung arbeitsfreier Tage außerhalb der gesetzlichen Sonn- und Feiertage vom 3. Mai 1944, RABl. I S. 184,
8. Anordnung Nr. 13 zur Sicherung der Ordnung in den Betrieben vom 1. November 1943, RABl. I S. 543,
9. Zweite Anordnung zur Sicherung der Ordnung in den Betrieben vom 23. September 1944, RABl. I S. 359,
10. Anordnung zur Änderung der Anordnung Nr. 13 zur Sicherung der Ordnung in den Betrieben vom 1. November 1943, RABl. I S. 415/1944.

Außerkrafttreten von Ausnahmegenehmigungen

§ 31. Bescheide, die auf Grund von durch dieses Bundesgesetz außer Kraft gesetzten Arbeitszeitvorschriften erlassen wurden, verlieren spätestens mit dem Ablauf von drei Monaten nach dem Inkrafttreten dieses Bundesgesetzes ihre Wirksamkeit.

Bezugnahme auf Richtlinien

§ 32. Durch dieses Bundesgesetz werden folgende Richtlinien der Europäischen Union umgesetzt:

1. Richtlinie 2003/88/EG des Rates vom 4. November 2003 über bestimmte Aspekte der Arbeitszeitgestaltung (ABl. Nr. L 299 vom 18. 11. 2003 S. 9);
2. Richtlinie 97/81/EG des Rates vom 15. Dezember 1997 zu der von UNICE, CEEP und EGB geschlossenen Rahmenvereinbarung über Teilzeitarbeit (ABl. Nr. L 14 vom 20. 01. 1998 S. 9);
3. Richtlinie 1999/63/EG des Rates vom 21. Juni 1999 zu der vom Verband der Reeder in der Europäischen Gemeinschaft (European Community Shipowners' Association ECSA) und dem Verband der Verkehrsgewerkschaften in der Europäischen Union (Federation of Transport Workers' Unions in the European Union FST) getroffenen Vereinbarung über die Regelung der Arbeitszeit von Seeleuten 2000 (ABl. Nr. L 167 vom 02.07.1999 S. 33);
4. Richtlinie 1999/95/EG des Europäischen Parlaments und des Rates zur Durchsetzung der Arbeitszeitregelung für Seeleute an Bord von Schiffen, die Gemeinschaftshäfen anlaufen, vom 13. Dezember 1999 (ABl. Nr. L 14 vom 20. 01. 2000 S. 29);
5. Richtlinie 2000/79/EG des Rates vom 27. November 2000 über die Durchführung der von der Vereinigung Europäischer Fluggesellschaften (AEA), der Europäischen Transportarbeiter Föderation (ETF), der European Cockpit Association (ECA), der European Regions Airline Association (ERA) und der International Air Carrier Association (IACA) geschlossenen Europäischen Vereinbarung über die Arbeitszeitorganisation für das fliegende Personal der Zivilluftfahrt (ABl. Nr. L 302 vom 01.12.2000 S. 57);
6. Richtlinie 2002/15/EG des Europäischen Parlaments und des Rates vom 11. März 2002 zur Regelung der Arbeitszeit von Personen, die Fahrtätigkeiten im Bereich des Straßentransportes ausüben (ABl. Nr. L 80 vom 23.03.2002 S. 35);
7. Richtlinie 2005/47/EG des Europäischen Parlaments und des Rates vom 18. Juli 2005 betreffend die Vereinbarung zwischen der Gemeinschaft der Europäischen Bahnen (CER) und der Europäischen Transportarbeiter-Föderation (ETF) über bestimmte Aspekte der Einsatzbedingungen des fahrenden Personals im interoperablen grenzüberschreitenden Verkehr im Eisenbahnsektor (ABl. Nr. L 195 vom 27. 07. 2005, S. 15).
8. Richtlinie 2006/22/EG des Europäischen Parlaments und des Rates vom 15. März 2006 über die Mindestbedingungen für die Durchführung der Verordnungen (EWG) Nr. 3820/85 und (EWG) Nr. 3821/85 des Rates über Sozialvorschriften für Tätigkeiten im Kraftverkehr sowie zur Aufhebung der Richtlinie 88/599/EWG des Rates, ABl. Nr. L 102 vom 11.4.2006 S. 35, in der Fassung der Richtlinie (EU) Nr. 2020/1057 vom 15. Juli 2020, ABl. Nr. L 249 vom 31.07.2020 S. 49;
9. Richtlinie 2014/112/EU zur Durchführung der von der Europäischen Binnenschifffahrts Union (EBU), der Europäischen Schifferorganisation (ESO) und der Europäischen Transportarbeiter-Föderation (ETF) geschlossenen Europäischen Vereinbarung über die Regelung bestimmter Aspekte der Arbeitszeitgestaltung in der Binnenschifffahrt, ABl. Nr. L 367 vom 23.12.2014 S. 86.

Verweisungen

§ 32a. Soweit in diesem Bundesgesetz auf andere Bundesgesetze verwiesen wird, sind diese in der jeweils geltenden Fassung anzuwenden.

§ 32b. Kollektivverträge, die sich auf die Regelungen einzelner Arbeitsbedingungen beschränken und deren Wirkungsbereich sich fachlich auf die überwiegende Anzahl der Wirtschaftszweige und räumlich auf das ganze Bundesgebiet erstreckt, gelten nicht als Kollektivverträge im Sinne des § 5 Abs. 2 und 3, § 13b Abs. 2 und 3, § 13c Abs. 3, § 14 Abs. 4, § 14a Abs. 1 und 2, § 15a Abs. 5, § 16 Abs. 3 und 4 sowie § 18 Abs. 5.

Übergangsbestimmungen

§ 32c. (1) Auf Lenker von Kraftfahrzeugen, die auf Grund der Ausnahmebestimmungen des Art. II Abs. 1 der 15. Kraftfahrgesetz-Novelle, BGBl. Nr. 456/1993, noch nicht mit einem Kontrollgerät im Sinne der Verordnung (EWG) Nr. 3821/85 ausgerüstet sind, ist § 28 Abs. 1b Z 2 bis zum 31. Dezember 1994 nicht anzuwenden.

(2) Für die am 1. Mai 1997 anhängigen Verwaltungsverfahren der Arbeitsinspektorate und für rechtskräftige Bescheide in Angelegenheiten, die nach den Änderungen durch das Bundesgesetz, BGBl. I Nr. 46/1997 nicht mehr der Arbeitsinspektion zugewiesen sind, sowie Bescheide gemäß § 17 Abs. 4 gilt folgendes:

1. Rechtskräftige Bescheide gemäß §§ 5 Abs. 2, 7 Abs. 5, 11 Abs. 5, 12 Abs. 2, 14 Abs. 4 und 16 Abs. 5 in der Fassung vor den Änderungen durch das Bundesgesetz, BGBl. I Nr. 46/1997 bleiben unberührt.
2. Anhängige Verwaltungsverfahren gemäß § 7 Abs. 5 sind nach der neuen Rechtslage weiterzuführen. Anhängige Verwaltungsverfahren gemäß §§ 5 Abs. 2, 8 Abs. 4, 11 Abs. 5, 12 Abs. 2, 14 Abs. 4 und 16 Abs. 5 sind einzustellen.
3. Die durch Bescheid des Bundesministers für Arbeit, Gesundheit und Soziales gemäß § 17 Abs. 4 in der Fassung vor den Änderungen durch das Bundesgesetz BGBl. I Nr. 46/1997 zugelassenen Nachweise gelten als geeigneter Nachweis im Sinne des § 17 Abs. 4. Eine Übermittlung an das Arbeitsinspektorat gemäß § 17 Abs. 4 vierter Satz kann entfallen.

(3) Die Normen der kollektiven Rechtsgestaltung im Sinne des § 12a Abs. 5 sind längstens bis zum Ablauf des 31. Dezember 2002 zu erlassen oder anzupassen.

(4) Sieht ein Kollektivvertrag oder eine Betriebsvereinbarung im Rahmen der Zulassung einer Arbeitszeitverlängerung nach § 14 in der Fassung vor In-Kraft-Treten der Änderungen durch das Bundesgesetz BGBl. I Nr. 138/2006 eine Regelung vor, die nach In-Kraft-Treten dieser Änderungen nicht mehr zulässig ist, gilt diese Regelung ab diesem Zeitpunkt auf das nach § 13b Abs. 2 und 3 in der Fassung des Bundesgesetzes BGBl. I Nr. 138/2006 höchstzulässige Ausmaß eingeschränkt.

(5) Bis zum In-Kraft-Treten der Änderungen des § 28 Abs. 1a durch das Bundesgesetz BGBl. I Nr. 138/2006 sind Arbeitgeber und deren Bevollmächtigte nach § 28 Abs. 1a zu bestrafen, die

1. Lenker über die Höchstgrenzen der Arbeitszeit gemäß § 2 Abs. 2, § 13b Abs. 2 und 3 oder § 14 Abs. 2 hinaus einsetzen oder die Aufforderung nach § 13b Abs. 4 unterlassen;
2. Ruhepausen gemäß § 13c oder Ruhezeitverlängerungen gemäß § 14 Abs. 3 nicht gewähren.

(6) Als kollektivvertragliche Regelungen im Sinne des § 18j gelten auch solche, die vor dem Inkrafttreten dieser Bestimmungen abgeschlossen wurden, soweit sie den Vorgaben des § 18j entsprechen.

(7) Verordnungen auf Grund dieses Bundesgesetzes können bereits von dem der Kundmachung der jeweiligen Verordnungsermächtigung folgenden Tag an erlassen werden. Sie dürfen jedoch frühestens mit dem Inkrafttreten der jeweiligen Verordnungsermächtigung in Kraft treten.

(8) *Abs wurde nicht vergeben*

(9) Mit Inkrafttreten der Änderungen durch das Bundesgesetz BGBl. I Nr. 126/2017 treten Bescheide nach § 11 Abs. 6 außer Kraft. Anhängige Verwaltungsverfahren sind einzustellen.

(10) Bestehende Gleitzeitvereinbarungen bleiben aufrecht. Regelungen in Kollektivverträgen und Betriebsvereinbarungen, die für die Arbeitnehmerinnen und Arbeitnehmer günstigere Bestimmungen vorsehen, werden durch die Änderungen des Bundesgesetzes BGBl. I Nr. 53/2018 nicht berührt.

Inkrafttreten und Vollziehung

§ 33. (1) Dieses Bundesgesetz tritt, soweit im folgenden nicht anders bestimmt wird, am 5. Jänner 1970 in Kraft.

(2) Die Bestimmung des § 12 Abs. 3 betreffend die ununterbrochene Wochenruhe tritt mit der gemäß § 12 Abs. 4 zu erlassenden Verordnung in Kraft.

(3) Mit der Vollziehung dieses Bundesgesetzes sind betraut:

1. hinsichtlich § 26 Abs. 7 und § 27 Abs. 3 die Bundesministerin bzw. der Bundesminister für Finanzen;
2. hinsichtlich des § 15f die Bundesministerin bzw. der Bundesminister für Justiz;
3. hinsichtlich des § 15e Abs. 2 die Bundesregierung;
4. im Übrigen die Bundesministerin bzw. der Bundesminister für Arbeit.

(4) Die Bundesministerin bzw. der Bundesminister für Arbeit ist auch mit der Vollziehung der Verordnung (EG) Nr. 561/2006 und der Verordnung (EU) Nr. 165/2014 betraut.

Inkrafttreten von Novellen

§ 34. (1) § 11 in der Fassung des Bundesgesetzes BGBl. Nr. 473/1992 tritt mit 1. Jänner 1993 in Kraft.

(2) Die §§ 19b, 19c, 19d, 20 Abs. 1 und 32a in der Fassung des Bundesgesetzes BGBl. Nr. 833/1992, treten mit 1. Jänner 1993 in Kraft.

(3) § 19c Abs. 5a in der Fassung des Bundesgesetzes BGBl. Nr. 335/1993 tritt mit 1. Juli 1993 in Kraft.

(4) Die §§ 3 Abs. 1, 4 Abs. 1 bis 6, 8 und 9, 4a, 4b, 4c, 5, 5a, 6 Abs. 1 und 1a, 8 Abs. 5, 9, 12 Abs. 2a und 2b, 13, 14, 15, 15a bis 15e, 16, 17 Abs. 1, 2, 5, 6 und Überschrift, 18 Abs. 1 und 2, 19 Abs. 3, 20 Abs. 1 erster Halbsatz, 25, 26, 27 Abs. 2, 28, 32a, 32b, 32c und 33 Abs. 2, in der Fassung des Bundesgesetzes BGBl. Nr. 446/1994 treten mit 1. Juli 1994 in Kraft. Mit diesem Tag tritt auch § 19 Abs. 4 außer Kraft. Verordnungen gemäß § 15e können bereits vor diesem Zeitpunkt erlassen werden, sie treten jedoch frühestens gemeinsam mit § 15e in Kraft.

(5) § 24 in der Fassung des Bundesgesetzes BGBl. Nr. 446/1994 tritt mit 1. Jänner 1995 in Kraft.

(6) § 4 Abs. 8 und 9 in der Fassung des Bundesgesetzes BGBl. Nr. 417/1996 tritt mit 1. Juli 1996 in Kraft.

(7) § 1 Abs. 2 Z 9 und 10, § 9 Abs. 2 und 3, § 20 Abs. 1, § 23, § 27 Abs. 2, § 28 Abs. 1 Z 1, 2 und 7, § 29 Abs. 2 und § 32b in der Fassung des Bundesgesetzes BGBl. I Nr. 8/1997 treten mit 1. Jänner 1997 in Kraft. § 19 tritt mit Ablauf des 31. Dezember 1996 außer Kraft.

(8) § 1 Abs. 2 Z 2, 3 und 5, § 4, § 4a, § 5, § 5a Abs. 4, § 6 Abs. 1 und 1a, § 7 Abs. 2 bis 6, § 8 Abs. 2 und 4, § 9 Abs. 1 bis 3, § 10, § 11 Abs. 1 und 5, § 12 Abs. 1, 2 und 2b, § 14, § 14a, § 15, § 16, § 17 Abs. 4, § 18 Abs. 1, § 19b Abs. 3 und 4, §§ 19c bis 19g, § 20 Abs. 1, § 20a, § 20b, § 26 Abs. 1 und 7, § 27, § 28 Abs. 1, Abs. 1a Z 3 und 10, Abs. 1b Z 1, § 32a, § 32b und § 32c, in der Fassung des Bundesgesetzes BGBl. I Nr. 46/1997, treten mit 1. Mai 1997 in Kraft. Mit diesem Zeitpunkt treten § 28 Abs. 1a Z 11 und § 32 außer Kraft.

(9) § 9 Abs. 4 und 5, in der Fassung des Bundesgesetzes BGBl. I Nr. 46/1997, treten mit 1. Jänner 1998 in Kraft.

(10) § 9 Abs. 2, 3 und 5, § 19a, § 20 Abs. 1, § 27 Abs. 4 und § 28 Abs. 1 Z 1 bis 8, in der Fassung des Bundesgesetzes BGBl. I Nr. 88/1999 treten mit 1. Jänner 2000 in Kraft.

(11) § 1 Abs. 2 Z 5 und § 19 in der Fassung des Bundesgesetzes BGBl. I Nr. 37/2000 treten mit 1. Juli 2000 in Kraft.

(12) § 28 Abs. 1 bis 1b in der Fassung des Bundesgesetzes BGBl. I Nr. 98/2001 tritt mit 1. Jänner 2002 in Kraft.

(13) § 1 Abs. 2 zi 5 lit b in der Fassung des Bundesgesetz BGBl. I Nr. 162/2001 tritt mit 1. Jänner 2002 in Kraft.

(14) § 12a, § 12b, § 12c, § 12d, § 14 Abs. 3, § 19a Abs. 5 und 8, § 20 Abs. 1, § 23, § 24, § 25 Abs. 1, § 28 Abs. 1 sowie § 32c Abs. 3 in der Fassung des Bundesgesetzes BGBl. I Nr. 122/2002 treten mit 1. August 2002 in Kraft.

(15) § 18 Abs. 1, 4 und 5, § 18a, § 18b, § 18c, § 18d, § 20 Abs. 1, § 23, § 28 Abs. 1 Z 2, 3 und 4, sowie § 32 in der Fassung des Bundesgesetzes BGBl. I Nr. 30/2004 treten mit 1. Mai 2004 in Kraft.

(16) § 19d Abs. 8 in der Fassung des Bundesgesetzes BGBl. I Nr. 64/2004 tritt mit 1. Juli 2004 in Kraft.

(17) § 18e, § 28 Abs. 1c und 2 sowie § 32 Z 5 in der Fassung des Bundesgesetzes BGBl. I Nr. 159/2004 treten mit 1. Jänner 2005 in Kraft. Gleichzeitig tritt § 1 Abs. 2 Z 7 außer Kraft.

(18) Die §§ 13, 15d, 17 Abs. 2, 5 und 6, 17a, 17b sowie 28 Abs. 1b und 3 in der Fassung des Bundesgesetzes BGBl. I Nr. 175/2004 treten mit 5. Mai 2005 in Kraft.

(19) Die §§ 6 Abs. 1, 9 Abs. 2, 3 und 5 Z 3, 13 Abs. 1, 13a Abs. 1, 13b, 13c, 14, 17a Abs. 1 und 3, 17c, 18 Abs. 1, 18e, 20, 23, 28 Abs. 5, 32 Z 1 und 6, 32b und 32c Abs. 4 und 5 in der Fassung des Bundesgesetzes BGBl. I Nr. 138/2006 treten mit 1. Juli 2006 in Kraft. Mit diesem Zeitpunkt tritt § 13 Abs. 4 außer Kraft.

(20) Die §§ 13 Abs. 2 und 3, 13a Abs. 2 und 3, 14a, 15 bis 15f, 16 Abs. 1, 17 Abs. 6, 24 Z 3, 28 Abs. 1a bis 4 sowie § 33 Abs. 5 in der Fassung des Bundesgesetzes BGBl. I Nr. 138/2006 treten mit 11. April 2007 in Kraft. Mit diesem Zeitpunkt tritt § 13 Abs. 5 außer Kraft.

(21) § 1a, § 4, § 4a Abs. 2 und 4, § 4b Abs. 4, § 5a Abs. 4, § 6 Abs. 1a, § 7 Abs. 4, 4a, 6 und 6a, § 9 Abs. 2, § 15f Z 3, § 18 Abs. 5, § 19d Abs. 1, 2, 3a bis 3f und 8, § 19f, § 26 Abs. 8 sowie § 28 in der Fassung des Bundesgesetzes BGBl. I Nr. 61/2007 treten mit 1. Jänner 2008 in Kraft. § 26 Abs. 8 ist nur auf Verfallsfristen anzuwenden, die ab diesem Zeitpunkt zu laufen beginnen würden.

(22) § 18 Abs. 1 Z 1, § 18a samt Überschrift, § 18e, Unterabschnitt 5a, § 20, § 23, § 24, § 32 sowie § 32c Abs. 6 in der Fassung des Bundesgesetzes BGBl. I Nr. 124/2008 treten am 16. Juli 2008 in Kraft. § 28 Abs. 1 Z 3, Abs. 2 und Abs. 7 tritt mit dem der Kundmachung folgenden Tag in Kraft.

(23) § 2 Abs. 3, § 13 Abs. 1 Z 2 und 6 und Abs. 2 bis 4, § 15e Abs. 1, § 17, § 28 Abs. 3a und 4 bis 6, §32 Z 7 und 8 sowie § 32c Abs. 7, in der Fassung des Bundesgesetzes BGBl. I Nr. 149/2009, treten mit 1. Jänner 2010 in Kraft.

(24) § 33 Abs. 3 lit. f und g sowie Abs. 4 in der Fassung des 2. Stabilitätsgesetzes 2012, BGBl. I Nr. 35/2012, tritt mit 1. Juli 2012 in Kraft; gleichzeitig tritt § 33 Abs. 3 lit. a und b außer Kraft.

(25) Die §§ 11 Abs. 4 und 12a Abs. 3 in der Fassung des Bundesgesetzes BGBl. I Nr. 3/2013 treten mit 1. Jänner 2013 in Kraft.

(26) § 27 und § 33 Abs. 3 in der Fassung des Bundesgesetzes BGBl. I Nr. 71/2013 treten mit 1. Jänner 2014 in Kraft.

(27) § 26 Abs. 3, 5, 5a, 8 und 9 in der Fassung des Bundesgesetzes BGBl. I Nr. 94/2014 tritt mit 1. Jänner 2015 in Kraft. Mit diesem Zeitpunkt entfällt § 11 Abs. 8 bis 10.

(28) § 13 Abs. 1 Z 4 und 5 sowie § 32c Abs. 9 treten mit 2. März 2015 in Kraft.

(29) § 13 Abs. 1 Z 2 sowie Abs. 3, § 15e Abs. 1, § 17 Abs. 1, § 17a Abs. 1 Z 2 und Abs. 2, § 24 Z 4, § 28 Abs. 5 Z 6 und 8 sowie § 33 Abs. 4 in der Fassung des Bundesgesetzes BGBl. I Nr. 94/2014 treten am Tag des Inkrafttretens der Durchführungsrechtsakte der Kommission der Europäischen Union gemäß Art. 4 Abs. 8, 6 Abs. 5, 11 Abs. 1, 12 Abs. 7, 14, 21 Abs. 3, 22 Abs. 5, 31 Abs. 5 sowie 39 Abs. 3 der Verordnung (EU) Nr. 165/2014 in Kraft, frühestens jedoch mit 2. März 2016. Gleiches gilt für das Außerkrafttreten von § 32c Abs. 9. Der Bundesminister für Arbeit, Soziales und Konsumentenschutz hat den Zeitpunkt des Inkrafttretens der genannten Durchführungsrechtsakte im Bundesgesetzblatt I kundzumachen.

(30) § 12, § 15 Abs. 1a, § 15d, § 19d Abs. 2a, § 20 Abs. 1, § 20b Abs. 1 und 6, § 26 Abs. 2a, § 27 Abs. 3 sowie § 28 Abs. 1 und 2 in der Fassung des Bundesgesetzes BGBl. I Nr. 152/2015 treten mit 1. Jänner 2016 in Kraft.

(31) § 18e Abs. 1 Z 1 und 1a, Abs. 2 Z 1 und 2 sowie Abs. 3 und 4, § 24 Z 5 und § 28 Abs. 7 Z 2 in der Fassung BGBl. I Nr. 152/2015 treten mit 18. Februar 2016 in Kraft. Gleichzeitig tritt § 18e Abs. 5 außer Kraft.

(32) § 9 Abs. 2, § 13c Abs. 5 und 6, § 18 Abs. 1 Z 4, § 18a Abs. 2, § 18b, § 20 Abs. 1, § 23, § 28 Abs. 1 Z 3, Abs. 2 Z 1, 3 und 7, Abs. 6 und Abs. 8 sowie § 32 Z 8 und 9 in der Fassung des Bundesgesetzes BGBl. I Nr. 114/2016 treten mit 1. Jänner 2017 in Kraft.

(33) § 19d Abs. 8 in der Fassung des Bundesgesetzes BGBl. I Nr. 30/2017 tritt mit 1. Juli 2017 in Kraft.

(34) § 17c Abs. 1 in der Fassung des Deregulierungsgesetzes 2017, BGBl. I Nr. 40/2017, tritt mit 1. Juli in 2017 in Kraft. § 24 samt Überschrift tritt mit Ablauf des 30. Juni 2017 außer Kraft.

(35) § 11 Abs. 6, § 20 Abs. 2, § 28 Abs. 2 Z 6 sowie § 32c Abs. 8 und 9 in der Fassung des Bundesgesetzes BGBl. I Nr. 126/2017 treten mit 1. August 2017 in Kraft. Mit diesem Zeitpunkt tritt § 11 Abs. 7 außer Kraft.

(36) § 9 Abs. 5 Z 4, die Überschrift zu § 19a, § 19a Abs. 1 bis 2d, Abs. 4 erster Satz, Abs. 5 erster Satz sowie Abs. 6 bis 9 in der Fassung des Bundesgesetzes BGBl. I Nr. 127/2017 treten mit 1. Jänner 2018 in Kraft.

(37) § 1 Abs. 2 Z 7 und 8, § 4 Abs. 7, § 4b Abs. 4 und 5, § 7 Abs. 1, 5 und 6, § 8 Abs. 1 und 2, § 9 Abs. 1 bis 3, § 10 Abs. 4, § 12 Abs. 2a, § 18 Abs. 2, § 19a Abs. 8, § 19b Abs. 3 Z 3 und 5, § 20a Abs. 2, § 26 Abs. 2a, § 28 Abs. 1 Z 3 und Abs. 2 Z 1 sowie § 32c Abs. 10, in der Fassung des Bundesgesetzes BGBl. I Nr. 53/2018, treten mit 1. September 2018 in Kraft. Mit diesem Zeitpunkt entfallen auch § 7 Abs. 2, 4 und 4a sowie § 20b Abs. 6.

(38) § 1 Abs. 2 Z 2, § 15c, § 15d Abs. 3, § 17, § 17a Abs. 1, § 17b, § 18e Abs. 3 Z 3, § 19a Abs. 8, § 19b Abs. 3, § 19f Abs. 1 Z 1, § 20 Abs. 1, § 28 Abs. 3 Z 9, § 28 Abs. 5 Z 4, 6, 8 und 9, § 28 Abs. 7 Z 3, § 32 Z 8, sowie § 33 Abs. 3 und 4 in der Fassung BGBl. I Nr. 58/2022, treten mit 1. Juni 2022, § 13 Abs. 1 Z 2 lit. a tritt mit 1. Juli 2026 in Kraft. Die Frist in § 17 Abs. 4 beträgt bis zum Ablauf des 30. Dezember 2024 28 Tage.

(39) § 19d Abs. 2a und 2b in der Fassung des Bundesgesetzes BGBl. I Nr. 189/2023 tritt mit dem auf die Kundmachung folgenden Tag in Kraft.

Behinderteneinstellungsgesetz

Bundesgesetz vom 11. Dezember 1969 über die Einstellung und Beschäftigung Behinderter, BGBl. Nr. 22/1970, BGBl. Nr. 329/1973, BGBl. Nr. 399/1974, BGBl. Nr. 96/1975, BGBl. Nr. 111/1979, BGBl. Nr. 360/1982, BGBl. Nr. 567/1985, BGBl. Nr. 614/1987 (Art. V), BGBl. Nr. 721/1988, BGBl. Nr. 313/1992, BGBl. Nr. 111/1993 (Art. I), BGBl. Nr. 27/1994 (Art. I), BGBl. Nr. 314/1994 (Art. 14), BGBl. Nr. 201/1996 (Art. 22), BGBl. Nr. 757/1996, BGBl. I Nr. 17/1999, BGBl. I Nr. 106/1999 (Art. XXIII), BGBl. I Nr. 60/2001 (Art. 2), BGBl. I Nr. 150/2002 (Art. 7), BGBl. I Nr. 158/2002 (Art. 10) und BGBl. I Nr. 71/2003 (Art. 71), BGBl. I Nr. 82/2005 (Art. 2), BGBl. I Nr. 6/2007, BGBl. I Nr. 2/2008, BGBl. I Nr. 67/2008 (Art. 1), BGBl. I Nr. 58/2010 (Art. 5), BGBl. I Nr. 81/2010 (Art. 1), BGBl I Nr. 111/2010 (Art. 103), BGBl I Nr. 7/2011 (Art. 3), BGBl. I Nr. 71/2013 (Art. 1), BGBl. I Nr. 72/2013 (Art. 2) und BGBl. I Nr. 107/2013 (Art. 3), BGBl Nr. 71/2013 (Art. 1), BGBl. Nr. 72/2013 (Art. 2), BGBl Nr. 107/2013 (Art. 3), BGBl. I Nr. 57/2015 (Art. 5), BGBl. I Nr. 62/2016 (Art. 4), BGBl. I Nr. 35/2017 (Art. 3), BGBl. I Nr. 40/2017 (Art. 21), BGBl. I Nr. 155/2017 (Art. 1), BGBl. I Nr. 32/2018, BGBl. I Nr. 78/2021, BGBl. I Nr. 185/2022 und BGBl. I Nr. 98/2024.

ARTIKEL I

(1) Das Invalideneinstellungsgesetz 1969, BGBl. Nr. 22/1970, in der Fassung BGBl. Nr. 329/1973, BGBl. Nr. 399/1974, BGBl. Nr. 96/1975, BGBl. Nr. 111/1979, BGBl. Nr. 360/1982, BGBl. Nr. 567/1985 und BGBl. Nr. 614/1987 ist als „Behinderteneinstellungsgesetz (BEinstG)" zu bezeichnen.

(2) (Verfassungsbestimmung) Die Erlassung, Änderung und Aufhebung der Vorschriften, wie sie im Art. II des Behinderteneinstellungsgesetzes und im Art. II des vorliegenden Bundesgesetzes enthalten sind, sowie deren Vollziehung sind auch in den Belangen Bundessache, hinsichtlich derer das Bundes-Verfassungsgesetz in der Fassung von 1929 etwas anderes vorsieht. Die in diesen Vorschriften geregelten Angelegenheiten des Kündigungsschutzes begünstigter Behinderter können unmittelbar von Bundesbehörden versehen werden.

ARTIKEL II

Beschäftigungspflicht

§ 1. (1) Alle Dienstgeber, die im Bundesgebiet 25 oder mehr Dienstnehmer (§ 4 Abs. 1) beschäftigen, sind verpflichtet, auf je 25 Dienstnehmer mindestens einen begünstigten Behinderten (§ 2) einzustellen. Dieses Bundesgesetz ist nicht anzuwenden auf internationale Organisationen im Sinne des 1 Abs. 7 des Bundesgesetzes vom 14. Dezember 1977 über die Einräumung von Privilegien und Immunitäten an internationale Organisationen, BGBl. Nr. 677/1977.

(2) Der Bundesminister für Arbeit, Gesundheit und Soziales kann die Zahl der nach Abs. 1 zu beschäftigenden Behinderten (Pflichtzahl) für bestimmte Wirtschaftszweige durch Verordnung derart abändern, daß nur auf je höchstens 40 Dienstnehmer mindestens ein begünstigter Behinderter einzustellen ist. Voraussetzung hiefür ist, daß die Beschäftigung von Behinderten auf Grund der diesen Wirtschaftszweigen eigentümlichen Strukturen in dem im Abs. 1 vorgesehenen Ausmaß auch unter Nutzung aller technischen Möglichkeiten und Unterstützungsstrukturen nicht möglich ist. Ferner kann der Bundesminister für Arbeit, Gesundheit und Soziales durch Verordnung bestimmen, daß Dienstgeber Arbeitsplätze, die sich für die Beschäftigung von Behinderten besonders eignen, diesen Behinderten oder bestimmten Gruppen von Behinderten vorzubehalten haben. Auf den Bund, die Länder und die Gemeinden findet der erste Satz keine Anwendung.

Begünstigte Behinderte

§ 2. (1) Begünstigte Behinderte im Sinne dieses Bundesgesetzes sind österreichische Staatsbürger mit einem Grad der Behinderung von mindestens 50 vH. Österreichischen Staatsbürgern sind folgende Personen mit einem Grad der Behinderung von mindestens 50 vH gleichgestellt:

1. Unionsbürger, Staatsbürger von Vertragsparteien des Abkommens über den Europäischen Wirtschaftsraum, Schweizer Bürger und deren Familienangehörige,
2. Flüchtlinge, denen Asyl gewährt worden ist, solange sie zum dauernden Aufenthalt im Bundesgebiet berechtigt sind,
3. Drittstaatsangehörige, die berechtigt sind, sich in Österreich aufzuhalten und einer Beschäftigung nachzugehen, soweit diese Drittstaatsangehörigen hinsichtlich der Bedingungen einer Entlassung nach dem Recht der Europäischen Union österreichischen Staatsbürgern gleichzustellen sind.

(2) Nicht als begünstigte Behinderte im Sinne des Abs. 1 gelten behinderte Personen, die

a) sich in Schul- oder Berufsausbildung befinden oder
b) das 65. Lebensjahr überschritten haben und nicht in Beschäftigung stehen oder
c) nach bundes- oder landesgesetzlichen Vorschriften Geldleistungen wegen dauernder Erwerbsunfähigkeit (dauernder Berufsunfähigkeit) bzw. Ruhegenüsse oder Pensionen aus dem Versicherungsfall des Alters beziehen und nicht in Beschäftigung stehen oder
d) nicht in einem aufrechten sozialversicherungspflichtigen Dienstverhältnis stehen und infolge des Ausmaßes ihrer Funktionsbeeinträchtigungen zur Ausübung einer Erwerbstätigkeit auch auf einem geschützten Arbeitsplatz oder in einem Integrativen Betrieb (§ 11) nicht in der Lage sind.

(3) Die Ausschlussbestimmungen des Abs. 2 lit. a gelten nicht für behinderte Personen, die als Lehrlinge in Beschäftigung stehen, eine Ausbildung zum gehobenen Dienst für Gesundheits- und Krankenpflege absolvieren, an einer Hebammenakademie oder einer entsprechenden Fachhochschule ausgebildet werden oder zum Zwecke der vorgeschriebenen Ausbildung für den künftigen, eine abgeschlossene Hochschulausbildung erfordernden Beruf nach Abschluss dieser Hochschulausbildung beschäftigt werden und die Voraussetzungen des Abs. 1 erfüllen.

(4) Auf Behinderte, auf die Abs. 1 nicht anzuwenden ist, findet dieses Bundesgesetz mit Ausnahme des § 10a Abs. 3a und der §§ 7a bis 7r und 24a bis 24f nur nach

Maßgabe der mit ihren Heimatstaaten getroffenen Vereinbarungen Anwendung.

Behinderung

§ 3. Behinderung im Sinne dieses Bundesgesetzes ist die Auswirkung einer nicht nur vorübergehenden körperlichen, geistigen oder psychischen Funktionsbeeinträchtigung oder Beeinträchtigung der Sinnesfunktionen, die geeignet ist, die Teilhabe am Arbeitsleben zu erschweren. Als nicht nur vorübergehend gilt ein Zeitraum von mehr als voraussichtlich sechs Monaten.

Berechnung der Pflichtzahl

§ 4. (1) Dienstnehmer im Sinne der Berechnung der Pflichtzahl sind:

a) Personen, die in einem Verhältnis persönlicher und wirtschaftlicher Abhängigkeit gegen Entgelt beschäftigt werden (ausgenommen Lehrlinge);
b) Personen, die zum Zwecke der vorgeschriebenen Ausbildung für den künftigen, eine abgeschlossene Hochschulbildung erfordernden Beruf nach Abschluß dieser Hochschulbildung beschäftigt sind;
c) Heimarbeiter.

(2) Für die Feststellung der Gesamtzahl der Dienstnehmer (Abs. 1), von der die Pflichtzahl zu berechnen ist (§ 1), sind alle Dienstnehmer, die ein Dienstgeber im Bundesgebiet beschäftigt, zusammenzufassen.

(3) Für die Berechnung der Pflichtzahl sind von der gemäß Abs. 2 festgestellten Gesamtzahl der Dienstnehmer die beschäftigten begünstigten Behinderten (§ 2) und Inhaber von Amtsbescheinigungen oder Opferausweisen (§ 5 Abs. 3) nicht einzurechnen.

Erfüllung der Beschäftigungspflicht

§ 5. (1) Auf die Pflichtzahl sind die beschäftigten und nach § 7 entlohnten begünstigten Behinderten, begünstigte Personen nach § 2 Abs. 3 und Dienstgeber anzurechnen, bei denen die Voraussetzungen des § 2 Abs. 1 zutreffen.

(2) Auf die Pflichtzahl werden mit dem Doppelten ihrer Zahl angerechnet:

a) Blinde;
b) die im Abs. 1 angeführten Behinderten vor Vollendung des 19. Lebensjahres;
c) die im Abs. 1 angeführten Behinderten über den in lit. b angeführten Zeitpunkt hinaus für die Dauer des Ausbildungsverhältnisses;
d) die im Abs. 1 angeführten Behinderten nach Vollendung des 50. Lebensjahres, wenn und insolange der Grad ihrer Behinderung mindestens 70 vH beträgt;
e) die im Abs. 1 angeführten Behinderten nach Vollendung des 55. Lebensjahres;
f) die im Abs. 1 angeführten Behinderten, die überwiegend auf den Gebrauch eines Krankenfahrstuhles (Rollstuhles) angewiesen sind.

(3) Inhaber einer Amtsbescheinigung oder eines Opferausweises gemäß § 4 des OpferfÜrsorgegesetzes, BGBl. Nr. 183/1947, sind auf die Pflichtzahl anzurechnen, vor Vollendung des 19. und nach Vollendung des 55. Lebensjahres mit dem Doppelten ihrer Zahl.

Angemessene Vorkehrungen und Förderungsmaßnahmen

§ 6. (1) Dienstgeber haben bei der Beschäftigung von begünstigten Behinderten auf deren Gesundheitszustand jede nach Beschaffenheit der Betriebsgattung und nach Art der Betriebsstätte und der Arbeitsbedingungen mögliche Rücksicht zu nehmen. Das Bundesamt für Soziales und Behindertenwesen hat einvernehmlich mit den Dienststellen des Arbeitsmarktservice und mit den übrigen Rehabilitationsträgern dahingehend zu wirken und zu beraten, daß die Behinderten in ihrer sozialen Stellung nicht absinken, entsprechend ihren Fähigkeiten und Kenntnissen eingesetzt und durch Leistungen der Rehabilitationsträger und Maßnahmen der Dienstgeber soweit gefördert werden, daß sie sich im Wettbewerb mit Nichtbehinderten zu behaupten vermögen.

(1a) Dienstgeber haben die geeigneten und im konkreten Fall erforderlichen Maßnahmen zu ergreifen, um Menschen mit Behinderungen den Zugang zur Beschäftigung, die Ausübung eines Berufes, den beruflichen Aufstieg und die Teilnahme an Aus- und Weiterbildungsmaßnahmen zu ermöglichen, es sei denn, diese Maßnahmen würden den Dienstgeber unverhältnismäßig belasten. Diese Belastung ist nicht unverhältnismäßig, wenn sie durch Förderungsmaßnahmen nach bundes- oder landesgesetzlichen Vorschriften ausreichend kompensiert werden kann.

(2) Nach Maßgabe der Richtlinien (Abs. 3) können aus den Mitteln des Ausgleichstaxfonds (§ 10 Abs. 1) Zuschüsse oder Darlehen gewährt werden, und zwar insbesondere

a) zu den Kosten der durch die Behinderung bedingten technischen Arbeitshilfen;
b) zur Schaffung von Arbeits- und Ausbildungsplätzen, die sich für begünstigte Behinderte besonders eignen;
c) zu den Lohn- und Ausbildungskosten für begünstigte Behinderte (§ 2 Abs. 1 und 3), mit denen ein Dienstverhältnis neu begründet wird (Einstellungsbeihilfen), oder die infolge ihrer Behinderung entweder die volle Leistungsfähigkeit nicht zu erreichen vermögen, oder deren Arbeits- oder Ausbildungsplatz ohne die Gewährung von Leistungen aus dem Ausgleichstaxfonds gefährdet wäre;
d) zu den Kosten von Maßnahmen beruflicher Assistenz, insbesondere Jugendcoaching, AusbildungsFit, Berufsausbildungsassistenz (§ 8b des Berufsausbildungsgesetzes, BGBl. Nr. 142/1969), Arbeitsassistenz und Jobcoaching sowie anderer Assistenzmaßnahmen, insbesondere Persönliche Assistenz am Arbeitsplatz, Betriebsservice und sonstige Beratungsleistungen für Unternehmen;
e) für die Ein-, Um- oder Nachschulung, zur beruflichen Weiterbildung sowie zur Arbeitserprobung;
f) zu den sonstigen Kosten, die nachweislich mit dem Antritt oder der Ausübung einer Beschäftigung verbunden sind;
g) zur Gründung einer den Lebensunterhalt sichernden selbständigen Erwerbstätigkeit sowie zur pauschalen Abgeltung eines im laufenden Betrieb entstehenden behinderungsbedingten Mehraufwandes des behinderten Unternehmers.

(3) Der Bundesminister für Arbeit, Gesundheit und Soziales als Vertreter des Ausgleichstaxfonds hat als Grundlage für die Gewährung von Zuschüssen oder Darlehen (Abs. 2) Richtlinien, insbesondere über die Höhe und die Dauer der Zuwendungen unter Bedachtnahme auf die Leistungs- und Eingliederungsfähigkeit des begünstigten Behinderten, die besondere Eignung eines Arbeitsplatzes für die Beschäftigung begünstigter Behinderter, auf den Nutzen, der sich für den Dienstgeber aus der Durchführung der Maßnahmen ergibt, auf die finanziellen Möglichkeiten des Unternehmens und auf gleichartige Leistungen nach anderen Bundes- oder Landesgesetzen zu erlassen. Diese Richtlinien haben im Bundesamt für Soziales und Behindertenwesen zur Einsichtnahme aufzuliegen.

(4) Die Gewährung von Zuschüssen oder Darlehen kann über die nach Abs. 3 zu erlassenden Richtlinien

hinaus mit weiteren Auflagen verbunden werden, um den angestrebten Erfolg zu sichern. Die Höhe laufend gewährter Zuschüsse ist bei Änderung der Voraussetzungen, ansonsten jährlich nach Überprüfung neu festzusetzen. Für den gleichen Zweck gewährte Zuschüsse oder Darlehen nach anderen Bundes- oder Landesgesetzen sind zu berücksichtigen. Offene Forderungen des Ausgleichstaxfonds sind bei Gewährung von Zuschüssen an Dienstgeber aufzurechnen.

(5) Vor der Gewährung von Leistungen nach Abs. 2 ist nach Klärung des Sachverhalts ein Team zu befassen, dem je ein Vertreter des Bundesamtes für Soziales und Behindertenwesen, der Landesgeschäftsstelle des Arbeitsmarktservice, des jeweiligen Bundeslandes (Behindertenhilfe), der Arbeiterkammer sowie der Wirtschaftskammer des jeweiligen Bundeslandes als ständige Mitglieder angehören. Falls die Sachlage es erfordert, sind Vertreter der Sozialversicherungsträger und Sachverständige insbesondere aus dem Bereich des ärztlichen und psychologischen Dienstes des Bundesamtes für Soziales und Behindertenwesen oder des Arbeitsmarktservice sowie aus dem Bereich der Arbeitsinspektion, der Landwirtschaftskammer und der Landarbeiterkammer beizuziehen.

(6) Anstelle von Zuschüssen oder Darlehen können auch Sachleistungen gewährt werden.

Entgelt

§ 7. Das Entgelt, das den im Sinne dieses Bundesgesetzes beschäftigten begünstigten Behinderten gebührt, darf aus dem Grunde der Behinderung nicht gemindert werden.

Schutz vor Diskriminierung in der Arbeitswelt – Geltungsbereich

§ 7a. (1) Die Bestimmungen der §§ 7b bis 7q gelten für den Bereich der Arbeitswelt; dazu zählen

1. Dienstverhältnisse aller Art, die auf privatrechtlichem Vertrag beruhen,
2. alle Formen und alle Ebenen der Berufsberatung, der Berufsausbildung, der beruflichen Weiterbildung und der Umschulung einschließlich der praktischen Berufserfahrung,
3. die Mitgliedschaft und Mitwirkung in einer Arbeitnehmer- oder Arbeitgeberorganisation oder einer Organisation, deren Mitglieder einer bestimmten Berufsgruppe angehören, einschließlich der Inanspruchnahme der Leistungen solcher Organisationen, und
4. die Gründung, Einrichtung oder Erweiterung eines Unternehmens sowie die Aufnahme oder Ausweitung jeglicher anderen Art von selbständiger Tätigkeit,

sofern dies in die Regelungskompetenz des Bundes fällt.

(2) Die Bestimmungen der §§ 7b bis 7q gelten weiters für

1. öffentlich-rechtliche Dienstverhältnisse zum Bund,
2. Ausbildungsverhältnisse aller Art zum Bund,
3. Beschäftigungsverhältnisse, auf die das Heimarbeitsgesetz 1960, BGBl. Nr. 105/1961, anzuwenden ist, und
4. Beschäftigungsverhältnisse von Personen, die, ohne in einem Dienstverhältnis zu stehen, im Auftrag und für Rechnung bestimmter Personen Arbeit leisten und wegen wirtschaftlicher Unselbständigkeit als arbeitnehmerähnlich anzusehen sind.

Für den Anwendungsbereich der §§ 7b bis 7q gelten die Beschäftigungsverhältnisse nach Z 2 bis 4 als Dienstverhältnisse.

(3) Ausgenommen sind Dienstverhältnisse einschließlich arbeitnehmerähnlicher Beschäftigungsverhältnisse im Sinne des Abs. 2 Z 4 zu einem Land, einem Gemeindeverband oder einer Gemeinde.

(4) Die Bestimmungen der §§ 7b bis 7q gelten auch für die Beschäftigung von Dienstnehmern, die von einem Dienstgeber ohne Sitz in Österreich

1. im Rahmen einer Arbeitskräfteüberlassung oder
2. zur fortgesetzten Arbeitsleistung

nach Österreich entsandt werden, für die Dauer der Entsendung.

Diskriminierungsverbot

§ 7b. (1) Auf Grund einer Behinderung darf im Zusammenhang mit einem Dienstverhältnis gemäß § 7a Abs. 1 Z 1, Abs. 2 und 4 sowie in der sonstigen Arbeitswelt im Sinne des § 7a Abs. 1 Z 2 bis 4 niemand unmittelbar oder mittelbar diskriminiert werden, insbesondere nicht

1. bei der Begründung des Dienstverhältnisses,
2. bei der Festsetzung des Entgelts,
3. bei der Gewährung freiwilliger Sozialleistungen, die kein Entgelt darstellen,
4. bei Maßnahmen der Aus- und Weiterbildung und Umschulung,
5. beim beruflichen Aufstieg, insbesondere bei Beförderungen und der Zuweisung höher entlohnter Verwendungen (Funktionen),
6. bei den sonstigen Arbeitsbedingungen,
7. bei der Beendigung des Dienstverhältnisses,
8. bei der Berufsberatung, Berufsausbildung, beruflichen Weiterbildung und Umschulung außerhalb eines Dienstverhältnisses,
9. bei der Mitgliedschaft und Mitwirkung in einer Arbeitnehmer- oder Arbeitgeberorganisation oder einer Organisation, deren Mitglieder einer bestimmten Berufsgruppe angehören, einschließlich der Inanspruchnahme der Leistungen solcher Organisationen,
10. bei der Gründung, Einrichtung oder Erweiterung eines Unternehmens sowie der Aufnahme oder Ausweitung jeglicher anderen Art von selbständiger Tätigkeit.

(2) Betriebliche Einstufungsregelungen und Normen der kollektiven Rechtsgestaltung dürfen bei der Regelung der Entlohnungskriterien keine Kriterien vorschreiben, die zu einer Diskriminierung auf Grund einer Behinderung führen.

(3) Bei der Einreihung von Verwendungen und Arbeitsplätzen der öffentlichen Verwaltung in für den Monatsbezug oder das Monatsentgelt bedeutsame Kategorien, wie Besoldungs-, Verwendungs- und Funktionsgruppen oder Dienstklassen, sind keine Kriterien für die Beurteilung der Tätigkeit zu verwenden, die zu einer Diskriminierung auf Grund einer Behinderung führen.

(4) Auf den Behinderungsbegriff der Abs. 1 bis 3 ist § 3 mit der Maßgabe anzuwenden, dass ein festgestellter Grad der Behinderung nicht erforderlich ist.

(5) Eine Diskriminierung liegt auch vor, wenn eine Person auf Grund ihres Naheverhältnisses zu einer Person wegen deren Behinderung diskriminiert wird.

(6) Jede Verletzung des Diskriminierungsverbots des Abs. 1 durch einen Bediensteten des Bundes verletzt die Verpflichtungen, die sich aus dem Dienstverhältnis ergeben, und ist nach den dienst- und disziplinarrechtlichen Vorschriften zu verfolgen.

Diskriminierung

§ 7c. (1) Eine unmittelbare Diskriminierung liegt vor, wenn eine Person auf Grund einer Behinderung in einer vergleichbaren Situation eine weniger günstige Behandlung erfährt, als eine andere Person erfährt, erfahren hat oder erfahren würde.

(2) Eine mittelbare Diskriminierung liegt vor, wenn dem Anschein nach neutrale Vorschriften, Kriterien oder Verfahren sowie Merkmale gestalteter Lebensbereiche Menschen mit Behinderungen gegenüber anderen Personen in besonderer Weise benachteiligen können, es sei denn, die betreffenden Vorschriften, Kriterien oder Verfahren sowie Merkmale gestalteter Lebensbereiche sind durch ein rechtmäßiges Ziel sachlich gerechtfertigt, und die Mittel sind zur Erreichung dieses Zieles angemessen und erforderlich.

(3) Bei Ungleichbehandlung wegen eines Merkmals, das im Zusammenhang mit einer Behinderung steht, liegt dann keine Diskriminierung vor, wenn das betreffende Merkmal auf Grund der Art einer bestimmten beruflichen Tätigkeit oder der Rahmenbedingungen ihrer Ausübung eine wesentliche und entscheidende berufliche Voraussetzung darstellt, und sofern es sich um einen rechtmäßigen Zweck und eine angemessene Anforderung handelt.

(4) Eine mittelbare Diskriminierung im Sinne von Abs. 2 liegt nicht vor, wenn die Beseitigung von Bedingungen, die eine Benachteiligung begründen, insbesondere von Barrieren, rechtswidrig oder wegen unverhältnismäßiger Belastungen unzumutbar wäre.

(5) Bei der Prüfung, ob Belastungen unverhältnismäßig sind, sind insbesondere zu berücksichtigen:

1. der mit der Beseitigung der die Benachteiligung begründenden Bedingungen verbundene Aufwand,
2. die wirtschaftliche Leistungsfähigkeit des Dienstgebers oder in Fällen des § 7b Abs. 1 Z 8 bis 10 des jeweiligen Rechtsträgers,
3. Förderungen aus öffentlichen Mitteln für die entsprechenden Maßnahmen,
4. die zwischen dem In-Kraft-Treten dieses Bundesgesetzes und der behaupteten Diskriminierung vergangene Zeit.

(6) Erweist sich die Beseitigung von Bedingungen, die eine Benachteiligung begründen, als unverhältnismäßige Belastung im Sinne des Abs. 4, liegt dann eine Diskriminierung vor, wenn verabsäumt wurde, durch zumutbare Maßnahmen zumindest eine maßgebliche Verbesserung der Situation des Betroffenen im Sinne einer größtmöglichen Annäherung an eine Gleichbehandlung zu bewirken. Bei der Prüfung der Zumutbarkeit ist Abs. 5 heranzuziehen.

(7) Bei der Beurteilung des Vorliegens einer mittelbaren Diskriminierung durch Barrieren ist auch zu prüfen, ob einschlägige auf den gegenständlichen Fall anwendbare Rechtsvorschriften zur Barrierefreiheit vorliegen und ob und inwieweit diese eingehalten wurden. Barrierefrei sind bauliche und sonstige Anlagen, Verkehrsmittel, technische Gebrauchsgegenstände, Systeme der Informationsverarbeitung sowie andere gestaltete Lebensbereiche, wenn sie für Menschen mit Behinderungen in der allgemein üblichen Weise, ohne besondere Erschwernis und grundsätzlich ohne fremde Hilfe zugänglich und nutzbar sind.

(8) Eine Diskriminierung liegt auch bei Anweisung einer Person zur Diskriminierung aus dem Grund einer Behinderung vor.

(9) Spezifische Maßnahmen zur Förderung der Gleichstellung im Berufsleben, mit denen Benachteiligungen wegen einer Behinderung verhindert oder ausgeglichen werden, gelten nicht als Diskriminierung im Sinne dieses Bundesgesetzes.

Belästigung

§ 7d. (1) Eine Diskriminierung liegt auch bei Belästigung vor, wenn eine Person

1. vom Dienstgeber selbst belästigt wird,
2. durch den Dienstgeber dadurch diskriminiert wird, indem dieser es schuldhaft unterlässt, im Falle einer Belästigung durch Dritte eine auf Grund gesetzlicher Bestimmungen, Normen der kollektiven Rechtsgestaltung oder des Arbeitsvertrages angemessene Abhilfe zu schaffen,
3. durch Dritte in Zusammenhang mit seinem Dienstverhältnis belästigt wird oder
4. durch Dritte außerhalb eines Dienstverhältnisses belästigt wird.

(2) Belästigung liegt vor, wenn im Zusammenhang mit einer Behinderung eine unerwünschte Verhaltensweise gesetzt wird,

1. die die Würde der betroffenen Person verletzt oder dies bezweckt,
2. die für die betroffene Person unerwünscht, unangebracht oder anstößig ist und
3. die ein einschüchterndes, feindseliges, entwürdigendes, beleidigendes oder demütigendes Umfeld für die betroffene Person schafft oder dies bezweckt.

(3) Eine Diskriminierung liegt auch vor

1. bei Anweisung zur Belästigung einer Person,
2. wenn die Zurückweisung oder Duldung einer Belästigung durch die belästigte Person zur Grundlage einer diese Person berührenden Entscheidung gemacht wird,
3. wenn eine Person auf Grund ihres Naheverhältnisses zu einer Person wegen der Behinderung belästigt wird.

Rechtsfolgen der Diskriminierung bei der Begründung des Dienstverhältnisses und beim beruflichen Aufstieg

§ 7e. (1) Ist ein Dienstverhältnis wegen Verletzung des Diskriminierungsverbots des § 7b Abs. 1 Z 1 nicht begründet worden, so ist der Dienstgeber gegenüber dem Stellenwerber zum Ersatz des Vermögensschadens und zu einer Entschädigung für die erlittene persönliche Beeinträchtigung verpflichtet. Der Ersatzanspruch beträgt

1. mindestens zwei Monatsentgelte, wenn der Stellenwerber bei diskriminierungsfreier Auswahl die Stelle erhalten hätte, oder
2. bis 500 Euro, wenn der Dienstgeber nachweisen kann, dass der einem Stellenwerber durch die Diskriminierung entstandene Schaden allein darin besteht, dass die Berücksichtigung seiner Bewerbung verweigert wurde.

(2) Ist ein Dienstnehmer wegen Verletzung des Diskriminierungsverbots des § 7b Abs. 1 Z 5 nicht beruflich aufgestiegen, so ist der Dienstgeber gegenüber dem Dienstnehmer zum Ersatz des Vermögensschadens und zu einer Entschädigung für die erlittene persönliche Beeinträchtigung verpflichtet. Der Ersatzanspruch beträgt

1. wenn der Dienstnehmer bei diskriminierungsfreier Auswahl beruflich aufgestiegen wäre, die Differenz für mindestens drei Monate zwischen dem Entgelt, das der Dienstnehmer bei erfolgreichem beruflichen Aufstieg erhalten hätte, und dem tatsächlichen Entgelt, oder
2. wenn der Dienstgeber nachweisen kann, dass der dem Dienstnehmer durch die Diskriminierung entstandene Schaden allein darin besteht, dass die Berücksichtigung seiner Bewerbung verweigert wurde, bis 500 Euro.

(3) Ist ein Dienstverhältnis zum Bund wegen Verletzung des Diskriminierungsverbots des § 7b Abs. 1 Z 1 nicht begründet worden, so ist der Bund gegenüber dem Stellenwerber zum Ersatz des Vermögensschadens und zu einer Entschädigung für die erlittene persönliche Beeinträchtigung verpflichtet. Der Ersatzanspruch beträgt

1. mindestens drei Monatsbezüge des für die Gehaltsstufe 2 der Dienstklasse V der Beamten der allgemeinen Verwaltung gebührenden Betrages, wenn der Stellenwerber bei diskriminierungsfreier Auswahl die Stelle erhalten hätte, oder
2. bis zu drei Monatsbezüge des für die Gehaltsstufe 2 der Dienstklasse V der Beamten der allgemeinen Verwaltung gebührenden Betrages, wenn der Dienstgeber nachweisen kann, dass der einem Stellenwerber durch die Diskriminierung entstandene Schaden allein darin besteht, dass die Berücksichtigung seiner Bewerbung verweigert wurde.

(4) Ist ein Bundesbediensteter wegen Verletzung des Diskriminierungsverbots des § 7b Abs. 1 Z 5 nicht beruflich aufgestiegen, so ist der Bund gegenüber dem Bediensteten zum Ersatz des Vermögensschadens und zu einer Entschädigung für die erlittene persönliche Beeinträchtigung verpflichtet. Der Ersatzanspruch beträgt die Entgeltdifferenz (bei Beamten Bezugsdifferenz) zwischen dem Entgelt (bei Beamten Monatsbezug), das der Bedienstete bei erfolgreichem beruflichen Aufstieg erhalten hätte, und dem tatsächlichen Entgelt (bei Beamten Monatsbezug)

1. für mindestens drei Monate, wenn der Bedienstete bei diskriminierungsfreier Auswahl beruflich aufgestiegen wäre, oder
2. für bis zu drei Monate, wenn der Dienstgeber nachweisen kann, dass der dem Bediensteten durch die Diskriminierung entstandene Schaden allein darin besteht, dass die Berücksichtigung seiner Bewerbung verweigert wurde.

Rechtsfolgen der Diskriminierung im Zusammenhang mit der Beendigung eines Dienstverhältnisses

§ 7f. (1) Ist das Dienstverhältnis vom Dienstgeber wegen einer Behinderung des Dienstnehmers oder wegen der offenbar nicht unberechtigten Geltendmachung von Ansprüchen nach diesem Bundesgesetz gekündigt oder vorzeitig beendigt worden oder ist das Probedienstverhältnis wegen eines solchen Grundes aufgelöst worden (§ 7b Abs. 1 Z 7), so kann die Kündigung, Entlassung oder Auflösung des Probedienstverhältnisses unter der Voraussetzung des § 7k bei Gericht angefochten werden. Ist ein befristetes, auf die Umwandlung in ein unbefristetes Dienstverhältnis angelegtes Dienstverhältnis wegen einer Behinderung des Dienstnehmers oder wegen der nicht offenbar unberechtigten Geltendmachung von Ansprüchen nach diesem Bundesgesetz durch Zeitablauf beendet worden, so kann unter der Voraussetzung des § 7k auf Feststellung des unbefristeten Bestehens des Dienstverhältnisses geklagt werden. Lässt der Dienstnehmer die Beendigung gegen sich gelten, so hat er Anspruch auf Ersatz des Vermögensschadens und auf eine Entschädigung für die erlittene persönliche Beeinträchtigung.

(2) Ist das Dienstverhältnis eines Beamten wegen einer Behinderung oder wegen der offenbar nicht unberechtigten Geltendmachung von Ansprüchen nach diesem Bundesgesetz gekündigt oder vorzeitig beendigt worden, oder ist der Beamte wegen einer Behinderung amtswegig in den Ruhestand versetzt worden, so ist die Kündigung, Entlassung oder Ruhestandsversetzung auf Grund eines Antrages des betroffenen Dienstnehmers für rechtsunwirksam zu erklären.

(3) Abs. 1 und 2 sind nicht anzuwenden auf Kündigungen, für die § 8 Abs. 2 gilt.

Sonstige Rechtsfolgen der Diskriminierung im Zusammenhang mit einem Dienstverhältnis

§ 7g. (1) Erhält ein behinderter Dienstnehmer wegen Verletzung des Diskriminierungsverbots des § 7b Abs. 1 Z 2 durch den Dienstgeber für gleiche Arbeit oder für eine Arbeit, die als gleichwertig anerkannt wird, ein geringeres Entgelt als ein anderer Dienstnehmer, so hat er gegenüber dem Dienstgeber Anspruch auf Bezahlung der Differenz und eine Entschädigung für die erlittene persönliche Beeinträchtigung.

(2) Bei Verletzung des Diskriminierungsverbots des § 7b Abs. 1 Z 3 hat der Dienstnehmer Anspruch auf Gewährung der betreffenden Sozialleistung oder auf Ersatz des Vermögensschadens sowie auf eine Entschädigung für die erlittene persönliche Beeinträchtigung.

(3) Bei Verletzung des Diskriminierungsverbots des § 7b Abs. 1 Z 4 hat der Dienstnehmer Anspruch auf Einbeziehung in die entsprechenden betrieblichen Aus- und Weiterbildungs- sowie Umschulungsmaßnahmen oder auf Ersatz des Vermögensschadens sowie auf eine Entschädigung für die erlittene persönliche Beeinträchtigung.

(4) Bei Verletzung des Diskriminierungsverbots des § 7b Abs. 1 Z 6 hat der behinderte Dienstnehmer Anspruch auf Gewährung der gleichen Arbeitsbedingungen wie ein anderer Dienstnehmer oder auf Ersatz des Vermögensschadens sowie auf eine Entschädigung für die erlittene persönliche Beeinträchtigung.

Rechtsfolgen der Diskriminierung in der sonstigen Arbeitswelt

§ 7h. (1) Bei Verletzung des Diskriminierungsverbots des § 7b Abs. 1 Z 8 hat die betroffene Person Anspruch auf Einbeziehung in die entsprechenden Berufsberatungs-, Berufsausbildungs-, Weiterbildungs- und Umschulungsmaßnahmen oder auf Ersatz des Vermögensschadens sowie auf eine Entschädigung für die erlittene persönliche Beeinträchtigung.

(2) Bei Verletzung des Diskriminierungsverbots des § 7b Abs. 1 Z 9 hat die betroffene Person Anspruch auf Mitgliedschaft und Mitwirkung in der betreffenden Organisation sowie auf Inanspruchnahme der Leistungen der betreffenden Organisation oder auf Ersatz des Vermögensschadens sowie auf eine Entschädigung für die erlittene persönliche Beeinträchtigung.

(3) Bei Verletzung des Diskriminierungsverbots des § 7b Abs. 1 Z 10 hat die betroffene Person Anspruch auf Ersatz des Vermögensschadens und auf eine Entschädigung für die erlittene persönliche Beeinträchtigung.

Rechtsfolgen einer Belästigung oder bei Benachteiligung infolge einer Beschwerde

§ 7i. (1) Bei einer Belästigung (§ 7d) hat die betroffene Person gegenüber dem Belästiger, im Falle einer schuldhaften Unterlassung des Dienstgebers (§ 7d Abs. 2) auch gegenüber diesem, Anspruch auf Ersatz des erlittenen Schadens. Neben dem Ersatz eines allfälligen Vermögensschadens hat die betroffene Person zum Ausgleich der erlittenen persönlichen Beeinträchtigung Anspruch auf angemessenen, mindestens jedoch auf 1 000 € Schadenersatz.

(2) Als Reaktion auf eine Beschwerde oder auf die Einleitung eines Verfahrens zur Durchsetzung des Diskriminierungsverbots des § 7b Abs. 1 darf der betroffene Dienstnehmer durch den Dienstgeber nicht entlassen, gekündigt oder anders benachteiligt werden. Auch ein anderer Dienstnehmer, der als Zeuge oder Auskunftsperson in einem Verfahren auftritt oder eine Beschwerde eines anderen Dienstnehmers unterstützt, darf als Reaktion auf eine Beschwerde oder auf die Einleitung eines Verfahrens zur Durchsetzung des Diskriminierungsverbots nicht entlassen, gekündigt oder anders benachteiligt werden. §§ 7e bis 7g, 7i Abs. 1, 7j bis 7m, 7o und 7p gelten sinngemäß.

Höhe des Schadenersatzes

§ 7j. Die Höhe der Entschädigung für die erlittene persönliche Beeinträchtigung ist so zu bemessen, dass dadurch die Beeinträchtigung tatsächlich und wirksam ausgeglichen wird und die Entschädigung der erlittenen Beeinträchtigung angemessen ist sowie Diskriminierungen verhindert. Dabei ist insbesondere auf die Dauer der Diskriminierung, die Schwere eines allfälligen Verschuldens, die Erheblichkeit der Beeinträchtigung und auf Mehrfachdiskriminierungen Bedacht zu nehmen.

Geltendmachung von Ansprüchen bei den ordentlichen Gerichten

§ 7k. (1) Ansprüche gemäß §§ 7e bis 7i können bei den ordentlichen Gerichten nur geltend gemacht werden, wenn in der Sache vorher beim Bundesamt für Soziales und Behindertenwesen (Bundessozialamt) ein Schlichtungsverfahren gemäß §§ 14 ff Bundes-Behindertengleichstellungsgesetz (BGStG), BGBl. I Nr. 82/2005, durchgeführt wurde. Die Klage ist nur zulässig, wenn nicht längstens innerhalb von drei Monaten, im Fall einer Kündigung oder Entlassung innerhalb von einem Monat ab Einleitung des Schlichtungsverfahrens eine gütliche Einigung erzielt worden ist. Der Kläger hat der Klage eine Bestätigung des Bundessozialamts darüber anzuschließen, dass keine gütliche Einigung erzielt werden konnte.

(2) Für die gerichtliche Geltendmachung der Ansprüche gelten folgende Fristen:

1. in Fällen nach § 7e sechs Monate ab Zugang der Ablehnung der Bewerbung oder Beförderung;
2. in Fällen von Anfechtungen oder Feststellungsklagen gemäß § 7f Abs. 1 oder § 7i Abs. 2 14 Tage ab Zugang der Kündigung, Entlassung oder Auflösung des Probedienstverhältnisses bzw. ab Beendigung des befristeten Dienstverhältnisses durch Zeitablauf;
3. im Falle der Geltendmachung von Ansprüchen gem. § 7f Abs. 1 letzter Satz sechs Monate ab Zugang der Kündigung, Entlassung oder Auflösung des Probedienstverhältnisses bzw. ab Beendigung des befristeten Dienstverhältnisses durch Zeitablauf;
4. im Falle einer Belästigung gemäß § 7i Abs. 1 ein Jahr;
5. in Fällen nach § 7g gilt die dreijährige Verjährungsfrist gemäß § 1486 des Allgemeinen Bürgerlichen Gesetzbuches (ABGB), in Fällen nach § 7h die dreijährige Verjährungsfrist gemäß § 1489 ABGB.

(3) Klagen betreffend Ansprüche nach § 7h können jedenfalls auch bei dem Gericht eingebracht werden, in dessen Sprengel sich der Wohnsitz oder der gewöhnlichen Aufenthalt der betroffenen Person befindet.

(4) Die Einleitung des Schlichtungsverfahrens (§ 14 Abs. 2 BGStG) bewirkt die Hemmung der Fristen zur gerichtlichen Geltendmachung. Die Zustellung der Bestätigung des Bundessozialamts an die eine Diskriminierung behauptende Person, dass keine gütliche Einigung erzielt werden konnte (§ 14 Abs. 3 BGStG), beendet die Hemmung. Die Bestätigung ist auf Antrag oder, wenn nach Ablauf der Frist gemäß Abs. 1 eine Einigung nicht mehr zu erwarten ist, amtswegig auszustellen.

(5) Nach Zustellung der Bestätigung steht der betroffenen Person im Fall einer Kündigung oder Entlassung zur Erhebung der Klage jedenfalls noch eine Frist von 14 Tagen, in allen anderen Fällen zumindest noch eine Frist von drei Monaten offen.

Geltendmachung von Ansprüchen von Beamten

§ 7l. (1) Ansprüche von Beamten gemäß §§ 7e bis 7g und gemäß § 7i Abs. 2 können bei der Dienstbehörde nur geltend gemacht werden, wenn in der Sache vorher beim Bundessozialamt ein Schlichtungsverfahren gemäß §§ 14 ff BGStG durchgeführt wurde. Die Geltendmachung durch Beamte bei der Dienstbehörde ist nur zulässig, wenn nicht längstens innerhalb von drei Monaten, im Fall einer Kündigung oder Entlassung innerhalb von einem Monat ab Einleitung des Schlichtungsverfahrens eine gütliche Einigung erzielt worden ist. Liegt es im Ermessen der Behörde, über die Rechtsfrage mittels Bescheides zu entscheiden, ist ein Antrag auf Bescheiderlassung erst nach Beendigung des Schlichtungsverfahrens zulässig. Die Dienstbehörde ist verpflichtet, an einer Schlichtung mitzuwirken und dem Bundessozialamt die erforderlichen Auskünfte zu erteilen.

(2) Die Dienstbehörde hat im Verfahren Abs. 1 und 3 bis 6 sowie §§ 7b bis 7g, 7i, 7j, 7m und 7o dieses Bundesgesetzes unmittelbar anzuwenden.

(3) Werden nach Beendigung eines Schlichtungsverfahrens Ansprüche geltend gemacht, die eine diskriminierende Entscheidung mittels Bescheides betreffen, und steht ein ordentliches Rechtsmittel offen, hat die Geltendmachung von Ansprüchen im Zuge des Rechtsmittels zu erfolgen. Entscheidet die Dienstbehörde in erster und letzter Instanz, kann die Geltendmachung binnen 14 Tagen ab Bescheidzustellung mittels Antrages auf Erklärung der Rechtsunwirksamkeit der diskriminierenden Entscheidung erfolgen. Die Dienstbehörde hat im Fall einer diskriminierenden Entscheidung den erlassenen Bescheid aufzuheben und die Rechtsfrage neu zu entscheiden.

(4) Außer den in Abs. 3 geregelten Fällen gelten für die Geltendmachung von Ansprüchen bei der Dienstbehörde folgende Fristen:

1. in Fällen nach § 7e sechs Monate ab der Ablehnung der Bewerbung oder Beförderung;
2. im Fall einer Kündigung, Entlassung oder amtswegigen Ruhestandsversetzung gemäß § 7f oder § 7i Abs. 2 14 Tage ab Zugang;
3. in Fällen nach § 7g gilt die dreijährige Verjährungsfrist gemäß § 1486 ABGB.

(5) Die Einleitung des Schlichtungsverfahrens (§ 14 Abs. 2 BGStG) bewirkt die Hemmung der Fristen zur Geltendmachung bei der Dienstbehörde sowie ordentlicher oder außerordentlicher Rechtsmittelfristen. Die Zustellung der Bestätigung des Bundessozialamts an die eine Diskriminierung behauptende Person, dass keine gütliche Einigung erzielt werden konnte (§ 14 Abs. 3 BGStG), beendet die Hemmung der Fristen zur Geltendmachung. Die Bestätigung ist auf Antrag oder, wenn nach Ablauf der Frist gemäß Abs. 1 eine Einigung nicht mehr zu erwarten ist, amtswegig auszustellen.

(6) Nach Zustellung der Bestätigung steht der betroffenen Person im Fall einer Kündigung oder Entlassung zur Geltendmachung jedenfalls noch eine Frist von 14 Tagen offen. In Fällen, in denen eine ordentliche oder außerordentliche Rechtsmittelfrist gehemmt wurde, steht jedenfalls noch diese offen. In allen anderen Fällen steht zumindest noch eine Frist von drei Monaten offen.

(7) Kommt es im Schlichtungsverfahren zu keiner gütlichen Einigung, kann das Bundessozialamt nach Durchführung der entsprechenden Ermittlungen auf Ersuchen der betroffenen Person eine Stellungnahme über das Vorliegen einer Diskriminierung abgeben.

Geltendmachung von Ansprüchen von Beamten bei Belästigung

§ 7m. (1) Unter der Voraussetzung der Durchführung des Schlichtungsverfahrens gemäß §§ 14 ff BGStG können Ansprüche von Beamten aus einer Belästigung

(§ 7i Abs. 1) gegen den Belästiger bei den ordentlichen Gerichten gemäß § 7k, gegen den Dienstgeber bei der Dienstbehörde gemäß § 7l geltend gemacht werden.

(2) Ansprüche aus einer Belästigung gegen den Belästiger sind binnen eines Jahres gerichtlich geltend zu machen.

(3) Ansprüche aus einer Belästigung gegen den Dienstgeber sind binnen eines Jahres bei der Dienstbehörde geltend zu machen.

Diskriminierung in Vollziehung der Gesetze

§ 7n. Ansprüche gemäß § 7h Abs. 3 (die Gründung, Einrichtung oder Erweiterung eines Unternehmens sowie die Aufnahme oder Ausweitung jeglicher anderen Art von selbständiger Tätigkeit) können, wenn die Diskriminierung in Vollziehung der Gesetze erfolgt ist, nach dem Amtshaftungsgesetz (AHG), BGBl. Nr. 20/1949, geltend gemacht werden. Das Schlichtungsverfahren gemäß §§ 14 ff BGStG ersetzt dabei das Aufforderungsverfahren gemäß § 8 AHG.

Zuständigkeit bei Mehrfachdiskriminierung

§ 7o. Macht eine betroffene Person sowohl eine Verletzung des Diskriminierungsverbots des § 7b Abs. 1 nach diesem Bundesgesetz als auch eine Verletzung des Gleichbehandlungsgebots von Frauen und Männern in der Arbeitswelt bzw. des Gebots der Gleichbehandlung ohne Unterschied der ethnischen Zugehörigkeit, der Religion oder Weltanschauung, des Alters oder der sexuellen Orientierung in der Arbeitswelt im Sinne des Gleichbehandlungsgesetzes, BGBl. I Nr. 66/2004, bzw. des Bundes-Gleichbehandlungsgesetzes, BGBl. Nr. 100/1993, geltend, so sind alle Diskriminierungstatbestände im Schlichtungsverfahren gemäß §§ 14 ff BGStG abzuhandeln und können bei den ordentlichen Gerichten nur gemäß § 7k oder bei Behörden nur gemäß §§ 7l oder 7n geltend gemacht werden.

Beweislast

§ 7p. Wenn sich eine betroffene Person vor Gericht auf einen Diskriminierungstatbestand im Sinne des § 7b Abs. 1 oder eine Belästigung (§ 7d) beruft, so hat sie diesen Umstand glaubhaft zu machen. Dem Beklagten obliegt es bei Berufung auf § 7b Abs. 1 zu beweisen, dass es bei Abwägung aller Umstände wahrscheinlicher ist, dass ein anderes vom Beklagten glaubhaft gemachtes Motiv für die unterschiedliche Behandlung ausschlaggebend war. Bei Berufung auf § 7d sowie bei Berufung auf eine Diskriminierung, die durch Barrieren verursacht wird, obliegt es dem Beklagten zu beweisen, dass es bei Abwägung aller Umstände wahrscheinlicher ist, dass die vom Beklagten glaubhaft gemachten Tatsachen der Wahrheit entsprechen.

Nebenintervention

§ 7q. Die Österreichische Arbeitsgemeinschaft für Rehabilitation kann, wenn es eine betroffene Person verlangt, einem Rechtsstreit zur Durchsetzung von Ansprüchen aus einer Verletzung des Diskriminierungsverbots des § 7b als Nebenintervenient (§§ 17 bis 19 ZPO) beitreten.

Sonderbestimmungen für Landeslehrer, Anwendungsbereich

§ 7r. Die §§ 7b bis 7q dieses Bundesgesetzes sind auf Lehrer an öffentlichen Pflichtschulen und an land- und forstwirtschaftlichen Berufs- und Fachschulen (§ 1 des Landeslehrer-Dienstrechtsgesetzes 1984, BGBl. Nr. 302, § 1 des Land- und forstwirtschaftlichen Landeslehrer-Dienstrechtsgesetzes 1985, BGBl. Nr. 296, § 1 des Landesvertragslehrergesetzes 1966, BGBl. Nr. 172 und § 1 des Land- und forstwirtschaftlichen Landesvertragslehrergesetzes, BGBl. Nr. 244/1969) mit der Maßgabe anzuwenden, dass

1. soweit darin den Dienstbehörden des Bundes Zuständigkeiten zukommen, an deren Stelle die landesgesetzlich berufenen Organe (Dienstbehörden) treten,
2. soweit darin auf das Schlichtungsverfahren gemäß §§ 14 ff BGStG verwiesen wird, ein vergleichbares Verfahren durch landesgesetzliche Bestimmungen zu regeln ist, und
3. soweit gemäß den §§ 7e bis 7h Ersatzansprüche an den Bund eingeräumt sind, diese vom Land zu tragen sind.

Sonderbestimmungen für land- und forstwirtschaftliche Arbeiter

§ 7s. (1) Die §§ 7b bis 7q dieses Bundesgesetzes sind auch auf Dienstverhältnisse der land- und forstwirtschaftlichen Arbeiter und Angestellten im Sinne des Landarbeitsgesetzes 2021, BGBl. I Nr. 78/2021, mit der Maßgabe anzuwenden, dass, soweit darin auf das Schlichtungsverfahren gemäß §§ 14ff BGStG verwiesen wird, ein vergleichbares Verfahren durch die nach den landesgesetzlichen Bestimmungen für vergleichbare Verfahren zur Geltendmachung von Ansprüchen aus einer Diskriminierung zuständigen Behörden oder Einrichtungen der Länder durchzuführen ist.

(2) Macht eine betroffene Person sowohl eine Verletzung des Diskriminierungsverbots des § 7b Abs. 1 nach diesem Bundesgesetz als auch eine Verletzung des Gebots der Gleichbehandlung von Frauen und Männern in der Arbeitswelt bzw. des Gebots der Gleichbehandlung ohne Unterschied der ethnischen Zugehörigkeit, der Religion oder Weltanschauung, des Alters oder der sexuellen Orientierung in der Arbeitswelt im Sinne des Landarbeitsgesetzes 2021, BGBl. I Nr. 78/2021, geltend, so sind alle Diskriminierungstatbestände im Verfahren gemäß Abs. 1 abzuhandeln und können bei den ordentlichen Gerichten nur gemäß § 7k mit der Maßgabe geltend gemacht werden, dass an die Stelle des Schlichtungsverfahrens gemäß §§ 14ff BGStG das Verfahren nach Abs. 1 tritt.

Kündigung

§ 8. (1) Das Dienstverhältnis eines begünstigten Behinderten darf vom Dienstgeber, sofern keine längere Kündigungsfrist einzuhalten ist, nur unter Einhaltung einer Frist von vier Wochen gekündigt werden. Ein auf Probe vereinbartes Dienstverhältnis kann während des ersten Monates von beiden Teilen jederzeit gelöst werden.

(2) Die Kündigung eines begünstigten Behinderten (§ 2) darf von einem Dienstgeber erst dann ausgesprochen werden, wenn der Behindertenausschuss (§ 12) nach Anhörung des Betriebsrates, der Behindertenvertrauensperson (Stellvertreter) oder der Personalvertretung im Sinne des Bundes-Personalvertretungsgesetzes bzw. der entsprechenden landesgesetzlichen Vorschriften zugestimmt hat; dem Dienstnehmer kommt in diesem Verfahren Parteistellung zu. Eine Kündigung ohne vorherige Zustimmung des Behindertenausschusses ist rechtsunwirksam, wenn nicht in Ausnahmefällen nachträglich die Zustimmung erteilt wird. Diese Zustimmung ist nicht zu erteilen, wenn die Zugehörigkeit zum Personenkreis der begünstigten Behinderten die Folge eines Arbeitsunfalles gemäß § 175f des Allgemeinen Sozialversicherungsgesetzes (ASVG), BGBl. Nr. 189/1955 ist. Ein Ausnahmefall, der die Zustimmung zu einer bereits ausgesprochenen Kündigung rechtfertigt, ist

dann gegeben, wenn dem Dienstgeber zum Zeitpunkt des Ausspruches der Kündigung nicht bekannt war und auch nicht bekannt sein musste, dass der Dienstnehmer dem Personenkreis der begünstigten Behinderten im Sinne des § 2 angehört. Abs. 4 und 4a sind anzuwenden.

(3) Der Behindertenausschuß hat bei seiner Entscheidung über die Zustimmung zur Kündigung eines begünstigten Behinderten die besondere Schutzbedürftigkeit des Dienstnehmers zu berücksichtigen und unter Beachtung des § 6 zu prüfen, ob dem Dienstnehmer der Verlust seines Arbeitsplatzes zugemutet werden kann.

(4) Die Fortsetzung des Dienstverhältnisses wird dem Dienstgeber insbesondere dann nicht zugemutet werden können, wenn

a) der Tätigkeitsbereich des begünstigten Behinderten entfällt und der Dienstgeber nachweist, daß der begünstigte Behinderte trotz seiner Zustimmung an einem anderen geeigneten Arbeitsplatz ohne erheblichen Schaden nicht weiterbeschäftigt werden kann;,
b) der begünstigte Behinderte unfähig wird, die im Dienstvertrag vereinbarte Arbeit zu leisten, sofern in absehbarer Zeit eine Wiederherstellung der Arbeitsfähigkeit nicht zu erwarten ist und der Dienstgeber nachweist, daß der begünstigte Behinderte trotz seiner Zustimmung an einem anderen geeigneten Arbeitsplatz ohne erheblichen Schaden nicht weiterbeschäftigt werden kann;
c) der begünstigte Behinderte die ihm auf Grund des Dienstverhältnisses obliegenden Pflichten beharrlich verletzt und der Weiterbeschäftigung Gründe der Arbeitsdisziplin entgegenstehen.

(4a) Bei der Entscheidung über die Zustimmung zur Kündigung eines begünstigten Behinderten ist auch das Diskriminierungsverbot des § 7b Abs. 1 zu berücksichtigen.

(5) Gesetzliche Bestimmungen, die die Beendigung des Dienstverhältnisses an zusätzliche Voraussetzungen knüpfen, bleiben unberührt. Finden auf die Kündigung eines begünstigten Behinderten die Abs. 2 bis 4 Anwendung, gelten die Bestimmungen des § 105 Abs. 2 bis 6 des Arbeitsverfassungsgesetzes, BGBl. Nr. 22/1974, bzw. die im Sinne des Landarbeitsgesetzes 2021, BGBl. I Nr. 78/2021, für land- und forstwirtschaftliche Arbeiter und Angestellte erlassenen Vorschriften nicht.

(6) Abs. 2 bis 4 finden auf das Dienstverhältnis keine Anwendung,

a) wenn dem Behinderten als Mitglied des Betriebsrates (Jugendvertrauensrates) bzw. als Personalvertreter der besondere Kündigungsschutz auf Grund der §§ 120 und 121 des Arbeitsverfassungsgesetzes bzw. der im Sinne des Landarbeitsgesetzes 2021, BGBl. I Nr. 78/2021, für land- und forstwirtschaftliche Arbeiter und Angestellte erlassenen Vorschriften oder des § 27 Abs. 2 des Bundes-Personalvertretungsgesetzes und ähnlicher landesrechtlicher Vorschriften zusteht;
b) wenn das Dienstverhältnis zum Zeitpunkt des Ausspruches der Kündigung noch nicht länger als vier Jahre bestanden hat, es sei denn die Feststellung der Begünstigteneigenschaft erfolgt innerhalb dieses Zeitraumes, wobei während der ersten sechs Monate nur die Feststellung der Begünstigteneigenschaft infolge eines Arbeitsunfalles diese Rechtsfolge auslöst, oder es erfolgt ein Arbeitsplatzwechsel innerhalb eines Konzerns.

Beendigung eines Dienstverhältnisses kraft Gesetzes

§ 8a. Soweit in dienstrechtlichen Vorschriften für Bedienstete einer Gebietskörperschaft die Beendigung des Dienstverhältnisses wegen langer Dienstverhinderung infolge Krankheit kraft Gesetzes vorgesehen ist, ist im Falle eines begünstigten Behinderten (§ 2) der Behindertenausschuß spätestens drei Monate vor Ablauf dieser Frist von Amts wegen zu verständigen. Der Behindertenausschuß hat zur Zweckmäßigkeit einer Vereinbarung über die Fortsetzung des Dienstverhältnisses Stellung zu nehmen. Die Beendigung des Dienstverhältnisses wird - ungeachtet der dienstrechtlichen Vorschriften - frühestens drei Monate nach Einlangen der Verständigung beim Behindertenausschuß wirksam.

Ausgleichstaxe

§ 9. (1) Vom Bundesamt für Soziales und Behindertenwesen ist die Entrichtung einer Ausgleichstaxe alljährlich für das jeweils abgelaufene Kalenderjahr mittels Bescheides vorzuschreiben, wenn die Beschäftigungspflicht nicht erfüllt ist.

(2) Die Ausgleichstaxe beträgt für jede einzelne Person, die zu beschäftigen wäre, ab 1. Jänner 2011 monatlich 226 Euro. Abweichend davon beträgt die Ausgleichstaxe für Dienstgeber, die 100 oder mehr Dienstnehmer beschäftigen, für jede Person, die zu beschäftigen wäre, ab 1. Jänner 2011 monatlich 316 Euro und für Dienstgeber, die 400 oder mehr Dienstnehmer beschäftigen, für jede Person, die zu beschäftigen wäre, ab 1. Jänner 2011 monatlich 336 Euro. Diese Beträge sind ab 1. Jänner 2012 und in der Folge mit Wirkung vom 1. Jänner eines jeden Jahres mit dem für den Bereich des Allgemeinen Sozialversicherungsgesetzes festgesetzten Anpassungsfaktor zu vervielfachen. Die vervielfachten Beträge sind auf den nächsten vollen Eurobetrag zu runden, dabei sind Beträge unter 50 Cent zu vernachlässigen und Beträge von 50 Cent an auf einen vollen Euro zu ergänzen. Die gerundeten Beträge sind der folgenden Anpassung zugrunde zu legen. Der Bundesminister für Arbeit, Soziales und Konsumentenschutz hat die jeweilige Höhe der Ausgleichstaxe mit Verordnung festzustellen. Diese Verordnung kann auch rückwirkend in Kraft gesetzt werden.

(3) Die Entrichtung der Ausgleichstaxe kann nur binnen zwei Jahren, gerechnet vom Einlangen der Abschrift des Verzeichnisses (§ 16 Abs. 2) an, falls der Dienstgeber von der Vorlage des Verzeichnisses gemäß § 16 Abs. 5 und 6 befreit war, binnen drei Jahren nach Ablauf des Jahres, für das die Ausgleichstaxe zu zahlen ist, vorgeschrieben werden. Hat der Dienstgeber der Auskunfts- und Meldepflicht (§ 16) nicht entsprochen bzw. unwahre oder unvollständige Angaben gemacht, kann die Entrichtung der Ausgleichstaxe binnen sieben Jahren, gerechnet vom Ende des Kalenderjahres an, für das keine bzw. unvollständige oder unrichtige Meldungen erstattet wurden, vorgeschrieben werden. Diese Frist beginnt durch jede Maßnahme des Bundesamtes für Soziales und Behindertenwesen, die auf Einholung der Verzeichnisabschrift oder einer wahrheitsgetreuen Meldung gerichtet ist, neu zu laufen.

(4) Die Ausgleichstaxe wird nach Ablauf von vier Wochen, gerechnet vom Eintritt der Rechtskraft des Bescheides, mit dem die Ausgleichstaxe vorgeschrieben wurde, fällig. Sie ist spätestens bis zum Fälligkeitstag unaufgefordert an das Bundesamt für Soziales und Behindertenwesen einzuzahlen.

(5) Wird die Ausgleichstaxe nicht bis zum Fälligkeitstag (Abs. 4) eingezahlt, so sind ab dem darauffolgenden Kalendertag Zinsen in der Höhe von 4 vH über dem jeweils geltenden Basiszinssatz gemäß § 1 1. Euro-Justiz-Begleitgesetz, BGBl. I Nr. 125/1998 pro Jahr an den Ausgleichstaxfonds (§ 10) zu entrichten. Die Geltendmachung eines Zinsenanspruches hat zu unterbleiben, wenn der Zinsenbetrag 7,30 Euro nicht übersteigt.

Prämien

§ 9a. (1) Dienstgeber erhalten aus Mitteln des Ausgleichstaxfonds (§ 10) für jeden beschäftigten, in Ausbildung stehenden begünstigten Behinderten (§ 2 Abs. 3) eine Prämie in Höhe der nach § 9 Abs. 2 1. Satz festgesetzten Ausgleichstaxe.

(2) Über die Zuerkennung einer Prämie hat das Bundesamt für Soziales und Behindertenwesen in Fällen, in denen die Berechnung unter Bedachtnahme auf § 16 Abs. 4 bis 7 erfolgt, von Amts wegen, in den übrigen Fällen über Antrag des Dienstgebers zu entscheiden. Der Antrag kann nur binnen drei Jahren vom Ende des Kalenderjahres an, für das die Prämie begehrt wird, eingebracht werden.

(3) Die Prämie ist auf Forderungen des Ausgleichstaxfonds gegen den zum Empfang der Prämie berechtigten Dienstgeber anzurechnen.

Ausgleichstaxfonds

§ 10. (1) Beim Bundesministerium für Arbeit, Gesundheit und Soziales wird der Ausgleichstaxfonds gebildet. Er hat Rechtspersönlichkeit und wird vom Bundesminister für Arbeit, Gesundheit und Soziales vertreten und unter Anhörung eines Beirates gemäß Abs. 2 verwaltet. Das Vermögen des Fonds besteht aus den rechtskräftig vorgeschriebenen Ausgleichstaxen, den Zinsen und sonstigen Zuwendungen.

(1a) Aus allgemeinen Budgetmitteln sind jährlich 90 Mio. Euro für Maßnahmen der beruflichen Inklusion für Menschen mit Behinderungen zur Verfügung zu stellen. Dieser Betrag ist ausgehend vom Basisjahr 2018 jährlich ab dem Jahr 2019 nach dem für den Bereich des Allgemeinen Sozialversicherungsgesetzes festgesetzten Anpassungsfaktor zu vervielfachen. Dem Ausgleichstaxfonds fließen diese Mittel abzüglich jenes Betrages, der für Maßnahmen nach § 10a Abs. 1 lit. k zu verwenden ist, zu.

(1b) Zusätzlich zu den gemäß Abs. 1a zur Verfügung gestellten Mitteln sind aufgrund des außerordentlichen COVID-19 Krisengeschehens in den Jahren 2021 und 2022 aus allgemeinen Budgetmitteln jeweils 40 Mio. € für Maßnahmen zur beruflichen Inklusion von Menschen mit Behinderungen zur Verfügung zu stellen.

(1c) Zusätzlich zu den gemäß Abs. 1a zur Verfügung gestellten Mitteln sind zur Abfederung der Folgen der COVID-19 Pandemie sowie in Anbetracht der außerordentlichen Teuerungssituation in den Jahren 2023 und 2024 aus allgemeinen Budgetmitteln jeweils 30 Mio. € für Maßnahmen zur beruflichen Inklusion von Menschen mit Behinderungen zur Verfügung zu stellen.

(2) Der Beirat besteht aus dem Vorsitzenden, zwei Vertretern der organisierten Kriegsopfer, vier Vertretern der organisierten Behinderten und drei von den Ländern entsandten Vertretern sowie je drei Vertretern der Dienstnehmer und der Dienstgeber, einem Vertreter der Integrativen Betriebe (§ 11) und einem Vertreter des Bundesministeriums für Finanzen. Den Vorsitz führt der Bundesminister für soziale Sicherheit und Generationen oder ein von ihm bestimmter rechtskundiger Bediensteter aus dem Stande des Bundesministeriums für soziale Sicherheit und Generationen. Die Funktionsperiode des Beirates beträgt vier Jahre. Nach Ablauf der Funktionsperiode hat der Beirat die Geschäfte so lange weiterzuführen, bis der neue Beirat zusammentritt. Die Zeit der Weiterführung der Geschäfte zählt auf die Funktionsperiode des neuen Beirates.

(3) Die im Abs. 2 genannten Mitglieder des Beirates sowie die erforderliche Anzahl von Ersatzmitgliedern werden vom Bundesminister für soziale Sicherheit und Generationen berufen. Die Vorschläge für die Bestellung der Dienstgebervertreter erstatten für je ein Mitglied und die erforderliche Anzahl von Ersatzmitgliedern die Wirtschaftskammer Österreich, die Präsidentenkonferenz der Landwirtschaftskammern Österreichs und die Vereinigung der Österreichischen Industrie. Die Vorschläge für die Bestellung der Dienstnehmervertreter erstatten für je ein Mitglied und die erforderliche Anzahl von Ersatzmitgliedern die Bundesarbeitskammer, der Österreichische Landarbeiterkammertag und der Österreichische Gewerkschaftsbund. Hinsichtlich der Erstattung der Vorschläge für die Bestellung der Vertreter der organisierten Kriegsopfer und der organisierten Behinderten sind die § 10 Abs. 1 Z 6 und § 10 Abs. 2 des Bundesbehindertengesetzes (BBG), BGBl. Nr. 283/1990, anzuwenden. Den Vorschlag für die Bestellung des Vertreters der Integrativen Betriebe erstatten diese. Die Vorschläge für die Bestellung der Vertreter der Länder erstatten die Länder gemeinsam.

(4) Der Bundesminister für Arbeit, Gesundheit und Soziales hat die Mitglieder des Beirates von ihrer Funktion zu entheben, wenn sie darum ansuchen, wenn eine der für ihre Bestellung erforderlichen Voraussetzungen nicht mehr gegeben ist oder wenn sie die Pflichten ihres Amtes gröblich vernachlässigen, im letzteren Falle nach Anhörung der Interessenvertretung, auf deren Vorschlag das Mitglied bestellt worden ist. Die Mitgliedschaft im Beirat ist ein unbesoldetes Ehrenamt. Den Mitgliedern gebührt der Ersatz der Reise- und Aufenthaltskosten sowie eine allfällige Entschädigung für Zeitversäumnis unter sinngemäßer Anwendung der für Schöffen und Geschworene geltenden Bestimmungen des Gebührenanspruchsgesetzes 1975, BGBl. Nr. 136, wenn auf Grund anderer gesetzlicher Regelungen kein gleichartiger Anspruch besteht.

(5) Der Beirat wird vom Bundesminister für Arbeit, Gesundheit und Soziales zu den Sitzungen einberufen. Die Einladungen sollen mit der Tagesordnung den Mitgliedern des Beirates spätestens acht Tage vor der Sitzung zugestellt werden. Der Beirat tagt in nichtöffentlicher Sitzung; er ist beschlußfähig, wenn mindestens die Hälfte der eingeladenen Mitglieder anwesend ist. Wurden die Mitglieder ordnungsgemäß eingeladen, so ist der Beirat auch dann beschlußfähig, wenn nach Ablauf von 30 Minuten weniger als die Hälfte der eingeladenen Mitglieder anwesend ist. Die Beschlüsse des Beirates werden mit Stimmenmehrheit gefaßt. Der Vorsitzende gibt seine Stimme zuletzt ab; bei Stimmengleichheit entscheidet seine Stimme. Über die Sitzung des Beirates ist eine Niederschrift aufzunehmen, die alle Beschlüsse im Wortlaut, die Ergebnisse der Abstimmungen und den wesentlichen Verlauf der Verhandlungen zu enthalten hat; eine Abschrift ist den Mitgliedern des Beirates zu übersenden. Der Vorsitzende ist berechtigt, dem Beirat Experten mit beratender Stimme beizuziehen.

(6) Der Beirat ist in allen wichtigen Angelegenheiten der Durchführung dieses Bundesgesetzes, insbesondere

a) vor Erlassung, Änderung oder Aufhebung von Verordnungen gemäß § 1 Abs. 2;
b) vor Erlassung, Änderung oder Aufhebung von Richtlinien über die Gewährung von Zuschüssen oder Darlehen aus den Mitteln des Ausgleichstaxfonds;
c) vor Verzicht auf die Rückzahlung eines nach § 10a Abs. 5 gewährten und fälligen Betrages sowie auf die Eintreibung einer rechtskräftig vorgeschriebenen Ausgleichstaxe

anzuhören.

(7) Dem Beirat obliegt es,

a) Empfehlungen zu grundsätzlichen Fragen der beruflichen Teilhabe von Menschen mit Behinderungen abzugeben;

b) Vorschläge betreffend die Gewährung einer Förderung an einen Integrativen Betrieb (§ 11), die im Einzelfall den Betrag von 150 000 Euro übersteigt, zu erstatten.

(8) Den Mitgliedern des Beirates sind die für die Wahrnehmung ihrer Aufgaben erforderlichen Informationen zur Verfügung zu stellen.

(9) Für die dem Bund aus der Verwaltung des Ausgleichstaxfonds entstehenden Kosten hat der Ausgleichstaxfonds dem Bund jährlich einen Pauschalbetrag von 0,75 vH der jeweils im Vorjahr eingegangenen Ausgleichstaxen zu ersetzen.

Verwendung der Mittel des Ausgleichstaxfonds

§ 10a. (1) Die Mittel des Ausgleichstaxfonds sind insbesondere zu verwenden für

a) Zwecke der beruflichen Eingliederung für die im Sinne dieses Bundesgesetzes begünstigten Behinderten (§ 2 Abs. 1 und 3) und die in den Abs. 2 und 3 angeführten Personen; für alle diese Personen jedoch nur dann, wenn sie ihren dauernden Aufenthalt im Bundesgebiet haben oder im Bundesgebiet dauerhaft einer Erwerbstätigkeit oder Berufsausbildung nachgehen;
b) Zwecke der Fürsorge für die nach dem Kriegsopferversorgungsgesetz 1957, BGBl. Nr. 152, und Heeresversorgungsgesetz, BGBl. Nr. 27/1964, versorgungsberechtigten Personen und deren nicht selbsterhaltungsfähige Kinder sowie für die nach dem Opferfürsorgegesetz Versorgungsberechtigten (§ 6 Z 5 Opferfürsorgegesetz, BGBl. Nr. 183/1947);
c) die Gewährung von Zuschüssen und Darlehen zur Errichtung, zum Ausbau, zur Ausstattung und zum laufenden Betrieb von Integrativen Betrieben (§ 11) sowie zur Sicherung der Arbeitsplätze in Integrativen Betrieben und zur Erhaltung ihrer Wettbewerbsfähigkeit unter Berücksichtigung der vom jeweiligen Integrativen Betrieb erzielten wirtschaftlichen Leistungsfähigkeit;
d) die Gewährung von Zuschüssen und Darlehen für Maßnahmen nach § 6 Abs. 2;
e) Information und Forschung betreffend die beruflichen und sozialen Angelegenheiten von Behinderten oder von Behinderung bedrohten Personen;
f) Prämien für Dienstgeber (§ 9a);
g) den Ersatz von Reise- und Aufenthaltskosten sowie die Entschädigung für Zeitversäumnis (§§ 10 Abs. 4, 12 Abs. 8, 13d, 14 Abs. 8) und die Entschädigung für die in der Berufungskommission tätigen Richter (§ 13d) sowie den Ersatz von Barauslagen der Behindertenvertrauenspersonen (§ 22a);
h) Sonderprogramme zur Verbesserung der beruflichen Eingliederung Behinderter;
i) die Gewährung von Zuschüssen und Darlehen zur Errichtung, zum Ausbau, zur Ausstattung und zum laufenden Betrieb von sonstigen zur Vorbereitung von Behinderten auf eine berufliche Eingliederung in den offenen Arbeitsmarkt geeigneten Einrichtungen und von Ausbildungseinrichtungen (§ 11a) sowie die Gewährung von Zuschüssen für in solchen Einrichtungen tätige Behinderte;
j) nach Maßgabe von für solche Zwecke zur Verfügung stehenden Mitteln die Gewährung von Zuschüssen und Darlehen für von Betrieben durchgeführte investive Maßnahmen, die der Verbesserung der Zugänglichkeit für Menschen mit Behinderungen dienen;
k) höchstens 10 v.H. der gemäß § 10 Abs. 1a aus allgemeinen Budgetmitteln zur Verfügung gestellten Mittel sind insbesondere für Förderungen aus dem Unterstützungsfonds für Menschen mit Behinderung gemäß §§ 24 ff Bundesbehindertengesetz (BBG), für Zuwendungen zum Erwerb eines Assistenzhundes gemäß § 39a BBG und zur Finanzierung des Monitoringausschusses gemäß § 131 Abs. 1 BBG sowie für Förderungen an gemeinnützige Wohlfahrtsträger zu verwenden.

(1a) Anstelle von Zuschüssen oder Darlehen können auch Sachleistungen gewährt werden.

(2) Die im Abs. 1 aufgezählten Leistungen können nach Maßgabe der erlassenen Richtlinien (§ 6 Abs. 3) auch gewährt werden:

a) betreffend Abs. 1 lit. a, c, d, h und i Menschen mit Behinderung, die österreichische Staatsbürger oder diesen im Sinne des § 2 Abs. 1 gleichgestellt sind, deren Grad der Behinderung mindestens 30 vH beträgt, wenn diese ohne solche Leistungen einen Arbeits- oder Ausbildungsplatz nicht erlangen oder beibehalten können;
b) betreffend Abs. 1 lit. a, c, d, h und i Menschen mit Behinderung, die nicht österreichische Staatsbürger oder diesen im Sinne des § 2 Abs. 1 gleichgestellt sind, wenn der Grad ihrer Behinderung mindestens 50 vH beträgt, sie ihren dauernden Aufenthalt im Bundesgebiet haben oder im Bundesgebiet dauerhaft einer Erwerbstätigkeit nachgehen und sie ohne diese Leistungen einen Arbeitsplatz nicht erlangen oder beibehalten können;
c) betreffend Abs. 1 lit. a und d Menschen mit Behinderung, die österreichische Staatsbürger oder diesen im Sinne des § 2 Abs. 1 gleichgestellt sind, die das 15. Lebensjahr überschritten haben, deren Grad der Behinderung mindestens 50 vH beträgt, und die nicht dem im § 2 Abs. 3 angeführten Personenkreis angehören, wenn ohne diese Leistungen die Aufnahme oder Fortsetzung einer Schul- oder Berufsausbildung gefährdet wäre;
d) betreffend Abs. 1 lit. a, d, h und i österreichischen Staatsbürgern oder diesen im Sinne des § 2 Abs. 1 gleichgestellten Personen, wenn ihnen ohne diese Leistungen auf Grund der bisher ausgeübten beruflichen Tätigkeit oder Berufsausbildung eine Behinderung im Sinne des § 3 unmittelbar droht.

(3) Maßnahmen beruflicher Assistenz gemäß § 6 Abs. 2 lit. d stehen nach Maßgabe der zu erlassenden Richtlinien Jugendlichen mit Assistenzbedarf auch dann offen, wenn sie nicht dem Personenkreis gemäß Abs. 1 und 2 angehören. Jugendliche mit Assistenzbedarf im Sinne dieses Bundesgesetzes sind – ungeachtet einer Zugehörigkeit zum Personenkreis gemäß Abs. 1 und 2 – Jugendliche grundsätzlich ab dem 9. Schuljahr, denen aufgrund von auf individuell-sozialen Faktoren beruhenden Beeinträchtigungen eine längerfristige oder dauerhafte Ausgrenzung aus dem Arbeitsmarkt droht. Die Richtlinien haben insbesondere Regelungen zu treffen über

1. die förderbaren Maßnahmen für Jugendliche mit Assistenzbedarf,
2. die Voraussetzungen für die Zugehörigkeit zum förderbaren Personenkreis,
3. Altersgrenzen sowie
4. sonstige Zugangsvoraussetzungen.

(3a) Zur Bedeckung der Ausgaben für Maßnahmen im Sinne des Abs. 3 für jene Personen, die nicht dem Personenkreis gemäß Abs. 1 und 2 angehören, sind jeweils die erforderlichen Mittel aus dem Bundeshaushalt als sonstige Zuwendungen (§ 10 Abs. 1) in den Ausgleichstaxfonds einzubringen. Sie sind in der Gebarung des Fonds in einem eigenen Verrechnungskreis hinsichtlich ihrer Herkunft und ihrer Verwendung gesondert darzustellen.

(4) Die Vergabe von Sach- oder Geldleistungen aus Mitteln des Ausgleichstaxfonds ist nur zulässig, wenn die Sparsamkeit, Wirtschaftlichkeit und Zweckmäßig-

keit des Einsatzes der Mittel gewährleistet sind. Die Auszahlung einer Förderung ist nur insoweit und nicht eher vorzunehmen, als sie zur Vornahme fälliger Zahlungen benötigt wird. Die Auszahlung darf zu einem früheren Zeitpunkt vorgenommen werden, wenn dies aus Gründen, die sich aus der Eigenart der Leistung ergeben, notwendig erscheint. Auf die Gewährung von Sach- oder Geldleistungen (ausgenommen Leistungen nach § 9a), Darlehen oder sonstigen Zuwendungen aus den Mitteln des Ausgleichstaxfonds besteht kein Rechtsanspruch. Bewilligte Geldleistungen sind auf offene Forderungen des Ausgleichstaxfonds gegen den Leistungsempfänger anzurechnen.

(5) Vor Gewährung einer Zuwendung aus den Mitteln des Ausgleichstaxfonds ist vorbehaltlich sonstiger bürgerlichrechtlicher Ansprüche des Bundes zu vereinbaren, daß ein Zuschuß vom Empfänger rückzuerstatten ist oder ein noch nicht zurückgezahltes Darlehen nach Kündigung vorzeitig fällig wird und beide vom Tage der Auszahlung an mit 4 vH über dem jeweils geltenden Basiszinssatz gemäß § 1 1. Euro-Justiz-Begleitgesetz pro Jahr zu verzinsen sind, wenn

a) der Empfänger wesentliche Umstände verschwiegen oder unwahre Angaben gemacht hat;
b) der Empfänger das geförderte Vorhaben nicht oder aus seinem Verschulden nicht zeitgerecht durchgeführt hat;
c) der Empfänger den Zuschuß (das Darlehen, die Sachleistung) widmungswidrig verwendet hat oder Bedingungen aus seinem Verschulden nicht eingehalten wurden;
d) der Empfänger die unverzügliche Meldung von Ereignissen, welche die Ausführung der geförderten Leistung verzögern oder unmöglich machen oder deren Abänderung erfordern würden, unterlassen hat oder
e) der Empfänger die Überprüfung der widmungsgemäßen Verwendung der Zuwendungen vereitelt hat.

Wenn bei der Durchführung des zu fördernden Vorhabens Einrichtungen oder Geräte, deren Wert (Preis) im Einzelfall 1 453 Euro übersteigt, ausschließlich aus nicht rückzahlbaren Zuwendungen aus den Mitteln des Ausgleichstaxfonds angeschafft werden sollen, kann vereinbart werden, daß der Empfänger bei Wegfall oder wesentlicher Änderung des Zuwendungszweckes entweder eine angemessene Abgeltung in Geld zu erstatten oder die Einrichtungen oder Geräte dem Ausgleichstaxfonds zwecks weiterer Verwendung zu überlassen hat. In die Vereinbarung können abweichende oder zusätzliche Bedingungen, Auflagen und Eigentumsvorbehalte zugunsten des Ausgleichstaxfonds aufgenommen werden, sofern dies die Eigenart der Förderung geboten erscheinen läßt. Die Verpflichtung zum Ersatz trifft den gesetzlichen Vertreter, wenn er an einer der in lit. a bis e umschriebenen Handlungen mitgewirkt hat.

(6) Ist die sofortige Rückzahlung eines entsprechend einer Vereinbarung nach Abs. 5 fällig gewordenen Betrages auf Grund der wirtschaftlichen Verhältnisse des Zahlungspflichtigen unbillig, so kann die Forderung des Ausgleichstaxfonds auf Antrag des Zahlungspflichtigen gestundet oder die Abstattung in Raten bewilligt werden. Hiebei sind Zinsen in der Höhe von 3 vH über dem jeweils geltenden Basiszinssatz gemäß § 1 1. Euro-Justiz-Begleitgesetz pro Jahr auszubedingen. Die Vorschreibung von Zinsen hat zu unterbleiben, wenn der gestundete Förderungsbetrag 1 453 Euro nicht übersteigt. Die Bewilligung zur Abstattung in Raten ist zu widerrufen und die sofortige Entrichtung aller aushaftenden Teilbeträge samt Zinsen zu verlangen, wenn der Rückzahlungspflichtige mit mindestens zwei Teilbeträgen in Verzug ist.

(7) Der Bundesminister für Arbeit, Gesundheit und Soziales als Verwalter des Ausgleichstaxfonds kann ganz oder teilweise auf die Rückzahlung eines entsprechend einer Vereinbarung nach Abs. 5 fällig gewordenen Betrages verzichten, wenn

1. alle Möglichkeiten der Einziehung erfolglos versucht worden sind und auf Grund der Sachlage auch nicht angenommen werden kann, daß Einziehungsmaßnahmen zu einem späteren Zeitpunkt zu einem Erfolg führen werden oder Einziehungsmaßnahmen von vornherein offenkundig aussichtslos sind oder
2. die Einziehung der Forderung nach der Lage des Falles, insbesondere unter Berücksichtigung der wirtschaftlichen Verhältnisse des Zahlungspflichtigen und des Ausmaßes seines allfälligen Verschuldens an der Entstehung der Forderung unbillig wäre oder
3. die Einziehung mit Kosten verbunden wäre, die in keinem Verhältnis zur Höhe der Forderung stehen.

Bei einem Verzicht auf eine Forderung ist jedenfalls auszubedingen, daß ein Widerruf zulässig ist, wenn der Verzicht durch Fälschung einer Urkunde, falsches Zeugnis oder eine andere gerichtlich strafbare Handlung oder sonstwie erschlichen worden ist.

(8) Zuwendungen aus den Mitteln des Ausgleichstaxfonds auf der Grundlage von § 10a Abs. 1 gelten nicht als Entgelt im Sinne des Umsatzsteuergesetzes 1994, BGBl. I Nr. 663.

Integrative Betriebe

§ 11. (1) Integrative Betriebe im Sinne dieses Bundesgesetzes sind die von Gebietskörperschaften, Körperschaften des öffentlichen Rechtes, von Trägern der freien Wohlfahrtspflege oder sonstigen Rechtspersonen (Rechtsträgern) geführten Einrichtungen zur Beschäftigung und Qualifizierung von Menschen mit Behinderungen, die wegen Art und Schwere der Behinderungen noch nicht oder nicht wieder auf dem allgemeinen Arbeitsmarkt tätig sein können, bei denen aber eine wirtschaftlich verwertbare Mindestleistungsfähigkeit vorliegt. Unter Menschen mit Behinderungen, die in den Integrativen Betrieben im Sinne dieses Bundesgesetzes beschäftigt oder qualifiziert werden, sind begünstigt Behinderte sowie Menschen mit Behinderungen gemäß § 10a Abs. 2 lit. a und lit. b zu verstehen.

(2) Der Integrative Betrieb muss es Menschen mit Behinderungen insbesondere im Rahmen der Qualifizierung ermöglichen, ihre Vermittlungsfähigkeit mit dem Ziel der Eingliederung in den allgemeinen Arbeitsmarkt zu entwickeln, zu erhöhen oder wiederzugewinnen. Im Rahmen der Beschäftigung verpflichtet sich der Integrative Betrieb, die Menschen mit Behinderungen entsprechend ihren Fähigkeiten und Kenntnissen bestmöglich einzusetzen.

(3) Der Bundesminister oder die Bundesministerin für Soziales, Gesundheit, Pflege und Konsumentenschutz als Vertreter oder Vertreterin des Ausgleichstaxfonds hat als Grundlage für die Förderung aus den Mitteln des Fonds für Arbeits- und Ausbildungsplätze in Integrativen Betrieben nach Anhörung des Beirates gemäß § 10 Abs. 6 lit. b Richtlinien zu erlassen.

(4) Die Förderung eines im Abs. 1 genannten Integrativen Betriebes aus Mitteln des Ausgleichstaxfonds kann insbesondere erfolgen, wenn

a) die beschäftigten Menschen mit Behinderungen nach dem Kollektivvertrag der jeweiligen Sparte, in der sie beschäftigt sind, entlohnt werden und nach den Bestimmungen des Allgemeinen Sozialversicherungsgesetzes als Vollversicherte pflichtversichert sind;

b) der Integrative Betrieb in baulicher und personeller Hinsicht die Voraussetzungen erfüllt, die eine wirtschaftliche Führung zulassen;
c) durch begleitende Dienste die medizinische, soziale, heilpädagogische und psychologische Betreuung der Menschen mit Behinderungen im Integrativen Betrieb sichergestellt ist;
d) Möglichkeiten für Arbeitserprobung und Arbeitstraining vorgesehen sind;
e) sich der Rechtsträger des Integrativen Betriebes verpflichtet, diese nach den Grundsätzen der Wirtschaftlichkeit und Sparsamkeit zu führen;
f) sich der Rechtsträger des Integrativen Betriebes ferner verpflichtet, im Falle einer Förderung durch den Ausgleichstaxfonds die von diesem Fonds zur Verfügung gestellten einheitlichen Grundlagen für Verrechnung und Buchführung anzuwenden, dem Fonds alljährlich die Bilanz sowie die Finanzierungspläne für das Folgejahr vorzulegen und den vom Fonds namhaft gemachten Vertretern Einsicht in alle Bücher und Unterlagen zu gewähren;
g) der Integrative Betrieb die in den Richtlinien (Abs. 3) festzulegende wirtschaftliche Mindestleistungsfähigkeit nicht unterschreitet.

(5) Vor Aufnahme in einen Integrativen Betrieb, der Förderungsmittel aus dem Ausgleichstaxfonds erhält oder in Anspruch zu nehmen beabsichtigt, ist ein Team zu befassen, dem als Mitglieder je eine Vertretung des Arbeitsmarktservice, des Bundesamtes für Soziales und Behindertenwesen, des Landes (Behindertenhilfe) und die Geschäftsführung jenes Integrativen Betriebes angehören, in den der Mensch mit Behinderungen beschäftigt oder qualifiziert werden soll. Zum Zweck der Beratungen können folgende personenbezogene Daten des Menschen mit Behinderungen verarbeitet werden:

1. Stammdaten des Menschen mit Behinderungen:
   a) Vornamen und Familiennamen,
   b) Sozialversicherungsnummer und Geburtsdatum,
   c) Geschlecht,
   d) Staatsangehörigkeit, Aufenthalts- und Arbeitsberechtigungen,
   e) Adresse des Wohnsitzes oder Aufenthaltsortes,
   f) Telefonnummer,
   g) E-Mailadresse.
2. Personenbezogene Daten betreffend eine Behinderung:
   a) Grad der Behinderung,
   b) Funktionseinschränkungen,
   c) Gesundheitseinschränkungen.
3. Personenbezogene Daten über wirtschaftliche und soziale Rahmenbedingungen:
   a) Ausbildung und Status (erwerbstätig, arbeitslos, Pensionist oder Pensionistin, in Schul- oder Berufsausbildung, selbstversichert) und
   b) Art, Inhalt, Dauer und Höhe gewährter Förder- und Unterstützungsmaßnahmen.

Die Mitglieder des Teams gelten als gemeinsame Verantwortliche im Sinne des Art. 26 DSGVO. Das Team tagt am Sitz jenes Integrativen Betriebes, in den der Mensch mit Behinderungen aufgenommen werden soll, und ist je nach Bedarf von jenem Teammitglied einzuberufen, von dem der Vorschlag für die Aufnahme des Menschen mit Behinderungen in den Integrativen Betrieb ausgeht. Für die Beiziehung von weiteren Sachverständigen gilt § 6 Abs. 5 letzter Satz sinngemäß. Auf die Aufnahme eines Menschen mit Behinderungen in den Integrativen Betrieb besteht kein Rechtsanspruch. Die Befassung der Teammitglieder und Sachverständigen kann auch mittels elektronischer Medien erfolgen.

(6) Beim Bundesministerium für Soziales, Gesundheit, Pflege und Konsumentenschutz ist ein Verzeichnis über die im Sinne dieses Bundesgesetzes aus dem Ausgleichstaxfonds geförderten Integrativen Betriebe zu führen.

(7) Bei Aufträgen im Bereich der Bundesverwaltung, die von Integrativen Betrieben im Sinne dieses Bundesgesetzes ausgeführt werden können, sind diese Integrativen Betriebe in jedem Fall zur Anbotstellung einzuladen bzw. von ihnen Angebote einzuholen.

(8) Von Integrativen Betrieben als gemäß §§ 34 ff der Bundesabgabenordnung – BAO, BGBl. 194/1961, in der jeweils geltenden Fassung, begünstigte Rechtsträger unterhaltene wirtschaftliche Geschäftsbetriebe sind als unentbehrliche Hilfsbetriebe im Sinne des § 45 Abs. 2 BAO zu behandeln, wenn die begünstigten Zwecke im Hinblick auf die Konzeption der Integrativen Betriebe nicht anders als durch den wirtschaftlichen Geschäftsbetrieb erreichbar sind.

Ausbildungseinrichtungen

§ 11a. (1) Ausbildungseinrichtungen im Sinne dieses Bundesgesetzes sind Einrichtungen gemäß § 30 des Berufsausbildungsgesetzes, BGBl. Nr. 142/1969, die Behinderte (§ 10a Abs. 3) in einem Lehrberuf ausbilden.

(2) Der Bundesminister für Arbeit, Gesundheit und Soziales ist ermächtigt, Richtlinien über Art und Höhe der Förderung aus den Mitteln des Ausgleichstaxfonds für die Ausbildungseinrichtungen nach Abs. 1 zu erlassen. Die Richtlinien haben insbesondere Angaben über die besonderen Anforderungen an das Ausbildungspersonal, die besonderen Voraussetzungen hinsichtlich des Baues und der Ausstattung der Ausbildungseinrichtung sowie Auflagen hinsichtlich der medizinischen, sozialen, heilpädagogischen und psychologischen Betreuung der in Ausbildung befindlichen Behinderten zu enthalten.

Behindertenausschuß

§ 12. (1) Bei jeder Landesstelle des Bundesamtes für Soziales und Behindertenwesen wird ein Behindertenausschuss errichtet, der in den von diesem Bundesgesetz bestimmten Fällen zu entscheiden (§ 8) oder Stellung zu nehmen (§ 8a) hat. Der Dienstgeber ist verpflichtet, vor Einleitung eines Kündigungsverfahrens gemäß § 8 dieses Bundesgesetzes den Betriebsrat bzw. die Personalvertretung und die Behindertenvertrauensperson zu verständigen, der/die innerhalb einer Woche hiezu Stellung nehmen kann. Hat die Behindertenvertrauensperson dem Dienstgeber die Betrauung eines Stellvertreters mit der Wahrnehmung des Anhörungsrechts im Sinne dieser Bestimmung mitgeteilt, so hat der Dienstgeber diesen Stellvertreter zu verständigen. Das Bundesamt für Soziales und Behindertenwesen hat Vorsorge zu treffen, dass vor Durchführung eines Verfahrens gemäß § 8 BEinstG eine Krisenintervention angeboten wird.

(2) Der Behindertenausschuß besteht aus:
a) dem Landesstellenleiter oder einem von ihm bestimmten Bediensteten des Bundesamtes für Soziales und Behindertenwesen;
b) einem Vertreter der örtlich zuständigen Landesgeschäftsstelle des Arbeitsmarktservice;
c) je einem Vertreter der Dienstnehmer und Dienstgeber;
d) drei Vertretern der organisierten Behinderten.

(3) Der Vorsitzende hat zur Verhandlung des Behindertenausschusses jene Vertreter der Dienstnehmer und Dienstgeber beizuziehen, die von der für den Verhandlungsfall in Betracht kommenden Interessenvertretung vorgeschlagen wurden.

(4) Die im Abs. 2 lit. c und d genannten Mitglieder des Behindertenausschusses sowie die gleiche Zahl von Ersatzmitgliedern sind vom Bundesminister für Arbeit, Gesundheit und Soziales auf Grund von Vorschlägen der hiezu berufenen Interessenvertretungen auf die Dauer von vier Jahren zu bestellen.

(5) Je ein Vertreter der Dienstgeber ist von der Wirtschaftskammer und von der Landwirtschaftskammer, je ein Vertreter der Dienstnehmer von der Arbeiterkammer und von der Landarbeiterkammer vorzuschlagen.

(6) Zur Erstattung von Vorschlägen bezüglich der Vertreter der Behinderten (Abs. 2 lit. d) sind diejenigen Vereinigungen berufen, die von diesen Personen nach den von der Vereinsbehörde genehmigten Statuten zum Zwecke der Förderung ihrer wirtschaftlichen und sozialen Interessen gebildet sind und die Tätigkeit im Bereich der jeweiligen Landesstelle des Bundesamtes für Soziales und Behindertenwesen ausüben. Bestehen nebeneinander mehrere Vereinigungen, auf die diese Voraussetzungen zutreffen, so ist für die Aufteilung des Vorschlagsrechtes das zwischen ihnen erzielte Übereinkommen maßgebend. Kommt eine Vereinbarung über das Vorschlagsrecht nicht zustande, so entscheidet hierüber der Bundesminister für Arbeit, Gesundheit und Soziales unter Bedachtnahme auf die Mitgliederstärke der in Betracht kommenden Vereinigungen.

(7) Der Bundesminister für Arbeit, Gesundheit und Soziales hat die Mitglieder des Behindertenausschusses von ihrer Funktion zu entheben, wenn sie darum ansuchen, wenn eine der für ihre Bestellung erforderlichen Voraussetzungen nicht mehr gegeben ist oder wenn sie die Pflichten ihres Amtes gröblich vernachlässigen, im letzteren Falle nach Anhörung der Interessenvertretung, auf deren Vorschlag das Mitglied bestellt worden ist.

(8) Die Mitgliedschaft im Behindertenausschuß ist ein unbesoldetes Ehrenamt. Den Mitgliedern gebührt der Ersatz der Reise- und Aufenthaltskosten sowie die allfällige Entschädigung für Zeitversäumnis entsprechend der Bestimmung des § 10 Abs. 4.

(9) Mit beratender Stimme können dem Behindertenausschuß ein Arzt des öffentlichen Gesundheitsdienstes und ein Vertreter der Arbeitsinspektion beigezogen werden.

§ 13. (1) Der Behindertenausschuß wird vom Vorsitzenden einberufen. Die Einladungen sollen den Mitgliedern des Behindertenausschusses spätestens acht Tage vor der Sitzung unter Anschluß einer Tagesordnung nachweislich zugestellt werden.

(2) Der Behindertenausschuß tagt in nichtöffentlicher Sitzung; er ist beschlußfähig, wenn mindestens die Hälfte der Mitglieder anwesend ist. Die Beschlüsse des Behindertenausschusses werden mit Stimmenmehrheit gefaßt. Der Vorsitzende gibt seine Stimme zuletzt ab; bei Stimmengleichheit entscheidet seine Stimme. Alle Mitglieder haben ihr Stimmrecht persönlich auszuüben.

(3) Über jede Sitzung des Behindertenausschusses ist ein Protokoll zu führen, in dem die Namen aller anwesenden Mitglieder und die allfälligen Entschuldigungsgründe abwesender Mitglieder zu verzeichnen sind. Das Protokoll hat alle Beschlüsse im Wortlaut, die Ergebnisse der Abstimmungen und den wesentlichen Verlauf der Verhandlungen zu enthalten; es ist vom Vorsitzenden und dem Schriftführer zu unterfertigen. Eine Abschrift des Protokolls ist allen Mitgliedern des Behindertenausschusses zu übermitteln.

(4) Die laufenden Geschäfte des Behindertenausschusses hat die Landesstelle des Bundesamtes für Soziales und Behindertenwesen zu führen.

Berufungskommission

§ 13a. *entfällt gemäß BGBl I Nr. 71/2013 Art. 1*

Besetzung

§ 13b. *entfällt gemäß BGBl I Nr. 71/2013 Art. 1*

Enthebung

§ 13c. *entfällt gemäß BGBl I Nr. 71/2013 Art. 1*
§ 13d. *entfällt gemäß BGBl I Nr. 71/2013 Art. 1*
§ 13e. *entfällt gemäß BGBl I Nr. 71/2013 Art. 1*

Geschäftsordnung, Geschäftsverteilung

§ 13f. *entfällt gemäß BGBl I Nr. 71/2013 Art. 1*

Besondere Verfahrensbestimmungen

§ 13g. *entfällt gemäß BGBl I Nr. 71/2013 Art. 1*

Feststellung der Begünstigung

§ 14. (1) Als Nachweis für die Zugehörigkeit zum Kreis der begünstigten Behinderten gilt die letzte rechtskräftige Entscheidung über die Einschätzung des Grades der Minderung der Erwerbsfähigkeit mit mindestens 50 vH

a) eines Bundesamtes für Soziales und Behindertenwesen (der Schiedskommission) bzw. des Bundesamtes für Soziales und Behindertenwesen oder der Bundesberufungskommission im Sinne des Bundesberufungskommissionsgesetzes, BGBl. I Nr. 150/2002, oder des Bundesverwaltungsgerichtes;
b) eines Trägers der gesetzlichen Unfallversicherung bzw. eines nach dem Arbeits- und Sozialgerichtsgesetz, BGBl. Nr. 104/1985, zuständigen Gerichtes;
c) eines Landeshauptmannes (des Bundesministers für Arbeit, Soziales und Konsumentenschutz) oder des Bundesamtes für Soziales und Behindertenwesen in Verbindung mit der Amtsbescheinigung gemäß § 4 des Opferfürsorgegesetzes;
d) in Vollziehung der landesgesetzlichen Unfallfürsorge (§ 3 Z 2 Beamten-Kranken- und Unfallversicherungsgesetz, BGBl. Nr. 200/1967).

Die Feststellung des Grades der Minderung der Erwerbsfähigkeit im Nachweis gilt zugleich als Feststellung des Grades der Behinderung. Die Zugehörigkeit zum Personenkreis der begünstigten Behinderten (§ 2) auf Grund der in lit. a bis d genannten Nachweise erlischt mit Ablauf des dritten Monates, der dem Eintritt der Rechtskraft der Entscheidung folgt, sofern nicht der begünstigte Behinderte innerhalb dieser Frist gegenüber dem Bundesamt für Soziales und Behindertenwesen erklärt, weiterhin dem Personenkreis der nach diesem Bundesgesetz begünstigten Personen angehören zu wollen. Der Behindertenpass im Sinne des § 40 des Bundesbehindertengesetzes (BBG), BGBl. Nr. 283/1990 gilt nicht als Nachweis über die Zugehörigkeit zum Kreis der begünstigten Behinderten.

(2) Liegt ein Nachweis im Sinne des Abs. 1 nicht vor, hat auf Antrag des Menschen mit Behinderung das Bundesamt für Soziales und Behindertenwesen unter Mitwirkung von ärztlichen Sachverständigen den Grad der Behinderung nach den Bestimmungen der Einschätzungsverordnung (BGBl. II Nr. 261/2010) einzuschätzen und bei Zutreffen der im § 2 Abs. 1 angeführten sonstigen Voraussetzungen die Zugehörigkeit zum Kreis der nach diesem Bundesgesetz begünstigten Behinderten (§ 2) sowie den Grad der Behinderung festzustellen. Hinsichtlich der ärztlichen Sachverständigen ist § 90 des Kriegsopferversorgungsgesetzes 1957, BGBl. Nr. 152, anzuwenden. Die Begünstigungen nach diesem Bundesgesetz werden mit dem

Zutreffen der Voraussetzungen, frühestens mit dem Tag des Einlangens des Antrages beim Bundesamt für Soziales und Behindertenwesen wirksam. Sie werden jedoch mit dem Ersten des Monates wirksam, in dem der Antrag eingelangt ist, wenn dieser unverzüglich nach dem Eintritt der Behinderung (Abs. 3) gestellt wird. Die Begünstigungen erlöschen mit Ablauf des Monates, der auf die Zustellung der Entscheidung folgt, mit derder Wegfall der Voraussetzungen für die Zugehörigkeit zum Kreis der begünstigten Behinderten rechtskräftig ausgesprochen wird.

(3) Der Bundesminister für Arbeit, Gesundheit und Soziales ist ermächtigt, nach Anhörung des Bundesbehindertenbeirates gemäß § 8 BBG durch Verordnung nähere Bestimmungen über die Feststellung des Grades der Behinderung festzulegen. Diese Bestimmungen haben die Auswirkungen der Funktionsbeeinträchtigungen auf das allgemeine Erwerbsleben zu berücksichtigen und auf den Stand der medizinischen Wissenschaft Bedacht zu nehmen.

(4) Ein Antrag, der bei einer nicht zuständigen Behörde oder einem Sozialversicherungsträger eingebracht wird, ist unverzüglich an das Bundesamt für Soziales und Behindertenwesen weiterzuleiten. Der Antrag gilt als zu dem Zeitpunkt beim Bundesamt für Soziales und Behindertenwesen eingebracht, an dem er bei der nicht zuständigen Behörde eingelangt ist.

(5) Anträge von begünstigten Behinderten (§ 2) auf Neufestsetzung des Grades der Behinderung wegen Änderung des Leidenszustandes sind ohne Durchführung eines Ermittlungsverfahrens zurückzuweisen, wenn seit der letzten rechtskräftigen Feststellung noch kein Jahr verstrichen ist. Dies gilt nicht, wenn eine offenkundige Änderung des Leidenszustandes glaubhaft geltend gemacht wird.

(6) Wenn ein begünstigter Behinderter oder ein Antragswerber ohne triftigen Grund einer schriftlichen Aufforderung zum Erscheinen zu einer zumutbaren ärztlichen Untersuchung nicht entspricht oder sich weigert, die zur Durchführung des Verfahrens unerläßlichen Angaben zu machen, ist das Verfahren einzustellen oder das Erlöschen der Zugehörigkeit zum Kreis der nach diesem Bundesgesetz begünstigten Behinderten (§ 2 Abs. 1 und 3) auszusprechen. Er ist nachweislich auf die Folgen seines Verhaltens hinzuweisen.

(7) Vor der Gewährung von Leistungen aus den Mitteln des Ausgleichstaxfonds an die im § 10a Abs. 2, 3 und 3a genannten Menschen mit Behinderungen hat sich das Bundesamt für Soziales und Behindertenwesen auf Grundlage entsprechender Unterlagen und einer Stellungnahme des ärztlichen Dienstes im Bundesamt für Soziales und Behindertenwesen über Art und Ausmaß des voraussichtlichen Vorliegens der Behinderung von Amts wegen Kenntnis zu verschaffen. Bescheide sind hierüber nicht zu erteilen.

(8) Reisekosten, die einem begünstigten Behinderten (§ 2) oder Antragwerber auf Feststellung (Abs. 2) oder auf Gewährung von Leistungen aus dem Ausgleichstaxfonds (§ 10a Abs. 1 bis 3a) dadurch erwachsen, daß er einer Ladung des Bundesamtes für Soziales und Behindertenwesen in Durchführung dieses Bundesgesetzes Folge leistet, sind in dem im § 49 des Kriegsopferversorgungsgesetzes 1957, BGBl. Nr. 152, angeführten Umfang aus den Mitteln des Ausgleichstaxfonds zu ersetzen. Die Reisekostenvergütung gebührt in gleicher Höhe auch Zeugen im Verfahren gemäß § 8 Abs. 2 und § 8a, wenn kein gleichartiger Anspruch nach einem anderen Bundesgesetz besteht. Der Ersatz der Reisekosten entfällt, wenn die Fahrtstrecke (Straßenkilometer) zwischen Wohnort und dem Ort der Untersuchung 50 km (einfache Strecke) nicht übersteigt.

Arbeitsvermittlung

§ 15. (1) Die Durchführung der Arbeitsvermittlung für Menschen mit Behinderungen (§ 2) obliegt den in § 4 des Arbeitsmarktförderungsgesetzes (AMFG), BGBl. Nr. 31/1969, genannten Organisationen. Diese haben im Einvernehmen mit dem Bundesamt für Soziales und Behindertenwesen dahin zu wirken, dass Menschen mit Behinderungen auf solchen Arbeitsplätzen eingestellt werden, auf denen sie trotz ihrer Behinderungen vollwertige Arbeit zu leisten vermögen. Maßnahmen der beruflichen Assistenz (insbesondere Arbeitsassistenzprojekte), die im Rahmen dieses Bundesgesetzes aus öffentlichen Mitteln gefördert werden, unterliegen nicht den Bestimmungen des § 4 AMFG.

(2) Endet das Dienstverhältnis eines begünstigten Behinderten, für den Sach- oder Geldleistungen zur Gänze oder anteilig aus den Mitteln des Ausgleichstaxfonds an den Dienstgeber erbracht wurden, ist dieser verpflichtet, die Beendigung dieses Dienstverhältnisses - ungeachtet der Vorschriften des § 8 - binnen zwei Wochen dem Bundesamt für Soziales und Behindertenwesen anzuzeigen, das unverzüglich mit der örtlich zuständigen regionalen Geschäftsstelle des Arbeitsmarktservice wegen der Vermittlung eines Behinderten nach Abs. 1 das Einvernehmen herzustellen hat.

Auskunfts- und Meldepflicht

§ 16. (1) Die Dienstgeber haben den zur Durchführung dieses Bundesgesetzes berufenen amtlichen Organen alle erforderlichen Auskünfte zu erteilen und Einblick in ihre Betriebsstätten oder Dienststellen zu gewähren, soweit dies im Interesse der begünstigten Behinderten (§ 2) erforderlich ist.

(2) Über die Beschäftigung der begünstigten Behinderten (§ 2) und Inhaber von Amtsbescheinigungen oder Opferausweisen (§ 5 Abs. 3) ist von jedem Dienstgeber ein Verzeichnis zu führen, in dem Name und Anschrift dieser Dienstnehmer, Beginn und Beendigung jedes solchen Dienstverhältnisses, die Versicherungsnummer dieser Dienstnehmer sowie die wesentlichen personenbezogenen Daten des Nachweises über die Zugehörigkeit zum Kreis der begünstigten Behinderten (§ 14) bzw. zum Kreis der politischen Opfer (§ 4 des Opferfürsorgegesetzes, BGBl. Nr. 183/1947) anzugeben sind. Dieses Verzeichnis ist über Verlangen den amtlichen Organen der regionalen Geschäftsstellen des Arbeitsmarktservice und dem Bundesamt für Soziales und Behindertenwesen vorzuweisen. Einstellungspflichtige Dienstgeber (§ 1 Abs. 1) haben eine Abschrift dieses Verzeichnisses samt den für die Berechnung der Pflichtzahl (§ 4) maßgeblichen personenbezogenen Daten über die Zahl der innerhalb eines Kalenderjahres jeweils am Ersten eines jeden Monates beschäftigten Dienstnehmer bis zum 1. Feber des darauffolgenden Jahres dem Bundesamt für Soziales und Behindertenwesen einzusenden, das die Angaben zu prüfen und bei Nichterfüllung der Beschäftigungspflicht die Ausgleichstaxe (§ 9) vorzuschreiben bzw. bei Zutreffen der Voraussetzungen Prämien (§ 9a) zu gewähren hat.

(3) Die Auskunfts- und Meldepflicht für den Bereich des Bundes obliegt dem Bundeskanzleramt, für den Bereich eines Landes dem Amt der Landesregierung und für den Bereich einer Gemeinde dem nach der Gemeindeordnung zuständigen Organ.

(4) Die im Abs. 3 genannten Gebietskörperschaften können die Meldung gemäß Abs. 2 auf maschinell verwertbaren Datenträgern erstatten.

(5) Wenn die für die Überprüfung der Erfüllung der Beschäftigungspflicht und für die Berechnung und Vorschreibung der Ausgleichstaxen bzw. für die Berechnung von Prämien erforderlichen personenbezogenen

Daten von den Trägern der Sozialversicherung auf maschinell verwertbaren Datenträgern dem Bundesamt für Soziales und Behindertenwesen zur Verfügung gestellt werden (§ 22 Abs. 2), ist der Dienstgeber von der alljährlichen Vorlage der Verzeichnisse und vom Erfordernis der Antragstellung auf Gewährung von Prämien gemäß § 9a Abs. 1 zu befreien.

(6) Über die Befreiung gemäß Abs. 5 hat das Bundesamt für Soziales und Behindertenwesen dem Dienstgeber oder der Dienstgeberin eine Benachrichtigung zuzustellen, in der die Art und der Umfang der von den Sozialversicherungsträgern übermittelten personenbezogenen Daten und die Dauer, für die die Befreiung gilt, anzuführen sind. Die Befreiung von der Vorlage des Verzeichnisses bzw. vom Erfordernis der Antragstellung auf Prämien gemäß § 9a Abs. 1 erlischt, wenn der Dienstgeber in drei aufeinanderfolgenden Jahren nicht der Beschäftigungspflicht unterliegt.

(7) Wenn die für die Berechnung von Prämien gemäß § 9a Abs. 1 erforderlichen personenbezogenen Daten für nicht der Einstellungspflicht unterliegende Dienstgeber von den Trägern der Sozialversicherung auf maschinell verwertbaren Datenträgern dem Bundesamt für Soziales und Behindertenwesen zur Verfügung gestellt werden (§ 22 Abs. 2), kann das Bundesamt für Soziales und Behindertenwesen den Dienstgeber vom Erfordernis der jährlichen Antragstellung befreien. Diese Befreiung erlischt, wenn in drei aufeinanderfolgenden Jahren die Voraussetzungen für die Gewährung einer Prämie gemäß § 9a Abs. 1 nicht mehr vorliegen. Für die Ausstellung der Benachrichtigung über diese Befreiung gilt Abs. 6 erster Satz sinngemäß.

(8) Die Übermittlung von personenbezogenen Daten aus dem Verzeichnis gemäß Abs. 2, die den Gesundheitszustand einer Person betreffen, an andere als die im Abs. 2 genannten Empfänger ist unzulässig.

Überwachung der Beschäftigung

§ 17. Das Bundesamt für Soziales und Behindertenwesen hat die Einhaltung der Beschäftigungspflicht nach 1 Abs. 1 zu überwachen. Soweit sich die Überwachung auf die Wahrung der Rücksicht auf Leben und Gesundheit (§ 6) der im Sinne dieses Bundesgesetzes beschäftigten Personen erstreckt, hat das Bundesamt für Soziales und Behindertenwesen das Arbeitsinspektorat oder die nach Art des Betriebes sonst zuständige Aufsichtsbehörde heranzuziehen.

Stundung der Ausgleichstaxe

§ 17a. (1) Die Befugnis zum Abschluß einer Vereinbarung mit einem Schuldner über die Stundung einer rechtskräftig vorgeschriebenen und fälligen Ausgleichstaxe wird dem Bundesamt für Soziales und Behindertenwesen übertragen. Wenn der Schuldner zum Zeitpunkt der Fälligkeit der Forderung nicht in der Lage war, diese zu erfüllen, kann auf seinen Antrag die Stundung der Ausgleichstaxe bis zur Höchstdauer von zwei Jahren unter Berechnung von Zinsen in der Höhe von 3 vH über dem jeweils geltenden Basiszinssatz gemäß § 1 1. Euro-Justiz-Begleitgesetz pro Jahr ab dem Beginn des Monates, in dem der Antrag eingebracht worden ist, vereinbart oder die Abstattung in Raten bewilligt werden. Im Falle der Nichtzahlung von mindestens zwei Teilraten ist die bewilligte Abstattung in Raten zu widerrufen und die sofortige Entrichtung aller aushaftenden Teilbeträge samt Zinsen zu verlangen.

(2) Der Bundesminister für Arbeit, Gesundheit und Soziales kann ganz oder teilweise auf die Eintreibung einer rechtskräftig vorgeschriebenen Ausgleichstaxe (zuzüglich Zinsen) verzichten, wenn

1. gegen den Schuldner ein Sanierungsverfahren eröffnet worden ist oder
2. ein Sanierungsplan gemäß § 140 der Insolvenzordnung, RGBl. Nr. 337/1914, abgeschlossen worden ist oder
3. alle Möglichkeiten der Eintreibung erfolglos versucht worden sind und auf Grund der Sachlage auch nicht angenommen werden kann, daß Eintreibungsmaßnahmen zu einem späteren Zeitpunkt zu einem Erfolg führen werden oder Eintreibungsmaßnahmen von vornherein offenkundig aussichtslos sind oder
4. die Eintreibung mit Kosten verbunden wäre, die in keinem Verhältnis zur Höhe der Forderung stehen.

Der Verzicht auf eine Forderung ist zu widerrufen, wenn er durch Fälschung einer Urkunde, falsches Zeugnis oder eine andere gerichtlich strafbare Handlung herbeigeführt oder sonstwie erschlichen worden ist.

Eintreibung der Ausgleichstaxe

§ 18. (1) Das Bundesamt für Soziales und Behindertenwesen hat die rechtskräftig vorgeschriebene und fällige Ausgleichstaxe einzutreiben. Auf die Eintreibung finden die Bestimmungen des Verwaltungsvollstreckungsgesetzes 1991 Anwendung.

(2) Eine mit Bescheid vorgeschriebene Ausgleichstaxe (zuzüglich der Zinsen gemäß § 9 Abs. 5) kann nur binnen zwei Jahren, gerechnet von dem Zeitpunkt an, in dem diese Vorschreibung keinem die Vollstreckbarkeit hemmenden Rechtszug mehr unterliegt, eingetrieben werden. Diese Frist beginnt durch jede auf Eintreibung gerichtete Maßnahme des Bundesamtes für Soziales und Behindertenwesen und durch die Gewährung von Zahlungserleichterungen jeder Art neu zu laufen.

(3) Die Eintreibung im Verwaltungsweg oder im gerichtlichen Verfahren (§ 3 des Verwaltungsvollstreckungsgesetzes 1991) darf erst nach nachweisbarer Mahnung des Schuldners erfolgen. Der Verpflichtete hat die notwendigen, durch die jeweilige Mahnung und Exekutionsführung verursachten Barauslagen und Gerichtsgebühren zu ersetzen. Diese Kosten sind zugleich mit der vorgeschriebenen Ausgleichstaxe einzutreiben; die Barauslagen fließen dem Bund zu, die Gerichtsgebühren dem Ausgleichstaxfonds.

(4) In Insolvenzverfahren ist die Ausgleichstaxe den sonstigen öffentlichen Abgaben gleichzuhalten und nach den Vorschriften der Insolvenzordnung zu behandeln.

Verfahren und Verwaltungsgerichtsbarkeit

§ 19. (1) Die Beschwerdefrist bei Verfahren gemäß §§ 8, 9, 9a und 14 Abs. 2 beträgt abweichend von den Vorschriften des Verwaltungsgerichtsverfahrensgesetzes, BGBl. I Nr. 33/2013, sechs Wochen. Die Frist zur Erlassung einer Beschwerdevorentscheidung beträgt bei Verfahren gemäß § 14 Abs. 2 zwölf Wochen. In Beschwerdeverfahren vor dem Bundesverwaltungsgericht dürfen bei Verfahren gemäß § 14 Abs. 2 neue Tatsachen und Beweismittel nicht vorgebracht werden.

(1a) Auf die Verfahren zur Geltendmachung von Ansprüchen durch Beamte bei den Dienstbehörden gemäß §§ 7l und 7m sind, soweit dieses Bundesgesetz nicht Anderes bestimmt, das Dienstrechtsverfahrensgesetz 1984, BGBl. Nr. 29, und die dazu ergangenen Verordnungen anzuwenden.

(2) Bescheidausfertigungen, die unter Verwendung elektronischer Datenverarbeitungsanlagen hergestellt werden, bedürfen weder einer Unterschrift noch einer Beglaubigung.

(3) Unrichtigkeiten in Bescheiden, welche ihre Ursache in der fehlerhaften Anwendung elektronischer Da-

tenverarbeitungsanlagen haben, gelten als Schreibund Rechenfehler im Sinne des § 62 Abs. 4d Allgemeinen Verwaltungsverfahrensgesetzes 1991.

Rechtsmittel

§ 19a. (1) Gegen Bescheide gemäß § 19 Abs. 2, die ohne Durchführung eines Ermittlungsverfahrens

1. auf Grund gespeicherter personenbezogenen Daten oder
2. auf Grund von den Trägern der Sozialversicherung oder von sonstigen Institutionen auf maschinell verwertbare Datenträgern übermittelten personenbezogenen Daten

im Wege der automationsunterstützten Datenverarbeitung erlassen worden sind, kann bei der Behörde, die den Bescheid erlassen hat, innerhalb von zwei Wochen nach Zustellung des Bescheides schriftlich Vorstellung erhoben werden. Die Behörde hat nach Prüfung der Sach- und Rechtslage die Angelegenheit neuerlich zu entscheiden. Der Vorstellung kommt aufschiebende Wirkung zu. Die Beschwerde an das Bundesverwaltungsgericht kann erst nach Entscheidung über die Vorstellung erhoben werden.

(2) Dem Ausgleichstaxfonds (§ 10 Abs. 1) kommt im Beschwerdeverfahren über Ausgleichstaxen oder Prämien Parteistellung zu.

§ 19b. (1) In Verfahren über Beschwerden in Rechtssachen in den Angelegenheiten der §§ 8, 9, 9a und 14 Abs. 2 entscheidet das Bundesverwaltungsgericht durch den Senat.

(2) Bei Senatsentscheidungen in Kündigungsverfahren (§ 8) haben zwei Vertreterinnen oder Vertreter der Arbeitgeber, eine Vertreterin oder ein Vertreter der Arbeitnehmer und eine Vertreterin oder ein Vertreter der Interessenvertretung der Menschen mit Behinderung als fachkundige Laienrichterinnen oder Laienrichter mitzuwirken.

(3) Die Vertretung der Arbeitgeber und Arbeitgeberinnen sind bei Senatsentscheidungen nach Abs. 2 von der Wirtschaftskammer Österreich zu entsenden. Die Vertretung der Arbeitnehmer und Arbeitnehmerinnen werden von der Bundesarbeitskammer entsandt. Der Österreichische Behindertenrat entsendet die Vertretung der Interessenvertretung der Menschen mit Behinderungen. Für jeden Vertreter und jede Vertreterin ist jeweils auch die erforderliche Anzahl von Ersatzmitgliedern zu entsenden.

(4) Bei Senatsentscheidungen in Verfahren gemäß §§ 9 und 9a haben je eine Vertreterin oder ein Vertreter der Arbeitgeber und der Arbeitnehmer als fachkundige Laienrichterinnen oder Laienrichter mitzuwirken.

(5) Die Vertreterin oder der Vertreter der Arbeitgeber ist bei Senatsentscheidungen nach Abs. 4 von der Wirtschaftskammer Österreich zu entsenden. Die Vertreterin oder der Vertreter der Arbeitnehmer wird von der Bundesarbeitskammer entsandt. Für jede Vertreterin und jeden Vertreter ist jeweils auch die erforderliche Anzahl von Ersatzmitgliedern zu entsenden.

(6) Bei Senatsentscheidungen in Verfahren gemäß § 14 Abs. 2 hat ein Vertreter oder eine Vertreterin der Interessenvertretung der Menschen mit Behinderungen als fachkundiger Laienrichter oder fachkundige Laienrichterin mitzuwirken. Abs. 3 dritter Satz ist anzuwenden. Für den Vertreter oder die Vertreterin ist jeweils auch die erforderliche Anzahl von Ersatzmitgliedern zu entsenden.

(7) Die fachkundigen Laienrichterinnen oder Laienrichter (Ersatzmitglieder) in Verfahren nach Abs. 2, 4 und 6 haben für die jeweiligen Agenden die erforderliche Qualifikation (insbesondere Fachkunde im Bereich des Sozial- und Arbeitsrechts) aufzuweisen.

Verschwiegenheitspflicht

§ 20. Die zur Einholung von Auskünften (§ 16) befugten oder mit der Überwachung (§ 17) betrauten oder sonst an der Durchführung dieses Bundesgesetzes beteiligten Organe sind zur Geheimhaltung der zu ihrer Kenntnis gelangenden Geschäfts- und Betriebsverhältnisse verpflichtet.

Strafbestimmungen

§ 21. Wer trotz nachweislicher Aufforderung durch das Bundesamt für Soziales und Behindertenwesen die Abschrift des Verzeichnisses über die Beschäftigung von begünstigten Behinderten (§ 2) bzw. von Inhabern einer Amtsbescheinigung oder eines Opferausweises (§ 5 Abs. 3) gemäß § 16 Abs. 2 nicht vorlegt, wer in die Verzeichnisabschrift vorsätzlich unwahre Angaben aufnimmt oder wer die Anzeigeverpflichtung nach § 15 Abs. 2 verletzt, begeht, wenn die Tat nicht nach einer anderen Bestimmung mit strengerer Strafe bedroht ist, eine Verwaltungsübertretung und ist von der Bezirksverwaltungsbehörde mit einer Geldstrafe bis zu 727 Euro zu bestrafen. Die Geldstrafen fließen dem Ausgleichstaxfonds zu.

Mitwirkung bei der Durchführung des Gesetzes

§ 22. (1) Alle Behörden, Ämter, Anstalten und Körperschaften des öffentlichen Rechtes sind verpflichtet, im Ermittlungsverfahren zur Durchführung dieses Bundesgesetzes mitzuwirken.

(2) Die Mitwirkung gemäß Abs. 1 erstreckt sich bei den Trägern der Sozialversicherung auch auf die Übermittlung der gespeicherten personenbezogenen Daten über Dienstgeber und Versicherte auf maschinell verwertbaren Datenträgern, soweit diese personenbezogenen Daten für die Beurteilung der Einstellungspflicht und deren Erfüllung, die Berechnung und Vorschreibung der Ausgleichstaxen und Prämien sowie die Erfassung der begünstigten Personen (§§ 2 und 5 Abs. 3) und der Förderungswerber (§ 10a Abs. 2, 3 und 3a) eine wesentliche Voraussetzung bilden.

(3) Die Mitwirkung an der Berechnung und Vorschreibung der Ausgleichstaxen und Prämien (§§ 9 und 9a) sowie am Verfahren nach diesem Bundesgesetz obliegt nach Maßgabe des § 2 Abs. 1 bis 4 des Bundesgesetzes über die Bundesrechenzentrum GmbH, BGBl. Nr. 757/1996, der Bundesrechenzentrum GmbH.

(4) Das Bundesministerium für Soziales, Gesundheit, Pflege und Konsumentenschutz und das Bundesamt für Soziales und Behindertenwesen sind insoweit zur Verarbeitung von personenbezogenen Daten betreffend Dienstgeber und Dienstgeberinnen, einschließlich deren Dienstnehmer und Dienstnehmerinnen, begünstigte Personen (§§ 2 und 5 Abs. 3), Förderungswerber oder Förderwerberinnen (§ 10a), Integrative Betriebe (§ 11) sowie Ausbildungseinrichtungen (§ 11a) ermächtigt, als dies zur Erfüllung der ihnen gesetzlich übertragenen Aufgaben (§§ 1, 6, 7k, 7l, 7m, 7n, 8, 8a, 9, 9a, 10, 10a, 11, 11a, 12, 14, 15, 17, 17a, 18 und 26) eine wesentliche Voraussetzung ist. Personenbezogene Daten betreffend eine Behinderung im Sinne der Z 3 dürfen vom Bundesministerium für Soziales, Gesundheit, Pflege und Konsumentenschutz und dem Bundesamt für Soziales und Behindertenwesen nur für Zwecke der Angelegenheiten der Feststellung des Grades der Behinderung und der Zugehörigkeit zum Kreis der begünstigten Behinderten (§§ 2 und 14), der Schlichtungsverfahren (§§ 7k, 7l, 7m, 7n), der Zustimmung zur Kündigung (§ 8) sowie der Gewährung von Fördermaßnahmen und Unterstützungsmaßnahmen einschließlich der in diesem Zusammenhang stehenden statistischen Auswertungen (§§ 6,

10a, 11, 11a und 15) verarbeitet werden. Für Zwecke der Angelegenheiten der Überprüfung der Beschäftigungspflicht (§§ 1, 9, 9a, 16 bis 18) und der Beratung und Sensibilisierung (§§ 6, 10a) dürfen vom Bundesministerium für Soziales, Gesundheit, Pflege und Konsumentenschutz und dem Bundesamt für Soziales und Behindertenwesen die personenbezogenen Daten im Sinne der Z 3 betreffend die Zugehörigkeit zum Kreis der begünstigten Behinderten und unternehmensbezogene Daten im Sinne der Z 5 verarbeitet werden. Verpflichtungen, die sich auf Grund anderer Rechtsvorschriften ergeben, bleiben unberührt.

Die in Frage kommenden Datenarten sind:

1. Stammdaten der begünstigten Personen, einschließlich antragstellender Personen (§§ 2 und 5 Abs. 3) und Förderungswerber (§ 10a):
   a) Namen (Vornamen, Familiennamen),
   b) Sozialversicherungsnummer und Geburtsdatum,
   c) Geschlecht,
   d) Staatsangehörigkeit, Aufenthalts- und Arbeitsberechtigungen,
   e) Adresse des Wohnsitzes oder Aufenthaltsortes,
   f) Telefon- und Faxnummer,
   g) E-Mail-Adresse,
   h) Bankverbindung und Kontonummer,
2. personenbezogene Daten über wirtschaftliche und soziale Rahmenbedingungen:
   a) Familienstand (einschließlich Lebensgemeinschaft),
   b) unterhaltsberechtigte Familienangehörige,
   c) Ausbildung, Erwerbstätigkeit und Status der Person (erwerbstätig, arbeitslos, Pensionist, in Schul- oder Berufsausbildung, selbstversichert, Zugehörigkeit zum Kreis der begünstigten Behinderten, Inhaber einer Amtsbescheinigung oder eines Opferausweises),
   d) Einkommen (eigenes Einkommen, Partnereinkommen, Haushaltseinkommen),
3. personenbezogenen Daten betreffend eine Behinderung:
   a) Funktionseinschränkungen,
   b) Grad der Behinderung,
4. personenbezogenen Daten über Betreuungsverläufe:
   a) personenbezogenen Daten und Angaben zu Verfahren gemäß den §§ 7k, 7l, 7m und 8,
   b) Art, Inhalt, Dauer und Höhe gewährter Förder- und Unterstützungsmaßnahmen,
5. Stammdaten der Arbeitgeber:
   a) Namen, Firmennamen und Betriebsnamen,
   b) Firmensitz und Betriebssitz sowie Gerichtsstand,
   c) Betriebsgröße,
   d) Branchenzugehörigkeit,
   e) Sozialversicherungsdaten, Angaben zum Status, Zahl, Struktur und Stammdaten (Z 1 lit. a und b) der Beschäftigten, einschließlich der beschäftigten begünstigten Behinderten,
   f) Betriebsinhaber und verantwortliche Mitglieder der Geschäftsführung,
   g) Ansprechpartner,
   h) Dienstgeberkontonummer und Unternehmenskennzahlen,
   i) Telefon- und Faxnummer,
   j) E-Mail-Adresse,
   k) Bankverbindung und Kontonummer,
6. personenbezogenen Daten über Pflichtstellen:
   a) Gesamtzahl, Höhe der Ausgleichstaxen,
   b) offene Pflichtstellen,
   c) besetzte Pflichtstellen,
   d) Arbeitszeit (Lage und Ausmaß),
   e) Entlohnung.

(Anm.: Abs. 4a aufgehoben durch Art. 30 Z 7, BGBl. I Nr. 32/2018)

(5) Die regionalen Geschäftsstellen des Arbeitsmarktservice haben das Bundesamt für Soziales und Behindertenwesen zu benachrichtigen, wenn ein im § 5 Abs. 2 genannter Mensch mit Behinderung auf einen Ausbildungs- oder Arbeitsplatz vermittelt wird.

(Anm.: Abs. 6 aufgehoben durch BGBl. Nr. 360/1982)

Behindertenvertrauenspersonen

§ 22a. (1) Sind in einem Betrieb dauernd mindestens fünf begünstigte Behinderte (§ 2 Abs. 1 und 3) beschäftigt, so sind von diesen nach Maßgabe der nachfolgenden Bestimmungen Behindertenvertrauenspersonen (Stellvertreter) als Organ zu wählen. Sind in einem Betrieb dauernd mindestens 15 begünstigte Behinderte beschäftigt, so sind für die Behindertenvertrauensperson zwei Stellvertreter zu wählen. Sind in einem Betrieb dauernd mindestens 40 begünstigte Behinderte beschäftigt, so sind für die Behindertenvertrauensperson drei Stellvertreter zu wählen. Die Stellvertreter können im Auftrag der Behindertenvertrauensperson Aufgaben im Sinne der Abs. 7 und 8 auch im Falle der Anwesenheit der Behindertenvertrauensperson wahrnehmen. Erforderlichenfalls kann eine Geschäftsordnung erlassen werden.

(2) Die Wahl der Behindertenvertrauensperson und der Stellvertreter ist tunlichst gemeinsam mit der Betriebsratswahl durchzuführen. Gehören jeder Gruppe der Arbeitnehmer mehr als fünf begünstigte Behinderte an, so ist bei jeder Gruppe auch die Behindertenvertrauensperson (Stellvertreter) mitzuwählen. Sind mehr als fünf begünstigte Behinderte beschäftigt, die unterschiedlichen Gruppen zuzurechnen sind, und nur eine Gruppe umfaßt mehr als fünf begünstigte Behinderte, so ist bei dieser Gruppe mitzuwählen. Gehören keiner Gruppe mehr als fünf begünstigte Behinderte an, so ist die Wahl mit der Gruppe der Arbeitnehmer durchzuführen, der die größere Zahl der begünstigten Behinderten angehört, bei gleicher Zahl bei der Arbeitnehmergruppe, die mehr Betriebsratsmitglieder zu wählen hat. Wird nur ein Betriebsrat gewählt, so ist die Behindertenvertrauensperson (Stellvertreter) bei diesem mitzuwählen.

(3) Wahlberechtigt sind alle begünstigten Behinderten des Betriebes, die am Tag der Wahlausschreibung und am Tag der Wahl im Betrieb beschäftigt sind.

(4) Wählbar sind alle begünstigten Behinderten des Betriebes, die am Tag der Wahl seit mindestens sechs Monaten im Betrieb beschäftigt sind und das 18. Lebensjahr vollendet haben.

(5) Auf die Durchführung und Anfechtung der Wahl der Behindertenvertrauenspersonen (Stellvertreter) sind die Bestimmungen der §§ 51 Abs. 1, 53 Abs. 3, 5 und 6 sowie 55 bis 60 des Arbeitsverfassungsgesetzes, BGBl. Nr. 22/1974, sinngemäß anzuwenden. Zur Anfechtung der Wahl ist auch jeder im Betrieb bestehende Betriebsrat berechtigt. Das Ergebnis der Wahl der Behindertenvertrauenspersonen ist auch dem Bundesamt für Soziales und Behindertenwesen bekanntzugeben.

(6) Die Tätigkeitsdauer der Behindertenvertrauensperson (Stellvertreter) beträgt fünf Jahre. Sie beginnt mit dem im § 61 Abs. 1 des Arbeitsverfassungsgesetzes genannten Zeitpunkt und endet mit Ablauf der Funktionsperiode. Im übrigen sind für die vorzeitige Beendigung und das Erlöschen der Funktion §§ 62 und 64 Abs. 1 und 4 des Arbeitsverfassungsgesetzes sinngemäß anzuwenden. Die Tätigkeitsdauer endet ferner, wenn in einer Versammlung aller begünstigten Behinderten des Betriebes die Mehrheit die Enthebung ihrer Behindertenvertrauenspersonen (Stellvertreter) beschließt. Die

Versammlung kann von dem an Lebensjahren ältesten begünstigten Behinderten einberufen werden.

(7) Die Behindertenvertrauensperson (Stellvertreter) ist berufen, die wirtschaftlichen, sozialen, gesundheitlichen und kulturellen Interessen der begünstigten Behinderten im Einvernehmen mit dem Betriebsrat wahrzunehmen. Die Behindertenvertrauensperson ist befugt, einmal jährlich eine Versammlung aller begünstigten Behinderten des Betriebes einzuberufen. Hat die Behindertenvertrauensperson einen Stellvertreter mit dieser Aufgabe betraut, so hat dieser die Einberufung vorzunehmen. Der Betriebsrat ist verpflichtet, der Behindertenvertrauensperson bei der Wahrnehmung der besonderen Belange der begünstigten Behinderten beizustehen und die erforderlichen Auskünfte zu erteilen.

(8) Die Behindertenvertrauensperson (Stellvertreter) ist insbesondere berufen,

a) auf die Anwendung der Bestimmungen dieses Bundesgesetzes hinzuwirken und darüber zu wachen, dass die Vorschriften, die für das Arbeitsverhältnis begünstigter Behinderter gelten, eingehalten werden;
b) über wahrgenommene Mängel dem Betriebsrat, dem Betriebsinhaber und erforderlichenfalls den zum Schutz der Arbeitnehmer geschaffenen Stellen Mitteilung zu machen und auf die Beseitigung dieser Mängel hinzuwirken;
c) Vorschläge in Fragen der Beschäftigung, der Aus- und Weiterbildung, beruflicher und medizinischer Rehabilitationsmaßnahmen zu erstatten und auf die besonderen Bedürfnisse von behinderten Arbeitnehmern hinzuweisen;
d) an allen Sitzungen des Betriebsrates und des Betriebsausschusses sowie von Ausschüssen des Betriebsrates nach § 69 Abs. 4 ArbVG mit beratender Stimme teilzunehmen, es sei denn ein Stellvertreter wurde mit der Wahrnehmung dieser Aufgabe betraut.

(9) Der Betriebsinhaber ist verpflichtet, mit der Behindertenvertrauensperson (Stellvertreter) zu beraten und die zur Erfüllung ihrer Aufgaben erforderlichen Auskünfte zu erteilen, insbesondere hat er die Behindertenvertrauensperson über substanzielle, das Arbeitsverhältnis betreffende Angelegenheiten wie Beginn, Ende und Veränderung von Arbeitsverhältnissen behinderter Arbeitnehmer, über Arbeitsunfälle sowie über Krankmeldungen von mehr als sechs Wochen pro Kalenderjahr zu informieren.

(10) Auf die persönlichen Rechte und Pflichten der Behindertenvertrauensperson (Stellvertreter) sind die Bestimmungen des 4. Hauptstückes des II. Teiles des Arbeitsverfassungsgesetzes bzw. die im Sinne des Landarbeitsgesetzes 2021, BGBl. I Nr. 78/2021, für land- und forstwirtschaftliche Arbeiter und Angestellte erlassenen Vorschriften sinngemäß anzuwenden.

(11) Besteht in einem Unternehmen ein Zentralbetriebsrat nach § 80 des Arbeitsverfassungsgesetzes, so sind von den Behindertenvertrauenspersonen und den Stellvertretern aus ihrer Mitte mit einfacher Mehrheit der abgegebenen Stimmen eine Zentralbehindertenvertrauensperson und ein Stellvertreter zu wählen. Die Wahl ist gültig, wenn zumindest die Hälfte der Wahlberechtigten anwesend ist. Wurde im Unternehmen nur eine Behindertenvertrauensperson und ein Stellvertreter gewählt, so üben diese auch die Funktion der Zentralbehindertenvertrauensperson und des Stellvertreters aus. § 57 des Arbeitsverfassungsgesetzes ist mit der Maßgabe anzuwenden, daß das Ergebnis der Wahl der Zentralbehindertenvertrauensperson und des Stellvertreters auch dem Bundesamt für Soziales und Behindertenwesen bekanntzugeben ist. Die Zentralbehindertenvertrauensperson (Stellvertreter) ist berufen, im Zentralbetriebsrat unter Beachtung der Abs. 7 und 8 die Interessen der begünstigten Behinderten wahrzunehmen. Der Zentralbetriebsrat ist verpflichtet, der Zentralbehindertenvertrauensperson (Stellvertreter) bei der Wahrnehmung der besonderen Belange der begünstigten Behinderten beizustehen und die erforderlichen Auskünfte zu erteilen. Die Zentralbehindertenvertrauensperson (Stellvertreter) ist befugt, höchstens zweimal jährlich eine Versammlung aller Behindertenvertrauenspersonen des Unternehmens einzuberufen, um über ihre Tätigkeit zu berichten und Angelegenheiten, die für die begünstigten Behinderten des Unternehmens von Bedeutung sind, zu erörtern.

(12) Die Tätigkeitsdauer der Zentralbehindertenvertrauensperson (ihres Stellvertreters) beträgt fünf Jahre; sie beginnt mit der Annahme der Wahl und endet vor Ablauf dieser Zeit, wenn

1. im Unternehmen kein Zentralbetriebsrat mehr besteht;
2. die Funktion als Behindertenvertrauensperson endet (Abs. 6);
3. die Zentralbehindertenvertrauensperson zurücktritt.

(13) Besteht in einem Konzern eine Konzernvertretung nach § 88a des Arbeitsverfassungsgesetzes, so sind von den Zentralbehindertenvertrauenspersonen und deren Stellvertretern aus ihrer Mitte mit einfacher Mehrheit der abgegebenen Stimmen eine Konzernbehindertenvertrauensperson und ein Stellvertreter zu wählen. Ist in einem Konzernunternehmen eine Zentralbehindertenvertrauensperson nicht zu wählen, so nehmen an der Wahl der Konzernbehindertenvertrauensperson die Behindertenvertrauenspersonen und deren Stellvertreter teil. Die Wahl ist gültig, wenn zumindest die Hälfte der Wahlberechtigten anwesend ist. Wurde im Konzern nur eine Zentralbehindertenvertrauensperson und ein Stellvertreter gewählt, so üben diese auch die Funktion der Konzernbehindertenvertrauensperson und des Stellvertreters aus. § 57 des Arbeitsverfassungsgesetzes ist mit der Maßgabe anzuwenden, daß das Ergebnis der Wahl der Konzernbehindertenvertrauensperson und des Stellvertreters auch dem Bundesamt für Soziales und Behindertenwesen bekanntzugeben ist. Die Konzernbehindertenvertrauensperson (Stellvertreter) ist berufen, in der Konzernvertretung unter Beachtung der Abs. 7 und 8 die Interessen der begünstigten Behinderten wahrzunehmen. Die Konzernvertretung ist verpflichtet, der Konzernbehindertenvertrauensperson (Stellvertreter) bei der Wahrnehmung der besonderen Belange der begünstigten Behinderten beizustehen und die erforderlichen Auskünfte zu erteilen. Die Konzernbehindertenvertrauensperson (Stellvertreter) ist befugt, höchstens zweimal jährlich eine Versammlung aller Zentralbehindertenvertrauenspersonen des Konzerns einzuberufen, um über ihre Tätigkeit zu berichten und Angelegenheiten, die für die begünstigten Behinderten des Konzerns von Bedeutung sind, zu erörtern.

(14) Die Tätigkeitsdauer der Konzernbehindertenvertrauensperson (ihres Stellvertreters) beträgt fünf Jahre; sie beginnt mit der Annahme der Wahl und endet vor Ablauf dieser Zeit, wenn

1. im Konzern keine Konzernvertretung mehr besteht;
2. die Funktion als Zentralbehindertenvertrauensperson endet (Abs. 12);
3. die Konzernbehindertenvertrauensperson zurücktritt.

(15) Der Behindertenvertrauensperson (Stellvertreter) sind zur ordnungsgemäßen Erfüllung ihrer Aufgaben Räumlichkeiten, Kanzlei- und Geschäftserfordernisse

sowie sonstige Sacherfordernisse in einem der Größe des Betriebes und den Bedürfnissen der Behindertenvertrauensperson (Stellvertreter) angemessenen Ausmaß vom Betriebsinhaber unentgeltlich zur Verfügung zu stellen. Desgleichen hat der Betriebsinhaber unentgeltlich für die Instandhaltung der bereitgestellten Räumlichkeiten und Gegenstände zu sorgen. Die den Behindertenvertrauenspersonen (Abs. 1, 11 und 13) in Ausübung ihrer Tätigkeit erwachsenen Barauslagen sind, sofern kein Ersatz auf Grund anderer Rechtsvorschriften geleistet werden kann, aus Mitteln des Ausgleichstaxfonds zu ersetzen. Das Bundesamt für Soziales und Behindertenwesen hat die Barauslagen nach Maßgabe der vom Bundesminister für Arbeit, Gesundheit und Soziales zu erlassenden Richtlinien zu erstatten.

Behindertenvertretung im öffentlichen Dienst

§ 22b. Für die Dienststellen des Bundes, der Länder und Gemeinden, die nicht unter die Bestimmungen des Arbeitsverfassungsgesetzes fallen, gelten unter Zugrundelegung der gesetzlichen Vorschriften über die Personalvertretung die Bestimmungen des § 22a mit der Maßgabe, dass die Tätigkeitsdauer fünf Jahre beträgt.

Barrierefreiheitsbeauftragte

§ 22c. (1) Alle Bundesministerien einschließlich ihrer nachgeordneten Dienststellen, der Präsident oder die Präsidentin des Verfassungsgerichtshofes, des Verwaltungsgerichtshofes, des Rechnungshofes, des Nationalrates und des Bundesrates, die Volksanwaltschaft sowie das Bundesverwaltungsgericht und das Bundesfinanzgericht haben in ihrem Zuständigkeitsbereich Barrierefreiheitsbeauftragte sowie die erforderliche Anzahl von Stellvertretungen einzurichten.

Aufgaben

§ 22d. (1) Die Barrierefreiheitsbeauftragten und ihre Stellvertretungen sind berufen, sich innerhalb ihrer Organisation mit Fragen der umfassenden Barrierefreiheit – einschließlich der Vornahme angemessener Vorkehrungen – für Bedienstete sowie externe Personen zu befassen.

Insbesondere sollen sie

a) Missstände aufzeigen und Veränderungsvorschläge einbringen;
b) den regelmäßigen Austausch mit den jeweiligen Behindertenvertrauenspersonen pflegen;
c) mit den Personen zusammenarbeiten, die zuständig sind für die Umsetzung der Barrierefreiheit insbesondere
   1. im baulichen Bereich,
   2. im Bereich der Informations- und Kommunikationstechnologie,
   3. bei der Ausstattung von Arbeitsplätzen,
   4. bei der Erstellung von Sicherheits-, Krisen- und Notfallplänen sowie beim Management im Sicherheits-, Krisen- und Notfall,
   5. bei der Planung und Organisation von Veranstaltungen,
   6. bei der Öffentlichkeits- und Informationsarbeit sowie
   7. in Vergabeverfahren;
d) sich ressortübergreifend mit anderen Barrierefreiheitsbeauftragten austauschen sowie
e) mit Experten oder Expertinnen in den Behindertenorganisationen zusammenarbeiten.

(2) Die in Abs. 1 genannten Stellen haben die Barrierefreiheitsbeauftragten und deren Stellvertretungen in die Planungsprozesse aller Maßnahmen einzubeziehen, die im Zusammenhang mit der umfassenden Barrierefreiheit für Menschen mit Behinderungen relevant sind.

Bestellung

§ 22e. (1) Voraussetzung für die Bestellung ist, dass die oder der Bedienstete dem Personalstand der in § 22c aufgezählten Stellen angehört.

(2) Die für die Tätigkeit als Barrierefreiheitsbeauftragte und deren Stellvertreter und Stellvertreterinnen geeignete Personen sind für eine Funktionsdauer von fünf Jahren zu bestellen. Die Bestellung bedarf der Zustimmung der oder des zu bestellenden Bediensteten. Wiederbestellungen sind zulässig.

Rechtsstellung

§ 22f.

(1) Die Tätigkeit als Barrierefreiheitsbeauftragter oder Barrierefreiheitsbeauftragte (Stellvertretung) ist ehrenamtlich neben den Berufspflichten und möglichst ohne Beeinträchtigung des Dienstbetriebes auszuüben. Dabei ist auf die zusätzliche Belastung aus dieser Tätigkeit Rücksicht zu nehmen.

(2) Den Barrierefreiheitsbeauftragten steht unter Fortzahlung ihrer Dienstbezüge die zur Erfüllung ihrer Aufgaben sowie die für die erforderliche Aus-, Weiter- und Fortbildung notwendige freie Zeit zu; die Inanspruchnahme ist der oder dem Dienstvorgesetzten mitzuteilen.

Verschwiegenheitspflicht

§ 22g. Die Barrierefreiheitsbeauftragten (Stellvertretungen) haben über alle ihnen ausschließlich in Ausübung ihres Amtes bekannt gewordenen Dienst- und Betriebsgeheimnisse Verschwiegenheit zu bewahren.

Gebührenfreiheit

§ 23. Alle zur Durchführung dieses Bundesgesetzes erforderlichen Amtshandlungen, Eingaben, Vollmachten, Zeugnisse, Urkunden über Rechtsgeschäfte zum Zwecke der Fürsorge oder Förderung gemäß § 10a sowie Vermögensübertragungen sind von bundesgesetzlich geregelten Gebühren, Verkehrsteuern und Verwaltungsabgaben befreit. Die Befreiung gilt auch im Verfahren vor dem Bundesverwaltungsgericht, dem Verwaltungsgerichtshof und dem Verfassungsgerichtshof.

§ 23a. *(entfällt gem. BGBl. I Nr. 40/2017, Art. 21)*

Sprachliche Gleichbehandlung und Verweis auf andere Bundesgesetze

§ 24. (1) Soweit in diesem Bundesgesetz personenbezogene Bezeichnungen nur in männlicher Form angeführt sind, beziehen sie sich auf Frauen und Männer in gleicher Weise. Bei der Anwendung auf bestimmte Personen ist die jeweils geschlechtsspezifische Form zu verwenden.

(2) Soweit in diesem Bundesgesetz auf Bestimmungen anderer Bundesgesetze verwiesen wird, sind diese in ihrer jeweils geltenden Fassung anzuwenden.

Grundsatzbestimmungen für die Regelung der Gleichbehandlung im Arbeitsleben in der Land- und Forstwirtschaft – Geltungsbereich

§ 24a. Für die Regelung der Gleichbehandlung im Arbeitsleben in der Land- und Forstwirtschaft werden gemäß Art. 12 Abs. 1 Z 6 B VG die in §§ 24b bis 24f folgenden Grundsätze aufgestellt. Die Bestimmungen der §§ 24b bis 24f gelten für Dienstverhältnisse der land- und forstwirtschaftlichen Arbeiter im Sinne des Landarbeitsgesetzes 1984, BGBl. Nr. 287.

Diskriminierungsverbot

§ 24b. Auf Grund einer Behinderung darf im Zusammenhang mit einem Dienstverhältnis niemand unmittelbar oder mittelbar diskriminiert werden, insbesondere nicht

1. bei der Begründung des Dienstverhältnisses,
2. bei der Festsetzung des Entgelts,
3. bei der Gewährung freiwilliger Sozialleistungen, die kein Entgelt darstellen,
4. bei Maßnahmen der Aus- und Weiterbildung und Umschulung,
5. beim beruflichen Aufstieg, insbesondere bei Beförderungen,
6. bei den sonstigen Arbeitsbedingungen,
7. bei der Beendigung des Dienstverhältnisses.

Begriffsbestimmungen

§ 24c. Für die Beurteilung des Vorliegens einer Behinderung im Sinne des Diskriminierungsverbots und des Vorliegens einer Diskriminierung sind die §§ 3, 7b Abs. 4 und 5, 7c und 7d heranzuziehen.

Entlohnungskriterien

§ 24d. Betriebliche Einstufungsregelungen und Normen der kollektiven Rechtsgestaltung dürfen bei der Regelung der Entlohnungskriterien keine Kriterien vorschreiben, die zu einer Diskriminierung wegen einer Behinderung führen.

Rechtsfolgen der Diskriminierung

§ 24e. (1) Wirksame, verhältnismäßige und abschreckende Rechtsfolgen für die Verletzung des Diskriminierungsverbots sind vorzusehen.

(2) Für Personen, die als Reaktion auf eine Beschwerde oder auf die Einleitung eines Verfahrens zur Durchsetzung des Diskriminierungsverbots benachteiligt werden, sind angemessene Schutzbestimmungen vorzusehen.

(3) Im gerichtlichen Verfahren sind Regelungen über die Beweislast zugunsten diskriminierter Personen vorzusehen.

(4) Bei Vorliegen mehrerer Diskriminierungsgründe in Bezug auf einen Sachverhalt (Mehrfachdiskriminierung) ist zu gewährleisten, dass über den Anspruch wegen Diskriminierung in einem einzigen Verfahren entschieden wird.

Außergerichtliche Streitbeilegung

§ 24f. Regelungen über außergerichtliche Streitbeilegung, insbesondere unter Einsatz von Mediation, sind vorzusehen.

Inkrafttreten

§ 25. (1) Die §§ 6 Abs. 1 und 5, 11 Abs. 5, 12 Abs. 2 lit. b, 15 Abs. 1 und 2, 16 Abs. 2 und 22 Abs. 5 in der Fassung des Bundesgesetzes BGBl. Nr. 314/1994 treten mit 1. Juli 1994 in Kraft.

(2) § 9 Abs. 2 in der Fassung des Bundesgesetzes BGBl. Nr. 201/1996 tritt mit 1. Jänner 1997 in Kraft.

(3) § 1 Abs. 3, § 2 Abs. 2 lit. d, § 3, § 4, § 6, § 8, § 8a, § 9a Abs.1, § 10, § 10a Abs. 1 lit. c, g, h und i, § 10a Abs. 2, 2a, 3a und 7, § 11, § 12 Abs. 5, § 13b Abs. 1, § 13f Abs. 4, § 14, § 15 Abs. 1, § 16, § 17a Abs. 2, § 19 Abs. 4, § 22a Abs. 11, 13 und 15, § 27, § 28 und § 29 in der Fassung des Bundesgesetzes BGBl. I Nr. 17/1999 treten mit 1. Jänner 1999 in Kraft.

(4) § 1 Abs. 2 in der Fassung des Bundesgesetzes BGBl. I Nr. 17/1999 tritt mit 1. Jänner 2000 in Kraft.

(5) § 18 Abs. 3 in der Fassung des Bundesgesetzes BGBl. I Nr. 106/1999 tritt mit 1. Oktober 1999 in Kraft.

(6) § 8 Abs. 6 lit. b und § 9 Abs. 2 treten mit 1. Juli 2001 in Kraft; § 9 Abs. 5, § 9a Abs. 2, § 10 Abs. 7, § 10a Abs. 5 und 6 und § 21 in der Fassung des Bundesgesetzes BGBl. I Nr. 60/2001 treten mit 1. Jänner 2002 in Kraft.

(7)

1. *(Anm.: Durch Art. 2 § 2 Abs. 2 Z 9, BGBl. I Nr. 2/2008, als nicht mehr geltend festgestellt)*
2. Artikel 7 Z 1, § 6 Abs. 3 und 5, § 9a, § 10 Abs. 2, § 10 Abs. 3, § 10a Abs. 1 lit. c, § 10a Abs. 1 lit. g, § 10a Abs. 1 lit. i, § 11 Abs. 7, § 12 Abs. 1, § 12 Abs. 2 lit. a, § 12 Abs. 6, § 13 Abs. 4, § 13b Abs. 1, § 13f Abs. 2, § 14 Abs. 1 lit. a, § 14 Abs. 8, § 16 Abs. 2, § 17a Abs. 1, § 19 Abs. 4 und 5, § 19a Abs. 2, § 22a, § 23, § 26 lit. a, § 27 Abs. 6 und 7 in der Fassung des Bundesgesetzes BGBl. I Nr. 150/2002, sowie die Aufhebung des § 19 Abs. 4 und 5 treten mit 1. Jänner 2003 in Kraft.

(8) § 10a Abs. 1 lit. j in der Fassung des Bundesgesetzes BGBl. I Nr. 158/2002 tritt mit 1. Oktober 2002 in Kraft.

(9) § 10a Abs. 1 lit. j, § 13f Abs. 2 und § 17a Abs. 1 in der Fassung des Bundesgesetzes BGBl. I Nr. 71/2003 treten mit dem der Kundmachung des genannten Bundesgesetzes folgenden Tag in Kraft.

(10) § 2 samt Überschrift, § 3, § 4 Abs. 1, § 6 samt Überschrift, §§ 7a bis 7r, § 8 Abs. 4a, § 19, § 22 Abs. 4, §§ 24 bis 24f, § 25a und § 26 samt Überschrift in der Fassung des Bundesgesetzes BGBl. I Nr. 82/2005 treten mit 1. Jänner 2006 in Kraft. Die Ausführungsgesetze der Bundesländer zu den in §§ 24a bis 24f geregelten Grundsätzen sind binnen sechs Monaten ab dem der Kundmachung folgenden Tag zu erlassen.

(11) § 2 Abs. 2 lit. d, § 7d Abs. 1, § 7e Abs. 1 Z 1, § 7f Abs. 1, § 7h Abs. 1 § 7i, § 7j, § 7k Abs. 2 Z 2 bis 5, § 7m Abs. 2 und 3 sowie § 14 Abs. 1 lit. d in der Fassung des Bundesgesetzes BGBl. I Nr. 67/2008 treten mit 1. Mai 2008 in Kraft.

(12) § 13a, § 14 Abs. 2, § 26 und § 27 Abs. 1 und 1a in der Fassung des Bundesgesetzes BGBl. I Nr. 81/2010 treten mit 1. September 2010 in Kraft.

(13) § 17a Abs. 2 Z 1 und 2 sowie § 18 Abs. 4 in der Fassung des Bundesgesetzes BGBl. I Nr. 58/2010 treten mit 1. August 2010 in Kraft.

(14) § 7b Abs. 5 und § 7i Abs. 1 in der Fassung des Bundesgesetzes BGBl. I Nr. 7/2011 treten mit 1. März 2011 in Kraft.

(15) § 2 Abs. 1 bis 3, § 6 Abs. 2 lit. d und g, § 8 Abs. 2 und Abs. 6 lit. b, § 9 Abs. 2, § 9a Abs. 1, § 10a Abs. 1 lit. a und j, § 10a Abs. 3a, § 12 Abs. 1 und 3, § 13b Abs. 2, § 14 Abs. 8, § 22a Abs. 1, 3, 4, 7, 8, 9, 10, 11, 13 und 15, § 22b, § 25a sowie § 27 Abs. 8 in der Fassung des Budgetbegleitgesetzes 2011, BGBl. I Nr. 111/2010, treten mit 1. Jänner 2011 in Kraft.

(16) Die Überschrift des § 7k, § 7m Abs. 1, § 14 Abs. 8, die Überschrift des § 19, § 19 Abs. 1, § 19a, § 19b, § 22 Abs. 4 und 4a sowie § 23 in der Fassung des Bundesgesetzes BGBl. I Nr. 71/2013 treten mit 1. Jänner 2014 in Kraft; gleichzeitig treten die §§ 13a bis 13g außer Kraft.

(17) § 2 Abs. 1 Z 3 in der Fassung des Bundesgesetzes BGBl. I Nr. 72/2013 tritt mit 1. Jänner 2014 in Kraft; gleichzeitig tritt § 2 Abs. 1 Z 4 außer Kraft.

(18) §§ 7a Abs. 1, Z 2 und 4, 7b Abs. 1 Z 8 und 10, 7d, 7f Abs. 3, 7g Abs. 3, 7j und 7n in der Fassung des Bundesgesetzes BGBl. I Nr. 107/2013 treten mit 1. August 2013 in Kraft.

(19) §§ 14 Abs. 1 und 2 sowie 19 Abs. 1 in der Fassung des Bundesgesetzes BGBl. I Nr. 57/2015 treten mit 1. Juli 2015 in Kraft.

(20) § 6 Abs. 2 lit. d und § 10 Abs. 2 bis 3a in der Fassung des Bundesgesetzes BGBl. I Nr. 62/2016 treten mit 1. August 2016 in Kraft.

(21) § 22a in der Fassung des Bundesgesetzes BGBl. I Nr. 35/2017 tritt mit 1. Jänner 2017 in Kraft und gilt für Behindertenvertrauenspersonen, deren Konstituierung

nach dem 31. Dezember 2016 erfolgt, sowie für Zentralbehindertenvertrauenspersonen und Konzernbehindertenvertrauenspersonen, die ihre Wahl nach dem 31. Dezember 2016 annehmen.

(22) § 23a samt Überschrift tritt mit Ablauf des 30. Juni 2017 außer Kraft.

(23) § 10 Abs. 1a, § 10a Abs. 1 lit. k, § 10a Abs. 8, § 11 Abs. 5, § 15 Abs. 1 sowie § 25 Abs. 21 bis 23 treten mit 1. Jänner 2018 in Kraft.

(24) § 16 Abs. 2, 5, 6, 7 und 8, § 19a Abs. 1 Z 1 und 2, § 22 Abs. 2, 4 und 5 in der Fassung des Materien-Datenschutz-Anpassungsgesetzes 2018, BGBl. I Nr. 32/2018, treten mit 25. Mai 2018 in Kraft. § 22 Abs. 4a tritt mit Ablauf des 24. Mai 2018 außer Kraft.

(25) § 10 Abs. 1b in der Fassung des Bundesgesetzes BGBl. I Nr. 135/2020 tritt mit 1. Jänner 2021 in Kraft.

(26) § 7a Abs. 3, § 7s, § 8 Abs. 5 zweiter Satz, § 8 Abs. 6 lit. a, § 22a Abs. 10 und § 26 lit. d in der Fassung des Bundesgesetzes BGBl. I Nr. 78/2021 treten mit 1. Juli 2021 in Kraft.

(27) § 10 Abs. 1c in der Fassung des Budgetbegleitgesetzes 2023, BGBl. I Nr. 185/2022, tritt mit 1. Jänner 2023 in Kraft.

(28) § 6 Abs. 2 lit. d, § 10 Abs. 7 lit. a und b, § 10a Abs. 1 lit. c, § 11 Abs. 1 bis 4, § 11 Abs. 4 lit. a, c und g, Abs. 5, Abs. 6 und 8, § 14 Abs. 1, § 16 Abs. 6, § 19b Abs. 3 und 6, die Einleitung des § 22 Abs. 4, § 22c samt Überschrift, § 22d samt Überschrift, § 22e samt Überschrift, § 22f samt Überschrift, § 22g samt Überschrift sowie § 25a Abs. 2 in der Fassung des Bundesgesetzes BGBl. I Nr. 98/2024 treten mit Ablauf des Tages ihrer Kundmachung in Kraft. § 14 Abs. 7 tritt rückwirkend mit 31. Juli 2016 in Kraft.

(29) § 22h in der Fassung des Bundesgesetzes BGBl. I Nr. 98/2024 tritt mit 1. Jänner 2025 in Kraft.

Umsetzungshinweis

§ 25a. (1) Durch die Bestimmungen der §§ 6 Abs. 1a, 7a bis 7r sowie 24a bis 24f dieses Bundesgesetzes wird die Richtlinie 2000/78/EG des Rates vom 27. November 2000 zur Festlegung eines allgemeinen Rahmens für die Verwirklichung der Gleichbehandlung in Beschäftigung und Beruf, ABl. Nr. L 303, für den Bereich der Menschen mit Behinderungen im Rahmen der Gesetzgebungskompetenz des Bundes umgesetzt.

(2) Durch die Bestimmungen des § 2 Abs. 1 Z 1 und 3 wird die Richtlinie 2003/109/EG des Rates vom 25. November 2003 betreffend die Rechtsstellung der langfristig aufenthaltsberechtigten Drittstaatsangehörigen, die Richtlinie 2004/38/EG des Europäischen Parlaments und des Rates vom 29. April 2004 über das Recht der Unionsbürger und ihrer Familienangehörigen, sich im Hoheitsgebiet der Mitgliedstaaten frei zu bewegen und aufzuhalten, und die Richtlinie (EU) 2024/1233 des Europäischen Parlaments und des Rates vom 24. April 2024 über ein einheitliches Verfahren zur Beantragung einer kombinierten Erlaubnis für Drittstaatsangehörige, sich im Hoheitsgebiet eines Mitgliedstaats aufzuhalten und zu arbeiten, sowie über ein gemeinsames Bündel von Rechten für Drittstaatsarbeitnehmer, die sich rechtmäßig in einem Mitgliedstaat aufhalten, die Richtlinie 2011/95/EU des Europäischen Parlaments und des Rates vom 13. Dezember 2011 über Normen für die Anerkennung von Drittstaatsangehörigen oder Staatenlosen als Personen mit Anspruch auf internationalen Schutz, für einen einheitlichen Status für Flüchtlinge oder für Personen mit Anrecht auf subsidiären Schutz und für den Inhalt des zu gewährenden Schutzes, die Richtlinie (EU) 2016/801 des Europäischen Parlaments und des Rates vom 11. Mai 2016 über die Bedingungen für die Einreise und den Aufenthalt von Drittstaatsangehörigen zu Forschungs- oder Studienzwecken, zur Absolvierung eines Praktikums, zur Teilnahme an einem Freiwilligendienst, Schüleraustauschprogrammen oder Bildungsvorhaben und zur Ausübung einer Au-pair-Tätigkeit und die Richtlinie (EU) 2021/1883 des Europäischen Parlaments und des Rates vom 20. Oktober 2021 über die Bedingungen für die Einreise und den Aufenthalt von Drittstaatsangehörigen zur Ausübung einer hoch qualifizierten Beschäftigung und zur Aufhebung der Richtlinie 2009/50/EG des Rates, umgesetzt.

Vollziehung

§ 26. Mit der Vollziehung dieses Bundesgesetzes sind betraut:

a) hinsichtlich der Bestimmungen des Art. I des Bundesgesetzes vom 27. September 1988, BGBl. Nr. 721 und des § 19a Abs. 1 (Verfassungsbestimmungen) die Bundesregierung;
b) hinsichtlich der Bestimmungen der §§ 7b bis 7k und 7o, soweit es Angelegenheiten des Bundesdienstes betrifft, die Bundesregierung;
c) hinsichtlich der Bestimmungen der §§ 7l bis 7n die Bundesregierung;
d) hinsichtlich des § 7r und des § 7s die Länder;
e) hinsichtlich der Bestimmungen des § 16 Abs. 3 und des § 23, soweit sie Verwaltungsabgaben betreffen, der Bundeskanzler;
f) hinsichtlich der Bestimmungen des § 18 Abs. 2 bis 4 der Bundesminister für Justiz;
g) hinsichtlich der Bestimmungen des § 23, soweit sie bundesgesetzlich geregelte Gebühren und Verkehrsteuern betreffen, der Bundesminister für Finanzen und
h) hinsichtlich aller übrigen Bestimmungen der Bundesminister für soziale Sicherheit, Generationen und Konsumentenschutz.

Übergangsbestimmungen

§ 27. (1) In am 1. September 2010 noch nicht rechtskräftig abgeschlossenen Verfahren sind für die Einschätzung des Grades der Behinderung die Vorschriften der §§ 7 und 9 Abs. 1 des Kriegsopferversorgungsgesetzes 1957, BGBl. Nr. 152, mit der Maßgabe anzuwenden, dass Gesundheitsschädigungen mit einem Ausmaß von weniger als 20 vH außer Betracht zu lassen sind, sofern eine solche Gesundheitsschädigung im Zusammenwirken mit einer anderen Gesundheitsschädigung keine wesentliche Funktionsbeeinträchtigung verursacht. Dies gilt bis 31. August 2013 auch für Verfahren nach § 14, sofern zum Zeitpunkt des Inkrafttretens dieses Bundesgesetzes ein rechtskräftiger Bescheid, mit dem über die Zugehörigkeit zum Personenkreis der begünstigten Behinderten abgesprochen wurde oder ein rechtskräftiger Bescheid nach den Bestimmungen der §§ 40ff des Bundesbehindertengesetzes vorliegt.

(1a) Im Falle eines Antrages auf Neufestsetzung des Grades der Behinderung nach Ablauf des 31. August 2013 hat die Einschätzung unter Zugrundelegung der Bestimmungen der Einschätzungsverordnung (BGBl. II Nr. 261/2010) zu erfolgen. Im Falle einer von Amts wegen durchgeführten Nachuntersuchung bleibt – bei objektiv unverändertem Gesundheitszustand – der festgestellte Grad der Behinderung unberührt.

(2) Nachweise der Begünstigung im Sinne des § 14 Abs. 1 in der bis zum Inkrafttreten dieses Bundesgesetzes geltenden Fassung, die bis zum 31. Dezember 1998 in Rechtskraft erwachsen sind, werden durch das Inkrafttreten des Bundesgesetzes BGBl. I Nr. 17/1999 nicht berührt.

(3) § 8 Abs. 4 ist auf Anträge auf Zustimmung zur Kündigung anzuwenden, die ab dem Inkrafttreten des Bundesgesetzes BGBl. I Nr. 17/1999 eingebracht werden.

(4) Die Bestimmung des § 8 Abs. 6 lit.b findet auf jene Dienstverhältnisse Anwendung, die nach dem Inkrafttreten des Bundesgesetzes BGBl. I Nr. 17/1999 neu begründet werden.

(5) § 8 Abs. 6 lit. b in der Fassung des Bundesgesetzes BGBl. I Nr. 60/2001 findet auf jene Dienstverhältnisse Anwendung, die nach dem Inkrafttreten dieses Bundesgesetzes neu begründet werden.

(6) Die Bestimmung des § 19a Abs. 1 in der Fassung des Bundesgesetzes BGBl. I Nr. 150/2002 ist auf zum Zeitpunkt des In-Kraft-Tretens dieses Bundesgesetzes anhängige Berufungsverfahren nicht anzuwenden. Diese Verfahren sind vom zuständigen Landeshauptmann unter Zugrundelegung der bis zum 31. Dezember 2002 geltenden Vorschriften zu Ende zu führen.

(7) Die Bestimmung des § 9a Abs. 2 in der bis zum In-Kraft-Treten des Bundesgesetzes BGBl. I Nr. 150/2002 geltenden Fassung findet auf jene Aufträge Anwendung, die bis zum 31. Dezember 2002 erteilt werden.

(8) § 8 Abs. 6 lit. b in der Fassung dieses Bundesgesetzes findet auf jene Dienstverhältnisse Anwendung, die nach dem 31. Dezember 2010 neu begründet werden.

§ 28. (1) Die in auf Grund des § 1 Abs. 2 in der bis zum Inkrafttreten des Bundesgesetzes BGBl. I Nr. 17/1999 geltenden Fassung erlassenen Verordnungen, mit denen die Pflichtzahl geändert wird (BGBl. Nr. 546/1976, 547/1976, 548/1976, 549/1976, 550/1976, 551/1976, 552/1976, 553/1976, 554/1976, 555/1976, 556/1976, 557/1976, 558/1976, 559/1976, 560/1976, 561/1976, 562/1976, 563/1976, 564/1976, 565/1976, 566/1976, 567/1976, 568/1976, 569/1976, 570/1976), abweichend von § 1 Abs. 1 festgesetzten Pflichtzahlen sind mit der Maßgabe anzuwenden, daß

1. für das Kalenderjahr 1999
   a) statt einer Pflichtzahl von 45 eine solche von 41,
   b) statt einer Pflichtzahl von 40 eine solche von 37,
   c) statt einer Pflichtzahl von 35 eine solche von 33 und
   d) statt einer Pflichtzahl von 30 eine solche von 29;
2. für das Kalenderjahr 2000
   a) statt einer Pflichtzahl von 45 eine solche von 37,
   b) statt einer Pflichtzahl von 40 eine solche von 34,
   c) statt einer Pflichtzahl von 35 eine solche von 31 und
   d) statt einer Pflichtzahl von 30 eine solche von 28;
3. für das Kalenderjahr 2001
   a) statt einer Pflichtzahl von 45 eine solche von 33,
   b) statt einer Pflichtzahl von 40 eine solche von 31,
   c) statt einer Pflichtzahl von 35 eine solche von 29 und
   d) statt einer Pflichtzahl von 30 eine solche von 27;
4. für das Kalenderjahr 2002
   a) statt einer Pflichtzahl von 45 eine solche von 29,
   b) statt einer Pflichtzahl von 40 eine solche von 28,
   c) statt einer Pflichtzahl von 35 eine solche von 27 und
   d) statt einer Pflichtzahl von 30 eine solche von 26;
5. für das Kalenderjahr 2003
   a) statt einer Pflichtzahl von 45 eine solche von 25,
   b) statt einer Pflichtzahl von 40 eine solche von 25,
   c) statt einer Pflichtzahl von 35 eine solche von 25 und
   d) statt einer Pflichtzahl von 30 eine solche von 25

gilt. Diese Verordnungen treten mit Ablauf des 31. Dezember 2003 außer Kraft. Sie sind in der bis zum Inkrafttreten des Bundesgesetzes BGBl. I Nr. 17/1999 geltenden Fassung zuletzt für den Monat Dezember 1998, in der im ersten Satz unter Z 1 angeführten Fassung zuletzt für den Monat Dezember 1999, in der im ersten Satz unter Z 2 angeführten Fassung zuletzt für den Monat Dezember 2000, in der im ersten Satz unter Z 3 angeführten Fassung zuletzt für den Monat Dezember 2001, in der im ersten Satz unter Z 4 angeführten Fassung zuletzt für den Monat Dezember 2002 und in der im ersten Satz unter Z 5 angeführten Fassung zuletzt für den Monat Dezember 2003 anzuwenden.

(2) Die Vorschriften der §§ 1, 4 Abs. 4, 9a Abs. 1 in der bis zum Inkrafttreten des Bundesgesetzes BGBl. I Nr. 17/1999 geltenden Fassung sind zuletzt für den Monat Dezember 1998 anzuwenden.

§ 29. Soweit in anderen Gesetzen auf geschützte Werkstätten verwiesen wird, gelten diese Verweisungen als Verweisungen auf Integrative Betriebe im Sinne des § 11.

Aufhebung des Bundesgesetzes über die Nachtarbeit der Frauen (aufgrund des EU-Nachtarbeits-Anpassungsgesetzes BGBl. I Nr. 122/2002-Art.4)

BGBl. I Nr. 122/2002

Artikel 4

Aufhebung des Bundesgesetzes über die Nachtarbeit der Frauen

(1) Das Bundesgesetz über die Nachtarbeit der Frauen, BGBl. Nr. 237/1969, zuletzt geändert durch das Bundesgesetz BGBl. Nr. 37/2000, tritt mit Ablauf des 31. Juli 2002 außer Kraft.

(2) Bescheide gemäß § 3 Abs. 3, § 4 Abs. 1, 2, 7, 8 und 10, § 4b und § 5 Abs. 3 des Bundesgesetzes über die Nachtarbeit der Frauen, BGBl. Nr. 237/1969, werden mit Ablauf des 31. Juli 2002 gegenstandslos. Zu diesem Zeitpunkt anhängige Verfahren nach diesen Bestimmungen sind einzustellen.

Regelungen über „Nachtarbeit“ befinden sich in § 12a bis 12d Arbeitsgesetz, siehe Seite 247, 248.

Bundes-Gleichbehandlungsgesetz

Bundesgesetz vom 23. Juni 2004, BGBl. I Nr. 66 (Art. 1) über die Gleichbehandlung (Gleichbehandlungsgesetz – GlBG), idF BGBl. I Nr. 82/2005 (Art. 5), BGBl. Nr. 98/2008 (Art. 1), BGBl. I Nr. 3/2009, BGBl. I Nr. 7/2011 (Art. 1), BGBl. I Nr. 71/2013 (Art. 21), BGBl. I Nr. 107/2013 (Art. 1), BGBl. I Nr. 34/2015 (Art. 19), BGBl. I Nr. 40/2017 (Art. 18), BGBl. I Nr. 16/2020 (Art. 7), BGBl. I Nr. 117/2023 (Art. 7) und BGBl. I Nr. 143/2024.

INHALTSVERZEICHNIS

I. TEIL

GLEICHBEHANDLUNG

Geltungsbereich

§ 1. (1) Dieses Bundesgesetz gilt, soweit im Folgenden nicht anderes bestimmt wird, für

1. Bedienstete, die in einem öffentlich-rechtlichen oder privatrechtlichen Dienstverhältnis zum Bund stehen,
2. Personen mit einem freien Dienstvertrag zum Bund,
3. Lehrlinge des Bundes,
4. Teilnehmerinnen und Teilnehmer am Verwaltungspraktikum nach Abschnitt Ia des Vertragsbedienstetengesetzes 1948, BGBl. Nr. 86,
5. Personen im Ausbildungsdienst und
6. Personen, die sich um Aufnahme in ein Dienst- oder Ausbildungsverhältnis zum Bund bewerben oder sich in einem Ausbildungsverhältnis befinden.

(2) Das 1. bis 3. Hauptstück des I. Teiles dieses Bundesgesetzes sind auf die Besetzung von Planstellen für Verwendungen nicht anzuwenden, für die ein bestimmtes Geschlecht oder ein bestimmtes Merkmal unverzichtbare Voraussetzung für die Ausübung der vorgesehenen Tätigkeit darstellt.

(3) Der II. Teil dieses Bundesgesetzes gilt nur für die Dienststellen des Bundes, der 5. Abschnitt des II. Teiles nur für die im Inland gelegenen Dienststellen des Bundes.

(Anm.: Abs. 4 aufgehoben durch Art. 11 Z 3, BGBl. I Nr. 143/2024)

Begriffsbestimmungen

§ 2. (1) Dienststellen im Sinne dieses Bundesgesetzes sind die Behörden, Ämter und anderen Verwaltungsstellen sowie die Anstalten und Betriebe des Bundes, die nach ihrem organisatorischen Aufbau eine verwaltungs- oder betriebstechnische Einheit darstellen.

(2) Zentralstellen im Sinne dieses Bundesgesetzes sind das Bundeskanzleramt, die übrigen Bundesministerien sowie jene Dienststellen, die keinem Bundesministerium nachgeordnet sind.

(3) Ressorts im Sinne dieses Bundesgesetzes sind die Zentralstellen mit den ihnen nachgeordneten Dienststellen und die Dienststellen, die keinem Bundesministerium nachgeordnet sind.

(4) Vertreterin oder Vertreter des Dienstgebers im Sinne dieses Bundesgesetzes ist jede Bundesministerin, jeder Bundesminister, jede Dienststellenleiterin, jeder Dienststellenleiter, jede und jeder Vorgesetzte sowie jede und jeder Bedienstete, soweit die betreffende Person auf Seiten des Dienstgebers maßgebenden Einfluss auf Personalangelegenheiten oder Regelungen gegenüber den Bediensteten hat.

(5) Dienstnehmerin oder Dienstnehmer im Sinne dieses Bundesgesetzes sind die in § 1 Abs. 1 genannten Personen.

(6) Geschlecht im Sinne dieses Bundesgesetzes umfasst Geschlechtsmerkmale, Geschlechtsidentität, Geschlechtsausdruck und Geschlechterrolle.

1. HAUPTSTÜCK

GLEICHSTELLUNG UND GLEICHBEHANDLUNG AUFGRUND DES GESCHLECHTS

Gleichstellung

§ 3. Ziel dieses Hauptstückes ist die Gleichstellung aufgrund des Geschlechts und die Vereinbarkeit von Berufs- und Familienleben von Eltern, Adoptiv- und Pflegeeltern sowie pflegenden Angehörigen.

1. ABSCHNITT

GLEICHBEHANDLUNGSGEBOT

Gleichbehandlungsgebote im Zusammenhang mit einem Dienst- oder Ausbildungsverhältnis

§ 4. Auf Grund des Geschlechtes - insbesondere unter Bedachtnahme auf den Familienstand oder den Umstand, ob jemand Kinder hat - darf im Zusammenhang mit einem Dienst- oder Ausbildungsverhältnis gemäß § 1 Abs. 1 niemand unmittelbar oder mittelbar diskriminiert werden, insbesondere nicht

1. bei der Begründung des Dienst- oder Ausbildungsverhältnisses,
2. bei der Festsetzung des Entgelts,
3. bei der Gewährung freiwilliger Sozialleistungen, die kein Entgelt darstellen,
4. bei Maßnahmen der ressortinternen Aus- und Weiterbildung,
5. beim beruflichen Aufstieg, insbesondere bei Beförderungen und der Zuweisung höher entlohnter Verwendungen (Funktionen),
6. bei den sonstigen Arbeitsbedingungen und
7. bei der Beendigung des Dienst- oder Ausbildungsverhältnisses.

Begriffsbestimmungen

§ 4a. (1) Eine unmittelbare Diskriminierung liegt vor, wenn eine Person auf Grund ihres Geschlechtes in einer vergleichbaren Situation eine weniger günstige Behandlung erfährt, als eine andere Person erfährt, erfahren hat oder erfahren würde.

(2) Eine unmittelbare Diskriminierung aufgrund des Geschlechtes im Sinne des Abs. 1 liegt jedenfalls dann vor, wenn eine Person im Zusammenhang mit

1. ihrer Schwangerschaft oder
2. einem Beschäftigungsverbot nach § 3 Abs. 1 und 3 sowie § 5 Abs. 1 und 2 des Mutterschutzgesetzes 1979 (MSchG), BGBl. Nr. 221,
3. der Beantragung oder Inanspruchnahme von
   a) Frühkarenzurlaub gemäß § 75d Beamten-Dienstrechtsgesetz 1979 – BDG 1979, BGBl. Nr 133/1979, § 29o VBG, § 2 Abs. 4 Landesvertragslehrpersonengesetz 1966 – LVG, BGBl. Nr. 172/1966 iVm § 29o VBG, § 2 Abs. 4 Land- und forstwirtschaftliches Landesvertragslehrpersonengesetz – LLVG iVm § 29o VBG, § 75f Richter- und Staatsanwaltschaftsdienstgesetz – RStDG, BGBl. Nr. 305/1961, § 58e Landeslehrer-Dienstrechtsgesetz – LDG 1984, BGBl. Nr. 302/1984, § 65e Land- und forstwirtschaftliches Landeslehrpersonen-Dienstrechtsgesetz – LLDG 1985, BGBl. Nr. 296/1985,
   b) Karenz gemäß Mutterschutzgesetz 1979 – MSchG, BGBl. Nr. 221/1979 oder Väter-Karenzgesetz – VKG, BGBl. Nr. 651/1989,

c) Pflegefreistellung gemäß § 76 BDG 1979, § 29f VBG, § 2 Abs. 4 LVG iVm § 29f VBG, § 2 Abs. 4 LLVG iVm § 29f VBG, § 75c RStDG, § 59 LDG 1984, § 66 LLDG 1985 sowie Familienhospizfreistellung gemäß § 78d BDG 1979, § 29k VBG, § 75e RStDG, § 2 Abs. 4 LVG iVm § 29k VBG, § 2 Abs. 4 LLVG iVm § 29k VBG, § 59d LDG 1984, § 66d LLDG 1985,
d) Sonderurlaub aus wichtigen familiären Gründen gemäß § 74 BDG 1979, § 29a VBG, § 74 RStDG, § 2 Abs. 4 LVG iVm § 29a VBG, § 2 Abs. 4 LLVG iVm § 29a VBG, § 57 LDG 1984, § 64 LLDG 1985, jeweils soweit dieser der Vereinbarkeit von Beruf und Familienleben für Eltern und pflegende Angehörige dient,
e) flexiblen Arbeitsregelungen in Form von Elternteilzeit und Änderung der Lage der Arbeitszeit nach MSchG oder VKG; Herabsetzung der regelmäßigen Wochendienstzeit zur Betreuung eines Kindes gemäß § 50b BDG 1979, § 20 VBG iVm § 50b BDG 1979 bzw. Herabsetzung der Jahresnorm bzw. Lehrverpflichtung zur Betreuung eines Kindes gemäß § 46 LDG 1984, § 46 LLDG 1985, § 2 Abs. 4 LVG iVm § 20 VBG iVm § 50b BDG 1979, § 2 Abs. 4 LLVG iVm § 20 VBG iVm § 50b BDG 1979; Karenzurlaub zur Pflege eines behinderten Kindes oder eines pflegebedürftigen Angehörigen gemäß § 75c BDG 1979, § 29e VBG, § 75b RStDG, § 58c LDG 1984, § 65c LLDG 1985, § 2 Abs. 4 LVG iVm § 29e VBG, § 2Abs. 4 LLVG iVm § 29e VBG sowie Pflegeteilzeit gemäß § 50e BDG 1979, § 20 VBG iVm § 50e BDG 1979, § 76e RStDG, § 46a LDG 1984, § 46a LLDG 1985, § 2 Abs. 4 LVG iVm § 20 VBG iVm § 50e BDG 1979, § 2 Abs. 4 LLVG iVm § 20 VBG iVm § 50e BDG 1979
f) Rechte betreffend die Rückkehr an den Arbeitsplatz nach einem Karenzurlaub gemäß § 75b Abs. 2 bis 4 BDG 1979, § 29d Abs. 2 VBG, § 58 b Abs. 2 LDG 1984, § 65b Abs. 2 LLDG 1985,

eine weniger günstige Behandlung erfährt.

(3) Eine mittelbare Diskriminierung liegt vor, wenn dem Anschein nach neutrale Vorschriften, Kriterien oder Verfahren Personen, die einem Geschlecht angehören, in besonderer Weise gegenüber Personen des anderen Geschlechtes benachteiligen können, es sei denn, die betreffenden Vorschriften, Kriterien oder Verfahren sind durch ein rechtmäßiges Ziel sachlich gerechtfertigt und die Mittel sind zur Erreichung dieses Zieles angemessen und erforderlich.

(4) Eine Diskriminierung liegt auch bei Anweisung einer Person zur Diskriminierung vor.

(5) Eine Diskriminierung liegt auch vor, wenn eine Person auf Grund ihres Naheverhältnisses zu einer Person wegen deren Geschlechts diskriminiert wird.

Auswahlkriterien

§ 5. Bei der Auswahlentscheidung zwischen Bewerberinnen und Bewerbern dürfen insbesondere folgende Kriterien nicht diskriminierend herangezogen werden:

1. bestehende oder frühere
   a) Unterbrechung der Erwerbstätigkeit,
   b) Teilbeschäftigung oder
   c) Herabsetzung der Wochendienstzeit,
2. Lebensalter und Familienstand,
3. eigene Einkünfte der Ehegattin, der eingetragenen Partnerin oder Lebensgefährtin oder des Ehegatten, des eingetragenen Partners oder Lebensgefährten eines Bewerbers oder einer Bewerberin,
4. zeitliche Belastungen durch die Betreuung von Kindern oder von pflegebedürftigen Angehörigen und die Absicht, von der Möglichkeit der Teilbeschäftigung oder der Herabsetzung der Wochendienstzeit Gebrauch zu machen.

Einreihung von Verwendungen und Arbeitsplätzen

§ 6. Bei der Einreihung von Verwendungen und Arbeitsplätzen in für den Monatsbezug oder das Monatsentgelt bedeutsame Kategorien, wie Besoldungs-, Verwendungs- und Funktionsgruppen oder Dienstklassen, sind keine Kriterien für die Beurteilung der Tätigkeit der Frauen einerseits und der Männer andererseits zu verwenden, die zu einer Diskriminierung führen.

Einkommensberichte des Bundes

§ 6a. (1) Die Bundesministerin oder der Bundesminister für Kunst, Kultur, öffentlichen Dienst und Sport ist verpflichtet, jährlich bis zum 1. Oktober einen Bericht zur Einkommensanalyse der Dienstnehmerinnen und Dienstnehmer des Bundes zu erstellen. Berichtszeitraum ist das jeweilige vorangegangene Kalenderjahr. Dieser Bericht hat Angaben über

1. die Anzahl der Frauen und die Anzahl der Männer in der jeweiligen Verwendungs-, Entlohnungs- oder Gehaltsgruppe und
2. das Medianeinkommen von vollbeschäftigten Frauen und Männern in der jeweiligen Verwendungs-, Entlohnungs- oder Gehaltsgruppe

zu enthalten.

Das Einkommen von Teilzeitbeschäftigten ist auf Vollzeitbeschäftigung und jenes von unterjährig beschäftigten Dienstnehmerinnen und Dienstnehmern auf Jahresbeschäftigung hochzurechnen.

(2) Der Bericht ist derart zu anonymisieren, dass keine Rückschlüsse auf Einzelpersonen möglich sind.

(3) Der Bericht ist unverzüglich nach seiner Fertigstellung von der Bundesministerin oder vom Bundesminister für Kunst, Kultur, öffentlichen Dienst und Sport auf der Website des Bundesministeriums für Kunst, Kultur, öffentlichen Dienst und Sport zu veröffentlichen und den Leiterinnen und Leitern der Zentralstellen zu übermitteln. Von den Leiterinnen und Leitern der Zentralstelle ist der Bericht an die zuständigen Zentralausschüsse weiterzuleiten.

(4) Für Dienstnehmerinnen und Dienstnehmer, für die es kein anzuwendendes Verwendungs-, Entlohnungs- oder Gehaltsgruppenschema gibt, gilt abweichend von Abs. 1 und 3, dass

1. ein Bericht nur zu erstatten ist, wenn die Anzahl dieser Dienstnehmerinnen und Dienstnehmer in der jeweiligen Dienststelle mehr als 150 beträgt,
2. der Bericht entsprechend der für sie zur Anwendung gelangenden Besoldungsstruktur zu erstellen ist,
3. die Berichtspflicht die Leiterin oder den Leiter der jeweiligen Dienststelle trifft und
4. der Bericht dem jeweils zuständigen Personalvertretungsorgan zu übermitteln ist, das den Dienstnehmerinnen und Dienstnehmern auf ihr Verlangen Einsicht in diesen zu gewähren hat.

Ausschreibung von Arbeitsplätzen und Funktionen

§ 7. (1) Die beabsichtigte Besetzung eines Arbeitsplatzes, der innerhalb einer Verwendungs- oder Entlohnungsgruppe einer Funktionsgruppe oder einer höheren Bewertungsgruppe zugeordnet ist und nicht bereits auf Grund von in anderen Bundesgesetzen enthaltenen Bestimmungen über die Ausschreibung von Funktionen oder Arbeitsplätzen auszuschreiben ist, ist in der Dienststelle, in der der Arbeitsplatz besetzt werden soll, auf geeignete Weise bekannt zu machen.

(2) In Ausschreibungen von Arbeitsplätzen oder Funktionen sind die mit dem Arbeitsplatz (der Funktion) verbundenen Erfordernisse und Aufgaben so zu formulieren, dass sie Frauen und Männer gleichermaßen betreffen. Die Ausschreibung darf auch keine zusätzlichen Anmerkungen enthalten, die auf ein bestimmtes Geschlecht schließen lassen.

(3) Unbeschadet des Abs. 2 hat die Ausschreibung jedoch zu enthalten:

1. den Hinweis, dass Bewerbungen von Frauen für Arbeitsplätze einer bestimmten Verwendung (Einstufung) oder für eine bestimmte Funktion besonders erwünscht sind, wenn der Anteil der Frauen im Wirkungsbereich der jeweiligen Dienstbehörde in einer solchen Verwendung oder Funktion unter 50% liegt und
2. – wenn Fördermaßnahmen nach den §§ 11b und 11c geboten sind - den Hinweis auf diesen Umstand.

(4) Die Abs. 2 und 3 gelten nicht für Arbeitsplätze oder für Funktionen, für die ein bestimmtes Geschlecht unverzichtbare Voraussetzung für die Ausübung der vorgesehenen Tätigkeit ist.

(5) In den Ausschreibungen von Arbeitsplätzen und Funktionen ist das für den ausgeschriebenen Arbeitsplatz oder die ausgeschriebene Funktion gebührende monatliche Mindestgehalt bzw. Mindestentgelt bekannt zu geben und dass sich dieses eventuell auf Basis der gesetzlichen Vorschriften durch anrechenbare Vordienstzeiten sowie sonstige mit den Besonderheiten des Arbeitsplatzes verbundene Bezugs- bzw. Entlohnungsbestandteile erhöht.

Sexuelle Belästigung

§ 8. (1) Eine Diskriminierung auf Grund des Geschlechtes liegt auch vor, wenn die Dienstnehmerin oder der Dienstnehmer im Zusammenhang mit ihrem oder seinem Dienst- oder Ausbildungsverhältnis

1. von der Vertreterin oder vom Vertreter des Dienstgebers selbst sexuell belästigt wird,
2. durch die Vertreterin oder den Vertreter des Dienstgebers dadurch diskriminiert wird, indem sie oder er es schuldhaft unterlässt, im Falle einer sexuellen Belästigung durch Dritte eine angemessene Abhilfe zu schaffen oder
3. durch Dritte sexuell belästigt wird.

(2) Sexuelle Belästigung liegt vor, wenn ein der sexuellen Sphäre zugehöriges Verhalten gesetzt wird, das die Würde einer Person beeinträchtigt oder dies bezweckt, für die betroffene Person unerwünscht, unangebracht, entwürdigend, beleidigend oder anstößig ist und

1. eine einschüchternde, feindselige oder demütigende Arbeitsumwelt für die betroffene Person schafft oder dies bezweckt oder
2. bei dem der Umstand, dass die betroffene Person ein der sexuellen Sphäre zugehöriges Verhalten seitens einer Vertreterin oder eines Vertreters des Dienstgebers oder einer Kollegin oder eines Kollegen zurückweist oder duldet, ausdrücklich oder stillschweigend zur Grundlage einer Entscheidung mit Auswirkungen auf den Zugang dieser Person zur Aus- und Weiterbildung, Beschäftigung, Weiterbeschäftigung, Beförderung oder Entlohnung oder zur Grundlage einer anderen Entscheidung über das Dienst- oder Ausbildungsverhältnis gemacht wird.

(3) Eine Diskriminierung liegt auch bei Anweisung zur sexuellen Belästigung einer Person vor.

Belästigung

§ 8a. (1) Eine Diskriminierung auf Grund des Geschlechtes liegt auch vor, wenn die Dienstnehmerin oder der Dienstnehmer im Zusammenhang mit seinem Dienst- oder Ausbildungsverhältnis durch geschlechtsbezogene Verhaltensweisen

1. von der Vertreterin oder vom Vertreter des Dienstgebers selbst belästigt wird,
2. durch die Vertreterin oder den Vertreter des Dienstgebers dadurch diskriminiert wird, indem sie oder er es schuldhaft unterlässt, im Falle einer Belästigung durch Dritte eine angemessene Abhilfe zu schaffen oder
3. durch Dritte belästigt wird.

(2) Geschlechtsbezogene Belästigung liegt vor, wenn ein geschlechtsbezogenes Verhalten gesetzt wird, das die Würde einer Person beeinträchtigt oder dies bezweckt, für die betroffene Person unerwünscht, unangebracht, entwürdigend, beleidigend oder anstößig ist und

1. eine einschüchternde, feindselige oder demütigende Arbeitsumwelt für die betroffene Person schafft oder dies bezweckt oder
2. bei dem der Umstand, dass die betroffene Person eine geschlechtsbezogene Verhaltensweise seitens einer Vertreterin oder eines Vertreters des Dienstgebers oder einer Kollegin oder eines Kollegen zurückweist oder duldet, ausdrücklich oder stillschweigend zur Grundlage einer Entscheidung mit Auswirkungen auf den Zugang dieser Person zur Aus- und Weiterbildung, Beschäftigung, Weiterbeschäftigung, Beförderung oder Entlohnung oder zur Grundlage einer anderen Entscheidung über das Dienst- oder Ausbildungsverhältnis gemacht wird.

(3) Eine Diskriminierung liegt auch bei Anweisung zur Belästigung einer Person vor.

Diskriminierung als Dienstpflichtverletzung

§ 9. Jede unmittelbare oder mittelbare Diskriminierung auf Grund des Geschlechtes nach den §§ 4, 5, 6 und 7 bis 8a durch eine Bedienstete oder einen Bediensteten verletzt die Verpflichtungen, die sich aus dem Dienstverhältnis ergeben, und ist nach den dienst- und disziplinarrechtlichen Vorschriften zu verfolgen.

Vertretung von Frauen in Kommissionen

§ 10. (1) Bei der Zusammensetzung von in den Dienstrechtsvorschriften vorgesehenen Kommissionen, Senaten, Kollegialorganen und Beiräten, die zur Vorbereitung von Entscheidungen oder zur Entscheidung in Personalangelegenheiten berufen sind, hat von den vom Dienstgeber zu bestellenden Mitgliedern mindestens ein Mitglied weiblich und ein Mitglied männlich zu sein. Die oder der Vorsitzende der Arbeitsgruppe für Gleichbehandlungsfragen oder eine von ihr oder ihm namhaft gemachte Bedienstete oder ein von ihr oder ihm namhaft gemachter Bediensteter hat das Recht, an allen Verhandlungen und Sitzungen der Kommission oder des betreffenden Senates, des Kollegialorgans oder Beirates – ausgenommen an den Sitzungen der Disziplinarkommissionen – mit beratender Stimme teilzunehmen. Die Bestimmungen über die Mitgliedschaft und Vertraulichkeit gelten auch für Bedienstete mit beratender Stimme.

(2) Von jeder Interessenvertretung soll bei der Nominierung von Mitgliedern derartiger Kommissionen und ihrer Senate auf die Zusammensetzung nach Abs. 1 Bedacht genommen werden.

(3) Abs. 1 und 2 sind nur auf die Neubestellung von Kommissions- und Senatsmitgliedern anzuwenden.

(4) Abs. 1 und 2 gelten nicht für Kommissionen und ihre Senate, deren Zuständigkeitsbereich sich auf zwei oder mehrere Ressorts erstreckt.

(5) Abweichend von Abs. 1 und 2 ist bei der Erstattung von Besetzungsvorschlägen für Richterplanstellen nach § 32 des Richter- und Staatsanwaltschaftdienstgesetzes (RStDG), BGBl. I Nr. 305/1961, § 32b RStDG anzuwenden. Dies gilt auch bei der Erstattung von Vorschlägen für Staatsanwaltschaftsplanstellen nach § 180 RStDG mit der Maßgabe, dass anstelle des Personalsenates die Personalkommission tritt.

Gebot der sprachlichen Gleichbehandlung

§ 10a. (1) Die Ausschreibungen von Arbeitsplätzen und Funktionen sowie an Bedienstete gerichtete Schriftstücke in allgemeinen Personalangelegenheiten haben Personenbezeichnungen in weiblicher und männlicher oder geschlechtsneutraler Form zu enthalten. Für Schriftstücke in individuellen Personalangelegenheiten ist jene Formulierung zu verwenden, die dem jeweiligen Geschlecht entspricht.

(2) Abs. 1 gilt nicht für Ausschreibungen, bei denen ein bestimmtes Geschlecht unverzichtbare Voraussetzung für die Ausübung der vorgesehenen Tätigkeit ist.

2. ABSCHNITT

BESONDERE FÖRDERMASSNAHMEN FÜR FRAUEN

Frauenförderungsgebot

§ 11. (1) Die Vertreterinnen oder Vertreter des Dienstgebers sind verpflichtet, nach Maßgabe der Vorgaben des Frauenförderungsplanes auf eine Beseitigung

1. einer bestehenden Unterrepräsentation von Frauen an der Gesamtzahl der dauernd Beschäftigten und der Funktionen sowie
2. von bestehenden Benachteiligungen von Frauen im Zusammenhang mit dem Dienstverhältnis

hinzuwirken (Frauenförderungsgebot).

(2) Frauen sind unterrepräsentiert, wenn der Anteil der Frauen an der Gesamtzahl der

1. dauernd Beschäftigten in der betreffenden Besoldungsgruppe, im betreffenden Entlohnungsschema oder in der betreffenden Verwendungs- oder Entlohnungsgruppe oder
2. – wenn eine Unterteilung in Funktionsgruppen (einschließlich Grundlaufbahn), Gehaltsgruppen oder Bewertungsgruppen besteht - dauernd Beschäftigten in der betreffenden Gruppe oder
3. sonstigen hervorgehobenen Verwendungen (Funktionen), welche auf die dauernd Beschäftigten in der betreffenden, keine Unterteilung in Gruppen aufweisende Kategorie nach Z 1 entfallen,

im Wirkungsbereich der jeweiligen Dienstbehörde weniger als 50% beträgt. Steht einer Verwendungsgruppe eine entsprechende Entlohnungsgruppe gegenüber, ist diese in den Vergleich mit einzubeziehen. Arbeitsplätze der Entlohnungsschemata v und h sind dabei der ihrer Bewertung im Beamtenrecht entsprechenden Verwendungsgruppe und Funktionsgruppe (einschließlich Grundlaufbahn) zuzuordnen.

(3) Die Abs. 1 und 2 sind nicht auf die in § 1 Abs. 2 genannten Verwendungen anzuwenden.

Frauenförderungspläne

§ 11a. (1) Nach Einholung eines Vorschlages der Arbeitsgruppe für Gleichbehandlungsfragen haben die Leiterin oder der Leiter der Zentralstelle einen Frauenförderungsplan für das Ressort zu erlassen, der im Bundesgesetzblatt II zu verlautbaren ist.

(2) Der Frauenförderungsplan ist auf der Grundlage des zum 31. Dezember jedes zweiten Jahres zu ermittelnden Anteiles der Frauen an der Gesamtzahl der dauernd Beschäftigten sowie der zu erwartenden Fluktuation für einen Zeitraum von sechs Jahren zu erstellen und fortzuschreiben. Nach jeweils zwei Jahren ist er an die aktuelle Entwicklung anzupassen.

(3) Im Frauenförderungsplan ist jedenfalls festzulegen, in welcher Zeit und mit welchen personellen, organisatorischen sowie aus- und weiterbildenden Maßnahmen in welchen Verwendungen eine bestehende Unterrepräsentation sowie bestehende Benachteiligungen von Frauen beseitigt werden können. Dabei sind jeweils für zwei Jahre verbindliche Vorgaben zur Erhöhung des Frauenanteils in

1. jeder Besoldungsgruppe, in jedem Entlohnungsschema oder in jeder Verwendungs- oder Entlohnungsgruppe oder
2. – wenn eine Unterteilung in Funktionsgruppen (einschließlich Grundlaufbahn), Gehaltsgruppen oder Bewertungsgruppen besteht - in der betreffenden Gruppe oder
3. in den betreffenden hervorgehobenen Verwendungen (Funktionen), welche auf die betreffende nicht in Gruppen unterteilte Kategorie nach § 11 Abs. 2 Z 1 entfallen,

im Wirkungsbereich jeder Dienstbehörde festzulegen. Steht einer Verwendungsgruppe eine entsprechende Entlohnungsgruppe gegenüber, ist diese mit der Verwendungsgruppe gemeinsam zu behandeln.

Vorrangige Aufnahme in den Bundesdienst

§ 11b. (1) Bewerberinnen, die für die angestrebte Planstelle gleich geeignet sind wie der bestgeeignete Mitbewerber, sind, sofern nicht in der Person eines Mitbewerbers liegende Gründe überwiegen, entsprechend den Vorgaben des Frauenförderungsplanes solange vorrangig aufzunehmen, bis der Anteil der Frauen an der Gesamtzahl der dauernd Beschäftigten

1. in der betreffenden Besoldungsgruppe, im betreffenden Entlohnungsschema oder in der betreffenden Verwendungs- oder Entlohnungsgruppe oder
2. – wenn eine Unterteilung in Funktionsgruppen (einschließlich Grundlaufbahn), Gehaltsgruppen oder Bewertungsgruppen besteht - in der betreffenden Gruppe

im Wirkungsbereich der jeweiligen Dienstbehörde mindestens 50% beträgt. Steht einer Verwendungsgruppe eine entsprechende Entlohnungsgruppe gegenüber, ist diese in den Vergleich miteinzubeziehen. Verwendungen gemäß § 1 Abs. 2 sind dabei nicht zu berücksichtigen.

(2) Die in der Person eines Mitbewerbers liegenden Gründe gemäß Abs. 1 dürfen gegenüber Bewerberinnen keine unmittelbar oder mittelbar diskriminierende Wirkung haben.

Vorrang beim beruflichen Aufstieg

§ 11c. Bewerberinnen, die für die angestrebte hervorgehobene Verwendung (Funktion) gleich geeignet sind wie der bestgeeignete Mitbewerber, sind, sofern nicht in der Person eines Mitbewerbers liegende Gründe überwiegen, entsprechend den Vorgaben des Frauenförderungsplanes solange vorrangig zu bestellen, bis der Anteil der Frauen an der Gesamtzahl der dauernd Beschäftigten

1. in der betreffenden Funktionsgruppe (einschließlich Grundlaufbahn), Gehaltsgruppe oder Bewertungsgruppe oder
2. in den sonstigen hervorgehobenen Verwendungen (Funktionen), welche auf die betreffende, nicht unterteilte Kategorie nach § 11 Abs. 2 Z 1 entfallen,

im Wirkungsbereich der jeweiligen Dienstbehörde 50% beträgt. § 11 Abs. 2 zweiter und dritter Satz und § 11b Abs. 2 sind anzuwenden. Verwendungen (Funktionen) gemäß § 1 Abs. 2 sind dabei nicht zu berücksichtigen.

Vorrang bei der Aus- und Weiterbildung

§ 11d. Frauen sind zur Teilnahme an Aus- und Weiterbildungsmaßnahmen, die zur Übernahme höherwertiger Verwendungen (Funktionen) qualifizieren, entsprechend den Vorgaben des Frauenförderungsplanes vorrangig zuzulassen.

3. ABSCHNITT

BERICHTSWESEN

Bericht an die Bundeskanzlerin oder den Bundeskanzler

§ 12. (1) Jede Leiterin oder jeder Leiter einer Zentralstelle hat bis zum 31. März des auf den Ablauf jedes zweijährigen Geltungszeitraumes der Frauenförderungspläne folgenden Jahres der Bundeskanzlerin oder dem Bundeskanzler über den Stand der Verwirklichung der Gleichbehandlung und Frauenförderung in ihrem oder seinem Ressort im jeweils letzten Geltungszeitraum des Frauenförderungsplanes für das Ressort zu berichten.

(2) Diese Berichte haben nach dienst- und besoldungsrechtlichen Kriterien gegliederte statistische und anonymisierte Daten sowie Vorschläge zum Abbau der Benachteiligungen von Frauen im Ressort zu enthalten. Die Bundeskanzlerin oder der Bundeskanzler hat durch Verordnung festzulegen, welche statistische und anonymisierte Daten in diese Berichte aufzunehmen sind und welche dieser Daten mit Hilfe automatisierter Verfahren verarbeitet, übermittelt sowie veröffentlicht werden dürfen.

(3) Der von der Bundeskanzlerin oder dem Bundeskanzler der Bundesregierung vorzulegende Bericht hat auch anonymisierte Angaben über die das 1. Hauptstück des I. Teiles dieses Bundesgesetzes betreffende Tätigkeit der Gleichbehandlungskommission, insbesondere über die Verfahren vor der Kommission und die sonstige Tätigkeit der Kommission, gegliedert nach Ressorts, sowie Vorschläge zur Verwirklichung der Gleichbehandlung nach dem 1. Hauptstück des I. Teiles dieses Bundesgesetzes im Bundesdienst zu enthalten.

Bericht an den Nationalrat

§ 12a. Die Bundesregierung hat dem Nationalrat bis zum 1. Oktober jedes zweiten Jahres unter Bedachtnahme auf die Berichte nach § 12 einen umfassenden Bericht über den Stand der Verwirklichung des 1. Hauptstückes des I. Teiles dieses Bundesgesetzes (Gleichbehandlungsbericht) vorzulegen.

2. HAUPTSTÜCK

GLEICHBEHANDLUNG OHNE UNTERSCHIED DER ETHNISCHEN ZUGEHÖRIGKEIT, DER RELIGION ODER DER WELTANSCHAUUNG, DES ALTERS ODER DER SEXUELLEN ORIENTIERUNG (ANTIDISKRIMINIERUNG)

Gleichbehandlungsgebote im Zusammenhang mit einem Dienst- oder Ausbildungsverhältnis

§ 13. (1) Auf Grund der ethnischen Zugehörigkeit, der Religion oder der Weltanschauung, des Alters oder der sexuellen Orientierung – insbesondere unter Bedachtnahme auf den Familienstand oder den Umstand, ob jemand Kinder hat – darf im Zusammenhang mit einem Dienst- oder Ausbildungsverhältnis gemäß § 1 Abs. 1 niemand unmittelbar oder mittelbar diskriminiert werden, insbesondere nicht

1. bei der Begründung des Dienst- oder Ausbildungsverhältnisses,
2. bei der Festsetzung des Entgelts,
3. bei der Gewährung freiwilliger Sozialleistungen, die kein Entgelt darstellen,
4. bei Maßnahmen der ressortinternen Aus- und Weiterbildung,
5. beim beruflichen Aufstieg, insbesondere bei Beförderungen und der Zuweisung höher entlohnter Verwendungen (Funktionen),
6. bei den sonstigen Arbeitsbedingungen und
7. bei der Beendigung des Dienst- oder Ausbildungsverhältnisses.

(2) Abs. 1 gilt nicht für unterschiedliche Behandlungen aus Gründen der Staatsangehörigkeit sowie eine Behandlung, die sich aus der Rechtsstellung von Staatsangehörigen dritter Staaten oder staatenloser Personen ergibt.

Begriffsbestimmungen

§ 13a. (1) Eine unmittelbare Diskriminierung liegt vor, wenn eine Person auf Grund eines in § 13 genannten Grundes in einer vergleichbaren Situation eine weniger günstige Behandlung erfährt, als eine andere Person erfährt, erfahren hat oder erfahren würde.

(2) Eine mittelbare Diskriminierung liegt vor, wenn dem Anschein nach neutrale Vorschriften, Kriterien oder Verfahren Personen, die einer ethnischen Gruppe angehören, oder Personen mit einer bestimmten Religion oder Weltanschauung, eines bestimmten Alters oder mit einer bestimmten sexuellen Orientierung gegenüber anderen Personen in besonderer Weise benachteiligen können, es sei denn, die betreffenden Vorschriften, Kriterien oder Verfahren sind durch ein rechtmäßiges Ziel sachlich gerechtfertigt und die Mittel sind zur Erreichung dieses Zieles angemessen und erforderlich.

(3) Eine Diskriminierung liegt auch bei Anweisung einer Person zur Diskriminierung vor.

(4) Eine Diskriminierung liegt auch vor, wenn eine Person auf Grund ihres Naheverhältnisses zu einer Person wegen deren ethnischer Zugehörigkeit, deren Religion oder deren Weltanschauung, deren Alters oder deren sexuellen Orientierung diskriminiert wird.

Ausnahmebestimmungen

§ 13b. (1) Bei Ungleichbehandlung wegen eines Merkmals, das im Zusammenhang mit einem der in § 13 genannten Diskriminierungsgründe steht, liegt keine Diskriminierung vor, wenn das betreffende Merkmal auf Grund der Art einer bestimmten beruflichen Tätigkeit oder der Rahmenbedingungen ihrer Ausübung eine wesentliche und entscheidende berufliche Voraussetzung darstellt und sofern es sich um einen rechtmäßigen Zweck und eine angemessene Anforderung handelt.

(2) Eine Diskriminierung auf Grund der Religion oder Weltanschauung liegt in Bezug auf berufliche Tätigkeiten innerhalb von öffentlichen Organisationen, deren Ethos auf religiösen Grundsätzen oder Weltanschauungen beruht, nicht vor, wenn die Religion oder die Weltanschauung dieser Person nach der Art dieser Tätigkeiten oder der Umstände ihrer Ausübung eine wesentliche, rechtmäßige und gerechtfertigte berufliche Anforderung angesichts des Ethos der Organisation darstellt.

(3) Eine Diskriminierung auf Grund des Alters liegt nicht vor, wenn die Ungleichbehandlung

1. objektiv und angemessen ist,
2. durch ein legitimes Ziel, insbesondere rechtmäßige Ziele aus den Bereichen Beschäftigungspolitik, Arbeitsmarkt und berufliche Bildung gerechtfertigt ist und
3. die Mittel zur Erreichung dieses Zieles angemessen und erforderlich sind.

(4) Ungleichbehandlungen nach Abs. 3 können insbesondere einschließen

1. die Festlegung besonderer Bedingungen für den Zugang zum Dienst- oder Ausbildungsverhältnis und zur Aus- und Weiterbildung sowie besonderer Beschäftigungs- und Arbeitsbedingungen, einschließlich der Bedingungen für Entlassung und Entlohnung, um die berufliche Eingliederung von Jugendlichen, älteren Dienstnehmerinnen und Dienstnehmer und Personen mit Fürsorgepflichten zu fördern oder ihren Schutz sicherzustellen,
2. die Festlegung von Mindestanforderungen an das Alter, die Berufserfahrung oder des Dienstalters für den Zugang zum Dienst- oder Ausbildungsverhältnis oder für bestimmte mit dem Dienst- oder Ausbildungsverhältnis verbundenen Vorteile,
3. die Festsetzung eines Höchstalters für die Einstellung auf Grund der spezifischen Ausbildungsanforderungen eines bestimmten Arbeitsplatzes oder auf Grund der Notwendigkeit einer angemessenen Beschäftigungszeit vor dem Eintritt in den Ruhestand.

(5) Eine Diskriminierung auf Grund des Alters liegt auch nicht vor bei den betrieblichen Systemen der sozialen Sicherheit durch Festsetzung von Altersgrenzen als Voraussetzung für die Mitgliedschaft oder den Bezug von Altersrente oder von Leistungen bei Invalidität einschließlich der Festsetzung unterschiedlicher Altersgrenzen im Rahmen dieser Systeme für bestimmte Beschäftigte oder Gruppen oder Kategorien von Beschäftigten und die Verwendung im Rahmen dieser Systeme von Alterskriterien für versicherungsmathematische Berechnungen, solange dies nicht zu Diskriminierungen wegen des Geschlechtes führt.

Einreihung von Verwendungen und Arbeitsplätzen

§ 14. Bei der Einreihung von Verwendungen und Arbeitsplätzen in für den Monatsbezug oder das Monatsentgelt bedeutsame Kategorien, wie Besoldungs-, Verwendungs- und Funktionsgruppen oder Dienstklassen, sind keine Kriterien für die Beurteilung der Tätigkeit zu verwenden, die zu einer Diskriminierung einer Person wegen einer im § 13 genannten Gründe führen.

Ausschreibung von Arbeitsplätzen und Funktionen

§ 15. (1) In Ausschreibungen von Arbeitsplätzen und Funktionen sind die mit dem Arbeitsplatz (der Funktion) verbundenen Erfordernisse und Aufgaben so zu formulieren, dass sie zu keiner Diskriminierung einer Person wegen einer im § 13 genannten Gründe führen.

(2) Abs. 1 gilt nicht für Arbeitsplätze oder für Funktionen, für die das Vorliegen eines Merkmals, das im Zusammenhang mit einem der in § 13 genannten Diskriminierungsgründe steht, unverzichtbare Voraussetzung für die Ausübung der vorgesehenen Tätigkeit ist.

Belästigung

§ 16. (1) Eine Diskriminierung nach § 13 liegt auch vor, wenn die Dienstnehmerin oder der Dienstnehmer im Zusammenhang mit seinem Dienst- oder Ausbildungsverhältnis

1. von der Vertreterin oder vom Vertreter des Dienstgebers selbst belästigt wird,
2. durch die Vertreterin oder den Vertreter des Dienstgebers dadurch diskriminiert wird, indem sie oder er es schuldhaft unterläßt, im Falle einer Belästigung durch Dritte eine angemessene Abhilfe zu schaffen oder
3. durch Dritte belästigt wird.

(2) Belästigung liegt vor, wenn eine unerwünschte Verhaltensweise, die mit einem der Gründe nach § 13 in Zusammenhang steht, gesetzt wird,

1. die die Würde der betroffenen Person beeinträchtigt oder dies bezweckt,
2. die für die betroffene Person unerwünscht, unangebracht oder anstößig ist und
3. die eine einschüchternde, feindselige, entwürdigende, beleidigende oder demütigende Arbeitsumwelt für die betroffene Person schafft oder dies bezweckt.

(3) Eine Diskriminierung liegt auch bei Anweisung zur Belästigung einer Person vor.

Diskriminierung als Dienstpflichtverletzung

§ 16a. Jede unmittelbare oder mittelbare Diskriminierung sowie jede Anweisung zur Diskriminierung nach den §§ 13 Abs. 1 und 14 bis 16 durch eine Bedienstete oder einen Bediensteten verletzt die Verpflichtungen, die sich aus dem Dienstverhältnis ergeben, und ist nach den dienst- und disziplinarrechtlichen Vorschriften zu verfolgen.

Berichtswesen

§ 16b. § 12 Abs. 3 ist mit der Maßgabe anzuwenden, dass der von der Bundeskanzlerin oder dem Bundeskanzler der Bundesregierung vorzulegende Bericht auch anonymisierte Angaben über die dieses Hauptstück betreffende Tätigkeit der Gleichbehandlungskommission zu enthalten hat.

3. HAUPTSTÜCK

GEMEINSAME BESTIMMUNGEN FÜR DAS 1. UND 2. HAUPTSTÜCK

1. ABSCHNITT

RECHTSFOLGEN DER VERLETZUNG DES GLEICHBEHANDLUNGSGEBOTES

Begründung eines Dienst- oder Ausbildungsverhältnisses

§ 17. (1) Ist das Dienst- oder Ausbildungsverhältnis wegen einer Verletzung des Gleichbehandlungsgebotes nach § 4 Z 1 oder § 13 Abs. 1 Z 1 nicht begründet worden, so ist der Bund der Bewerberin oder dem Bewerber zum Ersatz des Vermögensschadens und zu einer Entschädigung für die erlittene persönliche Beeinträchtigung verpflichtet.

(2) Der Ersatzanspruch beträgt, wenn die Bewerberin oder der Bewerber

1. bei diskriminierungsfreier Auswahl die zu besetzende Planstelle erhalten hätte, mindestens das Dreifache oder
2. im Aufnahmeverfahren diskriminiert worden ist, aber die zu besetzende Planstelle wegen der besseren Eignung der aufgenommenen Bewerberin oder des aufgenommenen Bewerbers auch bei diskriminierungsfreier Auswahl nicht erhalten hätte, höchstens das Dreifache

des Referenzbetrages gemäß § 3 Abs. 4 des Gehaltsgesetzes 1956 – GehG, BGBl. Nr. 54/1956.

Festsetzung des Entgelts

§ 17a. Erhält eine vertraglich Bedienstete oder ein vertraglich Bediensteter wegen Verletzung des Gleichbehandlungsgebotes nach § 4 Z 2 oder § 13 Abs. 1 Z 2 durch den Bund für gleiche Arbeit oder für eine Arbeit, die als gleichwertig anerkannt wird, ein geringeres Entgelt als eine Bedienstete oder ein Bediensteter, bei der oder bei dem eine Diskriminierung wegen eines im § 4 oder § 13 genannten Grundes nicht erfolgt, so hat sie oder er gegenüber dem Bund Anspruch auf Bezahlung der Differenz und einer Entschädigung für die erlittene persönliche Beeinträchtigung.

Gewährung freiwilliger Sozialleistungen

§ 17b. Bei Verletzung des Gleichbehandlungsgebotes nach § 4 Z 3 oder § 13 Abs. 1 Z 3 hat die Dienstnehmerin oder der Dienstnehmer Anspruch auf Gewährung der betreffenden Sozialleistung oder Ersatz des Vermögensschadens und jeweils auf eine Entschädigung für die erlittene persönliche Beeinträchtigung.

Maßnahmen der Aus- und Weiterbildung

§ 17c. Bei Verletzung des Gleichbehandlungsgebotes nach § 4 Z 4 oder § 13 Abs. 1 Z 4 hat die Dienstnehmerin oder der Dienstnehmer auf ihr oder sein Verlangen Anspruch auf Einbeziehung in die entsprechenden Aus- und Weiterbildungsmaßnahmen oder auf Ersatz des Vermögensschadens und jeweils auf eine Entschädigung für die erlittene persönliche Beeinträchtigung.

Beruflicher Aufstieg vertraglich Bediensteter

§ 18. (1) Ist eine vertraglich Bedienstete oder ein vertraglich Bediensteter wegen einer Verletzung des Gleichbehandlungsgebotes nach § 4 Z 5 oder § 13 Abs. 1 Z 5 nicht beruflich aufgestiegen, so ist der Bund zum Ersatz des Vermögensschadens und zu einer Entschädigung für die erlittene persönliche Beeinträchtigung verpflichtet.

(2) Der Ersatzanspruch beträgt, wenn die Bedienstete oder der Bedienstete

1. bei diskriminierungsfreier Auswahl beruflich aufgestiegen wäre, die Entgeltdifferenz für mindestens drei Monate, oder
2. im Verfahren für den beruflichen Aufstieg diskriminiert worden ist, aber die zu besetzende Planstelle wegen der besseren Eignung der oder des beruflich aufgestiegenen Bediensteten auch bei diskriminierungsfreier Auswahl nicht erhalten hätte, die Entgeltdifferenz bis zu drei Monate

zwischen dem Entgelt, das die oder der Bedienstete bei erfolgreichem beruflichen Aufstieg erhalten hätte, und dem tatsächlichen Entgelt.

Beruflicher Aufstieg von Beamtinnen und Beamten

§ 18a. (1) Ist eine Beamtin oder ein Beamter wegen einer Verletzung des Gleichbehandlungsgebotes nach § 4 Z 5 oder § 13 Abs. 1 Z 5 nicht mit einer Verwendung (Funktion) betraut worden, so ist der Bund zum Ersatz des Vermögensschadens und einer Entschädigung für die erlittene persönliche Beeinträchtigung verpflichtet.

(2) Der Ersatzanspruch beträgt, wenn die Beamtin oder der Beamte

1. bei diskriminierungsfreier Auswahl beruflich aufgestiegen wäre, die Bezugsdifferenz für mindestens drei Monate, oder
2. im Verfahren für den beruflichen Aufstieg diskriminiert worden ist, aber die zu besetzende Planstelle wegen der besseren Eignung der oder des beruflich aufgestiegenen Bediensteten auch bei diskriminierungsfreier Auswahl nicht erhalten hätte, die Bezugsdifferenz bis zu drei Monate

zwischen dem Monatsbezug, den die Beamtin oder der Beamte bei erfolgter Betrauung mit der Verwendung (Funktion) erhalten hätte, und dem tatsächlichen Monatsbezug.

Gleiche Arbeitsbedingungen

§ 18b. Bei Verletzung des Gleichbehandlungsgebotes nach § 4 Z 6 oder § 13 Abs. 1 Z 6 hat die Dienstnehmerin oder der Dienstnehmer Anspruch auf die Gewährung der gleichen Arbeitsbedingungen wie eine Dienstnehmerin oder ein Dienstnehmer, bei der oder bei dem eine Diskriminierung wegen eines im § 4 oder § 13 genannten Grundes nicht erfolgt, oder auf Ersatz des Vermögensschadens und jeweils auf eine Entschädigung für die erlittenen persönliche Beeinträchtigung.

§ 18c. (1) Ist das Dienst- oder Ausbildungsverhältnis oder ein Probedienstverhältnis der Dienstnehmerin oder des Dienstnehmers wegen eines im § 4 oder § 13 Abs. 1 genannten Grundes gekündigt, vorzeitig beendet oder aufgelöst worden (§ 4 Z 7 oder § 13 Abs. 1 Z 7), so ist die Kündigung, Entlassung oder Auflösung auf Grund eines Antrages oder einer Klage der betroffenen Dienstnehmerin oder des betroffenen Dienstnehmers nach den für das betreffende Dienst- oder Ausbildungsverhältnis geltenden Verfahrensvorschriften für rechtsunwirksam zu erklären und eine Entschädigung für die erlittene persönliche Beeinträchtigung zuzusprechen.

(2) Ist ein befristetes, auf Umwandlung in ein unbefristetes Dienstverhältnis angelegtes, Dienstverhältnis wegen eines im § 4 oder § 13 Abs. 1 genannten Grundes durch Zeitablauf beendet worden, so kann auf Feststellung des unbefristeten Bestehens des Dienstverhältnisses und auf Entschädigung der erlittenen persönlichen Beeinträchtigung geklagt werden.

(3)Lässt die Dienstnehmerin oder der Dienstnehmer die Beendigung gegen sich gelten, so hat sie oder er Anspruch auf Ersatz des Vermögensschadens und auf eine Entschädigung für die erlittene persönliche Beeinträchtigung.

Sexuelle Belästigung und Belästigung

§ 19. (1) Eine Dienstnehmerin oder ein Dienstnehmer hat gegenüber der Belästigerin oder dem Belästiger Anspruch auf Ersatz des erlittenen Schadens, wenn sie oder er infolge Belästigung nach §§ 8 und 8a oder 16 im Zusammenhang mit ihrem oder seinem Dienst- oder Ausbildungsverhältnis diskriminiert worden ist.

(2) Im Fall einer Belästigung nach §§ 8 Abs. 1 Z 2 und 8a Abs. 1 Z 2 oder 16 Abs. 1 Z 2 besteht der Anspruch einer Dienstnehmerin oder eines Dienstnehmers auf Ersatz des erlittenen Schadens auch gegenüber dem Bund.

(3) Soweit der Nachteil nicht in einer Vermögenseinbuße besteht, hat die Dienstnehmerin oder der Dienstnehmer zum Ausgleich der erlittenen persönlichen Beeinträchtigung Anspruch auf angemessenen Schadenersatz, mindestens jedoch auf einen Schadenersatz von 1 000 Euro.

Mehrfachdiskriminierung

§ 19a. Liegt eine Mehrfachdiskriminierung aus in § 4 oder § 13 Abs. 1 genannten Gründen vor, so ist darauf bei der Bemessung der Höhe der Entschädigung für die erlittene persönliche Beeinträchtigung Bedacht zu nehmen.

Erlittene persönliche Beeinträchtigung

§ 19b. Die Höhe der Entschädigung für die erlittene persönliche Beeinträchtigung ist so zu bemessen, dass dadurch die Beeinträchtigung tatsächlich und wirksam ausgeglichen wird und die Entschädigung der erlittenen Beeinträchtigung angemessen ist sowie solche Diskriminierungen verhindert.

2. ABSCHNITT

GELTENDMACHUNG VON ANSPRÜCHEN

Fristen

§ 20. (1) Ansprüche von Bewerberinnen oder Bewerbern nach § 17 und von vertraglichen Dienstnehmerinnen oder Dienstnehmern nach § 18 sind binnen sechs Monaten gerichtlich geltend zu machen. Die Frist für die Geltendmachung der Ansprüche nach den §§ 17 und 18 beginnt mit Ablauf des Tages, an dem die Bewerberin, der Bewerber, die Dienstnehmerin oder der Dienstnehmer Kenntnis von der Ablehnung der Bewerbung oder Beförderung erlangt hat. Eine Anfechtung einer Kündigung, Entlassung oder Auflösung eines Probedienstverhältnisses der vertraglichen Dienstnehmerin oder des vertraglichen Dienstnehmers gemäß § 18c Abs. 1 oder § 20b, sowie die Einbringung einer Feststellungsklage nach § 18c Abs. 2 oder § 20b hat binnen 14 Tagen ab ihrem Zugang bei Gericht zu erfolgen. Ansprüche von vertraglichen Dienstnehmerinnen oder vertraglichen Dienstnehmern nach § 18c Abs. 3 sind binnen sechs Monaten ab Zugang der Kündigung, Entlassung oder Auflösung des Probedienstverhältnisses oder der Beendigung eines Dienstverhältnisses durch Zeitablauf gerichtlich geltend zu machen.

(1a) Ansprüche von vertraglichen Dienstnehmerinnen oder Dienstnehmern nach § 17a bis § 17c und § 18b sind gerichtlich, Ansprüche von Beamtinnen und Beamten nach § 17b, § 17c und § 18b mit Antrag bei der für sie zuständigen Dienstbehörde geltend zu machen. Für diese Ansprüche gilt die dreijährige Verjährungsfrist gemäß § 1486 des Allgemeinen bürgerlichen Gesetzbuches (ABGB), JGS Nr. 946/1811.

(2) Ansprüche von vertraglichen Dienstnehmerinnen oder Dienstnehmern nach § 19 infolge sexueller Belästigung nach § 8 und infolge Belästigung nach den §§ 8a und 16 sind binnen drei Jahren gerichtlich geltend zu machen. Ansprüche von Beamtinnen oder Beamten nach § 19 infolge sexueller Belästigung nach § 8 und infolge Belästigung nach den §§ 8a und 16 sind binnen drei Jahren mit Antrag bei der für sie zuständigen Dienstbehörde geltend zu machen. Ansprüche von Beamtinnen oder Beamten gegenüber der Belästigerin oder dem Belästiger nach § 19 infolge sexueller Belästigung nach § 8 und infolge Belästigung nach den §§ 8a und 16 sind binnen drei Jahren gerichtlich geltend zu machen.

(3) Ansprüche von Beamtinnen oder Beamten gegenüber dem Bund nach § 18a sind binnen sechs Monaten mit Antrag bei der Dienstbehörde geltend zu machen, die die Bewerbung oder Beförderung abgelehnt hat. Die Frist für die Geltendmachung des Anspruches nach § 18a beginnt mit Ablauf des Tages, an dem die Beamtin oder der Beamte Kenntnis von der Ablehnung der Bewerbung oder Beförderung erlangt hat.

(4) Der Antrag auf Erklärung der Rechtsunwirksamkeit der Kündigung und auf eine Entschädigung für die erlittene persönliche Beeinträchtigung einer provisorischen Beamtin oder eines provisorischen Beamten gemäß § 18c Abs. 1 oder § 20b ist binnen 14 Tagen bei der für sie oder ihn zuständigen Dienstbehörde zu stellen. Der Antrag auf Ersatz des Vermögensschadens und auf eine Entschädigung für die erlittene persönliche Beeinträchtigung einer provisorischen Beamtin oder eines provisorischen Beamten gemäß § 18c Abs. 3 ist binnen sechs Monaten bei der für sie oder ihn zuständigen Dienstbehörde zu stellen. Die Frist beginnt mit Ablauf des Tages, an dem die Beamtin oder der Beamte von der Kündigung Kenntnis erlangt hat.

(5) Die Zuständigkeit der Dienstbehörden in Verfahren über die Geltendmachung von Ersatzansprüchen durch Beamtinnen oder Beamte richtet sich nach dem Dienstrechtsverfahrensgesetz 1984, BGBl. Nr. 29/1984, und den dazu ergangenen Verordnungen.

(5a) In einem Verfahren wegen Verletzung des Gleichbehandlungsgebotes hat sich die Dienstbehörde oder das Gericht mit einem Gutachten der Bundes-Gleichbehandlungskommission im Einzelfall zu befassen und ein davon abweichendes Ergebnis zu begründen.

(6) Die Einbringung des Antrages auf Prüfung der Verletzung des Gleichbehandlungsgebotes bei der Gleichbehandlungskommission bewirkt die Hemmung der Fristen nach Abs. 1 bis 4 bis zur Entscheidung der Bundes-Gleichbehandlungskommission. Die Zustellung des Gutachtens der Kommission oder einer schriftlichen Verständigung, wonach die Voraussetzungen für die Prüfung einer Verletzung des Gleichbehandlungsgebotes nicht oder nicht mehr vorliegen, beendet die Hemmung der Fristen. Nach der Zustellung steht vertraglich Beschäftigten zur Erhebung der Klage und öffentlich-rechtlich Bediensteten zur Einbringung des Antrags zumindest noch eine Frist von drei Monaten offen. War die ursprüngliche Frist kürzer, so steht der betroffenen Person nur diese Frist offen.

(7) Ansprüche nach den §§ 17 bis 19, die neben einem in diesem Bundesgesetz erfassten Diskriminierungsgrund auch auf den Diskriminierungsgrund der Behinderung gestützt werden, können bei den ordentlichen Gerichten oder bei Behörden nur nach vorheriger Durchführung eines Schlichtungsverfahrens beim Bundesamt für Soziales und Behindertenwesen geltend gemacht werden. Für die Geltendmachung dieser Ansprüche gelten die §§ 7k bis 7m und 7o des Behinderteneinstellungsgesetzes, BGBl. Nr. 22/1970.

Beweislast

§ 20a. Insoweit sich eine betroffene Person vor Gericht auf einen Diskriminierungstatbestand im Sinne dieses Bundesgesetzes beruft, hat sie Tatsachen glaubhaft zu machen, die das Vorliegen einer unmittelbaren oder mittelbaren Diskriminierung vermuten lassen. Der oder dem Beklagten obliegt es zu beweisen, dass keine Verletzung des Gleichbehandlungsgrundsatzes vorgelegen hat.

Benachteiligungsverbot

§ 20b. Die Dienstnehmerinnen oder die Dienstnehmer dürfen durch die Vertreterin oder den Vertreter des

Dienstgebers als Reaktion auf eine Beschwerde oder auf die Einleitung eines Verfahrens zur Durchsetzung des Gleichbehandlungsgebotes nicht entlassen, gekündigt oder anders benachteiligt werden. Auch eine andere Dienstnehmerin oder ein anderer Dienstnehmer, die als Zeugin oder Zeuge oder Auskunftsperson in einem Verfahren auftritt oder eine Beschwerde einer Dienstnehmerin oder eines Dienstnehmers unterstützt, darf als Reaktion auf eine Beschwerde oder auf die Einleitung eines Verfahrens zur Durchsetzung des Gleichbehandlungsgebotes nicht entlassen, gekündigt oder anders benachteiligt werden. § 20a ist anzuwenden.

Informationspflicht

§ 20c. Jede Leiterin oder jeder Leiter einer Zentralstelle hat bis zum 31. März jedes zweiten Jahres, erstmalig bis zum 31. März 2016, der Bundeskanzlerin oder dem Bundeskanzler in anonymisierter Form über die bei den Dienstbehörden und Gerichten innerhalb der diesem Datum vorangegangenen zwei Kalenderjahren wegen der Verletzung des Gleichbehandlungsgebotes geltend gemachten Ansprüche zu informieren. Die Information hat Angaben über

1. die Art der Verletzung des Gleichbehandlungsgebotes und deren Anzahl sowie
2. die durch die Verletzung des Gleichbehandlungsgebotes eingetretenen Rechtsfolgen

zu enthalten und ist unverzüglich von der Bundeskanzlerin oder dem Bundeskanzler auf der Website des Bundeskanzleramtes zu veröffentlichen.

Dialog mit Nichtregierungsorganisationen

§ 20d. Die Bundeskanzlerin oder der Bundeskanzler hat mindestens ein Mal pro Jahr einen Dialog mit Nichtregierungsorganisationen zu führen, deren Zielsetzung es ist, Diskriminierungen im Sinne dieses Bundesgesetzes zu bekämpfen und die Einhaltung des Gleichbehandlungsgebotes zu fördern.

II. TEIL

INSTITUTIONEN UND VERFAHREN

1. HAUPTSTÜCK

INSTITUTIONEN

Einteilung

§ 21. Personen und Institutionen, die sich mit der Gleichbehandlung und Frauenförderung im Sinne dieses Bundesgesetzes besonders zu befassen haben, sind:

1. die Gleichbehandlungskommission des Bundes,
2. die Gleichbehandlungsbeauftragten,
3. die Arbeitsgruppen für Gleichbehandlungsfragen,
4. die Interministerielle Arbeitsgruppe für Gleichbehandlungsfragen,
5. die Kontaktfrauen (Frauenbeauftragten) und
6. Arbeitskreise für Gleichbehandlungsfragen gemäß § 21 des Hochschulgesetzes 2005, BGBl. I Nr. 30/2006.

1. ABSCHNITT

GLEICHBEHANDLUNGSKOMMISSION

Einrichtung

§ 22. (1) Beim Bundeskanzleramt ist die Gleichbehandlungskommission des Bundes (in der Folge „Kommission" genannt) einzurichten.

(2) Der Kommission gehören als Mitglieder an:

1. eine Vertreterin oder ein Vertreter des Bundeskanzleramtes, die oder der über eine mindestens dreijährige Erfahrung in der Vollziehung des Bundes-Gleichbehandlungsgesetzes verfügt,
2. zwei Personen, die eine mindestens dreijährige Erfahrung im Bereich des Arbeits- und Sozialrechts oder des Dienstrechts des Bundes erworben haben,
3. eine auf Vorschlag der Bundesministerin oder des Bundesministers für Kunst, Kultur, öffentlichen Dienst und Sport bestellte Person, die eine mindestens dreijährige Erfahrung im Bereich des Dienstrechts des Bundes erworben hat,
4. zwei Vertreterinnen oder Vertreter der Interministeriellen Arbeitsgruppe für Gleichbehandlungsfragen,
5. je vier Vertreterinnen oder Vertreter der
   a) Gewerkschaft Öffentlicher Dienst oder
   b) in Angelegenheiten von Post- und Fernmeldebediensteten der Gewerkschaft der Post- und Fernmeldebediensteten.

Die Mitglieder (Ersatzmitglieder) nach Z 1 bis 3 müssen den Abschluss der rechtswissenschaftlichen Studien aufweisen.

(3) Für jedes der in Abs. 2 Z 1 bis 5 genannten Mitglieder ist mindestens ein Ersatzmitglied zu bestellen.

(4) Die in Abs. 2 Z 1 bis 3 genannten Mitglieder (Ersatzmitglieder) werden von der Bundeskanzlerin oder dem Bundeskanzler, die weiteren Mitglieder (Ersatzmitglieder) von den in Abs. 2 Z 4 und 5 genannten Institutionen für eine Funktionsdauer von fünf Jahren bestellt. Vor der Bestellung von Bediensteten anderer Ressorts (Zentralstellen) ist das Einvernehmen mit der Leiterin oder dem Leiter der betreffenden Zentralstelle herzustellen.

(5) Üben die in Abs. 2 Z 4 und 5 genannten Institutionen ihr Bestellungsrecht nicht binnen vier Wochen nach Aufforderung aus, so hat die Bundeskanzlerin oder der Bundeskanzler die erforderlichen Mitglieder (Ersatzmitglieder) selbst zu bestellen. Wiederbestellungen sind zulässig.

(6) Im Bedarfsfall ist die Kommission durch Neubestellung von Mitgliedern für den Rest der Funktionsdauer zu ergänzen.

(7) Die oder der Vorsitzende des Senates I hat die Tätigkeit der Kommission zu koordinieren und insbesondere die Senate zu bilden.

Senate

§ 22a. (1) Die Kommission hat in Senaten zu entscheiden. Die beiden einzurichtenden Senate sind für folgende Bereiche zuständig:

1. Senat I für die Gleichbehandlung aufgrund des Geschlechts (I. Teil, 1. Hauptstück),
2. Senat II für die Gleichbehandlung ohne Unterschied der ethnischen Zugehörigkeit, der Religion oder der Weltanschauung, des Alters oder der sexuellen Orientierung (I. Teil, 2. Hauptstück).

(2) Betrifft ein von der Kommission zu behandelnder Fall sowohl die Gleichbehandlung aufgrund des Geschlechts als auch die Gleichbehandlung ohne Unterschied der ethnischen Zugehörigkeit, der Religion oder

Weltanschauung, des Alters oder der sexuellen Orientierung, so ist Senat I zuständig. Er hat dabei auch die Bestimmungen über die Gleichbehandlung ohne Unterschied der ethnischen Herkunft, der Religion oder Weltanschauung, des Alters oder der sexuellen Orientierung (I. Teil, 2. Hauptstück) anzuwenden.

Zusammensetzung der Senate

§ 22b. (1) Jeder Senat hat aus der oder dem Vorsitzenden oder deren oder dessen Stellvertreterin oder Stellvertreter und weiteren Mitgliedern zu bestehen. Ein Mitglied kann auch beiden Senaten angehören.

(2) Jedem Senat gehören als Mitglieder an:

1. eine Vertreterin oder ein Vertreter des Bundeskanzleramtes, die oder der über eine mindestens dreijährige Erfahrung in der Vollziehung des Bundes-Gleichbehandlungsgesetzes verfügt,
2. eine Person, die eine mindestens dreijährige Erfahrung im Bereich des Arbeits- und Sozialrechts oder des Dienstrechts des Bundes erworben hat,
3. eine auf Vorschlag der Bundesministerin oder des Bundesministers für Kunst, Kultur, öffentlichen Dienst und Sport bestellte Person, die eine mindestens dreijährige Erfahrung im Bereich des Dienstrechts des Bundes erworben hat,
4. eine Vertreterin oder ein Vertreter der Interministeriellen Arbeitsgruppe für Gleichbehandlungsfragen,
5. zwei Vertreterinnen oder Vertreter der
   a) Gewerkschaft Öffentlicher Dienst oder
   b) in Angelegenheiten von Post- und Fernmeldebediensteten der Gewerkschaft der Post- und Fernmeldebediensteten.

(3) Die Bundeskanzlerin oder der Bundeskanzler hat je ein Mitglied jedes Senates

1. zur Vorsitzenden oder zum Vorsitzenden und
2. zu deren oder dessen Stellvertreterin oder Stellvertreter zu bestellen.

Aufgaben der Gleichbehandlungskommission

§ 23. (1) Die Senate der Kommission haben sich in ihrem Zuständigkeitsbereich (§ 22a) mit allen die Gleichbehandlung aufgrund des Geschlechts, die Frauenförderung und die Gleichbehandlung ohne Unterschied der ethnischen Zugehörigkeit, der Religion oder der Weltanschauung, des Alters oder der sexuellen Orientierung im Bundesdienst betreffenden Fragen im Sinne dieses Bundesgesetzes zu befassen.

(2) Entwürfe von Gesetzen und Verordnungen einer Zentralstelle des Bundes, die Angelegenheiten der Gleichbehandlung aufgrund des Geschlechts, der Frauenförderung und der Gleichbehandlung ohne Unterschied der ethnischen Zugehörigkeit, der Religion oder der Weltanschauung, des Alters oder der sexuellen Orientierung im Bundesdienst unmittelbar berühren, sind der Kommission im Begutachtungsverfahren zur Erstellung eines Gutachtens zuzuleiten.

Gutachten

§ 23a. (1) Auf Antrag einer der in Abs. 2 genannten Personen oder Institutionen oder von Amts wegen hat der dafür zuständige Senat der Kommission ein Gutachten zu erstatten,

1. ob eine Verletzung des Gleichbehandlungsgebotes nach den §§ 4, 5, 6 und 7 bis 8a, 13 und 14 bis 16 oder
2. ob eine Verletzung des Frauenförderungsgebotes nach den §§ 11 und 11b bis 11d vorliegt.

(2) Zur Antragstellung an die Kommission sind berechtigt:

1. jede Bewerberin und jeder Bewerber um Aufnahme in ein Dienst- oder Ausbildungsverhältnis, und
2. jede Dienstnehmerin und jeder Dienstnehmer, die oder der
   a) eine ihr oder ihm zugefügte Diskriminierung nach den §§ 4, 5, 6 und 7 bis 8a, 13 und 14 bis 16,
   b) eine Benachteiligung nach § 20b oder
   c) eine Verletzung des Frauenförderungsgebotes nach den §§ 11 und 11b bis 11d

   behauptet,
3. jede Arbeitsgruppe für Gleichbehandlungsfragen für ihren Ressortbereich,
4. jede und jeder Gleichbehandlungsbeauftragte für ihren oder seinen Vertretungsbereich.

(3) Betrifft ein Antrag gemäß Abs. 2 Z 3 oder 4 nicht eine Personengruppe, sondern eine Einzelperson, bedarf der Antrag der nachweislichen Zustimmung der betroffenen Bewerberin oder Dienstnehmerin oder des betroffenen Bewerbers oder Dienstnehmers.

(4) Die Antragstellerin oder der Antragsteller nach Abs. 2 Z 1 oder 2 hat das Recht, sich durch eine Person ihres oder seines Vertrauens, insbesondere durch eine Vertreterin oder einen Vertreter einer Interessenvertretung oder einer Nichtregierungsorganisation, im Verfahren vor der Kommission vertreten zu lassen. Der Senat hat auf Antrag der von der Diskriminierung betroffenen Person eine Vertreterin oder einen Vertreter einer von dieser Person namhaft gemachten Nichtregierungsorganisation als Auskunftsperson gemäß § 24 Abs. 4a beizuziehen.

(5) Ein Antrag an die Kommission ist nur binnen sechs Monaten ab Kenntnis der behaupteten Diskriminierung oder Verletzung des Frauenförderungsgebotes zulässig. Abweichend davon ist ein Antrag wegen einer Verletzung des Diskriminierungsverbotes nach § 4 Z 7 oder § 13 Abs. 1 Z 7 oder § 20b in Verbindung mit § 4 Z 7 oder § 13 Abs. 1 Z 7 binnen 14 Tagen und wegen einer Verletzung des Diskriminierungsverbotes nach den §§ 8, 8a und 16 binnen drei Jahren zulässig.

(6) Sobald ein Verfahren bei der Kommission anhängig ist, hat die oder der Vorsitzende des befassten Senates hievon binnen zwei Wochen zu benachrichtigen:

1. die Antragstellerin oder den Antragsteller,
2. die Vertreterin oder den Vertreter des Dienstgebers, die oder der der Diskriminierung beschuldigt wird.

(7) Der befasste Senat hat sein Gutachten innerhalb von sechs Monaten ab Einlangen des Antrages bei der Kommission

1. der Antragstellerin oder dem Antragsteller und
2. der Leiterin oder dem Leiter des zuständigen Ressorts zu erstatten.

(8) Ist der befasste Senat der Auffassung, dass eine Verletzung des Gleichbehandlungsgebotes oder des Frauenförderungsgebotes vorliegt, so hat er

1. der zuständigen Leiterin oder dem zuständigen Leiter des Ressorts schriftlich einen Vorschlag zur Verwirklichung der Gleichbehandlung zu übermitteln und
2. sie oder ihn aufzufordern,
   a) die Diskriminierung zu beenden und
   b) die für die Verletzung des Gebotes verantwortliche Bundesbedienstete oder den für die Verletzung des Gebotes verantwortlichen Bundesbediensteten nach den dienst- oder disziplinarrechtlichen Vorschriften zu verfolgen.

(9) Betreffen die Vorschläge nach Abs. 8 eine Verletzung des Gleichbehandlungsgebotes oder des Frauenförderungsgebotes nach dem 1. Hauptstück des I. Teiles dieses Bundesgesetzes und kommt die Leiterin oder der

Leiter des Ressorts diesen Vorschlägen nicht innerhalb von zwei Monaten nach, ist dieser Umstand in den dem Nationalrat vorzulegenden Bericht über die Tätigkeit der Kommission nach § 12a aufzunehmen.

(10) Der befasste Senat hat Gutachten im Sinne des Abs. 1, sofern keine Rückschlüsse auf Einzelfälle gezogen werden können, im vollen Wortlaut, jedoch in anonymisierter Form, auf der Website des Bundeskanzleramtes kostenlos zu veröffentlichen.

Geschäftsführung der Gleichbehandlungskommission

§ 24. (1) Die oder der Senatsvorsitzende und im Falle ihrer oder seiner Verhinderung ihre oder seine Stellvertreterin oder ihr oder sein Stellvertreter hat den Senat nach Bedarf einzuberufen.

(2) Ein Mitglied des Senates, das verhindert ist, seine Funktion auszuüben, ist durch sein Ersatzmitglied zu vertreten.

(2a) Die Sitzungen des Senates sind nicht öffentlich. Bildet den Gegenstand des Verfahrens eine behauptete sexuelle Belästigung nach § 8 oder eine behauptete Belästigung nach den §§ 8a oder 16, so kann die oder der Senatsvorsitzende anordnen, dass die Befragungen der oder des von der sexuellen Belästigung Betroffenen und der Person, gegen die sich der Antrag richtet, abgesondert erfolgen.

(3) Der Senat ist beschlussfähig, wenn mindestens die Hälfte der Mitglieder anwesend ist.

(4) Der Senat hat seine Beschlüsse mit Stimmenmehrheit zu fassen. Eine Stimmenthaltung ist unzulässig. Bei Stimmengleichheit ist die Meinung angenommen, für die die Vorsitzende oder der Vorsitzende gestimmt hat. Die oder der Vorsitzende hat ihre oder seine Stimme zuletzt abzugeben.

(4a) Die oder der Senatsvorsitzende kann den Sitzungen des Senates auch sonstige Fachleute mit beratender Stimme beiziehen. Dem Verlangen von mehr als einem Drittel der Mitglieder, der Arbeitsgruppe für Gleichbehandlungsfragen oder der oder des Gleichbehandlungsbeauftragten nach Beiziehung bestimmter Fachleute hat die oder der Vorsitzende zu entsprechen.

(5) Die Mitglieder der Gleichbehandlungskommission sind in Ausübung dieses Amtes selbständig und unabhängig. Die Bundesregierung hat das Recht, sich über alle Gegenstände der Geschäftsführung der Kommission zu unterrichten.

(Anm.: Abs. 5a aufgehoben durch BGBl. I Nr. 6/2011)

(6) Die Geschäftsordnung der Senate der Kommission ist durch Verordnung der Bundeskanzlerin oder des Bundeskanzlers näher zu regeln.

(7) Für die Sacherfordernisse der Kommission und für die Besorgung ihrer Kanzleigeschäfte hat das Bundeskanzleramt aufzukommen.

(8) Für die Teilnahme an Verhandlungen oder Einvernahmen vor der Bundes-Gleichbehandlungskommission haben Personen gemäß § 1 Abs. 1 Anspruch auf Ersatz der Reisekosten nach Maßgabe der Reisegebührenvorschriften des Bundes.

Verfahren vor der Gleichbehandlungskommission

§ 25. (1) Auf das Verfahren vor den Senaten der Kommission sind die §§ 6 Abs. 1, 7, 13, 14 bis 16 sowie 18 bis 22, 32, 33, 45 und 46 AVG, BGBl. Nr. 51/1991, anzuwenden. Für die Beiziehung von Dolmetschern und Übersetzern gelten die Bestimmungen der §§ 39a, 52 Abs. 3 und 4 sowie 53 AVG, wobei die Kosten von Amts wegen zu tragen sind.

(2) Die §§ 45 und 46 AVG sind jedoch mit der Maßgabe anzuwenden, dass eine Antragstellerin oder ein Antragsteller, der eine ihr oder ihm zugefügte Diskriminierung nach den §§ 4, 4a, 6 und 7 bis 8a, 13 Abs. 1 und 14 bis 16 oder eine Verletzung des Frauenförderungsgebotes nach den §§ 11 und 11b bis 11d behauptet, diesen Umstand lediglich glaubhaft zu machen hat. Die Vertreterin oder der Vertreter des Dienstgebers hat darzulegen, dass

1. bei Berufung auf § 4 oder § 13 Abs. 1 bei Abwägung aller Umstände eine höhere Wahrscheinlichkeit dafür spricht, dass ein anderes von ihr oder ihm glaubhaft gemachtes Motiv für die unterschiedliche Behandlung ausschlaggebend war oder das andere Geschlecht unverzichtbare Voraussetzung für die auszuübende Tätigkeit ist oder ein Rechtfertigungsgrund im Sinne des § 13b vorliegt,
2. bei Berufung auf § 8, § 8a oder § 16 bei Abwägung aller Umstände eine höhere Wahrscheinlichkeit dafür spricht, dass die von ihr oder ihm glaubhaft gemachten Tatsachen der Wahrheit entsprechen.

(3) Jede Vertreterin und jeder Vertreter des Dienstgebers ist verpflichtet, dem befassten Senat der Kommission die für die Durchführung ihrer Aufgaben erforderlichen Auskünfte zu erteilen.

(4) Soweit keine Verpflichtung zur Amtsverschwiegenheit entgegensteht, sind den Senaten der Kommission die Kopien der für die Entscheidung des konkreten Falles notwendigen Bewerbungsunterlagen, Akten oder Aktenbestandteile binnen drei Wochen zu übermitteln, deren Kenntnis für die Entscheidung des konkreten Falles erforderlich ist.

(5) Von der Übermittlung ausgenommen sind Aktenbestandteile, soweit deren Kenntnis durch die Kommission eine Schädigung berechtigter Interessen einer Dienstnehmerin oder eines Dienstnehmers oder eine Gefährdung der Aufgaben der Behörde herbeiführen oder den Zweck des Verfahrens beeinträchtigen würde.

(6) Die Einsichtnahme in einen Personalakt ist nur mit Zustimmung der oder des betroffenen Bediensteten zulässig. Über personenbezogene Daten oder besondere Kategorien personenbezogener Daten hat jedes Mitglied eines Senates der Kommission gegenüber jedermann Stillschweigen zu bewahren.

2. ABSCHNITT

GLEICHBEHANDLUNGSBEAUFTRAGTE

Bestellung der Gleichbehandlungsbeauftragten

§ 26. (1) Jede Ressortleiterin und jeder Ressortleiter hat unter Bedachtnahme auf die Personalstruktur und die regionale Verteilung der Dienststellen ihres oder seines Ressorts im Bundesgebiet mindestens drei Vertretungsbereiche für Gleichbehandlungsbeauftragte festzulegen. Kann auf Grund des großen Arbeitsanfalles mit drei Vertretungsbereichen nicht das Auslangen gefunden werden, können bis zu insgesamt sieben Vertretungsbereiche festgelegt werden.

(2) Für jeden Vertretungsbereich hat die Ressortleiterin oder der Ressortleiter eine Gleichbehandlungsbeauftragte oder einen Gleichbehandlungsbeauftragten und deren oder dessen Stellvertreterin oder Stellvertreter zu bestellen.

(3) Abweichend von Abs. 1 haben jede Leiterin und jeder Leiter einer Dienststelle, die keinem Bundesministerium nachgeordnet ist, für ihre oder seine Dienststelle eine Gleichbehandlungsbeauftragte oder einen Gleichbehandlungsbeauftragten und deren oder dessen Stellvertreterin oder Stellvertreter zu bestellen.

(4) Die Gleichbehandlungsbeauftragten und deren Stellvertreterinnen oder Stellvertreter sind für eine Funktionsdauer von fünf Jahren zu bestellen. Die Be-

stellung bedarf der Zustimmung der oder des zu bestellenden Bediensteten. Wiederbestellungen sind zulässig.

(5) Voraussetzung für die Bestellung zur oder zum Gleichbehandlungsbeauftragten ist, dass die oder der Bedienstete

1. dem Personalstand des Ressorts angehört und
2. in einer zum Vertretungsbereich der oder des zu bestellenden Gleichbehandlungsbeauftragten gehörenden Dienststelle beschäftigt ist.

(6) Die Arbeitsgruppe für Gleichbehandlungsfragen ist berechtigt, der Ressortleiterin oder dem Ressortleiter für jeden Vertretungsbereich je drei Bedienstete als Gleichbehandlungsbeauftragte und als deren Stellvertreterinnen oder Stellvertreter zur Bestellung vorzuschlagen.

(7) Bei der durch die Arbeitsgruppe vorzunehmenden Auswahl von Bediensteten für einen Dreiervorschlag ist für die Dauer von Fördermaßnahmen im Bereich des Ressorts nach dem 2. Abschnitt des 1. Hauptstückes des I. Teiles besonders Bedacht zu nehmen auf Erfahrung in

1. der Vertretung von Bediensteten unter gleichbehandlungs- und frauenfördernden Gesichtspunkten,
2. der Vertretung weiblicher Bediensteter in Personalvertretungsorganen oder in Gremien der Gewerkschaft.

§ 27. (1) Die Gleichbehandlungsbeauftragten haben sich mit allen die Gleichbehandlung aufgrund des Geschlechts, die Frauenförderung und die Gleichbehandlung ohne Unterschied der ethnischen Zugehörigkeit, der Religion oder der Weltanschauung, des Alters oder der sexuellen Orientierung in ihrem Vertretungsbereich betreffenden Fragen im Sinne dieses Bundesgesetzes zu befassen.

(2) Die Gleichbehandlungsbeauftragten haben Anfragen, Wünsche, Beschwerden, Anzeigen oder Anregungen einzelner Bediensteter ihres Vertretungsbereiches zu Fragen der Gleichbehandlung entgegenzunehmen, zu beantworten oder der Arbeitsgruppe für Gleichbehandlungfragen, der sie angehören, weiterzugeben. Über Wünsche Beschwerden, Anzeigen und Anregungen zur Gleichbehandlung haben sie dieser jedenfalls zu berichten, sofern dies von einer oder einem Bediensteten verlangt wird.

(3) Die Gleichbehandlungsbeauftragten sind verpflichtet, mindestens einmal jährlich eine Besprechung mit den Kontaktfrauen (Frauenbeauftragten) ihres Vertretungsbereiches und – im Bereich der Pädagogischen Hochschulen - mit jeweils einem Mitglied des Arbeitskreises für Gleichbehandlungsfragen gemäß § 21 des Hochschulgesetzes 2005 abzuhalten.

(4) Die Gleichbehandlungsbeauftragten sind berechtigt, bei jedem begründeten Verdacht einer Diskriminierung nach den §§ 4, 5, 6 und 7 bis 8a, 13 Abs. 1 und 14 bis 16 durch eine Beamtin oder einen Beamten mit schriftlicher Zustimmung jener oder jenes Bediensteten, die oder der eine ihr oder ihm zugefügte Diskriminierung behauptet, unverzüglich und unmittelbar der Dienstbehörde Disziplinaranzeige zu erstatten. Wurde eine Disziplinaranzeige auf Grund eines begründeten Verdachts einer sexuellen Belästigung erstattet, hat die Dienstbehörde in jedem Fall die Disziplinaranzeige an die Leiterin oder den Leiter der Bundesdisziplinarbehörde oder die Vorsitzende oder den Vorsitzenden der Disziplinarkommission gemäß Art. 30b B-VG und an die Disziplinaranwältin oder den Disziplinaranwalt weiterzuleiten.

(5) Gleichbehandlungsbeauftragte sind in Angelegenheiten, in denen sie selbst gemäß Abs. 4 Disziplinaranzeige erstattet haben, von der Bundesdisziplinarbehörde oder der Disziplinarkommission gemäß Art. 30b B-VG als Zeuginnen oder Zeugen zu vernehmen.

(6) Gleichbehandlungsbeauftragte sind berechtigt, in Angelegenheiten, die ihren Vertretungsbereich betreffen, an den Sitzungen der Gleichbehandlungskommission mit beratender Stimme teilzunehmen.

3. ABSCHNITT

ARBEITSGRUPPEN FÜR GLEICHBEHANDLUNGSFRAGEN

Einrichtung und Mitgliedschaft

§ 28. (1) Bei jeder Zentralstelle ist eine Arbeitsgruppe für Gleichbehandlungsfragen (in der Folge „Arbeitsgruppe" genannt) einzurichten.

(2) Der Arbeitsgruppe gehören als Mitglieder die gemäß § 26 bestellten Gleichbehandlungsbeauftragten und im Falle ihrer Verhinderung ihre Stellvertreterinnen oder Stellvertreter an.

(3) Die Leiterin oder der Leiter jeder Zentralstelle hat aus dem Kreis der Mitglieder der Arbeitsgruppe eine Vorsitzende oder einen Vorsitzenden und deren oder dessen Stellvertreterin oder Stellvertreter zu bestellen. Die Bestellung bedarf der Zustimmung der oder des zu bestellenden Bediensteten.

Aufgaben der Arbeitsgruppen

§ 29. (1) Die Arbeitsgruppen haben sich mit allen die Gleichbehandlung aufgrund des Geschlechts, die Frauenförderung und die Gleichbehandlung ohne Unterschied der ethnischen Zugehörigkeit, der Religion oder der Weltanschauung, des Alters oder der sexuellen Orientierung im Ressort betreffenden Fragen im Sinne dieses Bundesgesetzes zu befassen.

(2) Den Arbeitsgruppen obliegt es insbesondere,

1. die Leiterin oder den Leiter der Zentralstelle von einem ihnen zur Kenntnis gelangten begründeten Verdacht einer Diskriminierung oder einer Verletzung des Gebotes für Frauenförderung zu unterrichten und einen Vorschlag zur Verwirklichung der Gleichbehandlung zu übermitteln,
2. Anträge an die Kommission auf Erstellung eines Gutachtens zu stellen,
3. einen Vorschlag für den Frauenförderungsplan nach § 11a mit Zielvorgaben für das Ressort auszuarbeiten und der Leiterin oder dem Leiter der Zentralstelle vorzulegen,
4. die Dienstnehmerinnen und Dienstnehmer über ihre Rechte und Möglichkeiten zu deren Geltendmachung sowie die Verfolgung von Pflichtverletzungen nach diesem Bundesgesetz zu informieren.

(3) Die Arbeitsgruppen können bei Bedarf der Leiterin oder dem Leiter der Zentralstelle bis Ende Jänner eines jeden Jahres einen schriftlichen Bericht über die Verwirklichung der Gleichbehandlung und Frauenförderung im Ressort im vorangegangenen Kalenderjahr vorlegen.

Geschäftsführung der Arbeitsgruppen

§ 30. (1) Auf die Geschäftsführung der Arbeitsgruppen ist § 24 Abs. 1 bis 4 anzuwenden.

(2) Die Geschäftsordnung der Arbeitsgruppen ist durch Verordnung der Bundeskanzlerin oder des Bundeskanzlers näher zu regeln.

(3) Für die Sacherfordernisse der Arbeitsgruppen und für die Besorgung ihrer Kanzleigeschäfte hat die jeweils zuständige Zentralstelle aufzukommen.

Tätigkeit der Arbeitsgruppen

§ 31. (1) Die Arbeitsgruppen sind bei der Wahrnehmung ihrer Aufgaben von den Vertreterinnen und Vertretern des Dienstgebers im Ressort zu unterstützen.

(2) Jede Vertreterin und jeder Vertreter des Dienstgebers im Ressort ist verpflichtet, der Arbeitsgruppe die für die Durchführung ihrer Aufgaben erforderlichen Auskünfte zu erteilen.

4. ABSCHNITT

INTERMINISTERIELLE ARBEITSGRUPPE FÜR GLEICHBEHANDLUNGSFRAGEN

Einrichtung und Mitgliedschaft

§ 32. (1) Beim Bundeskanzleramt ist eine Interministerielle Arbeitsgruppe für Gleichbehandlungsfragen (in der Folge „Interministerielle Arbeitsgruppe" genannt) einzurichten.

(2) Der Interministeriellen Arbeitsgruppe gehören als Mitglieder an:

1. die Vorsitzenden der bei den Zentralstellen eingerichteten Arbeitsgruppen sowie
2. je zwei Vertreterinnen oder Vertreter der Gewerkschaft Öffentlicher Dienst und der Gewerkschaft der Post- und Fernmeldebediensteten.

(3) Die im Abs. 2 Z 2 genannten Mitglieder werden von den genannten Institutionen für die Dauer von fünf Jahren bestellt. Wiederbestellungen sind zulässig.

(4) Den Vorsitz in der Interministeriellen Arbeitsgruppe hat die Bundesministerin oder der Bundesminister im Bundeskanzleramt für Frauen und Integration zu führen

Aufgaben der Interministeriellen Arbeitsgruppe

§ 33. Die Interministerielle Arbeitsgruppe hat folgende Aufgaben:

1. Beratung der Bundesregierung in allen grundsätzlichen Angelegenheiten der Gleichbehandlung und Frauenförderung im Bundesdienst im Sinne des 1. und 2. Hauptstückes des I. Teiles dieses Bundesgesetzes,
2. Ausarbeitung von Vorschlägen für die Frauenförderung nach dem 2. Abschnitt des 1. Hauptstückes des I. Teiles dieses Bundesgesetzes,
3. Koordination der Arbeitsgruppen und
4. Bestellung einer Vertreterin oder eines Vertreters der Interministeriellen Arbeitsgruppe in der Kommission.

Geschäftsführung der Interministeriellen Arbeitsgruppe

§ 34. (1) Die Interministerielle Arbeitsgruppe ist mindestens einmal jährlich von der Vorsitzenden oder vom Vorsitzenden einzuberufen.

(2) Auf die Geschäftsführung der Interministeriellen Arbeitsgruppe ist § 24 Abs. 3, 4, 6 und 7 anzuwenden.

5. ABSCHNITT

KONTAKTFRAUEN (FRAUENBEAUFTRAGTEN)

Bestellung der Kontaktfrauen (Frauenbeauftragten)

§ 35. (1) In jeder Dienststelle, in der mindestens fünf Dienstnehmerinnen beschäftigt sind, kann die oder der Vorsitzende der Arbeitsgruppe eine Dienstnehmerin zur Kontaktfrau (Frauenbeauftragten) bestellen. Für zwei oder mehrere Dienststellen kann eine gemeinsame Kontaktfrau (Frauenbeauftragte) bestellt werden, wenn dies unter Berücksichtigung der Personalstruktur der Dienststellen der Verwirklichung der Gleichbehandlung und Frauenförderung nach dem 1. Hauptstück des I. Teiles dieses Bundesgesetzes am besten entspricht.

(2) In Dienststellen mit bis zu 300 Dienstnehmerinnen kann eine Kontaktfrau (Frauenbeauftragte), in Dienststellen mit mehr als 300 Dienstnehmerinnen eine weitere Kontaktfrau (Frauenbeauftragte) bestellt werden.

(3) Die Kontaktfrauen (Frauenbeauftragten) sind auf die Dauer von fünf Jahren zu bestellen.

Aufgaben der Kontaktfrauen (Frauenbeauftragten)

§ 36. (1) Die Kontaktfrauen (Frauenbeauftragten) haben sich mit den die Gleichbehandlung und Frauenförderung in ihrer Dienststelle betreffenden Fragen im Sinne des 1. Hauptstückes des I. Teiles dieses Bundesgesetzes zu befassen.

(2) Die Kontaktfrauen (Frauenbeauftragten) haben Anfragen, Wünsche, Beschwerden, Anzeigen oder Anregungen einzelner Dienstnehmerinnen entgegenzunehmen und die Dienstnehmerinnen ihrer Dienststelle zu beraten und zu unterstützen.

(3) Gegenstand der Beratung und Unterstützung gemäß Abs. 2 ist

1. die Information der Dienstnehmerinnen über ihre Rechte,
2. ihre Möglichkeiten zu deren Geltendmachung nach diesem Bundesgesetz und
3. die Verfolgung von Pflichtverletzungen nach dem 1. Hauptstück des I. Teiles dieses Bundesgesetzes.

2. HAUPTSTÜCK

VERFAHREN

Rechtsstellung

§ 37. (1) Die Gleichbehandlungsbeauftragten, Kontaktfrauen (Frauenbeauftragten) und Mitglieder des Arbeitskreises für Gleichbehandlungsfragen gemäß § 21 des Hochschulgesetzes 2005 sind in Ausübung ihrer Tätigkeit selbständig und unabhängig. Die Leiterin oder der Leiter der Zentralstelle ist berechtigt, sich über alle Gegenstände der Geschäftsführung der Gleichbehandlungsbeauftragten, Kontaktfrauen (Frauenbeauftragten) und Mitglieder des Arbeitskreises für Gleichbehandlungsfragen gemäß § 21 des Hochschulgesetzes 2005 zu unterrichten.

(2) Die Tätigkeit als Kontaktfrau (Frauenbeauftragte) und als Mitglied des Arbeitskreises für Gleichbehandlungsfragen gemäß § 21 des Hochschulgesetzes 2005 ist ein unbesoldetes Ehrenamt, das neben den Berufspflichten und möglichst ohne Beeinträchtigung des Dienstbetriebes auszuüben ist. Dabei ist auf die zusätzliche Belastung aus dieser Tätigkeit Rücksicht zu nehmen.

(3) Den Gleichbehandlungsbeauftragten steht unter Fortzahlung ihrer Dienstbezüge die zur Erfüllung ihrer Aufgaben notwendige freie Zeit zu; die Inanspruchnahme ist der oder dem Dienstvorgesetzten mitzuteilen.

(4) Die Leiterinnen und Leiter der Dienststellen dürfen die Gleichbehandlungsbeauftragten, Kontaktfrauen (Frauenbeauftragten) und Mitglieder des Arbeitskreises für Gleichbehandlungsfragen gemäß § 21 des Hochschulgesetzes 2005 in der Ausübung ihrer Tätigkeit

nicht beschränken und sie aus diesem Grunde auch nicht benachteiligen. Aus dieser Tätigkeit darf ihnen bei der Leistungsfeststellung und in ihrem beruflichen Fortkommen kein Nachteil erwachsen.

(5) Soweit es die dienstlichen Erfordernisse gestatten, hat die Dienststellenleiterin oder der Dienststellenleiter den Gleichbehandlungsbeauftragten, Kontaktfrauen (Frauenbeauftragten) und Mitgliedern des Arbeitskreises für Gleichbehandlungsfragen gemäß § 21 des Hochschulgesetzes 2005 die Teilnahme an Fortbildungsveranstaltungen des Dienstgebers auf folgenden Gebieten zu ermöglichen:

1. Gleichbehandlungsrecht und Frauenförderung,
2. Menschenrechte,
3. Dienst- und Besoldungsrecht (einschließlich Dienstrechtsverfahren),
4. Organisationsrecht und
5. Reden und Verhandeln.

Verschwiegenheitspflicht

§ 38. (1) Die Gleichbehandlungsbeauftragten, Kontaktfrauen (Frauenbeauftragten) und Mitglieder des Arbeitskreises für Gleichbehandlungsfragen gemäß § 21 des Hochschulgesetzes 2005 haben über alle ihnen ausschließlich in Ausübung ihres Amtes bekannt gewordenen Dienst- und Betriebsgeheimnisse, insbesondere über die ihnen als geheim bezeichneten Angelegenheiten, technischen Einrichtungen, Verfahren und Eigentümlichkeiten des Betriebes, strengste Verschwiegenheit zu bewahren.

(2) Die in Abs. 1 genannten Bediensteten sind außerdem zur Verschwiegenheit über alle ihnen von einzelnen Dienstnehmerinnen oder Dienstnehmern gemachten Mitteilungen verpflichtet, die der Sache nach oder auf Wunsch der Dienstnehmerinnen oder Dienstnehmer vertraulich zu behandeln sind.

(3) Die Verpflichtung zur Verschwiegenheit nach den Abs. 1 und 2 besteht auch nach der Beendigung der Tätigkeit als Gleichbehandlungsbeauftragte, Gleichbehandlungsbeauftragter oder Kontaktfrau (Frauenbeauftragte) fort.

Ruhen und Enden der Mitgliedschaft und von Funktionen

§ 39. (1) Die Mitgliedschaft zur Kommission, zu den Arbeitsgruppen und zur Interministeriellen Arbeitsgruppe für Gleichbehandlungsfragen sowie die Funktionen als Gleichbehandlungsbeauftragte, Gleichbehandlungsbeauftragter und Kontaktfrau (Frauenbeauftragte) ruhen

1. ab der Einleitung eines Disziplinarverfahrens bis zu dessen rechtskräftigem Abschluss und
2. während der Zeit
   a) der Suspendierung,
   b) der Außerdienststellung,
   c) eines Urlaubes von mehr als drei Monaten und
   d) der Leistung des Präsenz- oder Ausbildungs- oder Zivildienstes.

(2) Die Mitgliedschaft und die Funktionen nach Abs. 1 enden

1. mit dem Ablauf der Funktionsdauer,
2. mit der rechtskräftigen Verhängung einer Disziplinarstrafe,
3. mit der Versetzung ins Ausland,
4. mit dem Wechsel der Dienstbehörde,
5. mit dem Ausscheiden aus dem Dienststand oder aus dem Personalstand des Ressorts, soweit das Ausscheiden aus dem Personalstand des Ressorts nicht auf eine Änderung der Zuständigkeiten für die Angelegenheiten der Bundes-Gleichbehandlungskommission durch eine Änderung des Bundesministeriengesetzes 1986 – BMG, BGBl. Nr. 76/1986, zurückzuführen ist,
6. durch Verzicht und
7. bei Gleichbehandlungsbeauftragten und Kontaktfrauen (Frauenbeauftragten) durch Ausscheiden aus dem betreffenden Vertretungsbereich oder der betreffenden Dienststelle.

(3) Die Bundesregierung hat ein Mitglied der Kommission und die Leiterin oder der Leiter der Zentralstelle hat eine Gleichbehandlungsbeauftragte oder einen Gleichbehandlungsbeauftragten, eine Kontaktfrau (Frauenbeauftragte) oder ein Mitglied des Arbeitskreises für Gleichbehandlungsfragen gemäß § 21 des Hochschulgesetzes 2005 abzuberufen, wenn das Mitglied oder sie oder er

1. aufgrund ihrer oder seiner gesundheitlichen Verfassung die mit ihrer oder seiner Funktion verbundenen Aufgaben dauernd nicht mehr erfüllen kann oder
2. die mit ihrer oder seiner Funktion verbundenen Pflichten grob verletzt oder dauernd vernachlässigt hat.

III. TEIL

SONDERBESTIMMUNGEN

1. ABSCHNITT

SONDERBESTIMMUNGEN FÜR LANDESLEHRERINNEN UND LANDESLEHRER

Anwendungsbereich

§ 40. Die §§ 1 bis 9, 11 bis 11d, 13 bis 20b, 23, 23a Abs. 1 bis 8, 25, 27, 29, 31, 35 und 36 dieses Bundesgesetzes sind auf Lehrerinnen und Lehrer an öffentlichen Pflichtschulen und an land- und forstwirtschaftlichen Berufs- und Fachschulen (§ 1 des Landeslehrer-Dienstrechtsgesetzes, BGBl. Nr. 302/1984, § 1 des Land- und forstwirtschaftlichen Landeslehrer-Dienstrechtsgesetzes, BGBl. Nr. 296/1985, § 1 des Landesvertragslehrergesetzes 1966, BGBl. Nr. 172, und § 1 des Land- und forstwirtschaftlichen Landesvertragslehrergesetzes, BGBl. Nr. 244/1969) mit der Maßgabe anzuwenden, dass

1. sich der enthaltene Verweis auf Bundesbedienstete auf in öffentlichen Pflichtschulen und an land- und forstwirtschaftlichen Berufs- und Fachschulen verwendete Landeslehrerinnen und Landeslehrer bezieht,
2. an die Stelle des Begriffes „Bund“ der Begriff „Land“ im jeweils richtigen grammatikalischen Zusammenhang tritt,
3. an die Stelle der Wortfolge „Dienststellenleiterin oder Dienststellenleiter“ die Wortfolge „Schulleiterin oder Schulleiter“ im jeweils richtigen grammatikalischen Zusammenhang tritt,
4. „Zentralstelle“ im Sinne dieses Bundesgesetzes jeweils jene Behörde ist, die durch die gemäß Art. 14 Abs. 4 lit. a und Art. 14a Abs. 3 B-VG erlassenen Landesgesetze zur Ausübung der Diensthoheit berufen ist,
5. „Ressorts“ im Sinne dieses Bundesgesetzes die Zentralstellen mit den ihnen nachgeordneten Dienststellen sind,
6. „Dienststellen“ im Sinne dieses Bundesgesetzes alle öffentlichen Pflichtschulen und land- und

forstwirtschaftlichen Berufs- und Fachschulen sind,
7. an Stelle der Verlautbarung im Bundesgesetzblatt II die Verlautbarung im entsprechenden Kundmachungsorgan des Landes vorzunehmen ist,
8. an die Stelle der „Kommission" bzw. ihrer Senate das landesgesetzlich zur Wahrnehmung der Aufgaben der Gleichbehandlungskommission berufene Organ tritt,
9. die Aufgaben der Gleichbehandlungsbeauftragten von jener Person oder jenen Personen wahrzunehmen sind, die dafür von den landesgesetzlich hiezu berufenen Organen bestellt werden,
10. die Aufgaben der Arbeitsgruppen und deren Vorsitzenden von Organisationseinheiten, die aus den gemäß Z 9 bestellten Personen gebildet werden, oder, sofern nur eine solche Person bestellt worden ist, von dieser wahrzunehmen sind,
11. an Stelle der Veröffentlichung auf der Website des Bundeskanzleramtes die Veröffentlichung auf einer entsprechenden Website des Landes zu erfolgen hat,
12. soweit gemäß den §§ 17 bis 20b Ersatzansprüche an den Bund eingeräumt sind, diese vom Land zu tragen sind,
13. an die Stelle der Bundeskanzlerin oder des Bundeskanzlers jene Behörde tritt, die durch die gemäß Art. 14 Abs. 4 lit. a und Art. 14a Abs. 3 B-VG erlassenen Landesgesetze zur Ausübung der Diensthoheit berufen ist,
14. an die Stelle der Veröffentlichung des Einkommensberichts auf der Website des Bundesministeriums für Kunst, Kultur, öffentlichen Dienst und Sport die Veröffentlichung auf der Website jene Behörde tritt, die durch die gemäß Art. 14 Abs. 4 lit. a und Art. 14a Abs. 3 B-VG erlassenen Landesgesetze zur Ausübung der Diensthoheit berufen ist und
15. an die Stelle der Übermittlung des Einkommensberichts an die Leiterin oder den Leiter der Zentralstelle die Übermittlung an das gemäß § 42 Z 2 des Bundes-Personalvertretungsgesetzes-PVG, BGBl. Nr. 133/1967, zuständige Personalvertretungsorgan zu erfolgen hat.

2. ABSCHNITT

SONDERBESTIMMUNGEN FÜR ANGEHÖRIGE VON UNIVERSITÄTEN

Anwendungsbereich

§ 41. (1) Dieses Bundesgesetz ist auf alle Angehörigen der Universität sowie auf die Bewerberinnen und Bewerber um Aufnahme in ein Arbeitsverhältnis oder ein anderes für eine der in § 94 Abs. 1 Z 2 bis 6 des Universitätsgesetzes 2002, BGBl. I Nr. 120/2002, genannten Funktionen bestimmtes Rechtsverhältnis zur Universität oder um Aufnahme als Studierende, mit Ausnahme des 3. Abschnittes des 1. Hauptstückes des I. Teiles, des § 20c und des 3. und 4. Abschnittes des 1. Hauptstückes des II. Teiles mit der Maßgabe anzuwenden, dass die Universität als Dienststelle und als Zentralstelle (§ 2 Abs. 1 und 2) gilt und sie die Pflicht zur Leistung von Schadenersatz gemäß § 17 Abs. 1 trifft.

(2) Das Recht, sich mit der Gleichbehandlung und Frauenförderung im Bereich der Universitäten im Sinne dieses Bundesgesetzes besonders zu befassen (§ 27) steht dem gemäß § 42 des Universitätsgesetzes 2002 an jeder Universität einzurichtenden Arbeitskreis für Gleichbehandlungsfragen zu. Ihm obliegt insbesondere
1. die Erstellung eines Vorschlags für den Frauenförderungsplan (§ 11a Abs. 1) und
2. die Antragstellung auf Erstattung eines Gutachtens an den jeweiligen Senat der Kommission (§ 23a).

(3) Auf die Mitglieder der Arbeitskreise ist § 37 Abs. 3 und 5 anzuwenden. Die Mitglieder der Arbeitskreise haben einmal jährlich Anspruch auf Ersatz der mit der Teilnahme an einer universitätsübergreifenden Veranstaltung aller Arbeitskreise zur Beratung grundsätzlicher Angelegenheiten der Gleichbehandlung und Frauenförderung an den Universitäten verbundenen Reise(Fahrt) auslagen nach Maßgabe der Reisegebührenvorschrift des Bundes.

(4) Hat die Universität die Absicht, ein in einem zeitlich befristeten Dienst-, Arbeits- oder anderen Rechtsverhältnis zum Bund oder zur Universität stehendes Mitglied eines Arbeitskreises nicht mehr weiter zu beschäftigen, obwohl eine Weiterverwendung rechtlich zulässig wäre, hat der Rektor diese Absicht dem Arbeitskreis spätestens zwei Wochen vor dem Zeitablauf des Dienst-, Arbeits- oder Rechtsverhältnisses unter Angabe der Gründe schriftlich mitzuteilen.

Diskriminierungsverbot im Zusammenhang mit einem Studium

§ 42. (1) Für Studienwerberinnen, Studienwerber und Studierende an Universitäten gilt ferner, dass sie auch im Zusammenhang mit ihrem Studium, insbesondere bei
1. der Zulassung zum ordentlichen oder außerordentlichen Studium,
2. dem Zugang zu Lehrveranstaltungen mit einer beschränkten Teilnehmerzahl,
3. der Anmeldung zu Prüfungen,
4. der Durchführung von Lehrveranstaltungen oder Prüfungen,
5. der Beurteilung des Studienerfolges,
6. der Festlegung des Themas und der Betreuung von Seminar- und Prüfungsarbeiten, Bachelorarbeiten sowie wissenschaftlichen und künstlerischen Abschlussarbeiten und
7. der Einräumung der Möglichkeit zur Benützung der facheinschlägigen Einrichtungen der Universität

nicht unmittelbar oder mittelbar auf Grund des Geschlechtes, der ethnischen Zugehörigkeit, der Religion oder der Weltanschauung, des Alters oder der sexuellen Orientierung diskriminiert werden dürfen.

(2) Eine Diskriminierung auf Grund des Geschlechtes, der ethnischen Zugehörigkeit, der Religion oder der Weltanschauung, des Alters oder der sexuellen Orientierung liegt auch vor, wenn Studienwerberinnen, Studienwerber oder Studierende im Zusammenhang mit ihrem Studium belästigt werden. Auf die Belästigung sind die Bestimmungen der §§ 8, 8a und 16 mit der Maßgabe anzuwenden, dass
1. an die Stelle des Ausdrucks „Vertreterin oder Vertreter des Dienstgebers" der Ausdruck „Vertreterin oder Vertreter jener Universität, an der eine Zulassung zum Studium besteht oder beantragt wird",
2. an die Stelle des Ausdrucks „Arbeitsumwelt" der Ausdruck „Studienumwelt" und
3. an die Stelle des Ausdrucks „zur Aus- und Weiterbildung, Beschäftigung, Weiterbeschäftigung, Beförderung oder Entlohnung oder zur Grundlage einer anderen nachteiligen Entscheidung über das Dienst- oder Ausbildungsverhältnis" der Ausdruck „zum Studium, auf den Studienerfolg oder den Studienfortgang an dieser Universität"

tritt.

3. ABSCHNITT

Verweisungen

§ 43. Wird in anderen Bundesgesetzen auf dieses Bundesgesetz in der bis zum Ablauf des 30. Juni 2004 geltenden Fassung verwiesen, sind diese Verweisungen auf dieses Bundesgesetz in der ab 1. Juli 2004 geltenden Fassung und die neuen Bestimmungen dieses Bundesgesetzes in der ab 1. Juli 2004 geltenden Fassung zu beziehen. Sehen diese Verweisungen die Anwendung von Bestimmungen dieses Bundesgesetzes in der bis zum Ablauf des 30. Juni 2004 geltenden Fassung auf Arbeitnehmer einer ausgegliederten Einrichtung, auf die dieser zur dauernden Dienstleistung zugewiesenen Beamten oder auf Bewerber um Aufnahme in ein Arbeitsverhältnis oder sonstiges Rechtsverhältnis zu dieser Einrichtung vor, finden auf den durch die Verweisung erfassten Personenkreis dieser Einrichtung auch die Bestimmungen über die Gleichbehandlung ohne Unterschied der ethnischen Zugehörigkeit, der Religion oder der Weltanschauung, des Alters oder der sexuellen Orientierung dieses Bundesgesetzes in der ab 1. Juli 2004 geltenden Fassung Anwendung.

IV. TEIL

ÜBERGANGS- UND SCHLUSSBESTIMMUNGEN

1. ABSCHNITT

ÜBERGANGSBESTIMMUNGEN

Frauenförderung an Justizanstalten

§ 44. Die Justizanstalten gelten als eigener Wirkungsbereich einer Dienstbehörde im Sinne des 2. Abschnittes des I. Hauptstückes des I. Teiles dieses Bundesgesetzes.

Übergangsbestimmungen für Frauenförderungspläne, Berichte, Personen und Institutionen

§ 45. (1) Frauenförderungspläne, die gemäß § 41 in der bis zum Ablauf des 30. Juni 2004 geltenden Fassung erlassen wurden, gelten bis zum Ablauf ihres Zeitraumes von sechs Jahren weiter und sind weiterhin nach jeweils zwei Jahren an die aktuelle Entwicklung anzupassen.

(2) Auf die Berichte, die nach Abs. 1 über den am 30. Juni 2004 laufenden zweijährigen Geltungszeitraum zu erstellen sind, ist § 50 in der bis zum Ablauf des 30. Juni 2004 geltenden Fassung anzuwenden.

(3) Die nach § 21 in der bis zum Ablauf des 30. Juni 2004 geltenden Fassung bestellten Mitglieder (Ersatzmitglieder) der Bundes-Gleichbehandlungskommission gelten für die Zeit ab 1. Juli 2004 als nach §§ 22 und 22a Abs. 1 Z 1 in der ab 1. Juli 2004 geltenden Fassung bestellte Mitglieder der Kommission und des Senates I mit einer ab 1. Juli 2004 beginnenden Funktionsdauer von fünf Jahren.

(4) Die oder der nach § 21 in der bis zum Ablauf des 30. Juni 2004 geltenden Fassung bestellte Vorsitzende der Bundes-Gleichbehandlungskommission gilt für die Zeit ab 1. Juli 2004 als nach § 22a Abs. 1 Z 1 in der ab 1. Juli 2004 geltenden Fassung bestellte oder bestellter Vorsitzende des Senates I.

(5) Die nach § 26 Abs. 4 in der bis zum Ablauf des 30. Juni 2004 geltenden Fassung bestellten Gleichbehandlungsbeauftragten und deren Stellvertreterinnen und Stellvertreter gelten ab 1. Juli 2004 bis zum Ablauf ihrer Funktionsdauer als nach § 26 in der ab 1. Juli 2004 geltenden Fassung bestellte Gleichbehandlungsbeauftragte und Stellvertreterinnen und Stellvertreter.

(6) Die nach § 32 in der bis zum Ablauf des 30. Juni 2004 geltenden Fassung bestellten Mitglieder der Interministeriellen Arbeitsgruppe für Gleichbehandlungsfragen gelten ab 1. Juli 2004 bis zum Ablauf ihrer Funktionsdauer als nach § 32 in der ab 1. Juli 2004 geltenden Fassung bestellte Mitglieder der Interministeriellen Arbeitsgruppe für Gleichbehandlungsfragen.

(7) Die nach § 35 in der bis zum Ablauf des 30. Juni 2004 geltenden Fassung bestellten Kontaktfrauen gelten ab 1. Juli 2004 bis zum Ablauf ihrer Funktionsdauer als nach § 35 in der ab 1. Juli 2004 geltenden Fassung bestellte Kontaktfrauen.

Übergangsbestimmung für die Vertretung von Frauen in Kommissionen

§ 45a. Auf die Zusammensetzung von am 1. September 2008 bestehenden nach Dienstrechtsvorschriften vorgesehenen Kommissionen ist bis zum Ablauf der Funktionsdauer ihrer Mitglieder § 10 in der bis zum Ablauf des 31. August 2008 geltenden Fassung anzuwenden.

2. ABSCHNITT

SCHLUSSBESTIMMUNGEN

Verweisungen auf andere Bundesgesetze

§ 46. Soweit in diesem Bundesgesetz auf andere Bundesgesetze verwiesen wird und nicht ausdrücklich anderes bestimmt ist, sind diese Bundesgesetze in der jeweils geltenden Fassung anzuwenden.

Inkrafttreten

§ 47. (1) Dieses Bundesgesetz tritt mit dem der Kundmachung im Bundesgesetzblatt folgenden Tag, § 21 mit 1. März 1993 in Kraft.

(2) Dieses Bundesgesetz ist auf Sachverhalte anzuwenden, die nach dem der Kundmachung im Bundesgesetzblatt folgenden Tag verwirklicht wurden.

(3) Die Überschrift nach § 49 im Inhaltsverzeichnis, § 2 Abs. 3a, § 4 erster Satz, § 18 Abs. 1, § 19 Abs. 1 erster Satz, § 20 Z 6, § 21 Abs. 2 Z 4, § 23 Abs. 4, § 32 Abs. 2 Z 2, § 41 Abs. 2, § 53 Abs. 1 und § 53 Abs. 4 in der Fassung des Bundesgesetzes BGBl. Nr. 16/1994 treten mit 1. Jänner 1994 in Kraft.

(4) § 20 Z 6, § 23 Abs. 2 Z 5, § 27 Abs. 7 und § 28 Abs. 2 Z 2 in der Fassung des Bundesgesetzes BGBl. Nr. 43/1995 treten mit 1. Jänner 1995 in Kraft.

(5) § 26 Abs. 8 und § 37 Abs. 6 in der Fassung des Bundesgesetzes BGBl. Nr. 522/1995 treten mit 1. Jänner 1995 in Kraft.

(6) § 2 Abs. 3a in der Fassung des Bundesgesetzes BGBl. Nr. 375/1996 tritt mit 1. Mai 1996 in Kraft.

(7) § 1 Abs. 1 Z 3 und 3a, § 2 Abs. 5 und § 39 Abs. 1 Z 2 lit. d in der Fassung des Bundesgesetzes BGBl. I Nr. 30/1998 treten mit 1. Jänner 1998 in Kraft.

(8) Das Inhaltsverzeichnis, § 6, § 7 Abs. 1, § 9, § 10, § 14, § 15, § 18 Abs. 2, § 20 Z 6, § 21 Abs. 2 bis 4 und 6, § 23 Abs. 8, § 25 Abs. 3, § 27 Abs. 4, § 29 Abs. 2 Z 4 und Abs. 3, § 31 Abs. 2, § 34 Abs. 1, § 37 Abs. 4 bis 9, § 40 Abs. 2, § 41 Abs. 1 und 3 zweiter Satz, § 42, § 43, die Überschriften vor § 46, § 46 samt Überschrift, § 47 samt Überschrift, die Überschrift 7. Teil in der Fassung des Bundesgesetzes BGBl. I Nr. 132/1999 und die §§ 48 bis 52 sowie die Aufhebung des § 2 Abs. 3a, des § 29 Abs. 2 Z 5 und der §§

46 bis 48, 50 und 51 samt Überschriften durch das Bundesgesetz BGBl. I Nr. 132/1999 treten mit 1. Jänner 2000 in Kraft.

(9) § 21 Abs. 1, Abs. 2 Z 1 und 3 und Abs. 4 bis 6, § 24 Abs. 7, § 32 Abs. 1 und 4 und § 50 Abs. 1, 2 und 3 in der Fassung des Bundesgesetzes BGBl. I Nr. 94/2000 treten mit 1. April 2000 in Kraft.

(10) § 18 Abs. 3 in der Fassung des Bundesgesetzes BGBl. I Nr. 142/2000 tritt mit 1. Jänner 2002 in Kraft.

(11) In der Fassung des Bundesgesetzes BGBl. I Nr. 87/2001 treten in Kraft:

1. das Inhaltsverzeichnis und die §§ 42 bis 44 samt Überschriften mit 1. September 2001,
2. § 46 Abs. 1 mit 30. September 2001.

(12) Das Inhaltsverzeichnis, der Titel, §§ 1 bis § 23a, § 24 Abs. 1 bis 4a, 6 und 7, §§ 25 bis 36, die Überschriften vor § 37, § 37 Abs. 5 und §§ 38 bis 48 sowie die Aufhebung des § 37 Abs. 6 bis 9 in der Fassung des Bundesgesetzes BGBl. I Nr. 65/2004 treten mit 1. Juli 2004 in Kraft.

(13) In der Fassung des Bundesgesetzes BGBl. I Nr. 82/2005 treten in Kraft:

1. § 20 Abs. 1 und 3, § 20a, § 23a Abs. 2 Z 2 und Abs. 5, § 25 Abs. 2 Z 1 und 2 und § 47 Abs. 12 mit 1. Juli 2004,
2. § 20 Abs. 6 mit 1. Jänner 2006.

(14) § 22 Abs. 2 Z 3 und § 22b Abs. 2 Z 3 in der Fassung des Bundesgesetzes BGBl. I Nr. 165/2005 treten mit 1. Jänner 2006 in Kraft.

(15) In der Fassung des Bundesgesetzes BGBl. I Nr. 53/2007 treten in Kraft:

1. *(Anm.: in der Aufzählung fehlt die den § 12 betreffende Zeile des Inhaltsverzeichnisses)* § 12 samt Überschrift, § 22 Abs. 1, Abs. 2 Z 1 und Abs. 4 (Anm.: in der Aufzählung fehlt § 22 Abs. 5), § 22b Abs. 2 Z 1 und Abs. 3, § 23a Abs. 10, § 24 Abs. 6 und 7, § 30 Abs. 2 und § 32 Abs. 1 und 4 in der Fassung des Bundesgesetzes BGBl. I Nr. 53/2007 mit 1. März 2007 und
2. die Überschrift zu den §§ 35 und 36 des Inhaltsverzeichnisses, die die §§ 35 und 36 betreffenden Zeilen des Inhaltsverzeichnisses, § 21 Z 5, § 27 Abs. 3, § 35 samt Überschriften, § 36 samt Überschrift, § 37, § 38 und § 39 mit 1. Juli 2007.

(16) § 23a Abs. 9 und § 40 in der Fassung des Bundesgesetzes BGBl. I Nr. 96/2007 treten mit 1. Jänner 2008 in Kraft.

(17) In der Fassung des Bundesgesetzes BGBl. I Nr. 97/2008 treten in Kraft:

1. Die die §§ 10a, 12, 16b, 19a und 45a betreffenden Zeilen des Inhaltsverzeichnisses, § 8 Abs. 2, § 8a Abs. 2, § 10 Abs. 1 (nicht für den Militärischen Dienst), § 10a samt Überschrift, § 12 samt Überschrift, § 16 Abs. 2, § 16b samt Überschrift, § 18c, § 19a samt Überschrift, § 20 Abs. 1 bis 3, § 22 Abs. 4 und 5, § 22b Abs. 3, § 23a Abs. 1, 4 und 9, § 24 Abs. 4a und 6, § 25 Abs. 4 und 5, § 30 Abs. 2, § 32 Abs. 4, § 36 Abs. 1 und § 45a mit 1. September 2008,
2. § 10 Abs. 1 für den Militärischen Dienst mit 1. September 2009.

(18) § 1 Abs. 4 in der Fassung des Bundesgesetzes BGBl. I Nr. 135/2009 tritt mit 1. Jänner 2010 in Kraft.

(19) § 4a, § 10 Abs. 1 und 2, § 11 Abs. 2, § 11a Abs. 2 erster Satz, § 11b Abs. 1, § 11c, § 18c Abs. 1, § 20, § 21, § 23a Abs. 5 2. Satz, § 24 Abs. 5, § 27 Abs. 3, § 37, § 38 Abs. 1 und § 41 Abs. 3 in der Fassung des Bundesgesetzes BGBl. I Nr. 153/2009 treten mit 1. Jänner 2010 in Kraft.

(20) Die den § 6a betreffende Zeile des Inhaltsverzeichnisses, § 1 Abs. 1 Z 5, § 4a Abs. 5, § 6a samt Überschrift, § 13a Abs. 4, § 19 Abs. 3, § 37, § 39 Abs. 3 und § 41 Abs. 3 sowie der Entfall des § 24 Abs. 5a in der Fassung des Bundesgesetzes BGBl. I Nr. 6/2011 treten mit 1. März 2011 in Kraft.

(21) In der Fassung des Bundesgesetzes BGBl. I Nr. 140/2011 treten in Kraft:

1. Die den § 20c betreffende Zeile des Inhaltsverzeichnisses, § 6a Abs. 3, § 7 Abs. 5, § 9, § 11 Abs. 2, § 11b Abs. 1, § 11c, § 20c samt Überschrift, § 23a Abs. 1 Z 1, § 23a Abs. 2 Z 2 lit. a, § 23a Abs. 10, § 25 Abs. 2, § 27 Abs. 4, § 40 Z 11 bis 15 und § 41 Abs. 1 mit 1. Jänner 2012,
2. § 6a Abs. 1 letzter Satz mit 1. Jänner 2013.

(22) Die die § 19b und § 20d betreffenden Zeilen des Inhaltsverzeichnisses, § 4, § 5 Z 3, § 19b samt Überschrift, § 20 Abs. 1a, 2 und 3, § 20d samt Überschrift, § 23a Abs. 5 und § 24 Abs. 2a sowie der Entfall des § 20 Abs. 1 dritter und letzter Satz in der Fassung des Bundesgesetzes BGBl. I Nr. 120/2012 treten mit 1. Jänner 2013 in Kraft.

(23) In der Fassung des Bundesgesetzes BGBl. I Nr. 210/2013 treten in Kraft:

1. § 39 Abs. 2 Z 5 mit 13. Februar 1993,
2. § 2 Abs. 5, § 20 Abs. 5, 5a und 6 sowie § 20a mit 1. Jänner 2014 .

(24) Die Änderungen bei § 12 im Inhaltsverzeichnis, die Überschrift zu § 12, § 12 Abs. 1, Abs. 2 zweiter Satz und Abs. 3, § 16b, § 18c Abs. 2, § 20c, § 20d, § 22 Abs. 1, § 22 Abs. 2 Z 1 und 3, § 22 Abs. 4 und 5, § 22b Abs. 2 Z 1 und 3 und Abs. 3, § 23a Abs. 10, § 24 Abs. 6 und 7, § 30 Abs. 2, § 32 Abs. 1 und 4 und § 40 Z 11 und 13 in der Fassung des Bundesgesetzes BGBl. I Nr. 65/2015 treten mit dem der Kundmachung folgenden Tag in Kraft.

(25) § 12 Abs. 2 und § 25 Abs. 6 in der Fassung des Materien-Datenschutz-Anpassungsgesetzes 2018, BGBl. I Nr. 32/2018, treten mit 25. Mai 2018 in Kraft.

(26) In der Fassung der Dienstrechts-Novelle 2018, BGBl. I Nr. 60/2018, treten in Kraft:

1. der den § 12 betreffenden Eintrag des Inhaltsverzeichnisses, § 6a Abs. 1 und 3, die Überschrift zu § 12, § 12 Abs. 1 bis 3, § 16b, § 20c, § 20d, § 22 Abs. 1, 2, 4 und 5, § 22b Abs. 2 und 3, § 23a Abs. 10, § 24 Abs. 6 und 7, § 30 Abs. 2, § 32 Abs. 1 und § 40 Z 11, 13 und 14 mit 8. Jänner 2018,
2. § 32 Abs. 4 mit 9. Jänner 2018,
3. § 40 Z 15 mit 1. Jänner 2019,
4. § 1 Abs. 1 Z 6, § 2 Abs. 5, § 13 Abs. 1, § 20 Abs. 6 und § 24 Abs. 8 mit dem der Kundmachung folgenden Tag.

(27) In der Fassung der 2. Dienstrechts-Novelle 2019, BGBl. I Nr. 58/2019, treten § 27 Abs. 4 und 5 mit dem der Kundmachung folgenden Tag in Kraft.

(28) Der den § 46a betreffende Eintrag im Inhaltsverzeichnis und § 46a samt Überschrift in der Fassung des 4. COVID-19-Gesetzes, BGBl. I Nr. 24/2020, treten mit 16. März 2020 in Kraft. Dauert die COVID-19 Krisensituation über den 30. April 2020 hinaus an, so hat die Bundesministerin oder der Bundesminister für Kunst, Kultur, öffentlichen Dienst und Sport durch Verordnung den im § 46a festgesetzten Endtermin 30. April 2020 zu verlängern, nicht jedoch über den 31. Dezember 2020 hinaus.

(29) In der Fassung der Dienstrechts-Novelle 2020, BGBl. I Nr. 153/2020, treten in Kraft:

1. § 6a Abs. 1 und 3, § 22 Abs. 2 Z 3, § 22b Abs. 2 Z 3, § 32 Abs. 4 und § 40 Z 14 mit 29. Jänner 2020,
2. § 47 Abs. 28 mit 16. März 2020,
3. § 17 Abs. 2 mit dem der Kundmachung folgenden Tag.

(30) § 22a Abs. 2 in der Fassung der 2. Dienstrechts-Novelle 2022, BGBl. I Nr. 205/2022, tritt mit dem der Kundmachung folgenden Tag in Kraft.

(31) § 3 und § 4a Abs. 2 Z 3 in der Fassung des Bundesgesetzes BGBl. I Nr. 117/2023 treten mit 1. November 2023 in Kraft.

(32) Die das 1. Hauptstück des I. Teils und den § 46a betreffenden Einträge des Inhaltsverzeichnisses, § 2 Abs. 6, die Überschrift des 1. Hauptstücks des I. Teils, § 3, § 4a Abs. 2 Z 3 lit. c bis f, § 7 Abs. 5, § 20 Abs. 6, § 22a Abs. 1 Z 1 und Abs. 2, § 23 Abs. 1 und 2, § 27 Abs. 1, § 29 Abs. 1, § 35 Abs. 1 und § 42 Abs. 1 Z 6 sowie der Entfall des § 1 Abs. 4 und § 46a samt Überschrift in der Fassung der Dienstrechts-Novelle 2024, BGBl. I Nr. 143/2024, treten mit dem der Kundmachung folgenden Tag in Kraft.

Vollziehung

§ 48. Mit der Vollziehung dieses Bundesgesetzes sind betraut:

1. hinsichtlich des § 40 die Länder,
2. hinsichtlich der Angelegenheiten, die nur den Wirkungsbereich einer Bundesministerin oder eines Bundesministers betreffen, diese Bundesministerin oder dieser Bundesminister,
3. hinsichtlich der übrigen Angelegenheiten die Bundesregierung.

7. HAUPTSTÜCK

SCHLUSS- UND ÜBERGANGSBESTIMMUNGEN ARTIKEL 79

Inkrafttreten und Übergangsbestimmungen

(Anm.: aus BGBl. I Nr. 135/2009, zu § 1, BGBl. Nr. 100/1993)

(1) Art. 2 (Änderung des Allgemeinen Bürgerlichen Gesetzbuchs), Art. 3 (Änderung des Ehegesetzes), Art. 4 (Änderung des Fortpflanzungsmedizingesetzes), Art. 6 (Änderung der Jurisdiktionsnorm), Art. 7 (Änderung des Strafgesetzbuches), Art. 27 (Änderung des Einkommensteuergesetzes 1988), Art. 28 (Änderung des Körperschaftsteuergesetzes 1988), Art. 29 (Änderung des Umsatzsteuergesetzes 1994), Art. 30 (Änderung des Bewertungsgesetzes 1955), Art. 31 (Änderung des Gebührengesetzes 1957), Art. 33 (Änderung der Bundesabgabenordnung), Art. 34 (Änderung des Alkoholsteuergesetzes), Art. 61 (Änderung des Ärztegesetzes 1998), Art. 62 (Änderung des Gehaltskassengesetzes 2002), Art. 63 (Änderung des Apothekengesetzes), Art. 72 (Änderung des Studienförderungsgesetzes), Art. 76 (Änderung des Entwicklungshelfergesetzes), Art. 77 (Änderung des Bundesgesetzes über Aufgaben und Organisation des auswärtigen Dienstes – Statut) und Art. 78 (Bundesgesetz über die Einräumung von Privilegien und Immunitäten an internationale Organisationen) treten mit 1. Jänner 2010 in Kraft.

(2) Die durch dieses Bundesgesetz geänderten Strafbestimmungen sind in Strafsachen nicht anzuwenden, in denen vor ihrem Inkrafttreten das Urteil in erster Instanz gefällt worden ist. Nach Aufhebung eines Urteils infolge Nichtigkeitsbeschwerde, Berufung, Wiederaufnahme oder Erneuerung des Strafverfahrens oder infolge eines Einspruches ist jedoch im Sinne der §§ 1 und 61 StGB vorzugehen.

Kinder- und Jugendlichen-Beschäftigungsgesetz

Bundesgesetz über die Beschäftigung von Kindern und Jugendlichen 1987 (Kinder- und Jugendlichen-Beschäftigungsgesetz – KJBG), in der Fassung der Kundmachung vom 4. Dezember 1987, BGBl. Nr. 599/1987, BGBl. Nr. 175/1992, BGBl. Nr. 257/1993 (Art. II), BGBl. Nr. 410/1996 (Art. II), BGBl. I Nr. 79/1997 (Art. I), BGBl. I Nr. 126/1997 (Art. I), BGBl. I Nr. 83/2000 (Art. IV), BGBl. I Nr. 98/2001 (Art. 150), BGBl. I Nr. 79/2003 (Art. 2), BGBl. I Nr. 88/2008, BGBl. I Nr. 93/2010 (Art. 1), BGBl. I Nr. 35/2012 (Art. 64), BGBl. I Nr. 71/2013 (Art. 17), BGBl. I Nr. 138/2013 (Art. 12), BGBl. I Nr. 152/2015 (Art. 8), BGBl. I Nr. 40/2017 (Art. 17) und BGBl I Nr. 58/2022 (Art. 3).

ABSCHNITT 1

Geltungsbereich

§ 1. (1) Dieses Bundesgesetz gilt für die Beschäftigung von

1. Kindern mit Arbeiten jeder Art und
2. Jugendlichen bis zur Vollendung des 18. Lebensjahres, die in einem Dienstverhältnis, einem Lehr- oder sonstigen Ausbildungsverhältnis stehen.

(1a) Abweichend von Abs. 1 Z 2 gelten für Lehrlinge, die das 18. Lebensjahr vollendet haben,

1. § 14 Abs. 2 mit der Maßgabe, daß für die Berechnung des Grundlohnes und des Überstundenzuschlages der niedrigste im Betrieb vereinbarte Facharbeiterlohn bzw. Angestelltengehalt heranzuziehen ist;
2. § 11 Abs. 4, 5, 6 Z 1 und 3, Abs. 7 und 8, § 21 und § 25 Abs. 1 und 2 sinngemäß.

(2) Dieses Bundesgesetz ist, unbeschadet des Abs. 3 Z 1, nicht anzuwenden auf vereinzelte, geringfügige, aus Gefälligkeit erwiesene leichte Hilfeleistungen von Kindern, sofern eine solche Hilfeleistung nur von kurzer Dauer ist, ihrer Art nach nicht einer Dienstleistung von Dienstnehmern, Lehrlingen oder Heimarbeitern entspricht, die Kinder hiebei keinen Unfallgefahren ausgesetzt und weder in ihrer körperlichen und geistigen Gesundheit und Entwicklung noch in ihrer Sittlichkeit gefährdet sind.

(3) Dieses Bundesgesetz ist nicht anzuwenden auf die Beschäftigung von

1. Kindern und Jugendlichen, für die das Landarbeitsgesetz 2021, BGBl. I Nr. 78/2021, gilt;
2. Jugendlichen in privaten Haushalten.

(4) Auf die Beschäftigung von Jugendlichen, für die das Bäckereiarbeiter/innengesetz 1996 (BäckAG 1996), BGBl. Nr. 410/1996, gilt, sind die §§ 11 Abs. 1 bis 3a, 15, 17 Abs. 2 und 27 Abs. 1 nicht anzuwenden.

(5) Soweit in diesem Bundesgesetz personen- oder funktionsbezogene Bezeichnungen noch nicht geschlechtsneutral formuliert sind, gilt die gewählte Form für beide Geschlechter.

Begriffsbestimmungen

§ 2. (1) Kinder im Sinne dieses Bundesgesetzes sind Minderjährige

1. bis zur Vollendung des 15. Lebensjahres oder
2. bis zur späteren Beendigung der Schulpflicht.

(1a) Für Minderjährige (Abs. 1 Z 1), die die Schulpflicht vollendet haben und

1. in einem Lehrverhältnis oder
2. im Rahmen eines Ferialpraktikums (§ 20 Abs. 4 des Schulunterrichtsgesetzes, BGBl. Nr. 472/1986) oder
3. im Rahmen eines Pflichtpraktikums nach dem Schulorganisationsgesetz, BGBl. Nr. 242/1962, oder
4. im Rahmen eines Ausbildungsverhältnisses gemäß § 8b Abs. 2 Berufsausbildungsgesetz, BGBl. Nr. 142/1969 beschäftigt werden, gelten die Bestimmungen der Abschnitte 3 bis 5 für Jugendliche.

(2) Als eigene Kinder im Sinne dieses Bundesgesetzes gelten Kinder (Abs. 1), die mit jenem, der sie beschäftigt, im gemeinsamen Haushalt leben und mit ihm bis zum dritten Grad verwandt oder verschwägert sind oder zu ihm im Verhältnis von Stiefkindern oder Wahlkindern stehen. Alle übrigen Kinder gelten als fremde Kinder.

§ 3. Jugendliche im Sinne dieses Bundesgesetzes sind Personen bis zur Vollendung des 18. Lebensjahres, die nicht als Kinder im Sinne des § 2 Abs. 1 gelten.

ABSCHNITT 2

Begriff der Kinderarbeit

§ 4. (1) Als Kinderarbeit im Sinne dieses Bundesgesetzes gilt die Beschäftigung von Kindern mit Arbeiten jeder Art.

(2) Als Kinderarbeit gilt nicht die Beschäftigung von Kindern, die ausschließlich zu Zwecken des Unterrichts oder der Erziehung erfolgt, und die Beschäftigung eigener Kinder mit leichten Leistungen von geringer Dauer im Haushalt.

Beschränkung der Beschäftigung von Kindern

§ 5. Kinder dürfen, soweit in diesem Bundesgesetz nichts anderes bestimmt wird, zu Arbeiten irgendwelcher Art nicht herangezogen werden.

Beschäftigung von Kindern, die das 13. Lebensjahr vollendet haben

§ 5a. (1) Kinder, die das 13. Lebensjahr vollendet haben, dürfen außerhalb der für den Schulbesuch vorgesehenen Stunden beschäftigt werden:

1. mit Arbeiten in Betrieben, in denen ausschließlich Mitglieder der Familie des Betriebsinhabers beschäftigt sind, sofern es sich hiebei um Kinder handelt, die mit dem Betriebsinhaber bis zum dritten Grad verwandt sind oder zu ihm im Verhältnis eines Stief- oder Wahlkindes stehen sowie mit ihm im gemeinsamen Haushalt leben; Kinder, die mit dem Betriebsinhaber im dritten Grad verwandt sind, dürfen nur dann beschäftigt werden, wenn ihr gesetzlicher Vertreter mit der Beschäftigung einverstanden ist,
2. mit Arbeiten in einem Privathaushalt,
3. mit Botengängen, mit Handreichungen auf Sport- und Spielplätzen, mit dem Sammeln von Blumen, Kräutern, Pilzen und Früchten sowie mit den diesen Arbeiten im einzelnen jeweils gleichwertigen Tätigkeiten,

sofern es sich hiebei um leichte und vereinzelte Arbeiten handelt und die unter Z 3 angeführten Arbeiten weder in einem Betrieb gewerblicher Art geleistet werden noch ein Dienstverhältnis vorliegt.

(2) Vereinzelte Arbeiten gelten dann nicht als leichte Arbeiten im Sinne des Abs. 1, wenn bei deren Ausführung das dem Kind zumutbare Leistungsausmaß unter Berücksichtigung des durch das Alter und die persönliche Veranlagung bedingten unterschiedlichen Leistungsvermögens überschritten wird; dies wird beispielsweise und im Sinne von Durchschnittswerten der Fall sein, wenn Lasten ohne mechanische Hilfsmittel bewegt oder befördert werden, die mehr als ein Fünftel des Körpergewichtes des Kindes betragen.

(3) Kinder dürfen mit vereinzelten leichten Arbeiten im Sinne des Abs. 1 nur insoweit beschäftigt werden, als sie dadurch

1. weder in ihrer körperlichen und geistigen Gesundheit und Entwicklung noch in ihrer Sittlichkeit gefährdet, keinen Unfallgefahren und keinen schädlichen Einwirkungen von Hitze, Kälte oder Nässe und im Falle des Abs. 1 Z 1 außerdem auch keinen schädlichen Einwirkungen von gesundheitsgefährlichen Stoffen oder Strahlen, von Staub, Gasen oder Dämpfen ausgesetzt,
2. im Besuch der Schule und in der Möglichkeit, dem Schulunterricht mit Nutzen zu folgen, nicht behindert und in der Erfüllung ihrer religiösen Pflichten nicht beeinträchtigt werden sowie
3. sowohl an Schultagen wie an schulfreien Tagen nicht mehr als zwei Stunden in Anspruch genommen sind, wobei die Gesamtzahl der dem Schulunterricht und den leichten Arbeiten gewidmeten Stunden keinesfalls mehr als sieben betragen darf; nach Schluß des Unterrichts und bei geteiltem Unterricht nach Schluß jedes Unterrichtsabschnittes ist ohne Anrechnung auf die für den Schulweg aufgewendete Zeit eine Stunde arbeitsfrei zu halten, es sei denn, daß es sich ausschließlich um eine Beschäftigung mit einem Botengang handelt.

(4) Die Beschäftigung von Kindern mit vereinzelten leichten Arbeiten im Sinne des Abs. 1 ist verboten:

1. an Sonntagen und gesetzlichen Feiertagen,
2. in der Zeit zwischen 20 Uhr und 8 Uhr, wobei auch der Zeitaufwand für den Weg zur und von der Arbeitsstätte nicht in diesen Zeitraum fallen darf.

(5) Die Beschäftigung eines Kindes mit Arbeiten nach Abs. 1 ist nur mit Zustimmung des gesetzlichen Vertreters des Kindes zulässig; dieser darf die Zustimmung nur erteilen, wenn er sich darüber vergewissert hat, daß gegen die Beschäftigung des Kindes weder vom gesundheitlichen noch vom schulischen Standpunkt aus Bedenken bestehen. Die Zustimmung des gesetzlichen Vertreters gilt als erteilt, wenn der das Kind Beschäftigende nach den gegebenen Umständen eindeutig annehmen muß, daß der gesetzliche Vertreter des Kindes über die Beschäftigung unterrichtet wurde und dieser zugestimmt hat.

Verwendung und Beschäftigung von Kindern bei öffentlichen Schaustellungen

§ 6. (1) Der Landeshauptmann kann die Verwendung von Kindern bei Musikaufführungen, Theatervorstellungen und sonstigen Aufführungen sowie bei Foto-, Film-, Fernseh- und Tonaufnahmen bewilligen. Die Bewilligung darf nur erteilt werden, wenn

1. ein besonderes Interesse der Kunst, der Wissenschaft oder des Unterrichts vorliegt oder es sich um Werbeaufnahmen handelt und
2. die Beschaffenheit und Eigenart der betreffenden Beschäftigung es rechtfertigen.

Die Verwendung von Kindern in Varietés, Kabaretts, Bars, Sexshops, Tanzlokalen, Diskotheken und ähnlichen Betrieben darf nicht bewilligt werden.

(2) Der Landeshauptmann kann die Bezirksverwaltungsbehörden ermächtigen, die Bewilligung zur Verwendung von Kindern nach Abs. 1 zu erteilen, wenn es sich nicht um erwerbsmäßige Aufführungen handelt.

(3) Handelt es sich um erwerbsmäßige Aufführungen, so hat der Landeshauptmann das nach dem Standort des Betriebes zuständige Arbeitsinspektorat zu hören.

(4) Die Bewilligung darf nur erteilt werden, wenn der gesetzliche Vertreter des Kindes schriftlich zustimmt. Bei erwerbsmäßigen Aufführungen muß die körperliche Eignung des Kindes für die Beschäftigung amtsärztlich oder durch Ärztinnen/Ärzte für Allgemeinmedizin oder Fachärztinnen/Fachärzten für Kinder- und Jugendheilkunde festgestellt sein. Im Falle der Beschäftigung bei Film- und Fernsehaufnahmen oder vergleichbaren Aufnahmen darf die Bewilligung nur erteilt werden, wenn das Gutachten eines Facharztes für Augenheilkunde bescheinigt, dass gegen eine solche Beschäftigung keine Bedenken bestehen.

(5) Die Bewilligung kann für eine bestimmte Aufführung oder jeweils für einen begrenzten Zeitraum erteilt werden. Handelt es sich um erwerbsmäßige Aufführungen, so sind in den Bewilligungsbescheid Bestimmungen über Dauer und Lage der Arbeitszeit und der Ruhepausen und über etwaige Sonn- und Feiertagsarbeit aufzunehmen. Diese Bedingungen hat das zuständige Arbeitsinspektorat dem Landeshauptmann in der gutächtlichen Äußerung (Abs. 3) bekanntzugeben.

(6) Der Landeshauptmann hat Abschriften seiner Bewilligungsbescheide der nach dem Beschäftigungsort des Kindes zuständigen Bezirksverwaltungsbehörde zu übermitteln. Bei erwerbsmäßigen Aufführungen hat der Landeshauptmann eine weitere Bescheidabschrift dem örtlich zuständigen Arbeitsinspektorat zu übermitteln.

(7) Die Verwendung von Kindern bei Musikaufführungen, Theatervorstellungen und sonstigen Aufführungen, die von der Schule oder einer Schulbehörde veranstaltet werden, bedarf der Bewilligung im Sinne der Abs. 1 bis 6 nicht. In diesen Fällen ist die schriftliche Zustimmung des gesetzlichen Vertreters des Kindes erforderlich.

(8) *entfällt gemäß BGBl. I Nr. 71/2013 (Art. 17)*

§ 7. (1) Kinder dürfen nur insoweit verwendet werden, als sie dadurch in ihrer Gesundheit, in ihrer körperlichen und geistigen Entwicklung oder in der Sittlichkeit nicht gefährdet, im Besuch der Schule und in der Möglichkeit, dem Schulunterricht mit Nutzen zu folgen, nicht behindert und in der Erfüllung ihrer religiösen Pflichten nicht beeinträchtigt werden.

(2) Für die Beschäftigung von Kindern nach § 6 gelten folgende weitere Beschränkungen:

1. Kinder dürfen nur in der Zeit zwischen 8 und 23 Uhr und nicht vor dem Vormittagsunterricht beschäftigt werden; in diesen Grenzen muß auch die für den Weg zur und von der Arbeitsstätte aufzuwendende Zeit liegen.
2. Nach dem Vormittagsunterricht ist eine mindestens zweistündige, nach dem Nachmittagsunterricht eine mindestens einstündige ununterbrochene arbeitsfreie Zeit zu gewähren; in diese Freizeiten sind die Zeiten, die zur Zurücklegung des Weges zur und von der Schule erforderlich sind, nicht einzurechnen.
3. Die Beschäftigung von Kindern während der Schulferien ist nach Maßgabe des § 6 zulässig, wenn durch die Bewilligung sichergestellt ist, daß

die Kinder höchstens während eines Drittels der Schulferien und nur im unbedingt erforderlichen Ausmaß beschäftigt werden, die Aufführungen oder Foto-, Film-, Fernseh- und Tonaufnahmen von besonderem kulturellem oder volksbildnerischem Wert sind und nicht außerhalb der Schulferien durchgeführt werden können.
Im Falle von Auslandstourneen kann in begründeten Fällen von der Beschränkung der Beschäftigung auf ein Drittel der Schulferien abgesehen werden.
4. Die Bewilligung darf nur erteilt werden, wenn der Veranstalter einen guten Leumund aufweist und von der Gemeinde, in der die Aufführung oder Aufnahme stattfindet, eine Unbedenklichkeitserklärung vorliegt. Eine Abschrift des Bewilligungsbescheides ist dem örtlich zuständigen Arbeitsinspektorat zu übermitteln.

Lohnschutz

§ 8. (1) Insoweit das Entgelt für die Arbeit fremder Kinder in Geldlohn besteht, dürfen in Anrechnung auf diesen Geldlohn nur Wohnung, Kleidung und Lebensmittel zugewendet werden. Der hiebei angerechnete Preis darf die Beschaffungskosten nicht übersteigen.

(2) Die Verabreichung von Alkohol und von Tabak an Kinder als Entgelt für ihre Arbeit ist untersagt. Alkoholische Getränke aller Art und Tabak dürfen Kindern während oder anläßlich der Arbeit nicht verabreicht werden.

Aufsicht

§ 9. (1) Die Überwachung der Einhaltung der Vorschriften dieses Bundesgesetzes über die Verwendung von Kindern obliegt den Bezirksverwaltungsbehörden im Zusammenwirken mit den Arbeitsinspektoraten (Arbeitsinspektoren für Kinderarbeit, Jugend- und Lehrlingsschutz), den Gemeindebehörden und den Schulleitungen.

(2) Die Lehrer an öffentlichen Schulen, an Schulen mit Öffentlichkeitsrecht und an Privatschulen, die Ärzte und die Organe der privaten Jugendfürsorge sowie alle Körperschaften, in deren Aufgabengebiet Angelegenheiten der Jugendfürsorge fallen, sind verpflichtet, Wahrnehmungen über die Verletzung von Vorschriften über die Kinderarbeit der zuständigen Bezirksverwaltungsbehörde mitzuteilen; auf Verlangen der Bezirksverwaltungsbehörde sind sie verpflichtet, Auskünfte über die Kinderarbeit im allgemeinen und über besondere Fälle der Verwendung von Kindern zu erteilen.

(3) Gelangt die Bezirksverwaltungsbehörde zur Kenntnis von Mißständen, so hat sie entsprechende Abhilfe zu treffen. Unbeschadet des § 30 ist einem Dienstgeber, dem eine Bewilligung zur Verwendung von Kindern gemäß § 6 erteilt wurde, durch die bewilligende Behörde die weitere Verwendung der Kinder zu verbieten, wenn der Dienstgeber keine Gewähr bietet, daß die Bedingungen des Bewilligungsbescheides und des § 7 eingehalten werden.

ABSCHNITT 3

SCHUTZVORSCHRIFTEN FÜR JUGENDLICHE

Arbeitszeit

§ 10. (1) Tägliche Arbeitszeit ist die Zeit vom Beginn bis zum Ende der Arbeit ohne Einrechnung der Ruhepausen (§ 15). Wochenarbeitszeit ist die Arbeitszeit innerhalb des Zeitraumes von Montag bis einschließlich Sonntag.

(2) Werden Jugendliche von mehreren Dienstgebern beschäftigt, so darf die Gesamtdauer der einzelnen Beschäftigungen zusammengerechnet die in den folgenden Bestimmungen vorgesehene Höchstgrenze der Arbeitszeit nicht überschreiten.

(3) Im Falle des Abs. 2 ist der Jugendliche verpflichtet, jedem seiner Dienstgeber mitzuteilen, in welchem Ausmaß er jeweils in den einzelnen Betrieben beschäftigt ist.

§ 11. (1) Die tägliche Arbeitszeit der Jugendlichen darf acht Stunden, ihre Wochenarbeitszeit 40 Stunden nicht überschreiten, soweit im folgenden nicht anderes bestimmt wird.

(2) Die nach Abs. 1 zulässige Wochenarbeitszeit kann zur Erreichung einer längeren Freizeit, die mit der Wochenfreizeit zusammenhängen muß, abweichend von der nach Abs. 1 zulässigen täglichen Arbeitszeit verteilt werden. Der Kollektivvertrag kann zulassen, daß die nach Abs. 1 zulässige Wochenarbeitszeit auf die Werktage abweichend von der nach Abs. 1 zulässigen täglichen Arbeitszeit aufgeteilt wird.

(2a) Die Arbeitszeit kann in den einzelnen Wochen eines mehrwöchigen Durchrechnungszeitraumes ausgedehnt werden, wenn innerhalb dieses Durchrechnungszeitraumes die Wochenarbeitszeit im Durchschnitt 40 Stunden nicht übersteigt und

1. der Kollektivvertrag dies zuläßt,
2. für vergleichbare erwachsene Arbeitnehmer des Betriebes eine solche Arbeitszeiteinteilung besteht und
3. eine abweichende Arbeitszeiteinteilung für Jugendliche dem Arbeitgeber nicht zugemutet werden kann.

(2b) Fällt in Verbindung mit Feiertagen die Arbeitszeit an Werktagen aus, um den Jugendlichen eine längere zusammenhängende Freizeit zu ermöglichen, so kann die ausfallende Normalarbeitszeit auf die übrigen Werktage von höchstens sieben, die Ausfallstage einschließenden Wochen verteilt werden. Der Einarbeitungszeitraum kann durch Betriebsvereinbarung auf höchstens 13 Wochen verlängert werden.

(3) Bei einer Verteilung der Arbeitszeit nach Abs. 2 bis 2b darf die Tagesarbeitszeit neun Stunden und die Arbeitszeit in den einzelnen Wochen des Durchrechnungs- bzw. Einarbeitungszeitraumes 45 Stunden nicht überschreiten.

(3a) Reisezeit liegt vor, wenn die/der Jugendliche über Auftrag der Arbeitgeberin/des Arbeitgebers vorübergehend ihren/seinen Dienstort (Arbeitsstätte) verlässt, um an anderen Orten ihre/seine Arbeitsleistung zu erbringen, sofern während der Reisebewegung keine Arbeitsleistung erbracht wird. Durch Reisezeiten kann die Tagesarbeitszeit auf bis zu zehn Stunden ausgedehnt werden, wenn die/der Jugendliche in einem Lehr- oder sonstigen Ausbildungsverhältnis steht und das 16. Lebensjahr vollendet hat.

(4) Den Jugendlichen ist die zur Erfüllung der gesetzlichen Berufsschulpflicht erforderliche Zeit freizugeben. Für die Unterrichtszeit ist der Lohn (Lehrlingsentschädigung) weiterzuzahlen.

(5) Die Unterrichtszeit in der Berufsschule, zu deren Besuch der Jugendliche gesetzlich verpflichtet ist, ist auf die Dauer der wöchentlichen Arbeitszeit anzurechnen.

(6) In die Unterrichtszeit im Sinne der Abs. 4 und 5 sind einzurechnen:

1. die Pausen in der Berufsschule, mit Ausnahme der Mittagspause;
2. der Besuch von Freigegenständen und unverbindlichen Übungen im Ausmaß von höchstens zwei

Unterrichtsstunden, Förderunterricht und Schulveranstaltungen in der Berufsschule im Sinne der §§ 12 und 13 des Schulunterrichtsgesetzes, BGBl. Nr. 472/1986;
3. an ganzjährigen und saisonmäßigen Berufsschulen einzelne an einem Schultag entfallene Unterrichtsstunden oder an lehrgangsmäßigen Berufsschulen der bis zu zwei aufeinanderfolgenden Werktagen entfallene Unterricht, wenn es in jedem dieser Fälle wegen des Verhältnisses zwischen der im Betrieb zu verbringenden Zeit und der Wegzeit nicht zumutbar ist, daß der Jugendliche während dieser unterrichtsfreien Zeit den Betrieb aufsucht;
4. Förderkurse im Sinne des Art. II § 2 der 5. Schulorganisationsgesetz-Novelle, BGBl. Nr. 323/1975.

(7) Beträgt die Unterrichtszeit an einem Schultag mindestens acht Stunden, so ist eine Beschäftigung im Betrieb nicht mehr zulässig. Beträgt die Unterrichtszeit weniger als acht Stunden, so ist eine Beschäftigung nur insoweit zulässig, als die Unterrichtszeit, die notwendige Wegzeit zwischen Betrieb und Schule und die im Betrieb zu verbringende Zeit die gesetzliche Arbeitszeit nicht überschreitet.

(8) Besucht ein Jugendlicher eine lehrgangsmäßige oder saisonmäßige Berufsschule, darf er während des tatsächlichen Besuchs des Lehrganges bzw.der saisonmäßigen Berufsschule nicht im Betrieb beschäftigt werden.

(9) Die Lenkzeit Jugendlicher, die auf Grund des Berufsausbildungsgesetzes, BGBl. Nr. 142/1969, zu Berufskraftfahrern ausgebildet werden, darf vier Stunden täglich und 20 Stunden wöchentlich nicht überschreiten. Fahrten, die im Rahmen der Berufsausbildung in einer Fahrschule absolviert werden, sind in die Lenkzeit einzurechnen.

§ 11a. Den Schülervertretern (§ 59 des Schulunterrichtsgesetzes, BGBl. Nr. 472/1986) und den Mitgliedern der Landes- und Bundesschülervertretung (§§ 6 und 21 des Schülervertretungengesetzes, BGBl. Nr. 284/1990) ist während der Unterrichtszeit die zur Erfüllung ihrer gesetzlichen Obliegenheiten, darüber hinaus die für die in die Arbeitszeit fallende Teilnahme an Landes- und Bundesschülervertretungssitzungen erforderliche Freizeit unter Fortzahlung des Entgelts zu gewähren.

§ 12. (1) Werden Jugendliche zu Vor- und Abschlussarbeiten herangezogen, so ist die auf diese Arbeiten entfallende Zeit grundsätzlich durch frühere Beendigung beziehungsweise späteren Beginn der eigentlichen Betriebsarbeit entsprechend auszugleichen; der Ausgleich ist tunlichst in der gleichen, spätestens jedoch in der folgenden Kalenderwoche durchzuführen.

(2) Wenn zwingende betriebliche Gründe es erfordern, darf zwecks Durchführung von Vor- und Abschlussarbeiten die nach § 11 zulässige Dauer der Arbeitszeit für Jugendliche über 16 Jahre um eine halbe Stunde täglich in folgenden Fällen ausgedehnt werden:
1. bei Arbeiten zur Reinigung und Instandhaltung, soweit sich diese Arbeiten während des regelmäßigen Betriebes nicht ohne Unterbrechung oder erhebliche Störung ausführen lassen;
2. bei Arbeiten, von denen die Wiederaufnahme oder Aufrechterhaltung des vollen Betriebes arbeitstechnisch abhängt;
3. bei Arbeiten zur abschließenden Kundenbedienung einschließlich der damit zusammenhängenden notwendigen Aufräumungsarbeiten.

(3) Die Dauer der Mehrarbeitsleistungen nach Abs. 2 darf insgesamt drei Stunden in der Woche nicht überschreiten. Die sich aus Abs. 2 und § 11 ergebende tägliche Arbeitszeit darf keinesfalls neuneinhalb Stunden überschreiten.

(4) Das Arbeitsinspektorat bestimmt in Zweifelsfällen, welche Arbeiten als Vor- und Abschlußarbeiten gelten und ob die Voraussetzungen des Abs. 2 vorliegen. Der Beschwerde gegen den Bescheid des Arbeitsinspektorates kommt keine aufschiebende Wirkung zu.

§ 13. (1) Für Personen unter 15 Jahren, die im Rahmen eines Ferialpraktikums oder eines Pflichtpraktikums beschäftigt werden (§ 2 Abs. 1a Z 2 und 3) gelten die §§ 11 und 12 mit folgenden Abweichungen.

(2) Während unterrichtsfreier Zeiten von mindestens einer Woche darf die tägliche Arbeitszeit sieben Stunden und die Wochenarbeitszeit 35 Stunden nicht überschreiten. In dieser Zeit sind eine abweichende Verteilung der Arbeitszeit (§ 11 Abs. 2 bis 3) und eine Arbeitszeitverlängerung durch Vor- und Abschlußarbeiten (§ 12 Abs. 2 und 3) nicht zulässig.

(3) Beträgt die Unterrichtszeit an einem Schultag mindestens sieben Stunden oder in einer Schulwoche mindestens 35 Stunden, so ist eine Beschäftigung im Betrieb nicht mehr zulässig. Beträgt die Unterrichtszeit weniger als sieben Stunden, so ist eine Beschäftigung nur im folgenden Ausmaß zulässig:
1. Die Unterrichtszeit, die notwendige Wegzeit zwischen Betrieb und Schule und die im Betrieb zu verbringende Zeit darf sieben Stunden nicht überschreiten.
2. Die im Betrieb zu verbringende Zeit darf zwei Stunden nicht überschreiten.

§ 14. (1) Als Überstunde gilt jede Arbeitsleistung, die über die nach § 11 Abs. 1 und 3 festgelegte Wochenarbeitszeit hinausgeht.

(2) Für Überstunden gebührt den Jugendlichen ein Zuschlag. Er beträgt 50 vH des auf die Zeit der Überstundenleistung entfallenden Normallohnes (Lehrlingsentschädigung).

Ruhepausen und Ruhezeiten

§ 15. (1) Beträgt die Gesamtdauer der Tagesarbeitszeit mehr als viereinhalb Stunden, so ist die Arbeitszeit durch eine Ruhepause von mindestens einer halben Stunde zu unterbrechen.

(2) Die Ruhepause ist spätestens nach sechs Stunden zu gewähren.

(3) Das Arbeitsinspektorat kann für Betriebe oder Betriebsteile oder für bestimmte Arbeiten über Abs. 1 hinausgehende Ruhepausen anordnen, wenn die Schwere der Arbeit oder der sonstige Einfluß der Arbeit auf die Gesundheit der Jugendlichen dies erfordert.

(4) Während der Ruhepausen darf den Jugendlichen keinerlei Arbeit gestattet werden, sie dürfen auch nicht zur Arbeitsbereitschaft verpflichtet werden. Für den Aufenthalt während der Ruhepausen sind nach Möglichkeit besondere Aufenthaltsräume oder freie Plätze bereitzustellen. Der Aufenthalt in den Arbeitsräumen darf nur gestattet werden, wenn dadurch die notwendige Erholung nicht beeinträchtigt wird.

(5) Jugendlichen, die zu Berufskraftfahrern ausgebildet werden, muß bei Lehrfahrten nach einer ununterbrochenen Lenkzeit (§ 11 Abs. 9) von höchstens zwei Stunden einen Lenkpause von einer halben Stunde gewährt werden.

(6) Die Lenkpause (Abs. 5) ist auf die Arbeitszeit anzurechnen. Fällt die Lenkpause mit der für den Jugendlichen geltenden Mittagspause zusammen, so ist sie nicht zusätzlich zu gewähren.

§ 16. (1) Nach Beendigung der täglichen Arbeitszeit ist

1. Personen unter 15 Jahren (§ 2 Abs. 1a) eine ununterbrochene Ruhezeit von mindestens 14 Stunden zu gewähren;
2. den Jugendlichen eine ununterbrochene Ruhezeit von mindestens zwölf Stunden zu gewähren.

(2) Diese Ruhezeit ist innerhalb von 24 Stunden nach Arbeitsbeginn zu gewähren. Für die Beschäftigung von Jugendlichen (Abs. 1 Z 2) im Gastgewerbe ist Satz 1 nicht anzuwenden.

Nachtruhe

§ 17. (1) Jugendliche dürfen in der Nachtzeit von 20 bis 6 Uhr nicht beschäftigt werden.

(2) Im Gastgewerbe dürfen Jugendliche über 16 Jahre bis 23 Uhr beschäftigt werden.

(3) In mehrschichtigen Betrieben dürfen Jugendliche über 16 Jahre im wöchentlichen Wechsel bis 22 Uhr beschäftigt werden.

(3a) In mehrschichtigen Betrieben dürfen Jugendliche ab 5 Uhr beschäftigt werden, wenn bei einem späteren Arbeitsbeginn keine zumutbare Möglichkeit zur Erreichung des Betriebes gegeben ist. Dies gilt nicht für Personen unter 15 Jahren (§ 2 Abs. 1a).

(4) Bei Musikaufführungen, Theatervorstellungen, sonstigen Aufführungen und bei Foto-, Film-, Fernseh- und Tonaufnahmen dürfen Jugendliche bis 23 Uhr beschäftigt werden.

(5) In Backwaren-Erzeugungsbetrieben, die nicht unter das Bäckereiarbeiter/innengesetz 1996 fallen, dürfen Lehrlinge im Lehrberuf „Bäcker" die das 15. Lebensjahr vollendet haben, ab 4 Uhr mit Arbeiten, die der Berufsausbildung dienen, beschäftigt werden.

(6) Jugendliche, die im gehobenen Dienst für Gesundheits- und Krankenpflege nach dem Gesundheits- und Krankenpflegegesetz, BGBl. Nr. 108/1997, ausgebildet werden, dürfen im letzten Jahr ihrer Ausbildung, soweit dies für die Erreichung des Ausbildungszweckes erforderlich ist, unter folgenden Voraussetzungen während der Nachtzeit beschäftigt werden (Nachtdienst):

1. die Höchstzahl der Nachtdienste darf im Ausbildungsjahr nicht mehr als 30 betragen;
2. die Höchstzahl der Nachtdienste darf pro Monat nicht mehr als fünf betragen;
3. die Leistung aufeinanderfolgender Nachtdienste ist nicht zulässig;
4. Nachtdienst darf nur unter Aufsicht einer diplomierten Gesundheits- und Krankenschwester oder eines diplomierten Gesundheits- und Krankenpflegers geleistet werden;
5. nach dem Nachtdienst ist eine Ruhezeit von mindestens zwölf Stunden zu gewähren.

(7) Soweit die Abs. 2 und 3a bis 6 eine Beschäftigung zwischen 22 und 6 Uhr zulassen, dürfen Jugendliche in dieser Zeit regelmäßig nur beschäftigt werden, wenn vor Aufnahme dieser Arbeiten und danach in jährlichen Abständen eine Jugendlichenuntersuchung gemäß § 132a ASVG oder eine dieser Untersuchung vergleichbare ärztliche Untersuchung, vorzugsweise durch Ärzte mit arbeitsmedizinischer Ausbildung durchgeführt wurde.

Sonn- und Feiertagsruhe

§ 18. (1) An Sonntagen und an den gesetzlichen Feiertagen (§ 1 des Feiertagsruhegesetzes 1957, BGBl. Nr. 153, in der jeweils geltenden Fassung) dürfen Jugendliche nicht beschäftigt werden.

(2) Das Verbot des Abs. 1 gilt nicht im Gastgewerbe, in Krankenpflegeanstalten und Pflegeheimen, bei Musikaufführungen, Theatervorstellungen, sonstigen Aufführungen und für Arbeiten auf Sport- und Spielplätzen.

(3) In den Fällen des Abs. (2) muß jeder zweite Sonntag arbeitsfrei bleiben.

(3a) Durch Kollektivvertrag kann für das Gastgewerbe abweichend von Abs. 3 die Beschäftigung Jugendlicher an aufeinanderfolgenden Sonntagen innerhalb eines vom Kollektivvertrag festzulegenden Zeitraumes von höchstens 23 Wochen pro Kalenderjahr zugelassen werden. Innerhalb eines Kalenderjahres dürfen die Jugendlichen jedoch höchstens an 23 Sonntagen beschäftigt werden. In diese Zahl ist die Hälfte der Sonntage einzurechnen, die in die Zeit des Besuchs einer lehrgangs- oder saisonmäßigen Berufsschule fallen.

(4) In Betrieben, auf die das Feiertagsruhegesetz Anwendung findet, gilt für die Bezahlung der Feiertage und der an Feiertagen geleisteten Arbeit, soweit sie nach diesem Bundesgesetz oder den hiezu erlassenen Durchführungsvorschriften zugelassen ist, das Feiertagsruhegesetz.

Sonderregelung für den 8. Dezember

§ 18a. Die Beschäftigung von Jugendlichen am 8. Dezember in Verkaufsstellen gemäß § 1 Abs. 1 und 3 des Öffnungszeitengesetzes 2003, BGBl. I Nr. 48, kann durch Kollektivvertrag zugelassen werden, wenn der 8. Dezember auf einen Werktag fällt. Der Jugendliche hat das Recht, die Beschäftigung am 8. Dezember auch ohne Angabe von Gründen abzulehnen. Kein Jugendlicher darf wegen der Weigerung, am 8. Dezember der Beschäftigung nachzugehen, benachteiligt werden.

Wochenfreizeit

§ 19. (1) Den Jugendlichen ist wöchentlich eine ununterbrochene Freizeit von zwei Kalendertagen zu gewähren. Diese Wochenfreizeit hat den Sonntag zu umfassen, soweit an diesem Sonntag nicht die Beschäftigung gemäß § 18 zulässig ist, und – mit Ausnahme von Tätigkeiten gemäß § 18 Abs. 2 – spätestens um 13 Uhr am Samstag, für Jugendliche, die mit unbedingt notwendigen Abschlußarbeiten gemäß § 12 Abs. 2 beschäftigt sind, spätestens um 15 Uhr am Samstag zu beginnen.

(1a) Wenn dies aus organisatorischen Gründen notwendig oder im Interesse der Jugendlichen gelegen ist, müssen die beiden Kalendertage der Wochenfreizeit nicht aufeinanderfolgen. Soweit der Kollektivvertrag nicht anderes bestimmt, muß jener Teil der Wochenfreizeit, in den der Sonntag fällt, mindestens 43 Stunden betragen. Die Teilung von Wochenfreizeiten gemäß Abs. 3 ist unzulässig.

(2) Werden Jugendliche – abgesehen von den Fällen des Abs. 1a – am Samstag beschäftigt, so dürfen diese Jugendlichen am Montag in der darauffolgenden Kalenderwoche nicht beschäftigt werden. Ist der Montag Berufsschultag, dürfen Jugendliche an einem anderen Arbeitstag (Dienstag bis Freitag) der auf die Samstagsarbeit folgenden Kalenderwoche nicht beschäftigt werden. Jugendliche, die in der auf die Samstagsarbeit folgenden Woche zur Gänze die Berufsschule besuchen, dürfen in der Kalenderwoche vor oder nach dem Ende des Berufsschulbesuches an einem anderen Arbeitstag (Montag bis Freitag) dieser Kalenderwoche nicht beschäftigt werden.

(3) Jugendliche, die am Samstag und gemäß § 18 Abs. 2 unmittelbar darauf auch am Sonntag beschäftigt werden, haben Anspruch auf eine ununterbrochene Freizeit in der der Sonntagsarbeit folgenden Woche von zwei

zusammenhängenden Kalendertagen. Jugendliche, die gemäß § 18 Abs. 2 nur am Sonntag beschäftigt werden, haben Anspruch auf eine ununterbrochene Freizeit in der der Sonntagsarbeit folgenden Woche von 43 Stunden.

(4) Jugendliche im Gastgewerbe haben Anspruch auf eine ununterbrochene wöchentliche Freizeit von zwei zusammenhängenden Kalendertagen. Dies gilt nicht, wenn eine Wochenfreizeit von mindestens 43 Stunden, in die der Sonntag fällt, eingehalten wird und in die folgende Arbeitswoche ein betrieblicher Sperrtag fällt, an dem der Jugendliche nicht beschäftigt ist.

(5) Für Jugendliche, die in den Lehrberufen Bäcker, Konditor, Fleischer oder Molkereifachmann ausgebildet und überwiegend mit der Be- oder Verarbeitung von frischen Lebensmitteln beschäftigt werden, kann der Kollektivvertrag eine Verkürzung der Wochenfreizeit gemäß Abs. 1 und 2 zulassen, wenn durch andere Maßnahmen die Erholungsbedürfnisse der Jugendlichen sichergestellt sind. Dabei darf in den einzelnen Wochen die zusammenhängende Ruhezeit 43 Stunden nicht unterschreiten. Abs. 1 zweiter Satz ist anzuwenden.

(6) Kommt ein Kollektivvertrag gemäß Abs. 5 für Jugendliche zur Anwendung, die in Betrieben ausgebildet werden, in denen auch Tätigkeiten des Gastgewerbes im Sinne des § 94 Z 27 der Gewerbeordnung 1994, BGBl. Nr. 194, ausgeübt werden, ist zu vereinbaren, ob für den jeweiligen Jugendlichen entweder

1. die Sonderregelung des Kollektivvertrages nach Abs. 5 oder
2. die Sonderregelungen für das Gastgewerbe des § 18 Abs. 2 und 3a sowie § 19 Abs. 4

zur Anwendung kommt. Die Vereinbarung ist im Verzeichnis der Jugendlichen (§ 26) festzuhalten.

(7) Für Jugendliche, die nicht unter Abs. 4 oder 5 fallen, kann der Kollektivvertrag abweichend von Abs. 1 und 2 zulassen, daß bei Vorliegen organisatorischer Gründe oder im Interesse der Jugendlichen das Ausmaß der Wochenfreizeit in einzelnen Wochen auf 43 zusammenhängende Stunden verkürzt werden kann, wenn die durchschnittliche Wochenfreizeit in einem durch Kollektivvertrag festzulegenden Durchrechnungszeitraum mindestens 48 Stunden beträgt. Abs. 1 zweiter Satz ist anzuwenden.

Sonderregelungen für Verkaufsstellen

§ 19a. (1) Abweichend von § 19 Abs. 1 dürfen Jugendliche am Samstag nach 13 Uhr in Verkaufsstellen im Sinne des § 1 Abs. 1 bis 3 des Öffnungszeitengesetzes 2003, BGBl. I Nr. 48, beschäftigt werden, soweit die jeweils geltenden Öffnungszeitenvorschriften ein Offenhalten dieser Verkaufsstellen vorsehen.

(2) Wird ein Jugendlicher gemäß Abs. 1 an einem Samstag nach 13 Uhr beschäftigt, hat der folgende Samstag zur Gänze arbeitsfrei zu bleiben, soweit die Abs. 3 bis 5 nicht anderes bestimmen.

(3) Ein Jugendlicher darf am folgenden Samstag beschäftigt werden, wenn er nach 13 Uhr beschäftigt wurde mit

1. Verkaufstätigkeiten an den letzten vier Samstagen vor dem 24. Dezember,
2. der Kundenbedienung nach § 12 Abs. 2 Z 3 bis 15 Uhr,
3. Abschlußarbeiten gemäß § 12 Abs. 2 Z 1 und 2 bis 15 Uhr.

(4) Die Betriebsvereinbarung, in Betrieben, in denen kein Betriebsrat errichtet ist, die schriftliche Einzelvereinbarung mit Zustimmung der Erziehungsberechtigten, kann zulassen, daß innerhalb eines Zeitraumes von vier Wochen die Beschäftigung an zwei Samstagen zulässig ist. In diesem Fall haben die übrigen Samstage dieses Zeitraumes arbeitsfrei zu bleiben.

(5) Der Kollektivvertrag kann weitere Abweichungen zulassen.

Ausnahmen

§ 20. (1) Bei vorübergehende Arbeiten, die bei Notstand sofort vorgenommen werden müssen und für die keine erwachsenen Arbeitnehmer zur Verfügung stehen, findet für Jugendliche über 16 Jahre die Bestimmung des § 17 keine Anwendung. In diesen Fällen können für Jugendliche über 16 Jahre

1. die Grenzen der regelmäßigen Arbeitszeit gemäß § 11 überschritten werden. Innerhalb von drei Wochen hat ein entsprechender Ausgleich zu erfolgen;
2. Ruhepausen (§ 15) und Ruhezeiten (§ 16) verkürzt werden. Innerhalb von drei Wochen ist eine Ruhezeit entsprechend zu verlängern.

(2) Der Dienstgeber hat die Vornahme solcher Arbeiten dem Arbeitsinspektorat unverzüglich anzuzeigen.

Verbot der Akkordarbeit

§ 21. Jugendliche, die das 16. Lebensjahr noch nicht vollendet haben oder in einem Lehr- oder sonstigen, mindestens einjährigen Ausbildungsverhältnis stehen, dürfen nicht zu Akkordarbeiten, akkordähnlichen Arbeiten, leistungsbezogenen Prämienarbeiten und sonstigen Arbeiten, bei denen durch ein gesteigertes Arbeitstempo ein höheres Entgelt erzielt werden kann, wie beispielsweise Arbeiten, für die Entgelt gebührt, das auf Arbeits(Persönlichkeits)bewertungsverfahren, statistischen Verfahren, Datenerfassungsverfahren, Kleinstzeitverfahren oder ähnlichen Entgeltfindungsmethoden beruht, sowie zu Fließarbeiten mit vorgeschriebenem Arbeitstempo herangezogen werden. Dieses Verbot gilt nicht für Jugendliche, die als Heimarbeiter beschäftigt werden.

Beförderung höherer Geld- oder Sachwerte

§ 21a. Außerhalb des Betriebes dürfen Jugendliche nicht zur Beförderung höherer Geld- oder Sachwerte unter eigener Verantwortung herangezogen werden.

Maßregelungsverbot

§ 22. (1) Körperliche Züchtigung oder erhebliche wörtliche Beleidigung sind verboten.

(2) Disziplinarmaßnahmen dürfen über Jugendliche nur verhängt werden, wenn dies in einem Kollektivvertrag oder in einer Betriebsvereinbarung im Sinne des § 97 Abs. 1 Z 24 des Arbeitsverfassungsgesetzes, BGBl. Nr. 22/1974, vorgesehen ist. Geldstrafen dürfen als Disziplinarmaßnahmen nicht verhängt werden.

Gesundheits- und Sittlichkeitsschutz

§ 23. (1) Der Dienstgeber hat vor Beginn der Beschäftigung und bei jeder bedeutenden Änderung der Arbeitsbedingungen die für die Sicherheit und Gesundheit des Jugendlichen sowie für die Sittlichkeit bestehenden Gefahren zu ermitteln. Dabei sind insbesondere zu berücksichtigen:

1. Die Einrichtung und Gestaltung der Arbeitsstätte und des Arbeitsplatzes;
2. die Gestaltung, die Auswahl und der Einsatz von Arbeitsmitteln;
3. die Verwendung von Arbeitsstoffen;
4. die Gestaltung der Arbeitsverfahren und der Arbeitsvorgänge und deren Zusammenwirken und
5. Körperkraft, Alter und Stand der Ausbildung und der Unterweisung der Jugendlichen.

(1a) Der Dienstgeber hat alle erforderlichen Maßnahmen zum Schutz der Sicherheit, der Gesundheit und der Sittlichkeit zu treffen.

(1b) Der Dienstgeber hat die Präventivdienste (7. Abschnitt ASchG oder vergleichbare österreichische Rechtsvorschriften) bei der Ermittlung der Gefährdung und der Festsetzung von Schutzmaßnahmen heranzuziehen.

(2) Durch Verordnung kann die Beschäftigung von Jugendlichen in bestimmten Betrieben, mit bestimmten Arbeiten oder unter bestimmten Einwirkungen, die mit besonderen Gefahren für die Sicherheit, Gesundheit und Sittlichkeit verbunden sind, untersagt oder von Bedingungen abhängig gemacht werden.

(3) Unabhängig von Abs. 2 kann das Arbeitsinspektorat in einzelnen Fällen die Beschäftigung Jugendlicher mit gefährlichen Arbeiten untersagen oder von Bedingungen abhängig machen.

(4) *entfällt (BGBl. I Nr. 79/2003 Abs. 2)*

§ 24. (1) Jugendliche sind vor der Arbeitsaufnahme unter Verantwortung des Dienstgebers über die im Betrieb bestehenden Gefahren und über die zur Abwendung dieser Gefahren getroffenen Maßnahmen sowie Einrichtungen und deren Benützung zu unterweisen. Bei Personen unter 15 Jahren (§ 2 Abs. 1a) sind auch die gesetzlichen Vertreter zu unterrichten.

(2) Jugendliche sind unter Verantwortung des Dienstgebers vor der erstmaligen Verwendung an Maschinen, zu Arbeiten mit Gasen, Chemikalien oder mit sonstigen gesundheitsschädlichen Arbeitsstoffen oder zu Arbeiten an gefährlichen Arbeitsstellen über das bei Verrichtung solcher Arbeiten notwendige Verhalten sowie über die bestehenden Schutzvorkehrungen und deren Handhabung zu unterweisen.

(3) Die Unterweisungen nach Abs. 1 und 2, denen ein Mitglied des Betriebsrates (Jugendvertrauensrates) beizuziehen ist, sind in nach den Verhältnissen des Betriebes entsprechend angemessenen Zeiträumen, mindestens jedoch in jährlichen Abständen zu wiederholen.

§ 25. (1) Der Dienstgeber hat die Jugendlichen über die Durchführung von Jugendlichenuntersuchungen gemäß § 132a ASVG rechtzeitig zu informieren, sie über den Sinn dieser Untersuchungen zu belehren und sie zur Teilnahme anzuhalten. Den Jugendlichen ist die für die Durchführung der Jugendlichenuntersuchungen erforderliche Freizeit unter Fortzahlung des Entgelts zu gewähren.

(1a) Ergibt die Beurteilung gemäß § 23 Abs. 1 eine Gefahr für die Sicherheit oder Gesundheit des Jugendlichen, so hat der Dienstgeber dafür Sorge zu tragen, daß in jährlichen Abständen eine Untersuchung gemäß § 132a ASVG stattfindet.

(2) Die Jugendlichenuntersuchungen gemäß § 132a ASVG sind bei Jugendlichen, die erstmalig eine Beschäftigung angetreten haben, tunlichst binnen zwei Monaten durchzuführen. Wenn dies der Wahrnehmung der Belange des Arbeitnehmerschutzes dient, kann durch Verordnung bestimmt werden, daß die Ergebnisse dieser erstmaligen Jugendlichenuntersuchungen noch vor ihrer Auswertung im Sinne des § 132a Abs. 6 ASVG der für die Durchführung des Arbeitnehmerschutzes jeweils zuständigen Behörde zuzuleiten sind.

(3) Durch Verordnung können für Jugendliche, die in Betrieben beschäftigt sind, für die das ArbeitnehmerInnenschutzgesetz, BGBl. Nr. 450/1994, nicht gilt, unter sinngemäßer Anwendung des 5. Abschnittes des ArbeitnehmerInnenschutzgesetz Vorschriften über gesundheitsgefährdende Tätigkeiten, Eignungsuntersuchungen und die Überwachung des Gesundheitszustandes erlassen werden.

ABSCHNITT 4

Verzeichnis der Jugendlichen

§ 26. (1) In jedem Betrieb, in dem Jugendliche beschäftigt werden, ist ein Verzeichnis der Jugendlichen zu führen. Das Verzeichnis hat zu enthalten:

1. Familiennamen und Vornamen sowie Wohnort der Jugendlichen,
2. Tag und Jahr der Geburt,
3. Tag des Eintrittes in den Betrieb,
4. Art der Beschäftigung,
5. Aufzeichnungen über die geleisteten Arbeitsstunden und deren Entlohnung (§ 26 Abs. 1 des Arbeitszeitgesetzes (AZG), BGBl. Nr. 461/1969),
6. die Zeit, während der den Jugendlichen Urlaub gewährt wurde,
7. Namen und Wohnort der gesetzlichen Vertreter der Jugendlichen.

(2) Das Verzeichnis ist jeweils richtigzustellen. Bei Neuanlage des Verzeichnisses sind die vorher geführten Verzeichnisse bis zum Ablauf von zwei Jahren nach der letzten Eintragung aufzubewahren.

(3) Den Organen der Arbeitnehmerschaft des Betriebes ist auf Verlangen Einsicht in das Verzeichnis zu gewähren.

Jugendliche Berufskraftfahrerinnen und Berufskraftfahrer

§ 26a. (1) Werden in einem Betrieb Jugendliche zu Berufskraftfahrerinnen oder Berufskraftfahrern ausgebildet und diese ausschließlich oder teilweise auf einem Fahrzeug mit eingebautem Kontrollgerät gemäß § 13 Abs. 1 Z 4 oder 5 AZG eingesetzt, so hat die Aufzeichnung der Lenkzeiten und Lenkpausen auf solchen Fahrzeugen mittels Ausdruck vom digitalen Kontrollgerät oder Schaublättern zu erfolgen. Verfügt die bzw. der Jugendliche über eine Fahrerkarte, hat sie bzw. er diese zu verwenden. § 17a AZG ist anzuwenden.

(2) Werden die Jugendlichen ausschließlich auf Fahrzeugen ohne eingebautem Kontrollgerät eingesetzt, so ist für jede und jeden Jugendlichen über ihre bzw. seine Lenkzeiten und Lenkpausen ein Wochenberichtsblatt zu führen. Werden die Jugendlichen teilweise auf solchen Fahrzeugen eingesetzt, sind in das Wochenberichtsblatt nur jene Lenkzeiten und Lenkpausen einzutragen, die nicht durch Ausdrucke, Schaublätter oder gegebenenfalls durch die Daten von der Fahrerkarte gemäß Abs. 1 dokumentiert werden können.

(3) Arbeitgeberinnen und Arbeitgeber haben die Jugendlichen während der Arbeitszeit ausreichend und nachweislich in der Handhabung der Kontrollgeräte zu unterweisen oder die ausreichende Unterweisung nachweislich sicher zu stellen.

(4) Während der Fahrten sind Ausdrucke, Schaublätter und Wochenberichtsblätter der vorangegangen 56 Tage sowie gegebenenfalls die Fahrerkarte mitzuführen und den Kontrollorganen auf Verlangen vorzuweisen. Auf all diese Aufzeichnungen ist auch § 17b AZG anzuwenden.

(5) Nähere Bestimmungen über die Form, den Inhalt und die Vorschriften über die Führung des Wochenberichtsblattes sind durch Verordnung zu treffen.

Aushänge

§ 27. (1) In Betrieben, in denen keine Betriebsvereinbarungen im Sinne des § 97 Abs. 1 Z 2 des Arbeitsverfassungsgesetzes bestehen, muß vom Dienstgeber an einer für die Arbeitnehmer des Betriebes leicht zugänglichen Stelle ein Aushang über den Beginn und das Ende der Normalarbeitszeit und der Ruhepausen sowie über die

Dauer der Wochenruhezeit der Jugendlichen gut sichtbar angebracht werden.

(2) Die Aushangpflicht nach den Abs. 1 wird auch dann erfüllt, wenn die Arbeitszeiteinteilung den Jugendlichen mittels eines sonstigen Datenträgers samt Ablesevorrichtung, durch geeignete elektronische Datenverarbeitung oder durch geeignete Telekommunikationsmittel zugänglich gemacht wird.

Anzeigepflicht

§ 27a. (1) Der Dienstgeber hat die Beschäftigung von Jugendlichen an aufeinanderfolgenden Sonntagen gemäß § 18 Abs. 3a dem Arbeitsinspektorat anzuzeigen. Diese Anzeige hat zu enthalten:

1. Den Zeitraum, für den die Beschäftigung an aufeinanderfolgenden Sonntagen vorgesehen ist, sowie jenen Zeitraum, in dem die Jugendlichen an Sonntagen und an betrieblichen Sperrtagen im Sinne des § 19 Abs. 4 nicht beschäftigt werden,
2. Zeiten des Besuches einer lehrgangs- oder saisonmäßigen Berufsschule, soweit diese in den Zeitraum gemäß § 18 Abs. 3a fallen,
3. Familien- und Vornamen der Jugendlichen sowie das Geburtsdatum.

(2) Die Anzeige gemäß Abs. 1 hat spätestens zwei Wochen vor Beginn der Beschäftigung Jugendlicher gemäß § 18 Abs. 3a zu erfolgen.

(3) Das Arbeitsinspektorat hat Anzeigen gemäß Abs. 1 auf Verlangen den gesetzlichen Interessenvertretungen der Arbeitgeber und Arbeitnehmer zugänglich zu machen.

Gebührenfreiheit

§ 27b. Anzeigen gemäß § 20 Abs. 2 und § 27a sind von Stempel- und Rechtsgebühren des Bundes befreit.

ABSCHNITT 5

Anhörung der Jugendschutzstellen

§ 28. Die Arbeitsinspektorate sowie die Landeshauptmänner und die Bezirksverwaltungsbehörden haben vor Bewilligung von Ausnahmen und vor Erlassung von Verfügungen nach diesem Bundesgesetz die Jugendschutzstelle der zuständigen Arbeiterkammer und der zuständigen gesetzlichen Interessenvertretung der Dienstgeber zu hören.

Behördenzuständigkeit

§ 29. Die Aufgaben und Befugnisse, die nach diesem Bundesgesetz den Arbeitsinspektoraten zukommen, haben in Betrieben, die vom Wirkungsbereich der Arbeitsinspektion nach dem Arbeitsinspektionsgesetz 1993, BGBl. Nr. 27, ausgenommen sind, die zur Wahrnehmung des Dienstnehmerschutzes sonst berufenen Behörden auszuüben.

Strafbestimmungen

§ 30. (1) Wer den Bestimmungen des Abschnittes 2 dieses Bundesgesetzes zuwiderhandelt, ist, sofern die Tat nicht nach anderen Gesetzen einer strengeren Strafe unterliegt, von der Bezirksverwaltungsbehörde mit einer Geldstrafe von 72 E bis 1090 E, im Wiederholungsfall von 218 E bis 2180 E zu bestrafen.

(2) Ebenso sind Dienstgeber und deren Bevollmächtigte zu bestrafen, die den Bestimmungen der Abschnitte 3 und 4 dieses Bundesgesetzes oder einer auf Grund einer Bestimmung dieser Abschnitte erlassenen Verordnung zuwiderhandeln.

(3) Wurden Verwaltungsübertretungen nach den Abs. 1 und 2 nicht im Inland begangen, gelten sie als an jenem Ort begangen, an dem sie festgestellt wurden.

Verbot der Beschäftigung Jugendlicher

§ 31. (1) Dienstgebern und deren Bevollmächtigten, die wiederholt wegen Übertretungen nach § 30 bestraft wurden, kann die Bezirksverwaltungsbehörde auf Antrag des Arbeitsinspektorates oder der zur Wahrnehmung des Dienstnehmerschutzes sonst berufenen Behörde die Beschäftigung von Jugendlichen auf bestimmte Zeit oder dauernd untersagen.

(2) Außer in den im Abs. 1 bezeichneten Fällen kann die Bezirksverwaltungsbehörde, nach Anhörung der gesetzlichen Interessenvertretungen der Dienstgeber und der Dienstnehmer, Dienstgebern und deren Bevollmächtigten die Beschäftigung von Jugendlichen auf bestimmte Zeit oder dauernd verbieten, wenn sie sich grober Pflichtverletzungen gegen die bei ihnen beschäftigten Jugendlichen schuldig gemacht haben oder gegen sie Tatsachen vorliegen, die sie in sittlicher Beziehung zur Beschäftigung Jugendlicher ungeeignet erscheinen lassen.

Urlaub der Jugendlichen

§ 32. (1) Der Anspruch der Jugendlichen auf Urlaub richtet sich nach den für sie jeweils geltenden Urlaubsvorschriften.

(2) Auf Verlangen des Jugendlichen ist der Verbrauch des Urlaubes im Ausmaß von mindestens zwölf Werktagen für die Zeit zwischen 15. Juni und 15. September zu vereinbaren.

ABSCHNITT 6

Verweisungen

§ 33. Soweit in diesem Bundesgesetz auf andere Bundesgesetze verwiesen wird, sind diese in ihrer jeweils geltenden Fassung anzuwenden.

Vollziehung

§ 34. (1) Mit der Vollziehung dieses Bundesgesetzes sind betraut:

1. hinsichtlich der §§ 11 Abs. 6 und 11a die Bundesministerin bzw. der Bundesminister für Bildung Wissenschaft und Forschung im Einvernehmen mit der Bundesministerin bzw. dem Bundesminister für Arbeit;
2. hinsichtlich des § 17 Abs. 6 und 7 die Bundesministerin bzw. der Bundesminister für Arbeit im Einvernehmen mit der Bundesministerin bzw. dem Bundesminister für Kunst, Kultur, öffentlichen Dienst und Sport;
3. hinsichtlich des § 27b die Bundesministerin bzw. der Bundesminister für Finanzen;
4. hinsichtlich aller anderen Bestimmungen die Bundesministerin bzw. der Bundesminister für Arbeit.

(2) Die §§ 18 Abs. 3a, 19 Abs. 2 und 3 sowie § 27a, in der Fassung des Bundesgesetzes BGBl. Nr. 175/1992, treten mit 1. Mai 1992 in Kraft.

(3) § 6 Abs. 8 in der Fassung des Bundesgesetzes BGBl. Nr. 257/1993 tritt mit 1. Juli 1993 in Kraft. Auf zu diesem Zeitpunkt anhängige Verfahren ist er jedoch noch nicht anzuwenden.

(4) § 1 Abs. 4 in der Fassung des Bundesgesetzes BGBl. Nr. 410/1996 tritt mit 1. Juli 1996 in Kraft. Mit diesem Zeitpunkt tritt § 17 Abs. 5 außer Kraft

(5) § 1 Abs. 1 und 1a, § 2 Abs. 1 und 1a, § 3, § 5a Abs. 1, § 6 Abs. 1, § 7 Abs. 2 Z 3, § 11 Abs. 2, 2a, 2b, 3 und

8, § 11a, § 12 Abs. 3, § 13, § 15 Abs. 1 und 2, § 16, § 17 Abs. 3a bis 7, § 19, § 19a, § 20, § 23 Abs. 1, 1a, 1b und 2, § 24, § 25 Abs. 1 und 1a, § 27b, § 29 und § 33 und § 34 Abs. 1 Z 2a in der Fassung des Bundesgesetzes BGBl. I Nr. 79/1997 treten mit 1. Juli 1997 in Kraft.

(6) § 30 in der Fassung des Bundesgesetzes BGBl. I Nr. 98/2001 tritt mit 1. Jänner 2002 in Kraft.

(7) Die §§ 2 Abs. 1a Z 4, 17 Abs. 3a und 7, 19 Abs. 6, 25 Abs. 3 und 27 Abs. 3 in der Fassung des Bundesgesetzes BGBl. I Nr. 79/2003 treten mit 1. Juli 2003 in Kraft. Gleichzeitig tritt § 23 Abs. 4 außer Kraft.

(8) Die Überschrift zu § 5a Abs. 1 und § 30 Abs. 3 in der Fassung des Bundesgesetzes BGBl. I Nr. 93/2010 treten mit 1. November 2010 in Kraft.

(9) § 34 Abs. 1 Z 4 in der Fassung vor dem 2. Stabilitätsgesetz 2012, BGBl. I Nr. 35/2012, tritt mit Ablauf des 30. Juni 2012 außer Kraft.

(10) § 6 und § 12 Abs. 4 in der Fassung des Bundesgesetzes BGBl. I Nr. 71/2013 treten mit 1. Jänner 2014 in Kraft.

(11) § 6 Abs. 3 und 4 in der Fassung des Bundesgesetzes BGBl. I Nr. 138/2013 tritt mit 1. August 2013 in Kraft, ist aber auf zu diesem Zeitpunkt bereits anhängige Verfahren nicht anzuwenden.

(12) § 1 Abs. 4 und § 11 Abs. 3a in der Fassung des Bundesgesetzes BGBl. I Nr. 152/2015 treten mit 1. Jänner 2016 in Kraft.

(13) § 1 Abs. 4, § 27 sowie § 30 Abs. 2 in der Fassung des Deregulierungsgesetzes 2017, BGBl. I Nr. 40/2017, treten mit 1. Juli 2017 in Kraft.

(14) § 1 Abs. 3 Z 1, § 26 Abs. 1 Z 5, § 26a samt Überschrift und § 34 Abs. 1, in der Fassung des Bundesgesetzes, BGBl. I Nr. 58/2022, treten mit 1. Juni 2022 in Kraft. Die Frist in § 26a Abs. 4 beträgt bis zum Ablauf des 30. Dezember 2024 28 Tage.

Verordnung über die Beschäftigungsverbote und -beschränkungen für Jugendliche

Verordnung der Bundesministerin für Arbeit, Gesundheit und Soziales, des Bundesministers für wirtschaftliche Angelegenheiten und des Bundesministers für Wissenschaft und Verkehr über Beschäftigungsverbote und -beschränkungen für Jugendliche (KJBG-VO), BGBl. II Nr. 436/1998 idF BGBl. II Nr. 221/2010 (Art. 3), BGBl. II Nr. 185/2015, BGBl. II Nr. 179/2016 (Art. 3), BGBl II Nr. 241/2017 (Art. 2) und BGBl. II Nr. 221/2018.

Auf Grund der § 23 Abs. 2 des Bundesgesetzes über die Beschäftigung von Kindern und Jugendlichen (KJBG), BGBl. I Nr. 599, zuletzt geändert durch BGBl. Nr. 126/1997, wird von der Bundesministerin für Arbeit, Gesundheit und Soziales, hinsichtlich der Betriebe, die der bergbehördlichen Aufsicht unterstehen, vom Bundesminister für wirtschaftliche Angelegenheiten im Einvernehmen mit der Bundesministerin für Arbeit, Gesundheit und Soziales, hinsichtlich der Betriebe, die der Aufsicht der Verkehrs-Arbeitsinspektion unterstehen, vom Bundesminister für Wissenschaft und Verkehr im Einvernehmen mit der Bundesministerin für Arbeit, Gesundheit und Soziales verordnet:

Allgemeine Bestimmungen

§ 1. (1) Diese Verordnung gilt für die Beschäftigung von Jugendlichen. Als Jugendliche im Sinne dieser Verordnung gelten Jugendliche im Sinne des § 3 KJBG und Minderjährige im Sinne des § 2 Abs. 1a KJBG.

(2) Ausbildung im Sinne dieser Verordnung ist jede Ausbildung im Rahmen eines Lehrverhältnisses oder eines sonstigen gesetzlich oder kollektivvertraglich geregelten Ausbildungsverhältnisses.

(3) Die in dieser Verordnung für die Ausbildung vorgesehenen Ausnahmen von Beschäftigungsverboten gelten nur, soweit diese Ausnahmen für die Vermittlung der wesentlichen Fertigkeiten und Kenntnisse nach den Ausbildungsvorschriften unbedingt erforderlich sind.

(4) Aufsicht im Sinne dieser Verordnung ist die Überwachung durch eine geeignete fachkundige Person, die jederzeit unverzüglich zum Eingreifen bereitstehen muss.

(5) Gefahrenunterweisung im Rahmen des Berufsschulunterrichts im Sinne dieser Verordnung ist eine spezielle theoretische und praktische Unterweisung zur Unfallverhütung nach Richtlinien der Allgemeinen Unfallversicherungsanstalt im Ausmaß von mindestens 24 Unterrichtseinheiten im Rahmen des Berufsschulunterrichts, die nachweislich absolviert wurde.

(6) Vor Beginn der Beschäftigung Jugendlicher und bei jeder bedeutenden Änderung der Arbeitsbedingungen sind gemäß § 23 KJBG die für Sicherheit und Gesundheit der Jugendlichen bestehenden Gefahren zu ermitteln und hat der Arbeitgeber alle erforderlichen Maßnahmen zum Schutz der Sicherheit, der Gesundheit und der Sittlichkeit der Jugendlichen unter Beachtung der Grundsätze der Gefahrenverhütung (§ 7 ASchG, BGBl. Nr. 450/1994) zu treffen.

(7) Strengere Vorschriften nach dem ASchG und den dazu erlassenen Verordnungen bleiben unberührt.

(8) Folgende Begriffsbestimmungen des ArbeitnehmerInnenschutzgesetzes (ASchG), BGBl. Nr. 450/1994, in der Fassung des Bundesgesetzes BGBl. I Nr. 60/2015, gelten auch für diese Verordnung:

1. betreffend Arbeitsstoffe § 2 Abs. 6 und § 40 ASchG;
2. betreffend persönliche Schutzausrüstung § 69 Abs. 1 ASchG.

(9) Erfolgt die Beendigung der Ausbildung vor der Vollendung des 18. Lebensjahres, gelten die in dieser Verordnung für die Ausbildung vorgesehenen Regelungen für Ausnahmen von Beschäftigungsverboten bis zur Vollendung des 18. Lebensjahres.

Verbotene Betriebe

§ 2. Die Beschäftigung Jugendlicher ist verboten:

1. in Sexshops, Sexkinos, Striptease-Lokalen, Table-Dance-Lokalen, Go-Go-Lokalen, Peep-Shows und Lokalen mit Peep-Shows;
2. bei der Herstellung, beim Vertrieb und bei der Vorführung pornographischer Produkte, unabhängig vom verwendeten Medium (Datenträger);
3. in Wettbüros und bei allen Tätigkeiten betreffend die gewerbsmäßige Vermittlung und den gewerbsmäßigen Abschluß von Wetten;
4. an der Kasse in Glücksspielhallen mit Automaten mit Geld- oder Sachwertgewinnen.

Arbeiten mit gefährlichen Arbeitsstoffen

§ 3. (1) Verboten sind die in Z 1 bis 4 genannten Arbeiten, sofern die gefährlichen Arbeitsstoffe nicht in nur so geringem Ausmaß zur Einwirkung gelangen können, dass nach arbeitsmedizinischen Erfahrungen eine Schädigung der Gesundheit nicht zu erwarten ist, oder so verwendet werden, beispielsweise in einer Apparatur, dass ein Entweichen in den Arbeitsraum während des normalen Arbeitsvorganges nicht möglich ist.

1. Arbeiten unter Einwirkung folgender, gesundheitsgefährdender Arbeitsstoffe :
   a. Akute Toxizität (Gefahrenklasse 3.1) Kategorie 1 bis 3,
   b. Ätz-/Reizwirkung auf die Haut (Gefahrenklasse 3.2),
   c. Schwere Augenschädigung/Augenreizung (Gefahrenklasse 3.3),
   d. Sensibilisierung der Atemwege oder der Haut (Gefahrenklasse 3.4),
   e. Keimzellmutagenität (Gefahrenklasse 3.5),
   f. Karzinogenität (Gefahrenklasse 3.6),
   g. Reproduktionstoxizität (Gefahrenklasse 3.7),
   h. Spezifische Zielorgan-Toxizität, einmalige Exposition (Gefahrenklasse 3.8) Kategorie 1 und 2,
   i. Spezifische Zielorgan-Toxizität, wiederholte Exposition (Gefahrenklasse 3.9) Kategorie 1 und 2,
   j. Aspirationsgefahr (Gefahrenklasse 3.10),
   k. Akute Toxizität (Gefahrenklasse 3.1) Kategorie 4, Spezifische Zielorgan-Toxizität, einmalige Exposition (Gefahrenklasse 3.8) Kategorie 3, die auf Grund ihrer irreversiblen nicht letalen oder nach längerer Exposition sich ergebenden chronischen Giftwirkung als solche eingestuft sind,
   l. Arbeitsstoffe, die fibrogene oder biologisch inerte Eigenschaften aufweisen;

2. Arbeiten mit oder an Behältern, Becken, Speicherbecken, Ballons oder Korbflaschen, die in der Z 1 angeführte Arbeitsstoffe oder explosionsgefährliche Arbeitsstoffe enthalten, sofern damit eine Gefährdung verbunden ist;
3. Arbeiten unter Verwendung gasförmiger Arbeitsstoffe, sofern die Gefahr einer Verdrängung der Atemluft unter Erstickungsgefahr gegeben ist;
4. Arbeiten mit biologischen Arbeitsstoffen der Risikogruppe 3 und 4.

(2) Jugendliche in Ausbildung dürfen mit nach Abs. 1 Z 1 bis 3 verbotenen Arbeiten unter Aufsicht beschäftigt werden.

(3) Verboten sind Arbeiten mit explosionsgefährlichen Arbeitsstoffen im Sinne des § 40 Abs. 2 ASchG. Erlaubt ist die Bereitstellung für Verkauf, Transport und Verwendung pyrotechnischer Gegenstände der Kategorie F1 und F2 gemäß §§ 11 und 47 des Pyrotechnikgesetzes 2010, BGBl. I Nr. 131/2009.

(4) Verboten sind Arbeiten mit brandgefährlichen Arbeitsstoffen im Sinne des § 40 Abs. 3 ASchG:

1. Arbeiten unter Verwendung von
   a. entzündbaren Gasen (Gefahrenklasse 2.2),
   b. entzündbaren Aerosolen (Gefahrenklasse 2.3) Kategorie 1,
   c. entzündbaren Flüssigkeiten (Gefahrenklasse 2.6) Kategorie 1,
   d. Stoffen oder Gemischen, die in Berührung mit Wasser entzündbare Gase entwickeln (Gefahrenklasse 2.12),

   wenn dabei auf Grund der beim Arbeitsvorgang auftretenden Menge und Konzentration dieser Arbeitsstoffe Gefahren für Sicherheit und Gesundheit auftreten können;
2. Arbeiten unter Verwendung von
   a. entzündbaren Aerosolen (Gefahrenklasse 2.3) Kategorie 2,
   b. oxidierenden Gasen (Gefahrenklasse 2.4),
   c. entzündbaren Feststoffen (Gefahrenklasse 2.7),
   d. entzündbaren Flüssigkeiten (Gefahrenklasse 2.6) Kategorie 2,
   e. selbstzersetzlichen Stoffen oder Gemischen (Gefahrenklasse 2.8) außer Typ A und B,
   f. pyrophoren Flüssigkeiten (Gefahrenklasse 2.9),
   g. pyrophoren Feststoffen (Gefahrenklasse 2.10),
   h. selbsterhitzungsfähigen Stoffen oder Gemischen (Gefahrenklasse 2.11),
   i. oxidierenden Flüssigkeiten (Gefahrenklasse 2.13),
   j. oxidierenden Feststoffen (Gefahrenklasse 2.14),
   k. organischen Peroxiden (Gefahrenklasse 2.15) außer Typ A und B,

   wenn dabei auf Grund der beim Arbeitsvorgang auftretenden Menge und Konzentration dieser Arbeitsstoffe Gefahren für Sicherheit und Gesundheit auftreten können; erlaubt nach 18 Monaten Ausbildung und unter Aufsicht.

Arbeiten unter physikalischen Einwirkungen

§ 4. (1) Für Jugendliche verboten sind Arbeiten, bei denen der Auslösegrenzwert für Vibrationen bei beruflicher Exposition gemäß § 4 der Verordnung über den Schutz der Arbeitnehmer/innen vor der Gefährdung durch Lärm und Vibrationen (VOLV), BGBl. II Nr. 22/2006, zuletzt geändert durch BGBl. II Nr. 302/2009, überschritten wird.

(2) Verboten sind Arbeiten

1. in Bereichen, in denen die Auslösewerte für elektromagnetische Felder im Sinn der Verordnung elektromagnetische Felder – VEMF, BGBl. II Nr. 179/2016, überschritten sind;
2. mit Lasereinrichtungen der Klassen 3R, 3B und 4;
3. unter Verwendung von Lampen der Risikogruppe 3 oder Leuchten (Gehäuse) mit vergleichbarem Risiko im Hinblick auf künstliche inkohärente optische Strahlung.

(3) Abs. 2 gilt nicht für Jugendliche nach 18 Monaten Ausbildung und bei Durchführung der Arbeiten unter Aufsicht.

(4) Verboten sind Arbeiten in Strahlenbereichen ionisierender Strahlung im Sinn des Strahlenschutzgesetzes, BGBl. Nr. 227/1969 in der geltenden Fassung.

Arbeiten unter psychischen und physischen Belastungen

§ 5. Verboten sind Arbeiten, die die psychische oder physische Leistungsfähigkeit Jugendlicher übersteigen. Zu letzteren zählen insbesondere:

1. das Heben, Abstützen, Absetzen, Schieben, Ziehen, Tragen, Wenden und sonstiges Befördern von Lasten mit oder ohne Hilfsmittel, soweit damit eine für Jugendliche unzuträgliche Beanspruchung des Organismus verbunden ist;
2. Stemmarbeiten mit nicht kraftbetriebenen Arbeitsmitteln, die nach § 4 Abs. 1 zulässig sind, soweit damit eine für Jugendliche unzuträgliche Beanspruchung des Organismus verbunden ist;
3. Arbeiten, bei denen eine den Organismus besonders belastende Hitze im Sinne des Art. VII Abs. 2 Z 2 des Nachtschwerarbeitsgesetzes (NSchG), BGBl. Nr. 354/1981, in der jeweils geltenden Fassung, vorliegt; erlaubt für Jugendliche in Ausbildung, unter Aufsicht;
4. Arbeiten in Räumen mit Temperaturen unter –10° C; erlaubt sind Arbeiten in Räumen mit Temperaturen von –10° C bis –25° C, wenn diese Tätigkeiten zwei Stunden täglich und zehn Stunden wöchentlich nicht überschreiten.

Arbeiten mit gefährlichen Arbeitsmitteln

§ 6. (1) Verboten sind Arbeiten mit Arbeitsmitteln, an denen durch bewegte Werkzeuge und Werkstücke, die Quetsch-, Scher-, Schneid-, Stich-, Fang-, Einzugsstellen bilden, oder durch andere Gefahrstellen eine besondere Gefahr von Verletzungen gegeben ist, sofern an den Arbeitsmitteln bestehende Unfallgefahren nicht durch geeignete Maßnahmen beseitigt sind, etwa durch Zweihandschaltung, Lichtschranken oder andere trennende Schutzeinrichtungen oder Schutzvorrichtungen. Verbotene Arbeitsmittel und Arbeiten sind insbesondere:

1. Sägemaschinen mit Handbeschickung, Handentnahme oder Handvorschub des Sägegutes bzw. Handvorschub bei Maschinen mit beweglichem Sägetisch, sowie handgeführte Sägemaschinen mit einer Nennleistung von mehr als 1200 Watt, ausgenommen Bandsägen für die Metallbearbeitung, Bügelsägen, Fuchsschwanzsägen und Furniersägen; erlaubt nach 18 Monaten Ausbildung, mit Gefahrenunterweisung im Rahmen des Berufsschulunterrichts nach zwölf Monaten, unter Aufsicht; Kettensägen ungeachtet der Nennleistung; erlaubt nach 18 Monaten Ausbildung, mit Gefahrenunterweisung im Rahmen des Berufsschulunterrichts nach zwölf Monaten, unter Aufsicht; diese Ausnahmen gelten für Kettensägen nur mit einer Ausstattung mit Antivibrationsgriffen und bei Verwendung von Antivibrationshandschuhen;
2. Hobelmaschinen mit rotierenden Messerwellen mit Handbeschickung, Handentnahme oder Handvor-

schub des Werkstückes oder der Maschine, ausgenommen handgeführte Hobelmaschinen mit einer Nennleistung von nicht mehr als 1200 Watt sowie Dickenhobelmaschinen; erlaubt nach 18 Monaten, mit Gefahrenunterweisung im Rahmen des Berufsschulunterrichts nach zwölf Monaten, unter Aufsicht;

3. Fräsmaschinen mit Handbeschickung, Handentnahme oder Handvorschub des Werkstückes sowie handgeführte Fräsmaschinen mit einer Nennleistung von mehr als 1200 Watt, ausgenommen Fräsmaschinen für die Metallbearbeitung; erlaubt nach 18 Monaten Ausbildung, mit Gefahrenunterweisung im Rahmen des Berufsschulunterrichts nach zwölf Monaten, unter Aufsicht;
4. Schneidemaschinen mit Handbeschickung, Handentnahme oder Handvorschub des Schneidegutes, ausgenommen Brot- und Wurstschneidemaschinen; erlaubt nach 18 Monaten Ausbildung, mit Gefahrenunterweisung im Rahmen des Berufsschulunterrichts nach zwölf Monaten, unter Aufsicht;
5. handgeführte Trennmaschinen und Winkelschleifer mit einer Nennleistung von mehr als 1200 Watt; erlaubt nach 18 Monaten Ausbildung, mit Gefahrenunterweisung im Rahmen des Berufsschulunterrichts nach zwölf Monaten, unter Aufsicht;
6. Bandschleifmaschinen, ausgenommen handgeführte Bandschleifmaschinen mit einer Nennleistung von nicht mehr als 1200 Watt sowie Bandschleifmaschinen mit einer Funktion ähnlich der von Schleifböcken; erlaubt ab Beginn der Ausbildung; ausgenommen Kantenschleifmaschinen; diese erst nach 18 Monaten Ausbildung, mit Gefahrenunterweisung im Rahmen des Berufsschulunterrichts nach zwölf Monaten, unter Aufsicht;
7. Stanzen und Pressen mit Handbeschickung oder Handentnahme, deren im Fertigungsvorgang bewegliche Teile einen Hub von mehr als 6 mm haben können; erlaubt nach 18 Monaten Ausbildung, mit Gefahrenunterweisung im Rahmen des Berufsschulunterrichts nach zwölf Monaten, unter Aufsicht;
8. Zerkleinerungs-, Knet-, Rühr- und Mischmaschinen, bei denen die Beschickung während des Betriebs von Hand erfolgen muss und dadurch eine Gefährdung gegeben ist, ausgenommen Mischmaschinen für Bauarbeiten; erlaubt nach zwölf Monaten Ausbildung, unter Aufsicht; diese Ausnahme gilt nicht für Zerkleinerungsmaschinen;
9. Arbeitsmittel mit Fang- und Einzugsstellen durch rotierende Teile, Walzen, Bänder oder dergleichen, ausgenommen Bogendruckmaschinen und Drehmaschinen; erlaubt nach 18 Monaten Ausbildung, mit Gefahrenunterweisung im Rahmen des Berufsschulunterrichts nach zwölf Monaten, unter Aufsicht; Rollen-Rotationsdruckmaschinen erlaubt für alle Jugendliche ab dem vollendeten 17. Lebensjahr;
10. Furnierschälmaschinen, Holzschälmaschinen und Furniermessermaschinen;
11. Hebebühnen und Hubtische, ausgenommen stationäre Hebebühnen und Hubtische; erlaubt nach zwölf Monaten, unter Aufsicht; erlaubt für alle Jugendliche ab dem vollendeten 17. Lebensjahr;
12. Bolzensetzgeräte;
13. Schlachtschußapparate und Betäubungszangen;
14. Dampfkessel und Druckbehälter für Dämpfe sowie Wärmekraftmaschinen, soweit diese in den Geltungsbereich des § 3 Abs. 1 Z 1 und § 3 Abs. 1 Z 2 lit. a und b des Kesselgesetzes, BGBl. Nr. 211/1992, in der jeweils geltenden Fassung, fallen;
15. Bedienung von bühnentechnischen Einrichtungen; erlaubt für alle Jugendliche ab dem vollendeten 17. Lebensjahr;
16. Bedienung von Schleppliften; erlaubt das Zureichen von Bügeln für alle Jugendliche ab dem vollendeten 16. Lebensjahr;
17. Führen von Bauaufzügen;
18. Führen von selbstfahrenden Arbeitsmitteln und Lenken von Kraftfahrzeugen auf dem Betriebsgelände; erlaubt ist das Lenken von Kraftfahrzeugen für Jugendliche, die einen Lernfahrausweis oder eine Lenkerberechtigung auf Grund kraftfahrrechtlicher Vorschriften besitzen;
19. Einschießen von Waffen; erlaubt nach 18 Monaten Ausbildung, unter Aufsicht;
20. Wartung und Montage von Aufzügen; erlaubt nach 18 Monaten Ausbildung, mit Gefahrenunterweisung im Rahmen des Berufsschulunterrichts nach zwölf Monaten, unter Aufsicht;
21. Bedienen von Hebezeugen; erlaubt ist die Bedienung von Ladehilfen (Ladebagger, Ladekranen mit einer Tragfähigkeit von nicht mehr als 5 t und einem Lastmoment von nicht mehr als 10 t, Ladebordwände, Kippeinrichtungen usw.), die mit einem Kraftfahrzeug fest verbunden sind, durch Jugendliche, die zu Berufskraftfahrern ausgebildet werden, nach 24 Monaten Ausbildung unter Aufsicht, für alle sonstigen Jugendlichen nach 24 Monaten Ausbildung unter Aufsicht, wenn die zu bewegende Last 1,5 t nicht überschreitet;
22. Bedienen von Plasma-, Autogen- und Laserschneideanlagen; erlaubt nach 18 Monaten Ausbildung, unter Aufsicht, sofern § 7 Z 12 nicht anderes bestimmt;
23. Schweißarbeiten; erlaubt ab Beginn der Ausbildung, unter Aufsicht, sofern § 7 Z 12 nicht anderes bestimmt; erlaubt für alle Jugendliche ab dem vollendeten 17. Lebensjahr.

(2) Ausgenommen von den Verboten nach Abs. 1 Z 1 bis 11 und 21 sind Arbeiten mit Arbeitsmitteln, die ausschließlich durch menschliche Arbeitskraft angetrieben werden.

(3) Jugendliche dürfen mit Störungsbeseitigung, Einstell-, Wartungs-, Programmier-, Instandhaltungs- und Reinigungsarbeiten an in Betrieb befindlichen Arbeitsmitteln, sonstigen Anlagen und Einrichtungen nach Abs. 1 beschäftigt werden, soweit dies gefahrlos möglich ist.

Sonstige gefährliche sowie belastende Arbeiten und Arbeitsvorgänge

§ 7. Verboten sind folgende Arbeiten:

1. Arbeiten auf Bau- und Montagestellen, wie Arbeiten auf Dächern und Mauern über die Hand auf Stockwerksdecken, Montagearbeiten des Stahl- und des konstruktiven Holzbaues, Arbeiten auf Hochspannungsmasten, an denen Absturzgefahr besteht, sofern nach der Art der Arbeit keine technischen Schutzmaßnahmen gegen Absturz getroffen werden müssen und auch nicht getroffen sind; erlaubt nach zwölf Monaten Ausbildung, unter Aufsicht;
2. Arbeiten, die von Dachdeckerfahrstühlen aus durchgeführt werden, und Arbeiten auf Dächern mit einer Neigung von mehr als 60 Grad;
3. Arbeiten auf Anlegeleitern, wenn der Standplatz höher als 5 m, und Arbeiten auf Stehleitern, wenn der Standplatz höher als 3 m über der Aufstandsfläche liegt; erlaubt nach 18 Monaten Ausbildung, unter Aufsicht durch unterwiesene, erfahrene und körperlich geeignete Jugendliche bei günstigen Witterungsverhältnissen;

4. Arbeiten beim Aufstellen und Abtragen von Gerüsten sowie bei der Instandhaltung von aufgestellten Gerüsten aller Art, ausgenommen einfache Bockgerüste; erlaubt ab Beginn der Ausbildung ist die Mithilfe beim Aufstellen und Abtragen von Gerüsten sowie bei der Instandhaltung von aufgestellten Gerüsten bis zu einer Gerüstlage von 4 m Höhe unter Aufsicht;
5. Arbeiten auf Gerüsten; erlaubt ab Beginn der Ausbildung auf Gerüstlagen bis zu einer Höhe von 4 m; erlaubt nach zwölf Monaten Ausbildung unter Aufsicht auf Gerüstlagen über 4 m Höhe, wenn sich die Aufsichtsperson (§ 4 Abs. 1 BauV, BGBl. Nr. 340/1994, in der jeweils geltenden Fassung) oder in deren Abwesenheit der gemäß § 4 Abs. 4 BauV bestellte Arbeitnehmer vor Beschäftigung des Jugendlichen durch Einsichtnahme in die gemäß § 61 Abs. 5 BauV geführten Vermerke vergewissert hat, dass das Gerüst ordnungsgemäß überprüft wurde und keine Mängel aufweist;
6. Abbrucharbeiten im Hoch- und Tiefbau, bei denen eine Gefährdung durch ab- oder einstürzendes Material besteht;
7. Arbeiten im Bergbau unter Tag; erlaubt ab Beginn der Ausbildung ist das Vermitteln der Kenntnis des Lenkens einschlägiger Fahrzeuge, die eine Fahrgeschwindigkeit von 25 km/h nicht überschreiten können, auf Fahrstrecken, die für den übrigen Verkehr gesperrt sind; erlaubt für alle Jugendliche ab dem vollendeten 17. Lebensjahr; diese Ausnahme gilt nicht für Sicherungsarbeiten;
8. Untertagebauarbeiten; erlaubt für alle Jugendliche ab dem vollendeten 17. Lebensjahr; diese Ausnahme gilt nicht für Sicherungsarbeiten;
9. Arbeiten an unter Spannung stehenden Teilen elektrischer Anlagen, wenn die Nennspannung über 25 V Wechsel- oder 60 V Gleichspannung beträgt, ausgenommen ist das Messen elektrischer Größen, sofern die elektrische Anlage mit einer Fehlerstromschutzschaltung mit einem Nennwert des Auslösefehlerstromes von nicht mehr als 30 mA ausgerüstet ist; erlaubt nach 18 Monaten Ausbildung, unter Aufsicht;
10. das Kröseln, Arbeiten am Absprengrad sowie das Auffangen und Mundblasen vor dem Schmelzofen und Fertigblasen von Glasgegenständen an Halb- oder Dreiviertelautomaten bei der Bearbeitung oder Veredelung von Glas oder Glaswaren für alle Jugendliche bis zum vollendeten 17. Lebensjahr;
11. das Abfangen und der Transport flüssigen Metalls beim Metallgießen für alle Jugendliche bis zum vollendeten 17. Lebensjahr; erlaubt nach zwölf Monaten Ausbildung, unter Aufsicht; erlaubt ist weiters das Abfangen und der Transport von Schmelze in Zinngießereien bis zu einem Gewicht von 2 kg;
12. Schweiß- und Schneidearbeiten unter erschwerten Arbeitsbedingungen, etwa in engen Räumen oder Behältern, an beengten Arbeitsplätzen oder unter belastenden raumklimatischen Bedingungen; erlaubt nach 18 Monaten Ausbildung, unter Aufsicht;
13. Arbeiten im Eisenbahnbetrieb; die selbständige, eigenverantwortliche Beschäftigung bei Eisenbahnen und deren Anlagen im Sinne des Eisenbahngesetzes, BGBl. Nr. 60/1957, in der jeweils geltenden Fassung, und sonstigen Bahnen, wie Materialbahnen, Materialseilbahnen oder Feldbahnen und deren Anlagen; erlaubt für Jugendliche, sofern sie in Ausübung ihrer Tätigkeit den durch den Eisenbahnbetrieb bedingten besonderen Gefahren nicht unmittelbar ausgesetzt sind; erlaubt weiters ab Beginn der Ausbildung unter Aufsicht;
14. die Beschäftigung auf Fahrzeugen und Schwimmkörpern im Sinne des Schiffahrtsgesetzes, BGBl. I Nr. 62/1997, in der jeweils geltenden Fassung, und auf Seeschiffen im Sinne des Seeschiffahrtsgesetzes, BGBl. Nr. 174/1981, in der jeweils geltenden Fassung; erlaubt ab Beginn der Ausbildung unter Aufsicht oder für Jugendliche, die ein Befähigungszeugnis entsprechend dem internationalen Übereinkommen von 1978 über Normen für die Ausbildung, die Erteilung von Befähigungszeugnissen und den Wachdienst von Seeleuten (STCW) besitzen, oder Dienstleistungen ausüben, die nicht mit dem Schiffsbetrieb im Zusammenhang stehen;
15. Arbeiten im Rahmen der Einsätze und Übungen von Gasrettungsdiensten und Betriebsfeuerwehren;
16. die Beschäftigung als Beifahrer von Kraftfahrzeugen;
17. das Feilbieten im Umherziehen;
18. Arbeiten beim gewerbsmäßigen Vertrieb und bei der Verteilung von Druckerzeugnissen auf der Straße und an öffentlichen Orten;
19. die Beschäftigung von Jugendlichen an Verkaufsstellen vor Geschäften im Freien; erlaubt ab Beginn der Ausbildung die Beschäftigung bis zu zwei Stunden täglich;
20. Masseurarbeiten am menschlichen Körper; erlaubt für alle Jugendliche ab dem vollendeten 17. Lebensjahr;
21. Arbeiten mit wilden oder giftigen Tieren in Tierschauen; erlaubt nach 18 Monaten Ausbildung unter Aufsicht ist die Betreuung solcher Tiere;
22. die industrielle Schlachtung von Tieren.

Arbeiten unter Einwirkung von Tabakrauch in der Gastronomie

§ 7a. (1) Die Beschäftigung Jugendlicher in Räumen von Gastronomiebetrieben, in denen gemäß § 13a des Tabak- und Nichtraucherinnen- bzw. Nichtraucherschutzgesetzes (TNRSG), BGBl. Nr. 431/1995 in der Fassung BGBl. I Nr. 37/2018, das Rauchen gestattet ist und Jugendliche Einwirkungen von Tabakrauch unmittelbar ausgesetzt sind, ist höchstens bis zu einer Stunde täglich zulässig.

(2) Im Rahmen der Arbeitsplatzevaluierung nach § 23 KJBG sind geeignete Maßnahmen festzulegen, die gewährleisten, dass der in Abs. 1 genannte Zeitraum eingehalten wird.

(3) Abs. 1 gilt nicht für Jugendliche, deren Ausbildung im Gastronomiebetrieb vor dem 1. September 2018 begonnen hat, sofern zwingende räumliche oder organisatorische Gründe der Umsetzung von Abs. 1 entgegenstehen.

(4) Wird ein Lehrling in einem Gastronomiebetrieb ausgebildet, in dem er in Räumen beschäftigt wird, in denen das Rauchen gestattet ist, und strebt er einen Wechsel in einen Lehrbetrieb an, in dem Rauchen verboten ist, so hat die Lehrlingsstelle der Wirtschaftskammer den Lehrling dabei zu beraten und zu unterstützen.

Abweichungen und weitergehende Schutzmaßnahmen

§ 8. (1) Das Arbeitsinspektorat oder die sonst zuständige Behörde kann mit Bescheid die Beschäftigung Jugendlicher trotz Vorliegens eines Verbots nach den §§ 2 bis 7 unter Bedingungen, jedenfalls unter Aufsicht, zulassen, wenn dies für die Ausbildung unbedingt erforderlich ist und nach den besonderen Umständen des Einzelfalles dadurch der Schutz der Sicherheit, der Gesundheit und der Sittlichkeit Jugendlicher nicht beeinträchtigt werden.

(2) Das Arbeitsinspektorat oder die sonst zuständige Behörde kann über die Verbote nach den §§ 2 bis 7 hinaus durch Bescheid die Beschäftigung Jugendlicher mit Arbeiten, die mit besonderen Gefahren für Sicherheit, Gesundheit und Sittlichkeit Jugendlicher verbunden sind, untersagen oder von Bedingungen abhängig machen.

(3) Das Arbeitsinspektorat oder die sonst zuständige Behörde hat vor Bewilligung von Ausnahmen die zuständige Lehrlings- und Jugendschutzstelle der zuständigen Arbeiterkammer und der zuständigen gesetzlichen Interessenvertretung der Arbeitgeber zu hören.

Auflegen der Bescheide

§ 9. Arbeitgeber, die Jugendliche beschäftigen, haben eine Ablichtung von Bescheiden nach § 8 an geeigneter, für die Arbeitnehmer leicht zugänglicher Stelle aufzulegen.

Umsetzung von Rechtsakten der Europäischen Union

§ 10. Durch diese Verordnung wird die Richtlinie 94/33/EG über den Jugendarbeitsschutz, ABl. Nr. L 216/12 vom 20.8.1994, S. 12, in der Fassung der Änderungsrichtlinie 2014/27/EU zwecks ihrer Anpassung an die Verordnung (EG) Nr. 1272/2008 über die Einstufung, Kennzeichnung und Verpackung von Stoffen und Gemischen, ABl. Nr. L 65 vom 5.3.2014, S. 1, umgesetzt.

Schluß- und Übergangsbestimmungen

§ 11. (1) Diese Verordnung tritt mit 1. Jänner 1999 in Kraft.

(2) Die Verordnung über die Beschäftigungsverbote und -beschränkungen für Jugendliche, BGBl. Nr. 527/1981, zuletzt geändert durch die Verordnung BGBl. II Nr. 173/1997, tritt mit Ablauf des 31. Dezember 1998 außer Kraft.

(3) Soweit Arbeitsstoffe noch entsprechend ihren Eigenschaften im Sinne des § 3 des Chemikaliengesetzes 1996, BGBl. I Nr. 53/1997 in der Fassung BGBl. I Nr. 14/2015, eingestuft oder gekennzeichnet sind, gilt § 3 dieser Verordnung unter sinngemäßer Anwendung von § 40 Abs. 8 ASchG.

(4) Die §§ 1 Abs. 8, § 3, § 10 samt Überschrift und § 11 Abs. 3 und Abs. 4 samt Überschrift zu § 11, jeweils in der Fassung des BGBl. II Nr. 185/2015, treten mit dem ihrer Kundmachung folgenden Tag in Kraft; gleichzeitig tritt der bisherige § 3 Abs. 1 Z 4 bis 6 außer Kraft.

(5) § 4 Abs. 2 Z 1 in der Fassung der Verordnung BGBl. II Nr. 179/2016 tritt mit dem der Kundmachung folgenden Monatsersten in Kraft.

(6) § 9 samt Überschrift in der Fassung der Verordnung BGBl. II Nr. 241/2017 tritt am 1. Juli 2017 in Kraft.

(7) § 7a samt Überschrift in der Fassung der Verordnung BGBl. II Nr. 221/2018 tritt mit 1. September 2018 in Kraft.

Krankenanstalten-Arbeitszeitgesetz

Bundesgesetz, mit dem ein Arbeitszeitgesetz für Angehörige von Gesundheitsberufen in Kranken-, Pflegeanstalten und ähnlichen Einrichtungen geschaffen wird (Krankenanstalten-Arbeitszeitgesetz – KA-AZG), BGBl. I Nr. 8/1997, i.d.F. BGBl. I Nr. 96/1998 (Art. III), BGBl. I Nr. 88/1999 (Art. III), BGBl. I Nr. 98/2001 (Art. 147), BGBl. I Nr. 30/2002 (Art.4), BGBl. I Nr. 122/2002 (Art. 2), BGBl. I Nr. 169/2002 (Art. IV), BGBl. I Nr. 146/2003, BGBl. I Nr. 155/2005 (Art.4), BGBl. I Nr. 125/2008, BGBl. I Nr. 93/2010 (Art. 4), BGBl. I Nr. 38/2012 (Art. 3), BGBl. I Nr. 89/2012 (Art. 6), BGBl. I Nr. 76/2014, BGBl. I Nr. 40/2017 (Art. 14), BGBl. I Nr. 100/2018, BGBl I Nr. 168/2021, BGBl I Nr. 168/2021 und BGBl I Nr. 15/2022.

ABSCHNITT 1

Geltungsbereich

§ 1. (1) Dieses Bundesgesetz gilt für die Beschäftigung von Dienstnehmer/innen, die in

1. Allgemeinen Krankenanstalten;
2. Sonderkrankenanstalten;
3. Heimen für Genesende, die ärztlicher Behandlung und besonderer Pflege bedürfen;
4. Pflegeanstalten für chronisch Kranke, die ärztlicher Betreuung und besonderer Pflege bedürfen;
5. Gebäranstalten und Entbindungsheimen;
6. Sanatorien;
7. selbständigen Ambulatorien, insbesondere Röntgeninstituten und Zahnambulatorien;
8. Anstalten, die für die Unterbringung geistig abnormer oder entwöhnungsbedürftiger Rechtsbrecher/innen bestimmt sind;
9. Krankenabteilungen in Justizanstalten;
10. Kuranstalten und
11. Organisationseinheiten zur stationären Pflege in Pflegeheimen und ähnlichen Einrichtungen

als Angehörige von Gesundheitsberufen tätig sind oder deren Tätigkeit sonst zur Aufrechterhaltung des Betriebes ununterbrochen erforderlich ist.

(2) Als Angehörige von Gesundheitsberufen im Sinne dieses Bundesgesetzes gelten

1. Ärzte/Ärztinnen gemäß Ärztegesetz 1998, BGBl. I Nr. 169,

1a. Angehörige des zahnärztlichen Berufs und des Dentistenberufs gemäß Zahnärztegesetz, BGBl. I Nr. 126/2005,

2. Angehörige der Gesundheits- und Krankenpflegeberufe gemäß Gesundheits- und Krankenpflegegesetz, BGBl. I Nr. 108/1997,
3. Angehörige der gehobenen medizinisch-technischen Dienste gemäß MTD-Gesetz, BGBl. Nr. 460/1992,
4. Angehörige des medizinisch-technischen Fachdienstes gemäß dem Bundesgesetz über die Regelung des medizinisch-technischen Fachdienstes und der Sanitätshilfsdienste (MTF-SHD-G), BGBl. Nr. 102/1961,
5. Angehörige der Sanitätshilfsdienste gemäß MTF-SHD-G, BGBl. Nr. 102/1961,

5a. Angehörige der medizinischen Assistenzberufe und der Operationstechnischen Assistenz sowie Trainingstherapeuten/Trainingstherapeutinnen gemäß Medizinische Assistenzberufe-Gesetz (MABG), BGBl. I Nr. 89/2012,

6. Hebammen gemäß Hebammengesetz, BGBl. Nr. 310/1994,
7. Angehörige des kardiotechnischen Dienstes sowie Kardiotechniker/innen in Ausbildung gemäß Kardiotechnikergesetz, BGBl. I Nr. 96/1998,
8. Gesundheitspsychologen/Gesundheitspsychologinnen und klinische Psychologen/Psychologinnen sowie Psychologen/Psychologinnen im Rahmen des Erwerbs praktischer fachlicher Kompetenz gemäß Psychologengesetz, BGBl. Nr. 360/1990,
9. Psychotherapeuten/Psychotherapeutinnen sowie Psychotherapeuten/Psychotherapeutinnen in Ausbildung gemäß Psychotherapiegesetz, BGBl. Nr. 361/1990,
10. Apothekenleiter/Apothekenleiterinnen gemäß § 37 des Apothekengesetzes, RGBl. Nr. 5/1907 sowie andere vertretungsberechtigte Apotheker/Apothekerinnen in Anstaltsapotheken im Sinne des § 3b des Apothekengesetz,
11. Sanitäter/Sanitäterinnen sowie Sanitäter/Sanitäterinnen in Ausbildung gemäß Sanitätergesetz, BGBl I Nr. 30/2002,
12. medizinische Masseure/Masseurinnen sowie medizinische Masseure/Masseurinnen in Ausbildung und Heilmasseure/Heilmasseurinnen sowie Heilmasseure/Heilmasseurinnen in Ausbildung gemäß Medizinischer Masseur- und Heilmasseurgesetz, BGBl. I Nr. 169/2002.
13. Zahnärztliche Assistentinnen/Zahnärztliche Assistenten sowie Zahnärztliche Assistentinnen/Zahnärztliche Assistenten in Ausbildung gemäß Zahnärztegesetz,

(3) Dieses Bundesgesetz gilt nicht für leitende Dienstnehmer/innen, denen maßgebliche Führungsaufgaben selbstverantwortlich übertragen sind.

(4) Dieses Bundesgesetz gilt weiters nicht für die Beschäftigung von Dienstnehmer/innen, für die das Bundesgesetz über die Beschäftigung von Kindern und Jugendlichen 1987, BGBl. Nr. 599, gilt.

ABSCHNITT 2

ARBEITSZEIT

Begriffsbestimmungen

§ 2. Im Sinne dieses Bundesgesetzes ist:

1. Arbeitszeit die Zeit vom Dienstantritt bis zum Dienstende ohne die Ruhepausen;
2. Tagesarbeitszeit die Arbeitszeit innerhalb eines ununterbrochenen Zeitraumes von 24 Stunden;
3. Wochenarbeitszeit die Arbeitszeit innerhalb des Zeitraumes von Montag bis einschließlich Sonntag.

Arbeitszeit

§ 3. (1) Die Tagesarbeitszeit darf 13 Stunden nicht überschreiten, soweit im folgenden nicht anderes bestimmt wird.

(2) Die Wochenarbeitszeit darf

1. innerhalb eines Durchrechnungszeitraumes von bis zu 17 Wochen im Durchschnitt 48 Stunden und
2. in den einzelnen Wochen des Durchrechnungszeitraumes 60 Stunden

nicht überschreiten, soweit im folgenden nicht anderes bestimmt wird.

(3) Im Rahmen seiner Mitwirkungsbefugnis bei der Arbeitszeitgestaltung hat das jeweils zuständige betriebliche Vertretungsorgan das Einvernehmen mit Vertreter/innen der betroffenen Dienstnehmer/innen (§ 1 Abs. 2 Z 1 und 1a bzw. Z 2 bis 13), die den Verhandlungen beizuziehen sind, herzustellen.

(4) Durch Betriebsvereinbarung (Abs. 3) kann

1. der Durchrechnungszeitraum nach § 4 Abs. 1, 4 und 5 auf bis zu 26 Wochen;
2. für Dienstnehmer/Dienstnehmerinnen iSd § 4 Abs. 4a Z 1 und 2 bei Vorliegen von objektiven Gründen technischer oder arbeitsorganisatorischer Art der Durchrechnungszeitraum nach § 4 Abs. 4 Z 2 auf bis zu 52 Wochen,
   a) wenn die Betriebsvereinbarung keine Arbeitszeitverlängerung nach § 4 Abs. 4b zulässt, oder
   b) im Falle des § 8 Abs. 3

ausgedehnt werden.

(4a) Fallen in einen Durchrechnungszeitraum nach § 3 Abs. 2 oder § 4 Abs. 1 und 4 gerechtfertigte Abwesenheitszeiten, sind für die Berechnung der durchschnittlichen Wochenarbeitszeit

1. wenn die Diensteinteilung zum Zeitpunkt der Kenntnisnahme durch den Dienstgeber/die Dienstgeberin bereits getroffen wurde, die in der Diensteinteilung vorgesehene Arbeitszeiten heranzuziehen;
2. wenn die Diensteinteilung zum Zeitpunkt der Kenntnisnahme durch den Dienstgeber/die Dienstgeberin noch nicht getroffen wurde, die tatsächlich geleisteten Arbeitszeiten zu addieren und durch die um die Ausfallstage reduzierte Wochenanzahl zu dividieren.

(5) In Krankenanstalten, deren Rechtsträger eine Gebietskörperschaft ist und in denen eine Personalvertretung eingerichtet ist, können Regelungen gemäß Abs. 4 im Einvernehmen mit der Personalvertretung getroffen werden.

Verlängerter Dienst

§ 4. (1) Werden Dienstnehmer/innen während der Arbeitszeit nicht durchgehend in Anspruch genommen, können durch Betriebsvereinbarung längere Arbeitszeiten zugelassen werden, wenn dies aus wichtigen organisatorischen Gründen unbedingt notwendig ist (verlängerte Dienste). Eine Verlängerung ist nur insoweit zulässig, als die zu erwartende Inanspruchnahme innerhalb eines Durchrechnungszeitraumes von 17 Wochen im Durchschnitt 48 Stunden pro Woche nicht überschreitet.

(1a) Wird von einer Arbeitszeitverlängerung nach Abs. 4b nicht Gebrauch gemacht, ist Abs. 1 zweiter Satz nicht anzuwenden. In diesem Fall sind verlängerte Dienste nur zulässig, wenn durch entsprechende organisatorische Maßnahmen dafür gesorgt wird, dass den Dienstnehmern/Dienstnehmerinnen während der verlängerten Dienste ausreichende Erholungsmöglichkeiten zur Verfügung stehen.

(1b) Bis zum Ablauf von drei Monaten nach der erstmaligen Betriebsaufnahme einer neu errichteten Krankenanstalt nach § 1 Abs. 1 Z 2 oder 3, in der noch kein Betriebsrat errichtet ist, sind verlängerte Dienste nach Abs. 1 und 1a auch zulässig, wenn dies zunächst mit den Vertretern/Vertreterinnen nach § 3 Abs. 3 und danach zusätzlich mit den einzelnen Dienstnehmern/Dienstnehmerinnen schriftlich vereinbart wurde. Die Vereinbarung mit den Vertretern/Vertreterinnen nach § 3 Abs. 3 ist den in § 7 Abs. 4 des Arbeitszeitgesetzes, BGBl. Nr. 461/1969, genannten Einrichtungen zu übermitteln. Abs. 4a ist nicht anzuwenden. Diese Vereinbarungen werden mit Inkrafttreten einer Betriebsvereinbarung nach Abs. 1 und 1a unwirksam, spätestens aber mit Auslaufen der Frist von drei Monaten ab erstmaliger Betriebsaufnahme.

(1c) Dienstgeber/Dienstgeberinnen dürfen Dienstnehmer/Dienstnehmerinnen, die verlängerten Diensten nach Abs. 1b nicht zustimmen, gegenüber anderen Dienstnehmern/Dienstnehmerinnen nicht benachteiligen. Dieses Diskriminierungsverbot betrifft insbesondere die Begründung des Dienstverhältnisses, sämtliche Arbeitsbedingungen, die Verlängerung von Dienstverhältnissen, Entgeltbedingungen, Aus- und Weiterbildungsmaßnahmen, Aufstiegschancen und Beendigung des Dienstverhältnisses.

(2) In Krankenanstalten, deren Rechtsträger eine Gebietskörperschaft ist und in denen eine Personalvertretung eingerichtet ist, können verlängerte Dienste unter den Voraussetzungen des Abs. 1 im Einvernehmen mit der Personalvertretung zugelassen werden.

(3) Wurden in einer Krankenanstalt, deren Rechtsträger eine Gebietskörperschaft ist und in denen ein Betriebsrat eingerichtet ist, verlängerte Dienste gemäß Abs. 1 für Dienstnehmer/innen zugelassen, die in einem privatrechtlichen Dienstverhältnis stehen, sind verlängerte Dienste im selben Ausmaß auch für Dienstnehmer/innen zulässig, die in einem öffentlich-rechtlichen Dienstverhältnis stehen.

(4) Wurden verlängerte Dienste nach Abs. 1 bis 3 zugelassen, darf

1. die Dauer eines verlängerten Dienstes 25 Stunden,
2. die Wochenarbeitszeit innerhalb eines Durchrechnungszeitraumes von 17 Wochen im Durchschnitt 48 Stunden,
3. die Arbeitszeit in den einzelnen Wochen des Durchrechnungszeitraumes 72 Stunden

nicht überschreiten.

(4a) Abweichend von Abs. 4 Z 1 darf die Dauer eines verlängerten Dienstes von

1. Ärzten/Ärztinnen,
2. Apothekern/Apothekerinnen gemäß § 1 Abs. 2 Z 10

bis zum 31. Dezember 2017 32 Stunden, bei einem verlängerten Dienst, der am Vormittag eines Samstages oder eines Tages vor einem Feiertag beginnt, 49 Stunden, und bis zum 31. Dezember 2020 für alle verlängerten Dienste 29 Stunden nicht überschreiten.

(4b) Abweichend von Abs. 4 Z 2 kann durch Betriebsvereinbarung oder im Einvernehmen mit der Personalvertretung zugelassen werden, dass die durchschnittliche Wochenarbeitszeit bis zum 30. Juni 2025 55 Stunden und bis zum 30. Juni 2028 52 Stunden betragen kann. Abs. 1b ist nicht anzuwenden. Eine solche Arbeitszeitverlängerung ist darüber hinaus nur zulässig, wenn auch der einzelne Dienstnehmer/die einzelne Dienstnehmerin im Vorhinein schriftlich zugestimmt hat.

(5) Ab 1. Jänner 1998 dürfen innerhalb eines Durchrechnungszeitraumes von 17 Wochen im Durchschnitt höchstens zehn verlängerte Dienste pro Monat gemäß Abs. 1 geleistet werden. Diese Höchstanzahl vermindert sich

1. ab dem 1. Jänner 2001 auf acht verlängerte Dienste und
2. ab dem 1. Jänner 2004 auf sechs verlängerte Dienste. Durch Betriebsvereinbarung oder im Einvernehmen mit der Personalvertretung kann festgelegt werden, dass bis zu acht verlängerte Dienste zulässig sind. Abs. 3 ist anzuwenden. Abs. 1b ist nicht anzuwenden.

Für die Berechnung zählt eine durchgehende Arbeitszeit von mehr als 32 Stunden als zwei verlängerte Dienste.

(6) Durch Betriebsvereinbarung oder im Einvernehmen mit der Personalvertretung kann festgelegt werden,

dass abweichend von § 2 Z 3 als Wochenarbeitszeit die Arbeitszeit innerhalb eines anderen Zeitraumes von 168 aufeinander folgenden Stunden gilt. Eine solche Regelung muss einheitlich für sämtliche Dienstnehmer/innen einer Organisationseinheit, die verlängerte Dienste leisten, getroffen werden. Abs. 3 ist anzuwenden. Abs. 1b ist nicht anzuwenden.

Überstundenarbeit und vertragsrechtliche Bestimmungen

§ 5. (1) Überstundenarbeit liegt vor, wenn die Tagesarbeitszeit acht Stunden bzw. bei einer anderen Verteilung der Arbeitszeit innerhalb der Woche neun Stunden oder die Wochenarbeitszeit 40 Stunden übersteigt, soweit nicht durch Kollektivvertrag abweichende Regelungen getroffen werden. Für Krankenanstalten, für die mangels Bestehen einer kollektivvertragsfähigen Körperschaft auf Arbeitgeberseite kein Kollektivvertrag abgeschlossen werden kann, können abweichende Regelungen durch Betriebsvereinbarung getroffen werden.

(2) Dienstnehmer/innen dürfen außerhalb der festgelegten Arbeitszeiteinteilung zu Überstundenarbeit nur herangezogen werden, wenn berücksichtigungswürdige Interessen der Dienstnehmer/innen der Überstundenarbeit nicht entgegenstehen.

(3) Für Überstundenarbeit gebührt ein Zuschlag von 50 v. H. Der Berechnung dieses Zuschlages ist der auf die einzelne Arbeitsstunde entfallende Normallohn zugrunde zu legen.

(4) Die Bestimmungen der §§ 19c, 19d und 19g des Arbeitszeitgesetzes, BGBl. Nr. 461/1969, sind anzuwenden.

(5) Abs. 1 bis 4 gelten nicht für Dienstnehmer/innen, die in einem Dienstverhältnis zu einer Gebietskörperschaft stehen. Dienstrechtliche Regelungen in Bundesgesetzen oder Landesgesetzen bleiben unberührt.

ABSCHNITT 2A

NACHTARBEIT

Definitionen

§ 5a. (1) Als Nacht im Sinne dieses Bundesgesetzes gilt die Zeit zwischen 22.00 Uhr und 05.00 Uhr.

(2) Nachtdienstnehmer/innen im Sinne dieses Bundesgesetzes sind Dienstnehmer/innen, die

1. regelmäßig oder
2. sofern durch Betriebsvereinbarung oder im Einvernehmen mit der Personalvertretung nicht anderes vorgesehen wird, in mindestens 48 Nächten im Kalenderjahr während der Nacht mindestens drei Stunden arbeiten.

Untersuchungen

§ 5b. (1) Der/die Nachtdienstnehmer/in hat Anspruch auf unentgeltliche Untersuchungen des Gesundheitszustandes gemäß § 51 ArbeitnehmerInnenschutzgesetz (ASchG), BGBl. Nr. 450/1994, oder gleichartigen österreichischen Rechtsvorschriften, und zwar vor Aufnahme der Tätigkeit und danach in Abständen von zwei Jahren, nach Vollendung des 50. Lebensjahres oder nach zehn Jahren als Nachtdienstnehmer/in in jährlichen Abständen.

(2) Abweichend von § 5a Abs. 1 und 2 gelten für den Anspruch auf Untersuchungen die folgenden Definitionen:

1. als Nacht gilt die Zeit zwischen 22.00 Uhr und 06.00 Uhr;
2. Nachtdienstnehmer/innen sind Dienstnehmer/innen, die regelmäßig oder in mindestens 30 Nächten im Kalenderjahr während der Nacht mindestens drei Stunden arbeiten.

Versetzung

§ 5c. Der/die Nachtdienstnehmer/in hat auf Verlangen Anspruch gegenüber dem/der Dienstgeber/in auf Versetzung auf einen geeigneten Tagesarbeitsplatz entsprechend den betrieblichen Möglichkeiten, wenn

1. die weitere Verrichtung von Nachtarbeit die Gesundheit nachweislich gefährdet, oder
2. die Bedachtnahme auf unbedingt notwendige Betreuungspflichten gegenüber Kindern bis zu zwölf Jahren dies erfordert, für die Dauer dieser Betreuungspflichten.

Recht auf Information

§ 5d. Der/die Dienstgeber/in hat sicherzustellen, dass Nachtdienstnehmer/innen über wichtige Betriebsgeschehnisse, die die Interessen der Nachtdienstnehmer/innen berühren, informiert werden.

ABSCHNITT 3

RUHEPAUSEN UND RUHEZEITEN

Ruhepausen

§ 6. (1) Beträgt die Gesamtdauer der Arbeitszeit mehr als sechs Stunden, so ist die Arbeitszeit durch eine Ruhepause von mindestens 30 Minuten zu unterbrechen.

(2) Verlängerte Dienste von mehr als 25 Stunden sind durch zwei Ruhepausen von jeweils mindestens 30 Minuten zu unterbrechen.

(3) Ist die Gewährung von Ruhepausen aus organisatorischen Gründen nicht möglich, so ist innerhalb der nächsten zehn Kalendertage eine Ruhezeit entsprechend zu verlängern.

Tägliche Ruhezeit

§ 7. (1) Nach Beendigung der Tagesarbeitszeit oder nach Beendigung eines verlängerten Dienstes gemäß § 4 ist den Dienstnehmer/innen eine ununterbrochene Ruhezeit von mindestens elf Stunden zu gewähren.

(2) Beträgt die Tagesarbeitszeit zwischen acht und 13 Stunden, ist jeweils innerhalb der nächsten zehn Kalendertage eine Ruhezeit um vier Stunden zu verlängern.

(3) Nach verlängerten Diensten gemäß § 4 ist die folgende Ruhezeit um jenes Ausmaß zu verlängern, um das der verlängerte Dienst 13 Stunden überstiegen hat, mindestens jedoch um elf Stunden.

§7a. (1) Für Dienstnehmer/innen, die unter das Arbeitsruhegesetz (ARG), BGBl. Nr. 144/1983 fallen, kann der Kollektivvertrag die wöchentliche Ruhezeit und die Ruhezeit an Feiertagen nach Maßgabe des Abs. 3 abweichend von den §§ 3, 4, 6 und 7 ARG regeln.

(2) Insoweit eine Regelung durch Kollektivvertrag nicht besteht, kann die wöchentliche Ruhezeit und die Ruhezeit an Feiertagen nach Maßgabe des Abs. 3 abweichend von den §§ 3, 4 und 7 ARG geregelt werden

1. durch Betriebsvereinbarung,
2. in Krankenanstalten, deren Rechtsträger eine Gebietskörperschaft ist und in denen eine Personalvertretung eingerichtet ist, im Einvernehmen mit der Personalvertretung,
3. in Betrieben von Gebietskörperschaften und sons-

tigen juristischen Personen des öffentlichen Rechts durch dienstrechtliche Vorschriften, die den wesentlichen Inhalt des Arbeitsverhältnisses zwingend festlegen.

(3) Im Rahmen der Abweichungsmöglichkeit nach Abs. 1 und 2 kann

1. die wöchentliche Ruhezeit in einzelnen Wochen 36 Stunden unterschreiten oder ganz unterbleiben, wenn in einem kollektivvertraglich, durch Betriebsvereinbarung oder in Einvernehmen mit der Personalvertretung festgelegten Zeitraum eine durchschnittliche Ruhezeit von 36 Stunden erreicht wird, wobei zur Berechnung nur mindestens 24stündige Ruhezeiten herangezogen werden dürfen;
2. die Lage der Ersatzruhe abweichend von § 6 ARG festgelegt werden;
3. die Lage der Feiertagsruhe abweichend von § 7 ARG festgelegt werden.

(4) Wurde nach § 4 Abs. 6 ein abweichender Wochenzeitraum festgelegt, kann durch Betriebsvereinbarung, in Krankenanstalten, deren Rechtsträger eine Gebietskörperschaft ist und in denen eine Personalvertretung eingerichtet ist, im Einvernehmen mit der Personalvertretung, festgesetzt werden, dass der selbe Wochenzeitraum abweichend von § 3 Abs. 1 ARG an die Stelle der Kalenderwoche tritt.

ABSCHNITT 4

AUSNAHMEN

Außergewöhnliche Fälle

§ 8. (1) In außergewöhnlichen und unvorhersehbaren Fällen finden die Bestimmungen der §§ 3, 4, 6 und 7 keine Anwendung, wenn

1. die Betreuung von Patienten/Patientinnen nicht unterbrochen werden kann oder
2. eine sofortige Betreuung von Patienten/Patientinnen unbedingt erforderlich wird

und durch andere organisatorische Maßnahmen nicht Abhilfe geschaffen werden kann. Eine Verlängerung der durchschnittlichen Wochenarbeitszeit ist nur zulässig, wenn der einzelne Dienstnehmer/die einzelne Dienstnehmerin schriftlich zugestimmt hat.

(2) Weiters finden die §§ 3, 4, 6 und 7 keine Anwendung auf Dienstnehmer/innen im Bereich des Bundesministeriums für Landesverteidigung und Sport, die

1. Tätigkeiten in einem Einsatz gemäß § 2 Abs. 1 lit. a bis c des Wehrgesetzes 2001, BGBl. I Nr. 146/ 2001, der unmittelbaren Vorbereitung eines solchen Einsatzes oder im Rahmen einsatzähnlicher Übungen oder
2. Tätigkeiten, die im Hinblick auf die in Z 1 genannten Fälle zur Aufrechterhaltung des Dienstbetriebes unbedingt erforderlich sind,

verrichten.

(3) Durch Betriebsvereinbarung oder im Einvernehmen mit der Personalvertretung können vorübergehende Ausnahmen von § 4 Abs. 4 Z 1 und 3 sowie Abs. 5 festgelegt werden, wenn

1. die Wahrung von Interessen der Patienten oder die Aufrechterhaltung des Krankenanstaltenbetriebes dies notwendig macht;
2. die allgemeinen Grundsätze der Sicherheit und des Gesundheitsschutzes der Dienstnehmer/innen eingehalten werden und
3. durch die erforderlichen Maßnahmen sichergestellt wird, daß keinem/r Dienstnehmer/in Nachteile daraus entstehen, daß er/sie generell oder im Einzelfall nicht bereit ist, solche zusätzliche Arbeitszeit zu leisten.

(4) Der/die Dienstgeber/in hat eine Arbeitszeitverlängerung nach Abs. 1 und 3 ehestens, längstens aber binnen vier Tagen nach Beginn der Arbeiten dem zuständigen Arbeitsinspektorat schriftlich anzuzeigen. Diese Anzeige muß eine aktuelle Liste der von der Arbeitszeitverlängerung betroffenen Dienstnehmer/innen und das Ausmaß der vorgesehenen Arbeitszeit enthalten.

(5) Das Arbeitsinspektorat hat auf Antrag eines/r Dienstnehmers/in, des/der Dienstgebers/in oder von Amts wegen durch Bescheid die nach Abs. 3 vorgesehene Arbeitszeitverlängerung gänzlich oder teilweise zu verbieten, wenn

1. die Voraussetzungen nach Abs. 3 Z 2 und 3 nicht vorliegen oder
2. dies zum Schutz der Sicherheit oder Gesundheit der Dienstnehmer/innen erforderlich ist.

ABSCHNITT 5

SONSTIGE VORSCHRIFTEN

§ 9. *(entfällt gem. BGBl. I Nr. 40/2017, Art. 14)*

Aushangpflicht

§ 10. Der/die Dienstgeber/in hat in jeder Organisationseinheit an geeigneter, für die Dienstnehmer/innen leicht zugänglicher Stelle einen Aushang über die Diensteinteilung gut sichtbar anzubringen oder den Dienstnehmer/innen mittels eines sonstigen Datenträgers samt Ablesevorrichtung, durch geeignete elektronische Datenverarbeitung oder durch geeignete Telekommunikationsmittel zugänglich zu machen.

Aufzeichnungspflicht

§ 11. (1) Der/die Dienstgeber/in hat zur Überwachung der in diesem Bundesgesetz geregelten Angelegenheiten im Betrieb bzw. in der Dienststelle Aufzeichnungen über die geleisteten Arbeitsstunden zu führen.

(2) Der/die Dienstgeber/in hat die Vornahme von Arbeiten gemäß § 8 Abs. 1 gesondert aufzuzeichnen.

(3) Die Verpflichtung zur Führung von Aufzeichnungen über die Ruhepausen gemäß § 6 Abs. 1 und 2 entfällt, wenn

1. durch Betriebsvereinbarung oder im Einvernehmen mit der Personalvertretung
   a) Beginn und Ende der Ruhepausen festgelegt werden oder
   b) es dem/der Dienstnehmer/in überlassen wird, innerhalb eines festgelegten Zeitraumes die Ruhepausen zu nehmen, und
2. durch Betriebsvereinbarung oder im Einvernehmen mit der Personalvertretung keine längeren Ruhepausen als das Mindestausmaß gemäß § 6 Abs. 1 und 2 vorgesehen sind und
3. von dieser Vereinbarung oder vom getroffenen Einvernehmen nicht abgewichen wird.

(4) Ist wegen Fehlens von Aufzeichnungen über die geleisteten Dienststunden die Feststellung der tatsächlich geleisteten Arbeitszeit unzumutbar, werden Verfallsfristen gehemmt.

Überlassung

§ 11a. (1) Eine Überlassung im Sinne dieses Bundesgesetzes liegt vor, wenn Dienstnehmer/innen Dritten zur Verfügung gestellt werden, um für sie unter deren Kontrolle zu arbeiten. Überlasser/in ist, wer als Dienstgeber/in Dienstnehmer/innen zur Arbeitsleistung an

Dritte verpflichtet. Beschäftiger/in ist, wer diese Dienstnehmer/innen zur Arbeitsleistung einsetzt.

(2) Für die Dauer der Überlassung gelten die Beschäftiger/innen als Dienstgeber/innen im Sinne dieses Bundesgesetzes.

Zustimmung

§ 11b. (1) Eine schriftliche Zustimmung des einzelnen Dienstnehmers/der einzelnen Dienstnehmerin im Rahmen des § 4 Abs. 4b oder § 8 Abs. 1 letzter Satz darf nicht im Zusammenhang mit der Begründung des Dienstverhältnisses stehen. Diese Zustimmung kann mit einer Vorankündigungsfrist von acht Wochen

1. für den nächsten Durchrechnungszeitraum,
2. bei einem Durchrechnungszeitraum von mehr als 17 Wochen auch für den nächsten 17 Wochen-Zeitraum oder verbleibenden kürzeren Zeitraum

schriftlich widerrufen werden.

(2) Dienstgeber/Dienstgeberinnen dürfen Dienstnehmer/Dienstnehmerinnen, die einer Verlängerung der durchschnittlichen Wochenarbeitszeit im Rahmen des § 4 Abs. 4b und § 8 Abs. 1 letzter Satz nicht zustimmen oder ihre Zustimmung widerrufen haben, gegenüber anderen Dienstnehmern/Dienstnehmerinnen nicht benachteiligen. Dieses Diskriminierungsverbot betrifft insbesondere sämtliche Arbeitsbedingungen, die Verlängerung von Dienstverhältnissen, Entgeltbedingungen, Aus- und Weiterbildungsmaßnahmen, Aufstiegschancen und Beendigung des Dienstverhältnisses.

(3) Dienstgeber/Dienstgeberinnen haben ein aktuelles Verzeichnis der Dienstnehmer/Dienstnehmerinnen zu führen, die einer Verlängerung der durchschnittlichen Wochenarbeitszeit im Rahmen des § 4 Abs. 4b oder § 8 Abs. 1 letzter Satz schriftlich zugestimmt haben. Bei Widerruf ist der Dienstnehmer/die Dienstnehmerin aus dem Verzeichnis zu streichen. Diesem Verzeichnis sind Ablichtungen der Zustimmungserklärungen beizulegen.

Strafbestimmungen

§ 12. (1) Dienstgeber/innen die

1. Dienstnehmer/innen über die Grenzen gemäß §§ 3 oder 4 hinaus beschäftigen;
2. Ruhepausen gemäß § 6 nicht gewähren;
3. die Ruhezeit gemäß § 7 nicht gewähren;
4. die Aufzeichnungspflicht gemäß § 11 verletzen,
5. die Verpflichtungen betreffend besondere Untersuchungen gemäß § 5b Abs. 1 verletzt,
6. die Anzeigepflicht gemäß § 8 Abs. 4 verletzen,

sind, sofern die Tat nicht nach anderen Vorschriften einer strengeren Strafe unterliegt, von der Bezirksverwaltungsbehörde mit einer Geldstrafe von 218 bis 2180 E, im Wiederholungsfall von 360 bis 3600 E zu bestrafen.

(1a) Verstöße gegen die Aufzeichnungspflichten gemäß § 11 sind hinsichtlich jedes/jeder einzelnen Dienstnehmer/in gesondert zu bestrafen, wenn durch das Fehlen der Aufzeichnungen die Feststellung der tatsächlich geleisteten Arbeitszeit unmöglich oder unzumutbar wird.

(1b) Übertretungen des § 7a sind nach § 27 Abs. 1, 2b, 3 und 6 ARG zu bestrafen.

(2) Abs. 1 ist nicht anzuwenden, wenn die Zuwiderhandlung von Organen einer Gebietskörperschaft begangen wurde. Besteht bei einer Bezirksverwaltungsbehörde der Verdacht einer Zuwiderhandlung durch ein solches Organ, so hat sie, wenn es sich um ein Organ des Bundes oder eines Landes handelt, eine Anzeige an das oberste Organ, dem das der Zuwiderhandlung verdächtigte Organ untersteht (Art. 20 Abs. 1 erster Satz des B-VG), in allen anderen Fällen aber eine Anzeige an die Aufsichtsbehörde zu erstatten.

ABSCHNITT 6

SCHLUSSBESTIMMUNGEN

Weitergelten von Regelungen

§ 13. Für die Dienstnehmer/innen gegenüber den Bestimmungen dieses Bundesgesetzes günstigere Regelungen in Gesetzen, Kollektivverträgen, Dienstordnungen, Betriebsvereinbarungen oder in sonstigen Vereinbarungen werden durch dieses Bundesgesetz nicht berührt.

Verweisungen

§ 14. Soweit in diesem Bundesgesetz auf andere Bundesgesetze verwiesen wird, sind diese in ihrer jeweils geltenden Fassung anzuwenden.

Inkrafttreten und Vollziehung

§ 15. (1) Dieses Bundesgesetz tritt mit 1. Jänner 1997 in Kraft.

Abs. 2 aufgehoben durch Art. 49, BGBl. I Nr. 100/2018

(2a) §§ 1 Abs. 2 und 3 Abs. 3 in der Fassung des Bundesgesetzes BGBl. I Nr. 96/1998 treten mit 1. Jänner 1999 in Kraft.

(2b) § 1 Abs. 2 Z 1 und 10, § 3 Abs. 3 und § 4 Abs. 4 Z 1 und Abs. 6 in der Fassung des Bundesgesetzes BGBl. I Nr. 88/1999 treten mit 1. Jänner 2000 in Kraft.

(2c) § 12 Abs. 1 in der Fassung des Bundesgesetzes BGBl. I Nr. 98/2001 tritt mit 1. Jänner 2002 in Kraft.

(2d) § 1 Abs. 2 Z 9 bis 11 und § 3 Abs. 3 in der Fassung des BGBl. I Nr. 30/2002 treten mit 1. Juli 2002 in Kraft.

(2e) Die §§ 5a, 5b, 5c, 5d, 9, 10 und 12 Abs. 1 in der Fassung des Bundesgesetzes BGBl. I Nr. 122/2002 treten mit 1. August 2002 in Kraft.

(2f) § 1 Abs. 2 Z 11 und 12 sowie § 3 Abs. 3 in der Fassung des BGBl. I Nr. 169/2002 treten mit 1. März 2003, jedoch nicht vor dem vierten der Kundmachung des Bundesgesetzes BGBl. I Nr. 169/2002 folgenden Monatsersten, in Kraft.

(2g) Die §§ 4 Abs. 5 und 6 sowie 11 Abs. 3 in der Fassung des Bundesgesetzes BGBl. I Nr. 146/2003 treten mit 1. Jänner 2004 in Kraft.

(2h) § 1 Abs. 2 Z 1a und § 3 Abs. 3 in der Fassung des Bundesgesetzes BGBl. I Nr. 155/2005 treten mit 1. Jänner 2006 in Kraft.

(2i) § 1 Abs. 1 Z 9 bis Z 11, die Überschrift zu § 5, § 5 Abs. 4 und 5, § 11 Abs. 4, § 11a sowie § 12 Abs. 1 und 1a in der Fassung des BGBl. I Nr. 125/2008 treten mit 1. September 2008 in Kraft. § 11 Abs. 4 ist nur auf Verfallsfristen anzuwenden, die ab diesem Zeitpunkt zu laufen beginnen würden.

(2j) § 7a und § 12 Abs. 1b in der Fassung des Bundesgesetzes BGBl. I Nr. 93/2010 treten mit 1. November 2010 in Kraft.

(2k) § 1 Abs. 2 und § 3 Abs. 3 in der Fassung des Bundesgesetzes BGBl. I Nr. 38/2012 treten mit 1. Jänner 2013 in Kraft.

(2l) § 1 Abs. 2 Z 5a in der Fassung des Bundesgesetzes BGBl. I Nr. 89/2012 tritt mit 1. Jänner 2013 in Kraft.

(2m) § 1 Abs. 2 Z 10, § 3 Abs. 4 und 4a, § 4 Abs. 1, 1a, 1b, 1c, 4, 4a, 4b, 5 und 6, § 7 Abs. 3, § 7a Abs. 3 Z 3, § 8 Abs. 1, § 8 Abs. 3, § 8 Abs. 4, § 11b sowie § 12 Abs. 1 Z 6 in der Fassung des Bundesgesetzes BGBl. I Nr. 76/2014 treten mit 1. Jänner 2015 in Kraft. Mit diesem Zeitpunkt entfällt § 7a Abs. 3 Z 4.

(2n) § 9 samt Überschrift tritt mit Ablauf des 30. Juni 2017 außer Kraft.

(2o) § 4 Abs. 4b in der Fassung des Bundesgesetzes BGBl. I Nr. 168/2021 tritt mit 1. Juli 2021 in Kraft.

(2p) § 1 Abs. 2 Z 5a in der Fassung des Bundesgesetzes BGBl. I Nr. 15/2022 tritt mit 1. Juli 2022 in Kraft.

(3) Mit der Vollziehung dieses Bundesgesetzes sind betraut:

1. für Dienstverhältnisse zum Bund der/die Bundeskanzler/in, in Angelegenheiten, die nur den Wirkungsbereich eines Bundesministers/einer Bundesministerin betreffen, diese/r Bundesminister/in; soweit der Wirkungsbereich der Arbeitsinspektion betroffen ist, jeweils im Einvernehmen mit dem/der Bundesminister/in für Arbeit,
2. für andere Dienstverhältnisse der/die Bundesminister/in für Arbeit.

Mutterschutzgesetz

Kundmachung der Bundesregierung vom 17. April 1979, BGBl. Nr. 221, mit der das Bundesgesetz über den Mutterschutz (Mutterschutzgesetz) wieder verlautbart wird, i. d. F. BGBl. Nr. 409/1980, 577/1980, BGBl. Nr. 213/1984, BGBl. Nr. 563/1986, BGBl. Nr. 651/1989 (Art. II), BGBl. Nr. 408/1990 (Art. II), BGBl. Nr. 450/1990 (Art. II), BGBl. Nr. 277/1991 (Art. X), BGBl. Nr. 628/1991 (Art. XIII), BGBl. Nr. 315/1992 (Art. III), BGBl. Nr. 833/1992 (Art. I), BGBl. Nr. 257/1993 (Art. III), BGBl. Nr. 434/1995 (Art. I), BGBl. 1 Nr. 9/1997 (Art. III), BGBl. I Nr. 61/1997 (Art. XIV), BGBl. I Nr. 70/1998 (Art. I), BGBl. 1 Nr. 123/1998 (Art. XVI), BGBl. I Nr. 70/1999 (Art. VI), BGBl. I Nr. 153/1999 (Art. 1), BGBl. I Nr. 98/2001 (Art. 149), BGBl. I Nr. 103/2001 (Art. 7), BGBl. I Nr. 100/2002 (Art. 8), BGBl. I Nr. 130/2003 (Art. 17), BGBl. I Nr. 64/2004 (Art.1), BGBl. I Nr. 123/2004 (Art. 2), BGBL. I Nr. 53/2007 /Art.5) BGBl. I Nr. 116/2009 (Art. 3), BGBl. I Nr. 58/2010 (Art. 13), BGBl. I Nr. 35/2012 (Art. 63), BGBl. I Nr. 120/2012 (Art. 13), BGBl. I Nr. 71/2013 (Art. 19), BGBl. I Nr. 138/2013 (Art. 6), BGBl. I Nr. 60/2015 (Art. 2), BGBl. I Nr. 65/2016 (Art. 19), BGBl. I Nr. 149/2015 (Art. 1), BGBl. I Nr. 162/2015 (Art. 9), BGBl. I Nr. 40/2017 (Art. 16), BGBl I Nr. 126/2017 (Art. 5), BGBl. I Nr. 68/2019, BGBl. I Nr. 44/2021, BGBl. I Nr. 119/2021, BGBl. I Nr. 184/2021, BGBl. I Nr. 212/2021, BGBl. I Nr. 19/2022, BGBl. I Nr. 87/2022, BGBl. I Nr. 115/2023 (Art. 1) und BGBl. I Nr. 64/2024 (Art. 5).

ABSCHNITT 1

GELTUNGSBEREICH

§ 1. (1) Dieses Bundesgesetz gilt für
1. Dienstnehmerinnen,
2. Heimarbeiterinnen.

(2) Dieses Bundesgesetz ist nicht anzuwenden auf
1. Dienstnehmerinnen, für deren Dienstverhältnis das Landarbeitsgesetz 1984, BGBl. Nr. 287, gilt,
2. Dienstnehmerinnen, die in einem Dienstverhältnis zu einem Land, einer Gemeinde oder einem Gemeindeverband stehen, sofern sie nicht in Betrieben tätig sind.

(3) Abweichend von Abs. 2 Z 2 ist dieses Bundesgesetz auf Dienstnehmerinnen anzuwenden, deren Dienstrecht gemäß Art. 14 Abs. 2 oder Art. 14a Abs. 3 lit. b B-VG gesetzlich vom Bund zu regeln ist.

(4) Die in diesem Bundesgesetz für Dienstnehmerinnen getroffenen Regelungen gelten auch für weibliche Lehrlinge, die für Dienstgeber getroffenen Regelungen auch für Auftraggeber im Sinne des Heimarbeitsgesetzes 1960, BGBl. Nr. 105/1961.

§ 2. Abschnitte 2 bis 7 dieses Bundesgesetzes gelten
1. für Dienstnehmerinnen, die in einem der in § 18 genannten Dienstverhältnisse stehen, mit den in Abschnitt 8 vorgesehenen Abweichungen;
2. für die in privaten Haushalten beschäftigten Dienstnehmerinnen mit den in Abschnitt 9 vorgesehenen Abweichungen;
3. für Heimarbeiterinnen mit den in Abschnitt 10 vorgesehenen Abweichungen.

ABSCHNITT 2

EVALUIERUNG

Ermittlung, Beurteilung und Verhütung von Gefahren, Pflichten des Dienstgebers

§ 2a. (1) Der Dienstgeber hat bei der Beschäftigung von Dienstnehmerinnen über die nach dem ArbeitnehmerInnenschutzgesetz - ASchG, BGBl. Nr. 450/1994, vorgesehenen Pflichten hinaus für Arbeitsplätze, an denen Frauen beschäftigt werden, die Gefahren für die Sicherheit und Gesundheit von werdenden und stillenden Müttern und ihre Auswirkungen auf die Schwangerschaft oder das Stillen zu ermitteln und zu beurteilen.

(2) Bei dieser Ermittlung und Beurteilung sind insbesondere Art, Ausmaß und Dauer der Einwirkung auf und Belastung für werdende bzw. stillende Mütter durch
1. Stöße, Erschütterungen oder Bewegungen;
2. Bewegen schwerer Lasten von Hand, gefahrenträchtig insbesondere für den Rücken- und Lendenwirbelbereich;
3. Lärm;
4. ionisierende und nicht ionisierende Strahlungen;
5. extreme Kälte und Hitze;
6. Bewegungen und Körperhaltungen, geistige und körperliche Ermüdung und sonstige mit der Tätigkeit der Dienstnehmerin verbundene körperliche Belastung;
7. biologische Arbeitsstoffe im Sinne des § 40 Abs. 5 Z 2 bis 4 ASchG, soweit bekannt ist, daß diese Stoffe oder die im Falle einer durch sie hervorgerufenen Schädigung anzuwendenden therapeutischen Maßnahmen die Gesundheit der werdenden Mutter oder des werdenden Kindes gefährden;
8. gesundheitsgefährdende Arbeitsstoffe;

(Anm.: Z 9 aufgehoben durch BGBl. I Nr. 60/2015)

10. Bergbauarbeiten unter Tage;
11. Arbeiten in Druckluft (Luft mit einem Überdruck von mehr als 0,1 bar), insbesondere in Druckkammern und beim Tauchen

zu berücksichtigen.

(3) Die Ermittlung und Beurteilung der Gefahren ist den sich ändernden Gegebenheiten anzupassen. Eine Überprüfung und erforderlichenfalls eine Anpassung hat insbesondere
1. bei Einführung neuer Arbeitsmittel, Arbeitsstoffe oder Arbeitsverfahren,
2. bei neuen Erkenntnissen über den Stand der Technik und auf dem Gebiet der Arbeitsgestaltung oder
3. auf begründetes Verlangen des Arbeitsinspektorates

zu erfolgen.

(4) Bei der Ermittlung und Beurteilung der Gefahren und der Festlegung der Maßnahmen sind erforderlichenfalls Sicherheitsfachkräfte und Arbeitsmediziner heranzuziehen. Diese können auch mit der Ermittlung und Beurteilung der Gefahren beauftragt werden.

(5) Der Dienstgeber ist verpflichtet, die Ergebnisse der Ermittlung und Beurteilung der Gefahren sowie die zu ergreifenden Maßnahmen nach § 2b schriftlich festzuhalten (Sicherheits- und Gesundheitsschutzdokumente) und alle Dienstnehmerinnen oder den Betriebsrat und die Sicherheitsvertrauenspersonen über die Ergebnisse und Maßnahmen zu unterrichten.

Maßnahmen bei Gefährdung

§ 2b. (1) Ergibt die Beurteilung Gefahren für die Sicherheit oder Gesundheit von werdenden oder stillenden Müttern oder mögliche nachteilige Auswirkungen auf die Schwangerschaft oder das Stillen, so hat der Dienstgeber diese Gefahren und Auswirkungen durch Änderung der Beschäftigung auszuschließen.

(2) Ist eine Änderung der Arbeitsbedingungen aus objektiven Gründen nicht möglich oder dem Dienstgeber oder der Dienstnehmerin nicht zumutbar, so ist die Dienstnehmerin auf einem anderen Arbeitsplatz zu beschäftigen. Besteht kein geeigneter Arbeitsplatz, so ist die Dienstnehmerin von der Arbeit freizustellen.

ABSCHNITT 3

BESCHÄFTIGUNGSVERBOTE

§ 3. (1) Werdende Mütter dürfen in den letzten acht Wochen vor der voraussichtlichen Entbindung (Achtwochenfrist) nicht beschäftigt werden.

(2) Die Achtwochenfrist (Abs. 1) ist auf Grund eines ärztlichen Zeugnisses zu berechnen. Erfolgt die Entbindung früher oder später als im Zeugnis angegeben, so verkürzt oder verlängert sich diese Frist entsprechend.

(3) Über die Achtwochenfrist (Abs. 1) hinaus darf eine werdende Mutter auch dann nicht beschäftigt werden, wenn nach einem von ihr vorgelegten fachärztlichen Zeugnis Leben oder Gesundheit von Mutter oder Kind bei Fortdauer der Beschäftigung gefährdet wäre. Der Bundesminister für Arbeit, Soziales und Konsumentenschutz hat durch Verordnung festzulegen,

(3a) Ist das Arbeitsverhältnis zum Zeitpunkt der Vorlage des Freistellungszeugnisses nach Abs. 3 karenziert, tritt das Beschäftigungsverbot nach Abs. 3 erst nach Ende der Karenz ein.

1. bei welchen medizinischen Indikationen ein Freistellungszeugnis auszustellen ist,
2. welche Fachärzte ein Freistellungszeugnis ausstellen können,
3. nähere Bestimmungen über Ausstellung, Form und Inhalt des Freistellungszeugnisses.

Eine Freistellung wegen anderer als der in dieser Verordnung genannter medizinischer Indikationen ist im Einzelfall auf Grund eines Zeugnisses eines Arbeitsinspektionsarztes oder eines Amtsarztes vorzunehmen.

(4) Werdende Mütter haben, sobald ihnen ihre Schwangerschaft bekannt ist, dem Dienstgeber hievon unter Bekanntgabe des voraussichtlichen Geburtstermines Mitteilung zu machen. Darüber hinaus sind sie verpflichtet, innerhalb der vierten Woche vor dem Beginn der Achtwochenfrist (Abs. 1) den Dienstgeber auf deren Beginn aufmerksam zu machen. Auf Verlangen des Dienstgebers haben werdende Mütter eine ärztliche Bescheinigung über das Bestehen der Schwangerschaft und den voraussichtlichen Zeitpunkt ihrer Entbindung vorzulegen. Bei einem vorzeitigen Ende der Schwangerschaft ist der Dienstgeber zu verständigen.

(5) Allfällige Kosten für einen weiteren Nachweis der Schwangerschaft und des voraussichtlichen Zeitpunktes der Entbindung, der vom Dienstgeber verlangt wird, hat der Dienstgeber zu tragen.

(6) Der Dienstgeber ist verpflichtet, unverzüglich nach Kenntnis von der Schwangerschaft einer Dienstnehmerin (Heimarbeiterin), oder, wenn er eine ärztliche Bescheinigung darüber verlangt hat (Abs. 4), unverzüglich nach Vorlage dieser Bescheinigung dem zuständigen Arbeitsinspektorat schriftlich Mitteilung zu machen. Hiebei sind Name, Alter, Tätigkeit und der Arbeitsplatz der werdenden Mutter sowie der voraussichtliche Geburtstermin anzugeben. Ist der Betrieb vom Wirkungsbereich der Arbeitsinspektion ausgenommen, so hat der Dienstgeber die Mitteilung über die Schwangerschaft einer Dienstnehmerin an die gemäß § 35 Abs. 1 berufene Behörde zu richten. Eine Abschrift der Meldung an die Arbeitsinspektion oder die sonst zuständige Behörde ist der Dienstnehmerin (Heimarbeiterin) vom Dienstgeber zu übergeben. Ist in einem Betrieb eine eigene betriebsärztliche Betreuung eingerichtet, so hat der Dienstgeber auch den Leiter der arbeitsmedizinischen Betreuung über die Schwangerschaft einer Dienstnehmerin zu informieren.

(7) Dienstgeber gemäß § 3 Abs. 2 des Arbeitskräfteüberlassungsgesetzes, BGBl. Nr. 196/1988, sind darüber hinaus verpflichtet, dem zuständigen Arbeitsinspektorat den Wechsel des Beschäftigers einer schwangeren Dienstnehmerin oder die Tatsache des häufigen, kurzfristigen Wechsels anzuzeigen.

(8) Ist die werdende Mutter durch notwendige schwangerschaftsbedingte Vorsorgeuntersuchungen, insbesondere solche nach der Mutter-Kind-Paß-Verordnung, BGBl. II Nr. 470/2001, die außerhalb der Arbeitszeit nicht möglich oder nicht zumutbar sind, an der Dienstleistung verhindert, hat sie Anspruch auf Fortzahlung des Entgelts.

Sonderfreistellung COVID-19

§ 3a. *(Anm.: Abs. 1 bis 6 mit Ablauf des 31.12.2022 außer Kraft getreten)*

(7) Abweichend von § 39 Abs. 1 ist mit der Vollziehung der Abs. 3 bis 5 für Dienstnehmerinnen nach Abs. 6 Z 2 und 3 die Landesregierung betraut.

(8) Die Krankenversicherungsträger sind im übertragenen Wirkungsbereich unter Bindung an die Weisungen des Bundesministers für Arbeit tätig.

(9) Abweichend von § 39 Abs. 2 und 3 ist zur Erlassung der Verordnung hinsichtlich der Dienstnehmerinnen nach Abs. 6 Z 2 der Bundesminister für Arbeit im Einvernehmen mit der Bundesministerin bzw. dem Bundesminister für Soziales, Gesundheit, Pflege und Konsumentenschutz betraut.

(10) Abs. 1 bis 9 in der Fassung des Bundesgesetzes BGBl. I Nr. 87/2022 treten mit 1. Juli 2022 in Kraft. Abs. 1 bis 6 treten mit Ablauf des 31. Dezember 2022 außer Kraft. Die Abs. 5, 6, 7 und 8 sind jedoch weiterhin auf erfolgte Sonderfreistellungen gemäß Abs. 1 anzuwenden. Die Verordnung nach Abs. 1 in der Fassung des Bundesgesetzes BGBl. I Nr. 87/2022 kann mit Ablauf des Tages der Kundmachung dieses Bundesgesetzes erlassen werden. Sie kann frühestens mit 1. Juli 2022 in Kraft gesetzt werden.

(11) § 3a Abs. 1 bis 3 und 5 bis 8 in der bis zum Ablauf des 30. Juni 2022 geltenden Fassung ist auch nach Ablauf des 30. Juni 2022 weiterhin auf alle schwangeren Dienstnehmerinnen anzuwenden, deren Schwangerschaft vor dem Ablauf des 30. Juni 2022 eingetreten ist und sich über den 1. Juli 2022 hinaus erstreckt.

§ 4. (1) Werdende Mütter dürfen keinesfalls mit schweren körperlichen Arbeiten oder mit Arbeiten oder in Arbeitsverfahren beschäftigt werden, die nach der Art des Arbeitsvorganges oder der verwendeten Arbeitsstoffe oder -geräte für ihren Organismus oder für das werdende Kind schädlich sind.

(2) Als Arbeiten im Sinne des Abs. 1 sind insbesondere anzusehen:

1. Arbeiten, bei denen regelmäßig Lasten von mehr als 5 kg Gewicht oder gelegentlich Lasten von mehr als 10 kg Gewicht ohne mechanische Hilfsmittel von Hand gehoben oder regelmäßig Lasten

von mehr als 8 kg Gewicht oder gelegentlich Lasten von mehr als 15 kg Gewicht ohne mechanische Hilfsmittel von Hand bewegt oder befördert werden; wenn größere Lasten mit mechanischen Hilfsmitteln gehoben, bewegt oder befördert werden, darf die körperliche Beanspruchung nicht größer sein als bei vorstehend angeführten Arbeiten;

2. Arbeiten, die von werdenden Müttern überwiegend im Stehen verrichtet werden müssen, sowie Arbeiten, die diesen in ihrer statischen Belastung gleichkommen, es sei denn, dass Sitzgelegenheiten zum kurzen Ausruhen benützt werden können; nach Ablauf der 20. Schwangerschaftswoche alle derartigen Arbeiten, sofern sie länger als vier Stunden verrichtet werden, auch dann, wenn Sitzgelegenheiten zum kurzen Ausruhen benützt werden können;
3. Arbeiten, bei denen die Gefahr einer Berufserkrankung im Sinne der einschlägigen Vorschriften des Allgemeinen Sozialversicherungsgesetzes, BGBl. Nr. 189/1955, gegeben ist;
4. Arbeiten, bei denen werdende Mütter Einwirkungen von gesundheitsgefährdenden Stoffen, gleich ob in festem, flüssigem, staub-, gas- oder dampfförmigem Zustand, gesundheitsgefährdenden Strahlen, gesundheitsgefährdenden elektromagnetischen Feldern oder schädlichen Einwirkungen von Hitze, Kälte oder Nässe ausgesetzt sind, bei denen eine Schädigung nicht ausgeschlossen werden kann;
5. die Bedienung von Geräten und Maschinen aller Art, sofern damit eine hohe Fußbeanspruchung verbunden ist;
6. die Bedienung von Geräten und Maschinen mit Fußantrieb, sofern damit eine hohe Fußbeanspruchung verbunden ist;
7. die Beschäftigung auf Beförderungsmitteln;
8. das Schälen von Holz mit Handmessern;
9. Akkordarbeiten, akkordähnliche Arbeiten, Fließarbeiten mit vorgeschriebenem Arbeitstempo, leistungsbezogene Prämienarbeiten und sonstige Arbeiten, bei denen durch gesteigertes Arbeitstempo ein höheres Entgelt erzielt werden kann, wie beispielsweise Arbeiten, für die Entgelt gebührt, das auf Arbeits(Persönlichkeits)bewertungsverfahren, statistischen Verfahren, Datenerfassungsverfahren, Kleinstzeitverfahren oder ähnlichen Entgeltfindungsmethoden beruht, wenn die damit verbundene durchschnittliche Arbeitsleistung die Kräfte der werdenden Mutter übersteigt. Nach Ablauf der 20. Schwangerschaftswoche sind Akkordarbeiten, akkordähnliche Arbeiten, leistungsbezogene Prämienarbeiten sowie Fließarbeiten mit vorgeschriebenem Arbeitstempo jedenfalls untersagt; Arbeiten, für die Entgelt gebührt, das auf Arbeits(Persönlichkeits)-bewertungsverfahren, statistischen Verfahren, Datenerfassungsverfahren, Kleinstzeitverfahren oder ähnlichen Entgeltfindungsmethoden beruht, können im Einzelfall vom zuständigen Arbeitsinspektorat untersagt werden.
10. Arbeiten, die von werdenden Müttern ständig im Sitzen verrichtet werden müssen, es sei denn, dass ihnen Gelegenheit zu kurzen Unterbrechungen ihrer Arbeit gegeben wird.
11. Arbeiten mit biologischen Arbeitsstoffen im Sinne des § 40 Abs. 5 Z 2 bis 4 ASchG, soweit bekannt ist, dass diese Stoffe oder die im Falle einer durch sie hervorgerufenen Schädigung anzuwendenden therapeutischen Maßnahmen die Gesundheit der werdenden Mutter oder des werdenden Kindes gefährden;
12. Bergbauarbeiten unter Tage;
13. Arbeiten in Druckluft (Luft mit einem Überdruck von mehr als 0,1 bar), insbesondere in Druckkammern und beim Tauchen.

(3) Werdende Mütter dürfen nicht mit Arbeiten beschäftigt werden, bei denen sie mit Rücksicht auf ihre Schwangerschaft besonderen Unfallgefahren ausgesetzt sind.

(4) Im Zweifelsfall entscheidet das Arbeitsinspektorat, ob eine Arbeit unter ein Verbot gemäß den Abs. 1 bis 3 fällt.

(5) Werdende Mütter dürfen mit Arbeiten,
1. bei denen sie sich häufig übermäßig strecken oder beugen oder bei denen sie häufig hocken oder sich gebückt halten müssen, sowie
2. bei denen der Körper übermäßigen Erschütterungen oder
3. bei denen die Dienstnehmerin besonders belästigenden Gerüchen oder besonderen psychischen Belastungen ausgesetzt ist,

nicht beschäftigt werden, wenn das Arbeitsinspektorat auf Antrag der Dienstnehmerin oder von Amts wegen entscheidet, dass diese Arbeiten für den Organismus der werdenden Mutter oder für das werdende Kind schädlich sind und im Fall der Z 3 dies auch von einem Gutachten eines Arbeitsinspektions- oder Amtsarztes bestätigt wird.

(6) Werdende Mütter, die selbst nicht rauchen, dürfen, soweit es die Art des Betriebes gestattet, nicht an Arbeitsplätzen beschäftigt werden, bei denen sie der Einwirkung von Tabakrauch ausgesetzt werden. Wenn eine räumliche Trennung nicht möglich ist, hat der Dienstgeber durch geeignete Maßnahmen dafür Sorge zu tragen, dass andere Dienstnehmer, die im selben Raum wie die werdende Mutter beschäftigt sind, diese nicht der Einwirkung von Tabakrauch aussetzen.

Beschäftigungsverbote für stillende Mütter

§ 4a. (1) Stillende Mütter haben bei Wiederantritt des Dienstes dem Dienstgeber Mitteilung zu machen, dass sie stillen und auf Verlangen des Dienstgebers eine Bestätigung eines Arztes oder einer Mutterberatungsstelle vorzulegen.

(2) Stillende Mütter dürfen keinesfalls mit Arbeiten oder Arbeitsverfahren gemäß § 4 Abs. 2 Z 1, 3, 4, 9, 12 und 13 beschäftigt werden.

(3) Im Zweifelsfall entscheidet das Arbeitsinspektorat, ob eine Arbeit unter ein Verbot gemäß Abs. 2 fällt.

(4) Die Dienstnehmerin hat dem Dienstgeber mitzuteilen, wenn sie nicht mehr stillt.

Beschäftigungsverbote nach der Entbindung

§ 5. (1) Dienstnehmerinnen dürfen bis zum Ablauf von acht Wochen nach ihrer Entbindung nicht beschäftigt werden. Bei Frühgeburten, Mehrlingsgeburten oder Kaiserschnittentbindungen beträgt diese Frist mindestens zwölf Wochen. Ist eine Verkürzung der Achtwochenfrist (§ 3 Abs. 1) vor der Entbindung eingetreten, so verlängert sich die Schutzfrist nach der Entbindung im Ausmaß dieser Verkürzung, höchstens jedoch auf 16 Wochen.

(2) Dienstnehmerinnen dürfen nach ihrer Entbindung über die in Abs. 1 festgelegten Fristen hinaus zu Arbeiten nicht zugelassen werden, solange sie arbeitsunfähig sind. Die Dienstnehmerinnen sind verpflichtet, ihre Arbeitsunfähigkeit ohne Verzug dem Dienstgeber anzuzeigen und auf Verlangen des Dienstgebers eine ärztliche Bestätigung über die voraussichtliche Dauer der Arbeitsunfähigkeit vorzulegen. Kommt eine Dienstnehmerin diesen Verpflichtungen nicht nach, so verliert

sie für die Dauer der Säumnis den Anspruch auf das Entgelt.

(3) Dienstnehmerinnen dürfen bis zum Ablauf von zwölf Wochen nach ihrer Entbindung nicht mit den in § 4 Abs. 2 Z 1, 2, 3, 4, 8, 9, 12 und 13 genannten Arbeiten beschäftigt werden.

(4) Über die Bestimmungen der Abs. 1 bis 3 hinaus kann die gemäß § 36 zuständige Verwaltungsbehörde für eine Dienstnehmerin, die nach dem Zeugnis eines Arbeitsinspektionsarztes oder eines Amtsarztes in den ersten Monaten nach ihrer Entbindung nicht voll leistungsfähig ist, dem Dienstgeber die zum Schutz der Gesundheit der Dienstnehmerin notwendigen Maßnahmen auftragen.

Verbot der Nachtarbeit

§ 6. (1) Werdende und stillende Mütter dürfen – abgesehen von den durch die Abs. 2 und 3 zugelassenen Ausnahmen – von 20 bis 6 Uhr nicht beschäftigt werden.

(2) Werdende und stillende Mütter, die im Verkehrswesen, bei Musikaufführungen, Theatervorstellungen, öffentlichen Schaustellungen, Darbietungen, Lustbarkeiten, Filmaufnahmen und in Lichtspieltheatern oder als Krankenpflegepersonal in Kranken-, Heil-, Pflege- oder Wohlfahrtsanstalten oder in mehrschichtigen Betrieben beschäftigt sind, dürfen bis zweiundzwanzig Uhr, Dienstnehmerinnen im Sinne des § 1 Abs. 1 und 2 des Theaterarbeitsgesetzes (TAG), BGBl. I Nr. 100/2010, bis vierundzwanzig Uhr beschäftigt werden, sofern im Anschluß an die Nachtarbeit eine ununterbrochene Ruhezeit von mindestens elf Stunden gewährt wird.

(3) Auf Antrag des Dienstgebers kann das Arbeitsinspektorat im Einzelfall die Beschäftigung werdender und stillender Mütter im Gastgewerbe bis 22 Uhr, bei Musikaufführungen, Theatervorstellungen, öffentlichen Schaustellungen, Darbietungen, Lustbarkeiten und in Lichtspieltheatern bis 23 Uhr soweit nicht nach Abs. 2 eine längere Beschäftigung zulässig ist, bewilligen, wenn dies aus betrieblichen Gründen notwendig ist und es der Gesundheitszustand der Dienstnehmerin erlaubt. Diese Bewilligung darf nur erteilt werden, wenn der Dienstnehmerin im Anschluß an die Nachtarbeit eine ununterbrochene Ruhezeit von mindestens elf Stunden gesichert ist.

(4) Die Ausnahmen der Abs. 2 und 3 gelten nur insoweit, als Nachtarbeit für Dienstnehmerinnen nicht auf Grund anderer Vorschriften verboten ist.

Verbot der Sonn- und Feiertagsarbeit

§ 7. (1) Werdende und stillende Mütter dürfen – abgesehen von den durch die Abs. 2 und 3 zugelassenen Ausnahmen – an Sonn- und gesetzlichen Feiertagen nicht beschäftigt werden.

(2) Das Verbot nach Abs. 1 gilt nicht

1. für die Beschäftigung bei Musikaufführungen, Theatervorstellungen, öffentlichen Schaustellungen, Darbietungen, Lustbarkeiten, Filmaufnahmen, im Gastgewerbe und in Betrieben, in denen ununterbrochen mit Schichtwechsel gearbeitet wird, im Rahmen der sonst zulässigen Sonn- und Feiertagsarbeit;
2. für die Beschäftigung in Betrieben, für die Sonn- und Feiertagsarbeit zugelassen ist, wenn die wöchentliche Ruhezeit für die gesamte Belegschaft auf einen bestimmten Werktag fällt;
3. für die Beschäftigung in Betrieben, für die Sonn- und Feiertagsarbeit zugelassen ist, wenn im Betrieb insgesamt nicht mehr als fünf Dienstnehmer regelmäßig beschäftigt sind und außer der werdenden oder stillenden Mutter nur noch ein Dienstnehmer beschäftigt ist, der eine gleichartige Beschäftigung ausüben kann.
4. für die Beschäftigung von Dienstnehmerinnen, die vor der Meldung der Schwangerschaft ausschließlich an Samstagen, Sonntagen oder Feiertagen beschäftigt wurden, im bisherigen Ausmaß.

(3) Auf Antrag des Dienstgebers kann das Arbeitsinspektorat im Einzelfall weitere Ausnahmen bewilligen, wenn dies aus betrieblichen Gründen unerläßlich ist.

(4) Die Dienstnehmerin hat in der auf die Sonntagsarbeit folgenden Kalenderwoche Anspruch auf eine ununterbrochene Ruhezeit von mindestens 36 Stunden (Wochenruhe), in der auf die Feiertagsarbeit folgenden Woche Anspruch auf eine ununterbrochene Ruhezeit von mindestens 24 Stunden im Anschluß an eine Nachtruhe. Die Ruhezeit hat einen ganzen Wochentag einzuschließen. Während dieser Ruhezeit darf die Dienstnehmerin nicht beschäftigt werden.

(5) Die Ausnahmen der Abs. 2 und 3 gelten nur, soweit Sonn- und Feiertagsarbeit für Dienstnehmerinnen nicht auf Grund anderer Vorschriften verboten ist.

Verbot der Leistung von Überstunden

§ 8. Werdende und stillende Mütter dürfen über die gesetzlich oder in einem Kollektivvertrag festgesetzte tägliche Normalarbeitszeit hinaus nicht beschäftigt werden; keinesfalls darf die tägliche Arbeitszeit neun Stunden, die wöchentliche Arbeitszeit 40 Stunden übersteigen.

Ruhemöglichkeit

§ 8a. Werdenden und stillenden Müttern, die in Arbeitsstätten sowie auf Baustellen beschäftigt sind, ist es zu ermöglichen, sich unter geeigneten Bedingungen hinzulegen und auszuruhen.

Stillzeit

§ 9. (1) Stillenden Müttern ist auf Verlangen die zum Stillen ihrer Kinder erforderliche Zeit freizugeben. Diese Freizeit hat an Tagen, an denen die Dienstnehmerin mehr als viereinhalb Stunden arbeitet, 45 Minuten zu betragen; bei einer Arbeitszeit von acht oder mehr Stunden ist auf Verlangen zweimal eine Stillzeit von je 45 Minuten oder, wenn in der Nähe der Arbeitsstätte keine Stillgelegenheit vorhanden ist, einmal eine Stillzeit von 90 Minuten zu gewähren.

(2) Durch die Gewährung der Stillzeit darf kein Verdienstausfall eintreten. Die Stillzeit darf von stillenden Müttern nicht vor- oder nachgearbeitet und nicht auf die anderen gesetzlichen Vorschriften oder kollektivvertraglichen Bestimmungen vorgesehenen Ruhepausen angerechnet werden.

(3) Die gemäß § 36 zuständige Verwaltungsbehörde kann dem Dienstgeber im Rahmen der Abs. 1 und 2 eine bestimmte Verteilung der Stillzeiten auftragen, wenn es die besonderen Verhältnisse des Einzelfalls erfordern.

(4) Weiters kann die gemäß § 36 zuständige Verwaltungsbehörde die Einrichtung von Stillräumen vorschreiben, wenn es die Verhältnisse des Einzelfalls erfordern.

ABSCHNITT 4

KÜNDIGUNGS- UND ENTLASSUNGSSCHUTZ, ENTGELT

Kündigungsschutz

§ 10. (1) Dienstnehmerinnen kann während der Schwangerschaft und bis zum Ablauf von vier Monaten nach der Entbindung rechtswirksam nicht gekündigt werden, es sei denn, dass dem Dienstgeber die Schwangerschaft beziehungsweise Entbindung nicht bekannt ist.

(1a) Eine Kündigung ist bis zum Ablauf von vier Wochen nach einer erfolgten Fehlgeburt rechtsunwirksam. Auf Verlangen des Dienstgebers hat die Dienstnehmerin eine ärztliche Bescheinigung über die Fehlgeburt vorzulegen.

(2) Eine Kündigung ist auch rechtsunwirksam, wenn die Schwangerschaft beziehungsweise Entbindung dem Dienstgeber binnen fünf Arbeitstagen nach Ausspruch der Kündigung, bei schriftlicher Kündigung binnen fünf Arbeitstagen nach deren Zustellung, bekanntgegeben wird. Die schriftliche Bekanntgabe der Schwangerschaft beziehungsweise Entbindung ist rechtzeitig, wenn sie innerhalb der Fünftagefrist zur Post gegeben wird. Wendet die Dienstnehmerin die Schwangerschaft beziehungsweise Entbindung innerhalb der Fünftagefrist ein, so hat sie gleichzeitig durch eine Bestätigung des Arztes die Schwangerschaft oder die Vermutung der Schwangerschaft nachzuweisen oder die Geburtsurkunde des Kindes vorzuweisen. Kann die Dienstnehmerin aus Gründen, die nicht von ihr zu vertreten sind, dem Dienstgeber die Schwangerschaft beziehungsweise Entbindung nicht innerhalb der Fünftagefrist bekanntgeben, so ist die Bekanntgabe rechtzeitig, wenn sie unmittelbar nach Wegfall des Hinderungsgrundes nachgeholt wird.

(3) Abweichend von den Abs. 1 und 2 kann eine Kündigung rechtswirksam ausgesprochen werden, wenn vorher die Zustimmung des Gerichts eingeholt wurde. Der Dienstgeber hat gleichzeitig mit der Einbringung der Klage dem Betriebsrat hierüber Mitteilung zu machen. Die Zustimmung zur Kündigung ist nur dann zu erteilen, wenn der Dienstgeber das Dienstverhältnis wegen einer Einschränkung oder Stillegung des Betriebes oder der Stillegung einzelner Betriebsabteilungen nicht ohne Schaden für den Betrieb weiter aufrechterhalten kann oder wenn sich die Dienstnehmerin in der Tagsatzung zur mündlichen Streitverhandlung nach Rechtsbelehrung der Parteien durch den Vorsitzenden über den Kündigungsschutz nach diesem Bundesgesetz mit der Kündigung einverstanden erklärt. Nach Stillegung des Betriebes ist eine Zustimmung des Gerichts zur Kündigung nicht erforderlich.

(4) Bei Inanspruchnahme einer Karenz im zweiten Lebensjahr des Kindes oder bei Teilzeitbeschäftigung im zweiten, dritten und vierten Lebensjahr des Kindes kann das Gericht die Zustimmung zur Kündigung, wenn die Klage auf Zustimmung zur Kündigung nach Ablauf des ersten Lebensjahres des Kindes gestellt wurde, auch dann erteilen, wenn der Dienstgeber den Nachweis erbringt, dass die Kündigung durch Umstände, die in der Person der Dienstnehmerin gelegen sind und die betrieblichen Interessen nachteilig berühren oder durch betriebliche Erfordernisse, die einer Weiterbeschäftigung der Dienstnehmerin entgegenstehen, begründet ist und die Aufrechterhaltung des Dienstverhältnisses dem Dienstgeber unzumutbar ist.

(5) Wurde einer Dienstnehmerin wegen Stillegung des Betriebes gekündigt (Abs. 3) und nimmt dieser Betrieb bis zum Ablauf von vier Monaten nach der Entbindung der Dienstnehmerin seine Tätigkeit wieder auf, so ist die seinerzeitige Kündigung als rechtsunwirksam anzusehen, wenn die Dienstnehmerin dies beim Dienstgeber beantragt. Ein solcher Antrag muss innerhalb von zwei Monaten nach Wiederaufnahme der Tätigkeit des Betriebes gestellt werden. Mit der Antragstellung hat sich die Dienstnehmerin beim Dienstgeber zur Wiederaufnahme der Arbeit zu melden. Besteht zur Zeit der Antragstellung für die Dienstnehmerin ein Beschäftigungsverbot nach diesem Bundesgesetz (§ 3 Abs. 1 bis 3 und § 5 Abs. 1 und 2) oder nimmt die Dienstnehmerin eine Karenz (§ 15) in Anspruch, so hat sie dies dem Dienstgeber bei der Antragstellung mitzuteilen und nach Wegfall des Beschäftigungsverbotes beziehungsweise nach Beendigung der Karenz die Arbeit aufzunehmen.

(6) Eine entgegen den Abs. 1 bis 4 ausgesprochene Kündigung ist rechtsunwirksam.

(7) Eine einvernehmliche Auflösung des Dienstverhältnisses ist nur dann rechtswirksam, wenn sie schriftlich vereinbart wurde. Bei minderjährigen Dienstnehmerinnen muss dieser Vereinbarung überdies eine Bescheinigung eines Gerichts (§ 92 ASGG) oder einer gesetzlichen Interessenvertretung der Dienstnehmer beigeschlossen sein, aus der hervorgeht, dass die Dienstnehmerin über den Kündigungsschutz nach diesem Bundesgesetz belehrt wurde.

(8) Die Kündigung einer freien Dienstnehmerin im Sinne des § 4 Abs. 4 ASVG, die wegen ihrer Schwangerschaft oder eines Beschäftigungsverbots bis vier Monate nach der Geburt ausgesprochen wird, kann bei Gericht binnen zwei Wochen nach Ausspruch der Kündigung angefochten werden. Die freie Dienstnehmerin hat den Anfechtungsgrund glaubhaft zu machen. Die Klage ist abzuweisen, wenn bei Abwägung aller Umstände eine höhere Wahrscheinlichkeit dafür spricht, dass ein anderes vom Dienstgeber glaubhaft gemachtes Motiv für die Kündigung ausschlaggebend war. Lässt die freie Dienstnehmerin die Kündigung gegen sich gelten, so ist § 1162b erster Satz ABGB anzuwenden. In einem Anfechtungsverfahren steht keiner Partei ein Kostenersatzanspruch zu. Ansprüche auf Grund des Gleichbehandlungsgesetzes, BGBl. I Nr. 66/2004 bleiben unberührt.

Befristete Dienstverhältnisse

§ 10a. (1) Der Ablauf eines auf bestimmte Zeit abgeschlossenen Dienstverhältnisses wird von der Meldung der Schwangerschaft bis zu dem Beginn des Beschäftigungsverbotes nach § 3 Abs. 1 oder dem Beginn eines auf Dauer ausgesprochenen Beschäftigungsverbots nach § 3 Abs. 3 gehemmt, es sei denn, dass die Befristung aus sachlich gerechtfertigten Gründen erfolgt oder gesetzlich vorgesehen ist.

(2) Eine sachliche Rechtfertigung der Befristung liegt vor, wenn diese im Interesse der Dienstnehmerin liegt, oder wenn das Dienstverhältnis für die Dauer der Vertretung an der Arbeitsleistung verhinderter Dienstnehmer, zu Ausbildungszwecken, für die Zeit der Saison oder zur Erprobung abgeschlossen wurde, wenn auf Grund der in der vorgesehenen Verwendung erforderlichen Qualifikation eine längere Erprobung als die gesetzliche oder kollektivvertragliche Probezeit notwendig ist.

(3) Wird der Ablauf des Arbeitsverhältnisses gemäß Abs. 1 gehemmt, so besteht bei einem Beschäftigungsverbot gemäß den §§ 4 oder 6 Anspruch auf Wochengeld gemäß den Bestimmungen des ASVG.

§ 11. Der Ablauf der Beschäftigungsbewilligung, der Arbeitserlaubnis oder des Befreiungsscheines (nach dem Ausländerbeschäftigungsgesetz, BGBl. Nr. 218/1975) einer Ausländerin wird im Falle der Schwangerschaft und der Entbindung bis zu dem Zeitpunkt gehemmt, in dem ihr Dienstverhältnis nach den §§ 10 Abs. 1, 3 und 4, 10a Abs. 1, 15 Abs. 4, 15a Abs. 5, 15d Abs. 1 erster Satz in Verbindung mit Abs. 5 und § 15n Abs. 1 und den dafür sonst geltenden gesetzlichen oder vertraglichen Bestimmungen rechtsgültig beendet werden kann.

Entlassungsschutz

§ 12. (1) Dienstnehmerinnen können während der Schwangerschaft und bis zum Ablauf von vier Monaten nach der Entbindung rechtswirksam nur nach vorheriger Zustimmung des Gerichtes entlassen werden. Ebenso darf eine Entlassung bis zum Ablauf von vier Wochen nach einer erfolgten Fehlgeburt nur nach vorheriger Zustimmung des Gerichtes erfolgen.

(2) Das Gericht darf die Zustimmung zur Entlassung nur erteilen, wenn die Dienstnehmerin

1. die ihr auf Grund des Arbeitsverhältnisses obliegenden Pflichten schuldhaft gröblich verletzt, insbesondere wenn sie ohne einen rechtmäßigen Hintergrund während einer den Umständen nach erheblichen Zeit die Arbeitsleistung unterläßt;
2. im Dienst untreu ist oder sich in ihrer Tätigkeit ohne Wissen des Dienstgebers von dritten Personen unberechtigt Vorteile zuwenden läßt;
3. ein Geschäfts- oder Betriebsgeheimnis verrät oder ohne Einwilligung des Dienstgebers ein der Verwendung im Betrieb (Haushalt) abträgliches Nebengeschäft betreibt;
4. sich Tätlichkeiten oder erhebliche Ehrverletzungen gegen den Dienstgeber, dessen im Betrieb (Haushalt) tätige oder anwesende Familienangehörige oder Dienstnehmer des Betriebes (Haushalts) zuschulden kommen läßt;
5. sich einer gerichtlich strafbaren Handlung, die nur vorsätzlich begangen werden kann und mit einer mehr als einjährigen Freiheitsstrafe bedroht ist, oder einer mit Bereicherungsvorsatz begangenen gerichtlich strafbaren Handlung schuldig macht.

(3) In den Fällen des Abs. 2 Z 1 und 4 ist der durch die Schwangerschaft bzw. durch die Entbindung oder Fehlgeburt der Dienstnehmerin bedingte außerordentliche Gemütszustand zu berücksichtigen.

(4) In den Fällen des Abs. 2 Z 4 und 5 kann die Entlassung der Dienstnehmerin gegen nachträgliche Einholung der Zustimmung des Gerichtes ausgesprochen werden. Weist das Gericht die Klage auf Zustimmung zur Entlassung ab, so ist die Entlassung rechtsunwirksam.

§ 13. Im gerichtlichen Verfahren nach den §§ 10 Abs. 3 und 4, 12 und 22 sowie im Verwaltungsverfahren nach § 4 Abs. 2 Z 9, Abs. 4 und 5, § 4a Abs. 3, § 5 Abs. 4, § 6 Abs. 3, § 7 Abs. 3 und § 9 Abs. 3 ist die Dienstnehmerin Partei.

Weiterzahlung des Arbeitsentgelts

§ 14. (1) Macht die Anwendung des § 2b, des § 4, des § 4a, des § 5 Abs. 3 und 4 oder des § 6, soweit § 10a Abs. 3 nicht anderes bestimmt, eine Änderung der Beschäftigung im Betrieb erforderlich, so hat die Dienstnehmerin Anspruch auf das Entgelt, das dem Durchschnittsverdienst gleichkommt, den sie während der letzten 13 Wochen des Dienstverhältnisses vor dieser Änderung bezogen hat. Fallen in diesen Zeitraum Zeiten, während derer die Dienstnehmerin infolge Erkrankung oder Kurzarbeit nicht das volle Entgelt bezogen hat, so verlängert sich der Zeitraum von dreizehn Wochen um diese Zeiten; diese Zeiten bleiben bei der Berechnung des Durchschnittsverdienstes außer Betracht. Die vorstehende Regelung gilt auch, wenn sich durch die Änderung der Beschäftigung der Dienstnehmerin eine Verkürzung der Arbeitszeit ergibt, mit der Maßgabe, daß der Berechnung des Entgelts die Arbeitszeit zugrunde zu legen ist, die für die Dienstnehmerin ohne Änderung der Beschäftigung gelten würde. Bei Saisonarbeit in einer im § 4 Abs. 2 Z 9 bezeichneten Art ist der Durchschnittsverdienst der letzten dreizehn Wochen nur für die Zeit weiterzugewähren, während der solche Arbeiten im Betrieb verrichtet werden; für die übrige Zeit ist das Entgelt weiterzugewähren, das die Dienstnehmerin ohne Vorliegen der Schwangerschaft erhalten hätte.

(2) Dienstnehmerinnen, die gemäß § 3 Abs. 3 nicht beschäftigt werden dürfen, und Dienstnehmerinnen, für die auf Grund des § 2b, des § 4, des § 4a, des § 5 Abs. 3 und 4 oder des § 6 keine Beschäftigungsmöglichkeit im Betrieb besteht, haben Anspruch auf ein Entgelt, für dessen Berechnung Abs. 1 mit der Maßgabe anzuwenden ist, dass im Falle des § 3 Abs. 3 der Durchschnittsverdienst nach den letzten 13 Wochen vor Eintritt des Beschäftigungsverbotes zu berechnen ist.

(3) Der Anspruch nach Abs. 1 und 2 besteht nicht für Zeiten, während derer Wochengeld, Sonderwochengeld oder Krankengeld nach dem Allgemeinen Sozialversicherungsgesetz bezogen werden kann; ein Anspruch auf einen Zuschuß des Dienstgebers zum Krankengeld wird hiedurch nicht berührt.

(4) Die Dienstnehmerin behält den Anspruch auf sonstige, insbesondere einmalige Bezüge im Sinne des § 67 Abs. 1 des Einkommensteuergesetzes 1988, BGBl. Nr. 400, in den Kalenderjahren, in die Zeiten des Bezuges von Wochengeld oder Sonderwochengeld nach dem Allgemeinen Sozialversicherungsgesetz fallen, in dem Ausmaß, das dem Teil des Kalenderjahres entspricht, in den keine derartigen Zeiten fallen.

ABSCHNITT 5

KARENZ

Anspruch auf Karenz

§ 15. (1) Der Dienstnehmerin ist auf ihr Verlangen im Anschluss an die Frist des § 5 Abs. 1 und 2 Karenz gegen Entfall des Arbeitsentgelts bis zum Ablauf des 22. Lebensmonats des Kindes, soweit im Folgenden nicht anderes bestimmt ist, zu gewähren, wenn sie mit dem Kind im gemeinsamen Haushalt lebt. Das gleiche gilt, wenn anschließend an die Frist nach § 5 Abs. 1 und 2 ein Gebührenurlaub verbraucht wurde oder die Dienstnehmerin durch Krankheit oder Unglücksfall an der Dienstleistung verhindert war.

(1a) Abweichend von Abs. 1 hat die Dienstnehmerin Anspruch auf Karenz bis zur Vollendung des 24. Lebensmonats des Kindes, wenn sie im Zeitpunkt der Meldung alleinerziehend ist. Dies ist der Fall, wenn

1. kein anderer Elternteil vorhanden ist oder
2. der andere Elternteil nicht im gemeinsamen Haushalt lebt.

Die Dienstnehmerin hat das Vorliegen dieser Voraussetzung schriftlich zu bestätigen.

(1b) Eine gleichzeitige Inanspruchnahme von Karenz durch beide Elternteile ist ausgenommen im Falle des § 15a Abs. 2 nicht zulässig.

(2) Die Karenz muss mindestens zwei Monate betragen.

(3) Die Dienstnehmerin hat Beginn und Dauer der Karenz dem Dienstgeber bis zum Ende der Frist des § 5 Abs. 1 bekannt zu geben. Die Dienstnehmerin kann ihrem Dienstgeber spätestens drei Monate, dauert die Karenz jedoch weniger als drei Monate, spätestens zwei Monate vor dem Ende ihrer Karenz bekannt geben, dass sie die Karenz verlängert und bis wann. Hat der andere Elternteil keinen Anspruch auf Karenz, kann die Dienstnehmerin Karenz auch zu einem späteren Zeitpunkt in Anspruch nehmen. In diesem Fall hat sie ihrem Dienstgeber Beginn und Dauer der Karenz spätestens drei Monate vor dem Antritt der Karenz bekannt zu ge-

ben. Unbeschadet des Ablaufs dieser Fristen kann Karenz nach Abs. 1 vereinbart werden.

(3a) Hat der andere Elternteil keinen Anspruch auf Karenz und meldet die Dienstnehmerin den Karenzantritt frühestens nach Ablauf von zwei Monaten ab Ende der Frist gem. § 5 Abs. 1, verlängert sich der Karenzanspruch bis zum Ablauf des 24. Lebensmonats des Kindes.

(4) Wird Karenz nach Abs. 1 und 3 in Anspruch genommen, so erstreckt sich der Kündigungs- und Entlassungsschutz nach den §§ 10 und 12 bis zum Ablauf von vier Wochen nach Beendigung der Karenz. Hat der andere Elternteil keinen Anspruch auf Karenz und nimmt die Dienstnehmerin Karenz zu einem späteren Zeitpunkt in Anspruch, so beginnt der Kündigungs- und Entlassungsschutz mit der Bekanntgabe, frühestens jedoch vier Monate vor Antritt der Karenz.

Teilung der Karenz zwischen Mutter und Vater

§ 15a. (1) Die Karenz kann zweimal mit dem Vater geteilt werden. Teilen die Eltern die Karenz, so verlängert sich der Karenzanspruch bis zum Ablauf des 24. Lebensmonats des Kindes. Jeder Teil der Karenz der Dienstnehmerin muss mindestens zwei Monate betragen. Er ist in dem in § 15 Abs. 1 festgelegten Zeitpunkt oder im unmittelbaren Anschluss an eine Karenz des Vaters anzutreten.

(2) Aus Anlass des erstmaligen Wechsels der Betreuungsperson kann die Mutter gleichzeitig mit dem Vater Karenz in der Dauer von einem Monat in Anspruch nehmen, wobei die Karenz ein Monat vor dem in Abs. 1 bzw. § 15b Abs. 1 letzter Satz genannten Zeitpunkt endet bzw. zu enden hat.

(3) Nimmt die Dienstnehmerin ihre Karenz im Anschluss an eine Karenz des Vaters, hat sie spätestens drei Monate vor Ende der Karenz des Vaters ihrem Dienstgeber Beginn und Dauer der Karenz bekannt zu geben. Beträgt die Karenz des Vaters im Anschluss an das Beschäftigungsverbot gemäß § 5 Abs. 1 jedoch weniger als drei Monate, so hat die Dienstnehmerin Beginn und Dauer ihrer Karenz spätestens zum Ende der Frist gemäß § 5 Abs. 1 zu melden. Unbeschadet des Ablaufs dieser Fristen kann Karenz nach Abs. 1 vereinbart werden.

(4) Der Kündigungs- und Entlassungsschutz gemäß den §§ 10 und 12 beginnt im Falle des Abs. 3 mit der Bekanntgabe, frühestens jedoch vier Monate vor Antritt des Karenzteiles.

(5) Der Kündigungs- und Entlassungsschutz gemäß den §§ 10 und 12 endet vier Wochen nach dem Ende ihres jeweiligen Karenzteiles.

Aufgeschobene Karenz

§ 15b. (1) Die Dienstnehmerin kann mit dem Dienstgeber vereinbaren, dass sie drei Monate ihrer Karenz aufschiebt und bis zum Ablauf des siebenten Lebensjahres des Kindes verbraucht, sofern im Folgenden nicht anderes bestimmt ist. Dabei sind die Erfordernisse des Betriebes und des Anlasses der Inanspruchnahme zu berücksichtigen. Aufgeschobene Karenz kann jedoch nur dann genommen werden, wenn die Karenz

1. nach § 15 Abs. 1 spätestens mit Ablauf des 19. Lebensmonats des Kindes,
2. nach § 15 Abs. 1a und 3a sowie § 15a spätestens mit Ablauf des 21. Lebensmonats des Kindes, oder
3. sofern auch der Vater aufgeschobene Karenz in Anspruch nimmt, spätestens mit Ablauf des 18. Lebensmonates des Kindes

geendet hat.

(2) Ist die noch nicht verbrauchte aufgeschobene Karenz länger als der Zeitraum zwischen dem Schuleintritt und dem Ablauf des siebenten Lebensjahres des Kindes oder erfolgt der Schuleintritt erst nach Ablauf des siebenten Lebensjahres des Kindes, kann aus Anlass des Schuleintritts der Verbrauch der aufgeschobenen Karenz vereinbart werden. Die Geburt eines weiteren Kindes hindert nicht die Vereinbarung über den Verbrauch der aufgeschobenen Karenz.

(3) Die Absicht, aufgeschobene Karenz in Anspruch zu nehmen, ist dem Dienstgeber zu den in §§ 15 Abs. 3 oder 15a Abs. 3 genannten Zeitpunkten bekannt zu geben. Kommt innerhalb von zwei Wochen ab Bekanntgabe keine Einigung zustande, so hat der Dienstgeber die Ablehnung schriftlich zu begründen und kann der Dienstgeber binnen weiterer zwei Wochen wegen der Inanspruchnahme der aufgeschobenen Karenz Klage beim zuständigen Gericht einbringen, widrigenfalls die Zustimmung als erteilt gilt. Die Dienstnehmerin kann bei Nichteinigung oder im Fall der Klage bekannt geben, dass sie anstelle der aufgeschobenen Karenz eine Karenz längstens bis zu den in § 15 Abs. 1, 1a und 3a und § 15a Abs. 1 genannten Zeitpunkten in Anspruch nimmt. Gleiches gilt, wenn der Klage des Dienstgebers stattgegeben wird.

(4) Der Beginn des aufgeschobenen Teiles der Karenz ist dem Dienstgeber spätestens drei Monate vor dem gewünschten Zeitpunkt bekannt zu geben. Kommt innerhalb von zwei Wochen ab Bekanntgabe keine Einigung zustande, so hat der Dienstgeber die Ablehnung schriftlich zu begründen. Die Dienstnehmerin kann die aufgeschobene Karenz zum gewünschten Zeitpunkt antreten, es sei denn, der Dienstgeber hat binnen weiterer zwei Wochen wegen des Zeitpunktes des Antritts der aufgeschobenen Karenz die Klage beim zuständigen Gericht eingebracht.

(5) In Rechtsstreitigkeiten nach Abs. 3 und 4 steht keiner Partei ein Kostenersatzanspruch an die andere zu, ist gegen ein Urteil des Gerichtes erster Instanz eine Berufung nicht zulässig und sind - unabhängig vom Wert des Streitgegenstandes - Beschlüsse des Gerichtes erster Instanz nur aus den Gründen des § 517 ZPO sowie wegen Nichtzulassung einer Klagsänderung anfechtbar.

(6) Wird die aufgeschobene Karenz im Rahmen eines anderen Dienstverhältnisses als jenem, das zur Zeit der Geburt des Kindes bestanden hat, in Anspruch genommen, bedarf es vor Antritt der aufgeschobenen Karenz jedenfalls einer Vereinbarung mit dem neuen Dienstgeber.

(7) Eine Kündigung wegen einer beabsichtigten oder tatsächlich in Anspruch genommenen aufgeschobenen Karenz kann bei Gericht angefochten werden. § 105 Abs. 5 ArbVG gilt sinngemäß. Der Dienstgeber hat auf ein schriftliches Verlangen der Dienstnehmerin eine schriftliche Begründung der Kündigung auszustellen. Die Dienstnehmerin muss die schriftliche Begründung bei sonstigem Ausschluss des Rechts auf Ausstellung binnen fünf Kalendertagen ab dem Zugang der Kündigung verlangen. Der Dienstgeber muss die schriftliche Begründung binnen fünf Kalendertagen ab dem Zugang des Verlangens ausstellen. Der Umstand, dass eine schriftliche Begründung nicht übermittelt wurde, ist für die Rechtswirksamkeit der Beendigung ohne Belang.

Karenz der Adoptiv- oder Pflegemutter

§ 15c. (1) Eine Dienstnehmerin, die ein Kind, welches das zweite Lebensjahr noch nicht vollendet hat,

1. an Kindes Statt angenommen hat (Adoptivmutter) oder
2. ein Kind in unentgeltliche Pflege genommen hat (Pflegemutter),

und die mit dem Kind im selben Haushalt lebt, hat Anspruch auf Karenz.

(2) Die §§ 15 bis 15b sind mit folgenden Abweichungen anzuwenden:

1. Die Karenz nach den §§ 15 und 15a beginnt mit dem Tag der Annahme an Kindes Statt oder der Übernahme in unentgeltliche Pflege oder im Anschluss an eine Karenz des anderen Elternteils, Adoptiv- oder Pflegeelternteils, im Falle des § 15 Abs. 3 dritter Satz auch zu einem späteren Zeitpunkt;
2. nimmt die Dienstnehmerin ihre Karenz nach den §§ 15 und 15a unmittelbar ab dem Tag der Annahme an Kindes Statt oder der Übernahme in unentgeltliche Pflege in Anspruch, hat sie Beginn und Dauer der Karenz dem Dienstgeber unverzüglich bekannt zu geben;
3. nimmt eine Dienstnehmerin ein Kind nach Ablauf des 18. Lebensmonates, jedoch vor Vollendung des zweiten Lebensjahres an Kindes Statt an oder in unentgeltliche Pflege, kann sie Karenz bis zu sechs Monaten auch über das zweite Lebensjahr hinaus in Anspruch nehmen;
4. an die Stelle des Begriffs „Vater" in der jeweils verwendeten grammatikalischen Form tritt der Begriff „anderer Elternteil" in der jeweils richtigen grammatikalischen Form.

(3) Nimmt die Dienstnehmerin ein Kind nach Ablauf des zweiten Lebensjahres, jedoch vor Ablauf des siebenten Lebensjahres des Kindes an Kindes Statt an oder in unentgeltliche Pflege, hat die Dienstnehmerin Anspruch auf Karenz in der Dauer von sechs Monaten. Die Karenz beginnt mit dem Tag der Annahme an Kindes Statt oder der Übernahme in unentgeltliche Pflege oder im Anschluss an eine Karenz des anderen Elternteils, Adoptiv- oder Pflegeelternteils, im Fall des § 15 Abs. 3 dritter Satz auch zu einem späteren Zeitpunkt.

(4) Die §§ 10, 11, 12 Abs. 1, 2 und 4, 13 und 16 sind auf Karenz nach Abs. 1 und 3 mit der Maßgabe anzuwenden, dass anstelle der Bekanntgabe der Schwangerschaft (§ 10 Abs. 2) die Mitteilung von der Annahme an Kindes Statt oder von der Übernahme in Pflege tritt; in beiden Fällen muss mit der Mitteilung das Verlangen auf Gewährung einer Karenz verbunden sein.

Karenz bei Verhinderung des anderen Elternteils

§ 15d. (1) Ist der andere Elternteil, Adoptiv- oder Pflegeelternteil durch ein unvorhersehbares und unabwendbares Ereignis für eine nicht bloß verhältnismäßig kurze Zeit verhindert, das Kind selbst zu betreuen, so ist der Dienstnehmerin auf ihr Verlangen für die Dauer der Verhinderung, längstens jedoch bis zum Ablauf des zweiten Lebensjahres des Kindes eine Karenz zu gewähren. Dasselbe gilt bei Verhinderung eines anderen Elternteils, Adoptiv- oder Pflegeelternteils, der zulässigerweise nach Ablauf des zweiten Lebensjahres des Kindes Karenz in Anspruch nimmt.

(2) Ein unvorhersehbares und unabwendbares Ereignis liegt nur vor bei:

1. Tod
2. Aufenthalt in einer Heil- und Pflegeanstalt
3. Verbüßung einer Freiheitsstrafe sowie bei einer anderweitigen behördlichen Anordnung beruhende Anhaltung,
4. schwerer Erkrankung,
5. Wegfall des gemeinsamen Haushaltes des anderen Elternteils, Adoptiv- oder Pflegeelternteils mit dem Kind oder der Betreuung des Kindes.

(3) Die Dienstnehmerin hat Beginn und voraussichtliche Dauer der Karenz unverzüglich bekannt zu geben und die anspruchsbegründenden Umständen nachzuweisen.

(4) Der Anspruch auf Karenz steht auch dann zu, wenn die Dienstnehmerin bereits Karenz verbraucht, eine vereinbarte Teilzeitbeschäftigung angetreten oder beendet oder für einen späteren Zeitpunk Karenz oder Teilzeitbeschäftigung angemeldet hat.

(5) Besteht Kündigungs- und Entlassungsschutz gemäß den §§ 10 und 12 nicht bereits aufgrund anderer Bestimmungen dieses Bundesgesetzes, so beginnt der Kündigungs- und Entlassungsschutz bei Inanspruchnahme einer Karenz oder einer Teilzeitbeschäftigung wegen Verhinderung des anderen Elternteils, Adoptiv- oder Pflegeelternteils mit der Meldung und endet vier Wochen nach Beendigung der Karenz oder der Teilzeitbeschäftigung.

Beschäftigung während der Karenz

§ 15e. (1) Die Dienstnehmerin kann neben ihrem karenzierten Dienstverhältnis eine geringfügige Beschäftigung ausüben, bei der das gebührende Entgelt im Kalendermonat den im § 5 Abs. 2 Z 2 des Allgemeinen Sozialversicherungsgesetzes genannten Betrag nicht übersteigt. Eine Verletzung der Arbeitspflicht bei solchen Beschäftigungen hat keine Auswirkung auf das karenzierte Dienstverhältnis. Der Zeitpunkt der Arbeitsleistungen im Rahmen solcher Beschäftigungen ist zwischen Dienstnehmerin und Dienstgeber vor jedem Arbeitseinsatz zu vereinbaren.

(2) Weiters kann die Dienstnehmerin neben ihrem karenzierten Dienstverhältnis mit ihrem Dienstgeber für höchstens 13 Wochen im Kalenderjahr eine Beschäftigung über die Geringfügigkeitsgrenze hinaus vereinbaren. Wird Karenz nicht während des gesamten Kalenderjahres in Anspruch genommen, kann eine solche Beschäftigung nur im aliquoten Ausmaß vereinbart werden.

(3) Mit Zustimmung des Dienstgebers kann eine Beschäftigung im Sinne des Abs. 2 auch mit einem anderen Dienstgeber vereinbart werden.

Sonstige gemeinsame Vorschriften zur Karenz

§ 15f. (1) Die Dienstnehmerin behält den Anspruch auf sonstige, insbesondere einmalige Bezüge im Sinne des § 67 Abs. 1 des Einkommenssteuergesetzes 1988 in den Kalenderjahren, in die Zeiten einer Karenz fallen, in dem Ausmaß, das dem Teil des Kalenderjahres entspricht, in den keine derartigen Zeiten fallen. Für die Dienstnehmerin günstigere Regelungen werden dadurch nicht berührt. Zeiten der Karenz werden bei Rechtsansprüchen, die sich nach der Dauer der Dienstzeit richten, für jedes Kind in vollem in Anspruch genommenen Umfang bis zur maximalen Dauer gemäß den § 15 Abs. 1, 1a und 3a, § 15a Abs. 1 und § 15c Abs. 2 Z 3 und Abs. 3 angerechnet.

(1a) Der Ablauf von laufenden gesetzlichen, kollektivvertraglichen und vertraglichen Verjährungs- und Verfallfristen betreffend Ansprüche aus dem Dienstverhältnis, die die Dienstnehmerin zu Beginn einer Karenz bereits erworben hat, bleibt bis zum Ablauf von zwei Wochen nach Ende der Karenz gehemmt.

(2) Fallen in das jeweilige Dienstjahr Zeiten einer Karenz, so gebührt ein Urlaub, soweit dieser noch nicht verbraucht worden ist, in dem Ausmaß, das dem um die Dauer der Karenz verkürzten Dienstjahr entspricht. Ergeben sich bei der Berechnung des Urlaubsausmaßes Teile von Werktagen, so sind diese auf ganze Werktage aufzurunden.

(3) Der Dienstgeber hat der Dienstnehmerin auf Verlangen eine von der Dienstnehmerin mit zu unterfertigende Bestätigung auszustellen,

1. dass sie keine Karenz in Anspruch nimmt, oder
2. über Beginn und Dauer der Karenz.

(4) Die Karenz endet vorzeitig, wenn der gemeinsame Haushalt mit dem Kind aufgehoben wird und der Dienstgeber den vorzeitigen Antritt des Dienstes begehrt.

(4a) Ein vorzeitiges Ende der Karenz kann nicht vereinbart werden, wenn der Dienstnehmerin bereits ein Freistellungszeugnis nach § 3 Abs. 3 ausgestellt wurde und sie nach dem Ende der Karenz bei Vorlage des Zeugnisses nicht beschäftigt werden dürfte. Die Dienstnehmerin hat in der Vereinbarung schriftlich zu bestätigen, dass ihr kein Freistellungszeugnis nach § 3 Abs. 3 ausgestellt wurde.

(5) Die Dienstnehmerin hat ihrem Dienstgeber den Wegfall des gemeinsamen Haushaltes mit dem Kind unverzüglich bekannt zu geben und über Verlangen des Dienstgebers ihren Dienst wieder anzutreten.

Recht auf Information

§ 15g. Während einer Karenz hat der Dienstgeber die Dienstnehmerin über wichtige Betriebsgeschehnisse, die die Interessen der karenzierten Dienstnehmerin berühren, insbesondere Insolvenzverfahren, betriebliche Umstrukturierungen und Weiterbildungsmaßnahmen zu informieren.

ABSCHNITT 6

TEILZEITBESCHÄFTIGUNG UND ÄNDERUNG DER LAGE DER ARBEITSZEIT

Anspruch auf Teilzeitbeschäftigung

§ 15h. (1) Die Dienstnehmerin hat im Zeitraum bis zum Ablauf des achten Lebensjahres des Kindes einen Anspruch auf Teilzeitbeschäftigung im Ausmaß von höchstens sieben Jahren. Von diesem Höchstausmaß sind die tatsächliche Dauer des Beschäftigungsverbotes nach § 5 Abs. 1 sowie die Dauer der von beiden Elternteilen für dasselbe Kind in Anspruch genommenen Elternkarenz abzuziehen. Zu diesem Höchstausmaß ist der Zeitraum zwischen der Vollendung des siebten Lebensjahres und dem späteren Schuleintritt des Kindes hinzuzurechnen. Der Anspruch besteht nur dann, wenn

1. das Dienstverhältnis zum Zeitpunkt des Antritts der Teilzeitbeschäftigung ununterbrochen drei Jahre gedauert hat,
2. die Dienstnehmerin zu diesem Zeitpunkt in einem Betrieb (§ 34 Arbeitsverfassungsgesetz – ArbVG, BGBl. Nr. 22/1974) mit mehr als 20 Dienstnehmern und Dienstnehmerinnen beschäftigt ist und
3. die wöchentliche Normalarbeitszeit um mindestens 20 vH reduziert wird und zwölf Stunden nicht unterschreitet (Bandbreite).

Beginn, Dauer, Ausmaß und Lage der Teilzeitbeschäftigung sind mit dem Dienstgeber zu vereinbaren, wobei die betrieblichen Interessen und die Interessen der Dienstnehmerin zu berücksichtigen sind. Dienstnehmerinnen haben während eines Lehrverhältnisses keinen Anspruch auf Teilzeitbeschäftigung.

(2) Alle Zeiten, die die Dienstnehmerin in unmittelbar vorausgegangenen Dienstverhältnissen zum selben Dienstgeber zurückgelegt hat, sind bei der Berechnung der Mindestdauer des Dienstverhältnisses nach Abs. 1 Z 1 zu berücksichtigen. Ebenso zählen Zeiten von unterbrochenen Dienstverhältnissen, die auf Grund von Wiedereinstellungszusagen oder Wiedereinstellungsvereinbarungen beim selben Dienstgeber fortgesetzt werden, für die Mindestdauer des Dienstverhältnisses. Zeiten einer Karenz nach diesem Bundesgesetz werden abweichend von § 15f Abs. 1 dritter Satz auf die Mindestdauer des Dienstverhältnisses angerechnet.

(3) Für die Ermittlung der Dienstnehmerzahl nach Abs. 1 Z 2 ist maßgeblich, wie viele Dienstnehmer und Dienstnehmerinnen regelmäßig im Betrieb beschäftigt werden. In Betrieben mit saisonal schwankender Dienstnehmerzahl gilt das Erfordernis der Mindestanzahl der Dienstnehmer und Dienstnehmerinnen als erfüllt, wenn die Dienstnehmerzahl im Jahr vor dem Antritt der Teilzeitbeschäftigung durchschnittlich mehr als 20 Dienstnehmer und Dienstnehmerinnen betragen hat.

(4) In Betrieben mit bis zu 20 Dienstnehmern und Dienstnehmerinnen kann in einer Betriebsvereinbarung im Sinne des § 97 Abs. 1 Z 25 ArbVG insbesondere festgelegt werden, dass die Dienstnehmerinnen einen Anspruch auf Teilzeitbeschäftigung nach Abs. 1 haben. Auf diese Teilzeitbeschäftigung sind sämtliche Bestimmungen anzuwenden, die für eine Teilzeitbeschäftigung nach Abs. 1 gelten. Die Kündigung einer solchen Betriebsvereinbarung ist nur hinsichtlich der Dienstverhältnisse jener Dienstnehmerinnen wirksam, die zum Kündigungstermin keine Teilzeitbeschäftigung nach der Betriebsvereinbarung schriftlich bekannt gegeben oder angetreten haben.

Vereinbarte Teilzeitbeschäftigung

§ 15i. Die Dienstnehmerin, die keinen Anspruch auf Teilzeitbeschäftigung nach § 15h Abs. 1 oder 4 oder diesen Anspruch bereits ausgeschöpft hat, kann mit dem Dienstgeber im Zeitraum bis zum Ablauf des achten Lebensjahres des Kindes eine Teilzeitbeschäftigung einschließlich Beginn, Dauer, Ausmaß und Lage vereinbaren, bei der die wöchentliche Normalarbeitszeit um mindestens 20 vH reduziert wird und zwölf Stunden nicht unterschreitet (Bandbreite).

Gemeinsame Bestimmungen zur Teilzeitbeschäftigung

§ 15j. (1) Voraussetzung für die Inanspruchnahme einer Teilzeitbeschäftigung nach den §§ 15h und 15i ist, dass die Dienstnehmerin mit dem Kind im gemeinsamen Haushalt lebt oder eine Obsorge nach den §§ 177 Abs. 4 oder 179 des Allgemeinen bürgerlichen Gesetzbuchs, JGS Nr. 946/1811, gegeben ist und sich der Vater nicht gleichzeitig in Karenz befindet.

(2) Die Dienstnehmerin kann die Teilzeitbeschäftigung für jedes Kind nur einmal in Anspruch nehmen. Dieses Recht wurd durch das Zurückziehen eines Teilzeitantrages nach § 15h Abs. 1 oder § 15i nicht verwirkt. Die Teilzeitbeschäftigung muss mindestens zwei Monate dauern.

(3) Die Teilzeitbeschäftigung kann frühestens im Anschluss an die Frist gemäß § 5 Abs. 1 und 2, einen daran anschließenden Gebührenurlaub oder eine Dienstverhinderung wegen Krankheit (Unglücksfall) angetreten werden. In diesem Fall hat die Dienstnehmerin dies dem Dienstgeber einschließlich Dauer, Ausmaß und Lage der Teilzeitbeschäftigung schriftlich bis zum Ende der Frist nach § 5 Abs. 1 bekannt zu geben.

(4) Beabsichtigt die Dienstnehmerin die Teilzeitbeschäftigung zu einem späteren Zeitpunkt anzutreten, hat sie dies dem Dienstgeber einschließlich Beginn, Dauer, Ausmaß und Lage der Teilzeitbeschäftigung schriftlich spätestens drei Monate vor dem beabsichtigten Beginn bekannt zu geben. Beträgt jedoch der Zeitraum zwischen dem Ende der Frist gemäß § 5 Abs. 1 und dem Beginn der beabsichtigten Teilzeitbeschäftigung weniger als drei Monate, so hat die Dienstnehmerin die Teilzeitbeschäftigung schriftlich bis zum Ende der Frist nach § 5 Abs. 1 bekannt zu geben.

(5) Die Dienstnehmerin kann sowohl eine Änderung der Teilzeitbeschäftigung (Verlängerung, Änderung des Ausmaßes oder der Lage) innerhalb der Bandbreite nach § 15h Abs. 1 Z 3 oder § 15i als auch eine vorzeitige Beendigung jeweils nur einmal verlangen. Sie hat dies dem Dienstgeber schriftlich spätestens drei Monate, dauert die Teilzeitbeschäftigung jedoch weniger als drei Monate, spätestens zwei Monate vor der beabsichtigten Änderung oder Beendigung bekannt zu geben.

(6) Der Dienstgeber kann sowohl eine Änderung der Teilzeitbeschäftigung (Änderung des Ausmaßes oder der Lage) innerhalb der Bandbreite nach § 15h Abs. 1 Z 3 oder § 15i als auch eine vorzeitige Beendigung jeweils nur einmal verlangen. Er hat dies der Dienstnehmerin schriftlich spätestens drei Monate, dauert die Teilzeitbeschäftigung jedoch weniger als drei Monate, spätestens zwei Monate vor der beabsichtigten Änderung oder Beendigung bekannt zu geben.

(7) Fallen in ein Kalenderjahr auch Zeiten einer Teilzeitbeschäftigung, gebühren der Dienstnehmerin sonstige, insbesondere einmalige Bezüge im Sinne des § 67 Abs. 1 EStG 1988 in dem der Vollzeit- und Teilzeitbeschäftigung entsprechenden Ausmaß im Kalenderjahr.

(8) Der Dienstgeber ist verpflichtet, der Dienstnehmerin auf deren Verlangen eine Bestätigung über Beginn und Dauer der Teilzeitbeschäftigung oder die Nichtinanspruchnahme der Teilzeitbeschäftigung auszustellen. Die Dienstnehmerin hat diese Bestätigung mit zu unterfertigen.

(9) Die Teilzeitbeschäftigung der Dienstnehmerin endet vorzeitig mit der Inanspruchnahme einer Karenz oder Teilzeitbeschäftigung nach diesem Bundesgesetz für ein weiteres Kind.

(10) Kommt es zu einer Vereinbarung über ein Teilzeitmodell außerhalb der Bandbreite, liegt dennoch eine Teilzeitbeschäftigung im Sinne des § 15h oder § 15i vor.

Verfahren beim Anspruch auf Teilzeitbeschäftigung

§ 15k. (1) In Betrieben, in denen ein für die Dienstnehmerin zuständiger Betriebsrat errichtet ist, ist dieser auf Verlangen der Dienstnehmerin den Verhandlungen über Beginn, Dauer, Ausmaß oder Lage der Teilzeitbeschäftigung nach § 15h Abs. 1 beizuziehen. Kommt binnen zwei Wochen ab Bekanntgabe keine Einigung zu Stande, können im Einvernehmen zwischen Dienstnehmerin und Dienstgeber Vertreter der gesetzlichen Interessenvertretungen der Dienstnehmer und der Dienstgeber den Verhandlungen beigezogen werden. Der Dienstgeber hat das Ergebnis der Verhandlungen schriftlich aufzuzeichnen. Diese Ausfertigung ist sowohl vom Dienstgeber als auch von der Dienstnehmerin zu unterzeichnen; eine Ablichtung ist der Dienstnehmerin auszuhändigen.

(2) Kommt binnen vier Wochen ab Bekanntgabe keine Einigung über Beginn, Dauer, Ausmaß oder Lage der Teilzeitbeschäftigung zu Stande, kann die Dienstnehmerin die Teilzeitbeschäftigung zu den von ihr bekannt gegebenen Bedingungen antreten, sofern der Dienstgeber nicht binnen weiterer zwei Wochen beim zuständigen Arbeits- und Sozialgericht einen Antrag nach § 433 Abs. 1 ZPO zur gütlichen Einigung gegebenenfalls im Rahmen eines Gerichtstages stellt. Dem Antrag ist das Ergebnis der Verhandlungen nach Abs. 1 anzuschließen.

(3) Kommt binnen vier Wochen ab Einlangen des Antrags beim Arbeits- und Sozialgericht keine gütliche Einigung zu Stande, hat der Dienstgeber binnen einer weiteren Woche die Dienstnehmerin auf Einwilligung in die von ihm vorgeschlagenen Bedingungen der Teilzeitbeschäftigung beim zuständigen Arbeits- und Sozialgericht zu klagen, andernfalls kann die Dienstnehmerin die Teilzeitbeschäftigung zu den von ihr bekannt gegebenen Bedingungen antreten. Findet der Vergleichsversuch erst nach Ablauf von vier Wochen statt, beginnt die Frist für die Klagseinbringung mit dem auf den Vergleichsversuch folgenden Tag. Das Arbeits- und Sozialgericht hat der Klage des Dienstgebers dann stattzugeben, wenn die betrieblichen Erfordernisse die Interessen der Dienstnehmerin überwiegen. Gibt das Arbeits- und Sozialgericht der Klage des Dienstgebers nicht statt, wird die von der Dienstnehmerin beabsichtigte Teilzeitbeschäftigung mit der Rechtskraft des Urteils wirksam.

(4) Beabsichtigt die Dienstnehmerin eine Änderung oder vorzeitige Beendigung der Teilzeitbeschäftigung, ist Abs. 1 anzuwenden. Kommt binnen vier Wochen ab Bekanntgabe keine Einigung zu Stande, kann der Dienstgeber binnen einer weiteren Woche dagegen Klage beim zuständigen Arbeits- und Sozialgericht erheben. Bringt der Dienstgeber keine Klage ein, wird die von der Dienstnehmerin bekannt gegebene Änderung oder vorzeitige Beendigung der Teilzeitbeschäftigung wirksam. Das Arbeits- und Sozialgericht hat der Klage dann stattzugeben, wenn die betrieblichen Erfordernisse gegenüber den Interessen der Dienstnehmerin im Hinblick auf die beabsichtigte Änderung oder vorzeitige Beendigung überwiegen.

(5) Beabsichtigt der Dienstgeber eine Änderung der Teilzeitbeschäftigung oder eine vorzeitige Beendigung, ist Abs. 1 anzuwenden. Kommt binnen vier Wochen ab Bekanntgabe keine Einigung zu Stande, kann der Dienstgeber binnen einer weiteren Woche Klage auf die Änderung oder vorzeitige Beendigung beim Arbeits- und Sozialgericht erheben, andernfalls die Teilzeitbeschäftigung unverändert bleibt. Das Arbeits- und Sozialgericht hat der Klage dann stattzugeben, wenn die betrieblichen Erfordernisse gegenüber den Interessen der Dienstnehmerin im Hinblick auf die beabsichtigte Änderung oder vorzeitige Beendigung überwiegen.

(6) In Rechtsstreitigkeiten nach Abs. 3 bis 5 steht keiner Partei ein Kostenersatzanspruch an die andere zu. Gegen ein Urteil des Gerichtes erster Instanz ist eine Berufung nicht zulässig und sind - unabhängig vom Wert des Streitgegenstandes - Beschlüsse des Gerichtes erster Instanz nur aus den Gründen des § 517 Abs. 1 Z 1, 4 und 6 ZPO anfechtbar.

Verfahren bei der vereinbarten Teilzeitbeschäftigung

§ 15l. (1) In Betrieben, in denen ein für die Dienstnehmerin zuständiger Betriebsrat errichtet ist, ist dieser auf Verlangen der Dienstnehmerin den Verhandlungen über die Teilzeitbeschäftigung nach § 15i, deren Beginn, Dauer, Lage und Ausmaß beizuziehen. Lehnt der Dienstgeber die begehrte Teilzeitbeschäftigung ab, muss er dies schriftlich begründen.

(2) Kommt binnen zwei Wochen ab Bekanntgabe keine Einigung zu Stande, so kann die Dienstnehmerin den Dienstgeber auf Einwilligung in eine Teilzeitbeschäftigung einschließlich deren Beginn, Dauer, Lage und Ausmaß klagen. Das Arbeits- und Sozialgericht hat die Klage insoweit abzuweisen, als der Dienstgeber aus sachlichen Gründen die Einwilligung in die begehrte Teilzeitbeschäftigung verweigert hat.

(3) Beabsichtigt die Dienstnehmerin eine Änderung oder vorzeitige Beendigung der Teilzeitbeschäftigung, ist Abs. 1 anzuwenden. Kommt binnen zwei Wochen ab Bekanntgabe keine Einigung zu Stande, kann die Dienstnehmerin binnen einer weiteren Woche Klage auf eine Änderung oder vorzeitige Beendigung der Teilzeitbeschäftigung beim zuständigen Arbeits- und Sozialgericht erheben. Das Arbeits- und Sozialgericht hat die

Klage dann abzuweisen, wenn die betrieblichen Erfordernisse gegenüber den Interessen der Dienstnehmerin im Hinblick auf die beabsichtigte Änderung oder vorzeitige Beendigung überwiegen.

(4) Beabsichtigt der Dienstgeber eine Änderung der Teilzeitbeschäftigung oder eine vorzeitige Beendigung, ist Abs. 1 anzuwenden. Kommt binnen zwei Wochen ab Bekanntgabe keine Einigung zu Stande, kann der Dienstgeber binnen einer weiteren Woche Klage auf eine Änderung oder vorzeitige Beendigung beim zuständigen Arbeits- und Sozialgericht erheben, andernfalls die Teilzeitbeschäftigung unverändert bleibt. Das Arbeits- und Sozialgericht hat der Klage dann stattzugeben, wenn die betrieblichen Erfordernisse gegenüber den Interessen der Dienstnehmerin im Hinblick auf die beabsichtigte Änderung oder vorzeitige Beendigung überwiegen.

(5) § 15k Abs. 6 ist anzuwenden.

Karenz an Stelle von Teilzeitbeschäftigung

§ 15m. (1) Kommt zwischen der Dienstnehmerin und dem Dienstgeber keine Einigung über eine Teilzeitbeschäftigung nach den §§ 15h und 15i zu Stande, kann die Dienstnehmerin dem Dienstgeber binnen einer Woche bekannt geben, dass sie

1. an Stelle der Teilzeitbeschäftigung oder
2. bis zur Entscheidung des Arbeits- und Sozialgerichtes Karenz, längstens jedoch bis zu den in § 15 Abs. 1, 1a und 3a und § 15a Abs. 1 genannten Zeitpunkten, in Anspruch nimmt.

(2) Gibt das Gericht der Klage des Dienstgebers in einem Rechtsstreit nach § 15k Abs. 3 statt oder der Klage der Dienstnehmerin nach § 15l Abs. 2 nicht statt, kann die Dienstnehmerin binnen einer Woche nach Zugang des Urteils dem Dienstgeber bekannt geben, dass sie Karenz längstens bis zu den in § 15 Abs. 1, 1a und 3a und § 15a Abs. 1 genannten Zeitpunkten in Anspruch nimmt.

Kündigungs- und Entlassungsschutz bei einer Teilzeitbeschäftigung

§ 15n. (1) Der Kündigungs- und Entlassungsschutz gemäß den §§ 10 und 12 beginnt grundsätzlich mit der Bekanntgabe, frühestens jedoch vier Monate vor dem beabsichtigten Antritt der Teilzeitbeschäftigung. Er dauert bis vier Wochen nach dem Ende der Teilzeitbeschäftigung, längstens jedoch bis vier Wochen nach dem Ablauf des vierten Lebensjahres des Kindes. Die Bestimmungen über den Kündigungs- und Entlassungsschutz gelten auch während eines Verfahrens nach den §§ 15k und 15l.

(2) Dauert die Teilzeitbeschäftigung länger als bis zum Ablauf des vierten Lebensjahres des Kindes oder beginnt sie nach dem Ablauf des vierten Lebensjahres des Kindes, kann eine Kündigung wegen einer beabsichtigten oder tatsächlich in Anspruch genommenen Teilzeitbeschäftigung bei Gericht angefochten werden. § 105 Abs. 5 ArbVG gilt sinngemäß. Der Dienstgeber hat auf ein schriftliches Verlangen der Dienstnehmerin eine schriftliche Begründung der Kündigung auszustellen. Die Dienstnehmerin muss die schriftliche Begründung bei sonstigem Ausschluss des Rechts auf Ausstellung binnen fünf Kalendertagen ab dem Zugang der Kündigung verlangen. Der Dienstgeber muss die schriftliche Begründung binnen fünf Kalendertagen ab dem Zugang des Verlangens ausstellen. Der Umstand, dass eine schriftliche Begründung nicht übermittelt wurde, ist für die Rechtswirksamkeit der Beendigung ohne Belang.

(3) Wird während der Teilzeitbeschäftigung ohne Zustimmung des Dienstgebers eine weitere Erwerbstätigkeit aufgenommen, kann der Dienstgeber binnen acht Wochen ab Kenntnis entgegen Abs. 1 und 2 eine Kündigung wegen dieser Erwerbstätigkeit aussprechen.

Teilzeitbeschäftigung der Adoptiv- oder Pflegemutter

§ 15o. Die §§ 15h bis 15n gelten auch für eine Adoptiv- oder Pflegemutter mit der Maßgabe, dass die Teilzeitbeschäftigung frühestens mit der Annahme oder der Übernahme des Kindes beginnen kann. Beabsichtigt die Dienstnehmerin die Teilzeitbeschäftigung zum frühest möglichen Zeitpunkt, hat sie dies dem Dienstgeber einschließlich Beginn, Dauer, Ausmaß und Lage unverzüglich bekannt zu geben. § 15j Abs. 1 ist weiters mit der Maßnahme anzuwenden, dass an Stelle des Ausdrucks „der Vater“ der Ausdruck „der andere Elternteil“ tritt.

Änderung der Lage der Arbeitszeit

§ 15p. Die §§ 15h bis 15o sind auch für eine von der Dienstnehmerin beabsichtigte Änderung der Lage der Arbeitszeit mit der Maßgabe anzuwenden, dass das Ausmaß der Arbeitszeit außer Betracht bleibt.“

Spätere Geltendmachung der Karenz

§ 15q. (1) Lehnt der Dienstgeber des anderen Elternteils eine Teilzeitbeschäftigung ab und nimmt der andere Elternteil keine Karenz für diese Zeit in Anspruch, so kann die Dienstnehmerin für diese Zeit, längstens bis zu den in § 15 Abs. 1, 1a und 3a und § 15a Abs. 1 genannten Zeitpunkten Karenz in Anspruch nehmen.

(2) Die Dienstnehmerin hat Beginn und Dauer der Karenz unverzüglich nach der Ablehnung der Teilzeitbeschäftigung durch den Dienstgeber des anderen Elternteils bekannt zu geben und die anspruchsbegründenden Umstände nachzuweisen.

ABSCHNITT 7

SONSTIGE BESTIMMUNGEN

Austritt aus Anlass der Geburt eines Kindes

§ 15r. Die Dienstnehmerin kann

1. nach der Geburt eines lebenden Kindes während der Schutzfrist nach § 5 Abs. 1,
2. nach der Annahme eines Kindes, welches das zweite Lebensjahr noch nicht vollendet hat, an Kindes Statt (§ 15c Abs. 1 Z 1) oder nach Übernahme eines solchen Kindes in unentgeltliche Pflege (§ 15c Abs. 1 Z 2) innerhalb von acht Wochen,
3. bei Inanspruchnahme einer Karenz nach §§ 15, 15a, 15c, 15d oder 15q bis spätestens drei Monate vor Ende der Karenz ihren vorzeitigen Austritt aus dem Dienstverhältnis erklären.
4. bei Inanspruchnahme einer Karenz von weniger als drei Monaten bis spätestens zwei Monate vor dem Ende der Karenz.

Dienst(Werks)wohnung

§ 16. Vereinbarungen, durch die der Anspruch der Dienstnehmerin auf eine beigestellte Dienst(Werks) wohnung oder sonstige Unterkunft berührt wird, müssen während der Dauer des Kündigungs- und Entlassungsschutzes gemäß §§ 10, 12, 15 Abs. 4, 15a Abs. 4 und 5, 15c Abs. 4, 15d Abs. 5, 15n Abs. 1, um rechtswirksam zu sein, vor Gericht (§ 92 ASGG) nach Rechtsbelehrung der Dienstnehmerin getroffen werden.

§ 17. *(entfällt gem. BGBl. I Nr. 40/2017, Art. 16)*

ABSCHNITT 8

SONDERBESTIMMUNGEN FÜR BEDIENSTETE IN BESTIMMTEN ZWEIGEN DES ÖFFENTLICHEN DIENSTES

§ 18. Die Abschnitte 2 bis 7 gelten mit den in den §§ 18a bis 23 enthaltenen Abweichungen für Dienstnehmerinnen, die in einem Dienstverhältnis

1. zum Bund,
2. zu einem Land, einer Gemeinde oder einem Gemeindeverband, sofern die Dienstnehmerin in einem Betrieb tätig ist,
3. gemäß Art. 14 Abs. 2 B-VG,
4. gemäß Art. 14a Abs. 3 B-VG

stehen, weiters für Dienstnehmerinnen in einem Dienstverhältnis zu einer Stiftung, einer Anstalt oder einem Fonds, auf das nach dem Vertragsbedienstetengesetz 1948, BGBl. Nr. 86, dessen § 1 Abs. 2 sinngemäß anzuwenden ist.

§ 18a. (1) §§ 2a Abs. 5, 15k Abs.1 und 15l Abs. 1 ist für Dienststellen, die nicht unter den II. Teil des Arbeitsverfassungsgesetzes, BGBl Nr. 22/1974, fallen, mit der Maßgabe anzuwenden, dass an die Stelle des Betriebsrates die Personalvertretung tritt.

(2) § 2b Abs. 1 und Abs. 2 Satz 1 ist für öffentlich-rechtliche Dienstnehmerinnen mit der Maßgabe anzuwenden, dass die Dienstnehmerin an einem ihrer bisherigen dienstrechtlichen Stellung zumindest entsprechenden Arbeitsplatz zu verwenden ist.

§ 19. (1) § 3 Abs. 6 ist mit der Maßgabe anzuwenden, dass die Meldung über die Schwangerschaft einer Dienstnehmerin in Dienststellen des Bundes, auf die das Bundes-Bedienstetenschutzgesetz, BGBl. Nr. 70/1999, anzuwenden ist, dem Arbeitsinspektorat zu übermitteln ist.

(2) Das Arbeitsinspektorat hat dem Dienststellenleiter in den Angelegenheiten der §§ 4, 4a; 5 Abs. 4 und 9 Abs. 3 und 4 Empfehlungen zu erteilen. § 89 des Bundesbedienstetenschutzgesetzes ist anzuwenden.

§ 20. (1) § 10 Abs. 3 bis 7 ist nicht anzuwenden.

(2) Während der Dauer des in den §§ 10, 15, 15a, 15c und 15d geregelten Kündigungsschutzes und bis zum Ablauf von vier Monaten nach dem Aufhören dieses Schutzes kann ein Rechtsanspruch auf die Umwandlung eines kündbaren Dienstverhältnisses in ein unkündbares (definitives) Dienstverhältnis nicht erworben werden.

(2a) Abweichend von Abs. 2 kann die Beamtin während der Inanspruchnahme eines Karenzurlaubes gemäß § 15a durch den anderen Elternteil einen Rechtsanspruch auf Umwandlung eines kündbaren in ein unkündbares (definitives) Dienstverhältnis erwerben.

(2b) Während der Dauer des aufgeschobenen Karenzurlaubes oder einer Teilzeitbeschäftigung gemäß § 15g kann ein Rechtsanspruch auf Umwandlung eines kündbaren in ein unkündbares (definitives) Dienstverhältnis nicht erworben werden.

(3) Die Definitivstellung nach Ablauf der im Abs. 2 genannten Frist wirkt auf den Zeitpunkt zurück, in dem sie ohne die Aufschiebung im Sinne des Abs. 2 erfolgt wäre.

(4) § 10 Abs. 8 ist mit der Maßgabe anzuwenden, dass Ansprüche auf Grund des Bundes-Gleichbehandlungsgesetzes (B-GlBG), BGBl. Nr. 100/1993, unberührt bleiben.

§ 21. Eine einvernehmliche Auflösung des Dienstverhältnisses während der Dauer des Kündigungsschutzes ist nur dann rechtswirksam, wenn sie schriftlich vereinbart wurde. Bei Minderjährigen muss dieser Vereinbarung eine Bescheinigung eines Gerichtes (§ 92 ASGG), der Personalvertretung oder des Betriebsrates beigeschlossen sein, aus der hervorgeht, dass die Dienstnehmerin über den Kündigungsschutz nach diesem Bundesgesetz belehrt wurde.

§ 22. (1) § 12 ist nicht anzuwenden, wenn die Entlassung der Bediensteten durch das rechtskräftige Erkenntnis einer auf Grund gesetzlicher oder anderer dienstrechtlicher Vorschriften gebildeten Disziplinarkommission (Disziplinargericht) verfügt wird oder das Dienstverhältnis kraft Gesetzes erlischt.

(2) Unbeschadet der in § 12 Abs. 2 angeführten Entlassungsgründe kann das Gericht die Zustimmung zur Entlassung erteilen, wenn sich nachträglich herausstellt, dass die Vertragsbedienstete die Aufnahme in das Dienstverhältnis durch unwahre Angaben, ungültige Urkunden oder durch Verschweigen von Umständen erschlichen hat, die ihre Aufnahme nach den Bestimmungen des Vertragsbedienstetengesetzes oder anderer österreichischer Rechtsvorschriften ausgeschlossen hätten.

§ 22a. Beamtinnen und Vertragsbedienstete, die gemäß § 3 Abs. 3 nicht beschäftigt werden dürfen, haben keinen Anspruch nach § 14 Abs. 2 für Zeiten, während derer ein Anspruch nach § 13d Gehaltsgesetz 1956 (GehG), BGBl. Nr. 54 oder § 24b VBG besteht.

§ 23. (1) § 15 Abs. 3 letzter Satz und § 15a Abs. 3 letzter Satz sind mit der Maßgabe anzuwenden, dass Karenz gewährt werden kann, sofern nicht zwingende dienstliche Gründe entgegenstehen.

(2) § 15b ist mit der Maßgabe anzuwenden, dass die Beamtin aufgeschobene Karenz zu dem von ihr gewünschten Zeitpunkt in Anspruch nehmen kann.

(3) § 15b Abs. 3 zweiter bis letzter Satz und Abs. 4 zweiter und dritter Satz ist auf Bundesbeamtinnen, Landeslehrerinnen (§ 1 Abs. 1 LDG 1984), Land- und forstwirtschaftliche Landeslehrerinnen (§ 1 Abs. 1 LLDG 1985), Klassenlehrerinnen, Richteramtsanwärterinnen und Richterinnen nicht anzuwenden.

(4) Lehrerinnen können aufgeschobene Karenz nicht in den letzten vier Monaten des Schuljahres in Anspruch nehmen.

(4a) § 15b Abs. 7 zweiter Satz ist nicht anzuwenden. Ist die Bedienstete der Ansicht wegen der beabsichtigten oder tatsächlich in Anspruch genommenen aufgeschobenen Karenz gekündigt worden zu sein, hat der Dienstgeber die Beweislast dafür zu tragen, dass die Kündigung aus anderen Gründen erfolgt ist. § 15b Abs. 7 dritter bis letzter Satz ist nur dann anzuwenden, wenn dienstrechtliche Vorschriften bei der Kündigung keine schriftliche Begründung vorsehen.

(5) § 15f Abs. 1 letzter Satz ist anzuwenden, soweit dienst- und besoldungsrechtliche Vorschriften nicht anderes bestimmen.

(6) § 15e Abs. 2 ist auf Lehrerinnen, die eine im § 8 Abs. 1 BDG 1979, BGBl. Nr. 333, im § 55 Abs. 4 oder 5 LDG 1984, BGBl. Nr. 302, oder im § 56 LLDG 1985, BGBl. Nr. 296, angeführte Leitungsfunktion ausüben oder mit einer Schulaufsichtsfunktion betraut sind, auf Beamtinnen des Schulaufsichtsdienstes, auf Bedienstete des Schulqualitätsmanagements und auf Bedienstete in der Schulevaluation nicht anzuwenden.

(7) Eine Beschäftigung im Sinne des § 15e Abs. 3 bedarf der Genehmigung durch die Dienstbehörde (Personalstelle). § 56 Abs. 4 BDG 1979 ist anzuwenden.

(8) § 15h Abs. 1 ist auf Bundesbeamtinnen, Landeslehrerinnen (§ 1 Abs. 1 LDG 1984), Land- und forstwirtschaftliche Landeslehrerinnen (§ 1 Abs. 1 LLDG 1985)

und Klassenlehrerinnen mit der Maßgabe anzuwenden, dass diese Beamtinnen einen Anspruch auf Teilzeitbeschäftigung in dem im § 15h Abs. 1 erster bis dritter Satz angeführten Zeitraum und Höchstausmaß haben. Die Bestimmungen des § 15h Abs. 1 betreffend Ausmaß und Lage der Teilzeitbeschäftigung und § 15j Abs. 5 und 6 sind mit folgenden Abweichungen anzuwenden:

1. Eine Teilzeitbeschäftigung ist im Ausmaß einer Herabsetzung
   a) bis auf die Hälfte der für eine Vollbeschäftigung vorgesehenen Wochendienstzeit (Lehrverpflichtung bzw. Jahresnorm) oder
   b) unter die Hälfte der für eine Vollbeschäftigung vorgesehenen Wochendienstzeit (Lehrverpflichtung bzw. Jahresnorm) für die beantragte Dauer, während der die Mutter Anspruch auf Kinderbetreuungsgeld hat,

   zu gewähren.
2. Das Ausmaß der Herabsetzung ist so festzulegen, dass die verbleibende regelmäßige Wochendienstzeit (Lehrverpflichtung bzw. Jahresnorm) ein ganzzahliges Stundenausmaß (bei Lehrerinnen ganze Unterrichtsstunden) umfasst. Die verbleibende regelmäßige Wochendienstzeit (Lehrverpflichtung bzw. Jahresnorm) gemäß Z 1 lit. a
   a) darf nicht unter der Hälfte der für eine Vollbeschäftigung erforderlichen regelmäßigen Wochendienstzeit (Lehrverpflichtung bzw. Jahresnorm) und
   b) muss unter der für eine Vollbeschäftigung erforderlichen regelmäßigen Wochendienstzeit (Lehrverpflichtung bzw. Jahresnorm)

   liegen.
3. Eine Teilzeitbeschäftigung darf von der Dienstbehörde nur dann abgelehnt werden, wenn die Beamtin infolge der Teilzeitbeschäftigung aus wichtigen dienstlichen Gründen weder im Rahmen ihres bisherigen Arbeitsplatzes noch auf einem anderen ihrer dienstrechtlichen Stellung zumindest entsprechenden Arbeitsplatz verwendet werden könnte. Die Ablehnung ist schriftlich zu begründen.
4. Die Bestimmungen über den Kündigungs- und Entlassungsschutz gelten auch während eines Rechtsmittelverfahrens betreffend die Ablehnung der Teilzeitbeschäftigung.
5. Im § 15n Abs. 1 ist die Verweisung auf die §§ 10 und 12 mit den Änderungen anzuwenden, die sich aus den §§ 20 bis 22 ergeben.
6. Bei der stundenmäßigen Festlegung der Zeiträume, in denen die Beamtin Dienst zu versehen hat, ist auf die persönlichen Verhältnisse der Beamtin, insbesondere auf die Gründe, die zur Teilzeitbeschäftigung geführt haben, so weit Rücksicht zu nehmen, als nicht wichtige dienstliche Interessen entgegenstehen.
7. Die Dienstbehörde kann auf Antrag der Beamtin eine Änderung des Ausmaßes oder die vorzeitige Beendigung der Teilzeitbeschäftigung verfügen, wenn keine wichtigen dienstlichen Interessen entgegenstehen.
8. Auf Landeslehrerinnen, die Teilzeitbeschäftigung in Anspruch nehmen, ist § 47 Abs. 3 und 3a LDG 1984 anzuwenden.

(9) Lassen bei den in Abs. 8 angeführten Beamtinnen die besonderen Umstände des Dienstes eine genaue Einhaltung eines ganzzahligen Ausmaßes an Stunden (bei Lehrerinnen an Unterrichtsstunden) nicht zu, so ist es so weit zu überschreiten, als es nötig ist, um seine Unterschreitung zu vermeiden.

(9a) Die Bestimmungen über die Bandbreite bei der Teilzeitbeschäftigung sind auf Vertragslehrpersonen nach dem VBG, Landesvertragslehrpersonen nach dem Landesvertragslehrpersonengesetz 1966 - LVG, BGBl. Nr. 172/1966, und dem Land- und forstwirtschaftlichen Landesvertragslehrpersonengesetz - LLVG, BGBl. Nr. 244/1969, mit der Maßgabe anzuwenden, dass die für eine Vollbeschäftigung vorgesehene Lehrverpflichtung bzw. Jahresnorm um mindestens 20 vH reduziert wird und 30 vH nicht unterschreitet.

(10) Eine im Abs. 8 angeführte Beamtin kann über die für sie maßgebende Wochendienstzeit hinaus zur Dienstleistung nur herangezogen werden, wenn die Dienstleistung zur Vermeidung eines Schadens unverzüglich notwendig ist und ein Bediensteter, dessen Wochendienstzeit (Lehrverpflichtung bzw. Jahresnorm) nicht herabgesetzt ist, nicht zur Verfügung steht. Die Zeit einer solchen zusätzlichen Dienstleistung ist entweder durch Freizeit auszugleichen oder nach den besoldungsrechtlichen Vorschriften abzugelten. Bei Lehrerinnen ist ein solcher Freizeitausgleich unzulässig. Der erste Satz ist auf Lehrerinnen nicht anzuwenden, deren Lehrverpflichtung um höchstens 25% herabgesetzt ist.

(10a) Abs. 10 ist auf Vertragsbedienstete und auf Landesvertragslehrpersonen nach dem Landesvertragslehrpersonengesetz 1966 (LVG), BGBl. Nr. 172 und dem Land- und forstwirtschaftlichen Landesvertragslehrpersonengesetz (LLVG), BGBl. Nr. 244/1969 sinngemäß anzuwenden.

(11) § 15h Abs. 1 ist auf Richteramtsanwärterinnen und Richterinnen mit der Maßgabe anzuwenden, dass sie Anspruch auf Teilzeitbeschäftigung in dem im § 15h Abs. 1 erster bis dritter Satz angeführten Zeitraum und Höchstausmaß haben. Die Bestimmungen des § 15h Abs. 1 betreffend Ausmaß der Teilzeitbeschäftigung und des § 15j Abs. 5 und 6 sind auf Richteramtsanwärterinnen und Richterinnen mit folgenden Abweichungen anzuwenden:

1. An die Stelle der Teilzeitbeschäftigung tritt die Teilauslastung. Unter Teilauslastung ist eine Ermäßigung des regelmäßigen Dienstes bis auf die Hälfte zu verstehen.
2. Für die vorzeitige Beendigung einer Teilauslastung gilt § 76c RStDG.

(12) Auf die übrigen von den Abs. 8 und 11 nicht erfassten Bediensteten sind die §§ 15h, 15i und 15j Abs. 10 mit der Maßgabe anzuwenden, dass

1. eine Teilzeitbeschäftigung jedenfalls nicht zulässig ist, wenn die Bedienstete infolge der Teilzeitbeschäftigung aus wichtigen dienstlichen Gründen weder im Rahmen ihres bisherigen Arbeitsplatzes noch auf einem anderen ihrer dienstrechtlichen Stellung zumindest entsprechenden Arbeitsplatz verwendet werden könnte, wobei die Ablehnung schriftlich zu begründen ist, und
2. im § 15n Abs. 1 die Verweisung auf die §§ 10 und 12 mit den Änderungen anzuwenden ist, die sich aus den §§ 20 bis 22 ergeben.

(13) § 15f Abs. 4 ist nicht anzuwenden. Wird der gemeinsame Haushalt der Mutter mit dem Kind aufgehoben, so endet die Karenz nach diesem Bundesgesetz. Die Bedienstete gilt ab diesem Zeitpunkt bis zum Ende der ursprünglich nach diesem Bundesgesetz gewährten Karenz als gegen Entfall der Bezüge im Sinne der dienstrechtlichen Vorschriften beurlaubt. Wenn es der Dienstgeber jedoch begehrt, hat die Bedienstete vorzeitig den Dienst anzutreten.

(14) § 15e Abs. 2 ist auf Richterinnen nicht anzuwenden.

(15) § 15r ist nicht anzuwenden auf

1. öffentlich-rechtliche Dienstnehmerinnen und
2. Vertragsbedienstete, deren Dienstverhältnis vor dem 1. Jänner 2003 begonnen hat, soweit nicht durch Verordnung gemäß § 46 Abs. 1 letzter Satz

des Betrieblichen Mitarbeiter- und Selbständigenvorsorgegesetzes (BMSVG), BGBl. I Nr. 100/2002, etwas anderes angeordnet wird.

(16) §§ 15i, 15j Abs. 10, 15k und 15p sind auf öffentlich-rechtliche Dienstnehmerinnen nicht anzuwenden.

(17) § 15m ist auf Beamtinnen mit der Maßgabe anzuwenden, dass bei Ablehnung der Teilzeitbeschäftigung durch die Dienstbehörde gemäß Abs. 8 Z 3 die Dienstnehmerin an Stelle der Teilzeitbeschäftigung oder bis zur rechtskräftigen Bescheiderlassung Karenz beanspruchen kann. Wurde die Teilzeitbeschäftigung rechtskräftig abgelehnt, kann die Beamtin binnen einer Woche nach Rechtskraft bekannt geben, dass sie Karenz längstens bis zu den in § 15 Abs. 1, 1a und 3a und § 15a Abs. 1 genannten Zeitpunkten in Anspruch nimmt.

(18) § 15n Abs. 2 zweiter Satz ist nicht anzuwenden. Ist die Bedienstete der Ansicht wegen der beabsichtigten oder tatsächlich in Anspruch genommenen Teilzeitbeschäftigung gekündigt worden zu sein, hat der Dienstgeber die Beweislast dafür zu tragen, dass die Kündigung aus anderen Gründen erfolgt ist. § 15n Abs. 2 dritter bis letzter Satz ist nur dann anzuwenden, wenn dienstrechtliche Vorschriften bei der Kündigung keine schriftliche Begründung vorsehen.

ABSCHNITT 9

SONDERBESTIMMUNGEN FÜR DIE IN PRIVATEN HAUSHALTEN BESCHÄFTIGTEN DIENSTNEHMERINNEN, DIE IN DIE HAUSGEMEINSCHAFT AUFGENOMMEN SIND

Personenkreis

§ 24. Die Abschnitte 2 bis 7 gelten mit den in den §§ 25 und 27 enthaltenen Abweichungen für Dienstnehmerinnen, die unter das Hausgehilfen- und Hausangestelltengesetz, BGBl. Nr. 235/1962, fallen, in privaten Haushalten beschäftigt und in die Hausgemeinschaft des Dienstgebers aufgenommen sind.

§ 25. Die §§ 7 (Verbot der Sonn- und Feiertagsarbeit) und 16 (Dienst-/Werkswohnung) sind nicht anzuwenden. Die §§ 15 bis 15d, 15m und 15q (Karenz) gelten unter der Voraussetzung, dass für die Dauer der Karenz die Hausgemeinschaft aufgelöst wird.

Ruhezeiten

§ 26. *Entfällt (BGBl. Nr. 833/1992).*

Kündigungsschutz

§ 27. Die Zustimmung zur Kündigung ist abweichend von § 10 Abs. 3 nur dann zu erteilen, wenn der Dienstgeber wegen Änderung seiner wirtschaftlichen Verhältnisse nicht in der Lage ist, eine Arbeitskraft im Haushalt zu beschäftigen, oder der Grund, der für ihre Beschäftigung maßgebend war, weggefallen ist, oder wenn sich die Dienstnehmerin in der Tagsatzung zur mündlichen Streitverhandlung nach Rechtsbelehrung der Parteien durch den Vorsitzenden über den Kündigungsschutz nach diesem Bundesgesetz mit der Kündigung einverstanden erklärt. Eine entgegen diesen Vorschriften ausgesprochene Kündigung ist rechtsunwirksam.

§ 28. *Entfällt (BGBl. Nr. 833/1992).*

§ 29. *Entfällt (BGBl. Nr. 434/1995).*

§ 30. *Entfällt (BGBl. Nr. 434/1995).*

ABSCHNITT 10

SONDERBESTIMMUNGEN FÜR HEIMARBEITERINNEN

§ 31. (1) Die Abschnitte 2 bis 7 gelten für Heimarbeiterinnen mit den in den Abs. 2 und 3 enthaltenen Abweichungen hinsichtlich ihrer Beschäftigung mit Heimarbeit.

(2) Die §§ 6 bis 8 gelten mit der Maßgabe, dass auf einen Ausgabe- und Abrechnungsnachweis keine größere Arbeitsmenge ausgegeben werden darf, als durch eine vollwertige Arbeitskraft ohne Hilfskräfte bei Einhaltung einer achtstündigen täglichen Arbeitszeit bewältigt werden kann. Die Lieferfristen sind so zu bemessen, dass Aufträge ohne Nachtarbeit, das heißt ohne Arbeit in der Zeit zwischen 20 Uhr und 6 Uhr, und ohne Sonn- und Feiertagsarbeit ausgeführt werden können. Ist eine Heimarbeiterin für mehrere Auftraggeber tätig, so darf die gesamte Arbeitsmenge das angeführte Ausmaß nicht überschreiten. Die Heimarbeiterin hat, falls sie für mehrere Auftraggeber tätig ist, dies jedem ihrer Auftraggeber mitzuteilen. Auf Antrag des Auftraggebers, der Mittelsperson oder der Heimarbeiterin hat das Arbeitsinspektorat darüber zu entscheiden, welche Arbeitsmenge ausgegeben werden darf.

(3) Die §§ 10 und 12 gelten sinngemäß mit der Maßgabe, dass der Ausschluß von der Ausgabe von Heimarbeit einer Kündigung oder Entlassung gleichzuhalten ist.

(4) Über den Abs. 3 hinaus dürfen Heimarbeiterinnen während der Schwangerschaft und bis zum Ablauf von vier Monaten nach der Entbindung mit Ausnahme jener Zeiträume, während deren die Ausgabe von Heimarbeit auf Grund der Beschäftigungsverbote nach diesem Bundesgesetz untersagt ist, bei der Ausgabe von Heimarbeit im Vergleich zu den anderen Heimarbeiterinnen des gleichen Auftraggebers nicht benachteiligt werden. § 10 Abs. 7 ist sinngemäß anzuwenden.

(5) Heimarbeiterinnen, die entgegen Abs. 4 bei der Ausgabe von Heimarbeit benachteiligt worden sind, können auf Leistung des dadurch entgangenen Entgelts klagen. Der Berechnung des entgangenen Entgelts ist das Entgelt zugrunde zu legen, das die Heimarbeiterin in den letzten dreizehn Wochen vor Eintritt der Benachteiligung erzielt hat oder das ihr bei Bestehen eines Heimarbeitsgesamtvertrages oder eines Heimarbeitstarifes gebührt hätte.

§ 32. *(entfällt gem. BGBl. I Nr. 40/2017, Art. 16)*

ABSCHNITT 11

GEMEINSAME VORSCHRIFTEN UND SCHLUSSBESTIMMUNGEN

§ 33. *Entfällt (BGBl. Nr. 434/1995).*
§ 34. *Entfällt (BGBl. Nr. 434/1995).*

Behördenzuständigkeit und Verfahrensvorschriften

§ 35. (1) Die nach diesem Bundesgesetz den Arbeitsinspektoraten zustehenden Aufgaben und Befugnisse sind in den vom Wirkungsbereich der Arbeitsinspektion ausgenommenen Betrieben von den zur Wahrnehmung des Dienstnehmerschutzes sonst berufenen Behörden wahrzunehmen.

(2) Bescheide gemäß § 6 Abs. 3 und § 7 Abs. 3 sind zu befristen. Bescheide gemäß § 6 Abs. 3 und § 7 Abs. 3 sind zu widerrufen oder abzuändern, wenn die Voraussetzungen nicht mehr vorliegen. Beschwerden gegen Be-

scheide gemäß § 4 Abs. 2 Z 9, Abs. 4 und 5, § 5 Abs. 4 und § 9 Abs. 3 kommt keine aufschiebende Wirkung zu.

(3) Zeugnisse gemäß § 3 Abs. 3, Bestätigungen gemäß den §§ 4a Abs. 1, 15f Abs. 3, 15j Abs. 8 sowie Amtshandlungen gemäß § 3 Abs. 3 und § 31 Abs. 2 letzter Satz sind von Stempelgebühren und Bundesverwaltungsabgaben befreit.

§ 36. Zuständige Verwaltungsbehörde im Sinne des § 5 Abs. 4 und des § 9 Abs. 3 und 4 ist für die dem Arbeitsinspektionsgesetz 1993 unterliegenden Betriebe und für Privathaushalte die Bezirksverwaltungsbehörde.

Strafbestimmungen

§ 37. (1) Dienstgeber oder deren Bevollmächtigte, die den § 2a, § 2b, § 3 Abs. 1, 3, 6 und 7, § 4 Abs. 1 bis 3, 5 und 6, § 4a, § 5 Abs. 1 bis 3, §§ 6 bis 8a, § 9 Abs. 1 und 2, § 31 Abs. 2, § 32 oder einem Bescheid nach § 4 Abs. 2 Z 9 und Abs. 5, § 5 Abs. 4, § 9 Abs. 3 und 4 zuwiderhandeln, sind, wenn die Tat nicht nach anderen Vorschriften mit strengerer Strafe bedroht ist, von der Bezirksverwaltungsbehörde mit einer Geldstrafe von 70 Euro bis 1820 Euro, im Wiederholungsfall von 220 Euro bis 3630 Euro zu bestrafen.

(2) Abs. 1 ist nicht anzuwenden, wenn die Zuwiderhandlung vom Organ einer Gebietskörperschaft begangen worden ist. Besteht bei einer Bezirksverwaltungsbehörde der Verdacht einer Zuwiderhandlung durch ein solches Organ, so hat sie, wenn es sich um ein Organ des Bundes oder eines Landes handelt, eine Anzeige an das oberste Organ, dem das der Zuwiderhandlung verdächtige Organ untersteht (Art. 20 Abs. 1 erster Satz B-VG), zu erstatten, in allen anderen Fällen aber an die Aufsichtsbehörde.

Weitergeltung von Vorschriften

§ 38. Bestimmungen in Kollektivverträgen, Betriebsvereinbarungen und Arbeitsordnungen, die den Dienstnehmerinnen vor und nach ihrer Entbindung einen weitergehenden Schutz als dieses Bundesgesetz gewähren, werden durch dieses Bundesgesetz nicht berührt.

Verweisungen

§ 38a. Soweit in diesem Bundesgesetz auf andere Bundesgesetze verwiesen wird, sind diese in ihrer jeweils geltenden Fassung anzuwenden.

Übergangsbestimmungen

§ 38b. (1) Ansprüche, die durch das Bundesgesetz, BGBl. Nr. 833/1992 neu geschaffen wurden, haben nur Eltern, Adoptiv- oder Pflegeeltern, wenn das Kind nach dem 31. Dezember 1992 geboren wurde. Die Meldefristen für die Inanspruchnahme von Karenzurlauben oder von zu vereinbarenden Teilzeitbeschäftigungen verlängern sich nach Geburten, die zwischen dem 1. Jänner 1993 und der Kundmachung des Bundesgesetzes, BGBl. Nr. 833/1992 erfolgen, um vier Wochen nach der Kundmachung dieses Bundesgesetzes. Ansprüche von Eltern, Adoptiv- oder Pflegeeltern, deren Kind vor dem 1. Jänner 1993 geboren wurde, richten sich nach den gesetzlichen Bestimmungen, die unmittelbar vor ihrer Änderung durch dieses Bundesgesetz gegolten haben.

(2) Bestehende Regelungen in Normen der kollektiven Rechtsgestaltung oder in Einzelvereinbarungen über die Anrechnung von Zeiten eines Karenzurlaubes für Ansprüche, die sich nach der Dauer der Dienstzeit richten, werden auf den Anspruch nach § 15e Abs. 2 letzter Satz angerechnet.

(3) Ansprüche, die durch das Bundesgesetz BGBI. I Nr. 153/1999 neu geschaffen wurden, haben nur Mütter (Adoptiv- oder Pflegemütter), wenn das Kind nach dem 31. Dezember 1999 geboren wurde. Ansprüche von Eltern (Adoptiv- oder Pflegeeltern), deren Kind vor dem 1. Jänner 2000 geboren wurde, richten sich nach den gesetzlichen Bestimmungen, die unmittelbar vor ihrer Änderung durch dieses Bundesgesetz gegolten haben.

§ 38c. In Arbeitsstätten, die vor Inkrafttreten dieses Bundesgesetzes errichtet wurden und die über keine Ruhemöglichkeiten im Sinne des § 8a verfügen, sind solche Ruhemöglichkeiten bis spätestens 1. Jänner 1996 herzustellen.

Übergangsbestimmungen (Option) für Geburten nach dem 30. Juni 2000, jedoch vor dem 1. Jänner 2002

§ 38d. (1) Mütter, deren Kinder nach dem 30. Juni 2000, jedoch vor dem Tag der Kundmachung des Bundesgesetzes BGBl. I Nr. 103/2001 geboren wurden, können, wenn sich entweder Mutter oder Vater am

Tag der Kundmachung in Karenz befindet oder einen Teil der Karenz aufgeschoben haben, binnen drei Monaten ab Kundmachung ihrem Dienstgeber bekanntgeben, ob sie Karenz bis zum Ablauf des zweiten Lebensjahres des Kindes nach den Bestimmungen dieses Bundesgesetzes in der Fassung BGBl. I Nr. 103/2001 in Anspruch nehmen.

(2) Mütter, deren Kinder nach dem 30. Juni 2000, jedoch vor dem 1. Jänner 2002 geboren wurden, können ab 1. Jänner 2002 eine Beschäftigung im Sinne des § 15e Abs. 2 und 3 dieses Bundesgesetzes in der Fassung BGBl. I Nr. 103/2001 vereinbaren.

(3) Vor dem 1. Jänner 2002 vereinbarte Teilzeitbeschäftigungen nach den Bestimmungen dieses Bundesgesetzes in der Fassung BGBl. I Nr. 153/1999 bleiben aufrecht, soweit Dienstgeber und Dienstnehmerin nicht anders vereinbaren.

(4) Vor dem 1. Jänner 2002 bescheidmäßig festgelegte Teilzeitbeschäftigungen nach den Bestimmungen dieses Bundesgesetzes in der Fassung des Bundesgesetzes BGBl. I Nr. 153/1999 bleiben aufrecht, soweit nicht auf Antrag der Beamtin durch Bescheid eine Abänderung verfügt wird.

Inkrafttreten und Vollziehung

§ 39. (1) Mit der Vollziehung dieses Bundesgesetzes sind betraut:

1. für Dienstverhältnisse zum Bund der Bundeskanzler, soweit jedoch der Wirkungsbereich der Arbeitsinspektion betroffen ist, im Einvernehmen mit dem Bundesminister für Arbeit, Soziales und Konsumentenschutz; in Angelegenheiten, die nur den Wirkungsbereich eines Bundesministers betreffen, dieser Bundesminister, soweit jedoch der Wirkungsbereich der Arbeitsinspektion betroffen ist, im Einvernehmen mit dem Bundesminister für Arbeit, Soziales und Konsumentenschutz; soweit finanzielle Angelegenheiten betroffen sind, ist im Einvernehmen mit dem Bundesminister für Finanzen vorzugehen;
2. für Dienstverhältnisse zu den Ländern, Gemeinden und Gemeindeverbänden, soweit es sich um Bedienstete handelt, die in Betrieben tätig sind, der Bundesminister für Arbeit, Soziales und Konsumentenschutz; soweit finanzielle Angelegenheiten betroffen sind, ist im Einvernehmen mit dem Bundesminister für Finanzen vorzugehen;
3. für Dienstverhältnisse der Lehrer und Erzieher für die in Art. 14a Abs. 2 lit. a bis d B-VG genannten Einrichtungen der Bundesminister für Land- und

Forstwirtschaft im Einvernehmen mit dem Bundeskanzler; soweit finanzielle Angelegenheiten betroffen sind, ist im Einvernehmen mit dem Bundesminister für Finanzen vorzugehen;
4. für sonstige Dienstverhältnisse der Bundesminister für Arbeit, Soziales und Konsumentenschutz

(2) Für Dienstverhältnisse der Lehrer für öffentliche Pflichtschulen (Art. 14 Abs. 2 B-VG) sowie der Lehrer für öffentliche land- und forstwirtschaftliche Berufs- und Fachschulen und der Erzieher für öffentliche Schülerheime, die ausschließlich oder vorwiegend für Schüler der öffentlichen land- und forstwirtschaftlichen Berufs- und Fachschulen bestimmt sind (Art. 14a Abs. 3 B-VG), obliegt die Vollziehung dieses Bundesgesetzes, soweit nicht die Erlassung von Durchführungsverordnungen dem Bund vorbehalten ist, den Ländern.

(3) Verordnungen auf Grund dieses Bundesgesetzes sind für die Dienstverhältnisse der Lehrer für öffentliche Pflichtschulen (Art. 14 Abs. 2 B-VG) vom Bundesminister für Unterricht und Kunst im Einvernehmen mit dem Bundeskanzler, für die Dienstverhältnisse der Lehrer für öffentliche land- und forstwirtschaftliche Berufs- und Fachschulen und der Erzieher für öffentliche Schülerheime, die ausschließlich oder vorwiegend für Schüler der öffentlichen land- und forstwirtschaftlichen Berufs- und Fachschulen bestimmt sind (Art. 14a Abs. 3 B-VG), vom Bundesminister für Land- und Forstwirtschaft im Einvernehmen mit dem Bundeskanzler zu erlassen; soweit finanzielle Angelegenheiten betroffen sind, ist im Einvernehmen mit dem Bundesminister für Finanzen vorzugehen.

(4) Mit der Wahrnehmung der dem Bund gemäß Art. 14 Abs. 8 B-VG zustehenden Rechte ist der Bundesminister für Unterricht und Kunst im Einvernehmen mit dem Bundeskanzler betraut. Mit der Wahrnehmung der dem Bund gemäß Art. 14a Abs. 6 B-VG zustehenden Rechte ist für die im Art. 14a Abs. 3 lit. b B-VG genannten Personen der Bundesminister für Land- und Forstwirtschaft betraut.

(5) Soweit § 35 Abs. 3 eine Befreiung von den Stempelgebühren vorsieht, ist der Bundesminister für Finanzen und soweit diese Bestimmung eine Befreiung von den Bundesverwaltungsabgaben vorsieht, der Bundesminister für Arbeit, Soziales und Konsumentenschutz im Einvernehmen mit dem Bundesminister für Finanzen mit der Vollziehung betraut.

§ 40. (1) Die §§ 3 Abs. 4, 6 und 7, 4 Abs. 2 Z 2, 4, 9 und 10, 4 Abs. 5 und 6, 5 Abs. 1 und 5, 8, 10 Abs. 4 und 6, 10a, 11, 12, 14 Abs. 1 und 4, 15 Abs. 2, 15c Abs. 2 bis 6, 15d Abs. 1, 19, 21, 22, 23 Abs. 2, 24, 25, 27, 29 Abs. 1, 35, 36, 37 Abs. 1, 39 Abs. 1 Z 4 lit. c und 38a sowie der Entfall der §§ 26 und 28, in der Fassung des Bundesgesetzes, BGBl. Nr. 833/1992, treten mit 1. Jänner 1993 in Kraft.

(2) § 36 und die Bezeichnung des früheren § 39 Abs. 6 als § 40 Abs. 1 in der Fassung des Bundesgesetzes BGBl. Nr. 257/1993 treten mit 1. Juli 1993 in Kraft. Auf zu diesem Zeitpunkt anhängige Verfahren sind sie jedoch noch nicht anzuwenden.

(3) Die §§ 1 Abs. 2 Z 1, 3 Abs. 7 und 8, 4 Abs. 1, Abs. 2 Z 3, 10 und 11 und Abs. 5 Z 2, 4a, 8a, 9 Abs. 3 und 4, 11, 13, 14 Abs. 1 und 2, 15 Abs. 6 erster Halbsatz, 15c Abs. 6 Satz 2, 18, 18a, 19 Abs. 2, 24, 27, 31 Abs. 4, 35 Abs. 3, 36, 37 Abs. 1, 38a, 38b, 38c und 39 Abs. 5 in der Fassung des Bundesgesetzes, BGBl. Nr. 434/1995, treten mit 1. Juli 1995 in Kraft.

(4) Die §§ 2a und 2b treten für Arbeitsstätten, in denen regelmäßig mehr als 250 Dienstnehmer beschäftigt werden, mit 1. Juli 1995, im übrigen mit 1. Jänner 1997 in Kraft. § 102 Abs. 3 ASchG ist anzuwenden.

(4a) Die Umsetzung der in den §§ 2a und 2b festgelegten Pflichten des Dienstgebers muss spätestens fertiggestellt sein:
1. für Arbeitsstätten, in denen regelmäßig mehr als 100 Dienstnehmer beschäftigt werden, mit 1. Juli 1997,
2. für Arbeitsstätten, in denen regelmäßig 51 bis 100 Dienstnehmer beschäftigt werden, mit 1. Juli 1998,
3. für Arbeitsstätten, in denen regelmäßig elf bis 50 Dienstnehmer beschäftigt werden, mit 1. Juli 1999,
4. für Arbeitsstätten, in denen regelmäßig bis zu zehn Dienstnehmer beschäftigt werden, mit 1. Juli 2000.

§ 102 Abs. 3 ASchG ist anzuwenden.

(5) Abweichend von Abs. 4 muss die Umsetzung der in den §§ 2a und 2b festgelegten Pflichten für Dienststellen des Bundes, die dem Bundes-Bedienstetenschutzgesetz unterliegen, spätestens fertiggestellt sein:
1. für Dienststellen (Dienststellenteile) mit einem hohen und mittleren Gefährdungspotential mit 31. Dezember 2000,
2. für Dienststellen (Dienststellenteile) mit einem geringen Gefährdungspotential mit 30. Juni 2001.

(6) Mit Ablauf des 30. Juni 1995 treten die §§ 5 Abs. 5, 29, 30, 33 und 34 außer Kraft.

(7) § 23 Abs. 3 bis 8 in der Fassung des Bundesgesetzes BGBl. I Nr. 61/1997 tritt mit 1. Juli 1997 in Kraft.

(8) § 23 Abs. 3 in der Fassung des Bundesgesetzes BGBl. I Nr. 123/1998 tritt mit 1. Juli 1998 in Kraft.

(9) § 19 Abs. 1 und 2 zweiter Satz und § 40 Abs. 5 in der Fassung des Bundesgesetzes BGBl. I Nr. 70/1999 tritt mit 1. Juni 1999 in Kraft.

(10) § 3 Abs. 8, § 11, § 13, §§ 15 bis 15i, § 16, § 20 Abs. 2 bis 2b, § 23 Abs. 1 bis 2d, 3, 4, 7 bis 9, § 25, § 35 Abs. 3 und § 38b Abs. 2 und 3 in der Fassung des Bundesgesetzes BGBl. I Nr. 153/1999 treten mit 1. Jänner 2000 in Kraft.

(11) § 2a Abs. 2, § 4 Abs. 2, § 4a Abs. 2, § 5 Abs. 3, § 36 und 39 Abs. 1 Z 4 in der Fassung des Bundesgesetzes BGBl. I Nr. 98/2001 treten mit 1. August 2001 in Kraft. Gleichzeitig treten außer Kraft:
1. das Gesetz vom 28. Juli 1919, StGBl. Nr. 406, über die Beschäftigung von jugendlichen und weiblichen Arbeitern, dann über die Arbeitszeit und die Sonntagsruhe beim Bergbau (Bergarbeitergesetz);
2. das Bundesgesetz über das Verbot der Verwendung von Frauen zu Untertagearbeiten beim Bergbau BGBl. Nr. 70/1937.

(12) § 37 Abs. 1 in der Fassung des Bundesgesetzes BGBl. I Nr. 98/2001 tritt mit 1. Jänner 2002 in Kraft.

(13) § 10, §§ 15 bis 15j, 20 Abs. 2a und 2b, 23 und § 25 in der Fassung des Bundesgesetzes BGBl. I Nr. 103/2001 treten mit 1. Jänner 2002 in Kraft und gelten, soweit § 38d nicht anderes bestimmt, für Mütter, deren Kinder nach dem 31. Dezember 2001 geboren werden.

(14) § 15k und § 23 Abs. 15 in der Fassung des Bundesgesetzes BGBl. I Nr. 100/2002 treten mit 1. Jänner 2003 in Kraft, soweit nicht durch Verordnung gemäß § 46 Abs. 1 letzter Satz BMVG etwas anderes angeordnet wird.

(15) § 23 Abs. 7 und 8 Z 1 und 2 in der Fassung des Bundesgesetzes BGBl. I Nr. 130/2003 treten mit 1. Jänner 2004 in Kraft und sind auf Mütter anzuwenden, deren Kinder nach dem 31. Dezember 2001 geboren sind.

(16) Die §§ 11, 15d Abs. 5, 15h bis 15r, 16, 18a und 23 Abs. 8, 11, 12, 15 bis 17 in der Fassung des Bundesgesetzes BGBl. I Nr. 64/2004 treten mit 1. Juli 2004 in Kraft und gelten für Mütter (Adoptiv- oder Pflegemütter), deren Kinder nach dem 30. Juni 2004 geboren werden. Für Mütter (Adoptiv- oder Pflegemütter), deren Kinder vor dem 1. Juli 2004 geboren wurden, gelten weiterhin die Bestimmungen der §§ 11, 15d Abs. 5, 15h bis 15k,

16, 18a und 23 in der Fassung vor dem Bundesgesetz BGBl. I Nr. 64/2004. Abweichend davon kann eine Teilzeitbeschäftigung oder eine Änderung der Lage der Arbeitszeit nach den §§ 15h bis 15r und 23 Abs. 8, 11, 12, 15 bis 17 in der Fassung des Bundesgesetzes BGBl. I Nr. 64/2004 verlangt werden von einer

1. Mutter (Adoptiv- oder Pflegemutter), wenn sie oder der Vater (Adoptiv- oder Pflegevater) des Kindes sich am 1. Juli 2004 in Karenz nach diesem Bundesgesetz, dem VKG, gleichartigen österreichischen Rechtsvorschriften oder einer gleichartigen Rechtsvorschrift eines Mitgliedstaates des Europäischen Wirtschaftsraumes befindet, wobei eine Teilzeitbeschäftigung oder eine Änderung der Lage der Arbeitszeit nach dem Bundesgesetz BGBl. I Nr. 64/2004 frühestens nach Ablauf der Karenz angetreten werden kann;
2. Mutter (Adoptiv- oder Pflegemutter), wenn sie oder der Vater (Adoptiv- oder Pflegevater) des Kindes sich am 1. Juli 2004 in Teilzeitbeschäftigung nach diesem Bundesgesetz, dem VKG, gleichartigen österreichischen Rechtsvorschriften oder einer gleichartigen Rechtsvorschrift eines Mitgliedstaates des Europäischen Wirtschaftsraumes befindet, wobei eine Teilzeitbeschäftigung oder eine Änderung der Lage der Arbeitszeit nach dem Bundesgesetz BGBl. I Nr. 64/2004 frühestens nach Ablauf der ursprünglich vereinbarten Teilzeitbeschäftigung angetreten werden kann;
3. Mutter, die sich am 1. Juli 2004 in einem Beschäftigungsverbot nach § 5 Abs. 1 und 2 befindet;
4. Mutter, die am 1. Juli 2004 im Anschluss an die Frist nach § 5 Abs. 1 und 2 einen Gebührenurlaub verbraucht oder durch Krankheit oder Unglücksfall an der Dienstleistung verhindert ist und Karenz oder Teilzeitbeschäftigung nach diesem Bundesgesetz bereits geltend gemacht hat, wobei eine Teilzeitbeschäftigung oder eine Änderung der Lage der Arbeitszeit nach dem Bundesgesetz BGBl. I Nr. 64/2004 frühestens nach Ablauf der Karenz bzw. der ursprünglich vereinbarten Teilzeitbeschäftigung angetreten werden kann.

(17) § 15g in der Fassung des Bundesgesetzes BGBl. I Nr. 58/2010 tritt mit 1. August 2010 in Kraft.

(18) § 35 Abs. 1, § 36 sowie § 39 Abs. 1 Z 1, 2 und 4 und Abs. 5 in der Fassung des 2. Stabilitätsgesetzes 2012, BGBl. I Nr. 35/2012, treten mit 1. Juli 2012 in Kraft.

(19) In der Fassung des Bundesgesetzes BGBl. I Nr. 120/2012 treten in Kraft:

1. § 23 Abs. 11 Z 1 mit 1. Jänner 2013,
2. § 23 Abs. 6 mit 1. September 2013
3. § 22a, § 23 Abs. 10a, § 23 Abs. 11 Z 2, § 23 Abs. 15 und 17 mit dem der Kundmachung des Bundesgesetzes BGBl. I Nr. 120/2012 folgenden Tag.

(20) § 35 Abs. 2 in der Fassung des Bundesgesetzes BGBl. I Nr. 71/2013 tritt mit 1. Jänner 2014 in Kraft.

(21) § 15c, § 15d, § 15o sowie § 15q in der Fassung des Bundesgesetzes BGBl. I Nr. 138/2013 treten mit 1. August 2013 in Kraft und gelten für Mütter, deren Kinder nach dem 31. Juli 2013 adoptiert oder in unentgeltliche Pflege genommen werden.

(22) § 2a Abs. 2 Z 7, § 3 Abs. 6 und § 4 Abs. 2 Z 11 in der Fassung des Bundesgesetzes BGBl. I Nr. 60/2015 treten mit 1. Juni 2015 in Kraft. § 2a Abs. 2 Z 9 in der Fassung des Bundesgesetzes BGBl. I Nr. 60/2015 tritt mit Ablauf des 31. Mai 2015 außer Kraft.

(23) § 23 Abs. 3 und 8 in der Fassung des Bundesgesetzes BGBl. I Nr. 65/2015 tritt mit 1. September 2015 in Kraft.

(24) § 15c Abs. 1 und 3 in der Fassung des Bundesgesetzes BGBl. I Nr. 162/2015 tritt mit 1. Jänner 2016 in Kraft.

(25) § 1 Abs. 6, § 10 Abs. 1a und 8, § 12 Abs. 1 und 3, § 14 Abs. 2, § 15 Abs. 3 und 4, § 15c Abs. 2 sowie § 20 Abs. 4 in der Fassung des Bundesgesetzes BGBl. I Nr. 149/2015 treten mit 1. Jänner 2016 in Kraft.

(26) § 15h Abs. 1, § 15i, § 15j ABs. 2, 5, 6 und 10, § 15k Abs. 1, § 15l Abs. 1 sowie § 23 Abs. 9a, 12 und 16 in der Fassung des Bundesgesetzes BGBl. I Nr. 149/2015 treten mit 1. Jänner 2016 in Kraft und gelten für Mütter (Adoptiv- oder Pflegemütter), deren Kinder ab diesem Zeitpunkt geboren (adoptiert oder in unentgeltliche Pflege genommen) werden.

(27) § 17 samt Überschrift und § 32 treten mit Ablauf des 30. Juni 2017 außer Kraft. § 25 in der Fassung des Deregulierungsgesetzes 2017, BGBl. I Nr. 40/2017, tritt mit 1. Juli 2017 in Kraft.

(28) § 4 Abs. 2 Z 4, § 6 Abs. 2 und 3 sowie § 7 Abs. 2 Z 3 und 4 in der Fassung des Bundesgesetzes BGBl. I Nr. 126/2017 treten mit 1. August 2017 in Kraft. § 3 Abs. 3 in der Fassung des Bundesgesetzes BGBl. I Nr. 126/2017 tritt mit 1. Jänner 2018 in Kraft. Verordnungen auf Grund des § 3 Abs. 3 können bereits von dem seiner Kundmachung folgenden Tag an erlassen werden, dürfen jedoch frühestens mit 1. Jänner 2018 in Kraft gesetzt werden.

(29) § 15f Abs. 1 in der Fassung des Bundesgesetzes BGBl. I Nr. 68/2019 ritt mit 1. August 2019 in Kraft und gilt für Mütter (Adoptiv- oder Pflegemütter), deren Kind ab diesem Zeitpunkt geboren (adoptiert oder in unentgeltliche Pflege genommen) wird.

(30) § 23 Abs. 6 in der Fassung der 3. Dienstrechts-Novelle 2019, BGBl. I Nr. 112/2019, tritt mit dem der Kundmachung folgenden Tag in Kraft.

(31) § 23 Abs. 5 in der Fassung der Dienstrechts-Novelle 2020, BGBl. I Nr. 153/2020, tritt mit 1. August 2019 in Kraft und gilt für Mütter (Adoptiv- oder Pflegemütter), deren Kinder ab diesem Zeitpunkt geboren (adoptiert oder in unentgeltliche Pflege genommen) werden.

(32) § 15 Abs. 1, 1a, 1b und 3a, § 15a Abs. 1 und 2, § 15b Abs. 1, 3, 4 und 7, § 15f Abs. 1 und 1a, § 15m Abs. 1 und 2, § 15q Abs. 1 und § 23 Abs. 3, 4a und 17 in der Fassung des Bundesgesetzes BGBl. I Nr. 115/2023 treten mit 1. November 2023 in Kraft und sind auf Mütter (Adoptiv- oder Pflegemütter) anzuwenden, deren Kinder ab diesem Tag geboren (adoptiert oder in unentgeltliche Pflege genommen) werden.

(33) § 15h Abs. 1, § 15i, § 15l Abs. 1, § 15n Abs. 2 und § 23 Abs. 8, 11, 12, 16 und 18 in der Fassung des Bundesgesetzes BGBl. I Nr. 115/2023 treten mit 1. November 2023 in Kraft und sind auf Mütter (Adoptiv- oder Pflegemütter) anzuwenden, die die Absicht der Elternteilzeit ab dem 1. November 2023 ihrem Dienstgeber bekannt geben.

(34) § 3 Abs. 3a, § 14 Abs. 3 und 4 und § 15f Abs. 4a in der Fassung des Bundesgesetzes BGBl. I Nr. 64/2024 treten mit dem auf den Tag der Kundmachung folgenden Tag in Kraft.

Verzeichnis der Arbeitsinspektorate

1. ARBEITSINSPEKTION

Arbeitsinspektorat Wien West-Ost
1020 Wien, Marinelligasse 8
Telefon: +43 (1) 214 95 25
wien-west-ost@arbeitsinspektion.gv.at

Arbeitsinspektorat Wien Zentrum
1010 Wien, Fichtegasse 11
Telefon: +43 (1) 714 04 50
wien-zentrum@arbeitsinspektion.gv.at

Arbeitsinspektorat Wien Süd und Umgebung
1010 Wien, Fichtegasse 11
Telefon: +43 (1) 505 17 95
wien-sued-umgebung@arbeitsinspektion.gv.at

Arbeitsinspektorat Wien Nord und NÖ Weinviertel
1010 Wien, Fichtegasse 11
Telefon: +43 (1) 714 04 62 - 00
wien-nord-noe-weinviertel@arbeitsinspektion.gv.at

Arbeitsinspektorat für Bauarbeiten
1010 Wien, Fichtegasse 11
Telefon: +43 (1) 714 04 65
bau@arbeitsinspektion.gv.at

Arbeitsinspektorat NÖ Industrieviertel
2700 Wiener Neustadt, Engelbrechtgasse 8
Telefon: + 43 (2622) 231 72
noe-industrieviertel@arbeitsinspektion.gv.at

Arbeitsinspektorat NÖ Wald- und Mostviertel
3100 St. Pölten, Daniel Gran Straße 10
Telefon: +43 (2742) 363 225
noe-wald-mostviertel@arbeitsinspektion.gv.at

Arbeitsinspektorat Oberösterreich Ost
4021 Linz ,Pillweinstraße 23
Telefon: + 43 (732) 603 880
oberoesterreich-ost@arbeitsinspektion.gv.at

Arbeitsinspektorat Oberösterreich West
4840 Vöcklabruck, Ferdinand-Öttl-Straße 12
Telefon: + 43 (7672) 727 69
oberoesterreich-west@arbeitsinspektion.gv.at

Arbeitsinspektorat Salzburg
5020 Salzburg, Auerspergstraße 69
Telefon: +43 (662) 886 686
salzburg@arbeitsinspektion.gv.at

Arbeitsinspektorat Steiermark
8041 Graz, Liebenauer Hauptstraße 2-6
Telefon: + 43 (316) 482 040
steiermark@arbeitsinspektion.gv.at

Arbeitsinspektorat Kärnten
9020 Klagenfurt, Dr.-Herrmann-Gasse 3
Telefon: +43 (463) 565 06
kaernten@arbeitsinspektion.gv.at

Arbeitsinspektorat Tirol
6020 Innsbruck, Arzler Straße 43a
Telefon: +43 (512) 249 04
tirol@arbeitsinspektion.gv.at

Arbeitsinspektorat Vorarlberg
6900 Bregenz, Rheinstraße 57
Telefon: +43 (5574) 786 01
vorarlberg@arbeitsinspektion.gv.at

Arbeitsinspektorat Burgenland
7000 Eisenstadt, Franz Schubert-Platz 2,
Telefon +43 (2682) 645 06
burgenland@arbeitsinspektion.gv.at

2. VERKEHRS-ARBEITSINSPEKTORAT

Bundesministerium für Klimaschutz, Umwelt, Energie, Mobilität, Innovation und Technologie
Radetzkystraße 2
1030 Wien
Tel. (01) 711 62-0

3. WIRTSCHAFTSKAMMERN ÖSTERREICHS

Burgenland
Robert Graf-Platz 1
7000 Eisenstadt
Tel. 0590907 2000

Niederösterreich
Wirtschaftskammer-Platz 1
3100 St. Pölten
Tel. 02742 8510

Oberösterreich
Hessenplatz 3
4010 Linz
Tel. 0590909

Kärnten
Europaplatz 1
9021 Klagenfurt
Tel. 0590904

Steiermark
Körblergasse 111–113
8010 Graz
Tel. 0316 601

Salzburg
Julius-Raab-Platz 1
5027 Salzburg
Tel. 0662 88 88

Tirol
Wilhelm-Greil-Straße 7
6020 Innsbruck
Tel. 059 09050

Vorarlberg
Wichnergasse 9
6800 Feldkirch
Tel. 05522 305

Wien
Straße der Wr. Wirtschaft 1
1020 Wien
Tel. 01 51450-0

Wirtschaftskammer Österreich
Wiedner Hauptstraße 63
1045 Wien
Tel. 0590900

4. ALLGEMEINE UNFALLVERSICHERUNGSANSTALTEN

AUVA-Außenstelle Oberwart
Hauptplatz 11
7400 Oberwart
www.auva.at/oberwart

AUVAsicher
Präventionszentrum Oberwart
Hauptplatz 11
7400 Oberwart

AUVA-Außenstelle Klagenfurt am Wörthersee
Waidmannsdorfer Straße 42
9020 Klagenfurt am Wörthersee
www.auva.at/klagenfurt

AUVAsicher
Präventionszentrum Klagenfurt am Wörthersee
Waidmannsdorfer Straße 42
9020 Klagenfurt am Wörthersee

AUVA-Unfallkrankenhaus Klagenfurt am Wörthersee
Waidmannsdorfer Straße 35
9020 Klagenfurt am Wörthersee
www.ukhklagenfurt.at

AUVA-Außenstelle St. Pölten
Kremser Landstraße 8
3100 St. Pölten
www.auva.at/stpoelten

AUVAsicher
Präventionszentrum St. Pölten
Kremser Landstraße 8
3100 St. Pölten

AUVA-Rehabilitationszentrum Weißer Hof
Holzgasse 350
3400 Klosterneuburg
www.auva.at/rzweisserhof

AUVA-Landesstelle Linz
Garnisonstraße 5
4010 Linz
www.auva.at/linz

AUVAsicher
Präventionszentrum Linz
Garnisonstraße 5
4010 Linz

AUVA-Unfallkrankenhaus Linz
Garnisonstraße 7
4010 Linz
www.ukhlinz.at

AUVA-Landesstelle Salzburg
Dr.-Franz-Rehrl-Platz 5
5010 Salzburg
www.auva.at/salzburg

AUVAsicher
Präventionszentrum Salzburg
Dr.-Franz-Rehrl-Platz 5
5010 Salzburg

AUVA-Unfallkrankenhaus Salzburg
Dr.-Franz-Rehrl-Platz 5
5010 Salzburg
www.ukhsalzburg.at

AUVA-Landesstelle Graz
Göstinger Straße 26
8020 Graz
www.auva.at/graz

AUVAsicher
Präventionszentrum Graz
Göstinger Straße 26
8020 Graz

AUVA-Unfallkrankenhaus Steiermark
Standort Graz
Göstinger Straße 24
8020 Graz
www.ukhgraz.at

AUVA-Unfallkrankenhaus Steiermark
Standort Kalwang
Rudolf-von-Gutmann-Straße 1
8775 Kalwang
www.ukhkalwang.at

AUVA-Rehabilitationsklinik Tobelbad
Dr.-Georg-Neubauer-Straße 6
8144 Tobelbad bei Graz
www.rktobelbad.at

AUVA-Außenstelle Innsbruck
Ing.-Etzel-Straße 17
6020 Innsbruck
www.auva.at/innsbruck

AUVAsicher
Präventionszentrum Innsbruck
Ing.-Etzel-Straße 17
6020 Innsbruck

AUVA-Rehabilitationszentrum Häring
Rehaweg 1
6323 Bad Häring
www.rzhaering.at

AUVA-Außenstelle Dornbirn
Eisengasse 12
6850 Dornbirn
www.auva.at/dornbirn

AUVAsicher
Präventionszentrum Dornbirn
Eisengasse 12
6850 Dornbirn

AUVA-Hauptstelle
Vienna Twin Towers
Wienerbergstraße 11
1100 Wien
www.auva.at/hauptstelle

AUVA-Landesstelle Wien
Vienna Twin Towers
Wienerbergstraße 11
1100 Wien
www.auva.at/wien

AUVAsicher
Präventionszentrum Wien
Vienna Twin Towers
Wienerbergstraße 11
1100 Wien

AUVA-Traumazentrum Wien
Standort Lorenz Böhler
Donaueschingenstraße 13
1200 Wien
www.tzwien.at

AUVA-Traumazentrum Wien
Standort Meidling
Kundratstraße 37
1120 Wien
www.tzwien.at

AUVA-Rehabilitationszentrum Meidling
Köglergasse 2a
1120 Wien
www.rzmeidling.at

5. BUNDESKAMMER FÜR ARBEITER UND ANGESTELLTE

Prinz-Eugen-Straße 20–22
1040 Wien
Tel. (01) 501 65-0

6. ÖSTERREICHISCHER GEWERKSCHAFTSBUND

Johann-Böhm-Platz 1
1020 Wien
Tel. (01) 534 44-0